中华成语联对

赖书明 著

中南大学出版社
www.csupress.com.cn

·长沙·

图书在版编目（CIP）数据

中华成语联对／赖书明著. —长沙：中南大学出版社，
2019.2

ISBN 978-7-5487-3334-8

Ⅰ.①中… Ⅱ.①赖… Ⅲ.①汉语—成语 Ⅳ.①H136.31

中国版本图书馆 CIP 数据核字（2018）第 191470 号

中华成语联对
ZHONGHUA CHENGYU LIANDUI

赖书明　著

□责任编辑	郑　伟	
□责任印制	易红卫	
□出版发行	中南大学出版社	
	社址：长沙市麓山南路	邮编：410083
	发行科电话：0731-88876770	传真：0731-88710482
□印　　装	长沙雅鑫印务有限公司	

□开　　本	710 mm×1000 mm 1/16	□印张 46.5	**□字数 1119 千字**	
□版　　次	2019 年 2 月第 1 版	□2019 年 2 月第 1 次印刷		
□书　　号	ISBN 978-7-5487-3334-8			
□定　　价	128.00 元			

旗开得胜　马到成功

铁画银钩龙凤字　金题玉躞圣贤书

唐宗三鑒照千古

劉寵一錢用萬年

唐宗三鉴照千古　刘宠一钱用万年

牛年成语联对

翻陈出新成语联成對

闻卷有益授鱼兼授渔

丙申仲秋迪相春書

成語精華四字渾涵
千年文化

萬世奇葩

勤聯國粹兩行綜教

中華朱灣聯對

廊安玉書

序

  2016年5月8日，平顶山学院七七级中文班的同学在毕业35年后首次相聚，久别重逢，场面之感人，可以想见。就在这个时候，弓明学兄从一个沉甸甸的手提袋里抱出厚厚的两大叠书稿递给我说："请作个序！"

  接过书稿，封面赫然六个大字：中华成语联对。打开看，A4纸，近千页，该有数十万言。我二话没说，当着在场同学的面欣然应诺。

  这一应诺不是没有理由的。

  我小书明学兄近10岁，他生于20世纪40年代，而我出生于50年代；如果不是10年"文革"，1977年恢复高考，我们是不可能在大学同一个班学习的。全班50位同学中，书明学兄最年长，所以称他为兄并非只是客套，班上还有侯同文、郑黎阳等"高龄生"，入学前是老师，我们则以老师相称，直到现在。当年我的报考志愿是理科，阴差阳错学了中文。这次同学聚会时，80高龄的华培芳老师拿出了一份保存完好的当年的录取花名册，我的备注栏中清楚地注明：理转文。总之，是一个又一个偶然的机遇，使我们这些不同年龄、不同背景的人走到一起，结下了同学之缘。

  我和书明学兄等人的年龄差距还不是最大的，班上最小的张黎夏，是60年代的，大家称他"小不点儿"。同学年龄悬殊，老大哥们对我们这帮"小同学"自然时时给予关心照顾。同窗情谊可以由此想象。毕业后，大家各奔东西。那个时代，并没有今天这样通信方便，随着工作变化、调动，有的同学也就失联了。书明学兄后来调到湖南省警察学校，虽然每次去长沙都四处打听，但一直没有联系上。四年前的一天，突然接到庆豪同学来电，说有书明学兄的消息了。拨通电话，传来的是陌生而又熟悉的声音，可谓百感交集。几天后，收到书明学兄惠寄的《中华成语联对》、诗歌集《感动·无花果》，更是感慨不已。2015年1月，我去长沙开会，飞机一着陆，就迫不及待地给他打电话报到。我成了毕业后他第一个见到的大学同学。当晚，我们促膝长谈毕业以来30多年来的方方面面。

  书明学兄上学时就多才多艺，能歌善舞，还能写诗作词、创作小品等，样样在行，一直是我们几个"小同学"的偶像；但没想到他居然能把成语和对联结合起来，创造了成语联对这种新的文化呈现形式，在中华语言文化传播和发展上走出了一条新路。成语是我们语言的精华，负载着我们悠久的历史和文化；对联是我们语言特有的艺术形式，

是中华传统文化瑰宝。这二者的结合，对于传承弘扬中华民族文化的意义不可小觑。这显然基于书明学兄对中华文化的深厚积累，对中华文化的自豪、自信和深深的爱，基于他强烈的文化传播发展意识和丰富的对联创作实践积累。

撰写《中华成语联对》这样一本书实在不容易。从创意到完成，书明学兄用了20余年的时间，非经历这个过程者无法知道其中所经历的甘苦。成语是语言精华，但数量庞大，情况复杂：来源不同，年代不同，使用条件和使用程度也不同。因此，作者首先面临的就是成语的选择问题。书明学兄对语言的发展和社会使用具有深刻的认识，强调成语使用应取其精华，推陈出新，学以致用。基于这一理念，他从海量的成语中选出常见的6464条，不重复使用，撰制成3232副联对。这种发展的文化理念，值得引起更多的重视。

另一个难点是成语和对联的矛盾。成语在意义、格式、字数等方面都有固定性、习用性，而对联则要求字句灵活、适应性强而又严格对仗。如何把二者统一起来，在很大程度上检验作者的语言驾驭能力，而这种驾驭能力必须建立在对成语和对联的深入了解及丰富创作实践经验的基础上。传统上能集句成对并使之浑然天成的都是功底深厚之人，能把几千条不同的成语联对成双，书明学兄应得到N+1个赞。

一般的成语书或词典收录成语的时候，只是给出释义，而《中华成语联对》还对成语的结构进行了分析。选择性地对一些成语结构进行分析并不难做到，难的是穷尽式地对每一个成语进行分析。我过去也做过成语结构分析的工作，深感其中的困难。最近在为一个朋友审读《中学生成语词典》的过程中，仍时时为一些成语结构分析所纠结。书明学兄从事现代汉语教学多年，积累了丰富的经验，善于利用自己的专业特长，对成语结构细致入微地进行分析。我不能保证他的分析都正确无误，但我可以肯定地说，这些分析对于读者理解成语尤其是认识联对的构成将极具启发意义。

书明学兄的"扩联"更是独树一帜。两个四字成语，经他一扩，就变成了五字联、六字联、七字联、八字联、九字联，甚至十字联等等。请看：

博者不知底——贵人善忘情

眼观八方风雨——心系四海安危

荟萃一堂群英会——包罗万象百科书

空腹高心读书少——肥头大耳吃饭多

引蛇出洞鼠占穴——调虎离山猴称王

荜门圭窦住过麻雀——蓬牖茅椽飞出凤凰

封侯万里 口碑载道——垂范千秋 青史留名

世人赞黄忠宝刀不老——孔子评宰予朽木难雕

回黄转绿又是三四月——返老还童再活五百年

天网恢恢岂容逍遥法外——红尘滚滚不好游戏人间

对学习者来说，"扩联"既巩固了成语知识，学会了成语的使用，又扩展了思路。例如"力争上游创先进——不耻下问当学生"，记住这一对联，既能受到精神激励，懂

得遇事应多方面地虚心求教，又能掌握"不耻下问"这个成语的用法，避免"不耻下问"的误用。再比如，"欠周全不孚众望——懂规矩庶获我心""反贪反腐不负众望——打虎打蝇深得人心"这两副对联，除了受到精神教育思想启迪之外，学习者对于"不孚众望"和"不负众望"的理解也一定能加深。还有"心若铁石 不动声色——气冲斗牛大发雷霆""略知皮毛难充里手——不得要领哪算行家""邪不压正 云开日出——柔能克刚 水滴石穿"……打开《中华成语联对》，这样的好例子到处都是。原本枯燥的成语词典，经书明学兄精心处理，成了可以品鉴、吟诵的艺术，成了文化教育的素材，成了语言训练的工具。写到此，我忍不住要为我的这位老同学求无止境的探索精神击节鼓掌。

近年来，我的工作重心转到了海外华文教育，以在海外华侨华人中传承中华文化为主要任务。没想到毕业30多年后，我跟书明学兄又成了中华文化传承的"新同学"，而他毫无疑问又成了我的榜样。能有机会先一步读到他的大作，并借机回顾以往，抒发一下自己的各种感受，自然是一件别人无法体会的快事。于是有了上面这些拉拉杂杂的文字。我得再次谢谢书明学兄，像30多年前那样。

郭　熙

2016年7月17日于北京华文学院

郭熙，著名语言学家，暨南大学教授、博导，海外华语研究中心主任，中国语言学会理事，《语言战略研究》杂志执行主编。著有《中国社会语言学》《华语研究录》《语言与语言应用论稿》，在《中国语文》《语言文字应用》《世界汉语教学》等杂志发表语言学论文百余篇。

目 录

前言 --- 1

凡例 --- 13

成语联对 --- 15

成语联对索引 --- 625

附录一 --- 701

附录二 --- 702

附录三 --- 706

参考书目 --- 727

后记 --- 728

后记补记 --- 730

前 言

　　成语，大家很熟悉，中国人都知道。从小开始，听说读写，我们经常会碰到它、用到它。像"愚公移山""守株待兔""画蛇添足""自相矛盾""弄巧成拙""乘风破浪""推陈出新"等，都是大家耳熟能详的成语。

　　成语是长期习用的、形式简洁固定而意思精辟完整的词组或短句，有着丰富的语言、历史和文化内涵，是中华汉语言的精华。

　　中华成语数以万计，绝大多数源于浩繁的古代文化典籍或诗词歌赋：有的是历史史实的概括，如"纸上谈兵""草木皆兵"；有的是寓言传说故事的题旨，如"愚公移山""黄粱美梦"；有的是诗文名言的节缩和摘取，如"老骥伏枥""讳疾忌医"；有的是民间俗谚的演变，如"投鼠忌器""唇亡齿寒"。当然，也有部分来自其他语言的直译改写和现代创新，如"现身说法""昙花一现""糖衣炮弹"等。

　　成语多为四字，组织严密，字词的数量及次序固定不变；结构多样，凡汉语词组和短句的结构类型，成语都有体现（见附录二）。汉语是单音节语言，一个字就是一个音节。成语大多数是四个字，也就是四个音节，对应汉语四声之分，显得整齐和谐。汉语四声，阴平阳平为平声，上声去声为仄声，在有的成语中全部出现，在有的成语中部分出现；无论全部或部分，又都有多种不同排列，或相间，或重叠，或两两相对，使成语构成了各种旋律，抑扬顿挫，铿锵明朗，错落有致，优美动听，极富音韵美感。念念下面几个成语就能体会到，山明水秀、地久天长、有容乃大、无欲则刚……这些成语读来就像吟诵诗词曲联一样，美感十足，韵味无穷。

　　成语的意义精辟完整，有些成语表现出来的意义就是字面上的意义（直义），浅显易懂，容易掌握；但大多数成语的意义是由整体来表示的，不能望文生义，不能想当然。成语意义有原义（本义）、直义（字面意义）、转义、引申义、比喻义和形容义之分。

　　原义就是成语原来的意义，有的现在不用了，有的还在用。如"钩心斗角"，原义形容宫室建筑的结构错综精密，现在用以比喻互用心机，明争暗斗，原义不用了；而"分道扬镳"，原义就是分路而行，现在也是用这个意义。

　　转义是由原义演变转化而来的意义，但两者差别很大，有的甚至已看不出它们之间有什么联系。如"变本加厉"，本指比原来更加发展、进步，与"踵事增华"源出一处，是褒义的；而现在却转化为贬义的，形容比原来更严重、更坏了。

　　引申义是由原义引申出来的意义，是原义的发展、扩大和增加。如"引人入胜"，原义指引领人进入优美的境地，后引申为风景或文艺作品非常吸引人；"一尘不染"，原义

指佛教徒对"色、声、香、味、触、法""六尘"毫不沾染，摒除种种欲念，保持心地洁净，后用来形容清净、纯洁，又比喻不沾染一点坏的思想和习气，现在还用来形容不沾染一点"灰尘"，非常清洁干净。转义可以和原义毫不相干，而引申义却必须以原义为基础。引申义丰富了成语的意义，扩大了使用范围。

比喻义是成语长期作为比喻使用所形成并已固定了的意义。这种以比喻义为基本意义的成语，可以按字面意义（直义）来理解，但不使用它的字面意义；否则，在使用过程中，它就只是一个普通词组而不是成语。如"铁树开花"，铁树确实是多年才开一次花，很难得；但作为成语，它用于比喻那些非常罕见或很难实现的事情。试比较下面两个例句：

"昨天我在公园看见了铁树开花。"

"过去人们说，要在长江上架桥，那是铁树开花。而现在，我们在长江上架起了七八座大桥。"

第一句话的"铁树开花"不是成语，第二句的是。

比喻义的成语都含有表示具体事物的词语，但不能用来表达、形容该具体事物。比喻义，可使成语的内容生动、形象、精彩，它极富表现力而被经常性运用，注意不要望文生义，以免弄混。

形容义是指成语对人或事物的描写、形容意义。如"忐忑不安"，就是心上心下，形容心神很不安定；"千真万确"，形容非常确实，不容置疑。具备形容意义的成语，其构成成分以形容词、数词居多，一般不借助具体事物构成形象，不包含典故，而是直截了当地表意，比较浅显，容易掌握，这是它与比喻义成语显著不同的地方，这类成语的功用大体相当于形容词，可按形容词的用法使用。

大多数成语只有一个意义，少数成语有两个意义，意义在三个以上的就更少了。两个意义的成语，有这么几种情况：原义和引申义，原义和比喻义，形容义和比喻义，两个都是比喻义或两个都是形容义，以第一种情况居多。一个成语究竟有几个意义，是什么意义，一般来讲，查查成语词典就清楚了。但不管它有几个意义，每次只能使用其中一个意义，不能同时使用两个意义。至于用的是哪个意义，就要结合具体的语言环境去考虑去分辨。

成语作为一种固定词组，它的功用相当于词。词有词性，分名、动、形、数、量、代、副、介、连、助、叹十一种。成语也有类似的词性，主要划分为名词性成语、动词性成语、形容词性成语三大类，其语法功能也就相当于名词、动词、形容词，可以灵活地充当句子的各种成分。

确定成语的词性，一般可从结构关系和构成成分上来分析：

联合结构成语决定于其构成成分的词性，是名词的就是名词性成语（如火海刀山），是动词的就是动词性成语（如横冲直撞），是形容词的就是形容词性成语（如光明磊落）。

主谓结构成语（包括联合结构的"名动名动""名形名形"），"谓"为动词就是动词性成语（如风雨飘摇、地动山摇）；"谓"为形容词就是形容词性成语（如斗志昂扬、兵强马壮）。

定中结构成语是名词性成语；动宾结构成语是动词性成语；连动结构成语、兼语结构成语一般也是动词性成语。

状中结构、述补结构成语决定于其中心词的词性，中心词是什么词就是什么词性的成语。如：状中结构的"精诚团结"、述补结构的"退避三舍"是动词性成语；状中结构的"落落大方"、述补结构的"小心翼翼"是形容词性成语。

　　分清成语的词性也很重要。只有弄清楚了，了解了，知道它与哪些词语能搭配、哪些不能搭配，知道它在句子中充当什么成分，话才能说得通，才可能不出现语法上的错误。

　　成语言简意赅、言近旨远，富于哲理性、故事性、概括性，加之和谐的韵律，因而一直为人们津津乐道，被广泛地运用于人们的日常口语和书面语中。运用成语，在言语中有提纲挈领、画龙点睛、触类旁通、丰富想象之妙，可以使语言精练、生动活泼，有助于精辟地表达思想感情。像成语"惩前毖后"，毛主席曾经解释说："对以前的错误一定要揭发，不讲情面，要以科学的态度来分析批判过去的坏东西，以便使后来的工作慎重些，做得好些。这就是'惩前毖后'的意思。"仅仅四个字，就包含了这么丰富、深刻的思想内容，这就是成语！可以毫不夸张地说，汉语成语是中华历史的浓缩，是民族智慧的结晶，是千百年来中华文化的承载。能熟练掌握并精当运用成语，是一种重要的语言能力。在这一方面，毛主席可尊为典范。翻开《毛泽东选集》，成语典故俯拾皆是。毛主席"古为今用""推陈出新"，注重发掘成语中所包含的有价值的内容，或赋新义，或变色彩，或改字眼，仿造连用，改造反用，最充分地利用了成语。如在《改造我们的学习》中，毛主席说道："这种态度（按：指马列主义的态度），就是有的放矢的态度。'的'就是中国革命。'矢'就是马克思列宁主义。我们中国共产党人所以要找这根'矢'，就是为了要射中国革命和东方革命这个'的'的。这种态度就是实事求是的态度。'实事'就是客观存在着的一切事物，'是'就是客观事物的内部联系，即规律性，'求'就是我们去研究。我们要从国内外、省内外、县内外、区内外的实际情况出发，从中引出其固有的而不是臆造的规律性，即找出周围事变的内部联系，作为我们行动的向导。"毛主席运用马克思列宁主义的立场、观点、方法，对"有的放矢"和"实事求是"两个成语，做了崭新的解释，深入浅出地阐明了革命道理和哲学原理，从而也使这两个成语的面目为之一新，为世人所接受。又如之前只有"先发制人"的成语，《汉书·项籍传》有"先发制人，后发制于人"之说。当年日寇大举进攻中国时，王明等嚷嚷要"御敌于国门之外"、要"先发制人"。毛主席在1936年所写的《中国革命战争的战略问题》一文中，针锋相对地指出："楚汉成皋之战、新汉昆阳之战、袁曹官渡之战、吴魏赤壁之战、吴蜀彝陵之战、秦晋淝水之战等等有名的大战，都是双方强弱不同，弱者先让一步，后发制人，因而战胜的。"他还说："聪明的拳师往往退让一步，而蠢人则其势汹汹，劈头就使出全副本领，结果却往往被退让者打倒。"在这里，毛主席引用中国历史上的大量事实，有力地批判了王明的"左"倾机会主义路线，同时也对"后发制于人"一语做了否定，改造出了"后发制人"这个成语。

　　现在学习成语很方便，各种各样的成语词典很多很多。有称收录成语最全的，有以功能多多（注音、释义、出处、构成、辨析、例句、同义反义等等）见长的，各有千秋，为大家学习成语知识提供了极大的帮助。多学习，多掌握，多使用，有助于提高语言能力、写作水平、社会文化知识水平，有益于工作学习，有益于生活交往。

　　对联是可以悬挂张贴、以对称的语句为基本表现形式、用来独立表达某种特定内容

的文学样式，是中国特有的、传统的、为老百姓喜闻乐见的、独立于诗词歌赋小说戏曲之外的一种独特别致的艺术形式，是中华文化的奇葩。

对联，文字整齐、短小精悍，语句对称、语义相连，节奏分明、平仄相谐；或典雅醇厚、精练简约，或平易明快、活泼风趣；可写景抒情、叙事言志，可应酬庆吊、游戏娱乐；它在社会生活中得到极为广泛的应用，深受青睐。婚丧寿诞，年节喜庆，宅第店门，名胜会堂，题赠恭贺，自励共勉，随时随处可见。能应对撰联，自古以来就被认为聪明机智有才气。从明清到民国，学对对子，一直是青少年学子的必修课。现在，基本上是没有专门开设对联课的了（极少数的可能有），虽然能撰写对联的人近二三十年也多起来了，但一般年轻人的对联知识几乎还是一片空白，即便是大学中文系的学生也难找出几个能写对联的。其中原因很多，这里不便深究。但是，对联作为优秀的中华传统文化之一，在现代社会生活中又有极为广泛的需求和应用，当踵事增华、发扬光大。虽说不能靠它考学求职，一般也不能当作专业，但个人（当然不是人人）掌握点基本知识，会写写对联，也懂得欣赏，还是有益有用的。

对联篇幅短小，看似简单，却有很多的规则要求。特别是对仗讲求工整稳妥的、以文言为主要语体的"严式对"，较之对仗要求相对宽松的"宽式对"（含文言联、白话联），其严要求的程度几乎可以说是苛求。

第一，对联讲求字面整齐，要求上下联字数相等，这一点，严式对、宽式对都是一样的。

第二，要求词性相类，也就是说在上下联相同位置上的词必须是同类词。要求实词对实词，虚词对虚词，名词对名词，动词对动词，数量词对数量词，形容词对形容词……如：

"精卫填海——愚公移山"联，相对应的"精卫""愚公"都是专用名词，"填""移"都是动词，"海""山"都是名词，词性相同。

"坚如磐石——固若金汤"联，相对应的"坚""固"是形容词，"如""若"是动词，"磐石""金汤"都是"名+名"的双音节名词，词性完全相同。

这一点，严式对的要求是近乎苛刻的，"按字论对"。即便是固定的合成词，还要在词素上讲究以类相从，如上例的"磐石""金汤"。同时严式对还要求按名词小类来对仗，按事物的属性细分为"天文、地理、时令、人伦、人物、宫室、草木、花卉、飞禽、走兽、鳞介"等三十几类，尽管同是名词，也不能跨小类对仗。

当然对于对联创作中最重要的模式"宽式对"来讲，这点有所放宽，可不讲究"按字论对"，不按名词小类对仗，甚至突破词类界限的"邻对"都被认可。如代词可与名词对；数量词、形容词、代词可与作修饰语的名词、动词对；疑问代词可与副词对；动词可与介词对；各类虚词可以混对。只要词性相同，复合词甚至词组中词素的原有性质也可以不必考虑。

对联在字词对仗上讲究同类，但是，要尽量避免词语同义，相对应的词语不要用同义词。

第三，字面相异。对联短小，用字少，一定不要重复用字。

如果上联你重复用了一个字，那么，在下联相应位置上的字也要重复用，才能对得起来。而修辞需要的换位重复字，和同位重复的虚词用字是允许的。如"齐头并进——并驾齐驱"的"齐""并"，"惊弓之鸟——漏网之鱼"的"之"。

第四，句式对仗上节奏相同、结构相同。节奏相同，就是要像音乐的节拍一样，

×—××—×对×—××—×；××—××对××—××，这是起码的要求。节奏不相同，结构肯定不相同，也就失去了对仗的可能。如"戴—高帽子"是"×—×-××"的节奏，与"吹—大法螺"节奏相同，结构也相同，构成对仗；而与"放下—屠刀""××—××"的节奏不同，结构也不同，就不能构成对仗。

严格的对仗，要求上下联结构相同。上联是什么结构，下联也应是什么结构。主谓结构对主谓结构，动宾结构对动宾结构，述补结构对述补结构，联合结构对联合结构，定中结构对定中结构，状中结构对状中结构，连动结构对连动结构，兼语结构对兼语结构。如：

"精卫|填|海——愚公|移|山"，是主谓宾对主谓宾；

"望穿|秋水——蹩损|春山"，是动宾对动宾；

"坚|如磐石——固|若金汤"，是述补对述补；

"云中|白鹤——天上|石麟"，定中对定中。

宽式对只要节奏相同，结构相仿也可以。但字词的词性要尽量相同，否则，看起来就太不对仗了。

第五，在语音方面，对联不必合辙押韵，但要求平仄协调相对。

平仄，是声调上的分类。古代汉语的平声（上平、下平）为平声字，上声、去声、入声为仄声字；现代汉语的阴平、阳平为平声字，上声、去声为仄声字，旧读入声字已分别转入了阴平、阳平、上声、去声。

古人发现，诗歌和韵文的句子要有韵律之美，就要平仄交错使用。两个平仄相同的字为一节，两两相间地运用，形成仄仄平平仄仄平平仄仄平平……的语音链，语音声调因此而抑扬顿挫，有规律地低昂起伏，产生出音乐美韵律美。据此，也就形成了臻于极致的格律诗的四种基本句式：

①㊉平·㊊仄㊉平仄　②㊉平·㊊平平仄仄

③㊊仄·平平㊊仄平　④㊊平·㊉仄仄平平

（㊉㊊可平可仄；小黑点"·"后的是五言句式）

要学写格律诗，你的诗句平仄就必须符合上述的句式。我们可以读读唐朝以来的经典格律诗，就会发现基本上都是这四种句式在按照"对"和"粘"的要求组合排列。所谓"对"，是指这些句式中第二个字的平仄要相反；所谓"粘"，则是它们的第二个字的平仄要相同。这四种句式中，③粘②；④粘①；①对③；②对④。在格律诗中，律诗是八句，绝句是四句，诗句的"对""粘"是这样要求的：

第一句（对）第二句（粘）第三句（对）第四句（粘）第五句（对）第六句（粘）第七句（对）第八句；　这样也就形成了五绝、五律、七绝、七律四种最基本的平仄格式。

从"对"的要求来讲，只能是句式①对③、②对④。但在格律诗中，第一句和第二句的"对"，可以是③对④或④对③，即所谓首句入韵；而其他的三四句、五六句、七八句的"对"，只能①对③或②对④，是不能③对④、④对③的；而对联中的"对"，若上下联③对④或④对③，则是最大的忌讳。

已有的研究公认，对联是格律诗出现并臻于完善后独立出来的一种文学样式，深受格律诗的影响。严式对的文言联要求上下联要如同律诗的颔联（第三四句）或颈联（第五六句）一样对仗，即：

①㊀平·㊁仄㊀平仄 —对— ③㊁仄·平平㊁仄平；

②㊀仄·㊁平平仄仄 —对— ④㊁平·㊀仄仄平平；

这种句式，这种对仗，就是"严式对"的"律联"——平仄运用符合格律诗要求的对联。一联之中两字一节的"音步"平仄交替；而上下联间"音步"节奏点上对应的字及尾字平仄相反，严格对仗。所有经典五言七言律诗的颔联、颈联都是这两组"对"；而这两组四句的"对"，又可以是一首标准正宗的绝句。如杜甫的《绝句四首》其三：

两个黄鹂鸣翠柳，　　　　　一行白鹭上青天。

②㊀仄·㊁平平仄仄 —对— ④㊁平·㊀仄仄平平

窗含西岭千秋雪，　　　　　门泊东吴万里船。

①㊀平·㊁仄㊀平仄 —对— ③㊁仄·平平㊁仄平

以上，我们用了一定的篇幅讲述格律诗的基本句式和句式的"对"，因为格律诗的基本句式和句式的"对"就是最传统最标准最正宗的对联句式和上下联句式的"对"。通过学习训练，我们熟悉掌握这几种基本句式和句式的"对"，不仅可以写出完全符合对仗要求的对联来，还了解和掌握了"粘"的含义和要求，久而久之，也是可以写作出符合格律要求的绝句律诗来的。

自对联出现以来，以文言为主要语体的文言联多是"律联"。如：

删繁就简三秋树——立异标新二月花

① 平平仄仄平平仄—— ③仄仄平平仄仄平

地到无边天作界 —— 山登绝顶我为峰

②㊀仄㊁平平仄仄 —— ④㊁平㊀仄仄平平

铁画银钩龙凤字 —— 金题玉躞圣贤书

② 仄仄平平平仄仄 —— ④平平仄仄仄平平

时至今日，楹联界仍有奉此为圭臬、尊为正宗的，一些联家也还是以此为准则来撰写和评判对联的优劣。然而，随着对联的大众化、社会化，特别是明清白话和现代汉语的普及，对联的平仄要求宽松了许多，出现了作为对联创作主要模式的"宽式对"。千百年来，对联仍能保持活泼的生命力，也就在于"严式对"与"宽式对"的并存。

古人写作七言格律诗时，有"一三五不论，二四六分明"的说法，这是对一句之中各字平仄调配的变通规定，即第一、三、五字可平可仄，第二、四、六字和第七字平仄分明，不能随意。那我们再"变通"一下，套用到对联写作中，只要上下联在"二四六"（偶数）节奏点上的字和尾字能平仄相反，即使联句不符合格律诗的平仄句式——"音步"没能平仄交替相间，也是可行的，也未必没有好联好对。我们认为，这可以是"宽式对"对联写作关于平仄的一个要求，也是符合对联创作，特别是现代汉语对联创作的实际的。

在本书中，我们也就是按这种标准要求来撰制成语联对及其扩联的。当然，这首先是由于我们的能力水平不够而"降格以求"；而另一个重要的原因，就是很多成语本身就不是平仄交替的，我们又不可能调整更改。有的四字成语第二、四字都是仄声或平声，如"曾子杀彘""叶公好龙""易道良马""老牛破车"；有的甚至四个字全为仄声或平声，如"入室弟子""积德裕后"等。这些成语入联也就很难按"律联"来协调平仄，但它们组成的成语联对及其扩联，看起来都还是可以的。如"曾子杀彘真杀

巍——叶公好龙假好龙"；"易道良马骑沓沓——老牛破车晃悠悠"；"开山祖师怀绝技——入室弟子获真传"；"大丈夫积德裕后——好儿子扬名显亲"；等等。而少数平仄合律的成语联对，其扩联平仄也可能有些不协，但联意对仗实在不错，便也保留了，如"引蛇出洞鼠占穴——调虎离山猴称王""人去楼空无人气——鸡飞蛋打剩鸡毛"等。当然，在联对及扩联的撰制中，我们也在尽力向"律联"看齐，以达到联语联意文字韵律谐美。毕竟严式对（律联）在对仗难度上体现了对仗艺术的最高境界，符合人们对对仗艺术的审美要求。我们通过不断的研习训练，也是可以撰制出标准正统的对联——律联来的，但是，它不是对联创作的主要模式，更不是对联创作的全部；"宽式对"才是对联创作的最重要的模式，才是最有生命力的。

对联的平仄问题，有几点要加以说明。

（1）一般对联都是上联仄收（尾）、下联平收（尾），但上联平收、下联仄收也是可以的，自古就有，是一种平仄类型。

（2）对联撰写，优先联意对仗，再字词结构，后音韵平仄。平仄不谐时要尽量做好调节，但不要因个别字词的平仄问题而拼凑成对损害联意。现代汉语合成词多，词形臫定，难以进行字音调节，还是可接受的。古语词也有这种情况。如"狗仗人势——狐假虎威"联，是"仄仄平仄——平仄仄平"，尽管"假"字在"虎"字前读音近似阳平，但毕竟是仄声字，与"仗"字相同，平仄似有问题，很难协调，实际上也无须更换。

（3）旧读入声字在现代汉语普通话语音中有派入平声字的、有为上声去声字的，在实际操作中，可以全作仄声字用；也可按现代语音将派为平声的作平声字用，仍为上声去声的作仄声字用。但是，在具体的一副联对里，只能采用一个标准。

第六，联意对仗，要求上下联语义相连。不管正对、反对、流水对，上下联要表现同一个主题，围绕同一个话题，不能语不及义、毫不相干。当然，被人称之为"非主题联语"的无情对和一部分对句另当别论。

以上这些是对联写作的基本规则要求，是入门知识，是必须遵循掌握的。写对联，当然还有很多艺术方法、文字功夫，修辞技巧也一定要知道、要学习掌握，要在立意、遣词、造句、谋篇、布局上下功夫；特别是对联的内容会涉及天文地理、社会历史、自然人文、五行八作、三教九流、衣食住行、风土人情、风花雪月等等，更要求具备多方面相当、相应的文化知识、观察分析能力，有才华智慧再加上推敲锤炼，才可能写出为人称道的好联来。

成语联对·《中华成语联对》

前面，我们把成语和对联放在一起来讲，那它们有没有什么关系呢？有！对联，是成语的很好的应用表现形式之一；成语，是撰写对联最好的现成的语言材料。

成语简洁精练，含意丰富深刻，节奏分明，朗朗上口，又有多样的结构和辞格，内容涉及各个方面，故而大量应用于对联之中。成语及典故入联，是历来被认可的重要手法，只要稳妥，便能平添几分历史的厚重和文化的内涵。一些脍炙人口的传世之联，都在于成语的点睛之妙。如被毛主席在《改造我们的学习》中引用过的明代大才子解缙的一副对联：

墙上芦苇头重脚轻根底浅

山间竹笋嘴尖皮厚腹中空

对联中"头重脚轻""嘴尖皮厚"两条成语，对事物形态的生动描写，由物及人，辛辣而深刻地刻画出了夸夸其谈、无实事求是之意、有哗众取宠之心、徒有虚名并无真才实学的一类人的形象。其在对联中的作用，是其他词语无法替代的。

清朝名士郑板桥的一副联：

删繁就简三秋树

立异标新二月花

郑板桥是"扬州八怪"之一，其诗书画有三绝之誉。他是一个具真性情、襟怀旷达、不守陈腐规矩的人，为官做人清廉刚正，因为民请赈被斥，托病辞官，到扬州卖字画为生。时人李啸村曾有绝妙一联题赠："三绝诗书画，一官归去来"。而郑板桥这副联很形象很准确地表现出了他自己的个性特征和对艺术创新的追求，就在于用了"删繁就简"和"立异标新"两个成语。

再如明代名士徐渭为人称道的一副联：

三间东倒西歪屋

一个南腔北调人

"东倒西歪""南腔北调"，两条成语八个字，撰联者勾画出了一个有才气的文士和他安贫乐道却又玩世不恭的个性特点和处境。其他的词语换上一大堆，也是难以达到的。这就是成语的功效和魅力。

成语可以入联，也可以单独成联，形成成语联对。很多成语为人们所熟悉，精选工对成联之后，精华+奇葩=锦上添花，自然别开生面，富有创意，较之一般对联，会给人一种似曾相识而又清新迤俪的感受，耐人寻味。例如：

舌芒于剑 笔大如椽	一针见血 三纸无驴	新硎初试 昏镜重磨	谈虎色变 见钱眼开	随风使舵 顺水推舟
半身不遂 一手包办	共襄盛举 大展宏图	语惊四座 笔扫千军	多文为富 百巧成穷	登高望远 温故知新

再如毛主席早年题赠堂妹毛泽建的一副劝学联：

绳锯木断

水滴石穿

这些成语联对，上下联语义相连、联意对仗（或正对，或反对，或流水对），写出来字面工整、对仗严格，读起来节奏分明、平仄协调，完全符合对联的格律要求；第一层次、第二层次的结构也是相同的，经得起推敲，是好联好对，可吟可诵。

对于成语写的对联，为什么我们不叫成语对联而称之为成语联对呢？

人们把对联分为联语和对句两大类，但却难以截然划分。两者对仗要求是一样的，一般认为：

联语以书面创作为主，书法美饰，可供张贴悬挂用，主题鲜明、同一，社会功能明显，简言之——文雅。

对句不供张贴悬挂之用，以口头的即兴、即情、即事的创作方式为特点，可以游离于主题，以奇巧快对见长，可以你出我对，有助兴娱乐之功能，简言之——通俗。

成语撰联兼有二者，如"望穿秋水——蹙损春山""登高望远——温故知新""共襄盛举——大展宏图"可归入联语；"半身不遂———一手包办""一针见血——三纸无驴"就不好写成楹联贴到大门两边，只能归为对句。所以统称为成语联对是较为确切适宜的。

从成语到成语联对，不是两条成语的一次简单排列，而是有机组合，是一次创作、一次飞跃。成语从语言进入了言语的范畴，成了作品。成语联对的撰写，其实也并不容易，很多比命题制联还难。成语内容形式固定，不容改动，要从成千上万的成语中，挑选到字词音义都能与之匹配、符合对仗要求的另一条成语，还真有"踏破铁鞋无觅处"的情况。像"雁过拔毛"，这么多年了，或许是占有资料有限，我们就一直还没能找到很好的对仗成语。

我们选用了6464条较为常见的成语，每条成语只用一次，撰制成3232副联对；另有很多成语用于联对扩联中。编撰成册，形成了这本《中华成语联对》。

《中华成语联对》看起来像是一本普通的成语词典，但大有不同。

（1）编写目的有所不同。一般的成语词典重在成语本身的知识，供读者学习查阅使用。《中华成语联对》侧重于成语的实际应用，引导读者从另外的一个角度去玩味把握成语，激发其对对联写作的兴趣，通过学习训练提升能力。

（2）编写模式有所不同。在一般的成语词典编写中，成语都是按首字的音序或笔画排列，分类词典则按成语内容归类排列，再依次给成语注音、释义、标明出处、辨析、例句示范等。我们的编写依照下面这种样式：

455　　　大江东去　dà jiāng dōng qù
　　　　　沧海横流　cāng hǎi héng liú
（释义）大~：长江大河浩浩荡荡向东流去，喻指社会、时序在往前运行，不停地前进。
　　　　沧~：沧海：大海。大海不按水道乱流淌。比喻社会动乱极不安定。
（结构）主谓　形-名|方-动
（扩联）古今人情事随大江东去北去
　　　　天地日月星任沧海横流竖流
2997　　原形毕露　yuán xíng bì lù
　　　　　真相大白　zhēn xiàng dà bái
（释义）原~：毕：全，完全。本来面目全部暴露了。意指伪装已被彻底剥掉。
　　　　真~：大白：完全清楚、明了。真实的情况彻底弄清楚了。
（结构）主谓　形-名|副-动
（扩联）图穷匕见原形毕露
　　　　水落石出真相大白

选用的成语以两条一组的联对形式出现（前面的数字为成语联对序号），正文联对序列，按尾字为仄声的成语（一般为上联）的首字音序排列；联对成语分别注音释义；说明语法结构并做结构分析；后面有一副扩联，作为成语联对的增字扩联示范。这是一种适合《中华成语联对》的简洁明了的编排形式。

（3）简便实用，功能不同。其他的成语词典，无论收录成语再广再全，都是供学习查阅，只作工具书用，不太适宜阅读。而我们的《中华成语联对》有较强的可读性：

① 成语联对及扩联可供吟对、欣赏、品评，成语的联对形式也利于增强读者对成语的理解和联想记忆，从而掌握更多的成语。

② 读者可以本书的成语联对作为基础，自己再去增字扩联，写出新的对联来。

入门者通过这样的练习，既能学习掌握成语，又可逐步掌握对联写作的基本规则和方法，培养起兴趣，提升能力；有经验者可由此生发、锦上添花，撰写出更多更具新意、对仗工整的好对联来，进而研习训练写作格律诗词，并从中享受到创作的乐趣。

"授鱼兼授渔"，这一点也正是我们的宗旨。

试举一例，"引蛇出洞——调虎离山"，这一成语联对通过增字扩充，可以生发出很多新的对联：

调虎离山（去）—— 引蛇出洞（来）

引蛇出洞（鼠占穴）——调虎离山（猴称王）

引蛇出洞（遭鹰啄）——调虎离山（被犬欺）

调虎离山（平原犬欺虎）——引蛇出洞（旷野鹰啄蛇）

增字扩联，可参考下面几种方式：

第一种方式，就像上面的例子一样，自己挑选一副联对（或扩联），根据联意的需要，在上下联对应处加上字数相等、词性相同、结构相同、平仄相对的词语，构成一副新的对联。例如：

（1）恃才傲物——（有才）恃才傲物——（有才）（少）恃才傲物

　　仗势欺人——（得势）仗势欺人——（得势）（休）仗势欺人

（2）虚怀若谷——（学问高深）虚怀若谷

　　壮志凌云——（目标远大）壮志凌云

（3）舌芒于剑——（三寸）舌芒于剑——（说客）（三寸）舌芒于剑

　　笔大如椽——（一支）笔大如椽——（作家）（一支）笔大如椽

（4）集思广益——集思广益（提高）——集思广益（提高）（自己）

　　踵事增华——踵事增华（光大）——踵事增华（光大）（国家）

初学者增字扩联，可先从简单的常见的词语开始，哪怕是一个字（单音节词），也要先推敲一下，只要是同类词，平仄相反，意义相对，加上去成了一副新的联语对句，你就成功了。持之以恒，熟能生巧，自会得心应手。（可参考附录三《对仗可用字词选》）

第二种方式，在比较熟悉本书的情况下，挑出两副或几副成语联对串连起来，形成一副新的对联。如2997号联对的扩联，就是与2330号联对串起来的新对联。再如：

　　　251　　　　2675

（1）藏龙卧虎——虚怀若谷

　　起凤腾蛟——壮志凌云

　　　2651　　　753　　　　2083

（2）口吐珠玑——高文宏议——声名鹊起

　　胸罗锦绣——远见卓识——文采风流

这不是凑合，也不是抄袭，而是你自己的再一次创作。看起来简单，但不下点功夫、不动点脑筋，还是做不好的。即使你已挑选好了几副联对，要串连起来，孰先孰后，也得斟酌斟酌。如以下联对：

1627	155	2255	2948	3226

呕心沥血——不求闻达——探赜索隐——有目共睹——钻故纸堆

废寝忘餐——别有情趣——阐幽显微——尽人皆知——坐冷板凳

按所列的顺序串连起来，会让人感到莫名其妙，不清楚究竟要表达什么意思。而按照下面的组合，就是一副赞扬专家学者甘于孤独寂寞、献身学术研究的好对联：

1627	2255	3226	155	2948

呕心沥血——探赜索隐——钻故纸堆——不求闻达——有目共睹

废寝忘餐——阐幽显微——坐冷板凳——别有情趣——尽人皆知

第三种方式是重新组联配对。

一是另外遴选一个成语，与成语联对的上联或下联搭配，组成一个新的成语联对。中华成语太多太多了，少说也有几万，是挖不完的富矿，足够你用的。如：

266·豺狼虎豹——·妖魔鬼怪 2899　阴魂不散——　阴魂不散·

麟凤龟龙——　麟凤龟龙　　·浩气长存——·老调重弹

二就是从词性、结构、平仄完全相同，语义内容也差不多的两副或几副成语联对中，分别挑上联和下联组成新的联对。例如：

2192	·水中捞月·	831	管中窥豹	——	·水中捞月·
	纸上谈兵		·雾里看花·	——	·雾里看花·
2899	·阴魂不散·	1009	回光返照	——	·阴魂不散·
	浩气长存		·故态复萌·	——	·故态复萌·
472	戴高帽子	89	·摆花架子·	——	·摆花架子·
	·吹大法螺·		打小算盘	——	·吹大法螺·

有关成语联对，需要说明的是：

（1）成语有本义、转义、直义（字面意义）、引申义、比喻义、形容义，还有"望文生义"。撰写联对时，使用成语的本义、转义、直义、引申义、比喻义、形容义，都是有的。本书中的释义对成语已做了明确的解释，即使联对是反其意而用之，相信也不会影响对成语和联对的理解，但大家要能区分，如"半身不遂—— 一手包办"。

（2）有少数的两条成语常常是连用的，有的成语词典作为一条成语收录，有的是分别收录，我们作为两条成语使用，组成联对，如"棋逢对手——将遇良才"。也有少许成语有两种或两种以上的形式，如"箕风毕雨"，也作"毕雨箕风"；"拣佛烧香"，也作"择佛烧香"，我们作为两条成语分别组成了联对。

（3）有的联对看起来工整，但平仄有不协之处，基于联意对仗，一时又难以置换，也就保留了，如"万世师表——一代楷模"；同样，在结构上也有对仗不严的情况。有些成语第一层次结构相同，第二层次就不一定了；有的只是同一结构类型的，仔细划分却不尽相同，如"药笼中物——畎亩下才"，都是定中结构的成语，结构划分却有不同，但从形式上看还是差不多的。当然，作为宽式对来讲，也许是可以的，但还是提请注意。

这本《中华成语联对》对于初学者和青少年掌握成语、学习对联、提升能力，是有帮助的；对有基础、有素养、有爱好、有专长的撰写者来说，也不失为一本参考资料。在中小学，可以作为培养提高学生素质的课外教材使用，教师可采取布置作业的方法，让孩子们自己去增字扩联，再加以批改品评，可以使学生快速得到提升。而在家庭里，只要大人是爱好者，有一定文化素养，就可以和孩子同读共用这本辞书。或你出我对，或共同扩写，佐以吟诵，辅以书法，一起在成语对联的撰制学习和艺术欣赏中，更深刻地感受到中华语言、中华文化独特的美丽和魅力，让孩子在浓厚的传统文化氛围中受到熏陶、素质得到提高，家长们也将乐在其中，乐此不疲。大教育家蔡元培先生说过，学对联"是作诗的基础"，有了这样的基础，进而学习中华传统诗词，从会欣赏到会写作，将是轻车熟路、事半功倍、指日可待的。

《中华成语联对》的撰写，是一个新的尝试，对我们自己来说，也是一次重要的学习过程。由于实在是能力有限、水平有限、占有资料有限，严格地依照对联的规则标准和艺术要求来讲，有些联对，特别是扩联在联意、词性、平仄以至结构上，对仗难说工整；或有"合掌"之嫌，或有格律诗联里忌讳的平仄未能相间及"三平调"之病等等，只能按"宽式对"来降低对自己的要求了。本书的联对扩联，作者多以自己对成语的理解，从自己的阅历、视角出发，杂糅着对人生、社会、历史、事理的个人见识、感悟，不一定是正确的；而许多扩联里的一些词语，几乎就是大白话，谈不上文采、风格。作为入门引领之用，固然有考虑易于青少年和初学者接受的因素，但主要还是个人的能力有限，不能尽如人意，请读者明鉴，不受误导。

从灵感触发到形成创意，从形式到内容，从手写到电脑，反反复复，斟酌推敲，历经多年，几易其稿，总算完稿了。拿出来，成不成，对不对，请读者、学者直言不讳，予以评说。

我们是"抛砖引玉"，大家来"点石成金"！

2008北京奥运会完美落幕之际
于湖南涉外经济学院
2016年5月　再修正

凡 例

一、"成语联对索引"收录撰制成联对的常用成语6464条，只用于联对扩联的成语不收录。所录成语按首字音序排列，以联对形式列出。

其所对应的上联（一般末字为仄声字）成语不另加标示；下联（一般末字为平声字）成语后面用右括号"】"标示。后面的数字为成语所在联对的序号。

正文联对按上联成语的首字音序排列。

二、正文联对的［释义］，取成语的首字加"~"代表该成语，如"大器晚成"——"大~"，先分释成语中的词义，后解释成语的意义。仅在扩展联中出现的成语，用下划线标出，不附释义。

三、联对成语的［结构］中，用"主谓""动宾""述补""定中""状中""联合""连动""兼语"等表明成语的语法结构，在结构分析图中用竖线"｜"标记，即"｜"前和"｜"后构成这种结构关系。如：

"李广难封"是主谓结构，表示为：［结构］主谓　名— ｜ 形-动

"｜"前后的"名、动、形、数、量、副、代、介、连、助"等字眼，标明成语中单音节词的词素的词性，分别为"名词（含方位）、动词、形容词、数词、量词、副词、代词、介词、连词、助词"，作为第二层次的结构不再标出，用短横线"–"连接。

重叠字则用"叠—"表示，不另标明词性。

不可分割或专用的双音节词素，则用表明词性的字眼再加"—"表示。

如"缠绵悱恻"为联合结构，"缠绵""悱恻"是形容词，结构图分析为：形—｜形—；再如前例"李广难封"的"李广"。

大多数组成联对的两个成语在结构上是相同的，但是也存在结构不尽相同的两个成语能够组成联对的情况。结构分析只是对其中一个成语的代表性结构描述，另一个成语成分词性或有不同，但结构相同或相仿（参看附录二）。

四、［扩联］，是这组成语联对的扩展——扩字联，仅作示例。请读者以成语联对为基础，自由发挥，增字扩联，不断出新。用于扩联中的成语用下划线标出，以与联对成语相区别。

五、古汉语入声字在现代普通话语音中已有分派为平声字的，如"石""福""德"等，可作平声字使用。某字在联对中作为仄声字使用时，该字加"⊞"标明。

成语联对

1

āi bīng bì shèng
哀兵必胜

qióng kòu wù zhuī
穷寇勿追

【释义】哀~：哀：悲哀。兵：军队。受凌辱而悲愤填膺的军队，敢决一死战，而必定胜利。
穷~：穷寇：穷途末路的贼寇，泛指残败的敌人。对已经无路可逃的敌人不要穷追猛打。比喻不可逼人太甚。

【结构】主谓　形-名|副-动

【扩联】穷寇勿追如困兽
　　　　哀兵必胜似雄狮

2

āi gǎn wán yàn
哀感顽艳

qì chōng dǒu niú
气冲斗牛

【释义】哀~：顽：愚顽，这里指冥顽不灵的人。艳：秀丽，这里指秀外慧中的人。形容歌声凄婉，寓意哀戚，愚笨的人和聪慧的人都为之感动。后泛指情调悲郁的文艺作品深切感人。
气~：气：怒气。斗：北斗星。牛：牵牛星。斗牛：泛指天际。形容怒气很盛，直冲天空。

【结构】主谓　名-动|名-名

【扩联】梁祝化蝶哀感顽艳
　　　　荆轲刺秦气冲斗牛

3

āi hóng biàn yě
哀鸿遍野

qióng niǎo rù huái
穷鸟入怀

【释义】哀~：哀鸿，哀鸣的鸿雁。比喻在天灾人祸、战乱中流离失所的人们，呻吟呼号，遍及四野。
穷~：穷鸟，无处栖身的鸟，投入人的怀抱。比喻处境困窘的人投靠别人。

【结构】主谓　形-名|动-名

【扩联】烽火连天哀鸿遍野
　　　　走投无路穷鸟入怀

4

āi lí zhēng shí
哀梨蒸食

liáng yù bù diāo
良玉不雕

【释义】哀~：哀梨：哀家梨，传说秣陵哀仲家的梨个大味美。意指愚人不能辨别滋味，把梨蒸熟了吃。后比喻不识货，将好东西糟蹋了。
良~：指上等玉石不需雕刻就有自然的温润美丽。然而，"玉不琢，不成器。人不学，不知义"，指好的玉石不加雕刻还是成不了上等玉器。

【结构】主谓　名-名|动-动

【扩联】良玉不雕成色好
　　　　哀梨蒸食口感差

5

āi gē dòng dì
哀歌动地

yuàn qì chōng tiān
怨气冲天

【释义】 哀～：哀歌：悲哀的歌声，多用于追悼会或葬礼。形容深切的哀伤沉痛之情。
怨～：形容怀有强烈的怨恨情绪。

【结构】 主谓 形-名|动-名

【扩联】 衔哀致诚哀歌动地
构怨伤化怨气冲天

6

āi sī háo zhú
哀丝豪竹

tiě bǎn tóng xián
铁板铜弦

【释义】 哀～：丝：弦乐器，弦乐。竹：竹制管乐器。泛指悲壮动人的音乐。
铁～：义同"铜琶铁板"。形容豪爽激越的文辞。

【结构】 联合 形-名|形-名

【扩联】 铁板铜弦歌勇士
哀丝豪竹颂英雄

7

ǎi rén kàn xì
矮人看戏

xiā zǐ mō yú
瞎子摸鱼

【释义】 矮～：矮子夹在观众中看戏看不到，只能跟着别人说坏叫好。比喻无所见闻而随声附和。
瞎～：比喻不看或不顾实际情况，主观盲目地行事。

【结构】 主谓 名—|动-名

【扩联】 矮人看戏随声附和
瞎子摸鱼凭手感知

8

ài cái hào shì
爱才好士

jìng lǎo zūn xián
敬老尊贤

【释义】 爱～：爱护、重视人才。语见唐·房玄龄《晋书·殷仲文传》："刘毅爱才好士，深相礼接，临当之郡，游宴弥日。"
敬～：贤：有德行、有才能的人。尊敬年老的和有德有才的人。

【结构】 联合 动-名|动-名

【扩联】 敬老尊贤护驾多元老
爱才好士当朝有帅才

9

ài hè shī zhòng
爱鹤失众

wàng quán dé yú
忘筌得鱼

【释义】 爱～：因喜爱鹤而失去人心。比喻因小失大。语见《左传·闵公二年》："狄人伐卫。卫懿公好鹤，鹤有乘轩者。将战，国人受甲者皆曰：使鹤，鹤有禄位，余焉能战？"
忘～：筌：捕鱼用的竹器。鱼已捕得，却忘记了捕鱼的筌。比喻悟道者忘其形骸。后也比喻目的已达到，而忘了赖以成功的手段或凭借物。也作"得鱼忘筌"。

【结构】 连动 动-名|动-名

【扩联】 爱鹤失众国无战者
忘筌得鱼人落微词

10

ài lǎo cí yòu
爱老慈幼

fú gū zhù pín
扶孤助贫

【释义】 爱～：慈：仁慈，善待。爱护老人和幼儿。
扶～：扶：扶持，救助。扶助孤寡和穷人。

【结构】 联合 动-名|动-名

【扩联】 扶孤助贫行善举
爱老慈幼有仁心

11

ài mín ruò zǐ
爱 民 若 子
zhí fǎ rú shān
执 法 如 山

【释义】 爱~：爱护老百姓像爱护自己的子女。
执~：严格执法，如山一样坚定，不可动摇。
【结构】 述补 动-名|形-名
【扩联】 爱民若子民安定
执法如山法谨严

12

ài mò néng zhù
爱 莫 能 助
qíng hé yǐ kān
情 何 以 堪

【释义】 爱~：爱：怜惜、同情。意指虽然同情怜惜，愿意帮忙，却无能为力。
情~：堪：能忍受，能承受。感情上又怎么能承受这种情况呢？语出《世说新语》："昔年种柳，依依汉南。今看摇落，凄怆江潭。树犹如此，人何以堪？"
【结构】 述补 动|副-动-动
【扩联】 爱莫能助心滴泪
情何以堪地无门

13

ài rén lì wù
爱 人 利 物
kè jǐ jìn zhí
克 己 尽 职

【释义】 爱~：爱护大众，力求有利于大众。语见《庄子·天地》"爱人利物之谓仁。"
克~：约束自己，恪尽职守。
【结构】 联合 动-名 动-名
【扩联】 克己尽职常励己
爱人利物不同人

14

ài shēng wù sǐ
爱 生 恶 死
qì jiù lián xīn
弃 旧 怜 新

【释义】 爱~：恶：厌恶。喜爱生存、生命，厌恶死亡。
弃~：怜：爱怜。指抛弃旧宠，爱上新欢。
【结构】 联合 动-动 动-动
【扩联】 爱生恶死是人性
弃旧怜新改本心

15

ài sù hào gǔ
爱 素 好 古
guī quán fǎn zhēn
归 全 反 真

【释义】 爱~：指喜爱朴素，不趋时尚。语见南朝梁·沈约《宋书·隐逸传·王弘之》："殿下爱素好古，常若布衣。"
归~：返回完满的本原之境。语见白居易《故饶州刺史吴府君神道碑铭序》："无室家累，无子孙忧，屈伸宠辱，委顺而已，未尝一日戚戚其心颜，以至于归全反真，故予所谓达人之徒欤，信矣！"
【结构】 联合 动-形 动-形
【扩联】 爱素好古拒�尚
归全反真回本原

16

ān bāng zhì guó
安 邦 治 国
dù zhèng hài mín
蠹 政 害 民

【释义】 安~：安：安定。治：治理。邦、国：国家。使国家安定而得到治理。
蠹~：蠹：蛀蚀，损害。指祸国殃民。语见唐·令狐德棻《周书·晋荡公护传》："凡所委任，皆非其人，兼诸子贪残，僚属纵逸，恃护威势，莫不蠹政害民。"
【结构】 联合 动-名|动-名
【扩联】 蠹政害民乃祸患
安邦治国是忠良

17

ān cháng chǔ shùn
安 常 处 顺

shǒu yuē jū qióng
守 约 居 穷

【释义】 安~：安：习惯于。处：居住。习惯于平稳的日子，处于顺利的境遇中。
守~：约：俭约，穷困。守约：保持俭约。居穷：处于穷困状态。保持俭约，居于贫困。指过着贫困简朴的生活。

【结构】 联合 动-形|动-形

【扩联】 守约居穷莫惹祸
安常处顺别遭灾

18

ān fèn shǒu jǐ
安 分 守 己

zuò jiān fàn kē
作 奸 犯 科

【释义】 安~：分：本分。己：自己，这里指自己有的品节。安守本分，保持品节，规矩老实。
作~：科：科条，指法律条文。为非作歹，违犯法律。

【结构】 联合 动-名|动-名

【扩联】 作奸犯科忌听人骂贼
安分守己不怕鬼敲门

19

ān jū lè yè
安 居 乐 业

bèi jǐng lí xiāng
背 井 离 乡

【释义】 安~：居：住所。业：职业。安于居所的环境，乐于自己的职业。形容社会稳定，百姓安定。
背~：背：离开。井：古制八家为井，引申为乡里。常用以指被迫远离家乡，出外谋生。

【结构】 联合 动-名|动-名

【扩联】 国富民丰安居乐业
兵荒马乱背井离乡

20

ān mín zé huì
安 民 则 惠

wàng zhàn bì wēi
忘 战 必 危

【释义】 安~：惠：仁惠。能安民就是仁惠。语见《尚书》："知人则哲，能官人；安民则惠，黎民怀之。"
忘~：忽略忘记了战备，国家就一定会产生危险。语见《汉书·主父偃传》："国虽大，好战必亡；天下虽平，忘战必危。"

【结构】 连动 动-名|副-形

【扩联】 忘战必危生战乱
安民则惠得民心

21

ān pín lè dào
安 贫 乐 道

gān fèn suí yuán
甘 分 随 缘

【释义】 安~：贫：贫寒境遇。道：圣贤之道。安于贫寒的境遇，乐于遵奉正道。语见南朝宋·范晔《后汉书·杨彪传》："安贫乐道，恬于进趣，三辅诸儒莫不慕仰之。"
甘~：甘愿顺随时世和缘分。

【结构】 联合 动-名|动-名

【扩联】 安贫乐道通天道
甘分随缘结善缘

22

ān rán wú yàng
安 然 无 恙

míng zhé bǎo shēn
明 哲 保 身

【释义】 安~：恙：病。平平安安，没有意外，没有危险。
明~：原指明智的人善于回避危险，保全自身。后多指为了个人利益，不讲原则，放弃斗争的处世态度。

【结构】 状中 形一|动-名

【扩联】 安然无恙远灾祸
明哲保身免是非

23

ān wēi yǔ gòng
安危与共
fēng yǔ tóng zhōu
风雨同舟

【释义】安~：安全、危险都一起承受。指在一起同生死、共安危。
风~：在狂风暴雨中同乘在一条船上，一起与风雨搏斗。比喻互相帮助，共同经历患难。
【结构】主谓　名-名|动-名
【扩联】通家弟兄安危与共
　　　　患难朋友风雨同舟

24

ān xián zì zài
安闲自在
láo lù bēn bō
劳碌奔波

【释义】安~：安闲：安静闲适。自在：自由自在。形容清闲无事，自由自在。
劳~：劳碌：劳累繁忙。奔波：很辛苦地来回奔走。形容为生活而劳苦艰辛。
【结构】联合　形一|形一
【扩联】劳碌奔波艰辛岁月
　　　　安闲自在幸福时光

25

ān yíng zhā zhài
安营扎寨
pò fǔ chén chuán
破釜沉船

【释义】安~：安置军营，建好军营周围的栅栏。指军队在某地驻扎。现也指为完成某项任务而临时在某地住下。
破~：釜：古代做饭用的大锅。打破饭锅，弄沉渡船，与敌人进行生死搏斗。比喻决心战斗到底，决不后退。语见清·梁启超《南学会序》："震撼精神，致心皈命，破釜沉船，以图自保于万一。"
【结构】联合　动-名|动-名
【扩联】破釜沉船拼性命
　　　　安营扎寨保边防

26

ān yú xiàn zhuàng
安于现状
mí zài dāng jú
迷在当局

【释义】安~：满足于目前的工作、生活状况，而不求进取。
迷~：局：棋局。即"当局者迷"。对弈时，下棋的人（当局者）往往陷于主观片面，而导致迷乱。而"旁观者清"。
【结构】述补　动|介-名一
【扩联】不思进取安于现状
　　　　自作聪明迷在当局

27

àn xiāng shū yǐng
暗香疏影
wèi zǐ yáo huáng
魏紫姚黄

【释义】暗~：暗香：清幽的香气。疏影：稀疏的影子。指称"梅花"。因宋·林逋《山园小梅二首》之一有："疏影横斜水清浅，暗香浮动月昏黄。"宋·姜夔以"暗香""疏影"作二词。遂以"暗香疏影"代指梅花。
魏~：魏紫：二叶肉红花，出自五代时魏仁溥家。姚黄：千叶黄花，出于姚家。宋代洛阳两种名贵的牡丹花品名。后用以泛指牡丹花名贵品种。
【结构】联合　形-名|形-名
【扩联】暗香疏影三冬雪
　　　　魏紫姚黄四月花

28

àn wú tiān rì
暗 无 天 日

cǎn jué rén huán
惨 绝 人 寰

【释义】 暗~：天日：天上的太阳，指光亮、光明。形容极端黑暗，没有一线光明。
惨~：惨：残酷，惨痛。人寰：人世。人世上最残酷（最凄惨）的事。形容残酷（凄惨）到了极点。
【结构】 述补　形|动-名/名
【扩联】 独裁统治暗无天日
种族仇杀惨绝人寰

29

àn wú liú dú
案 无 留 牍

zhāng mǎn gōng chē
章 满 公 车

【释义】 案~：案：桌案。牍：公文。桌案上没有积压的公文。形容办理公务干练、及时。语见清·朱彝尊《〈商丘宋代家乘〉序》："易市七年，国奢示之以俭，事烦行之以简，月要岁会，久而案无留牍。"
章~：章：奏章。公车：汉代接待臣民上书的官署。形容奏章之多。语见《史记·滑稽列传》："朔初入长安，至公车上书，凡用三千奏牍。公车令两人，共持举其书，仅然能胜之。"
【结构】 主谓　名|动-形-名
【扩联】 章满公车呈圣上
案无留牍到明天

30

àn bīng bù dòng
按 兵 不 动

yǐ mǎ lì chéng
倚 马 立 成

【释义】 按~：按：抑止。兵：军队。抑止军队，暂不出动，以待时机。现也泛指要做某件事而不立即行动。
倚~：倚：靠着。站在战马前起草文稿可以立等完成。后形容文思敏捷。
【结构】 述补　动-名|副-动
【扩联】 倚马立成传羽檄
按兵不动候佳音

31

àn tú suǒ jì
按 图 索 骥

shùn téng mō guā
顺 藤 摸 瓜

【释义】 按~：索：寻找。骥：良马。按照图像去寻求良马。比喻做事拘泥于教条。现也比喻按线索寻找。
顺~：顺着瓜藤去摸瓜。比喻循着一定线索深入下去，寻根究底。
【结构】 状中　动-名|动-名
【扩联】 顺藤摸瓜容易
按图索骥困难

32

áng xiāo sǒng hè
昂 霄 耸 壑

bù yuè dēng yún
步 月 登 云

【释义】 昂~：昂：高。壑：山谷。高出云霄，耸立山壑。形容才能杰出，建有宏大功业。也形容志气高昂，胸怀宽广。
步~：步入月宫，攀登云霄。借喻志向远大。
【结构】 联合　动-名|动-名
【扩联】 步月登云游广宇
昂霄耸壑矮群山

33

áo áo dài bǔ
嗷 嗷 待 哺

yù yù guǎ huān
郁 郁 寡 欢

【释义】嗷~：嗷嗷：哀号声。哺：喂养。哀号着等待喂养。形容饥饿时渴望得到食物的情景。
郁：郁郁：发愁的样子。寡：少。心中愁闷，缺少欢乐。
【结构】状中　叠—|动-动
【扩联】孩儿饿肚嗷嗷待哺
父母焦心郁郁寡欢

34

áo bīng chì bì
鏖 兵 赤 壁

wèn dǐng zhōng yuán
问 鼎 中 原

【释义】鏖~：鏖：激烈地战斗。赤壁：地名，在湖北蒲圻西北。出自刘备、孙权联军在赤壁用火攻大破曹操兵马的故事。
问~：鼎：指夏禹所铸九鼎，为夏商周三朝传国之宝。问鼎：楚庄王陈兵洛水，向周王朝炫耀武力，询问九鼎情况。指妄图夺取天下。
【结构】述补　动-名|名—
【扩联】问鼎中原图宝鼎
鏖兵赤壁破曹兵

35

ào màn shǎo lǐ
傲 慢 少 礼

tiān zhēn wú xié
天 真 无 邪

【释义】傲~：待人态度傲慢，欠缺礼节。
天~：天真：单纯，不做作，不虚伪。无邪：没有不正当的念头。非常单纯，没有邪念。
【结构】述补　形—|动-名
【扩联】天真无邪三尺童子
傲慢少礼一介武夫

36

ào nì wàn wù
傲 睨 万 物

bù shí yī dīng
不 识 一 丁

【释义】傲~：傲睨：傲慢地斜着眼睛看。万物：一切事物。蔑视一切事物（现含贬义）。
不~：形容人文盲，不认识一个字。
【结构】动宾　副-动|数-名
【扩联】半斜眼傲睨万物
全文盲不识一丁

37

ào shuāng líng xuě
傲 霜 凌 雪

pò làng chéng fēng
破 浪 乘 风

【释义】傲~：傲：傲慢，蔑视。凌：凌辱，欺侮。霜、雪：比喻冷酷无情的打击和迫害。形容面对冷酷无情的打击和迫害无所畏惧，坚贞不屈。
破~：趁着顺风，破浪前进。比喻有远大的理想和抱负，不畏困难，奋勇前进。也用以形容利用有利的形势和条件继续前进。
【结构】联合　动-名|动-名
【扩联】红梅礼赞傲霜凌雪
大海航行破浪乘风

38

bā fāng fēng yǔ
八 方 风 雨

sì hǎi ān wēi
四 海 安 危

【释义】八~：四面八方风雨聚会。比喻形势骤然变幻，动荡不安。
四~：四海：全国各地。全天下的安危。
【结构】定中　数-名|名-名
【扩联】眼观八方风雨
心系四海安危

39

bā fāng hū yìng
八方呼应
sì hǎi fēng cóng
四海风从

【释义】 八~：形容各个方面互相响应，彼此配合。
四~：四海：全国各地。风：像风那样迅速。从：跟随，指响应。普天之下都迅速地起来响应。

【结构】 主谓　数-名|动一

【扩联】 一言兴邦八方呼应
三徙成国四海风从

40

bā fāng jìn bǎo
八方进宝
sì hǎi chéng fēng
四海承风

【释义】 八~：各地都来（向君王）进贡宝物。
四~：四海：古人以为中国四面为海，"四海"指全国各地。承：承受。风：教化，感化。旧时比喻君王施政教于天下，人民受到教化。语见《孔子家语·好生》："舜之为君也，其政好生而恶杀，其任授贤而替不肖，德若天地而静虚，化若四时而变物，是以四海承风。"

【结构】 主谓　数-名|动-名

【扩联】 四海承风化
八方进宝来

41

bā fāng jǐng yǎng
八方景仰
sì hǎi chéng píng
四海承平

【释义】 八~：八方：四方（东、南、西、北）和四隅（东南、东北、西南、西北）的总称，泛指各方。意指得到各方面的尊敬、仰慕。
四~：承平：太平。指全国境内在一个相当长的时期内太平无事。语见《史记·孝武本纪》："孝武纂极，四海承平。志尚奢丽，尤敬神明。"

【结构】 主谓　数-名|形一

【扩联】 四海承平安社稷
八方景仰献忠诚

42

bā fāng yóu shuì
八方游说
sì hǎi piāo líng
四海飘零

【释义】 八~：游说：古代有一种叫做"说客"的人，奔走于各地，仗着口才劝说君主采纳其政治主张，称为"游说"。泛指为了某种目的而到处宣传、劝说、解释。
四~：四海：代指全国各地。飘零：比喻遭到不幸，失去依靠，生活不安定。指到处漂泊，生活无着。

【结构】 状中　数-名|动一

【扩联】 嘴上两片皮八方游说
胯下一双脚四海飘零

43

bā hóng tóng guǐ
八纮同轨
sì hǎi guī zōng
四海归宗

【释义】 八~：八纮：指四面八方的遥远之地。同轨：车同轨。用以比喻天下一统。
四~：四海：指全国各地。归宗：归向。天下归向一统。

【结构】 主谓　数-名|动-名

【扩联】 四海归宗炎黄一脉
八纮同轨华夏万年

44

bā huā jiǔ liè
八花九裂

bǎi kǒng qiān chuāng
百孔千疮

【释义】八~：八处开花，九处裂缝。比喻缝隙漏洞很多。
百~：成百上千的漏洞、创口。比喻事物毛病多或破坏严重。
【结构】联合 数-名|数-名
【扩联】八花九裂可缝补
百孔千疮难整修

45

bā qí zǐ dì
八旗子弟

sān zhǐ xiàng gōng
三旨相公

【释义】八~：八旗：过去满族户籍与军队相结合的一种社会组织形式。满族人都被编入八旗，即正黄旗、正白旗、正红旗、正蓝旗、镶黄旗、镶白旗、镶红旗、镶蓝旗。入关后，八旗兵成为清王朝统治全国的工具。八旗子弟倚仗其优越的身份地立，吃喝玩乐，腐化堕落。借指那些依靠家庭地位胡作非为、腐败无能的子弟。
三~：讽刺庸碌低能、毫无主见的大官。语见元·脱脱等《宋史·王圭传》："以其上殿进呈，曰取圣旨；上可否讫，云领圣旨；退谕禀事者，曰已得圣旨也。"
【结构】定中 数-名|名-名
【扩联】八旗子弟祖宗荫庇
三旨相公皇帝包容

46

bā tái dà jiào
八抬大轿

yī yè piān zhōu
一叶扁舟

【释义】八~：旧时指供高官等乘坐的八个人抬的大轿子。泛指隆重或条件优厚。
一~：扁舟：小船。像一片树叶一样漂浮在水上的一条小船。形容失意之人或文人雅士远离纷扰尘世的一种追求或生活方式。
【结构】定中 数-量|形-名
【扩联】一叶扁舟乘雅士
八抬大轿坐高官

47

bā xiān guò hǎi
八仙过海

sān shòu dù hé
三兽渡河

【释义】八~：相传八仙过海时不用船筏，各自用自己的法术。比喻人们在从事某种事业时，各自大显身手。
三~：兔、马、象三兽渡河，入水深浅不同。原比喻佛教徒领会教义各有深浅。现比喻同学或同做一件事，下的功夫不同，结果也就不同。
【结构】主谓 数-名|动-名
【扩联】三兽渡河自知深浅
八仙过海各显神通

48

bā yīn è mì
八音遏密

yī mìng wū hū
一命呜呼

【释义】八~：八音：古代乐器的统称。遏：阻止。密：寂静。各种乐器停止演奏，乐声寂静。旧指皇帝死后停乐举哀，乐声寂静。后乜用于形容国家元首之死。也作"遏密八音"。
一~：呜呼：表示悲哀痛惜的感叹词，常用于祭文之末。指人死亡。含有诙谐意味。
【结构】主谓 数-名|动-动
【扩联】宫廷八音遏密
皇帝一命呜呼

49

bā yīn dié zòu
八音迭奏

bǎi yuè qí míng
百乐齐鸣

【释义】 八~：八音：古代乐器的统称。指金（钟）、石（磬）、丝（琴、瑟）、竹（箫、笛）、匏（笙、竽）、土（埙）、革（鼓）、木（柷）八类。迭：交替，轮流。八类乐器轮流演奏。形容演奏场面盛大。语见《晋书·乐志下》："八音迭奏，雅乐并作。"
百~：百：多种，各种。乐：音乐，乐器。各种管乐弦乐打击乐一齐奏响。形容欢乐热闹的景象。

【结构】 主谓　数-名|动-动

【扩联】 八音迭奏无南郭
百乐齐鸣有滥竽

50

bā shé tūn xiàng
巴蛇吞象

jié quǎn fèi yáo
桀犬吠尧

【释义】 巴~：巴蛇：古代传说中的大蛇。大蛇吞吃大象。比喻贪心极大，不知满足。
桀~：桀：夏代最末的一个君主，残暴凶恶。尧：传说中的远古时代"圣君"。意思是暴君桀养的狗咬圣君，即恶人的狗咬好人。比喻奴才为主子效劳，不问善恶好坏。

【结构】 主谓　名-名|动-名

【扩联】 巴蛇吞象小贪大
桀犬吠尧愚害贤

51

bá shān shè shuǐ
跋山涉水

mù yǔ zhì fēng
沐雨栉风

【释义】 跋~：跋：在山上行走。涉：徒步过水，泛指在水上经过。爬山蹚水。形容长途远行的艰辛劳苦。
沐~：形容在外奔波，不避风雨历尽艰辛。

【结构】 联合　动-名|动-名

【扩联】 跋山涉水征途劳苦
沐雨栉风世路艰辛

52

bá dāo xiāng zhù
拔刀相助

xiù shǒu páng guān
袖手旁观

【释义】 拔~：拔出刀来帮助受欺侮的人。指主持正义，打抱不平。
袖~：把手笼在袖子里，在一旁冷眼观望。指置身事外，不闻不问。

【结构】 状中　动-名|副-动

【扩联】 路见不平当拔刀相助
事关重大怎袖手旁观

53

bá máo lián rú
拔茅连茹

ài wū jí wū
爱屋及乌

【释义】 拔~：茅：茅草。茹：草根部互相牵连的样子。拔茅草连带把根部牵连的东西都带出来了。比喻一人选拔提升，连带一些有关系的人一同引进。
爱~：乌：乌鸦。爱房屋以及屋上的乌鸦。比喻爱一个人而连带喜爱同他有关联的人或物。

【结构】 连动　动-名|动-名

【扩联】 爱屋及乌弟兄得宠
拔茅连茹鸡犬升天

54

bá kuí qù zhī
拔 葵 去 织

yìn mǎ tóu qián
饮 马 投 钱

【释义】 拔~：葵：蔬菜名，我国古代重要蔬菜之一。织：纺织。种葵织布是古代民众的主要收入来源，（官员）拔掉自家所种之葵，制止妻子纺纱织布。形容在官不与民争利。语见《史记·循吏列传》："（公仪休）食茹而美，拔其园葵而弃之，见其家织布好，而疾出其家妇，燔其机。云：'欲令农士工女安所雠其货乎？'"

饮~：饮马：给马喂水。（在渭水河）给马喂水后，投下铜钱，作为水费。比喻为人廉洁，不损公肥私。语见唐·徐坚《初学记》卷六引《三辅决录》："安陵清者有项仲仙，饮马渭水，每投三钱。"

【结构】 连动 动-名|动-名
【扩联】 饮马投钱唐代吏
拔葵去织汉朝官

55

bá miáo zhù zhǎng
拔 苗 助 长

yuè zǔ dài páo
越 俎 代 庖

【释义】 拔~：把苗拔高，用以帮助秧苗快长。比喻违反事物规律，强求速成。

越~：越：超越。俎：古代祭祀时摆牛羊等祭品的礼器。庖：庖丁，厨师。比喻超越职权范围去办事或包办代替。

【结构】 连动 动-名|动-动
【扩联】 拔苗助长办砸事
越俎代庖得罪人

56

bá shān gāng dǐng
拔 山 扛 鼎

hàn dì yáo tiān
撼 地 摇 天

【释义】 拔~：扛鼎：将鼎举起来。拔起大山，举起宝鼎。形容力大无比，勇武过人。语见《史记·项羽本纪》："籍（项羽）长八尺余，力能扛鼎。"

撼~：撼：撼动，摇动。使天地都抖动起来。形容力气、本领和气魄极大。

【结构】 联合 动-名|动-名
【扩联】 撼地摇天敌阵夺帅
拔山扛鼎乌江别姬

57

bá shí dé wǔ
拔 十 得 五

jǔ yī fǎn sān
举 一 反 三

【释义】 拔~：拔：指选拔人才。意指选拔人才，即使一半不合格，还能得到一半的真才。语见宋·欧阳修《新唐书·张九龄传》："夫吏部尚书、侍郎，以贤而授者也，岂不能知人？如知之难，拔十得五，斯可矣。"

举~：举：提出。反：推及，推论。三：多次或多数。比喻从一件事情类推而知道许多事情。形容善于类推，触类旁通。

【结构】 连动 动-数|动-数
【扩联】 举一反三是本事
拔十得五有人才

58

bá xī zhuó xiàng
拔犀擢象

fú hǔ xiáng lóng
伏虎降龙

【释义】 拔~：拔、擢：提拔。犀牛与象都是大型动物，这里比喻超凡的人物。意谓提拔才能出众的人。
伏~：伏、降：使驯服。使恶龙归降，使猛虎驯服。佛教中形容高僧法力强大。后比喻力量强大，能战胜大困难或恶势力。

【结构】 联合　动-名|动-名

【扩联】 伏虎降龙神力大
拔犀擢象人才多

59

bá zhì yì zhì
拔帜易帜

zài zhōu fù zhōu
载舟覆舟

【释义】 拔~：帜：旗子。易：换。拔去对方的旗子，换上自己的旗子。比喻取而代之。
载~：载：负担，承受。覆：翻。能托着船，也能翻船。意指百姓像水一样能拥护一个政权，也能推翻一个政权。

【结构】 连动　动-名|动-名

【扩联】 载舟覆舟是百姓
拔帜易帜靠三军

60

bái jū guò xì
白驹过隙

kuài mǎ jiā biān
快马加鞭

【释义】 白~：白驹；小白马，喻指太阳。像小马驹在缝隙间一闪而过。形容时光过得很快。
快~：跑得很快的马再加上几鞭，使马跑得更快。形容快上加快。

【结构】 主谓　形-名|动-名

【扩联】 白驹过隙稍纵即逝
快马加鞭猛追紧跟

61

bái tóu xié lǎo
白头偕老

hóng dòu xiāng sī
红豆相思

【释义】 白~：夫妻共同生活，和睦恩爱，一同变老。常做祝颂之辞。
红~：红豆：相思木所结子，古时常用以比喻爱情或相思。唐朝王维有诗："红豆生南国，春来发几枝；愿君多采撷，此物最相思。"

【结构】 主谓　形-名|副-动

【扩联】 白头偕老百年爱
红豆相思两地情

62

bái yún cāng gǒu
白云苍狗

cāng hǎi sāng tián
沧海桑田

【释义】 白~：苍：黑色。白云变成黑狗的形状。比喻世事变化无常。
沧~：桑田：农田。大海变桑田，桑田成大海。比喻世事变化很大。

【结构】 联合　形-名|形-名

【扩联】 白云苍狗一时半会
沧海桑田万载千年

63

bái yún qīn shě
白云亲舍

fēng yǔ gù rén
风雨故人

【释义】 白~：唐朝狄仁杰在并州为官时，常登太行山望天边白云孤飞，对左右说："我的父母双亲就住在白云下面。"比喻思念亲人。
风~：曾风雨同舟共过患难的老朋友。

【结构】 定中　形-名|形-名

【扩联】 白云亲舍在
风雨故人来

64

bǎi bān chǒng ài
百 般 宠 爱

shí xí zhēn cáng
什 袭 珍 藏

【释义】百~：宠爱：娇宠偏爱。用尽各种方式予以娇宠偏爱。
什~：什：同"十"。什袭：把物品重重叠叠地包裹起来。形容很郑重地很珍贵地收藏着。
【结构】状中　数-量|动一
【扩联】掌上明珠百般宠爱
家中宝贝什袭珍藏

65

bǎi bān diāo nàn
百 般 刁 难

yí yì gū xíng
一 意 孤 行

【释义】百~：刁难：故意使人为难。用各种手段使对方为难。
一~：一意：一己之意。孤：单独。坚持按个人的意愿去行动。语见《史记·酷吏列传》："禹终不报谢，务在绝知友宾客之请，孤立行一意而已。"
【结构】状中　数-量|形-动
【扩联】严于律人百般刁难
宽以待己一意孤行

66

bǎi chuān guī hǎi
百 川 归 海

wàn lǐ tóng fēng
万 里 同 风

【释义】百~：川：江河。众多江河流入大海。比喻大势所趋或众望所归。也比喻许多分散的事物汇集到一个地方。语见汉·刘安《淮南子》："百川异源，而皆归于海。"
万~：风：教化，风俗。万里之阔，风俗同一。比喻天下（国家）统一。语见《汉书·终军传》："今天下为一，万里同风。"
【结构】主谓　数-名|动-名
【扩联】百川归海江山趋一统
万里同风华夏合九州

67

bǎi dú bù yàn
百 读 不 厌

yì lǎn quán shōu
一 览 全 收

【释义】百~：读一百遍也不觉厌烦。形容作品有吸引力，耐人寻味。
一~：一望便尽收眼底。形容视野开阔，景物都能看到。也形容诗文等浅显平淡，毫无余味。
【结构】述补　数-动|副-动
【扩联】诗词曲赋百读不厌
山水风光一览全收

68

bǎi duān dài jǔ
百 端 待 举

yī shì wú chéng
一 事 无 成

【释义】百~：端：项目。举：举办。很多的项目、事业都等待着要举办。
一~：一件事情都没有办成。形容毫无成绩。
【结构】主谓　数-名|动-名
【扩联】百端待举抢先起步
一事无成赶快加油

69

bǎi huā càn làn
百 花 灿 烂

wàn mǎ bēn téng
万 马 奔 腾

【释义】百~：灿烂：光彩鲜明耀眼。各种花木如花似锦，鲜明耀眼。
万~：无数马匹奔跑跳跃。常用以形容声势浩大，气魄雄伟，进展迅速等情状。
【结构】主谓　数-名|形一
【扩联】大地回春百花灿烂
中华筑梦万马奔腾

70

bǎi huā qí fàng
百 花 齐 放

wǔ gǔ fēng dēng
五 谷 丰 登

【释义】 百~：各色各样的花朵一起开放。比喻艺术上不同的形式和风格的自由发展。也指不同的事物各有各的好处。
五~：五谷：古书中一般指稻、黍、稷、麦、豆，泛指粮食作物。登：成熟。五谷丰收。形容年成好。

【结构】 主谓　数-名|形-动

【扩联】 春暖景明百花齐放
秋高气爽五谷丰登

71

bǎi huā zhēng yàn
百 花 争 艳

wàn wù gēng xīn
万 物 更 新

【释义】 百~：各种鲜花竞相开放，争奇斗艳。多用以形容艺术界的繁荣景象。也泛指生机勃勃的社会和自然景象。
万~：万物：万事万物，一切景象。万事万物、一切景象都变了新面貌。多形容新春景象。新春吉祥用语。

【结构】 主谓　数-名|动-形

【扩联】 百花争艳春回大地
万物更新福满人间

72

bǎi jiā zhū zǐ
百 家 诸 子

yī dài chuán rén
一 代 传 人

【释义】 百~：百家：各个派别。诸子：先秦时各学派的代表人物，如儒家的孔子、孟子，法家的商鞅、韩非子，道家的老子、庄子，墨家的墨子等。也指他们的代表著作。指先秦时期所出现的各家学说。
一~：传人：能够继承某种学术而使之流传的人。一种学术、一种流派在一个世代中的传人。

【结构】 定中　数-名|动-名

【扩联】 百家诸子百家鼻祖
一代传人一代宗师

73

bǎi líng méi shòu
百 龄 眉 寿

wàn lǐ péng chéng
万 里 鹏 程

【释义】 释义）百~：百龄：百岁。眉寿：长寿，旧说或以为年寿高者眉长是寿徵，故曰眉寿。老人长眉秀出，长寿百岁。祝寿的颂词。
万~：鹏程：大鹏鸟飞行的路程。万里之遥的大鹏飞程。比喻前程远大。

【结构】 定中　数-名|名-名

【扩联】 百龄眉寿老前辈
万里鹏程小后生

74

bǎi mǎ fá jì
百 马 伐 骥

yī yán xiàn rén
一 言 陷 人

【释义】 百~：骥：良马。许多马围攻一匹好马。比喻许多诸侯小国围讨伐一个强国，或许多愚笨的人攻击一个贤德的人。语见《管子·霸言》："诸侯和则强，孤则弱。骥之材，而百马伐之，骥必罢矣。"
一~：一句话就把一个人陷害了。

【结构】 主谓　数-名|动-名

【扩联】 一言陷人人受害
百马伐骥骥遭殃

75

bǎi nián bù yù
百 年 不 遇
qiān zǎi nán féng
千 载 难 逢

【释义】 百~：百年：形容时间久远。一百年也碰不到。
千~：一千年也难遇上。形容机会难得。
【结构】 状中　数-名|副-动
【扩联】 百年不遇何时遇
千载难逢今日逢

76

bǎi nián dà jì
百 年 大 计
yì zhǐ kōng wén
一 纸 空 文

【释义】 百~：百年：指长时间。计：计划，措施。指关系到长远、未来的重要计划或措施。
一~：白白地写在纸上而实际不能兑现的东西。多指条约、规定、计划等。语见清·李宝嘉《官场现形记》第四十六回："近来又有什么外销名目，说是筹来了款项，只能办理本省之事，将来不过一纸空文咨部塞责。"
【结构】 定中　数-量|形-名
【扩联】 百年大计长篇大套
一纸空文枯竹空言

77

bǎi nián hǎo hé
百 年 好 合
wàn shì hēng tōng
万 事 亨 通

【释义】 百~：夫妻永远和好之意。新婚祝福语。语见清·竹溪山人《粉妆楼》第一回："百年好合，千载团圆恭喜。"
万~：亨通：通达，顺利。指所有事情都进行得非常顺利。
【结构】 主谓　数-名|形-动
【扩联】 互敬互爱百年好合
相帮相扶万事亨通

78

bǎi nián hé hé
百 年 和 合
qiān lǐ yīn yuán
千 里 姻 缘

【释义】 百~：和合：和睦同心。夫妻永远和睦同心。新婚祝词。
千~：姻缘：旧时认为结为夫妻是因为有缘分，因此用姻缘指男女的婚姻。形容男女双方虽然远隔千里，但只要有缘分就会结为夫妻。
【结构】 定中　数-名|名-名
【扩联】 百年和合两相爱
千里姻缘一线牵

79

bǎi nián zhī hǎo
百 年 之 好
wǔ shì qí chāng
五 世 其 昌

【释义】 百~：比喻夫妻永久的恩爱。新婚祝福语，语见宋·罗烨《醉翁谈录》："今宁随君远奔，以结百年之好。"
五~：世：代。昌：昌盛。指到第五代，子孙都昌盛。新婚祝福语。语见清·李绿园《歧路灯》第九十回："乃培养天下元气，天之报施善人，岂止五世其昌？"
【结构】 定中　数-名|劲-形
【扩联】 同心同德百年之好
宜室宜家五世其昌

80

bǎi nián zhī yuē
百 年 之 约

bā bài zhī jiāo
八 拜 之 交

【释义】 百~：百年好合的约定，指婚约。
八~：八拜：原指世交子弟见长辈时所行的礼节，旧时好友相约为兄弟关系，结盟时也采用这种礼仪。交：交谊。指异性兄弟姐妹的结拜关系

【结构】 定中　数-名|助-名

【扩联】 八拜之交行八拜
百年之约好百年

81

bǎi niǎo cháo fèng
百 鸟 朝 凤

èr lóng xì zhū
二 龙 戏 珠

【释义】 百~：朝：朝见。凤：凤凰，古代传说中的鸟王。旧时喻指君主圣明而天下依附。后也比喻德高望重者众望所归。
二~：两条龙相对，戏弄着一颗宝珠。一种传统的吉祥喜庆图案和游艺表演。

【结构】 主谓　数-名|动-名

【扩联】 二龙戏珠三人戏
百鸟朝凤两汉朝

82

bǎi sī bù jiě
百 思 不 解

wàn niàn jù huī
万 念 俱 灰

【释义】 百~：反反复复地思考也不能理解，想不通。
万~：所有的想法念头都破灭了。灰，消沉，失望。形容人失意或受打击后极端失望的心境。

【结构】 主谓　数-名|副-动

【扩联】 百思不解在一念之误
万念俱灰须三思而行

83

bǎi tiāo bù yàn
百 挑 不 厌

yī lǎn bāo shōu
一 揽 包 收

【释义】 百~：厌：厌烦。商家对顾客无论翻来覆去挑选商品都不厌烦。形容服务态度好。
一~：揽：把事情拉到自己这方面来。指包揽所有的事情。

【结构】 连动　数-动|副-动

【扩联】 店大货多百挑不厌
价廉物美一揽包收

84

bǎi tīng bù yàn
百 听 不 厌

yī zuò jiē jīng
一 座 皆 惊

【释义】 百~：厌：厌倦，厌烦。形容语言或乐曲等很好，听多少遍也不厌倦。
一~：一座：满座。满座都很惊叹。

【结构】 连动　数-动|副-动

【扩联】 金歌金曲百听不厌
怪调怪腔一座皆惊

85

bǎi wú liáo lài
百 无 聊 赖

yī tā hú tú
一 塌 糊 涂

【释义】 百~：无聊赖：无所凭借，无所寄托。指精神空虚，完全没有一点寄托。
一~：形容乱到不可收拾或糟到了极点。

【结构】 动宾　数-动|形-一

【扩联】 百无聊赖颠三倒四
一塌糊涂横七竖八

86

bǎi wú shì chù
百 无 是 处

yī bǐng dà gōng
一 秉 大 公

【释义】 百~：一百件事情里，没有一件做得对。形容一无是处。
一~：形容一向秉持大公无私的原则做事。语见明·张岱正《答工部郎中刘公伯燮言用人毁誉》："仆近来用人处事，一秉大公。"也作"一秉至公"。
【结构】 动宾 数-动|形-名
【扩联】 一秉大公百人点赞
百无是处一笔勾销

87

bǎi yī bǎi shùn
百 依 百 顺

yī bù yī qū
一 步 一 趋

【释义】 百~：什么事都顺从、迁就。用于上对下、长对幼、男对女等的迁就。
一~：步：慢步。趋：快步。别人走一慢步，跟着走一慢步；别人走一快步，跟着走一快步。原指学生学老师。现指刻板模仿，盲目追随，不敢超越。多含贬义。也作"亦步亦趋"。
【结构】 联合 数-动|数-动
【扩联】 百依百顺惯孩子
一步一趋跟老婆

88

bǎi zhé bù cuò
百 折 不 挫

yì wǎng wú qián
一 往 无 前

【释义】 百~：折：挫折，曲折。挫：压下去，降低。受到无数次的挫折都不会被压垮。形容意志坚强。
一~：勇往直前，无所阻挡。也作"一往直前"。
【结构】 连动 数-动|副-动
【扩联】 百折不挫坚强斗志
一往无前突破难关

89

bǎi huā jià zǐ
摆 花 架 子

dǎ xiǎo suàn pán
打 小 算 盘

【释义】 摆~：形容不务实际、搞虚假的形式，借以迷惑、欺骗别人。
打：比喻眼光短浅，只在小事情上计较。
【结构】 动宾 动|形-名—
【扩联】 摆花架子无硕果
打小算盘失大头

90

bài jūn zhī jiàng
败 军 之 将

wáng mìng zhī tú
亡 命 之 徒

【释义】 败~：打了败仗的将军。语见汉·赵晔《吴越春秋·勾践入臣外传》："范蠡曰：'臣闻亡国之臣，不敢语政；败军之将，不敢语勇。'"
亡~：亡命：削除户籍而逃亡在外，泛指逃亡、流亡。徒：同类的人。脱离户籍的逃亡者。今泛指不顾性命、冒险作恶的人。语见《旧唐书·乐彦祯传》："从训又召亡命之徒五百余辈，出入卧内，号为'子将'，委以腹心，军人籍籍，各有异议。"
【结构】 定中 动-名|助-名
【扩联】 败军之将勿言勇
亡命之徒不讲仁

91

bān jīng dào gù
班 荆 道 故
cù xī tán xīn
促 膝 谈 心

【释义】 班~：班：布，铺。荆：荆条。古时老朋友相遇于道，铺上荆条，就地而坐，同叙旧情。指老友重逢，共叙往事。语见《左传·襄公二十六年》："楚伍参与蔡太师子朝友，其子伍举与声子相善也……伍举奔郑，将遂奔晋，声子将如晋，遇之于郑郊，班荆相与食，而言复故。"
促~：促膝：两人面对面靠近坐着，膝靠着膝，交谈心里话。形容亲密地彼此交谈心里的话。语见唐·田颖《玉山堂文集·揽云台记》："不过十余知音之侣，来则促膝谈心。"

【结构】 连动　动－名|动－名

【扩联】 班荆道故故人乐
促膝谈心心结开

92

bān mén nòng fǔ
班 门 弄 斧
fó miàn guā jīn
佛 面 刮 金

【释义】 班~：班：鲁班，即公输子，我国古代著名的木匠。弄：舞弄。在鲁班门前舞弄斧头。比喻在行家面前卖弄本领，不自量力。有时也用作自谦词。
佛~：在佛的塑像上刮下金子。比喻穷凶极恶地掠夺，掠夺到不该侵犯的地方，或指在有限的地方竭力搜刮。

【结构】 状中　名－名|动－名

【扩联】 磨厉以须班门弄斧
及锋而试佛面刮金

93

bàn bù lún yǔ
半 部 论 语
qiān fó míng jīng
千 佛 名 经

【释义】 半~：论语：记录孔子言行的儒家经典。古有"半部《论语》治天下"之说，意谓儒家之道为治国之本。后也指人的知识不全面。
千~：本为佛经名。后借指登科名榜。语见唐·封演《封氏闻见记·贡举》："进士张繟，汉阳王柬之曾孙也。时初落第，两手奉登科记顶戴之，曰：'此千佛名经也'。其企羡如此。"（奉：捧。登科记：科举时代及第中举士人的名录。）宋·范成大《送同年万元亨知阶州》诗："当年千佛名经里，又见西游第二人"。（同年：同一年中举同榜之士。阶州：今甘肃武都。）

【结构】 定中　数－量|名一

【扩联】 持半部论语纵谈天下
登千佛名经序列朝班

94

bàn jié rù tǔ
半 截 入 土
yí bù dēng tiān
一 步 登 天

【释义】 半~：半截身子埋入了土中。指人到老年，寿命将要终结。
一~：一步跨上青天。比喻一下子就达到极高的境界或程度。常用以讽刺人突然得到高位。

【结构】 主谓　数－名|动－名

【扩联】 噫嘻老矣半截入土
呜呼奇哉一步登天

95

bàn shēng cháng dǎn
半生尝胆
yǒng shì wú qióng
永世无穷

【释义】半~：半辈子尝苦胆。指受了半辈子的苦。
永~：形容时间非常长，没有穷尽的时候。
【结构】状中　量-名|动-名
【扩联】半生尝胆受艰苦
永世无穷享幸福

96

bàn tú ér fèi
半途而废
bèi dào ér xíng
倍道而行

【释义】半~：半路上终止。比喻做事情有始无终。
倍~：倍：加倍。道：行程。以加倍的速度向前行进。
【结构】状中　量-名|连-动
【扩联】半途而废令人失望
倍道而行指日成功

97

bàn tuī bàn jiù
半推半就
ruò jí ruò lí
若即若离

【释义】半~：又是推却，又是相凑。形容心里愿意，表面推辞的样子。
若~：好像接近，又好像分离。形容保持一定距离，有联系，不密切。
【结构】联合　副-动|副-动
【扩联】半推半就等于就
若即若离只有离

98

bàng rén mén hù
傍人门户
fēn wǒ bēi gēng
分我杯羹

【释义】傍~：傍：依靠，依附。靠在别人的门庭上。指依赖别人，不能自立或自主。
分~：羹：肉汤。分给我一杯肉汤。语出自刘邦项羽之事。项羽抓了刘邦的父亲，威胁说要把他煮了，刘邦反而说：那就请分我一杯肉汤吧。后用以表示有利益同分享。
【结构】动宾　动|名-名-名
【扩联】分我杯羹人助我
傍人门户我求人

99

bàng shū yī qiè
谤书一箧
guǐ jì duō duān
诡计多端

【释义】谤~：谤书：毁谤别人的文书。箧：小箱子。比喻私下对人攻击毁谤。语见《战国策·秦策三》："魏文侯令乐羊将攻中山，三年而拔之。乐羊反而语功，文侯示之谤书一箧。乐羊再拜稽首曰：'此非臣之功，主君之力也。'"
诡~：诡计：狡诈的计策。端：（东西的）头，项目。形容坏主意很多。
【结构】主谓　形-名|数-量
【扩联】诡计多端取尔性命
谤书一箧断人前程

100

bāo luó wàn xiàng
包 罗 万 象

huì cuì yī táng
荟 萃 一 堂

【释义】 包~：大范围地包括。万：极言其多。象：事象。形容内容丰富纷繁，应有尽有，无所不包。语见《黄帝内经》："所以包罗万象，举一千从。"
荟~：荟萃：草木繁茂，引申为英俊人物或精美物品的聚集。一堂：指在一个厅堂里。形容难逢的盛会。

【结构】 动宾　动-动|数-名

【扩联】 荟萃一堂群英会
包罗万象百科书

101

bāo yī bǎi bìng
包 医 百 病

dú shàn yī shēn
独 善 一 身

【释义】 包~：形容不管什么病都负责能治好。语见毛泽东《整顿党的作风》："到到现在，还有不少的人，把马克思列宁主义书本上的某些个别字句看做现成的灵丹妙药，似乎只要得了它，就可以不费力气地包医百病。"
独~：善：使之善，使之完好，即修养。原指一个人失意不得志时，完善和提高自己一个人的品德才能。现多指只顾自己，不顾他人的处世方法和态度。语见唐·白居易《新制布裘》诗："丈夫贵兼济，岂独善一身？"

【结构】 动宾　副-动|数-名

【扩联】 江湖郎中包医百病
孔孟弟子独善一身

102

bǎo ān jīng shǐ
饱 谙 经 史

dòng jiàn gǔ jīn
洞 鉴 古 今

【释义】 饱~：饱谙：深知。深知经书史籍。形容学识渊博。
洞~：洞鉴：明察。对历史和现实世事有深入透彻了解。

【结构】 动宾　形-动|名-名

【扩联】 饱经沧桑饱谙经史
洞悉事理洞鉴古今

103

bǎo jīng yōu huàn
饱 经 忧 患

bèi shòu jiān áo
备 受 煎 熬

【释义】 饱~：忧患：困苦患难。经历了很多困苦患难。
备~：煎熬：比喻折磨。指受尽了折磨。

【结构】 动宾　形-动|名-名

【扩联】 历经战乱饱经忧患
遭受饥荒备受煎熬

104

bǎo jīng shuāng xuě
饱 经 霜 雪

jì huì fēng yún
际 会 风 云

【释义】 饱~：霜雪：比喻生活中的艰难磨炼。比喻备受艰难磨炼。语见清·孔尚任《桃花扇·孤吟》："鸡皮瘦损，看饱经霜雪，丝鬓如银。"
际~：际会：适时地相遇、会合。遭逢到好的际遇。也作"际遇风云"。

【结构】 动宾　形-动|名-名

【扩联】 际会风云英雄论剑
饱经霜雪松柏凌寒

105

bǎo liàn shì gù
饱练世故
bù xún sī qíng
不徇私情

【释义】 饱~：指对世态人情有深刻感受或有丰富的处世经验。也作"饱谙世故"。
不~：徇：曲从。不曲从私人的交情。指秉公办事。
【结构】 动宾　副-动|名-名
【扩联】 饱练世故谙处世
不徇私情恶谋私

106

bǎo shí zhōng rì
饱食终日
wēi yí kǒng shí
威仪孔时

【释义】 饱：同"饱食终日，无所用心"，整天吃饱了饭，却没有什么用心思的地方。形容一天到晚什么事情也不想也不做。语见《论语·阳货》："饱食终日，无所用心，难矣哉！"
威~：孔：甚，很。仪容严肃，举止庄重，甚合时宜。语见《诗经·大雅·既醉》："威仪孔时，君子有孝子。"
【结构】 述补　形-动|动-名
【扩联】 威仪孔时皆呼壮乎也
饱食终日子曰难矣哉

107

bǎo dāo bù lǎo
宝刀不老
xiǔ mù nán diāo
朽木难雕

【释义】 宝~：老：衰老。蜀国老将黄忠，使大刀，年逾七旬，勇力不减当年，被誉为"宝刀不老"。形容老当益壮，仍有干劲，有功夫。
朽~：朽木：糟朽腐烂了的木头。难雕：不容易加工雕镂。比喻腐败透顶或堕落到不可救药的人难以进行教育。
【结构】 主谓　形-名|副-形
【扩联】 世人赞黄忠宝刀不老
孔子评宰予朽木难雕

108

bǎo zhū shì bǐng
宝珠市饼
měi yù tóu wā
美玉投蛙

【释义】 宝~：市：交易，买。拿珍珠换饼。比喻杜绝贪心。语见唐·皇甫端《原化记·贺知章》："贺知章尝谒卖药王老，问黄白术，持一大珠遗之。老人得珠，即令易饼与贺食。贺心念宝珠何以市饼，老叟乃曰：'悭吝未除，术何由就？'"
美~：用精美的玉器投打青蛙。指得不偿失。语见唐·罗隐《两同书·厚薄》："夫美玉投蛙，明珠弹雀，舍所贵而求所贱，人即以为惑矣。"
【结构】 状中　形-名|动-名
【扩联】 宝珠市饼外国比萨
美玉投蛙月宫金蟾

109

bào běn fǎn shǐ
报本反始
sù liú zhuī yuán
溯流追源

【释义】 报~：指受恩思报，不忘本源。语见《礼记·郊特牲》："唯社，丘乘共粢盛，所以报本反始也。"
溯~：溯：逆流而上。顺支流上溯河源。指追根究底。
【结构】 连动　动-名|动-名
【扩联】 溯流追源涓滴水
报本反始父母恩

110

bào chóu xuě hèn
报仇雪恨

rěn qì tūn shēng
忍气吞声

【释义】报~：报：报复。雪：洗除。报冤仇，解怨恨。
忍~：忍气：受了气勉强忍耐。吞声：把话吞到肚子里，不敢出声。形容受了气而强自忍下，不能说出来。

【结构】联合　动－名|动－名

【扩联】忍气吞声非汉子
报仇雪恨是男儿

111

bào bīng gōng shì
抱冰公事

shùn shuǐ rén qíng
顺水人情

【释义】抱~：抱冰：冬天抱着冰块。出自春秋时越王勾践立志报仇、刻苦自励的故事。公事：公家的事务。指旧时官场清苦的差使，即只有吃苦受累、没有油水可捞的差使。
顺~：就着机会，不费事不费钱财地顺便给人好处。

【结构】定中　动－名|名－名

【扩联】节用厚生抱冰公事
借花献佛顺水人情

112

bào tóu shǔ cuàn
抱头鼠窜

zhǎn chì gāo fēi
展翅高飞

【释义】抱~：窜：逃匿。抱着脑袋象老鼠一样地逃窜。形容受到沉重打击后狼狈逃跑的样子。
展~：展：张开。张开翅膀，高高飞去。也是对人大有作为大有前途的一种形容。

【结构】状中　动－名|形－动

【扩联】抱头鼠窜堪称狼狈
展翅高飞何等激扬

113

bào cán shǒu quē
抱残守缺

qì jiù kāi xīn
弃旧开新

【释义】抱~：守着残缺紧抱不放。比喻因循守旧，不愿接受新事物。
弃~：抛弃旧的，开创谋求新的。多指由坏的转向好的，或离开错误的道路走向正确的道路。

【结构】联合　动－形|动－形

【扩联】抱残守缺保皇党
弃旧开新革命军

114

bào xīn jiù huǒ
抱薪救火

luò jǐng xià shí
落井下石

【释义】抱~：薪：柴禾。抱着柴禾去救火。喻指解决问题的方法不对，反而使后果更严重。
落~：有人掉进井里，不但不救他上来，反而向井里扔石头。比喻在别人遇到危险之际乘机加以陷害。

【结构】连动　动－名|动－名

【扩联】抱薪救火增添祸
落井下石加害人

115

bào tiǎn tiān wù
暴殄天物

bù tōng rén qíng
不通人情

【释义】暴~：殄：灭绝。天物：自然界生存的万物。残暴地残害灭绝各种生物。后指任意浪费。
不~：不通晓人情世故。语见宋·欧阳修《论杨察请终丧制，乞不夺情札子》："陛下宜曲赐褒奖嘉，遂成其志，使迁善化俗，自察而始，岂可不通人情，胶执旧弊，推利禄之小惠，废人臣之大节。"

【结构】动宾　形－动|名－名

【扩联】暴殄天物是违天理
不通人情有悖人伦

116

bēi gē kāng kǎi
悲歌慷慨
zuì mò lín lí
醉墨淋漓

【释义】 悲~：以悲壮的歌声抒发激昂的情绪。多形容人悲愤、不得志的情景。语见《史记·项羽本纪》："于是项王乃悲歌慷慨，自为诗……美人和之，项王泣数行下。"
醉：醉墨：醉酒中所作的书画。淋漓：充盛、酣畅的样子。乘着酒兴挥毫泼墨。常用以形容行文作画挥洒自如、笔意酣畅。语见宋·陆游《云安集序》："想拾遗之高风，醉墨淋漓，放肆纵横，实为一代杰作。"
【结构】 主谓 形-名|形一
【扩联】 醉墨淋漓大写意
悲歌慷慨太伤情

117

bēi xǐ jiāo jí
悲喜交集
ài zēng fēn míng
爱憎分明

【释义】 悲~：交集：一起出现。悲伤和喜悦的感情同时在心中涌现。多指由现时所产生的喜悦心情，而勾起对往日曾有这的悲伤的回忆。
爱~：爱：喜爱。憎：憎恨。爱什么，恨什么，界限清清楚楚。
【结构】 主谓 动-动|形一
【扩联】 爱憎分明对敌友
悲喜交集逢故人

118

bēi gōng shé yǐng
杯弓蛇影
shuǐ yuè jìng huā
水月镜花

【释义】 杯~：看到酒杯中所映现的角弓影子而误认为酒里有蛇。比喻因疑虑恐惧而自相惊扰。
水~：水中月，镜中花。泛指幻觉中的美好景象或不可捉摸的东西
【结构】 联合 名-名|名-名
【扩联】 杯弓蛇影有人自扰
水月镜花无迹可求

119

bēi gōng jiāo cuò
杯觥交错
shuǐ lù bì chén
水陆毕陈

【释义】 杯~：觥：古代一种酒器。你来我往，推杯送盏，形容酒宴气氛热烈。
水~：水陆：指水产和陆产的各种珍贵菜肴。毕：全。陈：陈列。形容丰盛的酒席。
【结构】 主谓 名-名|动一
【扩联】 水陆毕陈珍馐美味
杯觥交错贵客嘉宾

120

běi mén guǎn yuè
北门管钥
dōng shì cháo yī
东市朝衣

【释义】 北~：北门：北城门。管钥：锁和钥匙。喻指军事要塞重镇或肩负守御重任（的人）。
东~：东市：汉代长安东市为处决囚犯之处。朝衣：古代官员上朝穿的礼服。汉景帝时，御史晁错被逼，"衣朝衣斩东市"。喻指朝臣被杀。
【结构】 定中 方-名|名-名
【扩联】 北门管钥千钧重
东市朝衣一旦休

121

bēi gōng qū xī
卑躬屈膝

áng shǒu shēn méi
昂首伸眉

【释义】卑~：卑躬：低头弯腰。屈膝：下跪。形容巴结讨好，没有骨气。
昂~：伸：扬起。抬头扬眉。形容意气昂扬的样子。
【结构】联合　动-名|动-名
【扩联】卑躬屈膝奴才在下
昂首伸眉主子居中

122

bèi cháng jiān kǔ
备尝艰苦

bǎo lì fēng shuāng
饱历风霜

【释义】备~：备：全，尽。各种艰难困苦都尝遍了。形容历经艰难险阻。
饱~：饱：饱和，太多。经历了很多很多风霜雨雪。比喻备受磨练。
【结构】动宾　形-动|形-
【扩联】浪迹江湖备尝艰苦
盲流西北饱历风霜

123

bèi ào mèi zào
背奥媚灶

fǎn qiú fù xīn
反裘负薪

【释义】背~：奥：借喻君主。灶：借喻权臣。比喻背离君主而阿附权臣。语见《论语·八佾》："与其媚于奥，宁媚与灶。"朱熹集注："室西南隅为奥。灶者，五祀之一，夏所祭也……喻自结于君，不如阿附权臣也。"晋·袁宏《后汉纪·献帝纪二》："硕以凡器奉职天台，不似先公而务私家，背奥媚灶，苟诣大臣。"
反~：反裘：反穿皮袄（毛朝里）。负薪：背柴火。反穿皮袄背柴，是怕磨掉毛。形容贫穷困苦。后也用于比喻不分本末主次，好的动机得不到好的效果。
【结构】连动　动-名|动-名
【扩联】背奥媚灶朝中士
反裘负薪山里人

124

bèi xìn qì yì
背信弃义

gū ēn fù dé
辜恩负德

【释义】背~：背：违背。不守信用，不讲道义。
辜~：辜、负：辜负，违背，对不起。辜负别人的恩德。
【结构】联合　动-名|动-名
【扩联】背信弃义浪费衣食
辜恩负德可惜皮囊

125

běn shēn mò mào
本深末茂

yuán yuǎn liú cháng
源远流长

【释义】本~：本：树根。末：树梢。根茎深固，枝叶就繁茂。比喻事物根底深厚而富于生机，苗壮蓬勃。
源~：河流的源头很远，水流很长。比喻历史悠久，根底深厚。语见唐·白居易《海州刺史裴君夫人李氏墓志铭》："夫源远流长，根深者枝茂。"
【结构】连动　名-形|名-形
【扩联】中国武功本深末茂
华夏文化源远流长

126

běn zhī bǎi shì
本 支 百 世

gāng jì sì fāng
纲 纪 四 方

【释义】本~：本：本宗。支：庶子。世世代代相传，子孙不绝。语见《诗经·文王》："陈锡哉周，侯文王孙子。文王孙子，本支百世。"

纲~：纲纪：社会的秩序和国家的法纪。四方：东、南、西、北，泛指各处。所建立的社会秩序和国家法纪能在各处施行。指王权一统天下。

【结构】动宾　名-名|数-名

【扩联】本支百世四方八面
　　　　纲纪四方百世千秋

127

bǐ hān mò bǎo
笔 酣 墨 饱

cí jiǎn yì gāi
辞 简 义 赅

【释义】笔~：指文章表达流畅，内容充足。

辞~：文章用词简练而意思完备。

【结构】联合　名-形|名-形

【扩联】笔酣墨饱五行并下
　　　　辞简义赅一气呵成

128

bǐ lì gāng dǐng
笔 力 扛 鼎

gē shēng rào liáng
歌 声 绕 梁

【释义】笔~：扛：举。笔下所表现的力量足以举起大鼎。比喻文势雄健，气魄不凡。

歌~：绕：回旋。梁：房屋的大梁。歌声回旋在房梁之间。形容歌声动听，令人经久回味不已。

【结构】主谓　名-名|动-名

【扩联】笔力扛鼎写青史
　　　　歌声绕梁唱大风

129

bǐ zhū kǒu fá
笔 诛 口 伐

xīn bàng fù fēi
心 谤 腹 非

【释义】笔~：诛、伐：谴责，声讨，讨伐。用文字和语言谴责、声讨敌对者的罪行。

心~：心谤：心里说人坏话。腹非：口里不说，而心里谴责反对。语见北齐·魏收《魏书·太祖纪》："已而虑群下疑惑，心谤腹非，丙申复诏曰：上古之治，尚德下名，有任而无爵，易治而事序。"

【结构】联合　名-动|名-动

【扩联】词强理直笔诛口伐
　　　　量小力微心谤腹非

130

bǐ bǐ jiē shì
比 比 皆 是

yuán yuán ér lái
源 源 而 来

【释义】比~：比比：到处。到处都是。形容非常多。

源~：接连不断地到来。

【结构】状中　叠一|副-动

【扩联】中华名胜比比皆是
　　　　外国游人源源而来

131

bǐ jiān jì zhǒng
比 肩 继 踵

lián rèn chéng wéi
连 衽 成 帷

【释义】 比~：比肩：肩膀挨着肩膀。继踵：后面人的脚尖紧接着前面人的脚跟。原形容接连不断的样子。后多用以形容人多拥挤。
连~：衽：衣襟。帷：帐幕。将在场人的衣襟连起来可成为帐篷帷幕。形容人多。

【结构】 联合 动-名|动-名

【扩联】 黄金周人流比肩继踵
风景点游客连衽成帷

132

bǐ cǐ bǐ cǐ
彼 此 彼 此

yì sī yì sī
意 思 意 思

【释义】 彼~：彼此：那个和这个，双方。意指大家差不多，谁也不笑谁。
意~：送礼者的自谦词，表示礼品微薄，略表心意而已。也可泛指贿赂行为。

【结构】 联合 名-名|名-名

【扩联】 半斤八两彼此彼此
俩枣仁瓜意思意思

133

bì guān suǒ guó
闭 关 锁 国

tuò tǔ kāi jiāng
拓 土 开 疆

【释义】 闭~：封闭关口，紧锁国门，不与外国往来。
拓~：拓宽领土，扩充疆域。

【结构】 联合 动-名|动-名

【扩联】 闭关锁国自甘落后
拓土开疆志在图强

134

bì kǒu cáng shé
闭 口 藏 舌

kāi xīn jiàn cháng
开 心 见 肠

【释义】 闭~：闭紧嘴巴藏起舌头。形容谨慎，不讲话。
开~：指敞开心肠，坦白直率地与人结交。也形容接触人时真心实意的样子。

【结构】 连动 动-名|动-名

【扩联】 开心见肠无宿物
闭口藏舌有隐情

135

bì mén guī dòu
筚 门 圭 窦

péng yǒu máo chuán
蓬 牖 茅 椽

【释义】 筚~：筚门：柴门。圭窦：凿穿墙壁而成的门。泛指贫苦人家住处。语见《左传·襄公十年》："筚门圭窦之人，而皆陵其上，其难为上矣。"
蓬~：牖：窗。椽：椽子。指用蓬草茅柴搭的房屋。形容住房简陋。也形容生活贫苦。

【结构】 联合 名-名|名-名

【扩联】 筚门圭窦住过麻雀
蓬牖茅椽飞出凤凰

136

bì mén sī guò
闭门思过

yǎng wū zhù shū
仰屋著书

【释义】 闭~：关起门来在家反省自己的过错，以求改正。形容认真反省。

仰~：仰屋：抬头望着屋顶，形容冥思苦想的样子。意指勤苦深思，专心著书写作。

【结构】 连动 动-名|动-名

【扩联】 闭门思过须三省
仰屋著书要一心

137

bì kōng rú xǐ
碧空如洗

yù yǔ wú chén
玉宇无尘

【释义】 碧~：碧空：浅蓝色的天空。蓝色的天空明净得像水洗过的一样。形容天气晴朗。语见宋·张元干《水调歌头》词："万里碧空如洗，寒浸十分明月，帘卷玉波流。"

玉~：玉宇：指天空，也指宇宙。形容夜空明净，万里无尘。

【结构】 主谓 形-名|动-名

【扩联】 玉宇无尘星点点
碧空如洗月光光

138

bì tiān rú shuǐ
碧天如水

dà dì huí chūn
大地回春

【释义】 碧~：碧天：浅蓝色的天空。碧蓝的天空像水一样明净。形容天气晴朗，没有云气雾霾。

大~：春天又回到了人间大地。原指冬去春来季节变化。现也用来比喻形势的好转。

【结构】 主谓 形-名|动-名

【扩联】 碧天如水洗
大地回春来

139

bì gōng bì jìng
必恭必敬

bù kàng bù bēi
不亢不卑

【释义】 必~：恭：指仪表谦逊有礼。敬：指内心尊重。形容特别恭敬有礼貌。

不~：亢：高傲。卑：卑贱，谦卑。既不高傲也不自卑。

【结构】 联合 副-动|副-动

【扩联】 必恭必敬对前辈
不亢不卑交友人

140

bì yóu zhī lù
必由之路

bù huì zhī mén
不讳之门

【释义】 必~：原指必须经过的道路。现在常用来比喻必须遵循的规律。

不~：无所忌讳而忠言直谏之门。语见汉·刘向《说苑·君道》："凡处尊位者必以敬下顺德，规谏必开不讳之门。"

【结构】 定中 副-动|助-名

【扩联】 走必由之路
开不讳之门

141

bì nán jiù yì
避难就易

qì zhòng qǔ qīng
弃重取轻

【释义】 避~：避开难办的，先做容易的。

弃~：舍弃沉重、重要的，挑取轻松、次要的。

【结构】 连动 动-名|动-名

【扩联】 弃重取轻轻亦重
避难就易易还难

142

bì ràng xián lù
避让贤路

guǎng jié liáng yuán
广结良缘

【释义】 避~：贤：有德行和有才能的人。指交印辞职，给才德高的人让路。语见司马迁《史记·万石张叔列传》："愿归丞相侯印，乞骸骨归，避贤者路。"
广~：佛教用语。广泛地结成良好的因缘。指多行善举。语见明·兰陵笑笑生《金瓶梅词话》："你又发起善念，广结良缘，岂不是俺一家儿的福分！"

【结构】 动宾　形–动|名–名

【扩联】 广结良缘行善事
避让贤路荐英才

143

bì shì jué sú
避世绝俗

hé guāng tóng chén
和光同尘

【释义】 避~：躲避现实，断绝与世俗之人交往。指一种消极处世的态度。
和~：和光：把所有光芒混合一起。同尘：混同世俗。表示不露锋芒，跟世俗所表现的一个样。后多指与世浮沉，随波逐流。

【结构】 联合　动–名|动–名

【扩联】 食人间烟火岂能避世绝俗
羡化外神仙焉可和光同尘

144

bì lì qiān rèn
壁立千仞

niǎo qī yī zhī
鸟栖一枝

【释义】 壁~：壁立：峭壁陡立。仞：古时以八尺或七尺为一仞。形容山崖峭壁非常陡峻。也比喻人才德超群，或文章风格峻拔。
鸟~：鸟：指鹪鹩，体长三寸的一种小鸟，在树林里做巢栖身，只不过用一根树枝。后用以比喻对一小块栖身之地心满意足。同"鹪鹩一枝"。

【结构】 主谓　名|动–数–量

【扩联】 鸟栖一枝足可乐
壁立千仞太难攀

145

biàn běn jiā lì
变本加厉

niǔ kuī zēng yíng
扭亏增盈

【释义】 变~：本：本来的，原来的。本指比原来的事情更加发展，现指比原来的情况变得更加严重。
扭~：指工商经营扭转亏损，增加盈利。

【结构】 连动　动–名|动–名

【扩联】 寻衅滋事变本加厉
开源节流扭亏增盈

146

biàn shēng yì wài
变生意外

jì shàng xīn tóu
计上心头

【释义】 变~：变：变故，事变。变故发生在人们意料之外。
计~：形容一经考虑，马上就想出了计谋办法。

【结构】 主谓　名|动–名–方

【扩联】 变生意外事难测
计上心头人自安

147

biàn shēng zhǒu yè
变生肘腋
huò qǐ xiāo qiáng
祸起萧墙

【释义】 变~：变：变故，事变。肘：胳膊肘儿。腋：胳肢窝。肘腋：比喻切近的地方。指变故发生在身边。
祸~：萧墙：照壁，借指内部。指祸患起于内部。后用以指内部出乱子。也指家庭成员中自起矛盾造成祸患。

【结构】 主谓 名|动-名-名

【扩联】 祸起萧墙忍无可忍
变生肘腋防不胜防

148

biàn yí xíng shì
便宜行事
méng hùn guò guān
蒙混过关

【释义】 便~：便宜：方便适宜。谓指根据实际情况或变化，可不必请示、不拘条文，自行采取适当的方式处理。
蒙~：蒙混：用欺骗的手段使人相信虚假的事物。关：关口，关卡。喻指掩盖罪行、不老实交代，用欺骗手段混过审问或查究。

【结构】 状中 形一|动-名

【扩联】 千变万化便宜行事
七凑八拼蒙混过关

149

biāo xīn lì yì
标新立异
hào dà xǐ gōng
好大喜功

【释义】 标~：表明新思路，提出独特见解。现多指故意提出新奇怪异的看法做法，显示与众不同。
好~：特别喜欢做大事立大功。也形容铺张浮夸的作风。

【结构】 联合 动-形|动-形

【扩联】 标新立异领先天下
好大喜功超越自身

150

biǎo lǐ yī zhì
表里一致
yī wéi liǎng duān
依违两端

【释义】 表~：表：外表。里：内心。外表和内心完全一样。形容人的思想和言行是符合的。语见明·王守仁《教条示龙场诸生》："苟有谦默自持……叫信乐易，表里一致者，使其人资禀虽甚鲁钝，侪辈之中有弗称慕之者乎？"
依~：依：赞成。违：反对。赞成和反对两种截然不同的态度都不明确表示。形容对问题没有明确的意见。

【结构】 主谓 名-名|数-形

【扩联】 依违两端无臧否
表里一致明是非

151

bié kāi jiā jìng
别开佳境
dú lǐng fēng sāo
独领风骚

【释义】 别~：另外开创出一种不同于众的美好境界，多用于形容诗文等想象奇特或别有天地。
独~：风骚：原指《诗经》《楚辞》，泛指文学作品。原指在文坛居于领袖地位。后也泛指在某一方面领先。

【结构】 动宾 副-动|形-名

【扩联】 独领风骚赤壁赋
别开佳境桃花源

152

bié kāi shēng miàn
别 开 生 面

dú jù jiàng xīn
独 具 匠 心

【释义】 别~：生面：新的面貌。另外开创新的局面、风格或形式。

独~：匠心：精巧的构思。具有独到的灵巧的心思。指在技巧和艺术方面的独创性。

【结构】 动宾　副-动|形-名

【扩联】 独具匠心穷工极巧

别开生面蜕旧变新

153

bié shēng zhī jié
别 生 枝 节

zì zuò cōng míng
自 作 聪 明

【释义】 别~：别：另外。枝节：树杈长出的小枝，引申为在解决问题中所出现的麻烦。比喻事情再出岔子，增添麻烦。

自~：自以为很聪明而乱作主张。指过高地估计自己，主观地办事。

【结构】 动宾　副-动|名-名

【扩联】 自作聪明多手脚

别生枝节惹麻烦

154

bié wú cháng wù
别 无 长 物

tú yǒu xū míng
徒 有 虚 名

【释义】 别~：长物：多余的物品。再也没有别的东西了。形容极其清贫。

徒~：徒：徒然，白白地。形容只有虚名而没有实际用处或真才实学。

【结构】 动宾　副-动|形-名

【扩联】 徒有虚名欺世

别无长物立身

155

bié yǒu qíng qù
别 有 情 趣

bù qiú wén dá
不 求 闻 达

【释义】 别~：情趣：性情志趣，情调趣味。另有一番情趣。

不~：闻达：显达，官位高而有名声。不求居高位有名声。

【结构】 动宾　副-动|名-名

【扩联】 不求闻达要淡泊

别有情趣是平和

156

bīn bīn yǒu lǐ
彬 彬 有 礼

mò mò hán qíng
脉 脉 含 情

【释义】 彬~：彬彬：形容文雅。指文雅而有礼貌。

脉~：脉脉：两眼凝神看着的样子。凝神相看，饱含温情。

【结构】 状中　叠—|动-名

【扩联】 佳人脉脉含情望君子

君子彬彬有礼待佳人

157

bīng hán yú shuǐ
冰 寒 于 水

qīng shèng yú lán
青 胜 于 蓝

【释义】 冰~：冰来自水，比水更寒冷。比喻后代要比前辈强。

青~：青：靛青，染料。蓝；蓼蓝，可提炼靛青的草。靛青出于蓼蓝，颜色比蓼蓝深。比喻学生胜过老师。

【结构】 主谓　名|形-介-名

【扩联】 水凝冰寒于水

蓝出青胜于蓝

158

bīng hú qiū yuè
冰 壶 秋 月
yáng liǔ chūn fēng
杨 柳 春 风

【释义】 冰~：冰壶：盛冰的玉壶，比喻洁白。秋月：比喻明净。比喻心地纯洁，品格高尚。
杨~：杨柳依依，春风习习。比喻和煦春景，人多柔情舒畅。

【结构】 联合 名-名|名-名

【扩联】 杨柳春风和煦景
冰壶秋月赤诚心

159

bīng hún xuě pò
冰 魂 雪 魄
bì xuè dān xīn
碧 血 丹 心

【释义】 冰~：魂：旧指人的精神。魄：旧指人的灵气。像冰雪一样的魂魄。形容清高纯净的人品。
碧~：碧血：血化为碧玉，后指为正义事业而流的血。丹心：赤诚的心，忠贞的心。形容满腔热血，一片忠诚之心。用以称颂为国死难的烈士。语见《庄子·外物》："苌弘死于蜀，藏其血三年，化而为碧。"

【结构】 联合 名-名|名-名

【扩联】 碧血丹心一世英烈
冰魂雪魄三冬腊梅

160

bīng jī yù gǔ
冰 肌 玉 骨
huā mào xuě fū
花 貌 雪 肤

【释义】 冰~：肌：肌肤。骨：骨头，骨骼。像冰雪一样的肌肤，像美玉一样的骨骼。形容美女的肌肤晶莹光润。也形容梅花傲寒争艳的样子。
花~：花一样的美丽容貌，雪一样洁白的皮肤。形容女性之美。

【结构】 联合 名-名|名-名

【扩联】 花貌雪肤丹凤眼
冰肌玉骨水晶心

161

bīng qīng yù jié
冰 清 玉 洁
fěn bái zhū yuán
粉 白 珠 圆

【释义】 冰~：像冰一样清澈，像玉一样洁净。形容人的操行高尚。
粉~：像粉一样白嫩，像珠子一样圆润。形容女性面容肌扶润滑白净。

【结构】 联合 名-形|名-形

【扩联】 冰清玉洁老闺女
粉白珠圆新嫁娘

162

bīng qīng yù rùn
冰 清 玉 润
lán xiù jú fāng
兰 秀 菊 芳

【释义】 冰~：比喻人品德、节操高洁。也用以代指翁婿相得。像冰之清明，像玉之温润。
兰~：如兰花之秀雅高尚，如菊花之芬芳美好。比喻人品性高雅美好。

【结构】 联合 名-形|名-形

【扩联】 冰清玉润美称翁婿
兰秀菊芳点赞媳姑

163

bīng xīn tī tòu
冰 心 剔 透
lú huǒ chún qīng
炉 火 纯 青

【释义】 冰~：冰心：比喻心地纯净无私、表里如一。剔透：通透，明亮。形容人心地清明纯洁，表里如一。
炉~：纯青：炉火的温度达到最高点时，火焰转为蓝色。指道家炼丹成功时的火候。后比喻技术或学问达到成熟、完美的地步。

【结构】 主谓　名-名|形一

【扩联】 <u>仙姿玉质冰心剔透</u>
<u>鬼斧神工炉火纯青</u>

164

bīng bù yàn zhà
兵 不 厌 诈
xíng wú yuè sī
行 无 越 思

【释义】 兵~：兵：战争。厌：厌弃。诈：欺诈。作战时不排斥用欺诈的方法迷惑敌人。语见《韩非子·难一》："舅犯曰：'臣闻之，繁礼君子，不厌忠信；战阵之间，不厌诈伪。君其诈之而已矣。'"
行~：行：行动，行为。越：越过，超越。思：思考。行动不会超越事先思考过的。指思而后行。语见《左传·襄公二十五年》："子产曰：'政如农功，日夜思之，思其始而成其终；朝夕而行之，行无越思，如农之有畔，其过鲜矣。'"

【结构】 主谓　名|副-动-动

【扩联】 <u>兵不厌诈敌受骗</u>
<u>行无越思事称心</u>

165

bīng huāng mǎ luàn
兵 荒 马 乱
guó pò jiā wáng
国 破 家 亡

【释义】 兵~：兵、马：指战争。荒、乱：指年景灾荒和社会动荡。形容因战争造成的社会动荡不安的局面。
国~：破：破碎，不完整。家：家园。国家被分割，家园遭毁坏。语见晋·刘琨《答卢谌书》："国破家亡，亲友雕残。"

【结构】 联合　名-形　名-形

【扩联】 <u>兵荒马乱腥风血雨</u>
<u>国破家亡火海刀山</u>

166

bīng jiāo bì bài
兵 骄 必 败
wèi jí zé cán
位 极 则 残

【释义】 兵~：军队骄傲轻敌必定打败仗。
位~：位：官位。极：极点。指一些当官的地位越高越残忍。

【结构】 连动　名-形|副-形

【扩联】 <u>兵骄必败败如水</u>
<u>位极则残残似狼</u>

167

bīng jīng liáng zú
兵 精 粮 足
shì bǎo mǎ téng
士 饱 马 腾

【释义】 兵~：指部队精锐，粮草充足。形容兵力强大。
士~：士气饱满旺盛，战马腾腾欲跃。形容已充分做好战斗准备。语见韩愈《平淮西碑》："士饱而歌，马腾于槽。"

【结构】 联合　名-形|名-形

【扩联】 <u>兵精粮足稳操胜券</u>
<u>士饱马腾只待战机</u>

168

bīng lín chéng xià
兵 临 城 下

chē dào shān qián
车 到 山 前

【释义】 兵~：兵：军队。临：来到。敌人的军队已到城下，有破城之虞。形容情况万分紧急。
车~："车到山前必有路"之省略语。比喻虽然面临困境，但一定会有解决的办法、途径。

【结构】 主谓 名-动 名-方

【扩联】 车到山前必有路
兵临城下不开门

169

bīng qiáng guó fù
兵 强 国 富

wù fù mín kāng
物 阜 民 康

【释义】 兵~：兵力强大，国家富强。
物~：阜：盛，大。康：平安，康乐。物产丰富，人民康乐。语见《三国演义》第四十四回："嘉物阜而民康。"

【结构】 联合 名-形 名-形

【扩联】 兵强国富年年富
物阜民康岁岁康

170

bīng qiáng mǎ zhuàng
兵 强 马 壮

guó fù mín fēng
国 富 民 丰

【释义】 兵~：兵：士兵。马：战马。士兵强壮，战马雄健。形容军队实力雄厚。
国~：国家富强，人民丰足富裕。

【结构】 联合 名-形 名-形

【扩联】 兵强马壮军威盛
国富民丰幸福长

171

bīng wú cháng shì
兵 无 常 势

xué guì yǒu héng
学 贵 有 恒

【释义】 兵~：兵：用兵，作战。用兵作战没有长期固定一成不变的态势。要灵活应对方能取胜。
学~：贵：重视，看重。学习最看重的就是要有恒心。即学习要锲而不舍、持之以恒。

【结构】 主谓 名-动 形-名

【扩联】 兵无常势无常胜
学贵有恒贵有心

172

bīng yào zhí běn
秉 要 执 本

duō jīng xié huá
掇 菁 撷 华

【释义】 秉~：秉：拿着，握着。要：重要，要害。本：根本。指抓住要害和根本。语见汉·班固《汉书·艺文志》："道家者流，盖出于史官，历记成败存亡，祸福古今之道，然后知秉要执本，清虚以自守，卑弱以自持，此君人南面之术也。"
掇~：掇：拾取。菁：菁华，精华。撷：采撷。选择精华。语见清·黄宗羲《南雷文案·明文案序上》："前代古文之选，《昭明文选》《唐文粹》《宋文鉴》《元文类》为最著。《文选》主于修辞，一知半解，文章家之有偏霸也。《文粹》掇菁撷华，亦选之鼓吹。《文鉴》主于政事，意不在文。"

【结构】 联合 动-名 动-名

【扩联】 秉要执本归正反本
掇菁撷华含英咀华

173

bō lán zhuàng kuò
波澜壮阔
qì shì páng bó
气势磅礴

【释义】 波~：澜：大浪。大浪汹涌，雄壮宽阔。比喻声势雄壮或场面规模宏大。
气~：磅礴：广大无边的样子。形容场景壮观，气势雄伟，盛大无边。
【结构】 主谓　名-名|形一
【扩联】 大海涌潮波澜壮阔
长河落日气势磅礴

174

bó wén yuē lǐ
博文约礼
dǐ jié fèng gōng
砥节奉公

【释义】 博~：博学多闻，而又守礼节约束。语见《论语·雍也》："君子博学于文，约之以礼，亦可以弗畔也。"《论语·子罕》："夫子循循然善诱人，博我以文，约我以礼，欲罢不能。"
砥~：磨砺名节，奉行公事。语见《明史·周延传》："延颜面寒峭，砥节奉公。权臣用事，政以贿成，延未尝有染。"
【结构】 联合　动-名|动-名
【扩联】 读书人当博文约礼
行政者应砥节奉公

175

bó wù jūn zǐ
博物君子
bǎo xué xiù cái
饱学秀才

【释义】 博~：君子：指人格高尚的人。指博学多识的人。语见《史记·吴太伯世家》："延陵季子之仁心，慕义无穷，见微而知清浊。呜呼，又何其闳览博物君子也！"
饱~：饱学：学识渊博。秀才：明清两代通过了最低一级考试得以在府、县学读书的人（生员）的统称。指读书人。指学识渊博的人。
【结构】 定中　形-名|名一
【扩联】 饱学秀才饱谙经籍
博物君子博览群书

176

bó gē jì wǔ
伯歌季舞
xiōng yǒu dì gōng
兄友弟恭

【释义】 伯~：伯：大哥。季：最小的弟弟。大哥唱歌，小弟起舞。形容兄弟和睦。语见汉·焦赣《易林》："伯歌季舞，燕乐以喜。"
兄~：兄对弟友爱，弟对兄恭敬。语见《史记·五帝本纪》："使布立教于四方，父义母慈，兄友弟恭，子孝，内平外成。"
【结构】 联合　名-形|名-形
【扩联】 兄友弟恭礼到位
伯歌季舞乐满堂

177

bó lè xiàng mǎ
伯乐相马
páo dīng jiě niú
庖丁解牛

【释义】 伯~：伯乐：春秋时人，有鉴别千里马的特殊技能。相：观察。比喻有真知卓见的人善于发现人才、选拔人才。
庖~：庖丁：厨夫。此特指古代一善于宰牛剖牛的庖丁。解：解剖。比喻行家里手，技艺纯熟。
【结构】 主谓　名一|动-名
【扩联】 伯乐相马全凭眼
庖丁解牛不在刀

178

bó yú qì zhàng
伯 俞 泣 杖

mò zǐ bēi sī
墨 子 悲 丝

【释义】 伯~：伯俞：姓韩，汉朝人，为古代有名的孝子。汉·刘向《说苑·建本》记载：一次母亲用棍子（杖）打伯俞，他哭了。问他为什么哭，他说："以前打我打得痛，说明母亲有力。今天打我打得不痛，说明母亲老了没力气了，所以我哭了。"后用"伯俞泣杖"形容子女孝顺。
墨~：墨子：战国墨家学派创始人。墨子为丝的染色而悲伤。比喻对于人的变好变坏，环境的影响很大。语见汉·刘安《淮南子·说林训》："墨子见练丝而泣之，为其可以黄可以黑。"

【结构】 主谓 名—|动-名

【扩联】 伯俞泣杖杖无力
墨子悲丝丝变黑

179

bō luàn fǎn zhèng
拨 乱 反 正

tuī chén chū xīn
推 陈 出 新

【释义】 拨~：拨：治理。反：回到，回复。治理混乱，使之恢复正常。
推~：本意为将仓库的旧粮推出来更换新粮。引申为推倒陈腐，促成新事物。

【结构】 连动 动-名|动-名

【扩联】 拨乱反正奔康庄大道
推陈出新创美好未来

180

bǔ piān jiù bì
补 偏 救 弊

jiū miù shéng qiān
纠 谬 绳 愆

【释义】 补~：补救偏差，纠正弊端。
纠~：匡正谬误，惩处罪过。

【结构】 联合 动-名|动-名

【扩联】 补偏救弊消除障碍
纠谬绳愆凝聚人心

181

bǔ jū xià lòu
补 苴 罅 漏

fěn shì tài píng
粉 饰 太 平

【释义】 补~：补苴：补缀，引申为弥补。罅：缝隙。弥补缝隙和漏洞。泛指弥补文章、理论中的缺陷或漏洞。
粉~：粉饰：粉刷修饰。指伪装太平景象，迷惑世人，以达到掩盖黑暗、混乱局面的目的。

【结构】 动宾 动—|名—

【扩联】 补苴罅漏可无罅漏
粉饰太平并不太平

182

bǔ tiān zhù dì
补 天 柱 地

lì guó ān bāng
立 国 安 邦

【释义】 补~：登天去添补天空不足之处，入地去立起支撑地表的立柱。比喻创建国家基业的伟大功勋。
立~：建立国家，安定天下。

【结构】 联合 动-名|动-名

【扩联】 女娲氏补天柱地
夏禹王立国安邦

183

bǔ fēng zhuō yǐng
捕 风 捉 影

fēi duǎn liú cháng
飞 短 流 长

【释义】 捕~：本喻指事情像风和影子一样，难以捕捉。现比喻说话做事以虚而不实的迹象为根据。
飞~：飞：飞传。流：流布。短、长：指是非。形容无中生有，散布是非。

【结构】 联合　动-名|动-名

【扩联】 捕风捉影无生有
飞短流长假变真

184

bù ān běn fèn
不 安 本 分

làn yòng zhí quán
滥 用 职 权

【释义】 不~：本分：自己所处的地位环境和应尽的责任义务。不安心于自己的职守，尽尽责。
滥~：指过分地或非法地行使自己掌握的权力。

【结构】 动宾　副-动|名一

【扩联】 不安本分好高骛远
滥用职权走板离弦

185

bù biàn shū mài
不 辨 菽 麦

bǎo dú shī shū
饱 读 诗 书

【释义】 不~：分辨不清豆子和麦子。原意指愚昧无知。后形容缺乏实际生产知识。
饱~：形容读书很多。

【结构】 动宾　形-动|名-名

【扩联】 饱读诗书寒窗苦
不辨菽麦睁眼瞎

186

bù chǐ xià wèn
不 耻 下 问

lì zhēng shàng you
力 争 上 游

【释义】 不~：不耻：不以为可耻。不以向比自己学问差或地位低的人请教为可耻。
力~：上游：河流接近源头的部分。比喻努力争取先进。

【结构】 动宾　副-动|形-名

【扩联】 力争上游创先进
不耻下问当学生

187

bù dá shì gù
不 达 世 故

bǎo jīng cāng sāng
饱 经 沧 桑

【释义】 不~：达：通晓。不知道待人接物的处世经验。
饱~：饱：充分地。沧桑："沧海桑田"的简缩，泛指世事的演变。经历了一次又一次的世事变化。形容生活经历十分丰富。

【结构】 动宾　副-动|名-名

【扩联】 饱经沧桑能知就里
不达世故可想当然

188

bù dé yào lǐng
不 得 要 领

lüè zhī pí máo
略 知 皮 毛

【释义】 不~：要领：要点，关键。原意指张骞出使西域，联合月氏国攻打匈奴，而没有得到月氏的中肯答复。后来指没有抓住事物的要点或关键。
略~：皮毛：指表面上的东西。比喻稍微知道一点点。自谦用语。

【结构】 动宾　副-动|名-名

【扩联】 略知皮毛难充里手
不得要领哪算行家

189

bù dòng shēng sè
不 动 声 色

dà fā léi tíng
大 发 雷 霆

【释义】 不~：声色：说话的声音和脸上的神色。内心的想法、活动和情绪，不在说话中和脸色上流露出来。
大~：霆：响雷。怒气爆发，大吼大叫，有如雷霆炸响。

【结构】 动宾　副-动|名-名

【扩联】 心若铁石不动声色
气冲斗生大发雷霆

190

bù fá xiān lì
不 乏 先 例

zhōng wú liǎo jú
终 无 了 局

【释义】 不~：有不少从前的事情可作为例子。
终~：了局：结局。最终没有完好的结局。指终归不是长久之计。语见清·钱彩《说岳全传》第三十三回："这绿林中买卖，终无了局。"

【结构】 动宾　副-动　形-名

【扩联】 不乏先例前车可鉴
终无了局后路难寻

191

bù fēn hǎo dǎi
不 分 好 歹

míng biàn shì fēi
明 辨 是 非

【释义】 不~：不分好与坏。
明~：明辨：清楚地辨别。清楚地辨别出正确与错误。

【结构】 动宾　副-动|名-名

【扩联】 不分好歹糊涂蛋
明辨是非正直人

192

bù fēn xuān zhì
不 分 轩 轾

dà yǒu jìng tíng
大 有 径 庭

【释义】 不~：车子前高后低谓之轩，前低后高谓之轾。意指不分高低上下。
大~：径，门外路；庭，堂外地。意指彼此差异很大。

【结构】 动宾　副-动|名-名

【扩联】 起步发蒙不分轩轾
登科入仕大有径庭

193

bù fú zhòng wàng
不 孚 众 望

shù huò wǒ xīn
庶 获 我 心

【释义】 不~：孚：使人信服。指不能使大家信服。
庶~：庶：庶几。获：得到。差不多得到我的认同。

【结构】 动宾　副-动|代-名

【扩联】 欠周全不孚众望
懂规矩庶获我心

194

bù fù zhòng wàng
不 负 众 望

shēn dé rén xīn
深 得 人 心

【释义】 不~：没有辜负大家的期望。
深~：得到广大人民群众的热烈拥护。

【结构】 动宾　副-动|名-名

【扩联】 反贪反腐不负众望
打虎打蝇深得人心

195

bù gōng zì pò
不 攻 自 破

qū dǎ chéng zhāo
屈 打 成 招

【释义】不~：不用攻击自己就破败了。也形容论点或谎言站不住脚，经不起批驳。
屈~：屈：冤枉。招：招认。冤枉拷打，被迫招供。指用严刑拷打，逼使无罪的人蒙受不白之冤。

【结构】连动　副-动|副-动

【扩联】陡生内乱不攻自破
难受酷刑屈打成招

196

bù jiàn jīng zhuàn
不 见 经 传

qiāng wú gù shí
羌 无 故 实

【释义】不~：经传：经典著作。没见经传上有这样的记载、论述。意指言论无根据、无来历。
羌~：羌：语气助词，无义。故实：典故。原指不用典故或查无出处。后多比喻没有根据。

【结构】动宾　副-动|名-名

【扩联】羌无故实亦有品
不见经传也成名

197

bù jīn bù fá
不 矜 不 伐

zì mài zì kuā
自 卖 自 夸

【释义】不~：矜：自大，自夸。伐：自我夸耀。不骄傲自大，不夸耀自己。
自~：自己卖东西，夸自己的东西好。形容自我夸耀。

【结构】联合　副-动|副-动

【扩联】不矜不伐儒将风度
自卖自夸王婆行为

198

bù jū cháng gé
不 拘 常 格

bó lǎn qún shū
博 览 群 书

【释义】不~：常格：惯例，通例，规格；或特指诗文、绘画、书法等艺术的习见的或平常的格调。不受常见的惯例、格调所限制。
博~：广泛地阅览各种书籍。

【结构】动宾　副-动|形-名

【扩联】不拘常格好出格
博览群书爱买书

199

bù jū xiǎo jié
不 拘 小 节

zhèng zhòng qí cí
郑 重 其 辞

【释义】不~：拘：拘泥。小节：与原则无关的小毛病小问题。指待人处世不拘泥于小节，也指不注意生活小事。
郑~：郑重：严肃认真。辞：言语。严肃认真地对待自己所说的话。形容说话严谨慎重认真，十分注意。语见清·文康《新儿女英雄传》第三十六回："他才恭肃其貌，郑重其辞说道：'年兄……，你这举人不是我荐中的，并且不是主司取中的，竟是天中的。'"

【结构】动宾　副-动|形-名

【扩联】不拘小节行为随便
郑重其辞言语谨严

200

bù jū yī tǐ
不 拘 一 体

bó lǎn wǔ chē
博 览 五 车

【释义】 不~：体：体式，体裁。不为一种体式所限制。语见宋·何薳《春渚纪闻·谑鱼》："古人作字不拘一体，移易从便也。"
博~：五车：指五车书。形容读书极多，学识广博。语见明·凌濛初《初刻拍案惊奇》第十卷："真个是，才过子建，貌赛潘安，胸中博览五车，腹内广罗千古。"

【结构】 动宾　副-动|数-名

【扩联】 文人不拘一体字
才子博览五车书

201

bù kān huí shǒu
不 堪 回 首

nán yǐ wàng huái
难 以 忘 怀

【释义】 不~：回首：回头。表示不忍再去回忆往事。（多用于不好或不愉快的方面。）
难~：忘怀：忘记。很难忘记掉。

【结构】 动宾　副-动|动-名

【扩联】 往事不堪回首
故人难以忘怀

202

bù luò kē jiù
不 落 窠 臼

bié chū xīn cái
别 出 心 裁

【释义】 不~：窠臼：谷套子，旧格式。不落俗套。比喻有独创风格。
别~：心裁：内心的裁断。另外构想与众不同的新主意、新花样。形容独创一格。

【结构】 动宾　副-动|名-名

【扩联】 信马由缰不落窠臼
移花接木别出心裁

203

bù míng bù bái
不 明 不 白

bàn xìn bàn yí
半 信 半 疑

【释义】 不~：不明白，不清楚。
半~：有些相信，又有些怀疑，对真假是非不能肯定。

【结构】 联合　副-形 副-形

【扩联】 说话不明不白
令人半信半疑

204

bù qī àn shì
不 欺 暗 室

dú shǒu kōng fáng
独 守 空 房

【释义】 不~：指在无人看见的地方，也不做亏心事，不做见不得人的事，不为非作歹。语见唐·骆宾王《萤火赋》："入暗室而不欺。"
独~：独自一人守着空无一人的房子。多指妇女无丈夫相陪。

【结构】 动宾　副-动|形-名

【扩联】 独守空房独守节
不欺暗室不欺心

205

bù rén bù guǐ
不 人 不 鬼

yì zhèng yì xié
亦 正 亦 邪

【释义】 不~：又不像人又不像鬼。形容潦倒、狼狈。
亦~：正：正面，好，真善美。邪：邪恶，假丑恶。既有好的一面也有坏的一面。说好，是个好人；说坏，也像个坏人。

【结构】 联合　副-名|副-名

【扩联】 亦正亦邪多有正
不人不鬼再为人

206

bù shāng pí wèi
不伤脾胃

dà kuài duǒ yí
大快朵颐

【释义】 不～：脾胃：人体新陈代谢、消化重要器官，喻指对事物的爱好、憎恶的习性。比喻没有什么损伤。

大～：朵颐：鼓动腮颊。即大吃大嚼。痛痛快快地大吃一顿。

【结构】 动宾　副-动|名-名

【扩联】 <u>不吃不喝不伤脾胃</u>
<u>大酒大肉大快朵颐</u>

207

bù tān wéi bǎo
不贪为宝

chén mò shì jīn
沉默是金

【释义】 不～：表示以不贪为宝贵、崇高。语见《左传·襄公十五年》："宋人或得玉，献诸子罕。子罕弗受，献玉者曰：'以示玉人，玉人以为宝也，故敢献之。'子罕曰：'我以不贪为宝，尔以玉为宝，若以与我，皆丧宝也，不若人有其宝。'"

沉～：外来成语。保持沉默，勤于思考，不随便发表看法意见，是一种成功的行为处事方式。义同《论语·为政》中的："多闻阙疑，慎言其余，则寡尤；多见阙殆，慎行其余，行寡悔。言寡尤，行寡悔，禄在其中矣！"

【结构】 主谓　副-形|动-名

【扩联】 <u>利令智昏不贪为宝</u>
<u>祸从口出沉默是金</u>

208

bù shī shǔ lěi
不失黍累

dà xiāng jìng tíng
大相径庭

【释义】 不～：黍、累：古代两种极微小的重量单位，十黍为一累，十累为一铢，二十四铢为一两。指不差丝毫。

大～：径：小路。庭：庭院。原指过分偏激。后多以形容彼此相差太远或矛盾很大。

【结构】 动宾　副-动|名-名

【扩联】 <u>家花野花不失黍累</u>
<u>甘草狂草大相径庭</u>

209

bù tóng fán xiǎng
不同凡响

dà yǒu zuò wéi
大有作为

【释义】 不～：凡响：平凡的音乐。不同于平凡的音乐，原指特别出色的演唱，现泛指不平凡的人或事物。

大～：能够发挥应有的作用，做出很大的成绩。

【结构】 动宾　副-动|形-动

【扩联】 <u>发不易之论不同凡响</u>
<u>登大雅之堂大有作为</u>

210

bù wén bù wǔ
不文不武

bàn sǐ bàn shēng
半死半生

【释义】 不～：既不能文，又不能武。后用以讥讽人没有才能。

半～：指没有全死。比喻毫无生气，苟且偷生。

【结构】 联合　副-动|副-动

【扩联】 <u>半死半生半入土</u>
<u>不文不武不成材</u>

211

bù xī gōng běn
不 惜 工 本

shà fèi xīn jī
煞 费 心 机

【释义】 不~：惜：吝惜。工本：制造物品所预付的成本。不吝惜花费本钱。形容为办成一件事舍得投入。
煞~：煞：极，很。指费尽心机。
【结构】 动宾　副-动|名-名
【扩联】 不惜工本本钱大
煞费心机机会多

212

bù yí yú lì
不 遗 余 力

shà fèi kǔ xīn
煞 费 苦 心

【释义】 不~：遗：遗留。不留剩余的力量。指使出全部力量。
煞~：煞：很，极。费尽了心思。
【结构】 动宾　副-动|形-名
【扩联】 创业创新不遗余力
求名求利煞费苦心

213

bù yì zhī lùn
不 易 之 论

wú jī zhī tán
无 稽 之 谈

【释义】 不~：不可改变的言论。指论断或意见完全正确。语见《朱子语类·本朝四》"然佞臣不可执笔，则是不易之论。"
无~：稽：考查。无从考查的话。
【结构】 定中　副-动|助-名
【扩联】 持不易之论
驳无稽之谈

214

bù zé shǒu duàn
不 择 手 段

quán wú xīn gān
全 无 心 肝

【释义】 不~：为了达到目的，什么办法都用得出来。用于贬义。
全~：指毫无羞耻之心。也指心地狠毒或不知世事。
【结构】 动宾　副-动|名-名
【扩联】 全无心肝杀妻求将
不择手段卖友图荣

215

bú zhī dīng dǒng
不 知 丁 董

àn sòng qiū bō
暗 送 秋 波

【释义】 不~：按清朝翟灏之说，出自《三国志》，以吕布不知丁原、董卓之奸为愚暗。也作"不知萧董"，不知萧董是什么草。讽刺人愚昧不懂事。
暗~：秋波：形容美女的眼睛像秋水般清澈明亮。暗中以眉目传情献媚。《三国演义》第八回："吕布欢喜无限，频以目视貂蝉，貂蝉亦以秋波送情。"也泛指暗中勾搭，献媚讨好。
【结构】 动宾　副-动|形-名
【扩联】 不知丁董糊涂吕布
暗送秋波妩媚貂蝉

216

bù zhī suǒ chū
不 知 所 出

zuò xiǎng qí chéng
坐 享 其 成

【释义】 不~：指不知道从哪里来的，也指不知道该怎么办。语见战国·宋玉《高唐赋》："卒愕异物，不知所出。"
坐~：坐享：未经努力而享受。成：成果。自己不努力而享受别人的劳动成果。
【结构】 动宾　副-动|助-动
【扩联】 旁人埋单不知所出
贵客入席坐享其成

217

bù zhī xū shí
不 知 虚 实

mò cè gāo shēn
莫 测 高 深

【释义】 不~：虚实：空虚的和实在的情况。常用来表达在战争中不知对方的实力和真实情况。
莫~：莫测：无法揣测。高深：高深的程度。无法揣测其高深的程度。也用以讽刺故弄玄虚的人。

【结构】 动宾 副-动｜形-形

【扩联】 诡计多端不知虚实
神情自若莫测高深

218

bù zhōng bù xiào
不 忠 不 孝

wú fù wú jūn
无 父 无 君

【释义】 不~：不忠诚国家民族，不孝顺父母长辈。
无~：指斥责没有伦常的人，无视父母、君王而胡作非为。

【结构】 联合 副-动｜副-动

【扩联】 不忠不孝叛臣逆子
无父无君野兽畜生

219

bù zhuó biān jì
不 着 边 际

gù nòng xuán xū
故 弄 玄 虚

【释义】 不~：摸不着边儿。形容言论空泛，不切实际或离题太远。
故~：玄虚：不可捉摸、迷惑人的花招。故意耍弄不可捉摸的东西，欺骗迷惑人。

【结构】 动宾 副-动｜名-名

【扩联】 不着边际有天没日
故弄玄虚露尾藏头

220

bù yī wéi dài
布 衣 韦 带

shuǐ pèi fēng cháng
水 佩 风 裳

【释义】 布~：韦：熟牛皮。身穿粗布衣，腰系牛皮带。原指平民或隐者的粗陋服装。后泛指一般读书人。
水~：以水作佩饰，以风为衣裳。本写美人的妆饰。后用以形容荷花荷叶之状貌。语出唐·李贺《苏小小墓》诗："风为裳，水为佩。"

【结构】 联合 名-名｜名-名

【扩联】 布衣韦带寒门学子
水佩风裳阆苑仙葩

221

cái dà nán yòng
才 大 难 用

gōng chéng bù jū
功 成 不 居

【释义】 才~：才能太大，难被一般使用。也指怀才不遇。语见宋·胡继宗《书言故事·花木类》："有才不遇，曰才大难用。"
功~：功：功绩。居：自居，占有。原指随着其自然存在，不占为己有。后用来指立了功而不把功劳据为己有。语见《老子》："生而不有，为而不恃，功成而弗（不）居。"

【结构】 连动 名-形｜副-动

【扩联】 才大难用台面小
功成不居胸襟宽

222

cái gāo shí yuǎn
才 高 识 远

jī hòu liú guāng
积 厚 流 光

【释义】 才~：才能超众，见识深远。
积~：积：绩，功业。流光：福泽流传至后世。功业深厚，福泽流传后世，影响深广。同"积厚流广"。

【结构】 联合 名-形｜名-形

【扩联】 积厚流光福延后世
才高识远锦绣前程

223

cái duō wéi huàn
才多为患
gǔ jiàn shāng nóng
谷贱伤农

【释义】才~：才：才学，才能。才学过多反倒成为忧患。语见《晋书·陆机传》："机天才秀逸，辞藻宏丽。张华尝谓之曰：'人之为文，常恨才少，而子更患其多。'"
谷~：谷：泛指粮食。原指丰收时粮商压低谷价，使农民利益受到损害。现泛指粮价过低就会损害农民的利益。语见宋·欧阳修等《新五代史·冯道传》："明宗问道：'天下虽丰，百姓济否？'道曰：'谷贵饿农。谷贱伤农。'"
【结构】主谓　名-形　动-名
【扩联】才多为患难出彩
谷贱伤农少种粮

224

cái gāo bā dǒu
才高八斗
xué fù wǔ chē
学富五车

【释义】才~：八斗：指数量多，晋谢灵运曾说："天下才共一石，曹子建独占八斗，我得一斗，天下共分一斗。"形容才华很高。一般用来称赞、恭维天赋很高、才华出众的人。
学~：学：学识，学问。富：丰富。五车：本指书多，可装五车。学识丰富，看过的书五车也装不下。形容书读得多，学识渊博。
【结构】主谓　名|形-数-名
【扩联】才高八斗出类拔萃
学富五车超群绝伦

225

cái gāo xíng hòu
才高行厚
dé zhòng ēn hóng
德重恩弘

【释义】才~：同"才高行洁"。才能超群，品行高洁、敦厚。
德~：重：崇高。弘：宏大。指道德高尚，恩惠巨大。
【结构】联合　名-形|名-形
【扩联】诗书将才高行厚
社稷臣德重恩弘

226

cái gāo xíng jié
才高行洁
dǎn zhuàng qì cū
胆壮气粗

【释义】才~：洁：清白，好。才能高，品行好。语见汉·王充《论衡·逢遇》："才高行洁，不可保必尊贵；能薄操浊，不可保必卑贱。"
胆~：粗：壮。形容胆大气盛，无所畏惧。
【结构】联合　名-形|名-形
【扩联】才高行洁必尊贵
胆壮气粗自豪

227

cái gāo yǔ zhuàng
才高语壮
zhì jié xīn xióng
志洁心雄

【释义】才~：才能高，说话口气强硬，盛气凌人。
志~：志向高洁，而且有雄心。
【结构】联合　名-形|名-形
【扩联】志洁心雄敢负责
才高语壮莫凌人

228

cái gāo yùn jiǎn
才 高 运 蹇
wù měi jià lián
物 美 价 廉

【释义】 才~：运：命运，时运。蹇：艰难，不顺利。才能很高而时运不顺。旧时多形容怀才不遇。
物~：东西质量很好而且价钱便宜。
【结构】 连动 名-形|名-形
【扩联】 才高运蹇天瞎眼
物美价廉客遂心

229

cái guàn èr yǒu
才 贯 二 酉
shū dú wǔ chē
书 读 五 车

【释义】 才~：二酉：两山名，指湖南沅陵境内的大酉山和小酉山。相传山上石洞藏书很多。有贯通二酉山所有藏书学识的才华。比喻才学超凡。
书~：读了五车书。形容读书很多，学识渊博。语见《庄子》："惠施多方，其书五车。"
【结构】 主谓 名|动-数-名
【扩联】 书读五车韦编三绝
才贯二酉领袖一方

230

cái huá héng yì
才 华 横 溢
yì qì fēi yáng
意 气 飞 扬

【释义】 才~：形容十分有才华，并充分显露出来。多指文学艺术方面的才华。
意~：多用以指意气风发。形容精神振奋，气概豪迈。
【结构】 主谓 名-名|动一
【扩联】 才华横溢铺摛文字
意气飞扬指点江山

231

cái shū xué qiǎn
才 疏 学 浅
qì ào xīn gāo
气 傲 心 高

【释义】 才~：才学疏漏，学识浅薄。常用作自谦之辞。
气~：自视甚高，傲气十足。比喻自高自大。
【结构】 联合 名-形|名-形
【扩联】 才疏学浅揭皇榜
气傲心高辞诰封

232

cái sī mǐn jié
才 思 敏 捷
yì qì xuān áng
意 气 轩 昂

【释义】 才~：才思：多指文艺创作的能力。才思迅速而灵敏。或指反应极快。
意~：神采焕发、气度不凡的样子。
【结构】 主谓 名-名|形一
【扩联】 才思敏捷序题滕王阁
意气轩昂文记岳阳楼

233

cái sī quán yǒng
才 思 泉 涌
yì xìng yún fēi
逸 兴 云 飞

【释义】 才~：才思：才气和思路。行文思路如泉水般源源不断地喷涌出来。
逸~：逸兴：超逸豪放的情致、兴会。形容意兴如彩云般勃发飞扬。
【结构】 主谓 形-名|名-动
【扩联】 逸兴云飞对饮明月千杯酒
才思泉涌纵挥妙笔万言书

234

cái xióng dé mào
材雄德茂

nián fù lì qiáng
年富力强

【释义】 材~：指才和德都很杰出。语见韩愈《送汴州监军俱文珍序》："其监统中贵，必材雄德茂，荣耀宠光，能俯达人情，仰喻天意者，然后为之。"
年~：年富：年龄富足，即年轻。力强：身体强壮，精力充沛。指人正处盛年，精力充沛。语见《论语·子罕》："后生可畏。"朱熹注："孔子言后生年富力强，足以积学而有待，其势可畏。"
【结构】 联合　名-形|名-形
【扩联】 年富力强后生可畏
材雄德茂能者多劳

235

cái yuán mào shèng
财源茂盛

shēng yì xīng lóng
生意兴隆

【释义】 财~：财源：钱财的来源。茂盛：植物生长得多而苗壮。钱财来源多而旺盛。
生~：生意：指商业经营，买卖。兴隆：兴盛，兴旺。生意做得好做得大。
【结构】 主谓　名—|形—
【扩联】 会策划财源茂盛
懂经营生意兴隆

236

cái jǐn wàn lǐ
裁锦万里

dú shū sān yú
读书三余

【释义】 裁~：裁锦：裁剪美锦制作锦衣，比喻为官主政。见《左传·襄公三十一年》："子产曰：'子有美锦，不使人学制焉。大邑大县，身之所庇也，而使学者制焉，其为美锦，不亦多乎?'"也是到很远的邑县担任地方官的自谦语。语见《洛阳伽蓝记·城东》："太傅李延寔者，庄帝舅也。永安年中，除青州刺史，临去奉辞。……答曰：'臣年迫桑榆，气同朝露，人间稍远，日近松丘。臣已久乞闲退，陛下渭阳兴念，宠及老臣，使夜行罪人，裁锦万里。谨奉明敕，不敢失坠。'"
读~：三余：冬者岁之余，夜者日之余，阴雨者晴之余。指读书抓紧一切闲余时间。语见《三国志·董遇传》："人有从学者……从学者云，苦渴无日。遇言：'当以三余。'或问'三余'之意，遇言：'冬者岁之余，夜者日之余，阴雨者晴之余。'"
【结构】 状中　动-名|数-名
【扩联】 读书三余自有路
裁锦万里也添花

237

cái yún jiǎn shuǐ
裁云剪水

xùn yù pēn zhū
噀玉喷珠

【释义】 裁~：比喻诗文构思精巧，如裁决行云，剪断流水。语见明·屠龙《彩毫记·夫妻玩赏》："名擅雕龙，诗成倚马，清思裁云剪水。"
噀~：噀：含在口中喷出。口中喷出玉珠。形容口齿伶俐。也指说话悦耳动听。
【结构】 联合　动-名|动-名
【扩联】 噀玉喷珠齿牙伶俐
裁云剪水才艺高超

238

cǎi lán zèng yào
采 兰 赠 药
tóu mù bào qióng
投 木 报 琼

【释义】 采~：兰：兰花。药：芍药。你采兰花送我，我赠芍药给你。指礼尚往来。一般用以比喻男女之间互赠礼物，表达爱情。
投~：木：木瓜。琼：美玉。原指男女恋爱中互赠礼品。后引申为对别人的深厚情谊予以酬报。语见《诗经·卫风·木瓜》："投我以木瓜，报之以琼琚。匪报也，永以为好也。"

【结构】 联合　动-名|动-名

【扩联】 采兰赠药多情多爱
投木报琼有往有来

239

cān sōng dàn bǎi
餐 松 啖 柏
zhěn shí qǐn shéng
枕 石 寝 绳

【释义】 餐~：啖：吃。吃松柏的果实充饥。形容超脱世俗的生活。
枕~：枕石块，睡绳床。形容隐居的清苦生活，也喻生活清贫。

【结构】 联合　动-名|动-名

【扩联】 餐松啖柏不食烟火
枕石寝绳浑如神仙

240

cán shān shèng shuǐ
残 山 剩 水
duàn jǐng tuí yuán
断 井 颓 垣

【释义】 残~：残败破碎的山河。形容国土被割裂或战争之后的衰败情景。
断~：断裂的井栏，破落的院墙。形容家园遭战争、灾祸后或久无主人的凄凉景象。

【结构】 联合　形-名|形-名

【扩联】 断井颓垣源于灾祸
残山剩水罪在战争

241

cǎn wú rén dào
惨 无 人 道
sǐ yǒu yú gū
死 有 余 辜

【释义】 惨~：惨：狠毒。残暴到灭绝人性。形容极端凶狠、残暴。
死~：余：剩余。辜：罪。死刑也抵偿不清罪过。形容罪大恶极。

【结构】 述补　形|动-名-名

【扩联】 惨无人道鬼神皆泣
死有余辜天地不容

242

càn huā zhī lùn
粲 花 之 论
kōng gǔ zhī yīn
空 谷 之 音

【释义】 粲~：粲花：鲜艳的花朵。论：言论。称赞言论的典雅隽妙。语见五代后周·王仁裕《开元天宝遗事·粲花之论》："与人谈论，皆成句读，如春葩丽藻，粲于齿牙之下，时人号曰：'白粲花之论。'"
空~：空谷：空旷的山谷。空旷幽静的山谷里飘荡回响的声音。比喻难得的音信或事物。语见清·张浦山《画征录》："力追古法，脱去时习，淘为近日空谷之音。"

【结构】 定中　形-名|助-名

【扩联】 春葩丽藻粲花之论
流水高山空谷之音

243

cāng hǎi yī sù
沧海一粟

yuán quán wàn hú
源泉万斛

【释义】 沧~：粟：谷子，即小米。大海里的一粒谷子。比喻非常渺小。语见苏轼《前赤壁赋》："寄蜉蝣于天地，渺沧海之一粟。"
源~：斛：旧时的计量器物。容量原是十斗，后改为五斗。指水源极其丰富。比喻文才横溢。语见苏轼《文说》："吾文如源泉万斛，不择地而出。"

【结构】 定中　名-名|数-名

【扩联】 人如沧海一粟
才溢源泉万斛

244

cāng huáng fān fù
苍黄翻复

hēi bái fēn míng
黑白分明

【释义】 苍~：苍：青色。丝染于青染料变青，染于黄染料变黄，翻来复去，变化不定。比喻变化无常，难以明辨。
黑~：黑则黑，白则白，区分一清二楚。比喻是非曲直好坏不容相混，划分得很清楚。

【结构】 主谓　名-名|动-动

【扩联】 休说苍黄翻复
自会黑白分明

245

àn shì kuī xīn
暗室亏心

cāng tiān yǒu yǎn
苍天有眼

【释义】 暗~：暗室：不为人知的黑屋子，指暗地里。指在暗中做见不得人的亏心事。
苍~：苍天：蓝天，上天。老天是有眼睛的。意指万事皆有报应。

【结构】 主谓　形-名|动-名

【扩联】 勿为暗室亏心事
要想苍天有眼睛

246

cāng yíng fù jì
苍蝇附骥

gǒu wěi xù diāo
狗尾续貂

【释义】 苍~：苍蝇依附在骏马尾巴上。比喻平庸之辈依靠声望高的人而扬名。
狗~：貂：代指貂尾，古代做官员标志性的装饰用。貂尾不够，用狗尾巴代替。比喻拿不好的东西补接在好东西后面。

【结构】 主谓　形-名|动-名

【扩联】 求大师写序文苍蝇附骥
给名著接后传狗尾续貂

247

cāng yíng pèng bì
苍蝇碰壁

lǎo shǔ guò jiē
老鼠过街

【释义】 苍~：碰壁：碰到墙上。比喻没有头脑的蠢人自寻苦恼的行为。也比喻反动分子自取灭亡的行径。
老~：老鼠过街，人人喊打。比喻害人的人或事物，人人痛恨。

【结构】 主谓　形-名|动-名

【扩联】 老鼠过街人喊打
苍蝇碰壁自遭栽

248

cāng yíng zhú chòu
苍蝇逐臭
fēng dié suí xiāng
蜂蝶随香

【释义】 苍~：苍蝇追逐有腥臭味的东西。比喻追逐邪恶的东西。也指趋炎附势的行为。
蝴~：蝴蝶随着花香飞去。比喻追求美好的事物。
【结构】 主谓　名—|动-形
【扩联】 苍蝇逐臭嗡嗡去
蝴蝶随香狨狨来

249

cáng fēng liàn è
藏锋敛锷
yǐn jì qián zōng
隐迹潜踪

【释义】 藏~：锷：剑刃。比喻不露锋芒。
隐~：隐、潜：隐藏，潜藏。指把自己的踪迹潜藏起来，不让别人知道。
【结构】 联合　动-名|动-名
【扩联】 藏锋敛锷不成众的
隐迹潜踪可得久安

250

cáng fēng jù qì
藏风聚气
xù ruì yǎng wēi
蓄锐养威

【释义】 藏~：风水之说。气是化生万物的根本，"气乘风则散，界水则止"。"藏风聚气"，指好风水的住宅、穴场能挡住劲风，使气不散失，给人或后人带来好福气、好运道。
蓄~：积蓄锐气，保养威力。语见唐·令狐德棻《周书·韦孝宽传》："今若更存遵养，且复相时，臣谓宜还崇邻好，申其盟约，安人和众，通商惠工，蓄锐养威，观衅而动。"
【结构】 联合　动-名|动-名
【扩联】 好风水藏风聚气
精锐师蓄锐养威

251

cáng lóng wò hǔ
藏龙卧虎
qǐ fèng téng jiāo
起凤腾蛟

【释义】 藏~：隐藏着的龙，睡卧着的虎。指尚未露头角的非凡人物。
起~：起：起舞。腾：腾跃。像凤凰起舞，蛟龙腾越。比喻文辞奇巧优美，才华横溢。
【结构】 联合　动-名|动-名
【扩联】 一方热土藏龙卧虎
万里长天起凤腾蛟

252

cáng xíng nì yǐng
藏形匿影
huì jì tāo guāng
晦迹韬光

【释义】 藏~：藏、匿：隐藏。隐藏形迹，不露真相。语见《邓析子·无厚论》："为君者，藏形匿影，群下无私，掩目塞耳，万民恐震。"
晦~：晦：隐藏。韬：遮掩，隐藏。隐藏行迹，遮掩光芒。比喻隐藏才华，不使外露。语见元·王仲元《江儿水·汉世曲》："竹冠草鞋粗布衣，晦迹韬光计。"
【结构】 联合　动-名|动-名
【扩联】 藏形匿影瞒真相
晦迹韬光装笨人

253

cāo dāo néng gē
操 刀 能 割

yóu rèn yǒu yú
游 刃 有 余

【释义】 操~：操：持。手里拿起刀，就能割东西。比喻有能力办事。
游~：游刃：运转刀刃。有余：有空余，有余地。原指庖丁解牛，刀刃运转大有回旋余地。后比喻技艺纯熟，做事得心应手。

【结构】 后补 动-名|动-动

【扩联】 操刀能割都称师傅
游刃有余才是庖丁

254

cāo dāo shāng jǐn
操 刀 伤 锦

xià bǐ chéng zhāng
下 笔 成 章

【释义】 操~：指外行人用刀剪割锦缎必然割坏。比喻派不懂行的人去主持某些工作，必然把事搞坏。
下~：一动笔就能写成文章。形容才华横溢，思路敏捷。

【结构】 连动 动-名|动-名

【扩联】 下笔成章里手高手
操刀伤锦本行外行

255

cáo yī chū shuǐ
曹 衣 出 水

wú dài dāng fēng
吴 带 当 风

【释义】 曹~：北齐曹仲达善画佛像，笔法刚劲稠叠，所画人物衣衫紧贴身上，犹如刚从水中出来一样。故后人称为"出水"。
吴~：唐朝吴道子也善画佛像，而笔势圆转飘逸，所画人物衣带宛如迎风飘曳一样。故后人称为"当风"。

【结构】 主谓 名-名|动-名

【扩联】 曹衣出水智生灵府
吴带当风工在笔端

256

cǎo jiān rén mìng
草 菅 人 命

tú tàn shēng líng
涂 炭 生 灵

【释义】 草~：菅：一种多年生的野草。把人的生命看作野草一样。多指不查实案情，任意处决人犯。也指稀里糊涂地办理命案。
涂~：涂：烂泥。炭：炭火。生灵：指百姓。使民众陷入如烂泥炭火的极端困苦境地。

【结构】 动宾 动—|名—

【扩联】 天赋人权不可草菅人命
地储生物岂容涂炭生灵

257

céng jīng cāng hǎi
曾 经 沧 海

chū chū máo lú
初 出 茅 庐

【释义】 曾~：曾：曾经。经：经历。沧海：大海。曾经经历过大海风浪。比喻有阅历，见过世面。
初~：茅庐：草屋。原指诸葛亮感念刘备三顾茅庐，初次出山，就协助刘备打了胜仗。后用以比喻刚刚进入社会，缺乏经验。

【结构】 动宾 副-动|名-名

【扩联】 曾经沧海难为水
初出茅庐敢冒尖

258

cè　mù　ér　shì
侧　目　而　视

fǎn　chún　xiāng　jī
反　唇　相　讥

【释义】 侧~：斜眼看着，不敢正视。形容畏惧。
反~：受人指责后不服气，回嘴讥讽，责问对方。
【结构】 状中　动-名|连-动
【扩联】 心怀敬畏侧目而视
语带锋芒反唇相讥

259

chā　qiáng　rén　yì
差　强　人　意

shí　huò　wǒ　xīn
实　获　我　心

【释义】 差~：差：稍微地、比较地。原意为甚能振奋人的意志。
后表示比较能使人满意。
实~：实：的确，实在。获：获得。确实得到了自己心里
的认同。
【结构】 动宾　副-动|名-名
【扩联】 五尺童子差强人意
七步俊才实获我心

260

chá　xiāng　mò　yùn
茶　香　墨　韵

huà　yì　shī　qíng
画　意　诗　情

【释义】 茶~：茶之香气，墨之韵致。形容文人雅士煮茶品茗、挥
毫评书的雅致生活情趣。
画~：意：意境。情：情感。诗画中包蕴的情感意境。也
指自然景物或事情像诗画所表现出来的意境那样美好。也
作"诗情画意"。
【结构】 联合　名-名|名-名
【扩联】 画意诗情心境美
茶香墨韵兴头高

261

chá　yú　fàn　hòu
茶　余　饭　后

yuè　xià　huā　qián
月　下　花　前

【释义】 茶~：喝茶吃饭以后。指休息和闲暇的时间。
月~：月光之下，花丛之前。原指清爽幽静的环境。后多
指男女谈情说爱的场所。
【结构】 联合　名-方|名-方
【扩联】 月下花前宜示爱
茶余饭后好谈诗

262

chāi　bái　dào　zì
拆　白　道　字

dǐng　zhēn　xù　má
顶　真　续　麻

【释义】 拆~：始于宋元时代的一种文字游戏，将一个字拆开，变
成一句话。如拆"好""闷"二字："你供人女边著子，争
知我门里挑心。"
顶~：宋元以来的一种文字游戏。即一人说出一条成语或
诗文，下一个人以其尾字为首字，再接着说，接不上者受
罚。现指首尾相接、循环往复的一种文字游戏。如"拆白
道字"—"字正腔圆"—"圆木警枕"—"枕典席
文"……
【结构】 联合　动-名|动-名
【扩联】 顶真续麻麻烦事
拆白道字字子声

263

chāi qiáo chōu bǎn
拆桥抽板

jié cǎo xián huán
结草衔环

【释义】 拆~：从桥上过了河就把桥拆掉、把桥板抽掉。同"过河拆桥"。喻指达到目的后，就把借以成功的力量或帮助自己实现了目的的人一脚踢开。

结~：结草：把草系成结绊人。见《左传·宣公十五年》：晋国魏颗没让其父的妾为父殉葬而让她改嫁，当魏颗与秦国杜回作战时，有一老人用草结绊倒杜回而将其活捉。魏颗当夜梦见老人说"余，所嫁妇人之父也，……余是以报。"衔环：用嘴叼来玉环。《后汉书》注载：东汉杨宝救了一只黄雀，某夜有一黄衣童子以四枚白玉环相报，并说会让他的子孙显贵，后果然如此。"结草衔环"，表示感恩戴德，至死不忘。

【结构】 联合 动-名|动-名

【扩联】 结草衔环知恩必报
拆桥抽板乏善可陈

264

chái láng chéng xìng
豺狼成性

shé xiē wéi xīn
蛇蝎为心

【释义】 豺~：像豺狼一样，凶恶残暴成了习性。

蛇~：毒蛇蝎子做的心肠。形容人心狠毒。

【结构】 主谓 名-名|动-名

【扩联】 蛇蝎为心毒于蛇蝎
豺狼成性狠似豺狼

265

chái láng dāng dào
豺狼当道

yā què wú shēng
鸦雀无声

【释义】 豺~：当道：横在路中间。比喻坏人恶人当权。

鸦~：最爱鸹噪和吱喳的乌鸦、雀鸟都不出声了。形容极其寂静。

【结构】 主谓 名-名|动-名

【扩联】 称王称霸豺狼当道
集苑集枯鸦雀无声

266

chái láng hǔ bào
豺狼虎豹

lín fèng guī lóng
麟凤龟龙

【释义】 豺~：四种凶狠的野兽。比喻为非作歹、奸猾狠毒的坏人。

麟~：象征吉祥、高贵、长寿的四种珍奇动物。常喻品德高尚或杰出人物。

【结构】 联合 名|名|名|名

【扩联】 多麟凤龟龙人间康泰
少豺狼虎豹世界清平

267

chán xián yù dī
馋涎欲滴

huí wèi wú qióng
回味无穷

【释义】 馋~：馋得连口水都要滴下来了。比喻渴望得到某种事物。

回~：回味：从回忆里体会到的意味，余味不尽。多用对往事回忆，似有说不尽的甜蜜意趣。也比喻含意深长的文艺作品读过后，体会到无限的意趣。

【结构】 述补 形-名|动-动

【扩联】 菜香肉肥馋涎欲滴
酒醉饭饱回味无穷

268

chán gōng zhé guì
蟾宫折桂
jīn wū cáng jiāo
金屋藏娇

【释义】 蟾~：蟾宫：月宫。指在月宫里攀折月中桂。比喻科举考中进士。
金~：金屋：华贵富丽的房屋。娇：阿娇，指汉公主刘嫖的爱女。汉武帝刘彻儿时曾说："筑金屋，藏阿娇。"后转指另筑香巢，娶小纳妾。
【结构】 状中　名-名|动-名
【扩联】 金屋藏娇娶美女
蟾宫折桂做高官

269

chán mián fěi cè
缠绵悱恻
kāng kǎi jī áng
慷慨激昂

【释义】 缠~：缠：缠绕，萦绕。绵：绵绵不断。缠绵：心绪郁结难解。悱恻：悲苦，凄切。形容心情悲伤、痛苦而又无法解脱，凄苦的感情缠绵不绝。
慷~：慷慨：意气昂扬，情绪激动。激昂：振奋昂扬。形容精神振奋，意气昂扬。
【结构】 联合　形—|形—
【扩联】 慷慨激昂英雄壮志
缠绵悱恻儿女私情

270

chǎn shàng jiāo xià
谄上骄下
qī jūn hài mín
欺君害民

【释义】 谄~：谄：讨好，奉承。对上谄媚讨好，对下骄横无礼。语见汉·杨雄《法言·修身》："上交不谄，下交不骄，则可以有为矣。"
欺~：欺瞒君主，祸害民众。
【结构】 联合　动-名|动-名
【扩联】 欺君害民奸臣一个
谄上骄下祸害两头

271

chǎn shàng qī xià
谄上欺下
rú róu tǔ gāng
茹柔吐刚

【释义】 谄~：谄：谄媚，逢迎。意指对地位比自己高的人就奉承，对地位比自己低的人就欺压。
茹~：茹：吃。柔：软。刚：硬。软的吃掉，硬的吐出来。比喻欺弱避强，欺软怕硬。
【结构】 联合　动-形|动-形
【扩联】 茹柔吐刚实无本事
谄上欺下就是小人

272

cháng gē dàng qì
长歌当泣
jiǔ bìng chéng yī
久病成医

【释义】 长~：长歌：长声歌咏，引申为写诗和文章。当：权当，当作。泣：哭泣。用赋诗写文章来抒发心中的悲愤和不满。也作"长歌当哭"。
久~：指人久病，经常用药，看医生治疗，也懂得了一些药性和治疗方法。
【结构】 连动　形-动|动-名
【扩联】 久病成医三折臂
长歌当泣九回肠

273

cháng mìng bǎi suì
长 命 百 岁

gāo rén yī chóu
高 人 一 筹

【释义】 长~：寿命很长，达到百岁。今为祝颂语。
高~：筹：筹码。比一般人高出一个筹码。指超过别人。
【结构】 述补　形-名|数-名
【扩联】 父母长命百岁
子孙高人一筹

274

cháng shéng xì rì
长 绳 系 日

miào shǒu huí chūn
妙 手 回 春

【释义】 长~：用长绳把太阳栓住。指把时光留住。
妙~：妙手：指高超的医术。回春：比喻把快要死的人医治好了。赞扬医生的医术高明，能使病危的人痊愈。
【结构】 主谓　形-名|动-名
【扩联】 妙手回春青春永驻
长绳系日红日高悬

275

cháng suàn yuǎn lüè
长 算 远 略

zhōng yán qí móu
忠 言 奇 谋

【释义】 长~：深远周密的谋划、策算。
忠~：忠诚的进言，出众的谋略。
【结构】 联合　形-名|形-名
【扩联】 有长算远略是长者
听忠言奇谋得忠臣

276

cháng xiù shàn wǔ
长 袖 善 舞

dà yīn xī shēng
大 音 希 声

【释义】 长~：善：擅长。长衣袖便于起舞。比喻有所依靠则事业容易成功。也用以比喻有钱有势有手腕的人善于投机钻营。
大~：指最大最美的声音乃无声之音。语见《老子》："大音希声，大象无形。"王弼注："听之不闻曰希，不可得闻之音也。有声则有分，有分则不宫而商矣。分则不能统众，故有声音者非大音也。"
【结构】 主谓　形-名|动-名
【扩联】 大音希声不入耳
长袖善舞会投机

277

cháng féi nǎo mǎn
肠 肥 脑 满

bǎng dà yāo yuán
膀 大 腰 圆

【释义】 肠~：身体肥胖臃肿。形容生活优裕，养得大腹便便，肥头大耳的样子。
膀~：臂膀粗壮，腰身滚圆。形容身材魁梧、强壮。
【结构】 联合　名-形|名-形
【扩联】 肠肥脑满倭瓜样
膀大腰圆铁塔型

278

chàng jīng sòng fó
唱 经 诵 佛

bǎ sù chí zhāi
把 素 持 斋

【释义】 唱~：吟唱经文，诵念阿弥陀佛。僧人日常功课。
把~：吃素斋戒。信佛者所遵守的戒律。
【结构】 联合　动-名|动-名
【扩联】 把素持斋光吃蔬菜
唱经诵佛尽敲木鱼

279

chàng jīng sòng fó
唱 经 颂 佛

dǎ zuò cān chán
打 坐 参 禅

【释义】唱~：唱经：僧道诵经，其声抑扬，叫唱经。吟诵经文，颂扬佛祖。僧人和尚的日常功课。

打~：僧道盘腿闭目而坐，使心入定，谓之"打坐"；冥思苦想，探求佛道真谛，叫作"参禅"。佛僧的修炼行为。

【结构】连动　动-名|动-名

【扩联】唱经颂佛一心一意
打坐参禅三浴三薰

280

chāo chāo xuán zhù
超 超 玄 著

wěi wěi dòng tīng
娓 娓 动 听

【释义】超~：超超：超然再超然，很不一般。玄：神妙。著：显明。形容言论高明深刻明确。语见南朝宋·刘义庆《世说新语·言语》："诸名士共至洛水戏，还，乐令问王夷甫曰：'今日戏，乐乎？'王曰：'裴仆射善谈名理，混混有雅致，张茂先论史汉，靡靡可听，我与王安丰说延陵、子房，亦超超玄著。'"

娓~：娓娓：谈论不倦的样子。形容说话婉转生动，使人喜欢听。语见清·曾朴《孽海花》第三十四回："梦兰也竭力招呼……倒也说得清脆悠扬，娓娓动听。"

【结构】状中　叠一|形一

【扩联】生公说法超超玄著
和尚念经娓娓动听

281

chāo fán chū shì
超 凡 出 世

hún sú hé guāng
浑 俗 和 光

【释义】超~：超出尘世，不同凡俗。

浑~：浑厚随俗，掩抑光芒。形容为人不露锋芒，与世无争。

【结构】联合　动-名|动-名

【扩联】浑俗和光可漏网
超凡出世也挨枪

282

chāo fán rù shèng
超 凡 入 圣

lí shì yì sú
离 世 异 俗

【释义】超~：凡：凡人，一般人。圣；圣人，思想和道德都很高尚的人。超越了一般之人，进入了圣人行列。

离~：离世：脱离社会。脱离社会，不同于世俗之人。形容与众不同。

【结构】连动　动-名|动-名

【扩联】离世异俗前有隐者
超凡入圣后无来人

283

chāo fán tuō sú
超 凡 脱 俗

biàn gǔ yì cháng
变 古 易 常

【释义】超~：超越凡庸，脱离世俗。形容与众不同，超出一般人。

变~：改变过去的和平常的习惯、规则。

【结构】联合　动-形|动-形

【扩联】变古易常不走老路
超凡脱俗也非圣人

284

chāo rán zì yì
超然自逸

kuàng dá bù jī
旷达不羁

【释义】超~：指超脱世事，安闲快乐。
旷~：旷：开朗。达：达观。羁：束缚。放任达观，不受拘束。
【结构】状中　形一|副–动
【扩联】自由自在超然自逸
不履不衫旷达不羁

285

chāo shì bá sú
超世拔俗

tōng zhēn dá líng
通真达灵

【释义】超~：原指佛教徒功夫深，已超出尘世。后多形容才德远远超过平常人。也指超出尘世，不同凡响。
通~：与神仙、神灵交往。语见宋·张君房《云笈七签》第四十七卷："太上四明，九门发精，耳目玄彻，通真达灵。"
【结构】联合　动–名|动–名
【扩联】通真达灵有魔法
超世拔俗非凡人

286

cháo yáng dān fèng
朝阳丹凤

dé shuǐ jiāo lóng
得水蛟龙

【释义】朝~：朝向太阳的凤凰。比喻贤才欣逢明君。
得~：失水的蛟龙得水之后，可以腾云驾雾。比喻有才华的人得遇机会，可以施展本领。语见唐·李山甫《贺友人及第》诗："得水蛟龙失水鱼，此心相对两何如？"
【结构】定中　动–名|名一
【扩联】朝阳丹凤亮金翅
得水蛟龙驾彩云

287

cháo zhāng guó diǎn
朝章国典

wén zhì wǔ gōng
文治武功

【释义】朝~：朝廷与国家的典章制度。也作"朝章国故"。
文~：《礼记·祭法》："汤以宽治民而除其虐。文王以文治，武王以武功，去民之中灾，此皆有功烈于民者也。"后用"文治武功"指施行政教和从事征战的功绩。多用来称颂帝王或重臣。
【结构】联合　名–名|名–名
【扩联】朝章国典典藏于史
文治武功功烈于民

288

chē chí mǎ zhòu
车驰马骤

yún qǐ lóng xiāng
云起龙骧

【释义】车~：骤：马奔跑。形容车马奔驰迅猛。语见清·富察敦崇《燕京岁时记·走马灯》："走马灯者，剪纸为轮，以烛嘘之，则车驰马骤，团团不休，烛灭则顿止矣。"
云~：云：风云。骧：马昂头快跑；腾起。风云起，龙腾飞。比喻英雄豪杰乘时而起，犹龙乘云而飞天。
【结构】联合　名–动|名–动
【扩联】车驰马骤烟尘起
云起龙骧壮士行

289

cháo huǐ luǎn pò
巢毁卵破

chún wáng chǐ hán
唇亡齿寒

【释义】巢~：鸟窝遭毁，鸟卵必破。比喻灾祸牵连，无法幸免。
唇~：嘴唇没了，牙齿就会感到寒冷。比喻互相依存，利害相关。
【结构】连动　名–动|名–动
【扩联】巢毁卵破难免祸
唇亡齿寒共遭殃

290

chě péng lā qiàn
扯 篷 拉 纤

qiān xiàn dā qiáo
牵 线 搭 桥

【释义】 扯~：篷：船帆。纤：纤绳，船纤。挂船帆拉船纤。比喻通过不正当的介绍撮合以从中取利。
牵~：牵：拉。为双方沟通搭建通道桥梁。
【结构】 联合　动-名|动-名
【扩联】 扯篷拉纤靠一张嘴
牵线搭桥连两颗心

291

chén cí làn diào
陈 词 滥 调

qīng yì xuán tán
清 议 玄 谈

【释义】 陈~：陈：陈旧。滥：空泛，失真。陈旧的言词，空泛的论调。
清~：本指魏晋时一些士大夫不务实际，空谈哲理，后泛指一般不切实际的谈论。
【结构】 联合　形-名|形-名
【扩联】 陈词滥调耳磨茧
清议玄谈嘴破皮

292

chén fān xià tà
陈 蕃 下 榻

mì zǐ qū chē
宓 子 驱 车

【释义】 陈~：陈蕃：汉代汝南人，官至太傅，封高阳侯。《后汉书》载：陈蕃为太守时，从不接待宾客，唯独为徐稚专备一榻，徐稚一走，就把榻悬挂起来。后用以比喻礼待有才德的人。
宓~：宓：宓不齐，春秋鲁人，孔子弟子。为单父宰，驱车赴任，不停车会见远道来迎接他的一些当地官员，而去拜访、会见有才望的长者、贤者。比喻尊敬贤者。
【结构】 主谓　名—|动-名
【扩联】 宓子驱车拜会贤者
陈蕃下榻恭迎贵人

293

chén léi jiāo qī
陈 雷 胶 漆

lǐ guō xiān zhōu
李 郭 仙 舟

【释义】 陈~：东汉陈重与雷义的情谊如胶漆不可分离。为友谊笃厚的典故。
李~：东汉李膺为河南尹，郭泰家贫，二人友善，同游同舟，众人以为神仙。指知己相处，亲密无间不分贵贱。
【结构】 主谓　名-名|名-名
【扩联】 陈雷胶漆交情厚
李郭仙舟友谊深

294

chén lì jiù liè
陈 力 就 列

liàng néng shòu guān
量 能 授 官

【释义】 陈~：陈力：献出才力。就列：归入行列。指（在职位上）能施展才力恪尽职守的，就担任相应职务，进入官列。语见《论语·季氏》："求，周任有言曰：'陈力就列，不能者止。'"邢昺疏："言当人臣者，当陈其才力，度己所任，以就其列位，不能则当自退也。"
量~：量：衡量。能：才能。根据才能的大小，授予相应的官职。指量才使用。语见《荀子·君道》："论德而定次，量能而授官，皆使人载其事而各得其所宜。"
【结构】 连动　动-名|动-名
【扩联】 陈力就列有明镜
量能授官无暗箱

295

chén nián lǎo jiǔ
陈年老酒
míng rì huáng huā
明日黄花

【释义】 陈~：陈年酒香醇味美。储藏了很多年的酒。比喻历经时日为人称道的事物。
明~：明日：这里指重阳节后的一天。黄花：菊花。重阳节过后的菊花。古人多于重阳节赏菊，重阳一过，赏菊者减少。因而比喻过时的事物。

【结构】 定中 形-名|形-名

【扩联】 明日黄花万朵随风落
陈年老酒一杯入口香

296

chén yán wù qù
陈言务去
xián huà xiū tí
闲话休题

【释义】 陈~：陈言：指说话办事老重复别人的老话。陈旧俗套的言词一定要去掉。
闲~：无关的闲话不要讲，要归结到正题上来。

【结构】 主谓 形-名|副-动

【扩联】 闲话休题归正传
陈言务去唱新词

297

chén kē bù qǐ
沉疴不起
yǔ shì cháng cí
与世长辞

【释义】 沉~：沉疴：重病或老病。沉耽重病不能起床。形容病得很严重。
与~：与人世永远告别。本指隐居。今指逝世。

【结构】 状中 介-名|形-动

【扩联】 沉疴不起身心苦
与世长辞魂魄安

298

chén yú luò yàn
沉鱼落雁
bì yuè xiū huā
闭月羞花

【释义】 沉~：鱼沉水底，雁落平沙。形容女子容貌极美，鱼、雁不敢相比。
闭~：月亮躲进云彩，鲜花羞涩低垂。形容女子貌美绝伦，月、花也自惭形秽。

【结构】 联合 动-名|动-名

【扩联】 闭月羞花貌
沉鱼落雁容

299

chén cān mù lǐ
晨参暮礼
chūn sòng xià xián
春诵夏弦

【释义】 晨~：信佛之人一早一晚在菩萨神龛前参拜。语见元·郑光祖《伢梅香》："从今日起，那有心弹琴讲书，只索每日晨参暮礼，将此香囊供养者。"
春~：诵：吟诵。弦：弦歌，弦乐伴歌。古代学诗的做法。春天吟诵诗，夏季用弦乐伴奏而唱诗。原指应按季节采用不同的学习方式。后泛指读书学习。语见《礼记·文王世子》："春诵夏弦，大师诏之。"

【结构】 联合 名-动|名-动

【扩联】 晨参暮礼习研佛法
春诵夏弦熟读诗书

300

chén yuān mò bái
沉 冤 莫 白

xīn bìng nán yī
心 病 难 医

【释义】 沉~：沉冤：难以辩白或久未昭雪的冤屈。白：辩白，弄明白。喻指极大的冤屈得不到昭雪。
心~：医：医治。指人的思想病不好治。

【结构】 主谓　形-名|副-动

【扩联】 官官相护沉冤莫白
郁郁寡欢心病难医

301

chèn rè dǎ tiě
趁 热 打 铁

jiù pō xià lú
就 坡 下 驴

【释义】 趁~：趁着铁被烧热，及时锻打。比喻不失时机，立即行动。
就~：就着坡地从驴背上下来。比喻借用别人创造的条件来做好自己的事情。

【结构】 状中　介-形|动-名

【扩联】 趁热打铁成型好
就坡下驴落地轻

302

chēng shāng shàng shòu
称 觞 上 寿

gōng xǐ fā cái
恭 喜 发 财

【释义】 称~：称觞：举杯。举杯敬酒祝寿。
恭~：恭喜：恭贺。预祝人增添财富的祝词。

【结构】 动宾　动一|动-名

【扩联】 庆华诞称觞上寿
贺新春恭喜发财

303

chēng wáng chēng bà
称 王 称 霸

zuò guǐ zuò shén
做 鬼 做 神

【释义】 称~：王：帝王。霸：诸侯联盟之首领。比喻专横跋扈、独断专行，或狂妄地以首领自居。
做~：又做坏人又做好人。比喻从中捣鬼骗人。

【结构】 联合　动-名|动-名

【扩联】 称王称霸横行天下
做鬼做神欺骗世人

304

chēng xīn ér cuàn
称 薪 而 爨

shǔ mǐ ér chuī
数 米 而 炊

【释义】 称~：薪：柴。爨：烧火煮饭。用秤称好柴炭再烧火做饭。比喻计较日常琐事，不从大处着眼。但从勤俭节约来说，称~和数~还是有可取之处的。
数~：数着米粒烧饭。比喻过分计算，也形容吝啬。还形容物价高生活艰辛。

【结构】 状中　动-名|连-动

【扩联】 称薪而爨积沙成塔
数米而炊度日如年

305

chéng qián bì hòu
惩 前 毖 后

zhì bìng jiù rén
治 病 救 人

【释义】 惩~：惩戒以前的错误，使今后谨慎。引以为戒，不再重犯。
治~：治好病，救人命。比喻对人善意批评，帮助改正错误。

【结构】 联合　动-名|动-名

【扩联】 处分在于惩前毖后
批评为了治病救人

306

chéng fèn zhì yù
惩忿窒欲

tiáo shén chàng qíng
调神畅情

【释义】 惩~窒：堵塞。指克制愤怒，抑制嗜欲。语见《周易·损》："象曰：山下有泽，损。君子以惩忿窒欲。"
调~使精神顺适，情绪舒畅。语见南朝宋·徐爰《食箴》："一日三饱，圣贤通执。奉君养亲，靡不加精。安虑润气，调神畅情。"
【结构】 联合 动-名 动-名
【扩联】 惩忿窒欲致君子
调神畅情奉至亲

307

chéng bài lì dùn
成败利钝

bēi huān lí hé
悲欢离合

【释义】 成~成功、失败、顺利、挫折。泛指为人处世的各种情况和结果。
悲~指人生中的悲哀、欢乐、离散、团聚的情感境况。
【结构】 联合 名|名 名|名
【扩联】 悲欢离合莫感情用事
成败利钝宜淡漠视之

308

chéng dū mài bǔ
成都卖卜

wú shì chuī xiāo
吴市吹箫

【释义】 成~卜：占卜。西汉严君平在成都占卜，他博学而清静无为，有名于时。每日卖卜百钱而止，随即下帘闭肆，研读《老子》。指以替人算卦卖卜为生。语见北周·庾信《秦和赵王隐士》："霸陵采樵路，成都卖卜钱。"
吴~用春秋时楚国伍子胥受迫害，逃至吴国，吹箫乞食于吴市的典故，比喻行乞街头。语见《史记·范雎蔡泽列传》："伍子胥橐载而出昭关，夜行昼伏，至于陵水，无以糊口，膝行蒲伏，稽首肉袒，鼓腹吹篪，乞食于吴市，卒兴吴国。"裴骃集解引徐广曰："篪也作箫。"
【结构】 状中 名一|动-名
【扩联】 吴市吹箫惟乞一饭
成都卖卜只取百文

309

chéng jiā lì yè
成家立业

zhì guó ān bāng
治国安邦

【释义】 成~成家：组成家庭，即结婚。立业：建立事业。指结婚成家，并在事业上有所作为。常指能独立生活。
治~治理国家，使之安定无虞。
【结构】 联合 动-名 动-名
【扩联】 成家立业就算人物
治国安邦也非圣贤

310

chéng míng zhī lèi
成名之累

zhī yù zhī róng
知遇之荣

【释义】 成~树立名声后所带来的麻烦和身心疲惫。
知~受到赏识和重用的荣宠。
【结构】 定中 动-名|助-形
【扩联】 才子神童饱经成名之累
门生故吏大享知遇之荣

311

chéng qiān shàng wàn
成 千 上 万

jiē èr lián sān
接 二 连 三

【释义】 成~：累计成千，达到万数。指数量极大。
接~：接：接连，连续。一个接着一个，连续不断。
【结构】 联合 动-数|动-数
【扩联】 接二连三曝光官员嫖妓
成千上万跟帖网友骂娘

312

chéng rén qǔ yì
成 仁 取 义

wéi lì fù míng
违 利 赴 名

【释义】 成~：仁：仁爱。义：道义，正义。指为了正义的事业而牺牲。语见宋·文天祥《自赞》："孔曰成仁，孟曰取义，惟其义尽，所以仁至。"
违~：放弃利益而追求名誉。语见汉·王充《论衡·答佞》："弃宗养身，违利赴名，竹帛所载。"
【结构】 连动 动-名|动-名
【扩联】 成仁取义肉食者少
违利赴名书蠹虫多

313

chéng hú shè shǔ
城 狐 社 鼠

niú guǐ shé shén
牛 鬼 蛇 神

【释义】 城~：城墙里的狐狸，土地庙的老鼠。比喻有所仗恃的坏人。
牛~：地狱里的牛头鬼、蛇身神。比喻形形色色的坏人。
【结构】 联合 名-名|名-名
【扩联】 清除城狐社鼠
横扫牛鬼蛇神

314

chéng lóng pèi fèng
乘 龙 配 凤

jià hè chéng xiān
驾 鹤 成 仙

【释义】 乘~：龙凤相配。形容美满的姻缘。语见《状元打更》："你蟾宫折桂，莫非还与乘龙配凤的好运么？"
驾~：骑着鹤西去成仙了。指死的委婉说法。
【结构】 联合 动-名|动-名
【扩联】 金榜题名乘龙配凤
玉楼赴召驾鹤成仙

315

chéng lóng jiā xù
乘 龙 佳 婿

rú yì láng jūn
如 意 郎 君

【释义】 乘~：乘龙：汉·刘向《列仙传》载，春秋时人萧史善吹箫作凤鸣，秦穆公将女儿弄玉许配与他。后来"弄玉乘凤，萧史乘龙"飞升而去，得道成仙。故以"乘龙"形容不同一般的好女婿，常用作赞美夫婿或女婿之词。
如~：如意：符合心意。郎君：古代人称自己的丈夫。称心如意的好丈夫。
【结构】 定中 动-名|形-名
【扩联】 嫁如意郎君女儿遂愿
得乘龙佳婿父母称心

316

chéng luán kuà fèng
乘 鸾 跨 凤

hé bì lián zhū
合 璧 连 珠

【释义】 乘~：乘鸾：求得佳偶。比喻结成美好的姻缘。语见清·李渔《慎鸾交·债饵》："留下了伊行笔踪就不怕事成空，准备着乘鸾跨凤。"
合~：璧：美玉。珠：珍珠。美玉结合在一块，珍珠连在一起。比喻优秀人才或美好的事物聚集在一起，配合得很好。义同"珠联璧合"。
【结构】 联合 动-名|动-名
【扩联】 夫倡妇随乘鸾跨凤
男才女貌合璧连珠

317

chéng mén lì xuě
程门立雪

píng dì dēng yún
平地登云

【释义】 程~：程：宋代理学家程颢、程颐。宋人杨时见程颐，侍立一旁。程颐闭目瞌睡，及醒来，门外已下了一尺深的雪，而杨时还恭正的站在一边。形容尊师重道，虔诚求教。

平~：突然一下子升到了很高的地位。旧时多指科举考试中榜。也作"平地青云"。

【结构】 状中　名-名|动-名

【扩联】 今日程门能立雪
他时平地可登云

318

chéng sī miǎo lù
澄思渺虑

dù lùn gāo yán
笃论高言

【释义】 澄~：指深思远虑。语见清·宗稷辰《姚适庵怡柯草堂诗赋抄序》："然而澄思渺虑，顺事婉陈，虽处危机烦扰之地，而所宣不失其和平。"

笃~：确切高明的言论。语见清·王梅生《祭海峰先生文》："笃论高言，谆谆训诫，沃我心灵，开我眉睫。"

【结构】 联合　形-名|形-名

【扩联】 澄思渺虑谋深远
笃论高言启性灵

319

chéng qián qǐ hòu
承前启后

jì wǎng kāi lái
继往开来

【释义】 承~：继承前代的，启发后人。多指研究学问总结前人的结果，给后人启迪、引导。

继~：继承前人的事业，为未来开辟道路。

【结构】 联合　动-名|动-名

【扩联】 继往开来开创新时代
承前启后启用接班人

320

chéng huān xī xià
承欢膝下

dài zì guī zhōng
待字闺中

【释义】 承~：欢：欢心。膝下：子女幼时依父母于膝下玩耍，因而泛指父母跟前。子女侍奉父母，尽其心意，以博取父母的欢心。指在父母跟前殷勤侍奉。语见唐·骆宾王《上廉察使启》："冀尘迹于丘中，绝汉机于俗网，获承欢于膝下，驭潘舆于家园。"

待~：字：古代定亲，男方要把生辰八字送过来，意指许配。闺：女子的卧室。留在闺房里等待许婚。指女子尚未订婚。

【结构】 述补　动-名|名-方

【扩联】 待字闺中期六礼
承欢膝下奉双亲

321

chī lǐ pá wài
吃里爬外

sǔn gōng féi sī
损公肥私

【释义】 吃~：指站在某一方面，享受其好处，暗地里却又为另一方面办事。

损~：损害国家或集体的利益，大捞油水，喂肥自己。

【结构】 连动　动-名|动-名

【扩联】 损公肥私养硕鼠
吃里爬外藏内奸

322

chī zhī yǐ bí
嗤 之 以 鼻

jìng zhī rú bīn
敬 之 如 宾

【释义】 嗤~：嗤：讥笑。用鼻子发出冷笑的声音。表示轻蔑，看不起。
敬~：像尊重敬爱贵宾一样尊敬。
【结构】 述补 动-代|动-名
【扩联】 不屑一顾嗤之以鼻
荣登三强敬之如宾

323

chī rén shuō mèng
痴 人 说 梦

pō fù mà jiē
泼 妇 骂 街

【释义】 痴~：原指对痴人说梦话而被痴人当作真话。现用来讥讽某些天真幼稚的说法。也指某些荒唐、怪诞的语言。
泼~：泼妇：凶悍不讲理的妇女。原指不讲理的泼妇当街恶骂，其目的只在羞辱别人，并不想解决任何问题。现则借指某些人在争论中所表现的恶劣态度。
【结构】 主谓 形-名|动-名
【扩联】 泼妇骂街真恶劣
痴人说梦太荒唐

324

chí yú lóng niǎo
池 鱼 笼 鸟

zhàng mǎ hán chán
仗 马 寒 蝉

【释义】 池~：池中的鱼，笼中的鸟。比喻受到束缚，行动不自由的人。
仗~：仗马：古代的立仗马，即皇宫仪仗队的立马。寒蝉：冷天的"知了"。皇宫门外的立仗马和深秋的知了。比喻不敢说话。
【结构】 联合 名-名|名-名
【扩联】 池鱼笼鸟思河海山薮
仗马寒蝉想嘶鸣歌吟

325

chí zhōng zhī wù
池 中 之 物

jǐng dǐ zhī wā
井 底 之 蛙

【释义】 池~：养在水池中的小鱼小虾。比喻蛰居一隅、没有雄心大志的人。
井~：处在井底的青蛙只能看到井口那样大的一片天。比喻见识浅陋的人。
【结构】 定中 名-方|助-名
【扩联】 绝非池中之物
岂学井底之蛙

326

chí dāo dòng zhàng
持 刀 动 杖

pán mǎ wān gōng
盘 马 弯 弓

【释义】 持~：持：拿着。杖：泛指棍棒。指动用武力。
盘~：骑马盘旋，把弓拉开，准备发射。比喻已做好战斗姿态，随时准备投入战斗。
【结构】 联合 动-名|动-名
【扩联】 持刀动杖中原逐鹿
盘马弯弓赤壁鏖兵

327

chí yíng bǎo tài
持 盈 保 泰

jǐn xiǎo shèn wēi
谨 小 慎 微

【释义】 持~：守住已成事业，保持安宁稳定。指在安宁生活中谨慎防骄，以免祸害。
谨~：对细微末节的小问题均持谨慎态度，以防大错或损失。
【结构】 联合 动-形|动-形
【扩联】 谨小慎微免遭祸害
持盈保泰可得安宁

328

chí mǎ shì jiàn
驰 马 试 剑

lín chí xué shū
临 池 学 书

【释义】 驰~：驰马：骑马飞跑。试：用。跑马舞剑。形容人骑马练剑习武。语见《孟子·滕文公上》："吾他日未尝学问，好驰马试剑。"
临~：临：靠近。书：书法，写字。到水池边练习书法。源于东汉张芝练字的故事。指刻苦学习书法。语见唐·房玄龄《晋书·卫恒传》："弘农张伯英者，因而转精甚巧。凡家之衣帛，必书而后练之。临池学书，池水尽黑。"

【结构】 连动　动-名｜动-名

【扩联】 驰马试剑气冲霄汉
临池学书笔走龙蛇

329

chí míng yú shì
驰 名 于 世

cáng qì yú shēn
藏 器 于 身

【释义】 驰~：驰：传播，传扬。世：世界。名声在世界上传扬。
藏~：器：器具，引申为才能。指身怀才学，等待施展的时机。语见《周易·系辞下》："君子藏器于身，待时而动。"

【结构】 述补　动-名｜介-名

【扩联】 藏器于身是现在
驰名于世看将来

330

chí míng zhōng wài
驰 名 中 外

yí fàn gǔ jīn
贻 范 古 今

【释义】 弛~：驰名：声名远扬。声名传播至国内外。
贻~：贻：遗留。范：风范，榜样。给古人今人都留下了榜样。

【结构】 述补　动-名｜名-名

【扩联】 鲁论语驰名中外
孔圣人贻范古今

331

chǐ bì fēi bǎo
尺 璧 非 宝

cùn yīn shì jīn
寸 阴 是 金

【释义】 尺~：璧：古代的一种玉器，扁平，圆形，中间有小孔。直径一尺的玉璧并不一定是宝贝。
寸~：寸阴：极短的时间。分分秒秒的时间都是宝贵的，像金子一样。

【结构】 主谓　量-名｜动-名

【扩联】 尺璧非宝失而复得
寸阴是金去不再来

332

chǐ fú wàn lǐ
尺 幅 万 里

cùn tǔ qiān jīn
寸 土 千 金

【释义】 尺~：尺幅：一尺见方的画幅。一尺见方的画幅画出万里江山。比喻篇幅不大，内容却很丰富，而且寓意深远。
寸~：一寸土就是一千两黄金。比喻土地十分珍贵。

【结构】 主谓　量-名｜数-量

【扩联】 寸土千金地有限
尺幅万里意无穷

333

chǐ ruò biān bèi
齿 若 编 贝

mù rú xuán zhū
目 如 悬 珠

【释义】 齿~：牙齿整齐洁白，像成串的贝壳一样。
目~：眼睛明亮有神，像悬挂着的明珠。

【结构】 主谓　名-动-动-名

【扩联】 齿若编贝白
目如悬珠明

334

chǐ yá wéi huò
齿 牙 为 祸

fù bèi shòu dí
腹 背 受 敌

【释义】 齿~：齿牙：比喻言论。由言语引起的祸端。语见《史记·晋世家》："初，献公将伐骊戎，卜曰：齿牙之祸。"
腹~：腹背：人的前面和后面。前面和后面都受到敌人的攻击。语见北齐·魏收《魏书·崔浩传》："裕西入函谷，则进退路穷，腹背受敌。"

【结构】 主谓　名-名|动-名

【扩联】 身心交瘁齿牙为祸
前后夹攻腹背受敌

335

chǐ yá yú huì
齿 牙 余 惠

méi mù chuán qíng
眉 目 传 情

【释义】 齿~：齿牙：借指言语。惠：仁爱，恩惠。谓帮别人说好话。
眉~：眉目：指眼神。用眼神眼色表示情意。

【结构】 主谓　名-名|动-名

【扩联】 已有眉目传情达意
无需齿牙余惠说词

336

chǐ jū rén hòu
耻 居 人 后

hào chū fēng tóu
好 出 风 头

【释义】 耻~：以落在别人后面为耻。形容有争强好胜之性格。
好~：好：喜爱。出风头：出头露面表现自己，显示个人的才能。（不是虚有其表，但）喜欢出头露面表现自己，展示自己的才能和长处。喻指人好表现。

【结构】 动宾　形|动-名-方

【扩联】 好出风头露脸面
耻居人后站前排

337

chǐ jū wáng hòu
耻 居 王 后

xiū jiàn jiāng dōng
羞 见 江 东

【释义】 耻~：初唐王勃、杨炯、卢照邻、骆宾王皆以文章齐名，天下称"王、杨、卢、骆"，号"四杰"。杨炯曾说："吾愧在卢前，耻居王后。"后以"耻居王后"指在文名上耻于处在不及己者之后。
羞~：楚汉战争项羽战败，退至乌江，乌江亭长想要项羽渡江而东，以图再起。项羽以羞见江东父老而拒绝，后自刎。形容羞见故乡人。

【结构】 动宾　形 | 动-名-名

【扩联】 耻居王后杨先生小气量
羞见江东楚霸王大丈夫

338

chǐ shí zhōu sù
耻 食 周 粟

bī shàng liáng shān
逼 上 梁 山

【释义】 耻~：商朝的伯夷、叔齐兄弟劝止周武王伐纣未成，周灭商后，二人不吃周朝的粮食，逃进首阳山采薇（蕨）食之，终于饿死。
逼~：《水浒传》中有林冲等被逼上梁山反抗朝廷的情节。后用以指被迫走上反抗的道路。

【结构】 动宾　形-动|名-名

【扩联】 采薇蕨伯夷耻食周粟
焚草场林冲逼上梁山

339

chǐ yán rén guò
耻言人过
huǐ dú nán huá
悔读南华

【释义】 耻~：以背后议论别人的错误为耻。指人应心存忠厚，与人为善。语见唐·李华《御史中丞厅壁记》："汉文好黄老，而公卿耻言人过，举盛德则仪形著矣，焉用察察缺缺，以恂生告人哉！"

悔~：南华：《南华经》，即《庄子》，唐代天宝年称庄子为南华真人，《庄子》一书名为《南华真经》。宋·计有功《唐诗纪事·温庭筠》："令狐绚曾以旧事访于庭筠。对曰：'事出南华，非僻书也。或冀相公燮理之暇，时宜览古。'绚益怒，奏庭筠有才无行，卒不等第。庭筠有诗曰：'因知此恨人多积，悔读南华第二篇。'"后比喻学问高深，为人所忌。宋·陆游《怀镜中故虚》："从宦只思乘下泽，杵人常悔读南华。"

【结构】 动宾 动-动|名-名
【扩联】 耻言人过德行好
悔读南华才学高

340

chǐ yǔ kuài wǔ
耻与哙伍
hào wéi rén shī
好为人师

【释义】 耻~：哙：樊哙，屠户出身的汉初名将。韩信看不起樊哙，韩信由楚王降为淮阴侯之后，极为愤懑不满。一次他路过樊哙处，樊哙跪拜迎送。离开后，韩信苦笑说道："生乃与哙等为伍。"后以"耻与哙伍"指不愿与低于自己的粗鄙庸碌之人为伍为友。

好~：好：喜欢，爱好。为：当，做。师：老师，先生。喜欢做别人的老师。形容自大而不谦逊，喜欢以教导者自居。

【结构】 动宾 形|动-名-名
【扩联】 好为人师独尊大
耻与哙伍自诩高

341

chì bó shàng zhèn
赤膊上阵
bái shǒu qǐ jiā
白手起家

【释义】 赤~：光着上身，上阵作战。形容显示剽悍，全力杀敌。现多形容撕掉伪装，不顾一切跳出来发难、捣乱。

白~：白手：空手。指在一无所有的情况下，依靠自身努力创造条件，把事业做大。

【结构】 连动 动-名|动-名
【扩联】 赤膊上阵称威猛
白手起家历苦辛

342

chì shéng xì zú
赤绳系足
hóng yè tí shī
红叶题诗

【释义】 赤~：古代传说婚姻由月下老人确定。月下老人把红绳系在两人的脚上，两人便结为夫妻。后指男女结成婚姻。

红~：唐朝儒士于佑在皇宫流出的水沟中拾得一片红叶，上题诗词："流水何太急，深宫尽日闲。殷勤谢红叶，好去到人间。"于佑大喜，藏于书箧，终日咏味。他也在一红叶上题诗："曾闻叶上题红怨，叶上题诗寄阿谁。"将其放入水沟，流至宫中。其后，友人韩泳介绍被遣出宫的韩夫人与之成婚，互相发现自己题诗的红叶，相对感泣良久，实为天赐良缘。后以此泛指男女奇缘。

【结构】 状中 形-名|动-名
【扩联】 赤绳系足人如愿
红叶题诗天结缘

343

chì xīn fèng guó
赤 心 奉 国

tiě miàn wú sī
铁 面 无 私

【释义】 赤~：赤胆忠心，报效国家。语见《资治通鉴·陈纪》："文帝天嘉元年……尊天子，削诸侯，赤心奉国，何罪之有？"

铁~：形容办事公正严明，不徇私情。语见《红楼梦》第四十五回："众人脸软，所以就乱了例了。我想必得你去做个监社御史，铁面无私才好。"

【结构】 状中　形-名|动-名

【扩联】 赤心奉国何来腐败

铁面无私哪有隐情

344

chōng fēng xiàn zhèn
冲 锋 陷 阵

zhǎn jiàng qiān qí
斩 将 搴 旗

【释义】 冲~：向敌人发起冲击，攻陷敌方阵地。形容作战非常勇敢。

斩~：搴：拔取。砍杀敌方的将领，拔掉敌人的旗帜。形容勇猛善战。

【结构】 联合　动-名|动-名

【扩联】 冲锋陷阵勇士无畏

斩将搴旗顽敌惊心

345

chōng lú zhī qìng
充 闾 之 庆

yǐ yù zhī róng
倚 玉 之 荣

【释义】 充~：充闾：光大门楣。庆：喜庆。能使门第光大的喜庆事。语见《晋书·贾充传》："贾充，字公闾，平阳襄陵人也。父逮魏豫州刺史，阳里亭侯。逮晚生充，言后当有充闾之庆，故以为名字焉。"

倚~：倚：依傍。玉：玉人，美人。荣：荣幸。得到了依傍美人的荣幸。形容结了美满幸福的婚姻。语见宋·胡继宗《书言故事·婚姻卷》："得为新姻，言谐倚玉之荣。"

【结构】 定中　动-名|助-名

【扩联】 耀祖光宗充闾之庆

乘龙配凤倚玉之荣

346

chōng róng dà yǎ
春 容 大 雅

diē dàng zhāo zhāng
跌 宕 昭 彰

【释义】 春~：形容文章气度雍容，用词典雅。语见清·纪昀《阅微草堂笔记·槐西杂志四》："宋末文格猥琐，元末文格纤秾，故宋景濂诸公，力追韩欧，救以春容大雅。"

跌~：指文章的气势放纵不拘，文意鲜明。语见南朝梁·萧统《陶渊明集序》："其文章不群，辞彩精拔，跌宕昭彰，独超众类。"

【结构】 联合　形一|形一

【扩联】 春容大雅追韩愈

跌宕昭彰效陶潜

347

chóng mén jī tuò
重 门 击 柝

àn shì féng dēng
暗 室 逢 灯

【释义】 重~：柝：打更用的梆子。设置重重门户，并派更夫巡夜。指严加戒备，以防不测。语见《周易·系辞下》："重门击柝，以待暴客。"

暗~：在黑暗的屋子里碰上了一盏灯。比喻在危难或困惑中，忽然遇人援救或指点引导。语见清·夏敬渠《野叟曝言》第十回："天幸遇著相公，如暗室逢灯，绝渡逢舟，从此读书作文，俱可望有门径矣。"

【结构】 状中　形-名|动-名

【扩联】 暗室逢灯光照路

重门击柝响惊人

348

chóng cāo jiù yè
重 操 旧 业

bù gǎi chū zhōng
不 改 初 衷

【释义】重~：重新做起以前做过的职业行当。往往含有不得已而为之的意思。
不~：初衷：最初的心愿。不改最初的心愿。形容立意专一，心诚志坚。
【结构】动宾　副-动|形-名
【扩联】发扬蹈厉重操旧业
　　　　艰难曲折不改初衷

349

chóng wēn jiù mèng
重 温 旧 梦

zài xù qián yuán
再 续 前 缘

【释义】重~：比喻回味过去所经历的美好情景，希望重新再来。含讽刺意味。
再~：前缘：以前的婚姻或情侣关系。因故中断了的姻缘又重新恢复持续下来。
【结构】动宾　形-动|形-名
【扩联】美梦好梦重温旧梦
　　　　良缘善缘再续前缘

350

chóng tán lǎo diào
重 弹 老 调

tòng gǎi qián fēi
痛 改 前 非

【释义】重~：重新弹起老曲调。比喻把已经陈旧的观点理论又拿了出来。
痛~：痛：彻底地。非：错误。彻底地改正以前的错误。
【结构】动宾　副-动|形-名
【扩联】煎胶续弦重弹老调
　　　　回心转意痛改前非

351

chóng yáng mèi wài
崇 洋 媚 外

zǔ shùn zōng yáo
祖 舜 宗 尧

【释义】崇~：崇拜外国的一切，谄媚外国人。指丧失民族自尊心，只知崇拜、讨好外国洋人的思想言行。
祖~：祖袭尊崇尧舜。指信仰、遵循、效法尧舜之道。
【结构】联合　动-名|动-名
【扩联】祖舜宗尧超古董
　　　　崇洋媚外太奴才

352

chōu dāo duàn shuǐ
抽 刀 断 水

huī jiàn chéng hé
挥 剑 成 河

【释义】抽~：抽刀：拔出刀来。水：流水。抽出刀来要斩断流水。比喻无济于事，反而会加速事态的发展。语见唐·李白《宣州谢朓楼饯别校书叔云》："抽刀断水水更流，举杯消愁愁更愁。"
挥~：将宝剑一挥舞，就能变出一条河来。形容法术高明，神通广大，实力雄厚。
【结构】连动　动-名|动-名
【扩联】挥剑成河河面阔
　　　　抽刀断水水流长

353

chōu xīn zhǐ fèi
抽 薪 止 沸

zhǎn cǎo chú gēn
斩 草 除 根

【释义】抽~：薪：柴火。沸：沸腾。抽掉锅下的柴火，使锅里的开水停止沸腾。比喻从根本上解决问题。
斩~：除草要连根拔，使草不能再长。比喻除去祸根，以免后患。
【结构】连动　动-名|动-名
【扩联】开水溢锅抽薪止沸
　　　　菅茅塞路斩草除根

354

chóu méi bù zhǎn
愁眉不展
lěng yǎn páng guān
冷眼旁观

【释义】愁~：展：舒展。愁锁眉间，不得舒展。形容心事重重的样子。
冷~：冷眼：冷静或冷淡的眼光。指对某事不参与，冷静或冷淡地在旁边看着。

【结构】主谓　形-名|副-动

【扩联】愁眉不展愁心事
冷眼旁观冷面人

355

chóu róng mǎn miàn
愁容满面
dà huò lín tóu
大祸临头

【释义】愁~：形容发愁苦恼的面容。
大~：大祸降临到头上。

【结构】主谓　形-名|动-名

【扩联】大祸临头须直面
愁容满面莫低头

356

chóu yún cǎn wù
愁云惨雾
jì yuè guāng fēng
霁月光风

【释义】愁~：云、雾：比喻景象、气氛。形容令人愁闷凄惨的景象或气氛。
霁~：霁月：雨、雪停止后的明月。光风：雨过天晴后的好风。形容清新明净的气候或景象。

【结构】联合　形-名|形-名

【扩联】愁云惨雾气氛冷
霁月光风景象新

357

chǒu tài bì lù
丑态毕露
è shēng láng jí
恶声狼籍

【释义】丑~：丑恶的形态完全暴露。
恶~：丑恶的名声一塌糊涂。指臭名远扬。

【结构】主谓　形-名|副-动

【扩联】借酒装疯丑态毕露
伤风败俗恶声狼籍

358

chù shē chóng jiǎn
黜奢崇俭
fǎn fǔ chàng lián
反腐倡廉

【释义】黜~：革除奢华，崇尚简朴。
反~：反对腐败，提倡廉洁。

【结构】联合　动-形|动-形

【扩联】黜奢崇俭世风节俭
反腐倡廉官场清廉

359

chū ěr fǎn ěr
出尔反尔
tīng zhī rèn zhī
听之任之

【释义】出~：原指你怎样对别人，别人就会怎样对你。后常用以指说话不算数或做事不认账，言行前后矛盾，反复无常。语见《孟子·梁惠王下》："出乎尔者，反乎尔者也。"
听~：听：听凭。任：任凭。听任自由发展而不加干涉，不管不问。带贬义，有姑息、迁就、纵容之意。

【结构】连动　动-代|动-代

【扩联】出尔反尔美言无信
听之任之红杏出墙

360

chū lèi bá cuì
出类拔萃
chāo qún jué lún
超群绝伦

【释义】 出~：萃：草丛生的样子，比喻聚集在一起的人或物。才能或品德超出同类，高出一般。形容人才出众。语见《孟子·公孙丑上》："圣人之于民，亦类也；出于其类，拔乎其萃。"
超~：伦：伦比，匹敌。高出众人，无人能比。形容人品才华极高。
【结构】 联合 动-名|动-名
【扩联】 超群绝伦难言也
出类拔萃或有之

361

chū lín rǔ hǔ
出林乳虎
guò xì bái jū
过隙白驹

【释义】 出~：乳虎：尚在吃奶的小老虎。奔出山林的小老虎。比喻勇猛的小将。语见清·钱彩《说岳全传》："兀术哪敌得住这三个出林乳虎，直杀得两肩酸麻，浑身流汗。"
过~：隙：空隙，缝隙。白驹：白色小马驹，喻指太阳。在缝隙间一闪而过的小白马。形容时光过得很快。语见元·马致远《陈抟高卧》第三折："浮生似争穴聚蚁，光阴似过隙白驹。"
【结构】 定中 动-名|形-名
【扩联】 出林乳虎赞雏将
过隙白驹喻太阳

362

chū qí zhì shèng
出奇制胜
nòng qiǎo chéng zhuō
弄巧成拙

【释义】 出~：奇：奇计，奇兵。制胜：夺取胜利。指用别人意想不到的策略取得胜利。
弄~：巧：机巧。拙：笨拙。卖弄聪明机巧，反而做了蠢事。
【结构】 连动 动-名|动-名
【扩联】 假道伐虢出奇制胜
画蛇添足弄巧成拙

363

chū shén rù huà
出神入化
chāo yì jué chén
超逸绝尘

【释义】 出~：神：神妙。化：化境，极其高超的境界。形容技巧极其高超。
超~：不拘滞于世俗，超然物外。
【结构】 联合 动-名|动-名
【扩联】 超逸绝尘远世俗
出神入化夺天工

364

chū yán yǒu xìn
出言有信
cāo hàn chéng zhāng
操翰成章

【释义】 出~：信：信用。讲话有信用。指讲话作数、能说到做到。
操~：翰：鸟毛，借指毛笔。拿起笔来就写成文章。形容文思敏捷，有文才。语见晋·陈寿《三国志·魏书·徐二传》："干为司空军谋祭酒掾属，五官将文学。"裴松之注引《先贤行状》："干清玄体道，六行修备，聪识洽闻，操翰成章。"
【结构】 联合 动-名|动-名
【扩联】 出言有信楚推季布
操翰成章魏选徐干

365

chū yán wú jì
出 言 无 忌

shǒu kǒu rú píng
守 口 如 瓶

【释义】 出～：忌：忌讳。指说话毫无隐讳，毫无顾忌。
守～：守：保守。口：嘴。瓶：塞紧了瓶口的瓶子。指不随便说话，像塞紧了瓶口的瓶子一样，倒不出东西来。形容严守秘密。
【结构】 连动　动-名|动-名
【扩联】 孩子小出言无忌
老人行守口如瓶

366

chū yán wú zhuàng
出 言 无 状

xià bǐ yǒu shén
下 笔 有 神

【释义】 出～：状：形状，样子。指说话不礼貌、不合道理。
下～：指写起文章来，文思泉涌，如有神力。形容文思敏捷，善于写文章或文章写得特别好。语见唐·王勃《绵州北亭群公宴序》："五际飞文，想群众之不让；一言留赠，知下笔之有神。"
【结构】 兼语　动|名|动-名
【扩联】 出言无状缺家教
下笔有神是鬼才

367

chū yán dé tǐ
出 言 得 体

tuō kǒu chéng zhāng
脱 口 成 章

【释义】 出～：说出的话，恰如其分。
脱～：出口便成文章。比喻才思敏捷。
【结构】 连动　动-名|动-名
【扩联】 出言得体合礼合数
脱口成章无瑕无疵

368

chú qiáng fú ruò
锄 强 扶 弱

jié fù jì pín
劫 富 济 贫

【释义】 锄～：铲除强暴，扶助弱者。
劫～：强取富豪财产，救济穷苦民众。
【结构】 连动　动-形|动-形
【扩联】 嫉恶如仇锄强扶弱
替天行道劫富济贫

369

chú jiān gé bì
除 奸 革 弊

ān fù xù pín
安 富 恤 贫

【释义】 除～：除掉地方上为非作歹的坏人，改革行政管理中的弊端。多指地方官安抚民生、稳定社会的行政作为。语见元·无名氏《延安府》第一折："小官职居清廉，理当正直，除奸革弊也呵。"
安～：恤：周济，救济。安抚富裕的人，周济贫困的人。语见《周礼·地官·大司徒》："以保息六养万民：一曰慈幼；二曰养老；三曰振穷；四曰恤贫，五曰宽疾；六曰安富。"也作"安富恤穷"。
【结构】 联合　动-名|动-名
【扩联】 除奸革弊无休止
安富恤贫有作为

370

chú è wù jìn
除 恶 务 尽

wú jiān bù cuī
无 坚 不 摧

【释义】 除~：恶：邪恶，指坏人坏事。清除邪恶一定要干净、彻底，不留后患。
无~：没有什么坚固的东西不能摧毁。形容力量强大无比。
【结构】 述补 动-形 副-动
【扩联】 扫黄扫黑除恶务尽
禁赌禁毒无坚不摧

371

chú xié chéng è
除 邪 惩 恶

zhǐ bào jìn fēi
止 暴 禁 非

【释义】 除~：清除奸邪，惩治凶恶。
止~：制止残暴行径，禁绝非法事情。
【结构】 联合 动-形|动-形
【扩联】 除邪惩恶不遗余力
止暴禁非大快人心

372

chǔ chǔ zuò tài
楚 楚 作 态

zhōu zhōu wú néng
粥 粥 无 能

【释义】 楚~：楚楚：扭捏的样子。多用以指矫揉造作。语见清·况周颐《蕙风词话》第一卷："凡人学词，功候有浅深，即浅亦非疵……楚楚作态，乃是大疵，最宜切忌。"
粥~：粥粥：柔弱无能的样子。形容谦卑、柔弱而没有能力。语见《礼记·儒行》："其难进而易退也，粥粥若无能也。"
【结构】 状中 叠—|动-名
【扩联】 粥粥无能心无大志
楚楚作态婢'作夫人

373

chù lóng jué lì
触 笼 绝 粒

yǐn huǒ shāo shēn
引 火 烧 身

【释义】 触~：触：撞击。粒：米粒，鸟食。撞笼子不吃食。指鸟儿宁愿死，也不愿被关在鸟笼里不能自由飞翔。
引~：引来火烧自身。比喻自讨苦吃或自取灭亡。也比喻主动暴露自己的缺点错误，争取帮助，求得改正。
【结构】 连动 动-名|动-名
【扩联】 触笼绝粒不愿禁锢
引火烧身惟求涅槃

374

chuān yōng bì kuì
川 壅 必 溃

qì mǎn zé qīng
器 满 则 倾

【释义】 川~：壅：堵塞。溃：决口，堤岸崩坏。堵塞河流，必然导致决口之害。比喻办事要因势利导，否则就会导致不良后果。语见《国语·周语上》："邵公曰：是障之也。防民之口，甚于防川。川壅必溃，伤人必多，民亦如是。"
器~：器皿装得太满就会倾倒。比喻事物发展超过一定的界限就会向相反的方向转化。亦以喻骄傲自满将导致失败。
【结构】 连动 名-形|副-动
【扩联】 器满则倾该卸货
川壅必溃应分洪

375

chuān yáng bǎi bù
穿 杨 百 步
kuī bào yī bān
窥 豹 一 斑

【释义】 穿~：穿杨：击穿指定的某片杨柳树叶。百步之外，可以穿透树叶。形容射箭或射击技能高超，百发百中。亦作"百步穿杨"。

窥~：窥：从小孔或缝隙中偷看。从孔中只能看到豹身上的一块斑纹。比喻所见只是事物的一小部分。也比喻从事物的一小部分可以推知全部。语见宋·李光《与胡邦衡书》："《三经新解》未能遍读，然尝鼎一脔、窥豹一斑，亦足见其大略矣。"

【结构】 述补　动-名|数-量

【扩联】 穿杨百步显身手
窥豹一斑动脑筋

376

chuān yún liè shí
穿 云 裂 石
jiá yù qiāo bīng
戛 玉 敲 冰

【释义】 穿~：冲破云天，震裂石头。形容声音高亢嘹亮。

戛~：轻轻地敲击冰、玉（的声音）。形容乐调、声音清脆圆润。

【结构】 联合　动-名|动-名

【扩联】 戛玉敲冰音脆亮
穿云裂石韵悠扬

377

chuán jiā zhī bǎo
传 家 之 宝
xī shì zhī zhēn
希 世 之 珍

【释义】 传~：家庭里世代相传的宝贵物品。

希~：希：同"稀"，少。世上少有的珍宝。语见宋·陆游《素心砚铭》："希世之珍哪可得，故人赠我情何极。"也作"稀世之珍"。

【结构】 定中　动-名|助-名

【扩联】 传家之宝有钱难买
希世之珍无处可寻

378

chuán shén ē dǔ
传 神 阿 堵
yí qiào duō fāng
贻 诮 多 方

【释义】 传~：阿堵：晋代方言"这个"的意思。传神之处就在这里。

贻~：诮：责备。受到的责备来自多方面。

【结构】 述补　动-名|代-名

【扩联】 画龙点睛传神阿堵
指鹿为马贻诮多方

379

chuàn tōng yī qì
串 通 一 气
lián zhòng sān yuán
连 中 三 元

【释义】 串~：串通：暗中勾结，以使言行一致。一气：一致的口气，一鼻孔出气。指暗中勾结，相互配合，采取一致的行动或说一样的话。

连~：中：高中，科举考中。三元：科举考试分乡试、会试、殿试，三试的第一名分别是解元、会元、状元，合称三元。指在乡试、会试、殿试三试中连得第一。

【结构】 动宾　动-动|数-名

【扩联】 大官小官考官串通一气
乡试会试殿试连中三元

380

chuán xí ér dìng
传 檄 而 定

shā yǔ ér guī
铩 羽 而 归

【释义】 传~：檄：申讨文书。指不必出兵征战，只要发出申讨文书，叛乱就可以平定。
铩~：铩羽：羽毛摧落，比喻失意。指不得志或遭到失败而灰溜溜地回来。
【结构】 状中 动-名|连-动
【扩联】 <u>威烈四海传檄而定</u>
<u>将熊一窝铩羽而归</u>

381

chuán zōng jiē dài
传 宗 接 代

yù zǐ yùn sūn
毓 子 孕 孙

【释义】 传~：传承宗族，接续后代。指生儿育女，后继有人。
毓~：毓：生育，养育。指繁衍子孙。
【结构】 联合 动-名|动-名
【扩联】 <u>大本大宗传宗接代</u>
<u>为夫为子毓子孕孙</u>

382

chuāng yí mǎn mù
疮 痍 满 目

jīng jí zài tú
荆 棘 载 途

【释义】 疮~：疮痍：创伤，指遭受战争或自然灾害破坏后的情景。目光所及，到处是荒凉破败的景象。比喻破坏的程度极为严重。
荆~：荆棘：丛生的多刺植物，比喻纷乱的局势或艰难的处境。载途：充满道路。沿途长满了荆棘。比喻环境艰苦，障碍极多。
【结构】 主谓 名-名|动-名
【扩联】 <u>断井颓垣疮痍满目</u>
<u>凄风苦雨荆棘载途</u>

383

chuī shā zuò fàn
炊 沙 作 饭

zhǐ yàn wéi gēng
指 雁 为 羹

【释义】 炊~：炊：烧火做饭。拿沙子做饭。比喻徒劳无功，白费力气。
指~：手指天上高飞的大雁说要把雁做羹汤。比喻拿没有落实的东西来安慰人。
【结构】 兼语 动-|名|动-名
【扩联】 <u>无米下锅炊沙作饭</u>
<u>望梅止渴指雁为羹</u>

384

chuī xiāo wú shì
吹 箫 吴 市

zhù fà kōng mén
祝 发 空 门

【释义】 吹~：原指春秋时楚国伍子胥因父兄遇害，逃出昭关后，无以糊口，在吴市吹箫乞讨。后用来指英雄被困而沿街乞讨。
祝~：祝发：剃去头发。空门：佛教认为世界是一切皆空的，能破除偏执，由空而得涅槃，以空为入道之门，故称空门。指剃去头发，出家为僧尼。语见清·景星杓《山斋客谭·孙旭》："耿逆平，旭未授官，忽祝发空门，日修禅诵以老。"
【结构】 述补 动-名|名-名
【扩联】 <u>吹箫吴市英雄厄运</u>
<u>祝发空门僧侣因缘</u>

385

chuī gǔ shǒu
吹 鼓 手

yīng shēng chóng
应 声 虫

【释义】 吹~：原指旧时婚丧礼仪中吹打乐器的人。现在常用来比喻专为别人捧场、造势的人。含贬义。

应~：比喻只会一味地随声附和的人。

【结构】 定中　动-名|名

【扩联】 鼓角齐鸣吹鼓手

声情并茂应声虫

386

chuí ěr yuán xià
垂 耳 辕 下

pù sāi lóng mén
曝 鳃 龙 门

【释义】 垂~：辕：车辕。车前驾牲口的直木。马体弱力衰不能再驾辕，两耳下垂。形容失意时的沮丧。

曝~：曝：日晒。龙门：即河津，离长安九百里。相传江海的大鱼在此跳龙门。跳过者化为龙，未能跳过者，只能在太阳下晒鱼鳃。比喻应考未中。

【结构】 述补　动-名|名-名

【扩联】 曝鳃龙门蛰伏北海

垂耳辕下老死南山

387

chuí xián sān chǐ
垂 涎 三 尺

cháng dǐng yī luán
尝 鼎 一 脔

【释义】 垂~：涎：口水。流出的口水有三尺长。形容嘴馋到极点。也指见到别人的好东西，极想据为己有的贪婪样子。

尝~：鼎：古代用以烹煮的器具。脔：切成片或块的肉。意指尝鼎中的一块肉，就知道一鼎肉的滋味。比喻根据部分的了解，可以推知全体。

【结构】 述补　动-名|数-名

【扩联】 垂涎三尺直咂嘴

尝鼎一脔也解馋

388

chūn cán zuò jiǎn
春 蚕 作 茧

chī shǔ tuō jiāng
痴 鼠 拖 姜

【释义】 春~：蚕吐丝而结成茧，蚕在里面变成蛹。蚕作茧而自缚，比喻人做事自陷困境。

痴~：姜辛辣，老鼠拖回去，吃不得丢不得。比喻不聪明的人自找麻烦。

【结构】 主谓　形-名|动-名

【扩联】 春蚕作茧蚕何苦

痴鼠拖姜鼠白忙

389

chūn fēng dé yì
春 风 得 意

jīn bǎng tí míng
金 榜 题 名

【释义】 春~：和暖春风很让人适意。旧指进士及第后洋洋得意的心情。现常用以指心愿得到满足后的喜悦心情。语见唐·孟郊《登科后》："春风得意马蹄疾，一日看尽长安花。"

金~：金榜：科举时代公布殿试录取名单的黄榜。指科举殿试考中，榜上有名。后泛指考试被录取。

【结构】 状中　名-名|动-名

【扩联】 青云直上春风得意

捷足先登金榜题名

390

chūn fēng hé qì
春 风 和 气

qiū yuè hán jiāng
秋 月 寒 江

【释义】 春~：如春天和煦的春风吹拂着人们。比喻对人态度和蔼可亲。
秋~：如秋夜之月明净，如冬天的江河水清冽。比喻有德之人心地清纯明净。
【结构】 联合 名-名|名-名
【扩联】 春风和气万分情意
秋月寒江一片冰心

391

chūn fēng huà yǔ
春 风 化 雨

ruì qì xiáng yún
瑞 气 祥 云

【释义】 春~：使万物复苏的和风和能滋长万物的细雨。比喻良好的教育和劝诫。
瑞~：瑞，祥：吉祥，吉利。能预兆吉祥让人感到吉利的云气。
【结构】 联合 名-名|形-名
【扩联】 瑞气祥云征福运
春风化雨润心田

392

chūn fēng mǎn miàn
春 风 满 面

lǎo qì héng qiū
老 气 横 秋

【释义】 春~：春风；比喻笑容。形容心情愉快，满脸笑容的样子。
老~：老气：霜气，原指老成练达的气派，现多指暮气。
横秋：贯穿、充塞秋季的天空。形容人神情严肃，老练自负。也形容人死板，暮气沉沉。
【结构】 主谓 名-名|动-名
【扩联】 春风满面笑容灿烂
老气横秋步态蹒跚

393

chūn fēng qiū yuè
春 风 秋 月

dōng rì xià yún
冬 日 夏 云

【释义】 春~：春风旖旎，秋月皎洁。借喻良辰美景，也比喻美好的岁月。
冬~：冬天的太阳，夏天的云朵。比喻人的态度温和可亲，使人愿意接近。
【结构】 联合 名-名|名-名
【扩联】 冬日夏云惟语赞
春风秋月多诗吟

394

chūn huā qiū yuè
春 花 秋 月

xià gé dōng qiú
夏 葛 冬 裘

【释义】 春~：春花好，秋月明。比喻人生最美好的时刻。
夏~：葛：葛麻做的衣服。裘：毛皮做的衣服。夏天穿葛麻衣冬天穿皮袄。泛指有钱人穿的美服。也比喻能因时制宜。亦作"冬裘夏葛"。语见《公羊传·桓公七年》："士不及兹四者，则冬不裘，夏不葛。"
【结构】 联合 名-名|名-名
【扩联】 春赏花木秋赏月
夏穿葛衣冬穿裘

395

chūn fēng yáng liǔ
春 风 杨 柳

qiū shuǐ fú róng
秋 水 芙 蓉

【释义】 春~：枝条吐绿的杨柳在春风的吹拂中摇曳。形容女子楚楚动人的身姿。
秋~：秋天洁净的水面开着美丽的芙蓉花。多形容纯洁美丽的女子。
【结构】 定中 名-名|名一
【扩联】 秋水芙蓉三五朵
春风杨柳万千条

396

chūn fēng yí dù
春 风 一 度
quē yuè zài yuán
缺 月 再 圆

【释义】 春~：多形容男女情侣间的一番欢愉与情趣。
缺~：比喻夫妻离散后又再团圆。
【结构】 主谓 形-名|数-动
【扩联】 春风一度在今夜
缺月再圆到哪天

397

chūn huí dà dì
春 回 大 地
fú mǎn rén jiān
福 满 人 间

【释义】 春~：春天回来了，大地万物复苏。多用于形容清明的社会景象，或能一显身手的大好时光。也作迎春吉祥语。
福~：福：幸福，福气。迎春吉祥语。春天来了，幸福洒满人间。
【结构】 主谓 名|动-形-名
【扩联】 三阳开泰春回大地
万象更新福满人间

398

chūn pā lì zǎo
春 葩 丽 藻
yún jǐn tiān zhāng
云 锦 天 章

【释义】 春~：葩：花。藻：辞藻，文章。比喻美妙的言谈或文章。语见唐·冯贽《云仙杂记·粲花》："李白与人谈论，皆成句读，如春葩丽藻，粲于齿牙，时号李白粲花之论。"
云~：云锦：神话传说中织女星用彩云织出的锦缎。天章：彩云自然形成的花纹。比喻文章极为高雅、清新。语见《诗经·绵》："倬被云汉，为章于天。"宋·苏轼《潮州韩文公庙碑》诗："手抉云汉分天章，天孙为织云锦裳。"
【结构】 联合 名-名|名-名
【扩联】 春葩丽藻心铺就
云锦天章手织成

399

chūn qiū bǐ fǎ
春 秋 笔 法
jīn yù liáng yán
金 玉 良 言

【释义】 春~：孔子修订《春秋》，行文中暗喻褒贬，"微言大义"。后来就把文笔曲折而暗含有褒贬意思的写法称作"春秋笔法"。
金~：金玉：黄金和美玉。良言：好话，有益的话。比喻非常宝贵的意见或很有益的劝告。
【结构】 定中 名-名|名-名
【扩联】 春秋笔法字斟句酌寓大义
金玉良言语重心长多真情

400

chūn qiū dài xù
春 秋 代 序
rén shì wú cháng
人 事 无 常

【释义】 春~：代：更替。序：次序。代序：时序更替。春秋往来，以次相代。
人~：人事：世上的人和事，也指人的离合、境遇、存亡等情况。常：常规、常态。无常：没有固定的模式，变化不定。世上的人和事都是变化不定的。
【结构】 主谓 名-名|动-名
【扩联】 人事无常但求人无事
春秋代序惟愿春代秋

401

chūn qiū dǐng shèng
春 秋 鼎 盛

suì yuè zhēng róng
岁 月 峥 嵘

【释义】 春~：春秋：年龄，时代。鼎：正，当。人正当壮年兴盛的时期。
岁~：峥嵘：山高峻奇特的样子。指一段岁月、一个时代很不平凡。
【结构】 主谓 名-名 副-形
【扩联】 春秋鼎盛事业兴旺
岁月峥嵘历程艰辛

402

chūn qiū fēi wǒ
春 秋 非 我

xiào mà yóu rén
笑 骂 由 人

【释义】 春~：春秋：岁月。非我：不是我。过去的岁月把我消磨得不像我自己了。感叹时光流淌，人渐老去，已非当年。语见谢朓《齐海陵王墓志铭》："风摇草色，月照松光，春秋非我，晚夜何长。"
笑~：任由别人嘲笑谩骂。指对他人的讥刺置之不顾。语见明·东鲁古狂生《醉醒石·假虎威古玩流殃》："笑骂由人，只图一时快意。"
【结构】 主谓 名-名|动-名
【扩联】 笑骂由人风过耳
春秋非我水流东

403

chūn shān rú xiào
春 山 如 笑

qiū yuè hán bēi
秋 月 含 悲

【释义】 春~：春天山色明媚，如人满面笑容。
秋~：秋月凄清，如面带悲愁。
【结构】 主谓 名-名|动-名
【扩联】 春山如笑迎君舞
秋月含悲照我眠

404

chūn qiū zé shuài
春 秋 责 帅

chéng bài lùn rén
成 败 论 人

【释义】 春~：春秋：古代编年体史书，指鲁国《春秋》。五经之一。责帅：责罚主帅。按《春秋》的原则，战争失利，要责罚主帅。原指战争，后也泛指其他方面出现了问题，要追究领导责任。语见《三国志·蜀志·诸葛亮传》："（马谡失街亭）咎在臣授任无方。臣明不知人，恤事多暗，春秋责帅，臣职是当。"
成~：成败：成功与失败。论：评论，评价。以成功或失败来评价一个人。语见宋·苏轼《孔北海赞序》："世以成败论人物，故操得在英雄之列。"
【结构】 状中 名-名|动-名
【扩联】 春秋责帅追究亮
成败论人旌表操

405

chūn xiāo kǔ duǎn
春 宵 苦 短

cháng yè nán míng
长 夜 难 明

【释义】 春~：春宵：春天的夜晚，"春宵一刻值千金"，指欢乐美好的时光。苦短：苦于它太短了。比喻欢乐美好的时光总是一下就过去了。
长~：（因痛苦不安，觉得）黑夜太长了，很难天明。比喻黑暗岁月长期存在。
【结构】 主谓 名-名|形-形
【扩联】 春宵苦短睡眠少
长夜难明天亮迟

406

chūn xiāo yī kè
春 宵 一 刻

hóng rì sān gān
红 日 三 竿

【释义】 春~：宵：夜。指欢乐难忘的美好时刻。宋朝苏轼有"春宵一刻值千金"的诗句。
红~：太阳升起已有三根竹竿之高。形容时光已晚。

【结构】 主谓　形-名|数-名

【扩联】 春宵一刻多回味
红日三竿误吉辰

407

chūn tíng xuān shì
椿 庭 萱 室

guì zǐ lán sūn
桂 子 兰 孙

【释义】 椿~：椿：指长寿的大椿树，象征父亲；萱：可以使人忘忧的一种花草，象征母亲。父母亲住的地方，指父母。
桂~：如兰如桂芳香的子孙，对他人子孙的美称。

【结构】 联合　名-名|名-名

【扩联】 椿庭萱室双双在
桂子兰孙个个贤

408

chūn xuān bìng mào
椿 萱 并 茂

lán guì qí fāng
兰 桂 齐 芳

【释义】 椿~：椿萱：椿厅萱堂，古代指父母。并茂：指双双健在。
兰~：兰桂：木兰桂树。齐芳：齐吐芳香。用以称颂别人的后辈儿孙同时显贵发达。

【结构】 主谓　名-名|副-形

【扩联】 兰桂齐芳映丽日
椿萱并茂乐长春

409

chún yī bǎi jié
鹑 衣 百 结

bì zhǒu qiān jīn
敝 帚 千 金

【释义】 鹑~：鹑衣：鹑鸟尾秃，像补缀的补丁一样，比喻破旧衣裳。百结：缝补的地方很多。形容生活的困苦。
敝~：敝帚：破旧的笤帚。千金：指很多的钱，喻指贵重。把破旧的笤帚看得价值千金。比喻把自己的没有价值的东西看得很重，当作宝贝，十分珍惜。

【结构】 主谓　名-名|数-名

【扩联】 生活艰辛鹑衣百结
家境贫困敝帚千金

410

chún gēng lú kuài
莼 羹 鲈 脍

guì jiǔ jiāo jiāng
桂 酒 椒 浆

【释义】 莼~：（故乡）用莼菜做的羹汤，用切细的鲈鱼做成的菜（皆美味）。比喻思念故乡之情。语见《晋书·文苑传·张翰》："翰因见秋风起，乃思吴中菰菜、莼羹、鲈鱼脍，曰：'人生贵得适志，何能羁宦数千里以要名爵乎？'遂命驾而归。"
桂~：用桂花浸制的酒和用椒浸制的酒浆。泛指美酒。语见《楚辞·九歌·东皇太一》："蕙肴蒸兮兰藉，奠桂酒兮椒浆。"

【结构】 联合　名-名|名-名

【扩联】 桂酒椒浆陈年佳酿
莼羹鲈脍故里美肴

411

chǔn chǔn yù dòng
蠢蠢欲动

xīn xīn xiàng róng
欣欣向荣

【释义】蠢~：蠢蠢：爬虫蠕动的样子。指打算做某事。一般带贬义。比喻敌人将要进攻或坏人准备捣乱。
欣~：欣欣：草木茂盛的样子。荣：茂盛，繁荣，兴旺。形容草木茂盛，也比喻事业蓬勃发展或精神振奋昂扬。
【结构】状中　叠—动-动
【扩联】一雷惊蛰蠢蠢欲动
万物迎春欣欣向荣

412

chuò chuò yǒu yù
绰绰有裕

liáo liáo wú duō
寥寥无多

【释义】绰~：绰绰：宽宽裕裕地。有裕：有富余。形容十分宽裕。
寥~：寥寥：非常少，屈指可数的。形容非常少，没有多余的。
【结构】状中　叠—动-形
【扩联】寥寥无多囊羞涩
绰绰有裕钱富余

413

cí shǎo lǐ chàng
词少理畅

yán duō yǔ shī
言多语失

【释义】词~：话不多，但道理讲得通畅明白。
言~：话说多了，就会有失误。
【结构】连动　名-形|名-形
【扩联】言多语失称赞少
词少理畅表扬多

414

cí jīn dǎo hǎi
辞金蹈海

pī fà rù shān
被发入山

【释义】辞~：见《史记·鲁仲连邹阳列传》所载战国鲁仲连故事。辞谢千金，甘愿跳海。比喻不羡富贵，慷慨有气节。
被~：披散着头发，隐居山林。语见明·陈恂《余庵杂录》卷上："若草庐则既为宋人，且试乡校，为宋贡元矣，即不死，亦当被发入山，而奈何其膺程巨夫之荐也？"
【结构】联合　动-名|动-名
【扩联】辞金蹈海拒秦帝
被发入山结草庐

415

cí yán yì zhèng
辞严义正

yǔ zhòng xīn cháng
语重心长

【释义】辞~：义：道理。形容说话或写文章措辞严肃，理由正直。
语~：话语真诚，情意深长。形容真诚恳切的劝告。
【结构】联合　名-形|名-形
【扩联】谔谔说言辞严义正
谆谆教诲语重心长

416

cí bēi wéi běn
慈悲为本

shī lǐ chuán jiā
诗礼传家

【释义】慈~：慈悲：慈善和怜悯。原为佛教语。以恻隐怜悯之心为做人处事之根本。
诗~：诗：指《诗经》。礼：指《周礼》《仪礼》《礼记》三礼。传家：世代相传的家庭。指世世代代以读书、讲究礼仪相传的家庭。
【结构】主谓　名-名|动-名
【扩联】慈悲为本好行善
诗礼传家爱读书

417

cǐ xīn gěng gěng
此 心 耿 耿

miào shǒu kōng kōng
妙 手 空 空

【释义】 此~：耿耿：心有所思，有心事，也指明亮，忠诚。表示心里有事，老是放不下一直牵挂。也形容内心十分忠诚。语见宋·陈亮《复黄伯起》："虽欲勉之而德不足取信，言不足以取重，徒使此心耿耿而止耳。"
妙~：原指唐代传奇小说中的剑侠"妙手空空儿"，剑术神妙，行为侠义。后用以指小偷。也用来比喻手中什么也没有。语见唐·裴铏《聂隐娘》："后夜当使妙手空空儿继至。"
【结构】 主谓 形-名|叠一
【扩联】 妙手空空窥牖贼
　　　　此心耿耿看门人

418

cōng míng jué dǐng
聪 明 绝 顶

méng mèi wú zhī
蒙 昧 无 知

【释义】 聪~：绝顶：山顶的最高峰。形容非常聪明，无人能比。
蒙~：蒙昧：没有文化，落后愚昧。形容没有文化知识，不明事理。
【结构】 述补 形一|动-名
【扩联】 聪明绝顶少头发
　　　　蒙昧无知多傻瓜

419

cóng róng jiù yì
从 容 就 义

kāng kǎi shā shēn
慷 慨 杀 身

【释义】 从~：从容：镇静沉着。就义：为正义而牺牲。形容毫不畏惧地为正义的事业而牺牲。
慷~：慷慨：意气激昂。意气激昂地牺牲生命。形容不怕牺牲的英雄气概。
【结构】 状中 形一|动-名
【扩联】 从容就义悲歌一曲
　　　　慷慨杀身怒吼三声

420

cóng tiān ér jiàng
从 天 而 降

yìng yùn ér shēng
应 运 而 生

【释义】 从~：从天上降落下来。比喻出现得非常突然，令人无法预料和推测。
应~：顺应时势天命而产生的。后多指人或事顺应适当的时机而出现或发生。
【结构】 状中 介-名|连-动
【扩联】 从天而降五雷轰顶
　　　　应运而生双喜盈门

421

cóng tóu dào wěi
从 头 到 尾

zì shǐ zhì zhōng
自 始 至 终

【释义】 从~：从开头到末尾。指全过程。
自~：从开始到末了。表示一贯到底的意思。
【结构】 状中 介-名|动-名
【扩联】 从头到尾他胡说
　　　　自始至终我只听

422

cū chá dàn fàn
粗 茶 淡 饭

bù wà qīng xié
布 袜 青 鞋

【释义】 粗~：指粗糙简单的饭食。形容俭朴清苦的生活。
布~：粗布袜，青布鞋。比喻清苦朴素的隐士生活。
【结构】 联合 形-名|形-名
【扩联】 布袜青鞋好走路
　　　　粗茶淡饭最养人

423

粗手笨脚 cū shǒu bèn jiǎo
慧心巧思 huì xīn qiǎo sī

【释义】粗~：形容手脚笨拙，不灵活。
慧~：心地聪慧，构思精巧。多用以形容女子某种技艺精巧，别出心裁。
【结构】联合　形-名|形-名
【扩联】慧心巧思飞针走线
粗手笨脚担水劈柴

424

粗通文墨 cū tōng wén mò
略识之无 lüè shí zhī wú

【释义】粗~：文墨：喻指文化。略微知晓一点文化知识。只会读写浅近的东西。
略~：之无："之"字和"无"字。只认得"之""无"等简单的几个字。后多指学识浅薄。
【结构】动宾　形-动|名-名
【扩联】略识之无知上下
粗通文墨懂尊卑

425

粗中有细 cū zhōng yǒu xì
呆里藏乖 dāi lǐ cáng guāi

【释义】粗~：指人说话做事表面上看似粗鲁随便，实际上却很审慎、细致。
呆~：比喻外表装作痴呆，实际很机警、伶俐。
【结构】状中　形-方|动-形
【扩联】粗声粗气粗中有细
呆脑呆头呆里藏乖

426

攒花簇锦 cuán huā cù jǐn
错彩镂金 cuò cǎi lòu jīn

【释义】攒~：鲜花围成团，彩锦聚拢在一起。形容色彩缤纷、绚丽多彩的景色。
错~：错：涂饰。镂：雕塑。原指雕塑绘画的精美。后用以比喻诗文词藻绚烂多彩。
【结构】联合　动-名|动-名
【扩联】错彩镂金辞藻华丽
攒花簇锦景色缤纷

427

摧花斫柳 cuī huā zhuó liǔ
葬玉埋香 zàng yù mái xiāng

【释义】摧~：花、柳：借喻女子。斫：砍，削，引申为伤害。摧残花枝，砍削柳条。比喻摧残和伤害女性。语见清·嬴宗季女《六月霜·对簿》："僵桃代李诚无与，摧花斫柳夫何取？"
葬~：埋葬女子的婉辞。指美丽女性的死亡，含有惋惜之意。语见唐·无名氏《王承检掘得墓铭》："车道之北，邙山之阳，深深葬玉，郁郁埋香。"
【结构】联合　动-名|动-名
【扩联】六月白霜摧花斫柳
一抔黄土葬玉埋香

428

摧枯拉朽 cuī kū lā xiǔ
戢暴锄强 jí bào chú qiáng

【释义】摧~：摧：摧毁。枯：枯草。拉：折断。朽：朽木，引申为腐朽势力。比喻轻而易举地摧毁腐朽的事物或不堪一击的势力。
戢~：戢：遏止，止息。锄：铲除。强：强暴蛮横。遏止残暴，铲除豪强。
【结构】联合　动-形|动-形
【扩联】摧枯拉朽秋风落叶
戢暴锄强铜臂铁拳

429

cún ér bù lùn
存 而 不 论

xuán ér wèi jué
悬 而 未 决

【释义】 存~：存：保留。论：讨论。把问题保留下来暂不讨论。
悬~：悬：挂起来。决：决断，解决。指事情拖在那里，一直没有得到解决。
【结构】 述补 动|连-副-动
【扩联】 难做结论存而不论
易于解决悬而未决

430

cùn jī zhū lěi
寸 积 铢 累

chē zǎi dòu liáng
车 载 斗 量

【释义】 寸~：铢：古代重量单位。二十四铢等于旧制一两，比喻一点一滴地积累。
车~：用车装载，用斗来量。比喻数量极多。
【结构】 联合 名-动|名-动
【扩联】 寸积铢累一个两个三个
车载斗量百吨千吨万吨

431

cuō tuó suì yuè
蹉 跎 岁 月

xū zhì nián huá
虚 掷 年 华

【释义】 蹉~：蹉跎：指时间白白过去。形容虚度光阴。
虚~：掷：抛掷，扔。无所作为，白白地浪费时光。
【结构】 动宾 动一|名-名
【扩联】 蹉跎岁月如云散
虚掷年华付水流

432

cuò luò yǒu zhì
错 落 有 致

zhěng qí huà yī
整 齐 划 一

【释义】 错~：错落：参差交错。致：情趣。参差错落，极有情致。形容事物安排布置得巧妙，使人看了有好感。
整~：有秩序有条理，非常一致。
【结构】 状中 形一|动-名
【扩联】 亭榭楼台错落有致
房屋庭院整齐划一

433

cuò zōng fù zá
错 综 复 杂

pū shuò mí lí
扑 朔 迷 离

【释义】 错~：交错综合、重复杂乱。形容情况烦杂，头绪多且乱。
扑~：雄兔被拎起来，则四脚乱蹬，称作"扑朔"，雌兔被拎起来，则两眼眯起，称为"迷离"，这样可以区别兔子的雌雄。而兔子在地上跑动，就难以区分。比喻事情繁杂，不易分辨清楚。
【结构】 联合 形一|形一
【扩联】 关系错综复杂小心出事
事情扑朔迷离大胆闯关

434

dá guān jù gǔ
达 官 巨 贾

qiān kè sāo rén
迁 客 骚 人

【释义】 达~：达：显赫。贾：商人。指权势显赫的官吏和大商人。
迁~：迁客：旧时遭贬而到外地的官吏。骚人：诗人，文人，由屈原的《离骚》而得名。指遭贬被流放到外地的官吏和怀才不遇的文人。语见《岳阳楼记》："迁客骚人，多会于此，览物之情，得无异乎？"
【结构】 联合 形-名|形-名
【扩联】 迁客骚人诗酒会
达官巨贾权钱交

435

dá rén zhī mìng
达人知命

jūn zǐ gù qióng
君子固穷

【释义】 达~：达人：通达事理的人。通达事理的人，能安于命运。
君~：固：固守，安守。君子能安守穷困。
【结构】 主谓 名—|动-名
【扩联】 达人知命岂由命
君子固穷不哭穷

436

dá shì shǒu yì
达士守义

tān fū xùn cái
贪夫徇财

【释义】 达：达士：明智达理之人，坚守道义节操。
贪~：徇：同"殉"。贪财的人为财而死。见唐·李商隐《太仓箴》："贪夫徇财，有死无二；御黜马衔，不得不利。"
【结构】 主谓 形-名|动-名
【扩联】 达士成仁惟守义
贪夫送命是徇财

437

dá fēi suǒ wèn
答非所问

wén bú duì tí
文不对题

【释义】 答~：回答的不是所问的内容。
文~：文章的内容与题目不吻合。泛指内容与前提不符。
【结构】 主谓 名|副-动-名
【扩联】 答非所问重提问
文不对题另改题

438

dǎ chéng yí piàn
打成一片

wú yǒu èr xīn
无有二心

【释义】 打~：形容关系紧密，不分彼此。指有相对优势的人与别的人群来说。
无~：二心：不忠心，不专心。没有不忠心、不专心。形容同心同德、一心一意。
【结构】 动宾 动-动|数-名
【扩联】 上下打成一片
干群无有二心

439

dǎ gǒu qī zhǔ
打狗欺主

shā jī jǐng hóu
杀鸡儆猴

【释义】 打~：打狗也就是打击或欺负其主人。
杀~：儆：让人自己觉悟而不犯过错。把鸡杀了，让猴子感到害怕不再调皮捣乱。比喻惩罚一个人以警告其他人。
连动 动-名|动-名
【结构】 打狗欺主莫打狗
【扩联】 杀鸡儆猴先杀鸡

440

dǎ qíng mà qiào
打情骂俏

sāo shǒu nòng zī
搔首弄姿

【释义】 打~：打以调情，骂以卖俏。指男女间轻佻地以打打骂骂的形式调情。
搔~：搔首：用手指抚理头发。弄姿：摆弄姿态。原指修饰仪容。后多指女子在男子面前卖弄姿态。
【结构】 联合 动-名|动-名
【扩联】 搔首弄姿忸怩作态
打情骂俏放荡撩人

441

大包大揽
dà bāo dà lǎn

全受全归
quán shòu quán guī

【释义】 大~：把许多的事情揽到自己身上。
全~：古代礼教认为人的身体来自父母，应终身洁身自爱，以无污损的身体回归，这才是大孝。

【结构】 联合　形-动|形-动

【扩联】 父母无须大包大揽
儿孙不会全受全归

442

大辩若讷
dà biàn ruò nè

长歌当哭
cháng gē dàng kū

【释义】 大~：讷：言语迟钝。最善于论辩的人就像不善于讲话的人一样。
长~：以长声的歌咏代替哭。多指用诗文来抒发倾吐心中的悲愤之情。

【结构】 主谓　形-名|动-名

【扩联】 大辩若讷无赘语
长歌当哭尽悲声

443

大材小用
dà cái xiǎo yòng

能者多劳
néng zhě duō láo

【释义】 大~：大的材料，用在小处。指使用不当，浪费材料。也比喻用人不当，浪费人才。
能~：能干的人多劳累一些。赞誉、慰勉能力强的人要多干事情。

【结构】 主谓　形-名|形-动

【扩联】 大材小用人才浪费
能者多劳贡献光荣

444

大澈大悟
dà chè dà wù

不知不觉
bù zhī bù jué

【释义】 大~：澈：通，透。悟：领会。本佛家语，指去烦恼，悟真理，破迷妄，开真智。后指彻底明白、领悟。也作"大彻大悟"。
不~：无所知，没感觉。指没有感觉，没有意识到。

【结构】 联合　副-动|副-动

【扩联】 不知不觉误落尘世
大澈大悟笑看人生

445

大刀阔斧
dà dāo kuò fǔ

高掌远跖
gāo zhǎng yuǎn zhí

【释义】 大~：本指古代作战使用的大刀和宽刃的斧头，形容军队威猛、浩大的气势。后多用以比喻、形容办事果断而有魄力。
高~：掌：手掌；用手擘开。跖：脚掌；用脚踏。高处用手擘开，远处用脚踏开。出自古代神话，指开辟山河。文见汉代张衡《西京赋》："缀以二华，巨灵赑屃，高掌远跖，以流河曲。"薛综注："河水过之而曲行，河之神以手擘开其上，足踏离其下，中分为二，以通河流。手足之迹，于今尚在。"后用以比喻、形容规模宏伟的事业开拓、开辟、经营之壮举、气概。

【结构】 联合　形-名|形-名

【扩联】 大刀阔斧共谋发展
高掌远跖同绘宏图

446

dà dà liē liē
大 大 咧 咧

pó pó mā mā
婆 婆 妈 妈

【释义】 大~：对一切事情满不在乎的样子。形容不细致的作风。
婆~：形容人做事细致周到但烦琐爱唠叨，像老婆婆一样。
【结构】 联合　叠一|叠一
【扩联】 婆婆妈妈嘴碎
大大咧咧心粗

447

dà dào zhì jiǎn
大 道 至 简

yào yán bù fán
要 言 不 烦

【释义】 大~：道：规律，道理。至：极。简：简单，简明。大的规律、大的道理说透了其实是很简单的。语见五代·陶垕《还金术》："运水火，应天符，合三才，然后得为之丹砂矣。妙言至径，大道至简，非能大巧，譬如造化之于万物，使其青黄赤白，一一之相类乎。"
要~：要：重要，切要。烦：烦琐。说话、行文简明扼要，不烦琐。
【结构】 主谓　形-名|副-形
【扩联】 要言不烦三句五句
大道至简一条两条

448

dà dé bì shòu
大 德 必 寿

gǔ dào kě fēng
古 道 可 风

【释义】 大~：有高尚德行的人一定长寿。
古~：古道：古代淳朴的风尚。指人具有古人淳朴真诚风尚，可为风范。
【结构】 主谓　形-名|副-动
【扩联】 古道可风风行一世
大德必寿寿享百年

449

dà fēng yǒu suì
大 风 有 隧

huò fú wú mén
祸 福 无 门

【释义】 大~：大风发起自有它本来的来路。指事情自有根本来路。
祸~：无门：没有定数。指灾祸或幸福没有定数，全由人们自己招来。语见《左传·襄公二十三年》："祸福无门，惟人所招。"
【结构】 主谓　形-名|动-名
【扩联】 祸福无门莫求佛
大风有隧直通天

450

dà gān wù yì
大 干 物 议

bù dé rén xīn
不 得 人 心

【释义】 大~：干：冒犯，抵触。物：指自己以外的人或众人。指引起众人的议论。语见清·李宝嘉《官场现形记》第十九回："他面子上虽然处处处让正钦差在前头，然而正钦差遇事还得同他商量，不敢僭越一点，恐怕他摆出前辈的架子来，那是大干物议的。"
不~：人心：民心。指所作所为违背民心，不能得到民众的拥护。
【结构】 动宾　副-动|名-名
【扩联】 钦差派头大干物议
公款吃喝不得人心

451

大膏馋吻
dà gāo chán wěn

中饱私囊
zhōng bǎo sī náng

【释义】 大~：膏：油脂。馋吻：馋嘴巴。让馋嘴巴吃得满嘴流油。义同"大饱口福"。
中~：中饱：从中得利。指从中取利，装满自己的腰包。

【结构】 动宾　副-动|形-名

【扩联】 吃吃吃大膏馋吻
捞捞捞中饱私囊

452

大公无我
dà gōng wú wǒ

直道事人
zhí dào shì rén

【释义】 大~：极其公正公道，没有自己个人私心。同"大公无私"。
直~：正直无私地对待人。语见唐·魏征等《隋书·冯慈明传》："兹明直道事人，有死而已。不义之言，非所敢对。"

【结构】 状中　形-名|动-名

【扩联】 大公无我人称道
直道事人我奉公

453

大家风范
dà jiā fēng fàn

小本经营
xiǎo běn jīng yíng

【释义】 大~：大家：旧指高门贵族。风范：风度，气派。指有地位有学识之家（人）的特有的气度。
小~：小本：不多的资本。指本钱不大的买卖。

【结构】 定中　形-名|名-名

【扩联】 大家风范想些大事
小本经营赚点小钱

454

大家闺秀
dà jiā guī xiù

金屋娇娘
jīn wū jiāo niáng

【释义】 大~：指世家望族中有才德的女子。
金~：指出身高贵而美丽，居住在豪门宅院的女子。

【结构】 定中　形-名|形-名

【扩联】 大家闺秀沉鱼落雁
金屋娇娘闭月羞花

455

大江东去
dà jiāng dōng qù

沧海横流
cāng hǎi héng liú

【释义】 大~：长江大河浩浩荡荡向东流去。也喻指社会、时序在往前运行，不停地前进。
沧~：大海不按水道乱流淌。比喻社会动乱极不安定。

【结构】 主谓　形-名|方-动

【扩联】 古今人情事随大江东去北去
天地日月星任沧海横流竖流

456

大将风度
dà jiàng fēng dù

秀才人情
xiù cái rén qíng

【释义】 大~：指一个人有远见，有魄力，指挥有方，像指挥千军万马的大将军一样。
秀~："秀才人情纸半张"。秀才所赠不过是诗文书画，比喻菲薄的礼品。

【结构】 定中　形-名|名-名

【扩联】 秀才人情半张纸
大将风度百万兵

457

dà jīng xiǎo guài
大 惊 小 怪
cháng tàn duǎn xū
长 叹 短 吁

【释义】 大~：形容对不足为奇的事情过分慌张或惊诧。
长~：不停地叹气。
【结构】 联合 形-动|形-动
【扩联】 闻地震大惊小怪
忧天倾长叹短吁

458

dà kāi yǎn jiè
大 开 眼 界
zhí xiě xiōng jīn
直 写 胸 襟

【释义】 大~：开：开拓。眼界：指见识的广度。大大地扩展了见识的广度。即扩大了知识面。
直~：胸襟：抱负，气度，气量。直截了当、毫不掩饰地写出、显示自己的抱负、向往和气度。
【结构】 动宾 形-动 名-名
【扩联】 大开眼界见闻广
直写胸襟梦想多

459

dà míng fǎ dù
大 明 法 度
zài zào qián kūn
再 造 乾 坤

【释义】 大~：明：严明。法度：法规，制度。大力严明法规制度。语见宋·王安石《上时政疏》："盖夫天下之大器也，非大明法度，不足以维持，非众建贤才，不足以保守。"
再~：乾坤：天地，世界。改天换地，再打造一个新世界。指彻底改变旧状况，开创新局面。
动宾 形-动|名-名
【结构】 再造乾坤换世界
【扩联】 大明法度固江山

460

dà qiān shì jiè
大 千 世 界
bù èr fǎ mén
不 二 法 门

【释义】 大~：佛教用语。指以须弥山为中心，以铁围山为外部，是一小千世界；小千世界的千倍叫中千世界；中千世界的千倍叫大千世界。后用以指广阔无边的世界。
不~：法门：佛教指入道的门径。唯一能够直接入道的、不可言传的门径。语见《维摩诘经·入不二法门品》："如我意者，于一切法无言无说、无示无识，离诸问答，是为入不二法门。"
【结构】 定中 形-数|名-名
【扩联】 不二法门神奇活现
大千世界精彩纷呈

461

dà rén dà yì
大 仁 大 义
quán zhì quán néng
全 智 全 能

【释义】 大~：仁：仁爱。义：正义。指人有高度的仁爱和正义。
全~：无所不知，无所不能。形容人具有超人的智慧和才能。同"全知全能"。
【结构】 联合 形-名|形-名
【扩联】 大仁大义君施政
全智全能臣尽忠

462

dà shāng yuán qì
大 伤 元 气

duǒ sǒu jīng shén
抖 擞 精 神

【释义】 大~：元气：指人或国家、组织的生命力。元气受到极大的损伤。
抖~：抖擞：振作。指使精神振作起来。
【结构】 动宾 形-动|名-名
【扩联】 大伤元气先静养
抖擞精神再高昂

463

dà shèng bù zuò
大 圣 不 做

zhì rén wú wéi
至 人 无 为

【释义】 大~：大圣：品格最高尚、智慧最高超的人。不做政刑之事，就能使百姓向上。指圣人善于教化人。
至~：至人：品德修养最高尚的人。无为：老庄学派主张以德感化人，不用政刑。后也指贤明的领导人善于引导人民自发地向上，不以严刑酷法统治人民。
【结构】 主谓 形-名|副-动
【扩联】 大圣不做言传身教
至人无为力追心仪

464

dà tí xiǎo zuò
大 题 小 作

hǎo shì duō mó
好 事 多 磨

【释义】 大~：将大题目作成小文章，比喻把大事情当作小事情来处理。
好~：好事情，阻碍多。旧时多指男女相爱，中间阻碍重重，难以如愿。也形容办一件好事很难。
【结构】 主谓 形-名|形-动
【扩联】 才疏学浅大题小作
阴错阳差好事多磨

465

dà tíng guǎng zhòng
大 庭 广 众

huà rì guāng tiān
化 日 光 天

【释义】 大~：大庭：本指旧时官署的厅堂，后泛指庭院。众：人群，众人。本指在朝廷之上面对群臣的场所。后指人数众多的公开场合。
化~：化日：太平日子。原指太平盛世，清平社会。后比喻大家都能看得很清楚的地方。也作"光天化日"。
【结构】 联合 形-名|形-名
【扩联】 大庭广众众人见
化日光天天地知

466

dà yán wú shí
大 言 无 实

měi mèng chéng zhēn
美 梦 成 真

【释义】 大~：指说大话往往不实在，不能兑现。
美~：美好的梦想变成了现实。
【结构】 主谓 形-名|动-形
【扩联】 夸夸其谈大言无实
念念不忘美梦成真

467

dà yán wú dàng
大 言 无 当

tiě àn rú shān
铁 案 如 山

【释义】 大~：大言：大话。当：恰当，合适。夸夸其谈的大话不恰当、不合适。
铁~：铁案：证据确凿的犯罪记录或结论。证据确凿的罪案，像山一样，无法推翻。
【结构】 主谓 形-名|动-名
【扩联】 大言无当应捐弃
铁案如山难拱翻

468

dà yǎ jūn zǐ
大 雅 君 子

guǎng wén xiān shēng
广 文 先 生

【释义】 大~：大雅：对品德高尚、学识渊博者的赞词。指有才有德的人。语见五代后晋·刘昫《旧唐书·郭子仪传论》："不幸危而遘父君，不挟憾以报仇雠，晏然效忠，有死无二，诚大雅君子，社稷纯臣。"
广~：唐天宝年间，唐玄宗爱郑虔之才，在国子监设广文馆，以之为博士，领国子监学生中修习进士业者。杜甫称郑虔为"广文先生"。后泛指清苦闲散的儒学教官。
【结构】 定中 形-名 名一
【扩联】 广文先生闲坐广文馆
大雅君子荣登大雅堂

469

dà yuè bì yì
大 乐 必 易

bù píng zé míng
不 平 则 鸣

【释义】 大~：盛大华丽的音乐一定也是简易并不繁杂的。
不~：遇到不平的事就发出不满的呼声。
【结构】 连动 形-形|副-动
【扩联】 大乐必易旋律美
不平则鸣吼声高

470

dà zhāng qí gǔ
大 张 旗 鼓

bù lù fēng máng
不 露 锋 芒

【释义】 大~：张：布置，铺排。旗鼓：旗帜和战鼓。大规模地摆开旗鼓。比喻声势或规模很大。
不~：锋芒：刀剑的刃和尖。喻指显露出来的才干或心机。形容满腹才干或心机，表面上看不出来
【结构】 动宾 形-动|名-名
【扩联】 大张旗鼓造声势
不露锋芒隐杀机

471

dà zhāng shēng shì
大 张 声 势

xiǎo shì fēng máng
小 试 锋 芒

【释义】 大~：张：陈设。摇旗擂鼓，摆开很大的阵势。比喻声势和规模很大。
小~：小试：稍试，略试。锋芒：刀剑的刃口和尖端。比喻稍微显示一下自己的本领。
【结构】 动宾 形-动|名-名
【扩联】 小试锋芒露露手
大张声势提提神

472

dài rén jiē wù
待 人 接 物

xún shì kǎo yán
询 事 考 言

【释义】 待~：对待别人，应接事物。指与人相处和一般的礼仪交往。语见元·陶宗仪《南村缀耕录·先辈谦让》："右二事可见前辈诸老谦退抑，汲引后进，待人接物者如此。"
询~：询：查询。考：考核。查询、考核所做的事和所说的话。后多指对官员的考核。语见《尚书·尧典》："格汝舜，询事考言，乃言底可绩。三载，汝陟帝位。"

【结构】 联合 动-名|动-名

【扩联】 待人接物皆依礼
询事考言全过关

473

dài gāo mào zǐ
戴 高 帽 子

chuī dà fǎ luó
吹 大 法 螺

【释义】 戴~：喜欢别人吹捧、恭维，叫好戴高帽子；恭维、吹捧别人叫给人戴高帽子。
吹~：大法螺：佛家所用、大海螺壳作成的乐器，吹起来很响。佛家说法时，用它以壮声势。现用作空口说大话、吹牛皮的讽刺语。

【结构】 动宾 动|形-名-名

【扩联】 吹大法螺好狂妄
戴高帽子爱虚荣

474

dān dāo fù huì
单 刀 赴 会

zhī shǒu qíng tiān
只 手 擎 天

【释义】 单~：单刀：单人持刀。出自三国蜀将关羽携带单刀独自去见吴将鲁肃的故事。指独自前往。语见《三国演义》第六十六回："吾来日驾小舟，只用亲随十余人，单刀赴会，看鲁肃如何近我。"
只~：擎：托举。一只手便可以把天托住。形容本领极大。语见宋·刘克庄《贺贾太傅再相启》："恭惟某官孤忠贯日，只手擎天。"

【结构】 主谓 形-名|动-名

【扩联】 关云长单刀赴会
张翼德只手擎天

475

dān dāo zhí rù
单 刀 直 入

dú mù nán zhī
独 木 难 支

【释义】 单~：单刀：短柄长刀，兵器。直入：径直刺入。用单刀径直插进去。原指认定目标，勇猛精进。后比喻说话、办事直接了当，不兜圈子。
独~：一根木头支撑不住要倒的大厦。比喻一个人的力量难以维持危局。

【结构】 主谓 形-名|形-动

【扩联】 单刀直入心惊胆战
独木难支屋倒墙倾

476

dān shēn guì zú
单 身 贵 族

dú dǎn yīng xióng
独 胆 英 雄

【释义】 单~：谑语。指那些活得很潇洒的单身者。
独~：不知畏惧，不怕强敌，一个人挺身而战的英雄人物。

【结构】 定中 形-名|名一

【扩联】 独胆英雄军中第一
单身贵族家里无双

477

dān sī bù xiàn
单 丝 不 线

gū zhǎng nán míng
孤 掌 难 鸣

【释义】 单~：一根丝纺不成线。比喻力薄无助，难以成事。
孤~：一个巴掌拍不响。比喻无人帮助，个人办不成事。
【结构】 主谓　形-名|副-动
【扩联】 单丝不线定无经纬
孤掌难鸣岂有响声

478

dān xīn rú gù
丹 心 如 故

shèng dé ruò yú
盛 德 若 愚

【释义】 丹~：丹心：红心，忠心。故：往常。一片忠心，仍像往常一样。形容永不变心。
盛~：盛：大。盛德：极高尚的品德。形容有极高品德的人谦逊朴实，外表看起来像愚笨的样子。
【结构】 主谓　形-名|动-形
【扩联】 海外赤子丹心如故
古时圣人盛德若愚

479

dān yíng kè jué
丹 楹 刻 桷

huà dòng diāo liáng
画 栋 雕 梁

【释义】 丹~：楹：堂屋前部的柱子。桷：方形的椽子。柱子用红漆涂饰，椽子雕刻花纹。形容建筑物精巧华美。
画~：彩画漆雕的栋、梁。形容雍容华贵的建筑物。
【结构】 联合　动-名|动-名
【扩联】 丹楹刻桷当年时尚
画栋雕梁昔日追求

480

dǎn dà xīn xì
胆 大 心 细

yǎn gāo shǒu dī
眼 高 手 低

【释义】 胆~：心细：考虑仔细。胆子很大又考虑精细周密。指作事果敢又思虑周密，有勇有谋。
眼~：眼界很高，行为能力又太低。指空有一些见识，却无实干本事。
【结构】 联合　名-形|名-形
【扩联】 胆大心细万难不怕
眼高手低一事无成

481

dàn hè qiān lǐ
惮 赫 千 里

fǔ suí wàn fāng
抚 绥 万 方

【释义】 惮~：惮赫：威震。威震千里，形容声威极盛。
抚~：扶绥：安定，安抚。万方：万邦，万族。指安定天下。
【结构】 动宾　动一|数-名
【扩联】 惮赫千里威势盛
抚绥万方国邦安

482

dàn bó guǎ yù
澹 泊 寡 欲

gāng zhèng wú sī
刚 正 无 私

【释义】 澹~：澹泊：恬淡。寡：少。欲：私欲。心情恬淡，不图名利。
刚~：刚正：刚毅正直。指为人刚毅正直，没有私心。语见明·罗贯中《平妖传》第二十七回："为人刚正无私，不轻一笑。"
【结构】 述补　形一|动-名
【扩联】 刚正无私从者众
澹泊寡欲开心多

483

dàn bó míng zhì
淡 泊 明 志
hé qì zhì xiáng
和 气 致 祥

【释义】 淡~：淡泊：把名利看得很淡。志：志趣。通过朴素的生活显示出自己的志趣。
和~：致：招来。谦和之气可以招来吉祥。
【结构】 主谓　形一|动-名
【扩联】 和气致祥养性
淡泊明志修身

484

dàn hū guǎ wèi
淡 乎 寡 味
qióng jí wú liáo
穷 极 无 聊

【释义】 淡~：平淡，淡薄。乎：形容词后缀。太平淡了，缺少意味。语见钟嵘《诗品序》："永嘉时，贵黄老，稍尚虚谈，于时篇什，理过其辞，淡乎寡味。"
穷~：穷极：到了极点。无聊：精神空虚，无所寄托。指困窘到了极点，精神无所依托。
【结构】 状中　形一|动-名
【扩联】 淡乎寡味温吞水
穷极无聊闲散人

485

dāng háng chū sè
当 行 出 色
chuàng yè shǒu chéng
创 业 守 成

【释义】 当~：当行：内行。出色：超出一般，特别好。干本行本业的事情，做得特别好，超出一般。语见《负曝闲谈》第十一回："涂了又涂，改了又改，看看终究不能当行出色，急得他抓耳挠腮。"
创~：守成：守业；在事业上保持前人的成就。指开创基业，并让后代子孙世代继承保持下去。语见唐·吴兢《贞观政要·论君道》："贞观十年，太宗谓侍臣曰：'帝王之业，草创与守成孰难？'"
【结构】 连动　动-名|动名
【扩联】 当行出色世夸里手
创业守成代有传人

486

dāng rén bù ràng
当 仁 不 让
jiàn yì yǒng wéi
见 义 勇 为

【释义】 当~：当：当着，面对。仁：合乎道义的事。面对合道义的事决不退让。
见~：义：正义的事。见到合乎正义的事就勇敢去做。
【结构】 述补　动-名|副-动
【扩联】 见义勇为挺身而出
当仁不让直道而行

487

dāng tóu yī bàng
当 头 一 棒
yuē fǎ sān zhāng
约 法 三 章

【释义】 当~：当：朝着，向着。佛教禅宗和尚对来习教之人，常常用棒一击或大喝一声，促使其领悟。"棒喝"之法，始于唐代。后比喻促人猛醒的警告，也指人遭受突然的打击。
约~：原指刘邦进入咸阳后，废除秦法，另行制定三条简单的法令。后泛指订立简单明确的条款由大家遵守。
【结构】 述补　动-名|数-量
【扩联】 当头一棒顿开茅塞
约法三章痛改前非

488

dāng wù zhī jí
当 务 之 急

bù shí zhī xū
不 时 之 需

【释义】当~：当务：当前要办的事务。当前最急切要办理的任务。
不~：不时：不定时，随时。不定时、随时的需要。
【结构】定中 介-名|助-名
【扩联】当务之急办稳妥
不时之需备齐全

489

dāng zhī wú kuì
当 之 无 愧

shòu chǒng ruò jīng
受 宠 若 惊

【释义】当~：当：承当，承受。指承受某种荣誉或称号，名实相符，毫不惭愧。
受~：宠：宠爱。惊：震动。指人意外地受过分的宠爱，心情为之震动，很不平静。
【结构】述补 动-代|动-名
【扩联】有名有实当之无愧
提职提薪受宠若惊

490

dǎng yán jiā lùn
谠 言 嘉 论

chén yǔ rǒng cí
陈 语 冗 词

【释义】谠~：谠言：正直的言论。嘉：善，美。正直而有说服力的言论。
陈~：陈：陈旧。冗：多余的，繁琐的。老话废话。
【结构】联合 形-名|形-名
【扩联】陈语冗词一之谓甚
谠言嘉论万世不刊

491

dǎng tóng fá yì
党 同 伐 异

qì wěi cóng zhēn
弃 伪 从 真

【释义】党~：党同：和与自己观点相同的人结为一党。伐异：攻击与自己观点不同的人。指拉帮结派，袒护与自己同派别的，而攻击与自己派别不同的。语见南朝宋·范晔《党锢传序》："至有石渠分争之论，党同伐异之说。"
弃~：指抛弃虚伪而追从真理。
【结构】联合 动-形|动-形
【扩联】党同伐异防异化
弃伪从真要真诚

492

dāo guāng jiàn yǐng
刀 光 剑 影

xuè yǔ xīng fēng
血 雨 腥 风

【释义】刀~：战刀放光，宝剑闪动。形容敌对双方露出了杀机，或激烈的斗争正在进行的紧张情势。
血~：喷出来的血像下雨一样，吹过来的风带有血腥气。形容战斗激烈，伤亡很大；也形容恐怖黑暗的情景或局面。
【结构】联合 名-名|名-名
【扩联】血雨腥风人头落地
刀光剑影杀气冲天

493

dāo qiāng jiàn jǐ
刀 枪 剑 戟

luó gǔ náo bó
锣 鼓 铙 钹

【释义】刀~：中国古代的四种兵器。泛指兵器。
锣~：中国的四种打击乐器。泛指鼓乐。
【结构】联合 名-名-名-名
【扩联】刀枪剑戟打天下
锣鼓铙钹庆太平

494

dāo tóu tiǎn mì
刀 头 舔 蜜
hǔ kǒu duó shí
虎 口 夺 食

【释义】 刀~：在刀尖上舔取蜜糖。本指为一时小利而甘冒风险，后比喻因小失大，得不偿失。
虎~：从老虎口中夺取食物。比喻极其危险的事情。
【结构】 状中 名-方|动-名
【扩联】 小心可刀头舔蜜
大胆能虎口夺食

495

dǎo dé qí lǐ
导 德 齐 礼
fā zhèng shī rén
发 政 施 仁

【释义】 导~：指用道德诱导，用礼教整顿，让百姓归服。语见《论语》："道之以德，齐之以礼，有耻且格。"
发~：发布政令，实施仁政。比喻统治者施行开明政治。语见宋·苏轼《论赏罚及修河事》："方是时，二圣在位，发政施仁，惟恐不及。"
【结构】 联合 动-名|动-名
【扩联】 导德齐礼有耻且格
发政施仁无为久安

496

dào páng kǔ lǐ
道 旁 苦 李
tiān xià zhēn huā
天 下 真 花

【释义】 道~：《世说新语》讲，王戎小时，许多小朋友都去摘路边李树的李子吃，唯独王戎不去，有人问他，他说："路边的李树还有这样多的李子，肯定是苦的。"果然如此。后用以比喻庸才、无用之才。
天~：天底下称得上"真花"的只有牡丹花。赞美牡丹花冠群芳，无可比拟。语见宋·欧阳修《洛阳牡丹记》："天下真花独牡丹。"
【结构】 定中 名-方|形-名
【扩联】 道旁苦李颗颗苦
天下真花朵朵鲜

497

dào shān xué hǎi
道 山 学 海
yì hǎi ēn shān
义 海 恩 山

【释义】 道~：道、学：指学问。学问高深，如山如海。
义~：形容恩义深重，如山高海深。
【结构】 联合 名-名|名-名
【扩联】 学贯中西道山学海
恩同父母义海恩山

498

dào tīng tú shuō
道 听 途 说
xiàng yì jiē tán
巷 议 街 谈

【释义】 道~：从路上听来的，又向路人传说。指没有根据的传闻。
巷~：大街小巷里人们的言谈议论。指非正式场合的议论。
【结构】 联合 名-动|名-动
【扩联】 巷议街谈当一笑
道听途说要三思

499

dào yuǎn zhī jì
道 远 知 骥
shuǐ qīng wú yú
水 清 无 鱼

【释义】 道~：路途遥远，才能知道是不是骏马。比喻只有经过长期的观察考验，才可能真正了解一个人。
水~：水过于清澈，没有鱼的食物，鱼也难以藏身，也就没有鱼了。比喻对人对事过于苛求，就没有朋友、没有人来共事了。

【结构】 连动 名-形|动-名

【扩联】 道远知骥可以重任
水清无鱼不妨糊涂

500

dào yì yǒu dào
盗 亦 有 道
fù ér wú jiāo
富 而 无 骄

【释义】 盗~：盗：盗贼。道：方法或规矩。指盗贼也有行盗的方法和规矩。语见明·凌濛初《初刻拍案惊奇》第三卷："英雄从古轻一掷，盗亦有道真堪述。"
富~：富：富贵，富人。富贵而不骄横。语见《论语·学而》："子贡曰：'贫而无谄，富而无骄，何如？'子曰：'可也，未若贫而好乐，富而好礼者也。'"

【结构】 主谓 名|副-动-名

【扩联】 富而无骄不如好礼
盗亦有道怎比行侠

501

dé mǎ shī mǎ
得 马 失 马
qí niú mì niú
骑 牛 觅 牛

【释义】 得~：汉·刘安《淮南子·人间训》载，塞上某人的马丢了，跑到胡人那里去了，他不着急，几个月后，他的马带着胡地的骏马回来了。别人都恭贺他，他却担忧地说可能带来灾祸。不久，他的儿子骑这匹骏马摔伤了大腿，而他并不忧伤，反而说可能也是好事。后来边境战事紧急，年轻人都被征召去打仗，十有八九的人都战死了，而他的儿子因摔伤了大腿没有去，得以保全。比喻世事多变，得失无常，好事和坏事可互相转化。
骑~：觅：寻找。骑着牛又去找牛。比喻暂时做某一工作，同时寻找更好的工作。也比喻东西本在身边，还到处寻找。语见宋·释道原《景德传灯录·福州大安禅师》："问曰：'学人欲求识佛，何者即是？'百丈曰：'大似骑牛觅牛。'"义同"骑马找马"。

【结构】 联合 动-名|动-名

【扩联】 骑牛觅牛很留意
得马失马不上心

502

dé tiān dú hòu
得 天 独 厚
wú dì zì róng
无 地 自 容

【释义】 得~：独特而优厚地占有了天然条件。泛指所处环境或所具备的条件比别人优厚。
无~：没有地方可以让自己存身。形容羞愧到了极点。

【结构】 述补 动-名|副-形

【扩联】 得天独厚珍惜好
无地自容后悔迟

503

dé xīn yìng shǒu
得 心 应 手
suí yì rèn qíng
随 意 任 情

【释义】 得~：得于心而应于手。指心里想怎么样，手上就能怎么样做到。心手相应，技艺纯熟。
随~：指只依着自己的想法、情绪来，唯心所适，感情用事。
【结构】 联合　动-名|动-名
【扩联】 随意任情情枯智竭
得心应手手到病除

504

dé bó néng xiǎn
德 薄 能 鲜
cái gāo zhì shēn
材 高 知 深

【释义】 德~：鲜：少。德行浅薄，能力很差。多用作谦语。
材~：知：同"智"。才智高超。
【结构】 联合　名-形|名-形
【扩联】 德薄能鲜老臣难为柱石
材高知深少主可掌乾坤

505

dé cái jiān bèi
德 才 兼 备
wén wǔ shuāng quán
文 武 双 全

【释义】 德~：好的道德品质和才干都具备。
文~：指人能文能武，智勇双全。
【结构】 主谓　名-名|副-动
【扩联】 用人惟愿德才兼备
取士难得文武双全

506

dé lóng wàng zhòng
德 隆 望 重
láo kǔ gōng gāo
劳 苦 功 高

【释义】 德~：道德高尚，名望很大。
劳~：吃了很大的苦，出了很大的力，立下了很高的功劳。
【结构】 联合　名-形|名-形
【扩联】 通儒大师德隆望重
革命前辈劳苦功高

507

dé pèi tiān dì
德 配 天 地
fú rú hǎi yuān
福 如 海 渊

【释义】 德~：指道德高尚的人，可与天地比配。语见《庄子·田子方》："夫子德配天地，而犹假至言以修心，古之君子，孰能脱焉？"
福~：渊：深渊，很深的水。福气像海渊那样大那样深。语见明·沈受先《三元记·合欢》："愿冯君福如海渊，愿冯君寿比泰山。"
【结构】 主谓　名|动-名-名
【扩联】 德配天地广
福如海渊深

508

dé ràng jūn zǐ
德 让 君 子
dào xué xiān shēng
道 学 先 生

【释义】 德~：讲道德能谦让的好人。
道~：拘泥固守传统道学的人。指思想、作风特别迂腐的人或假装正经的伪君子。
【结构】 定中　名-名|名一
【扩联】 德让君子真守传统
道学先生假装正经

509

dé wéi rén biǎo
德 为 人 表

shòu mǎn tiān nián
寿 满 天 年

【释义】 德~：表：表率。道德品行是人们的表率。形容品德高
尚。
寿~：天年：自然寿数。人活满自然寿数而去世。指人长寿。
【结构】 主谓　名|动-名-名
【扩联】 德为人表人中龙凤
寿满天年天上神仙

510

dé xíng tiān xià
德 行 天 下

qíng mǎn rén jiān
情 满 人 间

【释义】 德~：德：道德，品行。行：行走，通行。指高尚道德、
品行弘扬于天下。也指高尚的德行能通行天下。
情~：爱满人间。人间处处有真情。
【结构】 主谓　名|动-名-方
【扩联】 居仁由义德行天下
爱物亲民情满人间

511

dé yáng ēn pǔ
德 洋 恩 普

dì fù hǎi hán
地 负 海 涵

【释义】 德~：洋：众，多。指德泽优渥普及。司马相如《难蜀父
老》："盖闻中国有至仁焉，德洋恩普，物靡不得其所。"
地~：指大地负载万物，海洋容纳百川。形容包罗万象，
含蕴丰富。语见宋·陈亮《笏记》："皇帝陛下，日照天
临，地负海涵。"
【结构】 联合　名-形|名-形
【扩联】 德洋恩普三光耀
地负海涵万物生

512

dēng fēng zào jí
登 峰 造 极

fàn hào mó cāng
泛 浩 摩 苍

【释义】 登~：极：最高的地方或程度。登上山顶，到达最高点。
比喻达到最高境地。
泛~：浩：指海。苍：指天。泛海摩天。形容文词博大高深。
【结构】 联合　动-名|动-名
【扩联】 李杜诗登峰造极
韩苏文泛浩摩苍

513

dēng gāo bì fù
登 高 必 赋

duì jiǔ dāng gē
对 酒 当 歌

【释义】 登~：登高：登上高处，指身临胜境。赋：创作。指身临
胜境，触景生情，必定要赋诗言志。
对~：当：面对着，也解为"应当"。举杯饮酒，兴致勃
发，引吭高歌。本指欢乐宴饮，后也指沉湎于酒色之中。
【结构】 状中　动-名|副-动
【扩联】 对酒当歌金缕曲
登高必赋白云词

514

dēng lóng yǒu shù
登 龙 有 术

tuō zú wú mén
托 足 无 门

【释义】 登~：登龙：登龙门而跻身显贵。有术：有谋略，指有一
套钻营高升的本事。
托~：托足：托脚，指立足。立足无门，形容极其贫困无
地容身。
【结构】 连动　动-名|动-名
【扩联】 富甲一方登龙有术
家徒四壁托足无门

515

dēng gāo wàng yuǎn
登 高 望 远
wēn gù zhī xīn
温 故 知 新

【释义】 登~：登上高处，可看到更远的地方。比喻思想境界高，才能目光远大。
温~：温：温习，复习。故：旧。复习已学过的知识，可以获得新的体会。也常指吸取历史经验，可以更好地认识现在。
【结构】 连动 动-形|动-形
【扩联】 登高望远欲穷千里目
温故知新更上一层楼

516

dēng tán bài jiàng
登 坛 拜 将
jí dì chéng míng
及 第 成 名

【释义】 登~：坛：筑土为坛，古人盟誓之所。登上高台，被授予统率军队的大将军职权。
及~：及第：科举时代考试中举。通过考试并取得功名。
【结构】 联合 动-名|动-名
【扩联】 登坛拜将授金印
及第成名中状元

517

dēng hóng jiǔ lù
灯 红 酒 绿
zhǐ zuì jīn mí
纸 醉 金 迷

【释义】 灯~：灯光酒色，红绿相映。形容腐化奢侈的生活。
纸~：挥金撒银，买醉买笑。比喻骄奢淫逸，腐化糜烂的生活。
【结构】 联合 名-形|名-形
【扩联】 灯红酒绿极其糜烂
纸醉金迷何等骄奢

518

dī áng bù jiù
低 昂 不 就
zuǒ yòu jù yí
左 右 俱 宜

【释义】 低~：昂：高。就：成。高不成，低不就。多指挑选婚姻对象或工作时的态度。
左~：不管哪方面都适宜。形容适应能力强。
【结构】 状中 形-形|副-动
【扩联】 低昂不就自高自大
左右俱宜难舍难分

519

dī shuǐ chuān shí
滴 水 穿 石
wán ní fēng guān
丸 泥 封 关

【释义】 滴~：滴下的水滴，时间长了，可以把石头穿透。比喻力量虽小，只要坚持不懈，也可以把艰难的事情办成。
丸~：丸泥：一点泥，比喻少。封：封锁。形容地势险要，只要少量兵力就可以把守。语见南朝宋·范晔《后汉书·隗嚣传》："元请一丸泥为大王东封函谷关。"
【结构】 主谓 形-名|动-名
【扩联】 滴水穿石千日能破
丸泥封关万夫莫开

520

dí xiá dàng huì
涤 瑕 荡 秽

cáng gòu nà wū
藏 垢 纳 污

【释义】 涤~：涤、荡：洗涤，清除。瑕：白玉上的斑点，比喻过失、缺点。清除缺点瑕疵，荡涤毛病污秽。也比喻清除人的过失。
藏~：藏纳污垢。形容包藏收容不良之人、不法之徒。语见《左传·宣公十五年》："谚曰：'高下在心，川泽纳污，山薮藏疾，瑾瑜匿瑕。'国君含垢，天之道也。"

【结构】 联合 动-名|动-名

【扩联】 涤瑕荡秽清风拂地
藏垢纳污臭肉来蝇

521

diāo qiú huàn jiǔ
貂 裘 换 酒

lòu fǔ chōng jī
漏 脯 充 饥

【释义】 貂~：貂裘：貂皮做的袍子，旧时富贵人的服装。用貂皮袍子换酒。形容富贵者放纵不羁。
漏~：脯：干肉。漏脯：沾有屋顶漏水的干肉，有毒。又说"漏脯"是"臭肉"。吃有毒的干肉充饥。比喻只顾眼前，不计后果。

【结构】 主谓 名-名|动-名

【扩联】 漏脯充饥能送命
貂裘换酒不消愁

522

diào yóu zhī dì
钓 游 之 地

yú mǐ zhī xiāng
鱼 米 之 乡

【释义】 钓~：钓鱼游玩的地方。指童年生活的地方，一般指故乡。
鱼~：指水域辽阔、土地肥沃，生产鱼类和稻米的富庶的地方。语见唐·王晙《请移突厥降人于南中安置疏》："诱以缯帛之利，示以缯帛之饶，说其鱼米之乡，陈其畜牧之地。"

【结构】 定中 名-名|助-名

【扩联】 鱼米之乡嘴老念
钓游之地梦常回

523

diào mín fá zuì
吊 民 伐 罪

chú bào ān liáng
除 暴 安 良

【释义】 吊~：吊：慰问，安抚。伐：讨伐。安抚受难的民众，讨伐有罪之人。
除~：暴：残暴之人。良：善良之民众。铲除残暴坏人，让良民百姓安身立命。

【结构】 联合 动-名|动-名

【扩联】 除暴安良言之成理
吊民伐罪师出有名

524

diào bīng qiǎn jiàng
调 兵 遣 将

jū lǚ chén shī
鞠 旅 陈 师

【释义】 调~：调动兵力，派遣将领。也比喻工作中对各种人力进行调动安排。
鞠~：鞠：告。陈：陈列。旅、师：军队。指出征之前，把军队集合起来，进行战斗动员。也作"陈师鞠旅"。语见《南史·宋本纪上》："鞠旅陈师，赫然大号。"

【结构】 联合 动-名|动-名

【扩联】 调兵遣将布军阵
鞠旅陈师授战旗

525

dīng niáng shí suǒ
丁 娘 十 索

mèng mǔ sān qiān
孟 母 三 迁

【释义】丁~：隋代乐妓丁六娘所作的乐府诗，每首末句有"从郎索衣带""从郎索花烛"等语，本十首，因称"十索"。后用以指妓女的需索。
孟~：孟母：孟轲母亲。相传孟轲少时不认真读书，孟母三迁居所，改变环境，使孟子发奋读书得以卒业。后常用以颂扬母教。

【结构】主谓　名—|数-动

【扩联】丁娘十索娘埋怨
孟母三迁母解颐

526

dīng yī què èr
丁 一 确 二

jiā qī dài bā
夹 七 带 八

【释义】丁~：明明白白，一点不含糊，的确的意思。
夹~：指杂乱无章地混在一起，没有条理。

【结构】联合　动-数|动-数

【扩联】夹七带八太无序
丁一确二很认真

527

dīng chēng yù shí
鼎 铛 玉 石

xīn guì mǐ zhū
薪 桂 米 珠

【释义】鼎~：鼎：古代煮东西用的贵重器物。铛：平底锅。把宝鼎当作平底锅，把美玉当成石头。形容非常奢侈。语见唐·杜牧《阿房宫赋》："鼎铛玉石，金块珠砾，弃掷逦迤，秦人视之，亦不甚惜。"
薪~：薪：柴火。桂：肉桂树。柴火贵得像桂木。米贵得像珍珠。形容物价昂贵。语见《战国策·楚策三》："楚国之食贵于玉，薪贵于桂。"《聊斋志异·司文郎》："都中薪桂米珠，勿忧资斧，舍后有窖镪，可以发用。"

【结构】联合　名-名|名-名

【扩联】鼎铛玉石富豪不挂齿
薪桂米珠穷士最挠心

528

dīng fēn sān zú
鼎 分 三 足

fèng yǐn jiǔ chú
凤 引 九 雏

【释义】鼎~：鼎：古代煮东西的器物，三足两耳。比喻像鼎足一样三方分立。也作"鼎足三分"。语见《水浒传》第二十回："今番克敌制胜，谁人及得先生良法。正是鼎分三足，缺一不可。先生不必推却。"
凤~：雏：幼小的鸟。凤凰引领着九只雏凤出现了。旧时谓之天下太平、社会繁荣的吉兆。语见《晋书·穆帝纪》："（升平四年）二月，凤凰将九雏见于丰城。"

【结构】主谓　名|动-数-名

【扩联】鼎分三足保安稳
凤引九雏兆吉祥

529

dōng chuǎng xī zǒu
东 闯 西 走

gāo fēi yuǎn xiáng
高 飞 远 翔

【释义】东~：指没有目的和方向地四处闯荡。
高~：飞得既高又远。比喻前程远大。

【结构】联合　形-动|形-动

【扩联】东闯西走四方闯荡
高飞远翔一路飞腾

530

dōng chuáng jiāo kè
东 床 娇 客

nán guó jiā rén
南 国 佳 人

【释义】 东~：东床：出自王羲之"东床坦腹"被郗太傅选为女婿的故事。指为人豁达、才能出众的女婿，是女婿的美称。同"东床佳婿""东床娇婿""东床快婿"。
南~：佳人：美人。南方的美女

【结构】 定中　方-名|形-名
【扩联】 东床娇客来南国
　　　　南国佳人选东床

531

dōng chuáng kuài xù
东 床 快 婿

běi dào zhǔ rén
北 道 主 人

【释义】 东~：在东边床上的是使人快意的女婿。现用"东床"作为女婿的代称。
北~：处于北道接待过客的主人，义同"东道主"。现指请客做东的人。

【结构】 定中　名-名 形-名
【扩联】 北道主人设筵请客
　　　　东床快婿入赘成亲

532

dōng chuáng zé duì
东 床 择 对

nán hù kuī láng
南 户 窥 郎

【释义】 东~：东床：女婿之代称，典出《晋书·王羲之传》。对：配对，对方。挑选东床的男子做女婿。指选择女婿。
南~：户：门。指女子在南边的门边偷看男子。语见《汉书·广川惠王刘越传》："昭信谓去（刘越孙刘去）曰：'前画工画望卿舍，望卿袒裼傅粉其旁。又数出入南户窥郎吏，疑有奸。'"

【结构】 状中　方-名|动-名
【扩联】 东床择对乘龙婿
　　　　南户窥郎中意人

533

dōng guàn xù shǐ
东 观 续 史

qián tíng xuán yú
前 庭 悬 鱼

【释义】 东~：东观：古代官家藏书的地方。续史：续写史书。原指东汉女史学家班昭奉诏在东观续成其兄班固没有完成的《汉书》。后用以指女子才学高深。语见《后汉书·曹世叔妻传》："扶风曹世叔妻者，同郡班彪之女也，名昭，字惠班，……兄固著《汉书》，其八表及天文志未及竟而卒，和帝诏昭，就东观藏书阁踵而成之。"
前~：把下属送上的鲜鱼挂在前面的厅堂里。比喻不接受贿赂。语见南朝梁·范晔《后汉书·羊续传》："续敝衣薄食，车马羸败，府丞尝献其生鱼，续乃出前所献者，以杜其意。"

【结构】 状中　方-名|动-名
【扩联】 东观续史班家才女
　　　　前庭悬鱼羊氏清官

534

dōng láo xī yàn
东 劳 西 燕

nán yào běi yīng
南 鹞 北 鹰

【释义】 东~：劳：即伯劳，鸟名。比喻朋友、情侣离别。后也比喻来自不同方向的同路人。
南~：鹞、鹰：鸟名，性猛。南方的鹞，北方的鹰。比喻个性刚直，态度严峻。

【结构】 联合　方-名|方-名
【扩联】 南鹞北鹰搏击南北
　　　　东劳西燕分飞东西

535

dōng fāng qiān jì
东 方 千 骑

nán miàn bǎi chéng
南 面 百 城

【释义】东~：骑：旧读jì,骑兵，泛指骑着马的人。语出古乐府《陌上桑》："东方千余骑，夫婿居上头。"罗敷夸耀夫婿显贵出众。指代夫婿，亦泛指身份煊赫者。
南~：南面：面南而坐。古以面南而坐为尊。百城：许多城邑。居于尊贵地位，统辖许多城邑。形容统治者尊贵富有。也比喻藏书非常丰富。

【结构】定中　方-名|数-名

【扩联】东方千骑贵中贵
南面百城人上人

536

dōng mén huáng quǎn
东 门 黄 犬

xī shì cháo yī
西 市 朝 衣

【释义】东~：东门：东城门。黄犬：黄狗。秦朝丞相李斯被赵高诬以谋反罪，当腰斩。临刑前感叹：再不能和儿子牵着黄狗出东门去打野兔了。指做官遭祸，悔不早日抽身。
西~：西市：古代的刑场。朝衣：大臣上朝时穿的礼服。指朝臣无辜被杀。

【结构】定中　方-名|形-名

【扩联】西市朝衣委地
东门黄犬吠天

537

dōng nán xī běi
东 南 西 北

chūn xià qiū dōng
春 夏 秋 冬

【释义】东~：东南西北：空间四个方位。指四面八方所有地方。
春~：春夏秋冬：时间四个季节。指一年四季所有时候。

【结构】联合　名|名|名|名

【扩联】东南西北八方兴旺
春夏秋冬四季平安

538

dōng shān zài qǐ
东 山 再 起

pò jìng chóng yuán
破 镜 重 圆

【释义】东~：晋朝谢安退职后在东山隐居，以后又出山做了宰相。比喻去职后再度任职或失势后重新得势。
破~：南朝陈国亡国时，驸马徐德言夫妻离散，将铜镜破开，各执半边，以期相逢。后得人帮助，破镜重圆。比喻失散后的夫妻又得到团圆或夫妻离婚后又复婚。

【结构】主谓　名—|副-动

【扩联】丈夫矢志东山再起
妻子有心破镜重圆

539

dōng shí xī sù
东 食 西 宿

nán háng běi qí
南 航 北 骑

【释义】东~：在东家吃饭，在西家住宿。比喻企图兼有两利。语见唐《艺文类聚》引汉《风俗通》："齐人有女，二人求之。东家子丑而富，西家子好而贫。"父母难以决定，女孩说嫁两家，"东食西宿"。
南~：南方水多，人们善于行船；北方陆地多，人们善于骑马。也用以形容人们因所处的环境不同而各有所长。同"南船北马"。

【结构】联合　方-动|方-动

【扩联】东食西宿独兼美
南航北骑各擅长

540

dōng yě bài jià
东 野 败 驾

xī tái tòng kū
西 台 痛 哭

【释义】 东~：春秋时东野稷善于御马驾车，可以左右转圈上百次而进退自如，并以此见重于鲁庄公，而结果却因马力竭尽而以失败告终。
西~：西台：地名，在浙江桐庐南富春山。宋末，谢翱与友人登西台痛哭祭奠抗元遇害的文天祥。后用于形容悼念亡国之痛。

【结构】 主谓　名—|形-动

【扩联】 东野败驾力衰竭
西台痛哭国灭亡

541

dòng liáng zhī qì
栋 梁 之 器

fǔ bì zhī xūn
辅 弼 之 勋

【释义】 栋~：比喻能担当国家重任的人才。同"栋梁之才"。
辅~：辅、弼：辅助。指能辅助君主的功劳。语见《三国志·何夔传》："诏曰：以亲则君有辅弼之勋焉，以贤则君有醇固之茂焉。"

【结构】 定中　名-名|助-名

【扩联】 栋梁之器当三顾
辅弼之勋抵万金

542

dòng rú tuō tù
动 如 脱 兔

dāi ruò mù jī
呆 若 木 鸡

【释义】 动~：行动起来像只脱身逃走的兔子。形容动作快速。
呆~：痴呆地像木头做的鸡。后用以形容呆笨。也用以形容人因恐惧或惊讶而发愣的样子。

【结构】 述补　动|动-动-名

【扩联】 动如脱兔开溜快
呆若木鸡躲避难

543

dòng xīn rěn xìng
动 心 忍 性

dé yì wàng xíng
得 意 忘 形

【释义】 动~：动心：使内心惊动。忍性：使性格坚韧。虽为外物触动内心，但能坚忍其性。指能不顾外界压力阻力，坚持下去，意志和性格受到磨练。语见《孟子·告子下》："所以动心忍性，曾益其所不能。"明·赵弼《齐鬼对》："古之贤哲，孰不病贫？苦其心志，空乏其身，动心忍性，方为志人。"
得~：得意：指高兴。形：原指客观存在的具体物象。后也指人的神态。本指因高兴而物我两忘。后形容高兴得矢去了常态。语见《晋书·阮籍传》："嗜酒能啸，善弹琴，当其得意，勿忘形骸。"

【结构】 联合　动-名|动-名

【扩联】 动心忍性能成事
得意忘形要吃亏

544

dòng zhé dé jiù
动 辄 得 咎

láo ér wú gōng
劳 而 无 功

【释义】 动~：辄：就。咎：责备。只要动一动，就受到责难。
劳~：劳：劳动，劳作。付出了很多劳动，却没有功效。

【结构】 述补　动|副-动-名

【扩联】 动辄得咎催不动
劳而无功是徒劳

545

dǒu fāng míng shì
斗 方 名 士
huì yè cái rén
慧 业 才 人

【释义】斗~：斗方：一二尺见方的诗幅或书画页。在斗方上写诗作画以相标榜的小名士。指以风雅自命的无聊文人，
慧~：有文学天才并与文字结为业缘的人。亦作"慧业文人"。语出《宋书·谢灵运传》："得道应须慧业文人，生天当在灵运前，成佛必在灵运后。"

【结构】定中　名-名|名-名

【扩联】慧业才人深得道
斗方名士很无聊

546

dǒu shāo zhī bèi
斗 筲 之 辈
hú shǔ zhī tú
狐 鼠 之 徒

【释义】斗~：斗：量粮食的器具。筲：盛饭的竹器。比喻人的气量狭小，见识短浅。也用以自谦才识疏浅。明·冯梦龙《东周列国志》第七十六回："囊瓦乃斗筲之辈，贪功侥幸。"
狐~：像狐狸那样狡诈老鼠那样阴暗的人。比喻品质低下的人。语见清·褚人获《隋唐演义》第七十三回："朝廷之纪纲法律尚在，但可恨这班狐鼠之徒耳。"

【结构】定中　名-名|助-名

【扩联】斗筲之辈少交道
狐鼠之徒无往来

547

dòu jī zǒu gǒu
斗 鸡 走 狗
liàn jiǔ mí huā
恋 酒 迷 花

【释义】斗~：以鸡相斗，放狗赛跑。指旧时富家子弟不务正业的嬉戏。语见《史记·袁盎列传》："盎病免居家，与闾里浮沈相随行，斗鸡走狗。"
恋~：花：指娼妓、歌女等。指流连在酒楼妓院，沉迷于酒色。语见宋·无名氏《小孙屠》第九出："知它是争名夺利？知它是恋酒迷花？使奴无情无绪，困倚绣床，如何消遣！"

【结构】联合　动-名|动-名

【扩联】斗鸡走狗无君子
恋酒迷花有贪官

548

dú dāng yí miàn
独 当 一 面
rì lǐ wàn jī
日 理 万 机

【释义】独~：独自承当一个方面的重要任务。形容精明强干，有卓越的领导才能。
日~：一日之中处理上万的事务。指每天忙于处理纷繁政务。

【结构】动宾　副-动|数-名

【扩联】独当一面堪当重任
日理万机确是奇才

549

dú kāi xī jìng
独 开 蹊 径
gè xiǎn shén tōng
各 显 神 通

【释义】独~：蹊径：小路。单独开出一条道路。比喻开创出新风格和新方法。也作"独辟蹊径"。
各~：神通：原为佛教用语，指无所不能的力量，后指极其高明的本领。各自显示出其极其高明的本领。

【结构】主谓　代|动-名-名

【扩联】登山独开蹊径走
过海各显神通行

550

dú jù huì yǎn
独具慧眼

gè píng liáng xīn
各凭良心

【释义】独~：慧：聪明，有才智。慧眼：佛教指能看到过去和未来的眼力。多用以形容具有异于他人的敏锐眼光和独到见解。也作"独具只眼"。

各~：良心：本指人天生的善良的心地，后多指内心对与自己行为有关的是非、善恶的正确认识和评判标准。指各自从公正、正确的认识和标准来评判行为的对错。

【结构】动宾 副-动|形-名

【扩联】各凭良心讲实话
独具慧眼识奇才

551

dú lái dú wǎng
独来独往

shuāng sù shuāng fēi
双宿双飞

【释义】独~：独自走去，独自回来。形容傲然不群，不与人同来同往。

双~：如鸟儿双双栖止，双双飞翔。比喻夫妻情侣感情亲密，相伴相处。

【结构】联合 形-动|形-动

【扩联】双宿双飞双比翼
独来独往独单身

552

dú pái zhòng yì
独排众议

pǔ jì qún shēng
普济群生

【释义】独~：排：排斥，推翻。众议：很多人的意见、主张。一个人或少数人推翻其他人的意见和主张。形容有独立见解或自以为是。

普~：济：过河，渡。群生：众生，指一切有生命的动物和人。佛教用语，引渡所有的人，使他们脱离苦海，登上彼岸。也作"普济众生"，同"普度众生"。

【结构】动宾 副-动 形-名

【扩联】普济群生阳光普照
独排众议乔岳独尊

553

dú pì xī jìng
独辟蹊径

bié wú tā tú
别无它图

【释义】独~：辟：开辟。蹊径：小路。单独开出一条道路。比喻开创出新风格或新方法。见清·叶燮《原诗·外篇上》："抹倒体裁、声调、气象、格力诸说，独辟蹊径。"

别~：图：图谋，打算。别的没有其他打算。

【结构】动宾 副-动|名-名

【扩联】别无它图只求稳
独辟蹊径惟创新

554

dú qīng dú xǐng
独清独醒

jǐ nì jǐ jī
己溺己饥

【释义】独~：独自一个人清醒。指不与世俗同流合污。

己~：看到溺水的人和挨饿的人就像自己溺水挨饿一样。形容对民众的痛苦深切同情，并把解除这些疾苦作为自己的责任。

【结构】联合 代-动|代-动

【扩联】己溺己饥愿共苦
独清独醒无同行

555

dú wú liáo lài
独 无 聊 赖

zì zhǎo tái jiē
自 找 台 阶

【释义】独~：聊赖：精神上或生活上的寄托、凭借等（多用于否定式）。独自一个人精神无所寄托，感到什么都没意思。语见《晋书·慕容德载记》："太上皇帝蒙尘于外，征东征西兵所害。惟朕一身，独无聊赖。"
自~：台阶：比喻摆脱僵局或窘境的途径、借口或机会。陷入僵局或窘境，自己给自己找一个台阶下。

【结构】动宾　代-动|名一

【扩联】独无聊赖多生事
　　　　自找台阶好下场

556

dú xíng qí dào
独 行 其 道

zì huài cháng chéng
自 坏 长 城

【释义】独~：道：指信念。主张自己的信念。语见《孟子·滕文公下》："得志，与民由之；不得志，独行其道。"
自~：比喻自己削弱自己的力量或自己破坏自己的事业。也作"自毁长城"。

【结构】动宾　副-动|形-名

【扩联】自坏长城死无葬身地
　　　　独行其道或有圆梦时

557

dú xíng qí shì
独 行 其 是

bó cǎi zhòng cháng
博 采 众 长

【释义】独~：自己认为对的就做，毫不考虑别人的意见。形容自做主张，独断独行。
博~：博：广泛。采：采取。长：优点，长处。广泛地采取各方面的长处。

【结构】动宾　副-动|代-名

【扩联】独行其是很难是是
　　　　博采众长必定长长

558

dú yī wú èr
独 一 无 二

chéng bǎi shàng qiān
成 百 上 千

【释义】独~：形容是唯一的，没有与之相同或可与之相比的。
成~：形容数目很大，为数很多。

【结构】联合　动-数|动-数

【扩联】孤胆英雄独一无二
　　　　单身贵族成百上千

559

dú shé měng shòu
毒 蛇 猛 兽

yì niǎo zhēn qín
益 鸟 珍 禽

【释义】毒~：泛指对人类生命有威胁的动物或事物。也比喻凶狠的、残暴的人。
益~：泛指对人类有益或珍贵可爱的鸟禽。

【结构】联合　形-名|形-名

【扩联】有益鸟珍禽世界多美妙
　　　　无毒蛇猛兽生态少平衡

560

dǔ xìn hào xué
笃 信 好 学
kùn zhī miǎn xíng
困 知 勉 行

【释义】笃~：笃信：忠实地信仰。指对道德和事业抱有坚定的信仰，且勤学好问。见《论语·泰伯》："笃信好学，守死善道。"
困~：困知：遇困而求知。勉行：尽力实行。在不断克服困难中求得知识，有了知识就勉力实行。语见《礼记·中庸》："或生而知之，或学而知之，或困而知之，及其知之一也；或安而行之，或利而行之，或勉强而行之，及其成功一也。"
【结构】联合 形-动|形-动
【扩联】笃信好学无止境
　　　困知勉行不逾方

561

dù jué rén shì
杜 绝 人 事
kàn pò hóng chén
看 破 红 尘

【释义】杜~：杜绝：堵死，断绝。人事：指与人来往的事。闭门谢客，不参与一切社会活动。
看~：红尘：原指闹市的灰尘，形容繁华。佛家又谓"红尘"为人世间。看穿了人世间的一切，而厌弃现实生活。原指道教、佛教中的出家人或隐士离开世俗繁华之地，深居僻静之处。现指悲观厌世的人对人生的消极态度。
【结构】动宾 动-动|形-名
【扩联】看破红尘离世道
　　　杜绝人事闭门居

562

duǎn shòu cù mìng
短 寿 促 命
kuì tiān zuò rén
愧 天 怍 人

【释义】短~：短：缩短。促：催促。指使寿命缩短、催促人寻死。用于指责人所说的损德气人的话语，或所做的损人缺德的事情。语见叶圣陶《外国旗》："他一点不明白，倒说这样短寿促命的话来气我。"
愧~：愧：羞愧。怍：惭愧。对不住天，对不住人。形容做了亏心事或犯了错误，感到无地自容。语见《孟子·尽心上》："仰不愧于天，俯不怍于人，二乐也。"
【结构】联合 动-名|动-名
【扩联】不做短寿促命事
　　　绝无愧天怍人心

563

duàn áo lì jí
断 鳌 立 极
liàn shí bǔ tiān
炼 石 补 天

【释义】断~：极：四方极远之地，也指古代传说中四方的擎天柱。女娲斩下大鳌的四足以立地之四极，把天撑起来。语见《列子·汤问》："然则天地亦物也，物有不足，故昔者女娲氏炼五色石，以补其阙；断鳌之足，以立四极。"
炼~：炼：用加热的方法使物质纯净或坚韧。古代神话，传说天缺西北，女娲炼五色石补之。比喻施展才能和手段，弥补国家以及政治上的失误。语见汉·刘安《淮南子·览冥训》："往古之时，四极废，九州裂，天下兼覆，地不周载……于是女娲炼五色石以补苍天。"
【结构】连动 动-名|动-名
【扩联】炼石补天医国手
　　　断鳌立极女娲皇

564

duàn zhāng qǔ yì
断 章 取 义

lüè jì yuán qíng
略 迹 原 情

【释义】 断~：章：篇章。指引证文章或谈话，只取自己需要或合乎自己意思的一两句，而不问原义，不顾全文精神。
略~：略：略去。迹：痕迹，事迹。撇开表面的事实，从情理上加以原谅。
【结构】 连动　动-名|动-名
【扩联】 断章取义非真义
略迹原情有隐情

565

dūi jīn jī yù
堆 金 积 玉

bào bǎo huái zhēn
抱 宝 怀 珍

【释义】 堆：堆满了金银财宝珠玉。形容宝贵的财富非常多。
抱~：比喻人有美德，如身怀珍宝。
【结构】 联合　动-名|动-名
【扩联】 漫道堆金积玉
何如抱宝怀珍

566

duì chuáng tīng yǔ
对 床 听 雨

bō cǎo zhān fēng
拨 草 瞻 风

【释义】 对~：两人对着床，夜听雨声。指亲友久别相聚，倾心交谈。也作"对床夜雨"。
拨~：瞻：往前或往上看。拨开草丛仔细观察风向。形容善于观察时事变化。
【结构】 连动　动-名|动-名
【扩联】 拨草瞻风风乱眼
对床听雨雨敲窗

567

dūn běn wù shí
敦 本 务 实

bào chéng shǒu zhēn
抱 诚 守 真

【释义】 敦~：崇尚强化根本，注重讲求实效。语见明·张居正《翰林院读书记》："二三子不思敦本务实，以眇眇之身，任天下之重。"
抱~：抱定真诚，坚守真理。形容人心地诚实，正直无私。
【结构】 联合　动-名|动-名
【扩联】 抱诚守真心性正
敦本务实根基牢

568

dūn fēng lì sú
敦 风 厉 俗

zhèng běn qīng yuán
正 本 清 源

【释义】 敦~：敦：促成，厉：激励。促使社会风俗淳朴起来。
正~：本：树根。源：水源。从根本上整顿清理，彻底解决问题。语见《晋书·武帝纪》："思与天下式明王度，正本清源。"
【结构】 联合　动-名|动-名
【扩联】 以身作则敦风厉俗
依法治党正本清源

569

dūn shī shuō lǐ
敦 诗 说 礼

chuán dào qióng jīng
传 道 穷 经

【释义】 敦~：敦：敦厚。诗：《诗经》。指旧时的统治者要求按照《诗经》温柔敦厚的精神和古礼的规定办事。
传~：传授孔孟之道，穷尽儒家经典。
【结构】 联合　动-名|动-名
【扩联】 敦诗说礼礼仪天下
传道穷经经国邦

570

dùn kāi máo sè
顿 开 茅 塞

zhǐ diǎn mí jīn
指 点 迷 津

【释义】顿~：茅塞：茅草堵塞的地方。引申为闭塞的思路。顿时就打开了闭塞的思路。比喻受到启发，想通了，搞懂了。

指~：津：渡口。迷津：迷茫的路口。指明迷误。比喻为人指出道路、方向。

【结构】动宾　动-动|形-名

【扩联】老先生指点迷津
　　　　小徒弟顿开茅塞

571

dùn dāo qiē wù
钝 刀 切 物

hún shuǐ mō yú
浑 水 摸 鱼

【释义】钝~：钝：不锋利。用不锋利的刀子切东西。比喻做事行动缓慢，不能迅速解决问题。语见唐·李商隐《杂纂》："不快意，钝刀切物，破帆使风。"

浑~：在浑浊的水里去摸鱼。比喻乘混乱时机捞取好处。

【结构】状中　形-名|动-名

【扩联】钝刀切物半天半滴血
　　　　浑水摸鱼一晌一箩筐

572

duō cái duō yì
多 才 多 艺

gǎn zuò gǎn wéi
敢 作 敢 为

【释义】多~：有多种才学，会多种技艺。赞扬一个人全面发展，是全才。

敢~：为：做。指行事不怕风险，无所顾忌，且含敢于承担后果和责任的意思。形容有魄力。

【结构】联合　动-名 动-名

【扩联】多才多艺多担责
　　　　敢作敢为敢领先

573

duō cái wéi lèi
多 才 为 累

míng dé wéi xīn
明 德 惟 馨

【释义】多~：累：麻烦。因为富有才智而给自己带来很多的麻烦或招来祸害。

明~：明德：美德。惟：是。馨：芳香。指只有完美的道德品行，才能散发出清醇的香气。语见《尚书·君陈》："至治馨香，感于神明。黍稷非馨，明德惟馨。"

【结构】主谓　形-名|动-名

【扩联】明德惟馨感怀明德
　　　　多才为累情愿多才

574

duō chóu shàn gǎn
多 愁 善 感

huì jí jì yī
讳 疾 忌 医

【释义】多~：善：容易，长于。感：感伤。指情感脆弱，容易引起感伤和哀愁。

讳~：讳：忌讳，回避。疾：疾病。忌：害怕，担心。医：医治，治疗。隐瞒疾病，不愿治疗。比喻怕人批评而掩饰自己的缺点和错误。语见宋·周敦颐《周子通书》："今人有过，不喜人规，如讳疾而忌医，宁灭其身而无悟也。"

【结构】联合　动-名|动-名

【扩联】多愁善感心思重
　　　　讳疾忌医病甭多

575

duō cái shàn gǔ
多 财 善 贾
gāo zhěn wú yōu
高 枕 无 忧

【释义】 多~：贾：做生意。本钱多，生意就做得开。
高~：把枕头垫得高高的，无忧无虑地睡大觉。形容无所忧虑。
【结构】 连动 动-名|动-名
【扩联】 多财善贾钱能赚
高枕无忧梦好圆

576

duō fú duō shòu
多 福 多 寿
chéng míng chéng jiā
成 名 成 家

【释义】 多~：福气多，寿命长。用于对老年人的祝福用语。有"福如东海，寿比南山"之意。
成~：树立名气，成为专家。多指年轻人所追求的目标和理想。
【结构】 联合 动-名|动-名
【扩联】 祝先生多福多寿
扶弟子成名成家

577

duō qíng duō yì
多 情 多 义
kè dǎi kè róng
克 逮 克 容

【释义】 多~：很重感情，很重义气。指情深义重。
克~：克：能。逮：逮逮，文雅安和的样子。指为人处世和顺、宽容。
【结构】 联合 形-名|形-名
【扩联】 克逮克容佳人许嫁
多情多义倩女离魂

578

duō shí jūn zǐ
多 识 君 子
bó mìng jiā rén
薄 命 佳 人

【释义】 多~：多识：很多学识。君子：指男人。学识丰富的男人。
薄~：薄命：福薄命苦。佳人：美女。福薄命苦的美女。
【结构】 定中 形-名|名—
【扩联】 多识君子佳人羡爱
薄命佳人君子哀怜

579

duō shì duō huàn
多 事 多 患
bǔ zhái bǔ lín
卜 宅 卜 邻

【释义】 多~：管的事情过多就容易多招祸患。语见《孔子家语·观周》："毋多言，多言多败；毋多事，多事多患。"
卜~：迁居时不是先占卜住宅吉凶，而是占卜邻居好不好、是否可以为邻。指迁居应该选择好邻居。语见《左传·昭公三年》，齐景公为晏子换了一套新住宅，晏子仍住在他的旧居，并且引谚语说："'非宅是卜，唯邻是卜'，二三子先卜邻矣，违卜不祥。"
【结构】 连动 动-名|动-名
【扩联】 多事多患愁肠九转
卜宅卜邻孟母三迁

580

duō wén wéi fù
多文为富

bǎi qiǎo chéng qióng
百巧成穷

【释义】 多~：多文：多读熟读诗书文章。富，丰富，富裕。意指饱读诗书，富有学识，也是宝贵财富。

百~：巧：敏捷灵巧，也指虚伪不实的欺骗花招。百，多。过多的巧思，想点子，出花招，也会落得穷困不堪。

【结构】 主谓 数-名|动-形

【扩联】 多文为富读书苦
百巧成穷使诈难

581

duō tún pěng pì
掇臀捧屁

pāi mǎ liū xū
拍马溜须

【释义】 掇~：形容阿谀奉承、讨好巴结的丑态。

拍~：比喻谄媚奉承。

【结构】 联合 动-名|动-名

【扩联】 掇臀捧屁阿谀相
拍马溜须巴结人

582

duó dé ér ràng
度德而让

zé shàn ér cóng
择善而从

【释义】 度~：度：估量。德：德行。估量估量自己的德才，把位置让给胜过自己的人。形容人有自知之明和让贤的美德。语见《三国志·袁绍传》："度德而让，古人所贵。"

择~：择：挑选。从：跟随。指选择好的跟随而去。指人也指事。语见《论语·述而》："三人行，必有我师焉；择其善者而从之，其不善者而改之。"

【结构】 连动 动-名|连-动

【扩联】 度德而让位
择善而从师

583

duó dé liàng lì
度德量力

zhēn cái pǐn néng
甄才品能

【释义】 度~：度：估量。德：德行。衡量自己的德行是否能够服人，估计自己的力量是否能够胜任。语见《左传·隐公十一年》："度德而处之，量力而行之。"

甄~：甄：审查鉴定，鉴别。品：品评。鉴别品评才能。语见南朝梁·萧子显《南齐书·郁林王纪》："东西二省府国，展屯所积，财单禄薄，良以矜怀。选部可甄才品能，推校年月，随宜量处，以贫为先。"

【结构】 联合 动-名|动-名

【扩联】 度德量力修道德
甄才品能用人才

584

é méi qín shǒu
蛾眉螓首

rì jiǎo zhū tíng
日角珠庭

【释义】 蛾~：蛾眉：细而长的眉毛。螓：蝉的一种。螓首：额宽而方。形容女子貌美。

日~：日角：颧骨中央隆起部分，状如日。珠庭：两眉间隆起部分，亦称天庭。旧说为贵人之相。

【结构】 联合 名-名|名-名

【扩联】 蛾眉螓首天仙女
日角珠庭大贵人

585

é méi chán bìn
蛾眉蝉鬓

xìng liǎn táo sāi
杏脸桃腮

【释义】蛾~：蛾眉：弯而细长的眉毛。蝉鬓：古代汉族女子的发饰之一。其鬓发薄如蝉翼，黑如蝉身而光润。形容女子眉目清秀、青丝如云之美貌。
杏~：脸如杏白，腮带桃红。形容女子粉白红润的容貌。
【结构】联合 名-名|名-名
【扩联】杏脸桃腮樊素口
蛾眉蝉鬓小蛮腰

586

ēn duō chéng yuàn
恩多成怨

cái guǎng fáng shēn
才广妨身

【释义】恩~：给人恩惠太多，稍有不周，就会造成彼此结怨。
才~：才学广博，为人所嫉妒，或骄傲放纵，或太要强，反而害了自身。语见元·周文质《斗鹌鹑·自悟》："看了些英雄休争闲气，为功名将命亏……常言道才广妨身，官高害己。"
【结构】连动 名-形|动-名
【扩联】百密一疏恩多成怨
三毛七孔才广妨身

587

ēn ēn yuàn yuàn
恩恩怨怨

ài ài chóu chóu
爱爱仇仇

【释义】恩~：指相互之间较长时间结下的恩惠和仇怨，多偏指仇怨。
爱~：泛指感情纠葛上的恩恩怨怨。
【结构】联合 叠一|叠一
【扩联】恩恩怨怨陈年旧事
爱爱仇仇欢喜冤家

588

ēn gāo yì hòu
恩高义厚

kǔ dà chóu shēn
苦大仇深

【释义】恩~：恩惠、情义很深厚。
苦~：苦难极大，仇恨极深。
【结构】联合 名-形|名-形
【扩联】感恩盛世恩高义厚
忆苦旧时苦大仇深

589

ēn jiāng chóu bào
恩将仇报

lì lìng zhì hūn
利令智昏

【释义】恩~：用仇恨来报答恩惠。形容忘恩负义。
利~：利：利益。令：使。智：智慧。昏：神志不清醒。形容贪图私利使头脑发昏，干出了失去理智的事。
【结构】主谓 名|介-名-动
【扩联】不仁不义恩将仇报
贪色贪财利令智昏

590

ēn shēn sì hǎi
恩深似海

yì zhòng rú shān
义重如山

【释义】恩~：形容恩情极大。
义~：形容情义极为厚重。
【结构】主谓 名|形-动-名
【扩联】父母俩恩深似海
乡亲们义重如山

591

ēn wēi bìng yòng
恩威并用

chǒng rǔ bù jīng
宠辱不惊

【释义】 恩~：恩德、威势同时施展。语见宋·周密《齐东野语·文庄论安丙矫诏》："为朝廷计，宜先赦免其矫诏之罪，然后赏其斩曦之功，则恩威并用，折冲万里之外矣。"
宠~：对受宠或受辱都不惊诧。表示对得失不介意，置之度外。

【结构】 主谓　名-名|副-动

【扩联】 有奖有惩恩威并用
忘得忘失宠辱不惊

592

ēn yǒu zhòng bào
恩有重报

guì wú cháng zūn
贵无常尊

【释义】 恩~：对人有恩德是会得到贵重的报答的。
贵~：地位显贵者并不是永处尊位的。语见晋·傅玄《吏部尚书箴》："贵无常尊，贱不指卑。不明厥德，国用颠危。"

【结构】 主谓　名|动-形-动

【扩联】 滴水涌泉恩有重报
黄金失色贵无常尊

593

ěr rú mù rǎn
耳濡目染

shēn tǐ lì xíng
身体力行

【释义】 耳~：濡、染：沾染。耳常听到，眼常看到，无形中受到影响。
身~：亲身体验，努力实践。多形容获得实践真知而影响带动他人。

【结构】 联合　名-动|名-动

【扩联】 耳濡目染受益非浅
身体力行成功必然

594

ěr wén mù dǔ
耳闻目睹

kǒu sòng xīn wéi
口诵心惟

【释义】 耳~：亲耳听到，亲眼看见。
口~：诵：念，朗读。惟：思考。一面口朗读，一面脑子里思考。

【结构】 联合　名-动|名-动

【扩联】 耳闻目睹兴亡事
口诵心惟忧乐诗

595

ěr fèng ěr lù
尔俸尔禄

mín zhī mín gāo
民脂民膏

【释义】 尔~：尔：你。俸禄：封建时代官吏的薪水。告诫官宦，你们的俸禄是民众用血汗供给的，用现代话讲，就是纳税人的钱，当仁慈为官，爱民如子。
民~：脂、膏：油脂。比喻人民用血汗换来的财富。多用于谴责贪官污吏中饱私囊，喂肥自己挥霍浪费之行径。语见后蜀·孟昶《戒石文》："尔俸尔禄，民膏民脂。为民父母，莫不仁慈。"

【结构】 联合　名-名|名-名

【扩联】 取尔俸尔禄保尔位
榨民脂民膏失民心

596

ěr yú wǒ zhà
尔 虞 我 诈

nán dào nǚ chāng
男 盗 女 娼

【释义】 尔~：虞、诈：欺骗，欺诈。你骗我，我骗你。指互相欺诈。
男~：男做盗贼，女是娼妓。指不论男女思想堕落，尽干坏事。

【结构】 联合　名-动|名-动

【扩联】 尔虞我诈满肚坏水
男盗女娼一窝贼人

597

èr fēn míng yuè
二 分 明 月

sān dié yáng guān
三 叠 阳 关

【释义】 二~：古人有诗云，明月三分，扬州占其二。形容古时扬州之繁华。现多比喻美好的风光。
三~：阳关：古代关名，在敦煌西南，王维《渭城曲》有"西出阳关无故人"之句。三叠：反复咏唱。形容离别相送之情景。

【结构】 定中　数-量|形-名

【扩联】 二分明月迎文士
三叠阳关送故人

598

èr huì jìng shuǎng
二 惠 竞 爽

bǎi jiā zhēng míng
百 家 争 鸣

【释义】 二~：二惠：原指春秋齐惠公的两个孙子——子雅和子尾，后泛指兄弟二人。竞爽：刚强，精明。比喻兄弟二人都非常刚强精明，十分优异。
百~：百家：原指战国时期诸子百家。争鸣：纷纷发表见解、意见。现在用来指学术上不同的学派可以自由讨论，自由发表意见。

【结构】 主谓　数-名|动-动

【扩联】 难兄难弟二惠竞爽
无束无拘百家争鸣

599

èr táo sān shì
二 桃 三 士

yī jiàn shuāng diāo
一 箭 双 雕

【释义】 二~：即二桃杀三士。春秋时，齐国有三位武将，以勇力建功，但十分骄横。齐相晏子策划除掉他们，请齐景公以二桃赐三人，论功而食，结果三人为桃自杀。后以此比喻用阴谋杀人。
一~：一箭射中了两只雕。比喻一举两得。

【结构】 主谓　数-名|数-名

【扩联】 一箭双雕显本事
二桃三士耍阴谋

600

èr xìng zhī hǎo
二 姓 之 好

bǎi nián zhī huān
百 年 之 欢

【释义】 二~：二姓：指结婚的男女两家。指两家亲密和睦的婚姻关系。
百~：比喻夫妇永久合欢恩爱。

【结构】 定中　数-名|助-名

【扩联】 结二姓之好
交百年之欢

601

fā hào shī lìng
发号施令

qǐ āi gào lián
乞哀告怜

【释义】　发~：发：发布。号：号召。施：实行。令：命令。发布号令。

乞~：乞：乞讨。哀：怜悯。告：请求。请求别人怜悯和帮助，

【结构】　联合　动-名|动-名

【扩联】　长官有权发号施令
　　　　　百姓无助乞哀告怜

602

fā míng chéng yè
发名成业

lè shì quàn gōng
乐事劝功

【释义】　发~：宣扬名气，成就自己的事业。语见唐·韩愈《许国公神道碑铭》："此不足发名成业。"

乐~：乐于所行之事，努力获得成效。语见《礼记·王制》："无旷土，无游民，食节事时，乐事劝功。"孔疏："乐事，谓民悦事务；劝功，谓勉励立功。"

【结构】　联合　动-名|动-名

【扩联】　发名成业人人出彩
　　　　　乐事劝功个个遂心

603

fá fú jí sì
罚弗及嗣

shǎng bù yú shí
赏不逾时

【释义】　罚~：罚：惩罚。弗及：不连累。嗣：子嗣，后代。惩罚人不株连其儿孙后辈。

赏~：赏：奖赏。逾：超过。对人奖赏不要过时。指及时奖赏才会有好的效果。

【结构】　述补　动|副-动-名

【扩联】　罚弗及嗣犯人认罪
　　　　　赏不逾时将士立功

604

fǎ bù ē guì
法不阿贵

lì néng shèng pín
力能胜贫

【释义】　法~：阿：偏袒。法律不偏袒贵族。指秉公执法，不畏权贵。语见《韩非子·有度》："法不阿贵，绳不绕曲，法之所加，智者弗能辞，勇者弗敢争。刑过不避大臣，赏善不遗匹夫。"

力~：力：力气，引申为勤劳。勤劳肯出力气就可以免于贫穷。

【结构】　主谓　名|副-动-形

【扩联】　力能胜贫穷成富
　　　　　法不阿贵民告官

605

fà zhǐ zì liè
发指眦裂

xīn píng qì hé
心平气和

【释义】　发~：头发竖起向上直指；瞪起眼睛，眼眶都要开裂了。形容愤怒到极点的样子。

心：气：气度。心情平静，气度温和。形容不急躁，有耐性。

【结构】　联合　名-动|名-动

【扩联】　发指眦裂难应对
　　　　　心平气和好交谈

606

fán huā sì jǐn
繁 花 似 锦

lǜ cǎo rú yīn
绿 草 如 茵

【释义】 繁~：繁：多而茂盛。锦：富丽多彩的锦缎。多而盛开的花朵像富丽多彩的锦缎。形容美丽的景色或美好的事物。
绿~：茵：垫子或褥子。绿色的草地像地毯一样。

【结构】 主谓　形–名|动–名

【扩联】 阳光灿烂繁花似锦
春雨廉纤绿草如茵

607

fǎn bài wéi shèng
反 败 为 胜

tuī wáng gù cún
推 亡 固 存

【释义】 反~：变失败为胜利。
推~：推翻行亡道之国，巩固行存道之邦。语见《尚书·仲虺之诰》："佑贤辅德，显忠遂良。兼弱攻昧，取乱侮亡。推亡固存，邦乃其昌。"孔传："有亡道则推而亡之，有存道则辅而固之。"

【结构】 连动　动–形|动–形

【扩联】 推亡固存合乎道
反败为胜全在人

608

fǎn gōng dào suàn
反 攻 倒 算

shàn bà gān xiū
善 罢 甘 休

【释义】 反~：反攻：指坏人的反扑。倒算：指坏人对好人的报复。形容坏人得势时对好人采取的报复行动。
善~：善、甘：轻易地，心甘情愿。罢、休：停止。轻易地了结纠纷，不再闹下去。

【结构】 联合　形–动|形–动

【扩联】 恶人复辟定会反攻倒算
强者下台岂能善罢甘休

609

fǎn kè wéi zhǔ
反 客 为 主

yǐ piān gài quán
以 偏 概 全

【释义】 反~：变客人的地位为主人的地位。比喻变被动为主动，或变次要为主要。
以~：以局部概括全体。看问题不全面。

【结构】 兼语　介|名|动–名

【扩联】 以偏概全不全面
反客为主太主观

610

fàn shū yǐn shuǐ
饭 蔬 饮 水

shǔ mǐ liáng chái
数 米 量 柴

【释义】 饭~：饭蔬：把蔬菜当饭吃。吃蔬食，饮凉水，乐在其中。形容安贫乐道。语见《论语·述而》："饭蔬食，饮水，曲肱而枕之，乐亦在其中矣。不义而富且贵，于我如浮云。"
数~：先计算米和柴数量再生火做饭。比喻过分计较琐碎之事，也形容生活清窘。语见《儒林外史》："风尘恶俗之中，亦藏俊彦；数米量柴之外，别有经纶。"

【结构】 联合　动–名|动–名

【扩联】 饭蔬饮水贤良乐道
数米量柴俊彦安贫

611

fāng táo pì lǐ
方 桃 譬 李
sì yù rú huā
似 玉 如 花

【释义】 方~：方、譬：比，比方。可与美艳的桃李相比。形容美丽娇艳。
似~：像玉一样温润高贵，像花一样娇美。形容女子的容貌十分美丽。
【结构】 联合　动-名|动-名
【扩联】 似玉如花小姐妹
方桃譬李大姑娘

612

fāng xīng wèi ài
方 兴 未 艾
céng chū bù qióng
层 出 不 穷

【释义】 方~：方：正。兴：兴起。艾：完结，终结。正在兴起，尚未完结。多形容新事物、好形势正蓬勃发展，没有止境。
层~：层出：重复出现。穷：尽，完。接连出现，没有穷尽。
【结构】 述补　副-动|副-动
【扩联】 方兴未艾互联网
层出不穷微电商

613

fāng lán jìng tǐ
芳 兰 竟 体
xiāng qì xí rén
香 气 袭 人

【释义】 芳~：竟体：全身。全身有兰花的香气。对人赞美之词。比喻人的风范、才识杰出。
香~：袭：侵袭。身体散发的香气扑鼻而来，让人心醉。多形容青年女子青春气息感人。
【结构】 主谓　形-名|动-名
【扩联】 芳兰竟体未曾见
香气袭人有所闻

614

fāng nián huá yuè
芳 年 华 月
jí rì liáng chén
吉 日 良 辰

【释义】 芳~：芳年：妙龄。指美好的年华。语见南朝宋·刘铄《拟行行重行行》："芳年有华月，佳人无还期。"
吉~：吉：吉庆，好。辰：时日。指喜庆美好的日子。语见《楚辞·九歌·东皇太一》："吉日兮良辰，穆将愉兮上皇。"
【结构】 联合　形-名|形-名
【扩联】 芳年华月当惜晷
吉日良辰莫误时

615

fàng xiāo qiú fèng
放 枭 囚 凤
jù hǔ jìn láng
拒 虎 进 狼

【释义】 放~：枭：相传为恶鸟，俗称猫头鹰。凤：吉祥的鸟。以枭比坏人，以凤指才德兼备的人。指放纵无恶不作的恶人，囚禁善良贤德之人。语见南朝宋·范晔《后汉书·刘陶传》，陈耽与议郎曹操上言："公卿所举，率党其私，所谓放鸱枭而囚鸾凤。"
拒~：拒绝老虎却又让狼进来了。比喻一害被拒，一害又来。语见明·张煌言《复郎廷佐书》："乃拒虎进狼，既收渔人之利于河北；而长蛇封豕，复肆蜂虿之毒于江南。"
【结构】 联合　动-名|动-名
【扩联】 放枭囚凤并非失控
拒虎进狼本未封关

616

fàng qíng qiū hè
放 情 丘 壑
chí zhì yī wú
驰 志 伊 吾

【释义】 放~：放情：纵情。丘壑：山丘沟壑，泛指山水。指沉浸在游山玩水之中。
驰~：伊吾：地名，在今新疆哈密。东汉臧宫、马武在伊吾建立功业，为后世称颂，"驰志伊吾"为向往与立志于边疆之典。语见《后汉书·臧宫传论》。

【结构】 述补　动-名|名-名

【扩联】 驰志伊吾万里边陲地
放情丘壑千重山水间

617

fēi lú fēi mǎ
非 驴 非 马
bù gǔ bù jīn
不 古 不 今

【释义】 非~：不是驴也不是马。指走了样，什么也不像。语见东汉·班固《汉书·西域传下》："驴非驴，马非马，若龟兹王，所谓骡也。"
不~：指古今所无，或既不合今，也不合古。多用以讥刺学无所得而又喜欢标新立异的人。语见宋·黄庭坚《题晁无咎书后》："吾友廖明略颇讥评无咎作字不古不今。"

【结构】 联合　副-名|副-名

【扩联】 非驴非马杂交种
不古不今乱弹琴

618

fēi wǒ zú lèi
非 我 族 类
rù wú gòu zhōng
入 吾 彀 中

【释义】 非~：族类：同一种族的人。不和我同一种族的人。
入~：彀：张满的弓弩。彀中：指箭能射到的范围之中，即射程之内。进到我的弓箭的射程之内了。比喻进入所设的圈套之中或自己的掌握之中。

【结构】 动宾　动|代-名-名

【扩联】 非我族类亦俊杰
入吾彀中也英雄

619

fēi chú wǎn sù
飞 刍 挽 粟
qiǎn jiàng diào bīng
遣 将 调 兵

【释义】 飞~：飞：形容极快。刍：饲料。挽：拉车或船。粟：小米，泛指粮食。迅速运送粮草。
遣~：指调动安排作战部队。也泛指调动安排人力。

【结构】 联合　动-名|动-名

【扩联】 遣将调兵上战场
飞刍挽粟到前沿

620

fēi é pū huǒ
飞 蛾 扑 火
qióng niǎo chù lóng
穷 鸟 触 笼

【释义】 飞~：灯蛾向着火里飞去。比喻自投死路。
穷~：穷鸟：被捉来关在鸟笼里的鸟儿。想飞出去，总是碰到笼子。比喻身处困境，无法挣脱。

【结构】 主谓　形-名|动-名

【扩联】 飞蛾扑火死亡易
穷鸟触笼飞走难

621

fēi gōng zǒu jiǎ
飞觥走斝

nòng zhǎn chuán bēi
弄盏传杯

【释义】 飞~：觥：古代用兽角做的酒器。斝：古代盛酒的器具，圆口，三足。频频举杯劝酒。形容饮酒时欢畅的场面。
弄~：指酒宴时相互敬酒。
【结构】 联合 动-名 | 动-名
【扩联】 飞觥走斝饮千斝
弄盏传杯干百杯

622

fēi wén rǎn hàn
飞文染翰

fèn bǐ zhí shū
奋笔直书

【释义】 飞~：翰：毛笔。染翰：用毛笔蘸墨。形容挥起毛笔迅速书写。语见宋·薛居正等《旧五代史·唐书·卢程传》："公称文士，即合飞文染翰，以济霸国，尝革草辞，自陈短拙，及留职务，又以为辞，公所能者何？"
奋~：奋笔：提起笔来。直书：直率地写，毫不顾忌。形容情绪振奋，提起笔来无所顾忌，直率地写出心中的感受。语见宋·刘克庄《题方汝一班史赞》："或隐匿未彰，而奋笔直书，或一语之乖谬，或一行之诡曲，虽其人之骨已朽，必绳以《春秋》之法，读之使人汗出。"
【结构】 连动 动-名 | 动-名
【扩联】 飞文染翰月旦朋党
奋笔直书春秋政坛

623

fēi xióng rù mèng
飞熊入梦

yù yàn tóu huái
玉燕投怀

【释义】 飞~：梦见了长着翅膀的熊。相传周文王梦飞熊而得太公望。比喻得遇贤臣之征兆。
玉~：梦见白燕子飞入怀里。旧指身怀贵子的征兆。
【结构】 主谓 形-名 | 动-名
【扩联】 玉燕投怀生贵子
飞熊入梦得贤臣

624

fēi yáng bá hù
飞扬跋扈

bào lì zì suī
暴戾恣睢

【释义】 飞~：飞扬：放纵，高傲。跋扈：蛮横。原指意态不羁，不受约束。现用于形容放纵专横。
暴~：暴戾：凶狠，残暴。恣睢：任性，放纵。用于形容残暴放纵、任意横行。
【结构】 联合 形—形 | 形—形
【扩联】 飞扬跋扈对人不好
暴戾恣睢于世难容

625

féi tóu dà ěr
肥头大耳

kōng fù gāo xīn
空腹高心

【释义】 肥~：肥胖的脑袋，肥大的耳朵。形容体态肥胖。有时也形容小孩胖嘟嘟长得可爱。
空~：腹中点墨俱无，还自视甚高，冒充学者。指并没有什么才学却自以为了不起。比喻盲目自大。语见鲁迅《坟·论"他妈的"》："至于大姓，实不过承祖宗年荫，以旧业骄人，空腹高心，当然使人不耐。"
【结构】 联合 形-名 | 形-名
【扩联】 空腹高心读书少
肥头大耳吃饭多

626

fěi shí fěi xí
匪石匪席

pèi wéi pèi xián
佩韦佩弦

【释义】 匪~：不是石头不是席子。意为石头可转而心不可转；席子可卷而心不可卷。比喻意志坚定，永不变心。
佩~：韦：皮带，性缓。弦：弓弦，性急。性急的佩韦以自缓；性缓的佩弦以自我督促。

【结构】 联合　动–名|动–名

【扩联】 匪石匪席不改心志
佩韦佩弦可调性情

627

fēn huà wǎ jiě
分化瓦解

zòng héng bǎi hé
纵横捭阖

【释义】 分~：分化：分开。瓦解：将圆筒形土坯分成四片成瓦。后比喻使分裂溃散。
纵~：纵横：即合纵连横。战国七雄齐楚燕韩赵魏秦，六国联合对付秦为"合纵"。六国分别与秦结盟叫"连横"。捭阖：打开、关闭。当时一些游说之士推行合纵连横而使用的手段。形容在政治、外交上进行分化或拉拢。

【结构】 联合　动一|动一

【扩联】 纵横捭阖敌方阵线
分化瓦解对手联盟

628

fēn mén bié lèi
分门别类

àn bù jiù bān
按部就班

【释义】 分~：门、类：事物的分类。根据事物的性质特点进行整理，区分归类。
按~：按：按照。部：类别。班：次序。原指写文章时按类选取适当的内容，按顺序考虑安排言辞。后指办事按照一定的条理，遵循一定的程序。现也指因循守旧，按老规矩办事。

【结构】 联合　动–名|动–名

【扩联】 分门别类有条有理
按部就班不急不忙

629

fēn tíng kàng lǐ
分庭抗礼

tóng shì cāo gē
同室操戈

【释义】 分~：分庭：分立在庭院里。抗礼：相对行礼。原指宾主相见，分别站在庭院两边，以平等的地位相待，相对行礼。后用以比喻平起平坐，互相对立。
同~：操：拿。戈：古代兵器。一家人动起了刀枪。比喻兄弟之间的争吵或内部的纷争。

【结构】 连动　动–名|动–名

【扩联】 分庭抗礼人怀异志
同室操戈祸起萧墙

630

fēn wén bù qǔ
分文不取

cùn lì bì dé
寸利必得

【释义】 分~：不收取一分一文钱财。愿尽义务职责，不取丝毫酬禄。
寸~：一丁点的小利也不放弃，一定要得到。形容斤斤计较个人利益。

【结构】 主谓　名–名|副–动

【扩联】 讲奉献分文不取
图赚钱寸利必得

631

fēn xíng lián qì
分 形 连 气

gē xí duàn jiāo
割 席 断 交

【释义】 分~：同胞分体，连同一气。形容兄弟之间关系十分密切。语见北齐·颜之推《颜氏家训·兄弟》："兄弟者，分形连气之人也。"

割~：席：坐席。交：交情，交谊。把坐席用刀划开，断绝交情。比喻朋友绝交。语见《世说新语·德行》："（管宁、华歆）又尝同席读书，有乘轩冕过门者，宁读书如故，歆废书出看，宁割席分坐，曰：'子非吾友也'！"

【结构】 连动　动-名|动-名

【扩联】 割席断交友情不再
　　　　分形连气血脉相通

632

fén gāo jì guǐ
焚 膏 继 晷

záo bì tōu guāng
凿 壁 偷 光

【释义】 焚~：膏：油脂，引申为灯烛。晷：日影，指白天。点着灯烛一直到天亮。形容夜以继日地刻苦学习或工作。

凿~：汉人匡衡家境贫穷，勤学而无烛，凿穿墙壁引邻居家的灯光读书。后用以形容刻苦攻读。

【结构】 连动　动-名|动-名

【扩联】 凿壁偷光穷立志
　　　　焚膏继晷苦攻书

633

fén xiāng dǐng lǐ
焚 香 顶 礼

mù shǐ tīng jīng
牧 豕 听 经

【释义】 焚~：焚香：烧香。顶礼：佛教徒的最高礼节，跪下，两手伏在地上，用头顶着所尊敬的人的脚。比喻对尊者虔诚地尊敬和崇拜。

牧~：豕：猪。《后汉书·承宫传》："少孤，年八岁为人牧豕。乡里徐子盛者，以《春秋经》授诸生数百人，宫过息庐下，乐其业，因就听经，遂请留门下，为诸生拾薪。执苦数年，勤学不倦。经典既明，乃归家教授。"后用为苦学的典故。

【结构】 联合　动-名|动-名

【扩联】 焚香顶礼拜尊者
　　　　牧豕听经成大师

634

fén xiāng liè dǐng
焚 香 列 鼎

zhuàn yù chuī jīn
馔 玉 炊 金

【释义】 焚~：焚：烧。列：罗列，摆满。鼎：古代烹饪用具。点燃起名贵的香，摆满很多盛有菜肴的鼎。形容极端阔气和很有排场的生活。

馔~：馔：食物，美食。炊：烧饭烧菜。原形容物价昂贵，生活艰难；后形容生活奢华。用玉碗盏就餐，用金器皿做饭。

【结构】 联合　动-名|动-名

【扩联】 馔玉炊金皇帝用膳
　　　　焚香列鼎后妃进餐

【横批】 也是吃饭

635

fèn shēn dú bù
奋 身 独 步

bǐ yì shuāng fēi
比 翼 双 飞

【释义】 奋~：振作奋发起来，努力出人头地。独步：独自步行；去做独一无二、无与伦比的人或事。
比~：比翼：翅膀挨着翅膀。鸟儿翅膀挨着翅膀成双成对一起高飞。比喻夫妻恩爱，形影不离。

【结构】 连动 动-名|副-动

【扩联】 奋身独步风尘一路
比翼双飞云汉九天

636

fèn shì jí sú
愤 世 嫉 俗

shāng chūn bēi qiū
伤 春 悲 秋

【释义】 愤~：愤、嫉：愤恨、憎恶。世、俗：世风、流俗。对现实的世风流俗极其不满和憎恶。
伤~：春天也伤感，秋天也悲愁。形容太多愁善感。

【结构】 联合 动-名|动-名

【扩联】 少愤世嫉俗牢骚太盛防肠断
休伤春悲秋风物长宜放眼量

637

fēng hóu wàn lǐ
封 侯 万 里

chuí fàn qiān qiū
垂 范 千 秋

【释义】 封~：封侯：因功或世袭成为王侯。奔赴战场，征程万里，荣立战功，博取封侯。旧用以形容男儿有远大志向。
垂~：垂：流传。范：典范。千秋：千年的时间，形容时间很长。指光辉榜样或伟大精神永远流传。

【结构】 述补 都-没|数-量

【扩联】 封侯万里口碑载道
垂范千秋青史留名

638

fēng jiāng dà lì
封 疆 大 吏

kāi guó yuán xūn
开 国 元 勋

【释义】 封~：指我国明清两朝的巡抚、总督等官员。也泛指治理一方的主要官员。
开~：开国：指建立新的朝代或国家。元勋：有特大功劳的人。对新的朝代或国家的创建有极大功绩的人。也泛指对某项事业具有开创之功的人。

【结构】 定中 动-名|形-名

【扩联】 开国元勋多老去
封疆大吏皆新来

639

fēng qī yìn zǐ
封 妻 荫 子

yào zǔ guāng zōng
耀 祖 光 宗

【释义】 封~：封：封赏，帝王给予臣子封地或封号。荫：庇荫，子孙因先辈官爵而得到世袭的封赏、特权。指古代官吏妻子得到封赏，子孙承袭一定的特权。
耀~：使祖先显耀，给宗族增光。过去指登科出仕，光耀门庭。

【结构】 联合 动-名|动-名

【扩联】 官居一品封妻荫子
名列三甲耀祖光宗

640

fēng chéng jiàn qì
丰 城 剑 气
yān shì bēi gē
燕 市 悲 歌

【释义】 丰~：相传晋灭吴后，斗牛之间常有紫气。雷焕对张华说："斗牛之间颇有异气，是宝剑之精，上彻于天。"并说剑在豫章丰城。张华即任雷焕为丰城令，掘之得两剑，曰龙泉，曰太阿。因谓其气为"丰城剑气"。后用以形容人的声望、才华或物的灵光宝气。语见清·王诒寿《答施均文书》："夫丰城剑气，待茂先而始腾。"
　　燕~：悲壮而激昂慷慨之歌。语见《史记·刺客列传》："荆轲既至燕，爱燕之狗屠及善击筑者高渐离。荆轲嗜酒，日与狗屠及高渐离饮于燕市，酒酣以往，高渐离击筑，荆轲和而歌于市中，相乐也，已而相泣，旁若无人者。"又：燕太子和高渐离于易水畔送荆轲去刺秦王，以歌壮行："风萧萧兮易水寒，壮士一去兮不复还。"

【结构】 定中　名一|名-名
【扩联】 燕市悲歌辞壮士
　　　　丰城剑气现灵光

641

fēng gōng wěi jì
丰 功 伟 绩
hóng yè yuǎn tú
鸿 业 远 图

【释义】 丰~：伟大的功劳，宏伟的业绩。
　　鸿~：宏大的事业和远大的抱负。
【结构】 联合　形-名 形-名
【扩联】 丰功伟绩铭刻青史
　　　　鸿业远图振兴中华

642

fēng gōng yì dé
丰 功 懿 德
mào shí yīng shēng
茂 实 英 声

【释义】 丰~：巨大的功勋，隆盛美好的德泽。
　　茂~：茂实：盛美的事迹。英声：美好的名声。即有卓越的成就，又有美好的声誉。
【结构】 联合　形-名|形-名
【扩联】 丰功懿德朱总司令
　　　　茂实英声彭大将军

643

fēng hēng yù dà
丰 亨 豫 大
fú shòu kāng níng
福 寿 康 宁

【释义】 丰~：丰：大。亨：通达。豫：安乐。指圣明的帝王财多德高，事事顺遂，故能闲暇游乐，并具有宏大的意义。常用作美化王朝之词。形容国家富足，百姓安乐，天下太平的景象。
　　福~：幸福，长寿，健康，安宁。旧时对老人或尊长祝福的话。
【结构】 联合　形|形|形|形
【扩联】 丰亨豫大前朝盛世
　　　　福寿康宁长辈老人

644

fēng shén chuò yuē
丰 神 绰 约
yù yì chán juān
玉 翼 婵 娟

【释义】丰~：丰神：丰满女子之神态。绰约：女子姿态柔美的样子。形容女子体态丰韵柔美。语见《初刻拍案惊奇》第十七卷："两个女子，双鬟高髻，并肩而言，丰神绰约，宛然若并蒂芙蓉。"
玉~：玉翼：如玉石做成的透明的薄翼。婵娟：形态美好。比喻美人袅娜多姿曼妙。语见元·王仲元《粉蝶儿集曲名题秋怨》》："把一个玉翼婵娟，闪在瑶台月底。"
【结构】主谓　形-名|形一
【扩联】玉翼婵娟成帝赵飞燕
丰神绰约明皇杨贵妃

645

fēng zī chuò yuē
丰 姿 绰 约
shuāi tài lóng zhōng
衰 态 龙 钟

【释义】丰~：丰姿：风姿，风度姿态。绰约：柔美的样子。形容女子体态柔美，神采飘逸。同"丰神绰约"。
衰~：衰：衰老，衰弱。龙钟：行动不灵便。形容人年老或体衰、行动迟缓不灵活的样子。
【结构】主谓　形-名|形一
【扩联】仪静体闲丰姿绰约
头童齿豁衰态龙钟

646

fēng chéng huà xí
风 成 化 习
fú guò wéi zāi
福 过 为 灾

【释义】风~：风：风尚，风气。化：感化，变化。习：习俗。一种风气形成后就会变为社会习俗。亦作"风成化俗"。语见晋·葛洪《抱朴子·逸民》："纷扰日久，求竟成俗，或推货贿以龙跃，或阶党援以凤起，风成化习，大道渐芜。"
福~：福运过后往往就会生成灾祸。比喻乐极生悲。
【结构】连动　名-动|名-动
【扩联】福过为灾灾化吉
风成化习习为常

647

fēng chuī yún sàn
风 吹 云 散
yǔ guò tiān qīng
雨 过 天 青

【释义】风~：风一吹来云就散开了。比喻常聚在一起的人分散到各地了。
雨~：下过雨后，天色变青。比喻情况由坏变好。
【结构】连动　名-动|名-动
【扩联】风吹云散山河净
雨过天青日月明

648

fēng guāng yǐ nǐ
风 光 旖 旎
chūn yì àng rán
春 意 盎 然

【释义】风~：风光：风景，景象。旖旎：娇柔。形容景色柔和美好。
春~：意：意味，气息。盎然：气氛等浓厚。春天的气息正浓。
【结构】主谓　名-名|形一
【扩联】风光旖旎韶光好
春意盎然诗意浓

649

fēng hé rì lì
风 和 日 丽

tiān lǎng qì qīng
天 朗 气 清

【释义】 风~：轻风温柔，丽日暖人。形容明媚的春景。
天~：天空晴朗，空气清新。形容天气之晴好。

【结构】 联合 名-形|名-形

【扩联】 天朗气清烟云淡淡
风和日丽杨柳依依

650

fēng huā xuě yuè
风 花 雪 月

chái mǐ yóu yán
柴 米 油 盐

【释义】 风~：泛指四时景色。也指情爱之事、闲逸生活。还指一些内容空洞、辞藻华丽的文学作品所描写的东西。
柴~：不能缺少的生活必需品。也指普通人日常的生活。

【结构】 联合 名|名|名|名

【扩联】 作对吟诗风花雪月
养家糊口柴米油盐

651

fēng huá jué dài
风 华 绝 代

cái qì guò rén
才 气 过 人

【释义】 风~：风度才华冠绝后代。
才~：才华气度超越常人。

【结构】 主谓 名-名|动-名

【扩联】 敢言风华绝代
必定才气过人

652

fēng huá zhèng mào
风 华 正 茂

xuè qì fāng gāng
血 气 方 刚

【释义】 风~：风华：风采才华。茂：旺盛、茂盛。正是青春焕发、风采动人、才华横溢的时期。形容人年轻有为。
血~：血气：指精力。方：正。刚：旺盛。形容年轻人精力正旺盛。

【结构】 主谓 名-名|副-形

【扩联】 风华正茂激扬文字
血气方刚指点江山

653

fēng liú cái zǐ
风 流 才 子

wén ruò shū shēng
文 弱 书 生

【释义】 风~：风流：指有才学而不拘礼法。指潇洒不拘，富有才华的人。
文~：文弱：文雅，柔弱。斯文柔弱的年轻读书人。

【结构】 定中 形—|名—

【扩联】 风流才子风流惹事
文弱书生文弱伤身

654

fēng liú yùn shì
风 流 韵 事

yún mèng xián qíng
云 梦 闲 情

【释义】 风~：指风雅、不拘礼节而又有情趣的事。
云~：喻指男女在闲情逸致中的欢会。语见战国楚·宋玉《高唐赋》，楚襄王与宋玉游于云梦（泽）之台，楚王梦见与巫山神女云雨合欢。

【结构】 定中 形—|名-名

【扩联】 艺人多风流韵事
才子望云梦闲情

655

fēng píng làng jìng
风 平 浪 静
wù pò yún kāi
雾 破 云 开

【释义】 风~：没有风浪，很平静。比喻平静无事。
雾~：云雾散开。指天气好转。比喻事情向好的方面发展。
【结构】 联合　名-形|名-形
【扩联】 风平浪静兰舟发
雾破云开月亮圆

656

fēng qīng yuè lǎng
风 清 月 朗
jiǔ yàn huā nóng
酒 酽 花 浓

【释义】 风~：微风轻拂，十分清新；明月高悬，异常明朗。形容夜间景色格外幽静、美好。
酒~：酒味醇厚，花香浓郁。形容美好圆满时节。语见唐·曹唐《小游仙》："酒酽花浓琼草齐，真公饮散醉如泥。"
【结构】 联合　名-形|名-形
【扩联】 酒酽花浓人恸醉
风清月朗影扶疏

657

fēng shēng hè lì
风 声 鹤 唳
gōu huǒ hú míng
篝 火 狐 鸣

【释义】 风~：唳：鹤鸣声。风吹的响声和鹤叫的声音。形容惊慌失措，或自相惊扰。
篝~：篝：竹笼。篝火：把火放在竹笼里，从远处看，很像磷火。在竹笼里点上火，学狐狸叫的声音。原指陈涉吴广假托狐鬼来发动群众起义。后用以指谋划起义，也指欺骗人的不正当手段。
【结构】 联合　名-名|名-名
【扩联】 篝火狐鸣陈吴起义
风声鹤唳草木皆兵

658

fēng xiāo yǔ huì
风 潇 雨 晦
diàn shǎn léi míng
电 闪 雷 鸣

【释义】 风~：形容风急雨骤，天色阴暗。也比喻形势动荡不安。
电~：指下雨时的天气状况，形容雨势猛烈。也比喻批评激烈。
【结构】 联合　名-动|名-动
【扩联】 风潇雨晦雷携电
电闪雷鸣雨带风

659

fēng yǎ míng shì
风 雅 名 士
yān bō diào tú
烟 波 钓 徒

【释义】 风~：风雅：风流儒雅。名士：旧时指以诗文著称、名望很高而不做官的人。旧时称赞人学识渊博，举止洒脱，有风度。
烟~：指以垂钓自娱而不设鱼饵的隐士。
【结构】 定中　形—|名-名
【扩联】 风雅名士耽酒醉柳
烟波钓徒枕溪靠湖

660

fēng yún biàn huàn
风 云 变 幻
léi diàn jiāo jiā
雷 电 交 加

【释义】 风~：变幻：变化不定。忽而起风，忽而生云，变化不定。比喻局势动荡，变化迅速而复杂。
雷~：又打雷，又闪电，雷电齐作。形容雷雨天气。
【结构】 主谓　名-名|动—
【扩联】 风云变幻山河暗
雷电交加天地惊

661

fēng yún biàn sè
风 云 变 色
rì yuè wú guāng
日 月 无 光

【释义】 风~：形容风云骤起，变化莫测。借喻政治局势的巨大变化或斗争的惨烈。
日~：太阳和月亮都失去了光芒。比喻极其黑暗。
【结构】 主谓　名-名 | 动-名
【扩联】 山崩海啸风云变色
地裂天塌日月无光

662

fēng yún jì huì
风 云 际 会
píng shuǐ xiāng féng
萍 水 相 逢

【释义】 风~：风云：喻叱咤风云的人物，也可指难得的机会。际会：遇合。比喻风云人物遇合于难得之机。
萍~：萍：浮萍。浮萍随水漂泊，聚散不定。浮萍在水里偶然相遇。比喻从来不相识的人偶然相遇。
【结构】 主谓　名-名 | 副-动
【扩联】 风云际会英雄论剑
萍水相逢朋友结缘

663

fēng yún rén wù
风 云 人 物
cǎo zé yīng xióng
草 泽 英 雄

【释义】 风~：指得势而言行能影响大局的人物。
草~：草泽：低洼积水、野草丛生的地方。同"草莽英雄"，旧时指出没山林水泽的行侠仗义、劫富济贫的好汉或农民起义的著名人物。
【结构】 定中　名-名 | 名-名
【扩联】 当今风云人物
往昔草泽英雄

664

fēng zhōng bǐng zhú
风 中 秉 烛
xuě shàng jiā shuāng
雪 上 加 霜

【释义】 风~：秉：持着，拿着。在风中拿着烛火，烛火很快就会熄灭。比喻即将死亡的人或行将消亡的事物。语见元·杜仁杰《双调·蝶恋花》："荣华似风中秉烛，品秩似花梢滴露。"
雪~：比喻灾难连接而来，使受害的程度更加加重。语见宋·释道原《景德传灯录·大阳和尚》："师云：'汝只解瞻前，不解顾后。'伊云：'雪上加霜。'"
【结构】 状中　名-方 | 动-名
【扩联】 风中秉烛瞬间灭
雪上加霜心里寒

665

fēng zhú cǎo lù
风 烛 草 露
fú yún qīng yān
浮 云 青 烟

【释义】 风~：风中的烛火（容易灭），草上的露水（容易干）。比喻人已衰老，临近死亡。语见明·杨慎《洞天玄记》第四折："人生一世，犹如石火电光；寿算百年，恍若风烛草露。"
浮~：飘移浮动的云彩和烟气。形容很快就消失的事物。旧时比喻人生飘浮，生命短暂。
【结构】 联合　形-名 | 形-名
【扩联】 浮云青烟一生短暂
风烛草露百岁瞬间

666

fēng chán dié liàn
蜂 缠 蝶 恋

yàn dù yīng cán
燕 妒 莺 惭

【释义】蜂~：缠：纠缠。恋：依恋。蜜蜂纠缠不清，蝴蝶依恋不舍。比喻情和爱的干扰。
燕~：妒：嫉妒。惭：羞愧。使燕子嫉妒，让黄莺羞愧。

【结构】过去形容年轻女子的美丽。

【扩联】联合　名-动|名-动
鲜花满树蜂缠蝶恋
美女如云燕妒莺惭

667

féng táng yì lǎo
冯 唐 易 老

lǐ guǎng nán fēng
李 广 难 封

【释义】冯~：冯唐：汉景帝时为楚相，后免。武帝时举贤良，冯唐年已九十，不能复为官。用以喻仕途不得志。
李~：李广为汉代名将，屡立奇功，不得封侯，仕途坎坷。后以之慨叹功高不爵，命运乖舛。

【结构】主谓　名一|形-动

【扩联】官场险恶冯唐易老
仕途艰辛李广难封

668

féng chǎng zuò xì
逢 场 作 戏

rù xiāng suí sú
入 乡 随 俗

【释义】逢~：逢：遇到，碰到。场：演出的场地。原指卖艺人遇到适当的地方就开场表演。后用以比喻遇到一定的场合，偶尔凑凑热闹。
入~：随：跟着，顺从。到哪个地方就顺从哪个地方的风俗。常用以形容随遇而安。

【结构】连动　动-名|动-名

【扩联】入乡随俗且装相
逢场作戏也化妆

669

féng rén shuō xiàng
逢 人 说 项

jiǎn fó shāo xiāng
拣 佛 烧 香

【释义】逢~：说：夸奖。项：指唐朝人项斯。遇到人就夸奖项斯。比喻到处说某人或某事的好处。
拣~：拣：挑选。挑选自己信奉的佛跪拜烧香。比喻厚此薄彼。

【结构】连动　动-名|动-名

【扩联】拣佛烧香还讲真善美
逢人说项不分你我他

670

féng shān kāi dào
逢 山 开 道

yù shuǐ jià qiáo
遇 水 架 桥

【释义】逢~：碰到山岭就开山铺路。
遇~：遇到河流就修架桥梁。原指克服旅途中的重重困难。后也形容克服前进道路上的重重困难，勇当先锋。

【结构】连动　动-名|动-名

【扩联】铁道兵逢山开道
舟桥连遇水架桥

671

féng xiōng huà jí
逢 凶 化 吉

yù nàn chéng xiáng
遇 难 呈 祥

【释义】逢~：遇到凶险也能转化为吉利。旧指有神灵保佑，现比喻遇到偶然机会，使事情转危为安。
遇~：遇有危难也会呈现出祥端。形容人有福气、有人照应。

【结构】连动　动-名|动-名

【扩联】行善好逢凶化吉
积德多遇难呈祥

672

fèng gōng rú fǎ
奉 公 如 法

qín zhèng ài mín
勤 政 爱 民

【释义】 奉~：奉：奉行，遵照执行。如：依照。奉行公事，遵照法律执行。语见《史记·赵奢列传》："以君之贵，奉公如法则上下平，上下平则国强。"
勤~：勤于政务，关爱民众。
【结构】 联合 动-名|动-名
【扩联】 法胜火炉奉公如法须敬畏
民为根本勤政爱民要遵从

673

fèng gōng shǒu fǎ
奉 公 守 法

yuē jǐ ài mín
约 己 爱 民

【释义】 奉~：奉行，遵守。公：国家的规定。奉行公事，遵守法令。形容行为端庄规范，也形容公正无私。
约~：约束自己，体恤百姓。
【结构】 联合 动-名|动-名
【扩联】 党员官员应奉公守法
村长省长要约己爱民

674

fèng lìng chéng jiào
奉 令 承 教

fǎn jīng cóng quán
反 经 从 权

【释义】 奉~：承教：接受指示。奉行命令，遵从指示。语见《战国策·燕策二》："臣自以为奉令承教，可以幸无罪矣，故受命而不辞。"
反~：经：常规，常道。权：指权宜之变通之法。不依常规办事，而采用灵活机动的方式处理问题。亦作"反经行权"。语见《石头记》第二回："以我所见，不若反经从权，顺从改适，以财礼为公姑养老之资。"
【结构】 联合 动-名|动-名
【扩联】 反经从权善机变
奉令承教听指挥

675

fèng xíng gù shì
奉 行 故 事

mò shǒu chéng guī
墨 守 成 规

【释义】 奉~：奉行：遵照执行。故事：一直例行的事。指照老规矩办事。
墨~：墨守：战国墨翟以善守城著名。后称善守者为"墨守"。成规：现成的或陈旧的规章、方法。用以形容思想保守，一味遵守现成的规矩行事。
【结构】 动宾 动一|形-名
【扩联】 奉行故事不生变故
墨守成规坐享其成

676

fèng máo jī dǎn
凤 毛 鸡 胆

yáng zhì hǔ pí
羊 质 虎 皮

【释义】 凤~：凤凰的羽毛，鸡的胆子。指外形像是凤凰，却长着鸡的胆子。比喻人的外表英武，但胆量很小。
羊~：质：本恠，实质。本是一只羊，却披上老虎的皮。比喻外表吓人而实际无用。
联合 名-名|名-名
【结构】 凤毛鸡胆戏台装相
【扩联】 羊质虎皮外表吓人

677

fèng máo jì měi
凤 毛 济 美

lín zhì chéng xiáng
麟 趾 呈 祥

【释义】凤~：凤毛：凤凰的羽毛。比喻极少而珍贵的人或物。济：成就。用以指年轻一代继承了父辈的传统，并发扬光大。常用来称赞别人的子弟。
麟~：麟趾：麒麟足。呈祥：呈现祥瑞。旧时用于贺人生子。比喻子孙昌盛。语见清·程允升《幼学琼林·祖孙父子》："称人有令子，曰麟趾呈祥；称宦有贤郎，曰凤毛济美。"

【结构】主谓 名-名|动-名

【扩联】麟趾呈祥称贵子
凤毛济美赞贤郎

678

fó tóu zhù fèn
佛 头 著 粪

niú jiǎo guà shū
牛 角 挂 书

【释义】佛~：在佛像头上拉了粪便。比喻在美好的东西上添加了污秽，有亵渎之义。有时也用作谦词。
牛~：牛角上挂着书，一边放牛，一边读书。形容勤苦好学。语见《新唐书·李密传》："（密）闻包恺在缑山，往从之，以蒲鞯乘牛，挂《汉书》一帙角上，行且读。"

【结构】状中 名-名|动-名

【扩联】佛头著粪佛爷恼火
牛角挂书牛气冲天

679

fó yǎn xiāng kàn
佛 眼 相 看

dé yīn mò wéi
德 音 莫 违

【释义】佛~：佛眼：佛的眼睛，指慈祥的眼光。相看：对待，看待。以慈祥的眼光看待。比喻和善地对待，不加伤害。
德~：德音：良言。后作为对别人言辞的敬称。莫违：不要违背。别人的良言，不要违背。

【结构】主谓 名-名|副-动

【扩联】佛眼相看人皆兄弟
德音莫违口生莲花

680

fū yǎn liǎo shì
敷 衍 了 事

děng xián shì zhī
等 闲 视 之

【释义】敷~：敷衍：应付，不认真。将就应付地把事情办了。指做事不负责任，不认真。
等~：等闲：平常。把它当作平常的事情看待。指不加重视，不在乎。

【结构】状中 形—|动-名

【扩联】等闲视之得分少
敷衍了事评语差

681

fū qī fǎn mù
夫 妻 反 目

mǔ zǐ lián xīn
母 子 连 心

【释义】夫~：指夫妻不和、吵架，互相不理不睬。
母~：母亲和孩子不管什么情况都是心连着心的。

【结构】主谓 名-名|动-名

【扩联】母子连心同一世
夫妻反目有三人

682

fū róng qī guì
夫 荣 妻 贵

fù zǐ ér zhū
父 紫 儿 朱

【释义】 夫~：旧指丈夫做官荣耀了，妻子也跟着显贵起来。
父~：紫：唐代三品以上的紫色官服。朱：唐代五品以上的朱红色官服。指父子都是高官。语见《聊斋志异·续黄粱》："一言之合，荣膺圣眷，父紫儿朱，恩宠为极。"

【结构】 联合 名-形|名-形

【扩联】 父紫儿朱官二代
夫荣妻贵寿千秋

683

fū zǐ zì dào
夫 子 自 道

wén rén xiāng qīng
文 人 相 轻

【释义】 夫~：夫子：老师，先生。自道：自己说自己。用以讽刺说别人坏话的正像说自己一样。
文~：轻：轻视。读书人、知识分子彼此间不买账、不服气，互相看不起。

【结构】 主谓 名—|副-动

【扩联】 夫子自道如照镜
文人相轻互拆台

684

fú wēi jì kùn
扶 危 济 困

xī lǎo lián pín
惜 老 怜 贫

【释义】 扶~：扶：帮助。危：危急。济：周济，接济。帮助处境危急的人，接济生活困苦的人。
惜：惜：疼爱。怜：同情。疼爱、同情年老的和贫困的人。

【结构】 联合 动-形|动-形

【扩联】 惜老怜贫为人慈善
扶危济困秉性忠良

685

fú yáo zhí shàng
扶 摇 直 上

hóng hú gāo xiáng
鸿 鹄 高 翔

【释义】 扶~：扶摇：旋风名，急剧盘旋而上的旋风。被旋风卷着直线上升。形容上升的速度极快。后喻指官运通达，地位急剧高升。
鸿~：鸿鹄：天鹅。鸿鹄在天空高高地展翅飞翔。形容事业兴旺，大展宏图。

【结构】 主谓 名—|形-动

【扩联】 登天有路扶摇直上
展翅顺风鸿鹄高翔

686

fú dà mìng dà
福 大 命 大

shí guāi yùn guāi
时 乖 运 乖

【释义】 福~：福分大，命运好。是对人能逢凶化吉、遇难成祥的一种赞叹和祝福。
时~：时、运：时运，运道。乖：不顺利，背时，背运。时运不顺，命运不佳。语见明·范受益《寻亲记·告借》："念奴家时乖运乖，告求人出于无奈。"

【结构】 联合 名-形|名-形

【扩联】 时乖运乖点金成铁
福大命大遇难呈祥

687

fú rú dōng hǎi
福 如 东 海

shòu bǐ nán shān
寿 比 南 山

【释义】 福~：福气大，如东海浩瀚无边。祝寿用语。
寿~：寿绵长，好比终南山永固。祝寿用语。

【结构】 主谓 名|动-方-名

【扩联】 寿比南山无极限
福如东海享天年

688

fú rú shān yuè
福 如 山 岳

shòu yuè qī yí
寿 越 期 颐

【释义】 福~：福分如山一样高。形容很有福气。语见宋·张君房《云笈七签》第二十五卷："福如山岳，为人重爱，修道之者，白日升天。"
寿~：期颐：百岁。寿命超过一百岁。形容长寿。

【结构】 主谓　名|动-名-名

【扩联】 公婆福如山岳
父母寿越期颐

689

fú sūn yìn zǐ
福 孙 荫 子

yào zǔ róng zōng
耀 祖 荣 宗

【释义】 福~：福：造福。荫：荫庇，比喻尊长照应晚辈或祖宗保佑子孙。使子孙享受祖先父母的恩泽。
耀~：耀：显耀。荣：荣耀。旧时指以获得功名利禄而为自己的祖辈增添荣光。也作"耀祖光宗"。

【结构】 联合　动-名|动-名

【扩联】 福孙荫子二代三代
耀祖荣宗先人前人

690

fú wéi huò shǐ
福 为 祸 始

huò zuò fú jiē
祸 作 福 阶

【释义】 福~：福也许就是祸的始端。指福和祸没有定数，享福太甚就隐藏着祸端。
祸~：灾祸可以化为幸运的阶梯，即祸与福有相互转化的可能，灾祸可能酝酿着好运的降临。语见晋·卢谌《赠刘琨一首》："福为祸始，祸作福阶。"

【结构】 主谓　名|动-名-名

【扩联】 祸作福阶祸到莫失控
福为祸始福来别忘形

691

fú wú shuāng zhì
福 无 双 至

huò bù dān xíng
祸 不 单 行

【释义】 福~：福：幸福，幸运的事。幸运的事不会成双结对地到来。
祸~：祸：灾难，不幸的事。单行：单个到来。指不幸的事常会接二连三地发生。

【结构】 主谓　名|动-数-动

【扩联】 福无双至知足常乐
祸不单行遭灾莫慌

692

fú xīng gāo zhào
福 星 高 照

zǐ qì dōng lái
紫 气 东 来

【释义】 福~：福星：即岁星，指木星。旧时谓岁星照临能降福于民。形容人很幸运，有福气。
紫~：紫气：古谓之祥瑞之气。传说老子出函谷关，关令尹喜见有紫气从东而来，知道将有圣人来，后果然老子从此经过。后用以表示祥瑞的征兆。

【结构】 主谓　形-名|形-动

【扩联】 福星高照逢时运
紫气东来降圣贤

693

fú yóu xīn zào
福 由 心 造

xìng yǐ qíng qiān
兴 以 情 迁

【释义】 福~：幸福感往往是由人的心情、心境而产生造成的。
兴~：兴：兴趣，兴致，兴味。以：依照。迁：转移，改变。兴趣、兴致会随着人的情绪变化而改变。

【结构】 主谓　名|介-名-动

【扩联】 福由心造自觉感觉
兴以情迁此时彼时

694

fú róng bìng dì
芙 蓉 并 蒂
luán fèng hé míng
鸾 凤 和 鸣

【释义】 芙~：芙蓉：荷花。蒂：花果与枝茎相连的部分。两朵荷花共生一蒂。比喻夫妻相亲相爱。也比喻两者可以相媲美。
鸾~：鸾：凤凰一类的鸟。凤：凤凰，雄凤雌凰。常用来象征祥瑞。和鸣：共鸣。比喻婚姻美满，夫妻和谐。常用作结婚的祝辞。语见《左传·庄公二十二年》："初，懿氏卜妻敬仲。其妻占之曰：吉，是谓凤凰于飞，和鸣锵锵。"
【结构】 主谓　名-名|动-名
【扩联】 芙蓉并蒂花开两朵
鸾凤和鸣缘结三生

695

fú róng chū shuǐ
芙 蓉 出 水
kuí huò qīng yáng
葵 藿 倾 阳

【释义】 芙~：新嫩的荷花出水开放。原比喻诗句清新可爱。后也用以形容女子的容貌清新秀丽。也用作描绘女子出浴之辞。
葵~：葵：葵花。藿：豆类植物的叶子。葵花和豆类植物的叶子都倾向于太阳。比喻一心向往所仰慕的人或下级对上级的忠心。
【结构】 主谓　名一|动-名
【扩联】 芙蓉出水清新脱俗
葵藿倾阳忠义过人

696

fú guāng lüè yǐng
浮 光 掠 影
zǒu mǎ guān huā
走 马 观 花

【释义】 浮~：浮光：水面的反光。掠影：一闪而过的影子。像水面的反光和一闪而过的影子那样，一晃就过去了。比喻印象不深。语见清·冯班《沧浪诗话纠谬》："沧浪论诗，止是浮光掠影，如有所见，其实脚跟未曾点地。"
走~：走：跑。走马：骑着马跑。骑马跑着欣赏花木。原形容志得意满的心情。后也形容对事物观察不仔细，只是大概了解一下。语见唐·孟郊《孟东野诗集·登科后》诗："春风得意马蹄疾，一日看尽长安花。"
【结构】 联合　动-名|动-名
【扩联】 人生一世浮光掠影
福寿百年走马观花

697

fú shēng ruò jì
浮 生 若 寄
gān sǐ rú yí
甘 死 如 饴

【释义】 浮~：感叹人生虚浮如同寄寓世间一样短暂。多含感伤情绪。
甘~：饴：饴糖，麦芽糖。能承受死亡，认为死就像吃糖一样甜美。形容不怕死。
【结构】 主谓　形-名|动-名
【扩联】 浮生若寄促促一世
甘死如饴悠悠百年

698

fú shēng ruò mèng
浮 生 若 梦
kǔ hǎi wú biān
苦 海 无 边

【释义】 浮~：虚浮短暂的人生就像做梦一样。形容光阴易逝，人生无常。
苦~：苦海：原为佛家语。形容深重无比的苦难。
【结构】 主谓　形-名|动-名
【扩联】 浮生若梦疾如箭
苦海无边难掉头

699

fú tú lǎo zǐ
浮屠老子

zào huà xiǎo ér
造化小儿

【释义】浮~：浮屠：佛陀，佛教徒对释迦牟尼的尊称。老子：即老聃，著《道德经》，为道教始祖。传老子西出函谷关，"化胡为佛"，教化西域胡人信奉佛经教义，被尊为"浮屠老子"。
造~：造化：旧指上天（司命之神）或命运。小儿：小子，轻蔑之称。把命运（或司命之神）称作小儿，是对所谓命运（或司命之神）的一种风趣说法。

【结构】定中　名-|形-名
【扩联】浮屠老子真是老子
造化小儿戏称小儿

700

fú yún bì rì
浮云蔽日

xīng huǒ liáo yuán
星火燎原

【释义】浮~：浮云：飘浮于空中的云。喻指小人。比喻奸邪当道，贤者不得其位。也比喻小人当道，社会一片黑暗。
星~：星：一星半点。燎：延烧。原：原野。一点火星，可以把整个原野烧起来。比喻微小的事物终可能成长壮大。也比喻新生的力量，尽管开始时力量微小，但有生命力，很快就可以发展成不可战胜的力量。

【结构】主谓　形-名|动-名
【扩联】浮云难蔽日
星火可燎原

701

fú yún zhāo lù
浮云朝露

liú shuǐ luò huā
流水落花

【释义】浮~：飘移浮动的云彩和早晨的露水。形容很快就消失的事物。旧时比喻人生飘忽，生命短暂。语见唐·令狐德棻《周书·萧大圜传》："嗟呼！人生若浮云朝露，宁俟长绳系景，实不愿之。执烛夜游，惊其迅迈。"
流~：流逝不止的水，凋零的花。形容残春的景象。后也泛指凌落、残乱的情景。语见南唐·李煜《浪淘沙》词："别时容易见时难，流水落花春去也，天上人间。"

【结构】联合　动-名|动-名
【扩联】流水落花三月春将去
浮云朝露一生命不长

702

fú xiù ér qù
拂袖而去

jiàng xīn xiāng cóng
降心相从

【释义】拂~：古人衣袖较长，把衣袖一甩就生气地走了。形容不辞而别。
降~：委屈改变自己的心意去服从他人。

【结构】状中　动-名|连-动
【扩联】拜拜拜拂袖而去
诺诺诺降心相从

703

fú tián lì sè
服田力穑

xià hǎi jīng shāng
下海经商

【释义】服~：服：从事。穑：收获谷物。指努力从事农业生产。
下~：辞掉公职，去经商做生意。

【结构】连动　动-名|动-名
【扩联】服田力穑禾生双穗
下海经商日进斗金

704

fǔ shǒu tiē ěr
俯 首 帖 耳
cuī méi zhé yāo
摧 眉 折 腰

【释义】 俯~：俯首：低着头。帖耳：耷拉着耳朵。形容卑躬驯顺的样子。
摧~：低垂着眼眉，弯着腰。形容小心趋奉、卑躬屈膝的样子。
【结构】 联合 动-名|动-名
【扩联】 俯首帖耳哈巴狗
摧眉折腰老奴才

705

fǔ jīn zhuī xī
抚 今 追 昔
yì kǔ sī tián
忆 苦 思 甜

【释义】 抚~：抚：根据，按照。追：追念，回想。按现在的情况回想过去的事情。形容思绪万千，无限的感慨。
忆~：回忆过去的苦，思念体会现在的甜，以教育人热爱、珍惜来之不易的今天。
【结构】 联合 动-名|动-名
【扩联】 抚今追昔今非昔比
忆苦思甜苦尽甜来

706

fù liè táo bái
富 埒 陶 白
shòu tóng sōng qiáo
寿 同 松 乔

【释义】 富~：埒：同等，相等。陶、白：指春秋战国时的陶朱公（范蠡）和白圭，均为当时富可敌国的大富商。富有程度可以和陶白相当。比喻极富。见南朝梁·刘峻《广绝交论》：“富埒陶白，贺巨程罗，山擅铜陵，家藏金穴。”寿~：松、乔：古代传说中的仙人赤松子、王乔。如同仙人赤松子、王乔一样长寿。
【结构】 主谓 名|动-名-名
【扩联】 富埒陶白富敌国
寿同松乔寿如山

707

fù yǒu sì hǎi
富 有 四 海
fú wú shí quán
福 无 十 全

【释义】 富~：旧时形容帝王最富有。有：占有，享有。四海：指全国。富得可以充分享有四海之内的一切财富。
福~：人的福气不可能十全十美，总是会有一些遗憾。
【结构】 述补 形|动-数-名
【扩联】 富有四海常抱恙
福无十全不差钱

708

fù héng jù dǐng
负 衡 据 鼎
lǎn pèi dēng chē
揽 辔 登 车

【释义】 负~：衡：秤，表持平。鼎：三足，喻三公。指身居高位，肩负重任。
揽~：揽：揽辔：掌握马缰绳。指巡行各地监察吏治。语见唐·陈子昂《上军国利害事三条·出使》：“先自京师，而访豺狼，然后揽辔登车，以清天下。”
【结构】 联合 动-名|动-名
【扩联】 揽辔登车巡行州郡
负衡据鼎坐镇京城

709

fù jīng qǐng zuì
负 荆 请 罪

yáo wěi qǐ lián
摇 尾 乞 怜

【释义】 负~：荆：荆条，古代鞭打人的刑具。背着荆条，请求责罚。形容悔悟自身错误后，虚心认错赔罪。
摇~：像狗那样摇着尾巴，乞求主人爱怜。形容卑躬屈节、谄媚讨好的丑态。
【结构】 连动 动-名|动-名
【扩联】 负荆请罪任惩任罚
摇尾乞怜可恨可悲

710

fù shān dài yuè
负 山 戴 岳

bá dì yǐ tiān
拔 地 倚 天

【释义】 负~：岳：高大的山。背负高大的山岳。比喻担负重任。
拔~：拔：突出。倚：靠。突出地面，依傍着天。比喻气势雄健有力。
【结构】 联合 动-名|动-名
【扩联】 拔地倚天齐日月
负山戴岳造乾坤

711

fù xīn jiù huǒ
负 薪 救 火

shǐ jiǔ jiě chéng
使 酒 解 酲

【释义】 负~：负：背着。薪：柴草。背着柴火去灭火。比喻用错误的方法去消除灾祸，反而使灾祸扩大。
使~：酲：醉酒后神志不清的病态。用酒来解醉。比喻用有害的东西或方法来救急。
【结构】 连动 动-名|动-名
【扩联】 使酒解酲酲中添醉
负薪救火火上浇油

712

fù yú wán kàng
负 隅 顽 抗

lín zhèn tuō táo
临 阵 脱 逃

【释义】 负~：负：靠着。隅：山角。依靠险要地势，进行顽固抵抗。现泛指敌人凭借某种条件顽抗。语见《孟子·尽心下》："有众逐虎，虎负隅，莫之敢撄。"
临~：指在阵前将要打仗时逃跑。也比喻事到临头或遇到困难时退缩逃避。
【结构】 状中 动-名|动—
【扩联】 临阵脱逃生若死
负隅顽抗败犹荣

713

fù zhòng zhì yuǎn
负 重 致 远

jià qīng jiù shú
驾 轻 就 熟

【释义】 负~：负：背负。重：沉重。致：送到。背着沉重的东西送到远方。比喻能够担负重任。
驾~：驾轻：驾轻车。就熟：走熟路。比喻对某事有经验，熟悉情况，做起来容易。
【结构】 联合 动-形|动-形
【扩联】 驾轻就熟得心应手
负重致远茹苦含辛

714

fù shān zhú chòu
附膻逐臭

zhāi yàn xūn xiāng
摘艳薰香

【释义】 附~：附着膻味，追逐污臭。比喻依附坏人，追逐不正当的事物。
摘~：艳：原指屈宋辞赋中艳美之句。香：原指司马迁、班固文章中的浓郁笔墨。形容文辞华美。语见杜牧《冬至日寄小侄阿宜诗》："经书括根本，史书阅兴亡。高摘屈宋艳，浓薰班马香。"

【结构】 联合 动-形|动-形

【扩联】 附膻逐臭一身臭
摘艳薰香两手香

715

fù yōng fēng yǎ
附庸风雅

fàng làng xíng hái
放浪形骸

【释义】 附~：附庸：依附、假托。指缺乏文化修养的人，依附追随文化界的人，装出风流儒雅的样子。
放~：放浪：放纵，无拘无束。形骸：身形体态。言行放纵，不拘礼节。指人的行为形态不受世俗礼法的束缚。

【结构】 动宾 动—|名-名

【扩联】 放浪形骸不拘礼法
附庸风雅假扮斯文

716

fù cí zǐ xiào
父慈子孝

jūn shèng chén xián
君圣臣贤

【释义】 父~：父亲慈爱，儿子孝顺。指家庭和顺品格好，也指父母慈爱，儿女也就懂得孝顺。
君~：君主仁义圣明，群臣贤良。语见元·宫大用《范张鸡黍》楔子："今日君圣臣贤，正士大夫立功名之秋，为此来就帝学……"

【结构】 联合 名-形|名-形

【扩联】 父慈子孝家和顺
君圣臣贤国太平

717

fù wèi zǐ yǐn
父为子隐

yāo yóu rén xīng
妖由人兴

【释义】 父~：父亲为儿子掩盖错误，是合乎情理的。语见元·无名氏《九世同居》："彼各都忍了也波哥，因此上父为子隐，上下家和顺。"
妖~：指妖氛的兴起，是由于人的兴风作浪所引起。语见《左传·庄公十四年》："绪对曰：'人之所忌，其气焰以取之。妖由人兴也。人无衅焉，妖不自作。人弃常，则妖兴，故有妖。'"

【结构】 主谓 名|介-名-动

【扩联】 父为子隐父怜子
妖由人兴妖害人

718

fù gū bó xī
妇姑勃豀

xiōng dì xì qiáng
兄弟阋墙

【释义】 妇~：妇：儿媳妇。姑：婆婆。勃豀：家庭中的争吵。婆媳争吵。比喻为无关紧要的吵闹。语见《庄子·外物》："室无空虚，则妇姑勃豀。"
兄~：阋：争吵。兄弟在墙内争吵。比喻内部不和。语见《诗经·小雅·常棣》："兄弟阋于墙，外御其侮。"

【结构】 主谓 名-名|动-名

【扩联】 兄弟阋墙父母落泪
妇姑勃豀丈夫为难

719

fù suí fū chàng
妇 随 夫 唱

nǚ bàn nán zhuāng
女 扮 男 装

【释义】 妇~：丈夫说（唱）什么，妻子就随着附和什么，形容夫妻和睦。
女~：女人装扮成男人的模样。

【结构】 主谓 名|动-名-动

【扩联】 妇随夫唱好妻子
女扮男装假相公

720

fù yán shì yòng
妇 言 是 用

bīn zhì rú guī
宾 至 如 归

【释义】 妇~：妇言：后妃、妻妾言辞。唯妇人讲话是有用的。有"牝鸡司晨"之义。语见《尚书·牧誓》："今商王受，惟妇言是用。"
宾~：宾：客人。至：到。归：回家。客人来到这里，感觉就像回到家里一样。形容招待得热情周到。

【结构】 主谓 名-动|动-动

【扩联】 妇言是用待宾客
宾至如归谢妇人

721

fù yǒu cháng shé
妇 有 长 舌

jūn wú xì yán
军 无 戏 言

【释义】 妇~：长舌：古代把爱嚼舌根的女人叫"长舌之妇"，意指这种女人专爱多嘴多舌、搬弄是非，而又不负责任。语见《诗经·大雅·瞻昂》："妇有长舌，唯厉之阶。"
军~：戏言：随便说说并不当真的话。指军队中的军机大事郑重严肃，说话必须承担责任，是不能随便说着玩的。又作"军中无戏言"。语见《三国演义》第四十六回："瑜曰：'军中无戏言。'孔明曰：'怎敢戏都督，愿纳军令状。三日不办，甘当重罚。'"

【结构】 主谓 名-动|形-名

【扩联】 妇有长舌无责任
军无戏言有担当

722

fù yǒu lín jiǎ
腹 有 鳞 甲

dù shēng jīng jí
肚 生 荆 棘

【释义】 腹~：鳞甲：长鳞甲的水族动物。腹有鳞甲之物。比喻心怀奸诈。
肚~：肚子里面生出荆棘。比喻心藏恶意，也比喻憎恶之情。

【结构】 主谓 名|动-名-名

【扩联】 肚生荆棘藏奸诈
腹有鳞甲怀异心

723

fù cháo huǐ luǎn
覆 巢 毁 卵

bào wàn zhāi guā
抱 蔓 摘 瓜

【释义】 覆~：鸟窝翻覆，鸟蛋打破。比喻灭门大祸，没有一个幸免。也比喻整体覆灭，各部分都不复存在。语见《战国策·赵策四》："臣闻之，有覆巢毁卵而凤凰不翔，刳胎焚夭而麒麟不至。"
抱~：蔓：瓜蔓。瓜摘完了，最后还抱瓜蔓而归。比喻一再残害无辜。后借指扩大案情，株连无辜。语见清·钱谦益《临城驿壁见方侍御亥未题诗》："抱蔓摘瓜余我在，破巢完卵似君稀。"

【结构】 联合 动-名|动-名

【扩联】 覆巢毁卵带雏鸟
抱蔓摘瓜连叶根

724

gǎi bù gǎi yù
改 步 改 玉
zhuó zú zhuó yīng
濯 足 濯 缨

【释义】 改~：改变步伐，改换佩玉。借指改朝换代。也指随着情况的变化而改换做法。亦作"改玉改行""改玉改步"。语见《左传·定公五年》："季平子行东野，还，未至，丙申，卒于房。阳虎将以玛璠殓，仲梁怀弗与，曰：'改步改玉'。"按《礼记·玉藻》，步指古代祭祀时祭者与尸相距的步数，以地位排列，有接武、继武、中武之分。改步改玉，指死者身份改变，安葬的礼数也要变更。

濯~：濯：洗。缨：古代帽子上系在颔下的带子。用浊水洗脚，用清水洗帽带。比喻好坏由人自定。也比喻避世隐居，欣然自乐。也作"濯缨濯足"。

【结构】 联合 动-名|动-名
【扩联】 改步改玉换朝代
濯足濯缨离俗尘

725

gǎi tóu huàn miàn
改 头 换 面
yǐn xìng mái míng
隐 姓 埋 名

【释义】 改~：变换了一副新面孔，而内容实质却一点也没变。
隐~：隐瞒自己的真实姓名，不让别人知道自己的过去。
【结构】 联合 动-名|动-名
【扩联】 改头换面重操旧业
隐姓埋名了却残生

726

gǎi xié guī zhèng
改 邪 归 正
qì jiù tú xīn
弃 旧 图 新

【释义】 改~：悔改邪恶，返回正路，不再干坏事。
弃~：抛弃旧的、坏的东西，向新的、好的方向努力进取。
【结构】 连动 动-名 动-名
【扩联】 改邪归正直奔正道
弃旧图新重做新人

727

gǎi yuán zhèng wèi
改 元 正 位
nà gòng chēng chén
纳 贡 称 臣

【释义】 改~：改元：汉武帝即位，以建元为年号，此后历代新君即位，都于次年改用新年号纪年，称改元。正位：登上帝位。更改年号，登上皇帝宝座。
纳~：本指战败国向战胜国上缴贡品，自称臣下。也指失败的一方甘拜下风。语见清·赵尔巽《清史稿·太宗本纪二》："明寇盗日起，兵力竭而仓廪虚，征调不前，势如瓦解。守辽将帅丧失八九，今不得已乞和，计必南迁，宜要其纳贡称臣，以黄河为界。"
【结构】 联合 动-名|动-名
【扩联】 改元正位新皇帝
纳贡称臣亡国君

728

竿头一步
gān tóu yī bù

鼎足三分
dǐng zú sān fēn

【释义】 竿~：竿头：竹竿尖头。已很高的竿头再往上提升一步。佛教用语，指道行造诣很深，仍需修炼提高。比喻虽已达到很高的境地，但不满足，还在进一步努力提高。语见梁启超《南海康先生传》："勇猛精进，竿头一步。"
鼎~：鼎：古代煮东西用的器物，三足两耳。三分：三足分立。比喻像鼎足一样三方分立。语见《三国演义》第一百二十回："鼎足三分已成梦，后人凭吊空牢骚。"

【结构】 主谓　名-名|数-动

【扩联】 鼎足三分暂稳固
竿头一步再提升

729

干柴烈火
gàn chái liè huǒ

槁木寒灰
gǎo mù hán huī

【释义】 干~：晒干了的柴遇到炽烈的火，肯定会熊熊燃烧起来。比喻条件成熟、一触即发。多用于形容男女之间的欢爱。
槁~：槁：枯干。已经枯干的树木，熄灭了的火灰。比喻心灰意冷极度消沉。

【结构】 联合　形-名|形-名

【扩联】 青春少年干柴烈火
耄耋老者槁木寒灰

730

干戈满目
gān gē mǎn mù

草木皆兵
cǎo mù jiē bīng

【释义】 干~：干：古代盾牌。戈：古代兵器，横刃长柄。干戈：泛指武器，多借指战争。满目：充满视野。战争的惨状充斥着人的视野。形容到处都受到战争的摧残。
草~：野草树木都像是士兵。形容人极度紧张时，容易产生错觉，一动静就惊恐万状。

【结构】 主谓　名-名|动-名

【扩联】 剑影刀光干戈满目
风声鹤唳草木皆兵

731

干卿何事
gān qīng hé shì

非我莫属
fēi wǒ mò shǔ

【释义】 干~：干：关涉，牵涉。卿：你。用以指人多管闲事。
非~：非：除非。莫：没有人。意指事情只有我才能承担。

【结构】 动宾　动|代-代-名

【扩联】 干卿何事请卿走
非我莫属由我来

732

甘瓜苦蒂
gān guā kǔ dì

白璧微瑕
bái bì wēi xiá

【释义】 甘~：蒂：花、瓜、果与茎枝相连接的部分。甜的瓜连着苦味的瓜蒂。比喻天下没有十全十美的事物。
白~：瑕：玉上的斑点。白玉璧上有小斑点。比喻很好的人或事物有些小缺点，即指美中不足。

【结构】 联合　形-名|形-名

【扩联】 甘瓜苦蒂苦非苦
白璧微瑕微甚微

733

gān kǔ yǔ gòng
甘苦与共
xiū qī xiāng guān
休戚相关

【释义】 甘~：与共：共同在一起分享分担。指能同享欢乐幸福，也能共度苦难时光。
休~：休：喜悦，吉利。戚：忧愁，悲哀。无论忧喜祸福吉凶，都彼此牵连关注。
【结构】 主谓　名-名|剔-动
【扩联】 休戚相关真朋友
甘苦与共好弟兄

734

gān lù fǎ yǔ
甘露法雨
kǎi fēng hán quán
凯风寒泉

【释义】 甘~：佛教用语。教徒称如来的教法如降甘露雨水。语见《妙法莲花经·普门品》："澍甘露法雨，灭除烦恼焰。诤讼经官处，怖畏军阵中。"
凯~：凯风：和风，比喻母爱。寒泉：比喻劳苦，忧患。想起如和风般温和的母爱和母亲如寒泉般的劳苦。凯风寒泉之思表示子女对母亲的深深感念之情。语见《诗经·邶风·凯风》："凯风自南，吹彼棘薪。母氏圣善，我无令人。爱有寒泉，在浚之下。有子七人，母氏劳苦。"
【结构】 联合　形-名|形-名
【扩联】 甘露法雨佛徒颂
凯风寒泉游子吟

735

gān táng yí ài
甘棠遗爱
hóng yè chuán qíng
红叶传情

【释义】 甘~：甘棠：即棠梨。传说西周的召伯到南国巡回传布文王的德政，曾在甘棠树下休息，会见百姓，后人怀念他的恩惠，连带着爱上了甘棠树。旧时用以颂扬官吏的政绩。
红~：在红叶上题诗传递情思。见宋·刘斧《青琐高议·流红记》所载唐僖宗时儒士于祐与后宫韩夫人的良缘佳话。于祐在御沟水中拾得一红叶，上题曰："流水何太急，深宫尽日闲。殷勤谢红叶，好去到人间。"于祐复诗于其上云："曾闻叶上题红怨，叶上题诗寄阿谁？"随置之御沟水中。后于祐娶一出禁宫女为妻，婚后，得知互为红叶题诗者，感泣良久，惊为天赐良缘。后也泛指男女奇缘。同"红叶题诗"。
【结构】 状中　形-名|动-名
【扩联】 甘棠遗爱千秋佳话
红叶传情万古奇缘

736

gān xīn tú dì
肝心涂地
shǒu yǎn tōng tiān
手眼通天

【释义】 肝~：涂：涂抹，沾染。肝和心都涂在了地上。形容惨死。常用作表示尽忠竭力，不惜一死。
手~：手眼：手段，待人处事所采取的不正当的方法。比喻善于钻营，很有手腕，能与最高层勾连。
【结构】 主谓　名-名|动-名
【扩联】 肝心涂地鞠躬尽瘁
手眼通天耀武扬威

737

gǎn qíng yòng shì
感 情 用 事
shèng qì líng rén
盛 气 凌 人

【释义】 感~：处理事情时不冷静思考，只凭自己一时的感情冲动或个人的好恶行事。
盛~：盛气：骄横、傲慢的气势。凌：凌驾，高出。以骄横、傲慢的气势面对别人。同"盛气临人"。

【结构】 状中　名—|动-名
【扩联】 感情用事多误事
盛气凌人很伤人

738

gāng róu xiāng jì
刚 柔 相 济
ruǎn yìng jiān shī
软 硬 兼 施

【释义】 刚~：济：调剂，调节。指待人接物处事，刚强与柔和相互调剂配合。
软~：施：施展，实施。软手段和硬手段全都用上。含贬义。

【结构】 主谓　形-形|副-动
【扩联】 软硬兼施人就范
刚柔相济事成功

739

gāng cháng míng jiào
纲 常 名 教
dào dé wén zhāng
道 德 文 章

【释义】 纲~：纲常：三纲五常。名教：以正名分为中心的封建礼教。指维护封建制度而设置的一整套规范。语见明·明教中人《好逑传》第十七回："因思臣一身、一女之事小，而纲常名教之事大，故正色拒之，因触其怒，而疏请斩臣矣。"
道~：指个人的思想品德和学识学问。就历史文化角度，也指一个文明的价值观、行为规范和文学艺术成就。语见宋·辛弃疾《渔家傲·为余伯熙察院寿》："道德文章传几世？到君合上三公位。"

【结构】 联合　名-名|名-名
【扩联】 纲常名教程朱卫士
道德文章孔孟宗师

740

gāo cái bó xué
高 才 博 学
qiǎn jiàn guǎ wén
浅 见 寡 闻

【释义】 高~：高超的才能，广博的学识。
浅~：寡：少。形容识见不广，所知不多。

【结构】 联合　形-动|形-动
【扩联】 高才博学直通大道
浅见寡闻有误前程

741

gāo dǎo yuǎn jǔ
高 蹈 远 举
dōng bēn xī táo
东 奔 西 逃

【释义】 高~：指隐居避世。语见宋·王楙《野客丛书·穆生邹阳》："穆生高蹈远举，意盖有在，逆知异日必不能面，非知几畴克尔哉！"
东~：形容往四处逃离。语见曹禺《王昭君》第二幕："他打过多少次败仗，东奔西逃，最后决定了与汉家和好的大计。"

【结构】 联合　形-动|形-动
【扩联】 高蹈远举远离尘世
东奔西逃西出阳关

742

gāo dī bú jiù
高低不就
shàng xià jiāo zhēng
上下交征

【释义】高~：就：成。高的，想要而无力得到；低的，又不屑迁就。高不成低不就。形容求职或婚姻上的两难处境。
上~：上下：指尊卑、长幼、上级和下级。交：互相。征：求取。上上下下都在争夺谋求私利。
【结构】主谓　形-形|副-动
【扩联】上下交征两贤相厄
高低不就一事无成

743

gāo dī guì jiàn
高低贵贱
pín fù xián yú
贫富贤愚

【释义】高~；贵：尊贵。高贵低贱，指物的价值或人的地位高下等级。
贫：贫穷、富有、贤能、愚蠢。指人在财富和智能拥有上不同的状况。
【结构】联合　形|形|形|形
【扩联】职无高低贵贱别
人有贫富贤愚分

744

gāo fēng liàng jié
高风亮节
měi dé shàn xíng
美德善行

【释义】高~：高风：高尚的风格。亮节：坚贞的节操。形容人的崇高品行。
美~：美好的品德，善良的行为。形容人的美好品行。
【结构】联合　形-名|形-名
【扩联】舍己成人高风亮节
扶贫济困美德善行

745

gāo gāo zài shàng
高高在上
hè hè yǒu míng
赫赫有名

【释义】高~：原指地位极高。现多形容脱离群众，不深入实际，高于群众之上的官老爷作风。
赫~：赫赫：显著盛大的样子。形容名声很大。
【结构】状中　叠—|动-名
【扩联】是赫赫有名者
非高高在上人

746

gāo péng gù qī
高朋故戚
jiù yǔ xīn zhī
旧雨新知

【释义】高~：高：高贵的。戚：亲戚。尊贵的朋友和老亲戚，指至亲好友。元·张可久《点绛唇·翻归去来》："悦高朋故戚，共谈玄讲理，办登山玩水，早休官弃职，远红尘是非。"
旧~：旧雨：老朋友的代称。新知：新结识的朋友。老朋友和新交。
【结构】联合　形-名|形-名
【扩联】旧雨新知迎新乐叙旧
高朋故戚道故莫喝高

747

gāo péng mǎn zuò
高朋满座
shèng yǒu rú yún
胜友如云

【释义】高~：满座尽是高贵出色的宾客。
胜：才智超群的朋友云集一处，形容很多。
【结构】主谓　形-名|动-名
【扩联】胜友如云全贵客
高朋满座尽嘉宾

748

gāo rén yǎ zhì
高人雅致

jūn zǐ shèn dú
君子慎独

【释义】 高~：高人：志趣、行为高尚的人。雅致：高雅的情趣。高尚的人情趣高雅。
君~：慎独：在独处时能谨慎不苟。儒家用语。指一个品德高尚的人在独处时也能小心地恪守道德准则。
【结构】 主谓　名—|形—
【扩联】 君子慎独不欺暗室
高人雅致常聚竹林

749

gāo shān liú shuǐ
高山流水

chūn shù mù yún
春树暮云

【释义】 高~：原指蕴含在古琴曲里的两种喻意。后用以比喻知音或知己，也用以形容乐曲的高雅精妙。
春~：春季的树，日暮时的云。唐·杜甫《春日忆李白》诗："渭北春天树，江东日暮云。何时一樽酒，相与细论文。"当时杜甫在渭北，李白在江南。后来就用"春树暮云"比喻对远方朋友的思念。
【结构】 联合　形-名|形-名
【扩联】 春树暮云思故友
高山流水觅知音

750

gāo shì kuò bù
高视阔步

zhí qíng jìng xíng
直情径行

【释义】 高~：高视：眼睛向上看。阔步：走路迈大步。多用以形容十分傲慢看不起人的神态。
直~：直：顺着。径：直截了当。行：做。任凭自己的性子，径直地干下去。
【结构】 联合　形-动|形-动
【扩联】 高视阔步担心路
直情径行得罪人

751

gāo tái guì shǒu
高抬贵手

bǎo xiǎng lǎo quán
饱飨老拳

【释义】 高~：贵：尊贵的，对于对方的尊称。请高抬起尊贵的手，以便顺利通过。指请求对方给与方便，或恳求对方从宽处理。
饱~：飨：用酒食招待人；享用。老拳：很多的拳（打）。指挨了一顿痛打。
【结构】 动宾　形-动 | 形-名
【扩联】 饱飨老拳要他丧命
高抬贵手请你饶人

752

gāo wén diǎn cè
高文典册

tiě quàn dān shū
铁券丹书

【释义】 高~：高：贵重的。册：古代帝王发出的文书、命令。指朝廷的重要文书、诏令。语见晋·葛洪《西京杂记》："扬子云曰：军旅之际，戎马之间，飞书驰檄，用枚皋；廊庙之下，朝廷之中，高文典册，用相如。"
铁~：券：契据。丹书：用朱砂写字或先刻字再用金嵌。古代帝王赐给功臣，可世代享受优遇和免罪特权的证件，因用丹书写在铁板上，故称"铁券丹书"。也作"丹书铁券""丹书铁契"。
【结构】 联合　形-名|形-名
【扩联】 高文典册载王命
铁券丹书赋特权

753

gāo wén hóng yì
高 文 宏 议

yuǎn jiàn zhuó shí
远 见 卓 识

【释义】 高~：高：高明。宏：宏伟。高明的文章，宏伟的议论。
远~：卓：高超。远大的眼光，不平凡的见识。
【结构】 联合 形-名|形-名
【扩联】 远见卓识眼光远大
高文宏议水平高超

754

gāo zhān yuǎn zhǔ
高 瞻 远 瞩

bó xué qià wén
博 学 洽 闻

【释义】 高~：瞻：往上看或往前看。瞩：注视。站得高，看得远。形容目光远大，有远见。
博~：学识广博，见闻丰富。语见唐·房玄龄《晋书》：
"性至孝，总角知名，博学洽闻，理思周密。"
【结构】 联合 形-动|形-动
【扩联】 博学洽闻真博士
高瞻远瞩实高人

755

gāo zhěn wú shì
高 枕 无 事

ào yuán yǒu líng
奥 援 有 灵

【释义】 高~：枕：枕头。把枕头垫得高高的，安心入睡，可以不用耽心出事。形容事情处理得很稳妥，全在掌握之中。
奥~：奥：暗中，隐秘。奥援：暗中支持的力量。有灵：有神通。多指旧时官场的钻营、勾结，暗通关节，颇有神通。
【结构】 状中 形-动|动-名
【扩联】 高枕无事放心睡
奥援有灵出手帮

756

gāo zú dì zǐ
高 足 弟 子

dé yì mén shēng
得 意 门 生

【释义】 高~：高足：高才。弟子：学生。指品行兼优的学生。
得~：得意：称心如意。门生：弟子，学生。最称心如意的学生。
【结构】 定中 形-名|名-名
【扩联】 高足弟子高中
得意门生得分

757

gāo liáng nián shào
膏 粱 年 少

shì lì xiǎo rén
势 利 小 人

【释义】 膏~：膏、粱：肥肉、细粮，泛指美味的食物，借指富贵人家。年少：少年，年轻人。旧时指过着骄奢生活的富贵人家子弟。同"膏粱子弟"。
势~：势：势力，权势。利：财产，财富，利益。势利：形容看地位财产来分别对待人的表现（含贬义）。小人：人格卑鄙的人。看财产、权势、地位分别对待人的卑劣小人。
【结构】 定中 名-名 名一
【扩联】 膏粱年少颐指气使
势利小人手慌脚忙

758

gāo liáng zhī zǐ
膏 粱 之 子

jiǔ sè zhī tú
酒 色 之 徒

【释义】膏~：膏：肥肉。粱：细粮。膏粱：指精美的食物。借指富贵人家的子弟。
酒~：指沉湎于酒色之中的人。
【结构】定中　名-名|助-名
【扩联】膏粱之子嗜贪酒色
酒色之徒浪费膏粱

759

gē tái wǔ xiè
歌 台 舞 榭

liǔ xiàng huā jiē
柳 巷 花 街

【释义】歌~：台：土筑的高台。榭：建筑在高台上的宽敞房屋。供唱歌跳舞用的楼台和厅堂。泛指歌舞演出的场所或寻欢作乐的地方。
柳~：旧指妓院或妓院聚集之处。语见宋·黄庭坚《满庭芳·妓女》：“初绾云鬟，才胜罗绮，便嫌柳巷花街。”
【结构】联合　名-名|名-名
【扩联】柳巷花街灯红酒绿
歌台舞榭浅唱低吟

760

gē páo duàn yì
割 袍 断 义

fēn dào yáng biāo
分 道 扬 镳

【释义】割~：袍：中式长衣服。割下长袍的下摆，以表示和别人坚决断绝情谊。
分~：道：道路。扬：扬起。镳：马嚼子。扬镳：驱马前进。原指分路而行。后多用以比喻志趣、目的不同，各走各的路。
【结构】连动　动-名|动-名
【扩联】志趣相异割袍断义
追求不同分道扬镳

761

gé gāo yì yuǎn
格 高 意 远

tǐ dà sī jīng
体 大 思 精

【释义】格~：指文章的格调高雅，含意深远。
体~：体：文章体式。思：构思。规模宏大构思精密。形容著作的完美。
【结构】联合　名-形|名-形
【扩联】体大思精汉史记
格高意远楚离骚

762

gé gé bù rù
格 格 不 入

mài mài xiāng tōng
脉 脉 相 通

【释义】格~：格格：阻碍，隔阂。不入：不能容纳。形容彼此不协调。
脉~：脉：血脉。血管彼此相同。比喻关系密切，在思想感情上相投。
【结构】状中　叠—|副-动
【扩联】异端邪说格格不入
土语乡音脉脉相通

763

gé àn guān huǒ
隔 岸 观 火

guò hé chāi qiáo
过 河 拆 桥

【释义】隔~：隔着河看人家着火。比喻别人有危难不去帮忙，相反还在一边看热闹。
过~：过了河就把桥拆掉。比喻达到目的后，就把帮助过自己的人抛开。
【结构】连动　动-名|动-名
【扩联】过河拆桥忘恩负义
隔岸观火冷血无情

764

gé qiáng yǒu ěr
隔 墙 有 耳
chū xiù wú xīn
出 岫 无 心

【释义】 隔~：隔着墙会有人偷听。指要随时提高警惕，防止机密泄露。
出：岫：山洞。语出陶渊明《归去来辞》："云出岫而无心"，白云飘出山洞不是有意为之的。意指一些事情是机缘巧合、自然而然，并不是人为特意的。
【结构】 连动 动-名|动-名
【扩联】 隔墙有耳低声讲
出岫无心任意行

765

gé xuē sāo yǎng
隔 靴 搔 痒
yǎn ěr dào líng
掩 耳 盗 铃

【释义】 隔~：隔着靴子在外面挠痒。比喻做事没有抓住关键，不解决问题。也比喻说话写文章言词不中肯、不贴切，抓不住主题。
掩：捂住耳朵去偷盗铃铛。比喻自己欺骗自己。
【结构】 连动 动-名|动-名
【扩联】 隔靴搔痒怎挠痒
掩耳盗铃难得铃

766

gé mìng chuàng zhì
革 命 创 制
zhāo hún yáng fān
招 魂 扬 幡

【释义】 革~：变革天命，创立新制。多指改朝换代。
招：招魂：召唤死者的灵魂。古人迷信，认为将死者之衣升屋，北面三呼，即可招回死者灵魂。幡：一种垂直悬挂的窄长的旗子，这里指旧俗中在灵柩前所立的招魂幡。后用以比喻为死亡的旧事物复活进行鼓吹。
【结构】 连动 动-名|动-名
【扩联】 招魂扬幡梦旧梦
革命创制朝新朝

767

gè ān shēng yè
各 安 生 业
zì zuò zhǔ zhāng
自 作 主 张

【释义】 各~：生业：谋生之业。各自安于赖以生活的职业。语见唐·李延寿《北史·隋炀帝纪》："轻徭薄赋，比屋各安生业。"
自~：指没有或不需经过上级或有关方面同意，就擅自处置。
【结构】 主谓 代|动-名-名
【扩联】 各安生业安身立命
自作主张作善降祥

768

gēn shēn dì gù
根 深 蒂 固
zhī fù yè lián
枝 附 叶 连

【释义】 根~：固：牢固。树根生得深，花或瓜果与枝茎连结得十分牢固。比喻基础很深，不容易动摇。
枝：比喻上下关系紧密。
【结构】 联合 名-形|名-形
【扩联】 枝附叶连勾结紧
根深蒂固动摇难

769

gēn shēn yè mào
根 深 叶 茂
yuán jùn liú cháng
源 浚 流 长

【释义】 根~：树大根深，枝繁叶茂。比喻根基牢固，蓬勃发展。语见唐·张说《起义堂颂》："若夫修德以降命，奉命以造邦，原浚者流长，根深者叶茂。"
源~：浚：本为疏通，挖深（水道），指深远。源头深远的河流才流得更长。

【结构】 连动　名-形 | 名-形

【扩联】 根深叶必茂
源浚流方长

770

gēng shēn rén jìng
更 深 人 静
rì mù tú qióng
日 暮 途 穷

【释义】 更~：夜深了，人们都安静地入睡了。指深夜没有人声，非常寂静。
日~：天色晚了，路也走到了尽头。比喻到了末日或衰亡的境地。

【结构】 联合　名-形 | 名-形

【扩联】 更深人静酣然入梦
日暮途穷及早回头

771

gēng fū ràng pàn
耕 夫 让 畔
pín nǚ fēn guāng
贫 女 分 光

【释义】 耕~：耕夫：农夫。畔：田地的边界。农夫把有争议的田土边界让出去。形容底层人士有仁义礼让之心。
贫~：语见《史记·甘茂列传》：有贫家女晚上想与有烛的富家女一起纺织，贫女说，我买不起蜡烛，你的烛光可以分给我照一照，你不会有任何损失，而给了我方便。比喻不需破费的照顾。也指给别人力所能及的帮助照顾。

【结构】 主谓　形-名 | 动-名

【扩联】 化民成俗耕夫让畔
见德思齐贫女分光

772

gèng wú cháng wù
更 无 长 物
gān bài xià fēng
甘 拜 下 风

【释义】 更~：长物：原指多余的东西，后也指像样的东西。另外再也没有多余的东西了。形容非常俭朴或清贫。
甘~：下风：风向的下方。指对人自认不如，真心佩服人家。

【结构】 动宾　副-动 | 形-名

【扩联】 更无长物难攀比
甘拜下风自认输

773

gōng mén táo lǐ
公 门 桃 李
rén jìng fú róng
人 镜 芙 蓉

【释义】 公~：公：对人的尊称。尊称某人引进的后辈、栽培的学生。语见《资治通鉴》："或谓仁杰曰：天下桃李，悉在公门矣。"
人~：唐·段成式《酉阳杂俎》："相国李公固言，元和六年，下第游蜀，遇一姥姥，言郎君明年芙蓉镜下及第，后二纪拜相。明年果状元及第。诗赋有人镜芙蓉之语。"为预兆科举得中的典故。比喻考试将获第一名。

【结构】 定中　名-名 | 名-名

【扩联】 公门桃李列皇榜
人镜芙蓉中状元

774

gōng cái gōng wàng
公才公望
fó yǎn fó xīn
佛眼佛心

【释义】 公~：公：指古代掌握军政大权的最高官员——三公，如周之太师、太傅、太保，西汉的大司马、大司徒、大司空。指具有三公的才识和名望。
佛~：佛的超凡眼力和佛的慈悲心肠。形容以慈心善意看待他人。
【结构】 联合　名-名|名-名
【扩联】 佛眼佛心成一佛
公才公望列三公

775

gōng sī liǎng jì
公私两济
míng lì shuāng shōu
名利双收

【释义】 公~：济：接济。于公于私两方面都接济，都有好处。
名~：能同时获得财富和名誉，有名有利。
【结构】 主谓　名-名|数-动
【扩联】 公私两济大欢喜
名利双收好事情

776

gōng zhī yú zhòng
公之于众
qǔ xìn yú mín
取信于民

【释义】 公~：把事情真相向大家公布。常指公布某些带有秘密色彩的事。
取~：取：获取，取得。得到老百姓的信任。
【结构】 述补　动-名|介-名
【扩联】 事敢公之于众
官能取信于民

777

gōng biāo qīng shǐ
功标青史
míng liè qián máo
名列前茅

【释义】 功~：青：竹简。青史：古以竹简记事，故称史书为青史。功绩记载在了史书上。形容创立了不朽的功绩。
名~：前茅：古代行军打仗，走在队伍前面的士兵手执白茅，负责侦探敌情。比喻成绩突出，名次在最前面。
【结构】 主谓　名-动|形-名
【扩联】 功标青史贻芳远
名列前茅流誉长

778

gōng cān zào huà
功参造化
qiǎo duó tiān gōng
巧夺天工

【释义】 功~：功：器物精善。参：加入。造化：自然。形容器物制作非常精美，有天然生成之妙。
巧~：夺：胜过。天工：指大自然的创造。人工制作之精巧，胜过了天工。形容工艺美术制作技艺巧妙至极。
【结构】 主谓　名|动-名-名
【扩联】 巧夺天工手
功参造化心

779

gōng dé wú liàng
功德无量
fēng biāo bù fán
丰标不凡

【释义】 功~：功德：功业和德行。称颂语。指功劳恩德很大。
丰~：风度仪态不同一般。形容风度出众。
【结构】 主谓　名-名|副-形
【扩联】 父亲功德无量
儿子丰标不凡

780

gōng chéng shēn tuì
功 成 身 退

niǎo jìn gōng cáng
鸟 尽 弓 藏

【释义】 功~：退：引退，退职。功业成就以后，自己就主动地引退了。
鸟~：飞鸟打尽了，弓箭就收藏起来不用了。比喻事情取得成功后，就把出过力的人抛弃了。

【结构】 连动　名-动|名-动

【扩联】 鸟尽弓藏藏而不露
功成身退退则全休

781

gōng chuí zhú bó
功 垂 竹 帛

guàn jué gǔ jīn
冠 绝 古 今

【释义】 功~：垂：传下去，传留后世。竹帛：古代供书写用的竹简和白绢，借指典籍、史册。功勋已载入史册。形容创立了不朽的功绩。
冠~：从古到今都可位居第一。

【结构】 述补　形|动-名-名

【扩联】 战胜侵略者功垂竹帛
复兴中华梦冠绝古今

782

gōng gāo gài shì
功 高 盖 世

dé hòu liú guāng
德 厚 流 光

【释义】 功~：功劳极大，当代无人能比。
德~：流光：光彩流传。德行笃厚，影响深远。

【结构】 主谓　名|形-动-名

【扩联】 德厚流光光华夺目
功高盖世世代留名

783

gōng gāo wàng zhòng
功 高 望 重

dé bó cái shū
德 薄 才 疏

【释义】 功~：功劳大，名望重。语见明·孙梅锡《琴心记·相如受绁》："将军不必怨怅，你功高望重，不久自明。"
德~：薄：浅。疏：空虚。品德和才能都很差。多作谦辞。语见《水浒传》第六十八回："卢俊义道：'小弟德薄才疏，怎敢承当此位！若得居末，尚自过分。'"

【结构】 联合　名-形|名-形

【扩联】 德薄才疏忝末座
功高望重列前排

784

gōng gāo zhèn zhǔ
功 高 震 主

shù dà zhāo fēng
树 大 招 风

【释义】 功~：功劳太大了，以至连君主都感到震惊、感到威胁，而给自己埋下危及身家性命的隐患。
树~：树一大就容易被风吹到。比喻人的名声地位过高，惹人注目，容易招致灾祸。

【结构】 连动　名-动|动-名

【扩联】 树大招风删枝去叶
功高震主养晦韬光

785

gōng jūn tiān dì
功 均 天 地

míng fù jīn ōu
名 覆 金 瓯

【释义】 功~：均：等同。功业与天地等同。极言功业之大。语见南朝梁·陆倕《石阙名》："功均天地，明参日月。"
名~：金瓯：黄金做的盛酒器，借指国土。名声覆盖了整个国土。形容名声显赫，国人皆知。

【结构】 主谓　名|动-形-名

【扩联】 功均天地大
名覆金瓯全

786

lì dí qiān jūn
力 敌 千 钧

gōng kuī yī kuì
功 亏 一 篑

【释义】 力~：钧：古重量单位，30斤为一钧。形容力量很大。能抵挡千钧之重的攻击力，或说能扛起千钧重负。
功~：功：成功。亏：欠缺。篑：土筐，指一筐土。只差一筐土而未能筑成山。比喻做事只差一点而不能成功。

【结构】 主谓 名-动|数-名

【扩联】 力敌千钧易如反掌
功亏一篑掉以轻心

787

gōng míng gài shì
功 名 盖 世

fú shòu qí tiān
福 寿 齐 天

【释义】 功~：功劳和名声极大，当代没人能比。语见《三国志·钟会传》："自谓功名盖世，不可复为人下，加猛将锐卒皆在己手，遂谋反。"
福~：福气好，年寿高，可与天齐。颂人多福多寿之辞。

【结构】 主谓 名-名|动-名

【扩联】 功名盖世世间有
福寿齐天天下闻

788

gōng xūn zhuó zhù
功 勋 卓 著

zuì è zhāo zhāng
罪 恶 昭 彰

【释义】 功~：功勋：为国为民做出的重大贡献，立下的特殊功劳。卓著：极其突出，为人敬仰。
罪~：昭彰：明显，显著。罪恶极大，非常明显，人所共见。

【结构】 主谓 名-名 形一

【扩联】 功勋卓著享万世俎豆
罪恶昭彰落千秋骂名

789

gōng chéng lüè dì
攻 城 略 地

sǎo xué lí tíng
扫 穴 犁 庭

【释义】 攻~：略：夺取。攻打城池，夺取土地。语见汉·刘安《淮南子·兵略训》："攻城略地，莫不降下。"
扫~：穴：洞穴，老窝。犁：耕地。庭：庭院。把（敌方）老窝扫担，庭院犁平。比喻以军事力量干净彻底地摧毁对方。语见清·魏源《圣武记》第七卷："且谓蕞尔土司，即扫穴犁庭，不足示武。"

【结构】 联合 动-名|动-名

【扩联】 攻城略地勇摧敌阵
扫穴犁庭直捣黄龙

790

gōng féng shèng shì
躬 逢 盛 事

zì zhì qīng yún
自 致 青 云

【释义】 躬~：躬：亲自。逢：遇上，赶上。盛事：大事，美事。语见清·文康《儿女英雄传》第三十八回："躬逢盛事，岂可当面错过？"
自~：青云：高空，喻科举高中或致高官显爵。指凭自己的才能和努力直达青云。语见唐·李白《冬夜醉宿龙门寺觉起言志》："青云当自致，何必求知音。"

【结构】 动宾 副-动|形-名

【扩联】 机遇好躬逢盛事
才华高自致青云

791

gōng féng shèng jiàn
躬逢胜饯

zì zhù wěi cí
自铸伟辞

【释义】 躬～：躬：亲自。逢：遇上，赶上。胜饯：盛会，盛宴。指有幸亲自参与盛宴或盛会。语见唐·王勃《滕王阁序》："家君作宰，路出名区，童子何知，躬逢胜饯。"
自～：铸：熔铸。伟辞：壮美瑰丽的文辞。独自撰写出壮美瑰丽的文辞。语见《文心雕龙·辨骚》："虽取镕经意，亦自铸伟辞。"

【结构】 动宾　副–动|形–名

【扩联】 洪都府躬逢胜饯
滕王阁自铸伟辞

792

gōng huàn jiǎ zhòu
躬擐甲胄

shēn xiān shì zú
身先士卒

【释义】 躬～：躬：自身，亲自。擐：穿。甲胄：古代战士用的铠甲和头盔。亲自穿戴上铠甲和头盔。指长官亲身上阵参战。语见唐·张说《论神兵军大总管功状》："既而王躬擐甲胄，吐诚师旅，誓在尽敌，以报前仇。"
身～：身：亲身，亲自。先：在前面。打仗时，将帅亲自冲在士兵的前面。现指领导起带头作用，走在群众前面。语见《晋书·刘琨传》："臣当启戎行，身先士卒。"

【结构】 主谓　名|动–名–名

【扩联】 躬擐甲胄冲锋陷阵
身先士卒斩将搴旗

793

gōng xíng jié jiǎn
躬行节俭

zì mìng qīng gāo
自命清高

【释义】 躬～：躬行：亲自实行。亲身做到节省。语见汉·班固《汉书·霍光传》："师受《诗》《论语》《孝经》，躬行节俭，慈仁爱人。"
自～：自命：自以为。清高：旧指品德高尚，不同流合污。自以为高尚。

【结构】 动宾　副–动|形–形

【扩联】 躬行节俭大讲廉洁
自命清高不沾腥膻

794

gòng jì shì yè
共济世业

guǎng kāi cái yuán
广开财源

【释义】 共～：济：过河，渡，救济。世业：世代相传的事业；祖先所遗留的产业。同心共济，让世业接济下去，并发扬光大。
广～：财源：钱财、财富的来源。多方面地广泛开辟财源增加财富。

【结构】 动宾　副–动|名–名

【扩联】 广开财源财源茂盛
共济世业世业兴隆

795

gòng shāng guó shì
共商国是

dú lǎn dà quán
独揽大权

【释义】 共～：国是：国事，国家的大政方针。共同商量国家的政策和方针。
独～：揽：掌握，把持。指某一个人掌握或把持着处理重大事情的权力。

【结构】 动宾　副–动|形–名

【扩联】 独揽大权独行其道
共商国是共克时艰

796

gòng xiāng shèng jǔ
共 襄 盛 举

dà zhǎn hóng tú
大 展 宏 图

【释义】 共～：共：共同。襄：襄助，协助。盛举：盛大的举动、行动。共同来协助这一盛大的行动。指在伟大的事业中共同来努力。
大～：宏图：宏伟的计划、设想。大力施行宏伟的计划。
【结构】 动宾　副-动|形-名
【扩联】 群英荟萃共襄盛举
满志踌躇大展宏图

797

gòng zhī bié gàn
共 枝 别 干

yì qǔ tóng gōng
异 曲 同 工

【释义】 共～：比喻在一个老师的传授下，各自又开创别的流派。
曲～：曲：曲调。工：工巧，精妙。不同的曲调，却是同样的工巧、美妙。也比喻方法手段虽然不同，收效却一样。
【结构】 联合　形-名|形-名
【扩联】 共枝别干群芳争艳
异曲同工百鸟和鸣

798

gōu shēn zhì yuǎn
钩 深 致 远

yuán shǐ yāo zhōng
原 始 要 终

【释义】 钩～：钩：探索。深：深奥。致：求得。远：远处。探索深处的，研求远处的。指极力探索真理。
原～：原：推究。始：起源。要：探求。终：结果。探求事物发展的起源与结果。
【结构】 联合　动-形|动-形
【扩联】 钩深致远求索真理
原始要终探明进程

799

gōu xuán liè mì
钩 玄 猎 秘

jué ào chǎn yōu
抉 奥 阐 幽

【释义】 钩～：探取精微，搜寻奥秘。语见清·陈田《明诗纪事戊签·江晖》：“景孚为文，钩玄猎秘，杂以古文奇字。”
抉～：剖析奥秘，阐发隐微。
【结构】 联合　动-形|动-形
【扩联】 抉奥阐幽阐青囊秘学
钩玄猎秘猎空谷幽兰

800

gǒu yán cán chuǎn
苟 延 残 喘

yí yǎng tiān nián
颐 养 天 年

【释义】 苟～：苟延：勉强延续。残喘：临死前的喘息。勉强拖延最后的一口气。比喻暂时勉强维持生存。
颐～：颐养：保养。天年：自然的寿数，即人无灾祸到老死去的年寿。指老年人无病无痛、无忧无虑保养年寿。
【结构】 动宾　副-动|形-名
【扩联】 忍耻偷生苟延残喘
安常处顺颐养天年

801

gǒu ná hào zǐ
狗 拿 耗 子

yáng tà cài yuán
羊 踏 菜 园

【释义】 狗～：司职看门护院的狗拿耗子。比喻多管闲事。
羊～：羊进菜园，大吃乱踏，一片狼藉。比喻习惯吃素食蔬菜的人，偶食荤腥美食（肠胃不适）。语见隋·侯白《启颜录》：“有人常食蔬茹，忽食羊肉，梦五藏神曰：‘羊踏破菜园！’”
【结构】 主谓　名|动-名一
【扩联】 狗拿耗子管闲事
羊踏菜园开大荤

802

gǒu xù diāo wěi
狗续貂尾

jī qī fèng cháo
鸡栖凤巢

【释义】狗~：续：连接。貂：一种毛皮珍贵的动物。古代皇帝侍从官员用貂尾做帽饰。貂尾不够，就用狗尾代替。原为讽刺封爵太滥。后用以比喻用不好的东西续在好东西的后面。也比喻文艺作品续写的不如原来的好。语见清·嬴宗委女《六月霜·张罗》："杀人献媚，情甘狗续貂尾。"也作"狗尾续貂"。

鸡~：栖：居住。鸡住在凤凰的窝里。比喻才德卑下的人占据高位。语见宋·释道原《景德传灯录·澧州乐普山元安禅师》："夹山曰：'鸡栖凤巢，非其同类出去。'"

【结构】主谓　名|动-名-名

【扩联】狗续貂尾沾狗粪
　　　　鸡栖凤巢落鸡毛

803

gǒu zhàng rén shì
狗仗人势

hú jiǎ hǔ wēi
狐假虎威

【释义】狗~：比喻仗恃某种势力做坏事、欺压人，像狗仗恃主人的声势狂吠乱咬一样。

狐~：假：凭借。狐狸凭借老虎的威风吓唬百兽。比喻仗势欺人。

【结构】主谓　名|动-名-名

【扩联】狐假虎威难成虎
　　　　狗仗人势不是人

804

gū biāo ào shì
孤标傲世

pín jiàn jiāo rén
贫贱骄人

【释义】孤~：孤高自赏，傲然一世。原形容菊花傲霜独立的形态。比喻人格的傲然不群和不与俗流为伍。

贫~：指以自己的贫贱为骄傲，对权贵者持鄙视、蔑视的态度。

【结构】状中　形—|动-名

【扩联】贫贱骄人视人犹芥
　　　　孤标傲世遁世离群

805

gū chén niè zǐ
孤臣孽子

zhì shì rén rén
志士仁人

【释义】孤~：孤臣：古代孤立无援、不被重视的忠臣。孽子：庶子，过去非正妻所生的儿子。用以指那些虽不被重视任用，但仍忠于君父的臣下。

志~：原指有仁爱之心和崇高志向的人。现指爱国的愿意为革命事业献身的人。

【结构】联合　形-名|形-名

【扩联】忧国忧民志士仁人泪
　　　　思君思父孤臣孽子心

806

gū fāng zì shǎng
孤芳自赏

shuò guǒ dú cún
硕果独存

【释义】孤~：把自己看成仅有的香花自我欣赏，自命清高。也指脱离群众，自命不凡。

硕~：硕果：大的果子。唯独留存下来的一个大果子。留存下来的稀少可贵的人或物。也作"硕果仅存"。

【结构】主谓　形-名|副-动

【扩联】孤芳自赏秋风里
　　　　硕果独存落叶中

807

gū fēng jué àn
孤 峰 绝 岸

qiào bì xuán yá
峭 壁 悬 崖

【释义】 孤~：高峰突起，绝壁耸立。比喻险峻而奇绝。
峭~：陡直的山崖。形容山势十分险峻。
【结构】 联合 形-名|形-名
【扩联】 孤峰绝岸堪称绝
峭壁悬崖真叫悬

808

gū hún yě guǐ
孤 魂 野 鬼

lóng niǎo chí yú
笼 鸟 池 鱼

【释义】 孤~：指无人顾念、祭奠的死者。也比喻没有依靠、处境艰难的人。
笼~：关在笼子里的鸟，养在池中的鱼。比喻受困没有自由的人。
【结构】 联合 形-名|形-名
【扩联】 笼鸟池鱼身陷囹圄
孤魂野鬼命丢异乡

809

gū jūn shēn rù
孤 军 深 入

sì mǎ nán zhuī
驷 马 难 追

【释义】 孤~：孤立无援的部队深入敌区作战。
驷~：四匹马拉的车都难以追回来。本指话一说出去，就不能再收回，一定要言而有信。
【结构】 形-名|形-动
【扩联】 驷马难追速度快
孤军深入险情多

810

gū qín lòu sòng
孤 秦 陋 宋

chòu hàn zāng táng
臭 汉 脏 唐

【释义】 孤~：孤：孤立。陋：鄙陋。孤立（短命）的秦朝，鄙陋（偏安一隅）的宋朝。指企图巩固而结果却削弱了中央政权的错误方针所导致的结果。语见清·王夫之《黄书·宰制》："行之百年，以意消息。中国可反汉唐之疆，而绝孤秦陋宋之丰祸也。"
臭~：肮脏秽臭的汉唐王朝。宋代理学盛行后，有文人以汉唐王室多有宫闱男女不检点之事，而斥之为"臭汉脏唐"。
【结构】 联合 形-名|形-名
【扩联】 臭汉脏唐宫掖事
孤秦陋宋帝王方

811

gū xíng jǐ jiàn
孤 行 己 见

dú shàn qí shēn
独 善 其 身

【释义】 孤~：孤行：独自行事。凭自己的见解独自行事。形容不接受别人的意见。
独~：独：单独。一个人单独使自己完善。原指个人修养品质。现指只顾自己好，不顾别人的处世哲学。
【结构】 动宾 形-动|代-名
【扩联】 达莫孤行己见
穷则独善其身

812

gū xíng jǐ yì
孤 行 己 意

dú shàn wú shēn
独 善 吾 身

【释义】 孤~：只按自己的意愿办事。
独~：同"独善其身"。善：使之善，即修养。原指一个人失意不得志时，完善和提高自己的品德才能。现多指只顾自己、不顾他人的处世方法和态度。语见郭沫若《星空·孤竹君之二子》："我在这高天厚地之中发誓宣明：我只能离群索居，独善吾身！"

【结构】 动宾　副-动|代-名

【扩联】 众口嚣嚣孤行己意
群雌粥粥独善吾身

813

gū xuán fú jì
孤 悬 浮 寄

tè lì dú xíng
特 立 独 行

【释义】 孤~：形容孤立而没有依托。语见清·冯桂芬《公启曾协揆》："势居下游，无险可扼。蕞尔之区，孤悬浮寄，数十里外皆贼兵。"
特~：特、独：独特，不凡。立：立身。行：行为。志向高洁，行为独特，不与世俗相同。

【结构】 联合　形-动|形-动

【扩联】 特立独行三剑客
孤悬浮寄一沙鸥

814

gū zhōu dú jiǎng
孤 舟 独 桨

pǐ mǎ dān qiāng
匹 马 单 枪

【释义】 孤~：一只小船一只桨。多形容孤孤单单，无人帮扶。
匹~：原意为一人单骑上阵，后形容没有人帮助而单独行动。

【结构】 联合　形-名|形-名

【扩联】 孤舟独桨乘风破浪
匹马单枪叫阵闯关

815

gǔ gōng zhī lì
股 肱 之 力

yīng quǎn zhī cái
鹰 犬 之 才

【释义】 股~：股肱：大腿和胳膊。作为君主的辅佐所应发挥的全部力量。也比喻重要的辅佐力量。或形容做事已竭尽全部力量。语见《左传·僖公九年》："臣竭其股肱之力，加之以忠贞。其济，君之灵也，不济，则以死继之。"
鹰~：鹰犬：猎人驯养的鹰与猎狗，打猎时用于追捕猎物。比喻供驱使能出力的人。语见汉·陈琳《为袁绍传檄各州郡文》："幕府董统鹰扬，埽夷凶逆，续遇董卓，侵官暴国，于是提剑挥鼓，发命东夏，广罗英雄，弃瑕录用，故遂与操参咨策略，谓其鹰犬之才，爪牙可任。"

【结构】 定中　名-名|助-名

【扩联】 有股肱之力任头领
具鹰犬之才当爪牙

816

gù rén zhī yì
故 人 之 意

chì zǐ zhī xīn
赤 子 之 心

【释义】 故~：故人：旧友。老朋友的深厚情意。
赤~：赤子：初生的婴儿。比喻纯真无邪的心。

【结构】 定中　名-助|名-名

【扩联】 故人之意意深厚
赤子之心心率真

817

gù jiā qiáo mù
故 家 乔 木

kōng gǔ yōu lán
空 谷 幽 兰

【释义】 故~：故家：世族大家，也泛指旧时做官的人家。乔木：枝干能长到二三丈高的大树。指官僚世家的人才器物都是出众的。恭维话。
空~：幽：幽静安闲。空无人迹的山谷中独自开放无人赏识的的兰花。比喻隐居山野、不为人知的高人。

【结构】 定中　形-名|形-名

【扩联】 空谷幽兰无客赏
故家乔木尽人知

818

gù míng sī yì
顾 名 思 义

chù jǐng shēng qíng
触 景 生 情

【释义】 顾~：顾：看。义：意义，含义。看到名称，联想到它的含义。
触~：触：接触。看到某种景物，触发了某种情绪。

【结构】 连动　动-名|动-名

【扩联】 触景生情人皆如此
顾名思义理所当然

819

guā shú dì luò
瓜 熟 蒂 落

shuǐ dào qú chéng
水 到 渠 成

【释义】 瓜~：瓜儿熟了，瓜蒂就自然脱落了。比喻到了一定的时机，问题也会顺利解决。
水~：水流到钧地方，就会自然形成沟渠。比喻条件成熟后，事情会自然成功。

【结构】 连动　名-动|名-动

【扩联】 水到渠成无为而治
瓜熟蒂落唾手可得

820

guā gǔ liáo dú
刮 骨 疗 毒

chuī máo qiú cī
吹 毛 求 疵

【释义】 刮~：刮去深入骨头的毒物，彻底治疗。比喻从根本上解决问题。语见晋·陈寿《三国志·蜀书·关羽传》："矢镞有毒，毒入于骨，当破臂作创，刮骨去毒，然后此患乃除耳。"
吹~：求：寻找，挑出。疵：小毛病。吹开毛发，挑出隐藏在下面的小毛病。多指故意挑毛病，要求过分苛刻。语见《韩非子·大体》："不吹毛而求小疵，不洗垢而察难知。"

【结构】 连动　动-名|动-名

【扩联】 吹毛求疵挑毛病
刮骨疗毒治骨瘤

821

guā mù xiāng kàn
刮 目 相 看

xǐ xīn zì xīn
洗 心 自 新

【释义】 刮~：刮目：擦眼睛，表示抛弃过去的看法。比喻抛弃老看法，用新眼光来看待人或事物。亦作"刮目相待"。
洗~：清洗心中污浊，改过自新。比喻认真悔改。

【结构】 状中　动-名|副-动

【扩联】 洗心自新旧时我
刮目相看对面人

822

guǎ ròu tī gǔ
剐 肉 剔 骨

bāo pí chōu jīn
剥 皮 抽 筋

【释义】 剐~：将肉从骨头上剐下来。形容残暴的行径。
剥~：剥下人皮，抽掉脚筋。形容惨无人道的暴行。
【结构】 联合 动-名|动-名
【扩联】 剥皮抽筋真残酷
剐肉剔骨太野蛮

823

guà guān guī yǐn
挂 冠 归 隐

tóu bǐ cóng róng
投 笔 从 戎

【释义】 挂~：冠：官帽。挂冠：把官帽挂起来，指辞官。辞去官职，回归乡里，隐居过田园生活。
投~：投：扔掉，放弃。从戎：参军。指弃文就武，放弃文墨生涯去从军。
【结构】 连动 动-名|动-名
【扩联】 挂冠归隐浇园去
投笔从戎上阵来

824

guān bī mín fǎn
官 逼 民 反

zhǔ shèng chén liáng
主 圣 臣 良

【释义】 官~：逼：迫使。官府迫使老百姓起来造反。指统治者残酷压榨，人民无法生活，被迫奋起反抗。
主~：圣：圣明。良：贤良。君主圣明，上行下效，下面的臣子也就忠良。
【结构】 连动 名-形|名-形
【扩联】 主圣臣良出盛世
官逼民反上梁山

825

guān duō wéi huàn
官 多 为 患

yàn guò bá máo
雁 过 拔 毛

【释义】 官~：指官员过多，人浮于事，无事生非，争权夺利，就会成为国家、社会、民众的祸患。
雁~：大雁飞过也要拔下它的毛来。原形容武艺高超。后比喻设立关卡，进行盘剥。也比喻爱占便宜，凡经其手，见有好处就要乘机捞一把。
【结构】 连动 名-形|动-名
【扩联】 官多为患乱朝政
雁过拔毛扰众生

826

guān qīng fǎ zhèng
官 清 法 正

běn gù bāng níng
本 固 邦 宁

【释义】 官~：做官的清廉，执法就会公正。语见元·李行道《灰阑记》第二折："我这衙门里问事，真是个官清法正，件件依条律的。"
本~：本：指民众。邦：国。指人民安居乐业则国家太平安宁。语见《尚书·五子之歌》："民惟邦本，本固邦宁。"孔传："言人君当固民以安国。"
【结构】 连动 名-形|名-形
【扩联】 官清法正民心安定
本固邦宁国运昌隆

827

guān guān xiāng hù
官 官 相 护

shì shì gōng qīn
事 事 躬 亲

【释义】 官~：护：护短，庇护。指当官的为了各自的私利而互相包庇。
事~：躬亲：亲自去做。大事小事都自己亲自去做。形容办事认真，毫不懈怠。

【结构】 主谓 名-名|副-动

【扩联】 事事躬亲耽误事
官官相护玷污官

828

guān cāng è tiào
关 仓 遏 粜

jī cǎo tún liáng
积 草 屯 粮

【释义】 关~：粜：卖出（粮食）。关闭仓库不再卖出粮食。
积~：草：草料，马料。粮：军粮。指聚积战备物质。

【结构】 联合 动-名|动-名

【扩联】 积草屯粮为备战
关仓遏粜防投机

829

guān qíng mò mò
关 情 脉 脉

nù qì chōng chōng
怒 气 冲 冲

【释义】 关~：关情：关切的情怀。脉脉：情意深长。形容眼神中表露出的意味深长的绵绵情怀。
怒~：冲冲：感情激动的样子，形容十分愤怒的样子。

【结构】 主谓 形-名|叠一

【扩联】 情同骨肉关情脉脉
气克斗生怒气冲冲

830

guǎn kuī wā jiàn
管 窥 蛙 见

yíng lì wō míng
蝇 利 蜗 名

【释义】 管~：管窥：通过一根管子去看所看到的。蛙见：蛙从井中所看到的天。比喻所见有限。比喻见识片面狭隘。也作自谦之词。语见清·李渔《闲情偶寄·词曲上·音律》："以管窥蛙见之识，谬语同心；虚赤帜于词坛，以待将来作者。"
蝇~：苍蝇头般的小利，蜗牛角样的小名。比喻微不足道的名利。语见宋·卢炳《念奴娇》："回首蝇利蜗名，微官多误，自笑尘生袜。"

【结构】 联合 名-名|名-名

【扩联】 蝇利蜗名无大志
管窥蛙见误前程

831

guǎn zhōng kuī bào
管 中 窥 豹

wù lǐ kàn huā
雾 里 看 花

【释义】 管~：管：竹管。窥：从小孔或缝隙里看。从竹管中看豹，只见一块斑纹。比喻所看到的只是事物的一小部分，而不能有全面的了解。与"略见一斑"或"可见一斑"连用时，表示从观察到的一部分，可以推知大体。
雾~：原形容人老眼花。后多喻看不真切，看不清楚。语见杜甫《小寒食舟中作》诗："春水船如天上坐，老年花似雾中看。"

【结构】 状中 名-方|动-名

【扩联】 管中窥豹一斑清楚
雾里看花满眼模糊

832

guàn fū mà zuò
灌夫骂座

lǔ nǚ qì jīng
鲁女泣荆

【释义】 灌~：灌夫：汉代名将。语出《史记·魏其武安侯列传》：借势当上宰相的田蚡与燕王女儿婚宴，太后令王侯都去贺喜。灌夫与失势的魏其侯窦婴受到奚落，灌夫借酒大骂田蚡等人，搅了婚宴。后因此被杀。指借醉酒发泄积愤。形容为人刚直敢言。
鲁~：语见宋·释惠洪《石门文字禅·跋山谷子》之一，有一鲁国女子因丢失了荆条做的钗而哭泣。路人笑她说，荆钗很容易办，何必哭呢？鲁女回答说：我不是哭荆钗难不难办，而是用了许多年有感情了，舍不得故旧而哭。比喻怀念故旧，留念故人。
【结构】 主谓 名一|动-名
【扩联】 借事生端灌夫骂座
安常习故鲁女泣荆

833

guāng cǎi duó mù
光彩夺目

fēng máng bī rén
锋芒逼人

【释义】 光~：夺目：耀眼。光彩鲜艳，令人眼花缭乱，难以正视。
锋~：锋芒：刀剑的刃和尖。比喻言辞行为中显露的才华和气势，使人感到压力和威胁。
【结构】 主谓 名-名|动-名
【扩联】 光彩夺目眼花缭乱
锋芒逼人炉火纯青

834

guāng fēng jì yuè
光风霁月

ruì cǎi xiáng yún
瑞彩祥云

【释义】 光~：光风：雨后放晴时的风。霁月：雨停以后出现的清亮明月。雨过天晴，风清月朗。形容人心地光明，胸襟开朗，品格高尚。也比喻太平盛世或平静气氛。
瑞~：瑞：祥瑞。瑞应吉祥之云彩。同"瑞气祥云"，旧时认为是喜事降临的征兆。语见明·无名氏《紫微宫》第二折："瑶池内瑞彩祥云尽笼罩，总堪描。"
【结构】 联合 形-名|形-名
【扩联】 瑞彩祥云云蒸霞蔚
光风霁月月满花香

835

guāng míng lěi luò
光明磊落

yīn xiǎn jiǎo huá
阴险狡猾

【释义】 光~：光明：心胸坦诚。磊落：直率正直。形容人直率正直，心胸坦诚。语见《朱子语类》："譬如人光明磊落底便是好人，昏昧迷暗底便不是好人。"
阴~：阴险：表面和善，暗地不存好心。狡猾：诡计多端，不可信任。指人居心险恶、专搞阴谋诡计。
【结构】 联合 形一|形一
【扩联】 阴险狡猾玩诡计
光明磊落献丹心

836

guāng míng zhèng dà
光明正大

yǐn huì qū zhé
隐晦曲折

【释义】 光~：光明：心怀坦白。正大：正派。形容心底无私，言行正派。
隐~：隐晦：不明显。曲折：拐弯抹角。指说话写文章拐弯抹角不爽快，做事情含糊不清。
【结构】 联合 形一|形一
【扩联】 为人要光明正大
说话别隐晦曲折

837

guāng qián yào hòu
光 前 耀 后

kōng gǔ jué jīn
空 古 绝 今

【释义】 光~：光前：给前人增光。耀后：让后代荣耀。形容业绩伟大。
空~：古代没有过，现在也没有。形容十分难得，独一无二。
【结构】 联合 动-名|动-名
【扩联】 四世三公光前耀后
一门百笏空古绝今

838

guāng qián yù hòu
光 前 裕 后

zhèn gǔ shuò jīn
震 古 烁 今

【释义】 光~：给前人增光彩，为后人造福祉。形容业绩伟大。
震~：震惊古人，辉耀当代。形容事业功绩的伟大。
【结构】 联合 动-名|动-名
【扩联】 光前裕后千秋业
震古烁今万世名

839

guāng tiān huà rì
光 天 化 日

yuè yè huā zhāo
月 夜 花 朝

【释义】 光~：化日：太平日子。原指太平盛世、清平社会。后比喻大家都能看得很清楚的地方。也作"化日光天"。
月~：朝：早晨。月明之夜和繁花似锦的早晨。形容良辰美景。也作"花朝月夜""花朝月夕"。
【结构】 联合 形-名|形-名
【扩联】 月夜花朝两情眷眷
光天化日众目睽睽

840

guāng yīn sì jiàn
光 阴 似 箭

rì yuè rú suō
日 月 如 梭

【释义】 光~：时光像射出的箭。形容时间过得极快。
日~：日月运行像穿梭一样。比喻时间迅速地过去。
【结构】 主谓 名-名|动-名
【扩联】 日月如梭若重不复
光阴似箭有去无回

841

guāng yīng jiù wù
光 膺 旧 物

fēng juǎn cán yún
风 卷 残 云

【释义】 光~：即"光复旧物"。收复失去的国土山河或恢复旧有的基业。
风~：大风卷走残云。比喻飞快地把残余的人或物消灭干净。
【结构】 主谓 名|动-形-名
【扩联】 光膺旧物山河壮
风卷残云天地新

842

guāng hán xiān zǐ
广 寒 仙 子

qiū shuǐ yī rén
秋 水 伊 人

【释义】 广~：广寒：月宫。指月宫的嫦娥仙子。
秋~：秋水：指清澈流动的眼波，引申为盼望、思念。伊人：那个人。指所思念中的那个女子。语见《诗经·蒹葭》："所谓伊人，在水一方。"
【结构】 定中 名——|名-名
【扩联】 广寒仙子飞天去
秋水伊人入梦来

843

guǎng kāi cái lù
广 开 才 路
gòng jì shí jiān
共 济 时 艰

【释义】 广~：指广泛招纳有才干的人，让有才干的人得到充分任用。
共~：济：过河，渡，救济。时艰：时世的艰难困苦。同心协力，度过时世的艰难困苦。
【结构】 动宾 副-动|名-名
【扩联】 广开才路聚贤俊
共济时艰无困难

844

guǎng kāi xián lù
广 开 贤 路
jìn rù gòu zhōng
尽 入 彀 中

【释义】 广~：广泛地开启招纳贤良人才的路子，让他们能充分发挥才干。
尽~：彀中：弓箭射程所及范围，后比喻牢笼、圈套。所有的人都进了牢笼、圈套之中。后比喻网罗天下人才，都进入自己的掌握之中。
【结构】 动宾 形-动|形-名
【扩联】 广开贤路招学士硕士博士
尽入彀中有人才天才鬼才

845

guǎng kāi yán lù
广 开 言 路
dà zhǎn jīng lún
大 展 经 纶

【释义】 广~：广开：广泛开辟。言路：进言的道路。大开进言之路。尽可能的让人们广泛发表意见。见南朝宋·范晔《后汉书·来历传》："朝廷广开言事之路，故且一切假贷。"
大~：经纶：理出丝绪叫经，编丝成绳叫纶，统称经纶。指筹划治理国家大事，政治才能得以大力施展。
【结构】 动宾 形-动|名-名
【扩联】 广开言路章满公车
大展经纶力扛国鼎

846

guī xīn sì jiàn
归 心 似 箭
wàng yǎn yù chuān
望 眼 欲 穿

【释义】 归~：归心：回家的念头。心里急着回家，很不得自己像箭一样快。形容回家心切。
望~：把眼睛都要望穿了。形容盼望的殷切。
【结构】 主谓 动-名|动-名
【扩联】 想爹娘归心似箭
盼儿女望眼欲穿

847

guī máo tù jiǎo
龟 毛 兔 角
yú zhì lóng wén
鱼 质 龙 文

【释义】 龟~：龟身上生毛，兔子头上长角。旧时指战乱的征兆。后比喻不可能存在或有名无实的东西。语见晋·干宝《搜神记》第六卷："商纣之时，大龟生毛兔生角，兵甲将兴之象也。"
鱼~：鱼的内质，龙的外表。形容徒有其表或以次充好。语见晋·葛洪《抱朴子·吴失》："鱼质龙文，似是而非，遭水而喜，见獭即悲。"
【结构】 联合 名-名|名-名
【扩联】 鱼质龙文新外套
龟毛兔角转基因

848

guī lóng piàn jiǎ
龟 龙 片 甲
lín fèng yī máo
麟 凤 一 毛

【释义】 龟~：灵龟、蛟龙的一片鳞甲。比喻无论巨细都要搜罗进来的好东西。
麟~：麒麟、凤凰的一片毛羽。指宝贵罕见之物。比喻好东西无论巨细都要搜罗进来。语见唐·张彦远《法书要录》第四卷引张怀瓘《书议》："麟凤一毛，龟龙片甲，亦无所不录。"
【结构】 定中　名-名|数-名
【扩联】 麟凤一毛天上找
龟龙片甲海中寻

849

guī nián hè shòu
龟 年 鹤 寿
fèng gǔ lóng zī
凤 骨 龙 姿

【释义】 龟~：龟、鹤：都是长寿动物。有龟鹤的寿命。形容人之长寿。
凤~：如凤之骨，如龙之姿。形容超凡的体格和仪态。语见宋·张君房《云笈七签》："今视子之质，实霄景高焕，圆精重照，凤骨龙姿，脑色宝曜。"
【结构】 联合　名-名|名-名
【扩联】 龟年鹤寿称人瑞
凤骨龙姿是洞仙

850

guī yàn bù gào
龟 厌 不 告
xīn chéng zé líng
心 诚 则 灵

【释义】 龟~：指屡加龟卜，致使龟灵厌恶，不再以吉凶告人。比喻很有效的东西，过度使用也会失灵。语见《诗经·小雅·小旻》："我龟既厌。不我告犹。"
心~：只要心地真诚，就会产生巨大的感动力量，万物显灵，随人心愿。
【结构】 连动　名-动|副-动
【扩联】 龟厌不告少卜两次
心诚则灵多求几回

851

guī guī suì suì
鬼 鬼 祟 祟
tōu tōu mō mō
偷 偷 摸 摸

【释义】 鬼~：祟：鬼怪。形容行为诡秘，不正大光明。
偷~：轻手轻脚不出声地行动。形容瞒着人做事，不敢让人知道。
【结构】 联合　叠—|叠—
【扩联】 心中有病难免鬼鬼祟祟
天下为公无须偷偷摸摸

852

guī mén zhàn guà
鬼 门 占 卦
tiān mìng yǒu guī
天 命 有 归

【释义】 鬼~：鬼门：卜筮之语。指鬼进出之门，通往阴间之门。卦：古代的占卜符号。在鬼门的占卦。意指不吉利和灾难的爻象。语见明·冯梦龙《警世通言》卷三十八："岂知本妇已约秉中等了二夜，可不是鬼门占卦？"
天~：天命：上天的旨意。归：归宿。旧指上天事先已安排好了归宿。后多指朝代更替，将有新国君出现。语见明·许仲琳《封神演义》第三十三回："三分天下，周土已得二分，可见天命有归，岂是人力？"
【结构】 状中　名-名|动-名
【扩联】 鬼门占卦不吉不利
天命有归新朝新君

853

guǐ mí xīn qiào
鬼迷心窍

bìng rù gāo huāng
病入膏肓

【释义】 鬼~：心窍：古人认为人的心有几个窍，心窍不通，人就糊涂。鬼迷了心。用以形容人被某种认识所迷惑，晕头转向，不明事理。

病~：膏肓：古医学把心尖脂肪叫膏，心脏和隔膜之间叫肓，认为是药力达不到之处。病到了无法医治的地步，比喻事情严重，无可挽救了。

【结构】 主谓 名|动-名-名

【扩联】 鬼迷心窍有福难享
病入膏肓无药可医

854

guǐ shén kě jiàn
鬼神可鉴

bǐ chǔ nán qióng
笔楮难穷

【释义】 鬼~：鉴：照，审察。（鬼神有非凡力量）可让鬼神来审察。形容真挚坦诚，无一丝隐瞒。

笔~：楮：楮木，造纸的原料，代指纸。笔和纸都写不完。形容难以用语言文字来描写表述。

【结构】 主谓 名-名|副-动

【扩联】 鬼神可鉴乾坤意
笔楮难穷天地心

855

guǐ xián qiè pèi
诡衔窃辔

yì zhé gǎi yuán
易辙改辕

【释义】 诡~：诡：违背，背弃。衔：马嚼子。窃：啮，用嘴咬。辔：马笼头。指马不驯服。吐掉马嚼子，咬掉马笼头。比喻不受羁绊、束缚。语见《庄子·马蹄》："夫加之以衡扼，齐之以月题，而马知⋯⋯诡衔窃辔。"

易~：辙：行路规定的路线、方向。辕：车前驾驭牲畜的两根直木。变换路线，改掉车辕。比喻改变方法，重新行事。

【结构】 联合 动-名|动-名

【扩联】 易辙改辕车变轨
诡衔窃辔马无缰

856

guì rén jiàn jǐ
贵人贱己

zūn jǐ biē rén
尊己卑人

【释义】 贵~：君子之道，看重别人，看轻自己。指认为自己不如别人，表示谦虚。语见《礼记·坊记》："君子贵人而贱己，先人而后己。"

尊~：抬高自己，贬低别人。语见明·李贽《焚书·读史·绝交书》："又以己真不爱官，以涛为爱官者，尊己卑人，不情实甚，则尤为不是矣。"

【结构】 联合 动-名|动-名

【扩联】 贵人贱己谦虚可以
尊己卑人傲慢不行

857

guì rén shàn wàng
贵人善忘

bó zhě bú zhī
博者不知

【释义】 贵~：地位高贵的人健忘。原形容显贵者不念旧交。后多用以讽刺人健忘。

博~：博者：知道事物多的人。不知：不专精。指知道东西太广泛的人，就难于深究某一方面，对事物就会所知不深不精。

【结构】 主谓 形-名|动-名

【扩联】 博者不知底
贵人善忘情

858

guì yīn jiàn bì
贵 阴 贱 璧
zhòng yì qīng cái
重 义 轻 财

【释义】贵~：阴：光阴。璧：玉璧，宝玉。指重视光阴甚于玉璧。比喻时间的宝贵。语见汉·刘安《淮南子·原道训》："故圣人不贵尺之璧，而重寸之阴，时难得而易失也。"《晋书·皇甫谧传》："夫贵阴贱璧，圣所约也；颠倒衣裳，明所箴也。"
重~：重视仁义，轻视钱财。语见明·沈受先《三元记·博施》："重义轻财大丈夫，萧然子嗣待如何？"

【结构】联合　形-名 | 形-名
【扩联】贵阴贱璧圣人训
　　　　重义轻财侠士风

859

guó zé lù guǐ
国 贼 禄 鬼
tǔ háo liè shēn
土 豪 劣 绅

【释义】国~：禄：官吏的薪俸。国家的窃贼，拿着官吏俸禄的坏蛋。
土~：土豪：日时农村有钱有势的地主恶霸。劣绅：品行恶劣的绅士。指罪恶昭彰的有权势的地主和退职回乡的官绅。

【结构】联合　名-名 | 名-名
【扩联】土豪劣绅横行乡里
　　　　国贼禄鬼祸害朝纲

860

guò hé zú zǐ
过 河 卒 子
kāi lù xiān fēng
开 路 先 锋

【释义】过~：象棋中过了界河的兵卒，只能前进，不能后退。
开~：作战行军中开路架桥的先头部队。比喻事业先导或行动的带头人。

【结构】定中　动-名 | 名—
【扩联】开路先锋生无后顾
　　　　过河卒子死不回头

861

hǎi hán dì fù
海 涵 地 负
dǒu zhòng shān qí
斗 重 山 齐

【释义】海~：如海之大，无所不包；如地之厚，无所不载。比喻才能卓越。
斗~：斗：北斗。山：泰山。像北斗星一样令人敬仰；像泰山一样高峻。形容人德高望重，才学出众。

【结构】联合　名-形 | 名-形
【扩联】海涵地负可称大
　　　　斗重山齐方谓高

862

hǎi huái xiá xiǎng
海 怀 霞 想
shuǐ sòng shān yíng
水 送 山 迎

【释义】海~：怀海外之思，遥想彩霞之服。比喻隐居或怀远游之思。语见唐·李白《秋夕书怀》："海怀结沧洲，霞想游赤城。"
水~：行舟万里，水送我去，山迎我来，水色山光，目不暇接。形容风景宜人，旅途愉快。语见吴融《富春》："水送山迎入富春，一川如画晚晴新。"

【结构】联合　名-动 | 名-动
【扩联】水送山迎满眼春色
　　　　海怀霞想无边风光

863

hǎi kū shí làn
海 枯 石 烂
dì lǎo tiān huāng
地 老 天 荒

【释义】海~：海水枯竭，石头朽烂。形容经历时间极为久远。多用于永不改变之誓词。
地~：天地衰老荒芜。形容时代极为久远。

【结构】联合　名-形|名-形

【扩联】海枯石烂心依旧
地老天荒情更长

864

hǎi zhōng lāo yuè
海 中 捞 月
shā lǐ táo jīn
沙 里 淘 金

【释义】海~：到海中去捞取月亮。比喻徒劳无益，根本达不到目的。
沙~：淘汰沙砾，提炼金屑。比喻从浩繁的原始材料中选取精华。也比喻费力甚多而得之甚微。

【结构】状中　名-方|动-名

【扩联】海中捞月得乌有
沙里淘金收甚微

865

hài rén hài jǐ
害 人 害 己
lì guó lì mín
利 国 利 民

【释义】害~：害了别人也害了自己。对有害人之心者的告诫和警示。
利~：有利于国家也有利于人民。

【结构】联合　动-名|动-名

【扩联】行贿受贿害人害己
反贪肃贪利国利民

866

hán bāo yù fàng
含 苞 欲 放
shǒu jié bù yí
守 节 不 移

【释义】含~：花苞就要绽放，开出美丽的花朵。形容花季少女的青春美丽。
守~：节：节操。坚守节操而不改变。

【结构】连动　动-名|副-动

【扩联】含苞欲放青春万岁
守节不移俎豆千秋

867

hán rén huái yì
含 仁 怀 义
bào dé yáng hé
抱 德 炀 和

【释义】含~：指有仁义之德。语见汉·刘向《说苑·辨物》："故麒麟麕首牛尾，圆顶一角，含仁怀义。"
抱~：抱：怀抱，引申为持守。炀：熔化，引申为蕴育、营造。炀和：融合，温和。持守德行仁政，营造融合和谐。语出《庄子》："抱德炀和，以顺天下。"

【结构】联合　动-名|动-名

【扩联】麒麟送子含仁怀义
明主坐朝抱德炀和

868

hán shā shè yǐng
含 沙 射 影
jiè gǔ fěng jīn
借 古 讽 今

【释义】含~：相传水里有一种长得像鳖的怪物叫蜮，也叫射工、射影，听到人声，以气为矢，因激水，或含沙以射人，被它射中的人皮肤发疮，人被射中了影也要生病，后用以比喻要弄阴谋，暗中攻击、陷害人。
借~：借：假托。讽：讥讽，讽刺。假托古代的事物来影射讥刺现实。

【结构】连动　动-名|动-名

【扩联】莫含沙射影
少借古讽今

869

hán chuāng shí zǎi
寒窗十载

miàn bì jiǔ nián
面壁九年

【释义】寒~：寒：清苦，清寒。寒窗：形容艰苦的读书生活。十年的艰苦读书生活。形容读书求学之艰苦与坚持。

面~：中国佛教禅宗的初祖菩提达摩，面对墙壁打坐静修九年，其后返回天竺，见宋·释道原《景德传灯录·初祖菩提达摩大师》。指道行高深。也指潜心修炼。

【结构】述补　形-名|数-名

【扩联】青云路寒窗十载书铺就
　　　　天竺僧面壁九年道修成

870

hán huā wǎn jié
寒花晚节

xiān lǐ pán gēn
仙李蟠根

【释义】寒~：寒花：耐寒的花。通常指菊花。晚节：晚年的节操。比喻晚节坚贞。

仙~：仙李：自李唐王朝始，李氏宗族自言道家始祖老子（李聃）之后，称为仙李。蟠：（如龙蛇的）屈曲，环绕，盘伏。蟠根：盘曲深固的根基，发达的根系。后因以李氏宗族昌盛兴旺，喻为"仙李蟠根"，为李氏宗族吉籤和祖茔。比喻宗族昌盛。

【结构】主谓　形-名|形-名

【扩联】寒花晚节经霜看
　　　　仙李蟠根共日兴

871

hán lái shǔ wǎng
寒来暑往

dǒu zhuǎn xīng yí
斗转星移

【释义】寒~：寒冬来了，盛夏去了。形容时间流逝。

斗~：北斗转向，星座移位。形容时序变迁，岁月流逝。

【结构】联合　名-动|名-动

【扩联】斗转星移走日月
　　　　寒来暑往换春秋

872

hàn gāo jiě pèi
汉皋解珮

hé luò chū tú
河洛出图

【释义】汉~：相传西周时，郑交甫在汉水之滨的汉皋，遇江妃二女。女解珮以赠，旋即不见。后因称男女爱慕赠答为"汉皋解佩"。

河~：河：黄河。洛：洛河。见《周易·系辞上》："河出图，洛出书，圣人则之。"相传上古伏羲氏时，洛阳孟津境内的黄河中浮出龙马，背负"河图"，献给伏羲。伏羲以此而演化出八卦，为《周易》来源。又相传大禹时，洛阳洛宁县的洛河中浮出神龟，背驮"洛书"，献给大禹，大禹以此治洪水、分九州、定九章大法，治理天下。"河洛出图"指天赐祥瑞。

【结构】状中　名-名|动-名

【扩联】汉皋解珮女神示爱
　　　　河洛出图天帝赐祥

-181-

873

hàn yán wú dì
汗颜无地

sè dǎn mí tiān
色胆迷天

【释义】 汗~：汗颜：脸上出汗，常因羞愧。形容非常羞愧，而感到无地自容。

色~：色胆：为满足色欲表现出来的胆量。形容贪恋色欲胆量很大。语见明·凌濛初《初刻拍案惊奇》第十七卷："吴氏……也该晓得谨慎些，只是色胆迷天，又欺他年小，全不照顾。"

【结构】 主谓　名-名|动-名

【扩联】 汗颜无地情难过
　　　　色胆迷天理不容

874

hàn miáo dé yǔ
旱苗得雨

kū mù féng chūn
枯木逢春

【释义】 旱~：久旱的禾苗得到了甘雨。原以旱苗得雨时的蓬勃生气，比喻仁者统一天下的力量。后用以比喻危难时受到人的资助或援救。

枯~：比喻濒于绝境的事物又得到挽救，如同枯槁的树木遇上春天，重获生机。

【结构】 主谓　形-名|动-名

【扩联】 旱苗得雨新抽穗
　　　　枯木逢春又发芽

875

háng jiā lǐ shǒu
行家里手

dá shì tōng rén
达士通人

【释义】 行~：行家：某一行的专家。里手：内行人。指精通这一行的人。

达~：达士：通达事理的人。通人：学识渊博贯通古今的人。指通达事理、学识渊博的人。语见宋·陆游《雍熙请机老疏》："伏望尊官长者，达士通人，共燃续慧命灯，不惜判虚空笔，起难遭想，结最胜缘。

【结构】 联合　形-名|形-名

【扩联】 行家里手大国工匠
　　　　达士通人时代精英

876

háo wú èr zhì
毫无二致

lüè shèng yī chóu
略胜一筹

【释义】 毫~：二致：两样。丝毫也没有两样。指一模一样。

略~：筹：筹码。两相比较，稍微强一点。

【结构】 动宾　副-动|数-名

【扩联】 毫无二致弟兄俩
　　　　略胜一筹姐妹花

877

háo qíng yì zhì
豪情逸致

yì dǎn zhōng gān
义胆忠肝

【释义】 豪~：豪迈的感情，超逸脱俗的兴致。形容热情奔放，洒脱飘逸的情态。

义~：肝、胆：比喻人的真心、血性、勇气。指为人正直忠贞。

【结构】 联合　形-名|形-名

【扩联】 义胆忠肝效国难
　　　　豪情逸致泛秋江

878

háo qíng zhuàng zhì
豪 情 壮 志

chì dǎn zhōng xīn
赤 胆 忠 心

【释义】 豪~：豪迈的感情，宏大的志向。
赤~：赤：赤诚。忠：忠诚。形容非常忠诚。
【结构】 联合 形-名|形-名
【扩联】 抒豪情壮志
献赤胆忠心

879

hǎo lí hǎo sàn
好 离 好 散

nán shě nán fēn
难 舍 难 分

【释义】 好~：情侣、夫妻分手分散时不相互责难。
难~：感情深厚，难以分离。
【结构】 联合 形-动|形-动
【扩联】 难舍难分难再见
好离好散好重逢

880

hǎo shì duō zǔ
好 事 多 阻

shàn mén nán kāi
善 门 难 开

【释义】 好~：阻：阻力，阻碍，障碍。成就一件好事往往要遇到
很多阻力、障碍。语见明·王守仁《与黄宗贤书》："好事
多阻，恐亦未易如愿。"
善~：善门：为善之门。旧指一旦行善助人，很多人都会
来求援，就无法应付了。语见清·李宝嘉《官场现形记》
第三十四回："这太原一府正是被灾顶重的地方。大善士见
机，晓得善门难开。"
【结构】 主谓 形-名|形-动
【扩联】 善门难开多开启
好事多阻难阻拦

881

hǎo xīn hǎo bào
好 心 好 报

zì yè zì dé
自 业 自 得

【释义】 好~：有好的心肠待人待物行善，就会有好的报答。
自~：业：佛教称一切行为、言语、思想为业，分别称作
身业、口业、意业，合称"三业"。业有善恶，一般专指
恶业。佛教用语，意为自己做的业，自己遭报应。指自作
自受。
【结构】 主谓 形-名|形-动
【扩联】 好行善事好心好报
自作聪明自业自得

882

hào dān fēi sù
好 丹 非 素

hèn zǐ yuàn hóng
恨 紫 怨 红

【释义】 好~：喜爱红色，讨厌白色。比喻有所偏爱或抱门户之
见。语见南朝梁·江淹《杂体诗序》："至于世之诸贤，各
滞所迷，莫不论甘则忌辛，好丹则非素。"
恨~：紫、红：代指紫色和红色的花，泛指各种颜色的鲜
花。各种颜色的花竞相开放，让人心烦意恨。形容花开引
起人的伤感。
【结构】 连动 动-名|动-名
【扩联】 贪色人好丹非素
伤春女恨紫怨红

883

hào gāo wù yuǎn
好 高 骛 远
tān dà qiú quán
贪 大 求 全

【释义】 好~：爱好太高，追求甚远。形容欲望过高，脱离实际。
贪~：贪图规模大而齐全。指不顾实际，片面追求大而全的做法。
【结构】 联合 动-形|动-形
【扩联】 好高骛远少年心志
贪大求全老板意图

884

hào shī lè shàn
好 施 乐 善
jī dé lěi rén
积 德 累 仁

【释义】 好~：施：施舍，给予恩惠。形容乐于做好事，热心资助别人解决困难。
积~：积累功德与仁义。
【结构】 联合 动-名|动-名
【扩联】 好施乐善善人福大
积德累仁仁者命长

885

hào hào dàng dàng
浩 浩 荡 荡
fēn fēn yōng yōng
纷 纷 拥 拥

【释义】 浩~：浩浩：水势盛大的样子。荡荡：广大的样子。形容水势浩大。后也用以形容声势雄伟壮阔。
纷~：纷乱拥挤。形容人群纷乱。也形容人多，向某一地方拥挤，非常热闹。语见《天雨花》第二十八回："左弓右矢护车行，纷纷拥拥离京阙。"
【结构】 联合 叠—|叠—
【扩联】 钱塘潮汐浩浩荡荡
上海人流纷纷拥拥

886

hào rú yān hǎi
浩 如 烟 海
liáo ruò chén xīng
寥 若 晨 星

【释义】 浩~：浩：广大、众多。烟海：烟云弥漫的大海。像烟海一样广大众多。一般形容（书籍、资料）多得无法计算。
寥~：寥：稀疏。稀少得像早晨的星星一样。形容为数很少，罕见。
【结构】 述补 形|动-名-名
【扩联】 寥若晨星可圈可点
浩如烟海难觅难寻

887

hē fó mà zǔ
呵 佛 骂 祖
bēi tiān mǐn rén
悲 天 悯 人

【释义】 呵~：呵：呵斥。呵斥辱骂佛祖。原为佛家语，意指不受拘束，突破前人。也用以形容无所顾虑，敢作敢为。语见宋·释道原《景德传灯录·宣鉴禅师》："是伊将来有把茅盖头，呵佛骂祖去在。"
悲~：悲：悲伤。天：天命，这里指时世。悯：怜悯。对混乱的时世感到悲伤，对困苦的人民表示怜悯。
【结构】 联合 动-名|动-名
【扩联】 呵佛骂祖无顾忌
悲天悯人有仁心

888

hé fēng xì yǔ
和 风 细 雨

liè huǒ hōng léi
烈 火 轰 雷

【释义】和~：温和的风，细微的雨。比喻态度温和，方法细致。
烈~：炽热的烈火，轰响的雷鸣。形容性格言语急躁暴烈。
【结构】联合　形-名|形-名
【扩联】烈火轰雷人暴烈
和风细雨性温和

889

hé yán yuè sè
和 颜 悦 色

kǔ kǒu pó xīn
苦 口 婆 心

【释义】和~：温和的颜面，喜悦的脸色。形容和蔼可亲的样子。
苦~：苦口：说善意的话嘴巴都说苦了。婆心：老婆婆的心肠。指好心好意、不厌其烦地劝说或开导。
【结构】联合　形-名 形-名
【扩联】苦口婆心多善意
和颜悦色是真情

890

hé zhōng gòng jì
和 衷 共 济

bǐ yì shuāng fēi
比 翼 双 飞

【释义】和~：和衷：指同心。济：过河。大家一条心，共同渡过江河。后用以比喻同心协力，克服困难。
比~：比翼：翅膀紧靠着飞，此处指比翼鸟，传说此鸟一目一翼，两只合拢，双宿双飞。比喻好友或情人、夫妻形影不离地生活在一起，或在事业上并肩前进。
【结构】状中　动-名|形-动
【扩联】兄弟友于和衷共济
夫妻恩爱比翼双飞

891

hé bēn hǎi jù
河 奔 海 聚

yún yǒng fēng fēi
云 涌 风 飞

【释义】河~：像河水奔涌，海浪聚涌。比喻思路开阔，文辞畅达。
云~：云阵奔涌，狂风发作。形容文章气势磅礴。
【结构】联合　名-动|名-动
【扩联】河奔海聚思千载
云涌风飞接九天

892

hé dōng shī hǒu
河 东 狮 吼

xiá lǐ lóng yín
匣 里 龙 吟

【释义】河~：河东：古郡名，为柳氏所居之地。狮吼：佛教用语，比喻威严。喻指凶恶暴躁而又爱嫉妒的妇人。语见宋·洪迈《容斋三笔·陈季常》："季常……好宾客，喜畜声妓，然其妻柳氏绝凶妒，故东坡有诗云：龙丘居士亦可怜，谈空说有夜不眠。忽闻河东狮子吼，拄杖落手心茫然。"
匣~：宝剑在剑匣中发出龙吟般的声响。原指剑的神通。后比喻有大材的人希望见用。语见晋·王嘉《拾遗记》第一卷："（帝颛顼）有曳影之剑，腾空而舒，若四方有兵，此剑则飞起指其方，则克伐；未用之时，常于匣里如龙虎之吟。"
【结构】主谓　名-方-名|动
【扩联】敢挥匣里龙吟剑
怕起河东狮吼声

893

hé liáng xié shǒu
河 梁 携 手
chá fàn wú xīn
茶 饭 无 心

【释义】 河~：河梁：桥。指送别。语见汉·李陵《与苏武》诗："携手上河梁，游子暮何之？徘徊蹊路侧，恨恨不得辞。"
茶~：没有心思吃饭喝茶。形容心情焦虑、苦恼。
【结构】 状中　名-名|动-名
【扩联】 河梁携手又挥手
茶饭无心皆在心

894

hé qīng hǎi yàn
河 清 海 晏
guó tài mín ān
国 泰 民 安

【释义】 河~：河：黄河。晏：平静。黄河的水清了，大海没有波浪了。比喻天下太平。
国~：泰：太平。国家太平，人民安乐。指全国形势稳定，人们过着安定的生活。
【结构】 联合　名-形|名-形
【扩联】 国泰民安日日昌盛
河清海晏年年太平

895

hé láng fù fěn
何 郎 傅 粉
měi nǚ zān huā
美 女 簪 花

【释义】 何~：三国时魏尚书何晏面皮白嫩，人们都以为他涂了粉。形容面容白皙的美男子。
美~：簪：插戴。美女戴花。比喻书法娟秀多姿或诗文风格秀丽。
【结构】 主谓　名—|动-名
【扩联】 何郎傅粉何也
美女簪花美哉

896

hè qiāng shí dàn
荷 枪 实 弹
guàn jiǎ tí bīng
贯 甲 提 兵

【释义】 荷~：荷：扛着。实：充实，装满。扛着枪，装满弹药。形容全副武装。
贯~：贯：穿。兵：兵器。身穿盔甲，手握兵器。形容杀气腾腾的样子。
【结构】 联合　动-名|动-名
【扩联】 荷枪实弹上前线
贯甲提兵杀敌人

897

hè guī huá biǎo
鹤 归 华 表
lóng yù shàng bīn
龙 驭 上 宾

【释义】 鹤~：华表：古代宫殿、陵墓等大型建筑物前面作装饰用的巨大石柱，柱身刻有龙凤等图案，上部横插雕花石板。化鹤归来，集于华表。感叹人世的变迁。语见《搜神后记》第一卷："丁令威，本辽东人，学道于灵虚山。后化鹤归辽，集城门华表柱。"
龙~：乘龙升天，为天帝之宾，旧时敬称皇帝死亡。也作"龙御上宾"。
【结构】 主谓　名|动-名—
【扩联】 鹤归华表千年羽化
龙驭上宾万岁驾崩

898

hè guī liáo hǎi
鹤 归 辽 海

hǔ luò píng yáng
虎 落 平 阳

【释义】 鹤~：传东辽人丁令威学道灵虚山，千年后化鹤回到辽东，停在城门华表柱上，人欲射之，鹤飞，徘徊空中而感叹人世变迁。
虎~：平阳：地势平坦明亮的地方。老虎离开了深山，落在了平地受困。比喻有权有势有实力者一旦失去权势或优势后，就无所作为了。

【结构】 主谓　名|动-名—

【扩联】 鹤归辽海遭人射
虎落平阳被犬欺

899

hè shòu qiān suì
鹤 寿 千 岁

péng tuán jiǔ tiān
鹏 抟 九 天

【释义】 鹤~：仙鹤长寿，可享千年。祝寿用语。
鹏~：抟：盘旋。鲲鹏展翅，在九天飞翔盘旋。赞美之词。

【结构】 主谓　名-动|数-名

【扩联】 松柏长青鹤寿千岁
扶摇直上鹏抟九天

900

hēi bái liǎng dào
黑 白 两 道

dān è yī xīn
丹 垩 一 新

【释义】 黑~：黑道：指流氓盗匪等结成的黑社会组织，也指不正当的或非法的行径。白道：指合法的组织或特指政府机关；也指正当的或合法的途径。狭义的白道黑道，则指警方和犯罪团伙或地方黑恶势力。"黑白两道"，指游刃于两者之间，两边吃香，或合二为一，充当保护伞之类的人。
丹~：丹：朱漆。垩：白垩：白泥。红漆白泥，粉刷一新。比喻面貌改变，焕然一新。语见苏轼《杭州龙井院讷斋记》："台观飞涌，丹垩炳焕。"

【结构】 述补　名-名|数-形

【扩联】 黑白两道本为恶者
丹垩一新假扮好人

901

hé yú dé shuǐ
涸 鱼 得 水

wèi què wú zhī
魏 鹊 无 枝

【释义】 涸~：涸：水干，枯竭。干水沟里的鱼得到了活命之水。比喻处于困境而得到救援。
魏~：魏鹊：语出三国魏曹操《短歌行》："月明星稀，乌鹊南飞，绕树三匝，何枝可依。"比喻贤才无所依存。

【结构】 主谓　形-名|动-名

【扩联】 涸鱼得水延长命
魏鹊无枝寄托身

902

hèn rú fāng cǎo
恨 如 芳 草

jìng ruò shén míng
敬 若 神 明

【释义】 恨~：恨：相思之愁怨。相思的愁怨像萋萋之芳草，烧不尽，斩不断，吹还生。形容愁怨至深。
敬~：敬：敬奉。敬奉某个人，就像迷信的人敬奉神灵一样。形容对人十分崇拜。语见《后唐书·李密传》："是以爱之如父母，敬之若神明，用能享国多年，祚延长世。"也作"敬如神明"。

【结构】 述补　动|动-形-名

【扩联】 苦相思恨如芳草
太崇拜敬若神明

903

héng chōng zhí zhuàng
横 冲 直 撞

hú zuò fēi wéi
胡 作 非 为

【释义】 横~：横处乱冲，直处乱撞。形容毫无顾忌地一味蛮干或蛮不讲理。也形容凶悍勇猛，势不可挡。
胡~：指不遵守法纪，不讲道德，毫无顾忌地干坏事。也指干一些毫无道理的事。

【结构】 联合　形-动|形-动

【扩联】 车不能横冲直撞
人岂可胡作非为

904

héng méi lěng duì
横 眉 冷 对

cè ěr qīng tīng
侧 耳 倾 听

【释义】 横~：横眉：怒目而视的样子。冷对：冷眼相对，表示蔑视。用愤恨和蔑视的眼光对待。形容对敌人或恶势力不屈服的态度。
侧~：侧耳：耳朵向旁边歪。歪着头用心仔细听。形容很愿意听认真地听。

【结构】 状中　形-名|形-动

【扩联】 横眉冷对千夫指
侧耳倾听万籁音

905

héng shēng zhī jié
横 生 枝 节

dà zuò wén zhāng
大 做 文 章

【释义】 横~：横：旁侧。生：孳生。枝节：嫩枝新节。比喻处理某事时产生新情况或插进了新问题，使事情更加复杂化。
大~：比喻在某一件事情上大费心思地借题发挥或节外生枝，进行责难。

【结构】 动宾　形-动|名-名

【扩联】 信口开合横生枝节
借题发挥大做文章

906

héng xíng jiè shì
横 行 介 士

cháng shèng jiāng jūn
常 胜 将 军

【释义】 横~：介士：穿着铠甲的武士。横着走路的武士。指螃蟹，因其负甲而横行。也作"横行公子"。语见宋·傅肱《蟹谱·兵权》："出师下寨之际，忽见蟹，则当呼为'横行介士'，权以安众。"
常~：常：经常，永久。永远打胜仗的将军。语见南朝宋·范晔《后汉书·臧公传》："常胜之家，难与虑敌。"

【结构】 定中　形-动|名一

【扩联】 横行介士横行惯
常胜将军常胜多

907

héng xíng wú jì
横 行 无 忌

zhí dào shǒu jié
直 道 守 节

【释义】 横~：横行霸道，毫无顾忌。形容肆意干坏事。
直~：直道：公正地为人处事。持守正义，不改节操。

【结构】 状中　形-动|动-名

【扩联】 横行无忌八条腿
直道守节一本经

908

héng zhēng bào liǎn
横 征 暴 敛

qiǎo qǔ háo duó
巧 取 豪 夺

【释义】 横~：横：蛮横。征、敛：征收。强横残暴地征收捐税，聚敛民财。
巧~：用欺骗或残暴的手段夺取别人的财物或权力等。

【结构】 联合　形-动|形-动

【扩联】 横征暴敛百姓何苦
巧取豪夺万民不安

909

héng yáng xiāng wàng
桁杨相望
guān gài yún jí
冠盖云集

【释义】桁~：桁杨：古时加在脚上或颈上以拘系囚犯的刑具。相望：相互在望。形容罪人很多。
冠~：冠盖：古时官员的帽子和车篷。云集：像聚集的云层。形容官宦士绅集聚得很多。
【结构】主谓　名-名|副-动
【扩联】冤狱遍地桁杨相望
官员满朝冠盖云集

910

hōng hōng liè liè
轰轰烈烈
lěng lěng qīng qīng
冷冷清清

【释义】轰~：轰轰：象声词，指巨大的声音。烈烈：火势旺盛的样子。形容声势浩大，气魄宏伟。
冷~：形容又冷又静而且凄凉。
【结构】联合　叠—|叠—
【扩联】轰轰烈烈开始
冷冷清清收场

911

hóng chén gǔn gǔn
红尘滚滚
kǔ hǎi máng máng
苦海茫茫

【释义】红~：红尘：飞扬的尘土。形容繁华热闹，佛家道家用以称谓人世。滚滚：形容急速翻腾。指人世纷繁。
苦~：苦海：原为佛教用语，喻指世间苦难深重如海，后泛指很困苦的环境。茫茫：没有边际，辽阔深远的样子。比喻人世间苦难无穷无尽。语见金·王处《行香子·劝徐老奉善》词："苦海茫茫，深可悲伤。"
【结构】主谓　形-名|叠—
【扩联】红尘滚滚人迷路
苦海茫茫水覆舟

912

hóng chén kè mèng
红尘客梦
fù guì fú yún
富贵浮云

【释义】红~：红尘：人世间，尘世。客梦：客旅中做的梦。比喻尘世虚幻。消极人生观认为：人是世间过客，尘世生活就像一场梦，转眼即逝。
富~：语出《论语》："不义而富且贵，于我如浮云。"不仁不义得来的财富与官禄，对我来说就像浮云一样。后指富贵利禄是身外之物，不值得看重、留恋。
【结构】主谓　名-名|名-名
【扩联】富贵浮云散去无影
红尘客梦醒来即空

913

hóng chén zǐ mò
红尘紫陌
bái mǎ sù chē
白马素车

【释义】红~：红尘：飞扬的尘土，形容繁华热闹。紫陌：指帝都郊野的道路。红尘滚滚、繁华热闹的京都大道。也比喻虚幻的荣华。
白~：旧时办丧事用的车马。后用作送葬之辞。语见《史记·秦始皇本纪》："沛公……约降子婴。子婴即系颈以组，白马素车，奉天子玺符，降轵道旁，沛公遂入咸阳。"
【结构】联合　形-名|形-名
【扩联】白马素车降轵咸阳道
红尘紫陌直通京都城

914

hóng zhuāng sù guǒ
红 装 素 裹
ruǎn yù wēn xiāng
软 玉 温 香

【释义】 红~：红装：指妇女。素裹：素衣裹体，淡雅恬静的素色服饰。指衣着淡雅的妇女。也用以形容雪天晴后，鲜红的太阳照射着河山积雪，阳光雪色交相辉映的美丽景色。
软~：软：柔和。温：温和。玉、香：都是女子的代称。指温柔的年青女子。

【结构】 联合　形-名|形-名

【扩联】 软玉温香真妩媚
红装素裹好妖娆

915

hóng cái dà lüè
宏 才 大 略
gāo jié qīng fēng
高 节 清 风

【释义】 宏~：杰出的才能和谋略。
高~：高尚的气节，清廉的作风。气节高尚，作风清廉。比喻人品高洁。

【结构】 联合　形-名|形-名

【扩联】 宏才大略经邦纬国
高节清风浴德澡身

916

hóng chóu hè lǚ
鸿 俦 鹤 侣
gǒu dǎng hú qún
狗 党 狐 群

【释义】 鸿~：鸿、鹤皆为群居高飞之鸟，用以比喻高洁、杰出之辈。
狗~：比喻勾结在一起的一帮游手好闲、不务正业、吃喝玩乐的人。

【结构】 联合　名-名|名-名

【扩联】 鸿俦鹤侣云天飞燕
狗党狐群市井游民

917

hóng dū mǎi dì
鸿 都 买 第
mù yè huái jīn
暮 夜 怀 金

【释义】 鸿~：泛指买官行贿。语见《后汉书·崔寔传》："灵帝时，开鸿都门榜卖官爵，公卿州郡下至黄绶各有差。"唐·姚思廉《陈书·袁宪传》："时生徒对策，多行贿赂，文豪请具束脩，君正曰：'我岂能用钱为儿买第耶？'"
暮~：比喻暗中行贿。《后汉书·杨震传》载：汉代杨震途经昌邑，震所举昌邑令王密谒震。至夜，怀金十斤以赠震。震曰："故人知君，君不知故人，何也？"密曰："暮夜无知者。"震曰："天知，神知，我知，子知，何谓无知？"密愧而出。语见明·石宝《暮夜金》："暮夜金，光陆离，故人心，君不知。"

【结构】 状中　名-名|动-名

【扩联】 暮夜怀金暗中行贿
鸿都买第明里卖官

918

hóng shāng fù gǔ
鸿 商 富 贾
shuò xué tōng rú
硕 学 通 儒

【释义】 鸿~：商、贾：商人。鸿：大。指资财雄厚的大商人。
硕~：硕学：学问渊博的人。通儒：通晓儒家经典的学者。指学识渊博的学者、大儒。

【结构】 联合　形-名|形-名

【扩联】 硕学通儒见多识广
鸿商富贾财大气粗

919

hóng hú jiāng zhì
鸿 鹄 将 至
fèng huáng yú fēi
凤 凰 于 飞

【释义】 鸿~：鸿鹄：天鹅。将至：将要飞来了。指学习不专心。现也表示将有所得。语见《孟子·告子上》："今夫奕（下棋）之为数，小数也，不专心致志，则不得也。奕秋，通国之善奕者也，使奕秋诲二人奕，其一人专心致志，惟奕秋之为听，一人虽听之，一心以为有鸿鹄将至，思援弓缴而射之，虽与之俱学，弗若之矣。"
凤~：于：语助词。凤和凰相偕而飞。比喻婚姻美满，夫妻和睦。

【结构】 主谓 名-名|副-动

【扩联】 鸿鹄将至传喜讯
凤凰于飞宿鸾巢

920

hóng hú zhī zhì
鸿 鹄 之 志
hǔ láng zhī wēi
虎 狼 之 威

【释义】 鸿~：鸿鹄：天鹅。因飞得高，常用来比喻志向远大的人。比喻远大的志向。语见《吕氏春秋》："夫骥骜之气，鸿鹄之志，有逾乎人心者诚也。"
虎~：如虎狼之凶猛威风。形容极威严凶猛的的气派和声势。

【结构】 定中 名-名|助-名

【扩联】 少怀鸿鹄之志
壮逞虎狼之威

921

hóng lú diǎn xuě
洪 炉 点 雪
dà làng táo shā
大 浪 淘 沙

【释义】 洪~：洪炉：大火炉。雪片点入大火炉里，立即就融化。比喻领悟、接受迅速，思想改变快。
大~：水浪冲洗，去掉沙石。比喻在激烈的斗争中经受考验和筛选。

【结构】 主谓 形-名|动-名

【扩联】 洪炉点雪完全点化
大浪淘沙真正淘金

922

hōng yún tuō yuè
烘 云 托 月
jiā yè tiān zhī
加 叶 添 枝

【释义】 烘~：烘、托：渲染某一部分，衬托出另一部分。原指一种画月亮的传统画法。后比喻文艺作品不是从正面描绘，而是从侧面点染，用以烘托出所描绘的事物。
加~：在画好的树上又添些枝叶。比喻在事物原有的基础上加以夸张渲染，添加了原来没有的内容。也比喻捏造、夸大事实。

【结构】 联合 动-名|动-名

【扩联】 加叶添枝枝压干
烘云托月月当空

923

hóng qiáo zhì shuǐ
洪 乔 掷 水
huáng ěr chuán shū
黄 耳 传 书

【释义】 洪~：晋代人殷洪乔把别人托他送交的信件全部丢进水中。后称书信寄失为洪乔掷水。
黄~：黄耳：良犬名。它为主人传递书信准能送到，从不出错。

【结构】 主谓 名|动-名

【扩联】 洪乔掷水人无信
黄耳传书犬竭诚

924

hóng shuǐ měng shòu
洪水猛兽

jǐng xīng fèng huáng
景星凤皇

【释义】 洪~：洪：大。泛滥成灾的大水，凶残吃人的野兽。比喻极具危害的人或事物。语见宋·朱熹注《孟子·滕文公下》："邪说横流，坏人心术，甚于洪水猛兽之害。"
景~：景星：星名，相传常出现于有道之国。凤凰：即凤凰，古代传说的鸟王，为祥瑞之象征。传说太平盛世才能见到的景星和凤凰。后用以比喻美好的事物或杰出的人才。语见唐·韩愈《与少室李拾遗书》："朝廷之士，引颈东望，若景星凤皇之始见也，争先睹之为快。"

【结构】 联合　形-名｜形-名

【扩联】 洪水猛兽生乱世
景星凤皇出升平

925

hóu qīng yùn yǎ
喉清韵雅

zì zhèng qiāng yuán
字正腔圆

【释义】 喉~：歌喉清亮，韵味幽雅。形容歌唱艺术高超。
字~：吐字清楚，唱腔圆润。形容唱歌唱戏唱功好。

【结构】 联合　名-形｜名-形

【扩联】 字正腔圆动听悦耳
喉清韵雅荡气回肠

926

hóu mén sì hǎi
侯门似海

guān fǎ rú lú
官法如炉

【释义】 侯~：王侯的门庭就像深海一样。形容大官僚的家庭门卫森严，不能自由出入。
官~：国家和官府的法度如同火炉一样。形容法度十分严厉。

【结构】 主谓　名-名｜动-名

【扩联】 侯门似海难谋面
官法如炉不讲情

927

hòu dé zǎi wù
厚德载物

dà yán qī rén
大言欺人

【释义】 厚~：厚德：大德。本指大地有广厚之德能载生万物。借指人有厚德能容载芸芸众生、万事万物。亦指道德高尚者能承担重大任务、责任。
大~：大言：说大话。说大话欺骗人。语见《三国演义》第四十三回："军败于当阳，曹穷于夏口，亘亘求救于人而言不惧，此真大言欺人也。"

【结构】 主谓　形-名｜动-名

【扩联】 凡厚德能载物
惟大言易欺人

928

hòu jī bó fā
厚积薄发

shēn sī shú xiáng
深思熟详

【释义】 厚~：厚积：指充分积蓄。薄发：少量地慢慢放出。形容基础雄厚，发出的东西才有力。也比喻须有充分准备，才能把事情办好。
深~：熟：仔细。详：审慎，审察。形容深入细致地观察和周密而谨慎地思考。

【结构】 联合　形-动｜形-动

【扩联】 深思熟详真知灼见
厚积薄发笃论高言

929

hòu jīn bó gǔ
厚 今 薄 古

sòng gǔ fēi jīn
颂 古 非 今

【释义】 厚~：厚：重视，推崇。薄：轻视，看不起。重视现代的，轻视古代的。
颂~：非：非难，认为不对、不好。赞颂古代的，非难现代的。
【结构】 联合　动-名|动-名
【扩联】 厚今薄古看轻传统
颂古非今漠视创新

930

hòu yán wú chǐ
厚 颜 无 耻

jiàng zhì rǔ shēn
降 志 辱 身

【释义】 厚~：颜：脸面，脸皮。脸皮厚，不知羞耻。指任何不要脸的事情都做得出来。
降~：降志：降低自己的志向。辱身：辱没身份。原指没有高洁的志气。后用以形容与世俗同流合污。
【结构】 联合　动-名|动-名
【扩联】 谄上骄下厚颜无耻
同流合污降志辱身

931

hòu hé qián yǎng
后 合 前 仰

dōng dǎo xī wāi
东 倒 西 歪

【释义】 后~：形容身体大幅度地前后晃动。也作"前仰后合"。
东~：往东倒又往西歪。形容站立不稳的样子，也形容房屋往两边倾斜。
【结构】 联合　方-动|方-动
【扩联】 东倒西歪屋担心刮风下雨
后合前仰人注意岔气闪腰

932

hòu lái jiā qì
后 来 佳 器

qián dù liú láng
前 度 刘 郎

【释义】 后~：佳器：有才能的人。指后来居上者是很有才能的人。
前~：比喻离去又回来的人。语见唐·刘禹锡《再游玄都观绝句》："种桃道士归何处？前度刘郎又重来。"
【结构】 定中　形-动|形-名
【扩联】 后来佳器三旬初度
前度刘郎五秩重来

933

xiān fā zhì rén
先 发 制 人

hòu lái jū shàng
后 来 居 上

【释义】 先~：抢先动手以控制、制服对方。
后~：后来者居上席。比喻新人处在老人之上，新一代人超过老一代人。
【结构】 连动　形-动|动-名
【扩联】 一纵即逝先发制人
百折不挠后来居上

934

hòu shēng kě wèi
后 生 可 畏

lǎo dà tú shāng
老 大 徒 伤

【释义】 后~：后生：后辈，指年轻人。可：值得。畏：敬畏。年轻人是值得敬畏的。意思是青年人很容易超过老年人。
老~：老大：年纪大。徒：徒然。年老了而一事无成，徒有悲伤而已。
【结构】 主谓　名一|副-动
【扩联】 有作为后生可畏
无成就老大徒伤

935

hòu tái lǎo bǎn
后 台 老 板
shì jǐng xiǎo rén
市 井 小 人

【释义】 后~：原指旧戏班的班主。后用以指幕后操纵者。
市~：市井：古指买卖场所，引申指城镇。城镇中处于下层的庸俗鄙陋之人。
【结构】 定中 名一|名一
【扩联】 后台老板台下拍板
市井小人井中救人

936

hòu yuàn qǐ huǒ
后 院 起 火
qián tú dǎo gē
前 徒 倒 戈

【释义】 后~：喻指在后方内部发生变故了。
前~：徒：步兵。在前方作战的部队投降敌方，掉转枪口，反过来攻打自己人。
【结构】 主谓 形-名|动-名
【扩联】 前徒倒戈土崩瓦解
后院起火众叛亲离

937

hū fēng huàn yǔ
呼 风 唤 雨
lòu yuè cái yún
镂 月 裁 云

【释义】 呼~：叫刮风就刮风，叫下雨就下雨。神话传说神仙道士的神通广大，风和雨都能听他使唤。现也用以比喻人民群众具有支配自然的伟大力量。有时也形容反动势力的煽动。
镂~：镂：雕刻。雕刻月亮，剪裁云彩。比喻技艺精湛、巧妙。
【结构】 联合 动-名|动-名
【扩联】 呼风唤雨神通广大
镂月裁云技艺高超

938

hū péng huàn yǒu
呼 朋 唤 友
bié fù pāo chú
别 妇 抛 雏

【释义】 呼~：招唤同类、同伴或朋友，一起去干什么事。
别~：离开妻子，丢下儿女，独自一人离家了。含有被迫之意味。
【结构】 联合 动-名|动-名
【扩联】 眉开眼笑呼朋唤友
意乱心烦别妇抛雏

939

hú fú qí shè
胡 服 骑 射
hàn guān wēi yí
汉 官 威 仪

【释义】 胡~：胡：指北方少数民族，善于骑射。其服装也适于骑射，故胡人强于汉人。战国时，赵武灵王采用其制，以增强国家的军事力量。语见《史记·赵世家》："（赵武灵王问肥义曰）今吾将胡服骑射以教百姓，而世必议寡人，奈何？"
汉~：汉：代指中国。汉代朝廷的礼仪、服饰制度。泛指正统的皇室礼仪、典章制度。语见清·洪昇《长生殿·剿寇》："誓当扫清群寇，收复两京，再造唐家社稷，重睹汉官威仪，方不负平生志愿也。"
【结构】 定中 名-名|名-名
【扩联】 汉官威仪中华正统
胡服骑射夷狄专长

940

hú lún tūn zǎo
囫 囵 吞 枣

shuài ěr cāo gū
率 尔 操 觚

【释义】 囫~：囫囵：完整，整个儿的。把整个枣吞咽下去。比喻读书学习等，不加分析理解，生吞活剥，笼统接受。
率~：率尔：轻率地。觚：古人书写的木简。不假思索考虑，轻率地拿起木简就写。
【结构】 状中 形一|动-名
【扩联】 连核带泥囫囵吞枣
无思不想率尔操觚

941

hú guāng shān sè
湖 光 山 色

liǔ yǐng huā yīn
柳 影 花 阴

【释义】 湖~：湖上风光，山乡景色。指山水景色。
柳~：绿柳之影，花枝之阴。指男女幽会之处。引申为男女情爱之事。
【结构】 联合 名-名 名-名
【扩联】 游人饱览湖光山色
情侣流连柳影花阴

942

hú hǎi zhī shì
湖 海 之 士

dòng liáng zhī cái
栋 梁 之 才

【释义】 湖~：五湖四海之间的壮士。旧时指走遍天下、行侠仗义的人物。
栋~：栋：房屋的大梁。梁：架在墙上或柱子上的木材。比喻像栋梁一样能担当国家重任的人才。
【结构】 定中 名-名|助-名
【扩联】 湖海之士行侠天下
栋梁之才效力国家

943

hú liǎn zhī qì
瑚 琏 之 器

shè jì zhī chén
社 稷 之 臣

【释义】 瑚~：瑚琏：古代宗庙中盛粮食的祭器，被视为珍贵之物。借喻人之有才能如瑚琏。
社~：社稷：古代帝王、诸侯所祭祀的土地神和谷神，又常做国家的代称。旧指辅助君主安邦治国的栋梁之臣。语见《论语·季氏》："夫颛臾，昔者先王以为东蒙主，且在邦域之中矣，是社稷之臣也，何以伐为？"
【结构】 定中 名-名|助-名
【扩联】 如瑚琏之器君子不器
有社稷之臣诸侯称臣

944

hú zhōng tiān dì
壶 中 天 地

mèng lǐ nán kē
梦 里 南 柯

【释义】 壶~：指道家的神仙生活。语出《后汉书》，东汉人费长房见一悬壶（葫芦）卖药老翁，能进到葫芦里去。后随老翁钻进去，只见朱栏画栋，仙山琼阁，别有洞天。语见元·刘秉忠《永遇乐》词："壶中天地，目前今古，今日还明日。"
梦~：南柯：靠南边的树枝。《南柯太守传》中，淳于棼靠着槐树醉卧做梦，梦里当了槐安国南柯郡太守，一生享尽荣华富贵。惊醒后发现树下是一个大蚁穴，南柯郡就是槐树的南枝。比喻一场空虚的梦幻。
【结构】 定中 名-方|名-名
【扩联】 壶中天地葫芦药
梦里南柯蚂蚁窝

945

hú zhōng rì yuè
壶 中 日 月

xiù lǐ qián kūn
袖 里 乾 坤

【释义】 壶~：指道家的神仙生活。传说中有老者悬壶于市，可召人入壶，中有天地日月，宛如世间。
袖~：谓衣袖中藏天地。喻指变化无穷的幻术。

【结构】 定中　名-方｜名-名

【扩联】 袖里乾坤大
壶中日月长

946

hú mèi huò zhǔ
狐 媚 惑 主

yuān fēi lì tiān
鸢 飞 戾 天

【释义】 狐~：传说狐狸能用媚态迷惑人。比喻做出各种媚态来讨好迷惑主人、上司。语见唐·骆宾王《为徐敬业讨武曌檄》："掩袖工谗，狐媚偏能惑主。"
鸢~：鸢：一种形似鹰的猛禽。戾：到达，至。鸢鸟高飞，飞到天上。形容像鸢鸟一样怀着对名利的渴望极力高攀的人。语见《诗经·大雅·旱麓》："鸢飞戾天，鱼跃于渊，岂弟君子，遐不作人。"

【结构】 连动　名-形｜动-名

【扩联】 大王好色狐媚惑主
文士攀高鸢飞戾天

947

hú píng shǔ fú
狐 凭 鼠 伏

hǔ jù lóng pán
虎 踞 龙 盘

【释义】 狐~：凭：依靠。伏：潜伏。像狐狸、老鼠一样凭借掩蔽物潜伏着。比喻敌军藏藏躲躲，不敢出动。
虎~：踞：蹲或坐，踞守。盘：通"蟠"，盘曲地伏着。形容南京城像猛虎似地蹲着，钟山像龙盘曲地伏在那里，地势险要而雄伟。

【结构】 联合　名-动｜名-动

【扩联】 狐凭鼠伏藏一角
虎踞龙盘傲四方

948

hú qún gǒu dǎng
狐 群 狗 党

fèng yǒu luán jiāo
凤 友 鸾 交

【释义】 狐~：比喻结成一伙的狡猾凶恶的坏人。
凤~：鸾：鸾鸟，传说中凤凰一类的鸟。雄鸾雌凤相交友爱。比喻有情男女结成的恩爱伴侣。也比喻有才有为之人结成好友。

【结构】 联合　名-名｜名-名

【扩联】 凤友鸾交真情与共
狐群狗党臭味相投

949

hù shū bù dù
户 枢 不 蠹

bì ròu fù shēng
髀 肉 复 生

【释义】 户~：户枢：旧式木门的门轴。蠹：蛀蚀。经常转动的木门轴不易为蛀虫所蛀蚀。比喻经常运动的东西，不易受外物的侵蚀，可以长久不坏。也比喻人体经常运动，可以保持健康。
髀~：髀：大腿。大腿上的肉又长起来了。指长久处在安逸的环境，虚度岁月而无所作为。

【结构】 主谓　名-名｜副-动

【扩联】 门常开关户枢不蠹
人太闲散髀肉复生

950

hǔ tóu shé wěi
虎头蛇尾
fēng mù chái shēng
蜂目豺声

【释义】虎~：老虎的脑袋，蛇的尾巴。比喻做事前紧后松，有始无终。
蜂~：眼像蜂，声像豺。形容恶人的面目和声音。
【结构】联合　名-名|名-名
【扩联】蜂目豺声令人生厌
虎头蛇尾于事无成

951

hù jìng hù ài
互敬互爱
xiāng xū xiāng chéng
相须相成

【释义】互~：互相尊敬，互相关爱。
相~：互相依存配合，互相促成。语见宋·张栻《答李敬修书》："谓功夫并进，相须而相成也。"
【结构】联合　副-动|副-动
【扩联】两夫妇互敬互爱百年好
一家人相须相成万事兴

952

hù wèi hù miǎn
互慰互勉
xiāng zī xiāng chéng
相资相成

【释义】互~：互相安慰，互相勉励。
相~：相互资助，相互促成。
【结构】联合　副-动|副-动
【扩联】困难时互慰互勉
前进路相资相成

953

huā fēi dié wǔ
花飞蝶舞
liǔ lù táo hóng
柳绿桃红

【释义】花~：鲜花和蝴蝶随风起舞、飘飞。形容春夏之际的美丽欢快景象。也比喻年轻女子走路姿势柔美轻盈。
柳~：柳叶泛绿，桃花吐红。形容春天的美丽景色，
【结构】联合　名-动|名-动
【扩联】柳绿桃红春景好
花飞蝶舞我心欢

954

huā huā shì jiè
花花世界
lǎng lǎng qián kūn
朗朗乾坤

【释义】花~：花花绿绿的世界。旧指繁华的都市。也指纸醉金迷、花天酒地的生活环境。
朗~：朗朗：明朗，明亮。乾坤：天地。指光天化日的清平世界。
【结构】定中　叠一|名-名
【扩联】花花世界鱼虫欢畅
朗朗乾坤鬼魅缓行

955

huā jiān sì yǒu
花间四友
zhú wài yī zhī
竹外一枝

【释义】花~：指莺、燕、蜂、蝶。语见明·汤显祖《还魂记·冥判》："那花间四友你差排，叫莺窥燕猜，倩蜂媒蝶采。"
竹~：指竹杯之外横斜疏影之梅花。以竹节的挺拔，更突出赞颂梅花的英姿和品格。语见宋·苏轼《和秦太虚梅花》："江头千树春欲暗，竹外一枝斜更好。"
【结构】定中　名-方|数-名
【扩联】花间四友花间戏
竹外一枝竹外斜

956

huā jiāo liǔ mèi
花娇柳媚

yún dàn fēng qīng
云淡风轻

【释义】花~：形容春天绿柳成荫、繁花似锦的景象。语见清·徐大椿《洄溪道情·题唐悔生寒林行啸图》："待得花娇柳媚，看雕鞍骏马，又去踏春风。"
云~：浮云淡淡，微风轻轻。形容天气晴好，最宜散心。也比喻心境缓和平静。语见宋·程颢《春日偶成》诗："云淡风轻近午天，傍花随柳过前川。"

【结构】联合　名-形|名-形

【扩联】花娇柳媚踏春去
云淡风轻看景回

957

huā jiē liǔ xiàng
花街柳巷

chǔ guǎn qín lóu
楚馆秦楼

【释义】花~：花、柳：古时爱以花形容女子貌美，以柳形容腰细，故以花柳代指妓女。花柳的街巷，旧指妓院聚集的地方。
楚~：过去泛指歌舞娱乐场所。因古代诗歌中常以"楚馆""秦楼"代指歌舞场所。

【结构】联合　名-名|名-名

【扩联】花街柳巷休闲地
楚馆秦楼娱乐城

958

huā kāi fù guì
花开富贵

zhú bào píng ān
竹报平安

【释义】花~：花儿盛开，迎来富贵。吉祥用语。
竹~：竹：竹简，代指家书。书信寄来，尽报平安。吉祥用语。

【结构】主谓　名|动-形-形

【扩联】花开富贵年年好
竹报平安岁岁春

959

huā quán xiù tuǐ
花拳绣腿

huǒ yǎn jīn jīng
火眼金睛

【释义】花~：打花拳，踢绣腿。指武术的动作花里胡哨，光好看，不中用。也比喻耍花招，施伎俩，或搞形式主义。
火~：原指孙行者能识别妖魔鬼怪的眼睛。后用以指人的眼光锐利，能识别真伪。

【结构】联合　形-名|形-名

【扩联】花拳绣腿糊蒙观众
火眼金睛辨别妖精

960

huā róng yù mào
花容玉貌

hè fà sōng zī
鹤发松姿

【释义】花~：如花似玉的容貌。形容女子容貌美好。
鹤~：像鹤羽一样白的头发，像松树一样遒劲的姿态。形容人虽老犹健。

【结构】联合　形-名|形-名

【扩联】花容玉貌妙龄女
鹤发松姿老寿星

961

huā róng yuè mào
花容月貌

yù gǔ bīng jī
玉骨冰肌

【释义】花~：如花如月的容貌。形容女子姿色秀丽。
玉~：如玉的骨骼，如冰的肌肤。形容女子娇好，肌肤滑润。

【结构】联合　名-名|名-名

【扩联】花容月貌大家闺秀
玉骨冰肌南国佳人

962

huā qián yuè xià
花前月下

pú shàng sāng jiān
濮上桑间

【释义】 花~：花丛之前，月光之下。原指清爽幽静的环境。后多指男女谈情说爱的场所。
濮~：濮上：濮水之上。桑间：春秋卫国的地名，在濮水之上。为当时出名的男女幽会唱情歌的地方。指男女私下相会的地方。也作"桑间濮上"。

【结构】 联合　名-方|名-方
【扩联】 濮上桑间男女爱
花前月下凤凰情

963

huā shēng mǎn lù
花生满路

yè luò guī qiū
叶落归秋

【释义】 花~：生：生发，绽放。像绽放的鲜花开满一路。形容因荣耀、美满而心情非常喜悦。
叶~：树叶由绿变枯黄，最后飘落在秋风里。比喻事物都有一定的归宿。但"叶落归秋"给人一种惆怅之感。语见明·康海《王兰卿》第一折："病淹渐折倒的庞儿瘦，但得个夫妻美满，便是我叶落归秋。"

【结构】 连动　名-动|动-名
【扩联】 青云得意花生满路
玉树临风叶落归秋

964

huā tiān jǐn shàng
花添锦上

yù huǐ dú zhōng
玉毁椟中

【释义】 花~：锦：有彩色花纹的丝织品。把花再绣在美锦上。比喻使美好的事物更加美好。
玉~：椟：匣子。装在匣子里的玉器被毁坏了。比喻因主管人员失职而造成了重大损失。语见《论语·季氏》："虎兕出于柙，龟玉毁于椟中，是谁之过与？"朱熹集注："言在柙而逸，在椟而毁，典守者不得辞其过。"

【结构】 主谓　名-|动-名-方
【扩联】 花添锦上美无比
玉毁椟中人有愆

965

huā tiān jiǔ dì
花天酒地

chē shuǐ mǎ lóng
车水马龙

【释义】 花~：花：名花，指旧时的妓女。名花美酒的境界里。旧指妓院、酒楼等场所。也形容沉迷在酒色之中的荒淫腐朽生活。
车~：车像流水，马像游龙。形容繁华热闹，车马来往不绝。

【结构】 联合　名-名|名-名
【扩联】 豪门富贵花天酒地
都市繁华车水马龙

966

huā tuán jǐn cù
花团锦簇

cuì rào zhū wéi
翠绕珠围

【释义】 花~：锦：色彩鲜艳，花纹精致的丝织品。簇：聚集。鲜花围成团，彩锦聚拢在一起。形容色彩缤纷、绚丽多彩的景色。
翠~：翠、珠：翡翠和珠宝。形容妇女戴满了首饰。也比喻周围环绕着盛装的女子。

【结构】 联合　名-动|名-动
【扩联】 花团锦簇赏春色
翠绕珠围看丽人

967

huā xiāng niǎo yǔ
花 香 鸟 语

liǔ duǒ yīng jiāo
柳 亸 莺 娇

【释义】 花~：花儿飘香，鸟儿啼鸣。形容美好的景色。
柳~：柳丝下垂，莺声娇媚。形容春色迷人。
【结构】 联合　名-形 | 名-形
【扩联】 花香鸟语春无限
柳亸莺娇画不成

968

huā xìn jì jié
花 信 季 节

jí jī nián huá
及 笄 年 华

【释义】 花~：花信：开花时期，花期。小寒至谷雨，有二十四番花信。指女子的年龄到了二十四岁。也泛指女子正处年轻美貌之时。
及~：笄：古代盘发用的簪子。古代女子已订婚者十五而笄，未定婚者二十而笄。指少女到了可以出嫁的年龄。语见《礼记·内则》："女子十有五年笄。"
【结构】 定中　名-名 | 名-名
【扩联】 花信季节撩人想
及笄年华待字来

969

huā zhī zhāo zhǎn
花 枝 招 展

guān miǎn táng huáng
冠 冕 堂 皇

【释义】 花~：鲜艳的花朵、枝条迎风摆动起舞。多形容女子打扮艳丽妖娆，引人注目。
冠~：冠冕：帝王官员所戴礼帽。堂皇：富丽气派。现用多含贬义，形容表面庄严体面，实为虚假派头。
【结构】 主谓　名-名 | 形-
【扩联】 冠冕堂皇贪官作秀
花枝招展靓女弄娇

970

huá zhòng qǔ chǒng
哗 众 取 宠

jiǎ gōng jì sī
假 公 济 私

【释义】 哗~；哗：喧哗。宠：宠爱。在公众中讲大话以取得宠信。
假~：假：借。济：补益。借公家名义或力量谋取个人利益。
【结构】 连动　动-名 | 动-名
【扩联】 假公济私名声臭
哗众取宠格调低

971

huà chī wéi fèng
化 鸱 为 凤

sǎ dòu chéng bīng
撒 豆 成 兵

【释义】 化~：鸱：鸱鹰，一种凶猛的肉食性猛禽。把鸱鹰变成为凤凰。比喻不可能的事情，或不可想象的事情。
撒~：把豆子散出去就都变成了兵士。旧时指一种妖术。
【结构】 兼语　动-名 | 动-名
【扩联】 撒豆成兵哄鬼
化鸱为凤骗人

972

huà dí wéi yǒu
化 敌 为 友

fǎn mù chéng chóu
反 目 成 仇

【释义】 化~：把原来的敌人转化为朋友。
反~：反目：翻眼相看。翻脸变成仇人。指亲人、亲友之间闹得关系不和以至成为仇人。
【结构】 连动　动-名 | 动-名
【扩联】 握手言欢化敌为友
争权夺利反目成仇

973

huà mín chéng sú
化民成俗
wèi hǔ zuò chāng
为虎作伥

【释义】化~：化：教化，感化。俗：习俗，风俗。教化民众养成良好习俗。
为~：伥：伥鬼。被老虎吃掉的人，化为伥鬼，诱人给老虎吃。比喻做恶人的帮凶。

【结构】连动 动-名|动-名

【扩联】化民成俗自成教父
为虎作伥即作帮凶

974

huà ruò yǎn cǎo
化若偃草
xué rú dēng shān
学如登山

【释义】化~：化：教化，感化。偃草：草被风吹倒。形容教育或感化的力量很大，像风过草伏一般。也形容教化容易推行。
学~：学习就象登山一样（不容易）。比喻要努力攀登，步步向上，逐步提高。

【结构】主谓 动|动-动-名

【扩联】学如登山要攀顶
化若偃草竞折腰

975

huà wéi pào yǐng
化为泡影
lì wǎn tuí bō
力挽颓波

【释义】化~：泡：水泡。影：影子。比喻事物转眼就消失或希望落空。
力~：颓：衰败、颓靡。指极力扭转、制止日趋衰颓的风气和趋势。语见清·朗庭槐《师友诗传录》："至于元人，品格愈下，且有虞杨揭范，亦不能力挽颓波。盖风气使然，不可强民。"

【结构】动宾 动一|形-名

【扩联】化为泡影只因势
力挽颓波还靠人

976

huà xìng qǐ wěi
化性起伪
pò gū wéi yuán
破觚为圆

【释义】化~：性：本性。伪：人为的改变。谓变化先天的本性，兴起后天的人为。语见《荀子·性恶》："故圣人化性而起伪，伪起而生礼义，礼义生而制法度。"
破~：觚：棱角。削去棱角，使成光圆。比喻去除严刑峻法而从简易。也作"破觚为圜"。语见《史记·酷吏列传》："汉兴，破觚而为圜，斫雕而为朴，网漏于吞舟之鱼。"后亦用以比喻改方正为圆通。语见宋·蔡绦《西清诗话》："又月事者破觚为圆，锉刚成柔，始为有功者，昔人所谓缚虎手也。"

【结构】兼语 动|名 动-形

【扩联】化性起伪生礼法
破觚为圆去严刑

977

huà shé tiān zú
画蛇添足
mǎi mǎ pèi ān
买马配鞍

【释义】画~：在已经画好的蛇上，又添上脚（蛇本来没有脚）。比喻多此一举反而弄巧成拙。
买~：俗语说："好马配好鞍""买马容易配鞍难"。喻指一件事情很难做得完美，必须做一连串的工作。

【结构】连动 动-名|动-名

【扩联】画蛇添足是添乱
买马配鞍叫配全

978

huà dí jiào zǐ
画 荻 教 子

fǎn bǔ bào qīn
反 哺 报 亲

【释义】 画~：荻：芦苇。用芦苇在地上书画教育儿子读书。用以称赞母亲教子有方。语见元·脱脱等《宋史·欧阳修传》："家贫，致以荻画地学书。"
反~：反哺：小乌鸦长大后，衔食物喂养其母。报：报答。亲：父母亲；父母抚养的恩情、亲情。比喻子女长大后奉养父母，报答亲情。

【结构】 连动　动-名|动-名

【扩联】 画荻教子母怀慈爱
反哺报亲儿尽孝心

979

huà hǔ lèi quǎn
画 虎 类 犬

diǎn píng chéng yíng
点 屏 成 蝇

【释义】 画~：类：类似，好像。没有画虎的本领，却要画虎，结果把虎画得像狗一样。比喻好高骛远，达不到目的，被人作为笑柄。
点~：古时有一名画师，在屏风上作画时，不小心将一滴墨汁滴到了画屏上，众人正为之惋惜，画师却顺势将墨点画成了一只苍蝇，与画面非常和谐。形容技艺高超。

【结构】 兼语　动-|名|-动-名

【扩联】 充里手画虎类犬
看行家点屏成蝇

980

huà yuàn guān miǎn
画 苑 冠 冕

wén zhāng zōng gōng
文 章 宗 工

【释义】 画~：苑：会聚的地方，多指学术、艺术的集中处。冠冕：皇冠帝冕，喻指受人拥戴或出人头地的人。在美术界占据一流地位的人。
文~：宗工：宗匠，指学问或技艺为众所推崇的人。为人所尊敬的写文章的高手。

【结构】 定中　名-名|名-名

【扩联】 画苑冠冕泼墨出彩
文章宗工挥毫生花

981

huà fēng sān zhù
华 封 三 祝

tiān bǎo jiǔ rú
天 保 九 如

【释义】 华~：华：地名。封：封人。三祝：祝愿圣人寿、富、多男子。为颂祷之辞。语见《庄子·天地》："尧观乎华，华封人曰：'嘻，圣人，请祝圣人，使圣人寿。'尧曰：'辞。''使圣人富。'尧曰：'辞。''使圣人多男子。'尧曰：'辞。'"
天~：天保：《诗经》的篇名。臣子受赏赐时，以此诗答谢君主。后用为祝寿的颂词，祝贺福寿延年。语见《诗经·天保》："天保定尔，以莫不兴。如山如阜，如冈如陵，如川之方至，以莫不增。"

【结构】 主谓　名-名|数-动

【扩联】 天保九如山川永固
华封三祝福寿绵延

982

huà zhōng dài cì
话 中 带 刺

xiào lǐ cáng dāo
笑 里 藏 刀

【释义】 话~：话里面带着刺。指说话很刻薄，带讽刺。
笑~：指脸上带笑，内藏杀机。形容假慈善、真歹毒的人。

【结构】 状中　名-方|动-名

【扩联】 笑里藏刀能要命
话中带刺只伤心

983

huái cái bú yù
怀才不遇

yǒu zhì nán chóu
有志难酬

【释义】怀~：满怀才识，不遇时机。指满腹的才学，遇不到赏识的人，不能发挥作用。
有~：酬：实现（愿望）。有远大的志向抱负却难以实现。
【结构】连动 动-名|副-动
【扩联】骥服盐车怀才不遇
虎囚笼槛有志难酬

984

huái zhà shì zhì
怀诈饰智

hán zhāng tǐng shēng
含章挺生

【释义】怀~：心怀欺诈，但以聪明智慧的表现，美化自己。语见《史记·汲黯列传》："而黯常毁儒，面触弘等徒怀诈饰智，以阿人主取容。"
含~：指内怀美质而挺秀。也作"含章天挺"。天挺：天资卓越。语见晋·左思《蜀都赋》："王褒炜烨而秀发，杨雄含章而挺生。"
【结构】联合 动-名|动-名
【扩联】含章挺生金相玉质
怀诈饰智狼心狐行

985

huái zhēn bào sù
怀真抱素

yùn dà hán shēn
孕大含深

【释义】怀~：真：真诚，忠诚。素：朴素。怀抱秉承真诚朴素。指人格和品德纯洁高尚，质朴无华。
孕~：孕：包涵。语见白居易《与元九书》："于是乎孕大含深，贯微洞密，上下通而一气泰，忧乐合而百志熙。"原指诗文包含博大精深的道理。
【结构】联合 动-形|动-形
【扩联】孕大含深深孚众望
怀真抱素素负盛名

986

huái zhū yùn yù
怀珠韫玉

bào biǎo qǐn shéng
抱表寝绳

【释义】怀~：怀有珍珠，蕴含玉石。多用于比喻人才华横溢，满腹经纶。
抱~：表：表率。绳：准绳。抱着作表率的准绳就寝。自以为表率，坐卧不离准则。意为坚守德操。
【结构】联合 动-名|动-名
【扩联】抱表寝绳矩周规直
怀珠韫玉德备才全

987

huān miáo ài yè
欢苗爱叶

yǔ yì yún qíng
雨意云情

【释义】欢~：比喻欢乐恩爱的情感。语见清·洪昇《长生天·补恨》："单则为一点情根，种出那欢苗爱叶，他怜我慕，两下无分别。"
雨~：指雨和云的状态。多指男女欢会之情。语见宋·柳永《倾杯乐》："雨意云情，酒心花态，孤负高阳客。"
【结构】联合 形-名|形-名
【扩联】欢苗爱叶花前月下
雨意云情濮上桑间

988

huān shēng léi dòng
欢 声 雷 动

tán xiào fēng shēng
谈 笑 风 生

【释义】 欢~：欢乐的声音像雷声滚动。形容热烈欢呼，声如雷鸣。
谈~：风生：谈话时兴致很高，气氛活跃，像清风吹起。形容谈话风趣，气氛活跃。
【结构】 主谓 形-名|名-动
【扩联】 会场欢声雷动
大家谈笑风生

989

huān tiān xǐ dì
欢 天 喜 地

mèn hǎi chóu shān
闷 海 愁 山

【释义】 欢~：欢：欢乐，兴奋。形容非常快乐。
闷~：苦闷如海，忧愁如山。形容愁闷像山一样大，像海一样深，无法排遣。
【结构】 联合 形-名|形-名
【扩联】 富甲一方欢天喜地
家徒四壁闷海愁山

990

hái zhū fǎn bì
还 珠 返 璧

shī mǎ wáng yáng
失 马 亡 羊

【释义】 还~：还珠：合浦珠还之典。返璧：完璧归赵之典。指宝物失而复得。语见《三侠五义》第十八回："若非耿耿包卿一腔忠赤，焉得有还珠返璧之期？"
失~：失马：塞翁失马得马。亡羊：亡羊补牢，犹未晚也。指祸福得失难以预料。
【结构】 联合 动-名|动-名
【扩联】 拾金不昧还珠返璧
遇事莫慌失马亡羊

991

huāng shí bào yuè
荒 时 暴 月

jī suì xiōng nián
饥 岁 凶 年

【释义】 荒~：指五谷不收的凶荒岁月或青黄不接的困难时期。
饥~：指遭受饥荒灾祸的年成。
【结构】 联合 形-名|形-名
【扩联】 青黄不接荒时暴月
颗粒无收饥岁凶年

992

huáng dào jí rì
黄 道 吉 日

jǐng xīng qìng yún
景 星 庆 云

【释义】 黄~：旧时迷信星命之说。谓青龙、明堂、金匮、天德、玉堂、司命等六辰是吉神，六辰值日之时，诸事皆宜，不避凶忌，称为"黄道吉日"。泛指宜于办事的好日子。
景~：景星：也称瑞星，德星。《史记·天官书》："天精而见景星……常出于有道之国。"庆云：五色云，祥云。比喻吉祥的征兆。语见明·方孝孺《御书赞》："惟天不语，以象示人，锡羡垂光，景星庆云。"
【结构】 联合 形-名|形-名
【扩联】 黄道吉日迎大喜
景星庆云贺新婚

993

huáng huā guī nǚ
黄 花 闺 女

xiāng cǎo měi rén
香 草 美 人

【释义】 黄~：闺女：还未出闺阁结婚的女子。古代未婚女子，妆扮时爱在脸上画上黄色的花纹或贴上用黄纸剪出来的花。黄花，又指菊花，经霜耐寒有节操。黄花闺女，指未婚女子，且能保持贞节。

香~：语见汉·王逸《离骚序》："离骚之文，依诗取兴，引类譬喻，故善鸟香草，以配忠贞，恶禽臭物，以比谗佞，灵修美人，以媲于君。""香草美人"比喻忠贞贤良之士。

【结构】 定中 形–名|形–名

【扩联】 娶黄花闺女
嫁香草美人

994

huáng jīn shī sè
黄 金 失 色

wán tiě shēng huī
顽 铁 生 辉

【释义】 黄~：金光闪闪的黄金失去了光泽。形容时运不济或突然遭遇到沉重打击。

顽~：沉重的黑褐铁块发出了光辉。形容时来运转。

【结构】 主谓 形–名|动名

【扩联】 吉星退黄金失色
好运来顽铁生辉

995

huáng jīn zhù xiàng
黄 金 铸 像

qīng shǐ liú míng
青 史 留 名

【释义】 黄~：春秋时，越破吴，谋臣范蠡乘轻舟，泛于五湖，莫知所终。越王命金工以良金为范蠡之状，而朝礼之。浃日而令大夫朝之，环会稽三百里者，以为范蠡地。（见《国语·越语下》）后以"黄金铸像"表示对功臣的留念。

青~：青史：史书。青指竹简，古代在竹简上记事，因称史书为青史。指在历史上留名，千古流芳。

【结构】 状中 形–名|动–名

【扩联】 青史留名传百世
黄金铸象祭千秋

996

huáng jīn shí dài
黄 金 时 代

dòu kòu nián huá
豆 蔻 年 华

【释义】 黄~：指国家集体最繁荣兴旺时期，亦指人一生中最宝贵的时期。

豆~：豆蔻：多年生常绿草本植物。年华：时光，年岁。豆蔻将要开花的时光。喻指十三四岁的姑娘。

【结构】 定中 形–名|名–名

【扩联】 黄金时代男儿珍贵
豆蔻年华少女青春

997

huáng liáng měi mèng
黄 粱 美 梦

láng zǐ yě xīn
狼 子 野 心

【释义】 黄~：黄粱：黄小米，这里指黄小米饭。唐朝卢生在邯郸旅店遇见道士吕翁，自叹贫困。吕翁给一枕头让他入睡。卢生梦见自己娶妻生子做官，享尽荣华富贵。一梦醒来，店家做的小米饭还没熟。比喻美好的幻想破灭，落得一场空欢喜。

狼~：狼子：狼崽子。野心：野兽的本性。狼崽子虽小，却有野兽凶残的本性。比喻坏人残暴的本性和疯狂的欲望。

【结构】 定中 形–名|形–名

【扩联】 黄粱美梦空欢喜
狼子野心真狼毒

998

huáng rén shǒu rì
黄 人 守 日

cháng jiàn yǐ tiān
长 剑 倚 天

【释义】 黄~：两个黄衣人守着日头。比喻朝政清明，国力强盛。
语见宋·李昉《太平御览》："日，二黄人守者，外国人方自来降也。"
长~：倚：靠着。手持长剑，背靠青天。形容战士之英武形象。

【结构】 主谓　形-名|动-名
【扩联】 黄人守日新王国
长剑倚天武状元

999

huáng tóng bái sǒu
黄 童 白 叟

lù nǚ hóng nán
绿 女 红 男

【释义】 黄~：幼童发黄，老叟头白，故称"黄童白叟"。指小孩和老人。泛指老老少少。语见唐·韩愈《元和圣德》："卿士庶人，黄童白叟，踊跃欢呀，失喜噫欧。"
绿~：穿着绿的、红的的女人和男人。形容服饰鲜艳华丽的青年男女。语见清·富察敦崇《燕京岁时记·万寿寺》："每至四月，自初一日起，开庙半月，游人甚多，绿女红男，联翩道路。"

【结构】 联合　形-名|形-名
【扩联】 抓髻黄童扶白叟
盘云绿女配红男

1000

huáng yáng è rùn
黄 杨 厄 闰

kū shù féng chūn
枯 树 逢 春

【释义】 黄~：黄杨：常绿小乔木，生长缓慢。厄：灾难，受困。闰：闰年。旧时说黄杨遇闰年不但不长，反而要缩短。比喻人处逆境。语见苏轼《监洞霄宫俞康直郎中所居四咏·退圃》："园中草木春无数，只有黄杨厄闰年。"自注："俗说：黄杨长一寸，遇闰退三寸。"
枯~：枯槁的树木遇到了春天。比喻濒于绝境又重获生机。

【结构】 主谓　形-名|动-名
【扩联】 枯树逢春开万朵
黄杨厄闰退三分

1001

huáng zhōng wǎ fǔ
黄 钟 瓦 釜

yù shù jiān jiā
玉 树 蒹 葭

【释义】 黄~：黄钟：古音乐有十二律，阴阳各六，黄钟为阳六律的第一律，声调最洪亮。瓦釜：泥土烧制成的大锅，用作乐器，音调最低。比喻高雅优秀的与庸俗低劣的；或贤才与庸才。
玉~：玉树：传说中的仙家之树。蒹葭：不长穗的芦苇。二者品貌极不相称。比喻难以匹配的情侣或夫妻。

【结构】 联合　形-名形-名
【扩联】 大媒人玉树蒹葭拉配对
交响乐黄钟瓦釜奏和音

1002

huáng qīn guó qī
皇 亲 国 戚

gōng zǐ wáng sūn
公 子 王 孙

【释义】 皇~：皇帝的亲戚。指极具权势、有特殊地位的人物。
公~：王公贵族的子孙。旧指依仗先辈福荫而显贵又不思进取之辈。

【结构】 联合　名-名|名-名
【扩联】 皇亲国戚精英少
公子王孙纨绔多

1003

huī chì bā jí
挥 斥 八 极

xié hé wàn bāng
协 和 万 邦

【释义】 挥~：挥斥：奔放。八极：八方，极远之处。形容人的气概非凡，能力很强。语见《庄子·田子方》："夫至人者，上窥青天，下潜黄泉，挥斥八极，神气不变。"
协~：协和：协同和合，和睦融洽。万邦：万国。能使各国都协同和合，友好相处。语见《尚书·尧典》："曰若稽古，帝尧曰放勋，钦明文思安安，允恭克让，光被四表，格于上下。克明俊德，以亲九族。九族既睦，平章百姓，百姓昭明，协和万邦，黎民于变时雍。"孔颖达疏："能使九族敦睦，百姓显明，万邦和睦。"

【结构】 动宾　动-动|数-名
【扩联】 挥斥八极神鬼退
　　　　协和万邦帝尧行

1004

huī gē tuì rì
挥 戈 退 日

chù shǒu chéng chūn
触 手 成 春

【释义】 挥~：戈：古代兵器。《淮南子》载，鲁阳公与韩大战，太阳下山了，用戈挥之，太阳又退回来了。后多形容有雄才大略，能排除困难、力挽危局。
触~：触手：动手。一动手就转成了春天，富有生机。形容技术（医术）高明神奇。

【结构】 连动　动-名|动-名
【扩联】 鲁阳勇武挥戈退日
　　　　扁鹊神奇触手成春

1005

huī hàn rú yǔ
挥 汗 如 雨

yùn jīn chéng fēng
运 斤 成 风

【释义】 挥~：挥：挥洒。挥洒的汗水像下雨一样。原形容人多拥挤。现多形容因天热或劳动辛苦而出汗很多。
运~：运：挥动。斤：斧头。挥起斧子快得像风。比喻手法熟练，技术高超。语出《庄子》：一位郢地人鼻头上沾上了一点白灰泥，像苍蝇一样大小，他就叫姓石的工匠用斧头削去。石工匠"运斤成风"，削掉了白灰泥而鼻头无伤。

【结构】 述补　动-名|动-名
【扩联】 劳力劳苦挥汗如雨
　　　　技工技高运斤成风

1006

huī háo luò zhǐ
挥 毫 落 纸

xìn kǒu kāi hé
信 口 开 河

【释义】 挥~：毫；毛笔。挥动毛笔，笔落纸上。指潇潇洒洒运笔书画。
信~：信：听凭，任凭。随口乱说一气。指说话没有根据，不可靠。一作"信口开合"。

【结构】 连动　动-名|动-名
【扩联】 挥毫落纸骑手画马
　　　　信口开河牧童吹牛

1007

huī jīn rú tǔ
挥 金 如 土

kài tuò chéng zhū
欬 唾 成 珠

【释义】 挥~：花钱就像撒泥土一样。形容极其挥霍浪费。
欬~：欬唾：咳嗽咔出来的唾液，比喻谈吐、议论。咔出口的唾液变成了珍珠。比喻言辞精当，议论高明。

【结构】 兼语　动-|名|-动-名
【扩联】 人能欬唾成珠
　　　　谁都挥金如土

1008

huī huáng duó mù
辉 煌 夺 目

kǔn bì wú huá
悃 愊 无 华

【释义】 辉~：辉煌：光辉灿烂。形容光彩耀眼。语见清·褚人获《隋唐演义》第二回："只见四壁排列的，都是周彝商鼎，奇巧玩物，辉煌夺目。"
悃~：悃愊：真诚。华：浮华。形容人或诗文真诚，没有虚饰。语见南朝宋·范晔《后汉书·章帝纪》："安静之吏，悃愊无华，日计不足，月计有余。"宋·苏轼《苏潜圣挽词》："悃愊无华真汉吏，文章尔雅程吾宗。"

【结构】 述补　形-|动-名

【扩联】 辉煌夺目放光彩
　　　　悃愊无华透暗香

1009

huí guāng fǎn zhào
回 光 返 照

gù tài fù méng
故 态 复 萌

【释义】 回~：日落时阳光反射使天空有短时的发亮，谓回光返照。比喻人临死前有忽然的神志清醒或短暂的精神兴奋。也比喻事物灭亡前，表面却似乎有些好转。
故~：故态：过去的样子。多指老脾气、旧毛病。指旧的习气和毛病又出现了。

【结构】 主谓　形-名|动-动

【扩联】 回光返照时将晚
　　　　故态复萌改亦难

1010

huí huáng zhuǎn lǜ
回 黄 转 绿

fǎn lǎo huán tóng
返 老 还 童

【释义】 回~：草木由黄变绿，又由绿变黄。意指时序变迁，也比喻世事反复。
返~：由老年回到少年。形容衰老的人恢复了青春的健康或精神。

【结构】 连动　动-形|动-形

【扩联】 回黄转绿又是三四月
　　　　返老还童再活五百年

1011

huí tiān fá shù
回 天 乏 术

rù dì wú mén
入 地 无 门

【释义】 回~：回天：扭转乾坤，挽救危亡，起死回生。乏：缺乏。术：灵验的方法。指挽救危亡，缺少高超的手段。比喻无法使最艰险的局势好转过来。也比喻缺少灵验的医术使垂危的患者起死回生。
入~：想钻入地下逃跑，可惜无门。形容处境极其窘迫，没有出路。

【结构】 连动　动-名|动-名

【扩联】 回天乏术勿蛮干
　　　　入地无门且缓行

1012

huí tiān zài zào
回 天 再 造

juǎn tǔ chóng lái
卷 土 重 来

【释义】 回~：回：扭转，挽回。天：乾坤。扭转乾坤，重新建造。意指挽回颓势败运，重新建设国家或再创好局面。
卷~：卷土：人马奔走而卷起尘土。比喻失败后，又聚集力量，重新恢复势力。

【结构】 状中　动-名|副-动

【扩联】 回天再造开新宇
　　　　卷土重来树大旗

1013

huí tiān zhī lì
回天之力

wáng guó zhī yīn
亡国之音

【释义】回~：回天：扭转自然，挽救危亡。力：力量，能力。挽救危亡的力量。
亡~：指国家将亡，人民困苦，故音乐也多哀思。也指淫靡的音乐。
【结构】定中　动-名|助-名
【扩联】人无回天之力
世有亡国之音

1014

huí tóu shì àn
回头是岸

áng shǒu wàng tiān
昂首望天

【释义】回~：回过头来，改邪归正。原为佛家语。后比喻做过坏事的人，只要决心改邪归正，就有出路。
昂~：仰起头，看着天。比喻只是眼光向上，不深入基层。
【结构】联动　动-名|动-名
【扩联】昂首望天天堂远
回头是岸岸柳青

1015

huí wén zhī jǐn
回文织锦

zhǔ zì liáo jī
煮字疗饥

【释义】回~：《晋书·列女传·窦滔妻苏氏》："窦滔妻苏氏，始平人也，名蕙，字若兰。善属文。滔，符坚时为秦州刺史，被徙流沙，苏氏思之，织锦为回文旋图诗以赠滔。宛转循环以读之，词甚凄惋，凡八百四十字。"后以"回文织锦"比喻有关相思的绝妙诗文。语见元·王实甫《西厢记》第三本第四折："只为你彩笔题诗，回文织锦，送得人卧枕着床，忘餐废寝。"
煮~：旧时读书人对生计难保的自嘲或揶揄。也指卖文为生。语见黄庚《和茅亦山先生杂咏》："耽书自笑已成癖，煮字元来不疗饥。"
【结构】连动　动-名|动-名
【扩联】回文织锦寄思念
煮字疗饥饿肚皮

1016

huǐ jiā shū nàn
毁家纾难

zhí dǎng yíng sī
植党营私

【释义】毁~：纾：缓和，减缓。捐献全部家产，帮助国家减轻困难、解救危难。
植~：培植党羽，图谋私利。
【结构】连动　动-名|动-名
【扩联】毁家纾难为公众
植党营私拉小人

1017

huì rén bù juàn
诲人不倦

kè jǐ zì zé
刻己自责

【释义】诲~：诲：教导。倦：疲倦，厌倦。不知疲倦地教导别人。形容教诲人非常耐心，从不厌倦。
刻~：刻己：苛求约束自己。严格要求自己，检讨责备自己。
【结构】述补　动-名|副-动
【扩联】诲人不倦先生笃爱
刻己自责君子励行

1018

huì fēng hé chàng
惠 风 和 畅

yīn yǔ huì míng
阴 雨 晦 暝

【释义】惠~：惠：柔美。和：温和。轻柔的风，使人感到温暖舒畅。
阴~：晦暝：昏暗。阴雨连绵，天昏地暗。也用以比喻灾祸不断。

【结构】主谓　形-名|形一

【扩联】惠风和畅游园乐
阴雨晦暝行路难

1019

huì cháng sān chǐ
喙 长 三 尺

mù xià shí háng
目 下 十 行

【释义】喙~：喙：嘴。嘴有三尺长。形容人能言善辩。
目~：同"一目十行"，一眼能看下十行文章。形容看书速度极快。

【结构】主谓　名|形-数-量

【扩联】喙长三尺口才好
目下十行眼力强

1020

huì xīn wán zhì
蕙 心 纨 质

jīn kǒu yù yán
金 口 玉 言

【释义】蕙~：蕙：香草名。纨：精致洁白的细绢。心灵似蕙草芬芳，品质似纨素洁白。比喻人的品德高洁。
金~：旧指出自皇帝或尊贵者之口的话。后用作恭维别人说的话，也泛指说的话不能变更。（含有讽刺意味）

【结构】联合　名-名|名-名

【扩联】人有蕙心具纨质
君开金口发玉言

1021

hūn dìng chén xǐng
昏 定 晨 省

dōng wēn xià qīng
冬 温 夏 清

【释义】昏~：昏：晚间。定：安定好（父母）就寝。晨：早晨。省：探视，请安。早起探视父母请安，晚间服侍父母就寝。旧时子女对父母的礼节。语见《礼记·曲礼上》："凡为人子之礼，冬温而夏清，昏定而晨省。"
冬~：清：清凉。儒家宣扬的孝道。指侍奉父母，冬天使之温暖，夏天使之凉快。一作"冬温夏凊"。凊：凉爽。语见北魏《张猛龙碑》："冬温夏凊，晓夕承奉。"

【结构】联合　名-动|名-动

【扩联】冬温夏清儿尽孝
昏定晨省父宽心

1022

hūn yōng wú dào
昏 庸 无 道

kè bó guǎ ēn
刻 薄 寡 恩

【释义】昏~：糊涂平庸，凶狠残暴，不讲道义。多用指糊涂无能且凶狠残暴的帝王。
刻~：刻薄：（待人、说话）冷酷无情；过分苛求。寡：缺少。恩：恩惠，好处。冷酷无情，极少施恩与人。形容极为冷酷。语见清·李百川《绿野仙踪》第十八回："我们乡党中刻薄寡恩，再没有出胡监生之右者。"

【结构】状中　形一|动-名

【扩联】理国政昏庸无道
待臣民刻薄寡恩
横批：早晚垮台

1023

hún fēi pò sàn
魂 飞 魄 散

dǎn zhàn xīn jīng
胆 战 心 惊

【释义】 魂~：魂魄飞散掉了。形容惊恐害怕，六神无主，不知所措。
胆~战：发抖。胆发颤，心受惊。形容受惊吓而十分害怕。

【结构】 联合 名-动|名-动

【扩联】 胆战心惊有怖悸
魂飞魄散失归途

1024

hún fēi tiān wài
魂 飞 天 外

tāi sǐ fù zhōng
胎 死 腹 中

【释义】 魂~：魂：灵魂。旧指灵魂出窍，与肉体脱离。后形容非常害怕，万分恐惧，或受到某种刺激而失去主宰。语见元·宫天挺《范张鸡黍》第一折："唬得魂飞天外。"
胎~：未产儿死于母体。比喻某种事物消失在萌芽状态。

【结构】 主谓 名-动-名-方

【扩联】 五雷轰顶魂飞天外
万箭穿心胎死腹中

1025

hún xiāo pò sàn
魂 消 魄 散

pì gǔn niào liú
屁 滚 尿 流

【释义】 魂~：形容惊恐万状，极端害怕。
屁~：多形容极度恐惧慌乱，失去控制。

【结构】 联合 名-动|名-动

【扩联】 兵临城下魂消魄散
枪顶脑门屁滚尿流

1026

hún xiáo hēi bái
混 淆 黑 白

diān dǎo shì fēi
颠 倒 是 非

【释义】 混~：把黑的白的搅混在一起。比喻故意制造混乱，使好坏不分，真伪不辨。
颠~：把对的说成错，把错的说成对。指不顾事实、不讲道理，有意为之。

【结构】 动宾 动一|名-名

【扩联】 混淆黑白难分难辨
颠倒是非孰假孰真

1027

huǒ rán quán dá
火 然 泉 达

wǎ jiě bīng xiāo
瓦 解 冰 消

【释义】 火~：然：同"燃"。达：通达。如火之始燃，泉之始达。比喻形势发展迅猛。
瓦~：解：解体，粉碎。消：消融，融化。像瓦片一样破碎，像冰雪一样融化。比喻很快地彻底毁灭、崩溃。

【结构】 联合 名-动|名-动

【扩联】 火然泉达岂能挡住
瓦解冰消无可挽回

1028

huò lái shén mèi
祸 来 神 昧

fú zhì xīn líng
福 至 心 灵

【释义】 祸~：灾祸来临时，人的神志就糊涂了。
福~：好运到来时，人的心思就会变得更灵敏。

【结构】 连动 名-动|名-动

【扩联】 祸来神昧画虎类犬
福至心灵点石成金

1029

huǒ zhōng qǔ lì
火 中 取 栗

fǔ dǐ chōu xīn
釜 底 抽 薪

【释义】火~：一则法国寓言，猴子叫猫去偷取炉火里烤熟了的栗子，栗子被猴子吃光，猫不仅没吃到还把脚上的毛烧掉了。后用以比喻受人利用，替人冒险吃苦，却没有捞到好处。
釜~：釜：锅。薪：柴火。从锅底下抽掉柴火不让开水再沸腾。比喻从根本上解决问题。也比喻暗中拆台，使事情无法成功。

【结构】状中　名-方|动-名

【扩联】釜底抽薪汤止沸
火中取栗爪烧焦

1030

huò zhōng yǒu fú
祸 中 有 福

zhēn xià qǐ yuán
贞 下 起 元

【释义】祸~：祸害之中包含着产生福的因素，即祸与福可以在一定的条件下相互转化。语见《淮南子》："失火而遇雨，失火则不幸，遇雨则幸也，故祸中有福也。"
贞~：《周易·乾》："元亨利贞"。即春夏秋冬、东南西北，往来循环。"贞"之下就又是"元"。用以表示天道人事的循环往复，周流不息。

【结构】状中　名-方|动-名

【扩联】祸中有福孬生好
贞下起元利转亨

1031

jī fēi dàn dǎ
鸡 飞 蛋 打

rén qù lóu kōng
人 去 楼 空

【释义】鸡~：鸡飞走了，蛋打碎了。比喻两头落空，毫无所得。
人~：人走了，楼房里也空了。形容物是人非带来的惆怅之情。

【结构】连动　名-动|名-动

【扩联】人去楼空无人气
鸡飞蛋打剩鸡毛

1032

jī rǎng gǔ fù
击 壤 鼓 腹

fǔ xiōng hū tiān
抚 胸 呼 天

【释义】击~：壤：地面，又指古代土制的乐器。鼓腹：手抚摸着吃饱了而鼓出来的肚子，形容闲适的样子。原指民众吃得饱，有余闲游戏。后用为称颂太平盛世的典故。
抚~：抚胸：拍打胸口。拍打胸口大声叫天。形容极度悲痛的样子。

【结构】连动　动-名|动-名

【扩联】击壤鼓腹歌盛世
抚胸呼天喊亲娘

1033

jī cháng lù lù
饥 肠 辘 辘

dà fù pián pián
大 腹 便 便

【释义】饥~：饥肠：指腹中无食。辘辘：车轮滚动声。腹中无食，饿得咕咕作响。形容饥饿已极。
大~：便便：肥而大的样子。肥而大的大肚子。用以形容大商人或孕妇挺着大肚子的样子。

【结构】主谓　形-名|叠一

【扩联】大腹便便少掌柜
饥肠辘辘老长工

1034

jī yīng è hǔ
饥 鹰 饿 虎
wēi fèng xiáng lín
威 凤 祥 麟

【释义】饥~：找不到食物极度饥饿的雄鹰、老虎。比喻凶狠而且贪得无厌的人。
威~：凤凰和麒麟是世上罕见之物，为祥瑞、太平的象征。用以比喻难得的人才。
【结构】联合　形-名|形-名
【扩联】国家太平威凤祥麟献瑞
世道混乱饥鹰饿虎吃人

1035

jī cái lìn shǎng
积 财 吝 赏
chí lù yǎng jiāo
持 禄 养 交

【释义】积~：吝：舍不得。尽管积累了很多财富，却舍不得赏赐给下属。形容非常吝啬。语见《三国演义》第六十二回："吾为汝御后，费力劳心，汝今积财吝赏，何以使士卒效命乎？"
持~：持禄：保持禄位。养交：交结权贵。指结交权贵以保持自己的禄位。语见《管子·明法》："大臣务相贵而不任国，小臣持禄养交，不以官为事，故官失其能。"
【结构】连动　动-名|动-名
【扩联】积财吝赏看轻士
持禄养交倚重官

1036

jī dé yù hòu
积 德 裕 后
yáng míng xiǎn qīn
扬 名 显 亲

【释义】积~：积德行善，使后世子孙昌盛。
扬~：显：显赫。亲：父母。自己扬名于世，也使父母显赫增光。
【结构】连动　动-名|动-名
【扩联】大丈夫积德裕后
好儿子扬名显亲

1037

jī gōng xìng yè
积 功 兴 业
huá shì qǔ míng
哗 世 取 名

【释义】积~：指建立功业，实现抱负。
哗~：用浮夸的言行使世人兴奋激动，以博取虚名。
【结构】联合　动-名|动-名
【扩联】一刀一枪积功兴业
窜上窜下哗世取名

1038

jī shā chéng tǎ
积 沙 成 塔
jù mǐ wéi shān
聚 米 为 山

【释义】积~：用细小的沙粒聚集成高大的宝塔。比喻积少成多。
聚~：把米聚起来堆成山谷的样子来分析形势。形容能正确形象地分析军事形势。语见《后汉书·马援传》："援因说隗嚣将帅有土崩之势，兵进有必破之状，又于帝前聚米为山谷，指画形势，昭然可晓。"
【结构】兼语　动-名|-动-名
【扩联】积沙成塔埋僧侣
聚米为山破敌军

1039

jī huǐ xiāo gǔ
积 毁 销 骨

jù wén chéng léi
聚 蚊 成 雷

【释义】 积~：积多次的诋毁诽谤，足可以毁灭一个人。
聚~：很多蚊子聚集到一起，发出的声音就像雷鸣。比喻微小的东西，聚集起来能量就大了。

【结构】 连动　动-名|动-名

【扩联】 聚蚊成雷惊梦
积毁销骨害人

1040

jī yōu chéng jí
积 忧 成 疾

huà xiǎn wéi yí
化 险 为 夷

【释义】 积~：忧：忧虑。长久忧虑就会得病。语见宋·吴曾《能改斋漫录·李逢吉裴度谏穆宗》："崔发驱曳中人，诚大不恭，然其母年八十，自发下狱，积忧成疾，陛下方以孝理天下，所宜稔念。"
化~：险：危险。夷：平坦，平安。指转危为安。

【结构】 兼语　动|名|动-名

【扩联】 杞国积忧成疾
吉人化险为夷

1041

jī zhòng nán fǎn
积 重 难 返

xià yú bù yí
下 愚 不 移

【释义】 积~：积重：积习很深。返：回头。长期养成的习惯，很难加以改变。多指长期形成的陋习和弊病，已经达到无法革除的地步。
下~：移：改变。下等的愚笨之人是不会改变的。可以理解为指不求上进，不想学好。语见《论语·阳货》："唯上智与下愚不移。" 但所谓的"上智"与"下愚"，孔子不是从财富、地位来划分的，而是以人的智愚不同来讲的。孔子曰："生而知之者，上也；学而知之者，次也；困而学之，又其次也；困而不学，民斯为下矣。"有困惑、困难而又不去学习的"下愚"之人，是难以改变的。

【结构】 连动　动-形|副-动

【扩联】 积重难返施重典
下愚不移请愚公

1042

jī fēng bì yǔ
箕 风 毕 雨

chūn lù qiū shuāng
春 露 秋 霜

【释义】 箕~：箕、毕，二十八宿名。古时认为月过箕多风，月过毕多雨。后转用为对执政者体恤民情、施行仁政的颂辞。
春~：原指春露日、霜降时两季祭祀祖先。后用以表示对祖先恩泽和威严的悼念。

【结构】 联合　名-名|名-名

【扩联】 箕风毕雨万年国运
春露秋霜五世其昌

1043

jī zhì ér mò
赍 志 而 殁

shí yán ér féi
食 言 而 肥

【释义】 赍~：赍：怀着。志：志向，抱负。殁：死亡。怀着还没来得及施展的抱负就死去了。
食~：食：吞没。言：所讲的话。肥：身体发胖。老许愿而不还愿，便便占多了身体就发胖。形容人只图占便宜，言而无信，不履行诺言。

【结构】 状中　动-名|连-动

【扩联】 食言而肥人无信
赍志而殁众伤心

1044

jī liáng jiè kòu
赍 粮 藉 寇

jiě jiàn bài chóu
解 剑 拜 仇

【释义】赍~：赍：送物与人。藉：也作"借"。寇：贼寇。送粮食和借兵器给贼寇。比喻做有利于敌人的事。语见《荀子·大略》："非其人而教之，赍盗粮，借贼兵也。"

解~：比喻尽释前嫌，重新和好。语见汉·班固《汉书·许荆传》：许荆兄子许世杀人，仇者将杀世，荆乃拜仇者曰："兄早没，只一子，愿杀身代之。"仇者曰："许掾郡中称贤，何敢相侵！"因解剑去。

【结构】连动　动-名|动-名

【扩联】赍粮藉寇贼人快
　　　　解剑拜仇世代知

1045

jí léi xùn diàn
疾 雷 迅 电

zhòu yǔ bào fēng
骤 雨 暴 风

【释义】疾~：突然出现的雷电。形容来势迅猛，来不及闪避。

骤~：骤、暴：急速而猛烈。来势急而猛的风雨。

【结构】联合　形-名|形-名

【扩联】疾雷迅电不及掩耳
　　　　骤雨暴风犹如排山

1046

jí xú yǒu zhì
疾 徐 有 致

biàn huà wú cháng
变 化 无 常

【释义】疾~：疾：快。徐：慢，缓。有致：有节度，有情趣。快慢很有节度。

变~：常：常规，规律。变化不定，没有规律可言。语见《庄子·天下》："芴漠无形，变化无常。"

【结构】述补　形-形|动-名

【扩联】变化无常相机行事
　　　　疾徐有致顺理成章

1047

jí shì qióng lǐ
即 事 穷 理

ài rén yǐ dé
爱 人 以 德

【释义】即~：穷：穷尽。就事实探究道理。

爱~：德：道德。按道德标准爱护人。

【结构】连动　动-名|介-名

【扩联】即事穷理无止境
　　　　爱人以德有标杆

1048

jí xīn shì fó
即 心 是 佛

xuē fà wé sēng
削 发 为 僧

【释义】即~：即：就，靠近。佛教禅宗谓只要内求于心，便可悟道成佛。语见宋·释道原《景德传灯录·法常禅师》："初参大寂，问如何是佛。大寂云：'即心是佛。'师即大悟。"

削~：僧：僧人，和尚。剃光头发，出家当和尚。

【结构】连动　动-名|动-名

【扩联】即心是佛参禅理
　　　　削发为僧遁庙门

1049

jī áng kāng kǎi
激昂慷慨
wǎn zhuǎn yōu yáng
婉转悠扬

【释义】 激~：激昂：振奋昂扬。慷慨：意气昂扬，情绪激动。形容精神振奋，意气昂扬。
婉~：婉转：声调温和曲折。悠扬：声音漫长而和谐。形容歌声柔媚感人。

【结构】 联合　形—|形—

【扩联】 激昂慷慨言辞壮
婉转悠扬音韵长

1050

jī jié chēng tàn
击节称叹
pāi àn jiào jué
拍案叫绝

【释义】 击~：打着节拍，称赞不已。形容对其的欣赏和赞美。
拍~：案：几案。绝：绝妙。拍着桌案叫好喊"绝妙"。形容极其赞赏。

【结构】 连动　动–名|动–名

【扩联】 击节称叹天上神曲
拍案叫绝世间奇观

1051

jí gōng hào yì
急公好义
qī shì dào míng
欺世盗名

【释义】 急~：急：急于。指热心公益事业，见义勇为。
欺~：欺骗世人，窃取名誉。

【结构】 联合　动–名|动–名

【扩联】 欺世盗名人鄙视
急公好义众尊崇

1052

jí gōng jìn lì
急功近利
shēn lù yuǎn tú
深虑远图

【释义】 急~：急：急于。功：求得成功。急于成功求得眼前的成效和利益。
深~：图：谋略。虑：考虑。深入细致地考虑长远的谋略。

【结构】 动宾　形–动 | 形–名

【扩联】 深虑远图不急功近利
急功近利难深虑远图

1053

jí mài huǎn jiǔ
急脉缓灸
dà cái wǎn chéng
大才晚成

【释义】 急~：脉：脉搏，通过脉搏可看出血压和心脏的收缩情况，因而医生可以依据脉搏跳动的情况来诊断病情。灸：中医用燃烧的艾绒烧灼人体穴位，可起到疏通经络气血之功效。原指中医遇急促的脉象时治以缓和的灸法。比喻以和缓的方法对付急事。亦借喻在撰写诗文时，有意放松笔调，以造成顿挫跌宕之势。语见《红楼梦》第七十六回："黛玉道：'对句不好，合掌。下句推开一步，倒还是急脉缓灸法。'"亦作"急脉缓受"。
大~：才干大而取得成就晚、成名晚。语见南朝宋·范晔《后汉书·马援传》："（援）少有大志，诸兄奇之。尝受《齐诗》，意不能守章句，乃辞（马）况，欲就边郡田牧。况曰：'汝大才，当晚成。良工不示人以朴，且从所好。'"马况：马援之兄。

【结构】 主谓　形–名|形–动

【扩联】 急脉缓灸文跌宕
大才晚成人从容

1054

jí liú yǒng tuì
急流勇退

jié shù nán táo
劫数难逃

【释义】急～：急流：急速的水流。比喻顺利无阻。指人正得意或处于顺境时，果断退却。语见苏轼《赠善相程杰》诗："心传异学不谋身，自要清时阅仕绅。火色上腾虽有数，急流勇退岂无人。"
劫～：劫数：佛家用语，命中注定的灾祸。命中注定的灾祸难以逃脱。

【结构】状中 形-名|形-动
【扩联】劫数难逃听天由命
急流勇退去故谋新

1055

jí yú xīng huǒ
急于星火

pò zài méi jié
迫在眉睫

【释义】急～：星火：流星的光迹。像流星那样快地闪过。比喻非常紧急迫切。语见晋·李密《陈情表》："州司临门，急于星火。"
迫～：迫：迫近，急迫。眉睫：眉毛、睫毛，指眼前。形容事情已逼近眼前，十分紧急。

【结构】述补 形|动-名-名
【扩联】飞传军情急于星火
迎战强敌迫在眉睫

1056

jí fēng ér shì
及锋而试

mó lì yǐ xū
磨砺以须

【释义】及～：及：当，趁着。锋：锋利。趁锋利时使用。指乘有利时机，及时采取行动。
磨～：磨砺；把刀磨快。须：等待。磨快了刀等待着。比喻做好了准备，等待行动。

【结构】状中 动-形|副-动
【扩联】及锋而试显身手
磨砺以须寻战机

1057

jí shí xíng lè
及时行乐

gǒu qiě tōu ān
苟且偷安

【释义】及～：抓紧时机，寻欢作乐。一种不健康的灰色人生观念。
苟～：得过且过，贪图目前的安逸，不管将来。

【结构】状中 介-名|动-形
【扩联】苟且偷安觍颜尘世
及时行乐享受人生

1058

jí jí gù yǐng
汲汲顾影

yáo yáo lǐng xiān
遥遥领先

【释义】汲～：顾影：回头看自己的影子。指惶惶然自顾其影，形容孤苦失望的样子。也指频频地看自己的影子，洋洋自得的样子。语见梁启超《中国外债史》："我民岁增二千余万之负担，汲汲顾影。"
遥～：遥遥：远远地。远远地领先在前面。形容超出很多。

【结构】状中 叠一|动-名
【扩联】遥遥领先在前面
汲汲顾影落后头

1059

jí rén tiān xiàng
吉 人 天 相

gù bù zì fēng
故 步 自 封

【释义】 吉~：吉人：善人，好人，有福之人。天：上天。相：帮助，辅佑，保佑。好人总会得到上天的帮助、保佑。多用于作安慰或祝贺的话，安慰人在遭遇不幸时不要灰心，要抱定希望；祝贺人逢凶化吉，遇难成祥。
故~：故步：旧时行步之法，引申为旧法。封：封闭，限制在一定的范围内。比喻老一套的东西自己固守着，不求进取创新。

【结构】 主谓 形-名|名-动
【扩联】 故步自封转圈拉磨
吉人天相步月登云

1060

jí xiáng rú yì
吉 祥 如 意

fù guì bī rén
富 贵 逼 人

【释义】 吉~：吉祥：幸运的。如意：符合心意。比喻事情办得美满，符合心意。
富~：逼：靠拢，接近。一指富贵向人靠过来。形容自身不愿刻意追求富贵，但富贵向自己走来。二指富贵迫使人走近来。指一旦有了财富，也就会招致一些人来投靠。或被迫走向仕途。

【结构】 述补 形-形|动-名
【扩联】 吉祥如意至
富贵逼人来

1061

jí xiáng shàn shì
吉 祥 善 事

jīn yù liáng yuán
金 玉 良 缘

【释义】 吉~：吉祥而美好的事情。语见《战国策·秦策三》："泽流千世，称之而勿绝，与天下终。岂非道之符，而圣人所谓吉祥善事与？"
金~：如金似玉的好姻缘。原指符合封建秩序的姻缘。后泛指美好的姻缘。语见《红楼梦》第五回："都道是金玉良缘，俺只念木石前盟。"

【结构】 定中 形-形|形-名
【扩联】 花朝月夕有吉祥善事
才子佳人结金玉良缘

1062

jí xiáng zhǐ zhǐ
吉 祥 止 止

fú shòu mián mián
福 寿 绵 绵

【释义】 吉~：止：前一个"止"聚集，留住。后一个"止"语末助词。指吉庆喜事不断来临。
福~：绵绵：连绵不断的样子。祝愿人多福高寿之辞。

【结构】 主谓 名-名|叠一
【扩联】 鸾舞凤歌吉祥止止
德隆望重福寿绵绵

1063

jí xīng gāo zhào
吉 星 高 照

hóng yùn dà fā
鸿 运 大 发

【释义】 吉~：吉祥的星辰在当空照耀。形容很幸运，一切顺利。
鸿~：鸿：大。发：发生，涌现。走大运。多形容人升官发财。

【结构】 主谓 形-名|形-动
【扩联】 吉星高照我
鸿运大发财

1064

jí sī guǎng yì
集思广益
zhǒng shì zēng huá
踵事增华

【释义】 集～：集：集中，集合。广：扩大。益：好处，有益的。集中众人的智慧，获取更大更多的效果。也指集中群众的智慧，广泛吸收有益的意见。
踵～：踵：本义脚后跟。引申义追随，继续。华：美好，光彩。继承前人的事业，使之发展得更加美好完善。

【结构】 连动　动-名|动-名

【扩联】 集思广益提高自己
踵事增华光大国家

1065

jì shuāi fú lì
骥衰伏枥
guī lěng zhī chuáng
龟冷支床

【释义】 骥～：骥：良马。衰：衰老。枥：马槽。千里马衰老了，俯首马槽圈养在马厩里，虽然如此，但仍然想着奔驰千里。比喻人老了仍胸怀壮志。
龟～：《史记》载南方老人用龟支床足，二十余年不死。比喻壮志未酬，蛰居待时。

【结构】 连动　名-形|动-名

【扩联】 骥衰伏枥犹怀壮志
龟冷支床以待时机

1066

jí fēng zhī jìng cǎo
疾风知劲草
liè huǒ jiàn zhēn jīn
烈火见真金

【释义】 疾～：在猛烈的大风中，就能看出哪种草是强劲的。比喻节操坚定，经得起考验。
烈～：在烈火高温中煅烧，才能发现真正的金子。比喻久经考验，真实可靠。

【结构】 状中　形-名|动-形-名

【扩联】 暴雨疾风知劲草
高温烈火见真金

1067

jí shì fèn sú
疾世愤俗
yuàn tiān yóu rén
怨天尤人

【释义】 疾～：疾：憎恨。世：社会。对不合理的社会现象和风俗习惯表示愤恨、憎恶。
怨～：尤：怨恨。抱怨天，埋怨人。指自己犯了错误或遇到不如意的事情，一味地归咎于别人或客观原因。

【结构】 联合　动-名|动-名

【扩联】 怨天尤人少尤物
疾世愤俗多愤青

1068

jì wú suǒ chū
计无所出
zé yǒu yōu guī
责有攸归

【释义】 计～：计：计谋，主意，办法。无所出：无出所，没有出来的地方。指什么办法也想不出来。
责～：攸：所。归：归属。责任有所归属。指责任由谁来承担是推卸不掉的。

【结构】 主谓　名|动-助-动

【扩联】 计无所出一筹莫展
责有攸归百喙难辞

1069

jì qíng shī jiǔ
寄情诗酒

guī lǎo lín quán
归老林泉

【释义】 寄~：寄：寄托。不问世事，把情感寄托于吟诗和饮酒上。
归~：归老：辞官养老。林泉：山林与泉石，指幽静、宜于隐遁之所。归隐养老于山林泉石之间。

【结构】 述补　动-名|名-名

【扩联】 归老林泉多失意
寄情诗酒不差钱

1070

jì pín bá kǔ
济贫拔苦

jiù sǐ fú shāng
救死扶伤

【释义】 济~：济：救济、帮助贫苦的人。济、拔：帮助，救济。
救~：扶：帮助。救活快要死的人，帮助受伤的人。现常用以形容医务工作者全心全意为人民服务的精神。

【结构】 联合　动-名|动-名

【扩联】 救死扶伤施行人道
济贫拔苦奉献爱心

1071

jiā tú sì bì
家徒四壁

fù jiǎ yī fāng
富甲一方

【释义】 家~：徒：只（有），仅（有）。家里只有四面墙壁。形容家里非常贫穷，一无所有。见《史记·司马相如列传》："文君夜亡奔向如，相如乃与驰归成都，家居徒四壁立。"
富~：甲：居第一位。拥有的钱财在地方上居第一位。

【结构】 主谓　名|形-数-名

【扩联】 家徒四壁当思变
富甲一方要助贫

1072

jiā wú qǐ gǎo
家无绮缟

hù liè zān yīng
户列簪缨

【释义】 家~：绮：有花纹或图案的丝织品。缟：一种细白的绢。家里没有绮缟一类丝织品。指家境并不富裕。
户~：户：门。簪缨：古代官吏的冠饰。门前陈列着簪缨。形容为官的显耀。语见明·无名氏《衣锦还乡》第三折："受宠幸，享富贵，户列簪缨，门排画戟。"

【结构】 状中　名|动-名-名

【扩联】 户列簪缨多黼黻
家无绮缟少罗衣

1073

jiā ér jiā fù
佳儿佳妇

nán dì nán xiōng
难弟难兄

【释义】 佳~：佳：好。好儿子，好媳妇。
难~：指兄弟两人才德俱佳，难分高下。

【结构】 联合　形-名|形-名

【扩联】 佳儿佳妇椿萱笑
难弟难兄兰桂芳

1074

jiā guān jìn jué
加官晋爵

bài jiàng fēng hóu
拜将封侯

【释义】 加~：爵：爵位。君主国家封贵族的等级。如公、侯、伯、子、男。指官位升迁。
拜~：拜为大将，封为王侯。形容官高爵显。

【结构】 联合　动-名|动-名

【扩联】 盛德不泯加官晋爵
众功皆兴拜将封侯

1075

jiǎ chuán shèng zhǐ
假 传 圣 旨

wù fù hóng qiáo
误 付 洪 乔

【释义】 假~：圣旨：皇帝的命令。比喻假借上级的名义去干事。含贬义。
误~：洪乔：晋朝人殷洪乔，为豫章郡守，很多人托他捎带信件，半路上，他把信件都丢到了水里。喻指信件寄丢了或没有收到对方的信件。语见《世说新语·任诞》："殷洪乔作豫章郡，临去，都下人因附百许函件。既至石头（渚），悉掷水中，因祝曰：'沉者自沉，浮者自浮，殷洪乔不能作致书邮。'"

【结构】 动宾 形-动|名-名

【扩联】 假传圣旨骗官场
误付洪乔打水漂

1076

jiǎ tú miè guó
假 途 灭 虢

huái dào mí bāng
怀 道 迷 邦

【释义】 假~：假：借。虢：春秋时诸侯国名，在今山西平陆及河南三门峡一带。（晋国）向虞（国）借路去消灭虢国（灭虢回来又把虞国灭掉了）。指以向对方借路为名而行消灭对方之实的计策。语见《左传·僖公五年》："晋侯复假道于虞以伐虢。"
怀~：怀：怀藏。道：道德。迷邦：让国事混乱。指人有道德才能而不出来效力，为国所用。语见《晋书·董京传》："楚乃贻之书，劝以今尧舜之世，胡为怀道迷邦？"同"怀宝迷邦"。

【结构】 连动 动-名|动-名

【扩联】 国持大假途灭虢
才至高怀道迷邦

1077

jiǎ xì zhēn zuò
假 戏 真 做

yǐng shū yān shuō
郢 书 燕 说

【释义】 假~：指戏演得逼真。也泛指把假事情当作真事来做。
郢~：郢：春秋战国时楚国都城。燕：春秋战国时诸侯国名。说：解释，解说。楚国郢人写的书信，燕国人按自己的理解给予解说。郢人写信时，光线暗了，叫侍人"举烛"，随手就在信里写下了"举烛"二字。燕国相国接到信后，把"举烛"理解成了郢人要他们"尚明"，即要任用贤人治理国家。而这样去做了。比喻穿凿附会，曲解原意。

【结构】 主谓 形-名|形-动

【扩联】 郢书燕说出新意
假戏真做有幼功

1078

jià jī suí jī jià gǒu suí gǒu
嫁 鸡 随 鸡 嫁 狗 随 狗

zhòng dòu dé dòu zhòng guā dé guā
种 豆 得 豆 种 瓜 得 瓜

【释义】 嫁~：比喻女子嫁人，不管咋样，嫁给谁就得跟谁一辈子。
种~：种下什么就收获什么。比喻做什么事，就会有什么结果。常形容善有善报，恶有恶报。

【结构】 连动 动-名|动-名

【扩联】 嫁鸡随鸡嫁狗随狗命该如此？
种豆得豆种瓜得瓜理所当然！

1079

jiān chéng bìng jìn
兼程并进
jí qǐ zhí zhuī
急起直追

【释义】兼~：兼程：以加倍速度赶路。以加倍的速度，不停地前进。
急~：马上振作起来，迅速赶上进步较快的人或发展水平较高的事物。有急图补救的意思。
【结构】连动　形-动|形-动
【扩联】奋勇争先兼程并进
不甘落后急起直追

1080

jiān jiā yǐ yù
兼葭倚玉
cǎi fèng suí yā
彩凤随鸦

【释义】兼~：没有长穗的芦苇依傍在玉树傍边。喻指二者在一起品貌颇不相称。
彩~：五彩凤凰跟了乌鸦。比喻美女嫁给了丑男，不相配。
【结构】主谓　名—|动-名
【扩联】彩凤随鸦丑男美女
兼葭倚玉牛粪鲜花

1081

jiān quán shú jì
兼权熟计
nèi shì fǎn tīng
内视反听

【释义】兼~：兼：指同时顾到各方面，权：权衡，比较。熟：熟悉，深入。多方面比较权衡，深入细致地计划考虑。指统筹全局。
内~：内视：内心自省。反：反身向外。听：指听取别人的意见。自我省察，听取别人的意见。
【结构】联合　形-动|形-动
【扩联】内视反听完善自我
兼权熟计统筹全盘

1082

jiān rú pán shí
坚如磐石
gù ruò jīn tāng
固若金汤

【释义】坚~：磐石：很大的石头。像大石头一样坚固。形容非常坚固，不可动摇。
固~：坚固，稳固。金："金城"，铜铸的城墙。汤："汤池"，开水沸腾的护城河。牢固得像金城汤池。常用于形容工事无比坚固。
【结构】述补　形|动-形-名
【扩联】固若金汤一夫可守
坚如磐石万众弗摧

1083

jiān zhēn bù qū
坚贞不屈
kāng kǎi bēi gē
慷慨悲歌

【释义】坚~：坚贞：指意志或节操坚定。坚守气节，决不屈服。
慷~：情绪激昂，悲壮地歌唱。
【结构】状中　形—|副-动
【扩联】黑牢铁镣坚贞不屈
刑场婚礼慷慨悲歌

1084

jiān nán qū zhé
艰难曲折
tòng kuài lín lí
痛快淋漓

【释义】艰~：不但困难而且还要经过很多周折。形容困难重重，极不顺利。
痛~：淋漓：形容畅快。形容非常高兴、舒畅。
【结构】联合　形—|形—
【扩联】艰难曲折万种沉重
痛快淋漓一身轻松

1085

jiān shēn huì sè
艰 深 晦 涩

jié qū áo yá
诘 屈 聱 牙

【释义】艰~：艰深：文辞深奥难懂。晦涩：意义隐晦，难读费解。形容文章笔调古僻，寓意费解。

诘~：诘屈：曲折。聱牙：拗口。形容文字艰涩、简古，读起来极不顺口。

【结构】联合 形一形一

【扩联】诘屈聱牙读来别扭
艰深晦涩听着糊涂

1086

jiān qú bì jiǎn
奸 渠 必 剪

màn cǎo nán chú
蔓 草 难 除

【释义】奸~：奸渠：为非作歹的头目，大奸巨滑。剪：剪除。对为非作歹的头目，必须坚决剪除。语见南朝梁·沈约《齐故安陆昭王碑文》："不待赭污之奴，而奸渠必剪，无假里端之籍，而晋子咸诛，"

蔓~：蔓草：蔓延生长的草。蔓生的草难于彻底铲除。比喻恶势力一经滋长，就难于消灭，必须及早剪除，斩草除根。语见《左传·隐公元年》："不如早为之所，无使滋蔓，蔓，难图也。蔓草犹不可除，况君之宠弟乎？"

【结构】主谓 名-名|副-动

【扩联】蔓草难除多用劲
奸渠必剪不留情

1087

jiǎn lǔ ruò cǎo
剪 虏 若 草

yòng bīng rú shén
用 兵 如 神

【释义】剪~：虏：敌寇。杀掉、消灭敌人像剪草一样。

用~：用兵：指挥军队作战。形容很善于指挥作战，常常变化莫测。

【结构】述补 动-名|动-名

【扩联】用兵如神诸葛亮
剪虏若草赵子龙

1088

jiǎn xū huò yào
剪 须 和 药

hán xuè shǔn chuāng
含 血 吮 疮

【释义】剪~：须：胡须。剪下胡须和药治病。比喻上级体恤下属。见《新唐书·李勣传》："勣既忠力，帝谓可托大事，尝暴疾，醫曰：'用须灰可治。'帝乃自剪须以和药，及愈入谢，顿首流血，帝曰：'吾为社稷计，何谢为？'"

含~：吮：吸嘬。用嘴吸嘬毒疮伤口的淤血。比喻将帅爱抚军士。语见唐·白居易《七德舞》："含血吮疮抚战士，思摩奋呼乞效死。"（唐朝大将李勣曾中箭，唐太宗亲为吮血。）

【结构】连动 动-名|动-名

【扩联】剪须和药李皇帝
含血吮疮唐太宗

1089

jiǎn míng è yào
简 明 扼 要

bó dà jīng shēn
博 大 精 深

【释义】简~：形容讲话或写文章简单明白，抓住重点。

博~：博大：宽广，丰富。精深：专业、深刻。形容学识、思想广博高深。

【结构】联合 形一形一

【扩联】简明扼要序言短
博大精深论著长

1090

jiàn ān sī mǎ
见 鞍 思 马
ài lǐ cún yáng
爱 礼 存 羊

【释义】 见~：见到马鞍就想起马。比喻睹物思情。
爱~：羊：古时告庙用的活羊，饩（xì）羊。当时告朔饩羊为一种礼仪。春秋时，鲁文公始废。告庙视朔（农历初一），故不用羊。后以"爱礼存羊"为保存旧有礼制之典。语见《论语·八佾》："子贡欲去告朔之饩羊。子曰：'赐（子贡名）也，尔爱其羊，我爱其礼。'"

【结构】 连动 动-名|动-名

【扩联】 老马识途见鞍思马
羚羊挂角爱礼存羊

1091

jiàn cái qǐ yì
见 财 起 意
wéi lì shì tú
惟 利 是 图

【释义】 见~：见到钱财而生贪心，以至为非作歹。
惟~：惟：助词。是：指示代词。复指提前的宾语"利"。"惟……是……"是古汉语的一种格式，有强调语意的作用。指一心贪图利益，什么都不顾了。

【结构】 连动 动-名|动-名

【扩联】 见财起意成扒手
惟利是图骗老人

1092

jiàn duō shí guǎng
见 多 识 广
dé bèi cái quán
德 备 才 全

【释义】 见~：见过的多，知道的广。形容见识广博。
德~：备：完备，完善。品德完备，才能全面。形容人才德兼备。

【结构】 联合 名-形|名-形

【扩联】 见多识广当知事
德备才全任尚书

1093

jiàn fēng shǐ duò
见 风 使 舵
shùn shuǐ fàng chuán
顺 水 放 船

【释义】 见~：舵：船上控制方向的装置。看风向转动舵柄。比喻看势头或看别人的眼色行事，随机应变。
顺~：顺着水流，放船而行。比喻顺应当时的情势，采取相应的行动。语见《五灯会元·大宁道宽禅师》："少林妙诀，古佛家风。应用随机，卷舒自在。如拳作掌，开合有时。似水成沤，起灭无定。……万用自然，不劳心力。到这里唤作顺水放船，且道逆风举棹，谁是好手？"

【结构】 连动 动-名|动-名

【扩联】 见风使舵识时务
顺水放船随自然

1094

jiàn fēng zhuǎn duò
见 风 转 舵
lín zhèn mó qiāng
临 阵 磨 枪

【释义】 见~：舵是管船行进方向的，看到风向变了，就转舵行船，不依照原来的航向走了。比喻会看势头或别人的眼色行事。
临~：到阵前要打仗了才去磨枪。比喻事到临头才做准备。一般是来不及了，但也许有些效果，即所谓"不快也光"。

【结构】 连动 动-名|动-名

【扩联】 见风转舵真赶快
临阵磨枪也发光

1095

jiàn jī ér zuò
见机而作

liàng lì ér xíng
量力而行

【释义】 见~：机：时机。作：行动。遇见适当的时机就立即行动。现多比喻看清时机，灵活地处理事情。语见汉·蔡邕《陈留太守胡硕碑》："爰自登朝。进退以方，见机而作，如鸿之翔。"

量~：量：估量。行：行事，做事。做事的时候要估量自己的力量或能力再去做。语见《左传·昭公十五年》："力能则进，否则退，量力而行。"

【结构】 连动 动-名|连-动

【扩联】 可否能否见机而作
进耶退耶量力而行

1096

jiàn rén jiàn zhì
见仁见智

jí yuàn jí kū
集苑集枯

【释义】 见~：对同一个问题，观察的角度不同，见解也不相同。

集~：集：鸟落在树木上。苑：茂盛的树木。枯：枯树。有的鸟落在茂盛的树上，有的鸟落在枯萎的树上。比喻志趣不同，行动也不一样。

【结构】 联合 动-名|动-名

【扩联】 见仁见智各相异
集苑集枯自不同

1097

jiàn sù bào pǔ
见素抱朴

hán jīng jū huá
含菁咀华

【释义】 见~：素：纯真。朴：朴质。形容守其本真，朴质无华，不为外物所动。

含~：菁华：事物最重要最好的部分，精华。比喻欣赏、体味或领会、吸取诗文的精华。

【结构】 联合 动-名|动-名

【扩联】 见素抱朴诱因少
含菁咀华养分高

1098

jiàn tù gù quǎn
见兔顾犬

wáng yáng bǔ láo
亡羊补牢

【释义】 见~：见到野兔，再回头唤猎狗捕捉。比喻事情虽紧急，如及时想办法还来得及。

亡~：丢失了羊，要赶快修补羊圈。比喻出了错误，若及时补救，可避免更大损失。

【结构】 连动 动-名|动-名

【扩联】 见兔顾犬能获兔
亡羊补牢不丢羊

1099

jiàn wēi shòu mìng
见危授命

lín nàn shǒu jié
临难守节

【释义】 见~：危：危险，危难。授命：献出生命。看见危难当头而勇于献出自己的生命。

临~：节：气节，节操。面临危险，坚持正义、气节。

【结构】 连动 动-名|动-名

【扩联】 横刀立马见危授命
饮雪牧羊临难守节

1100

jiàn jī shí biàn
鉴机识变
tǎo lèi zhī yuán
讨类知原

【释义】 鉴~：察看时机，了解变化动向。语见《晋书·载记第十一》："燕朝无纲纪，实可图之，鉴机识变，唯皇甫真耳。"
讨~：指通过类比而探知渊源。语见章炳麟《与简竹居书》："《尚书》《春秋》……宜与《史记》《汉书》等视，稽其典礼，明其行事，令后生得以讨类知原，无忘国故，斯其要也。"

【结构】 连动　动-名|动-名

【扩联】 鉴机识变数
讨类知原由

1101

jiàn rù jiā jìng
渐入佳境
wèi wéi dà guān
蔚为大观

【释义】 渐~：逐渐进入美好的境界。也比喻兴味逐渐浓厚。语见唐·房玄龄《晋书·顾恺之传》："恺之每食甘蔗，恒自尾至本，人或怪之，云：'渐入佳境。'"
蔚~：蔚：盛大。大观：形容事物美好繁多。指美好的事物发展成盛大壮丽的景象。

【结构】 动宾　副-动|形-名

【扩联】 倒吃甘蔗渐入佳境
广栽杏林蔚为大观

1102

jiàn zài xián shàng
箭在弦上
péng shēng má zhōng
蓬生麻中

【释义】 箭~：常同"不得不发"连用。箭已搭在拉起的弦上，不得不发射出去。比喻情况十分紧急，为形势所迫，不得不采取某种行动。语见宋·李昉《太平御览》五百九十七卷引《魏书》：陈琳曾替袁绍写过一篇檄文，辱骂了曹操祖宗三代。后陈琳投奔曹操，被问曰："卿昔为本初移书，但可罪状孤而已，何乃上及祖父邪？"陈琳谢罪曰："箭在弦上，不得不发。"
蓬~：蓬：蓬草。麻：苎麻类高杆植物。蓬草生长在麻丛中，自然会长直了。比喻良好的环境对人有积极的影响。语见《史记·三王世家》："传曰：'蓬生麻中，不扶自直；白沙在涅，与之皆黑'者，土地教化使之然也。"

【结构】 主谓　名|动-名-方

【扩联】 蓬生麻中不扶自直
箭在弦上疾发难收

1103

jiāng dōng dú bù
江东独步
shǔ hòu gū xīng
曙后孤星

【释义】 江~：江东：长江从芜湖到南京一带，从西南向东北流，习惯称这一段的南岸为江东；又指三国时东吴地区。独步：指超出同类之上，没有可相比的。比喻某人在某一区域才华出众。
曙~：曙后：天刚亮之后。天刚亮之后天上孤单单的一两颗星星。比喻人死后所仅遗存的孤女。

【结构】 定中　名-方|形-名

【扩联】 曙后孤星无怙女
江东独步不凡人

1104

rì yuè jīng tiān
日 月 经 天
jiāng hé xíng dì
江 河 行 地

【释义】 日~：日月运行，行经天空。比喻辉煌壮丽，永恒不变。
江~：江河奔腾，流过大地。比喻光明正大，历久不衰。
【结构】 主谓　名-名|动-名
【扩联】 江河行地东流水
日月经天西落山

1105

jiāng láng cái jìn
江 郎 才 尽
qián lú jì qióng
黔 驴 技 穷

【释义】 江~：南梁人江淹，年轻时诗文为人推崇，年老时诗文大不如前，人谓之"才尽"。后常比喻人的才思枯竭。
黔~：黔：贵州。技：技艺，本领。穷：尽，没有了。柳宗元《三戒》里一则寓言：贵州无驴，有多事者带了一头驴去，放到山下。老虎头次见到这样的庞然大物很害怕，经过几次接触，发现驴除了叫声大、尥蹶子外，没有别的本事，就冲上去把驴吃掉了。比喻仅有的一点本事使尽了，再没有别的办法。
【结构】 主谓　名—|名-形
【扩联】 黔驴技穷挑事者
江郎才尽读书人

1106

jiāng shān rú huà
江 山 如 画
rì yuè lì tiān
日 月 丽 天

【释义】 江~：江山：山川，山河。常指代疆土，国土。形容祖国的大好河山像画一样美丽。语见宋·张孝祥《水调歌头·桂林中秋》："千里江山如画，万井笙歌不夜，扶路看遨头。"
日~：丽：附丽，附着。日月悬在天空。比喻光明照耀四方。语见《周易·离》："日月丽乎天，百谷草木丽乎土。"
【结构】 主谓　名-名|动-名
【扩联】 江山如画花开万里
日月丽天光耀四方

1107

jiāng shān yì gǎi
江 山 易 改
běn xìng nán yí
本 性 难 移

【释义】 江~：江山：河山，也指社稷。改：改变，变迁。江山社稷容易改变。
本~：难移：难移动，难改变。人的本性不容易改变。
【结构】 主谓　名-名|形-动
【扩联】 本性难移望抑恶扬善
江山易改当居安思危

1108

jiāng cuò jiù cuò
将 错 就 错
yǐ dú gōng dú
以 毒 攻 毒

【释义】 将~：将：顺从。就：迁就。明知错了，却顺着再错下去。
以~：以：用。毒：有毒性的药。攻：治。毒：恶性疾病。用带毒之药来治疗恶性疾病。多用以比喻用对方使用过的毒辣手段制服对方，或利用恶人对付恶人。
【结构】 连动　介-名|动-名
【扩联】 将错就错成大错
以毒攻毒除剧毒

1109

jiāng qín bǔ zhuō
将勤补拙
yǐ yì dài láo
以逸待劳

【释义】 将~：用勤奋来弥补笨拙。
以~：逸：安闲。劳：疲惫。以安闲的迎接疲惫的。指养精蓄锐，以待痛击来犯之敌。也指后发制人。
【结构】 状中　介-形|动-形
【扩联】 将勤补拙拙生巧
以逸待劳劳套牢

1110

jiāng wú zuò yǒu
将无作有
yǐ liè chōng yōu
以劣充优

【释义】 将~：把没有的事情当作有。
以~：用粗劣的假充优质的。
【结构】 状中　介-形|动-形
【扩联】 将无作有欺诳鬼
以劣充优糊弄人

1111

jiǎng xìn xiū mù
讲信修睦
qīn rén shàn lín
亲仁善邻

【释义】 讲~：修：建立。相互讲究信用，建立和睦关系。语见《礼记·礼运》："讲信修睦，谓之人利；争夺相杀，谓之人患。"
亲~：与邻者亲近，与邻邦友好。语见《左传·隐公六年》："往岁，郑伯请成于陈，陈侯不许。五父谏曰：'亲仁善邻，国之宝也，君其许郑。'"
【结构】 联合　动-名|动-名
【扩联】 讲信修睦和天下
亲仁善邻利国家

1112

jiǎng yīn yáng huà
讲阴阳话
wú fǔ záo hén
无斧凿痕

【释义】 讲~：阴阳：不阴不阳。讲阴阳怪气的话。指说风凉话。
无~：斧、凿：木工用的斧头、凿子。没有用斧头、凿子削刻过的痕迹。比喻诗文或艺术品已达到浑然天成的境界。语见宋·蔡梦弼《杜工部草堂诗话》："观子美到夔州以后诗，简易纯熟，无斧凿痕，信是如弹丸矣。"
【结构】 动宾　动|名-名-名
【扩联】 言谈尽讲阴阳话
文笔辄无斧凿痕

1113

jiàng mén hǔ zǐ
将门虎子
wén zhèn xióng shī
文阵雄师

【释义】 将~：世代为将的人家。比喻父辈有才能，子孙也身手不凡。也指后生子弟不辱门庭。
文~：文阵：文坛。雄师：雄兵，指雄劲善战的军队。比喻有杰出成就的文坛大家。语见唐·孙虔礼《文谱》："斯诚文阵之雄师，词囿之家法矣。"宋·戴埴《鼠璞柳子厚文》："柳子厚，文坛之雄师。"
【结构】 定中　名-名|名-名
【扩联】 将门虎子是骁将
文阵雄师善韵文

1114

jiàng xīn dú yùn
匠 心 独 运

jié zú xiān dēng
捷 足 先 登

【释义】 匠～：匠心：巧妙的心思，常指艺术构思。独创性地运用巧妙的心思。形容艺术构思的独创性。
捷～：捷足：跑得快。跑得快的先到达。比喻行动迅速的人首先达到目的。

【结构】 主谓　名-名|形-动

【扩联】 匠心独运迷魂阵
捷足先登聚福堂

1115

jiāo guā zhī huì
浇 瓜 之 惠

zhì shuǐ zhī qíng
置 水 之 情

【释义】 浇～：战国时，梁与楚的边境都种瓜，梁瓜好而楚瓜恶，于是楚人毁梁瓜。梁县令宋就不仅不报复，并助楚人浇瓜，楚瓜日美。楚王以重金相谢，梁楚日好。（见汉·刘向《新序·杂事四》）帮助浇瓜的恩惠，形容以德报怨，使敌国息兵，两国和好。
置～：置：安放，搁开。摆放一盆清水的情思。表示人们对官吏公正清廉的期望。语见《后汉书·庞参传》："拜参为汉阳太守，郡人任棠者，有奇节，隐居教授。参到，但以薤一大本，水一盂，置户屏前，自抱孙儿伏于户下。主簿白以为促。参思其微意，良久。曰：'棠是欲晓太守也；水者欲吾清也；拔大本薤者，欲吾击强宗也；抱儿当户，欲吾开门恤孤也。'"

【结构】 定中　动-名|助-名

【扩联】 浇瓜之惠邦交好
置水之情吏治清

1116

jiāo shē yín yì
骄 奢 淫 逸

ān fù zūn róng
安 富 尊 荣

【释义】 骄～：骄：骄横。奢：奢侈。淫：荒淫。逸：放荡。形容骄横、奢侈、荒淫无度的糜烂生活。
安～：平安、富裕、尊贵、荣耀。现指安于富裕、珍重荣誉，过荣华富贵的生活。

【结构】 联合　形|形|形|形

【扩联】 骄奢淫逸招人言啧啧
安富尊荣惹虎视眈眈

1117

jiāo nuó wǔ mèi
娇 娜 妩 媚

qiǎn quǎn chán mián
缱 绻 缠 绵

【释义】 娇～：娇娜：娇娆柔情。妩媚：姿态美好媚人。形容女子娇媚温柔，姿态美好可爱。
缱～：缱绻：感情好，难舍难分。缠绵：缠绕一起，不能解脱。形容情意绵绵，好得分不开。

【结构】 联合　形—|形—

【扩联】 但得娇娜妩媚人
曲尽缱绻缠绵意

1118

jiāo lí huǒ zǎo
交 梨 火 枣

chén lǐ fú guā
沉 李 浮 瓜

【释义】 交～：道教经书中所说的"仙果"。喻指上等水果。
沉～：夏天，沉李子于寒水，浮瓜于清泉，以为消夏之食。

【结构】 联合　形-名|形-名

【扩联】 沉李浮瓜消苦夏
交梨火枣待嘉宾

1119

jiāo hán dǎo shòu
郊 寒 岛 瘦

qū yàn bān xiāng
屈 艳 班 香

【释义】 郊~：唐代诗人孟郊、贾岛，诗的风格简啬孤峭。泛指风格类似的诗作。
屈~：屈原辞藻艳丽，班固文章芳香。形容文辞华美。
【结构】 联合　名-形|名-形
【扩联】 诗文尤怜郊寒岛瘦
辞赋得享屈艳班香

1120

jiāo lóng dé shuǐ
蛟 龙 得 水

hǔ sì chū xiá
虎 兕 出 柙

【释义】 蛟~：蛟：古代传说中的无角龙。传说蛟龙得水就能兴云作雾，飞腾上天。也作"蛟龙得云雨"。比喻英雄人物得到了施展才能的机会，可以大展神威。
虎~：兕：雌性犀牛。柙：圈猛兽的栅栏。老虎和犀牛逃出了栅栏。比喻看守失职，而造成祸害。
【结构】 主谓　名-名|动-名
【扩联】 蛟龙得水腾云雾
虎兕出柙害众生

1121

jiāo lóng shī shuǐ
蛟 龙 失 水

tiān mǎ tuō xián
天 马 脱 衔

【释义】 蛟~：蛟龙：传说蛟龙得水以后便能兴风作浪，飞腾升天。"蛟龙失水"，比喻英雄失去依托，无所作为。语见《资治通鉴·后唐庄宗同光二年》："（郭）崇韬郁郁不得志，与所亲谋赴镇以避之。其人曰：'不可，蛟龙失水，蝼蚁足以制之'。"
天~：天马：神马。衔：马嚼子，用以制驭马之行止。天马脱掉了马嚼子。比喻不受束缚。语见宋·朱熹《跋米元章帖》："米老书天马脱衔，追风逐电。"
【结构】 主谓　名-名|动-名
【扩联】 天马脱衔追闪电
蛟龙失水困沙滩

1122

jiāo lóng xì shuǐ
蛟 龙 戏 水

ōu lù wàng jī
鸥 鹭 忘 机

【释义】 蛟~：蛟龙在水中兴云作雾、腾跃自如，尽情游戏。用以形容武艺精湛纯熟，刀枪棍棒等使得轻松自如、灵活多变。
鸥~：机：机巧，巧诈。鸥鸟、鹭鸶都忘掉了（人的）巧诈。形容人胸怀坦荡，无世俗趋利之心，连异类都可和他亲近。典故出自《列子》：有个喜爱鸥鸟的人，他到海上去，成群的鸥鸟来跟游玩。一天，他父亲想要他抓只鸥鸟回来，等他再去海上，鸥鸟就再不飞下来了。
【结构】 主谓　名-名|动-名
【扩联】 海浪滔滔蛟龙戏水
人心坦坦鸥鹭忘机

1123

jiāo zhù gǔ sè
胶 柱 鼓 瑟

dài pén wàng tiān
戴 盆 望 天

【释义】 胶~：瑟：古代乐器。柱：瑟上调节弦音的短木。用胶把柱粘住，音调不能调整。比喻拘泥固执，不知变通。
戴~：头上戴着盆去看天，自然无法看到。比喻做法与愿望相违背。
【结构】 连动　动-名|动-名
【扩联】 胶柱鼓瑟音变哑
戴盆望天眼如瞎

1124

jiāo náo shēng mù
教 猱 升 木

shuài shòu shí rén
率 兽 食 人

【释义】 教~：猱：猴子的一种。教猴子爬树。后用以比喻教唆坏
人做坏事。
率~：带领着野兽吃人。比喻贪官虐民，政治腐败。
【结构】 兼语 动-名-动-名
【扩联】 教猱升木偷仙果
率兽食人做鬼王

1125

jiǎo qíng zhèn wù
矫 情 镇 物

hé qì shēng cái
和 气 生 财

【释义】 矫~：矫情：掩饰内心真情，而特别表现出来的另一种情
感。形容故作镇定。语见《晋书·谢安传》：谢玄（字幼
度）打败苻坚，战报传来。"安（字安石）方对客围棋。
看书既竟，便摄放床上，了无喜色，棋如故。客问之，徐
答云：'小儿辈遂已破贼。'既罢，还内，过户限，心喜
甚，不觉屐齿之折。其矫情镇物如此。"
和~：和气：和睦。旧指待人和善能招财进宝。
【结构】 主谓 形-名|动-名
【扩联】 闻捷报谢安石矫情镇物
卖烧饼武大郎和气生财

1126

jiǎo jìn nǎo zhī
绞 尽 脑 汁

wā kōng xīn sī
挖 空 心 思

【释义】 绞~：费尽脑筋。形容用尽了心机。
挖~：指想尽一切办法。常用于贬义。
【结构】 动宾 动-形|名-名
【扩联】 挖空心思找关系
绞尽脑汁弄特权

1127

jiǎo tà shí dì
脚 踏 实 地

mù wú xià chén
目 无 下 尘

【释义】 脚~：脚踏稳在地上。比喻做事踏实认真，实事求是。
目~：下尘：下风，指名望、地位低下的人。眼睛不朝下
看，眼里没有在下面的人。形容为人高傲，看不起人。
【结构】 主谓 名|动-形-名
【扩联】 脚踏实地基础稳
目无下尘眼光高

1128

jiǎo tù sān kū
狡 兔 三 窟

jiāo liáo yī zhī
鹪 鹩 一 枝

【释义】 狡~：狡猾的兔子有三个藏身的洞穴。比喻藏身的地方
多，便于避祸，有退路。含贬义。
鹪~：鹪鹩鸟只占大树一个枝桠。比喻占用很少，所求有
限。
【结构】 主谓 形-名|数-名
【扩联】 鹪鹩一枝足常乐
狡兔三窟多不安

1129

jiē fáng lín lǐ
街 坊 邻 里

fù lǎo xiāng qīn
父 老 乡 亲

【释义】 街~：街坊：邻里：住在同一乡里的人。指住处邻近的人。语见元·李行道《灰阑记》第一折："他无过是指着收生老娘和街坊邻里做见证，我已都用银子买转了，这衙门以外的事，不要你费心。"
父~：父老：父辈老人。乡亲：同乡的亲人；对农村中当地人民的称呼。指家乡的亲戚朋友，也指家乡人。

【结构】 联合 名-名|名-名

【扩联】 致敬街坊邻里
感恩父老乡亲

1130

jié chéng xiāng dài
竭 诚 相 待

jìn lì ér wéi
尽 力 而 为

【释义】 竭~：竭：尽。诚：诚恳的心意。指用最诚挚的心意对待别人。
尽~：尽自己最大的努力去做某件事情。

【结构】 状中 动-名|副-动

【扩联】 竭诚相待待宾客
尽力而为为国民

1131

jié zhōng jìn zhì
竭 忠 尽 智

lì dǎn huī gān
沥 胆 隳 肝

【释义】 竭~：竭尽忠诚与才智。指贡献出自己全部的忠诚与才智。
沥~：沥：滴落。隳：毁坏。剖露肝胆。指竭诚尽忠。

【结构】 联合 动-名|动-名

【扩联】 居官守职竭忠尽智
保国安民沥胆隳肝

1132

jié huǒ bù jìn
劫 火 不 尽

sǐ huī fù rán
死 灰 复 燃

【释义】 劫~：劫火，佛家语，指世界毁灭时的大火。一般也把乱世的灾祸称为劫火。意指灾难不断，难以摆脱。
死~：熄灭的火灰又重新燃烧起来。比喻已消失灭亡的势力或丑恶现象又重新出现了。含贬义。

【结构】 主谓 形-名|副-动

【扩联】 死灰复燃妖孽重现
劫火不尽凤凰涅槃

1133

jié shēn zì hào
洁 身 自 好

wán shì bù gōng
玩 世 不 恭

【释义】 洁~：自好：自爱。保持自身品德纯洁，不与他人同流合污。
玩~：玩：玩弄。不恭：不严肃。用不严肃的态度对待现实社会的一切。

【结构】 述补 动-名|副-动

【扩联】 洁身自好怎能脱离社会
玩世不恭就是游戏人间

1134

jié āi shùn biàn
节 哀 顺 变

gān fèn suí shí
甘 分 随 时

【释义】 节~：节哀：节制哀思。顺变：顺应变故。指亲人既已云世，不要过于悲痛。用作吊唁之辞。见《礼记·檀弓下》："丧礼，哀戚之至也；节哀，顺变也，君子念始之者也。"
甘~：指甘愿谨守本分、顺随时世环境。语见元·无名氏《诤范叔》楔子："常则是半生忙不遂，我平生志，居陋巷甘分随时。"

【结构】 连动 动-名|动-名

【扩联】 当大事节哀顺变
做良民甘分随时

1135

jié jié qǔ shèng
节 节 取 胜

bù bù wéi yíng
步 步 为 营

【释义】 节~：战斗进程中，每一个阶段都取得胜利，形容一个胜利接一个胜利。
步~：军队作战，就每前进一步，就建立一个营垒，以巩固阵地。比喻做事谨慎，稳扎稳打。

【结构】 状中 叠一|动-名

【扩联】 步步为营不慌不忙
节节取胜再接再厉

1136

jié zhǐ shì lǚ
截 趾 适 履

ài máo fǎn qiú
爱 毛 反 裘

【释义】 截~：趾：脚趾。适：适应。履：鞋。指脚大鞋小，把脚趾削掉一部分，以适应鞋的大小。比喻方法不当，轻重倒置。
爱~：反：翻转。裘：皮衣。爱惜皮袍的毛而翻过来朝里穿。比喻做事不辨本末。

【结构】 连动 动-名|动-名

【扩联】 截趾适履未曾见
爱毛反裘偶有闻

1137

jiě fēn pái nàn
解 纷 排 难

xī shì níng rén
息 事 宁 人

【释义】 解~：解决纠纷，排除危难。
息~：把事情平息，使人安宁，和睦相处。

【结构】 联合 动-名|动-名

【扩联】 息事宁人磨口舌
解纷排难费心机

1138

jiě jīn cóng shì
解 巾 从 仕

yì jǐn huán xiāng
衣 锦 还 乡

【释义】 解~：巾：古代裹头用的丝麻制品，指儒生戴的方山巾。从仕：做官。解下方山巾戴上官帽做官。指士人中举做官。
衣~：衣：穿着。锦：锦绣华丽的服饰。还乡：回故乡。穿着华贵的衣服回故乡。指富贵以后回故乡，向乡人夸耀。

【结构】 连动 动-名|动-名

【扩联】 解巾从仕做官去
衣锦还乡祭祖来

1139

jiě náng xiāng zhù
解囊相助

yùn dú ér cáng
韫椟而藏

【释义】 解~：囊：口袋。打开口袋，拿出钱财来帮助别人。
韫~：韫：包含，蕴藏。椟：匣子。把东西（玉）装进匣子里藏起来。比喻怀才待用或怀才隐退。

【结构】 连动　动-名|副-动

【扩联】 韫椟而藏藏宝贝
解囊相助助钱财

1140

jiě wēi bāng kùn
解危帮困

pái nàn xiāo zāi
排难消灾

【释义】 解~：帮助群众消除危险、解决困难。
排~：排除危难和灾害，减少损失。

【结构】 联合　动-名|动-名

【扩联】 义工替人解危帮困
仁者为众排难消灾

1141

jiè bēi jiāo kuài
借杯浇块

zhé jǐ chén shā
折戟沉沙

【释义】 借~：杯：酒杯，代酒。块：块垒，比喻郁结在心中的气愤或愁闷。指借饮酒来排遣忧愁。同"借酒浇愁"。
折~：戟：古代的一种兵器。折断的戟埋在沙里。形容惨败。语见唐·杜牧《赤壁》诗："折戟沉沙铁未销，自将磨洗认前朝。东风不与周郎便，铜雀春深锁二乔。"

【结构】 连动　动-名|动-名

【扩联】 折戟沉沙土掩骨
借杯浇块酒添愁

1142

jiè fù shēng zǐ
借腹生子

rèn nú zuò láng
认奴作郎

【释义】 借~：借用别人的子宫，植入夫妻的受精卵，而生下孩子。比喻借外力达到自己的目的。
认~：奴：奴婢；奴家（旧时女子自称）。郎：官名；青少年男子的美称，又引申为女子对情侣的昵称。把女子认作情郎。比喻颠倒错乱。语见宋·释道原《景德传灯录·良价禅师》："师曰：'若不颠倒，因什么认奴作郎？'"宋·释普济《五灯会元·香严义端禅师》："礼拜一任礼拜，不得认奴作郎。"

【结构】 连动　动-名|动-名

【扩联】 认奴作郎双美女
借腹生子俩亲娘

1143

jiè huā xiàn fó
借花献佛

jié fà liú bīn
截发留宾

【释义】 借~：原作"寄花献佛"。《过去现在因果经》："今我女弱不能得前，请寄二花以献佛。"后比喻用别人的东西做人情。
截~：剪掉头发，卖了钱以款留宾客。晋朝陶侃家里很穷，有孝廉范逵来投宿，因没钱，陶母剪掉头发卖钱待客。后用以赞美贤母的美德。

【结构】 连动　动-名|动-名

【扩联】 截发留宾陶母贤惠
借花献佛某公寒酸

1144

jiè jī xià dàn
借 鸡 下 蛋
chuān jǐng dé rén
穿 井 得 人

【释义】 借~：借别人的母鸡来生蛋。指利用别人的条件来谋取利益。
穿~：穿井：凿穿地面打井。指家中打井后节省了一个人去挑水的劳力使用，却被传说称打井时挖得一个人。后比喻说话辗转相告而失真。语见《吕氏春秋》。
【结构】 连动　动-名|动-名
【扩联】 穿井得人能省力
借鸡下蛋要还钱

1145

jiè jiāo jiè zào
戒 骄 戒 躁
kè jiǎn kè qín
克 俭 克 勤

【释义】 戒~：戒：戒备，提防。骄：骄傲。提防骄傲和急躁。告诫人不要骄傲，也不要急功近利。
克~：克：能。俭：节俭，节约。既节俭又勤劳。多指持家而言。
【结构】 联合　动-形|动-形
【扩联】 克俭克勤家富足
戒骄戒躁自提高

1146

jīn jīn jì jiào
斤 斤 计 较
shì shì wú chéng
事 事 无 成

【释义】 斤~：斤斤：明察的样子，指专注于琐细的事物。形容在小事上纠缠不休。现指过分计较个人得失，纠缠在琐细的事情上。
事：所有的事情都干不成功。喻指人能力不行，虚度光阴。
【结构】 状中　叠—|动-动
【扩联】 斤斤自守斤斤计较
事事躬亲事事无成

1147

jīn chán tuō qiào
金 蝉 脱 壳
xiàng chǐ fén shēn
象 齿 焚 身

【释义】 金~：蝉变为成虫时要脱去幼虫的壳。比喻用计脱逃而使对方不能立即发觉。
象~：焚：毁灭。大象因为有珍贵的牙齿而招致杀身之祸。比喻人因财富多而得祸。语见《左传·襄公二十四年》："象有齿而焚其身。"
【结构】 主谓　名-名|动-名
【扩联】 象齿焚身遭祸害
金蝉脱壳保安全

1148

jīn chì bāi hǎi
金 翅 擘 海
xiāng xiàng dù hé
香 象 渡 河

【释义】 金~：金翅：传说中的大鸟名。擘：分开。金翅大鸟想要从海底取出龙王的食物，就用翅膀分开海水，让大海干涸。后用以喻指文章说理透彻，清澈见底。
香~：大象过河，脚踏河底。佛家语，比喻悟道精深彻底。也用以称赞诗文写得透彻精辟。
【结构】 主谓　名-名|动-名
【扩联】 金翅擘海龙王献宝
香象渡河鱼鳖遭殃

1149

jīn dān huàn gǔ
金 丹 换 骨
míng yuè rù huái
明 月 入 怀

【释义】金~：形容诗人造诣高，进入顿悟的境界。语见陆游《夜吟》："六十余年妄学诗，功夫深处独心知。夜来一笑寒灯下，始是金丹换骨时。"钱仲联校注："金丹换骨云者，盖以喻学诗工夫由渐修而入顿悟境界。"

明~：比喻心胸开阔明朗。语见唐·温庭筠《醉歌》诗："朔风绕指我先笑，明月入怀君自知。"

【结构】主谓　形-名|动-名

【扩联】金丹换骨诗有境界
明月入怀画容乾坤

1150

jīn fēng sòng shuǎng
金 风 送 爽
dān guì piāo xiāng
丹 桂 飘 香

【释义】金~：金风：指秋天的风。秋天的风带来了凉爽。

丹~：丹桂：桂树的一种。意指桂花飘香。

【结构】主谓　形-名|动-名

【扩联】丹桂飘香香馥馥
金风送爽爽歪歪

1151

jīn gāng nǔ mù
金 刚 努 目
pú sà dī méi
菩 萨 低 眉

【释义】金~：金刚：佛教称佛的侍从力士，因手持金刚杵（古印度武器）而得名。金刚怒睁双眼，一脸威严。形容面目威猛可畏。

菩~：菩萨：佛教中地位仅次于佛的人。菩萨低垂眉眼，面容安详慈善。比喻人心肠好且和蔼可亲。

【结构】主谓　名|动-名

【扩联】金刚努目凶神恶煞
菩萨低眉苦口婆心

1152

jīn jiā yù suǒ
金 枷 玉 锁
yín jiǎo táo zhī
银 角 桃 枝

【释义】金~：金打的枷，玉制的锁。既珍贵，又是包袱。比喻儿女既是父母的珍宝，又是包袱。语见元·马致远《任风子》："儿女是金枷玉锁，欢喜冤家。"

银~：一种手杖。桃枝：可做手杖的一种竹。桃枝手杖再以银饰其柄头，表示对老者的尊敬。语见北周·庾信《竹杖赋》："寡人有铜环灵寿，银角桃枝。"

【结构】联合　名-名|名-名

【扩联】爹痴娘痴甘戴金枷玉锁
儿孝女孝礼贻银角桃枝

1153

jīn guāng gài dì
金 光 盖 地
tóng chòu xūn tiān
铜 臭 薰 天

【释义】金~：金光：指佛之光。比喻佛法神道的力量。也比喻钱神的本领高强。钱能通神。有钱能使鬼推磨。语见《聊斋志异·席方平》："金光盖地，因使阎摩殿上，尽是阴霾。"

铜~：铜臭：铜钱的气味。充满难闻的铜钱气味。常用以讽刺有钱人品行丑恶。也指贿赂公行，败坏风气。

【结构】主谓　名-名|动-名

【扩联】金光盖地鬼推磨
铜臭熏天神要钱

1154

jīn guāng dà dào
金 光 大 道

jǐn piàn qián chéng
锦 片 前 程

【释义】 金～：闪耀着金色光芒的大道。比喻一条光明的大道。
锦～：即"锦绣前程"。比喻前程十分美好，光明灿烂。
【结构】 定中　形-名|形-名
【扩联】 两岸同行金光大道
九州共绣锦片前程

1155

jīn gē tiě mǎ
金 戈 铁 马

jiān jiǎ lì bīng
坚 甲 利 兵

【释义】 金～：金戈：金属制作的戈。铁马：披有铁甲的马。挥动金戈，骑着战马。意指战争。也形容战士们的威武雄姿。
坚～：坚甲：坚固的盔甲。利兵：锋利的武器。原指精良的武器装备，借指坚强善战的军队。
【结构】 联合　名-名|名-名
【扩联】 金戈铁马气吞万里如虎
坚甲利兵力扫千军扬威

1156

jīn kē yù lǜ
金 科 玉 律

fó zhǐ lún yīn
佛 旨 纶 音

【释义】 金～：科、律：法律条文。原指完美的法律条文。后指不能变更的条规。
佛～：纶音：指皇帝的诏书、制令。佛的法旨，皇帝的诏书。比喻不由得人们不服从的话。
【结构】 联合　名-名|名-名
【扩联】 金科玉律朝廷王法
佛旨纶音皇帝诏书

1157

jīn kǒu mù shé
金 口 木 舌

bīng hú yù héng
冰 壶 玉 衡

【释义】 金～：以金为口，以木为舌。原指宣布政教法令的木铎，即以木为舌的铜铃。后比喻传道授业。语见汉·杨雄《法言·学行》："天之道不在仲尼乎？仲尼驾说者也，不在兹儒乎？如将复驾其所说，则莫若使诸儒金口而木舌。"
冰～：冰壶：冰心玉壶。玉衡：用宝石装饰的天文仪器。比喻清澈的品质，高洁的气质。语见杜甫《寄裴施州》诗："金钟大镛在东序，冰壶玉衡悬清秋。"
【结构】 联合　名-名|名-名
【扩联】 金口木舌传正道
冰壶玉衡悬清秋

1158

jīn lán zhī qì
金 兰 之 契

chē lì zhī méng
车 笠 之 盟

【释义】 金～：金：金属。兰：多年生常绿草本植物，花清香。契：投合。指情意相投的朋友。后也指结拜的兄弟。语见南朝宋·刘义庆《世说新语·贤媛》："山公（山涛）与嵇（康）阮（籍）一面，契若金兰。"
车～：车：显贵者所乘。笠：贫贱者所戴。当初友好，其后贵贱各异，如相逢，交欢如昔，即不忘故旧之盟。也作"车笠之交"。
【结构】 定中　名-名|助-名
【扩联】 车笠之盟朋旧谊
金兰之契弟兄情

1159

jīn líng wáng qì
金 陵 王 气
zōu lǔ yí fēng
邹 鲁 遗 风

【释义】 金~：金陵：今之南京，战国时楚威王埋金以镇王气，故曰金陵。金陵之地有帝王之气。后三国之吴、东晋、宋、齐、梁、陈等六朝，皆建都于此。
邹~：指孔孟儒家所留的风范。因孟子为邹人，孔子为鲁人。语见唐·姚思廉《梁书·羊侃传》："高祖览曰：吾闻仁者有勇，今见勇者有仁，可谓邹鲁遗风，英贤不绝。"

【结构】 定中　名一|名-名

【扩联】 邹鲁遗风千古续
金陵王气六朝都

1160

jīn ōu wú quē
金 瓯 无 缺
dū bǐ yǒu zhāng
都 鄙 有 章

【释义】 金~：金瓯：盛酒器，借指国土。比喻国土完整。语见唐·李延寿《南史·朱异传》："我国家犹若金瓯，无一伤缺。"
都~：指国都与边鄙之地，车服尊卑都各自有明确的章法规定。语见明·冯梦龙《东周列国志》第六十七回："公孙侨既执郑政，乃使都鄙有章。"

【结构】 主谓　名-名|动-名

【扩联】 金瓯无缺成一统
都鄙有章定四方

1161

jīn pén xǐ shǒu
金 盆 洗 手
shén wǔ guà guān
神 武 挂 冠

【释义】 金~：金盆：铜盆。古人特别是江湖中人，因年纪大了或别的原因，不再从事原来的行当，常当众举行用铜盆盛清水洗净双手的仪式，以示洗手不干了。
神~：神武：宫殿门名。冠：泛指朝服。指将朝服挂于宫门，辞官隐居。语见清·王夫之《石崖先生传略》："故置吾兄于箕山吹瓢，桐江垂钓之间，而兄不受；置吾兄于神武挂冠、华顶高眠之间，而兄亦不受。"

【结构】 状中　名-名|动-名

【扩联】 金盆洗手告辞江湖海
神武挂冠上演归去来

1162

jīn qī mǎ tǒng
金 漆 马 桶
xiù huā zhěn tóu
绣 花 枕 头

【释义】 金~：马桶：大小便用的有盖的桶。用金粉漆饰的马桶。比喻外表神气活现而肚里无才学的人。
绣~：绣花的枕头，外表好看，里面装的全是糠秕、稻草。比喻虚有其表而无真才实学的人。

【结构】 定中　形-名|名-名

【扩联】 金漆马桶纳污垢
绣花枕头塞秕糠

1163

jīn rén jiān kǒu
金 人 缄 口
niè zǐ zhuì xīn
孽 子 坠 心

【释义】 金~：金人：铜制的人。缄口：封嘴。指缄默不言。
孽~：孽子：贱妾所生的庶子。比喻遭遇艰难困苦的人，引申为不容于当政者但心怀忠诚的人。坠心：痛心，担心。忠诚的庶子为国事担心、痛心。语见南朝梁·江淹《恨赋》："或有孤臣危涕，孽子坠心。"

【结构】 主谓　形-名|动-名

【扩联】 奸臣当道金人缄口
国步多艰孽子坠心

1164

jīn shēng yù zhèn
金 声 玉 振
xiù kǒu jǐn xīn
绣 口 锦 心

【释义】 金~：金：指金钟。玉：指玉磬。孟子赞扬孔子是集大成者，如奏乐以金钟发声，玉磬收韵，集众音之大成。比喻音韵响亮和谐。也比喻知识渊博，才学卓绝。
绣~：锦、绣：精美艳丽的丝织品，用以比喻美的事物。口、心：代指语言文辞、才学。形容有才学，文辞优美华丽。
【结构】 联合　名-名|名-名
【扩联】 金声玉振孔夫子
绣口锦心李谪仙

1165

jīn sè shì jiè
金 色 世 界
rén jiān tiān táng
人 间 天 堂

【释义】 金~：佛教用语。指佛所居之地，金色辉煌，幸福美满。省作"金色界"。语见宋·赞宁《宋高僧传·感通四·沄照》："照其日晚于道场外遇一老人，告照曰：师先发愿往金色世界奉觐大圣，今何不去？"
人~：指人间最美好的地方。
【结构】 定中　名-名|名-名
【扩联】 西方何来金色世界
东土自有人间天堂

1166

jīn tí yù xiè
金 题 玉 蹀
tiě huà yín gōu
铁 画 银 钩

【释义】 金~：金题：泥金书写的题签。玉蹀：系缚书画卷轴用的縹带上的玉别子（又称插签）。形容书画或书籍装潢得极其精美。语见明·方以智《通雅·器用》："《书史》云：'隋唐藏书，皆金题玉蹀。'"
铁~：画、钩：都指字的笔画，直笔为画，曲笔为钩。形容书法刚劲有力、神采飞扬、刚柔相济。语见唐·欧阳询《用笔论》："徘徊俯仰，容与风流，刚则铁画，媚若银钩。"
【结构】 联合　名-名|名-名
【扩联】 铁画银钩龙凤字
金题玉蹀圣贤书

1167

jīn xiàng yù zhèn
金 相 玉 振
mù xíng huī xīn
木 形 灰 心

【释义】 金~：相：相貌，外表。振：内质。同"金相玉质"。形容人或物外表和内质俱美。也比喻形式和内容都完美。语见南朝梁·萧统《〈文选〉序》："若贤人之美辞，忠臣之抗直，谋士之话，辩士之端，冰释泉涌，金相玉振。"
木~：如槁木一样的外形，如死灰般的心。比喻不为外物所扰，对一切世事都无动于衷。语见《庄子·齐物论》："形固可使如槁木，而心固可使如死灰乎。"
【结构】 联合　名-名|名-名
【扩联】 金相玉振蜚声在外
木形灰心无动于衷

1168

jīn yìn xì zhǒu
金 印 系 肘
huáng páo jiā shēn
黄 袍 加 身

【释义】 金~：金制官印挂在胳膊肘上。指加官晋爵。
黄~：黄袍：古代帝王的袍服。加身：被加在了身上。指受部属们的拥戴而当了皇帝。后用以比喻阴谋政变取得成功。
【结构】 主谓　形-名|动-名
【扩联】 黄袍加身新皇帝
金印系肘老侍从

1169

jīn xiàng yù zhì
金 相 玉 质

gāo shān jǐng xíng
高 山 景 行

【释义】 金~：相：外貌，外表。金子般的外表，玉石般的质地。比喻文章的形式和内容都很完美。也形容人的相貌端美。又作"金相玉振"。

高~：高山：比喻高尚的道德。景行：大路。比喻行为光明正大。比喻高尚的德行。语见宋·杨万里《与余丞相》："若夫清风明月，必思玄度；高山景行，独仰仲尼。"

【结构】 联合　形-名|形-名

【扩联】 高山景行孔夫子
金相玉质潘安仁

1170

jīn yìn zǐ shòu
金 印 紫 绶

sù sī gāo yáng
素 丝 羔 羊

【释义】 金~：金印：最高层官员的印章。紫绶：最高一级的系官印的丝带。古代高官，如丞相、太尉等的服饰，以黄金为印，用紫色绶带系于腰间。后用以指拥有最尊贵地位和权力的官员。语见汉·班固《汉书·百官公卿表上》："相国、丞相皆秦官，金印紫绶。"

素~：素：白色。羔羊：小羊。指穿着用白丝线镶边的小羊皮袍。语见《诗经·召南·羔羊》："羔羊之皮，素丝五紽。退食自公，委蛇委蛇。"毛传："素，白也；紽，数也。古者素丝以英裘，不失其制。"朱熹集传："南国化文王之政，在位皆节俭正直，故诗人美其衣服有常，而从容自得如此也。"后因以"素丝羔羊"称誉正直廉洁的官吏。

【结构】 联合　形-名|形-名

【扩联】 金印紫绶官显赫
素丝羔羊吏清廉

1171

jīn zhī yù yè
金 枝 玉 叶

yě cǎo xián huā
野 草 闲 花

【释义】 金~：原形容枝叶的华美娇嫩。后借称皇族子孙及出身高贵的人。比喻人的娇贵。

野~：路边野生的花草。喻指言行轻浮的女子、娼妓。

【结构】 联合　形-名|形-名

【扩联】 野草闲花休乱采
金枝玉叶慎高攀

1172

jīn qí xuàn bó
矜 奇 炫 博

yǎng huì tāo guāng
养 晦 韬 光

【释义】 矜~：矜：自夸。炫：炫耀。博：渊博。自夸自己标新立异，并炫耀学识渊博。语见清·王士祯《带经堂诗话·遗迹类下》："王子年著书皆杜撰，韩（定辞）、马（或）特引此以矜奇炫博。"

养~：晦：晦迹，隐藏踪迹。韬：隐藏。光：光芒，锋芒。指隐匿才能，不露锋芒，以度过不利之时。语见清·王韬《淞滨琐话·罗浮幻迹》："苟能养晦韬光，始许了却前缘，重联仙侣。"也作"韬光养晦"。

【结构】 联合　动-形|动-形

【扩联】 矜奇炫博多夸口
养晦韬光少露头

1173

jīn fēi xī bǐ
今 非 昔 比

kǔ jìn tián lái
苦 尽 甜 来

【释义】 今~：现在不是过去所能比的了。形容变化很大。
苦~：比喻艰难困苦结束，幸福美满已经到来。
【结构】 连动 名-动|名-动
【扩联】 今非昔比今胜昔
苦尽甜来苦变甜

1174

jīn huái tǎn bái
襟 怀 坦 白

xīn dì shàn liáng
心 地 善 良

【释义】 襟~：襟怀：胸怀。形容心地纯洁，光明正大。
心~：心地：指人的用心。用心单纯友好，没有恶意。
【结构】 主谓 名-名|形—
【扩联】 襟怀坦白无邪念
心地善良有热情

1175

jīn jīn lè dào
津 津 乐 道

dié dié bù xiū
喋 喋 不 休

【释义】 津~：津津：兴趣浓厚的样子。乐道：乐于谈论。指对某种感兴趣的事一直很高兴地谈论着。
喋~：喋喋：形容说话多。唠唠叨叨说起来没个完。
【结构】 状中 形—|动-动
【扩联】 鹦鹉学舌津津乐道
丰干多嘴喋喋不休

1176

jīn jīn yǒu wèi
津 津 有 味

xǔ xǔ rú shēng
栩 栩 如 生

【释义】 津~：津津：兴趣浓厚的样子。形容很有滋味或很有趣味。
栩~：栩栩：欢畅的样子。形容艺术形象生动活泼，好像活的一样。
【结构】 状中 形—|动-名
【扩联】 名家写人栩栩如生
观众看戏津津有味

1177

jǐn shēn jié yòng
谨 身 节 用

shǒu dào ān pín
守 道 安 贫

【释义】 谨~：谨：恭谨。检点自己，节约用度，而不放肆、不浪费。语见《孝经·庶人》："用天之道，分地之利，谨身节用，以养父母。此庶人之孝也。"唐玄宗疏："身恭谨则远耻辱，用节省则免饥寒。"
守~：坚持正道，安于贫困，而不为外力所屈。语见《旧唐书》："守道安贫，怀远当仁。"
【结构】 联合 动-名|动-名
【扩联】 守道安贫穷一世
谨身节用裕双亲

1178

jǐn xīn xiù kǒu
锦 心 绣 口

bīng jī xuě cháng
冰 肌 雪 肠

【释义】 锦~：锦、绣：精美艳丽的丝织品，常用以比喻美的事物。形容文辞华丽优美。
冰~：如冰一样清澈的肌体，如雪一样洁白的心肠。形容清白纯洁的品质。
【结构】 联合 形-名|形-名
【扩联】 冰肌雪肠人品好
锦心绣口才华高

1179

jǐn náng miào jì
锦囊妙计
zhì lǐ míng yán
至理名言

【释义】 锦~：锦囊：用锦做成的袋子。旧小说中描写足智多谋的人把应付事变的方法写好放在锦囊里，交给有关的人，以便对付急骤发生的变化。现比喻能及时解决问题的好办法。
至~：至：最。理：道理。名：著名。最正确的道理，最精辟的言论。
【结构】 定中　名–名|形–名
【扩联】 锦囊妙计及时雨
至理名言指路灯

1180

jǐn yī yù shí
锦衣玉食
bǎo mǎ xiāng chē
宝马香车

【释义】 锦~：锦衣：华美的服装。玉食：珍馐美味的饭食。指衣食都极其讲究。形容奢侈、豪华的生活。
宝~：宝马：宝贵的名马。香车：华美的车。形容车马名贵华美。
【结构】 联合　名–名|名–名
【扩联】 宝马香车迎贵客
锦衣玉食待嘉宾

1181

jǐn luó mì gǔ
紧锣密鼓
jí guǎn fán xián
急管繁弦

【释义】 紧~：锣、鼓：都是打击乐器。锣鼓敲打得很紧凑。比喻相互配合，制造舆论，为干某种事紧急准备条件。
急~：管、弦：指管弦乐。形容音乐节奏急促，音色丰富。
【结构】 联合　形–名|形–名
【扩联】 紧锣密鼓引来长袖善舞
急管繁弦奏出余音绕梁

1182

jìn qí zài wǒ
尽其在我
shě jǐ wèi rén
舍己为人

【释义】 尽~：指尽自己的力量做好应做的事情。语见清·王韬《书重刻后》："夫今时之所急，亦惟辑强邻、御外侮而已，二者要惟先尽其在我耳。"
舍~：放弃个人利益去帮助别人。语见《论语·先进》："夫子喟然叹曰：'吾与点也。'"朱熹注："曾点之学……初无舍己为人之意，而其胸次悠然，直与天地万物上下同流。"
【结构】 连动　动–代|动–代
【扩联】 舍己为人拔刀相助
尽其在我随遇而安

1183

jìn rú rén yì
尽如人意
zhèng zhòng xià huái
正中下怀

【释义】 尽~：尽：完全。如：如同。完全符合人的心意。
正~：下怀：自己的心意。正合自己的心意。
【结构】 动宾　副–动|名–名
【扩联】 顺水放船尽如人意
乞浆得酒正中下怀

1184

jìn shàn jìn měi
尽善尽美

zhì xiān zhì xī
至纤至悉

【释义】 尽~：尽：尽头，极点。善：完善。美：完美。非常完善，也非常完美。形容事物非常完美，没有一点不足。见《论语·八佾》："子谓《韶》，尽美矣，又尽善也。"
至~：至：极其，最。纤：细小。悉：详尽。形容考虑或做事极为细微详尽周密。

【结构】 联合 副–形 | 副–形

【扩联】 事求尽善尽美
心要至纤至悉

1185

jìn zhōng bì guò
尽忠拂过

dài zuì lì gōng
戴罪立功

【释义】 尽~：拂：通"弼"，匡正。指竭尽忠心，辅助君王纠正过失。语见《史记·秦始皇本纪》："当此时也，世非无深虑知化之士也。然所以不敢尽忠拂过者，秦俗多异讳之禁，忠言未卒于口而身戮没矣。"
戴~：身带罪责，而去建立功勋，以赎其罪。

【结构】 连动 动–名 | 动–名

【扩联】 戴罪立功乃罪犯
尽忠拂过是忠臣

1186

jìn dé xiū yè
进德修业

shù gōng yáng míng
树功扬名

【释义】 进~：增进道德修养，扩大功业。后用作勉励人进步之语。语见《周易·乾》："君子进德修业。忠信，所以进德也，修辞立其诚，所以居业也。"
树~：树：建立。扬：称颂。建立功名，流芳于世。语见《汉书·隽不疑传》："凡为吏，太刚则折。太柔则废，威行施之以恩，然后树功扬名，永终天禄。"

【结构】 联合 动–名 | 动–名

【扩联】 树功扬名万里路
进德修业五车书

1187

jìn shuǐ xī shuǐ
近水惜水

kào shān chī shān
靠山吃山

【释义】 近~：邻近水域，就爱惜水域，为自己创造更好的生活环境。
靠~：靠近山地，就凭借山地出产生活。

【结构】 连动 动–名 | 动–名

【扩联】 靠山吃山青山不再
近水惜水绿水长流

1188

jìn xiāng qíng qiè
近乡情怯

zuò zé xīn xū
做贼心虚

【释义】 近~：怯：胆怯。离家乡越近，心情越胆怯。指离别故土多年，断绝音信，一旦回乡，距故乡愈近，心情愈不宁静，担心家中会出什么事情。用于形容游子归乡时的复杂心情。语见唐·宋之问《汉江》："岭外音书断，经冬夏历春。近乡情更怯，不敢问来人。"
做~：贼：做坏事的人。心虚：心里胆怯。做坏事的人提心吊胆，生怕被人发觉。语见宋·释普济《五灯会元·龙门远禅师》："问：'有句无句，如藤倚树时如何？'师云：'做贼心虚。'"

【结构】 连动 动–名 | 名–形

【扩联】 囊中羞涩近乡情怯
梁上躲藏做贼心虚

1189

jīng gōng zhī niǎo
惊 弓 之 鸟
lòu wǎng zhī yú
漏 网 之 鱼

【释义】 惊~：听到了弯弓射箭声就惊慌的鸟。比喻受过惊骇而心有余悸的人。
漏~：从网眼中漏出去的鱼。比喻侥幸逃脱的罪犯或敌人。
【结构】 定中　动-名|助-名
【扩联】 惊弓之鸟应弦坠
　　　　漏网之鱼顺水逃

1190

jīng hún luò pò
惊 魂 落 魄
rèn yǐng mí tóu
认 影 迷 头

【释义】 惊~：受到惊吓，魂魄都吓掉了。形容惊慌或恐惧到极点。
认~：佛教用语。"影"喻妄相，"头"喻真性。只认妄相，迷失本性。形容非常糊涂。语见《楞严经》演若达多在河边看见自己水中影子的故事。
【结构】 联合　动-名|动-名
【扩联】 认影迷头乌焉成马
　　　　惊魂落魄草木皆兵

1191

jīng hún wèi dìng
惊 魂 未 定
luò pò bù jī
落 魄 不 羁

【释义】 惊~：受惊后的心情尚未安定下来。
落~：落魄：不得意，穷困。羁：束缚。潦倒失意，行为放纵。也形容行为放浪散漫、不受拘束的样子。语见宋·刘斧《青琐高议》前集第九卷："（韩）湘落魄不羁，见书则掷，对酒则醉，醉则高歌。"
【结构】 主谓　动-名|副-动
【扩联】 虎口逃生惊魂未定
　　　　龙潭戏水落魄不羁

1192

jīng shé rù cǎo
惊 蛇 入 草
fēi niǎo chū lín
飞 鸟 出 林

【释义】 惊~：受惊的蛇潜入草丛中。形容草书的笔势矫健迅捷。
飞~：鸟儿从树林中极快地飞出来。形容草书笔势迅捷飞扬。
【结构】 主谓　形-名|动-名
【扩联】 惊蛇入草潜身窜
　　　　飞鸟出林展翅翔

1193

jīng lún jì shì
经 纶 济 世
qín jiǎn chí jiā
勤 俭 持 家

【释义】 经~：经纶：整理过的蚕丝，比喻规划、管理国家大事的才能。用经纶之大才治理国家社会，为世人谋利益。
勤~：勤劳俭朴地操持家务。
【结构】 状中　形-形|动-名
【扩联】 志士仁人经纶济世
　　　　贤妻良母勤俭持家

1194

jīng qiū xún hè
经 丘 寻 壑
nòng yuè yín fēng
弄 月 吟 风

【释义】 经~：经：经历，游历。寻：寻访。寻访游历山丘沟壑。指游览山水。
弄~：弄：玩赏。吟咏。指玩赏、吟咏风月美景。
【结构】 联合　动-名|动-名
【扩联】 经丘寻壑游山玩水
　　　　弄月吟风饮酒赋诗

1195

jīng tiān wěi dì
经 天 纬 地

bó gǔ tōng jīn
博 古 通 今

【释义】 经~：经、纬：治理。经营天下，治理国政。也形容政治才识卓越不凡。
博~：博：广博。通：通晓。广博地通晓古今的事情。形容知识丰富。

【结构】 联合 动-名|动-名
【扩联】 博古通今知识广
经天纬地德才高

1196

jīng chéng guàn rì
精 诚 贯 日

guāng cǎi zhào rén
光 彩 照 人

【释义】 精~：精诚：真诚，忠诚。精诚之气上通天日，形容极端忠诚、真诚。
光~：光彩：光泽和颜色。照人：能照亮别人，让人眼睛一亮。多用于形容女性长得非常美丽或穿戴特华丽。

【结构】 主谓 名—|动-名
【扩联】 忠烈满门精诚贯日
风华绝代光彩照人

1197

jīng chéng tuán jié
精 诚 团 结

xū yǔ wēi yí
虚 与 委 蛇

【释义】 精~：精诚：真诚。真心诚意地团结一致。
虚~：虚与：虚已，本为虚心，此为虚情假意。委蛇：应付。假意殷勤，敷衍应付。语见《庄子·应帝王》："乡（向）吾示之以未始出吾宋，吾与之虚而委蛇。"

【结构】 状中 形—|动—
【扩联】 虚与委蛇是假意
精诚团结要真心

1198

jīng dǎ xì suàn
精 打 细 算

shēn móu yuǎn yóu
深 谋 远 猷

【释义】 精~：精、细：精密细致。形容使用人力、物力时计算得很仔细。
深~：猷：计划，谋划。谋划考虑得非常深远、周密。语见唐·房玄龄等《晋书·元帝纪》："陛下明并日月，无幽不烛，深谋远猷，出自胸怀。"

【结构】 联合 形-动 形-动
【扩联】 精打细算养家糊口
深谋远猷治国安邦

1199

jīng jīn liáng yù
精 金 良 玉

pú yù hún jīn
璞 玉 浑 金

【释义】 精~：精金：精炼过的金子，赤金。良玉：最好的玉，宝玉。比喻人品像赤金、宝玉那样纯洁、温润。
璞~：未经雕琢的玉，未经冶炼的金。泛指天然浑朴的精美之器。比喻人品纯美质朴。

【结构】 联合 形-名|形-名
【扩联】 璞玉浑金金有价
精金良玉玉无瑕

1200

jīng shén dǒu sǒu
精 神 抖 擞

dòu zhì áng yáng
斗 志 昂 扬

【释义】 精~：抖擞：鼓起，振作。精神振作起来。
斗~：昂扬：情绪高涨。形容斗争意志坚定，情绪高涨。

【结构】 主谓 名—|动—
【扩联】 精神抖擞横刀立马
斗志昂扬斩将搴旗

1201

jīng shén huàn fā
精 神 焕 发
qì yàn xiāo zhāng
气 焰 嚣 张

【释义】 精~：焕发：光彩四射的样子。形容人精神饱满，光彩照人。
气~：气焰：指人的威风和气势。嚣张：放肆，猖狂。形容言论、行动十分放肆、猖狂。
【结构】 主谓 名一|形一
【扩联】 两肋插刀精神焕发
一时得逞气焰嚣张

1202

jīng shén mǎn fù
精 神 满 腹
yì qì líng yún
意 气 凌 云

【释义】 精~：形容满腹才学。语见唐·房玄龄《晋书·温峤传》："（温峤）每曰：'钱世仪精神满腹。'"
意~：凌：升高。意气高昂，直插云霄。见杜甫《春日戏题恼邦使君兄》："使君意气凌云霄，忆昨欢娱常见招。"
【结构】 主谓 名一|动-名
【扩联】 精神满腹一言中的
意气凌云三榜题名

1203

jīng shén wěi mǐ
精 神 萎 靡
yì xìng lán shān
意 兴 阑 珊

【释义】 精~：萎靡：意志消沉。精神不振，意志消沉。
意~：意兴：兴致。阑珊：衰落。将残、将尽之意。指意趣、兴致低落将尽。见白居易《咏怀》诗："几时酒盏曾抛却？何处花枝不把看？白发满头归得也，诗情酒兴渐阑珊。"
【结构】 主谓 名一|形一
【扩联】 精神萎靡一蹶不振
意兴阑珊九牛难回

1204

jīng wèi tián hǎi
精 卫 填 海
yú gōng yí shān
愚 公 移 山

【释义】 精~：传说炎帝女儿在东海淹死后化为"精卫鸟"，每天从西山衔来树枝石块填东海。比喻意志坚定、不畏艰难。
愚~：古代北山愚公门前有太行、王屋二山挡路，他决心移山开路，率子孙挖山不止。比喻做事有顽强毅力和坚定不移的精神。
【结构】 主谓 名一|动-名
【扩联】 愚公移山山移走
精卫填海海填平

1205

jīng xīn tiāo xuǎn
精 心 挑 选
xìn shǒu niān lái
信 手 拈 来

【释义】 精~：认真细心地挑选。
信~：信手：随手。拈：捏取。随手就拿来了。多形容写文章引用诗词典故熟练而精妙自然。
【结构】 状中 形-名|动-动
【扩联】 信手拈来多硬币
精心挑选要青钱

1206

jīng zhōng bào guó
精 忠 报 国
dà yì miè qīn
大 义 灭 亲

【释义】 精~：精忠：赤诚的忠心。以赤诚的无限忠心报效国家。语见明·冯梦龙《喻世明言》第三十二卷："岳飞精忠报国，父子就戮。"
大~：大义：正道，大原则，大道义。本指为君臣大义而断绝父子之情。后泛指为维护正义而不徇亲属间的私情。
【结构】 状中 形-名|动-名
【扩联】 国遭灾难精忠报国
亲犯律条大义灭亲

1207

jīng qí bì rì
旌 旗 蔽 日

fēng huǒ lián tiān
烽 火 连 天

【释义】 旌~：旌旗：旗帜的通称。此特指战旗。战旗把太阳都遮住了。形容参战军队多，队伍雄壮整齐。
烽~：烽火：古时边防报警点的烟火，比喻战争或战火。
连天：与天空相连接。形容战火到处燃烧，接连不断。

【结构】 主谓　名-名|动-名

【扩联】 王师北上旌旗蔽日
强虏南侵烽火连天

1208

jǐng rán yǒu xù
井 然 有 序

zá luàn wú zhāng
杂 乱 无 章

【释义】 井~：井然：整齐不紊乱的样子。序：次序。整齐而次序分明，条理清楚。
杂~：章：条理，章法。庞杂混乱，没有条理章法。

【结构】 状中　形一|动-名

【扩联】 井然有序就是一二三四
杂乱无章难分青红皂白

1209

jìng gōng sāng zǐ
敬 恭 桑 梓

bào xiào zǔ guó
报 效 祖 国

【释义】 敬~：桑梓：代指故乡。比喻对故乡和故乡人的怀念和尊敬。语见《诗经·小雅·小弁》："维桑与梓，必恭敬止。"
报~：报效：报答效忠。为祖国尽忠效力。

【结构】 动宾　动一|名-名

【扩联】 敬恭桑梓回乡兴业
报效祖国入伍当兵

1210

jìng rú chǔ zǐ
静 如 处 子

měi ruò tiān xiān
美 若 天 仙

【释义】 静~：处子：未出嫁的女子。静下来时像未出阁的女子一样娴静稳重。
美~：美丽得像天上的仙女一样。形容女子之美貌。

【结构】 述补　形|动-名-名

【扩联】 美若天仙唯喻女
静如处子也夸男

1211

jìng yǐng chén bì
静 影 沉 璧

yú yīn rào liáng
余 音 绕 梁

【释义】 静~：沉璧：沉在水中的玉璧。天上的圆月，倒影在明净的水中，如生辉的玉璧。用以形容明月夜、水中天的景色。
余~：仿佛留下的音乐声仍在梁间回旋。形容歌声美妙动人，余音不绝。

【结构】 主谓　形-名 动-名

【扩联】 余音绕梁歌美妙
静影沉璧月光明

1212

jìng huā shuǐ yuè
镜 花 水 月

hǎi shì shèn lóu
海 市 蜃 楼

【释义】 镜~：镜中花，水中月。原比喻诗文中空灵的意境。现泛喻幻景或不可捉摸的事物。
海~：指海边的蜃气所形成的城市楼阁之影像。原喻人世繁华的幻影。现比喻虚幻飘渺的事物。

【结构】 联合　名-名|名-名

【扩联】 海市蜃楼全幻影
镜花水月尽虚空

1213

jìng xīn dòu qiǎo
竞 新 斗 巧

xuàn yì zhēng qí
炫 异 争 奇

【释义】 竞~：竞、斗：比赛争胜。赛新奇，比巧妙。
炫~：炫：故意显示。谓夸奇斗异。
联合 动-形|动-形
【结构】 炫异争奇玩杂技
【扩联】 竞新斗巧闹花灯

1214

jiǔ jiān dà diàn
九 间 大 殿

shí lǐ cháng tíng
十 里 长 亭

【释义】 九~：间：指两柱间的距离。九间：极言堂殿之宽广。帝王受百官朝拜的大殿。也作"九间朝殿"。
十~：亭：凉亭，供行人中途休息。秦汉时，每十里设置一长亭，五里置一短亭。长亭相传为送别处，因以喻送别。
【结构】 定中 数-量|形-名
【扩联】 九间大殿拜皇帝
十里长亭送故人

1215

jiǔ quán wú hèn
九 泉 无 恨

sān shì yǒu yuán
三 世 有 缘

【释义】 九~：九泉：地之深处，指人死后埋葬的地方。恨：遗恨。到了九泉也没有遗恨。意指死而无憾。
三~：佛教义将过去、现在、未来称为三世。缘：缘分。三世都注定有缘分。形容能与自己所敬、所爱的人在一起，感到庆幸。
【结构】 主谓 数-名|动-名
【扩联】 三世有缘天荒地老
九泉无恨水远山遥

1216

jiǔ rú shí gài
九 儒 十 丐

wǔ dì sān huáng
五 帝 三 皇

【释义】 九~：儒：旧指读书人。元代统治者把人分为十等。读书人列为九等，居于末等的乞丐之上。后指知识分子受到歧视和苛待。语见宋·郑肖恩《心史》："一官二吏三僧四道五医六工七猎八民九儒十丐。"
五~：五帝：说法不一。一般指黄帝、颛顼、帝喾、唐尧、虞舜。三皇：说法不一，一般指伏羲、神农、燧人。原为传说中我国远古的部落酋长。后借指远古时代。也作"三皇五帝"。
【结构】 联合 数-名|数-名
【扩联】 九儒十丐老九不能走
五帝三皇魁五最懂经

1217

jiǔ xiāo yún lù
九 霄 云 路

wàn qǐng yān bō
万 顷 烟 波

【释义】 九~：九霄：天之极高处，喻指帝王之处。云路：青云之路，比喻宦途。极高极远的青云之路。比喻仕途前程远大。
万~：形容水面一望无际，烟云缭绕，天高水阔。语见宋·杨万里《潮阳海岸望海》："客间供给能清底，万顷烟波一白鸥。"
【结构】 定中 数-名|名-名
【扩联】 九霄云路展鹏翅
万顷烟波结鸥盟

1218

jiǔ tiān lǎn yuè
九 天 揽 月

dà hǎi lāo zhēn
大 海 捞 针

【释义】 九~：九天：九重天，指天的最高处。揽：采摘。到九重天之上摘取月亮。形容壮志凌云，气魄宏大。语见毛泽东《重上井冈山》："可上九天揽月，可下五洋捉鳖。"
大~：从大海中捞取一根针。比喻极难做到。

【结构】 状中 形-名|动-名

【扩联】 九天揽月已遂愿圆梦
大海捞针待攻坚克难

1219

jiǔ sǐ bú huǐ
九 死 不 悔

yī zuì fāng xiū
一 醉 方 休

【释义】 九~：形容意志坚定。无论经历多少危险，也不动摇退缩。
一~：酒逢知己，一定要喝个醉才停下来。

【结构】 连动 数-动|副-动

【扩联】 两肋插刀九死不悔
千杯饮酒一醉方休

1220

jiǔ xiāo yún wài
九 霄 云 外

wǔ lǐ wù zhōng
五 里 雾 中

【释义】 九~：九霄：指天的极高处。在九重天的外面。比喻无限高远的地方。
五~：五里：形容大雾弥漫的地域较大，人在其中难辨方向。比喻迷离恍惚、不明真相的境地。

【结构】 定中 数-名|名-方

【扩联】 魂飞九霄云外
心堕五里雾中

1221

jiǔ yuán kě zuò
九 原 可 作

bǎi fèi jù xīng
百 废 俱 兴

【释义】 九~：九原：山名，春秋晋国卿大夫都葬于此，后泛作墓地代称，这里代指长眠地下的古人。可作：可再兴起。意指古人再世，死人复活。
百~：百：言其多。废：废置，指废置的事。许多被废置的事情都兴办起来了。

【结构】 主谓 数-名|副-动

【扩联】 九原可作民心振
百废俱兴国运昌

1222

jiǔ hòu wú dé
酒 后 无 德

xiào zhōng yǒu dāo
笑 中 有 刀

【释义】 酒~：指醉酒之后胡言乱语或行为出轨。
笑~：脸上的笑容中藏有刀子。形容外表和善而内心阴险歹毒的人。语见白居易《天可度》诗："看不见李义府之辈笑欣欣，笑中有刀潜杀人。"

【结构】 状中 动-方|动-名

【扩联】 酒后无德常惹事
笑中藏刀也戕人

1223

jiǔ náng fàn dài
酒 囊 饭 袋

ní sù mù diāo
泥 塑 木 雕

【释义】 酒~：盛酒的皮囊，装饭的口袋。比喻好吃懒做的无用之人。
泥~：用泥土塑造或木头雕成的偶像。多形容人呆板、不带表情或静止不动。

【结构】 联合 名-名|名-名

【扩联】 酒囊饭袋世间餍餐
泥塑木雕庙里菩萨

1224

jiǔ ròu péng yǒu
酒肉朋友
chái mǐ fū qī
柴米夫妻

【释义】 酒~：只是在一起吃喝玩乐、不能够共患难的朋友。
柴~：只为物质生活需要而结合的夫妻，没有爱情基础。
【结构】 定中 名-名|名-名
【扩联】 酒肉朋友可同吃喝
柴米夫妻不讲感情

1225

jiǔ sè cái qì
酒色财气
dé yán róng gōng
德言容功

【释义】 酒~：嗜酒、好色、贪财、逞气。四者最容易惹祸害人，故并提，作为人生特别是男性的"四戒"。
德~：品德、言辞、容貌、女红。这是封建礼教要求妇女具有的"四德"。
【结构】 联合 名-名-名-名
【扩联】 酒色财气男人戒律
德言容功女子要求

1226

jiù shì lùn shì
就事论事
yǐ xīn wèn xīn
以心问心

【释义】 就~：就：按照。按照事情的本身情况来谈论是非得失。也指只谈论事情的表面现象，而回避本质内容。
以~：用心来问心。意指扪心自问。
【结构】 状中 介-名|动-名
【扩联】 就事论事无大事
以心问心换真心

1227

jiù mín shuǐ huǒ
救民水火
huán wǒ hé shān
还我河山

【释义】 救~：救：拯救。水火：比喻深重灾难。把人民从深重的灾难中拯救出来。语见《孟子·滕文公下》："救民于水火之中，取其残而已矣。"
还~：表示决心从侵略者手中夺回本属于自己的国土。语见宋·赵与时《宾退录》第五卷："徽宗尝梦吴越钱王引徽宗御衣云：'我好来朝，便终于还我河山。'"
【结构】 动宾 动|名-名-名
【扩联】 铁军请缨救民水火
倭贼授首还我河山

1228

jiù kǔ jiù nàn
救苦救难
zuò gāng zuò róu
做刚做柔

【释义】 救~：拯救众人脱离痛苦和灾难。
做~：说硬的，说软的。指用各种方法进行劝说。
【结构】 联合 动-形|动-形
【扩联】 救苦救难观音手
做刚做柔朋友圈

1229

jiù shí lì sú
救时厉俗
gé gù dǐng xīn
革故鼎新

【释义】 救~：匡救时弊，纠正风气。
革~：革：革除。鼎：建立，革除旧的，建立新的。旧时多指朝政变革或改朝换代。
【结构】 联合 动-名|动-名
【扩联】 救时厉俗知难而进
革故鼎新如愿以偿

1230

jiù yóu zì qǔ
咎由自取

shì zài rén wéi
事在人为

【释义】 咎~：咎：过失，灾祸。灾祸是自己招惹来的，不能责怪他人。
事~：为：做。事情的成功在于人自己努力去做。
【结构】 主谓　名|介-名-动
【扩联】 事在人为须努力
咎由自取要扪心

1231

jū dà bù yì
居大不易

wèi bēi zú xiū
位卑足羞

【释义】 居~：指居住在大城市里生活不容易。语见宋·尤袤《全唐诗话》第二卷："乐天（白居易）未冠，以文谒顾况，况睹姓名，熟视曰：'长安米贵，居大不易。'"
位~：对以地位低下的人为师感到很羞耻。语见唐·韩愈《师说》："士大夫之族，曰师曰弟子云者，则群聚而笑之。问之，则曰：'彼与彼年相若也，道相似也。'位卑则足羞，官盛则近谀。"
【结构】 连动　动-形|副-形
【扩联】 房价过高居大不易
职权太小位卑足羞

1232

jū gāo bù xià
居高不下

guò shèng bì shuāi
过盛必衰

【释义】 居~：形容某种情况保持在较高的水平或状态，没有下降的趋势，一般是希望其向下发展。常指价格过高而较长时间降不下来。也指某些不良现象难以好转。
过~：过分的兴盛必定会向衰弱转化。语见宋·辛弃疾《论荆襄上流为东南重地》："厥今夷狄，物伙地大，德不足，力有余，过盛必衰……"
【结构】 连动　动-形|副-动
【扩联】 过盛必衰浇浇火
居高不下降降温

1233

jū gōng zì ào
居功自傲

wéi fù bù rén
为富不仁

【释义】 居~：居功：自恃有功。自以为有功而骄傲自大，目空一切。
为~：为富：追求发财致富。致富与行仁义难以并存。指富人唯利是图，不讲仁义。常用以形容剥削者为了发财致富，心狠手毒，没有一点仁慈的心肠。
【结构】 连动　动-名|副-形
【扩联】 居功自傲功招祸
为富不仁富惹灾

1234

jū gōng zì shì
居功自恃

hù è bù quān
怙恶不悛

【释义】 居~：恃：仗恃。自以为有了功就有了仗恃，把功劳作为捞取好处的资本。
怙~：怙：仗恃。悛：悔改。指坚持罪恶，不知悔改。
【结构】 述补　动-名|副-动
【扩联】 居功自恃晚节难保
怙恶不悛下场可悲

1235

jū guān shǒu fǎ
居 官 守 法

yóu yì yī rén
游 艺 依 仁

【释义】 居~：身居官职，谨守成法。现也指为官清廉，不违法乱纪。语见《史记·商君列传》："常人安于故俗，学者溺于所闻。以此两者居官守法可也，非所舆论于法之外也。"
游~：游艺：艺指礼、乐、射、御、书、数六艺，"游艺"置身于六艺的活动。后也泛指学艺的修养。依仁：以仁为依据，不违于仁。指游于六艺也能以"仁"为依据。语见《魏书·高允传》："宣宣卢生，量远思纯，钻道据德，游艺依仁。"也作"依仁游艺。"
【结构】 连动 动-名|动-名
【扩联】 法贵必行居官守法
仁同一视游艺依仁

1236

jū guān shǒu zhí
居 官 守 职

shī wèi sù cān
尸 位 素 餐

【释义】 居~：身居官位，谨守职责。现也指为官清廉，不违法乱纪。
尸~：尸位：像死尸一样空占着职位而不做事。素餐：不做事而白吃饭。空占着职位而白吃饭不做事。
【结构】 联合 动-名|动-名
【扩联】 居官守职尽心尽力
尸位素餐误国误民

1237

jū rén yóu yì
居 仁 由 义

yí xiào wéi zhōng
移 孝 为 忠

【释义】 居~：居心存仁爱，行事循义理。
移~：将孝敬父母之心，移作忠于君王国家之志。
【结构】 联合 动-名|动-名
【扩联】 居仁由义轻生重义
移孝为忠竭智尽忠

1238

jū xīn xiǎn è
居 心 险 恶

dào mào àn rán
道 貌 岸 然

【释义】 居~：居心：存心，用心，心地。用心阴险恶毒。
道~：道貌：严肃正经的外貌。岸然：严肃的样子。原指神态严肃庄重。现用以形容假装正经、表里不一的神态。
【结构】 主谓 名一|形一
【扩联】 居心险恶善人有假
道貌岸然君子非真

1239

jū liú kōng gǔ
驹 留 空 谷

jì fú yán chē
骥 服 盐 车

【释义】 驹~：白驹留在幽深的山谷里。比喻贤人在野。语见《诗经·白驹》："皎皎白驹，在彼空谷。"孔颖达疏："言有乘皎皎然白驹而去之贤人，今在彼大谷之中。"
骥~：骥：千里马。服：驾驭。让千里马拉盐车。比喻埋没人才。语见《战国策·楚策四》："汪明曰：'君亦闻骥乎？夫骥之齿至矣，服盐车而上太行，蹄申膝折，尾湛胕溃，漉汁洒地，白汗交流，中阪迁延，负辕不能上。伯乐遭之，下车攀而哭之，解纻衣而幕之。骥于是俛而喷，仰而鸣，声达于天，若出金石声者，何也？彼见伯乐之知己也。'"
【结构】 主谓 名|动-形-名
【扩联】 骥服盐车人无慧眼
驹留空谷野有贤才

1240

jū gōng jìn cuì
鞠躬尽瘁

fā fèn tú qiáng
发愤图强

【释义】 鞠~：鞠躬：恭敬，谨慎。尽瘁：竭尽劳苦。不辞劳苦地贡献出自己的一切。
发~：发愤：决心努力。图：谋求。下定决心，努力谋求强盛。
【结构】 连动 动-名|动-名
【扩联】 鞠躬尽瘁谋防务
发愤图强振国威

1241

jū qí jué yì
拘奇抉异

fǎn pǔ hái chún
返朴还淳

【释义】 拘~：雕琢文句，以求新奇，耸人听闻。语见唐·皮日休《郢州孟亭记》："先生之作，遇景入咏，不拘奇抉异，令龌龊束人口者，涵涵然有干霄之兴，若公输氏当巧而不巧者也。"
返~：恢复原始的那种质朴敦厚的社会风气。语见唐·魏征《十渐不克终疏》："陛下贞观之初，动遵尧舜，捐金抵璧，反朴还淳。"
【结构】 连动 动-形|动-形
【扩联】 拘奇抉异惹尖叫
反朴还淳得好评

1242

jū shén qiǎn jiàng
拘神遣将

nòng guǐ diào hóu
弄鬼掉猴

【释义】 拘~：拘：拘使。遣：调遣。指本领很大。能调遣驱使神兵天将。
弄~：弄鬼花样，耍猴把戏。形容不驯顺，调皮捣蛋。
【结构】 联合 动-名|动-名
【扩联】 拘神遣将老神父
弄鬼掉猴小鬼头

1243

jú huā wǎn fā
菊花晚发

sōng bǎi hòu diāo
松柏后凋

【释义】 菊~：菊花很晚才开花。比喻老有所为。
松~：《论语·子罕》有"岁寒，然后知松柏之后凋也"之语，后因以"松柏后凋"比喻志士在艰危的境况中奋斗到最后。语见南朝梁元帝《遗周弘直书》："京师搢绅，莫不附逆……唯有周生，确乎不拔。言及西军，潺湲掩泪，恒思吾至，如望岁焉，松柏后凋，一人而已。"
【结构】 主谓 名-名|副-动
【扩联】 菊花晚发霜添美
松柏后凋雪映姿

1244

jú nán zhǐ běi
橘南枳北

lán yuàn guì qīn
兰怨桂亲

【释义】 橘~：出自《晏子春秋》："橘生淮南则为橘，生于淮北则为枳。叶徒相似，其实味不同。所以然者何？水土异也！"果木相同，因地域不同，果实各异。比喻生长环境的好坏会影响质地的优劣。亦作"南橘北枳"。
兰~：出自《晋书·陆机陆云传》："是知兰植中涂，无经时之翠；桂生幽壑，终保弥年之丹。非兰怨而桂亲，岂涂害而壑利？而生灭有殊者，隐显之势异也。"兰被怨恨，桂受亲近。比喻所在环境或经历不同，遭遇也不同。
【结构】 联合 名-动|名-动
【扩联】 橘南枳北地方差异
兰怨桂亲环境不同

1245

jǔ chóu jǔ zǐ
举 仇 举 子

wèi guó wèi mín
为 国 为 民

【释义】 举~：推荐仇人、推荐儿子做官。为春秋晋国祁奚之事。祁奚是悼公时的中军尉，老而请退，悼公问可继之人，他首先推荐仇人解狐，狐不及继而死，他又推荐儿子祁午，时人谓奚"外举不避仇，内举不避亲"。比喻推荐贤才，不避亲仇，客观公正。
为~：指不谋私利的高尚品德。语见明·谢谠《四喜记·久旱祈神》："父母老爷为国为民，敢不顺命。"

【结构】 联合 动-名|动-名

【扩联】 为国为民惟忘己
举仇举子只推贤

1246

jǔ mù wú gào
举 目 无 告

kāi mén jiàn shān
开 门 见 山

【释义】 举~：举：抬起。无告：有疾苦而没有诉说告求的地方。抬眼看就没有疾苦人诉苦求告的地方。形容社会黑暗，百姓受苦。
开~：住在山地，打开门就看见山。比喻说话或写文章直截了当，一开头就直入主题。

【结构】 连动 动-名|动-名

【扩联】 开门见山路途险
举目无告世道艰

1247

jǔ qí bù dìng
举 棋 不 定

bǐng bǐ zhí shū
秉 笔 直 书

【释义】 举~：拿着棋子不知下哪一着好。比喻临事犹豫不决，拿不定主意。
秉~：秉：拿着，握着。直：直接，正直。书：写。拿着笔就直接地写上去。本指史官无所顾忌、客观地写下历史事实。

【结构】 述补 动-名|副-动

【扩联】 秉笔直书无顾忌
举棋不定费寻思

1248

jǔ qīng ruò zhòng
举 轻 若 重

shì xiǎn rú yí
视 险 如 夷

【释义】 举~：举轻东西像举重东西一样用力。比喻严肃对待、重视小事，把小事当大事做好。
视~：夷：平坦，平安。把危险视做平安。形容勇敢，不畏困难艰险或本领高强。语见汉·刘协《喻郭汜诏》："今得东移，望远若近，视险如夷。"

【结构】 兼语 动-|名|-动-名

【扩联】 举轻若重使千钧力
视险如夷立万世功

1249

quán mín jiē bīng
全 民 皆 兵

jǔ shì wú dí
举 世 无 敌

【释义】 全~：全体民众都是兵士。指把能参加战斗的民众都武装起来，随时准备对敌战斗，歼灭入侵之敌。
举~：举：全。全世界都没有能胜得过的对手（敌人）。形容极为强大。

【结构】 主谓 形-名|动-名

【扩联】 全民皆兵全民参战
举世无敌举世闻名

1250

锯牙钩爪
jù yá gōu zhǎo

雨鬣霜蹄
yǔ liè shuāng tí

【释义】锯~：像锯子的牙齿，像铁钩的爪子。比喻人凶恶残暴。也比喻武装军队。也作"钩爪锯牙"。
雨~：指骏马奔驰时，马鬃毛像雨线竖立，四蹄飞踏，似霜雪之白。语见元·吴澄《八骏图》："阴山铁骑千千匹，雨鬣霜蹄神鬼出。"形容骏马之雄姿。

【结构】联合 名-名|名-名

【扩联】锯牙钩爪呈凶相
雨鬣霜蹄展逸姿

1251

聚沙成塔
jù shā chéng tǎ

积羽沉舟
jī yǔ chén zhōu

【释义】聚~：聚集细沙，垒成宝塔。指聚少成多。
积~：沉舟：使船沉没。把很多很多的羽毛堆积起来，也可以压沉一条船。比喻微小的东西可以汇成巨大的力量，产生巨大影响。也比喻坏事虽小，日积月累，也会有严重后果。

【结构】连动 动-名|动-名

【扩联】沙粒微小聚沙成塔
羽毛轻盈积羽沉舟

1252

聚众滋事
jù zhòng zī shì

代人捉刀
dài rén zhuō dāo

【释义】聚~：聚集一帮人到处惹事，制造纠纷。
代~：捉刀：曹操让崔琰代替自己接见匈奴使者，自己却持刀站立床头，后让人问使者对魏王印象如何，使者说：捉刀人乃英雄也。后称代人做文章为"捉刀"。指代人做事。多指写文章。

【结构】连动 动-名|动-名

【扩联】聚众滋事众违法
代人捉刀人出名

1253

涓滴不漏
juān dī bù lòu

颗粒无收
kē lì wú shōu

【释义】涓~：涓：细小的水流。滴：小水点。涓滴：比喻极小极少的东西。一点一滴也不遗漏。
颗~：收：收成。一颗一粒的粮食也没有收到。形容天灾或人祸使农作物没有收成。

【结构】主谓 名-名|副-动

【扩联】涓滴不漏保苗水
颗粒无收要饭年

1254

捐金抵璧
juān jīn dǐ bì

抱玉握珠
bào yù wò zhū

【释义】捐~：捐：捐弃，舍弃。抵：掷，扔。璧：玉璧，宝玉。比喻不重视财宝，可以捐而弃之。
抱~：多用于比喻某人才华横溢，满腹经纶。语见曹植《与杨祖德书》："当此之时，人人自谓握灵蛇之珠；家家自谓抱荆山之玉。"

【结构】联合 动-名|动-名

【扩联】捐金抵璧大呼救命
抱玉握珠不说谢恩

1255

jué jiǎo qǐ shǒu
厥角稽首

dǎ gōng zuò yī
打躬作揖

【释义】 厥~：厥角：叩头。稽首：叩头到底。跪地磕头。古代对长辈、对官吏的一种最恭敬的礼节。
打~：弯身打躬，拱手作揖。旧时男子见面时的恭敬礼节。也形容求人时恭顺或奉承别人时的样子。

【结构】 联合　动-名|动-名

【扩联】 <u>厥角稽首</u>跪先辈
<u>打躬作揖</u>求别人

1256

jué wú jǐn yǒu
绝无仅有

lǚ jiàn bù xiān
屡见不鲜

【释义】 绝~：形容极其少有。
屡~：原指经常来的客人就不用新宰杀的畜禽肉来款待。后用以指同样的人或事物屡次见到，也就不新鲜新奇了。

【结构】 述补　副-动|副-动

【扩联】 <u>买椟还珠</u>人绝无仅有
<u>刻舟求剑</u>事屡见不鲜

1257

jué shì qiú shǔ
掘室求鼠

huài táng qǔ guī
坏塘取龟

【释义】 掘~：挖掘房屋，捕捉老鼠。比喻方法愚笨，因小失大。
坏~：挖坏池塘，求取乌龟。比喻为达目的，不惜一切。

【结构】 连动　动-名|动-名

【扩联】 <u>恨之入骨</u>掘室求鼠
<u>爱不释手</u>坏塘取龟

1258

jūn tiān guǎng yuè
钧天广乐

kōng gǔ zú yīn
空谷足音

【释义】 钧~：钧天：神话传说天之中央。广乐：势大声宏的仙乐。原指神话中天上的音乐。后形容优美雄壮的乐曲。
空~：寂静的山谷里人的脚步声。比喻非常难得的音信或事物。

【结构】 定中　形-名|形-名

【扩联】 钧天广乐壮
空谷足音清

1259

jūn àn chén bì
君暗臣蔽

wén tián wǔ xī
文恬武嬉

【释义】 君~：暗：糊涂。蔽：遮盖，遮掩。君王糊涂，下臣就会掩盖事实，蒙蔽君王。
文~：文：文官。恬：安逸。武：武将。嬉：游乐。指文武官员只知道享乐而不关心国事。语见韩愈《平淮西碑》："相臣武臣，文恬武嬉，习熟见闻，以为当然。"

【结构】 联合　名-形|名-动

【扩联】 文恬武嬉只图乐
君暗臣蔽不报忧

1260

jūn zǐ bù qì
君子不器

shèng rén wú wéi
圣人无为

【释义】 君~：不器：不像器具那样，作用只限于某一方面。后用于赞美人是全才。语见《论语·为政》："子曰：'君子不器。'"
圣~：圣人主张顺应自然，不求有所作为而使天下得到治理。

【结构】 主谓　名—|副-动

【扩联】 圣人无为顺民意
君子不器有帅才

1261

jūn zǐ sān jiè
君子三戒

jīng hóng yī piē
惊鸿一瞥

【释义】君~：戒：戒规。君子：指人格高尚的人。君子有三条戒规：少年时戒美色，壮年时戒殴斗，老年时戒贪图。语见《论语·季氏》："孔子曰：'君子有三戒：少之时，血气未定，戒之在色；及其壮也，血气方刚，戒之在斗；及其老也，血气既衰，戒之在得。'"

惊~：鸿：鸿雁。惊鸿：轻捷飞起的鸿雁。语见三国魏·曹植《洛神赋》："余告之曰：'其形也，翩若惊鸿，婉若游龙，荣曜秋菊，华茂春松。'"一瞥：用眼一看，比喻极短的时间；看一眼所看到的。女子如惊鸿的身影，只看一眼，就给人留下了强烈、深刻的印象。形容女子轻盈娇艳、令人惊叹的美丽。

【结构】主谓　名一|数-动

【扩联】君子三戒固德
　　　　惊鸿一瞥留神

1262

kāi chéng xiāng jiàn
开诚相见

fù ěr mì tán
附耳密谈

【释义】开~：以真心诚意相对待。

附~：附：贴近。贴近别人的耳朵低声密谈事情。指不愿其他人听到。

【结构】状中　动-名|副-动

【扩联】坦坦荡荡开诚相见
　　　　嘀嘀咕咕附耳密谈

1263

kāi kē qǔ shì
开科取士

fén shū kēng rú
焚书坑儒

【释义】开~：开设科举，录用士人到朝廷做官。

焚~：焚烧书籍，活埋儒生。秦始皇的一项暴行。后厎以指愚蠢的残暴行为。

【结构】联合　动-名|动-名

【扩联】开科取士隋文帝一朝创先例
　　　　焚书坑儒秦始皇千古留骂名

1264

kāi huái chàng yǐn
开怀畅饮

gǔ fù ōu gē
鼓腹讴歌

【释义】开~：开怀：无所拘束，心情畅快。兴致极高地尽情饮酒。

鼓~：鼓腹：袒腹，凸起肚子。讴歌：歌唱，歌颂。形容尽情歌唱。

【结构】状中　动-名|形-动

【扩联】开怀畅饮祝全胜
　　　　鼓腹讴歌享太平

1265

kāi juàn yǒu yì
开卷有益

pò cái xiāo zāi
破财消灾

【释义】开~：卷：书本。打开书阅读，就会有益处。勉励多多读书。

破~：破财：丢失、亏损钱财。损失钱财，消除灾祸。给损失钱财者的安慰话。

【结构】连动　动-名|动-名

【扩联】破财消灾不生事
　　　　开卷有益多读书

1266

kāi lóng fàng què
开 笼 放 雀

jǔ hù jī shé
举 笏 击 蛇

【释义】 开~：打开鸟笼放生雀鸟。旧时比喻放生积德可以长寿。后用以祝人寿辰的颂词。语见宋·孙光宪《北梦琐言》："晋王导生辰，巩大卿笼雀鸽往贺，至则开笼放之。每放一雀，祝曰：愿相公百二十岁。"

举~：笏：古代朝见时大臣所执的手板，用以记事。用手板将蛇打死。比喻有胆识。语见《宋史·孔道辅传》："有蛇出天庆观真武殿中，一郡以为神。州将帅官属往奠拜之，欲上其事。道辅径前，以笏击蛇，碎其首。观者初惊，后莫不叹服。"

【结构】 状中 介-名|动-名
【扩联】 开笼放雀祝华诞
举笏击蛇惊属官

1267

kāi mén nà kòu
开 门 纳 寇

rù shì cāo gē
入 室 操 戈

【释义】 开~：纳：收进来，放进来。寇：强盗，敌寇。打开大门，把贼寇放进来。比喻放进贼寇，自取祸殃。

入~：操：拿。戈：古代一种兵器。原指进入我的屋里，拿起我的武器来进攻我。后比喻使用对方的论点来反驳对方。语见南朝梁·范晔《后汉书·郑玄传》："康成入吾室，操吾矛以伐我乎？"

【结构】 连动 动-名|动-名
【扩联】 入室操戈吾失盾
开门纳寇自遭殃

1268

kāi mén yī dào
开 门 揖 盗

mài zhǔ qiú róng
卖 主 求 荣

【释义】 开~：揖：作揖，拱手为礼。打开大门，把强盗请进屋里来。比喻引来坏人，自招其祸患。

卖~：荣：荣华富贵。指靠出卖主人的利益而求得个人的荣华富贵。

【结构】 连动 动-名|动-名
【扩联】 开门揖盗自招祸
卖主求荣天降灾

1269

kāi tiān pì dì
开 天 辟 地

róng gǔ zhù jīn
熔 古 铸 今

【释义】 开~：古代神话传说，盘古氏开天辟地，才开始了人类的历史。指历史形成的最初之时或有史以来前所未有的。

熔~：熔：熔炼，熔化。铸：铸造。能将古代的、历史的有用有益的东西，结合现代的冶炼熔化，铸出新的、适应现代社会所需要的东西来。

【结构】 联合 动-名|动-名
【扩联】 开天辟地捧出新日月
熔古铸今改造旧乾坤

1270

kāi wù chéng wù
开 物 成 务

fǎn jīng xíng quán
反 经 行 权

【释义】 开~：物：事物、物理。务：事务、事情。揭晓事物之理，据此以办成事情。

反~：在一定情况下，违反常道惯例，采取变通办法，权宜行事。

【结构】 连动 动-名|动-名
【扩联】 开物成务是常理
反经行权作变通

1271

kāi xīn xiě yì
开 心 写 意

dù kǒu jué yán
杜 口 绝 言

【释义】 开~：写：通"泻"，宣泄。开诚相待，披露心意，
　　　　杜~：闭住嘴巴，不发一言。
【结构】 连动　动-名|动-名
【扩联】 <u>意得志满开心写意</u>
　　　　<u>言多语失杜口绝言</u>

1272

kǎi tì jūn zǐ
恺 悌 君 子

dōng hōng xiān shēng
冬 烘 先 生

【释义】 恺~：恺悌：平易近人。指温和的书生或和顺的好人。
　　　　冬~：冬烘：糊涂迂腐。指糊涂迂腐的知识分子。
【结构】 定中　形一|名一
【扩联】 **恺悌君子待人温顺**
　　　　冬烘先生做事糊涂

1273

kàn fēng shǐ duò
看 风 使 舵

jiàn tù fàng yīng
见 兔 放 鹰

【释义】 看~：比喻为人处事圆滑，善于随机应变，跟着情势转变
　　　　方向。
　　　　见~：俗谚有"不见兔子不撒鹰"。看到野兔才把猎鹰放
　　　　出去。指不见实惠决不行动。
【结构】 连动　动-名|动-名
【扩联】 **见兔放鹰蛮现实**
　　　　看风使舵很圆滑

1274

kàn rén shuō huà
看 人 说 话

zé fó shāo xiāng
择 佛 烧 香

【释义】 看~：对什么人说什么话。指不按规定办事，处理问题因
　　　　人而异。也指善于与人打交道。
　　　　择~：选真佛烧高香。指选择对自己有利的人才结识才进
　　　　奉。对人不是一视同仁，待人有厚薄。
【结构】 连动　动-名|动-名
【扩联】 **看人说话口才好**
　　　　择佛烧香眼力行

1275

kàn zhū chéng bì
看 朱 成 碧

yǐ bái wéi hēi
以 白 为 黑

【释义】 看~：把朱红看成了碧绿。形容心乱目眩，不辨五色；或
　　　　眼花缭乱，视觉模糊。
　　　　以~：把白的当成黑的。指颠倒真伪，混淆是非。
【结构】 兼语　动-名|动-名
【扩联】 **以白为黑心错乱**
　　　　看朱成碧眼昏花

1276

kāng zhuāng dà dào
康 庄 大 道

jǐn xiù qián chéng
锦 绣 前 程

【释义】 康~：五达为康，六达为庄。指四通八达宽畅平坦的道路。
　　　　锦~：锦绣：华美的丝织品。形容十分美好无限光辉的前途。
【结构】 定中　形-形|形-名
【扩联】 **踏上康庄大道**
　　　　绘出锦绣前程

1277

kàng lóng yǒu huǐ
亢龙有悔

bó yù zhī fēi
伯玉知非

【释义】亢~：亢：至高至尊。龙：象征君主。悔：懊恼。至尊者有所懊恼的事。意为身居高位的人要戒骄，否则会失败而后悔。语见《周易·乾》："上九，亢龙有悔。"孔颖达疏："亢龙，此自然之象，以人事言之，似圣人有龙德，上居天位，久而亢极，物极则反，故有悔也。"
伯~：伯玉：春秋时卫国大夫。非：过错。伯玉知道自己的过错。后泛指人善于认识自己的过错。语见汉·刘安《淮南子·原道训》："故蘧伯玉年五十，而有四十九年非。"

【结构】主谓 名—|动-名

【扩联】亢龙有悔国家有幸
伯玉知非民众知名

1278

kē juān zá shuì
苛捐杂税

fán fǎ xì wén
烦法细文

【释义】苛~：苛：苛细，繁重。杂：多种多样的。指统治者向老百姓强行征收的多种多样苛细繁重的捐税。
烦~：指烦琐过多的法规条文

【结构】联合 形-名|形-名

【扩联】苛捐杂税如枷锁
烦法细文祸庶民

1279

kě dà kě xiǎo
可大可小

néng guān néng mín
能官能民

【释义】可~：一个事情或一种状况，可以大事化小，也可以小事变大，在于怎样看待怎样处置。
能~：能当官也能当老百姓，能够正确对待职务变化，而做人本色不变。

【结构】联合 动-形|动-形

【扩联】事情可大可小
干部能官能民

1280

kě gē kě qì
可歌可泣

bù qū bù náo
不屈不挠

【释义】可~：形容英勇悲壮的事迹值得歌颂，令人感动得流泪。
不~：指在恶势力或艰难面前不屈服，十分顽强。

【结构】联合 副-动|副-动

【扩联】可歌可泣英雄汉
不屈不挠革命人

1281

kě quān kě diǎn
可圈可点

wú duì wú shuāng
无对无双

【释义】可~：过去读书，对文章中的好句子，常在旁边加圈加点，表示是精彩之处，值得仔细欣赏。现表示一个人的言论、表演、学问、事功之中值得肯定、值得赞扬的部分。
无~：指独一无二，再也找不到第二个。

【结构】联合 动-动|动-动

【扩联】李杜诗文可圈可点
研桑心计无对无双

1282

kè dīng kè mǎo
克丁克卯

wú dǎng wú piān
无党无偏

【释义】 克~：克：严格限定。丁：榫头。卯：卯眼。按严格限定，榫头对准卯眼。形容办事认真，一丝不苟。
无~：不阿党，不偏私。指办事公正，一视同仁。语见宋·范仲淹《王者无外赋》："令出惟行，宁分乎远者近者；德广所及，但见乎无党无偏。"

【结构】 联合 动-名|动-名

【扩联】 克丁克卯一丝不苟
无党无偏两面夹攻

1283

kè gōng kè shùn
克恭克顺

wú biàn wú zhēng
无辩无争

【释义】 克~：克：能够。能够恭敬而顺从，一点也不执拗。
无~：不辩解，不争论。指忍受不实的议论或指责。

【结构】 联合 副-动|副-动

【扩联】 大孝悌克恭克顺
小是非无辩无争

1284

kè jǐ fù lǐ
克己复礼

shùn rén yìng tiān
顺人应天

【释义】 克~：克：克制。抑制自己的私欲，使言行符合于先王之礼。语见《论语·颜渊》："克己复礼为仁。一日克己复礼，天下归仁焉。"
顺~：顺：顺随，顺应。应：适应，适合。顺随人心，应和天命。旧时常用于颂扬建立新的朝代。语见《周易·革》："天地革而四时成，汤武革命，顺乎天而应乎人，革之事大矣哉。"

【结构】 连动 动-名|动-名

【扩联】 顺人应天成事
克己复礼归仁

1285

kè qín kè jiǎn
克勤克俭

nǎi wǔ nǎi wén
乃武乃文

【释义】 克~：克：能。俭：节俭，节约。既勤劳又节俭。多指持家而言。
乃~：乃：又。既具武功，又有文德。语见《尚书·大禹谟》："帝德广运，乃圣乃神，乃武乃文。"也作"乃文乃武"。

【结构】 联合 连-形|连-形

【扩联】 妻子持家克勤克俭
丈夫出仕乃武乃文

1286

kè zhōu qiú jiàn
刻舟求剑

xuē mù wéi bīng
削木为兵

【释义】 刻~：求：寻找。寻求。在船上刻下记号，（船靠岸后）去寻找落到水中的剑。比喻办事拘泥，不懂得事物在不断地变化。语见《吕氏春秋·察今》："楚人有涉江者，其剑自舟中墜于水，遽刻其舟，曰：是吾剑之所坠。舟止，从其所刻者入水求之。舟已行矣，而剑不行，求剑若此，不亦惑乎？"
削~：把树木砍削成兵器，与朝廷军队作战。形容民众起义开始时的状况。

【结构】 连动 动-名|动-名

【扩联】 刻舟求剑丢长剑
削木为兵杀匪兵

1287

kè jī kè gǔ
刻 肌 刻 骨

rú zuì rú chī
如 醉 如 痴

【释义】刻~：肌：肌肉，这里指外表。骨：骨骼，这里指内里。比喻从里到外感受非常深。
如~：形容对某一事物极度迷恋而一心专注的神情。

【结构】联合　动-名|动-名

【扩联】如醉如痴沉溺久
刻肌刻骨感怀深

1288

kěn táng kěn gòu
肯 堂 肯 构

yí shì yí jiā
宜 室 宜 家

【释义】肯~：肯：愿意。堂：奠立堂基。构：架屋。喻儿子能继承父业。
宜~：指家庭安顺，夫妇和睦。多用于婚嫁时对女子的赞颂语。

【结构】联合　动-动|动-动

【扩联】肯堂肯构父亲惬意
宜室宜家婆母开心

1289

kēng kēng zhī jiàn
硁 硁 之 见

fàn fàn qí cí
泛 泛 其 词

【释义】硁~：硁硁：浅陋而又固执的样子。浅陋而又固执的见解。
泛~：泛泛：浮浅，寻常。形容说话或行文只是泛泛而谈，做做表面文章，并不触及实质，不打算真正解决问题。

【结构】定中　叠—|助-名

【扩联】泛泛其词轻带过
硁硁之见难沟通

1290

kēng jīn fēi yù
铿 金 霏 玉

lì zǎo chūn pā
丽 藻 春 葩

【释义】铿~：铿：象声词，形容有节奏而响亮的声音。霏：飘扬。形容文辞音节铿锵，不同凡响。
丽~：丽藻：华丽的文采。春葩：春天的花朵。文采华美如春天的花朵。比喻美妙的言谈。

【结构】联合　形-名|形-名

【扩联】空谷足音铿金霏玉
粲花之论丽藻春葩

1291

kēng qiāng yǒu lì
铿 锵 有 力

ruǎn ruò wú néng
软 弱 无 能

【释义】铿~：铿锵：形容声音响亮而有节奏。声音洪亮，很有力量。
软~：软弱：无力气；不坚强。无能：没有能力。指人不坚强、不能干。

【结构】状中　形—|动-名

【扩联】铿锵有力能源好
软弱无能力度差

1292

kōng qián jué hòu
空 前 绝 后

yuè gǔ chāo jīn
越 古 超 今

【释义】空~：形容非常特出的成就或情况，以前没有过，以后也不会有。
越~：指特别突出、超越古今的人或事。

【结构】联合　动-名|动-名

【扩联】长征两万里空前绝后
改革四十年越古超今

1293

kōng tóu zhī piào
空头支票

guān yàng wén shū
官样文书

【释义】空~：支票：向银行支取款项的一种票证。指票面金额超过存款金额或透支限额而不能生效的支票。常用以比喻口头上说得好听，但实际上不能兑现的诺言。
官~：指堂皇典雅的应试文字，袭用固定格式而内容空虚的文章。语见蔡东藩《民国通俗演义》第五十九回："但也只是官样文书，掩人耳目罢了。"

【结构】定中　形-名|名-名

【扩联】空头支票一张废纸
官样文书几句现词

1294

kōng yán wú bǔ
空言无补

měng yào qù kē
猛药去疴

【释义】空~：空言：不切实际的言论。空洞的、不切实际的言论对事情没有什么补救作用。
猛~：猛药：大剂量或药性猛烈的药。去：去掉，除去。疴：顽疾，重病。用猛药（才能）治重病去顽疾。

【结构】主谓　形-名|动-名

【扩联】猛药去疴高歌猛进
空言无补宝矿空回

1295

kōng zhōng lóu gé
空中楼阁

hú lǐ qián kūn
壶里乾坤

【释义】空~：建筑在半空中的楼阁。比喻脱离现实的理论，不切实际的计划或凭空虚构的事物。
壶~：壶：酒壶。古有一道士施道术，将一人摄入一个小小的酒壶中，壶中日月山水，另有乾坤。意指道家的神仙生活。

【结构】定中　名-方|名-名

【扩联】壶里乾坤藏日月
空中楼阁住神仙

1296

kǒng huái xiōng dì
孔怀兄弟

ēn ài fū qī
恩爱夫妻

【释义】孔~：孔：很，非常。怀：关怀，关爱。相互非常关怀的兄弟。
恩~：亲亲爱爱很有情意的夫妻。

【结构】定中　形-|名-名

【扩联】如埙如篪孔怀兄弟
互慰互勉恩爱夫妻

1297

kǒng wǔ yǒu lì
孔武有力

bó xué duō néng
博学多能

【释义】孔~：孔：很，甚。非常勇武而有力量。语见《诗经·羔裘》："羔裘豹饰，孔武有力。彼其之子，邦之司直。"
博~：博：广博。有丰富的学识，又有多种能力才艺。同"博学多才"。

【结构】联合　副-动|动名

【扩联】孔武有力敌军斩首
博学多能金榜题名

1298

kǒu bēi zǎi dào
口碑载道

jǔ shì wén míng
举世闻名

【释义】口~：口碑：比喻众人口中的称颂像文字刻在石碑上一样。载道：充满大道。形容到处都是称颂的声音。
举~：满世界都知道。形容名望极大。

【结构】主谓　名-名|动-名

【扩联】草船借箭口碑载道
赤壁鏖兵举世闻名

1299

kǒu huáng wèi tuì
口 黄 未 退

yǔ yì jiàn fēng
羽 翼 渐 丰

【释义】 口~：口黄：幼鸟嘴为黄色。嘴上的黄色还未褪掉。比喻人还年幼无知。
羽~：羽翼：鸟的翅膀，代指辅佐。翅膀慢慢长硬，很快就能高飞了。比喻得到辅佐之人，势力渐渐壮大。

【结构】 主谓 名-名|副-动

【扩联】 口黄未退别多说
羽翼渐丰要奋飞

1300

kǒu jué xíng yǔ
口 绝 行 语

xīn wú yì móu
心 无 异 谋

【释义】 口~：行语：在路上随便对人说。指言词慎重，不外泄。
心~：异谋：诡异的图谋。心里面没有诡异的图谋。

【结构】 主谓 名|动-形-名

【扩联】 心无异谋明心见性
口绝行语守口如瓶

1301

kǒu wú èr jià
口 无 二 价

rì shí wàn qián
日 食 万 钱

【释义】 口~：嘴里不说两种价钱。指做买卖时不报虚价，诚实而不欺人。后也指说话算数，不轻易改口或不反悔。也作"口不二价"。语见《后汉书·韩康传》："（韩康）常采药名山，卖于长安市，口不二价，三十余年。"
日~：每日所食，需费万钱。形容奢侈糜烂。语见《晋书·何曾传》："（何曾）性奢豪，务在华侈，帷帐车服，穷极绮丽，厨膳滋味，过于王者，日食万钱，犹曰无下箸处。"

【结构】 状中 名|动-数-名

【扩联】 口无二价韩康卖药
日食万钱王室就餐

1302

kǒu mì fù jiàn
口 蜜 腹 剑

nèi shū wài qīn
内 疏 外 亲

【释义】 口~：口中含蜜糖，腹中藏刀剑。形容口甜心狠，阴险狡诈。
内~：内心疏远，表面亲密。指不是真心相待，而是假意相交。

【结构】 联合 名-名|名-名

【扩联】 内疏外亲少交往
口蜜腹剑须谨防

1303

kū hé bài yè
枯 荷 败 叶

gǔ shù qiú zhī
古 树 虬 枝

【释义】 枯~：干枯了的荷花，衰败了的荷叶。形容荒芜凄凉的景象。
古~：虬：虬龙。虬枝：拳曲的枝条。古老树木，枝条盘曲。形容沧桑遒劲之态。

【结构】 联合 形-名|形-名

【扩联】 枯荷败叶西风里
古树虬枝夕照中

1304

kǔ zhōng zuò lè
苦 中 作 乐

máng lǐ tōu xián
忙 里 偷 闲

【释义】 苦~：在困苦的境遇中强自欢娱。
忙~：在繁忙的情况下挤出一点闲暇时间。语见宋·陈造《同陈宰黄簿游灵山八首》自注："宰云：'吾辈可谓忙里偷闲，苦中作乐。'"

【结构】 状中 形-方|动-名

【扩联】 苦中作乐哎咳哟嗬唱首曲
忙里偷闲车马兵卒下盘棋

1305

kuā duō dòu mǐ
夸 多 斗 靡
jué shǎo fēn gān
绝 少 分 甘

【释义】夸~：夸：夸耀，炫耀。斗：比赛。靡：华丽，奢侈。指以篇幅多、辞藻美相夸耀的文风。

绝~：少：稀少。甘：香甜的食物。把稀有的东西让给众人，把香甜的食物分给大家。形容自己生活十分简朴，待别人却极优厚。语见《孝经·援神契》："母之于子也，鞠养殷勤，推燥居湿，绝少分甘。"

【结构】联合　动-形|动-形

【扩联】纨绔习气夸多斗靡
　　　　爷娘情怀绝少分甘

1306

kuā fù zhuī rì
夸 父 追 日
nǚ wā bǔ tiān
女 娲 补 天

【释义】夸~：夸父：古代神话中的人名。追日：追赶太阳。语见《山海经》。用以比喻征服自然的坚强决心。现也有贬义，比喻自不量力。

女~：女娲：神话中上古女帝名，有说是伏羲的妹妹，有说是其妻子。相传共工为祝融所败，头触不周山，天柱折，地维缺，女娲炼五色石以补天。语见《淮南子》。

【结构】主谓　名一|动-名

【扩联】女娲补天奇功难没
　　　　夸父追日壮志可嘉

1307

kuà shān yā hǎi
跨 山 压 海
lì dì qíng tiān
立 地 擎 天

【释义】跨~：跨过高山，迫近大海。比喻竭力扩展自身的势力。

立~：擎：向上托举。顶天立地。形容英雄气概。

【结构】联合　动-名|动-名

【扩联】立地擎天改朝换代
　　　　跨山压海拓土开疆

1308

kuài rén kuài yǔ
快 人 快 语
gǔ mào gǔ xīn
古 貌 古 心

【释义】快~：快：爽快，直率。直率的人说爽快的话。多指人性格直爽。

古~：旧指容貌、思想都有古人风度。语见唐·韩愈《孟生诗》："孟生江海士，古貌又古心。"

【结构】主谓　形-名|形-名

【扩联】古貌古心忠心贯日
　　　　快人快语硬语盘空

1309

kuài zhì rén kǒu
脍 炙 人 口
dòng yáo jūn xīn
动 摇 军 心

【释义】脍~：脍：切得很细的肉。炙：烤熟的肉。好肉食让人都爱吃。形容好的文艺作品人人都赞美，传颂。

动~：让军队兵士的思想发生动摇，没有了统一的宗旨、目标而失去战斗力。

【结构】动宾　动-动|名-名

【扩联】九章屈赋脍炙人口
　　　　四面楚歌动摇军心

1310

kuān hóng dà liàng
宽宏大量
hòu zhòng shǎo wén
厚重少文

【释义】 宽~：宽宏：气度大。量：度量。形容人心胸宽广，度量很大。也作"宽洪大量"。

厚~：厚重：敦厚稳重。文：文采。形容人稳重敦厚，质朴平实。语见《余嘉锡论文杂学·释伧楚》："机云入洛，厌北方之厚重少文，嗜羊枣而啖酥酪，不如南方之莼羹鱼脍。辄目之为伧父。"伧：粗野。

【结构】 联合 形-形|形-名

【扩联】 厚重少文多习武
宽宏大量能饶人

1311

kuāng héng záo bì
匡衡凿壁
lín nǚ kuī qiáng
邻女窥墙

【释义】 匡~：汉朝匡衡小时家穷，晚上看书没有灯，而隔壁家有。匡衡就在墙壁上凿开一个小洞，就着透过来的灯光看书。多用以比喻刻苦读书。

邻~：语出战国楚·宋玉《登徒子好色赋》，说邻家有美女倾心于他，三年间常爬上墙头偷看，但宋玉从未动心。后形容女子对男子的倾慕。

【结构】 主谓 名一|动-名

【扩联】 匡衡凿壁读书苦
邻女窥墙求偶急

1312

kuāng shí jì shì
匡时济世
dìng guó ān bāng
定国安邦

【释义】 匡~：匡：纠正。济：救助。挽救动荡的时局，使其转危为安。

定~：邦：国。使国家安定。

【结构】 联合 动-名|动-名

【扩联】 逢乱世匡时济世
入危邦定国安邦

1313

kuáng fēng bào yǔ
狂风暴雨
hài làng jīng tāo
骇浪惊涛

【释义】 狂~：大风大雨。比喻猛烈的声势或险恶的境遇。

骇~：骇：使人害怕。涛：大波浪。迅猛、险恶、使人惊惧的大风浪。比喻险恶的环境和遭遇。

【结构】 联合 形-名|形-名

【扩联】 骇浪惊涛无畏惧
狂风暴雨视等闲

1314

kuáng nú gù tài
狂奴故态
míng shì fēng liú
名士风流

【释义】 狂~：狂：放荡，不受拘束。奴：本指奴仆，这里是亲狎的称呼。故态：老脾气，老习惯。指旧社会所谓狂士的老脾气。

名~：名士：有名望的人士。魏晋后，多指好谈玄鄙视世俗的文人。风流：风度洒脱。指有名望和有才学而不拘礼法的名士的风度。

【结构】 定中 形-名|形-名

【扩联】 耍脾气狂奴故态
捧优伶名士风流

1315

kuī gǔ wàng fǎn
窥 谷 忘 反

wàng fēng xī xīn
望 峰 息 心

【释义】 窥~：反：通"返"。只看了一下这幽深的山谷，就流连忘返。
望~：遥望到高耸的山峰，休止了庆天之心而产生隐遁的思想。语见南朝梁·吴均《与朱元思书》："鸢飞庆天者，望峰息心；经纶世务者，窥谷忘反。"

【结构】 连动 动-名|动-名

【扩联】 窥谷忘反休济世
望峰息心止庆天

1316

kuí huā xiàng rì
葵 花 向 日

chán xù zhān ní
禅 絮 沾 泥

【释义】 葵~：葵花向着太阳转。比喻一心一意，忠心不改。
禅~：禅：佛教用语，静思。絮：能随风飞散的如棉絮的绒毛物。泥：泥土，尘埃。禅心飞絮沾上了泥土。比喻禅寂之心受到尘世烦恼的沾污。语见清·魏定仁《花月痕》第四十九回："兰香来无定处，绿蕊去未移时，想你二人褶絮沾泥，当不复悔偷灵药。"

【结构】 主谓 名-名|动-名

【扩联】 禅絮沾泥落回尘世
葵花向日无改初心

1317

kuí lǐ duó shì
揆 理 度 势

quán shí zhì yí
权 时 制 宜

【释义】 揆~：从情理和形势去揣测事物的现况和发展趋势。
权~：权衡斟酌时机形势，随机应变制定适宜措施。

【结构】 连动 动-名|动-名

【扩联】 揆理度势从长计议
权时制宜随地变更

1318

kuí qíng duó lǐ
揆 情 度 理

yùn jì pū móu
运 计 铺 谋

【释义】 揆~：揆、度：推想揣度。根据情理来揣度事物的现况和发展。
运~：运用计谋。

【结构】 联合 动-名|动-名

【扩联】 揆情度理明形势
运计铺谋至圣功

1319

kuí wén fèn wǔ
揆 文 奋 武

fù guó ān mín
富 国 安 民

【释义】 揆~：揆：筹度，管理。指文教、武功同时并举，得到治理发展。语见《尚书·禹贡》："五百里绥服，三百里揆文，二百里奋武卫。"蔡传："文以治内，武以治外。圣人所以严华夏之辨者如此。"
富~：使国家富强，使百姓安定。语见五代后晋·刘昫《旧唐书·食货志上》："如裴耀卿、刘晏、李巽数君子，便时利物，富国安民，足为世伐者也。"

【结构】 联合 动-名|动-名

【扩联】 揆文奋武八方景仰
富国安民四海升平

1320

kuǐ lěi huáng dì
傀儡皇帝

jīn jū mǎ niú
襟裾马牛

【释义】傀~：傀儡：木偶戏里受人操纵的木头人。形容没有实权受人操控的皇帝。也喻指没有实权被人操纵的当权者负责人。
襟~：襟裾：衣服。穿上人的衣服的马牛。

【结构】定中　名-名|名-名

【扩联】傀儡皇帝糟蹋皇帝
襟裾马牛玷污马牛

1321

kūn shān piàn yù
昆山片玉

cāng hǎi yí zhū
沧海遗珠

【释义】昆~：昆仑山中的一片玉石。原为自谦词，谓众美之一。后转用喻众美中杰出者。
沧~：大海中被人所遗漏的珍珠。比喻被埋没的人才。

【结构】定中　名-名|量-名

【扩联】昆山片玉玉石俱碎
沧海遗珠珠泪偷弹

1322

kùn shòu yóu dòu
困兽犹斗

pìn jī chén míng
牝鸡晨鸣

【释义】困~：困兽：被困的野兽。犹：尚且，还。被围困的野兽还要进行最后的挣扎。比喻陷入绝境、濒于失败的人也要拼命抵抗。语见《左传·宣公十二年》："困兽犹斗，况国相乎？"
牝~：牝：雌性。母鸡早晨打鸣报晓。同"牝鸡司晨"，旧时比喻妇人篡权专政。语见《尚书·牧誓》："古人有言曰：'牝鸡无晨'，牝鸡之晨，惟家之索。"

【结构】主谓　形-名|副-动

【扩联】牝鸡晨鸣争权利
困兽犹斗求自由

1323

lā bāng jié pài
拉帮结派

chū shì lí qún
出世离群

【释义】拉~：拉：拉拢。结：组织。拉拢一伙人结成帮派，搞小集团活动。
出~：离开群体，脱离人世，多指出家或隐居山林。

【结构】联合　动-名|动-名

【扩联】拉帮结派小圈子
出世离群少数人

1324

lái lóng qù mài
来龙去脉

hòu guǒ qián yīn
后果前因

【释义】来~：龙：风水经中称起伏的山势。脉：山体连绵，像人的经脉。指山体连绵，如龙如脉。本是迷信人讲风水的话。后喻指事物的因果过程，人或物的经历、来头。语见明·吾邱端《运甓记·牛眠指穴》："此间前岗有块好地，来龙去脉，靠岭朝山。种之合格，乃大富贵之地。"
后~：事情的结果和起因。指事物从头到尾的全部过程。亦作"前因后果"。语见南朝梁·萧子显《南齐书·高逸传论》："今树以前因，报以后果。"

【结构】联合　动-名|动-名

【扩联】来龙去脉讲风水
后果前因说事情

1325

lái hóng qù yàn
来 鸿 去 燕
yě hè xián yún
野 鹤 闲 云

【释义】来~：鸿：大雁。飞来的大雁飞走的燕子。比喻行踪漂泊不定的人。
野~：闲：无拘束。野外的鹤，飘浮的云。旧指生活闲散、脱离世事、自在逍遥的人。
【结构】联合　动-名|动-名
【扩联】来鸿去燕犹遵约
　　　　野鹤闲云总爽期

1326

lái zhě bù shàn
来 者 不 善
shì rén jiāo zhé
室 人 交 谪

【释义】来~：来的人不怀好意，不会善良。
室~：谪：指责。同室同门的人都予以指责。
【结构】主谓　动-名|副-动
【扩联】来者不善兴师问罪
　　　　室人交谪闭户关门

1327

lái zhě bù jù
来 者 不 拒
lù rén jiē zhī
路 人 皆 知

【释义】来~：凡是来的就不加拒绝。
路~：路上的行人都知道。一般指某些人的用心、阴谋或手段已非常明显，为世人所知。语出"司马昭之心，路人所知也"。
【结构】主谓　动-名|副-形
【扩联】来者不拒门庭若市
　　　　路人皆知车马塞途

1328

lán cuī yù zhé
兰 摧 玉 折
jú lǎo hé kū
菊 老 荷 枯

【释义】兰~：兰草被摧残，美玉被折断。旧时比喻贤人或美人过早死去。
菊~：菊花衰败，荷花枯萎。比喻女子容颜衰老。
【结构】联合　名-动|名-动
【扩联】菊老荷枯悲晚暮
　　　　兰摧玉折叹夭亡

1329

lán yǒu guā qī
兰 友 瓜 戚
yuān jiā duì tóu
冤 家 对 头

【释义】兰~：兰友：意气相投的挚友。瓜戚：瓜葛相连的亲戚。形容亲戚、朋友关系切近。语见清·孔尚任《桃花扇·媚坐》："吾辈得施为，正好谈心花底，兰友瓜戚，门外不须倒屣。"倒屣：指迎客。
冤~：指有冤仇的双方，或有矛盾的对立面。仇人，仇敌。语见清·李渔《慎鸾交·狠图》："谁想才学之才与钱财之财两下里是冤家对头，从来不肯见面的。"
【结构】联合　名-名|名-名
【扩联】冤家对头绕路走
　　　　兰友瓜戚开门迎

1330

lán tián chū yù
蓝 田 出 玉
lǎo bàng shēng zhū
老 蚌 生 珠

【释义】 蓝~：蓝田出产美玉。用以比喻贤父生贤子。
老~：已近衰老的蚌又生长出了珍珠。比喻老来得子或老年有好儿子。
【结构】 主谓　形-名|动-名
【扩联】 老蚌生珠小来自老
蓝田出玉青胜于蓝

1331

làn yú chōng shù
滥 竽 充 数
yú mù hùn zhū
鱼 目 混 珠

【释义】 滥~：竽：古乐器，形状像笙。不会吹竽的人混在乐队里凑数。比喻没有真本事的人在能人堆里充数。也比喻以次充好。
鱼~：拿鱼眼珠冒充珍珠。比喻以假充真、以假乱真。
【结构】 主谓　形-名|动-名
【扩联】 不会终归不会何必滥竽充数
假的就是假的岂容鱼目混珠

1332

láng cái nǚ mào
郎 才 女 貌
fū guì qī róng
夫 贵 妻 荣

【释义】 郎~：郎：旧时妻子对丈夫的称呼。男的有才气，女的貌美。形容男女双方很般配。
夫~：旧指丈夫做了官显贵了，妻子也跟着荣耀起来。
【结构】 联合　名-形|名-形
【扩联】 郎才女貌珠联璧合
夫贵妻荣花好月圆

1333

láng tān shǔ qiè
狼 贪 鼠 窃
hú mèi yuán pān
狐 媚 猿 攀

【释义】 狼~：像狼一样贪婪，像老鼠一样惯于偷窃。形容贪心卑鄙的人。
狐~：像狐狸那样善于迷惑人，像猿猴那样惯于攀高。比喻不择手段追逐名利。语见明·刘体乾《财用诎乏恳乞圣明节省疏》："其间狐媚猿攀，途辙不一；蝇营狗窃，寡臼且多，臣不能悉奉。"
【结构】 联合　名-动|名-动
【扩联】 狼贪鼠窃人心不足
狐媚猿攀欲壑难填

1334

láng tūn hǔ yàn
狼 吞 虎 咽
niú yǐn jīng xī
牛 饮 鲸 吸

【释义】 狼~：像虎狼吞咽食物一样。形容吃东西又猛又急。
牛~：像牛饮水、鲸吸水一样。形容喝水、饮酒又快又多。
【结构】 联合　名-动|名-动
【扩联】 吃饭切莫狼吞虎咽
品茶怎能牛饮鲸吸

1335

láng xīn gǒu fèi
狼 心 狗 肺
shǔ dù jī cháng
鼠 肚 鸡 肠

【释义】 狼~：比喻心肠像狼和狗一样凶狠、恶毒、贪婪。
鼠~：老鼠的肚子，小鸡的肠子。比喻人气量狭小。
【结构】 联合　名-名|名-名
【扩联】 忘恩负义狼心狗肺
量寸称铢鼠肚鸡肠

1336

láng yān sì qǐ
狼 烟 四 起
bīng gé hù xīng
兵 革 互 兴

【释义】 狼~：狼烟：古代边境有敌人入侵，用狼粪烧出烟来报警，即烽火。形容边境有外敌侵扰，四方都燃起了报警的烽烟。语见明·沈采《千金记·宵征》："如今狼烟四起，虎斗龙争。"

兵~：兵革：兵器盔甲，比喻战争。兴：发起，发动。互相发动战争，战乱相继发生。形容时局不安定，战乱频繁。语见南朝梁·江淹《铜剑赞序》："春秋迄于战国，战国至于秦时，攻争纷乱，兵革互兴。"

【结构】 主谓　名-名|数-动

【扩联】 狼烟四起敌人犯境
兵革互兴家国遭殃

1337

láng huán fú dì
琅 環 福 地
péng lái xiān shān
蓬 莱 仙 山

【释义】 琅~：琅環：传说的地名。传说中神仙的洞府。

蓬~：蓬莱：指渤海中的蓬莱三岛。传说中仙人居住的地方。

【结构】 定中　名一|名-名

【扩联】 琅環福地有香草
蓬莱仙山无洛书

1338

láng dāng rù yù
锒 铛 入 狱
dàng xī lí jū
荡 析 离 居

【释义】 锒~：锒铛：铁锁链相撞击的声音。指戴上脚镣手铐被关进监狱。

荡~：荡析：动荡离散。居：居所。指人因灾害而流离失所。语见《尚书·盘庚下》："今我民用荡析离居，罔有定极。"

【结构】 状中　形一|动-名

【扩联】 荡析离居罹乱者
锒铛入狱负愆人

1339

lǎo dāng yì zhuàng
老 当 益 壮
qióng qiě mí jiān
穷 且 弥 坚

【释义】 老~：老：年老。益：愈发，更加。壮：壮志，雄心。形容人年纪大但雄心不已。

穷~：指处境越穷困，意志应该更坚定。语见《后汉书·马援传》："丈夫为志，穷当益坚，老当益壮。"

【结构】 连动　形|副-副-形

【扩联】 穷且弥坚家国志
老当益壮虎贲心

1340

lǎo hǔ pì gǔ
老 虎 屁 股
hú lí wěi bā
狐 狸 尾 巴

【释义】 老~：老虎凶猛，它的屁股是摸不得的。喻指不能招惹的人。

狐~：旧时传说狐狸能变幻人形害人，但尾巴变不了，往往被人抓住尾巴，露出真相。常喻坏人的本来面目或阴谋伎俩的证据。

【结构】 定中　名一|名一

【扩联】 摸老虎屁股
抓狐狸尾巴

1341

lǎo jì fú lì
老 骥 伏 枥

fēi lóng zài tiān
飞 龙 在 天

【释义】 老~：骥：千里马。枥：马槽。老了的千里马趴在槽头，却还向往着奔驰千里。比喻年老的人，仍有雄心壮志。
飞~：能飞的神龙在天，可以任意地飞腾遨游施展。比喻帝王在位。

【结构】 主谓 形-名|动-名

【扩联】 老骥伏枥梦回驰骋
飞龙在天际会风云

1342

lǎo jiàng chū mǎ
老 将 出 马

bà wáng bié jī
霸 王 别 姬

【释义】 老~："老将出马，一个顶俩"缩语。形容老将经验丰富，比一般人高明。
霸~：形容英雄末路的悲壮情景。现多比喻独断专行，脱离群众，终于垮台。语见《史记·项羽本纪》载：霸王项羽在与刘邦争夺统治权的战争中，在垓下兵败被困，四面楚歌，最后与虞姬慷慨悲歌，帐中诀别。

【结构】 主谓 形-名|动-名

【扩联】 霸王别姬项羽困垓下
老将出马黄忠战汉中

1343

lǎo lì duàn yù
老 吏 断 狱

yě hú cān chán
野 狐 参 禅

【释义】 老~：吏：司法官。狱：案件。老司法官判断案件。形容有丰富经验的人判断是非又快又准。
野~：参禅：佛教语。玄思冥想，探究真理。佛家称异端外道为野狐禅。原为佛教内对异端者参禅的说法，后也用以讥笑人在学问上只学皮毛而不懂真义。

【结构】 主谓 形-名|动-名

【扩联】 老吏断狱名声大
野狐参禅面目非

1344

lǎo móu shēn suàn
老 谋 深 算

gāo nì dà tán
高 睨 大 谈

【释义】 老~：老谋：周密成熟的谋划。深算：深入仔细的算计。形容人精明老练，计划、算计得非常周密细致。
高~：睨：斜眼看。昂头斜看，大发议论。形容气概不凡、旁若无人的样子。

【结构】 联合 形-动|形-动

【扩联】 高睨大谈谈价格
老谋深算算金钱

1345

lǎo niú shì dú
老 牛 舐 犊

xiǎo niǎo yī rén
小 鸟 依 人

【释义】 老~：舐：舔。犊：小牛。老牛舔小牛。比喻父母对子女的慈爱。
小~：依：依附，依恋。像小鸟偎依着人似的。形容亲切可爱、娇柔可人。

【结构】 主谓 形-名|动-名

【扩联】 老牛舐犊父母慈爱
小鸟依人孩儿娇憨

1346

lǎo sēng rù dìng
老僧入定

tài shàng wàng qíng
太上忘情

【释义】 老~：老僧：老和尚。入定：佛教用语，指佛教徒在自我修行时达到摒除杂念的境界。老和尚打坐。形容人闭目端坐的样子。
太~：太上：指圣人。指圣人不为情感所动。
【结构】 主谓 形-名|动-名
【扩联】 太上忘情撇清俗气
老僧入定参透禅机

1347

lǎo yī shào bǔ
老医少卜

yòu xué zhuàng xíng
幼学壮行

【释义】 老~：年老行医，年少占卜。医者以老为贵，因治过的病多，阅历丰富；卜者以年少为贵，因为敢于直言。语见《鹖冠子》："不任所爱，必使旧医。"注："语曰：老医少卜，盖老医更病多矣。"
幼~：幼年时学习，长大成才了，将所学付诸实践。语见《孟子·梁惠王下》："夫人幼儿学之，壮而欲行之。"
【结构】 联合 名-动|名-动
【扩联】 幼学壮行读书做事
老医少卜治病蒙人

1348

xī lín zé yán
西邻责言

lǎo yù néng jiě
老妪能解

【释义】 西~：西邻：西边的邻国。责言：问罪，责难。西边的邻国前来问罪。原指秦国向晋国问罪。后泛指别人前来责难。
老~：妪：妇女。相传唐代诗人白居易作诗，常读给家中老年仆妇听，如果她们不懂，就重新改写。后用以形容诗文通俗易懂。
【结构】 主谓 名—|动-名
【扩联】 义愤填膺西邻责言
笑容满面老妪能解

1349

lè shān lè shuǐ
乐山乐水

jiàn zhì jiàn rén
见智见仁

【释义】 乐~：乐：也读"yào"，喜爱，爱好。有的喜欢山，有的喜欢水。比喻各人爱好不一样。语见《论语·雍也》："知者乐水，仁者乐山。知者动，仁者静；知者乐，仁者寿。"
见~：（你）看到智慧，（他）看到仁义。指各人对事物的观察角度不同，因而所得出的结论也不同。语见清·纪昀《阅微草堂笔记》："《易》道广大，无所不包。见智见仁，理原一贯。"
【结构】 联合 动-名|动-名
【扩联】 见智见仁眼光各异
乐山乐水志趣不同

1350

lè tiān zhī mìng
乐天知命

ān fèn suí shí
安分随时

【释义】 乐~：乐于接受上天的安排，安守命运的分限。现引申为安于现状，乐守本分。语出《易·系辞上》："乐天知命，故不忧。"
安~：时：时俗。安守本分，顺随时俗。指在各种环境中都能安然自得，满足现状。
【结构】 联合 动-名|动-名
【扩联】 乐天知命常欢乐
安分随时永久安

1351

lěng huī bào dòu
冷灰爆豆

chén zào shēng wā
沉灶生蛙

【释义】 冷~：在冷灰里爆豆。比喻方法不对，徒费力气。也比喻事情突然发作。语见宋·王楙《野客丛书·俗语有所自》："俗语皆有所自……对牛弹琴、作死马医、冷灰爆豆，皆见禅录。"
沉~：炉灶淹没在水里，而生出了青蛙。形容洪水成灾。

【结构】 主谓　形-名|动-名

【扩联】 沉灶生蛙因涨水
冷灰爆豆未添柴

1352

lí bù xù wěi
嫠不恤纬

guó ér wàng jiā
国而忘家

【释义】 嫠~：嫠：寡妇。恤：体恤，忧虑。纬：纬线，织布的横线。寡妇不忧虑纬线少而织不成布。比喻忧国而忘家。语见《左传·昭公二十四年》："嫠不恤其纬，而忧宗周之陨，为将及焉。"
国~：指为国事而不顾家庭。

【结构】 主谓　名|副-动-名

【扩联】 古井翻波嫠不恤纬
匹夫有责国而忘家

1353

lí jīng biàn zhì
离经辨志

guān guò zhī rén
观过知仁

【释义】 离~：断开，指断句。离经：点断经书句读。辨志：辨别学生的志趣意向。古籍经书断句不同，意义则异。看读断经书文句，可明确其学习的志趣和意向。语见《礼记·学记》："一年视离经辨志，三年视敬业乐群。"郑玄注："离经，断句绝也；辨志，谓别其心意所趣向也。"
观~：过：错误。看一个人所犯错误的性质，就可以知道他仁或不仁。语见《论语·里仁》："人之过也，各于其党。观过，斯知仁矣。"

【结构】 连动　动-名|动-名

【扩联】 义有多重离经辨志
错分九等观过知仁

1354

lí jīng pàn dào
离经叛道

zhé jǔ zhōu guī
折矩周规

【释义】 离~：离：背离。叛：背叛。指背离了经书上所说的道理和儒家的道统。现多指背离了占主导地位的思想或传统。
折~：犹循规蹈矩。谓举止合乎法度。

【结构】 联合　动-名|动-名

【扩联】 折矩周规只能守旧
离经叛道或有创新

1355

lí luán bié fèng
离鸾别凤

dān hú guǎ fú
单鹄寡凫

【释义】 离~：分离了的鸾鸟凤凰。比喻离散的夫妻、情侣。
单~：鹄：天鹅。凫：野鸭。孤单的天鹅，失偶的野鸭。常用以比喻失去配偶的人。

【结构】 联合　动-名|动-名

【扩联】 单鹄寡凫思再偶
离鸾别凤望双飞

1356

lí tí wàn lǐ
离 题 万 里

rù mù sān fēn
入 木 三 分

【释义】离~：万里：极言差距之大。形容写文章或说话抓不住中心，与所要讲的主题相差很远，毫不相干。
入~：原形容书法笔力遒劲。后用以比喻思想、议论的深刻。
【结构】述补　动－名|数－量
【扩联】入木三分太见功底
离题万里不明意思

1357

lí xiāng bèi jǐng
离 乡 背 井

rèn zǔ guī zōng
认 祖 归 宗

【释义】离：背：离开。井：古代以八家为一井，引申为家乡。指离开家乡。
认~：寻认祖先，并回归本宗。也喻指回归故土。
【结构】联合　动－名 动－名
【扩联】离乡背井磕头去
认祖归宗扫墓来

1358

lí huā dài yǔ
梨 花 带 雨

yù shù lín fēng
玉 树 临 风

【释义】梨~：洁白的梨花带着点点晶莹的雨滴。形容女子容貌艳丽、娇嫩。
玉~：玉树：高贵华美之树，一说用珍宝制成的树。临风：挺立于清风之中，更显高洁挺拔。形容美少年高雅修美。
【结构】主谓　名－名|动－名
【扩联】梨花带雨小淑女
玉树临风美少年

1359

lǐ yuān zhāi fú
理 冤 摘 伏

jiǎn è chú jiān
剪 恶 除 奸

【释义】理~：审雪冤屈，揭发奸慝。语见明·徐渭《女状元》第四折："这三起事都问得绝妙，理冤摘伏么，可也如神。"
剪~：扫除顽恶和奸邪势力。语见《三侠五义》第六十回："似你我行侠尚义，理应救困扶危，剪恶除奸。"
【结构】联合　动－形|动－形
【扩联】剪恶除奸铁御史
理冤摘伏包青天

1360

lǐ zhí qì zhuàng
理 直 气 壮

yì zhèng cí yán
义 正 辞 严

【释义】理~：直：公正，正确。理由正确充分，说话气势强盛。
义~：义：合宜的道理。道理公允正当，言辞严正有力。
【结构】联合　名－形|名－形
【扩联】理直气壮头头是道
义正辞严振振有词

1361

lǐ duō bì zhà
礼 多 必 诈

dào dà mò róng
道 大 莫 容

【释义】礼~：礼数太多过于殷勤，未必完全真情实意，必有虚假和欺骗。
道~：道：政治主张。原指孔子的政治主张精深博大，天下容纳不下。后用以比喻主张虽然正确，但由于要求过高，而不能被人接受。语见《史记·孔子世家》："夫子之道至大也，故天下莫能容夫子，夫子盖少贬焉？"
【结构】连动　名－形|副－动
【扩联】礼多必诈少来这套
道大莫容且往他邦

1362

lǐ fán zé luàn
礼 烦 则 乱

nǚ dà nán liú
女 大 难 留

【释义】 礼~：礼节太繁琐就会出乱弄混。
女~：指女孩子大了，必须许配人家，不能久留家中。语见元·关汉卿《崔张十六事·花惜风情》："夫人你得休便休，也不索出乖弄丑，自古来女大难留。"
【结构】 连动　名-形|副-动
【扩联】 仪式复杂礼烦则乱
春心飘荡女大难留

1363

lǐ xián xià shì
礼 贤 下 士

jiàng guì yū zūn
降 贵 纡 尊

【释义】 礼~：对贤哲以礼相待，对学士谦卑以尊敬。形容有相当身份地位的人自己谦虚，尊重人才。
降~：纡：屈曲，委屈。尊：尊贵，有地位。有身份地位者，放下尊贵的架子，以平易近人。
【结构】 联合　动-名|动-名
【扩联】 降贵纡尊无架子
礼贤下士揽人才

1364

lì tòu zhǐ bèi
力 透 纸 背

wén rú chūn huá
文 如 春 华

【释义】 力~：笔力能够透过纸的背面。形容书法、绘画笔力遒劲。也指文字深刻有力。语见唐·颜真卿《张长史十二意笔法意记》："当其用锋，常欲使其透过纸背，此功成之极矣。"清·赵翼《瓯北诗话·陆放翁诗》："才气豪健，议论开辟……意在笔先，力透纸背。"
文~：华：同"花"。文章辞藻像春天盛开的花朵争奇斗胜。形容文章词汇丰富华丽。语见曹植《王仲宣诔》："文如春华，思如涌泉。"
【结构】 主谓　名|动-名-名
【扩联】 意在笔先力透纸背
思喷泉口文如春华

1365

lì dì chéng fó
立 地 成 佛

zhàn shān wéi wáng
占 山 为 王

【释义】 立~：立地：立刻。马上就可以成佛。一般跟"放下屠刀"连用。意指改邪归正，不再作坏事，就是好人。
占~：占据山头，充当大王。比喻独霸一方，称霸逞强。
【结构】 连动　动-名|动-名
【扩联】 放下屠刀立地成佛
招徕兵马占山为王

1366

lì gān jiàn yǐng
立 竿 见 影

zhì dì yǒu shēng
掷 地 有 声

【释义】 立~：在阳光下竖起竹竿，即可立刻看到影子。比喻立见效果、收效迅速，反映极快。
掷~：掷：投，扔。扔到地上有铿锵之金属声。形容辞章优美，声调铿锵。
【结构】 连动　动-名|动-名
【扩联】 读书求知千古事岂能立竿见影
讲话忌讳一言堂但要掷地有声

1367

lì gōng shòu shǎng
立 功 受 赏

gǎi guò zuò xīn
改 过 作 新

【释义】 立~：立有功劳，给予奖赏。多用于有罪错而改过之人。
改~：作新：开始新的人生。改正以往的过错而重新做人。
【结构】 连动 动-名|动-名
【扩联】 立功受赏赐
改过作新人

1368

lì gōng shú zuì
立 功 赎 罪

qì àn tóu míng
弃 暗 投 明

【释义】 立~：立功：建立功绩。赎：补偿。建立功绩来补偿罪行或过失。
弃~：弃：抛弃。离开黑暗的地方，投向光明的地方。比喻与邪恶势力断绝关系，投向正义一方。
【结构】 连动 动-形|动-形
【扩联】 弃暗投明别旧我
立功赎罪做新人

1369

lì zhuī zhī dì
立 锥 之 地

miè dǐng zhī zāi
灭 顶 之 灾

【释义】 立~：插锥子的地方。比喻能够容身的极小的地方。
灭~：指人有被水淹死的灾难。也比喻毁灭性的灾难。
【结构】 定中 动-名|助-名
【扩联】 贫无立锥之地
富陷灭顶之灾

1370

lì chū yī kǒng
利 出 一 孔

cái jiān wàn rén
才 兼 万 人

【释义】 利~：孔：途径，渠道。给予利禄赏赐只有一条途径。指经济大权集中在君主手中，国家控制整个经济命脉。也指朝廷把利禄赏赐给有特殊功劳的人。语见《管子·国蓄》："利出于一孔者，其国无敌。"
才~：才：才能，才华。一个人的才能抵得上一万个人。指人具有特别杰出或特殊的才能。多用于吹捧、吹嘘。语见宋·李觏《上聂学士书》："执事才兼万人，心照亿载，声音之道，蚤所详明。"
【结构】 主谓 名-动|数-名
【扩联】 举国重利利出一孔
旷世奇才才兼万人

1371

lì shì sān bèi
利 市 三 倍

rén cái liǎng kōng
人 财 两 空

【释义】 利~：利市：做生意获得的利润。三：表示数目之多。原为解释卦象之辞。现形容做买卖赚钱极多。语见《周易·说卦》："为近利，市三倍。"
人~：空：落空。本想得到的人和财物都没得到，或指连人带财物都失去了。
【结构】 主谓 名-名|数-形
【扩联】 人财两空亏老本
利市三倍赚大钱

1372

lì jīng gēng shǐ
励 精 更 始

fèn yǒng dāng xiān
奋 勇 当 先

【释义】 励~：励：振奋。精：精神。更：更新。始：开始。振奋精神，重新开始，从事革新。语见《汉书·宣帝纪》："今吏修身奉法，未有能称朕意……其赦天下，与士大夫励精更始。"
　　　　奋~：鼓起勇气，赶在最前面。
【结构】 连动　动-名|动-形
【扩联】 <u>朝乾夕惕励精更始</u>
　　　　<u>胆壮心雄奋勇当先</u>

1373

lì jīng tú jìn
励 精 图 进

fèn yǒng zhēng xiān
奋 勇 争 先

【释义】 励~：励精：振作精神。图：谋求。振作精神，力求前进。
　　　　奋~：鼓起勇气，争着赶在最前面。
【结构】 连动　动-名|动-动
【扩联】 励精图进创勋业
　　　　奋勇争先闯险关

1374

lì jīng tú zhì
励 精 图 治

xiāo fù cóng gōng
枵 腹 从 公

【释义】 励~：励精：振奋精神。图：谋求。治：得到治理。振奋精神，想方设法把国家治理好。
　　　　枵~：枵腹：空着肚子，指饥饿。从公：从事公务。指忍饥挨饿为国操劳。形容一心为公，发愤忘食地工作。
【结构】 连动　动-名|动-名
【扩联】 励精图治多先例
　　　　枵腹从公有后人

1375

lì xíng gōng shì
例 行 公 事

guān yàng wén zhāng
官 样 文 章

【释义】 例~：按照惯例处理的公事。用指形式主义的工作。也指不情愿地按惯例行事。
　　　　官~：官场中固定格式和套语的公文。喻只有形式而无内容，不解决问题的空话。
【结构】 定中　名-动|形-名
【扩联】 官样文章多套话
　　　　例行公事只交差

1376

lián wán lì nuò
廉 顽 立 懦

dí sī kuì tān
涤 私 愧 贪

【释义】 廉~：廉：廉洁，不贪。顽：刁顽自私的人。懦：软弱无能的人。使刁顽自私的人不再贪得无厌，使软弱无能的人立志奋发图强。
　　　　涤~：涤：洗濯，清除。私：私心。愧：惭愧，愧悔。贪：贪婪。清除私欲，愧悔贪婪，表示内心自我修养的要求。
【结构】 联合　动-形|动-形
【扩联】 涤私愧贪昭后者
　　　　廉顽立懦步前贤

1377

lián huā bù bù
莲 花 步 步

qiū shuǐ yíng yíng
秋 水 盈 盈

【释义】 莲~：每一足迹下都有莲花。形容菩萨、诸佛超尘脱俗、境界崇高。一般用以形容女子步履轻盈美妙。
　　　　秋~：形容女性水灵灵的大眼双目含情。也作"秋波盈盈"。
【结构】 主谓　名-名|叠一
【扩联】 三寸小脚莲花步步
　　　　一双美瞳秋水盈盈

1378

lián pín xù lǎo
怜 贫 恤 老

zhěng nì fú wēi
拯 溺 扶 危

【释义】怜~：怜悯穷人，体恤老者。
拯~：溺：落水者。危：危乱，动乱中的国家。指拯救帮助受难的老百姓和危难中的国家。
【结构】联合　动-名|动-名
【扩联】拯溺扶危兴国
怜贫恤老安民

1379

liàn zhàn huái lù
恋 栈 怀 禄

shēng guān fā cái
升 官 发 财

【释义】恋~：栈：养牲畜的棚子或栅栏，比喻官位。禄：俸禄，古代官员的薪金。形容人像牲畜留恋圈、棚一样贪恋官位和俸禄。
升~：指提升了官职，同时就能获得更多的物质财富。
【结构】联合　动-名|动-名
【扩联】恋栈怀禄懒退位
升官发财惯钻营

1380

liáng chén měi jǐng
良 辰 美 景

yuè xī huā zhāo
月 夕 花 朝

【释义】良~：良、美：美好，美妙。辰：时辰，时光。景：景色，景物。美好的时光，美妙的景色。
月~：月明之夜和花儿盛开之早晨。形容良辰美景。
【结构】联合　形-名|形-名
【扩联】月夕花朝一壶酒
良辰美景两口人

1381

liáng gōng wú gǎi
良 弓 无 改

miù zhǒng liú chuán
谬 种 流 传

【释义】良~：指后辈把前辈的事业和高尚品德完全继承了下来。语见《礼记·学记》："良弓之子，必学为箕。"唐·刘知几《史通·书事》："其有开国承家，世禄不坠，积仁累德，良弓无改……略于传可也。"
谬~：谬：错误，荒谬。错误荒谬的东西流传下去。也作"缪种流传"语见元·脱脱等《宋史·选举志二》："所取之士既不精，数年之后，复俾之主文，是非颠倒逾甚，时谓之缪种流传。"
【结构】主谓　形-名|动-动
【扩联】谬种流传出谬种
良弓无改造良弓

1382

liáng qín zé mù
良 禽 择 木

fēi xù suí fēng
飞 絮 随 风

【释义】良~：好鸟会选择树木而栖息。比喻贤士择主而事。
飞~：絮：易飏而象棉絮似的柔花，如柳絮、芦絮等。飞扬起来了的絮花只会随风向飘荡。比喻没有自己的主见、自己的选择。
【结构】主谓　形-名|动-名
【扩联】飞絮随风转
良禽择木栖

1383

liáng shī yì yǒu
良 师 益 友

xiào zǐ xián sūn
孝 子 贤 孙

【释义】 良～：对自己有教益的好老师和好朋友。
孝～：对父母孝顺、对祖先尊敬的儿孙后辈。指遵守封建礼教，唯父母祖宗之命是从的人。后也指继承反动落后传统的人。
【结构】 联合　形-名|形-名
【扩联】 得良师益友终身受教
有孝子贤孙一世无忧

1384

liáng yào kǔ kǒu
良 药 苦 口

yōng yī shā rén
庸 医 杀 人

【释义】 良～：良药：能治病的好药。良药大都味道苦，吃的时候口里不舒服。比喻有益处的批评或劝戒，比较尖锐，听起来不舒服。
庸～：庸医：医术低劣的医生。这样的医生乱开方投药，往往致人死命。
【结构】 主谓　形-名|动-名
【扩联】 良药苦口能治病
庸医杀人不拿刀

1385

liáng yù bù zhuó
良 玉 不 琢

míng zhū àn tóu
明 珠 暗 投

【释义】 良～：琢：雕刻玉石，使成器物。上等的玉石没经过雕刻打磨，成不了精美的玉器。喻指天生聪明的的人不经过学习培养也成不了人才。
明～：比喻有才能的人投奔到了昏庸之人的手下做事，也比喻贵重的物品落到了不识货的人手里，令人惋惜。
【结构】 主谓　形-名|副-动
【扩联】 良玉不琢不成器
明珠暗投暗失光

1386

liáng duō cǎo guǎng
粮 多 草 广

jiàng yǒng bīng qiáng
将 勇 兵 强

【释义】 粮～：粮食和草料都很充足，比喻战备物质充足。
将～：将领和兵士都英勇强盛威武。形容军队战斗力强盛。
【结构】 联合　名-形|名-形
【扩联】 粮多草广武装好
将勇兵强士气昂

1387

liáng jìn yuán jué
粮 尽 援 绝

shì gū lì dān
势 孤 力 单

【释义】 粮～：在战斗中军粮已尽，援兵断绝。语见宋·杨万里《铃辖赵公墓志铭》："公挺身与战，屡捷。七年，粮尽援绝，势不能复支，遂率部数千人南归。"
势～：势力孤单，力量薄弱。形容孤弱无援。
【结构】 联合　名-形|名-形
【扩联】 粮尽援绝难持久
势孤力单且避强

1388

liáng shàng jūn zǐ
梁 上 君 子

yuè xià lǎo rén
月 下 老 人

【释义】 梁～：在房梁上躲着的君子。指窃贼。
月～：古称主管婚姻的神为"月下老人"，后也作媒人的代称。
【结构】 定中　名-方|名-名
【扩联】 月下老人牵线
梁上君子盗金

1389

liǎng qíng xiāng yuè
两 情 相 悦
yī xī shàng cún
一 息 尚 存

【释义】 两~：两情：两人的感情。形容双方对彼此都有好感，多形容情侣彼此间情投意合，感到喜悦甜蜜。
一~：一息：一口气。尚：还，存：留存。还有一口气在。意思是只要还活着，就要竭力去做。语见《论语·泰伯》："死而后已，不亦远乎！"朱熹注："一息尚存，此志不容稍懈，可谓远矣。"

【结构】 主谓　数－名|副－动

【扩联】 一息尚存死了还要爱
两情相悦婚后更加亲

1390

liǎng xián xiāng è
两 贤 相 厄
yī zuò jìn jīng
一 座 尽 惊

【释义】 两~：指两个有才能、有德行的人互相为害。语见《史记·季布栾布列传》："季布母弟丁公，为楚将。丁公为项羽逐窘高祖彭城西，短兵接，高祖急，顾丁公曰：'两贤岂相戹哉？'于是丁公引兵而还，高祖遂解去。"
一~：一座：满座。满座的人都感到震惊。语见汉·荀悦《汉纪·武帝纪》："少君及言与其大父游猎处，老人为儿时识其家处，一座尽惊。"

【结构】 主谓　数－名|副－动

【扩联】 一座尽惊全撤席
两贤相厄都伤人

1391

liǎng yán kě jué
两 言 可 决
yī wàng ér zhī
一 望 而 知

【释义】 两~：说两三句话就可以决定。形容事情简单或说话中肯，寥寥数语就把事情办妥了。语见《史记·平原君虞卿列传》："毛遂按剑历阶而上，谓平原君曰：'从之利害，两言可决耳。'"
一~：一看就知道了。形容很容易知道、了解。

【结构】 连动　数－动|副－动

【扩联】 两言可决烦心事
一望而知明眼人

1392

liàng rù wéi chū
量 入 为 出
cāo qí jì yíng
操 奇 计 赢

【释义】 量~：量：估量。入：收入。出：支出。根据收入的多少来决定支出的多少。语见《礼记·王记》："冢宰制国用，必于岁之杪，五谷皆入，然后制国用，用地大小，视年之丰耗，以三十年之通，制国用，量入以为出。"亦作"量入计出""量入制用"。
操~：操：掌握，控制。奇：奇货，市场上短缺的货物。赢：赢利，赚钱。掌控着奇缺货物，计算着如何获利。指商人囤积居奇，牟取暴利。

【结构】 连动　动－名|动－名

【扩联】 养家糊口量入为出
炒股经商操奇计赢

1393

liáo yuán liè huǒ
燎 原 烈 火

zā dì yān chén
匝 地 烟 尘

【释义】 燎~：燎：蔓延燃烧。烧遍广大原野的熊熊大火。现用以形容迅猛发展的革命形势。
匝~：匝地：遍地。烟尘：烟雾和尘埃；烽火和战场扬起的尘土，旧时指战火。遍地烟尘。
【结构】 定中　动-名|形-名
【扩联】 燎原烈火熊熊起
匝地烟尘滚滚来

1394

liáo liáo wú jǐ
寥 寥 无 几

chuò chuò yǒu yú
绰 绰 有 余

【释义】 寥~：寥寥：很稀少的样子。几：几个。形容数量非常少。
绰~：绰绰：宽宽裕裕地。很宽裕，有剩余。形容十分宽裕。
【结构】 状中　叠一|动-名
【扩联】 来人寥寥无几
座位绰绰有余

1395

liáo yǐ zì wèi
聊 以 自 慰

miǎn wéi qí nán
勉 为 其 难

【释义】 聊~：聊：姑且。姑且用来自我安慰。
勉~：勉：勉强。为：做。勉强去做力所不及或不愿做的事。
【结构】 动宾　副-动|副-动
【扩联】 练字足聊以自慰
写书莫勉为其难

1396

liáo fēng tī xiē
撩 蜂 剔 蝎

xián dǎn qī bīng
衔 胆 栖 冰

【释义】 撩~：撩：撩拨。剔：挑剔，剔除。蜂、蝎：有毒之物。比喻招惹恶人，自讨苦吃找罪受。
衔~：口含苦胆，栖身冰上。形容处境艰苦，也形容忍辱负重，刻苦自励。
【结构】 联合　动-名|动-名
【扩联】 撩蜂剔蝎遭针刺
衔胆栖冰吃苦头

1397

liǎo wú jù sè
了 无 惧 色

chuò yǒu yú yán
绰 有 余 妍

【释义】 了~：了：完全，一般用在"不""无"之前。形容没有害怕的神情。
绰~：妍：美丽。形容女子或字画等丰姿秀逸，很有魅力。语见唐·孟棨《本事诗·情感·博陵崔护》："独倚小桃斜柯伫立，而意属殊厚，娇姿媚态，绰有余妍。"
【结构】 动宾　形-动|形-名
【扩联】 素面朝天了无惧色
盛装出场绰有余妍

1398

liǎo wú shì chù
了 无 是 处

tú yǒu qí míng
徒 有 其 名

【释义】 了~：了：完全，一般用在"无""不"之前。是：正确，对。完全没有对的地方。形容一点对的地方都没有。语见清·陈确《寄诸同志》："吾辈于道，未窥一二，便觉世上之可笑，一言一动，了无是处。"
徒~：徒：徒然，白白地。徒然有一个名号。指有名无实。语见宋·李焘《续资治通鉴长编》"铨选之门，徒有其名，莫责其实。"
【结构】 动宾　副-动|形-名
【扩联】 了无是处说人矮
徒有其名评语差

1399

liǎo wú suǒ jiàn
了 无 所 见

dà yǒu kě guān
大 有 可 观

【释义】 了~：了：（用在"无""不"等否定词之前）完全。形容没有一点想要看到的东西。
大~：很有值得一看之处。也指达到了较高的程度。
【结构】 动宾　形-动|助-动
【扩联】 风景了无所见
人流大有可观
横批：黄金周

1400

liè huǒ biàn yù
烈 火 辨 玉

xià chóng yí bīng
夏 虫 疑 冰

【释义】 烈~：在烈火中能辨别玉的好坏。比喻在关键时刻能看出一个人的节操。语见宋·叶廷珪《海录碎事·人事》："烈火辨玉。疾风知草。"
夏~：夏虫：只活在夏天的虫子。夏虫不知冰为何物而心生怀疑。比喻人囿于见闻，知识短浅。
【结构】 主谓　形-名 动-名
【扩联】 烈火辨玉风知草
夏虫疑冰蛙说天

1401

liè guān huǐ miǎn
裂 冠 毁 冕

huàn jiǎ pī páo
擐 甲 披 袍

【释义】 裂~：冠、冕：为古时官员所戴礼帽。撕裂、毁掉官帽。比喻背离王室。也比喻不愿仕进。后还比喻毁灭华夏文化，背离民族传统。语见《左传·昭公九年》："（王使之）辞于晋曰：我在伯父（指晋）犹衣服之有冠冕，木水有本原，民人之有谋主。伯父若裂冠毁冕，拔本塞原，专弃谋主，虽戎狄其何有余一人？"
擐~：擐：穿上。甲：铠甲。袍：战袍。穿上铠甲，披上战袍。指已做好准备，即可投入战斗。
【结构】 联合　动-名|动-名
【扩联】 裂冠毁冕辞官去
擐甲披袍上阵来

1402

lín fēng yù shù
临 风 玉 树

dài yǔ lí huā
带 雨 梨 花

【释义】 临~：迎风而立的如玉之树。形容男子的伟岸风采。
带~：带着雨滴的梨花。形容女子容貌娇艳。
【结构】 定中　动-名|名—
【扩联】 带雨梨花娇女子
临风玉树伟男儿

1403

lín shēn lǚ bó
临 深 履 薄

yí dà tóu jiān
遗 大 投 艰

【释义】 临~：面临着深渊，脚踩着薄冰。比喻非常谨慎，十分小心，唯恐因不慎而出问题。
遗~：遗：遗留。投：给予。赋予重大、艰难的任务。
【结构】 联合　动-形|动-形
【扩联】 遗大投艰轰轰烈烈
临深履薄战战兢兢

1404

lín wēi shòu mìng
临 危 受 命

xùn guó wàng shēn
徇 国 忘 身

【释义】 临~：在危难之时接受任命。语见诸葛亮《前出师表》：
"受任于败军之际，奉命于危难之时。"
徇~：徇：同"殉"。指尽忠于国家之事，而不顾个人生
命。语见白居易《赠裴垍官制》："故太子宾客裴垍，忠正
恭慎，佐予为理，事君尽礼，徇国忘身。"
【结构】 连动 动-名|动-名
【扩联】 临危受命挺身出
徇国忘身把命抛

1405

lín jiǎo fèng zuǐ
麟 角 凤 觜

lóng gān bào tāi
龙 肝 豹 胎

【释义】 麟~：麒麟的角，凤凰的嘴。比喻特别珍贵的稀少的人、
事、物。
龙~：龙的肝，豹的胎。借指十分难得的珍贵食品。
【结构】 联合 名-名|名-名
【扩联】 麟角凤觜只应天上有
龙肝豹胎哪得人间尝

1406

lín lí jìn zhì
淋 漓 尽 致

xiān xī wú yí
纤 悉 无 遗

【释义】 淋~：淋漓：形容畅达。尽致：达到极点。多指文章、谈
话详尽透彻，能充分体现事物情态，充分表达所持观点。
纤~：纤悉：细微详尽。遗：遗漏。一点都不遗漏。能全
部搜络、反映出来。
【结构】 状中 形一|动-动
【扩联】 演绎发挥淋漓尽致
搜集整理纤悉无遗

1407

lǐn rán nán fàn
凛 然 难 犯

hé ǎi kě qīn
和 蔼 可 亲

【释义】 凛~：凛然：严肃，可敬畏的样子。形容态度严肃，令人
敬畏不敢冒犯。
和~：和蔼：和善。态度和善，易于亲近。
【结构】 述补 形一|副-动
【扩联】 严父严肃凛然难犯
慈母慈祥和蔼可亲

1408

líng dān miào yào
灵 丹 妙 药

guǐ fǔ shén gōng
鬼 斧 神 工

【释义】 灵~：灵：灵验。丹：精练的成药。妙：指有特殊效力。
灵验有效的药。现用以比喻某种想象中的能解决疑难问题
的特殊办法。
鬼~：形容艺术作品精妙奇巧，技术极为高超，几乎不是
人力所能达到的。
【结构】 联合 形-名|形-名
【扩联】 灵丹妙药除伤病
鬼斧神工造自然

1409

líng yá lì chǐ
伶 牙 俐 齿

bèn zuǐ zhuō shé
笨 嘴 拙 舌

【释义】 伶~：齿牙伶俐。形容很有口才，能说会道。
笨~：笨嘴笨舌。形容没有口才，不善言辞。
【结构】 联合 形-名|形-名
【扩联】 笨嘴拙舌荒腔走板
伶牙利齿出口成章

1410

líng xīn huì xìng
灵心慧性

ròu yǎn yú méi
肉眼愚眉

【释义】灵~：指聪慧的天资心性。多用于形容女性。语见清·文康《儿女英雄传》第二十七回："自己本生得一副月貌花容。一团灵心慧性。哪怕丈夫千金买笑，自料断不及我一顾倾城。"

肉~：肉眼：俗眼。俗眼笨眉。形容见识浅陋、凡俗眼光之庸人。语见元·高文秀《黑旋风》第三折："畅道大理难欺，人心怎味，则他肉眼愚眉，把一个黑旋风爹爹敢来也认不得。"

【结构】联合　形-名|形-名

【扩联】肉眼愚眉千金买笑
灵心慧性一顾倾城

1411

líng yáng guà jiǎo
羚羊挂角

yě mǎ wú jiāng
野马无缰

【释义】羚~：羚羊：一种野羊。羚羊晚上睡觉时，把角挂在树上，脚不沾地，以避猛兽侵害。后用以比喻诗的意境超脱，达到玄妙境界。

野~：缰：缰绳。野马没有缰绳套住。形容无拘无束、自由自在。

【结构】主谓　名—|动-名

【扩联】羚羊挂角臻玄妙
野马无缰具自由

1412

líng shuāng yóu mào
凌霜犹茂

wàng qiū xiān líng
望秋先零

【释义】凌~：历经霜雪，仍然茂盛。形容松、柏、菊等不畏霜雪。也用于赞扬经得起恶劣、艰苦条件下严峻考验的人。

望~：一见秋天来临，就先枯萎凋落了。原比喻身体衰弱，后也比喻经不起考验。语见南朝宋·刘义庆《世说新语·言语》注引顾恺之给他父亲顾悦作的传："王（简文帝）发无二毛，而君早已斑白。问君年，乃曰：'卿何偏早白？'君曰：'松柏之姿，经霜犹茂。臣蒲柳之质，望秋先零。'"

【结构】状中　动-名|副-动

【扩联】望秋先零春枝叶
凌霜犹茂野菊花

1413

líng yún zhī zhì
凌云之志

mìng shì zhī cái
命世之才

【释义】凌~：凌云：直上云霄。原指离开尘世成仙的志愿。现指远大的志向。

命~：原指顺应天命而降世的人才。后多指有名望有才能为世人所重的杰出人才。

【结构】定中　动-名|助-名

【扩联】少年怀凌云之志
小子有命世之才

1414

lǐng xiù hòu jìn
领 袖 后 进
dà rén xiān shēng
大 人 先 生

【释义】领~：领袖：组织团体中的最高领导人或杰出的灵魂人物。后进：学士或资历较浅的人。指后辈中才华出众最杰出的人才。语见《梁书·王暕传》："叔宝理遣之谈，彦辅名教之乐，故辉映先达，领袖后进。"
大~：大人：敬辞，称长辈或地位高的官长。先生：对知识分子或有一定身份的成年男子的尊称。旧指有权势的前辈，也用以讥讽高官厚禄的人。

【结构】联合 名一|名一

【扩联】领袖后进居上座
大人先生列前排

1415

lìng kāi shēng miàn
另 开 生 面
bié yǒu dòng tiān
别 有 洞 天

【释义】另~：别开一面，使之焕然一新。语见清·李汝珍《镜花缘》第九十一回："今日行这酒令，已是独出心裁，另开生面，最难得又有仙姑这首百韵诗。"
别~：另有一种境界。也形容风景引人入胜。语见宋·王炎《水调歌头》词："傍江亭，穷杳霭，踞巉岩。水深石冷，闻到别有洞中天。"

【结构】动宾 副-动|名-名

【扩联】别出心裁另开生面
另辟蹊径别有洞天

1416

lìng shēng zhī jié
另 生 枝 节
bié yǒu yòng xīn
别 有 用 心

【释义】另~：比喻在解决某个问题的过程中产生了别的麻烦。
别~：用心：居心。另有不可告人的企图。

【结构】动宾 副-动|名一

【扩联】另生枝节多添事
别有用心不示人

1417

lìng xíng jìn zhǐ
令 行 禁 止
yán chū fǎ suí
言 出 法 随

【释义】令~：令：命令。禁：禁令。有令则行，有禁则止。形容法令畅通而严明。
言~：言：此处指命令或法令。法：法律。随：跟进。法令一经公布或命令一旦发出，就依法办事，不得擅自更改或违犯。

【结构】连动 名-动|名-动

【扩联】令行禁止必须做
言出法随不可违

1418

liú nián bù lì
流 年 不 利
qù rì wú duō
去 日 无 多

【释义】流~：流年：光阴，年华。因易逝如流水，故称。旧时看相算命称一年的运气。不利：不吉利。指运气不好。
去~：义同"去日苦多"，苦于已过去的日子太多了，将要逝去的日子已快不多了。指人生苦短。语见曹操《短歌行》："对酒当歌，人生几何。譬如朝露，去日苦多。"

【结构】主谓 动-名|副-形

【扩联】去日无多珍惜今日
流年不利指望来年

1419

liú lí shī suǒ
流 离 失 所

jiè dài wú mén
借 贷 无 门

【释义】 流~：转徙离散，没有安身的地方。形容战乱或灾荒中人民生活困苦的惨景。
借~：贷：借入。没有地方借钱。
【结构】 状中　动—|动-名
【扩联】 借贷无门遍识人情冷暖
流离失所方知世态炎凉

1420

liú fāng bǎi shì
流 芳 百 世

yí chòu wàn nián
遗 臭 万 年

【释义】 流~：百世：指时间久远。好名美名一直流传下去，为人称颂。
遗~：万年：指长久的时间。恶名丑名也流传下去，永远为人唾骂。
【结构】 述补　动-名|数-名
【扩联】 历史功臣流芳百世
战争祸首遗臭万年

1421

liú shuǐ bú fǔ
流 水 不 腐

gān quán bì jié
甘 泉 必 竭

【释义】 流~：流动的水不会腐臭。比喻经常运动的事物不易受到侵蚀，持久不坏。
甘~：甘甜的水泉因饮用者多，一定会干竭。比喻有才干的人，受累多容易衰老。
【结构】 主谓　形-名|副-动
【扩联】 流水不腐鱼摆尾
甘泉必竭花垂头

1422

liú xīng gǎn yuè
流 星 赶 月

zhú rì zhuī fēng
逐 日 追 风

【释义】 流~：如流星掠过夜空，追赶月亮。形容速度特别快。
逐~：追逐太阳，赶上迅风。形容马跑得飞快。
【结构】 联合　动-名|动-名
【扩联】 逐日追风马如的卢快
流星赶月箭似霹雳惊

1423

liú yǒu yú dì
留 有 余 地

shì wéi wèi tú
视 为 畏 途

【释义】 留~：说话办事有所保留，以有回旋的机会和地方。
视~：看成是艰险可怕的道路。不管是一个处所或一件事情，都看得很艰难，没胆量去进行。
【结构】 动宾　动-动|形-名
【扩联】 视为畏途不冒险
留有余地好回旋

1424

liǔ méi dào shù
柳 眉 倒 竖

xìng yǎn yuán zhēng
杏 眼 圆 睁

【释义】 柳~：柳眉：柳叶细眉，女子的眉毛。眉毛倒竖起来。形容女子发怒时耸眉之状。
杏~：杏眼：指女子的眼睛。眼睛瞪得圆圆的。形容女子发怒时瞪眼的样子。
【结构】 主谓　名-名|形-动
【扩联】 柳眉倒竖红颜怒
杏眼圆睁白马惊

1425

liǔ jiāo huā mèi
柳娇花媚

yù jiǎn xiāng xiāo
玉减香消

【释义】柳~：形容女子像柳条摇曳、花枝乱颤般娇娆妩媚。语见清·褚人获《隋唐演义》第二十七回："（隋炀帝）又选三百二十名风流潇洒、柳娇花媚的，充作美人。"
玉~：形容美女消瘦憔悴。语见明·洪楩《清平山堂话本·风月相思》："不觉黄昏又到，谁知玉减香消。"

【结构】联合　名-形 | 名-形

【扩联】柳娇花媚多偏爱
玉减香消无顾怜

1426

liù cháo jīn fěn
六朝金粉

yī dài fēng liú
一代风流

【释义】六~：六朝：三国时的吴、东晋以及南朝的宋、齐、梁、陈六个朝代，先后在建业或建康（即今江苏南京）建都，历史上称六朝。金粉：指古代妇女妆饰用的脂粉。六朝时，统治阶级生活豪华奢侈，所以后人多用以指当时的靡丽繁华景象。
一~：风流：风气。形容杰出人物所创立的一代新风。

【结构】定中　数-名 | 名-名

【扩联】六朝金粉地
一代风流人

1427

liù chén bù rǎn
六尘不染

bǎi gǎn héng shēng
百感横生

【释义】六~：佛教用语。六尘：指色、声、香、味、触、法。六尘都不沾染。指排除物欲，保持心地洁净。语见唐·武三思《孝明皇后碑》："六尘不染，孤标水上之花。"
百~：百感：各种感想。横生：意外地、突然地发生了。各种感想不由得涌上了心头。

【结构】主谓　数-名 | 副-动

【扩联】自诩六尘不染
何来百感横生

1428

liù gēn jiē jìng
六根皆净

wǔ nèi jù fén
五内俱焚

【释义】六~：六根：佛教指人的眼、耳、鼻、舌、身、意。眼耳等六根能感知事物，感知事物就会产生烦恼。"六根皆净"，比喻欲念除而无烦恼。
五~：五内：五脏。焚：烧，着火。五脏都着火了。比喻万分焦急或极度忧伤。

【结构】主谓　数-名 | 副-动

【扩联】六根皆净全无烦恼
五内俱焚大喊忧伤

1429

liù gēn qīng jìng
六根清净

wǔ sè bīn fēn
五色缤纷

【释义】六~：六根：佛教中指人的眼、耳、鼻、舌、身、意。眼耳等六根能感知事物，感知事物就会产生烦恼。佛家以达到远离烦恼的境界为"六根清净"。比喻根除欲念而无烦恼。
五~：缤纷：繁多、杂乱的样子。形容颜色繁多复杂，非常好看。

【结构】主谓　数-名 | 形一

【扩联】目无五色六根清净
姿纵六根五色缤纷

1430

liù mǎ yǎng mò
六马仰秣

lǎo yú tiào bō
老鱼跳波

【释义】六~：六马：古代帝王车驾用的马匹数，后用作几匹马的概数。秣：马饲料。面对着饲料的马都仰起头来听而不吃了。形容音乐优美动听。语见《荀子·劝学》："昔者瓠巴鼓瑟而沈鱼出听，伯牙鼓琴而六马仰秣。"

老~：鱼随乐声跳跃。比喻音律精妙。语见《列子·汤问》："瓠巴鼓琴，而鸟舞鱼跃。"

【结构】主谓　形-名|动-名

【扩联】老鱼跳波瓠巴瑟
六马仰秣伯牙琴

1431

liù jīng zhù wǒ
六经注我

wǔ dǒu zhé yāo
五斗折腰

【释义】六~：六经：本指《诗经》《尚书》《周易》《礼记》《乐经》《春秋》。后泛指各种经典著作。注：解释。我：自己的观点。牵强地用各种经典著作中的论断来解释和证明自己的观点，为自己的议论服务。

五~：五斗：五斗米，指低级官吏的微薄官俸。折腰：弯腰，屈身事人。为了微薄的官俸而屈身事人。

【结构】主谓　数-名|动-名

【扩联】六经注我易
五斗折腰难

1432

liù qīn wú kào
六亲无靠

sì hǎi wéi jiā
四海为家

【释义】六~：六亲：说法不一，较早的一种说法是指父、母、兄、弟、妻、子，泛指亲戚。孤独一人，没有任何亲戚可以投靠。

四~：四海：古人以为中国四周有海，故称中国为海内，外国为海外。四海，意指天下。人漂泊无定所，到哪都是家。

【结构】主谓　数-名|动-名

【扩联】六亲无靠茕茕孑立
四海为家惴惴不安

1433

liù shén wú zhǔ
六神无主

wǔ nèi rú fén
五内如焚

【释义】六~：六神：道教认为人的心、肺、肝、肾、脾、胆各有神明主宰，故称为"六神"。形容心慌意乱，不知如何是好。

五~：五内：指五脏。焚：焚烧。形容极度哀痛。

【结构】主谓　数-名|动-名

【扩联】五内如焚丧考妣
六神无主哭爹娘

1434

lóng fēi fèng wǔ
龙飞凤舞

hú zhì luán xiáng
鹄峙鸾翔

【释义】龙~：像神龙飞翔、凤凰起舞一样。原形容气势奔放豪壮，后形容书法气势挺拔，生动活泼。

鹄~：如天鹅伫立，鸾鸟飞翔。形容笔势挺拔而飘逸。

【结构】联合　名-动|名-动

【扩联】神凝意满龙飞凤舞
墨妙笔精鹄峙鸾翔

1435

lóng guī dà hǎi
龙 归 大 海
hǔ luò píng chuān
虎 落 平 川

【释义】 龙~：龙回到了大海里。比喻失势者重新得势。
虎~：老虎离开藏身的深山，落在平地上。比喻有势者失势。
【结构】 主谓　名-动|形-名
【扩联】 龙归大海与鲸戏
虎落平川遭犬欺

1436

lóng méi bào jǐng
龙 眉 豹 颈
hǔ tǐ xióng yāo
虎 体 熊 腰

【释义】 龙~：如龙的眉毛，豹的脖颈。形容勇士的长相。
虎~：形容身体如虎熊，魁梧雄壮。
【结构】 联合　名-名|名-名
【扩联】 龙眉豹颈堂堂勇士
虎体熊腰赳赳武夫

1437

lóng méi fèng mù
龙 眉 凤 目
hú miàn jiū xíng
鹄 面 鸠 形

【释义】 龙~：形容人的仪表英俊，气度不凡。
鹄~：鹄面：鹄即天鹅，脸上瘦的没有肉。鸠形：腹部低陷，胸骨突出。比喻人瘦弱的面貌体形。
【结构】 联合　名-名|名-名
【扩联】 龙眉凤目天生就
鹄面鸠形自造成

1438

lóng mén diǎn é
龙 门 点 额
yàn tǎ tí míng
雁 塔 题 名

【释义】 龙~：龙门：在离长安九百里的河津，传说鲤鱼在此跳过即化为龙。额：额头。点额：碰到石头，在额头上留下痕迹。鲤鱼未跳过龙门，触石点额而还。比喻科举落第或仕途失意。语见北魏·郦道元《水经注·河水四》："鳣，鲔也。出巩穴三月，则上渡龙门，得渡为龙矣，否则点额而还。"
雁~：雁塔：在今西安市南，有慈恩寺，建于唐高宗永徽四年。相传唐朝新科进士在曲江宴会后，常题名于雁塔。后比喻进士及第。白居易及第，曾题名于此，并有诗云："慈恩塔下题名处，十七人中最少年。"
【结构】 状中　名-名|动-名
【扩联】 龙门点额指天誓日
雁塔题名衣锦还乡

1439

lóng pán fèng yì
龙 蟠 凤 逸
gǒu gǒu yíng yíng
狗 苟 蝇 营

【释义】 龙~：龙、凤：比喻有才能的人。蟠：盘曲地伏着。逸：隐遁。比喻有才能的人怀才不遇，远大的抱负难以实现。
狗~：狗苟：像狗那样苟且求安。蝇营：像苍蝇那样飞来飞去追逐脏东西。比喻不择手段地到处钻营。
【结构】 联合　名-动|名-动
【扩联】 怀才不遇龙蟠凤逸士
惟利是图狗苟蝇营徒

1440

lóng shé bú biàn
龙蛇不辨
lán ài nán fēn
兰艾难分

【释义】 龙~：不能分辨是龙是蛇。比喻不能辨别好人坏人。
兰~：兰：香草。艾：臭草。香草臭草很难分清。借喻好坏善恶难分。
【结构】 主谓　名-名|副-动
【扩联】 兰艾难分闻闻香臭
龙蛇不辨看看爪鳞

1441

lóng shén mǎ zhuàng
龙神马壮
yù ruǎn huā róu
玉软花柔

【释义】 龙~：谓像骏马一样健壮，有精神。
玉~：比喻女子如花似玉，娇嫩柔弱。
【结构】 联合　名-形|名-形
【扩联】 玉软花柔及笄女
龙神马壮弱冠男

1442

lóng tán hǔ xué
龙潭虎穴
huǒ hǎi dāo shān
火海刀山

【释义】 龙~：藏龙之深潭，卧虎之洞穴。比喻极其凶险之处。
火~：大火熊熊的海，插满刀剑的山。比喻最危险、艰难的境地。
【结构】 联合　名-名|名-名
【扩联】 勇拼搏任凭龙潭虎穴
敢牺牲不怕火海刀山

1443

lóng tāo bào lüè
龙韬豹略
yù lù jīn kē
玉律金科

【释义】 龙~：龙虎一般的韬略。指兵法。
玉~：律、科：法律条文。原指完美的法律条文。后指不能变更的法律条文。也作"金科玉律"。
【结构】 联合　名-名|名-名
【扩联】 玉律金科文治好
龙韬豹略武功强

1444

lóng téng hǔ yuè
龙腾虎跃
shǐ tū láng bēn
豕突狼奔

【释义】 龙~：腾、跃：跳跃。形容生气勃勃，非常活跃。
豕~：豕：野猪。突：乱撞。像狼一样奔跑，像野猪一样乱撞。比喻坏人东奔西窜，任意作恶。
【结构】 联合　名-动|名-动
【扩联】 万马千军龙腾虎跃
四分五裂豕突狼奔

1445

lóng téng yún qǐ
龙腾云起
hǔ xiào fēng shēng
虎啸风生

【释义】 龙~：蛟龙腾飞，云雾升起。
虎~：猛虎长啸，谷风四起。龙~、虎~，比喻英雄豪杰叱咤风云，气势强盛，奋发有为。
【结构】 连动　名-动|名-动
【扩联】 虎啸风生震五岳
龙腾云起上重霄

1446

lóng tiào hǔ yuè
龙 跳 虎 跃
láng tū chī zhāng
狼 突 鸱 张

【释义】 龙~：像龙、像虎一样跳跃。形容矫健有力，生气勃勃。也比喻精神振奋，有所作为。语见宋·马存《赠盖邦式序》："北过大梁之墟，观楚汉之战场，想见项羽之喑鸣，高帝之谩骂，龙跳虎跃，千兵万马，大弓长戟，交集而齐呼，故其文雄勇猛健，使人心悸而胆栗。"
狼~：鸱：鸱鹰。如狼横冲直撞，如鸱鹰展翅乱飞。比喻坏人气焰嚣张。
【结构】 联合 名-动|名-动
【扩联】 龙跳虎跃精神振奋
狼突鸱张气焰喧嚣

1447

lóng tóu jù jiǎo
龙 头 锯 角
hǔ kǒu bá yá
虎 口 拔 牙

【释义】 龙~：在龙头上锯掉龙角。比喻大胆冒险。
虎~：从老虎嘴里拔牙。比喻冒极大的危险去除掉目标。语见元·弘济《一山国师语录》："苍龙头上捌折角，猛虎口中拔得牙。"
【结构】 状中 名-名|动-名
【扩联】 哪吒闹海龙头锯角
武松过岗虎口拔牙

1448

lóng xiāng lín zhèn
龙 骧 麟 振
hǔ shì yīng yáng
虎 视 鹰 扬

【释义】 龙~：龙骧：昂举腾跃的样子。麟振：《诗经·麟之趾》："麟之趾，振振公子，于嗟麟兮。"毛传："麟，信而应礼，以足至者也。振振，信厚也。"比喻将军恩威兼备。
虎~：如虎之雄视，鹰之高翔。形容很有威仪。
【结构】 联合 名-动|名-动
【扩联】 龙骧麟振将军司令
虎视鹰扬战士出征

1449

lóng xiáng fèng zhù
龙 翔 凤 翥
láng gù chī zhāng
狼 顾 鸱 张

【释义】 龙~：翥：（鸟）向上飞。龙凤飞翔。比喻瀑布飞泻奔腾。也比喻人神采飞扬。
狼~：如狼凶视，如鸱张翼。形容凶暴、嚣张。
【结构】 联合 名-动|名-动
【扩联】 龙翔凤翥神采奕奕
狼顾鸱张气势汹汹

1450

lóng yín hǔ xiào
龙 吟 虎 啸
hè lì yuán tí
鹤 唳 猿 啼

【释义】 龙~：吟：鸣，叫。啸：兽类长声吼叫。像龙的长鸣，像虎的咆哮。比喻同类事物互相感应。也比喻气势盛大。语见《周易·乾文言》："云从龙，风从虎。"孔颖达疏："龙是水畜，云是水气，故龙吟则景云出，是云从龙也；虎是威猛之兽，风是震动之气，此亦是同类相感，故虎啸则谷风生，是风从虎也。"
鹤~：唳：（鹤、鸿雁等）鸣叫。啼：（某些鸟兽）叫。形容凄清孤寂的景象。
【结构】 联合 名-动|名-动
【扩联】 鹤唳猿啼垂涕泗
龙吟虎啸起风云

1451

lóng zhōng qióng niǎo
笼 中 穷 鸟

wèng lǐ xī jī
瓮 里 醯 鸡

【释义】笼~：关在竹笼中无路可走、有翅难飞的鸟。比喻受困而不自由的人。也比喻易于擒拿的人。
瓮~：瓮：酒瓮。醯鸡：即蠓，酒瓮里生出的一种虫子。比喻见闻狭隘的人。语见《庄子·田子方》："孔子出以告颜回曰：'丘之于道也，其犹醯鸡与。微夫子之发吾覆也，吾不知天地之大全也。'"

【结构】定中　名-方|形-名
【扩联】笼中穷鸟知天大
瓮里醯鸡道酒醇

1452

lóng zhōng zhī niǎo
笼 中 之 鸟

jú wài zhī rén
局 外 之 人

【释义】笼~：关在笼子里的小鸟。用以比喻受困而没有自由的人。
局~：局外：原指棋局之外，引申为事外。指与某件事情没有关系的人。
【结构】定中　名-方|助-名
【扩联】笼中之鸟难逃走
局外之人免迍来

1453

lòu chén chuī yǐng
镂 尘 吹 影

huà luǎn diāo xīn
画 卵 雕 薪

【释义】镂~：镂：雕刻。在尘土微粒上雕刻。比喻工艺精细到不见踪迹。也比喻白费力气。
画~：在鸡蛋上作画，在木头上雕刻图像。这是古代富豪生活中的一种享受。语见北魏·杨衒之《洛阳伽蓝记·法云寺》："晋室石崇乃是庶姓，犹能雉头狐腋，画卵雕薪，况我大魏天三，不为华侈？"
【结构】联合　动-名|动-名
【扩联】画卵雕薪可谓高手
镂尘吹影堪称大师

1454

lù chē gòng wǎn
鹿 车 共 挽

hóng àn xiāng zhuāng
鸿 案 相 庄

【释义】鹿~：鹿车：古代一种小木车。挽：拉。见《后汉书·鲍宣传》，鲍宣辞官回家，其妻子换上短衣，和他一起拉着鹿车归乡里。旧时称赞夫妻同心，安贫乐道。
鸿~：鸿：汉朝梁鸿，其妻孟光，举案齐眉，二十三年，相亲相爱。主：互相尊敬。比喻夫妻和好相敬，感情老而弥笃。
【结构】主谓　名-名|副-动
【扩联】鸿案相庄相敬重
鹿车共挽共甘甜

1455

lù yáo zhī jì
路 遥 知 骥

shí wěi shí xián
时 伪 识 贤

【释义】路~：骥：良马。路途遥远，才可以知道良马的耐力。
时~：时局动乱欺诈充斥，才能识别出真正的贤良之人。
【结构】连动　名-形|动-名
【扩联】路遥知骥分优劣
时伪识贤徕俊良

1456

lù yáo zhī mǎ lì
路 遥 知 马 力

rì jiǔ jiàn rén xīn
日 久 见 人 心

【释义】 路~：路途远了才能知道马的力气大小。
日~：时间长了才能显出人心的好坏。

【结构】 连动 名-形|动-名-名

【扩联】 日久方见人心善
路遥才知马力强

1457

lù cái yáng jǐ
露 才 扬 己

cáng qì dài shí
藏 器 待 时

【释义】 露~：露：显露，炫耀。扬：显示。炫耀才能，显示自己。
藏~：藏：隐藏。器：器具，引申为才能、本领。指有才能的人等待时机展示自己的本领。

【结构】 连动 动-名|动-名

【扩联】 藏器待时能成大器
露才扬己要有真才

1458

lù lù guǎ hé
碌 碌 寡 合

xiū xiū yǒu róng
休 休 有 容

【释义】 碌~：形容性情孤僻，与人合不来。语见林则徐《札各学教官严查生员有无吸烟造册互保》："其系善良，只因碌碌寡合，以致结保无人。"
休~：休休：美而大之貌，指宽容，气量大。形容宽厚容人，肚量大。见《尚书·秦誓》："其心休休焉，其如有容。"

【结构】 状中 叠一|动-动

【扩联】 碌碌寡合少契友
休休有容多知音

1459

lù lín hǎo hàn
绿 林 好 汉

cǎo mǎng yīng xióng
草 莽 英 雄

【释义】 绿~：绿林：绿林山。西汉末年王匡，王凤在此率领农民起义，号称绿林军。后泛指啸聚山林的起义者或抢劫财物之人。
草~：草莽：草丛、草野。草莽中的英雄。指聚集山野，打家劫舍，反抗官府之人。

【结构】 定中 名一|名一

【扩联】 草莽英雄非草莽
绿林好汉聚绿林

1460

lú míng gǒu fèi
驴 鸣 狗 吠

fèng zhù lóng pán
凤 翥 龙 蟠

【释义】 驴~：吠：狗叫。比喻文辞不好，犹如驴狗叫唤。也指声音嘈杂，不堪于耳。语见唐·张鷟《朝野佥载》第六卷："南人问（庾）信曰：'北方文士何如？'信曰：'惟有韩陵山一片石堪共语，薛道衡、卢思道少解把笔，自余驴鸣狗吠，聒耳而已。'"
凤~：翥：（鸟）向上飞。比喻书法美妙，如凤之翔翔，龙之盘曲。语见唐·房玄龄《晋书·王羲之传》："观其点曳之工，裁成之妙，烟霏露结，状若断而还连；凤翥龙蟠，势若斜而反直。"

【结构】 联合 名-动|名-动

【扩联】 驴鸣狗吠不堪入耳
凤翥龙蟠可以养心

1461

lú shēng jǐ jiǎo
驴 生 戟 角
mǎ shī qián tí
马 失 前 蹄

【释义】 驴~：驴子（本没有角）长出了尖角。比喻不可能的事。
语见元·关汉卿《金钱池》第一折："无钱的可要亲近，则
除是驴生戟角瓮生根。"
马~：失：失误，没把握好。马没把握好前蹄而跪在地上
或摔倒。也比喻人因不小心而受挫。
【结构】 主谓　名|动–名–名
【扩联】 无驴生戟角
有马失前蹄

1462

lǚ ān tí fèng
吕 安 题 凤
yīn hào shū kōng
殷 浩 书 空

【释义】 吕~：吕安题写凤字。指含蓄的讽刺。也指造访。语见
《世说新语·简傲》：三国魏人吕安去访好友嵇康，不
在。其兄嵇喜出迎，吕安不入，在门上写一"凤"字扬长
而去。繁体'凤'字，"鳳"从凡从鸟，寓意嵇喜不过一凡
人，不愿与之交往，以此讽刺他。
殷~：语见《世说新语·黜免》：晋人殷浩，素负盛名，
后被桓温奏刻，废为庶人。被废后，殷浩整天用手指在空
中写"咄咄怪事"四个字，故有"殷浩书空"之说。
【结构】 主谓　名一|动–名
【扩联】 殷浩书空说怪事
吕安题凤笑凡人

1463

lǘ yán ān dǔ
闾 阎 安 堵
bǐ chàng bù jīng
匕 鬯 不 惊

【释义】 闾~：闾：里巷。阎：里巷的门。这里指大街小巷。泛指
民间。比喻民间安静如常。指没受战乱军队影响。
匕~：匕鬯：饮食用的羹匙和秬黍酿的香酒，借指祭祀。
原指宗庙祭祀不受惊扰。后用来形容军纪严明，无所惊扰。
语见《周易·震》："震惊百里，不丧匕鬯。"
【结构】 主谓　名–名|副–动
【扩联】 过境绕村闾阎安堵
行军转路匕鬯不惊

1464

lǚ rén dǎo yì
履 仁 蹈 义
nì dào luàn cháng
逆 道 乱 常

【释义】 履~：履、蹈：履行，践行。立身行事履行仁义之道。
逆~：行为违背道德而乱纲常。语见唐·李功佐《谢小娥
传》："如小娥足以儆天下逆道乱常之心，足以观天下贞夫
孝妇之节也。"
【结构】 联合　动–名|动–名
【扩联】 古圣先贤履仁蹈义
叛臣贼子逆道乱常

1465

lǚ xì jiāo cuò
履 舄 交 错
bēi pán láng jí
杯 盘 狼 藉

【释义】 履~：履：单底鞋。舄：复底鞋。交错：杂乱。屋门口乱
七八糟地放着各种鞋子。形容酒席间男女杂坐，不拘礼节
的状态。
杯~：狼藉：旧传狼群常藉草而卧，起则践草使乱以灭迹，
引申为杂乱。形容宴会后，桌上杯盘乱七八糟的样子。
【结构】 主谓　名–名|副–形
【扩联】 绿女红男履舄交错
乌烟瘴气杯盘狼藉

1466

lǚ xiǎn dǎo nàn
履险蹈难
yǎng zūn chǔ yōu
养尊处优

【释义】履~：履：行走。蹈：踩，践。指走险路，过难关。比喻冒险前进，历尽艰辛。
养~：养：指生活。处在尊贵的地位，过着优裕的生活。
【结构】联合 动-形|动-形
【扩联】履险蹈难成仁取义
养尊处优无事生非

1467

lǚ jiào bù gǎi
屡教不改
duō yí wú jué
多疑无决

【释义】屡~：经过多次教育，仍然不思悔改。
多~：疑虑太多，没有决断。
【结构】连动 形-动|副-动
【扩联】多疑无决岂成事
屡教不改枉做人

1468

lù yī shǐ zhě
绿衣使者
bái miàn shū shēng
白面书生

【释义】绿~：原为唐玄宗给予鹦鹉的封号。现也称邮递员为"绿衣使者"。
白~：指只有书本知识，缺少实际经验的读书人。
【结构】定中 形-名|名-名
【扩联】白面书生读书万卷
绿衣使者出使八方

1469

luàn zhōng qǔ shèng
乱中取胜
sǐ lǐ táo shēng
死里逃生

【释义】乱~：在混乱中分析矛盾、把握机会取得胜利。
死~：从死亡危险中逃脱出来，侥幸生还。
【结构】状中 动-方|动-名
【扩联】以静制动乱中取胜
转危为安死里逃生

1470

lüè kuī mén jìng
略窥门径
gāo bù tōng qú
高步通衢

【释义】略~：窥：窥视，察看。门径：入门的路径。略微、大概地察看到了入门的路径。指大概地知道了事物的内容和入门的方法。
高~：步：行走。衢：四通八达的大道。比喻仕途。昂首阔步地行走在通畅的仕途大道上。原指官居显位。后也指科举及第，步入仕途。同"高步云衢"。语见《晋书·石季龙载记上》："朕闻良臣如猛兽，高步通衢而豺狼避路，信矣哉！"
【结构】动宾 形-动|名-名
【扩联】略窥门径辨方向
高步通衢登顶峰

1471

lüè shī xiǎo jì
略 施 小 技
dà xiǎn shén tōng
大 显 神 通

【释义】 略~：略：稚微。技：技艺，手段。稍微施用一点小手段。一作"略施小计"，稍微运用一点小计谋。
大~：神通：佛教用语，指神的无所不在的力量。形容充分显示特别高明的本领。语见《西游记》第八十九回："他三人辞了师父，在城外大显神通。"

【结构】 动宾　形-动|形-名

【扩联】 略施小技足惊俗
大显神通更吓人

1472

lüè zhī wò ròu
掠 脂 斡 肉
tuī shí jiě yī
推 食 解 衣

【释义】 掠~：斡：转动。比喻残酷的剥削与搜刮。语见五代·贯休《酷吏词》："有叟有叟，暮投我宿。吁叹自语：云太苛酷，如何如何，掠脂斡肉。"
推~：推：送。把自己的饭送给别人吃，解下自己的衣服给别人穿。形容慷慨地给人以帮助和关心。语见《史记·淮阴侯列传》："汉王授我上将军印，予我万成众，解衣衣我，推食食我，言听计从，故吾得以至于此。"也作"解衣推食"。

【结构】 联合　动-名|动-名

【扩联】 掠脂斡肉苛玫猛如虎
推食解衣大恩高过天

1473

lún jī jiā suǐ
沦 肌 浃 髓
kè gǔ míng xīn
刻 骨 铭 心

【释义】 沦~：沦：浸没。浃：透，遍及。浸透了肌肤，深入骨髓。比喻感受之深。
刻~：铭：在器物上刻字，表示纪念。比喻深深记在心上，永远不忘。

【结构】 联合　动-名|动-名

【扩联】 理义五伦沦肌浃髓
夫妻一场刻骨铭心

1474

luò huā yǒu yì
落 花 有 意
liú shuǐ wú qíng
流 水 无 情

【释义】 落~、流~：多连用。喻男女相处中，一方有意，一方无情。比喻一厢情愿。

【结构】 主谓　形-名|动-名

【扩联】 落花有意随流水
流水无情浮落花

1475

luò luò mù mù
落 落 穆 穆
sī sī wén wén
斯 斯 文 文

【释义】 落~：落落：豁达，开朗，大方，不拘束。穆穆：端庄盛美。形容举止自然，不拘束，疏淡端庄。
斯~：斯文：文雅。形容举止很文雅。

【结构】 联合　叠一|叠一

【扩联】 三朝元老落落穆穆
七步奇才斯斯文文

1476

luò luò guǎ hé
落 落 寡 合
piāo piāo yù xiān
飘 飘 欲 仙

【释义】 落~：跟别人合不来孤独的样子。寡：少。合：合群，指可合群的人。形容人性情孤傲，合得来的人很少。语见清·石玉昆《三侠五义》："原来此人姓杜名雍，是个饱学儒流，一生性气刚直，又是个落落寡合之人。"
　　飘~：飘飘：轻飘飘，随风飞起的样子。欲：将要。漂浮上升，像要超脱尘世而成仙。语见苏轼《前赤壁赋》："飘飘乎遗世独立，羽化而登仙。"。

【结构】 状中　叠—|动-名

【扩联】 落落寡合结交少
　　　　 飘飘欲仙梦幻多

1477

luò tāng páng xiè
落 汤 螃 蟹
chū shuǐ fú róng
出 水 芙 蓉

【释义】 落~：汤：热水。落进热水中的螃蟹。形容手忙脚乱，狼狈不堪。
　　出~：出：露出水面。芙蓉：荷花。露出水面初放的荷花。原形容诗文写得清新，现多用以形容女子容貌清秀美丽。

【结构】 定中　动-名|名—

【扩联】 出水芙蓉清新可爱
　　　　 落汤螃蟹狼狈不堪

1478

luò yáng cái zǐ
洛 阳 才 子
chéng běi xú gōng
城 北 徐 公

【释义】 洛~：指汉朝贾谊，他是洛阳人。泛指才华出众的文士。
　　城~：城北的徐公。《战国策·齐策一》："城北徐公，齐国之美丽者也。"旧时用作美男子之代称。

【结构】 定中　名—|名—

【扩联】 城北徐公帅超城北
　　　　 洛阳才子纸贵洛阳

1479

luò yáng zhǐ guì
洛 阳 纸 贵
liǔ xù cái gāo
柳 絮 才 高

【释义】 洛~：洛阳地区的纸张价格因用量增加而抬高了。形容好的书籍或文章风行一时。语见《晋书·文苑传》，晋人左思作《三都赋》，构思十年。皇甫谧作序，张载、刘逵作注，张华见之，叹为"班（固）张（衡）之流也"。于是豪富之家争相传写，一时"洛阳纸贵"。
　　柳~：喻指女子有卓越的文学才能。南朝宋·刘义庆《世说新语》记载：谢安在冬雪天给儿女辈讲论文义，当时下大雪了，谢安问怎么比拟白雪纷纷。其侄子说"撒盐空中差可拟"，而侄女谢道蕴说："未若柳絮因风起"。因之以"柳絮才"赞誉女子文才高。

【结构】 主谓　名—|名-形

【扩联】 柳絮才高喻六出
　　　　 洛阳纸贵赋三都

1480

má gū xiàn shòu
麻姑献寿

hǎi wū tiān chóu
海屋添筹

【释义】麻~：献：把东西送给尊长或敬爱的人。意指祝贺寿辰。语见晋·葛洪《神仙传》：麻姑修道牟州余姑山。三月三西王母寿辰，麻姑在绛珠河畔以灵芝酿酒，为王母祝寿。
海~：海屋：古代传说中存放记载沧桑变化筹码的房屋。
筹：筹码。用竹、木或象牙等制成的计数或计算的用具。装满筹码的房屋还要再添筹码。原指寓言中的老人年龄高得无法计算。后用作祝寿之词。

【结构】主谓　名一|动-名
【扩联】海屋添筹逾万岁
　　　　麻姑献寿贺千秋

1481

mǎ gōng méi sù
马工枚速

sòng yàn bān xiāng
宋艳班香

【释义】马~：司马相如文章写得好，枚皋文章写得快。用以称赞人文才精工敏捷。
宋~：指宋玉、班固，诗文辞藻艳丽芬芳。形容文辞华美。

【结构】联合　名-形|名-形
【扩联】马工枚速文冠当世
　　　　宋艳班香妙绝时人

1482

mǎ kōng jì běi
马空冀北

yú yuè lóng mén
鱼跃龙门

【释义】马~：冀北：产马之地。伯乐，春秋时人，善相马，至冀北将良马选尽，故曰良马空于冀北。比喻善于选用贤才，有才能的人都有所用。语见唐·韩愈《送温处士赴河阳军序》："伯乐一过冀北之野，而马群遂空。"
鱼~：鲤鱼跳过龙门。原比喻科举及第。也比喻人才举业成功或地位高升。语见《辛氏三秦记》："河津一名龙门，禹凿山开门，黄河自中流下，而岸不通车马，每逢春之际，有黄鲤鱼逆流而上，得过者便化为龙。"

【结构】主谓　名|动-名一
【扩联】世有伯乐马空冀北
　　　　时逢春天鱼跃龙门

1483

mái lún pò zhù
埋轮破柱

shā mǎ huǐ chē
杀马毁车

【释义】埋~：指东汉张纲把车埋在洛阳都亭（表示不准备生还），去弹劾权臣梁冀；小官吏李膺破开柱子，搜捕权臣张让之弟张朔。比喻刚正不阿，不畏权贵。语见唐·元稹《授裴注等侍御史制》："季代而还，埋轮破柱之徒，绝不复出，朕甚异焉。"
杀~：语见《后汉书·周燮传》，东汉冯良去迎接督邮，"耻在厮役，因坏车杀马，毁裂衣冠，乃遁至犍为，从杜抚学"。毁弃所用之车马，使之无用。比喻弃官归隐。

【结构】连动　动-名|动-名
【扩联】埋轮破柱敢维纪
　　　　杀马毁车不做官

1484

mǎ qián pō shuǐ
马 前 泼 水
huǒ shàng jiāo yóu
火 上 浇 油

【释义】 马~：戏曲剧目。朱买臣做官后，嫌弃他穷而离婚的前妻想复合，朱买臣在马前泼水，要前妻把水收回来才能答应，最后当然不行。多用于比喻夫妻离异无法挽回。
火~：往火上浇油，使火更旺。比喻使人更加愤怒或使事态更加严重。

【结构】 状中　名-方|动-名

【扩联】 火上浇油必定旺
马前泼水不能收

1485

mái tóu kǔ gàn
埋 头 苦 干
chōng ěr bù wén
充 耳 不 闻

【释义】 埋~：头也不抬，一门心思干活。形容专心致志，勤奋劳动、工作。
充~：充耳：古代贵族冠冕两旁悬挂的玉，下垂至耳，可用以塞耳避听。闻：听见，听到。用充耳塞住耳朵避听。引申为故意不听别人意见或劝告，我行我素。

【结构】 状中　动-名|形-动

【扩联】 埋头苦干耕耘事
充耳不闻蝼蝗声

1486

mǎi cài qiú yì
买 菜 求 益
mài lǐ zuàn hé
卖 李 钻 核

【释义】 买~：益：增加。买菜时总要别人添一点。形容爱占小便宜。
卖~：核：果核。卖李子时，先把李核钻破，以免别人得其核做种。形容极端自私的行为。

【结构】 连动　动-名|动-名

【扩联】 买菜求益占便宜
卖李钻核损别人

1487

mǎi shān guī wò
买 山 归 卧
míng yě shí píng
鸣 野 食 苹

【释义】 买~：比喻贤士归隐。买山：南朝宋·刘义庆《世说新语·排调》载：支道林因人深公买印山，深公答曰："未闻巢游买山而隐。"喻贤士的归隐。亦用以形容人的才德之高。归卧：谓辞官还乡。
鸣~：比喻诚心待人，同甘共苦。语见《诗经·小雅·鹿鸣》："呦呦鹿鸣，食野之苹。"毛传："鹿得萍，呦呦然鸣而相呼，恳诚发乎中，以兴嘉乐宾客。当有恳诚相招呼以成礼也。"

【结构】 连动　动-名|动-名

【扩联】 买山归卧心怿怿
鸣野食苹声呦呦

1488

mài qiū zhī zhù
麦 丘 之 祝
quǎn mǔ zhī zhōng
畎 亩 之 忠

【释义】 麦~：麦丘：古地名。春秋时麦丘一老人为齐桓公三祝，一祝君长寿，以人为宝，金玉为贱；二祝君无羞学，无耻下问，贤者在傍，谏者得人；三祝君无得罪于臣下与百姓。比喻直言劝谏。
畎~：畎亩：田野，借指民间。旧时指百姓对君主所尽忠诚。

【结构】 定中　名一|助-名

【扩联】 麦丘之祝怀诚心正意
畎亩之忠铸铁壁铜墙

1489

瞒心昧己
mán xīn mèi jǐ

含血喷人
hán xuè pēn rén

【释义】瞒~：瞒：欺骗。昧：隐藏。违背良心，掩盖自己。形容人行事奸诈，无德行。
含~：嘴里含着血喷到别人身上。比喻捏造事实，用恶毒的语言污蔑攻击别人。
【结构】连动　动-名|动-名
【扩联】瞒心昧己心灵丑
含血喷人血气衰

1490

漫天大谎
màn tiān dà huǎng

满纸空言
mǎn zhǐ kōng yán

【释义】漫~：漫：满，遍。谎：谎言。毫无根据的大假话。
满~：满纸都是废话。形容文章空洞，毫无内容。
【结构】定中　形-名|形-名
【扩联】满纸空言无读者
漫天大谎有迷徒

1491

漫天要价
màn tiān yào jià

就地还钱
jiù dì huán qián

【释义】漫~：漫天：弥漫天空。卖方胡乱要天价。后泛指不实事求是地提高价格或要条件等。
就~：就地：就当时所在地的情况，买家还一个价钱。当然比卖方的价格低。
【结构】状中　动-名|动-名
【扩联】漫天要价商家多赚
就地还钱顾客少花

1492

盲人瞎马
máng rén xiā mǎ

虎尾春冰
hǔ wěi chūn bīng

【释义】盲~：盲人骑瞎马，夜半临深池。比喻处境十分危险。
虎~：踩着老虎尾巴，走在春天的冰河上。比喻极其危险的处境。
【结构】联合　形-名 形-名
【扩联】虎尾春冰光天化日下
盲人瞎马半夜深池边

1493

忙中出错
máng zhōng chū cuò

酒后失言
jiǔ hòu shī yán

【释义】忙~：指在忙乱中由于照顾不周而产生错误。
酒~：酒喝多了以后，不能自持，说了不该说的话。
【结构】状中　名-方 动-名
【扩联】忙中出错延迟事
酒后失言得罪人

1494

茫无定向
máng wú dìng xiàng

溃不成军
kuì bù chéng jūn

【释义】茫~：茫：茫然。定向：明确的道路方向。心里茫茫然，完全没有了明确的道路方向。形容对未来一片茫然，看不到方向和前途。
溃~：溃：溃败，被打垮。被打得不成队伍。形容败得很惨。
【结构】述补　形|副-动-名
【扩联】溃不成军如鸟兽
茫无定向失前途

1495

máng wú dìng jiàn
茫 无 定 见

xū yǒu qí míng
虚 有 其 名

【释义】 茫~：茫：茫然。定见：确定的见解或主张。心里茫茫然，没有明确的见解或主张。形容对事情捉摸不透、很不清楚，因而没有确定的见解或主张。语见清·吴雷发《说诗菅蒯》卷七："阅人一首一句，即侈然评论，并欲概其生平，于是随声附和，茫无定见矣。"
虚~：虚：虚假，空。没有真才实学，空有一个头衔、名称。同"徒有虚名"。
【结构】 动宾　形-动|形-名
【扩联】 论字画茫无定见
　　　　 称书家虚有其名

1496

māo kū lǎo shǔ
猫 哭 老 鼠

dào zēng zhǔ rén
盗 憎 主 人

【释义】 猫~：猫是吃老鼠的，却为老鼠被吃而哭泣。比喻假发慈悲。
盗~：主：物主。盗贼憎恨被他所盗窃的物主。比喻邪恶之人憎恨正直的人使自己不得恣意作恶。语见《左传·成公十五年》："盗憎主人，民恶其上，子好直言，必及于难。"
【结构】 主谓　名|动-名一
【扩联】 盗憎主人真怪诞
　　　　 猫哭老鼠假慈悲

1497

máo suì duò jǐng
毛 遂 堕 井

zēng shēn shā rén
曾 参 杀 人

【释义】 毛~：战国时赵国有山民毛遂堕井死，平原君听传闻以为是自己的门客毛遂死了，感伤不已。后以此比喻不可靠的传闻。
曾~：古有与孔子弟子曾参同名者杀人，有人三告曾母，始不信，后惧，最终投杼逾墙走。比喻流言传闻可畏。
【结构】 主谓　名一|动-名
【扩联】 毛遂堕井不是平原君门客
　　　　 曾参杀人冒充孔夫子学生

1498

mào gōng lǐng shǎng
冒 功 领 赏

diào yù gū míng
钓 誉 沽 名

【释义】 冒~：冒：冒充。指假报功绩，领取奖赏。
钓~：钓：用饵引鱼上钩，比喻骗取。沽：买。指用不正当的手段谋取名誉。
【结构】 连动　动-名|动-名
【扩联】 冒功领赏脸皮厚
　　　　 钓誉沽名手段歪

1499

mào yán fàn shàng
冒 颜 犯 上

yǐ sè shì rén
以 色 事 人

【释义】 冒~：冒颜：掩面，含有自惭之意。犯上：冒犯长辈或上级。指不顾应有的愧疚之心冒犯长辈或上司。语见三国曹植《曹子建集·上责躬诗表》："辞旨浅末，不足采览；贵露下情，冒颜以闻。"《论语·学而》："其为人也孝弟，而好犯上者，鲜矣；不好犯上，而好作乱者，未之有也。"
以~：指女子以美貌博取男人的宠爱。语见《汉书·孝武李夫人传》："夫以色事人者，色衰而爱弛，爱弛则恩绝。"
【结构】 连动　动-名|动-名
【扩联】 以色事人博宠爱
　　　　 冒颜犯上尽忠心

1500

mào lí shén hé
貌 离 神 合

ǒu duàn sī lián
藕 断 丝 连

【释义】 貌~：表面分离，思想感情上还是相合的。也指形式不同，实质一致。语见清·包世承《再与杨季子书》："夫六朝虽尚文彩，然其继者则缓急疾徐，纵送激射，同符《史》《汉》，貌离神合，精彩夺人。"
藕~：藕断了，但藕丝仍在牵连着。比喻表面上关系似乎已断绝，实际上还有牵连。

【结构】 联合　名-动|名-动

【扩联】 藕断丝连何必散
貌离神合不该分

1501

mào qīng yì yǎ
貌 清 意 雅

cái dà qì gāo
才 大 气 高

【释义】 貌~：外貌清秀。意趣文雅。
才~：指才能超群，意气高傲。

【结构】 联合　名-形|名-形

【扩联】 貌清意雅博物君子
才大气高广文先生

1502

mào tóng xīn yì
貌 同 心 异

qíng shàn jì fēi
情 善 迹 非

【释义】 貌~：貌：相貌，外表。同：相同，相似。外表相似，心思各异。
情~：情：感情，友情。善：好。迹：行迹，引申为走的路。感情和睦，但所走的道路并不一致。语见宋·苏辙《寄欧阳舍人书》："而人之行，有情善而迹非。"

【结构】 联合　名-形|名-形

【扩联】 貌同心异无联手
情善迹非有合流

1503

méi fēi sè wǔ
眉 飞 色 舞

xīn dàng shén mí
心 荡 神 迷

【释义】 眉~：色：指脸色。形容人非常喜悦或得意时的神态。
心~：心思荡漾不定，神情迷离恍惚。形容神不守舍，难以自持的样子。

【结构】 连动　名-动|名-动

【扩联】 心荡神迷迷离恼恍
眉飞色舞舞蹈翩跹

1504

méi kāi yǎn xiào
眉 开 眼 笑

yì luàn xīn fán
意 乱 心 烦

【释义】 眉~：眉头舒展眼带笑意。形容满脸高兴的样子。
意~：思绪纷乱，心情烦躁。

【结构】 联合　名-动|名-动

【扩联】 钱包鼓鼓眉开眼笑
钞票光光意乱心烦

1505

méi lái yǎn qù
眉 来 眼 去

yì wǎng shén chí
意 往 神 驰

【释义】 眉~：你眼睛望过来，我眼睛望过去，指相互用眼睛传情。
意~：意、神：心神。心神如奔马一般飞驰过去。形容心神向往，不能自持。

【结构】 联合　名-动|名-动

【扩联】 一见倾心眉来眼去
三魂出窍意往神驰

1506

méi qīng mù xiù
眉清目秀
chǐ bái chún hóng
齿白唇红

【释义】 眉~：眉眼清秀。形容人的容貌清秀美丽。
齿~：牙齿白，嘴唇红。形容人的相貌好看。
【结构】 联合　名-形|名-形
【扩联】 齿白唇红红颜如画
眉清目秀秀色可餐

1507

méi kāi èr dù
梅开二度
mèng xǐ sān dāo
梦喜三刀

【释义】 梅~：腊梅第二次开花。喻指第二次婚姻。
梦~：梦中喜见三把刀。传说，晋时王濬曾梦见卧室屋梁上挂着三把刀，后又加了一把。下属为其圆梦说，三刀为州，又加一把为益，你将官拜益州刺史。后果然升迁。常用于官吏升迁。也作"梦应三刀"。
【结构】 主谓　名|动-数-名
【扩联】 梦喜三刀连擢级
梅开二度再逢春

1508

méi qī hè zǐ
梅妻鹤子
xiá yǒu yún péng
霞友云朋

【释义】 梅~：以梅为妻，以鹤为子。隐者自喻。宋代林逋，隐居杭州西湖孤山，无妻无子，种梅养鹤以自娱，人称其"梅妻鹤子"。语见清·吕留良《〈和靖诗抄〉序》："逋不娶，无子，所居多植梅、畜鹤，泛舟湖中，客至则放鹤致之，因谓'梅妻鹤子'云。"
霞~：与云霞为朋友。指避世隐居。
【结构】 联合　名-名|名-名
【扩联】 梅妻鹤子烟波客
霞友云朋霓裳衣

1509

méi hún shǎo zhì
没魂少智
yǒu yǎn wú zhū
有眼无珠

【释义】 没~：魂：灵魂，精神。智：心智，意识。犹言失魂落魄。形容人心神不定的样子。
有~：眼：眼球。珠：眼珠子，瞳仁。虽然有眼球，但没有瞳仁，仍然看不见东西。喻指没有辨别人或事物真假优劣的能力。
【结构】 联合　动-名|动-名
【扩联】 有眼无珠不识真货
没魂少智错填清单

1510

méi qīng méi zhòng
没轻没重
wú shì wú fēi
无是无非

【释义】 没~：指说话做事缺少分寸，不知轻重。
无~：没有是也没有不是。比喻空闲没有事情。也指没有是非观念。
【结构】 联合　动-形|动-形
【扩联】 没轻没重少分寸
无是无非多空闲

1511

méi wán méi liǎo
没 完 没 了

yǒu shǐ yǒu zhōng
有 始 有 终

【释义】 没~：没有休止。略带贬义。
有~：有开始有结束。指做事有头有尾，坚持到底。褒义。
【结构】 联合　动-名|动-名
【扩联】 诗人谈诗没完没了
武士习武有始有终

1512

měi lún měi huàn
美 轮 美 奂

gǔ sè gǔ xiāng
古 色 古 香

【释义】 美~：轮：轮囷，古代圆型谷仓，借指高大的样子。奂：鲜明，盛大。形容宽敞鲜亮。形容房屋壮丽宏伟。语见《礼记·檀弓下》："晋献文子成室，晋大夫发焉。张老曰：'美哉轮焉，美哉奂。'"郑玄注："心讥其奢也。轮，轮囷，言高大。奂，言众多。"
古~：形容艺术品或其他物品具有古雅的色彩和情调。
【结构】 联合　形-形|形-形
【扩联】 设计美轮美奂
造型古色古香

1513

měi nán pò lǎo
美 男 破 老

qiàn nǚ lí hún
倩 女 离 魂

【释义】 美~：美男：指男妾，俗称"龙阳君"。指利用年轻的男宠谗毁老成人。语见《战国策·秦策一》："（晋献公）又欲伐虞，而惮宫之奇存。荀息曰：'《周书》有言：美男破老。'乃遣之美男，教之恶宫之奇。宫之奇以谏而不听，遂亡。因而伐虞，遂取之。"
倩~：倩女：美女。唐宋有传奇杂剧《倩女离魂》。一女子因不能与相爱的男子结合而死，其魂不散，随男子而去，共同生活多年，感天动地，还魂复活，成其良缘。形容女子忠诚爱情，至死不渝。也比喻女子为爱情而精神失常或死去。语见明·冯惟敏《集贤宾》："因他，悄一似倩女离魂，病染沉疴。"
【结构】 主谓　形-名|动-名
【扩联】 美男破老忠奸事
倩女离魂生死情

1514

měi rén chí mù
美 人 迟 暮

chūn shì lán shān
春 事 阑 珊

【释义】 美~：迟暮：比喻晚年。当年的美人，现在已经老了。比喻时光易逝，盛年难再。常表示哀怨或没落的情绪。语见《离骚》："惟草木之零落兮，恐美人之迟暮。"
春~：阑珊：将尽，将衰。指春天就要过去了。同"春意阑珊"。
【结构】 主谓　形-名|形一
【扩联】 春事阑珊花零落
美人迟暮珠暗黄

1515

měi rú guān yù
美如冠玉

piān ruò jīng hóng
翩若惊鸿

【释义】美～：美得像王冠上镶嵌的玉石。多用于形容人的美貌，称誉美男子。

翩～：翩：翩然。动作轻快、飘逸飞动的样子。像受到惊动翩然飞起的鸿雁一样。形容女子姿态优美矫健。

【结构】述补 形|动-名一

【扩联】翩若惊鸿羽翩掠水
美如冠玉光彩照人

1516

měi yán bù xìn
美言不信

gōng dào nán míng
公道难明

【释义】美～：美言：浮华的言辞。信：诚实，诚信，真实。指辞藻华丽的文章或话语内容往往不真实、不可信。语见《老子》："信言不美，美言不信。"

公～：公道：公正的道理原则，即正义。公正的道理难以得到伸张。语见唐·柳宗元《贺进士王参元失火书》："独自得之，心蓄之，衔忍而不出诸口，以公道之难明而世之多嫌也。"

【结构】主谓 形-名|副-形

【扩联】公道难明怪世道
美言不信是妖言

1517

mén dāng hù duì
门当户对

dì chǒu dé qí
地丑德齐

【释义】门～：多指男女双方家庭条件、地位等方面都相当，结亲很合适。

地～：丑：相同，类似。土地大小相仿，德行高低相齐。指彼此条件相当。

【结构】联合 名-动|名-动

【扩联】门当户对成佳侣
地丑德齐结爱缘

1518

mén tíng ruò shì
门庭若市

péng bì shēng huī
蓬筚生辉

【释义】门～：门前院里，好像集市。形容宾客很多，非常热闹。

蓬～：蓬筚：草房木屋，常作"自己家里"的自谦词。生辉：增添光彩。表示由于别人的到来或张挂别人所赠字画等，而使自己感到荣耀。

【结构】主谓 名-名|动-名

【扩联】胜友如云门庭若市
高朋满座蓬筚生辉

1519

mén shēn lì jǐng
扪参历井

yì dǒu yáng jī
挹斗扬箕

【释义】扪～：参、井：星宿名。摸得到参星井星。形容古蜀道山势高峻、道路艰险。也形容世路艰难。

挹～：斗、箕：星座名。星如斗，不可挹斟酒浆；星如箕，不可播扬糠米。以此形容徒有虚名。

【结构】联合 动-名|动-名

【扩联】挹斗扬箕浪得虚誉
扪参历井始信浮生

1520

mén xīn zì wèn
扪 心 自 问
xǐ ěr gōng tīng
洗 耳 恭 听

【释义】 扪~：手摸胸口问问自己。意指自我反省。
洗~：洗净耳朵，恭敬听讲。形容诚心诚意听人讲话之态度。
【结构】 状中 动-名|副-动
【扩联】 洗耳恭听听教诲
扪心自问问忠诚

1521

mèng xióng yǒu zhào
梦 熊 有 兆
jí lù wú yú
即 鹿 无 虞

【释义】 梦~：梦熊：即周文王梦飞熊而遇姜太公的传说。兆：预兆，征兆。梦见飞熊是能得到贤臣辅佐的预兆。
即~：即：就，接近。虞：虞官，为贵族掌管鸟兽的官。没有虞官帮助就想去捕获鹿（是不可能成功的）。喻指如不具备条件而盲目从事，必然徒劳无功。
【结构】 连动 动-名|动-名
【扩联】 梦熊有兆贤臣至
即鹿无虞空手归

1522

mèng gōng mèng mǔ
孟 公 孟 姥
liè zǔ liè zōng
列 祖 列 宗

【释义】 孟~：指传说中的船神。
列~：指历代祖先。
【结构】 联合 名-名|名-名
【扩联】 孟公孟姥保船户
列祖列宗佑子孙

1523

mí tiān dà huǎng
弥 天 大 谎
wú chǐ lán yán
无 耻 谰 言

【释义】 弥~：弥天：弥漫天空。指天大的谎言。
无~：谰：欺骗。无耻的谣言，诬蔑之词。
【结构】 定中 动-名|形一
【扩联】 无耻谰言兰痛斥
弥天大谎要揭穿

1524

mí liàn hái gǔ
迷 恋 骸 骨
shuài yóu jiù zhāng
率 由 旧 章

【释义】 迷~：骸骨：尸骨。迷恋尸骨。比喻对陈旧事物恋恋不舍。
率~：率：全部，一概。由：顺随。章：章程。一概遵循旧的规章办事。
【结构】 动宾 动-动|名一
【扩联】 迷恋骸骨掘坟墓
率由旧章抄古书

1525

mí tú zhī fǎn
迷 途 知 返
tiān dào hǎo huán
天 道 好 还

【释义】 迷~：迷失了道路知道返回来。比喻做错了事知道改正。
天~：天道：天理。好：常常会（做某件事）。还：回报。意指天理公道，善恶勤懒终会报应。
【结构】 主谓 形-名|动-动
【扩联】 迷途知返开新路
天道好还助吉人

1526

mì yún bù yǔ
密 云 不 雨
kōng xué lái fēng
空 穴 来 风

【释义】密~：阴云密布而雨不降下来。比喻恩泽没有施及在下的人。现多比喻事情酝酿成熟但没有发生。
空~：穴：洞，孔。来：招致。有洞穴、有空隙就招致风吹进来。比喻自身有弱点，流言蜚语乘隙而入。也指流言蜚语。
【结构】主谓 形-名|动-名
【扩联】密云不雨别支伞
空穴来风要裹衣

1527

mián huā sù liǔ
眠 花 宿 柳
xié yǔ wò yún
携 雨 握 云

【释义】眠~：花、柳：借指青楼女子。指男子在外嫖妓。
携~：楚·宋玉《高唐赋》有"且为朝云，暮为行雨"之说，后因以"携雨握云"比喻男女欢会。
【结构】联合 动-名|动-名
【扩联】眠花宿柳如鸡鸭
携雨握云效鸳鸯

1528

mián yán xì yǔ
绵 言 细 语
mì yì yōu cóng
密 意 幽 悰

【释义】绵~：绵：柔软，比喻温和。指细声细气，温和体贴地说话。
密~：密：亲密。悰：欢乐。指藏于内心深处的亲密情意和欢乐。
【结构】联合 形-名|形-名
【扩联】绵言细语几多温顺
密意幽悰无限欢欣

1529

miǎn guī yuè jǔ
俔 规 越 矩
jū sú shǒu cháng
拘 俗 守 常

【释义】俔~：俔：违背。指违反逾越正常的原则和习惯。语见《楚辞·离骚》："固时俗之工巧兮，俔规矩而改错。"
拘~：拘：拘泥。拘泥于传统的风俗，死守着常规。语见晋·葛洪《抱朴子·论仙》："而浅识之徒，拘俗守常，咸曰世间不见仙人，便云天下必无此事。"
【结构】联合 动-名|动-名
【扩联】俔规越矩贻您谬
拘俗守常步后尘

1530

miǎn kāi zūn kǒu
免 开 尊 口
zì shí qí yán
自 食 其 言

【释义】免~：尊：敬辞，用于称对方有关的人、事、物。要对方不要开口的委婉说法，一般含讽刺意味。
自~：把自己说了的话又咽回去。比喻不守信用，说话不算数。
【结构】动宾 副-动|代-名
【扩联】自食其言当然长胖
免开尊口可以减肥

1531

miàn bì sī guò
面 壁 思 过
bì mén zào chē
闭 门 造 车

【释义】面~：知道自己有了过失，面对墙壁，自己静心思考自己的过错。形容能认真反省。
闭~：原指关起门来造大车，由于规格统一，拉出门就能合辙使用。后人反其义而用之，指不进行调查研究，只凭主观办事。含贬义。
【结构】连动 动-名|动-名
【扩联】闭门造车两边倒
面壁思过万事通

1532

miàn hóng ěr chì
面 红 耳 赤

mù dèng kǒu dāi
目 瞪 口 呆

【释义】 面~：脸和耳朵都涨红了。形容羞愧、着急或发怒时的样子。
目~：两眼直盯着不动，嘴里说不出话来。形容因吃惊或害怕而发愣的样子。
【结构】 联合　名-动|名-动
【扩联】 羞答答面红耳赤
直楞楞目瞪口呆

1533

miàn huáng jī shòu
面 黄 肌 瘦

nǎo mǎn cháng féi
脑 满 肠 肥

【释义】 面~：形容人营养不良、瘦弱有病的样子。
脑~：脑满：肥头大耳。肠：代指肚子。形容生活优裕，无所事事，大腹便便、肥头大耳的样子。
【结构】 联合　名-形|名-形
【扩联】 脑满肠肥脂肪太厚
面黄肌瘦营养不良

1534

miàn wú rén sè
面 无 人 色

xīn huái guǐ tāi
心 怀 鬼 胎

【释义】 面~：脸上没有健康人那样的血色。形容因过度惊吓恐惧或因饥饿病痛而十分虚弱的样子。
心~：怀：怀藏着。鬼胎：鬼的胚胎，比喻不可告人的念头。喻指心里藏着不可告人的事情或坏念头。
【结构】 主谓　名|动-名-名
【扩联】 为何面无人色
只因心怀鬼胎

1535

miào néng qū jìn
妙 能 曲 尽

měi bù shèng shōu
美 不 胜 收

【释义】 妙~：妙：奥妙，美妙。曲：委婉细腻。奥妙、美妙之处能委婉细致地充分表现出来。形容表现技巧高明，表达能力强。语见晋·陆机《文赋序》："故作《文赋》，以述先士之盛藻，因论作文之利害所由，他日殆可谓曲尽其妙。"
美~：胜：旧读shēng，尽，完全。收：接受。喻美好的事物非常多，看不过来。
【结构】 主谓　名|动-形-动
【扩联】 山阳闻笛妙能曲尽
小径通幽美不胜收

1536

miè jué rén xìng
灭 绝 人 性

sàng jìn tiān liáng
丧 尽 天 良

【释义】 灭~：丧尽了人性。形容像野兽一样残忍。
丧~：丧失了人的良心。形容心肠坏到了极点。
【结构】 动宾　动一|名一
【扩联】 灭绝人性不如野兽
丧尽天良真是畜生

1537

mín chún sú hòu
民 淳 俗 厚

bì jué fēng qīng
弊 绝 风 清

【释义】 民~：人民淳朴无华，风俗敦厚。
弊~：弊病断绝，风气清明。形容贪污舞弊等情况被杜绝，社会风气清明良好。
【结构】 联合　名-形|名-形
【扩联】 乡村自古民淳俗厚
城市何时弊绝风清

1538

mín shēng diāo bì
民 生 凋 敝
guó shì tiáo táng
国 事 蜩 螗

【释义】 民~：民生：人民生计。凋：衰残。敝：破坏。形容社会穷困，经济衰退，人民生活十分贫苦。见汉·班固《汉书·循吏传》："孝武之世……民用凋敝，奸轨不禁。"清·赵尔巽《清史稿·洪承畴传》："臣受任经略，目击民生凋敝，及士司降卒尚怀观望，以为须先安内，乃可剿外。"
国~：蜩螗：蝉虫，代指炎热季节蝉虫鸣叫，如沸如羹，让人不安宁。形容国家纷乱不安宁。

【结构】 主谓 名-名|形一

【扩联】 国事蜩螗纷乱
民生凋敝艰难

1539

mín yīn cái fù
民 殷 财 阜
rén shòu nián fēng
人 寿 年 丰

【释义】 民~：民众富足，物产丰饶。多用于形容治国有方有效。
人~：人长寿，年成好。指太平盛世的美好生活。

【结构】 联合 名-形|名-形

【扩联】 改革带来民殷财阜
发展增进人寿年丰

1540

mín yīn guó fù
民 殷 国 富
dì dà wù bó
地 大 物 博

【释义】 民~：殷：殷实，富有。国家人民殷实富裕。
地~：博：丰富。指国家的疆土辽阔，资源丰富。

【结构】 联合 名-形|名-形

【扩联】 民殷国富千年梦
地大物博万世传

1541

míng chá àn fǎng
明 察 暗 访
gōng tīng bìng guān
公 听 并 观

【释义】 明~：公开观察，暗中寻访。形容调查了解得深入、全面。
公~：公：公开。并：兼，合。指通过多方面听取意见并且全面地观察情况和问题。语见南朝梁·萧子显《南齐书·崔偃传》："公听并观，申人之冤，秉德任公，理人之屈，则普天之人，争为之死。"

【结构】 联合 形-动|形-动

【扩联】 明察暗访现真相
公听并观申冤情

1542

míng mù zhāng dǎn
明 目 张 胆
kāi chéng bù gōng
开 诚 布 公

【释义】 明~：明目：睁亮眼睛。张：放开。睁亮眼睛，放开胆量。原指有胆识，敢作敢为。后用以形容公开地、毫无顾忌地做坏事。
开~：开诚：襟怀坦白，揭示诚意。布公：公正无私地发表自己的见解与看法。诚恳相见，坦白无私。

【结构】 联合 动-名|动-名

【扩联】 明目张胆眼瞪眼
开诚布公心交心

1543

míng qiāng yì duǒ
明 枪 易 躲
àn jiàn nán fáng
暗 箭 难 防

【释义】明~：明枪：当面刺来的枪。意指公开的攻击容易躲避。
暗~：暗箭：背地里射来的箭。意指暗地里的攻击难以提防。
【结构】主谓　形-名|形-动
【扩联】无私无畏明枪易躲不躲
有勇有谋暗箭难防可防

1544

míng méi zhèng qǔ
明 媒 正 聚
àn yuē sī qī
暗 约 私 期

【释义】明~：媒；媒人。旧时指正大光明地通过了媒人介绍作伐，正式婚娶的婚姻关系。
暗~：约、期；商定，约定。私底下约定。指男女双方暗中相约结私情。
【结构】联合　形-动|形-动
【扩联】暗约私期小蜜三奶
明媒正娶老婆一人

1545

míng shēng àn jiàng
明 升 暗 降
sì yì shí yáng
似 抑 实 扬

【释义】明~：指表面上升了官，实质上权力削弱了。
似~：抑：抑止，压制。扬：上扬，发扬。看起来好像被抑制，而实际上是更张扬了。
【结构】联合　形-动|形-动
【扩联】提他上来明升暗降
调你下去似抑实扬

1546

míng xīn jiàn xìng
明 心 见 性
zhī mìng ān shēn
知 命 安 身

【释义】明~：明彻了心洞鉴了性。佛教用语。指虔诚彻悟的状态。后指大彻大悟，了解了人生真谛。语见明·宋濂《元史·仁宗纪三》："仁宗天性慈孝，聪明恭俭，通达儒术，妙悟释典，尝曰：明心见性，佛教为深；修身治国，儒道为切。"
知~：认识到人之命运并能服从命运，安于自身所处的环境和地位。
联合　动-名|动-名
【结构】妙语警人明心见性
【扩联】醍醐灌顶知命安身

1547

míng yuè rù bào
明 月 入 抱
sān xīng zài tiān
三 星 在 天

【释义】明~：明月投入人的怀抱。比喻人心地纯净。
三~：三星：二十八宿的参（shēn）星。参星挂在天上照临门户。同"三星在户"，用以表示男女成亲的良辰吉日。
【结构】主谓　形-名|动-名
【扩联】明月入抱心纯净
三星在天家吉祥

1548

míng zhēng àn dòu
明 争 暗 斗
lǐ yìng wài hé
里 应 外 合

【释义】明~：明里暗里都在进行争斗。形容双方钩心斗角，互相争斗的情形。
里~：应：接应。里外配合呼应。里面的人接应，外面的人配合，共同行动。
【结构】联合　形-动|形-动
【扩联】里应外合一股劲
明争暗斗俩仇人

1549

míng zhī gù fàn
明知故犯
bù dǎ zì zhāo
不打自招

【释义】 明～：明知不对，却故意违犯。
不～：不等用刑就自行招供认罪。也比喻无意中自己暴露了过失或心计。
【结构】 连动　形-动|副-动
【扩联】 明知故犯罪加一等
不打自招罚减三分

1550

míng zhū tán què
明珠弹雀
àn jiàn shāng rén
暗箭伤人

【释义】 明～：明珠：夜明珠。用夜明珠当弹丸射杀麻雀。比喻得不偿失。
暗～：暗箭：暗中放出的箭，也叫"冷箭"，人难以防备，易受伤害。比喻暗中用阴毒的手段伤害人。
【结构】 主谓　形-名|动-名
【扩联】 暗箭伤人输道义
明珠弹雀失钱财

1551

míng chuí zhú bó
名垂竹帛
shòu xiǎng qī yí
寿享期颐

【释义】 名～：英名记载在史册上。竹帛：纸张发明之前，文字是写在竹简和丝帛上的，代指史书。
寿～：期颐：百岁。指享有一百岁的寿命。
【结构】 主谓　名|动-名一
【扩联】 名垂竹帛传千古
寿享期颐乐百年

1552

míng gāo tiān xià
名高天下
yù mǎn huán zhōng
誉满寰中

【释义】 名～：天下：旧指全中国。名声高过天下的人。形容名声很大。
誉～：寰中：世间，天下。好名声全天下都知道。语见唐·杨炯《后周明威将军梁公神道碑》："誉满寰中，声盖天下。"
【结构】 主谓　名|形-名一
【扩联】 司马迁著史记名高天下
诸葛亮出师表誉满寰中

1553

míng huā jiě yǔ
名花解语
yóu wù yí rén
尤物移人

【释义】 名～：名花：名贵娇艳的花，比喻美女。解语：理解别人说的话，指善解人意。唐玄宗赞扬杨贵妃善解人意，是会说话的名花。形容善解人意的美女。
尤～：尤物：指绝色美女，以其美艳娇柔，能转移人的意志。语见《左传·昭公二十八年》："夫有尤物，足以移人。"宋·罗大经《鹤林玉露》第十二卷："乃知尤物移人，虽大智大勇不能免。"
【结构】 主谓　形-名|动-名
【扩联】 名花解语豪杰犹怜玉
尤物移人英雄难过关

1554

míng huā yǒu zhǔ
名花有主
lù yè chéng yīn
绿叶成荫

【释义】 名~：名贵的鲜花已有主人有归宿了。比喻女子已订婚或嫁人。
绿~：碧绿的树叶都能遮地成荫了。比喻女子早已嫁人有子女了。
【结构】 主谓 名-名|动-名
【扩联】 名花有主爹娘有靠
绿叶成荫儿女成行

1555

míng liè bǎng shǒu
名列榜首
jì yā qún fāng
技压群芳

【释义】 名~：榜：揭示取录的名单。榜首：科举考试第一名。名字排在第一名。比喻成绩、业绩优异，领先众人。
技~：群芳：见谢朓《酬德赋》："览其物之用舍，相群芳之动植。"本指众花，后指一群女子。"技压群芳"，原指女子在比赛中技高一筹。现多指人技高一筹或技艺超群。
【结构】 主谓 名|动-名-名
【扩联】 论武功名列榜首
比才艺技压群芳

1556

míng shān shì yè
名山事业
mù xu shēng yá
苜蓿生涯

【释义】 名~：司马迁《史记》："藏之名山，副在京师，俟后世圣人君子。"意为把著作藏在名山，以防失传。后来就把著书立说称为名山事业。
苜~：苜蓿：俗称"金花菜"，草本植物，可食用。乞涯：较长时期的职业生活。指只给苜蓿菜吃的职业生活。形容过去塾师的清苦生活。
【结构】 定中 名一|名一
【扩联】 著书立说名山事业
传道授业苜蓿生涯

1557

míng xián qǐ shì
名贤启事
néng zhě wéi shī
能者为师

【释义】 名~：晋代山涛为吏部尚书，凡选用人才，亲作评论，然后公奏，时称"山公启事"。比喻公开选拔人才，荐贤举能。语见《晋书·山涛传》："涛所奏甄拔任务，各为题目，时称山公启事。"
能~：知识、经验、技艺等丰富、有能耐的人，就可以当老师。
【结构】 主谓 名一 动-名
【扩联】 能者为师收弟子
名贤启事选人才

1558

míng yáng sì hǎi
名扬四海
wēi zhèn bā fāng
威震八方

【释义】 名~：四海：指全国各地，也指世界各地。名声传遍各地。形容名声极大。
威~：威：声威，威望。八方：泛指各处。声威震惊四面八方。形容声威显赫、威望极高。
【结构】 述补 名一|数-名
【扩联】 一笑倾城名扬四海
单刀赴会威震八方

1559

mína zhèng yán shùn
名 正 言 顺
lǐ qū cí qióng
理 屈 词 穷

【释义】 名~：名正：名义正当。言顺：道理讲得通。指做事理由正当而且充足。
理~：理：道理。屈：短、亏。穷：穷尽。指道理站不住脚，没有辩解的话可说。
【结构】 联合 名-形|名-形
【扩联】 名正言顺多做事
理屈词穷少出声

1560

mína yuān jiào qū
鸣 冤 叫 屈
wén guò shì fēi
文 过 饰 非

【释义】 鸣~：鸣、叫：喊叫。为自己或别人喊叫冤屈。多用于贬义。
文~：文、饰：掩饰。过、非：过失，错误。用各种借口来掩饰自己的缺点和错误。
【结构】 联合 动-名|动-名
【扩联】 鸣冤叫屈喊天喊地
文过饰非害己害人

1561

mìng dà fú dà
命 大 福 大
xīn duō mèng duō
心 多 梦 多

【释义】 命~：命运好福分大。特指能遇难成祥、逢凶化吉的人。
心~：心里想的多，梦见的也多。指过多地思虑某件事情。
【结构】 联合 名-形|名-形
【扩联】 命大福大造化大
心多梦多麻烦多

1562

mìng gāi rú cǐ
命 该 如 此
lǐ suǒ dāng rán
理 所 当 然

【释义】 命~：命：命运。命运决定了就应该是这样的遭遇。
理~：当然：应当这样。按道理应当这样。语见明·赵弼《续东窗事犯传》："善者福而恶者祸，理所当然。"同"理固当然""理所必然"。
【结构】 主谓 名-动|动-代
【扩联】 理所当然要合礼
命该如此莫呼天

1563

mìng xiǎo fú bó
命 小 福 薄
lì qióng shì gū
力 穷 势 孤

【释义】 命~：用于自谦和礼让。意思为命运不好，福分浅薄，无法消受。出自民谚："命小福薄，有命无运，累及爹娘"。
力~：力：力量，实力。穷：用尽，殆尽。力量耗尽，势力孤单。常形容受挫后得不到援助的窘迫处境。语见《三国演义》第八十二回："孙桓折了李异、谢旌、谭雄等许多将士，力穷势孤，不能抵敌，即差人回吴求救。"
【结构】 联合 名-形|名-形
【扩联】 命小福薄陷苦海
力穷势孤上梁山

1564

mó dǐng fàng zhǒng
摩 顶 放 踵
jù jīng huì shén
聚 精 会 神

【释义】 摩~：摩：指磨伤。顶：指头顶。放：至，到。踵：脚跟。从头顶到脚跟都磨伤了。形容不辞劳苦，不计安危。
聚~：集中全部精神。形容专心致志，精神高度集中。
【结构】 联合 动-名|动-名
【扩联】 摩顶放踵无怨无悔
聚精会神忘情忘形

1565

mó chuān tiě yàn
磨穿铁砚

jī suì tuò hú
击碎唾壶

【释义】磨~：磨墨磨穿了铁铸的砚台。形容用功读书，持久不懈。
击~：唾壶：承唾之器，类似现在的痰盂。南朝宋·刘义庆《世说新语·豪爽》："王处仲（敦）每酒后辄咏'老骥伏枥，志在千里；烈士暮年，壮心不已！'以如意打唾壶，壶口尽缺。"后用以形容极其赞赏诗文之词。

【结构】动宾　动一|名一

【扩联】磨穿铁砚终无悔
击碎唾壶皆叫奇

1566

mò míng qí miào
莫名其妙

zì zuò jiě rén
自作解人

【释义】莫~：不能说出其中的奥妙。形容事情奇特，难用语言表达。也形容说话行文杂乱无章，无法理解。
自~：解人：通晓事理及有文辞志趣的人。自己勉强去做解人。后也指不明真意而乱发议论。

【结构】动宾　副-动|代-名

【扩联】冥思苦想莫名其妙
独断专行自作解人

1567

mò sī wéi shèn
莫斯为甚

lè cǐ bù pí
乐此不疲

【释义】莫~：莫：没有谁，没有什么。斯：指示代词，这，此，这里。甚：超过，程度更高或更深。没有什么能超过这个的了。多指不良倾向或形势严重。
乐~：特别喜欢干某件事情而不感到厌烦。

【结构】连动　动-代|副-形

【扩联】乐此不疲玩下去
莫斯为甚撤回来

1568

móu cái hài mìng
谋财害命

jiàn lì wàng shēn
见利忘身

【释义】谋~：谋：图谋，谋取。为了图谋别人的财物而害人性命。
见~：看到有利可图，就不顾自身的安危存亡，想去摄取。

【结构】连动　动-名|动-名

【扩联】见利忘身非舍我
谋财害命真仇人

1569

móu wú yí cè
谋无遗策

yì yǒu wèi shēn
意有未申

【释义】谋~：计谋没有遗漏之处。指计谋周密稳妥。语见三国魏·曹奂《以钟会为司徒诏》："蜀之豪帅，面缚归命，谋无遗策，举不失策。"
意~：说话、写文章要表达的意思还没有完全表达（申述）出来。

【结构】主谓　名|动-副-动

【扩联】谋无遗策先存案
意有未申再续篇

1570

móu xū zhú wàng
谋虚逐妄

jià huǎng záo kōng
架谎凿空

【释义】谋~：逐；追逐。妄：不存在的，不合理的。追求本来不存在或不合情理的东西。
架~：指说谎话，作假事，设骗局。

【结构】联合　动-名|动-名

【扩联】谋虚逐妄痴人说梦
架谎凿空鬼话连篇

1571

mù gōng jīn mǔ
木 公 金 母

fèng zǐ lóng sūn
凤 子 龙 孙

【释义】 木~：木公：又名东王公或东王父。金母：西王母。二者均为仙人。两者并称，用于祝寿，祝愿老人的生日。
凤~：称颂皇帝或贵族的后代。
【结构】 联合 名-名 | 名-名
【扩联】 凤子龙孙帝王后嗣
木公金母仙界先人

1572

mù qiáng zé zhé
木 强 则 折

yàn mò xiān pēng
雁 默 先 烹

【释义】 木~：强：坚硬。质地坚硬的木材容易脆裂折断。比喻一味强硬反而会招致失败。语见《老子》第七十六章："是以兵强则灭，木强则折，坚强处下，柔弱处上。"
雁~：不鸣叫的雁先杀掉烹煮了。指无才者先被抛弃。语见《庄子·山木》："夫子出于山，舍于故人之家。故人喜，命竖子杀雁而烹之。竖子请曰：'其一能鸣，其一不能鸣，请奚杀？'主人曰：'杀不能鸣者'"。
连动 名-形 | 副-动
【结构】 雁默先烹死不开口
【扩联】 木强则折断难弯腰

1573

mù xīn shí fù
木 心 石 腹

tóng bì tiě quán
铜 臂 铁 拳

【释义】 木~：即木石心肠。形容冷酷无情。
铜~：铜铸的臂膀，铁打的拳头。形容勇武强硬。
【结构】 联合 形-名 | 形-名
【扩联】 木心石腹行刑者
铜臂铁拳护法人

1574

mù rì yù yuè
沐 日 浴 月

cān fēng sì xiá
骖 风 驷 霞

【释义】 沐~：指受太阳与月亮光华的润泽。传说大禹登上南岳峰顶，得金简玉字之书，曰："祝融司方发其英，沐日浴月百宝生。"
骖~：骖：驾在辕马两边的马。驷：同拉一辆车的四匹马。指仙道者以风、霞为车马云游四方。
【结构】 联合 动-名 | 动-名
【扩联】 沐日浴月光被四表
骖风驷霞神游八荒

1575

mù kōng sì hǎi
目 空 四 海

rì zhuǎn qiān jiē
日 转 千 阶

【释义】 目~：四海：指全国。比喻目空一切，自视甚高。语见宋·陈亮《题喻文直文编》："何茂恭恭目空四海，独能降意于一世豪杰，而士亦乐亲之视。"
日~：转：升迁。阶：官阶。一日里多次升迁。形容连续升官。
【结构】 动宾 名-动 | 数-名
【扩联】 咄咄逼人目空四海
连连升职日转千阶

1576

mù guāng rú shǔ
目 光 如 鼠

dǎn lì guò rén
胆 力 过 人

【释义】 目~：犹鼠目寸光。形容眼光短浅。也指目光像老鼠一样的四处窥测，形容人行为不正。
胆~：胆量和力量超过一般人。
【结构】 主谓 名一|动-名
【扩联】 目光如鼠看三寸
胆力过人敌万夫

1577

mù mí wǔ sè
目 迷 五 色

rì zhuǎn qiān jiē
日 转 千 街

【释义】 目~：五色：各种颜色。多种多样颜色使人眼花缭乱。比喻事物错综复杂，令人分辨不清。语见《老子》第十二章："五色令人目盲，五音令人耳聋。"
日~：一日里走多条街巷。指乞丐沿街乞讨。
【结构】 动宾 名-动|数-名
【扩联】 腰缠万贯目迷五色
身无分文日转千街

1578

mù wú liú shì
目 无 流 视

xíng bù gǒu róng
行 不 苟 容

【释义】 目~：眼睛不流转四望。形容行为端正。
行~：苟：苟且。行为做事有主见，不随便附和别人。语见《晋书·刘毅传》："毅方正亮直，介然不群，言不苟合，行不苟容。"
【结构】 主谓 名|副-形-动
【扩联】 行不苟容堂堂正正
目无流视认认真真

1579

nán huān nǚ ài
男 欢 女 爱

fū chàng fù suí
夫 唱 妇 随

【释义】 男~：形容男女之间亲昵欢爱。也作"男贪女爱"。语见明·冯梦龙《警世通言》第三十五卷："这般会合，那些个男欢女爱，是偶然一念之差。"
夫~：丈夫唱歌，妻子伴和。即丈夫说什么，妻子就附和什么。形容夫妻恩爱。语见明·冯梦龙《醒世恒言》第九卷："我与你九岁上定亲，指望长大来夫唱妇随，生男育女，把家当户。"
【结构】 连动 名-动|名-动
【扩联】 夫唱妇随心相印
男欢女爱情益深

1580

nán fēng bù jìng
南 风 不 竞

tiān lài zì míng
天 籁 自 鸣

【释义】 南~：南风：南方的音乐。竞：强劲。指南方的音乐音调低沉微弱。原比喻楚国军队士气不振，战斗力差。后月以泛指竞赛的一方力量不强或失利。语见《左传·襄公一八年》："晋人闻有楚师，师旷曰：'不害，吾骤歌北风，又歌南风，南风不竞，多死声，楚必无功。'"
天~：天籁：自然界的声音，如风声、水声、蝉声、鸟声等。自然界的音响之物自己发出声响。后用以表示人情不自禁地吟咏歌唱。语见清·李渔《乔王二姬合传》："乃彼自观场之后，歌兴勃然，每至无人之地，辄作天籁自鸣，见人即止，恐贻笑也。"
【结构】 主谓 名一|副-动
【扩联】 天籁自鸣仙乐起
南风不竞弱音低

1581

南郭处士
nán guō chǔ shì

西山饿夫
xī shān è fū

【释义】南~：南郭：城南的外城墙，后作复姓。即滥竽充数的南郭先生。比喻没有真才实学却冒充内行的人。也比喻以次充好，或作自谦之词。

西~：指商朝的伯夷、叔齐，反对周武王伐商。武王灭商以后，他俩逃到首阳山，不食周粟而饿死。后用以形容决不投降、严守气节的人。

【结构】定中　名—|形–名

【扩联】西山饿夫真守节
　　　　南郭处士假吹竽

1582

南橘北枳
nán jú běi zhǐ

秦智虞愚
qín zhì yú yú

【释义】南~：枳：枸橘，果味酸苦。古人说南方的橘，移植淮河之北而变成枳。枝叶相似，因地域不同，所结果实各异。比喻同一物种因环境条件不同而生变异。语见《晏子春秋·杂下十》："橘生淮南则为橘，生于淮北则为枳，叶徒相似，其实味不同。所以然者何？水土异也。"

秦~：《史记·秦本纪》载：百里奚为虞大夫无所作为，亡虞入秦辅助秦穆公称霸。比喻人之才智发挥与否，在于所处环境与是否受到重用。语见清·钱谦益《光禄大夫赠少保兼太子太保吏部尚书谥文公铁山王公墓志铭》："楚才晋用，国士所以长嗟；秦智虞愚，贤哲为之永叹。"

【结构】联合　名–名|名–名

【扩联】秦智虞愚地换人未换
　　　　南橘北枳叶同果不同

1583

南腔北调
nán qiāng běi diào

古韵今风
gǔ yùn jīn fēng

【释义】南~：形容人口音不纯，夹杂南北各地方言方音。也指南北各种戏腔。

古~：韵：情趣；音乐中蕴涵的意味。风：风度，作风；风味。形容兼有古人今人的风度情趣。也形容文学文艺作品兼有古今的韵味。

【结构】联合　名–名|名–名

【扩联】走南闯北带南腔北调
　　　　博古通今有古韵今风

1584

南山隐豹
nán shān yǐn bào

空谷白驹
kōng gǔ bái jū

【释义】南~：比喻隐居山林而不出来做官的贤者。

空~：驹：少壮的马。放在山谷里没用的骏马。比喻不被任用的贤能。

【结构】定中　形–名|形–名

【扩联】空谷白驹驹过隙
　　　　南山隐豹豹留皮

1585

南征北战
nán zhēng běi zhàn

春种秋收
chūn zhòng qiū shōu

【释义】南~：征：征讨。形容转战各地，久经战斗。

春~：春天播下种子，秋天收获粮食。形容农作辛苦。

【结构】联合　名–动|名–动

【扩联】春种秋收农民太辛苦
　　　　南征北战将士多牺牲

1586

nán nán zì yǔ
喃 喃 自 语
fàn fàn ér tán
泛 泛 而 谈

【释义】 喃～：喃喃：象声词，连续不断地小声说话的声音。形容小声地自己跟自己说话。
泛～：泛泛：不深入，肤浅。指一般化的谈论。自谦用语，表示自己对某个问题没有深入研究，不能展开，只能一般地谈谈。

【结构】 状中　叠一|副-动

【扩联】 泛泛而谈过于肤浅
喃喃自语显得神叨

1587

nán néng kě guì
难 能 可 贵
bù zú wéi qí
不 足 为 奇

【释义】 难～：难于做到的事情竟然能够做到，真是很可贵的。
不～：不足：不值得。指事、物或现象很平常，没什么了不起，不值得奇怪。

【结构】 连动　形-动|副-形

【扩联】 连中三元难能可贵
坐知千里不足为奇

1588

nán yán zhī yǐn
难 言 之 隐
hòu gù zhī yōu
后 顾 之 忧

【释义】 难～：个人难以说出口的隐衷、隐痛。
后～：后顾：回过头来予以照顾。形容在前进或外出过程中，对后方或本单位有所忧虑的事情。泛指来自后方和家庭的忧虑。

【结构】 定中　形-动|助-名

【扩联】 有难言之隐胆变小
无后顾之忧心放宽

1589

nán zuò yú yì
难 作 于 易
fú shēng yú wēi
福 生 于 微

【释义】 难～：指困难的事要从简易、容易的地方做起。语见《老子》第六十三章："天下之难，必作于易；天下之大，必作于细。是以圣人终不为大，故能成其大。"
福～：微：细小。只有从一点一滴极细小的方面积累善事，才会得到福气及好运。语见汉·刘向《说苑·谈丛》："福生于微，祸生于忽，日夜恐惧，唯恐不卒。"

【结构】 主谓　名-动|介-形

【扩联】 福生于微积洪福
难作于易无困难

1590

nàn xiōng nàn dì
难 兄 难 弟
tú zǐ tú sūn
徒 子 徒 孙

【释义】 难～：指处境相同或共过患难、同病相怜的人。
徒～：徒弟和徒弟的徒弟——徒孙。一个祖师沿传下来的弟子。泛指信徒、党羽。多含贬义。

【结构】 联合　形-名|形-名

【扩联】 难倒难兄难弟
徒劳徒子徒孙

1591

náng kuò sì hǎi
囊括四海
xí juǎn bā huāng
席卷八荒

【释义】 囊~：囊括：用口袋装起来，包罗。四海：指全国或全世界。把整个天下都包括进来。旧指统一天下。语见汉·贾谊《过秦论》："有席卷天下，包举宇内，囊括四海之意，并吞八荒之心。"
席~：席卷：像卷席子一样把东西卷起。八荒：八方荒远之地。像卷席子那样八方的所有东西都卷进去。形容力量强大，控制整个天下。
【结构】 动宾 名-动|数-名
【扩联】 囊括四海宏图远略
席卷八荒伟绩丰功

1592

náng zhōng qǔ wù
囊中取物
huǒ shàng nòng bīng
火上弄冰

【释义】 囊~：囊：口袋。从口袋里拿东西。比喻办某件事情可以轻而易举地达到目的。语见《三国演义》第八十八回："孔明大笑曰：'吾擒此人，如囊中取物也。'"
火~：冰遇火即融化。比喻非常容易处理、解决。语见《西游记》第三十五回："老孙若要擒你，就好似火上弄冰。"
【结构】 状中 名-方|动-名
【扩联】 囊中取物手中握
火上弄冰汽上升

1593

náng zhōng xiū sè
囊中羞涩
xī xià huāng liáng
膝下荒凉

【释义】 囊~：囊：口袋，指钱袋。羞涩：难为情。指手里没有钱。形容经济困难。
膝~：膝下子女幼时常依于父母的膝下。形容没有子女或子女很少。
【结构】 状中 名-方|形一
【扩联】 膝下荒凉多养崽
囊中羞涩再挣钱

1594

nǎo xiū chéng nù
恼羞成怒
xīn xǐ ruò kuáng
欣喜若狂

【释义】 恼~：因气恼羞躁而大怒。
欣~：高兴得像发狂了一样。
【结构】 述补 形一|动-形
【扩联】 恼羞成怒面红耳赤
欣喜若狂色舞眉飞

1595

nèi yōu wài huàn
内忧外患
jiù hèn xīn chóu
旧恨新仇

【释义】 内~：指国家内部的变乱和外来的祸患。语见《国语·晋语六》："不有外患，必有内忧。"
旧~：旧有的怨恨加上新结下的冤仇。
【结构】 联合 形-名|形-名
【扩联】 内忧外患先攘外
旧恨新仇早革新

1596

néng móu shàn duàn
能 谋 善 断
qiáng jì bó wén
强 记 博 闻

【释义】 能~：善：擅长。断：决断。形容人能不断思考，并善于判断。
强~：记：记忆。见闻丰富，记忆力强。
【结构】 联合 形-动|形-动
【扩联】 能谋善断三千里
强记博闻八百年

1597

néng shàng néng xià
能 上 能 下
zhī wēi zhī zhāng
知 微 知 彰

【释义】 能~：指职务能升能降，而不影响情绪。
知~：微：细微。彰：显著。既能知道事物萌芽之初微小的现象，也能预见其显著的结果。指能知晓事之始末。语见《周易·系辞下》："君子知微知彰，知柔知刚，万夫之望。"孔颖达疏："凡事之理，从微以至彰，知几之人既知其始，又知其末。"
【结构】 联合 动-名|动-名
【扩联】 知微知彰见识远
能上能下襟怀宽

1598

néng wén néng wǔ
能 文 能 武
yǒu shǒu yǒu wéi
有 守 有 为

【释义】 能~：既有文学才能，又有超凡武艺。也指既擅长行政管理，又会领兵打仗。
有~：守：坚守，守护。为：作为。能坚守原则责任，又奋发有为和创新。
【结构】 联合 动-名|动-名
【扩联】 能文能武国之利器
有守有为世之良才

1599

néng zhēng guàn zhàn
能 征 惯 战
zú zhì duō móu
足 智 多 谋

【释义】 能~：征：征伐。形容久经战场，很会打仗。
足~：足：丰富。智：智慧，智谋。有丰富的智谋。
【结构】 联合 动-动|动-动
【扩联】 足智多谋居幕后
能征惯战领先锋

1600

ní duō fó dà
泥 多 佛 大
shuǐ zhǎng chuán gāo
水 涨 船 高

【释义】 泥~：胶泥用得多，塑的佛身就大。比喻参与附益的人多，收获自然就大。
水~：水位上涨，船身也随着升高。比喻基础一提高，赖以存在的事物也就随之相应会提高。
【结构】 连动 名-动|名-动
【扩联】 水涨船高单价涨
泥多佛大线香多

1601

ní niú rù hǎi
泥 牛 入 海
tiān mǎ xíng kōng
天 马 行 空

【释义】 泥~：泥牛进入大海。比喻一去不回，无影无踪，杳无消息。
天~：神马腾空奔驰。比喻豪放不羁，任意驰骋，超群不凡。也讽刺脱离现实。
【结构】 主谓 名—|动-名
【扩联】 天马行空任驰骋
泥牛入海无消息

1602

ní shā jù xià
泥沙俱下

jīng wèi bù fēn
泾渭不分

【释义】 泥~：泥土、沙砾随水一起冲刷而下。比喻好的坏的人或事物混杂到了一起。

泾~：泾河水清，渭河水浊，合流一道再难分清浊。比喻是非好坏善恶不分。

【结构】 主谓　名-名|副-动

【扩联】 泾渭不分成浊水
泥沙俱下积滩涂

1603

ní zhōng yǐn cì
泥中隐刺

mián lǐ cáng zhēn
绵里藏针

【释义】 泥~：泥沼中隐藏着木刺。比喻表面看起来温顺老实，实则心术不正，非常狡诈。语见元·无名氏《黄鹤楼》："看玄德公面皮，将这厮抢下楼去，这厮敢泥中隐刺。"

绵~：棉絮里裹藏着钢针。比喻表面温和，内心尖刻。语见元·石君宝《曲江柳》第二折："笑里刀剐皮割肉，绵里针剔髓挑筋。"

【结构】 状中　名-方|动-名

【扩联】 泥中隐刺脚留意
绵里藏针手小心

1604

ní guāng hóng cǎi
霓光虹彩

huǒ shù yín huā
火树银花

【释义】 霓~：霓：副虹。指霓虹灯放射出的五颜六色的光彩。形容繁华城市或节日的美丽夜景。

火~：火树：缀满彩灯的树。银花：放射银辉的灯。指灿烂的灯火。多用于形容节日的夜景。

【结构】 联合　名-名|名-名

【扩联】 霓光虹彩上元景
火树银花不夜天

1605

nì lái shùn shòu
逆来顺受

wāi dǎ zhèng zháo
歪打正着

【释义】 逆~：指对恶劣的环境或无礼的待遇采取顺从和忍受的态度。

歪~：比喻采用的方法本来不恰当，却意外地取得满意的效果。

【结构】 连动　形-动|形-动

【扩联】 逆来顺受忍辱负重
歪打正着伐功矜能

1606

niān huā rě cǎo
拈花惹草

qiè yù tōu xiāng
窃玉偷香

【释义】 拈~：拈：用手指取物。惹：招惹，引逗。花、草：比喻年轻女子。旧指玩弄挑逗女性。

窃~：玉、香：喻指女子。偷香：本指晋代贾充之女以西域之香私赠韩寿。指男子私下里引诱女性，与女子情爱往来。

【结构】 联合　动-名|动-名

【扩联】 拈花惹草犯风流罪过
窃玉偷香毁锦绣前程

1607

nián bù jí ài
年不及艾
shēn wú zé xíng
身无择行

【释义】 年~：艾：艾年，五十岁。年纪不到五十岁。
身~：指自身行为遵循法则而无其他选择。见《孝经·卿大夫》："是故非法不言，非道不行，口无择言，身无择行。"
【结构】 主谓 名|副-动-名
【扩联】 年不及艾难知天命
身无择行谨守法规

1608

nián fēng shí rěn
年丰时稔
rì yì yuè xīn
日异月新

【释义】 年~：稔：庄稼成熟。年景美满，五谷丰登。指农业丰收。
日~：指发展或进步迅速，不断出现新事物、新气象。也作"日新月异"。
【结构】 联合 名-形|名-形
【扩联】 风调雨顺年丰时稔
国富民强日异月新

1609

nián huá chí mù
年华迟暮
chūn yì lán shān
春意阑珊

【释义】 年~：迟暮：比喻晚年。青春年华已经过去，现在已是晚年了。感叹人生易老。
春~：阑珊：将尽，将衰。指春天就要过去了。同"春事阑珊"。
【结构】 主谓 名—|形—
【扩联】 年华迟暮悲秃顶
春意阑珊叹落花

1610

nián qīng lì zhuàng
年轻力壮
shù dà gēn shēn
树大根深

【释义】 年~：年纪轻，气力壮。形容年轻人力量强壮。
树~：大树，它的根就扎得深。比喻势力大，基础厚。
【结构】 连动 名-形|名-形
【扩联】 年轻力壮敢挑重
树大根深能抗风

1611

nián qīng qì shèng
年轻气盛
rén lǎo huà duō
人老话多

【释义】 年~：年纪轻，血气旺盛，易冲动，火气大。
人~：人老了，话就多了，总是唠唠叨叨的。
【结构】 连动 名-形|名-形
【扩联】 年轻气盛好冲动
人老话多太絮叨

1612

niǎo qiāng huàn pào
鸟枪换炮
tiě chǔ chéng zhēn
铁杵成针

【释义】 鸟~：原来的鸟枪换成了火炮。比喻情况或条件有很大好转。
铁~：杵：舂谷或捶衣的棒槌。铁棒槌磨成绣花针。比喻只要肯下功夫，坚持下去，就一定能取得成绩。
【结构】 主谓 名—|动-名
【扩联】 铁杵成针亏本
鸟枪换炮赚钱

1613

níng jìng zhì yuǎn
宁 静 致 远
mù qiáng shǎo wén
木 强 少 文

【释义】 宁~：宁静：安定恬静。保持安定恬静的心境，才能有所作为，实现长远的目标。语见诸葛亮《诫子书》："夫君子之行，静以养身，俭以养德，非淡泊无以明志，非宁静无以致远。"
木~：木强：木讷固执。固执的人多缺少文采。比喻固执质朴。
【结构】 主谓　形—|动-形
【扩联】 谦谦君子宁静致远
赳赳武夫木强少文

1614

nìng quē wú làn
宁 缺 毋 滥
duō cáng hòu wáng
多 藏 厚 亡

【释义】 宁~：宁可缺少不够，也不降低标准不加限制去凑数。
多~：厚：重。贮藏聚敛（财宝）多了，招来的损失就很重。钱财多惹人注意，容易遭人算计。
【结构】 连动　形-动|形-动
【扩联】 宁缺毋滥防凑数
多藏厚亡减储存

1615

niú dāo xiǎo shì
牛 刀 小 试
yóu rèn jiē xū
游 刃 皆 虚

【释义】 牛~：牛刀：杀牛的刀，比喻大才干、大本领。小试：稍微试用一下，初步显示一下身手。比喻有大本领的人，先在小事情上略展才能。也比喻有能力的人刚开始工作就表现出彩。
游~：游刃：转动的刀刃。虚：空。刀锋所到之处都是空隙。形容技艺高超，运用熟练。语见《世说新语·排调语》："范荣期（启）见都超俗情不淡，戏之曰：'（伯）夷、（叔）齐、（巢）父、（许）由，一诣垂名，何必劳神苦形，支策据梧邪？'郗未答。韩康伯曰：'何不游刃皆虚？'"也指挥洒无厚之刃，向人情空虚处运力。
【结构】 主谓　名—|形-动
【扩联】 牛刀小试庖丁手
游刃皆虚方外人

1616

niú mián lóng rào
牛 眠 龙 绕
dǐng shí zhōng míng
鼎 食 钟 鸣

【释义】 牛~：形容坟地风水好。语见清·蒲松龄《东郭外传》："那东门外头许多牛眠龙绕的吉地，那富贵人家的茔田多半在这里。"
鼎~：鼎：古代炊具，盛物食器。钟：编钟，古代打击乐器，泛指乐器。古代贵族高官用餐时，敲击着乐器，摆列着鼎器。形容贵族生活的奢侈豪华排场。也作"钟鸣鼎食"。语见唐·王勃《滕王阁序》："闾阎扑地，钟鸣鼎食之家。"
【结构】 联合　名-动|名-动
【扩联】 墓选牛眠龙绕地
宅修鼎食钟鸣堂

1617

niú mián jí dì
牛 眠 吉 地
mǎ fàng nán shān
马 放 南 山

【释义】 牛~：牛睡觉躺着的是风水宝地。一种迷信说法，指可以给子孙后代带来好运的坟地。
马~：战马放归到南山。比喻天下太平，不再作战。现多用以形容天下太平，思想麻痹。语见《尚书·武成》："王来自商，至于丰，乃偃武修文，归马于华山之阳，放牛于桃林之野，示天下弗服。"也作"马入华山"。
【结构】 主谓 名-动|形-名
【扩联】 马放南山随浪放
牛眠吉地好长眠

1618

niǔ ní zuò tài
忸 怩 作 态
chuò yuē duō zī
绰 约 多 姿

【释义】 忸~：忸怩：动作不自然、不大方。扭扭捏捏，故作姿态。
绰~：绰约：体态娇柔的样子。娇柔妩媚，姿容极美。形容女子的秀丽姿态。
【结构】 状中 形一|动-名
【扩联】 绰约多姿人喜爱
忸怩作态鬼憎嫌

1619

nóng táo yàn lǐ
浓 桃 艳 李
cuì zhú cāng sōng
翠 竹 苍 松

【释义】 浓~：桃花浓丽，李花鲜艳。比喻青年女子容貌俊美，神采焕发。见明·高濂《玉簪记·词媾》："谁承望今宵牛女，银河咫尺间，巧一似穿针会，两下里青春浓桃艳李。"
翠~：翠：青绿色。苍：青色。指四季常青的松、竹。也比喻具有高贵品质、坚定节操的人。
【结构】 联合 形-名|形-名
【扩联】 浓桃艳李青春曲
翠竹苍松傲雪枝

1620

nòng wén chěng qiǎo
弄 文 逞 巧
fèn wǔ yáng wēi
奋 武 扬 威

【释义】 弄~：玩弄文字，呈现机巧。
奋~：奋：振作，发奋。振作自己的武力，显示自己的威风。
【结构】 联合 动-名|动-名
【扩联】 文人卖乖弄文逞巧
武士好斗奋武扬威

1621

nòng xìng shàng qì
弄 性 尚 气
fá gōng jīn néng
伐 功 矜 能

【释义】 弄~：弄性：耍小性，任性。尚：注重。任性，好意气用事。
伐~：伐、矜：夸耀。夸耀自己的功劳、才能。形容自负。
【结构】 联合 动-名|动-名
【扩联】 伐功矜能遭白眼
弄性尚气伤感情

1622

nòng xū zuò jiǎ
弄虚作假

fǎn pú guī zhēn
反璞归真

【释义】 弄~：制造虚假的现象以欺骗人。
反~：反：同"返"。璞：璞玉。未经加工的玉。真：本来面目。反回原貌，复归真相。比喻还其本来面目，过自由自在的生活。后常用以形容朴实无华。

【结构】 联合 动-形|动-形

【扩联】 做事不容弄虚作假
写诗还望反璞归真

1623

nú yán bì xī
奴颜婢膝

fó kǒu shèng xīn
佛口圣心

【释义】 奴~：奴才的面孔，婢女的膝盖。形容卑鄙、谄媚的奴才相。
佛~：菩萨的嘴巴，圣贤的心肠。形容人心地善良。

【结构】 联合 名-名|名-名

【扩联】 奴颜婢膝溜须拍马
佛口圣心乐善好施

1624

nú mǎ liàn zhàn
驽马恋栈

dī yáng chù fān
羝羊触藩

【释义】 驽~：驽马：劣马。栈：牲口圈里的竹木棚或栅栏。劣马只贪恋马厩有豆料饲草，不再想别的，被圈住了。比喻没有才智的只顾眼前利益。
羝~：羝羊：公羊。藩：篱笆。公羊碰到篱笆上，挂住了羊角。比喻身陷窘境，进退不得。

【结构】 主谓 形-名|动-名

【扩联】 有吃有喝驽马恋栈
难进难退羝羊触藩

1625

nù ní fú shí
怒猊扶石

kě jì bēn quán
渴骥奔泉

【释义】 怒~：暴怒的雄狮撬扒石头。形容书法之遒劲。
渴~：干渴的骏马奔向泉水。形容书法之奔放。

【结构】 主谓 形-名|动-名

【扩联】 怒猊扶石动
渴骥奔泉来

1626

nǚ zhōng háo jié
女中豪杰

shì hòu yīng xióng
事后英雄

【释义】 女~：豪杰：有英豪之气且才能出众的人。女性中的杰出人物。语见明·冯梦龙《警世通言》第三十二卷："十娘钟情所欢，不以贫窭易心，此乃女中豪杰。"
事~：义同"事后诸葛亮"，借以讽刺那些事后表现自己聪明、吹嘘自己会如何如何的人。

【结构】 定中 名-方|名-一

【扩联】 女中豪杰别人称赞
事后英雄自己吹嘘

1627

ǒu xīn lì xuè
呕心沥血

fèi qǐn wàng cān
废寝忘餐

【释义】 呕~：沥：滴。形容费尽心思和精力。常指苦心思索考虑。
废~：顾不得睡觉，忘记了吃饭。形容做事专心致志。也形容心有所恋，睡不好吃不下。

【结构】 联合 动-名|动-名

【扩联】 废寝忘餐影响身体
呕心沥血透支健康

1628

偶语弃市
ǒu yǔ qì shì

一言丧邦
yī yán sàng bāng

【释义】偶~：偶：双，两人。弃市：古代一种刑罚，即把处死刑者暴尸街头。两个人私下说了几句话，就被判处弃市的重刑。比喻黑暗残酷的政治统治。
一~：邦：国。丧：沦丧，丧失。一句话可以使国家沦丧。与"一言兴邦"一样，都是形容极有权势的人可以左右国家的命运。

【结构】主谓　数-名|动-名

【扩联】一言丧邦<u>权倾天下</u>
偶语弃市怨满世间

1629

怕风怯雨
pà fēng qiè yǔ

傲雪欺霜
ào xuě qī shuāng

【释义】怕~：怯：惧怕。怕风怕雨。比喻害怕困难与挫折，不敢同困难与挫折敢斗争。
傲~：傲视白雪，欺凌寒霜。形容不怕寒冷，越冷越有精神。又比喻人经历了长期磨练，对于逆境毫不在乎。

【结构】联合　动-名|动-名

【扩联】怕风怯雨花零落
傲雪欺霜梅盛开

1630

潘安掷果
pān ān zhì guǒ

韩寿偷香
hán shòu tōu xiāng

【释义】潘~：潘安：古代美男子，每乘车出行，都会被一大群女子围观，并纷纷将水果丢进其车内，以示喜爱。
韩~：韩寿：晋国美男子，贾充任其为司空掾。贾充之女爱上了韩寿，通过婢女与其来往，并将府中西域异香偷出来送给韩寿。后为贾充所知，把女嫁给了韩寿。比喻男女私下相好，女子重情。

【结构】主谓　专名|动-名

【扩联】潘安掷果不示威而示爱
韩寿偷香既得妇又得官

1631

潘文乐旨
pān wén yuè zhǐ

羊体嵇心
yáng tǐ jī xīn

【释义】潘~：潘：潘岳。乐：乐广。潘岳的文辞，乐广的意旨。指美好文章的文辞和意旨。语见唐·房玄龄等《晋书·乐广传》："广善清言而不长于笔，将让尹，请潘岳为表。岳曰：'当得君意。'广乃作二百句语，述己之志。岳因取次比，便成名笔。时人咸云：'若广不假岳之笔，岳不取广之旨，无以成斯美也。'"
羊~：羊、嵇：指南朝宋的两位古琴家羊盖、嵇元荣。后有柳恽拜二位的高足戴安道为师学琴，深得其妙。时人赞之曰："巧越嵇心，妙臻羊体。"指精于琴艺，深得名师之传。

【结构】联合　名-名|名-名

【扩联】潘文乐旨名人撰
羊体嵇心高足传

1632

pán táo xiàn ruì
蟠桃献瑞
xuān cǎo wàng yōu
萱草忘忧

【释义】 蟠~：蟠桃：古代神话传说中桃类，为西王母瑶池所植，称为"仙果""寿桃"，三千年一开花，三千年一结果，食一枚增寿六百年。献瑞：谓呈献祥瑞。相传王母娘娘蟠桃会，宴请众神仙，为王母娘娘祝寿。蟠桃献祥瑞。寿宴吉祥语。
萱~：萱草：又名忘忧草，金针花。《诗经·风·伯兮》："焉得谖（萱）草，言树之背。"毛传："谖草令人忘忧。背：北堂也。"意谓于北堂种萱草。北堂，古为母亲居处。萱草能令人忘记忧虑。也借喻母亲无忧无虑。
【结构】 主谓 名一|动-名
【扩联】 蟠桃献瑞王母长寿
萱草忘忧娘亲欢心

1633

pán gēn jiū dǐ
盘根究底
zhuī běn qióng yuán
追本穷源

【释义】 盘~：盘查根源，追究底细。形容认真、仔细地处理事件。
追~：追寻根本，探求源头。比喻追究事物发生的根源。
【结构】 联合 动-名|动-名
【扩联】 查案情盘根究底
做学问追本穷源

1634

páng qiāo cè jī
旁敲侧击
lěng fěng rè cháo
冷讽热嘲

【释义】 旁~：在旁边敲，从侧面打。比喻不直接说出本意，而从侧面迂回地表明观点。
冷~：尖酸刻薄的风凉话，辛辣伤人的讽刺话。形容对人不留情面的嘲笑和讽刺。
【结构】 联合 形-动|形-动
【扩联】 聪明人可以旁敲侧击
吝啬鬼不妨冷讽热嘲

1635

páng qiú jùn yàn
旁求俊彦
lìng qǐng gāo míng
另请高明

【释义】 旁~：俊彦：指有才干的俊逸之士。多方面寻求贤才。
另~：高明：指学识渊博或有某种突出才能的人。原指医生看不好病，劝病家另请比自己高明的医生。现常用来作为推脱任务的婉转用词。
【结构】 动宾 副-动|形-名
【扩联】 旁求俊彦良医救命
另请高明妙手回春

1636

páng sōu yuǎn shào
旁搜远绍
bó cǎi guǎng móu
博采广谋

【释义】 旁~：绍：继续，继承。从多方面广泛搜集资料，远承古人之遗绪。
博~：博：多，广泛。广泛吸取别人的意见，和尽可能多的人商议。
【结构】 联合 形-动|形-动
【扩联】 旁搜远绍继承传统
博采广谋追赶潮流

1637

páng tōng qū chàng
旁 通 曲 畅

shēn rù qiǎn chū
深 入 浅 出

【释义】 旁~：能在各个方面通晓事理。
深~：阐述的道理很深刻，而所用的语言却浅显易懂。
【结构】 联合　形-动|形-动
【扩联】 深入浅出师长专道
旁通曲畅学生解题

1638

páng méi hào shǒu
庞 眉 皓 首

ài fà shuāi róng
艾 发 衰 容

【释义】 庞~：庞：杂色。皓：洁白。首：头，指头发。眉毛已是杂色，头发全白了。形容老人相貌。
艾~：艾：灰白色。衰：衰老的面容。形容人的苍老。
【结构】 联合　形-名 形-名
【扩联】 庞眉皓首期颐老
艾发衰容耄耋翁

1639

páng rán dà wù
庞 然 大 物

zuì ěr xiǎo bāng
蕞 尔 小 邦

【释义】 庞~：庞然：大的样子。指体型巨大的事物。语见唐·柳宗元《三戒·黔之驴》："虎见之，庞然大物也……"
蕞~：蕞尔：形容小（多指地区小）。邦：国。形容地域极小的小国家。
【结构】 定中　形-后缀|形-名
【扩联】 蕞尔小邦调速易
庞然大物转型难

1640

pāo luán chāi fèng
抛 鸾 拆 凤

fù jì pān hóng
附 骥 攀 鸿

【释义】 抛~：鸾、凤：比喻夫妇。使夫妻或情侣离异。语见元·郑哲《寿阳曲·思旧》："谁知道，天不容，两三年间抛鸾拆凤。"
附~：鸿：鸿雁。依附千里马，攀附鸿鹄。比喻依附于人以成名。语见汉·王褒《四子讲德论》："夫蚊虻终日经营，不能越阶序，附骥尾则涉千里，攀鸿翮则翔四海。"
【结构】 联合　动-名|动-名
【扩联】 附骥攀鸿粘蚴虮
抛鸾拆凤散鸳鸯

1641

pāo zhuān yǐn yù
抛 砖 引 玉

diǎn shí chéng jīn
点 石 成 金

【释义】 抛~：抛出砖，引来玉。比喻先谈自己的浅见，以引来高论。
点~：方士称能用灵丹将石头化成金子。比喻把别人不够好的文章，稍加改动，变成好文章。
【结构】 连动　动-名|动-名
【扩联】 点石成金点玉石
抛砖引玉抛金砖

1642

péng zhōng biāo wài
弸 中 彪 外

xiù wài huì zhōng
秀 外 慧 中

【释义】 弸~：弸：充满。彪：文采。指人内有才德，则自然外露，其文字就会有文采。用以赞美德才兼备的人。
秀~：秀：秀丽。慧：聪慧。外貌秀丽。内心聪慧。多用于赞美女子。
【结构】 联合　形-方|形-方
【扩联】 弸中彪外东床娇客
秀外慧中南国佳人

1643

péng hāo mǎn jìng
蓬 蒿 满 径

jīng jí sāi tú
荆 棘 塞 途

【释义】 蓬~：蓬蒿：蓬草，青蒿。径：小道。蓬草青蒿长满了小路。形容好久没有人走过，显得很荒凉
荆~：荆棘：丛生的带刺植物。沿途长满了荆棘。比喻纷乱的局势或艰难的处境。

【结构】 主谓　名—|动—名

【扩联】 蓬蒿满径只来鬼
荆棘塞途不见人

1644

péng mén bì hù
蓬 门 荜 户

guì diàn lán gōng
桂 殿 兰 宫

【释义】 蓬~：荜：同"筚"，用蓬草、荆条、竹子等编成的篱笆或遮拦物。门户。指穷困人家所住的简陋的房子。常用作自家住房的谦词。
桂~：形容建筑气派、设备华丽的宫殿。语见唐·王勃《滕王阁序》："桂殿兰宫，即冈峦之体势。"

【结构】 联合　名-名|名-名

【扩联】 桂殿兰宫王子府
蓬门荜户下人家

1645

péng chéng wàn lǐ
鹏 程 万 里

biāo bǐng qiān qiū
彪 炳 千 秋

【释义】 鹏~：鹏：传说中的大鸟。大鸟飞行的路程有万里之远。比喻前程远大。
彪~：彪炳：文采焕发。千秋：一千年，极言时间长久。文采焕发，永世辉映。形容功绩或成就永放光辉。

【结构】 主谓　名-名|数-名

【扩联】 壮志凌云鹏程万里
奇功盖世彪炳千秋

1646

péng xiāo wàn lǐ
鹏 霄 万 里

hè shòu qiān nián
鹤 寿 千 年

【释义】 鹏~：大鹏的云霄之路远逾万里。比喻前程远大。
鹤~：如鹤之寿享千年。祝人长寿之辞

【结构】 主谓　名-名|数-名

【扩联】 鲲鹏得志鹏霄万里
老鹤乘轩鹤寿千年

1647

pī fēng zhǎn làng
劈 风 斩 浪

ào xuě líng shuāng
傲 雪 凌 霜

【释义】 劈~：形容船只在风浪中迅速前行。也比喻能突破困难迅速前进。
傲~：傲视冰雪，欺凌寒霜。比喻不怕寒冷，越发有精神。又比喻经历了长期磨难，傲视逆境。

【结构】 联合　动-名|动-名

【扩联】 劈风斩浪济沧海
傲雪凌霜笑碧空

1648

pī hóng guà cǎi
披 红 挂 彩

fù fěn shī zhū
傅 粉 施 朱

【释义】 披~：把红绸和彩帛披在人身上，表示光荣、恩宠、慰劳或喜庆。
傅~：傅、施：搽，抹。朱：红色，这里指胭脂。搽粉抹胭脂。指化装美容。也用以比喻掩盖过失或掩饰事物本来面貌。

【结构】 联合　动-名|动-名

【扩联】 披红挂彩图欢庆
傅粉施朱讲美容

1649

pī jiān zhí ruì
披 坚 执 锐

juǎn jiǎ shù bīng
卷 甲 束 兵

【释义】 披~：坚：指坚固的铠甲。锐：指锐利的兵器。穿上坚固的铠甲，拿着锐利的兵器。形容全副武装作战。
卷~：卷起铠甲，收起兵器。指停止战斗。
【结构】 联合 动-名|动-名
【扩联】 披坚执锐摧锋陷阵
卷甲束兵得胜回朝

1649

pī jīng zhǎn jí
披 荆 斩 棘

mào yǔ tāng fēng
冒 雨 汤 风

【释义】 披~：披：拨开。荆、棘：丛生的多刺植物。比喻清除道路上的障碍不避艰辛地向前进。
冒~：冒着雨顶着风前行。
【结构】 联合 动-名|动-名
【扩联】 冒雨汤风忙赶路
披荆斩棘急行军

1651

pī má dài xiào
披 麻 戴 孝

qì xuè zhuī xīn
泣 血 椎 心

【释义】 披~：指服重孝。穿麻布丧服，戴白布孝帽。旧时老人死后，孝子孝孙要披麻戴孝，表示哀悼。
泣~：形容悲痛到极点。哭出了血泪，哭碎了心。
【结构】 联合 动-名|动-名
【扩联】 丧考妣披麻戴孝
哭爹娘泣血椎心

1652

pī mǎng yāo yù
披 蟒 腰 玉

xuán guī jì yú
悬 龟 系 鱼

【释义】 披~：蟒：蟒袍，即绣有金黄色蟒形图案的官袍。玉：玉带，古代官员系的一种腰带。身穿蟒袍，腰系玉带比喻官宦人物。语见《红楼梦》第五十三回："上面正居中，悬着荣、宁二祖遗像，皆是披蟒腰玉。"。
悬~：古时达官贵人，身佩鱼袋，或龟袋，以示显耀。语见《新唐书·车服志》："（高宗给五品以上随身鱼袋）天授二年，改佩玉为龟。其后三品以上龟袋饰以金，四品以银，五品以铜。"明·宋濂《题张如心初修谱叙后》："数世之后，将振振绳绳，悬龟系鱼，秉钧当轴。"
【结构】 联合 动-名|动-名
【扩联】 披蟒腰玉皆为宦
悬龟系鱼都是官

1653

pí fú hàn shù
蚍 蜉 撼 树

mǎ yǐ yuán huái
蚂 蚁 缘 槐

【释义】 蚍~：蚍蜉：大蚂蚁。撼：摇动。比喻自不量力。
蚂~：缘：顺着。蚂蚁顺着槐树爬上爬下。用南柯一梦的故事，比喻某些势力自不量力。
【结构】 主谓 名—|动-名
【扩联】 蚍蜉撼树茶余笑料
蚂蚁缘槐饭后谈资

1654

pí pá bié bào
琵 琶 别 抱

qín sè bù tiáo
琴 瑟 不 调

【释义】 琵~：别抱：抱着琵琶另向别人。旧时喻指妇女改嫁他人。
琴~：琴瑟：两种弹拨弦乐器，古时常用以比喻夫妻。不调：不协调。指夫妻感情不和谐。

【结构】 主谓　名-名|副-动

【扩联】 琴瑟不调音律错
琵琶别抱外人怀

1655

pǐ zhōng zé tài
否 终 则 泰

lè jí shēng bēi
乐 极 生 悲

【释义】 否~：否、泰：《周易》的两个卦名，"否"主不吉利，"泰"主顺通。"否"卦后就是"泰"卦，所以叫否终则泰、否极泰来。指坏事情或坏命运到一定极限，好事好运就到来了。
乐~：极：极点。欢乐高兴过了头，转而发生悲伤的事情。
连动　名-动|连-动

【结构】 逢凶化吉否终则泰

【扩联】 得意忘形乐极生悲

1656

piān tīng piān xìn
偏 听 偏 信

yì bù yì qū
亦 步 亦 趋

【释义】 偏~：偏：不全面。指不能全面地了解情况，听信一面之辞。
亦~：亦：同样。步：慢走。趋：快走。别人慢走就慢走，别人快走就快走。形容在任何事情上都追随和模仿别人。

【结构】 连动　副-动|副-动

【扩联】 调查防偏听偏信
研究忌亦步亦趋

1657

piān piān qǐ wǔ
翩 翩 起 舞

kǎn kǎn ér tán
侃 侃 而 谈

【释义】 翩~：翩翩：轻盈、轻快的样子。形容轻快地跳起舞来。语见《诗经·小雅·四牡》："翩翩者鵻，载飞载下。"
侃~：侃侃：说话从容不迫的样子。形容理直气壮、不慌不忙地讲话。语见《论语·乡党》："朝，与下大夫言，侃侃如也；与上大夫言，訚訚如也。"

【结构】 状中　叠一|连-动

【扩联】 音乐奏响翩翩起舞
话匣打开侃侃而谈

1658

piàn jiān piàn yù
片 笺 片 玉

yī zì yī zhū
一 字 一 珠

【释义】 片~：笺：供题诗或写字用的精美纸张。一片便笺如同一片美玉。形容文章极其秀美珍贵。
一~：一个字就像一粒珍珠。形容歌唱吐字婉转圆润。也形容文章写得好。

【结构】 主谓　量-名|量-名

【扩联】 薛涛笺录元稹诗片笺片玉
孟頫字书苏轼赋一字一珠

1659

piàn yán zhé yù
片 言 折 狱

cùn tiě shā rén
寸 铁 杀 人

【释义】 片~：用简短的言辞断清案件。后泛指用简短的话判断争论的是非。
寸~：寸把长的兵器，足以把人杀死。比喻事物贵精不贵多。

【结构】 主谓　数-名|动-名

【扩联】 揆情度理片言折狱
得手应心寸铁杀人

1660

piǎo mǔ jìn fàn
漂 母 进 饭

qí rén jué jīn
齐 人 攫 金

【释义】漂~：在河边漂洗衣物的老妇送饭给当时落魄的韩信吃。指施恩而不望报答。语见《史记·淮阴侯列传》："信钓于城下，诸母漂，有一母见信饥，饭信，竟漂数十日。信喜，谓漂母曰：'吾必有以重报母。'母怒曰：'大丈夫不能自食，吾哀王孙而进食，岂望报乎？'"后韩信封侯酬以千金而不受。

齐~：攫：夺取。比喻因利欲熏心而不顾一切去犯事。语见《吕氏春秋·去宥》："齐人有欲得金者，清旦披衣冠往鬻金者之所，见人操金，攫而夺之，吏搏而束缚之，问曰：'人皆在焉，子攫人之金，何故？'对吏曰：'殊不见人，徒见金耳。'"

【结构】主谓　名一|动-名
【扩联】齐人攫金吃牢饭
　　　　漂母进饭辞重金

1661

pín ér wú chǎn
贫 而 无 谄

guì zé yì jiāo
贵 则 易 交

【释义】贫~：谄：献媚。虽然贫穷却不向人献媚而邀宠。语见《论语·学而》："贫而无谄，富而无骄，何如？"

贵~：贵：发达，显贵。易：改变，换。交：交往，交谊，至交。人富贵发达后就抛弃旧时贫贱朋友另交新友。

【结构】连动　形|连-动-动
【扩联】贫而无谄不移志
　　　　贵则易交还换妻

1662

píng bō huǎn jìn
平 波 缓 进

xì shuǐ cháng liú
细 水 长 流

【释义】平~：水流平稳，缓慢前进。比喻处事不急躁，不冒进。

细~：细水涓滴，长流不断。比喻一点一滴、持续不断地做某件工作。也比喻节约财物人力，使经常不缺。

【结构】主谓　形-名|形-动
【扩联】细水长流无穷无尽
　　　　平波缓进不疾不徐

1663

píng fēn qiū sè
平 分 秋 色

dú zhàn áo tóu
独 占 鳌 头

【释义】平~：平分三秋月色。比喻双方各取一半，不相上下。

独~：鳌：传说中的大海龟。旧时皇宫石阶前刻有鳌头，中状元的才可以踏上去。"独占鳌头"原指中状元。后用以指居于首位或取得第一。

【结构】动宾　形-动|名一
【扩联】双峰并秀平分秋色
　　　　一马当先独占鳌头

1664

píng pū zhí xù
平 铺 直 叙

páng xiàn cè chū
旁 见 侧 出

【释义】平~：铺：铺陈。叙：叙述。原形容说话或写文章不加修饰，按顺序直接地叙述。也形容说话或写文章平淡乏味，重点不突出。

旁~：见：同"现"，出现。从旁边侧面现出来。指迂曲地显现，而不是直接地表现出来。

【结构】联合　形-动|形-动
【扩联】平铺直叙文宜少
　　　　旁见侧出画可多

1665

píng qǐ píng zuò
平 起 平 坐

tóng gōng tóng chóu
同 工 同 酬

【释义】 平~：比喻地位或权利相等。
同~：工作情况相同，给予一样的报酬。多指在劳动工作上男女平等。
【结构】 联合 形-动|形-动
【扩联】 夫妻平起平坐
男女同工同酬

1666

píng xīn ér lùn
平 心 而 论

zhí dào ér xíng
直 道 而 行

【释义】 平~：平心静气地做公允的评论。
直~：直道：正道，没有偏私。毫无偏私地办事。语见《论语·卫灵公》："斯民也，三代之所以直道而行也。"
【结构】 状中 形-名|连-动
【扩联】 平心而论至公允
直道而行无己私

1667

píng tóu pǐn zú
评 头 品 足

shǔ bái lùn huáng
数 白 论 黄

【释义】 评~：足：脚。本指对女性的容貌说长道短，乱加评论。也指对人或事多方挑剔评议。
数~：白：白银。黄：黄金。指斤斤计较于金钱。
【结构】 联合 动-名|动-名
【扩联】 评头品足说三道四
数白论黄夹七带八

1668

píng piāo péng zhuǎn
萍 飘 蓬 转

yú yuè yuān fēi
鱼 跃 鸢 飞

【释义】 萍~：浮萍随水飘荡，蓬草随风飞转。比喻漂泊不定的生活。
鱼~：鸢：鹰。鱼在水面跳跃，鹰在天空飞翔。形容万物各得其所，自得其乐。
【结构】 联合 名-动|名-动
【扩联】 鱼跃鸢飞自得其乐
萍飘蓬转不知所终

1669

pó suō qǐ wǔ
婆 娑 起 舞

ē nuó duō zī
婀 娜 多 姿

【释义】 婆~：婆娑：形容舞姿俯仰盘旋。形容以俯仰盘旋的舞姿跳起舞来。
婀~：婀娜：柔和优雅的样子。娜：又读nuó。形容姿态柔和而美好。
【结构】 状中 形-|动-名
【扩联】 广袖长舒婆娑起舞
柳腰轻转婀娜多姿

1670

pò kǒu dà mà
破 口 大 骂

yǐn háng gāo gē
引 吭 高 歌

【释义】 破~：用不干不净的口语大声叫骂。
引~：吭：喉咙。引吭：放开嗓子。放开嗓子高声歌唱。
【结构】 连动 动-名|形-动
【扩联】 恼羞成怒破口大骂
欣喜若狂引吭高歌

1671

pò zhú zhī shì
破 竹 之 势

cǎi xīn zhī yōu
采 薪 之 忧

【释义】 破~：破竹：劈竹子，竹子劈开了节，底下的就会顺着刀势分开。像劈竹子那样的情势。比喻节节胜利的形势。
采~：采薪：打柴。忧：忧虑，忧患。因病打不了柴。后用作自称有病的借词。

【结构】 定中 动-名|动-名

【扩联】 乘破竹之势
免采薪之忧

1672

pōu gān lì dǎn
剖 肝 沥 胆

méng miàn mèi xīn
蒙 面 昧 心

【释义】 剖~：剖开心肝，滴沥胆汁。比喻掬诚相示，献忠心赤胆。
蒙~：遮饰脸面，昧着良心。比喻厚颜无耻，昧心干伤天害理的事。

【结构】 联合 动-名|动-名

【扩联】 剖肝沥胆感天地
蒙面昧心欺鬼神

1673

pū zhāng làng fèi
铺 张 浪 费

qín jiǎn jié yuē
勤 俭 节 约

【释义】 铺~：铺张：过分地讲排场。过分讲排场而浪费钱财。
勤~：勤俭：勤劳俭朴。勤劳俭朴，很节约地过日子。

【结构】 联合 形—|动—

【扩联】 铺张浪费可耻
勤俭节约光荣

1674

pū zhāng yáng lì
铺 张 扬 厉

hān chàng lín lí
酣 畅 淋 漓

【释义】 铺~：铺张：夸张。扬厉：发扬。原指为文时铺张渲染，发扬光大。后用以形容过分地讲究排场。
酣~：酣畅：酒喝得畅快。泛指痛快。淋漓：饱满畅快的样子。常形容书法、绘画形体饱满，笔意流畅。也形容文艺作品中感情抒发得极为充分。

【结构】 联合 动—|动—

【扩联】 汉赋七发铺张扬厉
楚辞九章酣畅淋漓

1675

pù shū jiàn zhú
曝 书 见 竹

zhuó shuǐ zhī yuán
酌 水 知 源

【释义】 曝~：曝：晒。古以竹写书，晒书时而联想起以竹写书之人。借喻睹物思人。
酌~：饮水要知道它的来源。比喻不忘本。

【结构】 连动 动-名|动-名

【扩联】 酌水知源不忘本
曝书见竹还思人

1676

pú liǔ ruò zhì
蒲 柳 弱 质

máo shī shū zī
毛 施 淑 姿

【释义】 蒲~：蒲草和柳树都是望秋先零，引申为体质弱衰。形容像蒲柳一样衰弱的体质。
毛~：毛、施：毛嫱、西施。形容如毛嫱、西施那般美丽的姿容。

【结构】 定中 名-名|形-名

【扩联】 蒲柳弱质难经风雨
毛施淑姿胜似绮霞

1677

pǔ tiān tóng qìng
普 天 同 庆

bó hǎi téng huān
薄 海 腾 欢

【释义】普~：普天之下的人们在共同欢庆。
薄~：薄海：本指及于四海，后作统称，特指海内外。五湖四海，都在欢腾。
【结构】主谓　形-名|副-动
【扩联】抗战胜利普天同庆
和平降临薄海腾欢

1678

qī qī ài ài
期 期 艾 艾

zhàn zhàn jīng jīng
战 战 兢 兢

【释义】期~：西汉周昌口吃，一讲话就"期期期"；三国邓艾结巴，开口总是"艾艾艾"，后人将期期艾艾连用，形容口吃，说话不利索。
战~：战战：恐惧发抖的样子。兢兢：小心谨慎的样子。形容非常害怕或小心谨慎的神态。
【结构】联合　叠—|叠—
【扩联】见人心慌期期艾艾
谈虎色变战战兢兢

1679

qī cán bā bài
七 残 八 败

jiǔ sǐ yī shēng
九 死 一 生

【释义】七~：比喻失败惨重。
九~：形容历经危险而得以幸存。
【结构】联合　数-动|数-动
【扩联】九死一生还有命
七残八败不成军

1680

qī qín qī zòng
七 擒 七 纵

shí dàng shí jué
十 荡 十 决

【释义】七~：诸葛亮擒孟获，抓七次，放七次。指在充分主动的情况下，运用策略，控制对方。
十~：荡：荡涤，涤除。决：排除障碍。形容多次发动攻击，每次都能攻占敌方阵地，每战必胜。
【结构】联合　数-动|数-动
【扩联】七擒七纵攻心为上
十荡十决歼敌建功

1681

qī qíng liù yù
七 情 六 欲

bā nàn sān zāi
八 难 三 灾

【释义】七~：喜、怒、哀、乐、爱、恶、欲为七情，眼、耳、鼻、舌、身、意所生的欲念为六欲。泛指人的各种感情和欲望。
八~：本为佛家用语。泛指人生多灾多难，天灾人祸，病痛折磨接连不断。
【结构】联合　数-名|数-名
【扩联】有七情六欲莫恣情纵欲
遇八难三灾要排难消灾

1682

qī dà yā xiǎo
欺 大 压 小

bā gāo cǎi dī
扒 高 踩 低

【释义】欺~：欺骗强大的，压迫弱小的。
扒~：扒：抓着可依附的东西。比喻对上奉承、攀附，对下则欺侮、压制。
【结构】联合　动-形|动-形
【扩联】欺大压小心胸小
扒高踩低人品低

1683

qī ruǎn pà yìng
欺 软 怕 硬
wèi nán gǒu ān
畏 难 苟 安

【释义】 欺~：欺负软弱的，害怕强硬的。
畏~：难：困难，艰难。安：安逸，安闲。害怕困难，苟且偷安。
【结构】 联合 动-形|动-形
【扩联】 欺软怕硬大有人在
畏难苟安别无他求

1684

qī shàng mán xià
欺 上 瞒 下
suí fāng zhú yuán
随 方 逐 圆

【释义】 欺~：欺骗上司，哄骗同僚和下属 。
随~：方圆皆可，唯利所在而逐之。或形容看风使舵，唯利是图。
【结构】 联合 动-方|动-方
【扩联】 随方逐圆为图利
欺上瞒下谋保官

1685

qī shī miè zǔ
欺 师 灭 祖
bá běn sè yuán
拔 本 塞 原

【释义】 欺~：欺凌师傅，背叛祖先。形容背弃原来的师承祖制。
拔~：本：树根。塞：阻塞。原：同"源"，水源。拔掉树根，堵住水源。比喻从根本上去除。语见《左传·昭公九年》："伯父若裂冠毁冕，拔本塞原，专弃谋主，虽戎狄其何有余一人？"
【结构】 联合 动-名|动-名
【扩联】 欺师灭祖不当人子
拔本塞原无有支流

1686

qī tiān wǎng dì
欺 天 罔 地
hǔ guǐ mán shén
唬 鬼 瞒 神

【释义】 欺~：罔：蒙蔽。欺骗天地。极言欺骗之甚。
唬~：唬：虚张声势、夸大事实来吓人或蒙混人。连鬼神都欺骗蒙混。形容瞒上欺下。
【结构】 联合 动-名|动-名
【扩联】 唬鬼瞒神鬼神好骗
欺天罔地天地难容

1687

qí kāi dé shèng
旗 开 得 胜
mǎ dào chéng gōng
马 到 成 功

【释义】 旗~：令旗一展，首战告捷。常与"马到成功"连用，为祝颂军队出征的吉祥语。也比喻事情一开始就获得了成效。
马~：人马一到，立建奇功。形容工作一开始就取得胜利。
【结构】 连动 名-动|动-名
【扩联】 旗开得胜旌旗奋
马到成功战马鸣

1688

qí huā yáo cǎo
琪 花 瑶 草
hé bì suí zhū
和 璧 隋 珠

【释义】 琪~：琪、瑶皆为美玉。古人想象天宫仙境里的奇花异草。
和~：和氏玉璧，隋侯之珠。比喻稀世珍宝。
【结构】 联合 名-名|名-名
【扩联】 琪花瑶草天宫极品
和璧隋珠人世奇珍

1689

qí huā yù shù
琪 花 玉 树

fēng mǎ yún chē
风 马 云 车

【释义】 琪~：古人指仙境中的花木。亦以形容霜雪中的景色。
风~：像风一样快的马，像云一样移动的车。借以指神马神车。语见清·龚自珍《霓裳中序第一》："风马云车历历，见桂葆乍迎娇如雪。"
【结构】 联合　名-名|名-名
【扩联】 琪花玉树生仙境
风马云车载丽神

1690

qī fēng kǔ yǔ
凄 风 苦 雨

lì rì qíng kōng
丽 日 晴 空

【释义】 凄~：凄风：凄冷的风。苦雨：久下成灾的雨。形容天气恶劣，也形容处境凄凉悲惨，人的心情非常地低落。
丽~：丽日：明亮的太阳。红日高照，晴空万里。形容天气非常晴朗，人的心情也随之开朗兴奋起来。
【结构】 联合　形-名|形-名
【扩联】 凄风苦雨雨声泣
丽日晴空空气清

1691

qī nǚ yōu lǔ
漆 女 忧 鲁

yáng zhū qì qí
杨 朱 泣 岐

【释义】 漆~：汉·刘向《列女传·鲁漆室女》载：春秋时，鲁国漆室女，以国势日弱而悲，邻妇以为欲嫁。女曰："鲁君老悖，太子少愚，愚伪日起。夫鲁国有患者，君臣父子皆被其辱，祸及众庶，妇人独安所避乎？吾甚忧之！"
杨~：杨朱：春秋战国时的学者。《荀子·王霸》："杨朱哭衢途曰：此夫过举跬步而觉跌千里者乎！哀哭之。"指在十字路口走错半步，就有千里的误差，因而戒人警惕，不要误入歧途。
【结构】 主谓　名—动-名
【扩联】 杨朱泣岐路分岔
漆女忧鲁国有危

1692

qī chōng yè jiǎn
栖 冲 业 简

shí shǎo shì fán
食 少 事 繁

【释义】 栖~：冲：空虚。栖息之所空空荡荡，家业简简单单。比喻安贫乐道，淡泊自适。语见南朝宋·袁粲《妙德先生传》："栖冲业简，有舜之遗风。"
食~：吃的很少，而事务繁多。形容身体虽然衰弱，仍在坚持繁重的工作。
【结构】 联合　名-形|名-形
【扩联】 栖冲业简津津乐道
食少事繁炯炯有神

1693

qí hǔ nán xià
骑 虎 难 下

lín wēi bù náo
临 危 不 挠

【释义】 骑~：已经骑在老虎背上，不下来有危险，想下来也很难。比喻做事遇到困难，但迫于形势又不能中止。
临~：挠：屈，折。临到危难时并不屈服。形容英勇坚贞。语见唐·令狐德棻等《周书·李棠柳桧传论》："李棠、柳桧并临危不挠，视死如归，其壮志贞情，可与青松白玉比质也。"
【结构】 述补　动-名|副-动
【扩联】 骑虎难下找机会
临危不挠学武松

1694

qǐ yǒu cǐ lǐ
岂 有 此 理

bù fá qí rén
不 乏 其 人

【释义】岂~：岂有：哪里有。理：道理。哪里有这样的道理。指断无此理。
不~：并不缺少这样的人。指这样的人很多。
【结构】动宾　副-动|代-名
【扩联】强词夺理岂有此理
恶语伤人不乏其人

1695

liǎng xiǎo wú cāi
两 小 无 猜

qí dà fēi ǒu
齐 大 非 偶

【释义】两~：猜：猜忌。形容天真无邪的少年男女相处融洽，互相没有猜疑和忌讳。
齐~：偶：配偶。比喻婚姻不是门当户对。春秋时齐侯想将女儿文姜嫁给郑国太子，太子说齐国太强大了，不能做我的配偶。旧时凡因门第不相当而辞婚的，用此语表示不敢高攀。
【结构】主谓　数-形|动-动
【扩联】青梅竹马两小无猜
玉树蒹葭齐大非偶

1696

qí dōng yě yǔ
齐 东 野 语

hǎi wài qí tán
海 外 奇 谈

【释义】齐~：齐东：指古代齐国的东部。野语：乡下人说的话。原为孟子所用的贬词。"否，此非君子之言，齐东野人之语也。"后比喻道听途说，荒唐无稽的话。
海~：指希奇古怪的说法或外国的奇异传说。也形容没有根据的议论。
【结构】定中　名-|形-名
【扩联】化鸥为凤齐东野语
撒豆成兵海外奇谈

1697

qí jī kāi fǔ
齐 鸡 开 府

wèi hè chéng xuān
卫 鹤 乘 轩

【释义】齐~：（北齐的）斗鸡封为开府。比喻滥给官职爵位。语见《北齐书·幼主记》："犬于马上设褥而抱之，斗鸡亦号开府，犬马鸡鹰多食县干。"
卫~：《左传·闵公二年》载：卫懿公爱鹤，而看轻臣民，有的鹤乘坐大夫级别的车。狄国攻打卫国，臣民不愿去作战，说："让鹤去，鹤是有禄位的，我们焉能作战？"结果卫国大败灭亡。喻玩物丧志，因小失大。
【结构】主谓　名-名|动-名
【扩联】齐鸡开府禽天地
卫鹤乘轩鸟国家

1698

qí wán lǔ gǎo
齐 纨 鲁 缟

shǔ jǐn wú líng
蜀 锦 吴 绫

【释义】齐~：纨：细丝织品。缟：白色的绢。古代齐国出产的纨，鲁国出产的缟。泛指名贵的丝织品。
蜀~：蜀锦：四川生产的彩锦，吴地出产的绫。泛指各种精美的丝织品。
【结构】联合　名-名|名-名
【扩联】齐纨鲁缟眼花缭乱
蜀锦吴绫色彩缤纷

1699

qí méi jǔ àn
齐眉举案
bǐ mù lián zhī
比目连枝

【释义】齐~：案：有短脚盛食物的木托盘。进呈饭食时把托盘举得跟眉毛一样高。汉代梁鸿与妻子孟光的故事，后形容夫妻互相尊敬。语见明·李开先《推美妇之意代答诗》："勿论经商与力农，礼成夫妇自情浓。……齐眉举案何人者，今古虽殊愿比踪。"也作"举案齐眉"。
比~：比目：比目鱼，即鲽，传说此鱼一目，须两两相并始能游行。比喻形影不离。连枝：连理枝，两棵树枝连生在一起，比喻相爱的夫妻。相传比目鱼和连理枝须臾不可分离。形容夫妇亲密不离。
【结构】联合　动-名|动-名
【扩联】比目连枝贤伉俪
　　　齐眉举案好夫妻

1700

qí tóu bìng jìn
齐头并进
bìng jià qí qū
并驾齐驱

【释义】齐~：齐：整齐，一致。并：一起，一块儿。原指并齐马头同时前行。后泛指多项工作多方面同时进行，同步前进。
并~：并驾：几匹马并排拉一辆车。齐驱：一起向前快跑。并排套着的马一起快跑。比喻彼此的力量或才能不分高下，齐步向前，不分先后。
【结构】联合　形-动|形-动
【扩联】争先恐后齐头并进
　　　戮力同心并驾齐驱

1701

qí yān jiǔ diǎn
齐烟九点
jīng wěi wàn duān
经纬万端

【释义】齐~：齐：齐州，指代中国。指俯瞰九州，小如烟点。语见唐·李贺《梦天》诗："遥望齐州九点烟，一泓海水杯中泻。"
经~：经、纬：织物的直线叫"经"，横线叫"纬"。端：头绪。比喻事物繁杂，头绪很多。
【结构】主谓　名-名|数-量
【扩联】遥望神州齐烟九点
　　　翻开历史经纬万端

1702

qí zhuā gòng guǎn
齐抓共管
dú duàn zhuān xíng
独断专行

【释义】齐~：多方面、多部门一起来执行和管理某项工作。
独~：独断：一个人决定。专行：凭个人意志行事。处理事情只一个人决断而不考虑别人的意见。形容缺乏民主作风。
【结构】联合　形-动|形-动
【扩联】齐抓共管创新局面
　　　独断专行带坏作风

1703

qī lí zǐ sàn
妻离子散
jiā pò rén wáng
家破人亡

【释义】妻~：妻子儿女离散。形容一家人被迫四分五散，不得团聚。
家~：家庭被破坏，家人死亡。形容遭受重大天灾人祸后的惨景。
【结构】联合　名-动|名-动
【扩联】妻离子散形影相吊
　　　家破人亡阴阳两茫

1704

qí gōng gài shì
奇 功 盖 世

gāo yì bó yún
高 义 薄 云

【释义】 奇~：特大功劳当代无人能比。
高～：薄：迫近。原形容文章有崇高的思想境界。后用以形容情义深厚。语见南朝梁·沈约《谢灵运传论》："英辞润金石，高义薄云天。"

【结构】 主谓　形-名|动-名

【扩联】 殄歼东洋鬼子奇功盖世
收养日本孤儿高义薄云

1705

qí wén gòng shǎng
奇 文 共 赏

gǔ diào dú tán
古 调 独 弹

【释义】 奇~：新奇的文章共同欣赏。多指荒谬怪诞文章，大家共同评断研究。
古～：典雅的古曲，难遇知音，只有独自弹唱独自欣赏。比喻人的行为不合时宜。

【结构】 主谓　形-名|副-动

【扩联】 奇文共赏一壶酒
古调独弹三柱香

1706

qí qíng kě mǐn
其 情 可 悯

tiān lǐ nán róng
天 理 难 容

【释义】 其~：情：情感，情理，情节。悯：怜悯。指某人的某种行为虽然做错或违法了，但从情理或情感方面来讲，还是可同情怜悯的。
天～：旧时迷信说法，认为天能主持公道。某人做伤天害理之事，主持公道的天是不会宽容的。

【结构】 主谓　名—|副-形

【扩联】 本性善良其情可悯
行为残忍天理难容

1707

qí féng duì shǒu
棋 逢 对 手

jiàng yù liáng cái
将 遇 良 才

【释义】 棋~：下棋碰到了难分高下的强硬对手。
将～：统军将领遇到了本领相当的英才。

【结构】 主谓　名|动-名—

【扩联】 将遇良才千回无胜负
棋逢对手一步定输赢

1708

qí nián shuò dé
耆 年 硕 德

bái fà cí yán
白 发 慈 颜

【释义】 耆~：耆：古称六十岁为耆，泛指年高。硕：大。比喻年高德重。
白～：白发：上年纪的人。慈颜：慈祥的面容。形容老年人慈祥善良的样子。

【结构】 联合　形-名|形-名

【扩联】 耆年硕德人长寿
白发慈颜心善良

1709

qì chōng niú dǒu
气 冲 牛 斗

shēng chè yún xiāo
声 彻 云 霄

【释义】 气~：牛、斗：牵牛星，北斗星。泛指天空。用以形容豪壮之气或不平之气十分昂扬。
声～：声音响彻云霄。形容声响巨大高昂。

【结构】 主谓　名|动-名-名

【扩联】 丰城剑气气冲牛斗
玉振金声声彻云霄

1710

qǐ jiāng dé jiǔ
乞 浆 得 酒
mǎi dú huán zhū
买 椟 还 珠

【释义】乞~：乞：求讨。浆：一般饮料。乞讨浆水喝，却得到了一碗酒。比喻得到的超过了所要求的。
买~：椟：木匣子。还：退还。珠：珍珠。古代一个楚国人把珍珠放在一个装潢十分华丽的木匣子里到郑国去卖。郑国人不识货，买下了匣子，退还了珍珠。后用以比喻没有眼力，舍本逐末。
【结构】连动 动-名|动-名
【扩联】琼浆苦酒乞浆得酒
玉椟木珠买椟还珠

1711

qì chōng xiāo hàn
气 冲 霄 汉
yì bó yún tiān
义 薄 云 天

【释义】气~：气：气魄，气概。霄汉：泛指天际。形容气魄很大气势冲天。
义~：义：仁义，情谊。薄：迫近。形容仁义情谊之高尚，可与天齐。
【结构】主谓 名|动-名一
【扩联】田横八百士正气冲霄汉
岳飞两代人忠义薄云天

1712

qì chōng zhì dìng
气 充 志 定
dǎn zhuàng xīn xióng
胆 壮 心 雄

【释义】气~：充：满，足。精气旺盛，意志坚定。语见清·张廷玉《明史·范济传》："磨砻砥砺，使其气充志定，卓然成材，然后举而用之，以任天下国家事无难矣。"
胆~：胆气壮，有雄心，做事无所畏惧。
【结构】联合 名-形|名-形
【扩联】气充志定接军令
胆壮心雄斩敌酋

1713

qì xié guī zhèng
弃 邪 归 正
jī zhuó yáng qīng
激 浊 扬 清

【释义】弃~：邪：邪恶之道。正：正确，正道。归：回归。抛弃邪恶，回归正道。指改邪归正。
激~：冲去污浊之水，让清水上扬。比喻除恶扬善。
【结构】联合 动-名|动-名
【扩联】迷途知返弃邪归正
天道好还激浊扬清

1714

qì mǎn zé fù
器 满 则 覆
zhài duō bù chóu
债 多 不 愁

【释义】器~：器具装得太满了就会倾倒。比喻事物发展超过一定界限就会向相反方面转化。也可比喻骄傲自满将导致失败。
债~：欠债多了反而不发愁还债了。比喻困难成堆，认为反正一时解决不了，也就不去愁它了。
【结构】连动 名-形|副-动
【扩联】器满则覆少盛好
债多不愁再借难

1715

qià dào hǎo chù
恰 到 好 处
shǒu dāng qí chōng
首 当 其 冲

【释义】恰~：恰：正好，恰巧。指说话办事正好是最适当的地步。
首~：首：首要，最先。冲：要冲。比喻最先受到攻击或遭遇灾难。
【结构】动宾 副-动|形-名
【扩联】恰到好处增不得减不得
首当其冲进也难退也难

1716

qiān fān jìng dù
千帆竞渡
bǎi gě zhēng liú
百舸争流

【释义】 千~：众多船只，竞相开出。形容生机勃勃，向前发展。
百~：舸：大船。成百的船只争先恐后往前航行。形容蓬勃发展的局面。
【结构】 主谓　数-名|动-动
【扩联】 千帆竞渡擂金鼓
百舸争流夺锦旗

1717

qiān gǔ jué chàng
千古绝唱
yī shí xì yán
一时戏言

【释义】 千~：千古：指年代久远。绝唱：出类拔萃无与伦比的诗文创作。指少有的绝妙作品。
一~：戏言：随便说说并不当真的话。指一时说起的玩笑话。
【结构】 定中　数-名|形-名
【扩联】 千古绝唱哪有假
一时戏言莫当真

1718

qiān hū wàn huàn
千呼万唤
sān lìng wǔ shēn
三令五申

【释义】 千~：多次地呼叫邀请，再三地催促。
三~：三、五：言其多。多次命令，反复说明。指再三告戒。
【结构】 联合　数-动|数-动
【扩联】 三令五申难禁唱
千呼万唤始登台

1719

qiān jiāo bǎi mèi
千娇百媚
wǔ dà sān cū
五大三粗

【释义】 千~：形容女子的容貌姿态极其优美可爱。
五~：五大：指头大、双手双脚大。三粗：指腰粗、膀子粗、大腿粗。形容身体粗壮。
【结构】 联合　数-形|数-形
【扩联】 千娇百媚江南女子
五大三粗塞北男人

1720

qiān jīn mǎi fù
千金买赋
yī zì lián chéng
一字连城

【释义】 千~：用一千两黄金买一篇文章（赋）。指文章值钱。语见《昭明文选》卷十六中的汉·司马长卿（相如）《长门赋》序："孝武皇帝陈皇后时得幸，颇妒，别在长门宫，愁闷悲思。闻蜀郡成都司马相如天下工为文，奉黄金百斤为相如文君取酒，因于解悲愁之辞。而相如为文以悟主上，陈皇后复得亲幸。"
一~：一个字就价值连城。形容文字极其珍贵。语见北齐·魏收《魏书·彭城王勰传》："黄门侍郎崔光读暮春群臣应诏诗。至勰诗，高祖仍为之改一字……勰曰：'臣闻《诗》三百，一言可蔽。今陛下赐刊一字，足以价等连城。'"
【结构】 状中　数-名|动-名
【扩联】 千金买赋千金女
一字连城一字师

1721

qiān jīn mǎi gǔ
千 金 买 骨

dǒu shuǐ huó lín
斗 水 活 鳞

【释义】 千~：花费千金，买千里马的骨头。古有君主搜求千里马，三年不得。后来一位臣子花重金给他买回来了一副千里马的骨头，他也很高兴。此事传开后，一年之内，就得到了三匹千里马。比喻招揽人才的迫切。

斗~：斗：量词。鳞：指鱼。用斗升之水将涸辙之鱼救活。比喻处于困境、急待援助的人或物只需要少量的援助就能摆脱困境。

【结构】 主谓 数-名|动-名
【扩联】 斗水活鳞援手少
千金买骨出钱多

1722

qiān jīn mǎi xiào
千 金 买 笑

wǔ dǒu jiě chéng
五 斗 解 酲

【释义】 千~：花费千金，买得一笑。指不惜重金，博取美人欢心。

五~：五斗：五斗酒，形容很多酒。酲：醉酒而神志不清。以饮大量的酒来解除酒病。形容荒谬的言论。语见《世说新语·任诞》："刘伶病酒，渴甚，从妇求酒……伶跪而祝曰：'天生刘伶，以酒为名，一饮一斛，五斗解酲……'便引酒进肉，隗然已醉矣。"

【结构】 动宾 数-名|动-名
【扩联】 千金买笑美人褒姒
五斗解酲醉汉刘伶

1723

qiān jīn shì gǔ
千 金 市 骨

yī zì jiàn xīn
一 字 见 心

【释义】 千~：指花费千金买千里马的骨头。比喻罗致人才的迫切。语见《战国策·燕策一》：燕昭王想招纳天下贤士，郭隗说："臣闻古之君人，有以千金求千里马者，三年不能得。涓人言于君曰：'请求之。'君遣之。三月得千里马，马已死，买其骨首五百金，反以报君。君怒曰：'所求者生马，安事死马而捐五百金？'涓人对曰：'死马且买之五百金，况生马乎？天下必以王为能市马，马今至矣。'于是不能期年，千里之马至者三。今王诚欲致士，请从隗始，隗且见事，况贤于隗者乎？岂远千里哉？"

一~：指书法，一个字即能表现出一个人的个性。意同"字如其人"。语见唐·张怀瓘《文字论》："文则数言乃成其意，书则一字已见其心。"

【结构】 状中 数-名|动-名
【扩联】 一字见心知品性
千金市骨得贤良

1724

qiān jīn yī xiào
千 金 一 笑

dǒu jiǔ bǎi piān
斗 酒 百 篇

【释义】 千~：花费千金，买得一笑。意指不惜代价，博取美人欢心。

斗~：喝下一斗酒，成诗一百篇。语出自杜甫诗句："李白一斗诗百篇，长安市上酒家眠。"形容能诗善饮，文思敏捷，气势豪迈。

【结构】 连动 数-名|数-名
【扩联】 千金一笑太贪色
斗酒百篇能赋诗

1725

qiān jīn xiǎo jiě
千 金 小 姐

sān lù jùn gōng
三 鹿 郡 公

【释义】 千~：千金：喻指非常宝贵、贵重。古时对大户人家未婚女儿的敬称。后也指称有娇骄二气的女孩。语见元·张国宾《薛仁贵荣归故里》第四折："你乃是官宦人家的千金小姐，请自稳便。"

三~：三鹿合为一个"麤"（粗）字。郡公：爵位名，晋始置，亦称开国郡公，历代因之，明初尚有郡公之封，后废。用为对特别粗心大意之人的讥称。语见唐·冯贽《云仙杂记》引《幽燕记》："袁利见为性顽犷，方棠谓袁生已封三鹿郡公，盖讥其太粗疏也。"

【结构】 定中 数-名|名一
【扩联】 长腿细腰千金小姐
粗心大意三鹿郡公

1726

qiān jūn yì dé
千 军 易 得

yī jiàng nán qiú
一 将 难 求

【释义】 千~：军：兵士。一千个士兵容易找到。
一~：一个好的领兵将领很难求得。比喻人才难得。

【结构】 主谓 数-名|形-动
【扩联】 匹夫之勇千军易得
统帅之才一将难求

1727

qiān piān yí lù
千 篇 一 律

yī yǔ qiān jīn
一 语 千 金

【释义】 千~：一千篇文章都是一个样子。形容作品、言谈的内容重复，格式相似，总是老一套，公式化。也比喻按一个模式机械地办事。也泛指事物形式呆板，毫无变化。语见南朝梁·钟嵘《诗品·晋司空张华》："谢康乐云：张公虽复千篇，犹一体耳。"

一~：说一句话就价值千金。形容说话很有分量，说话算话，"一诺千金"。也形容话说得很精简，很有哲理。

【结构】 主谓 数-名|数-名
【扩联】 千篇一律文无味
一语千金话值钱

1728

qiān qiū dà yè
千 秋 大 业

wàn lǐ cháng zhēng
万 里 长 征

【释义】 千~：千秋：千年，指长久的时间。大业：伟大的事业或功业。长久的、伟大的功业或事业。语见清·陈确《平水东岳庙谢别先生》："千秋大业真吾事，临别叮咛不敢忘。"

万~：征：远行。万里路的远行。形容跋涉非常远的行程。有时用来专指1934年至1935年间红军由江西到陕北的二万五千里长征。也比喻为完成伟大的事业而进行的长期奋斗。语见唐·王昌龄《出塞》："秦时明月汉时关，万里长征人未还。但使龙城飞将在，不教胡马度阴山。"

【结构】 定中 数-名|形-名
【扩联】 万里长征行万里
千秋大业壮千秋

1729

qiān qiū rén wù
千秋人物

yī dài rú zōng
一代儒宗

【释义】 千~：指名垂后世的人物。
一~：指一代儒者的宗师。语见宋·周敦颐《周子全书·附录》："百王道通新吾宋，一代儒者首此贤。"

【结构】 定中　数-名|名-

【扩联】 千秋人物有周子
一代儒宗号濂溪

1730

qiān yán jìng xiù
千岩竞秀

wàn hè zhēng liú
万壑争流

【释义】 千~：一座座山岩像在互相媲美。形容山景秀丽。
万~：万条山谷间的溪水争相流淌。形容山水胜境，幽雅宜人。

【结构】 主谓　数-名|动-形

【扩联】 千岩竞秀山光美
万壑争流水色奇

1731

qiān zāi bǎi bìng
千灾百病

qī sǔn bā shāng
七损八伤

【释义】 千~：指多灾多难。
七~：形容损伤极为严重。

【结构】 联合　数-动|数-动

【扩联】 运蹇时乖千灾百病
兵熊将弱七损八伤

1732

qiān cháng guà dù
牵肠挂肚

juān gǔ míng xīn
镌骨铭心

【释义】 牵~：形容心中挂念，放心不下。
镌~：镌：镌刻。铭：把文字刻在石头或金属器物上。比喻牢记心头，永不忘记。同"刻骨铭心"。

【结构】 联合　动-名|动-名

【扩联】 牵肠挂肚孩儿事
镌骨铭心父母恩

1733

qiān qiān jūn zǐ
谦谦君子

hǎo hǎo xiān shēng
好好先生

【释义】 谦~：谦虚好礼而严格要求自己的人。也常用以指明哲保身、不讲原则的人。
好~：不管对谁、不管什么事，只说"好好好"的人。指不分是非，到处讨好，但求相安无事的人。含讽刺意味。

【结构】 定中　叠-|名-

【扩联】 谦谦君子彬彬有礼
好好先生碌碌无为

1734

qiān gōng kè jǐ
搴公克己

jié yòng yù mín
节用裕民

【释义】 搴~：搴：提。一心为公，严以律己。见《东观汉记·周泽传》："（泽）为渑池令，搴公克己，妻子自亲釜灶。"
节~：节省公用开支，让老百姓能富裕一点。语见《荀子·富国》："足国之道，节用裕民，而善臧（藏）其余。"

【结构】 连动　动-名|动-名

【扩联】 节用裕民兴国道
搴公克己做官经

1735

qiān lán wéi bào
迁兰为鲍
yǎng huī chéng shé
养虺成蛇

【释义】 迁~：兰：香花。鲍：咸鱼，味臭。比喻环境能移人之性情。语见《孔子家语·六本》："与善人居，如入芝兰之室，久而不闻其香，即与之化矣。与不善人居，如入鲍鱼之肆，久而不闻其臭，亦与之化矣。"

养~：虺：小蛇，毒蛇。把小毒蛇养成大毒蛇。比喻纵容敌人，听任强大。语见《国语·吴语》："为虺弗摧，为蛇将若何？"《北史·高道穆传》："今若还师，令颢重完守备，可谓养虺成蛇，悔无及矣。"

【结构】 兼语　动-名|动-名

【扩联】 迁兰为鲍变香臭
养虺成蛇改弱强

1736

xué yè yǒu chéng
学业有成
qián chéng sì jǐn
前程似锦

【释义】 学~：学业：学问之事。学业有成就。现多用为祝福语。

前~：前途像锦绣一样美好。指前途远大，无法估量。称颂语。

【结构】 主谓　名—|动-名

【扩联】 寒窗二十年学业有成
鹏翅千万里前程似锦

1737

qián chéng wàn lǐ
前程万里
sǐ lù yī tiáo
死路一条

【释义】 前~：前程：前面的路程，比喻人的前途。形容人的前途十分远大。

死~：死路：绝路，或说导致死亡之路。比喻没有任何前途和任何希望。

【结构】 主谓　名—|数-量

【扩联】 振兴中华前程万里
分裂祖国死路一条

1738

qián chéng yuǎn dà
前程远大
guān yùn hēng tōng
官运亨通

【释义】 前~：前程：前面的路程，前途。形容人生未来会很美好，目的理想都能实现。

官~：官运：在官场的运气。亨通：顺利。形容为官顺利，越做越大。

【结构】 主谓　名—|形—

【扩联】 前程远大头头是道
官运亨通步步登高

1739

qián gōng jìn qì
前功尽弃
zhuàng zhì wèi chóu
壮志未酬

【释义】 前~：以前取得的成绩完全丢失。也指以前的努力完全白费。

壮~：壮志：宏伟的志向。酬：实现。宏伟的志愿尚未实现。

【结构】 主谓　形-名|形-动

【扩联】 半途而废前功尽弃
一念之差壮志未酬

1740

qián tú wú liàng
前 途 无 量

bàn lù chū jiā
半 路 出 家

【释义】 前~：前途：前面的路途。比喻人的前途。形容人前途远大，不可限量。
半~：本意指不是从小而是成年后才去当和尚、道士或尼姑。现在泛指不是从一开始就干这一行，而是中途改业的。

【结构】 状中　形-名|动-名

【扩联】 半路出家停旧业
前途无量谱新篇

1741

qián kě shǐ guǐ
钱 可 使 鬼

yì bù yā shēn
艺 不 压 身

【释义】 钱~：有钱就可以使唤鬼做事。即"有钱能使鬼推磨"。比喻只要有了钱，什么事情都可以办到。是一种金钱万能的思想。
艺~：艺：技艺，手艺。掌握的技艺多，不会压制人、不会坏事，而会使人更有作为。鼓励人们多学技艺。

【结构】 主谓　名|副-动-名

【扩联】 钱可使鬼有钱也坏事
艺不压身无艺要求人

1742

qián lái qián qù
钱 来 钱 去

bèi rù bèi chū
悖 入 悖 出

【释义】 钱~：钱的本质是流通的货币，只有一来一往才能发挥促进经济发展、市场繁荣的作用。钱挣来是要花掉的。
悖~：用不正当手段弄来的钱财，也会不正当地出去，或胡乱弄来的钱财又胡乱地花掉。

【结构】 联合　名-动|名-动

【扩联】 悖入悖出想攒难攒
钱来钱去该花就花

1743

qián lóng wù yòng
潜 龙 勿 用

bèn niǎo xiān fēi
笨 鸟 先 飞

【释义】 潜~：潜龙隐伏而不为世所知见用。比喻人才被埋没而未被重用。语见《周易·乾》："初九，潜龙勿用。"
笨~：行动笨拙的鸟要先飞。比喻能力差的人怕落后，做事比别人先行一步。

【结构】 主谓　形-名|副-动

【扩联】 笨鸟先飞先到
潜龙勿用勿急

1744

qián shān yǐn shì
潜 山 隐 市

biàn jì mái míng
变 迹 埋 名

【释义】 潜~：潜身于山林，隐迹于市井。语见杜牧《送薛处士序》："潜山隐市，皆处士也。"
变~：改变行踪，隐瞒姓名。

【结构】 联合　动-名|动-名

【扩联】 潜山隐市是归隐
变迹埋名非葬埋

1745

qián xīn dú zhì
潜 心 笃 志

dān zhì bì jīng
殚 智 毕 精

【释义】 潜~：潜心：用心专而深。笃：忠实，专致。指专心致志。
殚~：指竭尽智慧和精力。

【结构】 联合　动-名|动-名

【扩联】 殚智毕精钻学问
潜心笃志做科研

1746

qián yí mò huà
潜 移 默 化
jiǔ guàn láo chéng
久 惯 牢 成

【释义】 潜~：潜：暗中。默：无声无息。指人的思想或性格受到环境或别人的感染，逐步在暗中起了变化。
久~：久耽于江湖，老到于世故。形容老于世故，为人圆滑。
【结构】 联合　形-动|形-动
【扩联】 久惯牢成人世故
　　　　 潜移默化性疏狂

1747

qián lú zhī jì
黔 驴 之 技
hàn mǎ zhī gōng
汗 马 之 功

【释义】 黔~：比喻拙劣的伎俩或有限的一点本领。语见宋·李曾伯《代襄阃回陈总领贺转官》："虽长蛇之势若粗雄，而黔驴之技已尽矣。"
汗~：汗：出汗，流汗。汗马：战马因劳累而流汗，指战功。战功赫赫，功劳卓著。现喻指工作中成绩卓著。语见明·宋濂等《元史·陈颢传》："颢叩首谢曰：'臣无汗马之功，又乏经济之略，一旦置之政涂，徒速臣咎。'"
【结构】 定中　名-名|助-名
【扩联】 黔驴之技区区伎俩
　　　　 汗马之功赫赫勋劳

1748

qiǎn cháng zhé zhǐ
浅 尝 辄 止
jīng jìn bù xiū
精 进 不 休

【释义】 浅~：浅尝：稍微尝试一下。辄：就。略微尝试就停止了。比喻不肯下功夫钻研。
精~：精进：精干而求上进；又为佛教六度之一，能拯善乐道不自放逸。精明强干，力求上进而不停歇。
【结构】 状中　形-动|副-动
【扩联】 读书切忌浅尝辄止
　　　　 学艺应图精进不休

1749

qiǎn zhēn dī chàng
浅 斟 低 唱
yān shì mèi xíng
烟 视 媚 行

【释义】 浅~：斟：往杯或碗里倒酒。缓缓喝酒，听人低声歌唱。形容悠闲享乐的情态。
烟~：烟视：轻轻地扫一眼。媚行：慢慢地走。形容腼腆害羞的样子。
【结构】 联合　形-动|形-动
【扩联】 烟视媚行轻风拂柳
　　　　 浅斟低唱小鸟依人

1750

qiāng lín dàn yǔ
枪 林 弹 雨
jiàn shù dāo shān
剑 树 刀 山

【释义】 枪~：枪杆像树林一样，子弹像下雨一样。形容炮火密集，战斗激烈。
剑~：插满利剑的树，布满钢刀的山。比喻极其危险的境地。
【结构】 联合　名-名|名-名
【扩联】 剑树刀山万难不怕
　　　　 枪林弹雨一往无前

1751

qiáng gōng jìng nǔ
强 弓 劲 弩
nú mǎ qiān dāo
弩 马 铅 刀

【释义】 强~：强劲的弓，坚硬的弩。形容军备充足、武器精良。
弩~：铅刀：铅质的刀。蹩脚的马，不快的刀。比喻才力很弱，不中用。语见南朝宋·范晔《后汉书·隗嚣传》："昔文王三分，犹服事殷。但弩马铅刀，不可强扶。"

【结构】 联合 形-名|形-名

【扩联】 强弓劲弩占优势
弩马铅刀处下风

1752

qiáng jiān mín yì
强 奸 民 意
lǒng luò rén xīn
笼 络 人 心

【释义】 强~：强奸：违背女方意志，用暴力强迫与之发生关系。指统治者把自己的意志强加到群众头上，硬说成是群众的意愿。
笼~：笼络：拉拢。使用不正当的手段，如小恩小惠、封官许愿等等，拉拢别人。

【结构】 动宾 动一|名一

【扩联】 民意大如天休想强奸民意
人心明似镜少来笼络人心

1753

qiǎng yán wéi xiào
强 颜 为 笑
xiù sè kě cān
秀 色 可 餐

【释义】 强~：颜：脸，脸上的表情。心里不畅快，脸上勉强装出欢笑的样子。
秀~：秀色：秀美的容貌。餐：吃。形容女子容貌秀美可爱。也可指山水风景秀丽。

【结构】 主谓 形-名|动-动

【扩联】 秀色可餐真可爱
强颜为笑好为难

1754

qiāo jīn jī yù
敲 金 击 玉
nòng zhú dàn sī
弄 竹 弹 丝

【释义】 敲~：指演奏打击乐器。比喻音调有节奏而响亮。
弄~：竹、丝：箫管乐，丝弦乐，均为八音之属。指演奏管弦乐器。

【结构】 联合 动-名|动-名

【扩联】 敲金击玉紧锣密鼓
弄竹弹丝急管繁弦

1755

qiāo luó dǎ gǔ
敲 锣 打 鼓
nòng guǎn tiáo xián
弄 管 调 弦

【释义】 敲~：敲打锣鼓等乐器。形容热闹的欢庆场合。
弄~：指吹奏管弦乐器。

【结构】 联合 动-名|动-名

【扩联】 敲锣打鼓放鞭炮
弄管调弦吼老腔

1756

qiāo shān zhèn hǔ
敲 山 震 虎
dǎ cǎo jīng shé
打 草 惊 蛇

【释义】 敲~：敲响山岩，震动老虎。指故意示警，使人震动。
打~：打草惊动伏在草中的蛇。原比喻惩甲惊乙，后用喻做事不机密，使对方有所戒备。

【结构】 连动 动-名|动-名

【扩联】 敲山震虎虎啸山谷
打草惊蛇蛇窜草丛

1757

qiǎo lì míng mù
巧 立 名 目
wàng jiā cí huáng
妄 加 雌 黄

【释义】 巧~：名目：事物的名称。在规定项目之外设法另立项目，以达到不正当的目的。语见清·赵尔巽《清史稿·诺岷传》："上屡饬各省督察有司，耗羡既归公，不得巧立名目，复有所取于民。"
妄~：雌黄：古代抄书校书时涂改文字用的颜料。在纸上乱加雌黄涂改。形容乱改文字、乱发议论。
【结构】 动宾 形-动|名一
【扩联】 妄加雌黄发谬论
巧立名目用公款

1758

qiǎo néng chéng shì
巧 能 成 事
yì bù shēng cái
义 不 生 财

【释义】 巧~：巧：灵巧，机敏。灵巧机敏能成就人的事业。语见《孙子·九地》："故为兵之事，在于顺详敌之意，并敌一向，千里杀将，此谓巧能成事者也。"
义~：义：正义，道义。生财：发财，增加财富。秉持、支持正义者是不能（指望）发财的。语见明·冯梦龙《醒世恒言》卷八十九："薛素姐心里想到：'义不生财，慈不主兵。'"
【结构】 主谓 名|副-动-名
【扩联】 义不生财义无反顾
巧能成事巧夺天工

1759

qiǎo yán luàn dé
巧 言 乱 德
miào yǔ jīng rén
妙 语 惊 人

【释义】 巧~：花言巧语会败坏德行。语见《论语·卫灵公》："巧言乱德，小不忍则乱大谋。"
妙~：妙语：有深意或动听的语言。绝妙动听的语言令人吃惊。
【结构】 主谓 形-名|动-名
【扩联】 口蜜腹剑巧言乱德
才高知深妙语惊人

1760

qiè qiè sī yì
窃 窃 私 议
kuā kuā qí tán
夸 夸 其 谈

【释义】 窃~：窃窃；形容声音细微。指背地里小声地议论。
夸~：浮夸而不切实际地乱说一通。
【结构】 状中 形一|代-动
【扩联】 夸夸其谈一张寡嘴
窃窃私议几个闲人

1761

qīn rú shǒu zú
亲 如 手 足
qì ruò jīn lán
契 若 金 兰

【释义】 亲~：手足：指兄弟。亲密得像手足、兄弟一样。
契~：契：契合，相投。金兰：形容交情的信诚。《周易》："二人同心，其利断金；同心之言，其臭如兰。"意气相投，利断金、香如兰，如金兰结义的把兄弟一样。
【结构】 述补 形|动-名一
【扩联】 亲如手足难分难舍
契若金兰不弃不离

1762

qīn rú gǔ ròu
亲 如 骨 肉

shì ruò tàn bīng
势 若 炭 冰

【释义】 亲~：亲：亲近，亲密。亲密得像骨肉相连一样。形容非常亲密。
势~：指双方像炭火和冰雪一样不能相容，非常对立。
【结构】 述补　形|动-名-名
【扩联】 生死战友亲如骨肉
仇雠弟兄势若炭冰

1763

qīn tòng chóu kuài
亲 痛 仇 快

nán zūn nǚ bēi
男 尊 女 卑

【释义】 亲~：快：快意，高兴。指让自己人感到痛心，敌对者感到高兴。语见汉·朱浮《为幽州牧与彭宠书》："凡举事无为亲厚者所痛而为仇者所快。"
男~：尊：地位高。卑：低下。男子的地位高贵，女子的地位低下。这是一种重男轻女的封建观念。语见《列子·天瑞》："男女之别，男尊女卑，故以男为贵。"
【结构】 联合　名-形|名-形
【扩联】 不做亲痛仇快事
根除男尊女卑心

1764

qín qí shū huà
琴 棋 书 画

huā niǎo chóng yú
花 鸟 虫 鱼

【释义】 琴~：弹琴、下棋、书法、绘画。泛指各种文艺特长。语见宋·孙光宪《北梦琐言》第五卷："唐高测，彭州人。聪明博识，文翰纵横。至于天文历数，琴棋书画，率皆精巧，乃梁朝朱异之流。"
花~：泛指各种动植物。也特指供玩赏的花木、鸟禽、观赏鱼和小宠物。
【结构】 联合　名|名|名|名
【扩联】 会琴棋书画多才多艺
养花鸟虫鱼费事费工

1765

qín xīn jiàn dǎn
琴 心 剑 胆

xiá gǔ róu cháng
侠 骨 柔 肠

【释义】 琴~：琴、剑是古代文人常备之物，琴象征高雅的情趣，剑象征无畏的胆气。如琴之心，如剑之胆。比喻既有情致，又有胆识，刚柔相济。
侠~：指有侠义的性格风骨和温柔的心肠情态。
【结构】 联合　名-名|名-名
【扩联】 琴心剑胆不离琴谱剑谱
侠骨柔肠颇具侠情柔情

1766

qín jìn zhī hǎo
秦 晋 之 好

guǎn bào zhī jiāo
管 鲍 之 交

【释义】 秦~：春秋时，秦、晋两国好几代互通婚姻。后人以此称两家联姻。
管~：管、鲍：指春秋时齐国的管仲和鲍叔牙。二人为知交。管贫鲍富，经商分钱，鲍叔牙让管仲多拿；逃难时互让先跑。管仲尝言："生我者父母，知我者鲍子也。"指真正相知的交情。
【结构】 定中　名-名|助-名
【扩联】 两姓可联秦晋之好
一生难得管鲍之交

1767

qín zhēng zhào sè
秦 筝 赵 瑟
yuán zhǐ lǐ lán
沅 芷 澧 兰

【释义】 秦~：战国时，秦国的筝和赵国的瑟有名于时。指名贵的乐器。
沅~：沅、澧：湖南境内的两水名。芷、兰，皆香草。以沅澧的香草，借喻人品高洁。
【结构】 联合　名-名|名-名
【扩联】 秦筝赵瑟奏仙乐
沅芷澧兰生异香

1768

qín zhuān hàn wǎ
秦 砖 汉 瓦
xià dǐng shāng yí
夏 鼎 商 彝

【释义】 秦~：秦朝的砖块，汉代的瓦当。
夏~：夏朝的铸鼎，商代的酒器。皆泛指古董古物。
【结构】 联合　名-名|名-名
【扩联】 秦砖汉瓦筑长城万里
夏鼎商彝引战火千年

1769

qín néng bǔ zhuō
勤 能 补 拙
jiǎn kě yǎng lián
俭 可 养 廉

【释义】 勤~：补：弥补。拙：笨，不灵巧。勤奋苦干能补偿笨拙之不足。
俭~：俭：节俭。养：培养，养成。廉：廉洁。节俭可养成廉洁的美德。
【结构】 主谓　形|动-动-形
【扩联】 俭可养廉清似水
勤能补拙福齐天

1770

qín xué kǔ liàn
勤 学 苦 练
shú dú shēn sī
熟 读 深 思

【释义】 勤~：认真钻研并刻苦练习。
熟~：反复阅读，再三思考。语见《朱子语录》第五十九卷："以此知观书不可苟，须熟读深思，道理自现。"
【结构】 联合　形-动|形-动
【扩联】 术当勤学苦练
书要熟读深思

1771

qín zé bù kuì
勤 则 不 匮
qióng ér hòu gōng
穷 而 后 工

【释义】 勤~：匮：匮乏，（物质）缺乏。只要勤劳就不会缺少物质财富。语见《左传·宣公十二年》："民生在勤，勤则不匮。"
穷~：工：精巧。旧时谓文人越困穷不得志，写出的诗文越好越精彩。语见宋·欧阳修《〈梅圣俞诗集〉序》："世谓诗人少达而多穷，夫岂然哉！盖世所传诗者，多出于古穷人之辞也。……盖愈穷则愈工，则非诗之能穷人，殆穷者而后工也。"
【结构】 连动　形|连-副-形
【扩联】 勤则不匮勤劳致富
穷而后工穷愁著书

1772

qǐn shí jù fèi
寝食俱废

zuò wò bù níng
坐卧不宁

【释义】寝~：寝：睡觉。食：吃饭。俱：都。吃饭睡觉都废弃了。形容非常忧愁或悲痛欲绝。
坐~：卧：躺下。坐着躺着都不安宁。形容因忧愁恐惧而心神不安。也形容十分担心或忙乱的样子。也作"坐卧不安"。

【结构】主谓 动-动|副-形

【扩联】坐卧不宁心烦意乱
寝食俱废短叹长吁

1773

qīng chūn bù zài
青春不再

fēng yuè cháng xīn
风月常新

【释义】青~：青春年华只有一次，非常可贵。多用于劝勉人努力。
风~：祝愿之辞。比喻两情缱绻，如风如月，日日常新，不为所弃。

【结构】主谓 名—|副-动

【扩联】岁岁年年青春不再
卿卿我我风月常新

1774

qīng é hào chǐ
青蛾皓齿

bái fà hóng yán
白发红颜

【释义】青~：青蛾：青黛的蛾眉，美人的眉毛。借指美眉，美人。皓齿：洁白的牙齿。青黛蛾眉再配上洁白的牙齿，形容女子的美貌。喻指美女或美好的人才。语见唐·杜甫《城西陂泛舟》："青蛾皓齿在楼船，横笛短箫悲远天。"
白~：形容健康长寿的老人。头发虽白，但其容光焕发。语见宋·无名氏《宣和画谱·道释四》："（徐知常）旧尝有痼疾，遇异人得修炼之术，却药谢医，以至引年，白发红颜，真有所得。"

【结构】联合 形-名|形-名

【扩联】青蛾皓齿女孩漂亮
白发红颜老汉健康

1775

qīng fēng dú xiù
青峰独秀

mài suì liǎng qí
麦穗两岐

【释义】青~：秀：凸出，高出。独秀：超群出众。青翠的山峰突兀而立，超然群山。也比喻人超群出众。
麦~：岐：通"歧"，分岔。一棵麦子抽出两个穗，古代常看作祥瑞之征，特指农业丰收。也用来称颂吏治成绩显著。语见南朝宋·范晔《后汉书·张堪传》："百姓歌曰：'桑无附枝，麦穗两岐，张君为政，乐不可支。'"

【结构】主谓 形-名|形—

【扩联】麦穗两岐歌吏治
青峰独秀矮群山

1776

qīng lóng bái hǔ
青龙白虎

jīn mǎ bì jī
金马碧鸡

【释义】青~：青龙为东方七宿（星宿）之合称，白虎为西方七宿之合称。古代行军时，青龙旗主东方之位，白虎旗主西方之位。
金~：传说中的两个神仙。金形似马，碧形似鸡。古人作为祥瑞的的征兆。

【结构】联合 名—|名—

【扩联】青龙白虎班列星宿
金马碧鸡本为神仙

1777

qīng méi rú dòu
青梅如豆

hóng xìng chū qiáng
红杏出墙

【释义】 青~：青梅结的果子还像豆子一样大。语见宋·欧阳修《阮郎归》："南园春半踏青时，风和闻马嘶。青梅如豆柳如眉，日长蝴蝶飞。花露重，草烟低，人家帘幕垂。秋千慵困解罗衣，画梁双燕栖。"此词描写了少妇踏春之感之情。"青梅如豆"则点明了时节，描写了时近暮春之景。

红~：红杏枝条伸出到墙外去了。语见宋·叶绍翁《游园不值》："应怜屐齿印苍苔，小扣柴扉久不开。春色满园关不住，一枝红杏出墙来，"原形容园内园外春色无限。后也用于比喻女子不安于室，有婚外情。

【结构】 主谓　形-名|动-名

【扩联】 红杏出墙春烂漫
青梅如豆夏蹒跚

1778

qīng méi zhú mǎ
青梅竹马

chén fàn tú gēng
尘饭涂羹

【释义】 青~：青梅：青色的梅子。竹马：指小孩将竹竿骑在裆下作马。后用以形容男女儿童天真无邪、亲昵的样子。

尘~：涂：稀泥。尘土当饭，稀泥作羹。指儿童的游戏。也比喻只有虚假形式，不能收到实效。

【结构】 联合　形-名|名-名

【扩联】 尘饭涂羹开酒宴
青梅竹马接新娘
过家家（横批）

1779

qīng niǎo chuán xìn
青鸟传信

jīn zhēn dù rén
金针度人

【释义】 青~：青鸟：传说中西王母左右的大鸟，常为西王母传信、取食。古人将使者传递消息称为"青鸟传信"。

金~：传说纺女善织，有金针。若与人，能使人生巧。后把金针比喻一种方法、诀窍。度：传授。把金针秘法传给别人。

【结构】 主谓　名—|动-名

【扩联】 青鸟传信胜大雁
金针度人绣鸳鸯

1780

qīng qián xué shì
青钱学士

bái zì xiān shēng
白字先生

【释义】 青~：青钱：青铜钱，是旧时铸造的质量最好的钱。本指唐代文字出众的张鷟（zhuó）。后泛指有才学的人。

白~：白字：别字，错字。讥讽老是写错别字、念错别字的人。

【结构】 定中　形-名|名—

【扩联】 白字先生抄白字
青钱学士胜青钱

1781

qīng shān bù lǎo
青山不老

lù shuǐ cháng cún
绿水长存

【释义】 青~：青山巍巍，永不衰老。与"绿水长存"常连用，皆比喻永世长存。也比喻时间久长。

绿~：绿水荡荡，长流不息。

【结构】 主谓　形-名|副-动

【扩联】 青山不老人不老
绿水长存福长存

1782

qīng shān lù shuǐ
青 山 绿 水

bì hǎi lán tiān
碧 海 蓝 天

【释义】 青~：青翠的山峦，碧绿的水流。形容饶有生气而又秀丽的山水。
碧~：碧绿的大海，蓝蓝的天空。形容洁净、美丽的海边风景。

【结构】 联合 形-名|形-名

【扩联】 碧海蓝天黄鹤舞
青山绿水苍鹰飞

1783

qīng tiān pī lì
青 天 霹 雳

píng dì fēng bō
平 地 风 波

【释义】 青~：青天：晴朗的天空。霹雳：猛然炸响的惊雷。比喻突然发生的令人震惊的意外事件。
平~：平地：平坦的地上。风波：水上的风浪，喻指事故或变化。比喻突然发生的事故或变化。

【结构】 定中 形-名|名一

【扩联】 青天霹雳兴妖作怪
平地风波无事生非

1784

qīng yī xíng jiǔ
青 衣 行 酒

hóng xiù tiān xiāng
红 袖 添 香

【释义】 青~：青衣：旧指婢女。行酒：斟酒劝酒。指婢女斟酒，悉心照料。也指晋怀帝被俘后，被强迫穿着青衣斟酒受辱之事。喻指帝王受辱。
红~：红袖：指美女。添香：添香料。红袖添香，指美女伴读，尽享乐事。

【结构】 主谓 形-名|动-名

【扩联】 青衣行酒日沉醉
红袖添香夜欲狂

1785

qīng yíng diǎn sù
青 蝇 点 素

qún yǐ fù shān
群 蚁 附 膻

【释义】 青~：青蝇：苍蝇，比喻佞人。点：玷污。素：白色生丝绢。苍蝇拉屎污染了白色的绢绸。比喻坏人中伤诬陷，使好人受玷污、冤屈。
群~：附：依附。膻：羊肉的气味。许多蚂蚁趋附膻味羊肉。比喻许多臭味相投的人追求不好的东西。

【结构】 主谓 形-名|动-名

【扩联】 群蚁附膻味趋合
青蝇点素绢玷污

1786

qīng yún dé yì
青 云 得 意

gān yǔ suí chē
甘 雨 随 车

【释义】 青~：青云：高空。得意：志愿实现，志得意满。喻指考取了功名，做了大官，飞黄腾达。
甘~：甘雨：及时雨。指车到之处，适时地降下及时雨。旧时用作对地方长官施行德政的称颂语。

【结构】 主谓 形-名|动-名

【扩联】 甘雨随车播大地
青云得意坐春风

1787

qīng yún gàn lǚ
青 云 干 吕

lì rì zhōng tiān
丽 日 中 天

【释义】 青~：指庆云翔集。旧谓吉祥之兆。
丽~：中天：天空的正中。灿烂的太阳升到了天空的正中。比喻事物正发展到兴盛的阶段。

【结构】 主谓 形-名|动-名

【扩联】 社会和谐青云干吕
国家兴旺丽日中天

1788

qīng yún zhí shàng
青 云 直 上

jiù yǔ chóng féng
旧 雨 重 逢

【释义】 青~：青云：指青天，高空，旧时比喻高的地位。指迅速升到很高的地位。比喻人官运亨通。
旧~：旧雨：喻指老朋友。老朋友又重新遇见了。语见清·王韬《淞隐漫录·黎纫秋》："生视女有若旧雨重逢，女则时作腼腆态。"

【结构】 主谓　形-名|副-动

【扩联】 官运亨通青云直上
机缘巧合旧雨重逢

1789

qīng zhī lù yè
青 枝 绿 叶

kū mù xiǔ zhū
枯 木 朽 株

【释义】 青~：青绿色的枝叶。多指生长茂盛的树木。也比喻人年轻正值青春或旺盛的生命力。
枯~：枯干腐朽的树木。也比喻衰老的人或衰弱的力量。

【结构】 联合　形-名|形-名

【扩联】 青枝绿叶沐春雨
枯木朽株成烂泥

1790

qīng tíng diǎn shuǐ
蜻 蜓 点 水

yīng wǔ xué shé
鹦 鹉 学 舌

【释义】 蜻~：蜻蜓点水，一掠而过。比喻做事浮浅，不认真，不深入。
鹦~：鹦鹉能学人讲话，却不知其意。比喻人云亦云，没有自己的见解。

【结构】 主谓　名—|动-名

【扩联】 鹦鹉学舌百思不解
蜻蜓点水一触即飞

1791

qīng cái hào shì
轻 财 好 士

tóu bì fù yīng
投 璧 负 婴

【释义】 轻~：轻视钱财，重视士人。语见唐·令狐德棻《周书·段永传》："永历任内外，所在颇有声称，轻财好士，朝野以此重焉。"
投~：投：扔下。负：背在背上。在危急关头扔下千金之璧，也背着孩子走。语见《庄子·山木》。喻指轻财利重亲情。

【结构】 连动　动-名|动-名

【扩联】 轻财好士豪侠客
投璧负婴骨肉情

1792

qīng jǔ wàng dòng
轻 举 妄 动

jǐn yán shèn xíng
谨 言 慎 行

【释义】 轻~：轻：轻率。妄：胡乱，任意。不经慎重的考虑就轻率地采取行动。
谨~：言语行动小心谨慎。指不信口开河、不草率行事。

【结构】 联合　形-动|形-动

【扩联】 轻举妄动多坏事
谨言慎行好为人

1793

qīng nuò guǎ xìn
轻 诺 寡 信

nè yán mǐn xíng
讷 言 敏 行

【释义】 轻~：诺：答应，许诺。言语上轻易许诺，实际上却很少守信用。
讷~：讷：（说话）迟钝。说话谨慎，办事敏捷。

【结构】 联合　形-动|形-动

【扩联】 讷言敏行办事可信
轻诺寡信为人不行

1794

qīng cái zhòng shì
轻 财 重 士
guì dé jiàn bīng
贵 德 贱 兵

【释义】 轻~：轻视钱财，重视士人。语见晋·陈寿《三国志·吴书·张温传》："父允，轻财重士，名显州郡，有国士之风。"
贵~：贵德：重视德行。贱兵：轻视武力。比喻重德行感化，不重强制刑罚。语见汉·桓宽《盐铁论·本议》："古者贵以德而贱用兵。"
【结构】 联合　形-名|形-名
【扩联】 轻财重士人为本
贵德贱兵礼占先

1795

qīng qiú féi mǎ
轻 裘 肥 马
hòu lù zhòng róng
厚 禄 重 荣

【释义】 轻~：穿着轻而暖和的皮袍，乘着肥壮的马驾的车子。形容富豪人家的生活。语见宋·辛弃疾《水龙吟》词："苍颜照影，故应零落，轻裘肥马。"
厚~：优厚的俸禄，极高的荣耀。形容官员的优渥待遇。
【结构】 联合　形-名|形-名
【扩联】 轻裘肥马富家子
厚禄重荣官宦人

1796

qīng yān niǎo niǎo
轻 烟 袅 袅
rè qì téng téng
热 气 腾 腾

【释义】 轻~：袅袅：烟气缭绕的样子。淡淡的烟气缭绕飞散。多用于形容天朗气清或山村炊烟升起的景色。
热~：热气：温度高的气体，比喻热烈的情绪或气氛。腾腾：气体不断上升的样子。形容气体很盛，蒸蒸向上。也比喻情绪高昂，气氛热烈。
【结构】 主谓　形-名|叠一
【扩联】 日丽风和轻烟袅袅
人多势众热气腾腾

1797

qīng zhuāng shàng zhèn
轻 装 上 阵
sù miàn cháo tiān
素 面 朝 天

【释义】 轻~：原指古代将士作战时不披铠甲，轻便灵活地上阵作战。现比喻放下各种思想包袱，消除各种顾虑投入工作。
素~：素面：不妆饰，以平素之本来面目。朝天：朝见皇帝。荣辱不惊，心态平和。现指女子不施浓妆露面。
【结构】 状中　形-名|动-名
【扩联】 卸包袱轻装上阵
洗铅华素面朝天

1798

qīng chá dàn fàn
清 茶 淡 饭
měi jiǔ jiā yáo
美 酒 佳 肴

【释义】 清~：形容饮食粗糙，比较简单。
美~：肴：鱼肉等荤菜。指美好的酒和菜。
【结构】 联合　形-名|形-名
【扩联】 美酒佳肴有口味
清茶淡饭养身心

1799

qīng dū zǐ fǔ
清都紫府
bái wū hán mén
白屋寒门

【释义】 清~：指传说中的天帝所居之宫阙。语见宋·张孝祥《西江月·代五三弟为老母寿》："莫问清都紫府，长教绿鬓朱颜。"
白~：白屋：月白茅草盖的屋子，泛指贫士居住的屋子。形容出身贫寒。

【结构】 联合 形-名|形-名

【扩联】 白屋寒门贫士居所
清都紫府帝王宫廷

1800

qīng fēng liàng jié
清风亮节
gǔ dào rè cháng
古道热肠

【释义】 清~：比喻人的风格清正，节操坚贞。
古~：古道：古代淳朴的风尚。热肠：热心肠。形容待人真诚、热情。

【结构】 联合 形-名|形-名

【扩联】 苏武牧羊清风亮节
季札悬剑古道热肠

1801

pīng gōng chú dào
清宫除道
yōng huì yíng mén
拥彗迎门

【释义】 清~：清、除：洒水扫除。宫：古代房屋的通称。打扫房屋和道路。指准备迎接贵客的到来。语见《战国策·秦一》："（苏秦）将说秦，路过洛阳，父母闻之，清宫除道，张乐设宴，郊迎三十里。"
拥~：手持帚扫地，在门前迎候客人。表示对来客非常尊敬。语见汉·荀悦《汉纪·高祖纪》："后上（刘邦）朝太公，太公拥彗迎门，却行欲拜。"

【结构】 联合 动-名 动-名

【扩联】 清宫除道接新客
拥彗迎门候贵宾

1802

qīng guī jiè lù
清规戒律
jùn fǎ yán xíng
峻法严刑

【释义】 清~：原指佛教徒所遵守的规约、戒条。后泛指束缚人的繁琐的不合理的规章条例。
峻~：严厉而残酷的刑法。

【结构】 联合 形-名|形-名

【扩联】 峻法严刑惩治乱
清规戒律苛求人

1803

qīng jìng guǎ yù
清静寡欲
zhèng zhí wú xié
正直无邪

【释义】 清~：心境安静而欲念很少。语见《晋书·庾峻传》："尊祖高才而性退让，兹和泛爱，清静寡欲，不影当世，惟修德行而已。"
正~：公正刚直没有邪念私心。语见《后汉书·宋弘传》："太中大夫宋汉清修雪白，正直无邪。"

【结构】 述补 形-|动-名

【扩联】 清静寡欲亦积德
正直无邪惟修仁

1804

qīng jiè yǒu shǒu
清 介 有 守

zhèng zhí wú sī
正 直 无 私

【释义】 清~：清介：清高耿直。守：操守。指人清高耿直，品格高尚而有节操。语见清·毕沅《续资治通鉴》卷一百四十："容为人，清介有守，仕至宰相，居处不改其初。"
正~：公正刚直而无私心。语见元·刘唐卿《降桑椹》第一折："见义当为真男子，则是我正直无私大丈夫。"

【结构】 述补　形—|动-名

【扩联】 正直无私无怨无悔
清介有守有猷有为

1805

qīng lián shǒu zhì
清 廉 守 志

gōng zhèng wú sī
公 正 无 私

【释义】 清~：清正廉洁，坚守节操。颂扬官吏之词。
公~：公平、正直，没有私心。形容高尚的品格和作风。

【结构】 述补　形—|动-名

【扩联】 公正无私可为公职
清廉守志才是清官

1806

qīng xīn guǎ yù
清 心 寡 欲

shì xìng rèn qíng
适 性 任 情

【释义】 清~：清：使之清净。寡：减少。欲：欲望，需求。保持心地清净，减少欲念。
适~：指顺适性情。即按自己的性情说话行事，不假饰。

【结构】 联合　动-名|动-名

【扩联】 清心寡欲少贪念
适性任情无假装

1807

qīng yīn yōu yùn
清 音 幽 韵

yù zhèn jīn shēng
玉 振 金 声

【释义】 清~：比喻文章造诣极深。语见宋·王安石《祭欧阳文忠公文》："其清音幽韵，凄如飘风急雨之骤至。"
玉~：比喻文章道德之盛。语见唐·杨炯《从弟去溢墓志铭》："莫不玉振金声，笔有余力。"

【结构】 联合　形-名|形-名

【扩联】 玉振金声颂声载道
清音幽韵余韵绕梁

1808

qīng chéng qīng guó
倾 城 倾 国

lì dé lì yán
立 德 立 言

【释义】 倾~：使全城全国人为之倾倒。形容女子容貌很美。语见《汉书·外戚传》："一顾倾人城，再顾倾人国。"
立~：立德：创立、实施有益于民众的德政。立言：著书立说，传扬于世。指创立、实施有益于民众的德政，著书立说以流传后世。

【结构】 联合　动-名|动-名

【扩联】 立德立言惟圣上
倾城倾国是佳人

1809

qíng tiān jià hǎi
擎 天 架 海

gāng dǐng bá shān
扛 鼎 拔 山

【释义】 擎~：擎：向上托。架：抬起。能托住天，架起海。形容本领极大。多形容担当国家重任或非常杰出的人才。
扛~：扛：双手举起。举起大鼎，拔起大山。形容力气很大。

【结构】 联合　动-名|动-名

【扩联】 扛鼎拔山拼力事
擎天架海将兵才

1810

qíng cháng zhǐ duǎn
情 长 纸 短
jiāo qiǎn yán shēn
交 浅 言 深

【释义】 情~：纸张苦短，情感深长。形容要说的话太多写不完。
交~：交浅：相交不深。言深：说话过深。指对交情不深的人言谈深重。
【结构】 联合　名-形|名-形
【扩联】 驿寄梅花情长纸短
胸无城府交浅言深

1811

qíng shēn sì hǎi
情 深 似 海
ēn zhòng rú shān
恩 重 如 山

【释义】 情~：感情深厚如海洋。形容感情非常深。
恩~：恩德像山一样重。形容恩德非常大。
【结构】 主谓　名|形-动-名
【扩联】 夫妻情深似海
父母恩重如山

1812

qíng shēn tán shuǐ
情 深 潭 水
ēn zhòng tài shān
恩 重 泰 山

【释义】 情~：潭：深的水池。形容友情的深厚。语见李白《赠汪伦》诗："桃花潭水深千尺，不及汪伦送我情。"
恩~：恩情比泰山还要重。形容恩情深厚。
【结构】 主谓　名|形-名-名
【扩联】 情侣送人情深潭水
恩公救我恩重泰山

1813

qíng tong shǒu zú
情 同 手 足
yì jié jīn lán
义 结 金 兰

【释义】 情~：手足：比喻兄弟。情谊很深，如同亲兄弟一样。
义~：金兰：交友很投合。《易·系辞》："二人同心，其利断金。同心之言，其臭如兰。"义：通过拜认结成亲戚关系。结拜为义兄义弟。
【结构】 主谓　名|动-名一
【扩联】 情同手足共生死
义结金兰是弟兄

1814

qíng zhōng wǒ bèi
情 钟 我 辈
yì zài pèi gōng
意 在 沛 公

【释义】 情~：钟：集中。我辈：我们，我等。我们这些人最富于情感，容易动感情。语见南朝宋·刘义庆《世说新语·伤逝》："王戎丧儿万子，山简往省之，王悲不自胜。简曰：'孩抱之物，何至于此？'王曰：'圣人忘情，最下不及情，情之所钟，正在我辈。'"
意~：楚汉相争时，鸿门宴上项庄舞剑，意杀沛公。指目的在此，而不在彼。后也有指借探亲为名，以一睹女容为实，一如意在沛公。语见清·王韬《淞隐漫录·钱蕙苏》："（钱公子）稔知女美而才，欲乞联秦晋欢，特未一睹女容，犹疑婢媪传言，未足凭信，因借探亲为名，实则意在沛公也。"
【结构】 主谓　名|动-代一
【扩联】 情钟我辈万悲儿逝
意在沛公一睹女容

1815

qíng gēng yǔ dú
晴 耕 雨 读
rì xǐng yuè xiū
日 省 月 修

【释义】 晴~：晴天耕耘，雨天读书。形容中国传统文人所赞赏的耕读传家、悠然自得的田园生活。
日~：天天反省，月月修身。语见清·严有禧《漱华随笔·知县改授》："使本馆读书进学，日省月修，待其老成，然后授以任事之职。"
【结构】 联合 名-动|名-动
【扩联】 日省月修年年进步
晴耕雨读季季收秋

1816

qǐng jūn rù wèng
请 君 入 瓮
yǐn guǐ shàng mén
引 鬼 上 门

【释义】 请~：君：对对方的尊称。瓮：大坛子。请您自己钻进大坛子里。比喻用某人整治别人的方法来整治他自己。唐武周时有酷吏周兴，有囚犯不招供，则将人装进坛子里，外面用火烧，逼人就范。后周兴被告，另一酷吏来俊臣就用同样的方法整治他。
引~：比喻自己把坏人或坏事带到家里来了。
【结构】 兼语 动-|名|-动-名
【扩联】 请君入瓮整人害己
引鬼上门惹祸招灾

1817

qióng bīng dú wǔ
穷 兵 黩 武
yǎn gé shàng wén
偃 革 尚 文

【释义】 穷~：穷：穷尽，用尽。黩：轻率，滥用。穷尽兵力，轻率动武。形容好战。语见《三国志·陆抗传》："穷兵黩武，动费万计。"
偃~：革：兵革，军备，代指战事。停止战事，崇尚文治。语见《新唐书·肖俛传》："穆宗初，两河底定，俛与段文昌当国，谓四方无虞，遂议太平事，以为武不可黩，劝帝偃革尚文。"
【结构】 联合 动-名|动-名
【扩联】 穷兵黩武民凋敝
偃革尚文国盛昌

1818

qióng dá yǒu mìng
穷 达 有 命
jí xiōng yóu rén
吉 凶 由 人

【释义】 穷~：穷，不得志。达，显贵。不得志或显贵都是命里注定的。
吉~：吉利或不吉利是人自己造成的。
【结构】 主谓宾 形-形|动-名
【扩联】 自古穷达全有命
从来吉凶皆由人

1819

qióng kùn liáo dǎo
穷 困 潦 倒
jiān nán yù chéng
艰 难 玉 成

【释义】 穷~：潦倒：失意。生活贫困，失意颓丧。形容贫穷而颓废的状况。
艰~：玉成：敬辞，意为成全，成功。形容经过艰辛的磨练，终于获得成功。
【结构】 联合 形—|动—
【扩联】 穷困潦倒昔年事
艰难玉成前辈人

1820

qióng lǐ jìn xìng
穷 理 尽 性
tōng yuán shí wēi
通 元 识 微

【释义】 穷~：原指彻底推究事物的道理和人的本性。后泛指彻底推究一切事理。
通~：元：同"玄"。通晓玄妙之理，识别细微之物而达于神明。
【结构】 联合 动-名|动-名
【扩联】 穷理尽性尊孔孟
通元识微学老庄

1821

qióng tōng yǒu mìng
穷 通 有 命
shēng sǐ wú cháng
生 死 无 常

【释义】 穷~：穷：穷困。通：通达。指穷困通达皆由命运决定。语见唐·孟浩然《晚春卧病寄张八》："常恐填沟壑，无由振羽仪。穷通若有命，欲向论中推。"
生~：人的生死都是不定的。
【结构】 主谓 动-动|动-名
【扩联】 生死无常说去就去
穷通有命该来会来

1822

qióng tú mò lù
穷 途 末 路
duàn gǎng jué huáng
断 港 绝 潢

【释义】 穷~：穷途：路途的尽头。末路：道路的末端。泛指行路已走到尽头。形容已无路可走的境况。含贬义。
断~：港：江河的支流。潢：积水池。被截断了水路的河流，没有进出水道的水池。比喻绝境。
【结构】 联合 形-名|形-名
【扩联】 人到穷途末路难走
船横断港绝潢不行

1823

qióng yuán shī mù
穷 猿 失 木
jiù yàn guī cháo
旧 燕 归 巢

【释义】 穷~：穷：穷困，困境。陷入困境的猿猴失去了栖身的山林。比喻流离失所，无家可归。语见杜甫《寄杜位》诗："寒日经檐短，穷猿失木悲。"
旧~：旧：先前。先前的燕子回到了旧巢老窝。借喻游子仍回故乡。语见明·顾大典《青衫记·裴兴归衙》："似旧燕归巢，双语檐前。"
【结构】 主谓 形-名|动-名
【扩联】 穷猿失木愁无泪
旧燕归巢喜若狂

1824

qióng lín mǎn yǎn
琼 林 满 眼
chéng zhú zài xiōng
成 竹 在 胸

【释义】 琼~：琼：美玉。眼里所看到的是美玉如林。比喻到处都是精美华丽的陈设或美好的事物。
成~：成：成形的。原指在画竹子之前，心里就已经有了竹子的形态。后喻做事有准备，有把握取得成功。语见苏轼《文与可筼筜谷偃竹记》："故画竹，必先得成竹于胸中。"
【结构】 主谓 形-名|动-名
【扩联】 琼林满眼绮筵客
成竹在胸绘画人

1825

琼林玉质
qióng lín yù zhì

月窟仙枝
yuè kū xiān zhī

【释义】 琼~：琼：美玉。比喻资质洁净纯美。
月~：月窟：月宫。仙枝：月宫中的桂枝。比喻人品清逸非凡。
【结构】 定中 名一|名一
【扩联】 <u>慧心灵性琼林玉质</u>
<u>高节清风月窟仙枝</u>

1826

琼楼玉宇
qióng lóu yù yǔ

贝阙珠宫
bèi què zhū gōng

【释义】 琼~：用美玉构建的楼宇。传说中仙人居住的楼台宫殿。形容瑰丽堂皇的建筑物。
贝~：传说中用紫贝明珠装饰的龙宫水府。也比喻瑶台仙境或帝王宫阙。
【结构】 联合 名一|名一
【扩联】 贝阙珠宫相传热闹
琼楼玉宇不胜高寒

1827

琼筵醉客
qióng yán zuì kè

风月主人
fēng yuè zhǔ rén

【释义】 琼~：琼筵：珍美的宴席。醉客：喝醉酒的客人。多指贪恋花街柳巷，买春买醉的才情浪子。
风~：风月：指男女情爱。风月场上的主人。多指好吟弄风花雪月，惯弄风月情事的烟花女或风流客。
【结构】 定中 名一|形–名
【扩联】 琼筵醉客多骚客
风月主人是美人

1828

茕茕孑立
qióng qióng jié lì

踽踽独行
jǔ jǔ dú xíng

【释义】 茕~：茕茕：孤独无所依靠的样子。孑立：孤单单地站立着。无所依靠，一个人孤孤单单地站立着。形容无依无靠，十分孤独。
踽~：踽踽：孤独的样子。孤独地一个人行走。
【结构】 状中 叠一|形–动
【扩联】 茕茕孑立凄凉苦
踽踽独行风雨程

1829

茕茕无倚
qióng qióng wú yǐ

婉婉有仪
wǎn wǎn yǒu yí

【释义】 茕~：茕茕：孤独的样子。倚：靠着。孤身一人，没有依靠。形容孤孤单单，无依无靠。语见汉·张衡《思玄赋》："何孤行之茕茕兮，子不群而介立。"同"茕茕无依"。
婉~：婉婉：温顺的样子。形容女子温文柔顺而讲求礼节仪表。语见唐·韩愈《楠楠缑氏主簿唐充妻卢氏墓志铭》："夫人本宗氏族之后，率其先猷，令德是茂，爱旧得家，九子一田，婉婉有仪，静以和命。"
【结构】 状中 叠一|动–名
【扩联】 <u>伯道无儿茕茕无倚</u>
<u>中郎有女婉婉有仪</u>

1830

qiū fēng guò ěr
秋 风 过 耳
bái shuǐ jiàn xīn
白 水 监 心

【释义】 秋~：比喻对事物漠不关心，丝毫不往心里去。
白~：监：同"鉴"，照。清澈的水可以照见心。形容人心纯洁，明澈可见。
【结构】 主谓 名-名|动-名
【扩联】 白水监心于心无愧
秋风过耳充耳不闻

1831

qiū fēng luò yè
秋 风 落 叶
liè huǒ gān chái
烈 火 干 柴

【释义】 秋~：即"秋风扫落叶"。疾劲的秋风将凋黄的落叶扫除得干干净净。比喻强大势力将衰败的、腐朽的事物一扫而光。
烈~：烈火加上干柴，烧得更加猛烈。比喻男女之间情事急迫、强烈。也形容局势紧张，又添变数，来势更猛。
【结构】 主谓 形-名|形-名
【扩联】 万里秋风吹落叶
一团烈火噬干柴

1832

qiū gāo qì shuǎng
秋 高 气 爽
chūn nuǎn huā kāi
春 暖 花 开

【释义】 秋~：秋天晴空高朗，气候凉爽宜人。形容秋天之爽朗。
春~：春天气候暖和，百花盛开。形容春天之美好。
【结构】 连动 名-动|名-动
【扩联】 春暖花开满地
秋高气爽宜人

1833

qiū hóng yǒu xìn
秋 鸿 有 信
chūn mèng wú hén
春 梦 无 痕

【释义】 秋~：秋天的鸿雁应时南飞，如有信约。
春~：美梦一场，醒来成空，不留痕迹。指人生之事转瞬消失，无影无踪。
【结构】 主谓 名-名|动-名
【扩联】 秋鸿有信如期至
春梦无痕化蝶飞

1834

qiú shén bài fó
求 神 拜 佛
zuì jǐ zé gōng
罪 己 责 躬

【释义】 求~：旧时迷信，祈求神仙和佛祖保佑。
罪~：躬：自身。责备自己并归罪于自身。语出《周书·武帝纪》："集百僚与大德殿，帝罪己责躬，问以论政得失。"一般用于形容为政者能承当责任。
【结构】 联合 动-名|动-名
【扩联】 求神拜佛难如本意
罪己责躬可揽人心

1835

qiú shēng hài yì
求 生 害 义
xùn yì wàng shēng
殉 义 忘 生

【释义】 求~：为求得生存而损害正义、大义。
殉~：殉：为维护某种事物或追求某种理想而牺牲自己的生命。为追求正义而献出生命。
【结构】 连动 动-名|动-名
【扩联】 求生害义违仁义
殉义忘生得永生

1836

qiú tián wèn shè
求 田 问 舍
mài fǎ shì ēn
卖 法 市 恩

【释义】 求~舍：房屋。到处寻求打听，盘算着买田置屋。形容人无远大志向，只关心个人利益。语见晋·陈寿《三国志·陈登传》："备曰：'君（指许汜）有国士之名，今天下大乱，帝主失所，望君忧国忘家，有救世之意；而君求田问舍，言无可采，是元龙（陈登）所讳也。'"
卖~市：买。枉法以给自己换取好处。语见元·白朴《梧桐雨》楔子："某也惜你骁勇，但国有定法，某不敢卖法市恩，送你上京，取圣断，如何？"

【结构】 联合 动-名|动-名

【扩联】 求田问舍讨价还价
卖法市恩捞钱攒钱

1837

qiú tóng cún yì
求 同 存 异
shě duǎn qǔ cháng
舍 短 取 长

【释义】 求~求：寻求。存：保留。寻求共同之处，保留不同意见。
舍~短：短处，缺点。长：长处，优点。不计较别人的短处或缺点，取其长处或优点而加以使用。

【结构】 联合 动-名|动-名

【扩联】 求同存异共谋大业
舍短取长善用人才

1838

qiú yú yuán mù
求 鱼 缘 木
wèn dào yú máng
问 道 于 盲

【释义】 求~缘：顺着，沿着。木：树。找鱼而到树上去。比喻想达到一定目的而方法或方向不对。
问~原指向盲人问路。比喻向一无所知的人求教。语见清·顾炎武《与友人论学书》："比往来南北，颇承友朋推一日之长，问道于盲。"

【结构】 述补 动-名|介-名

【扩联】 问道于盲胡扯蛋
求鱼缘木乱弹琴

1839

qiú lóng piàn jiǎ
虬 龙 片 甲
qí jì yī máo
骐 骥 一 毛

【释义】 虬~虬：龙的一种。龙身上的一片鳞甲。比喻很难获取到的一点宝物。
骐~千里马身上的一根毛。比喻从好的地方得到的一点珍宝。

【结构】 定中 名一|数-名

【扩联】 得骐骥一毛想千里驰骋
获虬龙片甲作九天遨游

1840

qū yáng gōng hǔ
驱 羊 攻 虎
yǐ luǎn jī shí
以 卵 击 石

【释义】 驱~驱赶着羊去攻击老虎。比喻以弱攻强，定遭覆灭。
以~用蛋去碰击石头。比喻不自量力，自取灭亡。

【结构】 状中 动-名|动-名

【扩联】 驱羊攻虎送荤菜
以卵击石打蛋糊

1841

qū shì fù rè
趋 势 附 热
tóu jī zuān yíng
投 机 钻 营

【释义】 趋~：趋：迎合。附：依附，投靠。势、热：比喻有权势、炙手可热的人。指迎合、投靠有权势的人。
投~：投机：利用时机钻空子。钻营：巴结权势牟私利。利用一切时机，巴结奉承以牟取私利。
【结构】 联合 动-名|动-名
【扩联】 投机钻营图利禄
趋势附热为权钱

1842

qū yán fù shì
趋 炎 附 势
zuò xiǎo fú dī
做 小 伏 低

【释义】 趋~：趋：迎合。指奉承迎合、依附投靠有权有势的人。
做~：做小：旧时做妾。伏低：甘愿屈服于低贱的地位。形容卑躬屈膝、委曲求全。
【结构】 联合 动-名|动-名
【扩联】 果欲趋炎附势
莫嫌做小伏低

1843

qū qū xiǎo shì
区 区 小 事
luò luò dà duān
荦 荦 大 端

【释义】 区~：区区：微小，少。形容很小的事。
荦~：荦荦：分明的样子。明显的大事情、大事端。
【结构】 定中 叠一|形-名
【扩联】 区区小事勿言谢
荦荦大端要讲清

1844

qū gōng ér zhěn
曲 肱 而 枕
gǔ fù ér yóu
鼓 腹 而 游

【释义】 曲~：肱：大臂，泛指胳膊。弯着胳膊枕着头睡觉。形容闲适无忧无虑的样子。
鼓~：(吃饱了)鼓着肚子在游玩。形容太平时代生活舒适悠闲的样子。
【结构】 状中 动-名|连-动
【扩联】 鼓腹而游优游卒岁
曲肱而枕高枕无忧

1845

qū xué ē shì
曲 学 阿 世
wǎng dào shì rén
枉 道 事 人

【释义】 曲~：歪曲自己的学术思想或学些歪门邪道的东西，以投世俗之好。
枉~：枉：不正直，邪恶。事：侍奉。原指不用正道侍奉国君。后用以指用不正当的手法去取悦于人。
【结构】 连动 动-名|动-名
【扩联】 曲学阿世学无用
枉道事人道不容

1846

qǔ cháng bǔ duǎn
取 长 补 短
bì zhòng jiù qīng
避 重 就 轻

【释义】 取~：吸取人家长处，弥补自己短处。泛指在同类事物中吸取这个的长处，弥补那个的短处。
避~：指回避主要矛盾，只谈无关紧要的小事。也指躲避重大罪责，只承认轻微的过失。
【结构】 联合 动-形|动-形
【扩联】 避重就轻轻变重
取长补短短加长

1847

qǔ gāo hè guǎ
曲 高 和 寡
zhōu shǎo sēng duō
粥 少 僧 多

【释义】 曲~：乐曲的格调越高深，能跟着唱的人就越少。比喻知音难得。今多指言论或作品不通俗，能了解的人很少。（含讽刺意味）
粥~：稀饭少而和尚多。比喻需要的人多而分配的东西少。
【结构】 联合　名-形|名-形
【扩联】 曲高和寡僧人独唱
粥少僧多和尚平分

1848

qǔ zhōng rén sàn
曲 终 人 散
shuǐ jìn é fēi
水 尽 鹅 飞

【释义】 曲~：乐曲奏完，人也散了。比喻事物繁盛终有尽时。
水~：水干涸了，鹅飞走了。比喻全部失去，一无所有了。也比喻恩情断绝。
【结构】 连动　名-动|名-动
【扩联】 水尽鹅飞空荡荡
曲终人散两茫茫

1849

qǔ zhōng zòu yǎ
曲 终 奏 雅
rén sǐ liú míng
人 死 留 名

【释义】 曲~：雅，雅乐，高雅的音乐。指乐曲到终结时奏出了雅乐。原指作品前部分很一般，到结尾才有转好。后多比喻文章或艺术表演到终了时更加精彩。
人~：人活一生，应死得其所，留下美名于后世。
【结构】 连动　名-动|动-名
【扩联】 人死留名传后世
曲终奏雅泛余音

1850

qù guān liú dú
去 官 留 犊
zhì shì xuán chē
致 仕 悬 车

【释义】 去~：去官：离任。犊：牛犊。离任时把牛犊留下来。形容为官清廉，公私分明。东汉人时苗任寿春县令时，随车带来自家的一头母牛，后生了牛犊，一年后时苗调任，他把牛犊留下来，作为公产交给继任者。
致~：致仕：辞退官职。悬车：把车子挂起来，不再使用官府的车了，指告老还乡。指告老辞官还乡。亦作"悬车致仕"。
【结构】 联合　动-名|动-名
【扩联】 致仕悬车唐代有
去官留犊今朝无

1851

qù hài xīng lì
去 害 兴 利
qū jí bì xiōng
趋 吉 避 凶

【释义】 去~：去掉有害的，兴办有利的。多指为社会为百姓办好事。
趋~：奔向平安吉利，躲避灾难凶祸。
【结构】 联合　动-名|动-名
【扩联】 趋吉避凶帮大众
去害兴利战天灾

1852

quán pán fǒu dìng
全 盘 否 定
yī bǐ gōu xiāo
一 笔 勾 销

【释义】 全~：全盘：全部。不分青红皂白，全部予以否定。多指对成绩、优点、长处等正面的也予以否定。
一~：勾销：取消，抹掉。一笔划掉。形容把过去的事一下子全部抹掉。多指债务、恩怨人情。
【结构】 状中 数－量|动—
【扩联】 <u>充耳不闻成绩全盘否定</u>
开诚相见前嫌一笔勾销

1853

quán shén guàn zhù
全 神 贯 注
zhòng mù zhāo zhāng
众 目 昭 彰

【释义】 全~：神：精神，精力。贯注：集中，注视在一点。形容注意力高度集中。
众~：昭彰：明显。众人的眼睛都看得清清楚楚。
【结构】 主谓 形－名|动—
【扩联】 **全神贯注无旁骛**
众目昭彰是直观

1854

quán héng lì bì
权 衡 利 弊
lùn liè shì fēi
论 列 是 非

【释义】 权~：权：秤砣。衡：秤杆。权衡：比较，衡量。比较一下哪个有利哪个有害，以做出正确的决断。
论~：把事情、事实罗列出来，评论谁对谁错，分清楚是与非。
【结构】 动宾 动—|名－名
【扩联】 **权衡利弊是非少**
论列是非利弊清

1855

quán dǎ jiǎo tī
拳 打 脚 踢
yāo suān bèi téng
腰 酸 背 疼

【释义】 拳~：用拳头打，用脚踢。一般指徒手打人或搏斗。
腰~：由于长时间的固定姿势的劳作（特别是伏案工作）或外伤而引发的腰背部的酸疼症状。
【结构】 联合 名－动|名－动
【扩联】 **拳打脚踢能解气**
腰酸背疼可伤身

1856

quǎn mǎ zhī mìng
犬 马 之 命
xiāo xióng zhī zī
枭 雄 之 姿

【释义】 犬~：犬马：猎犬、坐骑，臣子对君主自喻，表示忠诚，甘愿服役牵走。对自己性命的谦称。
枭~：枭雄：强横而有野心的人物。指人所显示出的一副枭雄的强势相貌。
【结构】 定中 名—|助－名
【扩联】 **效犬马之命**
显枭雄之姿

1857

quàn shàn guī guò
劝 善 规 过
zūn wén xíng zhī
尊 闻 行 知

【释义】 劝~：劝：勉励。规：规劝。过：过错，错误。勉励学好，规劝改正错误。
尊~：重视听闻，力行所知之事。语见汉·班固《汉书·董仲舒传》："尊其所闻，则高明矣；行其所知，则光大矣。"
【结构】 联合 动－名|动－名
【扩联】 **劝善规过教小子**
尊闻行知做高人

1858

què cháo jiū zhàn
鹊 巢 鸠 占

yú wǎng hóng lí
鱼 网 鸿 离

【释义】 鹊~：喜鹊的窝被斑鸠占据。本比喻女子出嫁，住在夫家。后比喻抢占别人的房屋、土地、妻室等。语见《诗经·召南·鹊巢》："维鹊有巢，维鸠居之。"朱熹集注："鹊善为巢，其巢最为完固。鸠性拙不能为巢，或有居鹊之成巢者。"

鱼~：离：同"罹"，遭遇不幸的事情。意为张布鱼网本想打到鱼，谁知打到的是鸿鸟。比喻受到无妄之灾。语见《诗经·邶风·新台》："鱼网之设，鸿则离之。"

【结构】 主谓　名-名|名-动

【扩联】 鱼网鸿离鱼漏网
鹊巢鸠占鹊无巢

1859

què xiào jiū wǔ
鹊 笑 鸠 舞

guǐ kū láng háo
鬼 哭 狼 嚎

【释义】 鹊~：喜鹊欢笑，斑鸠跳舞。过去多用作喜庆的祝词。
鬼~：鬼哭喊，狼嚎叫。形容大声哭叫 声音非常凄厉。含贬义。

【结构】 联合　名-动|名-动

【扩联】 出谷迁乔鹊笑鸠舞
避坑落井鬼哭狼嚎

1860

qún fāng dòu yàn
群 芳 斗 艳

chūn sè mǎn yuán
春 色 满 园

【释义】 群~：芳：指花，也指美女。各种鲜花竞相开放，争奇斗艳。也喻指众多美女在比美争俏。
春~：春天的景色充满整个园子。形容一派欣欣向荣、生机盎然的景象，

【结构】 主谓　形-名|动-名

【扩联】 桃花李花群芳斗艳
三月四月春色满园

1861

qún hóng xì hǎi
群 鸿 戏 海

zhèn lù chōng tíng
振 鹭 充 庭

【释义】 群~：鸿：鸿雁。海：实指大湖。成群的鸿雁在大湖里游弋嬉戏。形容书法道劲灵活。
振~：振：群鸟飞翔的样子。振鹭：《诗经》有《振鹭》篇，喻指操行纯洁的众多贤士。充庭：充满朝廷。比喻满朝都是操行纯洁的贤士。

【结构】 主谓　形-名|动-名

【扩联】 振鹭充庭庙堂多利器
群鸿戏海御笔走龙蛇

1862

qún lóng wú shǒu
群 龙 无 首

yī mǎ dāng xiān
一 马 当 先

【释义】 群~：一大群龙没有一个领头的。比喻一群人没有组织领导者，陷入混乱，容易溃散。
一~：一匹马跑在最前面。比喻走在前列，起带头作用。

【结构】 主谓　数-名|动-名

【扩联】 一马当先该是天马
群龙无首有如地龙

1863

qún mó luàn wǔ
群 魔 乱 舞

liù chù bù ān
六 畜 不 安

【释义】 群~：一群魔鬼乱哄哄地起舞。比喻一些坏人猖狂活动的丑象。
六~：六畜：指马、牛、羊、猪、狗、鸡六种牲畜。六畜不得安宁。形容极度吵闹。
【结构】 主谓　数-名|形-动
【扩联】 群魔乱舞昏天黑地
六畜不安吊胆惊心

1864

qún qíng dǐng fèi
群 情 鼎 沸

zhòng yì fēn yún
众 议 纷 纭

【释义】 群~：形容群众的情绪异常激动，像大鼎里沸腾的水，平静不下来。
众~：纷纭：杂乱而意见不统一。大家议论，很多种说法，杂乱而不统一。形容观点或看法不一致。
【结构】 主谓　形-名|形一
【扩联】 不顺民情群情鼎沸
大干物议众议纷纭

1865

qún yīng huì cuì
群 英 荟 萃

mǎn zhì chóu chú
满 志 踌 躇

【释义】 群~：英：才能或智慧出众的人。荟萃：会集，聚集。许多才能出众的人聚集在一起
满~：即"踌躇满志"。踌躇：从容自得的样子。形容心满意足，非常得意。
【结构】 主谓　形-名|形一
【扩联】 鸾翔凤集群英荟萃
文德武功满志踌躇

1866

rǎn xū zhòng chǐ
染 须 种 齿

duàn fà wén shēn
断 发 文 身

【释义】 染~：染头发胡须，镶假牙。形容掩饰衰老的行为。
断~：把头发剪短。在皮肤上刺画花纹图案。古代吴越人的一种风俗，以避免水中蛟龙的侵害。常用以指不开化地区的民俗。
【结构】 联合　动-名|动-名
【扩联】 断发文身从古有
染须种齿至今兴

1867

ràng dào shì lǐ
让 到 是 礼

xìng lái rú dá
兴 来 如 答

【释义】 让~：让：推让，谦让。做到了谦让就是符合礼数的。指能互相谦让就是有礼貌、讲礼节。
兴~：景物触发起的意兴就像（诗文）酬答一样。语见南朝梁·刘勰《文心雕龙·物色》："情往似赠，兴来如答。"
【结构】 主谓　名-动|动-名
【扩联】 兴来如答答辞美
让到是礼礼数周

1868

rè cháng gǔ dào
热 肠 古 道

tiān lǐ liáng xīn
天 理 良 心

【释义】 热~：热肠：热心肠。古道：上古时代的风俗习惯。形容厚道。指待人真诚热情。
天~：天理：天道。指公认的正确的道理和人应有的善心。
【结构】 联合　形-名|形-名
【扩联】 秉天理良心做事
怀热肠古道帮人

1869

rè lèi yíng kuàng
热泪盈眶
háo qíng mǎn huái
豪情满怀

【释义】 热~：热泪：因情绪激动而流的泪。盈：充满。眶：眼眶。热泪充满眼眶。形容非常激动。
豪~：豪情：豪迈的感情高亢的情绪。怀：胸怀，心怀。心里充满着豪迈的情怀，是一种情绪很激动、很高亢、积极向上的表现。

【结构】 主谓 形-名|动-名
【扩联】 会英雄热泪盈眶
抒壮志豪情满怀

1870

rè zhōng míng lì
热衷名利
ài xī yǔ máo
爱惜羽毛

【释义】 热~：热衷：急切盼望得到（个人的地位或利益）。急切盼望、追逐个人的名位和利益。
爱~：羽毛：鸟的羽，兽的毛。比喻人的声誉。比喻为爱惜声誉，行事十分谨慎。

【结构】 动宾 动—|名—
【扩联】 爱惜羽毛防雨水
热衷名利抢风头

1871

rén cái liǎng dé
人财两得
fú lù shuāng quán
福禄双全

【释义】 人~：得到了人还得到了财物。多指得到富家女之幸事。
福~：福：福气。禄：古代官员的俸禄。既有福气，又有丰厚的俸禄。

【结构】 主谓 名—|数-形
【扩联】 雀屏中选人财两得
金榜题名福禄双全

1872

rén cái jǐ jǐ
人才济济
guā dié mián mián
瓜瓞绵绵

【释义】 人~：济济：众多的样子。形容有才能的人很多。
瓜~：瓞：小瓜。比喻子孙繁衍，如一根瓜藤上结着大大小小的瓜，连绵不断，传世久远。

【结构】 主谓 名—|叠—
【扩联】 英俊荟萃人才济济
子孙繁衍瓜瓞绵绵

1873

rén chóu dì guì
人稠地贵
shuǐ dà yú duō
水大鱼多

【释义】 人~：稠：稠密，多。人口稠密则土地珍贵。
水~：水面宽广，鱼必很多。比喻事物随其所凭借之物的丰盛而丰盛。语见汉·王充《论衡·自纪篇》："夫形大，衣不得褊，事众文不得褊，事众文饶，水大鱼多。"

【结构】 联合 名-形|名-形
【扩联】 水大鱼多鱼掉价
人稠地贵地生金

1874

rén dīng xīng wàng
人丁兴旺
jiā dào cóng róng
家道从容

【释义】 人~：人丁：人口。形容子孙后代人很多。
家~：从容：不紧迫。指家庭生活富有。语见明·李昌祺《剪灯余话·千会记》："所携丰厚，兼拜往。又教蒙古生数人，复有月俸，家道从容。"

【结构】 主谓 名—|形—
【扩联】 开枝散叶人丁兴旺
足食丰衣家道从容

1875

rén dà xīn dà
人 大 心 大

shí lái yùn lái
时 来 运 来

【释义】 人~：指青年人年龄增长，其独立意识增强或志向越来越大了（多指女子而言）。语见《红楼梦》第二十八回："（宝玉道：）如今谁承望姑娘人大心大，不把我放在眼里，三日不理，四日不见的，倒把外四路儿的什么'宝姐姐''凤姐姐'的放在心坎儿上。"
时~：时：时机，时运。运：运气，命运。时机来了，好运气也来了。
【结构】 连动　名-动|名-动
【扩联】 时来运来财源滚滚
　　　 人大心大春梦绵绵

1876

rén dào xīn dào
人 到 心 到

jiàn jí jù jí
剑 及 屦 及

【释义】 人~：指全身心地投入、参与某件事或某项活动，而不是"身在曹营心在汉"。
剑~：屦：古代用麻、葛等做成的鞋。及：赶上，追上。原指楚庄王急欲发兵为申舟报仇，立即奔跑出去，给他拿鞋的人追到寝门的通道，给他拿剑的人追到寝门之外，驾车的人追到蒲胥之市才追上他。后用以形容行动坚决迅速。
【结构】 联合　名-动|名-动
【扩联】 人到心到尽全力
　　　 剑及屦及斩乱麻

1877

rén duō shì zhòng
人 多 势 众

cái dà qì cū
财 大 气 粗

【释义】 人~：人一多，势力就强大。
财~：钱财多了，口气就大，气派也大。
【结构】 连动　名-形|名-形
【扩联】 人多势众莫凌弱
　　　 财大气粗要助贫

1878

rén fú yú shì
人 浮 于 事

gōng guò yú qiú
供 过 于 求

【释义】 人~：浮~：漂浮，超出。指人员过多或人多事少。
供~：供应超过需求，销不出去。
【结构】 主谓　名|动-介-名
【扩联】 人浮于事裁工匠
　　　 供过于求去产能

1879

rén huān mǎ jiào
人 欢 马 叫

yàn wǔ yīng gē
燕 舞 莺 歌

【释义】 人~：本指春天农人赶着牲畜在田园欢乐耕种的场面。形容欣欣向荣、蒸蒸日上的欢乐景象。
燕~：燕在飞舞，莺在欢歌。形容春天万物欢悦的景象。
【结构】 联合　名-动|名-动
【扩联】 燕舞莺歌春色好
　　　 人欢马叫种田忙

1880

rén jǐ jiā zú
人 给 家 足
shí hé nián fēng
时 和 年 丰

【释义】 人~：给、足：富裕，丰足。人人富裕，家家丰足。
时~：年：年景。时世和谐，年景丰收。形容太平盛世。
【结构】 联合 名-动|名-动
【扩联】 人给家足国饶裕
时和年丰岁太平

1881

rén jiān dì yù
人 间 地 狱
shì wài táo yuán
世 外 桃 源

【释义】 人~：地狱：迷信所说阴间鬼魂受折磨的地方。指人间十分黑暗的悲惨苦难的生活环境。
世~：晋朝陶渊明在《桃花源记》中，虚构描写了一个与世隔绝、不受战乱破坏、安乐美好的小社会。后用以比喻超脱现实的理想中的境地。
【结构】 定中 名-方|名-一
【扩联】 人间地狱千般苦难
世外桃源一片安宁

1882

rén jiàn rén ài
人 见 人 爱
zì chuī zì léi
自 吹 自 擂

【释义】 人~：谁见了谁都喜爱。形容人（长得）特可爱或事物特别好。
自~：吹：吹喇叭。擂：打鼓，敲鼓。原指为自己吹奏。后喻指骄傲自大，自我吹嘘。语见鲁迅《且介亭杂文二集·五论"文人相轻"》："除'辟谣'之外，自吹自擂是究竟不很雅观的。"
【结构】 连动 名-动|名-动
【扩联】 双胞胎人见人爱
独角戏自吹自擂

1883

rén qíng liàn dá
人 情 练 达
cái yùn hēng tōng
财 运 亨 通

【释义】 人~：练达：阅历多而通达人情世故。在人情世故上老练通达。形容很会对待和处理人与人的各种复杂关系，能左右逢源。
财~：亨通：顺利通达。形容发财的运道好，赚钱很顺利。语见清·李汝珍《镜花缘》："谁知财运亨通，飘到长人国，那酒坛竟大获其利。"
【结构】 主谓 名-名|形-一
【扩联】 人情练达广交友
财运亨通大赚钱

1884

rén qióng fǎn běn
人 穷 反 本
yè luò guī gēn
叶 落 归 根

【释义】 人~：语出《史记》："夫天者，为人之始，父母者，为人之本，人穷则反本。故劳苦倦极，未尝不呼天也；疾痛惨怛，未尝不呼父母也。"人在困苦穷尽时就会追念本原，呼天喊娘。
叶~：树叶落了，都会落到树的根部。比喻事物有一定的归宿。多指客居他乡的人最终回到故乡。
【结构】 连动 名-动|动-名
【扩联】 叶落归根符定数
人穷反本喊亲娘

1885

rén qíng lěng nuǎn
人 情 冷 暖

shì tài yán liáng
世 态 炎 凉

【释义】 人~：人之间的感情，失意时则冷淡，得势时就亲热。
世~：世态：社会上人之间的态度。炎凉：亲热和冷漠。
意指世上多趋炎附势、嫌贫爱富。一冷一热，须看透彻。
【结构】 主谓 名—|形–形
【扩联】 人情知冷暖
世态少炎凉

1886

rén qiáng mǎ zhuàng
人 强 马 壮

jiàng yǒng bīng xióng
将 勇 兵 雄

【释义】 人~：形容军队的战斗力很强或军容强盛。
将~：将：将领。兵：兵士。雄：强有力。将领和士兵都
英勇威武。形容军队战斗力极其强大。
【结构】 联合 名–形|名–形
【扩联】 人强马壮扬豪气
将勇兵雄奏凯歌

1887

rén qióng zhì duǎn
人 穷 志 短

mǎ shòu máo cháng
马 瘦 毛 长

【释义】 人~：人穷困时，就难有远大的志向。
马~：马儿瘦，毛就显得特别长、难看。
【结构】 连动 名–形|名–形
【扩联】 马瘦毛长难看
人穷志短不行

1888

rén shén gòng fèn
人 神 共 愤

tiān dì bù róng
天 地 不 容

【释义】 人~：人与神都为之感到愤怒。形容民愤极大。
天~：为天地所不能宽容。特指那些大逆不道、罪孽深重
的人和事，被人痛恨至极。
【结构】 主谓 名–名|副–动
【扩联】 施暴政人神共愤
坠生民天地不容

1889

rén shēng kǔ duǎn
人 生 苦 短

guó bù duō jiān
国 步 多 艰

【释义】 人~：人生几十年，苦于人生太短了。一般用时带有悲观
情绪，也劝导人们要珍惜人生，善待自己。
国~：国步：指国家的命运。形容国运艰难，处于危难之
中。语见唐·郑谷《读前集》："风骚如线不胜悲，国步多
艰即此时。"
【结构】 主谓 名–名|动–形
【扩联】 国步多艰当共济
人生苦短要图强

1890

rén shēng rú mèng
人 生 如 梦

rì yuè tiào wán
日 月 跳 丸

【释义】 人~：指世事无定，人生短促，像一场梦。语见苏轼《念
奴娇·赤壁怀古》："人生如梦，一樽还酹江月。"
日~：跳丸：跳动的弹丸。日月似跳动的弹丸。比喻时间过得
极快。语见韩愈《秋怀》："忧愁黄昏景，日月如跳丸。"
【结构】 主谓 名–名|动–名
【扩联】 人生恍如梦
日月急跳丸

1891

rén shǒu yī cè
人 手 一 册

zhàng tóu bǎi qián
杖 头 百 钱

【释义】 人~：人人手里都有一本（同样的）书。形容书的读者很多。
杖~：杖头：手杖顶端。百钱：一百文钱。手杖顶端挂着一百文钱。指买酒钱，也形容人放荡不羁。语见《晋书·阮脩传》："（阮脩）常步行，以百钱挂杖头，至酒店，便独酣畅。虽当世贵盛，不肯诣也。"

【结构】 定中　名一|数-名

【扩联】 杖头百钱专沽酒
　　　　人手一册都读书

1892

rén wáng wù zài
人 亡 物 在

mù xiǔ zhù shēng
木 朽 蛀 生

【释义】 人~：人死了，他用过的东西还在。指因见遗物而引起对死者的怀念或感慨。语见唐·张说《拨川郡王神道碑奉敕撰》："武节方壮，朝露不待，王爵送终，宿恩未改，时来世去，人亡物在，铭勋谥忠，以告四海。"
木~：木材腐朽就会生出蛀虫。比喻失去检点就会犯错误。语见明·唐顺之《信陵君救赵论》："信陵君不忌魏王，而径请之如姬，其素窥魏王之疏也；如姬不忌魏王，而敢于窃符，其素恃魏王之宠也，木朽而蛀生之矣。"

【结构】 连动　名-动|名-动

【扩联】 人亡物在犹相忆
　　　　木朽蛀生不可雕

1893

rén wáng zhèng xī
人 亡 政 息

xīn jìn huǒ chuán
薪 尽 火 传

【释义】 人~：人死了，他的政事就停止、废止了。指执政者死后，其政治主张会随之消失。
薪~：柴薪烧尽，又添柴，火种留传下来了。借喻学问、事业一代接一代地留传。

【结构】 连动　名-动|名-动

【扩联】 人亡政息后无来者
　　　　薪尽火传又见青山

1894

rén wēi yán jiàn
人 微 言 贱

quán zhòng wàng chóng
权 重 望 崇

【释义】 人~：微：指职位低。贱：低贱。职位低的人，言论、主张不为人重视。多用作自谦之词。语见宋·曾巩《泰山祈雨文》："方夏久旱，麦苗将萎，吏思其繇，奔走群望，而人微言贱，不能上动。"同"人微言轻"。
权~：指权力大而威望高。

【结构】 联合　名-形|名-形

【扩联】 权重望崇望而生畏
　　　　人微言贱言不及私

1895

rén wéi qiú jiù
人 惟 求 旧

tiān bù jiǎ nián
天 不 假 年

【释义】 人~：原指用人务求故老旧臣。泛指人多爱和故旧老友熟人相处或共事。语见《尚书·盘庚》："人惟求旧，器非求旧，惟新。"
天~：假：给予。天公不给以寿命。指寿命不长。

【结构】 主谓　名|副-动-名

【扩联】 人惟求旧相知相识
　　　　天不假年无命无缘

1896

rén wén huì cuì
人 文 荟 萃

shuǐ mù qīng huá
水 木 清 华

【释义】 人~：荟萃：（俊才或精品）会集，聚集。人才和文物众多，聚集在一地。
水~：木：树木。清华：清丽华美。形容池沼清澈，花木秀美。见晋·谢混《游西池》："景晨鸣禽集，水木湛清华。"
【结构】 主谓　名-名|形-形
【扩联】 人文荟萃地
水木清华园

1897

rén xīn bù gǔ
人 心 不 古

shì dào wú cháng
世 道 无 常

【释义】 人~：今人的心地不如古人淳厚。多用于感叹世风不正。
世~：无常：时常变化，变化不定，多指往不好的方面变。社会风气越变越不好。
【结构】 主谓　名—|动-形
【扩联】 世道无常安常守分
人心不古行古志今

1898

rén xīn huàn sàn
人 心 涣 散

shì dào jiāo lí
世 道 浇 漓

【释义】 人~：涣散：散漫。松懈。形容人心不齐。
世~：世道：社会风气。浇漓：人情淡薄。指社会上人情淡薄，互不关心爱护。
【结构】 主谓　名—|形—
【扩联】 世风日下人心涣散
人欲横流世道浇漓

1899

rén xīn pǒ cè
人 心 叵 测

tiān lǐ zhāo zhāng
天 理 昭 彰

【释义】 人~：叵测：不可推测。形容人心险恶，不可推测。
天~：天理：天道。昭彰：明显。旧时说法，认为循环报应是天定之数，是非常明显而一点儿也不会错的。
【结构】 主谓　名-名|副-动
【扩联】 天理昭彰天报应
人心叵测人提防

1900

rén xīn rú chèng
人 心 如 秤

tiān dào chóu qín
天 道 酬 勤

【释义】 人~：人心就像一杠秤，孰轻孰重，优劣好坏，分得清清楚楚。意同"群众的眼睛是雪亮的"。
天~：天道：即天理。老天是酬劳勤奋者的。指勤奋努力的人一定会取得成就、得到回报。
【结构】 主谓　名—|动-名
【扩联】 人心如秤可测斤两毫克
天道酬勤不分士农工商

1901

rén yán kě wèi
人 言 可 畏

jiā zé nán fáng
家 贼 难 防

【释义】 人~：众人的议论是可怕的。
家~：家贼：家庭内部的小偷或坏人。内部的奸贼很难预防。
【结构】 主谓　名-名|副-动
【扩联】 人言可畏百喙莫辩
家贼难防六神不安

1902

rén yán jí jí
人 言 籍 籍
tiān wǎng huī huī
天 网 恢 恢

【释义】 人~：籍籍：喧哗纷乱的样子，此指议论纷纷。指人们的议论多而杂。语见《京本通俗小说·拗相公》："妾亦闻外面人言籍籍，心上很想做出一桩重大之事给人家看看……"
天~：指天道如大网，笼罩一切。看起来稀疏，却不会有遗漏。用以比喻作恶者逃脱不了法律的制裁。
【结构】 主谓　名-名|叠一
【扩联】 人言籍籍任臧否
天网恢恢难脱逃

1903

rén yán zé zé
人 言 啧 啧
zhòng mù kuí kuí
众 目 睽 睽

【释义】 人~：啧啧：人咂嘴或说话声。指人们极为不满，纷纷议论。
众~：睽睽：睁大眼睛。大家都睁大了眼睛注视着。
【结构】 主谓　名一|叠一
【扩联】 众目睽睽偷梁换柱
人言啧啧落井下石

1904

rén zhōng lóng hǔ
人 中 龙 虎
tiān shàng qí lín
天 上 麒 麟

【释义】 人~：人群中的龙和虎。比喻杰出的人物。语见明·张凤翼《红拂记》："不枉了女中丈夫，人中龙虎。"
天~：麒麟：传说中的神兽，古人以它象征吉祥。用以夸奖别人的孩子。语见唐·李延寿《南史·徐陵传》："（徐陵）年数岁，家人携以候沙门释宝志，宝志摩其顶曰：天上石麒麟也。"
【结构】 定中　名-方|名-名
【扩联】 人中龙虎麒麟子
天上麒麟龙虎才

1905

rén jiāng yì sù
仁 浆 义 粟
yé fàn niáng gēng
爷 饭 娘 羹

【释义】 仁~：浆：较浓的饮料。泛指布施的钱米。过去对慈善赈济的称颂用语。
爷~：羹：用蒸、煮等方法做成的糊状食物。爹的米饭，娘的菜羹。指儿女是靠父母养育大的。
【结构】 联合　形-名|形-名
【扩联】 爷饭娘羹养子女
仁浆义粟济灾民

1906

rén xīn rén shù
仁 心 仁 术
dà běn dà zōng
大 本 大 宗

【释义】 仁~：有仁慈善良的心肠，也有行善的方法技艺。多用于形容治病救人的医者。
大~：本：根本。宗：主旨。最根本、最重要的东西。语见《庄子·天道》："夫明白于天地之德者，此之谓大本大宗，与天和者也。"
【结构】 联合　形-名|形-名
【扩联】 仁心仁术救人治病
大本大宗明道和天

1907

rén mín ài wù
仁民爱物

fù guó qiáng bīng
富国强兵

【释义】仁~：仁：仁爱。对民众仁爱，对万物爱惜。
富~：使国家富有，使军队强大。
【结构】联合 动-名|动-名
【扩联】仁民爱物隆恩远
富国强兵基础牢

1908

rén zhě bì shòu
仁者必寿

shèng rén wú qīn
圣人无亲

【释义】仁~：寿：长寿。仁德的人一定会长寿。语见《论语·雍
也》："知者动，仁者静，知者乐，仁者寿。"
圣~：指圣贤之人对待万物一视同仁、处事公正，没有亲
疏之别，不偏袒私心。
【结构】主谓 名—|副-形
【扩联】仁者必寿都做仁者
圣人无亲难学圣人

1909

rén zhě yǒu yǒng
仁者有勇

wén rén wú xíng
文人无行

【释义】仁~：有仁德的人必定勇敢，有勇气。语见《论语·宪
问》："有德者必有言，有言者不必有德。仁者必有勇，勇
者不必有仁。"
文~：行：行为，德行。旧指舞文弄墨的文人行为不正，
或品行低劣。语见明·胡应麟《少室山房笔丛·史书占毕
二》："文人无行，信乎？"
【结构】主谓 名—|动-名
【扩联】仁者有勇兼有德
文人无行且无能

1910

rén zhì yì jìn
仁至义尽

xīn ān lǐ dé
心安理得

【释义】仁~：至、尽：到底、到顶的意思。原指古时在年终虔诚
地祭享农事有功的诸神，以为报答，谓之尽了仁义之
道。后指对人的爱护、关怀、帮助尽了最大的努力。
心~：自认为自己的行为符合情理，心里坦然自得。
【结构】联合 名-动|名-动
【扩联】任劳任怨仁至义尽
善始善终心安理得

1911

rěn jī ái è
忍饥挨饿

rú kǔ hán xīn
茹苦含辛

【释义】忍~：忍受着饥饿。形容生活极其贫困，艰难度日。
茹~：茹：吃，引申为"含"。辛：痛苦。形容忍受艰难
困苦。
【结构】联合 动-名|动-名
【扩联】数米量柴忍饥挨饿
养儿育女茹苦含辛

1912

rěn rǔ fù zhòng
忍辱负重

bào yú shǒu mí
抱愚守迷

【释义】忍~：忍受屈辱，担负重任。语见《三国志·陆逊传》：
"国家所以屈诸君使相承望也者，以仆有尺寸可称，能忍
辱负重故也。"
抱~：抱、守：守住不放。愚：愚昧。迷：沉迷。形容固执己见。
【结构】联合 动-名|动-名
【扩联】抱愚守迷固执己见
忍辱负重不改初心

1913

rěn rǔ hán gòu
忍 辱 含 垢

tóng liú hé wū
同 流 合 污

【释义】 忍~：含：在心里藏着。垢：耻辱。忍受耻辱。多指为了长远的利益或大局，能忍受一时的、个人的耻辱。
同~：流：流俗。污：污浊的世道。原指言行跟不良的习俗和世道很合拍。后多指跟着坏人一起做坏事。

【结构】 联合　动－名|动－名

【扩联】 有大志能忍辱含垢
怀私心必同流合污

1914

rěn wú kě rěn
忍 无 可 忍

wéi suǒ yù wéi
为 所 欲 为

【释义】 忍~：忍受到无法再忍受的程度了。
为~：干自己所想干的任何事。含贬义。

【结构】 述宾　动|副－副－动

【扩联】 真忍能忍忍无可忍
有为不为为所欲为

1915

rèn dí zuò fù
认 敌 作 父

mài shēn qiú róng
卖 身 求 荣

【释义】 认~：把仇敌当作父亲。比喻甘心卖身投靠敌人。
卖~：出卖自己，谋求荣华富贵。形容卑躬屈膝，下流可耻的行径。

【结构】 连动　动－名|动－名

【扩联】 认敌作父无妨早死
卖身求荣不得善终

1916

rèn zé zuò fù
认 贼 作 父

bī liáng wéi chāng
逼 良 为 娼

【释义】 认~：把仇敌认作父亲。常指卖身投靠坏人或敌人。
逼~：逼迫良家女子做娼妓。也泛指逼迫人去做坏事或不愿意做的事。

【结构】 兼语　动－|名|－动－名

【扩联】 认贼作父即贼子
逼良为娼非良人

1917

rèn láo rèn yuàn
任 劳 任 怨

néng qū néng shēn
能 屈 能 伸

【释义】 任~：任：担当，承当。做事不辞劳苦，不怕怨言。
能~：能弯曲，也能伸直。指人既能在逆境中忍受委屈，也能在顺境中挺直腰板，施展抱负。形容能够适应于不同的境遇。

【结构】 联合　动－名|动－名

【扩联】 好妻子任劳任怨
大丈夫能屈能伸

1918

rèn zhòng dào yuǎn
任 重 道 远

rén wēi quán qīng
人 微 权 轻

【释义】 任~：任：负担。担子重而路途遥远。比喻责任重大并要经过长期的努力奋斗。
人~：微：卑微。轻：轻微。谓人的身份卑微，权力小，声望低而难以服众。

【结构】 联合　名－形|名－形

【扩联】 人微权轻小兵接印
任重道远快马加鞭

1919

rì wú sī zhào
日 无 私 照

qíng yǒu dú zhōng
情 有 独 钟

【释义】 日~：私：偏私。照：照耀。太阳光辉普照万物，从不偏私。比喻恩德广大公平。
情~：情：情趣，爱好。钟：聚集。喜爱集中在某一个人或某一件事物上。比喻情趣专一。

【结构】 主谓 名|动-形-动

【扩联】 情有独钟情纯洁
日无私照日光辉

1920

rì xīn yuè yì
日 新 月 异

suì jiǔ nián shēn
岁 久 年 深

【释义】 日~：每天每月都出现新情况。形容发展、进步很快。语见《礼记·大学》："苟日新，日日新，又日新。"
岁~：岁：年。深：长久的。指时间已很长久。

【结构】 联合 名-形|名-形

【扩联】 日新月异天天长进
岁久年深代代传承

1921

rì yǐn yuè zhǎng
日 引 月 长

shí hé suì fēng
时 和 岁 丰

【释义】 日~：日日有所发展，月月有所增加。见《三国志·刘馥传》："入作纳言，出临京任，富民之术，日引月长。"
时~：四时顺遂，人民和乐，五谷丰登。形容太平盛世。同"时和年丰"。语见宋·陈亮《龙川文集·策·廷对》："今时和岁丰，边鄙不耸，亦几古之所谓小康也。"

【结构】 联合 名-动|名-动

【扩联】 时和岁丰稔五谷
日引月长富万民

1922

rì yuè yú mài
日 月 逾 迈

fèng huáng niè pán
凤 凰 涅 槃

【释义】 日~：日月：代指时光。逾迈：超越了又向前行进。日月前行。形容时光流逝。语见《尚书·秦誓》："我心之忧，日月逾迈，若弗云来。"
凤~：涅槃：重生，梵文音译。凤凰大限来时投入烈火中，经历煎熬和考验获得重生，并在重生中达到升华。

【结构】 主谓 名一|动-动

【扩联】 日月逾迈时光疾逝
凤凰涅槃烈火重生

1923

rì zhōng bì zè
日 中 必 昃

yuè mǎn zé kuī
月 满 则 亏

【释义】 日~：昃：太阳偏西。太阳过了正午就要向西偏斜。比喻事物盛极则衰，或到了一定限度就会转向反面。语见《周易·丰》：'日中必昃，月盈则食。天地盈虚，与时消息，而况于人乎？沉于鬼神乎？"
月~：月亮到了最圆（满月）的时候，就开始缺损。比喻事盛必衰，物极必反。

【结构】 连动 名-动|副-动

【扩联】 日中必昃天如此
月满则亏人亦然

1924

róng xié kàng lì
荣 谐 伉 俪

huān xǐ yuān jiā
欢 喜 冤 家

【释义】 荣～：伉俪：夫妻。美好和谐的夫妻。新婚祝福语，祝夫妇美好和谐。语见明·邱浚《成语考·夫妇》："贺人娶妻曰荣谐伉俪。"
欢～：冤家：正话反说，表示对所爱的人的昵称。用作对情人或儿女的亲热称呼，含有又爱又恨的感情。语见明·胡文焕《群音类选·步步娇》："欢喜冤家重相见，一笑春风面。"
【结构】 定中　形-形|名一
【扩联】 欢喜冤家时拌嘴
荣谐伉俪常交心

1925

róng guāng huàn fā
容 光 焕 发

shén cǎi fēi yáng
神 采 飞 扬

【释义】 容～：面容上的光彩四射。形容人身体健康、精神饱满。
神～：神采：人显露出来的神情风采。飞扬：向外散发。形容特有精神、风采动人。
【结构】 主谓　名一|动一
【扩联】 清茶一杯容光焕发
行话三句神采飞扬

1926

róu qíng mì yì
柔 情 蜜 意

kuǎn yǔ wēn yán
款 语 温 言

【释义】 柔～：温柔亲密甜美的情意。
款～：款：诚恳。亲切诚恳温和的言语。
【结构】 联合　形-名|形-名
【扩联】 柔情蜜意毛毛雨
款语温言习习风

1927

róu qíng sì shuǐ
柔 情 似 水

shàn qì yíng rén
善 气 迎 人

【释义】 柔～：温柔、温顺的性情像水一样，形容女子对人温柔。
善～：善气：和善的态度。用和善亲切的态度对待别人。形容和蔼可亲的样子。
【结构】 主谓　名一|动-名
【扩联】 善气迎人人来客往
柔情似水水软山温

1928

róu xīn ruò gǔ
柔 心 弱 骨

mián lì bó cái
绵 力 薄 材

【释义】 柔～：形容性情柔和，多用于女子。
绵～：绵：柔软，微薄。力量小，才能薄。自谦之辞。
【结构】 联合　形-名|形-名
【扩联】 绵力薄才难负重任
柔心弱骨不堪轻狂

1929

rú huā měi juàn
如 花 美 眷

sì shuǐ róu qíng
似 水 柔 情

【释义】 如～：眷：家眷，指妻子。像花一样美丽的家眷。
似～：像水一样柔和亲昵、长流不断的情意。形容男女间情思缠绵不断。
【结构】 定中　动-名|形-名
【扩联】 如花美眷比花美
似水柔情胜水柔

1930

rú jiāo tóu qī
如胶投漆

jǔ àn qí méi
举案齐眉

【释义】如~：像胶和漆黏在一起。形容情侣关系极其亲密，难舍难分。
举~案：古时有脚的托盘。把食盘举到齐眉的高度请夫君用餐。形容夫妻间互相尊重，感情深厚。
【结构】兼语 动-名|动-名
【扩联】如胶投漆情逾海
举案齐眉敬若宾

1931

rú léi guàn ěr
如雷贯耳

yǒu kǒu jiē bēi
有口皆碑

【释义】如~：像雷声震动耳朵一样。比喻名声很大。
有~：众人之口都是记载功德的丰碑。形容人人称赞。
【结构】兼语 动-名|动-名
【扩联】久闻大名如雷贯耳
屡建勋业有口皆碑

1932

rú tāng wò xuě
如汤沃雪

ruò huǒ liáo yuán
若火燎原

【释义】如~：汤：热水。沃：浇。像热水浇在雪上（雪立刻就融化了）。比喻事情极易解决。语见汉·枚乘《七发》："小饭大歠，如汤沃雪。"
若~：像大火蔓延燃烧原野一样。比喻形势发展迅猛，难以阻挡。
【结构】动宾 动|名-动-名
【扩联】如汤沃雪顿时化
若火燎原遍地红

1933

rú yān wǎng shì
如烟往事

sì shuǐ liú nián
似水流年

【释义】如~：从前的事情像烟雾一样。比喻事情都过去了，如云消雾散，消失净尽。
似~：指年华像流水一样过去得快。形容青春易逝。
【结构】定中 动-名|名-
【扩联】如烟往事早飞散
似水流年不复回

1934

rú máo yǐn xuè
茹毛饮血

shí ròu qǐn pí
食肉寝皮

【释义】茹~：茹：吃。指太古时期，人们不知熟食，捕到禽兽连毛带血地生吃。指原始人或未开化之人的生活习性。
食~寝：睡觉。吃敌人的肉并剥下敌人的皮来当铺盖睡觉。形容对敌人的深仇大恨。
【结构】联合 动-名|动-名
【扩联】茹毛饮血人初始
食肉寝皮恨太深

1935

rú zǐ kě jiào
孺子可教

fēi rén bù chuán
非人不传

【释义】孺~：孺子：儿童，后生。指年轻人能造就成才，可以接受教育。
非~：不是适当的人就不传授。语见宋·无名氏《宣和书谱·行书·蔡京》："大抵学者用笔有法，自古秘之，必口口亲授，非人不传。"
【结构】主谓 名-|动-动
【扩联】非人不传不受礼
孺子可教可成才

1936

rù qíng hé lǐ
入情合理

rú yì chèn xīn
如意称心

【释义】入~：入：合乎，合于。指合乎情理。
称~：如、称：适合。符合自己的心意。也作"称心如意"。
【结构】联合 动-名|动-名
【扩联】做事入情合理
使人如意称心

1937

rù shì dì zǐ
入室弟子

kāi shān zǔ shī
开山祖师

【释义】入~：入室：进入内室，喻指能获得秘传。弟子：学生。能得到老师学问或技艺精奥真传的学生为入室弟子。
开~：佛教用语。原指创建寺庙的和尚。后泛指开始创立一宗一派的人。现比喻事业的首创者或学术技艺派别的创始人。
【结构】定中 动-名|名一
【扩联】开山祖师怀绝技
入室弟子得真传

1938

rù tiě zhǔ bù
入铁主簿

duàn tóu jiāng jūn
断头将军

【释义】入~：入铁：扎进铁板里。主簿：官名。办事就像扎入铁板一样的主簿。形容干练的官员。
断~：头可断的将军。指坚决抵抗而宁死不屈的将领。
【结构】定中 动-名|名一
【扩联】断头将军纵横沙场
入铁主簿端坐衙门

1939

ruì yǐ hé jiàng
瑞以和降

huò cóng kǒu shēng
祸从口生

【释义】瑞~：瑞：吉祥，祥瑞。以：为，因为。和：平和，和谐。吉祥为和谐、平和而降临。
祸~：灾祸从嘴里产生。指说话不谨慎会招惹祸害。语见宋·释道诚《释氏要览》下卷："一切众生，祸从口生，口舌者，凿身之斧也。"
【结构】主谓 名|介-名-动
【扩联】和如琴瑟瑞以和降
口出秽言祸从口生

1940

ruò bēng jué jiǎo
若崩厥角

rú zuò zhēn zhān
如坐针毡

【释义】若~：崩：崩折。厥：指代词，其，它的。像野兽折断了头角，危惧不安。形容担忧害怕的样子
如~：像坐在插有针刺的毡子上。形容为某件事站也不是坐也不是，心神不宁。
【结构】动宾 动|动-代-名
【扩联】死生未卜若崩厥角
寝食不安如坐针毡

1941

ruò lǚ píng dì
若履平地

rú lín shēn yuān
如临深渊

【释义】若~：履：踩，走。好像走在平地上。比喻处境顺利，事情容易完成。
如~：临：接近，靠近。深渊：深水潭。好像靠近深水潭。比喻处境危险，让人战战兢兢，提心吊胆。
【结构】动宾 动|动-形-名
【扩联】如临深渊小心靠近
若履平地大胆向前

1942

sài wēng shī mǎ
塞翁失马
bó shì mǎi lú
博士买驴

【释义】 塞~：边塞一老翁丢失一匹马，毫不痛惜，反而说"焉知非福"。不久，他的马果然领着几匹骏马回来了。比喻一时受损，却可能更大受益。也比喻坏事在一定条件下也可能变成好事。
博~：博士：古代学官。博士为人写买驴契约，写完三张纸还没写个"驴"字。讽刺废话连篇，不得要领。
【结构】 主谓　名—|动-名
【扩联】 博士买驴竟无驴字
塞翁失马反得马群

1943

sān bǎng dìng àn
三榜定案
yī yán bì zhī
一言蔽之

【释义】 三~：三次张榜，广求意见，再做最后决定。形容行事极其慎重。
一~：蔽：遮掩，引申为概括。用一句话概括。见南朝梁·沈约《宋书·索虏传》："因此而推胜负，殆可以一言蔽之。"
【结构】 状中　数-名|动-名
【扩联】 三榜定案讲民主
一言蔽之有集中

1944

sān cáo duì àn
三曹对案
ér shù wéi zāi
二竖为灾

【释义】 三~：三曹：人曹、阴曹、水曹，即"三造"。案：案件。三方面同堂质辩，即当事人两方及中间人互相质对。现指案件的有关人员同时出场质对。语见清·王浚卿《冷眼观》："我倘死而有知，好与他在阎王殿前三曹对案，已省得日后再有倚命自误的人。"
二~：二竖：两个竖子，小童，传说中造成疾病的病魔。为灾：造成祸害。《左传·成公十年》记载：晋景公病重，梦见他的病化成两个小孩在说话，说要躲在膏肓之间来避免医生的药物攻击。后来就叫病魔为"二竖"，并用"二竖为灾""二竖为虐""二竖为烈""二竖作恶"来形容被疾病所困。
【结构】 主谓　数-名|动-名
【扩联】 二竖为灾有罪
三曹对案判刑

1945

sān cháng liǎng duǎn
三长两短
bǎi mì yī shū
百密一疏

【释义】 三~：原指说长道短。今指意外的变故或灾祸。也用作准测死亡的婉词。语见明·范文若《鸳鸯棒传奇》："我还白薄情郎折倒我的女儿，须一路寻上去，万一有三长两短，定要讨个明白。"
百~：百密：各个方面都很周密。在很周密的思考中，也可能偶然会有一点儿疏漏。语见清·魏源《庸易通义》："至道学问之有知无行，分温故为存心，知新为致知，而敦厚为存心，崇礼为致知，此皆百密一疏。"
【结构】 联合　数-形|数-形
【扩联】 道路漫长恐有三长两短
计谋周密需防百密一疏

1946

sān chā lù kǒu
三叉路口
shí zì jiē tóu
十字街头

【释义】三~：不同去向的三条路交叉的地方。也比喻人生面临多种选择的情况。
十~：街道纵横交叉而行人往来频繁的热闹地方。也借指繁杂纷乱的现实社会。

【结构】定中 数-名|名—

【扩联】三叉路口慎行走
十字街头要细观

1947

sān cháo yuán lǎo
三朝元老
yī dài dǐng chén
一代鼎臣

【释义】三~：元老：称政界年辈资望高的人。旧指历任三个朝代重臣的人。后泛指连续任职几个阶段的人。
一~：鼎臣：大臣，重臣。旧指当代的重臣。

【结构】定中 数-名|名—

【扩联】三朝元老名声大
一代鼎臣威望高

1948

sān cùn ruò hàn
三寸弱翰
wàn zhóu yá qiān
万轴牙签

【释义】三~：弱翰：毛笔。三寸长的一支毛笔。意指文人手中的一支笔，三寸不长，却是笔大如椽，笔扫千军。
万~：轴：书画卷轴。牙签：象牙做的图书标签，代指书籍。万卷图书。形容藏书很多。

【结构】定中 数-量|形-名

【扩联】万轴牙签录存天下古今中外事
三寸弱翰写尽世间美丑忠奸人

1949

sān fēn dǐng zú
三分鼎足
yī zhì qián kūn
一掷乾坤

【释义】三~：形容三分天下，像鼎的三条腿并立对峙。语见汉·司马迁《史记·淮阴侯列传》："莫若两利而俱存之，三分天下，鼎足而立。"
一~：掷：扔。乾坤：天地。指帝王以天下政权为赌注，一掷以定胜负。语见宋·李光《伏睹亲征榜又闻韩侯过江北》："百年社稷倾危后，一掷乾坤胜负间。"

【结构】动宾 数-动|名—

【扩联】三分鼎足三分百姓
一掷乾坤一掷万民

1950

sān gào tóu zhù
三告投杼
yī míng jīng rén
一鸣惊人

【释义】三~：杼：梭。《战国策·秦策二》记载：曾参住费国，有与其同名者杀了人，有人告知曾母，说曾参杀了人。头两次曾母都不信，第三次却相信了并丢下织布的梭子跑了。比喻流言可畏，能令人信而生疑。
一~：一鸣叫就把人惊呆了。比喻平时默默无闻，突然有惊人的表现。语见《史记·滑稽列传》："此鸟不飞则已，一飞冲天；不鸣则已，一鸣惊人。"

【结构】连动 数-动|动-名

【扩联】一鸣惊人非鸦非雀
三告投杼同姓同名

1951

sān fén wǔ diǎn
三坟五典
bā suǒ jiǔ qiū
八索九丘

【释义】三~：传说中我国最古的书籍。
八~：古代书名。与"三坟五典"连用，后泛指远古的书籍。
【结构】联合　数-名|数-名
【扩联】三坟五典倘能见
八索九丘亦可寻

1952

sān fū chéng hǔ
三夫成虎
yī yè mí shān
一叶迷山

【释义】三~：听三个人说了集市上有老虎，就相信真的有老虎了。比喻谣言重复多次，就可能被人信以为真了。语见《战国策·秦策三》："闻三人成虎，十夫揉椎，众口所移，毋翼而飞。"
一~：一片叶子遮住眼睛，连一座山也看不见了。比喻被局部的、暂时的现象所迷惑，认不清根本的、全局的问题。
【结构】主谓　数-名|动-名
【扩联】一叶迷山小遮大
三夫成虎假传真

1953

sān guì jiǔ kòu
三跪九叩
wǔ láo qī shāng
五劳七伤

【释义】三~：跪、叩：古代的一种礼节，跪在地上磕头。一跪三叩首为常礼。旧时朝会大典上，行三跪九叩首为大礼。表示极其庄严和敬重。
五~：五劳：中医指心、肝、脾、肺、肾等五种脏器的劳损。七伤：指喜、怒、哀、惧、爱、恶、欲等过度而引起的损伤。泛指身体虚弱多病。
【结构】联合　数-动|数-动
【扩联】爬上去三跪九叩
滚回来五劳七伤

1954

sān hún chū qiào
三魂出窍
yī mìng guī yīn
一命归阴

【释义】三~：魂：灵魂。道家认为人有三魂七魄。窍：孔。人有七窍：两眼、两耳、两鼻孔和口。灵魂从七窍出去了。即魂不附体。形容因极度惊吓而神志不清或濒死的样子。
一~：命：生命。归阴：到了阴间，指死亡。一下子就死了。
【结构】主谓　数-名|动-名
【扩联】一命归阴入地
三魂出窍升天

1955

sān qǐ sān luò
三起三落
yī zhāng yī chí
一张一弛

【释义】三~：起落：升起和降落，比喻得志和失意。指人生如潮，跌宕起伏，有得志也有失意的时候，并不总是一帆风顺的。
一~：张：拉紧弓弦。弛：放松弓弦。原指治理国家要宽严互相补充，交替使用。现多用于比喻生活和工作要劳逸结合。语见明·李贤《赐游西苑记》："夫一张一弛，文武之道，赐游西苑，有弛之意焉。"
【结构】联合　数-动|数-动
【扩联】一张一弛文武之道
三起三落人生之潮

1956

sān jī liǎng bǎo
三 饥 两 饱
yī pù shí hán
一 曝 十 寒

【释义】 三~：多指饥一顿，饱一顿。形容生活艰难。也指饮食无规律，不正常。
一~：曝：晒。比喻学习或工作一时勤奋，一时又懒散，没有恒心。也作"一暴十寒"。见《孟子·告子上》："虽有天下易生之物也，一日曝之，十日寒之，未有能生者也。"
【结构】 联合 数-形|数-形
【扩联】 三饥两饱易生病
一曝十寒难有成

1957

sān qiān jiào zǐ
三 迁 教 子
yì jǔ chéng míng
一 举 成 名

【释义】 三~：即"孟母三迁"。相传孟子少时不认真读书，孟母三迁居所，改变环境，以教其子，促使孟子发奋读书，致为亚圣。后常用以颂扬母教。
一~：原指士子一旦科举及第就天下闻名。今泛指一下子就出了名。语见韩愈《唐故国子司业窦公墓志铭》："公一举成名而东。"
【结构】 状中 数-动|动-名
【扩联】 三迁教子世间赞
一举成名天下闻

1958

sān qiān zhī jiào
三 迁 之 教
zài zào zhī ēn
再 造 之 恩

【释义】 三~：孟子母亲三次搬迁对孟子的教育。比喻选择合适的居住环境以利于对子女的教育。
再~：再造：再生。像给予第二次生命那样大的恩德。多指救命之恩。
【结构】 定中 数-动|助-名
【扩联】 三迁之教终生感谢
再造之恩来世报答

1959

sān qiān shì jiè
三 千 世 界
yì wàn sī nián
亿 万 斯 年

【释义】 三~：佛教语"三千大千世界"之省称，同"大千世界"。指以须弥山为中心，铁围山为外廓，是一个小世界，一千个小世界叫小千世界，一千个小千世界为中千世界，一千个中千世界谓之大千世界。用以指广阔无际的世界。
亿~：亿万：言其极多。斯：句中助词，无义。指无限久远的岁月年代。
【结构】 定中 数一|名一
【扩联】 天高地迥三千世界
古往今来亿万斯年

1960

sān qiān zhū lǚ
三 千 珠 履
bǎi wàn pí xiū
百 万 貔 貅

【释义】 三~：珠履：缀以明珠为饰的鞋，代指贵客。极言贵客之多。
百~：貔貅：传说的一种猛兽，代指勇猛的兵士。犹言百万雄师。
【结构】 定中 数一|名一
【扩联】 堂上三千珠履客
阵前百万貔貅兵

1961

sān rén chéng hǔ
三 人 成 虎
zhòng kǒu shuò jīn
众 口 铄 金

【释义】 三~：城市里本没有老虎，只要有三个人说有虎，听的人便信以为真了。比喻谣言、讹传多有散播，就会使人相信。
众~：铄：熔化。金：金属。比喻舆论的力量很大，众口一词，可以把金属熔化。也形容人言可畏，真的会被说成假的，对的会被说成错的。
【结构】 主谓　数-名|动-名
【扩联】 众口铄金真亦假
　　　　三人成虎假为真

1962

sān shān wǔ yuè
三 山 五 岳
sì hǎi jiǔ zhōu
四 海 九 州

【释义】 三~：三山：传说中的三神山：蓬莱、方丈、瀛洲。五岳：泰山、华山、衡山、嵩山、恒山。泛指名山或各地。
四~：四海：古人以为中国四周都有海环绕，因以"四海"指全国各地。九州：古代中国设有九个州：冀州、豫州、雍州、扬州、兖州、徐州、梁州、青州、荆州。"九州"代指中国。指全中国。
【结构】 联合　数-名|数-名
【扩联】 三山五岳中华名胜
　　　　四海九州赤县地盘

1963

sān shēng yǒu xìng
三 生 有 幸
yī jiàn zhōng qíng
一 见 钟 情

【释义】 三~：三生：佛教语，指前生、今生、来生，即过去、现在、将来三世。三世都有幸运。形容非常难得的好机会或好境遇。
一~：钟情：情爱专注集中。指男女双方一见面就产生了爱情。
【结构】 主谓　数-名|动-名
【扩联】 三生有幸事
　　　　一见钟情人

1964

sān shǐ píng lǔ
三 矢 平 虏
yī chuí dìng yīn
一 锤 定 音

【释义】 三~：矢：箭。虏：外族敌寇。发射三支箭就平定了敌寇。语见《新唐书·薛仁贵传》："诏副郑仁泰为铁勒道行军总管，时九姓众十余万，令骁骑数十来挑战。仁贵发三矢，辄杀三人，于是虏气慑，皆降。""三矢平虏"，形容大将武艺高强，声威服人。
一~：铜锣的制造，其音色，由最后一锤定音。喻指做出最后决定。
【结构】 主谓　数-名|动-名
【扩联】 一锤定音惟领导
　　　　三矢平虏是将军

1965

sān xīng zài hù
三 星 在 户
shuāng xǐ yíng mén
双 喜 盈 门

【释义】 三~：三星：二十八宿的参星。参星照在门前。后表示男女成亲的良辰吉日。
双~：盈门：来到家中。两件喜事同时来临。
【结构】 主谓　数-名|动-名
【扩联】 三星在户月圆花好
　　　　双喜盈门璧合珠联

1966

sān xǐ chéng guó
三 徙 成 国

yī fēi chōng tiān
一 飞 冲 天

【释义】 三~：徙：迁移。相传舜三度迁移，百姓慕德而从，所至处自成城邑国都。形容圣人到处都受到百姓的拥戴。语见《庄子·徐无鬼》："舜有善行，百姓悦之，故三徙成都，至邓之虚，而有十万家。"《吕氏春秋·贵因》："舜一徙成邑，二徙成都，三徙成国。"也作"三徙成都"。

一~：比喻平时没有特殊表现，一下子做出了惊人的成绩。语见《史记·滑稽列传》："此鸟不飞则已，一飞冲天；不鸣则已，一鸣惊人。"

【结构】 连动　数-动|动-名

【扩联】 一飞冲天非凡鸟
三徙成国古圣君

1967

sān yán é hǔ
三 言 讹 虎

yī xiào liǎo zhī
一 笑 了 之

【释义】 三~：讹：错误，谬言。城市里本没有老虎，经三个人传说，就都误认为有虎了。指谣言一再传播，足以蛊惑人心。语见秋瑾《致琴文书》："况三言讹虎，众口铄金，因积毁销骨，致他方糊口。"

一~：笑一笑就算了事。形容为人大度，不存心不计较。

【结构】 状中　数-动|动-名

【扩联】 信谣传谣三言讹虎
你好我好一笑了之

1968

sān yán liǎng yǔ
三 言 两 语

qī zuǐ bā shé
七 嘴 八 舌

【释义】 三~：两三句话。形容言语简短。

七~：不按秩序，你也讲，我也讲，他还插嘴。形容人多嘴杂。

【结构】 联合　数-名|数-名

【扩联】 三言两语讲清道理
七嘴八舌扯出麻烦

1969

sān yáng jiāo tài
三 阳 交 泰

sì hǎi tóng chūn
四 海 同 春

【释义】 三~：《周易》十一月复卦，一阳生；十二月临卦，二阳生；正月泰卦，三阳生。三阳正逢泰卦，冬去春来，有吉祥亨通安泰之象。"三~"为一年之始的吉祥语。

四~：四海：天下。全天下都迎来了春天，同庆春回大地。新春吉祥语。

【结构】 主谓　数-名|动-名

【扩联】 三阳交泰一年起始
四海同春万众腾欢

1970

sān yáng kāi tài
三 阳 开 泰

wàn xiàng gèng xīn
万 象 更 新

【释义】 三~：旧说，十一月冬至一阳生，十二月二阳生，正月三阳开泰，冬去春来，阴消阳长，有吉祥亨通之象。故作为新春祝词。

万~：象：景象。一切景象都变了新面貌。新春吉祥用语。

【结构】 主谓　数-名|动-形

【扩联】 三阳开泰冬才去
万象更新春又来

1971

sān yuàn chéng fǔ
三 怨 成 府

yī yán xīng bāng
一 言 兴 邦

【释义】 三~：怨：结怨。府：聚集之处。与三人（或多人）结怨，自身就会成为仇怨聚集的地方，而难免祸害。语见《后汉书·盖勋传》："时小黄门京兆高望为尚药监，幸于皇太子。太子因蹇硕属望子进为孝廉，勋不肯用。或曰：皇太子副主，望其所爱，硕帝之宠臣，而子违之，所谓三怨成府者也。"
一~：一句话可以使国家兴盛。语见《论语·子路》："一言可以兴邦，有诸？"

【结构】 主谓　数-动|动-名
【扩联】 一言兴邦家国盛
三怨成府祸端生

1972

sǎn bīng yóu yǒng
散 兵 游 勇

yě guǐ gū hún
野 鬼 孤 魂

【释义】 散~：勇：清代地方临时招募的兵士。指没人统领的逃散的兵士。也比喻没有组织而独自行动的人。
野~：指埋葬在荒郊野地里那些无人顾念、无人祭奠的死者。

【结构】 联合　形-名|形-名
【扩联】 生前不是散兵游勇
死后怎成野鬼孤魂

1973

sāng yú wǎn jǐng
桑 榆 晚 景

guī hè xiá líng
龟 鹤 遐 龄

【释义】 桑~：照在桑树、榆树树梢上的落日余晖。比喻人的晚年。语见苏轼《罢登州谢杜宿州启》："桑榆晚景，忽蒙收录之恩。"
龟~：遐龄：长寿。龟、鹤都是长寿动物。龟鹤长寿。形容人之长寿。

【结构】 定中　名-名|形-名
【扩联】 龟鹤遐龄身体好
桑榆晚景夕阳红

1974

sāng yú zhī lǐ
桑 榆 之 礼

kuí huò zhī xīn
葵 藿 之 心

【释义】 桑~：桑榆：比喻晚年。指乡党（乡里）序齿（按年龄长幼排次序）尊老之礼仪。语见唐·欧阳詹《泉州刺史席公宴邑中赴举秀才于东湖亭序》："后一日，遂有东湖亭之会。公削桑榆之礼，执宾主之仪，揖让升堂，雍容就筵。"
葵~：葵：葵花。藿：豆类植物的叶子。葵花、藿叶都有向阳之特性。如葵藿永远向阳之心，比喻对所向往的人的仰慕之心或下级对上级的忠心。

【结构】 定中　名-名|助-名
【扩联】 葵藿之心长向日
桑榆之礼老为尊

1975

sāng zhōng zhī yuē
桑 中 之 约

chéng xià zhī méng
城 下 之 盟

【释义】 桑~：桑中：桑林之间。指男女幽会的密约。见《诗经·桑中》："期我乎桑中，要我乎上宫，送我乎淇之上矣。"
城~：在敌人兵临城下时被迫订立的屈辱性的盟约。语见《左传·桓公十二年》："楚人伐绞……大败之，为城下之盟而还。"

【结构】 定中　名-方|助-名
【扩联】 女爱男欢定桑中之约
敌强我弱签城下之盟

1976

sàng jiā zhī quǎn
丧 家 之 犬

shī lù zhī rén
失 路 之 人

【释义】丧～：丧：原读平声，后读去声，转指为无家可归的狗。原指有丧事人家的狗，因主人忙于丧事而得不到喂养。后比喻失去靠山、无所依附的人。语见明·无名氏《鸣凤记》："飞鸟依人，今做了丧家之犬。"

失～：失路：无路可走。无路可走的人。比喻不得志的人。语见唐·王勃《滕王阁序》："关山难越，谁悲失路之人；萍水相逢，尽是他乡之客。"

【结构】定中　动-名|助-名

【扩联】丧家之犬猖狂乱吠

　　　　失路之人面面相窥

1977

sàng quán rǔ guó
丧 权 辱 国

gē dì chēng chén
割 地 称 臣

【释义】丧～：丧失国家主权，使国家蒙受耻辱。

割～：割让土地，臣服于对方。语见明·冯梦龙《喻世明言》第三十三卷："若放我南归，愿为金邦细作，饶幸一朝得志，必当主持和议，使南朝割地称臣。"

【结构】联合　动-名|动-名

【扩联】反抗不会丧权辱国

　　　　媾和只能割地称臣

1978

sǎo chú tiān xià
扫 除 天 下

niǔ zhuǎn qián kūn
扭 转 乾 坤

【释义】扫～：清除天下邪恶，整顿治理国家。

扭～：扭转：改变状况或局面。乾坤：指天地。改天换地，出现新气象。指彻底改变旧状况，开创新局面。

【结构】动宾　动—|名—

【扩联】看我扫除天下

　　　　为君扭转乾坤

1979

sè lì nèi rěn
色 厉 内 荏

wài qiáng zhōng gān
外 强 中 干

【释义】色～：色：神色。厉：厉害。内：内心。荏：怯弱。外表强硬而内心十分怯弱。

外～：中：中间，其中。干：干枯，干瘪。表面上好像很强大，实际上却很空虚。

【结构】联合　名-形|名-形

【扩联】毛贼发毛色厉内荏

　　　　纸虎糊纸外强中干

1980

sè zhōng è guǐ
色 中 饿 鬼

fēng lǐ yáng huā
风 里 杨 花

【释义】色～：好色之徒中最饥渴的人。比喻特别好色的人。

风～：风吹杨花，飘浮不定。比喻轻浮的女子，见异思迁，用情不专。语见明·胡文焕《群音类选·北粉蝶儿·闻情》："悠扬不定，犹如风里杨花。"

【结构】定中　名-方|形-名

【扩联】色中饿鬼色中死

　　　　风里杨花风里飘

1981

sè shòu hún yǔ
色 授 魂 与
qíng tóu yì hé
情 投 意 合

【释义】 色~：色：指脸部表情。一方眉目传情，一方倾心相与。形容双方心慕神交。
情~：投：相合。情意相合。形容双方思想感情很融洽。
【结构】 联合　名-动|名-动
【扩联】 色授魂与两三次
情投意合几十年

1982

sè shuāi ài shǐ
色 衰 爱 弛
rén lǎo zhū huáng
人 老 珠 黄

【释义】 色~：色：姿色。弛：又读 chí，松弛，废弛。女子姿色衰退，就不再被人宠爱了。
人~：女人衰老了，像珍珠变黄了一样，不再受人重视宠爱了。
【结构】 连动　名-形|名-形
【扩联】 人老珠黄莫提昔日
色衰爱弛终有此时

1983

shā shàng jiàn tǎ
沙 上 建 塔
huǒ zhōng shēng lián
火 中 生 莲

【释义】 沙~：在沙滩上修建宝塔。比喻基础极不牢固。语见鲁迅《二心集·习惯与改革》："但倘不将这些改革，则这革命即等于无成，如沙上建塔，顷刻倒坏。"
火~：火里面生长出来莲花。比喻稀有或难得。后指深陷火坑，遭到不幸，但能洁己不毁。也比喻身处烦恼中而能得到解脱，达到清凉境界。源出佛教《维摩诘经·佛道品》："火中生莲华，是可谓稀有。在欲而行禅，稀有亦如是。"
【结构】 状中　名-方|动-名
【扩联】 沙上建塔一朝垮
火中生莲百度寻

1984

shā dí zhì guǒ
杀 敌 致 果
dé shèng huí cháo
得 胜 回 朝

【释义】 杀~：果：在此成语中原有果敢之意，后多作战果解。英勇杀敌，取得战果立战功。
得~：朝：朝廷。打仗取得胜利，带兵回到朝廷。也指得到胜利后，高高兴兴地回自己的地方去。
【结构】 连动　动-名|动-名
【扩联】 杀敌致果声威大震
得胜回朝赏赐有加

1985

shā jī qǔ luǎn
杀 鸡 取 卵
wān ròu bǔ chuāng
剜 肉 补 疮

【释义】 杀~：为得到鸡蛋，不惜杀掉鸡。比喻只顾贪图眼前的好处而损坏长久的根本的利益。
剜~：挖下身上的好肉来补伤口。比喻采取有害的手段救眼前急难，而不顾后果。
【结构】 连动　动-名|动-名
【扩联】 杀鸡取卵谁生蛋
剜肉补疮脸落疤

1986

shā qī qiú jiàng
杀妻求将
shě jǐ jiù rén
舍己救人

【释义】 杀~：据《史记》载，齐国攻打鲁国时，鲁国人吴起的妻子是齐国人，为了谋得将军的职位，不惜杀害自己的妻子，以表明不与齐国为亲。比喻为追求功名而不惜伤天害理。
舍~：不惜牺牲自己的生命去拯救别人。
【结构】 连动　动-名|动-名
【扩联】 杀妻求将豺狼性
舍己救人菩萨心

1987

shā rén cháng mìng
杀人偿命
qiàn zhài hái qián
欠债还钱

【释义】 杀~：杀死了别人，就要以自己的性命来偿还。
欠~：欠了别人的债务，就要还钱。这都是古今中外的硬道理。
【结构】 连动　动-名|动-名
【扩联】 杀人偿命从来如此
欠债还钱自古皆然

1988

shà yǒu jiè shì
煞有介事
bù zhī suǒ yún
不知所云

【释义】 煞~：煞：极像。介：那样。指装模做样，好像真有很郑重的那么一回事。
不~：云：说话。让别人听不清听不懂，不知道说的是什么。
【结构】 动宾　副-动|助-动
【扩联】 丁一确二煞有介事
夹七带八不知所云

1989

shān chóng shuǐ fù
山重水复
lù zhuǎn fēng huí
路转峰回

【释义】 山~：山峦重叠，河水环绕。现用多喻障碍重重，曲折。
路~：道路迂回，山势曲折。现用多喻事情经历曲折后出现转机。
【结构】 联合　名-形|名-形
【扩联】 山重水复向何去
路转峰回通未来

1990

shān hé pò suì
山河破碎
fēng yǔ piāo yáo
风雨飘摇

【释义】 山~：山河：指国家的疆土。国土遭劫，一片支离破碎的惨景。
风~：在风雨里漂浮摇荡。比喻动荡不安或岌岌可危。
【结构】 主谓　名-名|动-一
【扩联】 山河破碎民心难载
风雨飘摇国运不昌

1991

shān hé yī jiù
山河依旧
rì yuè chóng guāng
日月重光

【释义】 山~：山河，也泛指国土或某一地区的土地。依旧：还是原来的样子。
日~：重光：重放光明。太阳和月亮重放光辉。形容动乱后出现的清明安定局面。
【结构】 主谓　名-名|副-形
【扩联】 山河依旧烟云散
日月重光天地明

1992

shān hū hǎi xiào
山 呼 海 啸
dì chè tiān bēng
地 坼 天 崩

【释义】 山~：山在呼号，海在咆哮。形容气势盛大，也形容极为恶劣的自然境况。
地~：坼：裂开。崩：塌毁。天崩地裂。比喻重大的事变。
【结构】 联合　名-动|名-动
【扩联】 山呼海啸震霄汉
地坼天崩出圣贤

1993

shān hū wàn suì
山 呼 万 岁
fēng mǐ yī shí
风 靡 一 时

【释义】 山~：万岁：千秋万代，永世存在（祝愿的话）；封建时代臣民对皇帝的称呼。高呼万岁，呼声震山。形容拜见帝王或表达至高祝愿时欢呼激动之场景。
风~：风靡：草木随风而到。比喻顺应顺从。今指某种事物或思想在某一时期普遍流行。
【结构】 动宾　名-动|数-名
【扩联】 皇宫礼仪山呼万岁
王室用品风靡一时

1994

shān huī chuān mèi
山 辉 川 媚
liǔ àn huā míng
柳 暗 花 明

【释义】 山~：山色映光辉，河川更妩媚。形容山水风景优美。
柳~：绿柳成荫，繁花灿烂如景。形容田园山野美景。
【结构】 联合　名-形|名-形
【扩联】 山辉川媚无穷处
柳暗花明又一村

1995

shān jī yìng shuǐ
山 鸡 映 水
dān fèng cháo yáng
丹 凤 朝 阳

【释义】 山~：山鸡爱惜自己的羽毛，常照水而舞。比喻顾影自怜。
丹~：丹凤：鸟名。比喻贤能的人才遇到了政治清明的时代，而得以施展才干。
【结构】 主谓　名-名|动-名
【扩联】 山鸡映水河边舞
丹凤朝阳天上飞

1996

shān méng hǎi shì
山 盟 海 誓
yuè yuē xīng qī
月 约 星 期

【释义】 山~：形容盟誓坚定不移，如山海一样永恒不变。多指男女间深情相爱，永不变心。
月~：花前月下的约定，银河星汉的相聚。指情侣间带有浪漫意味的期约相聚。
【结构】 联合　名-动|名-动
【扩联】 月约星期风风雨雨
山盟海誓岁岁年年

1997

shān nán hǎi běi
山 南 海 北
dì jiǎo tiān yá
地 角 天 涯

【释义】 山~：山之南，海之北。指遥远的地方。
地~：地之顶端，天之边际。形容相隔遥远，也指遥远的地方。
【结构】 联合　名-名|名-名
【扩联】 山南海北耀红日
地角天涯吹暖风

1998

shān qīng shuǐ xiù
山 清 水 秀

niǎo yǔ huā xiāng
鸟 语 花 香

【释义】 山~：秀：秀丽。山水清秀，风景优美。
鸟~：鸟儿啼叫，花儿喷香，形容美好的景色。
【结构】 联合 名-形|名-形
【扩联】 贪山清水秀远离浮躁
爱鸟语花香不恋繁华

1999

shān yáo shuǐ yuǎn
山 遥 水 远

hǎi kuò tiān kōng
海 阔 天 空

【释义】 山~：山遥远，水遥远。谓道路遥远。
海~：海域辽阔，天空高旷。指大自然广阔无边。也形容
人的性格豁达爽朗，无拘无束。
【结构】 联合 名-形|名-形
【扩联】 山遥水远不畏艰险
海阔天空大有作为

2000

shān yáo yě sù
山 肴 野 蔌

xuán jiǔ hù fǔ
玄 酒 瓠 脯

【释义】 山~：肴：鱼肉之类的荤菜。蔌：蔬菜。指各种野味和蔬
菜。也形容粗淡的饭菜。
玄~：玄酒：古代称行祭礼时当酒用的水。瓠脯：以蔬菜
代替肉类和果品。比喻生活清贫、俭朴。
【结构】 联合 名-名|名-名
【扩联】 山肴野蔌乡里食品
玄酒瓠脯农家饭蔬

2001

shān zhēn hǎi wèi
山 珍 海 味

yù yè qióng jiāng
玉 液 琼 浆

【释义】 山~：山野、海洋所出产的各种名贵食品。泛指丰盛味美
的菜肴。
玉~：玉液：用美玉制成的浆液，传说为仙家饮料。琼
浆：道家的长生饮料，也指美酒。比喻美酒或甘美的浆汁。
【结构】 联合 名-名|名-名
【扩联】 玉液琼浆饮来千盏少
山珍海味吃下两颊香

2002

shān zhōng zǎi xiàng
山 中 宰 相

mù hòu yīng xióng
幕 后 英 雄

【释义】 山~：南朝梁时，陶弘景隐居茅山屡聘不出，梁武帝常向
他请教国家大事，人们称他为"山中宰相"。比喻隐居的
高贤。
幕~：不在前台出头露面、不为人知，但实际上做了很多
工作，甚至是决定性关键性工作的有功之臣。
【结构】 定中 名-方|名—
【扩联】 山中宰相还干政
幕后英雄不出头

2003

shān hú zài wǎng
珊 瑚 在 网

jīn yù mǎn táng
金 玉 满 堂

【释义】 珊~：珊瑚都被铁网网住了。比喻有才华的人都被网罗在
一起。语见《新唐书》："海中有珊瑚州，海人乘大船堕铁网水
底，珊瑚初生磐石上……铁发其根，系网舶上绞而出之。"
金~：金银宝玉堆满了大堂。形容财富丰厚。后也比喻才
学超众，或用以比喻事事吉祥。
【结构】 主谓 名—|动-名
【扩联】 珊瑚在网人才济济
金玉满堂财富多多

2004

shān fán jiù jiǎn
删繁就简
huà zhěng wéi líng
化整为零

【释义】 删~：去掉繁杂的，使之趋于简炼。
化~：把一个较大的整体分化成多个零散部分，以利行动。
【结构】 连动　动-名|动-名
【扩联】 删繁就简养精锐
化整为零出伏兵

2005

shān zhī qù yè
删枝去叶
bá shù xún gēn
拔树寻根

【释义】 删~：把过多繁杂的枝叶删剪掉，保留精干，更利苗壮成长。比喻修改文章，精简文字。也比喻精简机构，提高办事效率。
拔~：拔起大树，寻找树根。比喻寻找事情的根由。语见元·无名氏《碧桃花》第一折："俺那里有的是秦人晋人，你可也休将咱盘问，则管里絮叨叨拔树寻根。"
【结构】 联合　动-名|动-名
【扩联】 删枝去叶留精干
拔树寻根找本原

2006

shàn nán xìn nǚ
善男信女
ái nǚ chī nán
騃女痴男

【释义】 善~：佛教用语。指信奉佛教的男男女女。语见《六祖大师法宝坛经·疑问品第三》："善男信女，各得开悟。"
騃~：騃：傻。傻瓜女子痴呆男。指迷恋于情爱的男女。语见宋·徐铉《新月赋》："乃有騃女痴男，朱颜稚齿，欣春物之骀荡，登春台之靡迤。"
【结构】 联合　形-名|形-名
【扩联】 騃女痴男谈情说爱
善男信女拜佛烧香

2007

shàn zú wàn lèi
赡足万类
yì pī qún shēng
衣被群生

【释义】 赡~：赡：供给。万类：万种物类，指万民。足够供给万民生活必需品。
衣~：衣被：给人衣穿，借喻加惠于人。给众人穿上衣物。比喻施恩惠于大家。语见宋·欧阳修《夫子罕言利命仁论》："衣被群生，赡足万类。"
【结构】 动宾　动—|数-名
【扩联】 衣被群生<u>尽善尽美</u>
赡足万类<u>大慈大悲</u>

2008

shāng fēng bài sú
伤风败俗
xí gù shǒu cháng
袭故守常

【释义】 伤~：伤：伤害。败：败坏，破坏。风、俗：风尚，习俗。败坏传统的风尚、习俗。后多用来谴责人道德败坏。
袭~：袭：承袭。承袭坚守常规习惯，不加改变。指因循守旧，照老规矩办事。
【结构】 联合　动-名|动-名
【扩联】 追求时髦不应伤风败俗
继承传统未必袭故守常

2009

shǎng xīn yuè mù
赏 心 悦 目
dàng qì huí cháng
荡 气 回 肠

【释义】 赏~：使人看了舒服，心情愉悦。形容景物、事物之美。语见清·吴趼人《近十年之怪现状》第十九回："果然湖光山色，令人赏心悦目。"
荡~：使心气荡漾，情绪回旋。形容文艺作品婉转动人，极富感染力。语见三国魏·曹丕《大墙上蒿行》："女娥长歌，声协宫商，感心动耳，荡气回肠。"。

【结构】 联合 动-名|动-名

【扩联】 看模特走秀赏心悦目
听英雄赞歌荡气回肠

2010

shàng cuàn xià tiào
上 窜 下 跳
dào xíng nì shī
倒 行 逆 施

【释义】 上~：上下奔走，多方串连。形容到处搞不正当的活动。
倒~：倒：颠倒。逆：向相反方向活动。施：做。倒着做，逆着干。指不择手段，行动反常。现用以形容行为违背常理，逆时代潮流而动。

【结构】 联合 副-动|副-动

【扩联】 倒行逆施反动必败
上窜下跳阴谋难成

2011

shàng dé bù dé
上 德 不 德
zhì rén wàng rén
至 仁 忘 仁

【释义】 上~：上德：上等的品德。不德：不显示、不夸耀其德。最高的品德不夸耀其德，是真正有德。语见《道德经》第三十八章："上德不德，是以有德。"
至~：至仁：最大的仁德。极有仁德的人反而忘掉了仁，不必时时想着仁。比喻事物达到极点，反而不需要它的存在了。语见战国秦·吕不韦《吕氏春秋·任教》："故至智弃智，至仁忘仁，至德不德，无言无思，静以待时，时至而应，心暇者胜。"

【结构】 主谓 形-名|动-名

【扩联】 上德不德非缺德
至仁忘仁是多仁

2012

shàng dé ruò gǔ
上 德 若 谷
dà jiān sì zhōng
大 奸 似 忠

【释义】 上~：上德：最高的道德。谷：溪谷，峡谷。形容具有崇高道德之人胸怀如同山谷一样深广，可以容纳一切。语见《老子》第四十一章："夷道若纇，上德若谷。"
大~：奸：奸诈。忠：忠诚。原指大奸臣装得很像忠臣。现用以比喻貌似好人，实则是虚伪诡诈的人。

【结构】 主谓 形-名|动-名

【扩联】 上德若谷容万物
大奸似忠做贰臣

2013

shàng gēn dà qì
上 根 大 器
tōng rén dá cái
通 人 达 才

【释义】 上~：佛教用语。指天资、才能极高的人。
通~：通人：指学识渊博贯通古今的人。达才：通达事理的人才。知识渊博、通达事理的人才。

【结构】 联合 形-名|形-名

【扩联】 通人达才昌国运
上根大器解禅机

2014

shàng qiú xià gào
上 求 下 告
zuǒ qiè yòu tí
左 挈 右 提

【释义】 上~：走上窜下，处处哀告，有求于人。语见《朱子语类·辑略》："不自反躬穷究，只管上求下告，问他讨禅，被他恣意相薄。"
左~：挈：提挈。形容相互扶持。也形容父母对子女的照顾。也作"左提右挈"。
【结构】 联合 方-动|方-动
【扩联】 左挈右提提挈有道
上求下告告求无门

2015

shàng shàn ruò shuǐ
上 善 若 水
zhì chéng gǎn tiān
至 诚 感 天

【释义】 上~：最高境界的善行就像水的品性一样，泽被万物而不争名利。语见《道德经》第八章："上善若水。水善利万物而不争。"
至~：最真的诚信、诚心让天地为之感动。形容诚信至至。
【结构】 主谓 形-名 动-名
【扩联】 上善若水利物
至诚感天动人

2016

shàng tiān wú lù
上 天 无 路
huà dì wéi láo
画 地 为 牢

【释义】 上~：想上天没有路。形容无路可走，陷入绝境。
画~：牢：监牢。原指在地上画个圈，作为牢狱。旧时形容狱吏凶狠残暴。后比喻局限于小小的圈子里活动。语见《史记·报任少卿书》："故有画地为牢，势不可入，削木为吏，议不可对，定计于鲜也。"
【结构】 连动 动-名|动-名
【扩联】 玉宇神秘可惜上天无路
人生艰难不要画地为牢

2017

shàng xíng xià xiào
上 行 下 效
dà fǎ xiǎo lián
大 法 小 廉

【释义】 上~：上级（长辈）怎么做，下级（晚辈）就会仿效。
大~：大臣遵纪守法，小臣就会廉洁奉公。
【结构】 连动 名-动|名-动
【扩联】 上行下效效尤难儆
大法小廉廉政可为

2018

shàng zhēng xià bào
上 烝 下 报
zuǒ bào yòu yōng
左 抱 右 拥

【释义】 上~：烝：古时指晚辈男子与长辈女子通奸。报：古时指长辈男子与晚辈女子通奸。泛指乱伦。语见《左传·桓公十六年》："卫宣公烝于夷姜，生急子，属诸右公子。"又《宣公三年》："文公报郑子之妃，曰陈妫，生子华、子臧。"
左~：旧指姬妾众多，左手抱一个，右手搂一个。也形容沉溺女色，过着荒淫无耻的生活。
【结构】 联合 方-动|方-动
【扩联】 上烝下报不如禽兽
左抱右拥只有帝王

2019

shàng fāng bǎo jiàn
尚 方 宝 剑
jīn zì zhāo pái
金 字 招 牌

【释义】 尚~：尚方：秦汉以后为少府的属官，制办宫廷器物。尚方宝剑就是皇帝所用的宝剑。赏赐给钦差大臣，准许用此剑先斩后奏，也就是授予其对重大事件的最后处理权。现常用以比喻来自上级的指示或上级特许的权力。
金~：商店用金粉涂字所做的招牌。现常用以比喻在公众中信誉卓著者。也比喻冠冕堂皇的名义或称号。

【结构】 定中　名—|名—

【扩联】 挂金字招牌当老板
持尚方宝剑任钦差

2020

sháo guāng shū qì
韶 光 淑 气
nuǎn rì hé fēng
暖 日 和 风

【释义】 韶~：韶光：美丽的春光。淑气：温和的气息。形容春天的美好景象。
暖~：温暖的太阳和煦的清风。指天气温暖而晴朗。

【结构】 联合　形–名|形–名

【扩联】 暖日和风沁肺腑
韶光淑气怡身心

2021

sháo yán zhì chǐ
韶 颜 稚 齿
bái fà dān xīn
白 发 丹 心

【释义】 韶~：少年容光焕发，皓齿明亮。
白~：丹心：赤诚之心。形容年迈苍老，仍然怀有一颗赤诚的心。语见唐·杜牧《河湟》："牧羊驱马虽戎服，白发丹心尽汉臣。"

【结构】 联合　形–名|形–名

【扩联】 韶颜稚齿小儿女
白发丹心老父亲

2022

shǎo ān wú zào
少 安 毋 躁
qiě zhù wéi jiā
且 住 为 佳

【释义】 少~：少：稍微。毋：不要。稍微安心一点，不要急躁。语见唐·韩愈《答吕毉山人书》："方将坐足下三浴而三熏之，听仆之所为，少安毋躁。"
且~：还是暂且住下来为好。多用来劝客人留下。语见唐·颜真卿《寒食帖》："天气殊未佳，汝定成行否？寒食只数日间，得且住为佳耳。"

【结构】 连动　副–形|副–形

【扩联】 沙尘漫天少安毋躁
风雨留客且住为佳

2023

shǎo tiáo shī jiào
少 条 失 教
bù xué wú zhī
不 学 无 知

【释义】 少~：指缺失调理教养，没有规矩。也作"少调失教"。语见明·兰陵笑笑生《金瓶梅词话》第四十回："好大胆的丫头，新来乍到，就惩少条失教的，大喇喇对着主子坐着。"
不~：不学习，无知识。语见元·陶宗仪《缀耕录·檄》："世皇《下江南檄》枚举贾似道无君之罪……其文曰：……不学无知，舞术弄权。"

【结构】 联合　动–名|动–名

【扩联】 少条失教没规矩
不学无知装正经

2024

shǎo yán guǎ yǔ
少 言 寡 语
duō zuǐ ráo shé
多 嘴 饶 舌

【释义】少~：指平时说话不多。
多~：不该说话而说话。泛指爱多管闲事，拨弄是非。
【结构】联合 动-名|动-名
【扩联】多嘴饶舌惹乱子
少言寡语闷葫芦

2025

shǎo nián dé zhì
少 年 得 志
lǎo dà wú chéng
老 大 无 成

【释义】少~：少年：年轻。得志：志向愿望得以实现。年纪轻轻就实现了自己的愿望理想。即指年轻人有了令人向往的事业、地位、财富、权势。
老~：老大：年老。年纪已经老了而事业上却没有成就。
【结构】状中 形—|动-名
【扩联】少年得志莫骄傲
老大无成徒奈何

2026

shé máng yú jiàn
舌 芒 于 剑
bǐ dà rú chuán
笔 大 如 椽

【释义】舌~：芒：锋刃，引为锋利、尖锐。舌头比剑还锋利。形容善论辩、口才好。
笔~：笔大得像一根房椽。形容作家的大手笔。
【结构】主谓 名|形-介-名
【扩联】三寸舌芒于剑
一支笔大如椽

2027

shě běn zhú mò
舍 本 逐 末
qù cū qǔ jīng
去 粗 取 精

【释义】舍~：舍弃根本的、主要的，而追求枝节的、次要的。比喻做事不从根本着眼，而在枝节上用功夫。
去~：粗：粗糙。精：精细，精华。除掉粗糙的部分，留取精华的部分。
【结构】连动 动-名|动-名
【扩联】低出口舍本逐末赢小利
深加工去粗取精赚大钱

2028

shè bǐ chéng qù
涉 笔 成 趣
zhí jīng wèn nán
执 经 问 难

【释义】涉~：涉笔：动笔。趣：趣味。一动笔就能产生出富有趣味的作品。形容有文采。
执~：执：拿着。经：经书。难：疑难。拿着经书，请人解答疑难问题。指向人求教。
【结构】连动 动-名|动-名
【扩联】执经问难孺子可教
涉笔成趣先生非凡

2029

shě shēng qǔ yì
舍 生 取 义
shā shēn chéng rén
杀 身 成 仁

【释义】舍~：舍：舍弃。生：生命。义：正义。舍弃生命以维护正义。
杀~：仁：仁义。不惜牺牲生命以成全仁义。
【结构】连动 动-名|动-名
【扩联】舍生取义者
杀身成仁人

2030

shě shēng wàng sǐ
舍 生 忘 死

chī kǔ nài láo
吃 苦 耐 劳

【释义】 舍~：不顾生命危险，竭尽全力。指把个人生死置之度外，不放在心上。
吃~：指能克服困难、肯于吃苦。形容人坚韧不拔的精神。

【结构】 联合 动-名|动-名

【扩联】 吃苦耐劳优良传统
舍生忘死革命精神

2031

shè shēn chǔ dì
设 身 处 地

tuī jǐ jí rén
推 己 及 人

【释义】 设~：把自己设想处在他人的地位或境地之中。指能从别人的立场或角度出发去看问题。
推~：以自己的心情去推想别人的心情。形容体察别人，为别人着想。

【结构】 连动 动-名|动-名

【扩联】 设身处地想群众所想
推己及人急大家之急

2032

shēn bài míng liè
身 败 名 裂

shēng róng sǐ āi
生 荣 死 哀

【释义】 身~：身：身份，地位。败：毁坏。裂：破坏。地位丧失，名誉扫地。指为非作歹的人终于遭到彻底的失败。
生~：荣：光荣。哀：哀悼。活着有荣誉，死了被哀悼。指为世人所尊崇爱戴，不以生死而不同。常用以称颂受人敬重的死者。

【结构】 联合 名-动|名-动

【扩联】 贪夫徇财身败名裂
达士守义生荣死哀

2033

shēn bù yóu jǐ
身 不 由 己

kǒu wú zé yán
口 无 择 言

【释义】 身~：身：身体。由：顺从，听从。身体不听从自己支配。指行动不能由自己做主。也指思想不能支配身体，失去控制。语见《三国演义》第七十四回："上命差遣，身不由己。"
口~：口：开口，说话。无：无需，无须。择：选择。说话都符合礼法，无须考虑去选择讲什么。语见南朝宋·范晔《后汉书·刘般传》："数年，扬州刺史史观恂荐般在国，口无择言，行无怨恶，宜蒙旌显。"注意与"口不择言"意义区别。

【结构】 主谓 名|副-动-名

【扩联】 人在江湖身不由己
德追孔孟口无择言

2034

shēn jì hǔ wěn
身 寄 虎 吻

miàn rú sǐ huī
面 如 死 灰

【释义】 身~：把身子置于老虎的嘴边。比喻处境极险。语见晋·桓彝《荐谯元彦表》："身寄虎吻，危同朝露。"
面~：死灰：熄灭了的灰烬，多用于比喻。脸色灰白，形容受到极大惊吓的样子。语见汉·刘安《淮南子·修务训》："昼吟夜哭，面若死灰，颜色霉墨，涕液交集。"

【结构】 主谓 名|动-名—

【扩联】 身寄虎吻成肉食
面如死灰像僵尸

2035

shēn huái liù jiǎ
身 怀 六 甲
xīn guà liǎng tóu
心 挂 两 头

【释义】 身～：六甲：传说为天帝造物的日子，引申为妇女有孕在身。指妇女怀孕。
心～：比喻心中挂念着两个地方或两件事情。
【结构】 主谓　名|动-数-名
【扩联】 心挂两头多想事
身怀六甲少加班

2036

shēn jīng bǎi zhàn
身 经 百 战
lì dí wàn fū
力 敌 万 夫

【释义】 身～：身：亲身。经：经历。亲身经历过无数次的战斗或斗争。
力～：敌：抵挡，对抗。一个人的力量可以抵挡一万人。形容勇力超人。
【结构】 主谓　名|动-数-名
【扩联】 身经百战勇
力敌万夫雄

2037

shēn qīng sì yè
身 轻 似 叶
gǔ shòu rú chái
骨 瘦 如 柴

【释义】 身～：身体轻巧、轻飘或说体重很轻，像树叶一样。形容身体很轻（巧）。
骨～：人瘦得只剩一把骨头，像干柴一样。形容十分消瘦。
【结构】 主谓　名|形-动-名
【扩联】 骨瘦如柴实实象鬼
身轻似叶飘飘欲仙

2038

shēn míng liǎng tài
身 名 两 泰
dé yì shuāng xīn
德 艺 双 馨

【释义】 身～：名誉、地位都很安稳。也形容生活得很安稳。也作"身名俱泰"，语见唐·房玄龄《晋书·石崇传》："士当身名俱泰，何至瓮牖哉？"
德～：馨：馨香，芳香。形容一个人的德行和艺术（技艺）都具有良好的声誉。一般指从事艺术的人。
【结构】 主谓　名-名|数-形
【扩联】 身名俱泰享高寿
德艺双馨是巨星

2039

shēn xīn jiāo bìng
身 心 交 病
miàn mù quán fēi
面 目 全 非

【释义】 身～：交：一齐，同时。身体和精神上同时都有病了，很不好。
面～：面目：面貌。样子已完全变了。形容变化很大。
【结构】 主谓　名-名|副-动
【扩联】 身心交病多年久
面目全非昔日形

2040

shēn xīn jù tài
身 心 俱 泰
fú shòu shuāng quán
福 寿 双 全

【释义】 身～：泰：平安，安宁。身体、心境都很好。
福～：既有福气又长寿。
【结构】 主谓　名-名|副-形
【扩联】 乐山乐水身心俱泰
无虑无忧福寿双全

2041

shēn yuǎn xīn jìn
身 远 心 近

rén wáng wù cún
人 亡 物 存

【释义】 身~：指双方相隔虽远，但彼此的心却贴得很近。
人~：人死了，他用过的东西还在。指因见遗物而引起对死者的怀念或感慨。
【结构】 联合　名-形|名-形
【扩联】 人亡物存已分阴阳界
身远心近同戴日月天

2042

shēn zhāng zhèng yì
伸 张 正 义

dǎ bào bù píng
打 抱 不 平

【释义】 伸~：传扬、扩大正义和正气。
打~不平：不公平之事。主动站出来为受欺侮的人说话或出力，助弱打强。
【结构】 动宾　动-动|名一
【扩联】 伸张正义敢开口
打抱不平勇出头

2043

shēn fú zhòng wàng
深 孚 众 望

jiǔ fù shèng míng
久 负 盛 名

【释义】 深~孚：使人信服。在群众中享有威望，使大家信服。
久~负：承担，引申为享有。长久地享有好的名声。
【结构】 动宾　形-动|形-名
【扩联】 好干部深孚众望
大作家久负盛名

2044

shēn gēn gù dǐ
深 根 固 柢

duàn gěng piāo péng
断 梗 飘 蓬

【释义】 深~柢：树根。扎得很深很牢固的根。形容根基深固不可动摇。
断~梗：植物的茎、枝。蓬：草本植物，容易被风吹折，飞转不已，俗称"飞蓬"。像折断的枝或茎，或飘飞的蓬蒿一样。比喻身世漂泊不定。
【结构】 联合　形-名|形-名
【扩联】 深根固柢不离故土
断梗飘蓬沦落天涯

2045

shēn jū jiǎn chū
深 居 简 出

yuǎn zǒu gāo fēi
远 走 高 飞

【释义】 深~：指人总待在家里，很少出门。不与外界接触。
远~：形容到很远的地方去。也指摆脱困境，寻找光明的前途。
【结构】 联合　形-动|形-动
【扩联】 深居简出销声匿迹
远走高飞立万扬名

2046

shēn míng dà yì
深 明 大 义

bù jìn rén qíng
不 近 人 情

【释义】 深~：深切地明白做人处世的大道理。多指人能识大体、顾大局。
不~：不合乎人之常情。现多指性情或言行怪僻，不合情理。
【结构】 动宾　形-动|名一
【扩联】 投璧负婴深明大义
杀妻求将不近人情

2047

shēn lì qiǎn qì
深厉浅揭
yuǎn jiāo jìn gōng
远交近攻

【释义】 深~：厉：不脱衣服涉水。揭（qì）：撩起衣服过河。涉深水时须和衣而渡，涉浅水时只撩起衣服过行。比喻根据不同情况采取不同的行动。语见《诗经·邶风·匏有苦叶》："深则厉，浅则揭。"《后汉书·张衡传》："深厉浅揭，随时为义，曾何贪于支离，而习其孤技耶？"
　　　　 远~：结交远方的国家，攻伐邻近的国家。本为战国时范雎为秦国筹划的一种外交策略。后也指一种待人处世的手段。语见《战国策·秦策三》："王不如远交而近攻，得寸则王之寸，得尺亦王之尺也。今舍此而远攻，不亦谬乎？"
【结构】 联合　形-动|形-动
【扩联】 深厉浅揭随机而变
　　　　 远交近攻遇战必赢

2048

shēn móu yuǎn lǜ
深谋远虑
kuò lùn gāo tán
阔论高谈

【释义】 深~：谋划考虑得非常深远、周密。
　　　　 阔~：原指广博高妙的言谈。现多指漫无边际地大发议论。又作"高谈阔论"。
【结构】 联合　形-动|形-动
【扩联】 阔论高谈空误国
　　　　 深谋远虑实兴邦

2049

shēn shān yōu gǔ
深山幽谷
xuē bì chán yán
削壁巉岩

【释义】 深~：幽：幽深僻静。指幽深僻静、人烟稀少的山谷。
　　　　 削~：削壁：直立的山崖，仿佛刀削过一样。巉岩：险峻的山岩。指陡峭险峻的山崖。
【结构】 联合　形-名|形-名
【扩联】 深山幽谷无人迹
　　　　 削壁巉岩有鸟巢

2050

shēn sī shú lǜ
深思熟虑
xióng biàn gāo tán
雄辩高谈

【释义】 深~：熟：仔细。形容深入细致地思考。
　　　　 雄~：指辩论充分有力，言谈豪放不羁。形容能言善辩。
【结构】 联合　形-动|形-动
【扩联】 雄辩高谈言之有物
　　　　 深思熟虑行不逾方

2051

shēn wén dà yì
深文大义
dàn shuǐ jiāo qíng
淡水交情

【释义】 深~：深刻而微妙的大道理。
　　　　 淡~：指不因权势、利益而结成的君子交情。清淡如水，清澈见底。
【结构】 定中　形-名|形-名
【扩联】 宗师谈吐深文大义
　　　　 君子往来淡水交情

2052

shēn yóu yuǎn jì
深猷远计

qīng lù qiǎn móu
轻虑浅谋

【释义】 深~：猷：计划；谋划。指计划得很周密，考虑得很长远。
轻~：谋略浅薄，不深远。
【结构】 联合　形-动|形-动
【扩联】 轻虑浅谋一亩三分地
深猷远计千家万户人

2053

shēn zhái dà yuàn
深宅大院

guǎng shà gāo táng
广厦高堂

【释义】 深~：指住宅房屋很多，围墙圈起来的院落很大。多指富贵人家。
广~：高大宽敞的房屋。
【结构】 联合　形-名|形-名
【扩联】 广厦高堂前马路
深宅大院后花园

2054

shēn zhī zhuó jiàn
深知灼见

xū lùn fú tán
虚论浮谈

【释义】 深~：灼：明白，透彻。深邃的知识，深刻的认识和见解。
虚~：虚饰的言论，浮夸的语言。指大话、空话。
【结构】 联合　形-名|形-名
【扩联】 人有深知灼见
口无虚论浮谈

2055

shēn zhōng yǐn hòu
深中隐厚

dāi lǐ sǎ jiān
呆里撒奸

【释义】 深~：内心深处非常廉正忠厚。
呆~：比喻外表装作痴呆，内心里藏有奸诈。
【结构】 状中　形-方|动-形
【扩联】 呆里撒奸难对付
深中隐厚好相交

2056

shēn héng dǒu zhuǎn
参横斗转

yuè luò xīng chén
月落星沉

【释义】 参~：参星横斜，北斗转向。指午夜之后的时候。
月~：月亮落山，星光暗淡。指天将拂晓的时候。
【结构】 联合　名-动|名-动
【扩联】 月落星沉人静谧
参横斗转夜阑珊

2057

shēn shēn xué zǐ
莘莘学子

gǔn gǔn zhū gōng
衮衮诸公

【释义】 莘~：莘莘：众多的样子。学子：学生。指广大的或很多的学生。
衮~：衮衮：连续不断的样子。诸：众，各。诸公：旧指众多的官员。用以形容众多的官僚、政客。
【结构】 定中　叠—|名—
【扩联】 衮衮诸公忙政务
莘莘学子攻诗书

2058

shén cǎi yì yì
神 采 奕 奕
zhōng xīn yáo yáo
中 心 摇 摇

【释义】 神~：神采：人面部的神气和光采。奕奕：精神焕发的样子。形容精神饱满，容光焕发。
中~：中心：内心。摇摇：心神不宁。形容心神恍惚，难以自持。
【结构】 主谓 名—|叠—
【扩联】 神采奕奕春风满面
中心摇摇病魔缠身

2059

shén ān qì dìng
神 安 气 定
yì luàn xīn huāng
意 乱 心 慌

【释义】 神~：内心十分安定。
意~：形容惊慌不安。
【结构】 联合 名-形|名-形
【扩联】 胸有成竹神安气定
家无斗储意乱心慌

2060

shén hún liáo luàn
神 魂 撩 乱
máo gǔ sǒng rán
毛 骨 悚 然

【释义】 神~：神魂：神志。神志紊乱。形容心神不定。
毛~：毛：毛发。骨：指脊梁骨。悚然：恐惧的样子。毛发竖起，脊梁骨发冷。形容十分恐惧。
【结构】 主谓 名-名|形—
【扩联】 毛骨悚然吓出毛病
神魂撩乱变成神经

2061

shén jī miào suàn
神 机 妙 算
yuǎn lù shēn móu
远 虑 深 谋

【释义】 神~：神：神奇。机：心机，心计。算：谋划，筹谋。神奇的机智，巧妙的谋划。形容计谋十分高明。语见宋·赵佶《念奴娇》："妙算神机，须信道，国手都无勍敌。"
远~：深远的思考和谋划。语见唐·韩愈《黄家贼事宜状》："此两人者，本无远虑深谋，意在邀功求赏。"
【结构】 联合 形-名|形-名
【扩联】 神机妙算胜勍敌
远虑深谋超达人

2062

shén jiāo yǐ jiǔ
神 交 已 久
xīn zhào bù xuān
心 照 不 宣

【释义】 神~：神交：彼此没有见过面，但精神互通，互相倾慕。彼此神交已经很长时间了。
心~：心照：心里明白。宣：说出来。形容双方心里明白，不必说出来。
【结构】 述补 名-动|副-形
【扩联】 日梦夜梦神交已久
你知我知心照不宣

2063

shén lái qì wàng
神 来 气 旺
shǒu dào bìng chú
手 到 病 除

【释义】 神~：（如有）神灵来临运气旺盛。形容人运气特别好。
手~：除：去除。医生一伸手诊脉病就好了。形容医术高明。
【结构】 连动 名-动|名-动
【扩联】 手到病除请妙手
神来气旺遇财神

2064

shén jīng guò mǐn
神经过敏

xīn xuè lái cháo
心血来潮

【释义】 神~：原为医学用语。指神经系统的感觉机能异常敏锐的症状。后用以形容多疑，疑神疑鬼。
心~：原指神仙心中对某人或某事突然发生感应而有所知晓。后用以形容突然产生某种念头（还尽力想去做）。

【结构】 主谓　名—|动—

【扩联】 神经过敏疑人疑鬼
心血来潮学舞学歌

2065

shén liú qì chàng
神流气鬯

pò dàng hún yáo
魄荡魂摇

【释义】 神~：指精神气息流畅通达。
魄~：形容因受外界刺激、诱惑而精神不能集中。

【结构】 联合　名-动|名-动

【扩联】 琼林满眼神流气鬯
柳巷眠花魄荡魂摇

2066

shén lóng shī shì
神龙失势

měng hǔ xià shān
猛虎下山

【释义】 神~：势：权势、权位，所依仗的条件。神龙失势，如同蚯蚓。比喻失去权位。
猛~：猛虎冲下山来。形容勇武强盛者出现，挟不可抵御的气势。

【结构】 主谓　形-名|动-名

【扩联】 神龙失势如蚯蚓
猛虎下山称兽王

2067

shén qíng zì ruò
神情自若

yì tài héng shēng
逸态横生

【释义】 神~：神情：神态表情。自若：自然，像平常一样。形容遇事镇静，不改常态。
逸~：指清新美妙的姿态洋溢而出。语见北周·庾信《〈赵国公集〉序》："柱国赵国公发言为论，下笔成章，逸态横生，新情振起，风雨争飞，鱼龙各异。"

【结构】 主谓　名—|副-动

【扩联】 临大事神情自若
展新姿逸态横生

2068

shén róng qì tài
神融气泰

yì rǎng xīn láo
意攘心劳

【释义】 神~：精神融合，气息通泰。
意~：攘：扰乱，纷乱。劳：疲劳，疲惫。意乱心烦，精神疲惫。

【结构】 联合　名-形|名-形

【扩联】 神融气泰哑然失笑
意攘心劳沉默寡言

2069

shén rén gòng yuè
神人共悦

qīn yǐng wú cán
衾影无惭

【释义】 神~：天上的神仙和人间凡人都感到高兴。多形容太平景象。
衾~：衾：被子。影：影子。惭：羞愧。躺在被窝里和自己对着影子都不感到羞愧。指行为光明磊落，问心无愧。

【结构】 主谓　名-名|副-形

【扩联】 太太平平神人共悦
清清白白衾影无惭

2070

shén sī huǎng hū
神 思 恍 惚
shuì yì méng lóng
睡 意 朦 胧

【释义】 神~：恍惚：神志不清的样子。形容心神不安，神情涣散。
睡~：形容快睡着或刚醒时，两眼半开半闭，看东西模糊的样子。
【结构】 主谓　名—|形—
【扩联】 睡意朦胧一睡才好
神思恍惚六神不安

2071

shén tōng guǎng dà
神 通 广 大
guǐ kàn gāo míng
鬼 瞰 高 明

【释义】 神~：神通：原是佛教用语，指无所不能的力量，今指特别高明的本领。也用以形容投机钻营、活动能力很强，含贬义。
鬼~：瞰：窥探，窥视。高明：高明人家，指富贵人家。古意，说鬼神总在暗中窥探富贵人家的举动。
【结构】 主谓　名-动|形—
【扩联】 神通广大莫瞒心昧己
鬼瞰高明须谨小慎微

2072

shén tóu guǐ liǎn
神 头 鬼 脸
rén miàn shòu xīn
人 面 兽 心

【释义】 神~：形容不愉快的脸色。也比喻蓬头乱发，不加修饰。
人~：人的面貌，野兽的心。原指人混沌不知礼仪。后用以形容凶残卑鄙。语见唐·房玄龄《晋书·孔严传》："又观顷日降附之徒，皆人面兽心，贪而无亲，难以义感。"
【结构】 联合　名-名|名-名
【扩联】 神头鬼脸色
人面兽心肠

2073

shén wán qì zú
神 完 气 足
xīn guǎng tǐ pán
心 广 体 胖

【释义】 神~：神气十分舒畅。常形容文章首尾贯穿，一气呵成。
心~：胖：安逸，舒适。心境开阔坦荡，身体安泰舒适。后指因内心逸乐，无所牵挂而身体发胖。语见《礼记·大学》："富润屋，德润身，心广体胖，故君子必诚其意。"
【结构】 联合　名-形|名-形
【扩联】 功成名就神完气足
夫唱妇随心广体胖

2074

shén yóu bā biǎo
神 游 八 表
mèng yìng sān dāo
梦 应 三 刀

【释义】 神~：神：神思，精神。八表：八方之外，指极远的地方。精神意识在八方之外游历。指在文学创作中海阔天空地想象、构思。
梦~：应：照应，应验。传说，晋时王濬曾梦见卧室屋梁上挂着三把刀，后又加了一把。下属为其圆梦说，三刀为州，又加一把为益，你将官拜益州刺史。后果然升迁。此典故常用于官吏升迁。
【结构】 主谓　名|动-数-名
【扩联】 神游八表思路开阔
梦应三刀仕途畅通

2075

shěn shī rén bǐ
沈 诗 任 笔
dù duàn fáng móu
杜 断 房 谋

【释义】 沈~：南朝梁的沈约善于诗作，而任昉则长于表、奏、书、启，时人谓之"沈~"。后泛指诗文。
杜~：杜：杜如晦，善于断事；房：房玄龄，长于谋略。唐初两大功臣。后称多谋善断为"杜~"。

【结构】 联合 名-名|名-名
【扩联】 杜断房谋安社稷
沈诗任笔动京畿

2076

shèn shēn xiū yǒng
慎 身 修 永
dǐ jié shǒu gōng
砥 节 守 公

【释义】 慎~：为长治久安而真诚修身。
砥~：砥砺名节，奉行公事。

【结构】 连动 动-名|动-名
【扩联】 慎身修永君臣事
砥节守公天地心

2077

shèn zhōng rú shǐ
慎 终 如 始
kǒng hòu zhēng xiān
恐 后 争 先

【释义】 慎~：终结时谨慎收尾，如同开始一样。指始终要谨慎从事。语见《老子》："慎终如始，则无败事。"
恐~：唯恐落在后面，都争着向前。形容做事积极。

【结构】 连动 动-名|动-名
【扩联】 恪守不渝慎终如始
绝无仅有恐后争先

2078

shèn zhōng yú shǐ
慎 终 于 始
lì jiǔ mí xīn
历 久 弥 新

【释义】 慎~：指事情要圆满结束慎重收尾，一开始就谨慎从事，一以贯之。同"慎终如始"。
历~：弥：更加。指某事物虽经历了久远的年代，仍然富有生命力。

【结构】 连动 动-名|介-名
【扩联】 慎终于始事情圆满
历久弥新活力激扬

2079

shèn zhōng zhuī yuǎn
慎 终 追 远
sòng wǎng shì jū
送 往 事 居

【释义】 慎~：慎重为父母办理丧事，虔诚地追祭远代祖先。
送~：好好地送走死去的长辈，好好地侍奉活着的老人。

【结构】 联合 动-名|动-名
【扩联】 送往事居好儿好女
慎终追远孝子孝孙

2080

shēng táng rù shì
升 堂 入 室
chū gǔ qiān qiáo
出 谷 迁 乔

【释义】 升~：升：登上。堂：厅堂。室：内室。登上厅堂，又进入内室。比喻学识由浅入深，达到了很高的造诣。
出~：谷：山谷。乔：高，这里指乔木，即一种枝干高大的树木。原指黄莺由幽深的山谷移出，迁居在高大的乔木上。后用以庆贺人迁居或升官。

连动 动-名|动-名
升堂入室层层进
出谷迁乔步步高

2081

shēng chí qiān lǐ
声驰千里

yǒng guàn sān jūn
勇冠三军

【释义】声~：声：声望，声威。声威传到了千里之外。
勇~：三军：古时军队分为中军、上军、下军，统称为三军，冠：居首位。其勇敢为全军之首。
主谓　名|动-数-名
【结构】<u>变徵之声</u>**声驰千里**
【扩联】<u>兼人之勇</u>**勇冠三军**

2082

shēng lèi jù xià
声泪俱下

rén qín liǎng wáng
人琴两亡

【释义】声~：声：指说话声。俱：都。一边说一边流泪。形容非常悲痛。
人~：亡：死亡。人死了，琴也没声了。表示见到遗物而悼念故友的悲痛心情。
【结构】主谓　名-名|数-动
【扩联】**人琴两亡**<u>有穿心之痛</u>
声泪俱下<u>哭刎颈之交</u>

2083

shēng míng què qǐ
声名鹊起

wén cǎi fēng liú
文采风流

【释义】声~：声名：声望和名誉。鹊起：像喜鹊飞起似的。形容声誉提高得很快。
文~：文采：才华。风流：有才学而不拘礼法。形容人富于才华而有风致。指文人神采儒雅洒脱。见杜甫《丹青引赠曹将军霸》："英雄割据虽已矣，文采风流今尚存。"
【结构】主谓　名—|动—
【扩联】**声名鹊起**<u>号才子</u>
文采风流<u>惊世人</u>

2084

shēng qíng bìng mào
声情并茂

miào qù héng shēng
妙趣横生

【释义】声~：声音优美动听，感情充沛动人。泛指演艺高超、表情丰富。
妙~：充分地表现出美妙的情趣。多形容艺术作品中洋溢着的美妙情趣。也形容说话有风趣。
【结构】主谓　名-名|副-动
【扩联】**妙趣横生**<u>真有趣</u>
声情并茂<u>太煽情</u>

2085

shēng sī lì jié
声嘶力竭

kǒu zào chún gān
口燥唇干

【释义】声~：喊叫得嗓子哑了，力气也用尽了。形容拼命地呼号叫喊。
口~：口腔嘴唇都干了。形容讲话太多所造成的状况。
【结构】联合　名-动|名-动
【扩联】**声嘶力竭**<u>少开口</u>
口燥唇干<u>多噤声</u>

2086

shēng wēi dà zhèn
声威大震

gōng dé jiān lóng
功德兼隆

【释义】声~：震：震惊。名声和威望使人大为震惊。形容声势极大。
功~：功德：功业和德行。隆：盛大，深厚。功勋和德行都非常突出。
【结构】主谓　名-名|形-形
【扩联】<u>朱仙镇</u>**声威大震**
<u>岳家军</u>**功德兼隆**

2087

shēng zhèn huán yǔ
声 震 寰 宇

qì tūn shān hé
气 吞 山 河

【释义】声~：寰宇：天下，整个世界。形容声威极盛，能震撼全天下。
气~：气势很大，简直可以吞掉高山大河。形容气魄大。

【结构】主谓　名|动-名-名

【扩联】雷霆万钧声震寰宇
憚赫千里气吞山河

2088

shēng gē chè yè
笙 歌 彻 夜

hǎo xì lián tái
好 戏 连 台

【释义】笙~：笙歌：泛指奏乐唱歌。彻夜：通宵。欢乐歌舞，通宵达旦。
好~：精彩的剧目，一台接着一台上演。

【结构】主谓　形-名|动-名

【扩联】大年除夕夜笙歌彻夜
春晚中央台好戏连台

2089

shēng cái yǒu dào
生 财 有 道

jiào zǐ wú fāng
教 子 无 方

【释义】生~：生财：指开发财源，增加财富。发财赚钱有门路。
教~：方：方法。教育子女没有方法。

【结构】述补　动-名|形-名

【扩联】生财有道讲公道
教子无方请大方

2090

shēng ér yù nǚ
生 儿 育 女

yìn zǐ fēng qī
荫 子 封 妻

【释义】生~：指父母生育、抚养儿女。
荫~：荫：荫庇。封：诰封，封号。因建有功业，妻子得到封号，子孙获得世袭官爵。指建立功业，光耀门庭。

【结构】联合　动-名|动-名

【扩联】生儿育女成人皆可
荫子封妻出仕才行

2091

shēng gōng shuō fǎ
生 公 说 法

làng zǐ huí tóu
浪 子 回 头

【释义】生~：生公：晋末高僧竺道生。竺道生说佛法，能令顽石点头。比喻由精通者亲自来讲解，一定能讲得透彻而使人感化。
浪~：浪子：浪荡子弟。回头：回心转意。指不务正业、游手好闲的浪荡子弟改邪归正了。现常用以比喻误入歧途、做了坏事的青少年改过自新。

【结构】主谓　名一|动-名

【扩联】生公说法浪子受教
浪子回头生公放心

2092

shēng jī bó bó
生 机 勃 勃

sǐ qì chén chén
死 气 沉 沉

【释义】生~：生机：生命力，活力。生长旺盛，或充满活力，而富有朝气。
死~：形容气氛不活跃，没有一点生气。

【结构】主谓　名一|叠一

【扩联】生机勃勃满山翠绿
死气沉沉遍野萧疏

2093

shēng huā miào bǐ
生 花 妙 笔

rú yì suàn pán
如 意 算 盘

【释义】 生~妙笔：代指写文章、作书画的高超技巧。形容写作才能杰出，所写诗文生动优美。
如~如意：符合自己的心意。算盘：中国传统的带有算盘子的计算数目的用具，这里指盘算、算计。比喻完全照主观愿望，而只从好的方面替自己作的打算。

【结构】 定中 形—|名—

【扩联】 生花妙笔写诗作
如意算盘扒宝珠

2094

shēng lóng huó hǔ
生 龙 活 虎

gǎo mù sǐ huī
槁 木 死 灰

【释义】 生~生机勃发的飞龙，鲜活灵动的猛虎。比喻富有生气，充满活力。
槁~槁：枯干。已经枯干的树木，熄灭了的火灰。比喻心灰意冷极度消沉。

【结构】 联合 形-名|形-名

【扩联】 生龙活虎有十分神气
槁木死灰无半点激情

2095

shēng shēng bù xī
生 生 不 息

dài dài xiāng chuán
代 代 相 传

【释义】 生~生生：中国哲学术语，指变化和新生事物的发生。不息：没有终止。不断地生长、繁殖。语见《周易》："生生之谓易。"周敦颐《太极图说》："二气交感，化生万物，万物生生而变化无穷焉。"
代~一代一代地相继流传下去。

【结构】 主谓 叠—|副-动

【扩联】 新潮事物生生不息
老辈精神代代相传

2096

shēng sǐ guān kǒu
生 死 关 口

cún wáng shū jī
存 亡 枢 机

【释义】 生~关口：关键地方，关头。决定生与死的最危急、关键的时刻。同"生死关头"。
存~枢机：事物的关键或中心部分。决定存在和灭亡的关键。

【结构】 定中 名-名|名-名

【扩联】 存亡枢机把握住
生死关口动摇难

2097

shēng sǐ ròu gǔ
生 死 肉 骨

cún wáng ān wēi
存 亡 安 危

【释义】 生~使死人复生，白骨长肉。形容恩德极大。语见《左传·昭公二十五年》："苟使意如得改事君，所谓生死而肉骨也。"
存~使将要灭亡的保存下来，使极其危险的安定下来。形容在关键时刻起了决定作用。语见《荀子·王制》："功名之所就，存亡安危之所堕，必将于愉殷赤心之所。"

【结构】 联合 动-名|动-名

【扩联】 生死肉骨救人命
存亡安危保国家

2098

shéng jù mù duàn
绳 锯 木 断

shuǐ dī shí chuān
水 滴 石 穿

【释义】 绳~：用绳子锯木，也能把木锯断。比喻只要坚持不懈，力量虽小，最后也能取得胜利。
水~：让水不停地滴，能把石头穿个洞。比喻持之以恒努力去做，再难办的事情也能办成。

【结构】 连动 名-动|名-动

【扩联】 绳锯木断无须千斤力
水滴石穿不止一日功

2099

shèng qíng nán què
盛 情 难 却

hān tài kě jū
憨 态 可 掬

【释义】 盛~：盛情：深厚的情意。却：拒绝，推辞。深厚的情意难以拒绝。在别人邀请或款待时之用语。
憨~：憨：朴实，天真。掬：两只手捧。娇憨的神态可以用手捧起来。形容幼稚纯朴的神情充溢在外，十分有趣可爱。

【结构】 主谓 形-名|副-动

【扩联】 盛情难却乐从命
憨态可掬萌煞人

2100

shèng yán nán zài
盛 筵 难 再

hǎo jǐng bù cháng
好 景 不 长

【释义】 盛~：盛大的宴席难以再得。比喻美好光景不可多得。
好~：好的光景不能长久存在。指得意的日子很短暂。

【结构】 主谓 形-名|副-动

【扩联】 曲终人散盛筵难再
水尽鹅飞好景不长

2101

shèng yán yì sàn
盛 筵 易 散

hǎo mèng nán yuán
好 梦 难 圆

【释义】 盛~：筵：古人席地而坐铺的席，也指筵席、宴席。盛大的宴会容易散席。比喻良辰美景不会长存，容易消失。
好~：圆：圆梦，旧指解说梦中之事，从而附会人事，推测吉凶为圆梦。比喻好事大多难以实现。语见明·汤显祖《紫钗记·剑合钗圆》："彩云轻散，好梦难圆。"

【结构】 主谓 形-名|副-动

【扩联】 好梦难圆怀念想
盛筵易散忆肥甘

2102

shèng lì zài wàng
胜 利 在 望

dà gōng gào chéng
大 功 告 成

【释义】 胜~：在望：期盼的事情就在眼前。指胜利即将到来。
大~：功：事业，成效。指巨大的工程或重要任务宣告完成。

【结构】 主谓 名一|动-动

【扩联】 胜利在望莫争利
大功告成再庆功

2103

shèng quàn zài wò
胜 券 在 握

dà gōng chuí chéng
大 功 垂 成

【释义】 胜~：胜券：指胜利的把握。对胜利、成功有了把握。
大~：大功：巨大的工程或事业。垂：将近。指巨大的工程或事业马上就要完成了。

【结构】 主谓 名一|动-动

【扩联】 胜券在握不松劲
大功垂成更上心

2104

shī hún luò pò
失 魂 落 魄

diào dǎn tí xīn
吊 胆 提 心

【释义】 失~：落：失散，丢掉。人的魂魄都失散丢掉了。形容极度恐慌。语见明·凌濛初《二刻拍案惊奇》第十二卷："做子弟的，失魂落魄，不惜余生。"

吊~：人的胆和心好像都悬着，没在原来的位置。形容非常担心、害怕，安不下心来。亦作"提心吊胆"。语见清·张春帆《九尾鱼》第二十回："你为什么昨夜不来？累得我吊胆提心，坐守了一夜。"

【结构】 联合 动-名|动-名

【扩联】 吊胆提心人出事
失魂落魄鬼缠身

2105

shī biǎo wàn shì
师 表 万 世

yáo shùn qiān zhōng
尧 舜 千 钟

【释义】 师~：师表：品德学问上的师范表率。可世代为人师表。语见晋·葛洪《神仙传》："老子岂非乾坤所定，万世之师表哉！故庄子之徒，莫不以老子为宗也。"

尧~：钟：酒器。尧舜能喝千钟酒。形容酒量很大。语见《孔丛子·儒服》："平原君与子高饮，强子高酒曰：昔有遗谚：'尧舜千钟，孔子百斛'。"

【结构】 主谓 名-名|数-名

【扩联】 尧舜千钟孔丘落后
师表万世老子为宗

2106

shī xīn zì rèn
师 心 自 任

chěng xìng wàng wéi
逞 性 妄 为

【释义】 师~：师心：以心为师，不拘成规；这里指只相信自己。自任：按自己的主观意图行事。形容自以为是，不肯接受别人的意见。语见北齐·颜之推《颜氏家训·文章》："学为文章，先谋亲友，得其评裁，知可施行，然后出手，慎勿师心自任，取笑旁人也。"

逞~：逞性：任性。妄：胡乱。任着性子，胡作非为。

【结构】 状中 动-名|副-动

【扩联】 师心自任难免纰漏
逞性妄为多生祸端

2107

shī xīn zì yòng
师 心 自 用

jù lǐ lì zhēng
据 理 力 争

【释义】 师~：师心：以自己的心意为师，即只相信自己的意念。自用：只凭自己的主观行事，不求教他人。指固执己见，自以为是。

据~：占据道理，竭力争辩。尽力维护某种观点或利益。

【结构】 连动 动-名|副-动

【扩联】 师心自用动心忍性
据理力争得理让人

2108

shī rén bù dé
施 仁 布 德

zhàng yì shū cái
仗 义 疏 财

【释义】 施~：指实行仁义，布施恩德，多行善事。

仗~：疏：分散。指讲义气，不惜拿钱财去帮助别人。

【结构】 联合 动-名|动-名

【扩联】 施仁布德德称日盛
仗义疏财财运亨通

2109

shī péng jiǔ yǒu
诗 朋 酒 友
hǔ dǎng hú chái
虎 党 狐 侪

【释义】 诗~：常在一起聚会作诗饮酒的朋友。语见明·冯惟敏《粉蝶儿·李争冬有犯》："但有个诗朋酒友共开尊，少不得倚玉偎香珠翠拥。"

虎~：党：因私人利害关系而结成的集团。侪：同辈、同类的人。比喻成群结党的如虎之凶残、如狐狸一样狡诈的凶恶之徒。

【结构】 联合 名-名|名-名
【扩联】 诗朋酒友酒助诗兴
虎党狐侪狐假虎威

2110

shī qíng huà yì
诗 情 画 意
yǔ hèn yún chóu
雨 恨 云 愁

【释义】 诗~：指诗画中描摹出给人美感的意境。形容自然界或事物之美。

雨~：一指可以惹人愁怨的云和雨，二指男女之间的离别愁苦。

【结构】 联合 名-名|名-名
【扩联】 神游洛水诗情画意
梦断巫山雨恨云愁

2111

shī zhēn yǔ sù
诗 真 语 素
yán jiǎn yì gāi
言 简 意 赅

【释义】 诗~：诗的感情真挚、真切，而语言朴实。

言~：简：简单，简练。赅：充分，完备。语言简练而意义完备。泛指说话或写文章语言精炼而意义深刻。语见清·华伟生《开国奇冤·被擒》："言简意赅，洵不愧为老斫轮手。"

【结构】 联合 名-形|名-形
【扩联】 言简意赅文隽永
诗真语素韵幽长

2112

shī zhōng yǒu huà
诗 中 有 画
bǐ xià shēng huā
笔 下 生 花

【释义】 诗~：形容描写自然景物的诗，写得具体、生动、逼真，使人如置身于图画之中。也形容诗歌意境深遂优美。

笔~：形容文人才思横溢文笔美妙，文章写得绚丽多彩。

【结构】 状中 名-方|动-名
【扩联】 诗中有画异常美
笔下生花格外高

2113

shī jū yú qì
尸 居 余 气
rì bó xī shān
日 薄 西 山

【释义】 尸~：居：停留。指人像尸体一样躺在那里，仅存一点气息。原形容人已奄奄一息，即将死去。后多指人暮气沉沉，无所作为，比死尸只多一口气。

日~：薄：迫近。太阳快要下山了。比喻人已衰老或事物已腐朽，正接近死亡。

【结构】 主谓 名|动-方-名
【扩联】 日薄西山将近夜
尸居余气快收官

2114

shí guāi yùn jiǎn
时 乖 运 蹇

yīn cuò yáng chā
阴 错 阳 差

【释义】 时~：时运不顺，命运不佳。指处境不顺利。
阴~：阴阳配合出了差错，弄混了。多用于比喻因偶然因素造成了差错或巧合。
【结构】 联合 名-动 名-动
【扩联】 阴错阳差有缘无分
时乖运蹇交臂失之

2115

shí lái yùn zhuǎn
时 来 运 转

yào dào bìng chú
药 到 病 除

【释义】 时~：时：时机；运：命运。时机到来，命运好转。
药~：一开出药方治疗，疾病就能消除。形容医道高明。也比喻工作能力强，解决问题快。
【结构】 连动 名-动|名-动
【扩联】 时来运转痴人有福
药到病除妙手回春

2116

shí miáo liú dú
时 苗 留 犊

yáng xù xuán yú
羊 续 悬 鱼

【释义】 时~：东汉人时苗曾任寿春令，赴任时自己带来一头母牛，离任时，把母牛所生牛犊留在官府交给继任者。形容清正廉洁，公私分明。
羊~：羊续：东汉人，曾任南阳太守。羊续把下属送来的鲜鱼悬挂在大庭。形容为官清廉，拒收贿赂。语见南朝宋·范晔《言汉书·羊续传》："（续为南阳太守）府丞尝献生鱼，续受而悬于庭。丞后又进之，续乃出所悬者，以杜其意。"
【结构】 主谓 名—|动-名
【扩联】 羊续悬鱼无受贿
时苗留犊拒谋私

2117

shí yí shì gǎi
时 移 事 改

rén zǒu chá liáng
人 走 茶 凉

【释义】 时~：随着时间的流逝，世事也在改变。语见宋·薛居正《旧五代史·唐书·武皇纪下》："然则君臣无常位，陵谷有变迁。或硾塞长河，泥封函谷，时移事改，理有万殊。"
人~：比喻人不在位，大家对他就冷淡了。
【结构】 连动 名-动|名-动
【扩联】 时移事改多谋新政
人走茶凉不恋旧情

2118

shī yí shì yì
时 移 世 异

wù shì rén fēi
物 是 人 非

【释义】 时~：时移：时光推移。那个时间（时代）过去了，世事或处境也就发生变化，不同了。语见唐·刘知几《史通》："然朴散淳销，时移世异，文之与史，较然异辙。"
物~：景物或器物还是原来的样子，而人、事则非同往昔。多用来表示人事变迁或对古人的怀念。见三国魏·曹丕《与吴质书》："节同时异，物是人非，我劳如何？"
联合 名-动|名-动
【结构】 物是人非朋辈去
【扩联】 时移世异新朝来

2119

shí shì qiú shì
实 事 求 是
fǎn jīng dá quán
反 经 达 权

【释义】 实~：实：实在，察实。事：客观存在的事物。求：探求。是：正确，这里指事物的内部真相。察实客观存在的事物而探求其内部真相。也指按照事物的实际情况而正确地对待和处理。语见《汉书·河间献王传》："河间献王德以孝景前二年立，修学好古，实事求是。"
反~：经：常道或常法。权：权宜，变通办法。必要时，为顺应形势，暂且违反常道，权宜行事，采取变通的做法。

【结构】 连动 动-名|动-名
【扩联】 实事求是根本原则
反经达权临时措施

2120

shè jiē ér shàng
拾 阶 而 上
jiàng gé yǐ qiú
降 格 以 求

【释义】 拾~：踏着台阶一级一级往上走。比喻为官、求知一步步上进。
降~：格：规格，标准。降低标准去寻求、要求。不坚持原来的标准了。

【结构】 状中 动-名|连-动
【扩联】 后生超前拾阶而上
前辈殿后降格以求

2121

shí bù fāng cǎo
十 步 芳 草
yī tuán luàn má
一 团 乱 麻

【释义】 十~：在十步之内就有芳香的花草。比喻到处都有人才。
一~：形容事情搞得乱糟糟，像乱麻一样很难理清。

【结构】 定中 数-量|形-名
【扩联】 揽十步芳草真惬意
见一团乱麻太烦心

2122

shí è bù shè
十 恶 不 赦
wǔ dú jù quán
五 毒 俱 全

【释义】 十~：十恶：旧刑律，指十种不可赦免的重罪。赦：赦免，减轻或免除对罪犯的刑罚。指罪大恶极，不可饶恕。
五~：五毒：指蛇、蝎、蜈蚣、壁虎、蟾蜍五种能分泌毒液的动物。后泛指各种坏事，什么坏事都干。形容罪行严重，作恶多端。

【结构】 主谓 数-名|副-动
【扩联】 十恶不赦无人能免
五毒俱全有药难医

2123

shí fēng wǔ yǔ
十 风 五 雨
yī rì sān qiū
一 日 三 秋

【释义】 十~：十天一刮风，五天一下雨。形容风调雨顺。语见陆游《村居初夏之四》："斗酒只鸡人笑乐，十风五雨岁丰穰。"
一~：秋：指一年。一天不见，就像过了三年。形容对人思念之殷切。语见《诗经·采葛》："一日不见，如三秋兮。"

【结构】 联合 数-名|数-名
【扩联】 十风五雨天公作美
一日三秋君子痴情

2124

shí lǐ yáng chǎng
十 里 洋 场

yì pán sǎn shā
一 盘 散 沙

【释义】 十~：十里：形容面积较大。旧时的上海租界区因外国人多、洋货充斥，故称十里洋场。后特指旧上海。
一~：一盘黏合不到一起的沙子。比喻不团结，或力量分散，没有组织起来。
【结构】 定中　数-量|形-名
【扩联】 一盘散沙不经风雨
十里洋场难辨鱼龙

2125

shí ná jiǔ wěn
十 拿 九 稳

wàn wú yī shī
万 无 一 失

【释义】 十~：指办事情很有把握或非常准确。
万~：失：失误，差错。绝对不会出差错。
【结构】 连动　数-动|数-动
【扩联】 布天罗地网十拿九稳
有妙算神机万无一失

2126

shí nián shù mù
十 年 树 木

bǎi liàn chéng gāng
百 炼 成 钢

【释义】 十~：树：种植，培育，树立。木：树，十年种植培育出树木。比喻培养人才是长久之计，也喻指培养人才不容易。
百~：指铁砂经过多次冶炼成为纯钢。比喻久经锻炼，以致变得非常坚强。
【结构】 状中　数-名|动-名
【扩联】 百炼成钢经国器
十年树木栋梁材

2127

shí quán dà bǔ
十 全 大 补

wǔ yùn jiē kōng
五 蕴 皆 空

【释义】 十~：本为中成药名。用十种名贵的滋补药物制成。比喻某种措施、方法对事情有巨大的补益。
五~：五蕴：佛家语，指色、受、想、行、识。众生由此五者积集而成身，故称五蕴。五蕴都没有。指佛家修行的至高境界。
【结构】 主谓　数-名|形-动
【扩联】 五蕴皆空难进补
十全大补也排空

2128

shí quán shí měi
十 全 十 美

yī shèng yī shuāi
一 盛 一 衰

【释义】 十~：指各方面都非常完美，毫无缺陷。
一~：盛：兴盛，繁盛。衰：衰败，衰落。指世间事物的兴盛和衰败都是相对的，有兴盛也会有衰败。
【结构】 联合　数-形|数-形
【扩联】 十全十美世间难得
一盛一衰天地均衡

2129

shí shǒu zhēng zhǐ
十 手 争 指

yì máo bù bá
一 毛 不 拔

【释义】 十~：十：喻多。争：争相。指：指责。谓人如有不善，众人则争相（用手指着）加以指责。语见《礼记·大学》："十目所视，十手所指，其严乎！"
一~：拔掉自己的一根汗毛都不肯。原形容战国时期杨朱的为我主义思想。后用以讽刺人的极端吝啬。
【结构】 主谓　数-名|副-动
【扩联】 作恶多端十手争指
攒钱万贯一毛不拔

2130

shí quán zhī měi
十 全 之 美

yí niàn zhī chā
一 念 之 差

【释义】 十~：十：指多，各方面。全：周全，完备。美：令人满意，好。形容做得十分完美，各方面都能兼顾，大家满意。义同"十全十美"。语见清·陈朗《雪月梅传》："贤侄出门也得放心，岂不是十全其美。"
一~：念：念头。差：差错。偶然的错误念头。指一时的疏忽或错误念头而产生了严重后果。
【结构】 定中　数–动–助|形
【扩联】 一念之差成千古恨
十全之美得万人心

2131

shí yáng jiǔ mù
十 羊 九 牧

yī guó sān gōng
一 国 三 公

【释义】 十~：十只羊，九个人放牧。比喻官员过多。
一~：一个国家同时有三个君主。比喻多头权力，政令不能统一，令人无以适从。
【结构】 主谓　数–名|数–名
【扩联】 十羊九牧人浮于事
一国三公政出多门

2132

shí chén dà hǎi
石 沉 大 海

xiàn duàn fēng zhēng
线 断 风 筝

【释义】 石~：比喻无影无踪，杳无音信。或说事情没有下文，不了了之。
线~：风筝断线，任风吹去。比喻失去联系、失去控制，无从寻觅。
【结构】 主谓　名|动–形–名
【扩联】 石沉大海失音信
线断风筝无影踪

2133

shí chén hǎi dǐ
石 沉 海 底

zhuī chǔ náng zhōng
锥 处 囊 中

【释义】 石~：石头沉没在海底，比喻消失得无影无踪、杳无音信。
锥~：锥子放在布袋里，锥尖会扎出来。比喻虽然暂时无人知晓，只要有才能就会显露头角，不会长久被埋没。
【结构】 主谓　名|动–名–方
【扩联】 石沉海底终无迹
锥处囊中总露头

2134

shǐ luàn zhōng qì
始 乱 终 弃

xiān xíng hòu wén
先 行 后 闻

【释义】 始~：乱：淫乱，玩弄。弃：遗弃，抛弃。先玩弄，后遗弃。指男子对女性先玩弄后遗弃的不道德行径。也比喻对人利用之后又一脚踢开。语见唐·元稹《莺莺传》："始乱之，终弃之，固其宜矣。"
先~：行：处理，行刑，执法。闻：闻达。旧时指先行处理、执法，再向上奏报。后喻先将某事处理完毕，然后再向上级部门汇报。语见南朝宋·范晔《后汉书·酷吏传序》："故临民之职，专事威断，族灭奸宄，先行后闻。"同"先斩后奏"。
【结构】 连动　副–动|副–动
【扩联】 始乱终弃无道德
先行后闻有专权

2135

shǐ yú shǐ guò
使愚使过

jǔ xiào jǔ lián
举孝举廉

【释义】 使~：使用愚笨但不怕死之人，使用有过失而有望自勉的人。指利用人的缺点短处，给予激励以取得成果。语见宋·范仲淹《上观察使第一表》："前春延安之战，大挫国威，朝廷有使愚使过之议，遂及于臣。"
举~：举：推举。孝：孝悌之人。廉：廉洁官吏。汉朝由下向上推举人才作官的一种制度。

【结构】 联合　动-名|动-名

【扩联】 举孝举廉尽忠为国
使愚使过弃短扬长

2136

shǐ wú qián lì
史无前例

dài yǒu qí rén
代有其人

【释义】 史~：前例：可供后人援用的事例。形容前所未有。
代~：每个时代都有这样的人。

【结构】 主谓　名|动-形-名

【扩联】 抗战胜利史无前例
捐躯牺牲代有其人

2137

shǐ kǒu dǐ lài
矢口抵赖

zào yáo zhòng shāng
造谣中伤

【释义】 矢~：矢口：一口咬定。抵赖：拒不承认事实。指在事实面前进行狡辩，矢口否认所犯过失或罪行。
造~：中伤：暗中攻击和加以陷害。制造谣言，以污蔑陷害别人。

【结构】 状中　动-名|动—

【扩联】 造谣中伤流长飞短
矢口抵赖叫屈喊冤

2138

shì fēng rì xià
世风日下

rén yù héng liú
人欲横流

【释义】 世~：世风：社会风气。下：沉落下去。社会风气日趋败坏。
人~：人欲：人的欲望。横流：泛滥。个人欲望任意放纵。也指社会风气恶劣、道德败坏。

【结构】 主谓　名-名|形-动

【扩联】 抓精神文明止世风日下
讲理想信念防人欲横流

2139

shì jiān wú liǎng
世间无两

tiān xià dì yī
天下第一

【释义】 世~：人世间没有第二个。
天~：天下最突出的一个。形容再也没有比得上的了。

【结构】 状中　名—|动-数

【扩联】 少林武术世间无两
中国功夫天下第一

2140

shì qíng rú zhǐ
世情如纸

tiān dào wú sī
天道无私

【释义】 世~：世情：人与人之间的感情。人情冷暖，世态炎凉，人情就像一张纸那样薄。
天~：天道：天理。天道公正，无偏无私。

【结构】 主谓　名—|动-名

【扩联】 世情淡薄如纸
天道公正无私

2141

shì shū shì yì
世 殊 事 异

shí guò jìng qiān
时 过 境 迁

【释义】 世~：世：时代。殊、异：不同。时代不同了，事情也不同。
时~：迁：变迁。时代已经过去，环境也随之变迁了。
【结构】 连动　名-动|名-动
【扩联】 时过境迁与时俯仰
世殊事异随世沉浮

2142

shì qīng cháo yě
势 倾 朝 野

làng jì jiāng hú
浪 迹 江 湖

【释义】 势~：势力压倒在朝在野的一切人。形容权势极大。语见《魏书·卢玄传》："时灵太后临朝，黄门侍郎李神轨势倾朝野，求结婚姻。"
浪~：浪迹：流浪，行踪不定。江湖：代指四方各地。到处流浪，足迹遍及四方。
【结构】 主谓　名|动-名-名
【扩联】 浪迹江湖半生失意
势倾朝野只手遮天

2143

shì rú lěi luǎn
势 如 累 卵

mìng ruò yóu sī
命 若 游 丝

【释义】 势~：势：指情势。累：堆叠。情势相当危急，就像堆叠着的蛋马上就要塌下来一样。
命~：命：性命。性命就像悬空下垂的游丝，随时可断。比喻生命垂危。
【结构】 主谓　名|动-动-名
【扩联】 势如累卵险
命若游丝悬

2144

shì suí rén yuàn
事 随 人 愿

tiān yòu qí zhōng
天 诱 其 衷

【释义】 事~：事情随着人的意愿而发展并获得预想的效果。
天~：衷：内心，或指良心。上天开导其心意，使之悔悟。语见《左传·僖公二十八年》："天祸卫国，君臣不协，以及此忧也；今天诱其衷，使皆降心以相从也。"
【结构】 主谓　名|动-名-名
【扩联】 事随人愿不弯路
天诱其衷归正途

2145

shì wú èr jià
市 无 二 价

huò bǐ sān jiā
货 比 三 家

【释义】 市~：卖东西不搞两种价格。指买卖公道，不相欺诈。形容社会风气好。
货~：买东西要多走几个商家进行比较，看哪家物美价廉再确定购买。
【结构】 主谓　名-动|数-名
【扩联】 市无二价标明码
货比三家选正宗

2146

shì cái ào wù
恃 才 傲 物

zhàng shì qī rén
仗 势 欺 人

【释义】 恃~：恃：仗恃，倚仗。傲：傲视，看不起。物：外物，指众人。仗恃自己才高，看不起任何人。
仗~：依仗势力，欺压别人。
【结构】 连动　动-名|动-名
【扩联】 有才少恃才傲物
得势莫仗势欺人

2147

shì cái jù ào
恃 才 倨 傲

wéi è bù quān
为 恶 不 悛

【释义】恃～：倨傲：傲慢自大。恃：倚仗。自恃有才，傲慢自大。
为～：为：作。悛：悔改。形容作恶不改。语见晋·干宝《搜神记》第七卷："贾后（晋惠帝后）为恶不悛，故钟出涕，犹伤之也。"

【结构】连动　动-名|形一

【扩联】恃才倨傲少知己
为恶不悛多对头

2148

shì shā chéng xìng
嗜 杀 成 性

jí è rú chóu
疾 恶 如 仇

【释义】嗜～：嗜：特别爱好。爱好杀戮已成习性。形容恶势力或坏人凶狠残杀。
疾～：疾：厌恶，憎恨。恶：邪恶，坏人坏事。痛恨坏人坏事如同仇敌一样。形容人正义感很强。

【结构】述补　动-名|动-名

【扩联】前生屠户嗜杀成性
今世善人疾恶如仇

2149

shì rén yóu jiè
视 人 犹 芥

wàng zǐ chéng lóng
望 子 成 龙

【释义】视～：视：看待。犹：像。芥：草芥，小草。把别人看得像草芥一样。指高傲自大，看不起人。
望～：望：盼望。龙：这里指俊杰。希望儿子能成为出人头地的大人物。

【结构】兼语　动|名 动-名

【扩联】视人犹芥虎狼眼
望子成龙父母心

2150

shì ruò wú dǔ
视 若 无 睹

tīng ér bù wén
听 而 不 闻

【释义】视～：视：看。睹：看见。看到了就像没看见一样。形容漠不关心。
听～：闻：听见。听了却没有听进去。形容不当回事。

【结构】述补　动|动-动-名

【扩联】视若无睹陌上女
听而不闻枕边风

2151

shì ruò zhēn bǎo
视 若 珍 宝

qì rú biàn máo
弃 如 弁 髦

【释义】视～：若：如同，好像。珍宝：珠玉宝石的总称，泛指有价值的东西。看作珍宝一样。形容十分珍爱。
弃～：弁：黑布冠。髦：童子的垂发。古代贵族子弟行加冠之礼，先用黑布冠把垂发束好，三次加冠之后即弃之不用。比喻毫不可惜地抛弃无用之物。

【结构】动宾　动-动|名一

【扩联】弃如弁髦有多远扔多远
视若珍宝巳捧之夜捧之

2152

shì tóng ér xì
视 同 儿 戏

fèng ruò shén míng
奉 若 神 明

【释义】视～：看成是孩儿玩耍一样。形容对重要事情极不重视。
奉～：像对神灵一样敬奉。形容对某人的过分崇拜。

【结构】述补　动|动-名-名

【扩联】奉若神明恭恭敬敬
视同儿戏舞舞咋咋

2153

shì huí zēng měi
释 回 增 美
qù wěi cún zhēn
去 伪 存 真

【释义】 释~：释：解除。回：邪辟。美：美质。除去邪辟污点，增强美的素质。
去~：去：除掉。伪：虚假。除掉虚假成分，保留真实成分。
【结构】 联合　动-形|动-形
【扩联】 去伪存真名正言顺
释回增美整绝风清

2154

shì qí mò jí
噬 脐 莫 及
gù yǐng zì lián
顾 影 自 怜

【释义】 噬~：噬：咬。脐：肚脐。指人咬自己的肚脐是不能咬到的。比喻事情做不到，后悔莫及。
顾~：回头看看自己的身影，自己怜惜自己。形容处境孤独、空虚失意的情景。
【结构】 述补　动-名|副-动
【扩联】 勾首弯腰噬脐莫及
低眉垂眼顾影自怜

2155

shì kě ér zhǐ
适 可 而 止
chí zhī yǐ héng
持 之 以 恒

【释义】 适~：适可：适宜，适当。在适当的时候、适当的地步就停止下来。
持~：指有恒心长期坚持下去。
【结构】 状中　动-代|连-形
【扩联】 上网当适可而止
读书要持之以恒

2156

shì ěr rén yuǎn
室 迩 人 远
shān gāo shuǐ dī
山 高 水 低

【释义】 室~：迩：近。房屋距离很近，人却距离很远。表示对人的思念或对死者的悼念。
山~：山之高耸，水之低走。比喻不测的遭遇。
【结构】 联合　名-形|名-形
【扩联】 山高水低水东逝
室迩人远人不回

2157

shì mù yǐ dài
拭 目 以 待
xiàng jī ér xíng
相 机 而 行

【释义】 拭~：拭：擦。擦亮眼睛等着瞧。形容十分殷切地期待或确有把握地等待事情的出现。
相~：相机：察看机会。根据时机和形势而采取行动。
【结构】 状中　动-名|连-动
【扩联】 拭目以待出奇制胜
相机而行化险为夷

2158

shōu huí chéng mìng
收 回 成 命
dǎ pò cháng guī
打 破 常 规

【释义】 收~：收回已发布的命令、指示或决定，停止执行。
打~：打破：突破原有的限制或拘束。常规：沿袭下来的规矩。打破了一般的规矩或突破了正常的规章制度。形容敢于创新。
【结构】 动宾　动-|形-名
【扩联】 收回成命知错改过
打破常规推陈出新

2159

shǒu wú cùn tiě
手 无 寸 铁

xiōng yǒu jiǎ bīng
胸 有 甲 兵

【释义】 手~：寸：一寸，言数量极少。铁：武器。手里没有一点武器。形容赤手空拳，没有任何武器。
胸~：甲兵：披甲的士兵。比喻胸中怀有雄才伟略，胜过无数披甲上阵的士兵。

【结构】 主谓 名|动-名一

【扩联】 战士不可手无寸铁
将军必须胸有甲兵

2160

shǒu wǔ zú dǎo
手 舞 足 蹈

tóu yūn yǎn huā
头 晕 眼 花

【释义】 手~：两手挥舞，两脚跳动。形容人极其高兴或兴奋的样子。
头~：头脑晕乱，眼睛发花。一种病态或经历、看见纷乱复杂的场景后出现的一种症状。

【结构】 联合 名-动|名-动

【扩联】 头晕眼花现幻觉
手舞足蹈发神经

2161

shǒu xià bài jiàng
手 下 败 将

xiōng zhōng jiǎ bīng
胸 中 甲 兵

【释义】 手~：常败在自己手下的人。比喻某项技艺比不过自己、常输给自己的人。
胸~：甲兵：铠甲和兵器，泛指武备。比喻胸中富有韬略。

【结构】 定中 名-方|形-名

【扩联】 手下败将草包一个
胸中甲兵力敌万人

2162

shǒu shēn rú yù
守 身 如 玉

xī mò ruò jīn
惜 墨 若 金

【释义】 守~：保持自己的节操，像玉石一样纯洁无暇。
惜~：极言不轻易下笔。也指文字极其精练，不拖沓。

【结构】 兼语 动-名|-动-名

【扩联】 君子立世守身如玉
大家行文惜墨若金

2163

shǒu shēn ruò yù
守 身 若 玉

chuī qì shèng lán
吹 气 胜 兰

【释义】 守~：保持自身节操，像玉那样洁白无瑕。语见清·文康《儿女英雄传》第二十三回："何况这位姑娘，守身若玉，励志如冰。"
吹~：胜：胜过，超过。形容女子气息之香，胜过兰花。语见汉·郭宪《洞冥记》："（汉武）帝所幸宫人名丽娟，年十四，玉肤柔软，吹气胜兰。"

【结构】 兼语 动|名|动-名

【扩联】 守身若玉黄花女
吹气胜兰大美人

2164

shǒu sǐ shàn dào
守 死 善 道

qiú shēng hài rén
求 生 害 仁

【释义】 守~：守死：至死，等到死。指舍掉生命也要保全道的完善。
求~：为了求得生存，而有伤仁德。语见《论语·卫灵公》："志士仁人，无求生以害仁，有杀身以成仁。"

【结构】 连动 动-名|动-名

【扩联】 守死善道卫道士
求生害仁不仁人

2165

shǒu zhū dài tù
守株待兔
zuò jǐng guān tiān
坐井观天

【释义】 守~：株：露在地面上的树根或树干。守在树旁等待兔子来撞。比喻死守狭隘经验，不知变通。也讽刺心存侥幸想不劳而获者。语见《韩非子·五蠹》："宋人有耕者，田中有株，兔走触株，折颈而死，因释其耒而守株，冀复得兔。兔不可复得，而身为宋国笑。"
坐~：观：看。坐在井底看天。比喻囿于所处，眼界狭窄，所见有限。语见韩愈《原道》："坐井而观天，曰天小者，非天小也。"
【结构】 连动 动-名|动-名
【扩联】 坐井观天小
守株待兔来

2166

shòu yuán wú liàng
寿元无量
fù guì mǎn táng
富贵满堂

【释义】 寿~：寿元：寿命。无量：无限度。祝人长寿的颂辞。
富~：富贵充盈全家。形容家庭有享受不尽的荣华富贵。祝人幸福好运用辞。
【结构】 主谓 名-名|动-名
【扩联】 功德无量寿元无量
子孙满堂富贵满堂

2167

shòu zé duō rǔ
寿则多辱
fù ér bù rén
富而不仁

【释义】 寿~：辱：屈辱。人年岁太大了要受很多屈辱。语见《庄子·天地》："封人曰：'寿、富、多男子，人之所欲也，女独不欲，何邪？'尧曰：'多男子则多惧，富则多事，寿则多辱，是三者非所以养德也，故辞。'"
富~：发财致富了而不讲仁义。
【结构】 连动 形-连|副-形
【扩联】 富而不仁土豪事
寿则多辱老者言

2168

shòu zhōng zhèng qǐn
寿终正寝
fù tǎn dōng chuáng
腹坦东床

【释义】 寿~：寿终：指年老而自然地死去。正寝：指家宅的正房，人死后灵柩停放之处。年老而安然死于家中。也喻指事物消亡（含讽刺意味）。
腹~：晋时太傅郗鉴有女，想跟丞相王导联姻。王导要来人到东厢房去看他的几个子侄，任挑一个。王导的子侄个个都很出色，听说来挑女婿，都有些拘束，唯独王羲之毫不在乎，敞胸露怀躺在东边床上。来人回去报告后，郗太傅就选中了王羲之。后以此代指佳婿。
【结构】 主谓 名|动-名-
【扩联】 寿终正寝先人驾鹤
腹坦东床女婿乘龙

2169

shòu zhī yǒu kuì
受之有愧
què zhī bù gōng
却之不恭

【释义】 受~：接受别人的馈赠或褒奖令自己感到惭愧。当事人表示谦虚的一种说辞。
却~：却：推辞，谢绝。谢绝盛情，就显得不恭敬了。谦谢之辞。表示只好接受别人的邀请或馈赠。
【结构】 连动 动-代|动-形
【扩联】 你夸他夸受之有愧
三请四请却之不恭

2170

shū fú zhòu shuǐ
书 符 咒 水
rán zhú fén xiāng
燃 烛 焚 香

【释义】 书~：书：画。符：道士画的一种说是有魔力的图形或线条。咒：宗教迷信说念着可以除灾降祸的语句。在纸上画符，端着水念咒语。泛指道士作法的活动。语见宋·胡仔《苕溪渔隐丛话前集·秦少游》："高斋以谓'少游尝为道士，书符咒水'，又诬也。"
燃~：点燃蜡烛烧着线香，插进蜡台香炉行礼拜。敬神礼佛的一种仪式，以示虔诚。

【结构】 联合　动-名|动-名

【扩联】 书符咒水除灾免祸
燃烛焚香拜佛敬神

2171

shū huà mǎo yǒu
书 画 卯 酉
bǐ gēng yìn tián
笔 耕 砚 田

【释义】 书~：古时衙门上班下班签字的制度，卯时（早五至七点）签到，酉时（晚五至七点）签退。喻指刻板重复、毫无生气的公事工作。语见《水浒传》第五十一回："依旧每日县中书画卯酉，听候差使。"
笔~：笔耕：以笔代耕。砚田：砚台，文人恃文墨为生，故谓砚为砚田。比喻从事脑力劳动，以读写为业。语见汉·许慎《说文解字》："庶有达者理而董之。"段玉裁注："每诵先王父诗句云：'不种砚田无乐事，不撑铁骨莫支贫。'"南朝梁·萧统《文选·任昉〈为萧扬州荐士表〉》："既笔耕为养，亦佣书为学。"

【结构】 动宾　名-动|名-名

【扩联】 书画卯酉千钟五斗
笔耕砚田万斛百篇

2172

shū tōng èr yǒu
书 通 二 酉
míng zhòng yī shí
名 重 一 时

【释义】 书~：通：通晓。二酉：大酉山和小酉山，在湖南沅陵境内。先传二酉两山山洞中有很多藏书。后指藏书很多。通晓二酉山的藏书。形容学识渊博。
名~：名：名声。一时：一世，当代。在当时名声很大。

【结构】 主谓　名|动-数-名

【扩联】 皕宋千元书通二酉
六韬三略名重一时

2173

shū xiāng mén dì
书 香 门 第
shī lǐ rén jiā
诗 礼 人 家

【释义】 书~：指世代都是读书人的家庭。
诗~：旧指读诗书、讲究礼仪的书香人家。

【结构】 联合　名-名|名一

【扩联】 诗礼人家埙篪相应
书香门第兰桂齐芳

2174

shū cái zhàng yì
疏 财 仗 义
xíng hǎo jī dé
行 好 积 德

【释义】 疏~：疏散钱财施与别人，专凭义气行事。指爱救助穷人，爱管不平事。
行~：做好事，积阴德。过去劝人行善做好事的惯用语。

【结构】 联合　动-名|动-

【扩联】 疏财仗义学侠士
行好积德做善人

2175

shū kě pǎo mǎ
疏可跑马
mì bù chā zhēn
密不插针

【释义】 疏~：疏：稀，疏松。疏松得可以跑马。形容稀散，间隔宽。
密~：密得连针都插不进去。形容事物严密、紧密。

【结构】 述补　形|副-动-名

【扩联】 密不插针可坚守
疏可跑马不胜防

2176

shú néng shēng qiǎo
熟能生巧
xí yǐ wéi cháng
习以为常

【释义】 熟~：熟练了就能产生灵巧的办法。
习~：习：习惯。常：平常，常规。指某种事情经常去做，或某种现象经常看，习惯了也就觉得很平常了。

【结构】 述补　形|动-动-形

【扩联】 倒车入库熟能生巧
走路上班习以为常

2177

shú shì wú dǔ
熟视无睹
dà yán bù cán
大言不惭

【释义】 熟~：经常看到，却像没有看见一样。指对事物不关心不重视。
大~：说大话、吹牛皮不感到难为情。

【结构】 述补　副-动|副-动

【扩联】 听之任之熟视无睹
出尔反尔大言不惭

2178

shǔ diǎn wàng zǔ
数典忘祖
hán yí nòng sūn
含饴弄孙

【释义】 数~：数：数说，列举。典：典章制度，史实，事迹。祖：祖宗。列举历来的典章史实时，却忘了讲祖先的事迹。这是周景王讥讽晋大夫籍谈的话。比喻忘本。也用以比喻对本国历史的无知。
含~：饴：麦芽糖。弄：耍弄，逗着玩。嘴含着糖哄逗小孙子。形容老年人恬适的生活。

【结构】 连动　动-名|动-名

【扩联】 兔崽子数典忘祖
老头儿含饴弄孙

2179

shǔ quǎn fèi rì
蜀犬吠日
qǐ rén yōu tiān
杞人忧天

【释义】 蜀~：蜀：古蜀国，今四川。吠：狗叫。四川多雾，难见太阳，蜀国的狗偶尔看见太阳，就对着太阳狂叫。比喻少见多怪。
杞~：古代杞国某人总担心天会塌下来砸死人，忧虑不止。比喻不必要或毫无根据的担忧。

【结构】 主谓　名-名|动-名

【扩联】 大惊小怪蜀犬吠日
长叹短吁杞人忧天

2180

shù bēi lì zhuàn
树碑立传
sòng dé gē gōng
颂德歌功

【释义】 树~：立碑铭传记，褒彰已故之人的功德。现多指为抬高个人声望的行为。
颂~：颂扬德行和功绩。现用多含夸大张扬之意。也作"歌功颂德"。

【结构】 联合　动-名|动-名

【扩联】 树碑立传要还本来面目
颂德歌功莫写官样文章

2181

shù shǒu zuò shì
束 手 坐 视

guǒ zú bù qián
裹 足 不 前

【释义】 束~：束：两手合拱。拱着手来坐在一旁看着。比喻对应该管的事无能为力或不管不问。
裹~：裹：包。，缠住。像裹住了脚似的停步不前。多指在思想上有了顾虑，不敢前进。

【结构】 连动 动-名|动-动

【扩联】 忧心悄悄束手坐视
顾虑重重裹足不前

2182

shù shǒu wú cè
束 手 无 策

dào xīn shī tú
悼 心 失 图

【释义】 束~：束：捆，缚。策：计策。像捆住了手脚，无计可施。形容遇到问题没有解决的办法。
悼~：悼：悲伤。图：计谋。内心悲痛，失去主张。

【结构】 连动 动-名|动-名

【扩联】 束手无策爱莫能助
悼心失图悲不自胜

2183

shù yùn qǐng huǒ
束 缊 请 火

jiè dāo shā rén
借 刀 杀 人

【释义】 束~：缊：乱麻。扎一束乱麻做火绳，去向邻居借火。比喻看上去是在求人，而实际上是用这种方式为别人排难解纷。故事出自《汉书》：某婆婆家里丢了块肉，认为是媳妇偷了，将其赶出家门。邻居一位老太太知道她媳妇为人，一大早就拿上一束乱麻到她家去借火，说昨晚上有一群狗在争抢一块肉。那位婆婆知道错怪了媳妇，就去把媳妇接回来了。
借~：借助别人的刀去杀害自己的仇人。比喻自己不出面，而利用别人去陷害、谋害他人。

【结构】 连动 动-名|动-名

【扩联】 束缊请火邻居聪明仁爱
借刀杀人事主阴险狡猾

2184

shù zhī gāo gé
束 之 高 阁

fù zhī dōng liú
付 之 东 流

【释义】 束~：把东西捆起来放在高高的阁楼上面。比喻搁置不用或弃置不管。
付~：付：交付，投入。丢到向东流去的江河里，一去不复返了。比喻希望落空，前功尽弃。

【结构】 数补 动-代|形-名

【扩联】 束之高阁还能用
付之东流永不回

2185

shuài mǎ yǐ jì
率 马 以 骥

yòng rén wéi cái
用 人 惟 才

【释义】 率~：带领马群要用良马、骏马领头。比喻能者为先。语见扬雄《法言·修身》："或曰：'治己以仲尼，仲尼奚寡也？'曰：'率马以骥，不亦可乎？'"
用~：用人要选用有才能的人。语见东汉·曹操《求贤令》："二三子其佐我仄陋，惟才是举，吾得而用之。"

【结构】 述补 动-名|介-名

【扩联】 率马以骥行万里
用人惟才统三军

2186

shuāng guǎn qí xià
双 管 齐 下

wǔ yīn bú quán
五 音 不 全

【释义】双~：管：毛笔。两只手各握一支毛笔，同时下笔写字作画。比喻两方面或两件事同时进行。
五~：五音：古调五声音阶的五个音阶——宫、商、角、徵、羽。五个音阶唱不准、唱不全。形容不会唱歌，没有音乐细胞。

【结构】主谓 数-名|副-动

【扩联】双管齐下堪作画
五音不全也飙歌

2187

shuāng tóng jiǎn shuǐ
双 瞳 剪 水

qī qiào shēng yān
七 窍 生 烟

【释义】双~：瞳：瞳仁，指眼睛。剪：浅也。剪水，清澈见底。形容女子眼睛似秋水晶亮柔情。语见唐·李贺《唐儿歌》："一双瞳人剪秋水"
七~：七窍：指眼耳鼻口。眼耳鼻口都像要冒出烟火来，形容愤怒至极。

【结构】主谓 数-名|动-名

【扩联】温情脉脉双瞳剪水
怒气冲冲七窍生烟

2188

shuāng xiū fú huì
双 修 福 慧

yī bǐng qián chéng
一 秉 虔 诚

【释义】双~：修：修行。福德和智慧都修行到了。原指福德和智慧都能达到至善的境地。后多用以指又有福气又聪明。
一~：秉：秉持。虔诚：恭敬而真诚。形容内心一向赤诚。

【结构】动宾 数-动|名-名

【扩联】双修福慧贻儿女
一秉虔诚敬佛爷

2189

shuǎng rán ruò shī
爽 然 若 失

kāng kǎi jiě náng
慷 慨 解 囊

【释义】爽~：爽然：茫然。若失：像丢失了东西一样。形容茫然不知所措。
慷~：慷慨：大方，不吝惜。解囊：打开钱袋。毫不吝惜地拿出钱来帮助别人。

【结构】状中 形-|动-名

【扩联】爽然若失全无措
慷慨解囊帮助人

2190

shuǐ qīng shí xiàn
水 清 石 见

huǒ lǎo jīn róu
火 老 金 柔

【释义】水~：见：同"现"。水清澈，水底的石子就显现出来了。比喻事情在一定的条件下很自然地就明白了。
火~：火老：火大，火候到了。火大火猛火候到了，都会使坚硬的金属变得柔软。比喻只要有了一定的条件，或下了一定的功夫努力，事情就会成功。

【结构】连动 名-形|名-动

【扩联】水清石见石含玉
火老金柔金制砖

2191

shuǐ shēn huǒ rè
水 深 火 热

xuě nüè fēng tāo
雪 虐 风 饕

【释义】水~：在水的最深之处，在火的炽热之处。比喻极其艰难困苦的处境。
雪~：虐：暴虐。饕：贪残。形容风雪交加，风大雪大，气候恶劣。

【结构】联合 名-形|名-形

【扩联】水深火热一身筋骨硬
雪虐风饕满树腊梅香

2192

shuǐ zhōng lāo yuè
水 中 捞 月

zhǐ shàng tán bīng
纸 上 谈 兵

【释义】 水~：到水中捞月亮。比喻去做根本不可能的事情，空费
力气，永不可得。
纸~：纸上：书本上。兵：用兵打仗。在书本上谈论用
兵，到实际却用不上。比喻夸夸其谈地讲书本理论，不解
决实际问题。
【结构】 状中 名-方|动-名
【扩联】 水中捞月小猴子
纸上谈兵老秀才

2193

shùn fēng chuī huǒ
顺 风 吹 火

nì shuǐ xíng zhōu
逆 水 行 舟

【释义】 顺~：顺着风势吹火。比喻利用有利条件，费力不多且容
易奏效。
逆~：顶着流水行船。比喻顶着困难上。也比喻不努力前
进就要后退。
【结构】 连动 动-名|动-名
【扩联】 逆水行舟舟速慢
顺风吹火火苗高

2194

shùn xī wàn biàn
瞬 息 万 变

shǐ zhōng bù yú
始 终 不 渝

【释义】 瞬~：瞬：一眨眼。息：一呼吸。瞬息：形容极短时间。
万：形容多。形容在极短的时间内变化万千。
始~：渝：改变，违背。从始至终一直不变。语见唐·房
玄龄《晋书·陆晔传》："恪勤贞固，始终不渝。"
【结构】 状中 名一|副-动
【扩联】 瞬息万变小儿脸
始终不渝赤子心

2195

shuō zuǐ dǎ zuǐ
说 嘴 打 嘴

yǐ yá hái yá
以 牙 还 牙

【释义】 说~：说大话出丑了，就像是自己打自己的嘴巴。
以~：被别人用牙咬了，自己也用牙咬别人。
【结构】 连动 动-名|动-名
【扩联】 以牙还牙针锋相对
说嘴打嘴血水独吞

2196

sī fù bìng mǔ
思 妇 病 母

xǐ zhái wàng qī
徙 宅 忘 妻

【释义】 思~：思：思念。指因想念家中的妻妾妇人，却假说母亲
有病。比喻企图达到目的而说假话。语见晋·陈寿《三国
志·魏书·陈习传》裴松之注引《魏略》："思疑其不实，
发怒曰：'世有思妇病母者，岂此谓乎？'遂不与假。"
徙~：徙：迁移。搬家忘记带妻子。比喻做事粗心大意到
了荒唐的地步。也指致力于某一方面而忘记了主要方面。语
见《孔子家语·贤君》："哀公问于孔子曰：'寡人闻忘之甚
者，徙宅而忘其妻，有诸？'"
【结构】 连动 动-名|动-名
【扩联】 徙宅忘妻荒唐事
思妇病母不孝人

2197

sī qián xiǎng hòu
思 前 想 后

zhāng wǎng chá lái
彰 往 察 来

【释义】 思~：思考前面的又想后面的。指反复地思索。
彰~：指记载往事不使湮灭，据此以考察未来。语见《周易·系辞下》："彰往而察来，而微显阐幽，开而当名，辨物正言，断辞则备矣。"孔颖达疏："往事必载，是彰往也。来事豫占，是察来也。"

【结构】 联合　动-名|动-名

【扩联】 彰往察来方决断
思前想后再权衡

2198

sī xián ruò kě
思 贤 若 渴

cóng shàn rú liú
从 善 如 流

【释义】 思~：贤：才德兼备的人。盼望得到才德兼备的人就像口渴急切要喝到水一样。
从~：善：好，指高明正确的意见和建议。流：流水。采纳高明正确的意见和建议，像水向下那样顺利而自然。形容乐于接受意见和建议。

【结构】 连动　动-名|动-形

【扩联】 思贤若渴大家风范
从善如流君子品格

2199

sī tái sī jìng
斯 抬 斯 敬

xiāng liàn xiāng yī
相 恋 相 依

【释义】 斯~：斯：语气助词。指彼此尊重，彼此敬爱。
相~：相互眷恋，相互依存。

【结构】 联合　助-动|助-动

【扩联】 英雄豪杰斯抬斯敬
才子佳人相恋相依

2200

sī wén sǎo dì
斯 文 扫 地

fěn mò dēng tái
粉 墨 登 台

【释义】 斯~：斯文：指文人或文化。扫地：扫落在地。比喻文人和文化被践踏、受摧残。也指文化人自甘堕落。
粉~：粉墨：指用粉墨等颜料化妆。台：戏台，化好妆登上戏台演戏。现多比喻坏人乔装打扮登上了政治舞台。亦作"粉墨登场"。

【结构】 主谓　名—|动—

【扩联】 粉墨登台猴把戏
斯文扫地人悲歌

2201

sī sī rù kòu
丝 丝 入 扣

jǐng jǐng yǒu tiáo
井 井 有 条

【释义】 丝~：扣：同"筘"，织机附件，用以穿经线。每条经线都从筘中通过。比喻做事周密细致，一一合拍。
井~：井井：整齐，有秩序。形容做事有条有理，丝毫不乱。

【结构】 状中　叠—|动-名

【扩联】 丝丝入扣环环套
井井有条样样清

2202

sī xīn zá niàn
私 心 杂 念

yù xiǎng qióng sī
玉 想 琼 思

【释义】 私~：指自私、不正当的心思和念头。
玉~：玉、琼：皆玉属，晶莹透亮坚韧。形容思想如琼玉坚定纯真。

【结构】 联合　形-名|形-名

【扩联】 除私心杂念云开雾散
展玉想琼思水秀山明

2203

sǐ jì yìng bèi
死 记 硬 背
shēng tūn huó bō
生 吞 活 剥

【释义】 死~：指学习方法简单，不动脑筋思考、理解，对知识不理解、不消化。只是勉强记住一些字句、数据、条文等。
生~：比喻生硬地照搬或机械地模仿别人的言辞、理论、经验等，不结合实际。
【结构】 联合　形-动|形-动
【扩联】 死记硬背不消化
生吞活剥难变通

2204

sǐ qǐ bái lài
死 乞 白 赖
hú jiǎo mán chán
胡 搅 蛮 缠

【释义】 死~：死活都要，大耍赖皮。没完没了地纠缠。意指硬要强求。
胡~：胡搅：交辩，强辩。蛮缠：无理的纠缠。指不讲道理，胡乱纠缠。
【结构】 联合　形-动|形-动
【扩联】 死乞白赖可恶
胡搅蛮缠讨嫌

2205

sǐ shēng yóu mìng
死 生 由 命
fù guì zài tiān
富 贵 在 天

【释义】 死~：旧指人旳生死都是命中注定好的。
富~：旧指人的富贵贫穷都在天数，难以改变。
【结构】 主谓　名-名 动-名
【扩联】 死生由命难由己
富贵在天多在人

2206

sǐ wú duì zhèng
死 无 对 证
míng bù xū chuán
名 不 虚 传

【释义】 死~：原指当事人或证人已死，无法对证。现在常用来比喻时过境迁，难以核实的情况。
名~：名：名声，名气。流传开的名声不是虚假夸大的。形容名实相符。
【结构】 主谓　名|副-形-动
【扩联】 死无对证苍天有眼
名不虚传众口皆碑

2207

sǐ xīn tā dì
死 心 塌 地
dà dǎn bāo tiān
大 胆 包 天

【释义】 死~：死心：不再有所希望，断了念头。塌地：悬着的心落地，不再动摇。也指心甘情愿或执迷不悟。
大~：胆量极大，能把天包起来。形容胆子非常大，敢于胡作非为。
【结构】 主谓　形-名|动-名
【扩联】 大胆包天肆行非度
死心塌地怙恶不悛

2208

sǐ yù sù xiǔ
死 欲 速 朽
qióng dāng yì jiān
穷 当 益 坚

【释义】 死~：人死后尸体腐朽得越快越好。人死要入土为安。
穷~：穷：不得志。益：更。处境困难而意志应当更坚定。
【结构】 述补　形-动|副-形
【扩联】 穷当益坚青云志
死欲速朽空壳躯

2209

sì zhēn sì huàn
似 真 似 幻

ruò yǒu ruò wú
若 有 若 无

【释义】 似~：好像是真的，又好像是幻觉。形容对某一事物或情况是否存在，还难以确定。
若~：好像有，又好像没有。形容某一事物或某一情况是否存在，还难以断定。
【结构】 联合　动-形|动-形
【扩联】 似真似幻梦中景
若有若无天际云

2210

sì jiāo duō lěi
四 郊 多 垒

qiān lǐ wú yān
千 里 无 烟

【释义】 四~：郊：郊野。垒：营垒。四郊营垒很多。本指频繁地受到敌军侵扰，四面逼近围困，形势危急。也比喻竞争对手很多。语见西汉·戴圣《礼记·曲礼上》："四郊多垒，此卿大夫之辱也。"
千~：烟：炊烟，人烟。指广大地区粮尽炊断，不见人烟。形容战争、灾害造成的荒芜景象。语见《三国志·魏志·卫觊传》："当今千里无烟，遗民困苦。"
【结构】 主谓　数-名|动-名
【扩联】 四郊多垒豺狼当道
千里无烟荆棘载途

2211

sì miàn chū jī
四 面 出 击

bā fāng zhī yuán
八 方 支 援

【释义】 四~：作战时同时向各个方面发动攻击。常形容工作头绪过多，抓不住关键。
八~：形容各个方面都给与支持和援助。
【结构】 状中　数-名|动-一
【扩联】 四面受敌四面出击
八方有情八方支援

2212

sì shí chōng měi
四 时 充 美

yí lù qīng píng
一 路 清 平

【释义】 四~：一年四季都很富足、美好。
一~：路：宋元时行政区域名。指一路（区域）太平无事。
【结构】 主谓　数-名|形-形
【扩联】 四时充美百姓富足
一路清平万民安康

2213

sōng shēng yuè jiàng
嵩 生 岳 降

shān zhì yuān tíng
山 峙 渊 渟

【释义】 嵩~：《诗经》："崧高维岳，骏极于天，维岳降神，生甫及申。维申及甫，维周之翰。"（申：申伯。甫：甫侯。都是周宣王舅父，周朝重臣。）后以"嵩生岳降"颂扬出身高贵的大臣，或比喻天赋特异者。
山~：如山之峙立，渊水深沉，比喻人老成持重、端庄凝重的风度。
【结构】 联合　名-动|名-动
【扩联】 嵩生岳降三朝元老
山峙渊渟一代鸿儒

2214

sōng fēng shuǐ yuè
松 风 水 月
xiān lù míng zhū
仙 露 明 珠

【释义】 松~：如松风之清，如水中之月的明静。比喻人品纯洁。
仙~：晶莹圆润的露珠和珍珠。比喻人的风采秀异。也比喻书法的笔姿圆润。

【结构】 联合　名-名|名-名

【扩联】 仙露明珠圆带润
松风水月静还清

2215

sōng luó gòng yǐ
松 萝 共 倚
qín sè xiāng tiáo
琴 瑟 相 调

【释义】 松~：萝：女萝，多附于松树生长。松树女萝相依附，共生共长。比喻夫妻相处和睦融洽。
琴~：琴瑟和鸣，音调和谐。比喻夫妻情投意合，甜甜美美。

【结构】 主谓　名-名|副-动

【扩联】 松萝共倚夫妻和美
琴瑟相调伉俪情深

2216

sōng xíng hè gǔ
松 形 鹤 骨
jiàn qì xiāo xīn
剑 气 箫 心

【释义】 松~：松之形态，鹤之骨格。形容仪表庄严，气宇轩昂。
剑~：剑、箫：古代文人钟爱之物。剑象征胆量豪气，箫显示高雅情趣。比喻有侠义之豪气和高雅之情趣。

【结构】 联合　名-名|名-名

【扩联】 松形鹤骨神仙道士
剑气箫心侠客文人

2217

sōng yún zhī jié
松 筠 之 节
zhù shí zhī jiān
柱 石 之 坚

【释义】 松~：筠：竹子的青皮，也泛指竹。如松竹一样的节操。松与竹皆历冬而不凋。借喻人品的坚贞不屈。语见唐·魏征等《隋书·柳庄传》："孤昔以开府从役江陵，深蒙梁主殊眷。今主幼时艰，狠蒙顾托，中夜自省，实怀惭惧。梁主奕叶重光，委诚朝廷，而今以后，方见松筠之节。"
柱~：像柱石一样坚硬牢固。比喻大臣坚强可靠，能担负国家重任。

【结构】 定中　名-名|助-名

【扩联】 持松筠之节尽臣义
秉柱石之坚护国安

2218

sōng zī liǔ tài
松 姿 柳 态
jiàn dǎn qín xīn
剑 胆 琴 心

【释义】 松~：如松柏之姿，屹然挺立；如杨柳之态，风流潇洒。语见唐·黄滔《颍川陈先生集》："先生松姿柳态，山屹陂注，语默有程，进退可法。"
剑~：琴、剑是古代文人常备之物，剑象征无穷的胆量，琴象征高雅的情趣。比喻既有胆识，又有柔情，刚柔相济。

【结构】 联合　名-名|名-名

【扩联】 风流雅士松姿柳态
潇洒文人剑胆琴心

2219

sǒng jiān suō jǐng
竦 肩 缩 颈

áng shǒu tǐng xiōng
昂 首 挺 胸

【释义】竦~：竦：同耸。耸起两肩，缩起脖颈。形容畏惧或猥琐的样子。
昂~：仰着头，挺起胸膛。形容无所畏惧、志气高昂的样子。
【结构】联合 动-名|动-名
【扩联】竦肩缩颈个头矮
昂首挺胸气势雄

2220

sú zhī héng bì
俗 之 恒 弊

rén zhī cháng qíng
人 之 常 情

【释义】俗~：俗：风俗，习俗。弊：弊病，害处。习俗中长久存在而难以改变的不良行为习惯。
人~：常情：一般的、常有的情理、心理。人们的一般的心情。
【结构】定中 名|助-形-名
【扩联】破俗之恒弊
随人之常情

2221

sù sī liáng mǎ
素 丝 良 马

dān sì hú jiāng
箪 食 壶 浆

【释义】素~：素丝：白色的丝。《诗经》："素丝纰之，良马四之。"朱熹集传："言卫大夫乘此车马，建此旌旄，以见贤者。"意思是用白丝为旌旗的飘带镶边，用四匹良马套车，去拜见贤者。比喻礼贤下士。
箪~：箪：盛饭竹器。用箪装着饭食，用壶盛着浆汤。原指老百姓提着食物欢迎军队。后也指粗茶淡饭。
【结构】联合 形-名|形-名
【扩联】素丝良马见贤者
箪食壶浆迎义军

2222

sù xīng yè mèi
夙 兴 夜 寐

zǎo chū wǎn guī
早 出 晚 归

【释义】夙~：夙：早。兴：起。寐：睡觉。很早就起身，很晚才睡觉。形容十分勤劳。
早~：清早出去，晚上回来。形容劳作辛苦。
【结构】联合 名-动|名-动
【扩联】早出晚归勤劳致富
夙兴夜寐刻苦读书

2223

suàn wú yí cè
算 无 遗 策

tuì yǒu hòu yán
退 有 后 言

【释义】算~：算：谋划，计划。遗：遗漏，忽略。遗策：失策。指谋划精密准确，从来没有遗漏差错。
退~：当面顺从答应，退朝背后又有违背的言语。语见《尚书·益稷》："予违汝弼，汝无面从，退有后言。"
【结构】述补 动|动-形-名
【扩联】思深虑远算无遗策
面是心非退有后言

2224

suī shēng yóu sǐ
虽 生 犹 死

wèi lǎo xiān shuāi
未 老 先 衰

【释义】虽~：人虽然活着，却如同死了。
未~：年纪不大，就先衰老了。
【结构】连动 副-形|副-形
【扩联】未老先衰凭谁问尚能饭否
虽生犹死请你说还有救无

2225

suí fēng zhuǎn duò
随 风 转 舵

shùn shuǐ tuī zhōu
顺 水 推 舟

【释义】随~：随着风向，转动船舵。比喻说话办事顺情势而变化。
顺~：顺着水流，往下推船。比喻就情势行事。
【结构】状中 动-名|动-名
【扩联】随风转舵逐流水
顺水推舟乘好风

2226

suí jī yìng biàn
随 机 应 变

yīn dì zhì yí
因 地 制 宜

【释义】随~：顺随时机，灵活地应付临时发生的变化。比喻看势行事。
因~：根据各地的具体情况，采用适宜的措施。
【结构】状中 介-名|动-名
【扩联】因地制宜当实际
随机应变需精明

2227

suí rén fǔ yǎng
随 人 俯 仰

xìn kǒu cí huáng
信 口 雌 黄

【释义】随~：跟着别人俯身仰头，自己没任何主见。见清·包世臣《再与杨季子书》："侯朝宗随人俯仰，致近俳优。"
信~：信口：随便开口。雌黄：矿物名。古时字写错了，可用它涂了再写。后把胡乱窜改叫"雌黄"。比喻不顾事实，随便乱说。
【结构】状中 动-名|动一
【扩联】信口雌黄胡说话
随人俯仰尽弯腰

2228

suí shēng fù hè
随 声 附 和

qū yì féng yíng
曲 意 逢 迎

【释义】随~：跟着别人的声音，依从应和。指自己没有主见，人云亦云。
曲~：曲意：改变自己的意志。逢迎：迎合，奉承。违背自己的本心去迎合别人的意思。形容阿谀讨好的样子
【结构】状中 动-名|动一
【扩联】随声附和非君子
曲意逢迎岂丈夫

2229

suí shí duó shì
随 时 度 势

yīn shì zhì yí
因 事 制 宜

【释义】随~：根据当时的情况审度事势的发展趋势。
因~：因：依据。制：制定。根据不同的事情制定相应的适当的措施。语见汉·班固《汉书·韦贤传》："朕闻明王之御世也，遭时为法。因事制宜。"
【结构】状中 介-名|动-名
【扩联】因事制宜方法对
随时度势措施行

2230

suí wén shì yì
随 文 释 义

shùn lǐ chéng zhāng
顺 理 成 章

【释义】随~：按照文章的内容，解释词句的意义。语见宋·陈亮《郑景望书说序》："《尚书》最难看，盖难得胸臆如此之大，若只解文义则不难。自孔安国以下，为之解者殆有百余家，随文释义，人有取焉。"
顺~：理：条理。章：文章。指顺着条理写，自然能成文章。也指做事合于情理。
【结构】状中 动-名|动-名
【扩联】随文释义合理
顺理成章行文

2231

suì fēng nián rěn
岁丰年稔

wù fù mín ān
物阜民安

【释义】岁~：稔：庄稼成熟。年景美满，五谷丰登。指农业丰收。
物~：物产丰富，人民安乐。
【结构】联合　名-形|名-形
【扩联】雨顺风调岁丰年稔
河清海晏物阜民安

2232

sūn páng dòu zhì
孙庞斗智

guǎn bào fēn jīn
管鲍分金

【释义】孙~：孙庞：战国时的孙膑、庞涓，曾同学兵法，后反目为仇。孙、庞各以智谋钩心斗角。
管~：管鲍：春秋时的管仲、鲍叔牙，二人相交甚厚，同做生意，管多分钱财，鲍毫不在意。比喻友谊深厚，不分彼此。
【结构】主谓　名-名|动-名
【扩联】管鲍分金谈友谊
孙庞斗智动杀机

2233

sǔn rén lì jǐ
损人利己

yōu guó wàng jiā
忧国忘家

【释义】损~：损：损害。利：使有利。损害别人，有利于自己。
忧~：忧：忧心，发愁。为国事发愁而忘记家。
【结构】连动　动-名|动-名
【扩联】损人利己害人事
忧国忘家报国心

2234

sǔn shàng yì xià
损上益下

jiàng zūn lín bēi
降尊临卑

【释义】损~：上：指君。下：指民。减少君上权益，施惠下民。语见《周易·益》："益，损上益下，民说无疆。"
降~：降低尊贵的地位，与卑贱者交往。语见《礼记·郊特牲》："大享，君专重席而酢焉。三献之介，君专席而酢焉，此降尊以就卑也。"
【结构】连动　动-名|动-名
【扩联】降尊临卑尊卑无间
损上益下上下同心

2235

sǔn wù yì jǐ
损物益己

xùn gōng miè sī
徇公灭私

【释义】损~：损：损害。物：指自己以外的人或跟自己相对的环境。益：使有益。损害他人而有益于自己。
徇~：徇：同"殉"。指尽忠于国家民众之事而弃置个人私利。语见唐·白居易《与薛苹诏》："卿勤王之节，徇公灭私；事主之诚，移忠资孝。"
【结构】联合　动-名|动-名
【扩联】损物益己很鸟兽
徇公灭私太贤良

2236

sǔn zhī yòu sǔn
损之又损

jīng yì qiú jīng
精益求精

【释义】 损~：损：减少。本指道家修真，时时须清除尘俗中的私心杂念，而经过清除再清除的工夫，最终达到纯朴无为的境地。后指人要加强自我克制，而经过克制再克制的过程，保持谦虚谨慎、不骄不躁的态度。
精：精：完美。益：更。在完美的基础上力求更完美。
【结构】 连动 动-助|副-动
【扩联】 损之又损冰心剔透
精益求精炉火纯青

2237

suǒ rán guǎ wèi
索然寡味

píng dàn wú qí
平淡无奇

【释义】 索~：索然：乏味，没有兴致的样子。寡：缺乏。形容毫无趣味。
平~：平平淡淡，没有一点出奇的地方。很难引起人们的兴趣。
【结构】 述补 形一|动-名
【扩联】 剧情平淡无奇
观众索然寡味

2238

tài rán zì ruò
泰然自若

jú cù bù ān
局促不安

【释义】 泰~：泰然：安闲、镇静或不介意的样子。自若：自由自在的样子。形容遇事坦然镇静，悠闲自在的样子。
局~：局促：拘谨，拘束。形容拘谨，不自然，不安定的样子。
【结构】 状中 形一|副-形
【扩联】 久经沙场泰然自若
初上讲台局促不安

2239

tài shān běi dǒu
泰山北斗

lǔ diàn líng guāng
鲁殿灵光

【释义】 泰~：泰山：五岳之首，群山朝拜。北斗：北斗七星，众星拱北。比喻负有盛名、受人景仰的人。
鲁~：鲁殿：鲁灵光殿，汉景帝之子鲁恭王所建。西汉衰败时，西京的未央宫、建章殿都遭毁坏，唯灵光殿岿然独存。比喻仅存的有声望的前辈老人。
【结构】 联合 名一|名一
【扩联】 鲁殿灵光前辈有声望
泰山北斗大师负盛名

2240

tài shān yā dǐng
泰山压顶

gāo wū jiàn líng
高屋建瓴

【释义】 泰~：像泰山压在头上。比喻压力十分沉重。也指巨大的、沉重的打击突然临头。
高~：建：通"瀽"，倾倒，泼水。瓴：水瓶。从高屋上倾倒瓶水。形容居高临下，不可阻挡的形势。
【结构】 主谓 名一|动-名
【扩联】 高屋建瓴势如破竹
泰山压顶人不低头

2241

tān cái mù shì
贪财慕势

lè dào yí róng
乐道遗荣

【释义】 贪~：贪图财物，羡慕权势。语见汉·荀悦《汉纪·元帝纪》："今俗吏致治不奉礼让而尚苛暴，贪财而慕势，故犯法者众，奸邪不止。"
乐~：乐守圣贤之道而抛弃荣华富贵。
【结构】 联合 动-名|动-名
【扩联】 乐道遗荣绝无仅有
贪财慕势层出不穷

2242

tān rén bài lèi
贪 人 败 类

zéi zǐ luàn chén
贼 子 乱 臣

【释义】贪~：败类：集体中的堕落或变节分子。指官场中的贪婪之人。语见《诗经·桑柔》："大风有隧，贪人败类。听言则对，诵言如醉。"

贼~：指心怀异志、为奸作恶的人。也作"贼臣乱子""贼子逆子"。语见《说岳全传》第七十三回："忠臣义士，尽陷罗网之中；贼子乱臣，咸置庙廊之上。"

【结构】联合　形-名|形-名

【扩联】贪人败类朝朝有
贼子乱臣代代生

2243

tān shēng pà sǐ
贪 生 怕 死

hào yì wù láo
好 逸 恶 劳

【释义】贪~：贪恋生存，惧怕死亡。形容为了活命遇事退缩不前。

好~：爱好安闲，厌恶劳动。形容非常懒惰的习性。

【结构】联合　动-名|动-名

【扩联】好逸恶劳是懒汉
贪生怕死做逃兵

2244

tān wū fǔ huà
贪 污 腐 化

qīng zhèng lián míng
清 正 廉 明

【释义】贪~：贪污：利用职权侵吞公家财物或受贿。腐化：思想、行为堕落变质。利用职权，非法取得财物，过糜烂堕落的生活。

清~：廉：清廉。不贪污受贿，清白公正。

【结构】联合　动—|动—

【扩联】惩治贪污腐化
彰扬清正廉明

2245

tān xīn bù zú
贪 心 不 足

yù hè nán tián
欲 壑 难 填

【释义】贪~：贪多的欲望，永不能满足。

欲~：欲望如深沟一样难以填满。形容贪心太重，无法满足。

【结构】主谓　名—|副-动

【扩联】贪心不足蛇吞象
欲壑难填沟翻船

2246

tān xīn wú yàn
贪 心 无 厌

shǐ zhì bù yú
矢 志 不 渝

【释义】贪~：厌：满足。贪婪的欲望永远不会满足。语见《全相秦并六国平话》："始皇贪心无厌，谋合并一统。"

矢~：矢：誓。渝：改变。立下的志愿绝不会改变。

【结构】连动　名-|副-动

【扩联】矢志不渝初衷未改
贪心无厌欲壑难填

2247

tān zāng wǎng fǎ
贪 赃 枉 法

kè jǐ fèng gōng
克 己 奉 公

【释义】贪~：贪赃：利用职权非法占有公家或他人财物。枉法：歪曲和破坏法律。利用职权贪污受贿，破坏法纪。

克~：克己：克制自己。奉公：以公事为重。严格约束自己，一切为公为群众。

【结构】联合　动-名|动-名

【扩联】贪赃枉法难逃法网
克己奉公自有公评

2248

tán láng xiè nǚ
檀 郎 谢 女

cái zǐ jiā rén
才 子 佳 人

【释义】 檀~：檀郎：晋人潘岳，小字檀奴，美男子。谢女：晋人谢道韫，聪慧过人，世称才女。美男才女。指才貌双全的夫妇或情侣。
才~：有才气的男子和美貌的女子。旧时对中上层男女青年的统称。而旧戏中多才子佳人的爱情戏，故又多称相匹配的年轻夫妻或情侣是才子佳人。

【结构】 联合　名—|名—

【扩联】 檀郎谢女心心相印
才子佳人恋恋不分

2249

tán hǔ sè biàn
谈 虎 色 变

jiàn qián yǎn kāi
见 钱 眼 开

【释义】 谈~：一谈到老虎，就吓得脸色都变了。比喻一提起害怕的事就神经紧张。
见~：一看到钱财，就眉开眼笑。形容爱财如命。

【结构】 连动　动-名|名-动

【扩联】 虎口逃生谈虎色变
钱财是命见钱眼开

2250

tán tiān shuō dì
谈 天 说 地

lùn gǔ dào jīn
论 古 道 今

【释义】 谈~：从天上说到地下，谈论天文地理。形容谈论者知识广博。
论~：上下古今人事无所不谈论。形容谈论者话题广泛。

【结构】 联合　动-名|动-名

【扩联】 谈天说地三千世界
论古道今亿万斯年

2251

tán guān xiāng qìng
弹 冠 相 庆

wò shǒu jí huān
握 手 极 欢

【释义】 弹~：弹冠：把帽子掸干净。掸净帽子上的灰尘互相庆贺。常指坏人得意时的样子。含贬义。
握~：指亲热地握手谈笑。多用以形容重新和好。

【结构】 状中　动-名|副-动

【扩联】 小人得志弹冠相庆
君子释怀握手极欢

2252

dàn sī pǐn zhú
弹 丝 品 竹

jī gǔ míng jīn
击 鼓 鸣 金

【释义】 弹~：吹弹乐器。形容谙熟音乐。
击~：古代作战时用鼓和金（锣）发号施令。击鼓则进，鸣金则退。

【结构】 联合　动-名|动-名

【扩联】 击鼓鸣金施号令
弹丝品竹奏清音

2253

tǎn xiōng luǒ bèi
袒 胸 裸 背

chì shǒu kōng quán
赤 手 空 拳

【释义】 袒~：袒露前胸，赤裸着后背。指光着上身。也指暴露太多的装扮。
赤~：赤：空。两手空空，什么东西也没拿。多指斗争时手中没有武器。

【结构】 联合　动-名|动-名

【扩联】 袒胸裸背站街卖弄
赤手空拳临阵脱逃

2254

tàn náng qǔ wù
探 囊 取 物
shùn shǒu qiān yáng
顺 手 牵 羊

【释义】 探~：探：摸取。伸手到口袋里摸取东西。比喻办事情很有把握，容易达到目的。
顺~：随手就把羊牵走了。比喻手疾眼快，有借力使力的技巧。也用以比喻乘机顺便把别人的东西拿走。
【结构】 连动 动-名|动-名
【扩联】 斩将搴旗探囊取物
假途灭虢顺手牵羊

2255

tàn zé suǒ yǐn
探 赜 索 隐
chǎn yōu xiǎn wēi
阐 幽 显 微

【释义】 探~：赜：玄妙，深奥。隐：秘密。泛指探究深奥的理义，搜索隐蔽的事迹。
阐~：阐：阐明。幽：幽深。微：精微。阐述显明深奥和精微的道理。
【结构】 联合 动-名|动-名
【扩联】 作研究探赜索隐
写文章阐幽显微

2256

táng táng zhèng zhèng
堂 堂 正 正
hè hè wēi wēi
赫 赫 巍 巍

【释义】 堂~：堂堂：庄严盛大的样子。正正：整齐。原形容军容强大整齐。后多用来形容光明正大。
赫~：显赫高大的样子。语见唐·韩愈《贺册尊号表》："众美备具，名实相当，赫赫巍巍，超今冠古。"
【结构】 联合 叠一|叠一
【扩联】 赫赫巍巍元帅府
堂堂正正中军营

2257

táng tū xī zǐ
唐 突 西 子
kè huà wú yán
刻 画 无 盐

【释义】 唐~：唐突：冒犯。西子：西施，古代美女。冒犯了西施。比喻由于抬高了丑的，因而贬低了美的。
刻~：无盐：古代丑女。精细地描摹"无盐"这个人。喻指拿丑女子比美人，比拟得不伦不类。
【结构】 动宾 动一|名一
【扩联】 刻画无盐丑女笑
唐突西子美人愁

2258

táng zōng sān jiàn
唐 宗 三 鉴
liú chǒng yī qián
刘 宠 一 钱

【释义】 唐~：唐宗：唐太宗。鉴：镜子。诤臣魏征死，唐太宗叹曰："以铜为镜，可以正衣冠；以古为镜，可以见兴替；以人为镜，可以知得失。魏征殁，朕亡一镜矣！"颂君王英明，善借鉴、能纳谏。
刘~：刘宠：东汉人，为官清廉。离太守任时，有数乡老各赠百钱为其送行，并赞他："自君来以后，犬不夜吠，民不见吏，今闻当见弃去，故自扶奉。"刘宠感其厚情而受一钱。人称"一钱太守"。后以此作为廉吏别称。赞官吏清廉，不扰民，得人心。
【结构】 定中 名一|数-名
【扩联】 唐宗三鉴照千古
刘宠一钱用万年

2259

táng yī pào dàn
糖 衣 炮 弹

fǎn miàn wén zhāng
反 面 文 章

【释义】 糖~：裹着糖衣的炮弹。比喻拉人干坏事时所采取的利诱拉拢手段。

反~：反面：与事物正面相反的一面。从事物的反面做的文章。多指反语。

【结构】 定中　名—|名—

【扩联】 糖衣炮弹糖衣裹
反面文章反面读

2260

tāo tāo bù jué
滔 滔 不 绝

yǒng yǒng wú qióng
永 永 无 穷

【释义】 滔~：滔滔：大水滚滚流动的样子。绝：断。形容大水滚滚流动，连续不断。也形容话多，说起来没完。

永~：永远没有穷尽之时。形容时间极长，永无尽期。

【结构】 状中　叠—|副—形

【扩联】 滔滔不绝长流水
永永无穷后继人

2261

tāo guāng yùn yù
韬 光 韫 玉

yǐn jì cáng míng
隐 迹 藏 名

【释义】 韬~：韫：蕴藏。比喻隐匿才华，不使外露。

隐~：隐藏自己的踪迹，隐瞒自己的真实姓名，不让别人知道。

【结构】 联合　动—名|动—名

【扩联】 韬光韫玉玩韬略
隐迹藏名有隐情

2262

táo hóng lǐ bái
桃 红 李 白

jú lù chéng huáng
橘 绿 橙 黄

【释义】 桃~：桃花红，李花白。形容春盛花开、美好宜人的景色。

橘~：橘子翠绿、橙子金黄。形容秋季景物、景色。

【结构】 联合　名—形|名—形

【扩联】 桃红李白春花美
橘绿橙黄秋果熟

2263

táo hóng liǔ lù
桃 红 柳 绿

yàn wǔ yīng tí
燕 舞 莺 啼

【释义】 桃~：桃花红，杨柳绿。形容绚丽多彩的春天景色。

燕~：同"莺歌燕舞"，形容春光明媚，鸟欢雀跃一派升平宜人的景象。也用以比喻蓬勃兴旺的大好形势。

【结构】 联合　名—形|名—形

【扩联】 桃红柳绿春风里
燕舞莺啼图画中

2264

táo xī liǔ mò
桃 蹊 柳 陌

yuè dì yún jiē
月 地 云 阶

【释义】 桃~：蹊：小路。陌：田间（东西向）的路。沿途满是桃树柳树的道路。指春景艳丽的地方。

月~：月铺地面，云做台阶。指天宫。也比喻景物美好。语见唐·牛僧孺《周秦行纪》："香风引到大罗天，月地云阶拜洞仙。"

【结构】 联合　名—名|名—名

【扩联】 桃蹊柳陌踏春色
月地云阶拜洞仙

2265

táo xiū lǐ ràng
桃 羞 李 让
liǔ ruò huā jiāo
柳 弱 花 娇

【释义】 桃~：桃花为之羞愧，杏花为之避让。形容女子的美貌。
柳~：旧时比喻女子弱不禁风、娇嫩柔美，如柳之弱、花之娇。
【结构】 联合　名-动|名-动
【扩联】 桃羞李让遭嫉妒
柳弱花娇惹爱怜

2266

táo táo zì lè
陶 陶 自 乐
luò luò guǎ huān
落 落 寡 欢

【释义】 陶~：陶陶：快乐的样子。自得其乐，非常舒畅。
落~：落落：跟别人合不来的样子。寡：少。与别人合不来，孤独，缺少欢趣。
【结构】 状中　叠一|副-形
【扩联】 陶陶自乐十年少
落落寡欢一夜长

2267

tǎo jià huán jià
讨 价 还 价
mǎi kōng mài kōng
买 空 卖 空

【释义】 讨~：卖东西的说卖价，买东西的还买价，来回商讨。现多比喻双方谈判时的争议，或在工作中讲条件。
买~：一种商业投机活动。无论买进或卖出，买卖双方都没有货款进出，只是通过交易所或经纪人进行进出之间的差价结算。后用以比喻在政治上、学术上或社会生活中的招摇撞骗的投机活动。
【结构】 联合　动-名|动-名
【扩联】 讨价还价生意客
买空卖空投机商

2268

téng yún jià wù
腾 云 驾 雾
dǎo hǎi fān jiāng
倒 海 翻 江

【释义】 腾~：神话中描写神仙、妖魔或得道的人可以乘着云雾在空中飞行。后也用以形容人在身体、精神处于不正常状态时的举止。
倒~：倒：倾倒。翻：翻覆。原形容水势浩大。后用以比喻巨大的力量和声势。
【结构】 联合　动-名|动-名
【扩联】 倒海翻江卷巨浪
腾云驾雾游长空

2269

tì páo zhī liàn
绨 袍 之 恋
chē lì zhī jiāo
车 笠 之 交

【释义】 绨~：绨袍：粗绨做的袍子。比喻眷恋旧日的交情。语见《史记·范雎蔡泽列传》：战国时魏人范雎先事魏中大夫须贾，遭笞辱几死，逃秦改名张禄成为秦相，权势显赫。后魏闻秦将东伐，命须贾使秦，范雎乔装，敝衣往见。须贾不知，怜其寒而赠一绨袍。迨后知道范雎即秦相张禄，乃惶恐请罪。范雎以须贾有赠袍念旧之情，终宽释之。此多用为眷念故旧之典。
车~：车：显贵者所乘。笠：贫贱者所戴。当初友好，其后贵贱各异，如相逢，交欢如昔，即不忘故旧之交。也作"车笠之盟"。
【结构】 定中　名-名|助-名
【扩联】 绨袍之恋释前隙
车笠之交念旧情

2270

tí hú guàn dǐng
醍醐灌顶

lì yù xūn xīn
利欲熏心

【释义】 醍~：醍醐：佛经中指从牛奶中提炼出来的精华，比喻最高的佛法。顶：头顶。醍醐灌顶。比喻把智慧灌输给人，使之彻底醒悟。
利~：利：名利。欲：欲望。熏：熏染，侵袭。贪图名利的欲望迷住心窍。
【结构】 主谓　名—|动-名
【扩联】 利欲熏心昏头昏脑
醍醐灌顶开窍开怀

2271

tì tīng xiá shì
逖听遐视

guǎ jiàn xiǎn wén
寡见鲜闻

【释义】 逖~：逖：远。遐：远，长久。指视听范围很广很远。
浅~：寡、鲜：少。见的少，听的少。形容人见识不广，学识浅陋。
【结构】 联合　形-动|形-动
【扩联】 寡见鲜闻无耳目
逖听遐视变聪明

2272

tì tiān xíng dào
替天行道

zuò dì fēn zāng
坐地分赃

【释义】 替~：天：旧时迷信，指自然界的主宰者。道：天理。代替万物的主宰者干事。形容干正义的事业。
坐~：坐地：就地。赃：赃物。原指盗贼就地瓜分赃物，现多指盗贼为首者、后台、窝主不亲自动手而坐在家里分享赃物。
【结构】 状中　动-名|动-名
【扩联】 替天行道招牌亮
坐地分赃内幕黑

2273

tiān bīng tiān jiàng
天兵天将

lóng zǐ lóng sūn
龙子龙孙

【释义】 天~：旧指天上的军队和将领。也比喻本领高强的人们。
龙~：指皇帝的后代。
【结构】 联合　名-名|名-名
【扩联】 龙子龙孙龙宫吃龙眼
天兵天将天国捉天牛

2274

tiān gāo dì hòu
天高地厚

shuǐ yuǎn shān cháng
水远山长

【释义】 天~：如天之高地之厚。形容非常深厚。也引申指事物复杂艰巨。
水~：河流幽深遥远，山道艰险漫长。比喻前进路上充满艰难险阻。
【结构】 联合　名-形|名-形
【扩联】 年轻不知天高地厚
人老方见水远山长

2275

tiān gāo dì jiǒng
天高地迥

rì mài yuè zhēng
日迈月征

【释义】 天~：迥：遥远。形容天地之间广阔无边。
日~：迈、征：行。日月在不停地运转。比喻时间不断推移。
【结构】 联合　名-形|名-形
【扩联】 天高地迥星移斗转
日迈月征春去秋来

2276

tiān gāo dì xià
天 高 地 下

mín guì jūn qīng
民 贵 君 轻

【释义】 天~：天处高，地在下。多用以比喻尊卑有别。也比喻各种状况。
民~：人民比君主更重要。这是孟子民本思想的核心。语见《孟子·尽心下》："民为贵，社稷次之，君为轻。"
【结构】 联合 名-形|名-形
【扩联】 天高地下即成宇宙
民贵君轻再造乾坤

2277

tiān gāo yún dàn
天 高 云 淡

dì guǎng rén xī
地 广 人 稀

【释义】 天~：天空高远，云彩淡薄。形容秋天之景象。
地~：土地辽阔，人烟稀少，如西北荒漠之状况。
【结构】 联合 名-形|名-形
【扩联】 地广人稀将军西北去
天高云淡大雁东南飞

2278

tiān huā luàn zhuì
天 花 乱 坠

shuò guǒ jǐn cún
硕 果 仅 存

【释义】 天~：天上的花纷纷散落下来。佛教传说：梁武帝时，云光法师讲经，感动得上天降落下五彩缤纷的香花。后用以比喻话说得很漂亮动听，却并不切合实际。
硕~：硕果：很大的果子。仅仅存留下来的巨大果实。比喻随着时代的推移，经过淘汰而存留的罕有可贵的人或事物。
【结构】 主谓 名—|形-动
【扩联】 硕果仅存留极品
天花乱坠见浮华

2279

tiān huáng guì zhòu
天 潢 贵 胄

cūn yě pí fū
村 野 匹 夫

【释义】 天~：天潢：指皇族。胄：帝王或贵族的后裔。指皇族或其后裔。语见清·阮葵生《茶余客话》卷七："天潢贵胄，大臣礼当致敬。"
村~：村野：荒村山野。匹夫：平民百姓。旧指没有知识、没有地位的乡民。语见《三国演义》第六十五回："马超曰：'吾家屡世公侯，岂识村野匹夫。'"
【结构】 定中 名-名|形-名
【扩联】 天潢贵胄原来乡巴佬
村野匹夫现在城市人

2280

tiān huí dì zhuǎn
天 回 地 转

gǔ wǎng jīn lái
古 往 今 来

【释义】 天~：指天地转动，四季轮回。
古~：从古到今。语见晋·潘岳《西征赋》："古往今来，邈矣悠哉。"
【结构】 联合 名-动|名-动
【扩联】 天回地转四时备也
古往今来万世悠哉

2281

tiān jīng dì yì
天 经 地 义

shì dào rén qíng
世 道 人 情

【释义】 天~：经：原则。义：正理。指天地间经久不变的常理。
语见《左传·昭公二十五年》："夫礼，天之经也，地之义也，人之行也。"
世~：指社会的风尚及为人处世之道。

【结构】 联合 名—|名—

【扩联】 天经地义合乎礼
世道人情归与仁

2282

tiān kāi tú huà
天 开 图 画

jǐn xiù hé shān
锦 绣 河 山

【释义】 天~：上天制置的图画。形容自然景色的美好。
锦~：用锦绣制出的河山。形容国土山河的美丽。

【结构】 主谓 名|动-名—

【扩联】 天开图画一幅共赏
锦绣河山万里同游

2283

tiān lún zhī lè
天 伦 之 乐

shū shuǐ zhī huān
菽 水 之 欢

【释义】 天~：天伦：指兄弟，也泛指父子、兄弟等一家至亲。指兄弟家人在一起团聚的欢乐。也泛指骨肉团圆之乐。语见唐·李白《春夜宴从弟桃花园序》："会桃李之芳园，序天伦之乐事。"
菽~：菽水：豆类和水。欢：欢心，欢欣。即使吃豆子喝清水，也尽孝道给父母带来的欢欣。形容家庭虽贫苦，不忘孝敬父母。语见宋·陈亮《祭蔡行之母太恭人文》："母子相依为命，以致菽水之欢者，又数年于此矣。"同"菽水承欢"。

【结构】 定中 名-名|助-名

【扩联】 享天伦之乐
承菽水之欢

2284

tiān luó dì wǎng
天 罗 地 网

lì suǒ míng jiāng
利 锁 名 缰

【释义】 天~：罗：捉鸟的网。网：捕鱼的网。以天作罗，把地作网。比喻上下左右都设置了严密的包围圈，使被围者无法逃脱。
利~：名和利就像是束缚人的锁链、缰绳。告诫人们不要过分追求名利。也作"名缰利锁"。

【结构】 联合 名-名|名-名

【扩联】 欺天诳地难逃天罗地网
逐利追名自套利锁名缰

2285

tiān nán dì běi
天 南 地 北

rì dōng yuè xī
日 东 月 西

【释义】 天~：形容相隔遥远。语见《金石续编六·唐鸿庆寺碑》："天南地北，鸟散荆分。"
日~：比喻远隔两地，不能相聚。语见汉·蔡琰《胡笳十八拍》："十六拍兮思茫茫，我与儿兮各一方。日东月西兮徒相望，不得相随兮空断肠。"

【结构】 联合 名-方|名-方

【扩联】 日东月西徒相望
天南地北久别离

2286

tiān nù rén yuàn
天 怒 人 怨

guǐ kú shén chóu
鬼 哭 神 愁

【释义】 天~：上天愤怒，人民怨恨。指为害严重或作恶多端，引起普遍愤怒和不满。
鬼~：鬼哭泣，神发愁。形容惊恐忧愁。
【结构】 联合 名-动|名-动
【扩联】 贼寇犯边天怒人怨
魔头施虐鬼哭神愁

2287

tiān wú èr rì
天 无 二 日

zhèng chū duō mén
政 出 多 门

【释义】 天~：日：太阳。天上没有两个太阳。比喻不能同时存在两个君主。
政~：政：政令。政令出自几个公卿大夫之手。形容大权旁落，权力分散。见苏轼《拟孙权答曹操书》："汉自桓灵以来，上失其道，政出多门，宦官之乱才息，董卓之祸复兴。"
【结构】 主谓 名-动|数-名
【扩联】 政出多门三家分晋
天无二日一化齐俗

2288

tiān yī wú fèng
天 衣 无 缝

chǔ mù yǒu wū
楚 幕 有 乌

【释义】 天~：天衣：天上神仙的衣服。无缝，没有缝儿。比喻事物浑然天成，完美自然没有缺漏。也指诗文自然流畅，不留雕琢的痕迹。
楚~：楚：楚国，楚军。幕：帐幕，营帐，营幕。乌：乌鹊，乌鸦，鸟。楚军的营幕上栖有乌鸦。指营幕空虚无人。喻指败退或军事力量空虚。语见《左传·庄公二十八年》："秋，（楚国）子元以六百乘伐郑。……诸侯救郑，楚师夜遁。郑人将奔桐丘，谍告曰：'楚幕有乌。'乃止。"
【结构】 主谓 名-名|动-名
【扩联】 天衣无缝巧施计
楚幕有乌空剩营

2289

tiān zāi rén huò
天 灾 人 祸

guó hèn jiā chóu
国 恨 家 仇

【释义】 天~：天：上天。指自然界。自然灾害和人为的祸乱。
国~：国家被侵略和家园被破坏的仇恨。
【结构】 联合 名-名|名-名
【扩联】 有国恨家仇报仇雪恨
遇天灾人祸灭祸减灾

2290

tiǎn yán chén shì
靦 颜 尘 世

xián hèn huáng quán
衔 恨 黄 泉

【释义】 靦~：靦颜：面带惭愧脸色。尘世：人世间。形容丧失气节，厚颜无耻地活在世上。
衔~：含着怨恨到黄泉。指负屈饮恨而死。比喻死得不甘心。
【结构】 述补 动-名|名-一
【扩联】 衔恨黄泉生仲达
靦颜尘世死魂灵

2291

tiǎn yán rén shì
觍颜人世
bào hèn zhōng tiān
抱恨终天

【释义】 觍～：觍颜：面带惭愧。指丧失气节、丧失道德的人厚着脸皮在人世上活着。
抱～：抱恨：抱着遗憾、遗恨。终天：终身。心怀遗憾一辈子。
【结构】 述补　动－名|名—
【扩联】 卖身求荣觍颜人世
认贼作父抱恨终天

2292

tiāo xuě tián jǐng
挑雪填井
tóu biān duàn liú
投鞭断流

【释义】 挑～：挑积雪去填井。比喻劳而无功，白费力气。语见唐·顾况《行路难三首》："君不见挑雪填井空用力，炊沙作饭岂堪吃？"
投～：把马鞭子扔到江河里，就能截断水流。比喻人马众多，兵力强大。语见《晋书·苻坚载记下》："以吾之众旅，投鞭于江，足断其流。"
【结构】 连动　动－名|动－名
【扩联】 挑雪难填井
投鞭可断流

2293

tiáo hé dǐng nài
调和鼎鼐
xiè lǐ yīn yáng
燮理阴阳

【释义】 调～：鼎：古代炊具，圆形、两耳、三足。鼐：大鼎。在鼎鼐里调和五味。比喻治理国事。
燮～：燮理：协调治理。阴阳：古代把矛盾对立运动中的万事万物概括为"阴""阳"两个对立的范畴。如天地、水火、日月、寒暑、兴衰等。协调治理阴阳变化。指大臣辅佐君主治理国事。
【结构】 动宾　动—|名－名
【扩联】 调和鼎鼐滋生五味
燮理阴阳序列三公

2294

tiào liáng xiǎo chǒu
跳梁小丑
hùn shì mó wáng
混世魔王

【释义】 跳～：跳梁：跳来跳去。小丑：藐小的人。指上窜下跳、到处捣乱而没有什么本领的人。
混～：神话小说《西游记》中的一个妖怪。比喻扰乱世间的恶人。
【结构】 定中　动－名|名—
【扩联】 混世魔王混蛋
跳梁小丑跳神

2295

tiě miàn yù shǐ
铁面御史
bái yī shàng shū
白衣尚书

【释义】 铁～：铁面：黑脸，指不讲情面。御史：官名，掌弹劾纠察之职。对不徇私情官吏的美称。语见苏轼《赵清献公神道碑》："弹劾不避权幸，京师号公铁面御史。"
白～：指辞职回归故里的尚书，其一生清白，故享此雅号。特指东汉郑均。
【结构】 定中　形－名|名—
【扩联】 白衣尚书再留任
铁面御史别退休

2296

tīng fēng tīng shuǐ
听 风 听 水

fèi yǐng fèi shēng
吠 影 吠 声

【释义】 听～：相传龟兹国王与乐人于大山间倾听风声与水声，感兴而制乐。因以形容善于赏玩自然景色。语见唐·王建《霓裳词》："弟子歌中留一色，听风听水作霓裳。"
吠～：吠：狗叫。一只狗看见生人的身影叫起来，其他许多狗听到叫声也跟着叫。比喻不察真情，盲目地随声附和。
【结构】 联合 动-名|动-名
【扩联】 吠影吠声村龙乱叫
听风听水天籁齐鸣

2297

tīng rén chuān bí
听 人 穿 鼻

xìn mǎ yóu jiāng
信 马 由 缰

【释义】 听～：听：任凭。穿鼻：给牛鼻子穿绳子。比喻没有主见，完全受人摆布。
信～：信：听凭。由：随从。缰：缰绳。不勒缰绳，任马行走。比喻无目的地游荡。
【结构】 连动 动-名|动-名
【扩联】 听人穿鼻跟人走
信马由缰随马游

2298

jǔ mù wú qīn
举 目 无 亲

tīng tiān yóu mìng
听 天 由 命

【释义】 举～：抬起眼来看不到一个亲人。形容人生地不熟，无依无靠。
听～：听从天意的安排，顺从命运的摆布。多用以表示意志消沉，不做主观努力，听任事态自然发展。
【结构】 连动 动-名|动-名
【扩联】 抬头举目无亲
俯首听天由命

2299

tíng tíng yù lì
亭 亭 玉 立

chǔ chǔ kě lián
楚 楚 可 怜

【释义】 亭～：亭亭：高耸的样子。玉立：喻指身材修长而漂亮。形容身材细长秀美的年轻女子。也形容花木等形体挺拔匀称。
楚～：楚楚：整齐纤弱的样子。怜：怜爱；怜悯。形容形态或体态娇美可爱。也形容神情凄楚或处境不佳，令人怜悯。
【结构】 状中 形一|副-动
【扩联】 楚楚可怜娇女子
亭亭玉立大姑娘

2300

tǐng xiōng tū dù
挺 胸 凸 肚

suō bèi gǒng jiān
缩 背 拱 肩

【释义】 挺～：挺着胸脯，鼓起肚皮。形容神气活现，仗势傲物的样子。
缩～：弯曲背脊，拱起两肩。形容猥琐卑下的样子。
【结构】 联合 动-名|动-名
【扩联】 挺胸凸肚八戒贪吃贪睡
缩背拱肩悟空敢打敢拼

2301

tōng lì hé zuò
通 力 合 作

kǔ xīn jīng yíng
苦 心 经 营

【释义】 通～：通力：共同努力。不分彼此，共同努力协作。
苦～：经营：策划安排。费尽心思地筹划安排。
【结构】 状中 形一|动一
【扩联】 通力合作任劳任怨
苦心经营做大做强

2302

tōng qíng dá lǐ
通 情 达 理

wéi shì jué sú
违 世 绝 俗

【释义】 通~：通、达：通晓，明白。形容想问题做事情深明事理。
违~：旧时喻隐遁独行之人，乖僻成性，喜于违背当世习俗。比喻违背世俗常情，与众不同。

【结构】 联合 动|动-名

【扩联】 通情达理不拘俗尚
违世绝俗哪有理由

2303

tōng quán dá lǐ
通 权 达 理

ān fèn shǒu cháng
安 分 守 常

【释义】 通~：通晓权宜与事理。
拘~：安：安于。分：本分。守：保持。常：常规。规矩老实，安守本分，不惹事生非。指为人规矩老实。

【结构】 联合 动-名|动-名

【扩联】 安分守常人老实
通权达理鬼机灵

2304

tōng quán dá biàn
通 权 达 变

xí gù dǎo cháng
袭 故 蹈 常

【释义】 通~：权：权宜。指做事能适应客观情况的变化，懂得变通，不死守常规。
袭~：袭：沿袭。故：老办法。蹈：踩，引申为遵循。常：常规，老规矩。指因循守旧，照老规矩办事。

【结构】 联合 动-名|动-名

【扩联】 通权达变相机行事
袭故蹈常照本宣科

2305

tòng guān zài bào
恫 瘝 在 抱

bēi fèn tián yīng
悲 愤 填 膺

【释义】 恫~：恫瘝：疾苦。抱：怀中。指把老百姓的疾苦放在心中，关心民众。
悲~：填：充塞。膺：胸。悲痛和愤怒充满胸中。

【结构】 主谓 名-名|动-名

【扩联】 悲愤填膺刻肌刻骨
恫瘝在抱己溺己饥

2306

tóng hú dī lòu
铜 壶 滴 漏

tiě yàn mó chuān
铁 砚 磨 穿

【释义】 铜~：铜壶：古代计时的一种仪器，装水慢慢滴出，有刻度，看水的多少以计时。常用以形容时间慢慢逝去。
铁~：铁铸的砚台，被磨穿了。形容读书用功，持久不懈。

【结构】 主谓 名-|动-

【扩联】 铁砚磨穿收四宝
铜壶滴漏过三更

2307

tóng pá tiě bǎn
铜 琶 铁 板

ruò guǎn qīng sī
弱 管 轻 丝

【释义】 铜~：原指词曲气势雄壮，歌声激越豪爽，需要铜琵琶伴奏，执铁板打拍子。后用于形容豪爽激越的文辞。
弱~：形容乐声轻柔细弱。

【结构】 联合 形-名|形-名

【扩联】 弱管轻丝唱小曲
铜琶铁板奏军歌

2308

tóng chuáng gòng zhěn
同 床 共 枕

bǐ yì lián zhī
比 翼 连 枝

【释义】 同~：同一张床共一个枕头而眠。多指夫妻生活亲亲密密。
比~：比翼：比翼鸟，传说一目一翼，必须两两齐飞。连枝：连理枝。两棵树之枝连生在一起。相传比翼鸟、连理枝不可须臾离开。形容夫妻亲密不离。
【结构】 联合 动-名|动-名
【扩联】 今生同床共枕
来世比翼连枝

2309

tóng chuáng yì mèng
同 床 异 梦

yì kǒu tóng shēng
异 口 同 声

【释义】 同~：睡在同一张床上，却做着不同的梦。喻指在一起生活或工作的人，心思不一致，各有各的打算。
异~：不同人的口里说出同样的话。形容众人看法一致。
【结构】 联合 形-名|形-名
【扩联】 同床异梦睡觉别扭
异口同声唱歌和谐

2310

tóng zhōu gòng jì
同 舟 共 济

qí zú bìng qū
齐 足 并 驱

【释义】 同~：济：渡过河。大家乘同一条船一起渡过河。比喻处于相同的境地，必须同甘共苦，齐心合力，克服困难，达到目的。
齐~：齐足：相同的步伐和速度。合着相同的步伐一起向前快跑。比喻齐头并进。语见晋·陈寿《三国志·蜀书·彭羕传》："卿才具秀拔，主公相待至重，谓卿当与孔明、孝直诸人齐足并驱。"
【结构】 连动 动-名|副-动
【扩联】 同舟共济齐登彼岸
齐足并驱同向前方

2311

tóng zhōu gòng mìng
同 舟 共 命

yǔ guǐ wéi lín
与 鬼 为 邻

【释义】 同~：同在一条船上，同生共死。比喻命运相同，利害一致。语见清·吴趼人《二十年目睹之怪现状》第一百零二回："占光又催着到：'我们此刻，统共一十四个人，真正同舟共命，务求大家想个法子，脱了干系才好。'"
与~：已经跟鬼做街坊邻居了。形容离死或某事的尽头不远了。
【结构】 连动 动-名|动-名
【扩联】 同舟共命齐划桨
与鬼为邻快换房

2312

tóng xīn wèi huà
童 心 未 化

yǔ yì yǐ fēng
羽 翼 已 丰

【释义】 童~：童心：小孩子的天真纯朴的心。像小孩子那样的天真纯朴的心，指年纪虽大了但还有着儿童般的天真之心。
羽~：羽翼：鸟的翅膀，代指辅佐。翅膀已经长硬，可以高飞了。比喻实力已经壮大，可以施展抱负了。
【结构】 主谓 名一|副-形
【扩联】 羽翼已丰亮羽翅
童心未化唱童谣

2313

tóng xīn wèi mǐn
童 心 未 泯

qíng dòu jiàn kāi
情 窦 渐 开

【释义】 童~：泯：泯灭。还没有丢失尽儿童的心理。形容人长大成人后还有着儿童的天真。
情~：窦：孔穴。指少年男女开始慢慢懂得爱情了。

【结构】 主谓　名—|副-动

【扩联】 <u>花信季节童心未泯</u>
　　　 <u>豆蔻年华情窦渐开</u>

2314

tòng xīn rù gǔ
痛 心 入 骨

nù fà chōng guān
怒 发 冲 冠

【释义】 痛~：悲痛伤心入于骨髓。形容极其悲伤。
怒~：愤怒得连头发都竖立起来，顶起帽子。形容愤怒到了极点。

【结构】 主谓　形-名|动-名

【扩联】 痛心入骨犹怜《垂老别》
　　　 怒发冲冠仰唱《满江红》

2315

tòng yú gǔ suǐ
痛 于 骨 髓

bìng zài gāo huāng
病 在 膏 肓

【释义】 痛~：痛：伤痛。伤痛之感，已在骨髓。形容极度疼痛或痛心。语见《战国策·燕策三》："樊将军仰天太息流涕曰：'吾每念常痛于骨髓，顾计不知所出耳！'"
病~：膏肓：中医将心尖脂肪称为膏，心脏与隔膜之间叫肓，认为是药力达不到的地方，极难治愈。疾病出在膏肓之处，指病非常严重，治不好。也常用以比喻事情严重，不可挽救。

【结构】 述补　动|介-名—

【扩联】 病在膏肓无药可治
　　　 痛于骨髓卧床难眠

2316

tōu gōng jiǎn liào
偷 工 减 料

shǐ jiǎ chān zá
使 假 掺 杂

【释义】 偷~：不按照规定要求安排工序、选用材料，而是私自偷减工序，减掉或换掉用料。也比喻做事敷衍应付。
使~：在制造生产商品过程中，使用假料、次料、杂料。

【结构】 联合　动-名|动-名

【扩联】 使假掺杂图暴利
　　　 偷工减料昧良心

2317

tōu liáng huàn zhù
偷 梁 换 柱

dài bǐ zhuō dāo
代 笔 捉 刀

【释义】 偷~：偷换房梁和房柱。比喻用欺骗手段暗中改变事物的内容或事情的性质。
代~：捉刀：曹操让崔琰代替自己接见匈奴使者，自己持刀站立一旁。事后，使者对人说持刀人才是英雄。后称代人写文章为"捉刀"。至代人做事，多指写文章。

【结构】 联合　动-名|动-名

【扩联】 偷梁换柱难撑大厦
　　　 代笔捉刀不署本名

2318

tōu jī mō gǒu
偷 鸡 摸 狗

sù liǔ mián huā
宿 柳 眠 花

【释义】 偷~：一指偷窃，二指不正当的男女情事。比喻一些不正当、见不得人的勾当。
宿~：柳、花：指娼妓。旧指嫖娼狎妓。
【结构】 联合 动-名|动-名
【扩联】 偷鸡摸狗伪君子
宿柳眠花假圣人

2319

tōu tiān miào shǒu
偷 天 妙 手

jué shì jiā rén
绝 世 佳 人

【释义】 偷~：能到天上偷来东西的高手。多用来形容技巧娴熟、文笔优美、富有独创的诗文作家。
绝~：比喻姿容最为出色的女子，冠绝当代。
【结构】 定中 动-名|形-名
【扩联】 绝世佳人名垂后世
偷天妙手恨抱终天

2320

tóu nǎo fā rè
头 脑 发 热

jīng shén shī cháng
精 神 失 常

【释义】 头~：形容一时心血来潮，忘乎所以，不再冷静考虑问题或不按客观规律办事。
精~：失常：失去常态。因精神上原因，言语行为有些不正常了。
【结构】 主谓 名一|动-形
【扩联】 精神失常言语错乱
头脑发热行为疯狂

2321

tóu tóu shì dào
头 头 是 道

bù bù dēng gāo
步 步 登 高

【释义】 头~：禅宗语，指道无所不在。后用以形容说话、做事条理清楚，道理充分。语见宋·释惟白《续传灯录·慧力洞源禅师》："方知头头皆是道，法法本圆成。"
步~：登：升。一步步地升高。多形容仕途顺利，职位不断高升。语见宋·释普济《五灯会元·慧明禅师》："步步登高时如何？师曰：云生足下。"
【结构】 主谓 名-名|动-名
【扩联】 头头皆是道
步步都登高

2322

tóu gāo zhǐ huǒ
投 膏 止 火

jiè jiǔ jiāo chóu
借 酒 浇 愁

【释义】 投~：膏：油脂。把油脂扔过去以阻止火势燃烧和蔓延。火上加油，越烧越旺。比喻做事适得其反。语见宋·欧阳修《新五代史·唐臣传·安重海》："（重海）轻信韩玫之谮，而绝钱镠之臣；徒陷彦温于死，而不能去潞王之患……四方骚然，师旅并兴，如投膏止火，适足速之。"
借~：借助喝酒来排遣愁怀。只能借酒精暂时麻醉一下神经，借酒浇愁愁更愁，徒劳无益。
【结构】 连动 动-名|动-名
【扩联】 投膏止火火添火
借酒浇愁愁更愁

2323

tóu gān chuí ěr
投 竿 垂 饵

bào wèng guàn yuán
抱 瓮 灌 园

【释义】 投~：投：向一定方向扔。甩出鱼竿，垂下鱼饵。钓鱼。比喻安闲自在的田园生活。
抱~：抱着水瓮浇灌园子。比喻安于拙陋的淳朴生活。
【结构】 连动 动-名|动-名
【扩联】 投竿垂饵钓鱼钓鳖
抱瓮灌园浇菜浇花

2324

tóu gē jiǎng yì
投 戈 讲 艺

qì bǐ cóng róng
弃 笔 从 戎

【释义】 投~：戈：指兵器。艺：指儒家经典六艺。指军务之余，放下兵器，讲习六艺。
弃~：扔掉笔而去参加军队。即指文人弃文从武。语见唐·张鷟《游仙窟》："兄及夫主，弃笔从戎，身死寇场，餐魂莫返。"
【结构】 连动 动-名|动-名
【扩联】 投戈讲艺进崇文院
弃笔从戎到细柳营

2325

tóu shí wèn lù
投 石 问 路

yán bō tǎo yuán
沿 波 讨 源

【释义】 投~：原指夜间要潜入某处，先投石子，借以探测情况。后比喻进行试探。
沿~：顺着，循着。波：水流。讨：探求，寻找。源：源头。循着水流寻找源头。指根据已有线索探求事物的实质。见晋·陆机《文赋》："或因枝以振叶，或沿波而讨源。"
【结构】 连动 动-名|动-名
【扩联】 月黑风高投石问路
山转水绕沿波讨源

2326

tóu shǔ jì qì
投 鼠 忌 器

dé yú wàng quán
得 鱼 忘 筌

【释义】 投~：忌：顾忌。器：器物，用具。用东西打老鼠，又怕砸坏老鼠附近的器物。比喻心怀顾虑，做事放不开手。
得~：筌：捕鱼用的竹器。捕到鱼就忘了筌。比喻事成以后就忘了赖以成功的事物和条件。
【结构】 连动 动-名|动-名
【扩联】 忧心旁骛投鼠忌器
利字先行得鱼忘筌

2327

tóu táo bào lǐ
投 桃 报 李

yǐn shuǐ sī yuán
饮 水 思 源

【释义】 投~：投：投送。报：回报。人送给我桃子，我回敬人以李子。比喻礼尚往来，互相赠答。
饮~：喝水的时候想到水的源头。比喻不忘本。
【结构】 连动 动-名|动-名
【扩联】 投桃报李有来有往
饮水思源知本知根

2328

tū fēi měng jìn
突 飞 猛 进

yǒng wǎng zhí qián
勇 往 直 前

【释义】 突~：突：忽然，急速。形容进步、发展得特别迅速。
勇~：毫无畏惧地一直向前进。语见宋·朱熹《朱子全书·道统一·周子书》之二："不顾旁人是非，不计自己得失，勇往直前，说出人不敢说底道理。"
【结构】 联合 形-动|形-动
【扩联】 突飞猛进旗开得胜
勇往直前马到成功

2329

tú lóng zhī jì
屠 龙 之 技
tūn fèng zhī cái
吞 凤 之 才

【释义】 屠~：屠：宰杀。技：技巧，技术。宰杀龙的技能。比喻造诣虽然高，但无实用价值。语见《庄子·列御寇》："朱泙漫学屠龙于支离益，单千金之家，三年技成，而无所用其巧。"

吞~：《晋书·文苑传·罗含》载：罗含梦见吞下了五色的凤凰鸟，其后文才大增，文章写得很好。晋·葛洪《西京杂记》卷二："（扬）雄著《大玄经》，梦吐凤凰，集玄之上，顷而灭。""吞凤之才"或"吐凤之才"指丰美的文采，形容擅长写作。语见唐·李商隐《为陈许举人自代状》："人惊吞凤之才，士切登龙之誉。"

【结构】 定中　动-名|助-名

【扩联】 屠龙之技就业无单位
　　　　吞凤之才修文有地方

2330

tú qióng bǐ xiàn
图 穷 匕 见
shuǐ luò shí chū
水 落 石 出

【释义】 图~：图：地图。见：同"现"，显露。战国时，荆轲去刺杀秦王，他在地图里卷着一把匕首，见秦王时，打开地图后，就现出了匕首，他即以之刺秦王。后用以比喻事情到了最后，真相就完全暴露出来了。含贬义。

水~：水退落下去，水下的石头就露出来了。常用以比喻事情真相大白。

【结构】 连动　名-动|名-动

【扩联】 水落石出还本相
　　　　图穷匕见露原形

2331

tǔ bēng wǎ jiě
土 崩 瓦 解
zhòng pàn qīn lí
众 叛 亲 离

【释义】 土~：崩：倒塌。解：分解。像土的倒塌、瓦的分解一样。形容彻底崩溃，无法收拾。

众~：众：众人。叛：背叛。离：离开。大多数人和亲戚都背离了自己。形容陷入完全孤立的境地。

【结构】 联合　名-动|名-动

【扩联】 人亡政息土崩瓦解
　　　　兔死狗烹众叛亲离

2332

tǔ niú mù mǎ
土 牛 木 马
táo quǎn wǎ jī
陶 犬 瓦 鸡

【释义】 土~：泥土造的牛，木头制的马。比喻形似而无用之物。

陶~：陶土烧制的狗，瓦做成的鸡。比喻毫无实用价值的东西。

【结构】 联合　名-名|名-名

【扩联】 土牛木马无人难行路
　　　　陶犬瓦鸡有嘴不作声

2333

tǔ shēng tǔ zhǎng
土 生 土 长
hé qù hé cóng
何 去 何 从

【释义】 土~：生于当地长于当地的人。

何~：去：离开。从：跟随。离开哪里？走向哪里？指在重大问题上采取什么态度。

【结构】 联合　名-动|名-动

【扩联】 何去何从重回故里
　　　　土生土长最爱家乡

2334

tuán fán jué jù
剸繁决剧
jǔ yào shān wú
举要删芜

【释义】 剸~：剸：割断，截断。剧：剧烈。指简化、削减繁忙的
事务。
举~：要：要领。芜：杂乱。选取重要的，删除杂乱的。
多指写文章要抓住重点。语见宋·王谠《唐语林·政事
上》："吾见马周论事多矣，援引事类，扬榷古今，举要删
芜，听之靡靡，令人忘倦。"

【结构】 联合 动-形|动-形

【扩联】 事务琐碎剸繁决剧
文章啰嗦举要删芜

2335

tuán shā nòng gǒng
抟砂弄汞
bǔ yǐng ná fēng
捕影拿风

【释义】 抟~：抟：团弄。汞：水银。砂土松散，水银流动，难以
团捏把握。比喻枉费力气，无法管束。语见《西游记》第
二十五回："这泼猴枉自也拿他不住，就拿住他，也似抟砂
弄汞，捉影捕风。"
捕~：原指事情像风和影子一样是难以捕捉和束缚的。现
也比喻说话做事以虚幻的、不可靠的东西为依据。也作
"捕风捉影"。语见元·吴昌岭《东坡罗》第三折："怎知
道被禅师神跳鬼弄，做一场捕影拿风。"

【结构】 联合 动-名|动-名

【扩联】 水中捞月抟砂弄汞
网上传谣捕影拿风

2336

tuī fēng zhēng sǐ
推锋争死
rěn gòu tān shēng
忍垢贪生

【释义】 推~：推锋：手持兵器向前，指冲锋。形容争先恐后冲锋
陷阵，不怕牺牲。语见《史记·秦本纪》："三百人者闻秦
击晋，皆求从，从而见缪公窘，亦皆推锋争死，以报食马
之德。"
忍~：垢：耻辱。忍受耻辱，贪图活命。指苟且偷生。

【结构】 连动 动-名|动-名

【扩联】 推锋争死士堪赞
忍垢贪生人可悲

2337

tuī lí ràng zǎo
推梨让枣
jiān dòu zhāi guā
煎豆摘瓜

【释义】 推~：推、让：推让。推梨：东汉末孔融四岁让梨的故
事。让枣：南朝梁王泰年仅几岁时让枣不争的故事。"推
梨让枣"比喻兄弟友爱而又谦让的美德。语见明·朱伯庐
《劝言·孝悌》："只如晨省昏定，推梨让枣，有何难事？
而今人甘心不为。"
煎~：比喻亲属相残。语见三国魏·曹植《七步诗》："煮
豆燃豆萁，豆在釜中泣。本是同根生，相煎何太急。"
唐·李贤《黄台瓜辞》："三摘犹自可，摘绝抱蔓归。"

【结构】 联合 动-名|动-名

【扩联】 推梨让枣弟兄友爱
煎豆摘瓜亲属相残

2338

tuī jīn sòng bào
推 襟 送 抱

tǔ dǎn qīng xīn
吐 胆 倾 心

【释义】 推~：襟、抱：胸襟，怀抱，指心意。比喻以诚相待推心置腹。
吐~：胆、心：指人藏之心底的最真实的思想感情。把胆和心都倾吐出来。形容痛快地说出心里的话。

【结构】 联合　动-名|动-名

【扩联】 推襟送抱朋和友
吐胆倾心弟与兄

2339

tuī xīn zhì fù
推 心 置 腹

lì dǎn pī gān
沥 胆 披 肝

【释义】 推~：把自己的心放到对方的肚子里。形容互相能讲真话实话，至诚待人。
沥~：沥：滴沥。披：披露。滴沥胆汁，披露心肝。比喻以真心相见，倾吐心里的话。

【结构】 联合　动-名|动-名

【扩联】 推心置腹鬼神可鉴
沥胆披肝笔楮难穷

2340

tūn tūn tǔ tǔ
吞 吞 吐 吐

jié jié bā bā
结 结 巴 巴

【释义】 吞~：说话含糊不清，想说不说。
结~：形容口吃，说话断断续续不利索。

【结构】 联合　叠一|叠一

【扩联】 吞吞吐吐有难言之隐
结结巴巴为口吃之人

2341

tūn yún tǔ wù
吞 云 吐 雾

yǐn lù xī fēng
饮 露 吸 风

【释义】 吞~：原形容道士不食人间烟火，修仙养气的样子。现也形容抽烟或吸食鸦片的情形。
饮~：饮露水，吸清风。多形容求仙之人的习性。

【结构】 联合　动-名|动-名

【扩联】 吞云吐雾瘾君子
饮露吸风真洞仙

2342

tuō ní dài shuǐ
拖 泥 带 水

lěi dú lián piān
累 牍 连 篇

【释义】 拖~：指在泥水中行走不利落。后喻指说话写文章拖沓含糊，不简洁。也喻指办事不爽快、不干脆。
累~：累：连续，累积。牍：古代书写用的木简。连：连续。篇：首尾完整的文章。形容文章字句冗长而繁杂。语见《宋史·选举志二》："寸晷之下，惟务贪多，累牍连篇，何由精妙？"

【结构】 联合　动-名|动-名

【扩联】 拖泥带水无精义
累牍连篇多赘言

2343

tuō rén xià shuǐ
拖 人 下 水

zòng hǔ guī shān
纵 虎 归 山

【释义】 拖~：拉别人下水。比喻引诱别人一道去干坏事。
纵~：把已捕捉的老虎放回山林。比喻放走敌人而留下后患。

【结构】 兼语　动-名|动-名

【扩联】 拖人下水害人丧命
纵虎归山为虎作伥

2344

tuó niǎo zhèng cè
鸵 鸟 政 策
ā Q jīng shén
阿 Q 精 神

【释义】 鸵~：鸵鸟：鸟类中最大的鸟，不能飞，善走，被追急时，把头钻进沙里，自以为平安无事。政策：国家或政党为实现一定历史时期的路线而制定的行动准则。指不敢正视现实的政策（行为措施）。
阿~：阿Q：Ҁ念qiū，又念kiū。鲁迅著名小说《阿Q正传》的主人公，是"精神胜利法"的典型，受了屈辱，不敢正视，反而用自我安慰的办法，说自己是"胜利者"。精神：人的意识、思维活动和一般心理状态。这里指不敢斗争、逃避现实麻痹自己的心理状态。
【结构】 定中　名—|名—
【扩联】 现实残酷鸵鸟政策躲不过
　　　　人生艰难阿Q精神想得通

2345

tuō tāi huàn gǔ
脱 胎 换 骨
gé miàn xǐ xīn
革 面 洗 心

【释义】 脱~：脱凡胎成圣，换俗骨成仙。比喻从根本上改变思想立场。也比喻重新做人。
革~：改变原来的面目和不好的形象，清除思想上的污浊。
【结构】 联合　动-名|动-名
【扩联】 革面洗心别旧我
　　　　脱胎换骨做新人

2346

tuō wù yù zhì
托 物 喻 志
jiè shī huán hún
借 尸 还 魂

【释义】 托~：托：假借。喻：说明。假借某种事物来说明自己的情感、思想。常指艺术的一种表现手法。
借~：迷信传说，人死后，可以将灵魂附于他人尸体而复活。比喻已经没落或死亡的事物借助别的事物又以另一种形式出现。
【结构】 连动　动-名|动-名
【扩联】 借尸还魂多加警惕
　　　　托物喻志各受推崇

2347

tuò shǒu kě dé
唾 手 可 得
wén fēng ér táo
闻 风 而 逃

【释义】 唾~：唾手：往手上吐唾沫。往手上吐吐唾沫就可以获得。形容非常容易得到。
闻~：闻：听见。风：风声，消息。听到一点风声就连忙逃跑了。形容极端恐惧，不战而败。
【结构】 连动　动-名|连-动
【扩联】 闻风而逃逃性命
　　　　唾手可得得江山

2348

wā míng chán zào
蛙 鸣 蝉 噪
yīng zhuǎn yàn tí
莺 啭 燕 啼

【释义】 蛙~：噪：虫、鸟叫。青蛙、知了叫声嘈杂。形容夏天郊野景象。后也指文章或议论庸俗低劣。语见苏轼《出都来陈所乘船上有题》："蛙鸣青草泊，蝉噪垂杨浦。"
莺~：啭：鸟婉转地叫。莺：黄鹂。黄鹂啼啭、燕子呢喃。形容春天的美好景象。
【结构】 联合　名-动|名-动
【扩联】 蛙鸣蝉噪垂杨浦
　　　　莺啭燕啼花树间

2349

wāi guā liè zǎo
歪瓜裂枣
wǎng shǐ qiào hú
枉矢哨壶

【释义】 歪~：长得不周正的瓜，裂了口子的枣。比喻外貌丑陋、难看。
枉~：枉：曲，弯。矢：箭。哨：不正。壶：古代游戏投壶所用的容器。（投壶：宴席上，宾主将小箭投入壶中，以投进多少定输赢。）弯的箭，歪的壶。比喻不精致的器物。一般为主人自谦之词。语见《礼记·投壶》："主人请曰：'某有枉矢哨壶，请以乐宾。'"
【结构】 联合　形-名|形-名
【扩联】 歪瓜裂枣生来长相丑
枉矢哨壶制造做工差

2350

wāi zuǐ hé shàng
歪嘴和尚
gǒu tóu jūn shī
狗头军师

【释义】 歪~：歪曲经文的和尚。指歪曲上级正确指示的人。
狗~：军师：古代官名，掌监察军务；旧戏曲小说中帮主将出主意的人；现也称给别人出主意的人。狗头军师，指给人出坏主意或不高明主意的谋划者。
【结构】 定中　形-名|名一
【扩联】 狗头军师出馊主意
歪嘴和尚念错经文

2351

wán kù zǐ dì
纨绔子弟
jīn guó yīng xióng
巾帼英雄

【释义】 纨~：纨绔：古代贵家子弟所穿的细绢做成的裤子。指不务正业、游手好闲的富贵人家子弟。
巾~：巾帼：女子的头巾和首饰，这里借指妇女。妇女英雄。
【结构】 定中　名一|名一
【扩联】 纨绔子弟富二代
巾帼英雄第一名

2352

wán kōng shǒu dào
玩空手道
dǎ tài jí quán
打太极拳

【释义】 玩~：空手道：一种拳术。现指做无本生意，买空卖空。
打~：太极拳：拳术名，多推的动作。现指推脱责任，不办实事。
【结构】 动宾　动|名一
【扩联】 商场莫玩空手道
事情少打太极拳

2353

wán wù sàng zhì
玩物丧志
jū ān sī wēi
居安思危

【释义】 玩~：玩：赏玩。志：（进取的）志向。沉迷于玩赏所喜好之物，就会丧失志向、进取心。后指醉心于不合正道的事物，就会丧失进取心。语见《尚书·旅獒》："不役耳目，百度惟真，玩人丧德，玩物丧志。"
居~：居：处于，处在。处在安宁稳定的环境里，要想到可能出现的危难、危险。语见《左传·襄公十一年》："《书》曰：'居安思危'，思则有备，有备无患。"
【结构】 连动　动-名|动-名
【扩联】 玩物丧志在无度
居安思危要有为

2354

wàn jiā dēng huǒ
万 家 灯 火

yī piàn gōng shāng
一 片 宫 商

【释义】 万~：家家户户灯火通明。形容城市繁华热闹的夜景。也指天黑点灯的时候。

一~：宫商：古代五音的两个音阶，代指音乐。一片和谐优美动听的乐声。也形容诗词优美如乐。

【结构】 定中 数-名|名-名

【扩联】 夜看万家灯火
晚听一片宫商

2355

wàn jiā shēng fó
万 家 生 佛

yī lù fú xīng
一 路 福 星

【释义】 万~：生佛：活佛。万户人家的活佛。旧时称颂亲民爱民、救民疾苦的好官吏。

一~：路：宋代行政区。福星：即岁星，旧说，岁星照临能降福于民。原称颂宋代鲜于侁为官贤明，是"一路福星"。后把"路"作道路之"路"解，用为祝人旅途平安之语。

【结构】 定中 数-名 形-名

【扩联】 一路福星照耀
万家生佛降临

2356

wàn jié bù fù
万 劫 不 复

liù dào lún huí
六 道 轮 回

【释义】 万~：万劫：佛教称世界从生成到毁灭的一个过程为一劫，万劫即万世。万世都不能恢复。指永远不能恢复。语见宋·释道原《景德传灯录》："莫将等闲空过时光，一失人身，万劫不复，不是小事。"

六~：六道：佛教指天道、人道、阿修罗道、鬼道、畜生道、地狱道。轮回：佛教指有生命的东西永远循环转化。后泛指人终会轮回地狱道，指人死后所受痛苦。

【结构】 状中 数-名|副-动

【扩联】 六道轮回又变鬼
万劫不复难翻身

2357

wàn jīn bù huàn
万 金 不 换

yī nuò wú cí
一 诺 无 辞

【释义】 万~：一万两黄金也不交换。形容所持有的东西特别珍贵。也形容不出卖原则。

一~：辞：言辞；推辞。一口应允，再无二话，不再推辞。

【结构】 主谓 数-名|副-动

【扩联】 一诺无辞诚信者
万金不换钟情人

2358

wàn liú jǐng yǎng
万 流 景 仰

yī zuò jìn qīng
一 坐 尽 倾

【释义】 万~：万流：指各方面的人。天下人都尊敬、仰慕。

一~：一坐：满座。满座皆为之倾倒。语见汉·班固《汉书·司马相如传》："（临邛令）身自迎相如，相如不得已而强往，一坐尽倾。"

【结构】 主谓 数-名|动-一

【扩联】 现身说法万流景仰
夺席谈经一坐尽倾

2359

wàn nián yí chòu
万年遗臭
bǎi shì liú fāng
百世流芳

【释义】 万~：遗臭：死后留下坏名声。死后一万年恶名都会流传下去，永远被人唾骂。
百~：百世：三十年为一世，比喻时间非常长久。芳：花草的香味，比喻好的名声。指好的名声一直流传下去。
【结构】 状中　数-名|动-名
【扩联】 卖国求荣万年遗臭
替天行道百世流芳

2360

wàn qiān chā jià
万签插架
yī shì shēng chūn
一室生春

【释义】 万~：签：标明书名的牙制标签。架：书架。数以万计的牙制标签插满了书架。形容藏书极其丰富。语见陆游《徐秀才东庄》诗："万签插架号东庄，多稼连云亦何有。"
一~：整个房间里都生发出了无限春意。指整个房间里充满了愉快、欢乐的气氛。
【结构】 主谓　数-名|动-名
【扩联】 一室生春花卉味
万签插架诗书香

2361

wàn rén kōng xiàng
万人空巷
yī mào qīng chéng
一貌倾城

【释义】 万~：家家户户的人都从街巷里出来了。形容盛大集会或新奇事物哄动一时的情景。
一~：貌：容貌。倾：倾覆。城：城邑，指小国。一副美丽的容貌倾覆一座城市。形容女子极其美丽。
【结构】 主谓　数-名|动-名
【扩联】 一貌倾城天生佳丽
万人空巷目睹神仙

2362

wàn shì shùn yì
万事顺意
wǔ fú lín mén
五福临门

【释义】 万~：万：言其多。顺意：顺心合意。所有的事情都合心意。祝福用语。
五~：五福：指长寿、富贵、康宁、好德、善终。五种福气都降临家门。祝福用语。
【结构】 主谓　数-量|动-名
【扩联】 个十百千万万事顺意
一二三四五五福临门

2363

wàn shì shī biǎo
万世师表
yī dài kǎi mó
一代楷模

【释义】 万~：师表：品德学问上值得学习的榜样。万世，形容久远。永远值得敬仰学习的表率。出自《三国志·魏志·文帝纪》："昔仲尼大圣之才，怀帝王之器，……可谓命世之大圣，亿载之师表者也。"孔庙大成殿有康熙手书御赐之匾额"万世师表"，后世尊孔子为"万世师表"；老子亦被尊为"万世师表"。
一~：楷模：榜样，模范。一个时代的学习榜样、模范人物。语见《旧唐书·李靖传》："朕今非直成公雅志，欲以公为一代楷模。"
【结构】 定中　数-名|名一
【扩联】 万世师表万世香火供
一代楷模一代国人追

2364

wǎng fèi shí rì
枉费时日

zhǐ zhēng zhāo xī
只争朝夕

【释义】 枉~：枉：白白地。费：浪费。白白地浪费时光。
只~：朝夕：一早一晚。指很短的时间。力争在最短的时间里达到目的。

【结构】 动宾 副-动|名-名

【扩联】 陪太子读书枉费时日
为小孩上学只争朝夕

2365

wáng qín sān hù
亡秦三户

shēng fó wàn jiā
生佛万家

【释义】 亡~：三户：指少数几户人家，形容人很少。消灭秦国的是三户楚人。比喻正义而暂时弱小的力量终能战胜残暴的敌人。
生~：旧时颂扬官吏惠泽于民，使万家生佛。原为民众歌颂司马光的词语。司马光历仕仁宗、英宗、神宗、哲宗时入为宰相，赐予民众好处甚多，故谓司马光"生佛万家"。语见宋·戴翼《贺陈待制启》："福星一路之歌谣，生佛万家之香火。"

【结构】 述补 动-名 数-名

【扩联】 亡秦三户灭强暴
生佛万家颂好官

2366

wǎng kāi sān miàn
网开三面

huà bèi wàn fāng
化被万方

【释义】 网~：把捕捉禽兽的网打开三面，给留下逃生的出路。比喻给战败的改军留下生路，或给罪犯留下改过自新的出路。
化~：化：德化，以恩德感化。被：及，到。万方：四面八方。恩德感化四面八方。

【结构】 主谓 名|动-数-名

【扩联】 网开三面留生路
化被万方颂圣贤

2367

wǎng kāi yī miàn
网开一面

hǎi nà bǎi chuān
海纳百川

【释义】 网~：网：猎网。指打猎时，把猎网打开一面，给野兽留出一条逃跑的路，不赶尽杀绝。后比喻用宽大的态度对待有罪的人，给他改正的机会。语见清·李绿园《歧路灯》第九十三回："老先生意欲网开一面，以存忠厚之意，这却使不得。"
海~：纳：容纳，包容。海洋可以容纳成百上千条江河之水。比喻包容的东西非常广泛，数量很大。

【结构】 主谓 名|动-数-名

【扩联】 海纳百川成博大
网开一面发慈悲

2368

wàng chuān qiū shuǐ
望穿秋水

cù sǔn chūn shān
蹙损春山

【释义】 望~：秋水：指眼睛。把眼睛都望穿了。形容殷切盼望。
蹙~：春山：双眉。紧皱眉头。形容焦虑愁闷。

【结构】 动宾 动一|名一

【扩联】 望穿秋水天涯路
蹙损春山梦里人

2369

wàng fēng pī mǐ
望 风 披 靡
wèi yǔ chóu móu
未 雨 绸 缪

【释义】 望~：披靡：草木随风倒伏。比喻军队毫无斗志，为敌人的气势所压倒，不等交锋就溃败了。
未~：绸缪：用绳捆绑，引申为修补。下雨之前先修缮房屋门窗。比喻事先做好准备工作。
【结构】 状中 动-名|动—
【扩联】 未雨绸缪有备无患
望风披靡追悔莫及

2370

wàng méi zhǐ kě
望 梅 止 渴
huà bǐng chōng jī
画 饼 充 饥

【释义】 望~：东汉末，曹操的军队在行军途中因没有水喝，已无法继续行走。他就说前面不远就有一片大梅林，结满了又酸又甜的杨梅，快赶过去吃杨梅。兵士们一听，口水直流，走得飞快，直到走到了有水源的地方。比喻借想象安慰自己，实际上难以如愿。
画~：肚子饿了，没东西吃，画只烧饼还点上芝麻点，想象着大吃烧饼的滋味，暂时忘记一下饥饿的感觉。比喻以空想来自我安慰。也比喻虚假的东西于事无补。
【结构】 连动 动-名|动-名
【扩联】 画饼充饥难饱肚
望梅止渴可生津

2371

wàng wén shēng yì
望 文 生 义
suí wù fù xíng
随 物 赋 形

【释义】 望~：文：文字，指字面。义：意义。按照字面做出牵强附会的解释。指不深入探究文字的确切涵义。
随~：随：任随。赋：赋予，精细地描绘、绘制。能精细地画出任何物体的形貌来。形容画师的高超技艺。
【结构】 连动 动-名|动-名
【扩联】 望文生义多成笑柄
随物赋形一写丹青

2372

wàng ēn fù yì
忘 恩 负 义
nì lǐ wéi tiān
逆 理 违 天

【释义】 忘~：忘记别人的恩德，做出不仁不义之事。
逆~：逆、违：违反，违背。指违反天道常理。语见明·胡文焕《群音类选·宝剑记·避难遇义》："我荐仁义，肯从他逆理违天。"
【结构】 联合 动-名|动-名
【扩联】 逆理违天无道德
忘恩负义坏良心

2373

wēi dé xiāng jì
威 德 相 济
jiǎo fǔ jiān shī
剿 抚 兼 施

【释义】 威~：威德：威力和恩德。相济：交互施用，相辅相成。威力和恩德交互施用，相辅相成，是有效的统治管理手段。
剿~：对反叛者、起义军，一手讨伐剿灭，一手招降安抚，一起施展。
【结构】 主谓 名-名|副-动
【扩联】 剿抚兼施当有效
威德相济保成功

2374

wēi fēng lǐn lǐn
威风凛凛

shā qì téng téng
杀气腾腾

【释义】 威~：凛凛：严肃，使人敬畏的样子。很有威风令人敬畏。
杀~：腾腾：气势很高的样子。现出一股要杀人的凶恶气势。
【结构】 主谓 名—|叠—
【扩联】 将军佩剑威风凛凛
戎首挥刀杀气腾腾

2375

wēi fú yóu jǐ
威福由己

qīng míng zài gōng
清明在躬

【释义】 威~：任由自己作威作福。指独揽大权，擅作威福。
清~：躬：自身。因心地光明正大，自身内心清净，意念明慧。语见《礼记·孔子闲居》："清明在躬，气志如神。嗜欲将至，有开必先。"
【结构】 主谓 名-名|动-代
【扩联】 大权独揽威福由己
寸利不贪清明在躬

2376

wēi wàng sù zhù
威望素著

chòu míng yuǎn yáng
臭名远扬

【释义】 威：素：一向。著：显著。威信声望一向很高。
臭~：坏名声传得很远。
【结构】 主谓 形-名|形-动
【扩联】 臭名远扬苍蝇逐臭
威望素著草木知威

2377

wēi zhèn sì hǎi
威震四海

shēng wén jiǔ gāo
声闻九皋

【释义】 威~：四海：古代以为中国四周皆有海，故称中国为海内，外国为海外。四海，意同天下。威名震动天下。
声~：九皋：九，虚数，多；皋，水泽。声音传响九皋原野。形容贤者声名远扬。
【结构】 主谓 名|动-数-名
【扩联】 略弄威权威震四海
大张声势声闻九皋

2378

wēi zhèn zhōng wài
威震中外

qì tūn hé shān
气吞河山

【释义】 威~：威名震动国内国外。形容很有威望。
气~：气势可以吞下高山和大河。形容气魄很大。
【结构】 主谓 名|动-名-名
【扩联】 神威大振威震中外
血气方刚气吞河山

2379

wēi bāng bù rù
危邦不入

jiù dì chóng yóu
旧地重游

【释义】 危~：危：危险，不稳定。邦：邦国。局势不稳定的地方不要去。
旧~：旧地：曾经居住过或游览过的地方。重新来到曾经居住或游览过的地方。
【结构】 主谓 形-名|副-动
【扩联】 危邦不入避危险
旧地重游念旧情

2380

wēi jī sì fú
危 机 四 伏

hào shì duō qiān
好 事 多 悭

【释义】危~：危机：指危险的祸根。四伏：指四面八方隐藏。指到处都隐藏着危险的祸根。
好~：悭：吝啬；缺欠；阻碍。犹言好事多磨。语见元·贯云石《一枝花·离闷》："常言道好事多悭，陡恁的千难万难。"

【结构】主谓 形-名|数-动

【扩联】好事多悭莫懈怠
危机四伏要提防

2381

wēi rú lèi luǎn
危 如 累 卵

jìn ruò hán chán
噤 若 寒 蝉

【释义】危~：形容形势极其危险，就像堆起来的蛋一样很容易倒塌砸碎。
噤~：噤：闭口不做声。像秋寒时的知了一样不再出声了。形容不敢讲话。

【结构】述补 形|动-形-名

【扩联】兵临城下危如累卵
刀架颈边噤若寒蝉

2382

wēi ruò zhāo lù
危 若 朝 露

ān rú tài shān
安 如 泰 山

【释义】危~：危：危险。朝露：早晨的露珠。比喻很危险，就像早晨的露珠经阳光一照射就要消失一样。
安~：安：安稳。像泰山一样安稳。形容事物非常稳固。也形容人处事从容。

【结构】述补 形|动-名一

【扩联】危若朝露即消失
安如泰山不动摇

2383

wēi yán hài shì
危 言 骇 世

yìng yǔ pán kōng
硬 语 盘 空

【释义】危~：危言：故作惊人之语。骇：惊惧，惊骇。讲出吓人的话，让世人吃惊。
硬~：硬语：文笔刚劲有力。盘空：横在天空。形容文章的气势雄浑，矫健有力。

【结构】主谓 形-名|动-名

【扩联】硬语盘空出神入化
危言骇世钓誉沽名

2384

wēi zài dàn xī
危 在 旦 夕

huǒ shāo méi máo
火 烧 眉 毛

【释义】危~：旦：早上。夕：晚上。旦夕：指短时间之内。形容危险就在眼前。
火~：火烧到了自己的眉毛。比喻情势十分紧迫。

【结构】主谓 名-动|名一

【扩联】危在旦夕岂容局外
火烧眉毛先顾眼前

2385

wēi wén shēn dǐ
微 文 深 诋

è yǔ zhòng shāng
恶 语 中 伤

【释义】微~：微：精微、细密。诋：毁谤，污蔑。周密地罗列条文罪状，故意陷人于罪。
恶~：中伤：攻击和陷害别人。以恶毒的话语攻击陷害别人。

【结构】主谓 形-名|动一

【扩联】微文深诋莫须有
恶语中伤原本无

2386

wēi yán dà yì
微 言 大 义

hòu mào shēn qíng
厚 貌 深 情

【释义】 微~：微言：精微、深奥的语言。大义：旧指有关诗书礼乐等经书的要义。指在经过精心推敲的片言只语中，包含着十分深刻的道理。语见汉·刘歆《移书让太常博士》："及孔子殁而微言绝，七十子卒而大义乖。"
厚~：厚：忠厚。深：深邃。外貌看来温厚，心情深邃难测。指知人知面不易知心

【结构】 联合 形-名|形-名

【扩联】 厚貌深情林甫城府
微言大义仲尼春秋

2387

wéi jīng wéi yī
惟 精 惟 一

zhì shèng zhì míng
至 圣 至 明

【释义】 惟：精纯专一，专心一意。指深明道理，遵守规范。为儒家中庸之道的法则。语见《尚书·大禹谟》："人心惟危，道心惟微，惟精惟一，允执厥中。"
至~：至：极。圣：明：认识清楚，见解高明。古代用以称颂帝王最神圣而又高明、贤德。

【结构】 联合 副-形 | 副-形

【扩联】 至圣至明君万岁
惟精惟一道千秋

2388

wéi miào wéi xiào
惟 妙 惟 肖

yì zhuāng yì xié
亦 庄 亦 谐

【释义】 惟：惟：助词。妙：好。肖：相像。形容描写或模仿非常逼真、传神。
亦~：亦：又。庄：庄重。谐：幽默。指讲话或行文既庄重严肃，又诙谐幽默。

【结构】 联合 助-形|助-形

【扩联】 亦庄亦谐语言美
惟妙惟肖演技高

2389

bù qiú yǒu gōng
不 求 有 功

wéi wèn wú guò
惟 问 无 过

【释义】 不~：不求有功劳。指处世甘居中游，明哲保身。
惟：只求没有过错。形容做事谨慎小心，平庸保守。

【结构】 动宾 副-动|动-名

【扩联】 惟问无过好退位
不求有功能升官

2390

wéi wèi jiù zhào
围 魏 救 赵

shēng dōng jī xī
声 东 击 西

【释义】 围~：魏、赵：战国时的两诸侯国。魏国军队围攻赵都邯郸，赵国向齐国求救。齐王命田忌和孙膑率军救赵。齐军派兵围攻魏都大梁，魏军闻讯撤兵回国，中途被齐军打得大败，赵国得以解救。后指围攻来犯之敌的后方据点，迫使其撤回兵力以更好地歼灭敌人的策略。
声~：声东：在东面虚张声势。击西：在西面实行攻击。军事上使敌方产生错觉以出奇制胜的一种战术。意谓表面上宣称要攻击这边，实际上却暗中攻击那边。

【结构】 连动 动-名|动-名

【扩联】 声东击西用妙计
围魏救赵出奇兵

2391

wéi fǎ luàn jì
违 法 乱 纪

xiū shēn jié xíng
修 身 洁 行

【释义】 违~：违犯法令，破坏纪律。见《礼记·礼运》："故天子适诸侯，必舍其祖庙，而不以礼籍入，是谓天子坏法乱纪。"
修~：修身：努力提高自身的品德修养。洁：使之洁净、端正。修养自身品性，使自己的行为纯洁无暇。语见《史记·魏公子列传》："臣修身絜（洁）行数十年。"

【结构】 联合 动-名|动-名

【扩联】 修身洁行忧愁少
违法乱纪懊悔多

2392

wéi guǐ wéi yù
为 鬼 为 蜮

shǐ tān shǐ yú
使 贪 使 愚

【释义】 为~：蜮：古代相传为一种能含沙射影、暗中害人的动物。比喻用心险恶、暗中害人的小人。语见《诗经·何人斯》："为鬼为蜮，同不可得。"
使~：指利用有缺点的人，使其尽量发挥别的方面的长处，以取得成果。语见宋·欧阳修等《新唐书·侯君集传》："军法曰：'使智使勇使贪使愚。故智者乐立其功，勇者好行其志，贪者邀趋其利，愚者不计其死。'是以前圣使人，必收所长而弃所短。"

【结构】 联合 动-名|动-名

【扩联】 使贪使愚修成正果
为鬼为蜮制造祸端

2393

wéi rén bù fù
为 仁 不 富

shòu yòng wú qióng
受 用 无 穷

【释义】 为~：修行仁义就不能发财致富。语见《孟子·滕文公上》："阳虎曰：'为富不仁矣，为仁不富矣。'"
受~：享：享受。用：功用，好处，教益。受用：享用，得益。穷：尽。享用不尽。指某种事物或经历带给人的教益、好处非常大。语见明·朱舜水《朱舜水集·答奥村德辉书九首》之一："志气感奋，其学有不成者乎？竭力二字，受用无穷。"

【结构】 连动 动-名|副-形

【扩联】 为仁不富鹑衣百结
受用无穷鹤寿千年

2394

wéi shí yǐ wǎn
为 时 已 晚

lái rì fāng cháng
来 日 方 长

【释义】 为~：作为时间来讲已经晚了。即错过了有利时机，已经来不及了。
来~：以后的日子长着呢。形容时间、时机有的是。

【结构】 主谓 动-名|副-形

【扩联】 老朽无能为时已晚
少年得志来日方长

2395

wéi cái shì jǔ
唯 才 是 举

jiàn dé sī qí
见 德 思 齐

【释义】 唯~：举：推荐。推荐人只看他的才能。"唯一是一"，古汉语的一种格式，有强调、加重语意的作用。
见~：见到贤人的卓越品德，就想到要向他学习，向他看齐。

【结构】 连动 动-名|动-动

【扩联】 见德思齐人皆尧舜
唯才是举国多栋梁

2396

wěi wěi nuò nuò
唯唯诺诺
xī xī hā hā
嘻嘻哈哈

【释义】 唯~：唯、诺：都是应答之词。形容一味地顺从别人的意见。
嘻~：嬉皮笑脸。形容不在乎、不严肃的样子。
【结构】 联合 叠一|叠一
【扩联】 唯唯诺诺溜顺口
嘻嘻哈哈耍顽皮

2397

wěi dà bù diào
尾大不掉
biān cháng mò jí
鞭长莫及

【释义】 尾~：掉：摆动。尾巴太大不易摆动。比喻部属势力强大，难以驾驭。也比喻机构庞大，指挥不灵。
鞭~：及：达到。原谓鞭子虽长，但马腹非可鞭击之处，不应该打到马腹。后比喻力所不及。
【结构】 紧缩 名|形－副－动
【扩联】 尾大不掉安如许
鞭长莫及奈若何

2398

wěi shēng bào zhù
尾生抱柱
xī zǐ pěng xīn
西子捧心

【释义】 尾~：古代一位叫尾生的痴心男子，与所爱的女子相约在一座桥下相会，女子未能按时赴约，河中洪水爆涨，尾生为等爱人抱住桥柱，直至被淹死也不肯离开。用以形容钟情守信的人坚守信约。
西~：古代美女西施因心口痛而经常按着胸口，皱着眉头，但仍然美丽动人，楚楚可怜。用以形容女子的娇弱之美。
【结构】 主谓 名一|动－名
【扩联】 尾生抱柱死仍守信
西子捧心颦也动人

2399

wěi rén sī bù
痿人思步
wán shí diǎn tóu
顽石点头

【释义】 痿~：痿人：肢体萎缩瘫痪的人。思步：想着步行。瘫痪了的人想着能自己步行。比喻人身残志坚，不屈于逆境，向往理想。
顽~：顽石：无知觉的石头。连顽石都点头赞同。形容道理讲得透彻，使人不得不信服。语见《莲社高贤传·道生法师》："入虎丘山，聚石为徒，讲涅槃经，至阐提处，则说有佛性，且曰：如我所说，契佛心否？群石皆为点头。"
【结构】 主谓 名一|动－名
【扩联】 顽石点头加点赞
痿人思步更思春

2400

wèi wēi huái dé
畏威怀德
zhǔ jìng cún chéng
主敬存诚

【释义】 畏~：畏惧其声威，感念其恩德。语出《国语·晋语八》："民民其威，而怀期德，莫能勿从。"
主~：内存恭敬，深含诚意。见《周易·乾》："闲邪存其诚。"《礼记·少仪》："宾客主恭，祭祀主敬。"
【结构】 联合 动－名|动－名
【扩联】 主敬存诚佳儿佳妇
畏威怀德列祖列宗

2401

wèi zūn shì zhòng
位 尊 势 重

rén wēi yán qīng
人 微 言 轻

【释义】 位~：位：官位。尊：尊贵，地位高。指官位高，权势大。
人~：人微：个人的地位卑微。轻：分量轻。指地位卑微，言论主张不受重视。

【结构】 连动 名-形|名-形

【扩联】 人微言轻少开口
位尊势重慎用权

2402

wèi hǔ fù yì
为 虎 傅 翼

duì niú tán qín
对 牛 弹 琴

【释义】 为~：傅：附着。翼：翅膀。给老虎安上翅膀。比喻在原有的基础上更增添了力量。
对~：比喻对不懂道理的人讲道理，或对外行人讲内行话。也用来讥笑说话的人不看对象。

【结构】 状中 动-名|动-名

【扩联】 对牛弹琴牛会跑
为虎傅翼虎能飞

2403

wèi mín qǐng mìng
为 民 请 命

yǔ shì wú zhēng
与 世 无 争

【释义】 为~：指替老百姓申诉痛苦。
与~：不与社会上的人们争名争利，不起争执。

【结构】 状中 介-名|动-名

【扩联】 为民请命甘洒热血
与世无争不怀私心

2404

wèi rén zuò jià
为 人 作 嫁

yǔ zǐ tóng páo
与 子 同 袍

【释义】 为~：作：制作。嫁：嫁衣。贫穷人家的女子没有钱为自己置备嫁妆，却年年替人家缝制嫁衣。比喻徒然为别人忙碌。
与~：子：你。袍：战袍，也指寒衣。 怎能说没有衣服呢？我愿和你同披一件战袍。原指战友之间互相关爱，现也指人们之间友谊深厚。语见《诗经·秦风·无衣》："岂曰无衣，与子同袍。"

【结构】 状中 介-名|动-名

【扩联】 为人作嫁女儿泪
与子同袍战友情

2405

wèi shé huà zú
为 蛇 画 足

yǔ hǔ móu pí
与 虎 谋 皮

【释义】 为~：在画好的蛇上再画上脚。即"画蛇添足"，比喻多此一举反而弄巧成拙。
与~：同老虎商量，要它的皮。比喻必不可得。

【结构】 状中 介-名|动-名

【扩联】 为蛇画足蛇成怪
与虎谋皮虎吃人

2406

wèi tóng jiáo là
味 同 嚼 蜡

zì ruò tú yā
字 若 涂 鸦

【释义】 味~：如同嚼蜡一样没有味道。形容说话文章等平淡无趣。
字~：涂鸦：本是指墨汁把纸涂得像老鸦黑了一片，后形容字写得很差。比喻书法之恶劣或没有好好地写。多做自谦之词。语见唐·卢仝《示添丁》："忽来案上翻墨汁，涂抹诗书如老鸦。"

【结构】 主谓 名|动-动-名

【扩联】 口有溃疡味同嚼蜡
胸无点墨字若涂鸦

2407

wèi chú háo qì
未 除 豪 气

huàn fā qīng chūn
焕 发 青 春

【释义】 未～：豪气：英雄气概，豪迈的气概，豪情壮志。老年人青春豪气仍未减退。形容老年人仍具满腔豪情、锐意进取。语见宋·陆游《渡浮桥至南台》诗："白发未除豪气在，醉吹横笛坐榕阴。"
焕～：焕发：光彩四射。脸上闪耀着青壮年的光彩。形容老年人精神振作，老当益壮。也比喻旧事物又产生了新的作用。

【结构】 动宾　副-动|名一

【扩联】 未除豪气不言老
焕发青春又出新

2408

wèi bīn chuí diào
渭 滨 垂 钓

tiān jì guī zhōu
天 际 归 舟

【释义】 渭～：滨：水边，靠近水的地方。在渭水边上钓鱼。指姜太公（吕望）72岁时在渭水之滨的磻溪垂钓，得遇周文王，封为"太师"。
天～：天际：天地或天水相接的地方。看天际处有没有亲人回来的船只。形容急切地盼望亲人归来。见宋·柳永《八声甘州》："叹年来踪迹，何事苦淹留。想佳人，妆楼颙望，误几回，天际识归舟。争知我，倚栏杆处，正恁凝愁。"

【结构】 状中　名一|动-名

【扩联】 天际归舟亲人无影
渭滨垂钓愿者上钩

2409

wēn qíng mò mò
温 情 脉 脉

qì shì xiōng xiōng
气 势 汹 汹

【释义】 温～：温情：温柔的情感。脉脉：默默地用眼神表露情意。形容怀有深情而要表露的神态。
气～：气势：人或事物表现出来的某种力量和形势。汹汹：声势盛大的样子。形容来势十分凶猛或盛怒时的凶恶样子。

【结构】 主谓　名一|叠一

【扩联】 温情脉脉沟通易
气势汹汹相处难

2410

wēn róu dūn hòu
温 柔 敦 厚

tì tǎng fēng liú
倜 傥 风 流

【释义】 温～：温柔：温和柔顺。敦厚：忠厚。形容人态度温和。也指诗文所反映的内容及其风格温和宁静，婉约含蓄。
倜～：倜傥：卓越不凡。风流：指人有才气而不拘泥。风度潇洒文雅，卓越不凡。形容有才识，为人洒脱，不拘泥世俗的礼法。

【结构】 联合　形一|形一

【扩联】 温柔敦厚大家闺秀
倜傥风流饱学秀才

2411

wén cóng zì shùn
文 从 字 顺

fēng fā yùn liú
锋 发 韵 流

【释义】 文～：从：妥贴。顺：通顺。用字妥贴，词句通顺。形容文章顺畅不生硬。
锋～：锋：犀利。发：奋发。文辞犀利奋发，气韵流畅。形容文章表现力强，有气势。

【结构】 联合　名-形|名-形

【扩联】 先讲文从字顺
再谈锋发韵流

2412

mò zhī wèi gān
墨汁未干
wén jūn zǎo guǎ
文君早寡

【释义】 墨~：刚写的字连墨迹都还没有干。常用以谴责对方在刚做出协定或声明后，很快就违背了自己的诺言。

文~：文君：汉朝临邛富商卓王孙之女卓文君，婚后不久，丈夫就死了。寡居娘家，后与司马相如为爱私奔，留下一段千古佳话。指年轻女子丧夫寡居。

【结构】 主谓 名—|副-形

【扩联】 墨汁未干婚字犹在
文君早寡芳心复萌

2413

wén néng zhì guó
文能治国
wǔ kě ān bāng
武可安邦

【释义】 文~：指人有文才、有政治能力，能管理好国家事务。也指文官能治国。

武~：指人有武艺，有军事才能，能保障国家安全。也指武将能安邦。

【结构】 主谓 名|动-动-名

【扩联】 <u>雄才大略文能治国</u>
<u>强将精兵武可安邦</u>

2414

wén sōu dīng jiǎ
文搜丁甲
shī qì guǐ shén
诗泣鬼神

【释义】 文~：丁甲：神名，六丁，火神。六甲中丁神，即所谓"六丁六甲"。形容文章精妙，感动神灵。

诗~：泣：小声哭。诗文令鬼神为之流泪。形容诗文情感充沛，意境高远，感人至深。语见杜甫《寄李太白二十韵》："笔落惊风雨，诗成泣鬼神。"

【结构】 主谓 名-动|名-名

【扩联】 文搜丁甲惊风雨
诗泣鬼神慰性灵

2415

wén wú diǎn yì
文无点易
bǐ zǒu lóng shé
笔走龙蛇

【释义】 文~：点：涂抹。易：改动。形容文章一气呵成，无需修改。语见唐·李延寿《南史·谢朓传》："时荆州信去倚待，朓执笔便成，文无点易。"

笔~：笔下写出的字像龙蛇游走。形容书法雄健洒脱。语见李白《草书行歌》："时时只见龙蛇走，左盘右蹙如惊电。"

【结构】 主谓 名|动-动-动

【扩联】 文无点易文章好
笔走龙蛇笔力雄

2416

wén wú dìng fǎ
文无定法
lǐ yǒu gù rán
理有固然

【释义】 文~：指诗文写作没有固定的程式方法。语见清·章学诚《章氏遗书·文格举隅》："古人文无定格，意之所至而文以至焉。"

理~：事理有其原本的逻辑推论和公认的原则依据。语见宋·苏洵《辨奸论》："事有必至，理有固然。惟天下之静者，乃能见微而知著。"

【结构】 主谓 名|动-形-名

【扩联】 <u>理有固然千篇一律</u>
<u>文无定法三教九流</u>

2417

wén zhāng gài shì
文章盖世
wǔ yì chāo qún
武艺超群

【释义】 文~：盖世：超过世人。文章好得无与伦比，谁都赶不上。语见宋·吴曾《能改斋漫录·苏琼善词》："词云：'韩愈文章盖世，谢安情性风流。'"
武~：形容武艺高强，超过众人。
【结构】 主谓 名—|动-名
【扩联】 文苑大家文章盖世
武林高手武艺超群

2418

wén zhāng kuí shǒu
文章魁首
shì nǚ bān tóu
仕女班头

【释义】 文~：魁首：为首的。这里指名列第一。文章写得最好。形容文才很高。语见元·王实甫《西厢记》第四本第二折："秀才是文章魁首，姐姐是仕女班头。"
仕~：仕女：官宦贵族家的女子，美女。班头：班行之首。亦泛指第一人。指第一美女。
【结构】 定中 名—|名—
【扩联】 文章魁首登皇榜
仕女班头赐凤冠

2419

wén zhāng zōng jiàng
文章宗匠
cǎo mù yú fū
草木愚夫

【释义】 文~：宗匠：大师。为人所尊敬的写文章的大师。语见明·胡应麟《诗薮·五代》："而独称王仁裕、和凝为文章宗匠，以饶著作故。"同"文章宗工"。
草~：像草木一样无知之人。旧时农民的谦称。也是对农民的蔑称。语见《封神演义》第七十回："料你不过草木愚夫，识得什么天时人事。"
【结构】 定中 名—|形-名
【扩联】 文章宗匠进学有解
草木愚夫献芹无篇

2420

wén zì yóu xì
文字游戏
bǐ mò guān sī
笔墨官司

【释义】 文~：指利用文字形、音、义上的特点来卖弄才学或设圈套之行为。
笔~：笔墨：借指文字或文章。官司：指诉讼，这里泛指争辩。用文字、文章争来争去，谓之笔墨官司。
【结构】 定中 名—|名—
【扩联】 文字游戏只尽兴
笔墨官司可杀人

2421

wén fēng sàng dǎn
闻风丧胆
chù mù jīng xīn
触目惊心

【释义】 闻~：听到一点风声就吓破了胆。形容极端害怕。
触~：眼睛一看到，心里就受惊吓。形容事态严重引起震动。
【结构】 连动 动-名|动-名
【扩联】 闻风丧胆奔如脱兔
触目惊心呆若木鸡

2422

wén guò zé xǐ
闻 过 则 喜
chī kuī shì fú
吃 亏 是 福

【释义】 闻~：闻：听到。过：过失，错误。则：就。听到别人指出自己的缺点或错误就高兴（表示虚心接受）。
吃~：吃亏：受损失。在一定的范围内，因为外界或别人，自己吃点亏，可能是好事，会带来福气。
【结构】 状中 动-名|连-动
【扩联】 择善而从闻过则喜
赚钱可赞吃亏是福

2423

wén jī qǐ wǔ
闻 鸡 起 舞
yìng yuè dú shū
映 月 读 书

【释义】 闻~：晋人祖逖和刘琨立志为国效力，互相勉励，听到鸡叫就起床舞剑、练武。指有志为国效力的人奋勉自励。
映~：古人江泌、陆佃等年少时，家贫，夜无灯，借着月光读书。形容刻苦攻读。
【结构】 连动 动-名|动-名
【扩联】 闻鸡起舞拳拳志
映月读书切切心

2424

wén xiāng xià mǎ
闻 香 下 马
dǔ wù huái rén
睹 物 怀 人

【释义】 闻~：骑马路过的人闻见香味都下马来。形容厨艺高超，饭菜极香。
睹~：睹：看见。看见离去的人留下的东西，就会怀念起那个人。同"睹物思人"。
【结构】 连动 动-名|动-名
【扩联】 闻香下马三樽酒
睹物怀人一世情

2425

wén zhě zú jiè
闻 者 足 戒
lǎo shēng cháng tán
老 生 常 谈

【释义】 闻~：足：足以，值得。常与"言者无罪"连用。不管说话的人说的正确与否，他无罪过，听话的人仍然应该引为鉴戒。
老~：老生：老书生。老书生经常谈论的话题、事物或观点。喻指陈腐过时的言论或听厌烦了的老话。
【结构】 主谓 形-名|副-动
【扩联】 老生常谈当克己
闻者足戒要合群

2426

wěn cāo shèng quàn
稳 操 胜 券
zuò shī liáng jī
坐 失 良 机

【释义】 稳~：券：契约，凭证。胜券：指胜利的把握。稳稳当当，胜利在握。
坐~：坐在那里，看着好好的机会失去了。形容白白丢掉难得的机会。
【结构】 动宾 形-动|形-名
【扩联】 坐失良机易
稳操胜券难

2427

wěn cāo zuǒ quàn
稳 操 左 券
zuò xiǎng qí gōng
坐 享 其 功

【释义】 稳~：稳：稳当。操：执，拿着。左券：古代契约分左右两联，双方各执一联。左券是左联，由债权人收执，为索偿的凭证。比喻有充分的把握。
坐~：享：享受。成：成果。坐着不动而享受别人的功劳。义同"坐享其成"。
【结构】 动宾 形-动|形-名
【扩联】 余勇可贾稳操左券
不劳而得坐享其功

2428

wěn chī sān zhù
稳 吃 三 注

xū huǎng yī qiāng
虚 晃 一 枪

【释义】 稳~：稳：稳当，可靠。注：赌注。四人相赌，一个人稳赢三个人的赌注。指毫不费力气地获得钱财或凭空坐享别人的劳动成果。
虚~：装模作样地杀出一枪。指用假象迷惑对方，以便撤走。

【结构】 述补 形-动|数-量

【扩联】 庄家坐庄稳吃三注
假象藏假虚晃一枪

2429

wěn zhā wěn dǎ
稳 扎 稳 打

sù zhàn sù jué
速 战 速 决

【释义】 稳~：扎：扎营。打：打仗。步步设营，有把握地对敌作战。也比喻做事情有把握、稳重踏实。
速~：快速作战，快速解决战斗，获得胜利。原为军事用语，指在短时间内能够迅速决定胜负的战略，通常是一方力量处于绝对优势而指挥完全正确时，才有实现的可能。现在用来比喻下很大决心采取有效措施迅速解决问题。

【结构】 联合 形-动|形-动

【扩联】 稳扎稳打步步为营
速战速决节节取胜

2430

wèn hán wèn nuǎn
问 寒 问 暖

zhù gěng zhù yē
祝 哽 祝 噎

【释义】 问~：天寒时问冷不冷，天热时问热不热。对别人的生活十分关心，时常过问。
祝~：祝：以言语向神灵求福。哽、噎：食物堵住食道。古代帝王敬老养老之礼，请年老致仕者饮酒吃饭，设置专人祷祝他们不要被哽噎住。形容对老人关心备至。语见汉·贾山《至言》："然而养三老于太学，亲执酱而馈，执爵而酳，祝噎在前，祝哽在后。"

【结构】 联合 动-名|动-名

【扩联】 问寒问暖关心群众
祝哽祝噎孝敬老人

2431

wèn xīn yǒu kuì
问 心 有 愧

fān liǎn wú qíng
翻 脸 无 情

【释义】 问~：扪心自问，感到惭愧。指待人接物有失当之处。
翻~：翻转面孔，没有情义。形容不念旧情且态度冷酷。

【结构】 连动 动-名|动-名

【扩联】 问心有愧愁眉不展
翻脸无情冷眼旁观

2432

wèn yáng zhī mǎ
问 羊 知 马

yuán biē shī guī
援 鳖 失 龟

【释义】 问~：问羊的价格而推知了马的价格。比喻从侧面推究，得以明白事实真相。语见汉·班固《汉书·赵广汉传》："钩距者，设欲知马贾（价），则先问狗，已问羊，又问牛，然后及马，参伍其贾，以类相准，则知马之贵贱，不失实矣。"
援~：援：得。鳖：甲鱼。龟：古人视之为灵物，至为宝贵。得到了鳖而失去灵龟。指得不偿失。见汉·刘安《淮南子·说山训》："杀戎马而求狐狸，援两鳖而失灵龟，断右臂而争一毛，折镆铘而争锥刀，用智如此，岂足高乎？"

【结构】 连动 动-名|动-名

【扩联】 问羊知马会推究
援鳖失龟无补偿

2433

wèn yáng tián fǎn
汶 阳 田 反
hé pǔ zhū huán
合 浦 珠 还

【释义】 汶~：汶阳：春秋时鲁国属地，在今山东泰安西南一带，土地肥沃，因临近齐国，数次被齐国侵夺，是齐鲁两诸侯国多次发生领地纠纷的地方。反：同"返"。鲁国把汶阳的土地又夺回来了。比喻失而复返。
合~：合浦：古郡名，在今广西合浦县东北。地属沿海，盛产珍珠，百姓多以采珠为业。合浦的珍珠又回来了。比喻东西失而复得或人去而复回。语见南朝宋·范晔《后汉书·循吏传·孟尝》记载：孟尝任合浦太守，因此前合浦的官吏贪腐，巧立名目逼百姓滥采珍珠，而弄得珍珠到别的海域生长去了，合浦都不出产珍珠了。"尝到官，革易前敝，求民病利。曾未逾岁，去珠复还。百姓皆反其业，商货流通。"

【结构】 主谓　名—|名-动
【扩联】 鲁强齐弱汶阳田反
　　　　前腐后廉合浦珠还

2434

wèng zhōng zhuō biē
瓮 中 捉 鳖
hǎi dǐ lāo zhēn
海 底 捞 针

【释义】 瓮~：瓮：大坛子。鳖：甲鱼。坛子里捉甲鱼。比喻想要得到的东西已在掌握之中，十拿九稳。语见元·康进之《李逵负荆》第四折："管教他瓮中捉鳖，手到拿来。"
海~：到大海底下捞一根针。形容很难找到或难以实现，目的极不可能达到。

【结构】 状中　名-方|动-名
【扩联】 请君入瓮瓮中捉鳖
　　　　以蠡测海海底捞针

2435

wǒ fǔ zǐ pèi
我 黼 子 佩
bó xūn zhòng chí
伯 埙 仲 篪

【释义】 我~：黼：黼黻，古代王公、贵人所穿的礼服上的花纹，为做官的代称。我（夫）若做官穿上官服，你（妻）可以佩戴玉佩。形容夫妻同享荣华。
伯~：伯、仲：长兄、二弟。埙、篪：两种吹奏乐器。兄吹埙，弟吹篪。乐声和谐悦耳。比喻兄弟友爱和睦。

【结构】 联合　名-名|名-名
【扩联】 我黼子佩同富贵
　　　　伯埙仲篪共荣华

2436

wǒ xíng wǒ sù
我 行 我 素
yú qǔ yú qiú
予 取 予 求

【释义】 我~：自行其事。不管别人怎么说道，自己只按平素的一套去做。
予~：予：我。任意索取自己想求得的东西。也指随心所欲。

【结构】 主谓　代-动|代-名
【扩联】 予取予求终无所获
　　　　我行我素责有攸归

2437

wò quán tòu zhǎo
握 拳 透 爪
jiáo chǐ chuān yín
嚼 齿 穿 龈

【释义】 握~：晋人卞壶父子抗敌战死，极其惨烈。后被发墓，见两手握拳，指甲穿透手背。形容恨之极而死有余烈。
嚼~：咬牙齿穿了牙龈。形容仇恨至极。

【结构】 联合　动-名|动-名
【扩联】 嚼齿穿龈生犹骂敌
　　　　握拳透爪死不析仇

2438

wò shé qí hǔ
握蛇骑虎

kuà fèng chéng lóng
跨凤乘龙

【释义】 握~：手里抓着蛇，骑在虎背上。比喻处境极其险恶。语见北齐·魏收《魏书·彭城王传》："（咸阳王）谓勰曰：'汝非但辛勤，亦危险至极。'勰恨之，曰：'见识高年长，故知有夷险，彦和握蛇骑虎，不觉艰难。'"

跨~：比喻结成夫妻。也比喻成仙。语见明·单本《手帕记·备聘》："喜融融，好似萧郎秦女，跨凤乘龙。"

【结构】 联合 动-名|动-名

【扩联】 握蛇骑虎历险落难
跨凤乘龙成仙合欢

2439

wò yú huái jǐn
握瑜怀瑾

bào pǔ hán zhēn
抱朴含真

【释义】 握~：瑜、瑾：皆美玉名。形容品质高尚、才能卓越。

抱~：抱：保。朴：朴素。真：纯真，自然。道家主张人应保持并蕴含素朴、纯真的自然天性，不要沾染虚伪、机诈而玷污、损伤人的天性。

【结构】 联合 动-名|动-名

【扩联】 家育抱朴含真士
国需握瑜怀瑾人

2440

wò bīng qiú lǐ
卧冰求鲤

yuán mù xī yú
缘木希鱼

【释义】 卧~：解开衣服卧在冰上（以化冰）而求得鲤鱼。比喻子女孝敬父母。出自"二十四孝"之"王祥卧冰"。语见《晋书·王祥传》："王祥……（继）母常欲生鱼时，天寒地冻，祥解衣将剖冰求之，冰忽自解，双鲤跃出，持之而归。"

缘~：缘木：爬树。爬到树上去找鱼。比喻方向或方法不对，不可能达到目的。同"缘木求鱼"。语见《后汉书·周举传》："陛下所行，但务其华，不循其实，犹缘木希鱼，却行求全。"

【结构】 连动 动-名|动-名

【扩联】 卧冰求鲤王祥孝
缘木希鱼陛下行

2441

wò xīn cháng dǎn
卧薪尝胆

cì gǔ xuán liáng
刺骨悬梁

【释义】 卧~：越王勾践之典故。睡柴草，尝苦胆，以此激励自己，不忘耻辱。后多比喻刻苦自励，发愤图强。

刺~：用锥子扎大腿，将头发悬梁上，以免读书时瞌睡。古人苏秦等人刻苦读书之典故。形容发愤攻读的学习精神。语见清·袁于令《西楼记·检课》："一霎时启瞆开聋，从今后刺股悬梁。"

【结构】 联合 动-名|动-名

【扩联】 卧薪尝胆苦中苦
刺骨悬梁人上人

2442

wū shān luò pǔ
巫山洛浦

yǔ yuē yún qī
雨约云期

【释义】 巫~：巫山：指楚王与巫山神女梦中相会的典故。洛浦：洛水之滨。传说中有洛水女神，三国魏曹植作《洛神赋》，描绘相会洛神。二典合用，指巫山神女和洛水女神。也指男女幽会。
雨~：比喻男女之间的云雨约会。语见元·关汉卿《望江亭》："我呵，怕甚么天翻地覆，就顺着他雨约云期。"

【结构】 联合　名-名|名-名

【扩联】 巫山洛浦神仙会
雨约云期男女情

2443

wū shān luò shuǐ
巫山洛水

lù liǔ qiáng huā
路柳墙花

【释义】 巫~：宋玉《高唐赋》有楚怀王梦见巫山神女之传说；曹植《洛神赋》有在洛浦遇洛神之传说。代指如巫山神女、洛神一样品貌非凡的女子。
路~：路边的柳树，墙边的花。旧指漂泊在外、被人瞧不起的女子。多指承欢卖笑、被人轻视的妓女。

【结构】 联合　名-名|名-名

【扩联】 曾历巫山洛水爱
不沾路柳墙花骚

2444

wū yān zhàng qì
乌烟瘴气

cǎn yǔ suān fēng
惨雨酸风

【释义】 乌~：乌烟：黑烟。瘴气：热带、亚热带山林里可致病的湿热之气。比喻环境嘈杂、气氛恶浊、秩序混乱或社会黑暗。
惨~：多用于指凄风苦雨。指令人伤感的天气。也比喻不安定的局势。

【结构】 联合　形-名|形-名

【扩联】 乌烟瘴气人难受
惨雨酸风心感伤

2445

wú biān fēng yuè
无边风月

guò yǎn yún yān
过眼云烟

【释义】 无~：风月：清风明月，泛指景色。原指北宋周敦颐死后影响深广。后用以形容无限美好的景色。见宋·朱熹《六先生画像赞·濂溪先生》："风月无边，庭草交翠。"
过~：云烟：云雾和烟气。从眼前飘过的云雾和烟气。原比喻身外之物，可以不加重视。后用以比喻很快就消失的事物。

【结构】 定中　动-名|名-名

【扩联】 无边风月经心看
过眼云烟转瞬空

2446

wú bō gǔ jǐng
无波古井

yǒu jiǎo shū chú
有脚书橱

【释义】 无~：没有波纹涟漪、平平静静的古井。借喻心境寂静。语见白居易《赠元稹》："无波古井水，有节秋主干。一为同心友，三及岁芳阑。"
有~：对学问广博、知识丰富的人的美称。语见宋·龚明之《中吴记闻》："（程信明）自幼读书于南峰山，先都官墓庐，攻苦食淡，手未尝释卷，记问精确，经传子史，无不通贯，乡人号为有脚书橱。"

【结构】 定中　动-名|名一

【扩联】 无波古井无怨无悔
有脚书橱有猷有为

2447

wú cháng kě duàn
无 肠 可 断

yǒu kǔ nàn yán
有 苦 难 言

【释义】 无~：（肝肠寸断，已是非常悲伤）无肠可再断，比喻悲痛到了极点。见宋·石孝祥《愁倚阑》词："衰草低衬斜阳。斜阳外，水冷云黄，借使有肠也须断，况无肠。"
有：有苦处，但因有隐情，不好说出来。

【结构】 连动 动-名|副-动

【扩联】 悲伤至极无肠可断
顾虑过多有苦难言

2448

wú chē dàn jiá
无 车 弹 铗

duó xí tán jīng
夺 席 谈 经

【释义】 无~：铗：剑柄。战国齐人冯谖做孟尝君的门客，因为"食无鱼、出无车"，用手指弹着剑柄，唱歌要求吃鱼派车等。后办成几件要事，使孟尝君平安为相数十年，无任何灾祸。"无车弹铗"，谓有才华者暂处窘境，不平而鸣。亦借指才能高超，以求重用。
夺~：夺：夺取。席：席位。经：儒经。东汉戴凭之事。光武帝时，公卿大会，群臣就席，戴凭不入坐。帝问其故，他说："博士说经皆不如臣，而坐居臣上。"召其上殿，与群儒说难，多所解释。帝善之，拜为侍中，重坐席位。因以"夺席谈经"喻学冠群儒，在辩论中独享殊荣。

【结构】 连动 动-名|动-名

【扩联】 无车弹铗门客歌者
夺席谈经鸿儒大家

2449

wú dì fàng shǐ
无 的 放 矢

jiàn fèng chā zhēn
见 缝 插 针

【释义】 无~：的：箭靶子。矢：箭。没有箭靶子就乱放箭。比喻言论或行事没有明确的目的，或不看对象而盲目进行。
见：指抓紧机会，利用一切可利用的时间和空间，去做想要做的事情。

【结构】 连动 动-名|动-名

【扩联】 无的放矢因盲目
见缝插针在细心

2450

wú fēng qǐ làng
无 风 起 浪

yù shì shēng bō
遇 事 生 波

【释义】 无~：比喻平白无故地生出事非来。
遇~：指好享者一遇到机会就借端生事、兴风作浪。

【结构】 连动 动-名|动-名

【扩联】 遇事生波且绕路
无风起浪不扬帆

2451

wú gēn wú bàn
无 根 无 绊

bù màn bù zhī
不 蔓 不 枝

【释义】 无~：绊：牵绊，羁绊。形容没有依靠，毫无牵绊。见文林《大先生》："他单身一人，无根无绊，逍遥自在。"
不~：原指莲茎不生枝杈。比喻干净利索而不繁冗。语见宋·周敦颐《爱莲说》："中通外直，不蔓不枝。"

【结构】 联合 动-名|动-名

【扩联】 不蔓不枝鱼戏莲叶
无根无绊雨敲浮萍

2452

wú gēn wú dì
无 根 无 蒂

yǒu běn yǒu yuán
有 本 有 源

【释义】无~：蒂：花或瓜果与枝茎相连的部分。原比喻无所依据。现比喻没有依靠或无牵绊。
有~：指事物或消息来得有根源。

【结构】联合　动-名|动-名

【扩联】有本有源河汾一脉
无根无蒂湖海四方

2453

wú guà wú ài
无 挂 无 碍

bù jī bù hán
不 饥 不 寒

【释义】无~：指没有任何牵挂、自由自在。
不~：不挨饿受冻。指生活不愁温饱。

【结构】联合　动-动|动-动

【扩联】想走就走无挂无碍
要啥有啥不饥不寒

2454

wú guān hóng zhǐ
无 关 宏 旨

bù zhǔ gù cháng
不 主 故 常

【释义】无~：宏旨：主旨。指事情不大，不足以妨碍大局。语见清·纪昀《阅微草堂笔记·滦阳消夏录》："宋儒之争，只今文古文字句，亦无关宏旨，均姑置弗议。"
不~：主：主张。故常：旧的常规。指不拘旧套，不限一格。语见《庄子·天运》："其声能短能长，能柔能刚，变化不一，不主故常。"

【结构】动宾　副-动|名一

【扩联】区区小事无关宏旨
荦荦大端不主故常

2455

wú jiā wú shì
无 家 无 室

duō zǐ duō sūn
多 子 多 孙

【释义】无~：指一个人鳏居，没有妻小。
多~：儿女子孙多，家庭人丁兴旺。

【结构】联合　动-名|动-名

【扩联】多子多孙多福多寿
无家无室无靠无依

2456

wú jiàn wú gé
无 间 无 隔

rú xūn rú chí
如 埙 如 篪

【释义】无~：相互之间没有任何间隔。指关系亲密，不分彼此。
如~：埙、篪：古乐器名。声能相和。比喻兄弟和睦。

【结构】联合　动-名|动-名

【扩联】如埙如篪声音相和
无间无隔彼此不分

2457

wú jū wú shù
无 拘 无 束

yǒu diǎn yǒu zé
有 典 有 则

【释义】无~：没有或不受任何拘束。形容非常自由。
有~：有法典，有规则。事有依据，不可逾越。语见唐·杨炯《后周明威将军梁公神道碑》："惟宗惟祖，有典有则，大魏将军，隆周柱国。"

【结构】联合　动-名|动-名

【扩联】无拘无束自由自在
有典有则亦步亦趋

2458

wú kǒng bù rù
无 孔 不 入
yǒu jī kě chéng
有 机 可 乘

【释义】 无~：有空子就钻，有机会就行动。
有~：有机会可利用，有空子可钻。
【结构】 述补 动－名|副－动
【扩联】 谨防对手无孔不入
不给敌方有机可乘

2459

wú lǐ qǔ nào
无 理 取 闹
jiè tí fā huī
借 题 发 挥

【释义】 无~：毫无理由地挑起事端，与人吵闹。
借~：发挥：将意思充分表达出来。借着某件事为题目，表达自己的意见。现指借另外的事物表达自己的见解。
【结构】 状中 动－名|动—
【扩联】 无理取闹岂有此理
借题发挥偏离正题

2460

wú lù kě zǒu
无 路 可 走
yǒu jiā nán huí
有 家 难 回

【释义】 无~：即看不到前途，陷入了绝望的境地。
有~：由于某种原因的阻隔，有家而回不去。
【结构】 连动 动－名|副－动
【扩联】 无路可走谁指路
有家难回哪为家

2461

wú mén kě bào
无 门 可 报
yǒu guó nán tóu
有 国 难 投

【释义】 无~：门：门路。报：报效。没有途径为家国效力。
有~：因某种原因，有祖国而回去不得。也指有家难归。
【结构】 连动 动－名|副－动
【扩联】 无门可报效
有国难投身

2462

wú qíng wú xù
无 情 无 绪
duō bìng duō chóu
多 病 多 愁

【释义】 无~：人没有精神，心情不好。
多~：经常生病，总是愁闷。形容人娇弱的体态。多用于女性。
【结构】 联合 动－名|动－名
【扩联】 无情无绪不思茶饭
多病多愁难打精神

2463

wú qíng wú yì
无 情 无 义
duō yì duō cái
多 艺 多 才

【释义】 无~：冷酷无情，不讲道义。
多~：艺：技巧，技艺。才：才能，才智。拥有相当多的技艺和才能。泛指多方面的才能。也作"多才多艺"。见诸葛亮《将苑·三宾》："奇谋不测，博闻广见，多艺多才。"
【结构】 联合 动－名|动－名
【扩联】 多艺多才少见情种
无情无义不乏艺人

2464

wú qióng fēng yuè
无穷风月

bù fèi jiāng hé
不废江河

【释义】 无~：风月：风和月，泛指景色；也指男女情爱的事情。清风明月，景色无限。指美好的景色。同"无边风月"。
不~：指传世之作流传永久，如江河奔流永不停息。语见唐·杜甫《戏为六绝句》之二："尔曹身与名俱灭，不废江河万古流。"

【结构】 定中　动-名|名-名

【扩联】 无穷风月清秋景
不废江河天地心

2465

wú qióng wú jìn
无穷无尽

bù zhǐ bù xiū
不止不休

【释义】 无~：穷、尽：尽头。形容没有尽头。语见明·李贽《续焚书·焦若侯》："日来与刘晋老对坐商证，方知此事无穷无尽，日新又新，非虚言也。"
不~：不停止，不休息。指做事情或纠缠一直连续下去。

【结构】 联合　副-形|副-形

【扩联】 不止不休当断失断
无穷无尽日新又新

2466

wú quán wú yǒng
无拳无勇

yǒu dǎn yǒu shí
有胆有识

【释义】 无~：拳：这里指力气。没有力量，也没有勇气。语见《诗经·小雅·巧言》："无拳无勇，职为乱阶。"
有~：有胆量，也有远见卓识。

【结构】 联合　动-名|动-名

【扩联】 无拳无勇无头脑
有胆有识有计谋

2467

wú rén zhī jìng
无人之境

duō shì zhī qiū
多事之秋

【释义】 无~：一指人迹不到的地方。二指没有人存在的地方。常用作比喻，形容某地无声无息；或形容进入者强悍，无人能抵挡。
多~：事变很多的时期。多指国家不安定而言。

【结构】 定中　动-名|助-名

【扩联】 多事之秋千村荆棘
无人之境万户萧疏

2468

wú shāng dà yǎ
无伤大雅

yǒu ài guān zhān
有碍观瞻

【释义】 无~：伤：损害。大雅：《诗经》的主要组成部分，也指典雅、正道。指某一事物、事情虽有瑕疵，但对主要方面无甚损伤。
有~：观瞻：外观或外观给人的印象。对事物的景象、外观有妨碍影响，给人留下不愉快的印象。

【结构】 动宾　动—|名—

【扩联】 不整齐无伤大雅
太龃龉有碍观瞻

2469

wú sī wú wèi
无私无畏

yǒu yǒng yǒu móu
有勇有谋

【释义】 无~：没有私心，不图私利，无所畏惧。
有~：既有勇气，又有智谋。指勇于斗争也善于斗争。

【结构】 联合　动-名|动-名

【扩联】 有勇有谋多曲笔
无私无畏敢陈言

2470

wú shēng wú xiù
无 声 无 臭

zhì dà zhì gāng
至 大 至 刚

【释义】 无~：没有声音没有气味。常形容天道、神意幽微玄妙，难以直觉感知。也形容默默无闻。语见《诗经·大雅·文王》："上天之载，无声无臭。"郑玄笺："天之道难知也，耳不闻声音，鼻不闻香臭。"
至~：形容人的"浩然之气"极其广大刚强。语见《孟子·公孙丑上》："敢问何为浩然之气？曰：难言也。其为气也，至大至刚，以直养而无害，则塞于天地之间。"

【结构】 联合 动-名|动-名

【扩联】 道载乾坤无声无臭
气塞天地至大至刚

2471

wú sī wú lǜ
无 思 无 虑

yǒu dù yǒu shí
有 度 有 识

【释义】 无~：不加思索，也不加考虑。形容胸怀宽广，不把事情放在心上。也形容得过且过，无所用心。语见《周易·系辞下》："天下何思何虑，天下同归而殊途，一致而百虑。"
有~：有度量，有见识、有胆识。

【结构】 联合 动-名|动-名

【扩联】 无思无虑得过且过
有度有识欲为敢为

2472

wú sī yǒu bì
无 私 有 弊

fēi yú zé wū
非 愚 则 诬

【释义】 无~：弊：弊端，弊病。即使没有谋私利己的意图、行径，但也是存在弊端。完全应该办得好的事情却根本没办好，处在其中的人，不管怎样都有嫌疑。
非~：愚：愚昧无知。诬：胡说，造谣，诬蔑。不是愚昧无知，便是造谣胡说。指讲的话全是蠢话假话。

【结构】 连动 动-名|动-名

【扩联】 鸡犬升天无私有弊
蚍蜉撼树非愚则诬

2473

wú wéi ér zhì
无 为 而 治

bù lìng ér xíng
不 令 而 行

【释义】 无~：本为道家的一种政治主张，顺应自然，不求有所作为而使天下得到治理。也指沿袭前代制度，不轻易改变。
不~：不下命令也积极行动起来。指当政者自身端正，敬出表率，下属和民众会跟着行动。形容身教重于言教。语见《论语·子路》："子曰：其身正，不令而行；其身不正，虽令不从。"

【结构】 连动 动-名|连-动

【扩联】 上和下睦无为而治
大法小廉不令而行

2474

wú wēi bù zhì
无 微 不 至

yǒu lì kě tú
有 利 可 图

【释义】 无~：没有什么细微的地方不考虑到。形容关心照顾细心周到。
有~：图：贪图。有利益可贪图。指去从事某一件事情，有利可图，才会去做。

【结构】 述补 动-名|副-动

【扩联】 做小伏低无微不至
吹牛拍马有利可图

2475

wú xiá kě jī
无 瑕 可 击

yǒu cuò bì jiū
有 错 必 纠

【释义】 无~：瑕：缺点，过失。没有一点儿缺陷可以受人攻击。
有~：纠：纠正，改正。有错误（一发现）就坚决纠正过来。

【结构】 连动　动–名|副–动

【扩联】 有错必纠一丝不苟
无暇可击万事亨通

2476

wú xiàng wú zuò
无 相 无 作

yǒu yóu yǒu wéi
有 猷 有 为

【释义】 无~：佛家语。相：众生相。心中无任何形象，也无所作为，一切任其自然。也泛指不尚空言。语见宋·陈善《扪虱新话·王荆公新经〈字说〉》："荆公新经《字说》，多用佛家语……云：'无工以为穴，则空无相；无工以穴之，则空无作。无相无作，则空名不立。'"
有~：有智慧谋略，且奋发努力有所作为。语出《尚书·洪范》："有猷有为有守"。"三有"历来被认为是安身立命、安邦治国的信条。

【结构】 联合　动–名|动–名

【扩联】 有猷有为有操守
无相无作无索求

2477

wú xīn chā liǔ
无 心 插 柳

xìn shǒu tú yā
信 手 涂 鸦

【释义】 无~：不是有心地去栽柳，但是却长成了柳荫。比喻不是特意为之而有收获。
信~：信手：随手。涂鸦：随手乱抹画。形容字写得不好。有时也作为表示自己字或文章写得不好的自谦之词。也作"信笔涂鸦"。

【结构】 状中　动–名|动–名

【扩联】 信手涂鸦鸦胜凤
无心插柳柳成荫

2478

wú xīn chū xiù
无 心 出 岫

bǎ bì rù lín
把 臂 入 林

【释义】 无~：岫：山洞，山谷。（白云）无心飘出山洞。借喻无意离开山谷出来做官。
把~：把臂：挽住对方的臂膀，表示亲密。志同道合的好友挽起臂膀，同入山林。旧指厌倦尘俗，好友相偕隐退。

【结构】 状中　动–名|动–名

【扩联】 爱明月清风无心出岫
迷青山绿水把臂入林

2479

wú yá fēng yuè
无 涯 风 月

yǒu jiǎo yáng chūn
有 脚 阳 春

【释义】 无~：涯：边际。即"无边风月"，清风明月，夜色如水无边无涯。指美好的景色。
有~：阳春：春天。像长脚的春天一样，走到哪里，就带来温暖。用以赞誉贤明的官员。典出五代·王仁裕《开元天宝遗事·有脚阳春》："宋璟爱民恤物，朝野归美，时人谓璟为有脚阳春，言所至之处，如阳春煦物也。"

【结构】 定中　动–名|名–名

【扩联】 无涯风月多诗意
有脚阳春暖庶民

2480

wú yī wú kào
无 依 无 靠

yī sǐ yī shēng
一 死 一 生

【释义】 无~：没有任何依靠。形容孤独无助。语见明·无名氏《怒斩关平》第二折："告你个性忠直慷慨的元帅，与俺这个无依无靠王荣做主。"
一~：有一个人死，有一个人活。多指在有关生死患难的重大的关键性时刻。语见司马迁《史记·汲郑列传赞》："始翟公为廷尉，宾客阗门；及废，门外可设雀罗。翟公复为廷尉，宾客欲往，翟公乃大署其门曰：'一死一生，乃知交情。'"

【结构】 联合 动-名|动-名
【扩联】 无依无靠已枯眼
一死一生更断肠

2481

wú yōu wú lù
无 忧 无 虑

bù zhì bù qiú
不 忮 不 求

【释义】 无~：没有一点可担忧的。形容心情舒畅自在。
不~：忮：忌恨。求：贪求。对人不忌恨，不贪得。指人应具有的一种好品德。

【结构】 联合 副-动|副-动
【扩联】 无忧无虑安闲岁月
不忮不求淡泊人生

2482

wú yōu bù zhú
无 幽 不 烛

jiàn shàn zé qiān
见 善 则 迁

【释义】 无~：幽：昏暗不明。烛：火炬，蜡烛；照，照耀；引申为洞悉，明察。所有黑暗不明之处都被照亮。形容洞察幽微。语见唐·房玄龄等《晋书·元帝纪》："陛下明并日月，无幽不烛，深谋远猷，出自胸怀。"
见~：遇见是行善的事，就会去做。这是有仁义之心的人的素行。

【结构】 连动 动-名|副-动
【扩联】 无幽不烛察深远
见善则迁范古今

2483

wú yú zuò gǔ
无 鱼 作 罟

dé tù wàng tí
得 兔 忘 蹄

【释义】 无~：罟：渔网。没有鱼却要织渔网。比喻白费功夫。语见《墨子·公孟》："子墨子曰：'执无鬼而学祭礼，是犹无客而学客礼也，是犹无鱼而为鱼罟也。'"
得~：蹄：蹄罝（jū），捕野兔的网。抓获了野兔就忘记了蹄罝。比喻达到目的后就忘了原来的凭借。意同"得鱼忘筌"。见《庄子·外物》："蹄者所以在兔，得兔而忘蹄。"

【结构】 连动 动-名|动-名
【扩联】 无鱼作罟罟烦躁
得兔忘蹄蹄唧咕

2484

wú yuǎn fú jiè
无 远 弗 届

dēng gāo zì bēi
登 高 自 卑

【释义】 无~：道路虽远，但没有不能到达的。语见《尚书·大禹谟》："惟德动天，无远弗届。"
登~：自：从。卑：低，低处。要登高山必须从低处开始，要行远路必须从最近的第一步走起。比喻做事要扎扎实实，循序渐进。

【结构】 连动 动-形|副-动
【扩联】 登高自卑起
无远弗届临

2485

wú yuàn wú huǐ
无 怨 无 悔

bù hēng bù hā
不 哼 不 哈

【释义】 无~：对于过去做过的事认为值得，不抱怨不后悔。
不~：哼是不赞成，哈是赞成。不哼不哈，即不明确表态。
【结构】 联合　动-动|动-动
【扩联】 无怨无悔可圈可点
不哼不哈能屈能伸

2486

wú zhēng bù xìn
无 征 不 信

yǒu kǒu nán yán
有 口 难 言

【释义】 无~：征：证据，验证。没有证验的话或事不可信。语见
《礼记·中庸》："上焉者，虽善无征，无征不信，不信民
弗从；下焉者，虽善不尊，不尊不信，不信民弗从。"
有~：言：说明。虽然有嘴，但事实很难说明白。多指有
隐情，不好直接说出。
【结构】 连动　动-名|副-动
【扩联】 有口难言事有隐
无征不信民无从

2487

wú zhī wú shí
无 知 无 识

hé dé hé néng
何 德 何 能

【释义】 无~：指没有知识。语见清·吴敬梓《儒林外史》第五十
四回："你看这丁言志无知无识的，走来说是莺豆湖的大
会，是胡三公子的主人。"
何~：有什么德行，有什么能耐？意为没有值得赞扬的德
行和才能。多为自谦之词，也可用于他人。
【结构】 联合　动-名|动-名
【扩联】 无知无识走红运
何德何能当大官

2488

wú zhòu wú yè
无 昼 无 夜

yǐ mén yǐ lú
倚 门 倚 闾

【释义】 无~：不分昼夜，时时刻刻。
倚~：倚：靠。闾：古代里巷的门。形容父母盼望子女归
来时殷切焦急的心情。语见《战国策·齐策》："王孙贾年
十五，事闵王。王出走，失王之处。其母曰：'女朝出而晚
来，则我倚门而望；女暮出而不还，则吾倚闾而望。'"
【结构】 联合　动-名|动-名
【扩联】 无昼无夜天天念
倚门倚闾切切思

2489

wú xī sì tiě
吾 膝 似 铁

chén xīn rú bīng
臣 心 如 冰

【释义】 吾~：我的膝盖像铁一样。意指不能随便下跪。形容耿直
坚贞，不屈于邪恶。
臣~：臣：官员对君王自称臣。我的心如冰一样，晶莹清
澈。比喻非常廉洁。
【结构】 主谓　代-名|动-名
【扩联】 吾膝似铁跪天跪地耻跪权贵
臣心如冰为国为民不为钱财

2490

wú niú chuǎn yuè
吴牛喘月

lǎo mǎ sī fēng
老马嘶风

【释义】 吴~：吴牛：江淮一带的水牛。吴地炎热，水牛怕热，见到月亮也以为是太阳，就喘起气来。比喻因疑心而害怕。
老~：老马迎风嘶鸣，想着奔驰千里。比喻人老而雄心犹在。

【结构】 主谓 名一|动-名

【扩联】 老马嘶风英心未退
吴牛喘月酷热难当

2491

wú shǔ wǔ jì
梧鼠五技

léi tíng wàn jūn
雷霆万钧

【释义】 梧~：梧鼠：原作"鼫鼠"，讹写作"鼯鼠"，后又讹作"梧鼠"。传说梧鼠有五种技能，能飞不能上屋，能缘不能穷木，能游不能渡谷，能穴不能掩身，能走不能先人，都不专精。后比喻技能虽多而不精，无济于事。语见《荀子·劝学》："腾蛇无足而飞，梧鼠五技而穷。"
雷~：雷霆：暴雷，霹雳，比喻威力。钧：古时重量单位，一钧约等于当时的三十斤。形容威力极大。语见汉·班固《汉书·贾山传》："雷霆之所击，无不摧折者；万钧之所压，无不糜灭者。"

【结构】 主谓 名一|数-名

【扩联】 梧鼠五技无益事
雷霆万钧可惊天

2492

wǔ chē fù sì
五车腹笥

wàn guàn zī cái
万贯赀财

【释义】 五~：笥：比指书箱。腹笥：肚子里读的书，犹言肚子里装的墨水。形容人读书极多，学识丰富。
万~：贯：古时用绳索穿钱，每千文为一贯。赀：同资。"万贯赀财"，形容钱财很多非常富有。

【结构】 定中 数-名|名一

【扩联】 五车腹笥远超万贯
万贯赀财难买五车

2493

wǔ fāng zá cuò
五方杂厝

sì hǎi shēng píng
四海升平

【释义】 五~：五方：东西南北中，泛指各个地方，这里代指各个地方的人。厝：通"错"，错杂。指大城市居民籍贯很复杂，从什么地方来的人都有，也反映了城市的发展和繁荣。语见汉·班固《汉书·地理志》："是故五方杂厝，风俗不纯。"
四~：四海：指全天下。升平：太平。天下太平。

【结构】 主谓 数-名|形一

【扩联】 五方杂厝和谐共处
四海升平康乐同欢

2494

wǔ gǔ fēng rěn
五谷丰稔

bǎi huā shèng kāi
百花盛开

【释义】 五~：五谷：稻黍稷麦豆。稔：庄稼成熟。五谷丰收。形容年成好。即"五谷丰登"。语见唐·韦嗣立《论刑法多滥疏》："风雨以时，则五谷丰稔。"
百~：盛：繁盛。各种鲜花竞相开放，一片繁盛。形容生机勃勃的春天景色。也形容艺术界的繁荣景象。

【结构】 主谓 数-名|动一

【扩联】 百花盛开粲粲如画
五谷丰稔穰穰满家

2495

五光十色
wǔ guāng shí sè

万紫千红
wàn zǐ qiān hóng

【释义】 五~：形容色泽艳丽，花样繁多。语见南朝梁·江淹《丽色赋》："五光徘徊，十色陆离。"
万~：形容百花盛开、艳丽多姿的春景。也比喻事物丰富多彩或景象繁荣兴旺。语见宋·朱熹《春日》诗："等闲识得东风面，万紫千红总是春。"

【结构】 联合　数-名|数-名

【扩联】 火树银花五光十色
春风桃李万紫千红

2496

五行八作
wǔ háng bā zuò

三教九流
sān jiào jiǔ liú

【释义】 五~：行：行业。作：作坊。泛指各种商业和手工业。
三~：三教：儒、道、佛。九流：儒、道、法、名、阴阳、墨、纵横、农、杂家。泛指各种学派，也泛指社会各阶层各行业的人。

【结构】 联合　数-名|数-名

【扩联】 生活难免五行八作事
交往不妨三教九流人

2497

五侯蜡烛
wǔ hóu là zhú

一瓣心香
yī bàn xīn xiāng

【释义】 五~：旧俗寒食节禁火，而宫中传烛分火于五侯之家，恩宠可见。后用以形容豪门权势的显赫景象。
一~：心香：旧时称心中虔诚，就如同焚香一样能感通佛道。一瓣香：即一炷香。后用以表示崇敬。

【结构】 定中　数-名|名-名

【扩联】 一瓣心香求佛佑
五侯蜡烛谢龙恩

2498

五湖四海
wǔ hú sì hǎi

万水千山
wàn shuǐ qiān shān

【释义】 五~：五湖：说法不一，多指太湖、青草、彭蠡、洮滆、洞庭五湖。四海：古人认为中国四周是海。泛指各地。
万~：一万条江河，一千座山岭。形容山川极多。也指路途艰险、遥远。

【结构】 联合　数-名|数-名

【扩联】 五湖四海抬头望
万水千山信步游

2499

五湖烟水
wǔ hú yān shuǐ

万里河山
wàn lǐ hé shān

【释义】 五~：五湖：历来有多种说法，近代多指太湖、青草、彭蠡、洮滆、洞庭五湖，泛指各地江河湖泊。烟水：烟雾笼罩的江河水面。形容烟波浩渺的自然山水。语见唐·温庭筠《利州南渡》："谁解乘舟寻范蠡，五湖烟水独忘机。"
万~：河山：指国家的疆土。形容国家的疆土极为辽阔壮丽。语见元·白朴《梧桐雨》楔子："守成继统当兢业，万里河山拱大唐。"
定中　数-名|名-名

【结构】 五湖烟水可与泛舟把钓

【扩联】 万里河山不容染指垂涎

2500

wǔ jīng sǎo dì
五 经 扫 地

yī zhù qíng tiān
一 柱 擎 天

【释义】 五~：五经：儒家的五部经典著作：《诗经》《尚书》《礼记》《周易》《春秋》。儒家五经被扫到地上去了。形容儒者尊严丧失殆尽。也形容斯文扫地，丢尽文人的体面。语见《新唐书·祝钦明传》："帝与群臣宴，钦明自言能八风舞，帝许之。钦明体肥丑，据地摇头睆目，左右顾盼，帝大笑。吏部侍郎卢藏用叹曰：'是举五经扫地。'"
一~：擎：托，举。一根柱子托起天。比喻能担当天下重任的人材。语见《大唐诏令集·中和三年》："卿五山镇地，一柱擎天。"

【结构】 主谓　数-名|动一

【扩联】 一柱擎天持勇武
五经扫地丧斯文

2501

wǔ léi hōng dǐng
五 雷 轰 顶

wàn jiàn cuán xīn
万 箭 攒 心

【释义】 五~：五道雷电轰击头顶。比喻遭到猝不及防的沉重打击。也用来诅咒人不得好死。
万~：攒：聚集。万支箭聚射在心头。形容极度伤心、悲痛。也作"万箭穿心""万箭钻心"。

【结构】 主谓　数-名|动-名

【扩联】 五雷轰顶中伤脑
万箭攒心折断肠

2502

wǔ líng háo qì
五 陵 豪 气

sān chǔ jīng shén
三 楚 精 神

【释义】 五~：五陵：汉代五个皇帝陵墓所在地，其地都在长安。汉代贵族豪侠少年常聚于五陵附近。比喻一种英雄、高贵、豪迈气概。
三~：三楚：指东楚、南楚、西楚，代指楚地。伟大爱国诗人屈原为楚国三闾大夫。三楚精神，即指心忧家国、信好高洁、力行高尚的屈原精神。

【结构】 定中　数-名|名一

【扩联】 五陵少年五陵豪气
三楚学子三楚精神

2503

wǔ rì jīng zhào
五 日 京 兆

jiǔ xī chóng chén
九 锡 崇 臣

【释义】 五~：京兆：京兆尹，古代京师长官。喻指任职时间短或即将去职（之人）。
九~：九锡：古代帝王赏赐给掌政大臣的九种物品。崇：高。喻指地位很高权势极大的官员。

【结构】 定中　数-名|名一

【扩联】 五日京兆尽职五日
九锡崇臣加封九锡

2504

wǔ tǐ tóu dì
五 体 投 地

sì jiǎo cháo tiān
四 脚 朝 天

【释义】 五~：指跪拜时两手两膝和头着地，这是佛教中最恭敬的礼节。比喻佩服到了极点。
四~：四脚：指前肢和后肢。向后摔倒，手脚朝天，摔得很惨很狼狈。

【结构】 主谓　数-名|动-名

【扩联】 进庙拜佛五体投地
出门摔跤四脚朝天

2505

wǔ wén nòng mò
舞 文 弄 墨

tiáo zuǐ xué shé
调 嘴 学 舌

【释义】 舞~：舞、弄：玩弄。形容玩耍文字技巧。
调~：调嘴：耍嘴皮子。学舌：传闲话。形容背地说长道短，播弄是非。
【结构】 联合 动-名|动-名
【扩联】 调嘴学舌终害己
舞文弄墨只雕虫

2506

wù fēng jià wěn
物 丰 价 稳

běn xiǎo lì wēi
本 小 利 微

【释义】 物~：物品丰裕充足，价格稳定。
本~：做生意本钱小，利润微薄。
【结构】 连动 名-形|名-形
【扩联】 本小利微多卖货
物丰价稳少花钱

2507

wù huá tiān bǎo
物 华 天 宝

rén jié dì líng
人 杰 地 灵

【释义】 物~：万物之精华，天上之珍宝。比喻极为珍奇宝贵之物，集聚一地。
人~：杰出之人才，灵秀之地域，相映增辉。指灵秀之地多出杰出人物。语见唐·王勃《滕王阁序》："物华天宝，龙光射牛斗之墟；人杰地灵，徐孺下陈蕃之榻。"
【结构】 联合 名-名|名-名
【扩联】 衡岳物华天宝
潇湘人杰地灵

2508

wù jí bì fǎn
物 极 必 反

qì xiǎo yì yíng
器 小 易 盈

【释义】 物~：极：极端，顶点。反：走向反面。事物发展到顶点就会走向反面。
器~：器：器皿。盈：充满，多出来。器皿太小，容易充满溢出来。比喻胸怀狭隘，难成大事。也形容气量小，不能容纳太多的东西。
【结构】 紧缩 名-形|副-动
【扩联】 器小易盈当大度
物极必反莫偏锋

2509

wù jí zé fǎn
物 极 则 反

shì kuān jí yuán
事 宽 即 圆

【释义】 物~：极：极点。反：向相反方向转化。事物发展到极限，则会向相反方向转化。
事~：宽：宽缓。遇事从容对待，不要操之过急，就能得到圆满解决。
【结构】 连动 名-形|副-形
【扩联】 物极则反毋超载
事宽即圆要缓行

2510

wù rén zǐ dì
误 人 子 弟

fēi wǒ chūn qiū
非 我 春 秋

【释义】 误~：误：耽误。耽误人家的孩子。常用以指教师不称职而学生受损害。
非~：非我：不再是我。春秋：岁月。把我消磨得不像我自己了的岁月。感叹时间流淌，人渐老去，已非当年。语见谢朓《齐海陵王墓志铭》："风摇草色，日照松光。春秋非我，晚夜何长。"
【结构】 动宾 动|名-名—
【扩联】 误人子弟先生错
非我春秋日夜忧

2511

wù luò chén wǎng
误 落 尘 网

zhōng fēi liǎo jú
终 非 了 局

【释义】误~：尘网：人世间，人在世间有种种拘束，如鱼在网中，故称尘网。一时迷误落到了人世间。语见陶渊明《归田园居》诗："误落尘网中，一去三十年。"
终~：了局：结局。终究不是长久之计。语见明·罗贯中《三国演义》第五十二回："先兄弃世已三载，家嫂寡居，终非了局，弟常劝其改嫁。"

【结构】动宾 副–动|名一

【扩联】误落尘网年岁久
终非了局限期来

2512

wù bù qù shàn
恶 不 去 善

dù néng hài xián
妒 能 害 贤

【释义】恶~：恶：厌恶。指不因为厌恶某人就否定抹煞他的优点。
妒~：妒：嫉妒。对品德、才能比自己强的人心怀怨恨就可能伤害到他。

【结构】主谓 动|副–动–名

【扩联】转祸为功恶不去善
争权夺利妒能害贤

2513

xī yáng xī xià
夕 阳 西 下

xù rì dōng shēng
旭 日 东 升

【释义】夕~：傍晚的太阳在西边落下。形容衰落、衰老之景象。
旭~：早晨的太阳刚从东方升起。形容充满青春活力、朝气蓬勃的景象。

【结构】主谓 名一|方–动

【扩联】又见夕阳西下
再迎旭日东升

2514

xī fēng yǐn lù
吸 风 饮 露

zhěn shí shù liú
枕 石 漱 流

【释义】吸~：指不吃五谷菜蔬，而以空气露水为食。旧时常用指神仙不食人间烟火。
枕~：用石头作枕头，用山泉流水洗漱。比喻在山林过隐居生活。

【结构】联合 动–名|动–名

【扩联】枕石漱流是隐士
吸风饮露非凡人

2515

xī pí xiào liǎn
嬉 皮 笑 脸

yóu zuǐ huá shé
油 嘴 滑 舌

【释义】嬉~：形容嬉嬉哈哈，不严肃、不庄重的样子。
油~：指说话圆滑，爱耍嘴皮子。

【结构】联合 形–名|形–名

【扩联】嬉皮笑脸不严肃
油嘴滑舌很讨嫌

2516

xī méi nán liǎn
西 眉 南 脸

pān bìn shěn yāo
潘 鬓 沈 腰

【释义】西~：西：西施。南：南后。均为古代美女。西施的眉，南后的脸。形容女子有西施、南后的容貌。
潘~：潘：潘安。沈：沈约。古代美男子。潘安的鬓发，沈约的腰身。形容男子有如潘、沈的好发鬓、好身材。

【结构】联合 名–名|名–名

【扩联】潘鬓沈腰男子汉
西眉南脸女人花

2517

xī niú wàng yuè
犀牛望月

dài mǎ yī fēng
代马依风

【释义】犀~：犀牛角长在鼻子上，影响视线，望月也看不全。形容所见不全。后也用以形容长久盼望。

代~：代：古代北方的郡名。代马：北方所产良马。依风：依恋北风。比喻人心眷恋故土，不愿老死他乡。语见《后汉书·班超传》："狐死首丘，代马依风。"

【结构】主谓　名—|动–名

【扩联】犀牛望月无全相
代马依风恋故乡

2518

xī yǎng sāo bèi
膝痒搔背

dōng hán bào bīng
冬寒抱冰

【释义】膝~：膝盖发痒，却去搔背。指搔不到痒处。比喻说话不中肯或办事抓不着关键。

冬~：冬天很冷却抱着一块冰。比喻做事有违常理，越办越糟糕。但也用于形容磨练自己、激励斗志的行为。

【结构】连动　名–形|动–名

【扩联】冬寒抱冰苦练三九
膝痒搔背错挠地方

2519

xí fēi shèng shì
习非胜是

nòng jiǎ chéng zhēn
弄假成真

【释义】习~：习：习惯。习惯于错误的，久而久之，反倒认为是最正确的了。

弄~：本来是想做假的冒充真的，结果倒变成真的了。

【结构】兼语　动–名|动–名

【扩联】习非胜是是耶非耶
弄假成真真矣假矣

2520

xī tīng zūn biàn
悉听尊便

jìng shǒu liáng zhēn
敬守良箴

【释义】悉~：悉：全，都。听：听从。尊：尊称对方，您。便：方便，顺便。全都听从您（对方）意思，怎么方便就怎么去办。

敬~：敬：敬重，认真。箴：规诫，劝告。认真地听从、遵守有益的规诫行事。语见清·李汝珍《镜花缘》第一回："非素日恪守女诫，敬守良箴，何能至此。"

【结构】动宾　副–动|形–名

【扩联】平常实务悉听尊便
关键问题敬守良箴

2521

xī xīn bì lì
悉心毕力

jié zhì jìn zhōng
竭智尽忠

【释义】悉~：悉心：尽心。毕力：尽力。竭尽智慧和力量。

竭~：竭：尽。智：才智。忠：忠诚。竭尽才智和忠诚。指毫无保留地贡献自己的智慧和忠诚。

【结构】联合　动–名|动–名

【扩联】悉心毕力育儿女
竭智尽忠报国家

2522

xī jūn yǎng shì
息军养士

àn jiǎ qǐn bīng
按甲寝兵

【释义】息~：让部队兵士休整，积蓄力量，以利再战。

按~：按：按下不用。寝：止息。搁下武器，停止用兵。

【结构】联合　动–名|动–名

【扩联】按甲寝兵待兵精粮足
息军养士看士饱马腾

2523

xī fú jī fú
惜 福 积 福

qiú rén dé rén
求 仁 得 仁

【释义】 惜~：爱惜福分，才能积累福分。犹如爱物而物有富裕。
求~：仁：仁德。儒家的一种道德规范。寻求仁德就会得到仁德。喻指如愿以偿。语见《论语·述而》："求仁而得仁，又何怨？"
【结构】 连动 动-名|动-名
【扩联】 福将有福惜福积福
仁人怀仁求仁得仁

2524

xī zhǐ shī zhǎng
惜 指 失 掌

diū zú bǎo jū
丢 卒 保 车

【释义】 惜~：惜：吝惜。吝惜手指，丢失了手掌。比喻因小失大。
丢~：卒、车：均为象棋中的棋子名称。舍去卒，保住车。比喻牺牲次要的，保住主要的。
【结构】 连动 动-名|动-名
【扩联】 丢卒保车牺牲少
惜指失掌亏损多

2525

xī cóng tiān jiàng
喜 从 天 降

xiào zhú yán kāi
笑 逐 颜 开

【释义】 喜~：喜事从天上降临。比喻意想不到的喜悦。
笑~：逐：追逐，随。颜：面容。笑容随着颜面展开。形容满心欢喜、热情洋溢的神态。
【结构】 主谓 名|介-名-动
【扩联】 盈门双喜从天降
满堂欢笑逐颜开

2526

xǐ xīn yàn jiù
喜 新 厌 旧

jiàn yì sī qiān
见 异 思 迁

【释义】 喜~：喜爱新的，嫌弃旧的。指感情不专一。
见~：看到别的人、事、物，就想改变原来的主意。指不坚定，不专一。
【结构】 连动 动-名 动-名
【扩联】 见异思迁物所欲
喜新厌旧人之求

2527

xì zhēn mì lǚ
细 针 密 缕

dà mǎ jīn dāo
大 马 金 刀

【释义】 细~：缕：线。针脚细，缝线密。指精湛的缝纫工夫。比喻思考严密，做事周到。
大~：骑着高头大马，挥舞铁柄大刀。原形容武将勇猛、剽悍。后也指人做事不管不顾，行为鲁莽。
【结构】 联合 形-名|形-名
【扩联】 细针密缕锦囊妙计
大马金刀骠骑将军

2528

xì dà qiáng huài
隙 大 墙 坏

yè cháng mèng duō
夜 长 梦 多

【释义】 隙~：裂缝大了墙壁就要倒塌。比喻漏洞大了，会酿成灾祸。
夜~：黑夜时间长，做梦次数多。比喻如果拖延时间，事情就会发生意想不到的各种变化。
【结构】 连动 名-形|名-形
【扩联】 隙大墙坏早补罅
夜长梦多快穿衣

2529

xiā bīng xiè jiāng
虾兵蟹将

yàn lǚ yīng chóu
燕侣莺俦

【释义】 虾~：虾为兵，蟹作将。神话中龙王的兵将。比喻敌人的爪牙、喽罗。
燕~：俦：伴侣。如燕似莺、令人钦羡的情侣爱侣。语见元·王实甫《西厢记》第三本第三折："只为这燕侣莺俦，锁不住心猿意马。"

【结构】 联合　名-名|名-名

【扩联】 **虾兵蟹将**无头蚂蚁
燕侣莺俦戏水鸳鸯

2530

xiá yú hù jiàn
瑕瑜互见

liáng yǒu bù qí
良莠不齐

【释义】 瑕~：瑕、瑜：玉的斑点和玉的光采。互见：各自都显示出来了。比喻事物的优点缺点都同时存在。
良~：莠：狗尾草。比喻差的、坏的。好的、坏的、差的混在一起，杂乱不齐。

【结构】 主谓　名-名|副-形

【扩联】 **瑕瑜互见**扬长避短
良莠不齐汰劣选优

2531

xiá gān yì dǎn
侠肝义胆

fó xìng chán xīn
佛性禅心

【释义】 侠~：指讲义气，有勇气，肯舍己助人的气概和行为。
佛~：指佛教徒一意修行、清静寂定的心性。

【结构】 联合　形-名|形-名

【扩联】 秉**佛性禅心**整天打坐
有**侠肝义胆**两肋插刀

2532

xiān dǔ wéi kuài
先睹为快

bú yán zì míng
不言自明

【释义】 先~：以先看到为快乐。形容急切的盼望。
不~：不用说就明白了。

【结构】 连动　副-动|动-形

【扩联】 古怪事情**先睹为快**
猎奇心理**不言自明**

2533

xiān rén hòu jǐ
先人后己

jí lì huǎn mín
急吏缓民

【释义】 先~：先：把……放在首位。后：把……放在后边。指事事把别人的利益放在首位，然后才考虑自己。语见《礼记·坊记》："君子贵人而贱己，先人而后己。"
急~：急：紧，弄紧，引申为严厉，严格。对官员严厉，对百姓宽和。语见宋·苏舜钦《论五事》："急吏缓民，则吏不可纵，政之大功也。"

【结构】 联合　动-名|动-名

【扩联】 **先人后己**古已倡导
急吏缓民今当施行

2534

xiān rù wéi zhǔ
先入为主

hòu fā zhì rén
后发制人

【释义】 先~：先接受的一种思想或印象，形成了成见，就很难接受别的观点了。
后~：待别人发动攻击后再动手，抓住对方弱点制服对方。

【结构】 连动　形-动|动-名

【扩联】 **先入为主**难换道
后发制人也成功

2535

xiān tiān bù zú
先天不足

dà qì wǎn chéng
大器晚成

【释义】先~：先天：人或动物的胚胎时期。不足：不健壮。胎儿期营养少，体质就不太好。比喻人或事物先天性根底差，不坚固。
大~：大器：有大用途、宝贵的器物。比喻卓有成就的人才。原指大材历久始能成器，后多用于比喻能担当重任、成就大事业的人，到年纪较大时才成功。

【结构】主谓　形-名|副-形

【扩联】先天不足后天进补
大器晚成国器出炉

2536

xiān yōu hòu lè
先忧后乐

nèi shèng wài wáng
内圣外王

【释义】先~：忧虑在天下人之先，安乐在天下人之后。比喻吃苦在先，享受在后。语见汉·刘向《说苑·谈丛》："先忧事者后乐，先傲世者后忧。"宋·范仲淹《岳阳楼记》："先天下之忧而忧，后天下之乐而乐。"
内~：内：指内心修养。圣：圣人，圣德。外：指治理国家。王：仁义君王，王道。内有圣人之美德，外施仁君之王道。古时赞美帝王之辞。

【结构】联合　方-形|方-形

【扩联】内圣外王尧舜帝
先忧后乐股肱臣

2537

xiān chén bù rǎn
纤尘不染

cùn tǔ bì zhēng
寸土必争

【释义】纤~：纤尘：细微的灰尘。一点灰尘都没有。比喻一点坏思想和坏习气都没有沾染上。
寸~：一寸土地也不让敌方侵占，要进行争夺。形容斗争激烈和针锋相对。

【结构】主谓　形-名|副-动

【扩联】久居官场纤尘不染
坚守国疆寸土必争

2538

xiān fēng dào gǔ
仙风道骨

ròu yǎn fán tāi
肉眼凡胎

【释义】仙~：仙家之风度，得道者之骨。形容人的风度神采不同凡俗。
肉~：肉身之眼，凡人之胎。形容世俗之人浅见低能。

【结构】联合　名-名|名-名

【扩联】仙风道骨十分神气
肉眼凡胎一立俗人

2539

xiān shān qióng gé
仙山琼阁

fú dì dòng tiān
福地洞天

【释义】仙~：仙山：神仙居住的山。琼阁：美玉砌成的楼阁。古代传说中神仙的住处。后用以比喻幻想中的美妙境界。
福~：道教传说中神仙居住的洞府。意为洞中别有天地。后用以比喻风景优美的名山胜境。

【结构】联合　名-名|名-名

【扩联】仙山琼阁仙翁住
福地洞天福晋来

2540

guǎng shà qiān jiān
广 厦 千 间

xián chóu wàn zhǒng
闲 愁 万 种

【释义】 广~：广：大。厦：大房子。上千间大房子。形容房产多。杜甫有诗云："安得广厦千万间，大庇天下寒士俱欢颜。"
闲~：闲愁：说不出的烦恼。说不出的烦恼多得不得了。形容精神空虚，多愁善感，百无聊赖。

【结构】 主谓 形-名|数-量

【扩联】 闲愁万种无名氏
广厦千间有福人

2541

xián qíng yì zhì
闲 情 逸 致

yú yùn liú fēng
余 韵 流 风

【释义】 闲~：逸：安逸。致：兴致。闲散的心情，安逸的兴致。
余~：流风：流传下来的风气。指流传后世的韵致风度，文雅作派。

【结构】 联合 形-名|形-名

【扩联】 养花鸟虫鱼有闲情逸致
习琴棋书画秉余韵流风

2542

xián huá pèi shí
衔 华 佩 实

tǔ fèng pēn zhū
吐 凤 喷 珠

【释义】 衔~：衔：包含。华：同花。实：果实。原指草木开花结果。比喻文章内容和形式完美的统一。
吐~：吐凤：传说西汉扬雄著《太玄经》时梦到口吐凤凰。后因称擅长著作为"吐凤"。喷珠：吐的是珍珠。形容诗文的华美。

【结构】 联合 动-名|动-名

【扩联】 吐凤喷珠汉楚辞赋
衔华佩实宋唐诗词

2543

xián pín ài fù
嫌 贫 爱 富

yàn gù xǐ xīn
厌 故 喜 新

【释义】 嫌~：厌恶贫穷的而喜欢富贵的。
厌~：讨厌旧的而喜欢新的。

【结构】 联合 动-名|动-名

【扩联】 要扶贫致富别嫌贫爱富
当温故知新莫厌故喜新

2544

xián liáng fāng zhèng
贤 良 方 正

rú yǎ fēng liú
儒 雅 风 流

【释义】 贤~：汉代由地方向朝廷推荐人才科目之一。有才有德为贤良，正直敢言为方正。语见《史记·孝文本纪》："及举贤良方正直言极谏者，以匡朕之不逮。"
儒~：文雅而飘逸。也指风雅淳正。

【结构】 联合 形一|形一

【扩联】 贤良方正举州郡
儒雅风流点翰林

2545

xián qī liáng mǔ
贤 妻 良 母

xiào zǐ shùn sūn
孝 子 顺 孙

【释义】 贤~：对丈夫是贤惠的妻子，对子女是慈爱的母亲。
孝~：孝顺父母的子孙。语见汉·班固《汉书·武帝纪》："今天下孝子顺孙，愿自竭尽以承其亲。"

【结构】 联合 形-名|形-名

【扩联】 为人妻为人母做贤妻良母
养龙子养龙孙有孝子顺孙

2546

xián xián yì sè
贤贤易色

shàn shàn cóng cháng
善善从长

【释义】 贤~：贤贤：尊重贤者。易色：指轻视女色。尊重贤者而不重女色。语见《论语·学而》："子夏曰：'贤贤易色，事父母，能竭其力；事君，能致其身；与朋友交，言而有信。'"
善~：善善：称赞善事。从：遵从。原意是颂扬美德，源远流长。后用于称赞人善于学习别人的长处。语见《公羊传·昭公二十年》："君子之善善也长，恶恶也短，恶恶止其身，善善及子孙。"

【结构】 联合　动-名|动-名

【扩联】 善善从长远
贤贤易色难

2547

xián liú sān chǐ
涎流三尺

gǎn zhuàn wǔ zhōng
感篆五中

【释义】 涎~：涎：口水。口水流下来三尺长。原形容嘴馋想吃。现多指见到别人的东西眼红，想得到，而表现出贪婪的样子。
感~：篆：篆刻，铭刻。五中：五脏，指内心。感动、感激之情铭刻于内心。形容内心非常感动、感激。

【结构】 主谓　名|动-数-名

【扩联】 涎流三尺叫馋嘴
感篆五中是动心

2548

xiǎn shān lù shuǐ
显山露水

liǎn è tāo guāng
敛锷韬光

【释义】 显~：显露才能，比喻出名。
敛~：比喻隐蓄锋芒，才气不外露。

【结构】 联合　动-名|动-名

【扩联】 敛锷韬光人少敌意
显山露水外多戒心

2549

xiàn shēn shuō fǎ
现身说法

zhào běn xuān kē
照本宣科

【释义】 现~：原指佛神通广大，能按不同对象现出种种身形，讲说佛法。后比喻用亲身经历说道理，规劝别人。
照~：原指和尚道士念经，照本宣读毫不走样。现形容讲课、发言只照本念，没有发挥，不生动。

【结构】 连动　动-名|动-名

【扩联】 西天活佛现身说法
东土和尚照本宣科

2550

xiàn rén yú zuì
陷人于罪

yù rǔ yú chéng
玉女于成

【释义】 陷~：陷：陷害。故意设下圈套，引诱人犯罪，再给予惩罚。现代谓之"钓鱼执法"。
玉~：女：通"汝"，你。关爱并促使你有所成就。语见宋·张载《横渠集·西铭》："贫贱忧戚，庸玉女于成也。"

【结构】 述补　动-名|介-名

【扩联】 钓鱼执法陷人于罪
画荻和丸玉女于成

2551

xiàn shēn líng yǔ
陷 身 囹 圄

xī yǐng jiā yuán
息 影 家 园

【释义】 陷~：囹圄：监狱。被拘禁关押进监狱，失去行动自由。
息~：息影：退隐闲居。形容回到家里过安闲自在的生活。

【结构】 述补　动-名|名-名

【扩联】 陷身囹圄面壁思过
息影家园开门见山

2552

xiāng yīn wú gǎi
乡 音 无 改

jiù sú xiāng yīn
旧 俗 相 因

【释义】 乡~：乡音：家乡的口音。（离开家乡很多年）家乡的口音没有改变。语见唐·贺知章《回乡偶书》诗："少小离家老大回，乡音无改鬓毛衰。儿童相见不相识，笑问客从何处来。"
旧~：俗：风俗习惯。因：因袭，沿袭。旧的风俗习惯沿袭下来了。指还保持着旧的风俗习惯。

【结构】 主谓　名一|副-动

【扩联】 旧俗相因忆旧事
乡音无改多乡愁

2553

xiāng xiāo yù suì
香 消 玉 碎

dēng jìn yóu gān
灯 尽 油 干

【释义】 香~：香、玉：旧时文人用作女子的代称。消：毁。比喻美女的死亡。
灯~：灯光灭尽，灯油耗光。比喻人精疲力竭。也比喻没有生命力了。

【结构】 联合　名-动|名-动

【扩联】 灯尽油干人故去
香消玉碎女天亡

2554

xiāng yān xiōng dì
香 烟 兄 弟

huā zhú fū qī
花 烛 夫 妻

【释义】 香~：香烟：焚香所生之烟，指香火。古人结盟、结拜时多点香火。焚香结拜的兄弟。
花~：花烛：旧时结婚新房里点的蜡烛，上面多用龙凤图案等做装饰。旧时指正式结婚的夫妻。

【结构】 定中　形-名|名一

【扩联】 香烟兄弟仁义侠义
花烛夫妻爱情亲情

2555

xiāng ān wú shì
相 安 无 事

zì gù bù xiá
自 顾 不 暇

【释义】 相~：相：互相。安：安定，安稳。指彼此之间没有矛盾，相处和睦。语见清·李宝嘉《文明小史》第二回："倘遇地方绅循得法，倒也相安无事。"
自~：顾：照顾，照管。暇：空余时间。照管自己都没有时间。形容很忙，不可能再照管别的。语见唐·房玄龄《晋书·刘曜载记》："彼方犹自固（顾），何暇来耶？"

【结构】 述补　副-动|副-形

【扩联】 你谦我让相安无事
早出晚归自顾不暇

2556

xiāng féng xiá lù
相 逢 狭 路

gè bèn qián chéng
各 奔 前 程

【释义】 相~：指在狭路相逢，无法回避（而引发矛盾或冲突）。
各~：奔：向目标奔走。引申为为了目标而努力。前程：前途。原指分手向不同的方向走。后指各按各的目标努力。

【结构】 动宾 副-动|名一

【扩联】 相逢狭路懦夫后退
各奔前程捷足先登

2557

xiāng jiān tài jí
相 煎 太 急

zì jiù bù xiá
自 救 不 暇

【释义】 相~：魏文帝曹丕与弟曹植不和，曾令曹植七步作诗，不成则杀之。曹植吟诗："煮豆燃豆萁，豆在釜中泣。本是同根生，相煎何太急。"曹丕听后，深有惭色。"相煎太急"比喻弟兄不容，内部残酷争斗。
自~：暇：空闲。不暇：没有时间。解救自己都来不及。指无力再帮助别人。语见唐·杜甫《为华州郭使君进灭残寇形势图状》："今残孽虽穷蹙日甚，自救不暇，尚虑其逆帅望秋高马肥之便，蓄突围拒辙之谋。"。

【结构】 述补 副-动|副-形

【扩联】 兄弟阋墙相煎太急
夫妻遭难自救不暇

2558

xiāng jīng bó yǒu
相 惊 伯 有

cuò rèn yán biāo
错 认 颜 标

【释义】 相~：春秋郑国大夫伯有被驷带等攻伐，死于羊肆。后传说伯有化为厉鬼要来报仇，郑国人吓得四处跑开。比喻无缘无故自相惊扰。
错~：出自五代·王定保《唐摭言·误放》：有郑侍郎薰主考，将出身寒酸的颜标误认为鲁公之后，点为状元，为人嘲笑。指做事糊涂昏庸。

【结构】 · 动宾 副-动|名一

【扩联】 相惊伯有庸人自扰
错认颜标主考糊涂

2559

xiāng kè xiāng jì
相 克 相 济

gòng cún gòng róng
共 存 共 荣

【释义】 相~：指互相制约又互相促进。
共~：共同存在，共同繁荣。多指国与国、民族之间的关系。

【结构】 联合 副-动|副-动

【扩联】 政府议会相克相济
睦邻友邦共存共荣

2560

xiāng qīn xiāng ài
相 亲 相 爱

zài xiào zài yán
载 笑 载 言

【释义】 相~：相互亲近和爱恋。形容夫妻间感情融洽。
载~：载：文言助词。一边说一边笑。形容大家在一起高高兴兴，说说笑笑。

【结构】 联合 副-动|副-动

【扩联】 夫妻和睦相亲相爱
亲属团圆载笑载言

2561

xiāng tí bìng lùn
相 提 并 论
děng liàng qí guān
等 量 齐 观

【释义】 相~：把不相等、不相称的人或事物合并在一起，一概而论。
等~：指把有差别的事物不加区别地同等看待。

【结构】 联合　形-动|形-动

【扩联】 昙花梅花不可相提并论
乔木灌木岂能等量齐观

2562

xiāng xíng jiàn chù
相 形 见 绌
hòu jì wú rén
后 继 无 人

【释义】 相~：相形：互相比较，互相对照。绌：不足，不够。两者一比较，就显出其中一方的不足。
后~：以后没有继承的人。

【结构】 连动　副-动|动-名

【扩联】 后继无人惟转世
相形见绌不交班

2563

xiāng yán chéng sú
相 沿 成 俗
hòu jì yǒu rén
后 继 有 人

【释义】 相~：某种做法传下来，形成了一种风俗习惯。
后~：有后人继承前人的事业。

【结构】 连动　副-动|动-名

【扩联】 相沿成俗老传统
后继有人新掌门

2564

xiāng zhī hèn wǎn
相 知 恨 晚
hòu huì yǒu qī
后 会 有 期

【释义】 相~：为没有更早相互认识相知，而深感遗憾。
后~：以后还会有见面的日子，或希望再相见。

【结构】 连动　副-动|动-名

【扩联】 一见钟情相知恨晚
百川归海后会有期

2565

xiāng líng gǔ sè
湘 灵 鼓 瑟
lǎo yù chuī chí
老 妪 吹 篪

【释义】 湘~：湘灵：即湘妃。指湘水女神弹奏古瑟。语见《楚辞·远游》：“使湘灵鼓瑟兮，令海若舞冯夷。”
老~：老妪：老妇人。篪：用竹制成的古代管乐器，单管横吹。北魏河间王琛有婢朝云，善吹篪。时王琛为秦州刺史，诸羌叛乱，屡讨不降，乃令朝云化装为贫妪，吹篪而乞，羌皆流涕，相率归降。见北魏·杨衒之《洛阳伽蓝记·开善寺》：“秦民语曰：‘快马健儿，不如老妪吹篪。’”

【结构】 主谓　名一|动-名

【扩联】 湘灵鼓瑟奏神曲
老妪吹篪胜楚歌

2566

xiáng lóng fú hǔ
降 龙 伏 虎
zhuō shǔ ná māo
捉 鼠 拿 猫

【释义】 降~：原是佛教故事，指用法力制服龙虎。后比喻有极大的能力，能够战胜重大困难或恶势力。
捉~：抓住老鼠和猫。比喻不需费狠劲就能制服敌手。

【结构】 联合　动-名|动-名

【扩联】 降龙伏虎将军辈
捉鼠拿猫弄瓦人

2567

xiàng zhuāng wǔ jiàn
项 庄 舞 剑

yǐng jiàng huī jīn
郢 匠 挥 斤

【释义】 项~：即"项主舞剑，意在沛公"。语见《史记·项羽本纪》，范增设鸿门宴，让项羽手下的武将项庄舞剑助兴，以乘机杀死刘邦（沛公）。刘邦谋士张良看出事情紧急，对樊哙说："今者项庄拔剑舞，其意常在沛公也。"比喻说话和行动的真实意图别有所指。
郢~：郢：春秋战国时楚国都城，在今湖北江陵附近。匠：工匠。斤：专用于砍木头的斧子。郢地的一位工匠挥动斧子（砍削掉鼻端上涂的一点白泥）。比喻纯熟、高超的技艺。典出《庄子·徐无鬼》："郢人垩其鼻端若蝇翼，使匠石斫之。匠石运斤成风，听而斫之，尽垩而鼻不伤，郢人立不失容。"
【结构】 主谓 名—|动-名
【扩联】 项庄舞剑鸿门宴
郢匠挥斤人鼻端

2568

xiàng yú dú qì
向 隅 独 泣

qián kǒu bú yán
钳 口 不 言

【释义】 向~：隅：墙角。泣：无声地哭。对着墙角，独自哭泣。
钳~：钳：钳住，用东西夹住，限制。像被夹住了嘴一样，闭口不说。
【结构】 状中 动-名|副-动
【扩联】 钳口不言何啻苦
向隅独泣更多愁

2569

xiàng yá zhī tǎ
象 牙 之 塔

dà yǎ zhī táng
大 雅 之 堂

【释义】 象~：象牙雕作的宝塔。泛指文艺家脱离现实的个人主义幻想的艺术天地。也指不问世事、脱离实际的学者所沉溺的个人小天地。
大~：大雅：高尚典雅。风雅高尚之殿堂。指汇集高尚典雅之作的地方。也指风雅之人聚集之地。
【结构】 定中 形—|助-名
【扩联】 不入象牙之苔
难登大雅之堂

2570

xiāo yī gàn shí
宵 衣 旰 食

mù shǐ zhāo jīng
暮 史 朝 经

【释义】 宵~：宵：夜间。宵衣：天未明就穿衣起床。旰：晚。天未明就穿衣起床，到很晚才吃饭。形容勤于政事，日夜操劳。见唐·陆贽《兴元论解姜公辅状》："矧又时运方屯，物情忧郁，乃是陛下握发吐哺之日，宵衣旰食之辰。"
暮~：暮：晚上。史：历史书籍。朝：早晨。经：经典书籍。晚上读史书，早晨看经书。形容人非常勤奋好学。语见元·无名氏《刘弘夹婢》第三折："小圣在生之日，萤窗雪案，暮史朝经。"
【结构】 联合 名-动|名-动
【扩联】 宵衣旰食帝王勤政
暮史朝经儒士嗜书

2571

xiāo láng mò lù
萧郎陌路

lǎo mǎ shí tú
老马识途

【释义】 萧~：萧郎：旧指女子相爱的男子。陌路：陌路人，即素不相识的路人。指女方把曾相爱的男子当陌生人看待。
老~：老马能辨认出道路。比喻经验丰富的年长之人，在工作中能找到正确的途径解决难题，并起带头作用。

【结构】 主谓 名—|动-名

【扩联】 <u>翻脸无情萧郎陌路</u>
<u>晕头转向老马识途</u>

2572

xiāo yáo fǎ wài
逍遥法外

yóu xì rén jiān
游戏人间

【释义】 逍~：逍遥：行为浪荡，放任自流，无拘无束。法：法律。逃脱到法律制裁以外。形容在逃罪犯没有得到应有制裁。
游~：游戏：玩耍。到人间游戏一番。原恭维人是神仙，能来人间游戏。后用以指玩世不恭、把人生看成是游戏的一种消极生活态度。

【结构】 述补 动—|名-方

【扩联】 <u>天网恢恢岂容逍遥法外</u>
<u>红尘滚滚不好游戏人间</u>

2573

xiāo yáo zì zài
逍遥自在

diān pèi liú lí
颠沛流离

【释义】 消~：逍遥：放任不羁、悠然自得的样子。形容无拘无束、自由自在地生存着。
颠~：颠沛：跌倒，指受挫折。流离：流浪离散。指遭受挫折，生活艰难，四处流浪，无家可归。

【结构】 联合 形—|形—

【扩联】 <u>颠沛流离如乞丐</u>
<u>逍遥自在赛神仙</u>

2574

xiāo luán bìng jí
枭鸾并集

yù bàng xiāng zhēng
鹬蚌相争

【释义】 枭~：枭：鸱鸮，猫头鹰之类，恶鸟，比喻小人、恶人。鸾：凤凰一类，神鸟，比喻君子、善者。鸱枭和鸾凤聚集到一起。喻指鱼龙混杂、泥沙俱下，后患无穷。语见清·纪昀《阅微草堂笔记·如我是闻四》："洛闽诸儒，无孔子之道德，而亦招聚生徒，盈千累百，枭鸾并集，门户交争，遂酿为朋党，而国随以亡。"
鹬~：鹬：长嘴水鸟。蚌：有贝壳的软体动物。"鹬蚌相争"见《战国策·燕策二》："蚌方出曝，而鹬啄其肉，蚌合而钳其喙。鹬曰：今日不雨，明日不雨，即有死蚌。蚌亦曰：今日不出，明日不出，即有死鹬。两者不肯相舍，渔者得而并禽之。"比喻双方争执不下，两败俱伤，让第三者占了便宜。

【结构】 主谓 名-名|副-动

【扩联】 <u>枭鸾并集分门户</u>
<u>鹬蚌相争利老翁</u>

2575

xiāo shēng nì jì
销声匿迹

lì wàn yáng míng
立万扬名

【释义】 销~：销：消失。匿：隐藏。迹：行迹。比喻秘密地到一个地方隐藏起来，不出声，不露面，不让别人知道。
立~：万：万儿，江湖用语，"名号"之意。行走江湖，把名号立起来传扬出去。同"立身扬名"，指使自己立足于社会，名声远扬。

【结构】 联合 动-名|动-名

【扩联】 <u>隐居山野销声匿迹</u>
<u>行走江湖立万扬名</u>

2576

xiāo yān mí màn
硝 烟 弥 漫
zhàn huǒ fēn fēi
战 火 纷 飞

【释义】 硝~：硝烟布满了天空。形容极激烈的战斗。
战~：战火：指战争。形容战斗正激烈进行。
【结构】 主谓 名—|动—
【扩联】 硝烟弥漫锤炼斗志
战火纷飞燃烧激情

2577

xiǎo cái dà yòng
小 才 大 用
chǐ shuǐ zhàng bō
尺 水 丈 波

【释义】 小~：才：才能，能力。才能不大却担任重要职务。指才能与担任的职务不相称。语见唐·白居易《长乐里闲居偶题十六韵》："小才难大用，典校在秘书。"
尺~：一尺深的水掀起了一丈高的波浪。比喻说话夸张，不真实。
【结构】 主谓 形-名|形-动
【扩联】 小才大用靠人脉
尺水丈波扯鬼谈

2578

xiǎo chéng dà jiè
小 惩 大 诫
xiān lǐ hòu bīng
先 礼 后 兵

【释义】 小~：惩：惩处，责罚。诫：警告，劝戒。意指不是为惩罚而惩罚，目的在于吸取教训，对小错加以惩诫，使之不犯大的错误。
先~：礼：礼貌，礼节。兵：指动用武力。在解决争端之前，先采取有礼貌的方法交涉，如行不通再以强硬的手段或武力解决。
【结构】 连动 形-动|形-动
【扩联】 小惩大诫改错免祸
先礼后兵出师有名

2579

xiǎo chī dà xiá
小 痴 大 黠
shàng zhì xià yú
上 智 下 愚

【释义】 小~：黠：聪明而狡猾。指小事糊涂，大事很精明。语见宋·陆游《出游》："小痴大黠君无笑，买断秋光不用钱。"
上~：上等的智者，下等的愚人。语见《论语·阳货》："唯上智与下愚不移。"
【结构】 联合 名-形|名-形
【扩联】 小痴大黠一张脸
上智下愚两类人

2580

xiǎo dǎ xiǎo nào
小 打 小 闹
dà hōng dà wēng
大 轰 大 嗡

【释义】 小~：比喻小范围、小规模办事。
大~：形容轰轰烈烈，声势很大。
【结构】 联合 形-动|形-动
【扩联】 大轰大嗡无实效
小打小闹有名堂

2581

xiǎo dào xiāo xī
小 道 消 息
dú jiā xīn wén
独 家 新 闻

【释义】 小~：指不是官方或公开发布而是暗地传播的消息。
独~：指独自一家掌握或发布的新闻。
【结构】 定中 形-名|名—
【扩联】 独家新闻公开发
小道消息私下传

2582

xiǎo ēn xiǎo huì
小 恩 小 惠
dà cí dà bēi
大 慈 大 悲

【释义】 小~：为笼络人而给予人的一些小便宜、小利益。指示以仁慈来笼络、收买人心的行为。
大~：佛家用语，爱一切众生为大慈，拯救一切受苦受难的人为大悲。形容人的心肠非常慈善。也用作讽刺不怀好心，却又伪装善良的人。语见《法华经·譬喻品》："大慈大悲，常无懈倦，恒求善事，利益一切。"
【结构】 联合 形-名|形-名
【扩联】 小恩小惠尔曹予
大慈大悲我佛行

2583

xiǎo gū dú chǔ
小 姑 独 处
zhōng kuì yóu xū
中 馈 犹 虚

【释义】 小~：年轻姑娘独自生活。指尚未出嫁。
中~：中馈：妻子代称。妻子还空缺着。指尚未婚娶。
【结构】 主谓 名一|副-动
【扩联】 小姑独处思张敞
中馈犹虚盼孟光

2584

xiǎo jié wú hài
小 节 无 害
dà shí bù qí
大 时 不 齐

【释义】 小~：小节：细枝末节，指跟原则无关的琐碎的事情，如生活作风方面的小事。生活小节出了错没有危害。这种观点是不对的，"轻者重之端，小者大之源"，"蚁穴溃堤"，应该"防微杜渐"。
大~：大时：天时，齐：一致，同步。天时节令不是一样的。见《礼记·学记》："君子曰：'大德不官，大道不器，大信不约，大时不齐。察其四者，可以有志于学矣。'"
【结构】 主谓 形-名|副-形
【扩联】 大时不齐成时令
小节无害毁节操

2585

xiǎo ér zào huà
小 儿 造 化
lǎo zǐ pó suō
老 子 婆 娑

【释义】 小~：造化：福分，好运气。小孩儿好福气。
老~：老子：自称，有倨傲的意思。婆娑：放逸不羁的样子。指男子襟怀豪放。语见《晋书·陶侃传》："（侃）将出府门，顾谓愆期曰：'老子婆娑，正坐诸君辈。'"
【结构】 主谓 名一|形一
【扩联】 老子婆娑湖海气
小儿造化帝王家

2586

xiǎo ér zuò wù
小 儿 造 物
yě sǒu xiàn qín
野 叟 献 芹

【释义】 小~：小儿：小子，轻蔑的称呼。造物：即"造化"，旧指司命之神或命运。义同"造化小儿"。你这个造化小子。这是对命运的一种风趣说法。语见《新唐书·杜审言》："审言病甚，宋之问、武平一等省候何如。答曰：'甚为造化小儿所苦，尚何言！'"
野~：叟：老头。山野里的老农把不值钱的芹菜当作好东西献给别人。比喻贡献的不是有多大价值的东西。语见《列子·杨朱》："昔人有美戎菽、甘枲茎、芹萍子者，对乡豪称之，乡豪取而尝之，蛰于口，惨于腹，众哂而怨之，其人大惭。"亦作"野人献芹"。
【结构】 主谓 形-名|动-名
【扩联】 小儿造物遭谐谑
野叟献芹成笑谈

2587

xiǎo rén dé shì
小人得势
dà dào qiè guó
大盗窃国

【释义】小~：小人：道德低下的人。道德低下的人得到了权柄和势力。语见《文子·上德》："小人得势，君子避害。"
大~：大强盗窃取了国器。指奸人通过不合法手段来篡夺国家政权。
【结构】主谓　名—|动-名
【扩联】小人得势君子避害
　　　　大盗窃国黎民遭殃

2588

xiǎo rén dé zhì
小人得志
shù zǐ chéng míng
竖子成名

【释义】小~：小人：道德低下的人。得志：心愿志向得以实现，即获得权势地位和财富。小人的心愿实现了。运用这一成语时，表达对这种现象、这种人的不满。
竖~：竖子：小子（对人的蔑称）。成名：成就事业而获得名声。对别人的成名表示轻蔑而不服气。有时也用作自谦之辞。表示自己原算不得英雄，而有所作为，则是时势所促成的。
【结构】主谓　名—|动-名
【扩联】国有灾难小人得志
　　　　世无英雄竖子成名

2589

xiǎo shòu dà zǒu
小受大走
lǎo ān shǎo huái
老安少怀

【释义】小~：小、大：小杖、大杖。旧时父母责打时用的大小棍棒。指旧时的孝亲之法。受父母责打，轻杖则受之，重杖则逃走，免得违抗父母之命。旧时认为这是受到父母惩罚时应有的孝顺态度。语见《孔子家语·六本》："小捶则过，大杖则逃走。"
老~：安：安顿，安逸。怀：关怀，有所依附。使老者安逸，使年轻人归附。形容使人民生活安定。语见《论语·公冶长》："颜渊、子路侍。子曰：'盍各言尔志？'……子路曰：'愿闻子之志。'子曰：'老者安之，朋友信之，少者怀之。'"
【结构】联合　形-动|形-动
【扩联】小受大走不违亲意
　　　　老安少怀实顺民心

2590

xiǎo tí dà zuò
小题大做
cháng huà duǎn shuō
长话短说

【释义】小~：做小题文章却使用做大题文章的章法。喻指原本就是微末的小事，却故意大张旗鼓地去搞（含不值得、不应当的意思）。
长~：一些事情、一些意思本来应该讲很多话，因某种原因却只用几句简短的话就交代了。
【结构】主谓　形-名|形-动
【扩联】长话短说直抒己见
　　　　小题大做别有用心

2591

xiǎo xīn yì yì
小心翼翼
gù lù chóng chóng
顾虑重重

【释义】小~：翼翼：恭敬、谨慎的样子。形容举止谨慎，不敢疏忽懈怠。
顾~：重重：一层又一层。思想顾虑很多，不敢轻易行动。
【结构】主谓　名—|叠—
【扩联】蹈矩循规小心翼翼
　　　　思前想后顾虑重重

2592

xiǎo zhōng xiǎo xìn
小 忠 小 信

dà shì dà fēi
大 是 大 非

【释义】 小~：小表忠心，小讲信用。多指一种做人方式。
大~：指有关根本性、原则性的重大是非问题。
【结构】 联合 形-名|形-名
【扩联】 大是大非大原则
小忠小信小聪明

2593

xiào tì zhōng xìn
孝 悌 忠 信

xiū qí zhì píng
修 齐 治 平

【释义】 孝~：指孝敬父母，尊敬兄长，忠于君主，取信于朋友。社会应具备的道德标准。
修~：修身、齐家、治国、平天下。泛指我国古代伦理哲学和政治理论。语见《大学》："古之欲明德于天下者，先治其国；欲治其国者，先齐其家；欲齐其家者，先正其心；欲正其心者，先诚其意；欲诚其意者，先致其知，致知在格物。"
【结构】 联合 名|名|名|名
【扩联】 做人在孝悌忠信
立志于修齐治平

2594

xiào róng mǎn miàn
笑 容 满 面

nù qì tián xiōng
怒 气 填 胸

【释义】 笑~：满脸都是喜悦的笑容。形容满心欢喜，满脸高兴。
怒~：胸中充满了愤怒。形容愤怒到极点。语见《三国演义》第五十七回："却说周瑜怒气填胸，坠于马下，左右急救归船。"
【结构】 主谓 名—|动-名
【扩联】 笑容满面接佳讯
怒气填胸谴暴行

2595

xiào pín xué bù
效 颦 学 步

shuō xiàng yī liú
说 项 依 刘

【释义】 效~效颦：东施效颦于西施，未成，而更增其丑。学步：寿陵余子学步于邯郸，未得邯郸之步，反失其故步。指盲目模仿，画虎不成反类犬。或指弄巧成拙。语见明·李贽《答耿司寇书》："且克明如何人也？筋骨如铁，而肯效颦学步从人脚跟走乎？"
说~：项：唐代诗人项斯，为杨敬之看重，赠诗有"平生不解藏人善，到处逢人说项斯。"刘：东汉末刘表。《三国志·魏书·王荣传》："诏除黄门侍郎，以蹊径扰敌，皆不就，乃之荆州依刘表。""说项依刘"指替人说好话或说情，投靠有权势者。语出明·张羽《寄刘仲灿山长》："向人恐说项，何地可依刘。"
【结构】 联合 动-名|动-名
【扩联】 效颦学步君何苦
说项依刘我大难

2596

xié bú yā zhèng
邪 不 压 正

róu néng kè gāng
柔 能 克 刚

【释义】 邪~：邪恶、不正当的东西压不倒正义、正当的东西。
柔~克：克制，制服，压制住。温和的能制服刚强的。多用来比喻待人处世不用粗暴的手段而能克制别人。
【结构】 主谓 名|副-动-名
【扩联】 邪不压正云开日出
柔能克刚水滴石穿

2597

xiè lán yān guì
谢 兰 燕 桂

jì zǐ lóng wén
骥 子 龙 文

【释义】谢~：谢兰："谢庭兰玉"，指谢安家族如芝兰玉树般出众的子侄。燕桂：宋人窦仪兄弟五人俱科，时人有诗赞曰"灵椿一株老，丹桂五枝芳"，时称窦氏兄弟为燕山五龙。"谢兰燕桂"，比喻能光耀门庭的子侄辈。
骥~：骥子：千里马。龙文：骏马名。旧时多指神童。多比喻英才。

【结构】联合　名一|名一

【扩联】骥子龙文簪缨列户
谢兰燕桂诗礼传家

2598

xiè tiān xiè dì
谢 天 谢 地

lián wǒ lián qīng
怜 我 怜 卿

【释义】谢~：感谢天地神灵。后亦表示庆幸或感激。
怜~：怜：爱。卿：你，夫妻或好友之间表示亲爱的称呼。爱我爱你，互相怜爱。

【结构】联合　动-名|动-名

【扩联】大吉大利谢天谢地
好夫好妻怜我怜卿

2599

xīn fān huā yàng
新 翻 花 样

chū xiě huáng tíng
初 写 黄 庭

【释义】新~：花样：花纹的式样，花招。在老式样的基础上重新设计出来花样。也指玩弄新花招。
初~：黄庭：晋人写的《黄庭经》书帖，为后世小楷范本。评论书法有"初写黄庭，恰到好处"的话，后就以"初写黄庭"比喻恰到好处。

【结构】动宾　副-动|名一

【扩联】初写黄庭恰恰好
新翻花样呆呆萌

2600

xīn lǎo jiāo tì
新 老 交 替

qīng huáng bù jiē
青 黄 不 接

【释义】新~：新旧事物、人员交接替代。
青~：青：指田里的青苗。黄：指黄熟的庄稼。庄稼尚未成熟，陈粮已经吃完，接不上粮。也比喻人力或物力前后接不上。

【结构】主谓　名-名|动一

【扩联】新老交替要快做
青黄不接最难熬

2601

xīn tíng duì qì
新 亭 对 泣

gù tǔ nán lí
故 土 难 离

【释义】新~：西晋末，过江人士聚新亭，念及国事，伤感对泣。喻忧国忧时者悲愤之情绪，对故国的怀念。也指只会悲泣而束手无策。
故~：故乡难于离开。形容对故土或祖国的留恋和热爱。

【结构】主谓　形-名|副-动

【扩联】人聚新亭对泣
心怀故土难离

2602

xīn xíng chū shì
新 硎 初 试

hūn jìng chóng mó
昏 镜 重 磨

【释义】新~：硎：磨刀石。新硎：新磨出的刀刃。初次使用刚磨好的刀。比喻初露锋芒。
昏~：昏镜：已经发暗了的铜镜。把已经发暗了的铜镜重新磨亮。比喻重见光明。

【结构】主谓　形-名|副-动

【扩联】昏镜重磨去绿锈
新硎初试露锋芒

2603

xīn cháo péng pài
心 潮 澎 湃

rè xuè fèi téng
热 血 沸 腾

【释义】 心~：澎湃：波涛撞击。心绪如波涛浪潮翻腾。形容心情激荡不能平静。
热~：血脉暴胀，流速加快。比喻情绪激昂高涨。
【结构】 主谓 名—|形—
【扩联】 心潮澎湃《歌唱祖国》
热血沸腾《保卫黄河》

2604

xīn cún wèi què
心 存 魏 阙

shēn zài jiāng hú
身 在 江 湖

【释义】 心~：魏阙：王宫门上巍然高出的楼观，代指朝廷。心惦记着朝廷政事。
身~：江湖：旧指隐士居处。人隐居在江湖山野。意指不做官，没当政。
【结构】 主谓 名|动-名—
【扩联】 身在江湖犹忘己
心存魏阙夜思君

2605

xīn chí shén wǎng
心 驰 神 往

yì rě qíng qiān
意 惹 情 牵

【释义】 心~：驰：奔驰。往：去。心神飞快地被吸引了去。形容对于不平凡的人或事的一种急切、热烈向往的心情。
意~：惹：引起。牵：牵挂。引起感情上的牵挂。
【结构】 联合 名-动|名-动
【扩联】 意惹情牵南海浪
心驰神往洞庭春

2606

xīn fán jì yǎng
心 烦 技 痒

yì dào bǐ suí
意 到 笔 随

【释义】 心~：心烦：心情烦躁。技痒：指急于要显露自己的专长技能。形容有某种技艺或专长的人，在一定条件下急于表现的情态。语见南朝梁·萧统《文选·潘岳〈射雉赋〉》："徒心烦而技痒。"
意~：只要想到哪里，就能用文辞很好地表现出来，形容才思敏捷，写作能力强。
【结构】 连动 名-动|名-动
【扩联】 技压群芳心烦技痒
笔参造化意到笔随

2607

xīn gāo qì ào
心 高 气 傲

yì lǎn qíng shū
意 懒 情 疏

【释义】 心~：心比天高，气性骄傲。形容目中无人，狂妄自大。
意~：懒懒散散，什么事都不想考虑，都不愿打理。灰心丧气的样子。
【结构】 联合 名-形|名-形
【扩联】 心高气傲小姑独处
意懒情疏中馈犹虚

2608

xīn hěn shǒu là
心 狠 手 辣

kǒu qīng shé bó
口 轻 舌 薄

【释义】 心~：心肠凶狠，手段毒辣。形容恶人的凶残歹毒。
口~：指说话轻率随便，言语刻薄。
【结构】 联合 名-形|名-形
【扩联】 口轻舌薄涎皮赖脸
心狠手辣斫骨抽筋

2609

xīn huā nù fàng
心 花 怒 放

xiào kǒu cháng kāi
笑 口 常 开

【释义】 心~：心花：佛教语，比喻清净善良的心。怒放：盛大地开放。心花大开。形容高兴到极点。
笑~：口：嘴。总是笑得合不拢嘴。形容人总是高高兴兴。
【结构】 主谓 名—|形-动
【扩联】 儿女双全心花怒放
身心俱泰笑口常开

2610

xīn láo shù zhuō
心 劳 术 拙

zhì jié háng fāng
志 洁 行 芳

【释义】 心~：费尽心机，权术笨拙，处境糟糕。
志~：志向高洁，品行端正。
【结构】 联合 名-形 名-形
【扩联】 心劳术拙竹篮打水
志洁行芳云锦绣花

2611

xīn láo zhèng zhuō
心 劳 政 拙

cái xiù rén wēi
才 秀 人 微

【释义】 心~：心力劳瘁而政绩平庸。语见宋·苏轼《谢监司启二首》："吏畏民怀，既仰安于明哲；心劳政拙，庶粗免于遣词。"
才~：秀：优异。微：低微。才能优异而地位低微。
【结构】 联合 名-形 名-形
【扩联】 心劳政拙该免即免
才秀人微可升就升

2612

xīn lǐng shén huì
心 领 神 会

qíng tóu yì xiān
情 投 意 忺

【释义】 心~：领：领悟。会：明白。内心领悟明白。见明·李东阳《麓堂诗活》："律者，规矩之谓，而其为调，则有巧存焉。苟非心领神会，自有所得，虽日提耳而教之，无益也。"
情~：忺：高兴，适意。（书面语，诗词常用）同"情投意合"，指感情融洽，心意相通。语见明·陈铎《锦庭乐·春怨》："忆王孙，乍交欢，情投意忺，永远效鹣。"
【结构】 联合 名-动|名-动
【扩联】 一点灵犀心领神会
百年凤侣情投意忺

2613

xīn mǎn yì zú
心 满 意 足

zhǐ gāo qì yáng
趾 高 气 扬

【释义】 心~：称心如意，非常满足。
趾~：趾：脚。走路时把脚抬得高高的，神气十足。形容骄傲自满、得意忘形的样子。
【结构】 联合 名-形|名-形
【扩联】 为富应心满意足
做官莫趾高气扬

2614

xīn wéi xíng yì
心 为 形 役

shì yǔ yuàn wéi
事 与 愿 违

【释义】 心~：为：被。形役：受生活、功名利禄驱使。人的心志思想被现实生活、功名利禄驱使着。指人的思想不自由，要去干一些违心的事情。
事~：愿：愿望。违：违背，相反。事实跟愿望相反。
【结构】 主谓 名|介-名-动
【扩联】 心为形役人如此
事与愿违时有之

2615

xīn wú páng wù
心 无 旁 骛
xué yǒu zhuān cháng
学 有 专 长

【释义】 心~：旁：另外的。骛：追求。心里没有别的追求。形容心思集中，专心致志。
学~：专长：专门的学问技能；特长。在学业、学问上有专门技能特长。

【结构】 主谓　名|动-形-名

【扩联】 心无旁骛全力以赴
学有专长异能可嘉

2616

xīn xiǎo zhì dà
心 小 志 大
zhì yuán xíng fāng
智 圆 行 方

【释义】 心~：办事小心，抱负远大。
智~：智：智谋。圆：圆通，灵活变通。行：行为。方：正直。考虑问题灵活变通，为人做事很正直。

【结构】 联合　名-形|名-形

【扩联】 智圆行方做大事
心小志大成方家

2617

xīn xīn niàn niàn
心 心 念 念
kǒu kǒu shēng shēng
口 口 声 声

【释义】 心~：形容一门心思，只想去做某一件事或达到某一目的。
口~：形容为某一观点、说法，不住地陈述表白，常挂在嘴边。

【结构】 联合　叠一|叠一

【扩联】 但有心心念念牵挂
无须口口声声表明

2618

xīn xīn xiāng yìn
心 心 相 印
miàn miàn jù yuán
面 面 俱 圆

【释义】 心~：佛教禅宗语。指不依赖语言，以心互相印证。后用以指情投意合，形容双方的思想感情完全一致。语见唐·裴休《圭峰定慧禅师碑》："但心心相印，印印相契，使自证知光明受用而已。"
面~：俱：全，都。各个方面都照顾到了，做得很圆满。有时也指人圆滑世故，各方面各种人都能应付敷衍。也指涉及面广，而不突出重点。

【结构】 主谓　名-名|副-动

【扩联】 心心相印恩恩爱爱
面面俱圆大大方方

2619

xīn yǒu yú jì
心 有 余 悸
tǐ wú wán fū
体 无 完 肤

【释义】 心~：悸：因害怕而心跳。危险的事情虽然过去了，但回想起来，心里仍感到害怕恐惧。
体~：全身上下没有一块完好的皮肤。形容遍体鳞伤，也形容被驳斥得一无是处。

【结构】 主谓　名|动-形-名

【扩联】 打得体无完肤
想来心有余悸

2620

xīn yú lì chù
心 余 力 绌
zhì dà cái shū
志 大 才 疏

【释义】 心~：绌：不够。心有余而力不足。多指没有足够的力量来实现愿望。
志~：疏：浅薄，空虚。志向远大才能低。形容志向与才能极不相称。

【结构】 联合　名-形|名-形

【扩联】 心余力绌决心努力
志大才疏立志成才

2621

xīn zhèng bǐ zhèng
心 正 笔 正

yuán qīng liú qīng
源 清 流 清

【释义】 心~：正：正直，端正。心正，写出来的字就端正。一直有种看法，认为书法的优劣与写字人的品性有关。
源~：源：源头，泉源。流：流水，水流。泉源清澈，水流也就清澈。比喻在上者作风好、行为正，下边才能作风好、行为正。
【结构】 连动　名-形|名-形
【扩联】 正派人心正笔正
清泉水源清流清

2622

xīn zhōng yǒu shù
心 中 有 数

shǒu xià liú qíng
手 下 留 情

【释义】 心~：心里知道事情的原委和底细，内心已有主意，只是没有表露出来。
手~：动手处理问题时，给人留些情面，不要过分。
【结构】 状中　名-方|动-名
【扩联】 小子心中有数
大人手下留情

2623

xīng lián jǔ xiào
兴 廉 举 孝

nà shì zhāo xián
纳 士 招 贤

【释义】 兴~：推举为人廉洁、做事廉正和善事父母的孝顺之士到朝廷做官。语见《汉书·武帝纪》："兴廉举孝，庶几成风，绍休圣绪。"
纳~：纳：接纳。招：招收。士：指读书人。贤：有德有才的人。接纳书生，招收贤士。指网络人才，为其所用。
【结构】 联合　动-名|动-名
【扩联】 兴廉举孝德行天下
纳士招贤福满人间

2624

xīng miè jì jué
兴 灭 继 绝

jiù wáng tú cún
救 亡 图 存

【释义】 兴~：原为孔子保守的政治主张，即复兴灭亡了的诸侯国，延续中断了的世袭贵族世家。后泛指使灭亡了的重新恢复起来。
救~：拯救国家危亡，谋求民族生存。
【结构】 联合　动-形|动-形
【扩联】 摇旗呐喊兴灭继绝
流血牺牲救亡图存

2625

xīng shī dòng zhòng
兴 师 动 众

láo mín shāng cái
劳 民 伤 财

【释义】 兴~：兴：兴起，启动，发动。师：军队。原指大队人马调防或出征。后指发动很多的人去做某件事情，多含贬义。
劳~：劳：劳累。伤：伤耗。使民众劳累，又耗费大量资财。指滥用人力物力，造成很大的浪费。
【结构】 联合　动-名|动-名
【扩联】 鸡毛令箭兴师动众
政绩工程劳民伤财

2626

xīng yāo zuò guài
兴 妖 作 怪

rě shì shēng fēi
惹 是 生 非

【释义】 兴~：妖、怪：传说害人的精灵。原指妖精作怪。现比喻暗中破坏捣乱。
惹~：惹：招引。是、非：纠纷，口舌（指不好的事）。招惹是非，引起口角或纠纷。
【结构】 联合　动-名|动-名
【扩联】 白毛老鬼兴妖作怪
绿鬓少年惹是生非

2627

xīng guāng càn làn
星 光 灿 烂

dēng huǒ huī huáng
灯 火 辉 煌

【释义】 星~：灿烂：光彩鲜明耀眼。形容满天星斗，光亮耀眼。
灯~：辉煌：光辉灿烂。形容灯火齐明，光彩夺目。
【结构】 主谓 名-名|形—
【扩联】 天上星光灿烂
人间灯火辉煌

2628

xīng lí yǔ sàn
星 离 雨 散

yún cì lín jí
云 次 鳞 集

【释义】 星~：比喻在一起的人纷纷离散了。语见李白《忆旧游寄谯郡元参军》：“当筵意气凌九霄，星离雨散不终朝。”
云~：喻指人才荟萃。语见宋·周密《齐东野语·姜尧章自叙》：“薄海英才，云次鳞集。”
【结构】 联合 名-动|名-动
【扩联】 当筵旧友星离雨散
薄海英才云次鳞集

2629

xīng fēng xuè yǔ
腥 风 血 雨

jiàn yǐng dāo guāng
剑 影 刀 光

【释义】 腥~：腥风：吹来的风带有血腥味。血雨：指喷洒出的鲜血如下雨一样多。风中带有腥味，流血飞溅如雨。形容战争或屠杀的残酷。也形容时局的险恶。也作“血雨腥风”。
剑~：形容激烈的搏杀或杀气腾腾的气势。也作“刀光剑影”。
【结构】 联合 名-名|名-名
【扩联】 政权纷争腥风血雨
兄弟内讧剑影刀光

2630

xīng shān fǔ chòu
腥 膻 腐 臭

huó sè shēng xiāng
活 色 生 香

【释义】 腥~：鱼腥、羊膻、腐烂味、臭味四种难闻的气味。形容污秽之地或卑劣坏人聚集，让人不堪忍受。
活~：书面上所呈现出的活生生的景象，色彩鲜艳，仿佛还散发着香味。语出元·王恽《繁杏锦鸠图》：“尽堪活色生香里，拥顾双栖过一春。”形容文字生动逼真。也形容花颜色艳丽、香味浓郁。还形容女子美艳动人。
【结构】 联合 形|形|形|形
【扩联】 腥膻腐臭鲍鱼肆
活色生香花卉园

2631

xīng xīng zuò tài
惺 惺 作 态

duō duō bī rén
咄 咄 逼 人

【释义】 惺~：惺惺：假惺惺。故作姿态，做出虚情假意的样子。形容不老实，虚伪。
咄~：咄咄：叹词，表示惊惧或赞叹声。原形容说话伤人，令人难受。现多形容气势汹汹，盛气凌人，令人难堪。也形容后人超越前人，令人赞叹。
【结构】 状中 叠—|动-名
【扩联】 宁受咄咄逼人态
不堪惺惺作态人

2632

xíng róng qiáo cuì
形 容 憔 悴

miàn mù zhēng níng
面 目 狰 狞

【释义】 形~：憔悴：精神萎靡，脸色不好。形容身体瘦弱，脸色枯黄没精神。
面~：面目：相貌。狰狞：凶恶。形容相貌凶恶，丑恶吓人。
【结构】 主谓 名—|形—
【扩联】 面目狰狞不会笑
形容憔悴只因哭

2633

xíng róng kū gǎo
形 容 枯 槁
bù lǚ pán shān
步 履 蹒 跚

【释义】 形~：面色容貌枯干，身躯消瘦。语见《楚辞·渔夫》："屈原既放，游于江潭，行吟泽畔，颜色憔悴，形容枯槁。"
步~：蹒跚：腿脚不便，走起路来摇摇晃晃。走路摇摇晃晃，步伐不平稳。语见南朝宋·无名氏《释常谈》："患脚谓之'步履蹒跚'。"

【结构】 主谓　名-名|形一

【扩联】 身心交病形容枯槁
腿脚失灵步履蹒跚

2634

xíng rú chǔ nǚ
形 如 处 女
mào ruò tiān xiān
貌 若 天 仙

【释义】 形~：处女：还没结婚的女子。形态神情还像处女一样。形容女子年轻、娴静。
貌~：容貌像天上的仙女一样。形容女子容貌美丽。

【结构】 主谓　名|动-名一

【扩联】 形如处女出闺阁
貌若天仙降世间

2635

xíng rú gǎo mù
形 如 槁 木
xīn ruò sǐ huī
心 若 死 灰

【释义】 形~：槁：干枯。形态像干枯的树木。
心~：死灰：完全熄灭了的火灰。心思就像完全熄灭了的火灰一样。指心灰意懒。

【结构】 主谓　名|动-形-名

【扩联】 形如槁木已枯萎
心若死灰太惨然

2636

xíng shén jiān bèi
形 神 兼 备
qíng jǐng jiāo róng
情 景 交 融

【释义】 形~：形：外形，形象。神：精神，神情，神韵。指绘画或表演艺术，在表现某一人物时，不仅外形逼真，还有其神韵。形容技艺的高超。
情~：内心的情感和外界景物互相融合。指文艺作品中景物描写能和感情的抒发紧密结合起来。

【结构】 主谓　名-名|副-动

【扩联】 情景交融绝妙诗句
形神兼备顶尖画功

2637

xíng yǐng xiāng diào
形 影 相 吊
xīn shén bù níng
心 神 不 宁

【释义】 形~：吊：慰问，问候。形体和影子互相问候。形容一个人孤单无依。语见三国·曹植《上责躬应诏诗表》："窃感《相鼠》之篇，无礼遄死之义。形影相吊，五情愧赧。"
心~：心绪很不安宁。

【结构】 主谓　名-名|副-动

【扩联】 大漠孤身形影相吊
荒山夜雨心神不宁

2638

xíng zuǒ shí yòu
形 左 实 右
wài fāng nèi yuán
外 方 内 圆

【释义】 形~：左：喻指进步的、革命的、激进的。右：喻指保守的、反动的。表面的行为看起来是革命的、激进的，而实质上是保守的、反动的。
外~：指人的外表正直，而内心圆滑。语见南朝宋·范晔《后汉书·郅恽传》："案延资性贪邪，外方内员（圆），朋党构奸，罔上害人。"

【结构】 联合　名-形|名-形

【扩联】 形左实右最最革命
外方内圆真真害人

2639

xíng jùn yán lì
行 峻 言 厉

xīn chún qì hé
心 醇 气 和

【释义】 行~：行：行为。峻：严厉。指一个人的行为和言语都非常严厉。
心~：醇：纯厚朴实。气：气质。心地纯朴，气质温和。形容人憨厚老实。
【结构】 联合 名-形|名-形
【扩联】 心醇气和三冬暖
行峻言厉六月寒

2640

xíng shī zǒu ròu
行 尸 走 肉

yī jià fàn náng
衣 架 饭 囊

【释义】 行~：能行走的尸体，能活动的肉体。比喻庸碌无能、无所作为的人。
衣~：穿衣服的架子，装饭食的袋子。比喻只知吃穿而无用之人。
【结构】 联合 动-名|动-名
【扩联】 衣架饭囊暴殄天物
行尸走肉颟顸人生

2641

xíng ruò gǒu zhì
行 若 狗 彘

xìn jí tún yú
信 及 豚 鱼

【释义】 行~：行：行为。彘：猪。行为无耻，如同猪狗一样。
信~：信：信用。豚：小猪。其信用可施加于小猪、鱼鳖。形容诚信昭著，至极至微。
【结构】 主谓 名|动-名-名
【扩联】 信及豚鱼有诚信
行若狗彘尽恶行

2642

xíng xiá zhàng yì
行 侠 仗 义

lè shàn hào shī
乐 善 好 施

【释义】 行~：指很讲义气，好打抱不平，肯舍己助人。
乐~：乐：以……为乐事。善：善行。好：喜好。施：施舍。喜欢施舍他人、做善事。指喜欢做好事、帮助有困难人。
【结构】 联合 动-名|动-名
【扩联】 行侠仗义非侠客
乐善好施必善人

2643

xíng yuǎn zì ěr
行 远 自 迩

shì gōng wù gāo
恃 功 务 高

【释义】 行~：自：从。迩：近。欲走远路必须从最近处起步。比喻学习办事要由浅入深，一步步循序渐进。
恃~：恃：倚仗。务：追求，务必。高：高傲。依仗自己有功劳而过高要求。
【结构】 连动 动-名|介-形
【扩联】 恃功务高山高路险
行远自迩室迩人遐

2644

xíng yún liú shuǐ
行 云 流 水

míng yuè qīng fēng
明 月 清 风

【释义】 行~：飘荡的云彩，潺潺的流水。比喻行文挥洒自如，无拘无束。
明~：皎洁的圆月，清爽的微风。也喻超尘脱俗的悠闲生活。
【结构】 联合 动-名|动-名
【扩联】 行云流水看君舞
明月清风伴我吟

2645

xìng jìng qíng yì
性 静 情 逸

xīn gāo zhì yáng
心 高 志 扬

【释义】 性~：品性沉静，情趣超逸。语见《千字文》："性静情逸，心动神疲。守真志满，逐物意移。"
心~：态度高敖，意气昂扬。语见元·戴表元《爱日斋记》："方其惜阴童龆，请益舰桨，则已心高志扬，有驰里门凌诸父之气。"
【结构】 联合　名-形|名-形
【扩联】 文苑雅士性静情逸
新科状元心高志扬

2646

xìng rú liè huǒ
性 如 烈 火

qì guàn cháng hóng
气 贯 长 虹

【释义】 性~：性格、性情像熊熊燃烧的大火一样。形容性格暴躁。
气~：气：气概，精神。贯：贯穿。虹：雨后天空中出现的七彩圆弧。气势贯穿天际。形容气势极其旺盛。
【结构】 主谓　名|动-形-名
【扩联】 性如烈火不容邪恶
气贯长虹共鉴天人

2647

xìng gāo cǎi liè
兴 高 采 烈

xīn kuàng shén yí
心 旷 神 怡

【释义】 兴~：采：神采。原指文章旨趣高超，言词犀利。后多用以形容兴致勃勃，情绪饱满、欢快。
心~：旷：旷达，开朗。怡：舒畅愉快。心胸旷达开朗，神色舒畅愉快。形容自然景色给人以神清气爽的精神享受。
【结构】 联合　名-形|名-形
【扩联】 兴高采烈举杯邀明月
心旷神怡携侣登斯楼

2648

xìng zhì bó bó
兴 致 勃 勃

yōu xīn chōng chōng
忧 心 忡 忡

【释义】 兴~：勃勃：精神旺盛的样子。形容兴头很足、情绪很好。
忧~：忡忡：忧虑不安的样子。内心非常忧虑终日不得安宁。
【结构】 主谓　形-名|叠一
【扩联】 志拔头筹兴致勃勃
功亏一篑忧心忡忡

2649

xìng zāi lè huò
幸 灾 乐 祸

pái nàn jiě fēn
排 难 解 纷

【释义】 幸~：庆幸别人遭灾，乐意别人遇祸。一种不与人为善的阴暗心态。
排~：消除急难，解决纠纷。现也指替人调停纠纷。
【结构】 联合　动-名|动-名
【扩联】 幸灾乐祸无人性
排难解纷有感情

2650

xiōng luó èr yǒu
胸 罗 二 酉

zhì guò wàn rén
智 过 万 人

【释义】 胸~：罗：搜集，罗列。二酉：大酉山和小酉山，相传两山山洞中有很多藏书。胸中罗列着像二酉山那样多的书。形容学识渊博。
智~：才智超过一万人。形容才智超群。
【结构】 主谓　名|动-数-名
【扩联】 智过万人无对手
胸罗二酉尽藏书

2651

xiōng luó jǐn xiù
胸罗锦绣
kǒu tǔ zhū jī
口吐珠玑

【释义】胸~：罗：分布，排列。锦绣：精致华丽的丝织品。形容才华横溢，学识渊博。
口~：口里吐出珍珠。形容说话有文采。
【结构】主谓　名|动-名-名
【扩联】谈天说地胸罗锦绣
论古道今口吐珠玑

2652

xiōng wú chéng fǔ
胸无城府
xīn yǒu hóng hú
心有鸿鹄

【释义】胸~：城府：城市和官府，喻指令人难以捉摸的深谋打算。比喻人的襟怀坦白，无所隐讳。
心~：鸿鹄：天鹅。语出《孟子》：有二人跟弈秋学下棋，一个人专心听讲，另一个人也在听，但心里却在想着天上有天鹅飞过，怎样用弓箭把天鹅射下来。形容学习、工作不专心。
【结构】主谓　名|动-名一
【扩联】心有鸿鹄胡思乱想
胸无城府霁月光风

2653

xiōng wú dà zhì
胸无大志
fù yǒu liáng móu
腹有良谋

【释义】胸~：胸中没有远大的理想和抱负。
腹~：心中有最好的计划和谋略。
【结构】主谓　名|动-形-名
【扩联】胸无大志难行远
腹有良谋枉费心

2654

xiōng wú diǎn mò
胸无点墨
xīn yǒu líng xī
心有灵犀

【释义】胸~：墨：文章的代称。形容人不识字、没有学问。
心~：灵犀：有灵性的犀牛。相传犀牛是一种灵兽，它的角上有条白纹，从角尖通向头脑，感应灵敏。原用以喻指恋爱中的男女双双心心相印。也用以喻指彼此心领神会，心意相通。
【结构】主谓　名|动-形-名
【扩联】胸无点墨半丁不识
心有灵犀一拨即通

2655

xiōng yǒu chéng zhú
胸有成竹
mù wú quán niú
目无全牛

【释义】胸~：画竹之前，心里就有了要画的竹子的完整形象。比喻做事之前早有主见和计划。
目~：庖丁解牛，技艺纯熟，眼里所看到的像是已被解剖开了的牛一样，可以得心应手，操纵自如。
【结构】主谓　名|动-形-名
【扩联】胸有成竹与可画竹
目无全牛庖丁解牛

2656

xiōng yǒu qiū hè
胸有丘壑
xīn rú tiě shí
心如铁石

【释义】胸~：丘壑：山丘和山谷。心中记得许多山水胜状，谓见多识广，亦指胸怀远大，颇有见地。
心~：形容意志坚定，如铁石一般，忠贞不渝。也用指冷漠无情。
【结构】主谓　名|动-名-名
【扩联】览三山五岳胸有丘壑
历百炼千锤心如铁石

2657

xiōng yǒu sù wù
胸 有 宿 物

xīn rú xuán jīng
心 如 悬 旌

【释义】 胸~：宿物：旧物，比喻成见。指心里有成见。
　　　　 心~：悬旌：悬挂在空中的旌旗，飘动不停。形容心神不定，提心吊胆。
【结构】 主谓　名|动－名一
【扩联】 胸有宿物不顺气
　　　　 心如悬旌未安神

2658

xiōng zhōng jīng wèi
胸 中 泾 渭

kǒu jiǎo fēng máng
口 角 锋 芒

【释义】 胸~：泾渭：泾水、渭水，一清一浊，界限清楚，不相混杂。"胸中泾渭"指心里面对清浊好坏分得很清楚，是非观念明确。
　　　　 口~：口角：指言语。锋芒：比喻犀利，激切。形容说话言辞锋利，咄咄逼人。
【结构】 定中　名－方|名－名
【扩联】 胸中泾渭心分界
　　　　 口角锋芒话刺人

2659

xiōng zhōng wú mò
胸 中 无 墨

bǎng shàng yǒu míng
榜 上 有 名

【释义】 胸~：墨：文化、文章的代称。形容人不识字，没有文化，没有学问。
　　　　 榜~：榜：张贴的名单。名单上有名字。泛指考中或被选上。
【结构】 状中　名－方|动－名
【扩联】 胸中无墨一生交白卷
　　　　 榜上有名二位是红人

2660

xiōng zhōng yǒu shù
胸 中 有 数

xīn dǐ wú sī
心 底 无 私

【释义】 胸~：已经知道事情的原委和底细，心里也已有主意，但没有表露出来。也作"心中有数"。
　　　　 心~：心里面没有私心杂念，不考虑个人得失。
【结构】 状中　名－方|动－名
【扩联】 胸中有数口舌紧
　　　　 心底无私天地宽

2661

xiōng shén è shà
凶 神 恶 煞

è hǔ jī yīng
饿 虎 饥 鹰

【释义】 凶~：煞：凶神。原指凶恶的神。比喻凶恶的人。语见元·无名氏《桃花女》："又犯着金神亡杀上路，又犯着太岁，遭这般凶神恶煞，必然扳僵身死了也。"
　　　　 饿~：饥饿的老虎和鹰隼。比喻凶残贪婪的人。语见清·李宝嘉《活地狱》楔子："衙门里的人，一个个是饿虎饥鹰，不叫他们敲诈百姓，敲诈哪个呢？"
【结构】 联合　形－名|形－名
【扩联】 凶神恶煞来者不善
　　　　 饿虎饥鹰臭名远扬

2662

xiōng xiàng bì lù
凶 相 毕 露

xiào róng kě jū
笑 容 可 掬

【释义】 凶~：毕：完全。凶狠歹毒的本相完全显露出来了。
　　　　 笑~：掬：两手捧起，一次叫一掬。满面笑容，仿佛可用手捧取。形容人笑得美、笑得甜、笑得真诚。
【结构】 主谓　形－名|副－动
【扩联】 金刚努目凶相毕露
　　　　 菩萨低眉笑容可掬

2663

xiōng zhōng dì jí
兄 终 弟 及
fù qiàn zǐ huán
父 欠 子 还

【释义】 兄~：哥哥死了，弟弟继位。这是商代的一种制度。指弟弟继承哥哥的事业。语见汉·班固《汉书·武五子传》："裂地王之，分财而赐之，父死子继，兄终弟及。"
父~：父亲欠债无法偿还，由儿子来还。
【结构】 连动 名-动|名-动
【扩联】 兄终弟及位
父欠子还钱

2664

xióng cái dà lüè
雄 才 大 略
kuǎn xué guǎ wén
款 学 寡 闻

【释义】 雄~：雄：雄伟。略：谋略。指杰出的才能和谋略。
款~：款：空。寡：少。闻：见闻，学识。形容没有学问，见识短浅。语见清·黄宗羲《答万充宗质疑书》："诚不意款学寡闻之书，得相抵掌，聊述所闻。"
【结构】 联合 形-名|形-名
【扩联】 雄才大略可当战士
款学寡闻难任将军

2665

xióng cái gài shì
雄 才 盖 世
hóng fú qí tiān
洪 福 齐 天

【释义】 雄~：雄：大。杰出的才能高出当代，无人能比。
洪~：洪：大。颂扬人福气大得和天一样大。
【结构】 主谓 形-名|动-名
【扩联】 毛主席雄才堪盖世
老人家洪福未齐天

2666

xióng shì yī shì
雄 视 一 世
bù xū cǐ shēng
不 虚 此 生

【释义】 雄~：雄视：傲视。指英雄豪强称雄一代.
不~：虚：虚度，白过。没有虚度这一生.
【结构】 动宾 副-动|数-名
【扩联】 君临天下雄视一世
誉满寰中不虚此生

2667

xiū yǐ niú hòu
羞 以 牛 后
gǎn wéi rén xiān
敢 为 人 先

【释义】 羞~：牛后：牛的肛门，牛的后面，比喻受人支配的地位。以处于牛后为羞耻。比喻不愿处在从属的地位，受人牵制。也作"羞为牛后"。语见汉·阮瑀《为曹公作书与孙权》："大丈夫雄心，能无发愤？昔苏秦说韩，羞以牛后，韩王按剑，作色而怒。"
敢~：敢于走在别人前面，做别人没有做过的事情。形容人有胆量、有闯劲、有开创精神。
【结构】 述补 形|介-名-名
【扩联】 大丈夫羞以牛后
开拓者敢为人先

2668

xiū míng shèng shì
休 明 盛 世

jǐn sè huá nián
锦 瑟 华 年

【释义】 休~：休明：美好，清平。盛世：兴旺的时代。清平的盛世。语见晋·潘岳《西征赋》："当休明之盛世，托菲薄之陋质。"
锦~：锦：彩色有花纹的丝织品，瑟：古代一种乐器。锦瑟：装饰华美的瑟。比喻美妙无比的青年时代。语见唐·李商隐《锦瑟》："锦瑟无端五十弦，一弦一柱思华年。"亦作"锦瑟年华"。

【结构】 定中 形一|名一

【扩联】 锦瑟华年青春出彩
休明盛世梦想成真

2669

xiū niú guī mǎ
休 牛 归 马

yǎn wǔ xiū wén
偃 武 修 文

【释义】 休~：放归军用的牛马。表示停止战事，天下太平，不再用兵。见唐·欧阳询《艺文类聚》第十三卷引《晋穆帝哀策文》："风扫天宇，休牛归马，卷旗卧鼓，俾我烝民。"
偃~：停止武事，振兴文教。语见《尚书·武成》："往来自商，至于丰，乃偃武修文。"

【结构】 联合 动-名|动-名

【扩联】 休牛归马万民乐
偃武修文百业兴

2670

xiū shēng měi yù
休 声 美 誉

huì dé gòu xíng
秽 德 垢 行

【释义】 休~：休：美好。美好的声誉。
秽~：语见宋·叶适《辩兵部郎官朱元晦状》："于是贤士揣栗，中材解体，销声灭影，秽德垢行，以避ди名，殆如吃菜事魔，影迹犯败之类。"指自己污浊自己的德行以避免祸患。

【结构】 联合 形-名|形-名

【扩联】 秽德垢行自免祸
休声美誉世传名

2671

xiū jiù lì fèi
修 旧 利 废

kāi yuán jié liú
开 源 节 流

【释义】 修~：把旧的修理好，把废弃不用的再想办法利用起来。
开~：开：开辟，开发。源：来源。节：节制。流：流失。比喻开辟增加经济收入的渠道，节约支出，减少消耗。

【结构】 联合 动-名|动-名

【扩联】 修旧利废回炉再造
开源节流进账倍增

2672

xiū rén xíng yì
修 仁 行 义

zhú lì zhuī míng
逐 利 追 名

【释义】 修~：修：修立，培养。行：推行，实施。建立仁政爱民，行政符合道义。语见《史记·秦楚之际月表》："汤武之王，乃由契、后稷修仁行义十余世。不期而会孟津八百诸侯，犹以为未可，其后乃放弑，"
逐~：逐：追赶，竞争。指追求个人的名誉、地位、利益。

【结构】 联合 动-名|动-名

【扩联】 逐利追名忘道义
修仁行义传声名

2673

xiū shēn lì jié
修身立节
zhì guó qí jiā
治国齐家

【释义】 修~：修养自身品性，培养正气节操。
治~：治理国家，理好家政。
【结构】 联合　动-名|动-名
【扩联】 修身立节其人独善
治国齐家庶众皆安

2674

xiū xīn yǎng xìng
修心养性
qiǎn xìng táo qíng
遣兴陶情

【释义】 修~：修养性情，使之臻于完善。
遣~：遣释意兴，陶冶情趣。
【结构】 联合　动-名|动-名
【扩联】 修心养性养花草
遣兴陶情抚古琴

2675

xū huái ruò gǔ
虚怀若谷
zhuàng zhì líng yún
壮志凌云

【释义】 虚~：虚怀：虚心。谷：山谷。形容非常谦虚，心胸开阔，像山谷那样深而宽广，能容纳各种意见。
壮~：凌云：直上云霄。形容志向非常远大、宏伟。
【结构】 主谓　形-名|动-名
【扩联】 虚怀若谷心纳万物
壮志凌云气冲九霄

2676

xū shēng dòng hè
虚声恫喝
wú bìng shēn yín
无病呻吟

【释义】 虚~：虚声：没有底气的高声硬话，虚张声势。恫喝：同"恫吓"，恐吓。虚张声势吓唬人。
无~：呻吟：因痛苦而发出的声音。没有病却发出呻吟。比喻矫揉作态。语见宋·辛弃疾《临江仙》词："百年光景百年心，更欢须叹息，无病也呻吟。"
【结构】 状中　形-名|动一
【扩联】 无病呻吟矫揉态
虚声恫喝吓唬人

2677

xū táng xuán jìng
虚堂悬镜
kōng gǔ chuán shēng
空谷传声

【释义】 虚~：明镜悬于高堂之上，纤微必照。比喻人之心地纯正，明察事理。
空~：人在山谷里发出声音，立即会听到回声。形容反应迅速。
【结构】 状中　形-名|动-名
【扩联】 空谷传声贯耳响
虚堂悬镜透心明

2678

xū zhāng shēng shì
虚张声势
gù zuò gāo shēn
故作高深

【释义】 虚~：张：张扬，摆出来。声势：声威气势。假装出强大的气势，以吓唬或迷惑别人。
故~：装出学识渊博的样子，故弄玄虚，让人莫测高深。
【结构】 动宾　形-动|名一
【扩联】 摇旗呐喊虚张声势
信口雌黄故作高深

2679

xù qī yǎng zǐ
畜 妻 养 子

mài zǔ qī sūn
卖 祖 欺 孙

【释义】 畜~：畜：养育。旧指维持妻子和儿女的生活。见《孟子·梁惠王上》："必使仰足以事父母，俯足以畜妻子。"
卖：出卖祖宗，欺辱儿孙。指不慈不孝、违背人伦的行径。

【结构】 联合 动-名|动-名

【扩联】 畜妻养子尽夫责
卖祖欺孙违五伦

2680

xù gū niàn guǎ
恤 孤 念 寡

āi sǐ shì shēng
哀 死 事 生

【释义】 恤~：抚恤怜念孤寡老人和孤儿寡母。
哀~：哀：哀悼，哀恸。事：侍奉。哀恸死者，侍奉生者。指对待生死者的态度。语见西汉·司马迁《史记·吴太伯世家》："哀死事生，以待天命。"

【结构】 联合 动-名|动-名

【扩联】 恤孤念寡有求必应
哀死事生何乐不为

2681

xuān xuān shèn dé
轩 轩 甚 得

chǔ chǔ bù fán
楚 楚 不 凡

【释义】 轩~：轩轩：洋洋自得的样子。形容非常得意的样子。语见宋·欧阳修《新唐书·孔戣传》："戣自以为适所志，轩轩甚得。"
楚：楚楚：洒脱出众貌。形容一表人才，非同寻常。语见清·袁枚《与何献葵明府书》："幸为小女择得一婿，楚楚不凡，差强人意。本求西子，翻得东床，想彼苍亦'与之齿者去其角'之意也。"

【结构】 状中 形-|副-形

【扩联】 步出考场轩轩甚得
钦点状元楚楚不凡

2682

xuán chē zhì shì
悬 车 致 仕

jiě jiǎ guī tián
解 甲 归 田

【释义】 悬~：悬车：把做官时坐的车挂起来，表示不用了。致仕："还禄位于君"，把官位及俸禄还给朝廷，即辞官回乡。指告老引退，辞官家居。
解~：甲：古代将士作战时穿的盔甲。脱下战袍，回家种田。指将士退伍回乡。

【结构】 连动 动-名|动-名

【扩联】 老宰相悬车致仕
大将军解甲归田

2683

xuán hé xiè shuǐ
悬 河 泻 水

gǔ jǐng wú bō
古 井 无 波

【释义】 悬~：悬河：指瀑布，也指高于地面的河流。水像瀑布似的倾泻而下。比喻行文说话流畅，滔滔不绝。语见《晋书·郭象传》："太尉王衍每云：'听象语，如悬河泻水，注而不竭。'"
古~：古井：水源将近涸竭的老水井。无波：没有波澜。古井中的水不再起波澜。比喻经历太多之后，人已冷漠沉寂，对外界之事毫不动心。语见白居易《赠元稹》诗："无波古井水，有节秋竹竿。"

【结构】 主谓 形-名|动-名

【扩联】 古井无波心灰意冷
悬河泻水语切情真

2684

xuán hú jì shì
悬 壶 济 世

shù zhàng lǐ mín
束 杖 理 民

【释义】 悬~：悬壶：即行医卖药。济：救济，帮助。行医治病，救助世人。
束~：束杖：收起刑具。理民：治理民众（的事）。谓治理百姓不滥用刑罚。形容为官宽仁爱民。

【结构】 连动 动-名|动-名

【扩联】 束杖理民无为而治
悬壶济世有病皆医

2685

xuán hé zhù shuǐ
悬 河 注 水

dōng hǎi shì bō
东 海 逝 波

【释义】 悬~：悬河：指瀑布。水像瀑布似的倾注下去。比喻说话滔滔不绝或写文章流畅奔放。
东~：逝：（水流、时间等）过去。东海大浪已去，无法再回。比喻人之失势，只能徒唤奈何。

【结构】 状中 形-名|动-名

【扩联】 悬河注水飞瀑直下
东海逝波微澜不回

2686

xuán tuó jiù shí
悬 驼 就 石

cóng jǐng jiù rén
从 井 救 人

【释义】 悬~：悬：吊挂。就：迁就。古时有人得一死驼，剥皮嫌刀钝。楼上有一块磨刀石，他一会上楼去磨刀，一会又下楼去剥皮，他感到不胜其烦。然而为了就近磨刀，他没把磨刀石搬下楼来，却费了好大力气把死骆驼挂到楼上。后因以形容处理事情轻重倒置、愚蠢可笑。
从~：从：跟从。跟着落井的人跳下去救人。原比喻做好事不讲究方法，不但无益于人，反而危及自己。现多比喻不顾自己安危，去帮助和救助别人。

【结构】 连动 动-名|动-名

【扩联】 悬驼就石不分轻重
从井救人岂顾安危

2687

xuán xuán zài niàn
悬 悬 在 念

yàn yàn yú guī
燕 燕 于 归

【释义】 悬~：悬悬：挂念的样子。老是挂在心上，放心不下。语见《西游记》第九十二回："因不见贤徒，悬悬在念，今幸得胜而回。"
燕~：送别之词。语见《诗经·燕燕》："燕燕于飞，差池其羽。之子于归，远送于野。"于归：指女子出嫁。

【结构】 状中 叠一|动-动

【扩联】 父母多年悬悬在念
女儿吉日燕燕于归

2688

xuán yá lè mǎ
悬 崖 勒 马

qí lù wáng yáng
歧 路 亡 羊

【释义】 悬~：在悬崖峭壁前勒住了马。比喻到了危险的边缘及时醒悟回头。
歧~：歧路：岔道。亡：丢失。在岔路上把羊丢失了。比喻事情复杂多变，方向不明确，就会误入歧途。

【结构】 状中 名一|动-名

【扩联】 悬崖勒马快收脚
歧路亡羊先识途

2689

xuàn yù gǔ shí
炫 玉 贾 石
zhǐ sāng mà huái
指 桑 骂 槐

【释义】 炫~：炫：故意显示。贾：卖。向人显示的是美玉，而实
际出卖的是石头。比喻骗人的无耻行为。
指~：桑：桑树。槐：槐树。表面上指着桑树，实际上在
骂槐树。比喻指甲骂乙。
【结构】 连动 动-名|动-名
【扩联】 炫玉贾石不上当
指桑骂槐莫搭腔

2690

xuē zú shì lǚ
削 足 适 履
pōu fù cáng zhū
剖 腹 藏 珠

【释义】 削~：足：脚。履：鞋。把脚削去一部分去适合鞋的大
小。比喻方法不当，轻重倒置。
剖~：剖开肚子把珍珠藏进去。比喻重财宝不惜生命。
【结构】 连动 动-名|动-名
【扩联】 剖腹藏珠轻视命
削足适履吝惜鞋

2691

xué chuán sān qiè
学 传 三 箧
shū fù wǔ chē
书 富 五 车

【释义】 学~：学：学识，学问。传：传授。三箧：三箱子
（书）。学识上能把记在心中的三箱子书的内容传授给
人。形容学识广博。语见《汉书·张安世传》："上行幸河
东，尝亡书三箧，诏问莫能知，唯安世识之，具作其事。
后购求得书，以相校无所遗失。"
书~：读过的书多达五车。形容读书多，学问渊博。语见
语见《庄子·天下》："惠施多方，其书五车。"
【结构】 述补 名|动-数-名
【扩联】 学传三箧授千册
书富五车插万签

2692

xué fù èr yǒu
学 富 二 酉
cái xióng yī fāng
财 雄 一 方

【释义】 学~：二酉：两山名，指湖南沅陵境内的大酉山和小酉
山。相传山上石洞中藏书很多。能读完贯通二酉山之藏
书。比喻学识渊博。
财~：雄：称雄。拥有的财钱很多，可称雄于地方。
【结构】 主谓 名|形-数-名
【扩联】 学富二酉称学霸
财雄一方是财神

2693

xué rú chuān jǐng
学 如 穿 井
sī ruò yǒng quán
思 若 涌 泉

【释义】 学~：穿：凿通。学习就像凿通水井一样。比喻学习越深
入越难，必须要有百折不挠的精神。
思~：喻指文思就像从地下冒出来的泉水一样充沛。
【结构】 主谓 名-|动-动-名
【扩联】 思若涌泉愈浚愈旺
学如穿井越挖越深

2694

xué wú zhǐ jìng
学 无 止 境

gōng bài chuí chéng
功 败 垂 成

【释义】 学~：止境：尽头。指在学习知识上是没有尽头的。激励人要奋进不息。

功~：功：功业，事业。垂：接近。成：成功。指事情在将要成功的时候遭到了失败（有惋惜的意思）。

【结构】 主谓 名|动–动–名

【扩联】 学无止境不停步
功败垂成最痛心

2695

xuě fū huā mào
雪 肤 花 貌

lù fà hóng yán
绿 发 红 颜

【释义】 雪~：洁白如雪的皮肤，美丽如花的容貌。

绿~：绿发：乌黑发亮的头发。乌黑的头发，红润的脸色。都是形容女子的美。

【结构】 联合 形–名|形–名

【扩联】 冰肌玉骨雪肤花貌
杏脸桃腮绿发红颜

【横批】 国色天香

2696

xuě tāi méi gǔ
雪 胎 梅 骨

lán zhì huì xīn
兰 质 蕙 心

【释义】 雪~：雪和梅被誉为纯洁可爱之物。雪之胎，梅之骨，借喻高洁。

兰~：兰、蕙：均为香草。比喻女子心地纯真，性格温柔。

【结构】 联合 形–名|形–名

【扩联】 雪胎梅骨先生就
兰质蕙心后养成

2697

xuě zhōng sòng tàn
雪 中 送 炭

jǐn shàng tiān huā
锦 上 添 花

【释义】 雪~：严寒大雪，送炭火与人取暖。喻指在别人困难或急需时，及时给予帮助。见宋·范成大《石湖诗集·大雪送炭与芥隐》诗："不是雪中须送炭，聊装风景要诗来。"

锦~：锦：有彩色花纹的丝织品。在有彩色花纹的丝织品上再绣上花。比喻美上加美，使其更美好。语见宋·黄庭坚《了了庵颂》："又要涪翁作颂，且图锦上添花。"

【结构】 状中 名–方|动–名

【扩联】 雪中送炭人难去
锦上添花鬼也来

2698

xuè rǎn shā chǎng
血 染 沙 场

mìng guī huáng quán
命 归 黄 泉

【释义】 血~：沙场：战场。鲜血染红了战场。指在战场上牺牲。

命~：黄泉：地下的泉水，指人死后埋葬的地方，迷信者指阴间。喻指人死了，埋到了地下。

【结构】 主谓 名|动–名一

【扩联】 血染沙场武夫乃尔
命归黄泉逝者如斯

2699

xūn yóu yì qì
薰 莸 异 器

lán ài tóng fén
兰 艾 同 焚

【释义】 薰~：薰为香草，莸为臭草，两者必须用不同的器物收藏。比喻好与坏不能共处。

兰~：兰：兰草，比喻美的。艾：艾草，比喻丑的。兰草和艾草一同烧掉。比喻美的和丑的一同毁灭。

【结构】 主谓 名–名|副–动

【扩联】 薰莸当异器
兰艾兔同焚

2700

xūn yóu tóng qì
薰 莸 同 器

yù shí jù fén
玉 石 俱 焚

【释义】 薰~：薰：香草。莸：臭草。香草和臭草放在同一个器物里。比喻香臭不分，善恶相混。
玉~：美玉和石头一起烧毁。比喻好的和坏的一起毁灭。
【结构】 主谓 名-名|动-名
【扩联】 薰莸同器香沾臭
玉石俱焚佞害贤

2701

xūn yóu zá chù
薰 莸 杂 处

huā è xiāng huī
花 萼 相 辉

【释义】 薰~：薰：一种香草，喻真善美。莸：一种臭草，喻假丑恶。香草臭草混杂在一起分不出香臭。比喻好坏善恶不辨。
花~：萼：花的组成部分，由若干萼片组成，包在花瓣外面，花开时托着花冠。花朵与花萼互相辉映。比喻兄弟友爱，手足情深。
【结构】 主谓 名-名|副-动
【扩联】 花萼相辉鲜养眼
薰莸杂处臭熏人

2702

xūn chí xiāng hè
埙 篪 相 和

jīn gǔ qí míng
金 鼓 齐 鸣

【释义】 埙~：埙、篪：两种吹奏乐器，其音色相和。旧时比喻兄弟和睦。语见《诗经·小雅·何人斯》："伯氏吹埙，仲氏吹篪。"
金~：金：钲。军中的钲和鼓一齐响。指古代军队演习、作战时敲钲播鼓助长声势。
【结构】 主谓 名-名|副-动
【扩联】 金鼓齐鸣雷霆声势
埙篪相和天籁乐音

2703

xūn méi rǎn liǔ
熏 梅 染 柳

shù huì zī lán
树 蕙 滋 兰

【释义】 熏~：熏染：因长期接触而产生影响。（东风吹起）唤醒了梅花，染绿了杨柳。形容春风里的旖旎景致。
树~：蕙、兰：香草。种植兰蕙各种香草。喻指修行仁义。语见屈原《离骚》："余既滋兰之九畹兮，又树蕙之百亩。"朱熹集注："记种莳众香，修行仁义，以自洁饰，朝夕不倦也。"
【结构】 联合 动-名|动-名
【扩联】 春回大地熏梅染柳
德润人间树蕙滋兰

2704

xún gēn jiū dǐ
寻 根 究 底

zhuī běn sù yuán
追 本 溯 源

【释义】 寻~：寻：寻找。根：根源，根本。究：追究，推求。底：根源，内情。追查事情的根源和底细，直到清楚明白为止。
追~：追：追究，追寻。本：树根。溯：逆水而行，引申为往上推求。源：水的源头。追究树木的根，推求水的源头。比喻追索事物的根源。
【结构】 联合 动-名|动-名
【扩联】 寻根究底来龙去脉
追本溯源认祖归宗

2705

xún huā wèn liǔ
寻 花 问 柳
bō yǔ liáo yún
拨 雨 撩 云

【释义】寻~：寻：找。花、柳：原指树木花草，后喻指妓女。问：探寻。"寻花问柳"原指春游时赏花观景，后指不检点之人嫖娼宿妓。
拨~：撩、拨：招惹，招引。比喻卖弄风情。
【结构】联合 动-名|动-名
【扩联】寻花问柳花遮柳隐
拨雨撩云雨恨云愁

2706

xún huān zuò lè
寻 欢 作 乐
yóu shǒu hào xián
游 手 好 闲

【释义】寻~：不务正业，追求享乐。
游~：游手：游惰。好闲：喜爱安逸。终日游荡，不务正业。
【结构】联合 动-名|动-名
【扩联】游手好闲整天鬼混
寻欢作乐彻夜不眠

2707

xún zhī zhāi yè
寻 枝 摘 叶
jiǎn cǎo chú gēn
剪 草 除 根

【释义】寻~：寻找枝干，只采摘叶子。比喻追求事物的次要部分，而非本质的东西。语见宋·严羽《沧浪诗话·诗评》："建安之作全在气象，不可寻枝摘叶。"
剪~：除草要除掉根子。比喻彻底除去祸根，不留后患。也作"斩草除根"。
【结构】连动 动-名|动-名
【扩联】剪草除根草木俱朽
寻枝摘叶枝节横生

2708

xún míng zé shí
循 名 责 实
gé wù zhì zhī
格 物 致 知

【释义】循~：责：求。按其名而求其实，就其言而观其行事，要求名实相符。见汉·刘安《淮南子·主术训》："故有道之主，灭想去意，清虚以待不伐之言，不夺之事，循名责实。"
格~：推究事物的原理而获得知识。为中国古代认识论的重要命题之一。语见《礼记·大学》："欲诚其意者，先致其知，致知在格物。"《朱子语类》第十四卷："格物致知，便是要知得分明。诚意、正心、修身，便是要行得分明。"
连动 动-名|动-名
【结构】格物致知当重物
【扩联】循名责实莫轻名

2709

xún xún shàn yòu
循 循 善 诱
chá chá wéi míng
察 察 为 明

【释义】循~：善于有步骤地引导、启发、教育人。形容教导有方。
察~：把考查烦琐细小事物当作精明，而自鸣得意。指只苛察细小事物，忘记大事要事，实为不明。
【结构】状中 叠一|动-动
【扩联】育人当要循循善诱
据事不能察察为明

2710

xùn sī wǔ bì
徇私舞弊

zhàng yì zhí yán
仗义执言

【释义】 徇~：徇私：为个人利益或私人关系而做不合法的事。舞弊：以欺骗的方式做违法的事。曲从私情，弄虚作假干坏事。
仗~：仗义：主持正义。执：坚持。主持正义，说公道话。

【结构】 连动 动-名|动-名

【扩联】 仗义执言官场少
徇私舞弊政坛多

2711

yá yá xué yǔ
牙牙学语

nuò nuò lián shēng
诺诺连声

【释义】 牙~：形容婴儿咿咿呀呀地学大人说话。语见唐·司空图《障车文》："二女则牙牙学语，五男则雁雁成行。"
诺~：诺诺：答应声。连声答应，表示顺从。见清·李宝嘉《官场现形记》第十四回："营官诺诺连声，不敢违拗。"

【结构】 状中 叠一|动-名

【扩联】 牙牙学语未知世事
诺诺连声已懂人情

2712

yā cháo shēng fèng
鸦巢生凤

niú dǐng pēng jī
牛鼎烹鸡

【释义】 鸦~：乌鸦巢里生出了凤凰。比喻丑中出优。或普通人家有了出类拔萃的子弟。
牛~：牛鼎：古代烹煮整只牛的大器物。用烹煮整只牛的大鼎烹煮一只鸡。比喻大材小用。

【结构】 状中 名一|动-名

【扩联】 牛鼎烹鸡作小用
鸦巢生凤占高枝

2713

yǎ sú gòng shǎng
雅俗共赏

lǎo shào xián yí
老少咸宜

【释义】 雅~：雅俗：指文雅和粗俗的人。形容某些文艺作品能被各种人所接受、欣赏。
老~：咸：全，都。宜：合适。对老年人和青年人都很合适、受到欢迎。

【结构】 主谓 名-名|副-动

【扩联】 唐宋诗词雅俗共赏
明清戏曲老少咸宜

2714

yān lán yún xiù
烟岚云岫

xuě hǎi bīng shān
雪海冰山

【释义】 烟~：岚：雾气。岫：峰峦。形容山峦之间云雾之气弥漫缭绕。语见宋·陆游《万卷楼记》："烟岚云岫，洲渚林薄，更相映发，朝暮万态。"
雪~：形容山野一片冰雪世界，天气极为寒冷。

【结构】 联合 名-名|名-名

【扩联】 烟岚云岫雾藏豹
雪海冰山林窜狐

2715

yān xiá gù jí
烟霞痼疾

quán shí gāo huāng
泉石膏肓

【释义】 烟~：痼疾：久治难愈的病，借指癖好。喜爱山水烟云已成为嗜好，像难以治愈的顽症。
泉~：指爱好园林泉石成癖，如病入膏肓。

【结构】 定中 名-名|名一

【扩联】 泉石膏肓泉石治
烟霞痼疾烟霞医

2716

yán jiā è lì
严家饿隶

dōng yě bā rén
东野巴人

【释义】 严~：严家：家规严厉的人家。隶：奴隶。家规严厉的人家中的挨饿的奴仆很拘束。形容拘谨的书法风格。
东~：东野：乡里，乡下人。巴人：曲名，人人皆懂的曲调。义同"下里巴人"。

【结构】 定中 名—|形-名

【扩联】 东野巴人听懂易
严家饿隶放开难

2717

yán qì zhèng xìng
严气正性

kǒng sī zhōu qíng
孔思周情

【释义】 严~：气：气质。性：性格。指秉性刚直不阿。语见林则徐《谕洋商责令夷人呈缴烟土稿》："必须严气正性，晓以利害，不许仍作韦脂之态，再说央恳之词。"韦脂：软弱圆滑。
孔~：孔：孔子。周：周公。指儒家的思想及道德情操。见宋·刘克庄《韩词》："柳词韩庙双碑在，孔思周情万古青。"

【结构】 联合 形-名|形-名

【扩联】 外交抗议严气正性
传统代言孔思周情

2718

yán shuāng liè rì
严霜烈日

kǔ yǔ qī fēng
苦雨凄风

【释义】 严~：比喻艰苦环境下的严峻考验或经受此考验的刚毅节操。也作"烈日秋霜"。
苦~：苦雨：久下不停的雨。凄风：寒风。形容天气恶劣。后用以比喻处境艰苦、凄惨。

【结构】 联合 形-名|形-名

【扩联】 严霜烈日露天无盖
苦雨凄风寒夜少衣

2719

yán xíng jùn fǎ
严刑峻法

dié jǔ chóng guī
迭矩重规

【释义】 严~：峻：严厉。指严酷的刑法和刑罚。
迭~：本指继承先代好的传统，不逾规矩；也指一模一样。现多指繁琐重复的清规戒律。

【结构】 联合 形-名|形-名

【扩联】 严刑峻法法惩罪过
迭矩重规规束言行

2720

yán yú lù jǐ
严于律己

kuān yǐ dài rén
宽以待人

【释义】 严~：律：约束。对自己约束得非常严格。
宽~：宽：宽松，宽容。对别人宽容、宽松。

【结构】 述补 形|介-动-名

【扩联】 严于律己要抓狠
宽以待人可放松

2721

yán zhèn yǐ dài
严阵以待

wàng fēng ér táo
望风而逃

【释义】 严~：阵：阵势。用严整的阵势，等待敌人来犯。形容对敌人的进犯已做好充分准备。
望~：风：风向，势头。远远看到对方气势勇猛，就吓得逃跑了。

【结构】 状中 动-名|副-动

【扩联】 我军严阵以待
敌寇望风而逃

2722

yán chī hǎo è
妍蚩好恶

chéng bài róng kū
成败荣枯

【释义】 妍~：妍：美丽。蚩：同"媸"，丑陋，丑恶。美丽与丑恶，好与坏。指人或事物的美丑好坏。
成~：成功与失败，得志与失意。指人在仕途或事业上的得失荣辱。语见元·郑廷玉《后庭花》第二折："他他他天也有昼夜阴晴，是是是人也有吉凶祸福，来来来我也有成败荣枯。"

【结构】 联合　形|形|形|形

【扩联】 妍蚩好恶区分事物
成败荣枯议论英雄

2723

yán pí chī gǔ
妍皮痴骨

jí yì féi cí
瘠义肥辞

【释义】 妍~：妍：美好。痴：愚笨。指外表美，内心却不聪明。
瘠~：内容贫乏而词句堆彻冗长。语见南朝梁·刘勰《文心雕龙·风骨》："捶字坚而难移，结响凝而不滞，此风骨之力也。若瘠义肥辞，繁杂失统，则无骨之征也。"

【结构】 联合　形-名|形-名

【扩联】 妍皮痴骨外观美
瘠义肥辞里子差

2724

yán liáng shì tài
炎凉世态

jù sàn fú shēng
聚散浮生

【释义】 炎~：炎凉：冷暖。比喻对人态度亲热或冷淡。世态：指社会上的人情世故。指奉承富贵，疏远贫贱的世俗态度。语见元·乔吉《折桂令·高敬臣病》："尽汗漫羁情，炎凉世态，万象蜉蝣。"
聚~：浮生：人生。老庄认为人生在世，虚浮无定。后采相沿称人生为浮生。旧指人生好似水面上的浮萍，无着落，飘来飘去，聚集离散，变化不定。

【结构】 定中　形-形|名一

【扩联】 聚散浮生千代万代
炎凉世态古人今人

2725

yán duō bì shī
言多必失

shì huǎn zé yuán
事缓则圆

【释义】 言~：失：失误，出错。话说多了，就一定会出现失误。语见明·朱伯庐《朱伯庐治家格言》："处世戒多言，言多必失。"
事~：指碰到事情不要操之过急，要缓一缓，慢慢地设法应付，可以得到圆满的解决。

【结构】 连动　名-形|副-形

【扩联】 当言毋多言多必失
遇事可缓事缓则圆

2726

yán chuán shēn jiào
言传身教

lì zhuī xīn yí
力追心仪

【释义】 言~：既用语言传授，又用行动教育。泛指在言行上起模范作用，为他人树立榜样。
力~：心中仰慕，努力赶上。

【结构】 联合　名-动|名-动

【扩联】 言传身教师如父
力追心仪青胜蓝

2727

yán qīng xíng zhuó
言 清 行 浊

kǒu shì xīn fēi
口 是 心 非

【释义】 言～：言语漂亮，行为污浊。指言行不一致。
口～：口说一套，心里想的另一套。形容心口不一。
【结构】 联合　名-形|名-形
【扩联】 口是心非无信誉
言清行浊断交情

2728

yán wén xíng yuǎn
言 文 行 远

shí zhì míng guī
实 至 名 归

【释义】 言～：文：文采。言辞必须富有文采，才能传播久远，流传后世。
实～：实：实际的成就或成绩。名：名誉，声誉。做出了实际的成绩，就会得到应有的声誉。
【结构】 联合　名-动|名-动
【扩联】 言文行远耐人寻味
实至名归有口皆碑

2729

yán xiào yàn yàn
言 笑 晏 晏

shū shēng láng láng
书 声 琅 琅

【释义】 言～：晏晏：和悦的样子。说话带笑，总是和悦的样子。形容和颜悦色。
书～：形容读书之声清脆响亮。
【结构】 主谓　名-名|叠一
【扩联】 书声琅琅小同学
言笑晏晏老教师

2730

yán xíng yī zhì
言 行 一 致

zuǒ yòu liǎng nán
左 右 两 难

【释义】 言～：一致：说的话和做的事是统一的，没有抵触。
左～：形容处于困境，难以做出决定。语见元·杨显之《潇湘雨》第一折："我欲待亲自去寻来，限次又紧，着老夫左右两难，如何是好？"
【结构】 主谓　名-名|数-形
【扩联】 言行一致名声致
左右两难决策难

2731

yán yóu zài ěr
言 犹 在 耳

kǒu bù yìng xīn
口 不 应 心

【释义】 言～：讲过的话好像还在耳边回响。指对人家说过的话还记得清清楚楚。
口～：应：对应。指口里说的和心里想的不相对应。语见元·王实甫《西厢记·夫人停婚》："俺娘好口不应心也呵。"
【结构】 主谓　名|副-动-名
【扩联】 言犹在耳声犹响
口不应心脸不红

2732

yán yǒu zhào huò
言 有 召 祸

qián kě tōng shén
钱 可 通 神

【释义】 言～：言：言语，说话。说话不慎可招来灾祸。指说话要慎重。
钱～：金钱可买通神仙。形容一切以金钱为转移，极言金钱魔力之大。
【结构】 主谓　名|动-动-名
【扩联】 钱可通神使鬼推磨
言有召祸惹妖上身

2733

yán zhě wú zuì
言 者 无 罪

pǐ fū yǒu zé
匹 夫 有 责

【释义】 言~：指提意见的人，只要是善意的，即使提得不正确，也是无罪的。语见《诗经·大序》："上以风化下，下以讽刺上，主文而主谲谏，言之者无罪，闻之者足戒。"
匹~：匹夫：指一般平民。责：责任。每一个普通百姓都有责任。语见明·顾炎武《日知录》："保天下者，匹夫之贱，与有责焉耳矣。"

【结构】 主谓 名—|动-名

【扩联】 意见对错言者无罪
国家存亡匹夫有责

2734

yán zhī chéng lǐ
言 之 成 理

shī chū yǒu míng
师 出 有 名

【释义】 言~：话说得有一定道理。语见《荀子·非十二子》："然而其持之有故，其言之有理，足以欺惑愚众。"
师~：师：军队。名：名义，理由。指出兵有正当理由。也泛指做事名正言顺。见《礼记·檀弓下》："师必有名。"

【结构】 主谓 名-动|动-名

【扩联】 师出有名能获胜
言之成理可蒙人

2735

yán jīn liǔ gǔ
颜 筋 柳 骨

wú dài cáo yī
吴 带 曹 衣

【释义】 颜~：颜、柳：颜真卿、柳公权，二人皆为我国唐代著名书法家。筋、骨：筋肉和骨头，此处比喻书法的笔姿。颜字雄浑丰厚，柳字骨力遒健，故以"颜筋柳骨"形容书法高妙，兼有颜、柳的优点。
吴~：吴：唐朝吴道子。善画佛像，笔势圆转，所画衣带飘举，称"吴带当风"。曹：北齐曹仲达，也善画佛像，笔法稠叠，所画衣带紧窄，称"曹衣出水"。以之形容画技高超，可比曹吴。

【结构】 联合 名-名|名-名

【扩联】 书有颜筋柳骨
画推吴带曹衣

2736

yán cái shòu zhí
沿 才 授 职

yǐ mào qǔ rén
以 貌 取 人

【释义】 沿~：根据才能，授以相称的职务。语见南朝齐·王融《永明十一年策秀才文》："必待无爵具修，人纪咸事，然后沿才授职，揆务分司。"
以~：只凭外表来衡量判断人的品质和才能。语见汉·戴德《大戴礼记·五帝德》："以貌取人，失之子羽。"

【结构】 状中 介-名|动-名

【扩联】 沿才授职公平公正
以貌取人偏颇偏移

2737

yán nián yì shòu
延 年 益 寿

qū bìng xiao zāi
祛 病 消 灾

【释义】 延~：延：延长。益：增加。延长寿命。
祛~：祛：除去。消除病痛和灾祸。

【结构】 联合 动-名|动-名

【扩联】 健身定能延年益寿
信佛未必祛病消灾

2738

yǎn gāo yú dǐng
眼 高 于 顶
dǎn dà bāo tiān
胆 大 包 天

【释义】 眼~：眼界高于头顶。一般比喻高傲、看不起人。
胆~：胆子大得能包天。形容胆子特别大，敢于胡作非为。
【结构】 主谓　名|形-介-名
【扩联】 眼高于顶不平视
胆大包天敢妄为

2739

yǎn guān liù lù
眼 观 六 路
ěr tīng bā fāng
耳 听 八 方

【释义】 眼~：六路：前后左右上下。眼睛能看到几个方向的情况。形容机智灵活，遇事能多方观察，全面了解。
耳~：同时能听到、注意到各个方面的动静。形容机警和消息灵通。
【结构】 主谓　名|动-数-名
【扩联】 眼观六路疾苦事
耳听八方不平声

2740

yǎn huā liáo luàn
眼 花 缭 乱
xīn xù huǎng hū
心 绪 恍 惚

【释义】 眼~：缭乱：纷乱，混乱。形容东西繁多，使人看得眼睛发花，无法分辨清楚。
心~：心绪：（就安定或紊乱来说的）心情。恍惚：神志不清醒，精神不集中。心情不安宁。
【结构】 主谓　　名-名|形一
【扩联】 眼看眼前物眼花缭乱
心思心上人心绪恍惚

2741

yǎn míng shǒu kuài
眼 明 手 快
xīn xì dǎn cū
心 细 胆 粗

【释义】 眼~：眼光锐利，手脚利落。形容动作敏捷。
心~：用心细致、周密，而胆大果断。
【结构】 联合　名-形 | 名-形
【扩联】 心细胆粗敢打会打
眼明手快见招拆招

2742

yǎn xíng gǔ ruǎn
眼 饧 骨 软
xīn zuì hún mí
心 醉 神 迷

【释义】 眼~：眼饧：指眼色朦胧。眼睛发饧，骨节酥软。形容迷朦倦懒的神态。
心~：心如酒醉，神魂迷乱。形容钦佩、崇拜到极点。后常指为某事所迷惑而神智不清。
【结构】 联合　名-形|名-形
【扩联】 梅园惊艳眼饧骨软
金屋藏娇心醉神迷

2743

yǎn qí xī gǔ
偃 旗 息 鼓
pò fǔ chén zhōu
破 釜 沉 舟

【释义】 偃~：偃：放倒。息：止。放倒军旗，停止击鼓。指军队把自己的行踪隐藏起来，不使敌人觉察。也指停止战斗或停止行动。
破~：釜：古代烧饭用的大锅。舟：船。打破饭锅，弄沉渡船，以示决一死战。比喻决心奋斗到底，绝不后退。
【结构】 联合　动-名|动-名
【扩联】 偃旗息鼓百万军士亦憋气
破釜沉舟三千甲兵可回天

2744

yǎn bīng xī jiǎ
偃 兵 息 甲

sàn mǎ xiū niú
散 马 休 牛

【释义】 偃~：放倒兵器，收起盔甲。指停止战斗。语见北魏·高允《征士颂》："于是偃兵息甲，修立文字。"

散~：指战争结束，用于战争的牛马，使之休息。语见《尚书·武成》："归马于华山之阳，放牛于桃林之野，示天下弗服。"

【结构】 联合 动-名|动-名

【扩联】 偃兵息甲五洲靖
散马休牛四海宁

2745

yàn què chǔ wū
燕 雀 处 屋

fèng huáng zài nú
凤 凰 在 笯

【释义】 燕~：处：居住。小鸟住在堂屋上。比喻处在危险的境遇中自己却不知道。也指居安忘危，失去警惕。

凤~：笯：鸟笼。凤凰被关在笼中。比喻贤者失其位，不能施展才能抱负。语见屈原《九章·怀沙》："凤凰在笯，鸡鹜翔舞。"

【结构】 主谓 名-名|动-名

【扩联】 燕雀处屋犹笑鹜
凤凰在笯不如鸡

2746

yàn què xiāng hè
燕 雀 相 贺

fèng huáng lái yí
凤 凰 来 仪

【释义】 燕~：燕、雀：小鸟。爱在人居处筑巢栖息。燕雀因大厦落成有栖身之处而互相庆贺。多用作祝贺新屋落成之吉祥语。语见汉·刘安《淮南子·说林训》："汤沐具而虮虱相吊，大厦成而燕雀相贺。"

凤~：凤凰：传说中的神鸟，百鸟之王。仪：仪容，仪态。凤凰飞来，合着《箫韶》乐声翩翩起舞，仪态非凡。古代指吉祥的征兆。语见《尚书·益稷》："箫韶九成，凤凰来仪。"晋·成公绥《啸赋》："百兽率舞而抃足，凤凰来仪而拊翼。"

【结构】 主谓 名-名|副-动

【扩联】 燕雀相贺家宅好
凤凰来仪国运昌

2747

yàn rú táo lǐ
艳 如 桃 李

lěng ruò bīng shuāng
冷 若 冰 霜

【释义】 艳~：容颜娇艳像桃花李花。形容女子面貌极美。

冷~：冷得像冰霜一样。形容对人很冷淡，毫无热情。也比喻态度严厉，使人不敢接近。

【结构】 述补 形|动-名-名

【扩联】 艳如桃李人欢快
冷若冰霜鬼洰寒

2748

yáng chūn yǒu jiǎo
阳 春 有 脚

zhī cǎo wú gēn
芝 草 无 根

【释义】 阳~：阳春：温暖的春天。指贤明的官吏，深察民情而为民谋利。语见五代·王仁裕《开元天宝遗事·有脚阳春》："宋璟爱民惜物，朝野归美，时人咸谓璟为有脚阳春，言所到之处，如阳春煦物也。"

芝~：芝草：仙草，瑞草。比喻人之成就，完全出于个人努力，并无任何福荫资助。语见三国吴·虞翻《与弟书》："杨雄之才，非出孔氏之门，芝草无根，醴泉无源。"

【结构】 主谓 名-名|动-名

【扩联】 阳春有脚煦天下
芝草无根登庙堂

2749

yáng chūn bái xuě
阳 春 白 雪

xià lǐ bā rén
下 里 巴 人

【释义】 阳~：战国时楚国名曲，属于高雅音乐，能跟着唱的全国不过几十人。现用以比喻高深的、不通俗的文艺作品。
下~：战国时楚国的乡土歌曲，一唱起来就有数千人跟着唱。现用以喻指通俗易懂的文艺作品。
【结构】 定中　名—|形—
【扩联】 阳春白雪乏拥趸
下里巴人多粉丝

2750

yáng guāng càn làn
阳 光 灿 烂

chūn yǔ lián xiān
春 雨 廉 纤

【释义】 阳~：灿烂：光彩鲜明耀眼。形容天气晴和。
春~：廉纤：细雨蒙蒙的样子。形容细雨润如酥、景色有无中的春天景致。
【结构】 主谓　名—|形—
【扩联】 阳光灿烂蝶飞舞
春雨廉纤景有无

2751

yáng guāng dào
阳 关 道

dú mù qiáo
独 木 桥

【释义】 阳~：阳关：古代关名，在今甘肃敦煌县西南。经过阳关通往西域的大道。指宽阔的交通大道。也比喻光明的道路。
独~：单独一棵树干做成的桥。比喻很危险的道路。
【结构】 定中　形—|名
【扩联】 四平八稳阳关道
一步三摇独木桥

2752

yáng méi tǔ qì
扬 眉 吐 气

fēi yǎn chuán qíng
飞 眼 传 情

【释义】 扬~：扬起眉毛，吐出胸中闷气。形容长期受压抑的心情获得舒展后的一种自豪、得意的样子。
飞~：飞眼：使眼色，抛媚眼。以眼神传递情愫。多用于形容女子以眼示爱。
【结构】 连动　动—名|动—名
【扩联】 母夜叉飞眼传情情脉脉
老夫子扬眉吐气气轩轩

2753

yáng míng sì hǎi
扬 名 四 海

hán xiào jiǔ quán
含 笑 九 泉

【释义】 扬~：四海：指天下。名扬天下。形容名声很大，人人知晓。
含~：九泉：指地下，也作"黄泉"。满含欢笑在九泉之下。指死去的人也感到高兴。
【结构】 述补　动—名|数—名
【扩联】 生当做人杰扬名四海
死亦为鬼雄含笑九泉

2754

yáng pā zhèn zǎo
扬 葩 振 藻

zhuì yù lián zhū
缀 玉 联 珠

【释义】 扬~：葩：花。藻：辞藻，华丽的文辞，文采。比喻文采焕发。语见唐·令狐德棻《周书·王褒庾信传论》："汉自孝武之后，雅尚斯文，扬葩振藻者如林，而二马、王、杨为之杰。"
缀~：缀：连缀。比喻撰写美好的诗文。语见唐宣宗《吊白居易》诗："缀玉联珠六十年，谁教冥路作诗仙。"
【结构】 联合　动—名|动—名
【扩联】 扬葩振藻青莲学士
缀玉联珠红杏尚书

2755

yáng qīng jī zhuó
扬清激浊
tǔ gù nà xīn
吐故纳新

【释义】 扬~：扬：掀起。清：清水。激：冲刷。浊：污水。冲去污浊的水，掀起清澈的水波。比喻抨击坏的，赞扬好的。
吐~：吐：呼出。纳：吸收，吸进。原为道家的养气之术，指有规律地呼出积气，吸收新气。现多用以表示清除废料、吸收新鲜血液、新陈代谢的意思。
【结构】 联合 动-名|动-名
【扩联】 扬清激浊碧波万顷
吐故纳新国运千秋

2756

yáng tāng zhǐ fèi
扬汤止沸
yǐn zú jiù jīng
引足救经

【释义】 扬~：汤：开水。扬汤：把开水舀起来又倒回锅里去。用扬汤的方法使水不沸腾。比喻方法不当，只能暂时解决困难不能解决根本问题。
引~：引：拉。经：上吊自杀。救上吊的人，却去拉他的脚。比喻方法有错，适得其反。
【结构】 连动 动-名|动-名
【扩联】 引足救经人溘逝
扬汤止沸水翻腾

2757

yáng yáng dé yì
扬扬得意
zuò zuò yǒu máng
作作有芒

【释义】 扬~：扬扬：得意的样子。形容十分得意的样子。也作"洋洋得意"。
作~：作作：光芒四射的样子。芒：光芒。形容光芒四射。也形容声势显赫。语见《史记·天官书》："岁阴在酉，星居午。……作作有芒。"也作"作作生芒"。
【结构】 状中 形一|动-名
【扩联】 作作有芒银幕上
扬扬得意戏迷中

2758

yáng chuān sān yè
杨穿三叶
guì zhé yī zhī
桂折一枝

【释义】 杨~：原指能百步穿杨，射技高超。后也比喻兄弟三人相继科举及第。
桂~：指蟾宫折桂。比喻登科及第。语见白居易《喜敏中及第偶示所怀》诗："桂折一枝先许我，杨穿三叶尽惊人。"白居易、白行简、白敏中兄弟相继进士及第。
【结构】 主谓 名|动-数-名
【扩联】 三生有幸杨穿三叶
一马当先桂折一枝

2759

yáng huā xīn xìng
杨花心性
lóng mǎ jīng shén
龙马精神

【释义】 杨~：杨花：柳絮。心性：心情，心理，品性。随风飘扬不定的杨花品性。比喻女子品格轻浮，用情不专。
龙~：龙马：传说中像龙的一种骏马。比喻健旺昂扬的精神。语见唐·李郢《上裴晋公》诗："四朝忧国鬓如丝，龙马精神海鹤姿。"
【结构】 定中 名-名|名-名
【扩联】 杨花心性街头女
龙马精神员外郎

2760

yáng cháng niǎo dào
羊 肠 鸟 道

liǔ mò huā qú
柳 陌 花 衢

【释义】 羊~：像羊肠一样狭窄曲折、只有鸟能飞过的山路。语见《五灯会元·谷隐聪禅师法嗣》："至四明山心，独居十余载，虎豹为邻，尝曰：'羊肠鸟道无人到，寂寞云中一个人。'尔后。道俗闻风而至，遂成禅林。"
柳~：陌：街道。衢：四通八达的道路。旧指妓院或妓院聚集之处。
【结构】 联合 名-名|名-名
【扩联】 羊肠鸟道无人到
柳陌花衢接客来

2761

yáng luò hǔ kǒu
羊 落 虎 口

jiū jū què cháo
鸠 居 鹊 巢

【释义】 羊~：比喻处于极危险的境地，有死无生。
鸠~：鸠：斑鸠，自己不筑窝。鹊：喜鹊。斑鸠占据喜鹊的巢。比喻强占别人的场所。
【结构】 主谓 名-动|名-名
【扩联】 鸠居鹊巢不言谢
羊落虎口无见还

2762

yáng tóu gǒu ròu
羊 头 狗 肉

fó kǒu shé xīn
佛 口 蛇 心

【释义】 羊~：挂羊头，卖狗肉。比喻用好的东西做幌子来推销劣等货物。也指表里不一，明一套暗一套。
佛~：佛的嘴巴，毒蛇的心肠。形容人嘴甜心狠，阴险恶毒。
【结构】 联合 名-名|名-名
【扩联】 羊头狗肉一锅杂烩
佛口蛇心双面畸人

2763

yáng yáng sǎ sǎ
洋 洋 洒 洒

gǔ gǔ náng náng
鼓 鼓 囊 囊

【释义】 洋~：洋洋：众多、盛大的样子。洒洒：连绵不断的样子。多形容文字篇幅很长。
鼓~：形容口袋、包裹等因填塞的东西太多而凸起来的样子。
【结构】 联合 复一|复一
【扩联】 洋洋洒洒万言策
鼓鼓囊囊一袋书

2764

yǎng ér fáng lǎo
养 儿 防 老

jī gǔ bèi jī
积 谷 备 饥

【释义】 养~：养育儿女，以防到晚年无人照顾。
积~：贮存粮食，以备饥荒。
【结构】 连动 动-名|动-名
【扩联】 养儿防老无人问
积谷备饥有饭吃

2765

yǎng jīng xù ruì
养 精 蓄 锐

liǎn è cáng fēng
敛 锷 藏 锋

【释义】 养~：保养精神，积蓄锐气。泛指积蓄力量。
敛~：锷：剑刃。锋：刀锋。收敛剑刃，掩藏刀锋。形容不露锋芒，养晦韬光。
【结构】 联合 动-名|动-名
【扩联】 敛锷藏锋存实力
养精蓄锐发神威

2766

yǎng yōng yí hài
养痈贻害

zuò shàn jiàng xiáng
作善降祥

【释义】 养~：痈：肿疮。贻：遗留。对身上的毒疮，不及早医治去掉，就会留下祸害。比喻对坏人坏事姑息纵容，就会留下祸根，对不良事物要将其扼杀在萌芽状态。
作~：旧指平日多做善事，就会天降吉祥给他。语见《尚书·伊训》："作善降之百祥，作不善降之百殃。"

【结构】 连动 动-名|动-名

【扩联】 养痈贻害要提醒
作善降祥多倡扬

2767

yǎng guān fǔ chá
仰观俯察

qiè wèn jìn sī
切问近思

【释义】 仰~：指多方面仔细观察研究周围事物。见《周易·系辞上》："仰以观于天文，俯以察于地理，是故知幽明之故。"清·洪仁轩《军次实录·谕天下读书士子》："仰观俯察之间，定有活泼天机来往胸中，非古箧中所有者。"
切~：切：切近，恳切。近思：想当前的问题。恳切地问询，多考虑当前的问题。意谓要多从切身的问题、当前的实际问题去请教、去思考。语见《论语·子张》："博学而笃志，切问而近思，仁在其中矣。"

【结构】 联合 形-动|形-动

【扩联】 切问近思明世况
仰观俯察获天机

2768

yāo chán wàn guàn
腰缠万贯

shēn wú fēn wén
身无分文

【释义】 腰~：贯：古制铜钱，用绳穿上，一千枚为一贯。腰里装着万贯钱财。形容非常富有。
身~：文：古制铜钱，一面铸有文字，故一枚称一文。分文：半文。身上没有半文钱。形容非常贫穷。

【结构】 主谓 名|动-数-量

【扩联】 腰缠万贯铜钱臭
身无分文纸墨香

2769

yāo jīn qí hè
腰金骑鹤

nòng yù chuī xiāo
弄玉吹箫

【释义】 腰~：腰里装着很多金钱，骑着鹤四处遨游。比喻钱赚得很多，又想成为神仙。语见南朝梁·殷芸《小说·吴蜀人》："有客相从，各言其志。或曰原（愿）为扬州刺史，或原多赀财，或原骑鹤上升。其一人曰：'腰缠十万贯，骑鹤上扬州。'欲兼三者。"
弄~：弄玉：秦穆公之女。有萧史者，善吹箫，秦穆公以女妻之，并建凤台给他们住。某夜，吹箫引来凤凰，与弄玉升天而去。比喻男欢女悦，结成爱侣，共享幸福。

【结构】 联合 动-名|动-名

【扩联】 腰金骑鹤一人三意愿
弄玉吹箫两口双凤凰

2770

yāo jīn yì zǐ
腰金衣紫

jié sì lián qí
结驷连骑

【释义】 腰~：金：金印。衣：穿衣。紫：紫色官袍。腰中挂着金印，身上穿着紫袍。旧时借指荣任显贵官职。
结~：驷：同拉一车的四匹马。骑：一人一马的合称。车马紧紧相连。形容车马众多，排场阔绰，高官显赫。

【结构】 联合 动-名|动-名

【扩联】 结驷连骑九常侍
腰金衣紫三品官

2771

yāo jīn tuō zǐ
腰 金 拖 紫

bǐng hù pī páo
秉 笏 披 袍

【释义】 腰~：金：金印。紫：紫绶带。比喻高官显爵所佩挂的金印紫绶。语见南朝梁·沈约《宋书·沈攸之传》："沈攸之少长庸贱，擢自闾伍，邀百战之运，乘一捷之功，镌山裂地，腰金拖紫，高贵于国，极富于家。"
秉~：笏：古代大臣上朝时所持手板。袍：上朝时所穿礼服。比喻做官。语见明·无名氏《破风诗》之二："圣朝辅佐必良才，野有贤人久困埋。今朝察访当推举，秉笏披袍拜御阶。"

【结构】 联合　动-名|动-名

【扩联】 腰金拖紫朝天阙
秉笏披袍踏御阶

2772

yāo yán huò zhòng
妖 言 惑 众

è yǔ shāng rén
恶 语 伤 人

【释义】 妖~：以荒诞离奇的鬼话迷惑扰乱人心。
恶~：说恶毒的话去伤害别人。

【结构】 主谓　形-名|动-名

【扩联】 恶语伤人惩恶鬼
妖言惑众斩妖精

2773

yāo táo nóng lǐ
夭 桃 秾 李

cuì bǎi cāng sōng
翠 柏 苍 松

【释义】 夭~：夭、秾：花木茂密、繁盛的样子。比喻新人年少艳美。也指繁艳丽的桃李。
翠~：翠：青绿色。苍：青色。指四季常青的松柏。比喻具有高贵品质、坚定节操的人。

【结构】 联合　形-名|形-名

【扩联】 夭桃秾李一新妇
翠柏苍松两老人

2774

yāo míng shè lì
邀 名 射 利

qiú fú ráng zāi
求 福 禳 灾

【释义】 邀~：邀：求得。射：射取。指求取名利。见宋·张君房《云笈七签》："世人不终者寿，咸多夭殁者，皆由不自爱惜，忿争尽意，邀名射利，聚毒攻神，内伤骨体，外乏筋肉。"
求~：禳：祈祷消灾。指祈求福运降临消除灾祸。

【结构】 联合　动-名|动-名

【扩联】 求福禳灾还本愿
邀名射利背初衷

2775

yáo huáng wèi zǐ
姚 黄 魏 紫

lǐ bái táo hóng
李 白 桃 红

【释义】 姚~：两种名贵的牡丹花，姚家的为千叶黄花，魏家的为千叶肉红花。
李~：李花白，桃花红。形容春天美丽的景色。

【结构】 联合　名-形|名-形

【扩联】 姚黄魏紫洛阳有
李白桃红山野开

2776

yáo qí nà hǎn
摇 旗 呐 喊

jiǎo xiè tóu xiáng
缴 械 投 降

【释义】 摇~：原指古代打仗时，摇着旗子喊杀助威。现多比喻替别人助长声势。多含贬义。
缴~：械：器械，枪械。交出武器，举手投降。

【结构】 状中　动-名|动一

【扩联】 缴械投降无气节
摇旗呐喊涨威风

2777

yáo yáo yù zhuì
摇 摇 欲 坠

jí jí kě wēi
岌 岌 可 危

【释义】 摇~：摇摇晃晃，就要掉下来了。形容即将垮台。
岌~：岌岌：十分危险的状况。形容已极其危险了。
【结构】 状中　叠一|副-动
【扩联】 摇摇欲坠儿皇帝
岌岌可危旧政权

2778

yáo yáo yì quē
峣 峣 易 缺

jiǎn jiǎn fěi gōng
蹇 蹇 匪 躬

【释义】 峣~：峣峣：高直的样子。缺：损坏。比喻刚直不阿的人不容于世。语见南朝宋·范晔《后汉书·黄琼传》："常闻语曰：'峣峣者易缺，嗷嗷者易污。'"
蹇~：蹇蹇：正直忠诚的样子。匪：非，不。躬：自身。形容忠于其国，尽忠直谏，非为一己之私。语见《周易·蹇》："王臣蹇蹇，匪躬之故。"晋·葛洪《抱朴子·臣节》："违令犯颜，蹇蹇匪躬者，安上之民翰也。"
【结构】 述补　叠一|副-动
【扩联】 蹇蹇匪躬臣不改
峣峣易缺世难容

2779

yǎo rú huáng hè
杳 如 黄 鹤

miǎo ruò yān yún
渺 若 烟 云

【释义】 杳~：杳：不见踪影。像飞去的黄鹤一样无影无踪了。形容一去再无踪影。
渺~：渺：渺茫。像烟云一样渺茫飘忽。比喻模糊不清捉摸不定。
【结构】 述补　形|动-名一
【扩联】 渺若烟云迷望眼
杳如黄鹤影无踪

2780

yáo cháng shùn duǎn
尧 长 舜 短

yàn shòu huán féi
燕 瘦 环 肥

【释义】 尧~：尧、舜：中国远古时代传说中的两位君王。尧帝修长，舜帝个矮。但都是万古祭祀的贤君。
燕~：燕：赵飞燕，汉成帝的皇后。瘦：指身体苗条轻盈。环：杨玉环，唐玄宗之妃。肥：身体丰满肥胖。二人与西施、貂蝉为中国古代四大美女。形容美女的体态不同，但各有各的风韵，也比喻各种艺术流派风格不同。
【结构】 联合　名-形|名-形
【扩联】 燕瘦环肥大美女
尧长舜短古贤君

2781

yáo tiān shùn rì
尧 天 舜 日

bì yǔ jī fēng
毕 雨 箕 风

【释义】 尧~：尧、舜：古代传说中的两位贤明君主。尧舜在位的时期。原指理想中的太平岁月，歌颂帝王的盛德。后也比喻太平盛世。
毕~：也作"箕风毕雨"。毕、箕：二十八宿中的星宿名。月过毕有好雨，月过箕有好风。指风调雨顺。借喻民众歌颂君主的恩泽。
【结构】 联合　名-名|名-名
【扩联】 尧天舜日太平盛世
毕雨箕风吉庆丰年

2782

窈窕淑女 (yǎo tiǎo shū nǚ)
巾帼丈夫 (jīn guó zhàng fū)

【释义】窈~：窈窕：美丽苗条。淑：温和贤良。美丽苗条而又贤德的女子。语见《诗经·周南·关雎》："关关雎鸠，在河之洲。窈窕淑女，君子好逑。"
巾~：巾帼：古代妇女的头巾与发饰。后借指妇女。指有男子汉大丈夫气概的女子。

【结构】定中　形一|名一

【扩联】巾帼丈夫佳人另类
窈窕淑女君子好逑

2783

咬文嚼字 (yǎo wén jiáo zì)
绣句绘章 (zhǐ jù huì zhāng)

【释义】咬~：嚼：咀嚼。过分地斟酌字句。讽刺死抠字眼儿，不领会文章实质的人。
绣~：绣：刺绣，喻修饰文辞。形容雕琢文辞，修饰章句，以增加文采。

【结构】联合　动-名|动-名

【扩联】绣句绘章添点美
咬文嚼字有些酸

2784

咬牙切齿 (yǎo yá qiè chǐ)
瞋眼竖眉 (chēn yǎn shù méi)

【释义】咬~：切齿：咬牙齿以示痛恨。形容愤恨或发狠到了极点。
瞋~：睁大眼倒竖眉。形容大怒时的样子。

【结构】联合　动-名|动-名

【扩联】咬牙切齿恨之入骨
瞋眼竖眉怒发冲冠

2785

药笼中物 (yào lóng zhōng wù)
畎亩下才 (quǎn mǔ xià cái)

【释义】药~：药笼：盛药的器具。药笼中所备防病的药。比喻储备的人才。见《新唐书·儒学传下》，（元行冲）尝谓仁杰曰："愿以小人备一药石可乎？"仁杰笑曰："君正吾药笼中物，不可一日无也。"
畎~：畎亩：田间，田地。下才：下等人才，自谦之词，见《旧唐书·杨收传》："臣畎亩下才，谬当委任。"

【结构】定中　名一方|名

【扩联】药笼中物可防病
畎亩下才能做官

2786

要好成歉 (yào hǎo chéng qiàn)
转危为安 (zhuǎn wēi wéi ān)

【释义】要~：要做好事反被当作了恶意。指好意反而招怨。语见明·凌濛初《初刻拍案惊奇》："真是冤天屈地，要好成歉。"
转~：危：危险。从危险转为平安。多指病情、局势。语见汉·刘向《战国策·书录》："皆高才秀士，度时君之所能行，初七策异智，转危为安。"

【结构】连动　动-名|动-名

【扩联】要好成歉莫生气
转危为安当释怀

2787

yě niǎo rù miào
野鸟入庙

pìn jī sī chén
牝鸡司晨

【释义】 野~：庙：指太庙明堂，帝王祭祀、议政之处。野鸟闯进了庙堂。旧指国家败亡的征兆。

牝~：牝鸡：母鸡。司：掌管。母鸡打鸣掌管起天明报晓的事了。旧时喻指妇人篡权乱政，国家将亡。

【结构】 主谓　形-名|动-名

【扩联】 牝鸡司晨乾坤颠倒

野鸟入庙家国败亡

2788

yě rén xiàn pù
野人献曝

néng shì nì móu
能士匿谋

【释义】 野~：野人：古代对没有爵位的人的称呼，一般指山野农夫。曝：晒。指农夫要把晒太阳的好处和方法献给君王。比喻贡献的不是有多大价值的东西。语见《列子·杨朱》："宋国有田夫……自曝于日，不知天下之有广厦隩室、绵纩狐貉，顾其妻曰：'负日之暄，人莫知者，以献君王，将有重赏。'"

能~：匿：藏匿。有才能的人因得不到重用而隐藏其谋略。语见《孔丛子·对魏王》："教贤愚共贯，则能士匿谋。"

【结构】 主谓　形-名|动-名

【扩联】 野人献曝期王赏

能士匿谋致国亡

2789

yě shēng yě zhǎng
野生野长

dú duàn dú xíng
独断独行

【释义】 野~：本指生物在自然环境里生长而不是由人工饲养或栽培。引申为人在不受任何约束和教管的环境里成长起来，多具野性、任性。

独~：指行事专断，不考虑别人的意见。形容作风武断不民主。同"独断专行"。

【结构】 联合　副-动|副-动

【扩联】 野生野长野心大

独断独行独力难

2790

yě xīn bó bó
野心勃勃

hǔ shì dān dān
虎视眈眈

【释义】 野~：勃勃：旺盛的样子。形容野心极大。

虎~：眈眈：注视的样子。像老虎猎物那样紧盯目标。形容有野心，急于攫取。

【结构】 主谓　名—|叠—

【扩联】 野心勃勃觊觎宝座

虎视眈眈攫取王冠

2791

yě yǒu è piǎo
野有饿殍

mén wú zá bīn
门无杂宾

【释义】 野~：野：野外，山野。饿殍：饿死的人。山野都是饿死的人。多用于比喻灾荒之重，为政之惨。

门~：杂：庞杂，不纯。家中没有杂乱的客人。指不乱结交朋友。语见《晋书·刘惔传》："累迁丹阳尹，为政清整，门无杂宾。"

【结构】 主谓　名|动-形-名

【扩联】 门无杂宾家风正

野有饿殍国运艰

2792

yè láng zì dà
夜 郎 自 大
qiáo yuè dú zūn
乔 岳 独 尊

【释义】 夜~：夜郎：汉代我国西南方一个小国，在今贵州桐梓一带。夜郎王从没走出去，自以为夜郎国比汉王朝还大。比喻孤陋寡闻而又妄自尊大。
乔~：乔岳：高山，指泰山。独：唯独。五岳（东岳泰山、南岳衡山、西岳华山、北岳恒山、中岳嵩山）中唯独以泰山最尊贵。
【结构】 主谓　名一|副-形
【扩联】 不闻于世夜郎自大
　　　　高耸入云乔岳独尊

2793

yí bài tú dì
一 败 涂 地
sān liáng xùn qín
三 良 殉 秦

【释义】 一~：涂地：血污涂抹在了地上。本指军队被打败，血污满地。泛指彻底失败，不可收拾。语见《史记·高祖本纪》："天下方扰，诸侯并起，今置将不善，一败涂地。"
三~：三良：指秦穆公时奄息、仲行、缄虎三人，文武全才，被国人称之为"三良"。穆公封三人为大夫，极度宠信。三良誓之曰："无以为报，生死相从。"后穆公死，三人殉葬。"三良殉秦"，用以指责独夫的残暴，颂扬善良的美德，表达对愚忠的谴责。
【结构】 述补　数-名|动-名
【扩联】 一败涂地落花流水
　　　　三良殉秦视死如饴

2794

yī chǎng chūn mèng
一 场 春 梦
shí nián hán chuāng
十 年 寒 窗

【释义】 一~：春梦：春宵好梦。比喻世事无常，富贵盛衰有如一梦，转眼即逝。现也比喻良好的设想遭到破灭。
十~：在寒窗下长期刻苦读书。形容闭门苦读时间很久。
【结构】 定中　数-名|形-名
【扩联】 一场春梦求功利
　　　　十年寒窗受苦辛

2795

yī chàng yī hè
一 唱 一 和
bǎi yī bǎi suí
百 依 百 随

【释义】 一~：一个先唱，一个和声，形容两人感情相通。后多比喻两人互相配合，彼此呼应。也指鸣声相呼应。
百~：随：跟随，任随，顺从。事事都顺从。
【结构】 联合　数-动|数-动
【扩联】 一唱一和夫妻俩
　　　　百依百随儿女们

2796

yī chén bù rǎn
一 尘 不 染
sì dà jiē kōng
四 大 皆 空

【释义】 一~：尘：佛教用语，佛家把色、声、香、味、触、法叫作"六尘"，把眼、耳、鼻、舌、身、意叫作"六根"，并认为"六尘"产生于"六根"，因此把所谓"六根清净"的叫作"一尘不染"。原指佛教徒修行，摒除欲念，保持心地洁净。后形容非常纯净。
四~：佛教用语。佛教称坚、温、暖、动的性能为"四大"，并认为人身亦由此"四大"构成。因此"四大"有时也作为人身的代称。指世上的一切都是虚幻的。
【结构】 主谓　数-名|副-动
【扩联】 一尘不染心灵净
　　　　四大皆空眼界宽

2797

yī chéng bù biàn
一 成 不 变

wàn gǔ cháng qīng
万 古 长 青

【释义】 一~：成：形成。变：改变。一经形成，永不改变。原指刑法一经制定就不可更改。后转用以形容墨守成规，固定不变。
万~：万古：千年万代，永远。像松柏一样永远苍翠。形容美好的东西永远不会消失。

【结构】 状中　数-名|副-动

【扩联】 一成不变爱心在
万古长青友谊存

2798

yī chóu mò zhǎn
一 筹 莫 展

cùn bù nán xíng
寸 步 难 行

【释义】 一~：筹：竹筹，古代用以计数和计算的算筹，引申为计策，办法。展：施展。一点计策也不能施展。形容束手无策，毫无办法。
寸~：指行走困难，迈不开步。也比喻陷入困窘，没有一点活动余地。

【结构】 主谓　数-名|副-动

【扩联】 家徒四壁一筹莫展
路遇多歧寸步难行

2799

yī chù jí fā
一 触 即 发

zài sī ér xíng
再 思 而 行

【释义】 一~：触：碰，触动。发：引发，发动。原指箭在弦上，一碰就发射出去。后比喻事态发展到十分紧张阶段，稍有一点诱因就会引发严重后果。也形容性情急躁暴烈。
再~：一再考虑才行动。形容行事慎重。

【结构】 连动　数-动|副-动

【扩联】 紧紧张张一触即发
安安稳稳再思而行

2800

yī chù jí kuì
一 触 即 溃

bǎi zhé bù náo
百 折 不 挠

【释义】 一~：触：碰。溃：溃败。稍碰一下，就马上溃败。形容军队毫无战斗力，很容易被打垮。
百~：折：挫折。挠：弯曲，引申为屈服。无论遭受多少次挫折，都不退缩或屈服。

【结构】 状中　数-动|副-动

【扩联】 一触即溃一败涂地
百折不挠百年树人

2801

yī chuáng liǎng hǎo
一 床 两 好

shí shì jiǔ kōng
十 室 九 空

【释义】 一~：一张床上的两个人都好。比喻夫妻俩很般配。
十~：室：人家。十户人家中有九家没人住了。形容残酷搜刮、严重灾祸造成的贫困、流离或死亡的凄凉景象。

【结构】 主谓　数-名|数-形

【扩联】 一床两好人钟爱
十室九空鬼见愁

2802

yī cù kě jiù
一 蹴 可 就

sān sī ér xíng
三 思 而 行

【释义】 一~：一蹴：举足一踢。就：到达，完成。一举足就可以完成。比喻做事轻而易举。
三~：三：再三，表示多次。再三思考，然后行动。形容做事谨慎。

【结构】 连动　数-动|连-动

【扩联】 成功非一蹴可就
做事要三思而行

2803

yī cuò bǎi cuò
一 错 百 错

qiān zhēn wàn zhēn
千 真 万 真

【释义】 一~：指在关键问题上错了，其他一连串的事情也都会错。
千~：一千个一万个真实。形容情况非常确实。
【结构】 连动　数-形|数-形
【扩联】 一错百错完全错
千真万真绝对真

2804

yī fā pò dì
一 发 破 的

bǎi bù chuān yáng
百 步 穿 杨

【释义】 一~：发：发出，射出。的：箭靶的中心。一箭射出去就中箭靶的中心。比喻一下就击中目标。
百~：杨：杨树，这里指杨树叶。百步之外射箭能穿透指定的杨树叶。形容射箭技能高超。
【结构】 状中　数-动|动-名
【扩联】 百步穿杨箭法好
一发破的功夫深

2805

yì fān fēng shùn
一 帆 风 顺

jiǔ zhuǎn gōng chéng
九 转 功 成

【释义】 一~：本指帆船一路顺风。比喻处境顺利或办事容易。
九~：九转：道家炼丹，分一转至九转（转：循环变化），烧炼的时间越长，转数越多，效果越好。据说，"九转之丹，服之三日得仙"。后用以比喻功勋事业、作品等经过千锤百炼终于成功，达到极高的境界。语见唐·吕岩《渔夫·朝帝》："九转功成数尽乾，开炉拔鼎见金丹。餐饵了，别尘寰，足蹑青云突上天。"也作"九转丹成"。
【结构】 主谓　数-名|名-动
【扩联】 一帆风顺江河海
九转功成将相臣

2806

yī fū hè jǐ
一 夫 荷 戟

liǎng lèi chā dāo
两 肋 插 刀

【释义】 一~：荷：扛。戟：古代兵器。一人手执兵器。为"一夫荷戟，千人莫当"缩语，指一人据险守关，万夫莫开。形容易守难攻。
两~：腰两边插着钢刀。比喻愿为友情冒死出力。
【结构】 主谓　数-名|动-名
【扩联】 两肋插刀帮战友
一夫荷戟守边关

2807

yī gān fēng yuè
一 竿 风 月

qiān lǐ chún gēng
千 里 莼 羹

【释义】 一~：一根鱼竿钓风月。风月：清风明月。指美好景色。明月清风，垂钓水边，何其乐也。比喻忘却世事，在清风明月的美景行乐逍遥。
千~：千里：湖名。位于江苏溧阳。莼羹：用莼菜做成的汤，味道异常鲜美。指家乡风味特佳的食品。泛指江南风味食品。也作思乡的婉辞。
【结构】 定中　数-量|名-名
【扩联】 千里莼羹味美美
一竿风月趣多多

2808

yī fū kě shǒu
一 夫 可 守

wàn zhòng fú cuī
万 众 弗 摧

【释义】一～：一个人就可以把守。形容易于防守的咽喉要冲。
万～：一万个人也不能攻破摧毁。常用于形容阵地工事无比坚固。
【结构】主谓　数-名|副-动
【扩联】坚如磐石一夫可守
固若金汤万众弗摧

2809

yī gǔ zuò qì
一 鼓 作 气

èr bēi jì gōng
二 碑 纪 功

【释义】一～：作：振作。气：士气。古代击鼓进军。擂第一通鼓时士气最为旺盛。比喻趁锐气旺盛之际一举成事或勇往直前。语见《左传·庄公十年》："夫战，勇气也。一鼓作气，再而衰，三而竭。"
二～：立下两块石碑铭刻功绩。形容殷切的留名后世之心。见《晋书·杜预传》。杜预，西晋著名学者、将领，著有《春秋左氏经传集解》，在灭吴战争中立下赫赫战功，博学多能，广有谋略，号称"杜武库"。杜预看重后世留名，因虑及"高岸为谷，深谷为陵"，怕纪功石碑湮没，便同时刻下两块同样的石碑，一立岘山之上，一沉万山之下，以图千秋万代后其名都能昭著于世。
【结构】状中　数-名|动-名
【扩联】一鼓作气平凡貊
二碑纪功昭千秋

2810

yī hán rú cǐ
一 寒 如 此

sì bì xiāo rán
四 壁 萧 然

【释义】一～：寒：贫寒、穷困。穷困潦倒竟然到了这种样子、这种地步。形容穷困至极。
四～：萧然：寂寞冷落。家里徒有四壁，别无长物，寂寞冷落。
【结构】主谓　数-名|形一
【扩联】一寒如此无长物
四壁萧然惟老身

2811

yī hū bǎi yìng
一 呼 百 应

liù wèn sān tuī
六 问 三 推

【释义】一～：应：响应。一声呼喊，百人响应。形容号召力很大，响应的人很多。
六～：六、三：指多次。问、推：审问。指多次审讯。
【结构】连动　数-动|数-动
【扩联】座上客一呼百应
阶下囚六问三推

2812

yī huī chū shǒu
一 麾 出 守

wǔ zǐ dēng kē
五 子 登 科

【释义】一～：麾：古代指挥军队的旗帜。出守：出任太守。一位将帅级的官员出任太守。比喻高官外任。语见南朝宋·颜延之《五君咏·阮始平》："屡荐不入官，一麾乃出守。"（按：时人认为阮咸受到荀勖排挤，才出任始平太守。又，麾同"挥"，即排斥之意。一语双关。）
五～：五个儿子都中科举及第。用作结婚的祝福语或吉祥语。语见《宋史·窦仪传》：宋代窦禹钧的五个儿子仪、俨、侃、偁、僖相继及第，故称"五子登科"。
【结构】主谓　数-名|动-名
【扩联】一麾出守左迁郡
五子登科齐进京

2813

yī huā dú fàng
一 花 独 放

bǎi huì zá chén
百 卉 杂 陈

【释义】 一~：一种花独自开放。常比喻缺少各种不同形式、风格的艺术作品。
百~：卉：各种草的总称。陈：摆放。各种草杂乱地摆放着。
【结构】 主谓 数-名|形-动
【扩联】 百卉杂陈难说美
一花独放不成春

2814

yī kuāng tiān xià
一 匡 天 下

sān gù máo lú
三 顾 茅 庐

【释义】 一~：匡：匡正，纠正。纠正混乱局势，使天下安定。
三~：茅庐：诸葛亮住的草屋。顾：探望，拜访。刘备三次到茅庐拜请诸葛亮。指诚心诚意地一再拜访或邀请。
【结构】 动宾 数-动|名一
【扩联】 一匡天下非刘备
三顾茅庐请孔明

2815

yī lái èr qù
一 来 二 去

bǎi zhuǎn qiān huí
百 转 千 回

【释义】 一~：指你来我往，循环反复，在不知不觉中，渐渐形成一种思想或某种情况。
百~：形容回旋反复。也形容经过很多周折或反复考虑。也作"千回百转"。
【结构】 联合 数-动|数-动
【扩联】 一来二去会来事
百转千回现转机

2816

yī lián rú shuǐ
一 廉 如 水

sān shì tóng cái
三 世 同 财

【释义】 一~：比喻为官廉洁，像流水一样洁净。
三~：三代人和睦共居，不另分家财。
【结构】 主谓 数-名|动-名
【扩联】 一廉如水一寒如此
三世同财三代同堂

2817

qiān nán wàn nán
千 难 万 难

yī liǎo bǎi liǎo
一 了 百 了

【释义】 千~：形容非常困难、艰难。
一~：了：了结。形容起主导作用的事情一经了结，其他事情也就随之了结了。语见《朱子语类》第八卷："有资质甚高者，一了一切了，即不须节节用工也。"
【结构】 连动 数-名|数-名
【扩联】 事纵千难万难做
人能一了百了成

2818

yī mén bǎi hù
一 门 百 笏

sì shì sān gōng
四 世 三 公

【释义】 一~：笏：古代大臣上朝时所持手板，代指高官。百：言其多。一个家族里有很多当高官的。形容家族显赫。
四~：东汉袁安一家，安为司徒，子敞为司空，孙汤为太尉，曾孙逢为司空，隗为太傅，四世居三公位，人称"四世三公"。指一个家族世代都有人做大官。
【结构】 主谓 数-名|数-名
【扩联】 一门百笏门庭赫奕
四世三公世代荣光

2819

yī niú hǒu dì
一 牛 吼 地

bǎi quǎn fèi shēng
百 犬 吠 声

【释义】 一~：一头牛的吼叫声所能到达的距离。形容距离较近。语见宋·王安石《答张奉议》诗："五马渡江开国处，一牛吼地作庵人。"
百~：吠：狗叫。比喻随声附和。语见汉·王符《潜夫论·贤难》："谚曰：一犬吠形，百犬吠声，世之疾此固久矣哉！吾伤世之不察真伪之情也。"

【结构】 主谓　数-名|动-名

【扩联】 一牛吼地不生草
百犬吠声太噪人

2820

yī pēn yī xǐng
一 喷 一 醒

sān yù sān xūn
三 浴 三 熏

【释义】 一~：古代斗鸡，要用水喷，使之清醒后再斗，谓之"一喷一醒"。形容一再催促而不使之萎靡不振。语见唐·韩愈、孟郊《斗鸡联句》："一喷一醒然，再接再砺乃。"
三~：浴：洗澡。熏：用香料擦身或熏衣。在敬佛或接待贵客前多次洗澡和用香料擦身熏衣。表示非常郑重和尊重。

【结构】 联合　数-动|数-动

【扩联】 一喷一醒再接再厉
三浴三熏惟恭惟尊

2821

yī póu huáng tǔ
一 抔 黄 土

wàn yìng líng dān
万 应 灵 丹

【释义】 一~：一抔：一捧。原为坟上一捧黄土，后借指坟墓。现也用以比喻不多的土地或没落渺小的反动势力。
万~：应：适应。灵丹：灵验的药。能医治各种疾病的灵药。比喻任何问题都能解决的办法（一般带有讽刺或诙谐意味）。

【结构】 定中　数-名|形-名

【扩联】 万应灵丹不治病
一抔黄土专埋人

2822

yī qiāng rè xuè
一 腔 热 血

liǎng xiù qīng fēng
两 袖 清 风

【释义】 一~：腔：腹腔。一腔：满腹，满怀。热血：指热情、激情。指满怀热情、慷慨激昂。
两~：古人衣袖很大，风容易吹进去。原指迎风潇洒、飘飘欲仙的风姿。后形容为官清廉。

【结构】 定中　数-名|形-名

【扩联】 一腔热血投身革命
两袖清风息影家园

2823

yī qīng rú shuǐ
一 清 如 水

bǎi rěn chéng jīn
百 忍 成 金

【释义】 一~：清正廉洁像水一样透彻。比喻为官一向清廉。
百~：形容忍耐很可贵。语见梁启超《新民说》："如所谓百忍成金，所谓唾面自干，岂非世俗传为佳话者耶。"

【结构】 连动　数-动|动-名

【扩联】 一清如水是高尚
百忍成金臻至刚

2824

yī rén yǒu qìng
一 人 有 庆

wàn shòu wú jiāng
万 寿 无 疆

【释义】 一~：常用作歌颂帝王德政之词。语见《尚书·吕刑》："一人有庆，兆民赖之，其宁惟永。"
万~：疆：极限。长寿无极，永生不灭。祝寿语，常用于称颂帝王。语见《诗经·小雅·天保》："君曰卜尔，万寿无疆。"

【结构】 主谓　数-名|动-名

【扩联】 一人有庆有人贺
万寿无疆无寿圆

2825

yī réng jiù guàn
一仍旧贯

sān fù sī yán
三复斯言

【释义】 一~：一：一切，全。仍：依照。全部依照过去的惯例行事。
三~：三复：多次反复。斯：这。反复地讲述体会这些话语。
【结构】 动宾　数-动|形-名
【扩联】 一仍旧贯始终如一
三复斯言感叹再三

2826

yī shé tūn xiàng
一蛇吞象

wǔ mǎ fēn shī
五马分尸

【释义】 一~：一条蛇吞掉一头大象。比喻贪得无厌。语见屈原
《天问》："一蛇吞象，厥大何如？"
五~：原指古代一种酷刑，用五匹马拴住人的头部和四
肢，把人活活扯碎。现在用来比喻把一件完整的东西肆意
分割。
【结构】 主谓　数-名|动-名
【扩联】 五马分尸非马酷
一蛇吞象是蛇贪

2827

yī shēn èr rèn
一身二任

bǎi qiǎo qiān qióng
百巧千穷

【释义】 一~：任：职务。指一人承担两种职务。语见汉·班固
《汉书·王吉传》："诸侯骨肉，莫亲大王，大王于属则子
也，于位则臣也，一身而二任之责加焉。"
百~：巧：灵巧，代指有才能者。一百个有才能者有一千
个都受穷。指有才能者境遇反而不好。语见宋·陈师道
《早起》："有家无食违高枕，百巧千穷只短檠。"
【结构】 主谓　数-名|数-名
【扩联】 一身二任责加重
百巧千穷人气昏

2828

yì shēn shì dǎn
一身是胆

shí zhǐ lián xīn
十指连心

【释义】 一~：全身都是胆量。形容极其勇敢。
十~：十个指头与心相连。比喻骨肉（亲人）间互相牵
连，有密切关系。
【结构】 主谓　数-名|动-名
【扩联】 一身是胆股肱将
十指连心骨肉情

2829

yī shí sān kè
一时三刻

wàn dài qiān qiū
万代千秋

【释义】 一~：同"一时半刻"。指极短的时间。
万~：又为"万载千秋"。谓经历年代极久。
【结构】 联合　数-名|数-名
【扩联】 一时三刻惊天举
万代千秋留美名

2830

bàn shēn bù suí
半身不遂

yī shǒu bāo bàn
一手包办

【释义】 半~：本为中医学用语，指半边身体因中风而瘫痪，不能
活动。可用以比喻事物部分失灵，不能正常运行。
一~：一手：指一个人。指一个人全部办理或个人独揽，
不需要或不容许别人插手。
【结构】 主谓　数-名|副-动
【扩联】 他未曾半身不遂
你何必一手包办

2831

yī sī bù guà
一丝不挂

bǎi mèi jù shēng
百媚俱生

【释义】 一~：原指佛教用来比喻自身不被世俗的感情所牵累。后泛指赤身裸体。语见宋·杨万里《清晓洪泽放闸四绝句》："放闸老兵殊耐冷，一丝不挂下冰滩。"
百~：媚：妖媚，妩媚。各种妩媚之态都呈现出来了。形容极其妩媚。语见白居易《长恨歌》："回眸一笑百媚生，六宫粉黛无颜色。"

【结构】 主谓 数-名|副-动

【扩联】 百媚俱生有假
一丝不挂写真

2832

yī sī bù gǒu
一丝不苟

wǔ sè xiāng xuān
五色相宣

【释义】 一~：一丝：一点儿。苟：马虎。一点儿也不马虎。形容十分认真。
五~：各种色彩互相映衬。形容诗歌辞藻华丽。语见南朝梁·沈约《宋书·谢灵运传论》："夫五色相宣，八音谐畅，由乎玄黄律吕，各适物宣。"

【结构】 主谓 数-名|副-动

【扩联】 一丝不苟织云锦
五色相宣绘彩图

2833

yī tán sǐ shuǐ
一潭死水

sì miàn chǔ gē
四面楚歌

【释义】 一~：潭：深水池。死水：不流动的水。一池子不流动的水。比喻死气沉沉、停滞不前的局面。
四~：楚：楚国人。四面都是楚国人的歌声。比喻陷入四面被围，孤立无援的困境。故事出自楚汉之争：项羽的军队被刘邦及各诸侯的军队重重包围在垓下，晚上听到汉军营中都是楚人的歌声。项羽及部下都认为楚国已被汉军占领了，一时军心大乱，不战而溃。

【结构】 定中 数-名|形-名

【扩联】 一潭死水毫无士气
四面楚歌大乱军心

2834

yī tiān xīng dǒu
一天星斗

mǎn mù qīng shān
满目青山

【释义】 一~：一：全，满。满天星星。形容文章华美。也比喻事情多而杂乱。语见唐·李中《江行夜泊》诗："半夜风雷过，一天星斗寒。"元·关汉卿《玉镜台》第一折："万里风雷驰号令，一天星斗换文章。"
满~：满眼看到的是青山绿水，心境欣然。形容景色美好或形势大好。语见宋·释道原《景德传灯录》："禅师愿达南泉去，满目青山万万秋。"

【结构】 定中 数-名|名一

【扩联】 一天星斗千千数
满目青山万万秋

2835

yì tóu wù shuǐ
一头雾水

mǎn miàn bīng shuāng
满面冰霜

【释义】 一~：如被雾气水汽笼罩，看不清楚，模模糊糊。比喻毫不知情，而突然面临或被问及某事时，莫名其妙，糊里糊涂，摸不着头脑。
满~：冰霜：比喻严肃的神情。形容脸上是一片严肃、冷峻或严厉的神情。

【结构】 定中 数-名|名-名

【扩联】 一头雾水莫名其妙
满面冰霜不近人情

2836

yī tuán hé qì
一 团 和 气

mǎn miàn chūn fēng
满 面 春 风

【释义】 一~：为人总是和和气气的样子。形容态度和蔼。
满~：心情喜悦，满面笑容。形容人喜悦舒畅的神情。

【结构】 定中 数-名|名一

【扩联】 一团和气开宾馆
满面春风迎客人

2837

yī wú kě qǔ
一 无 可 取

wàn yǒu bù qí
万 有 不 齐

【释义】 一~：一：全，都。可：值得。取：采纳。形容毫无优点、价值或长处。语见唐·卢肇《浑天法》："《玄中》《山经》一无可取，释氏俱舍，乃自立心法，非可以表测而度量也。"
万~：万：万事万物。指世上万事万物并不是整齐划一的，而是各有各的特殊情况。

【结构】 动宾 数-动|副-动

【扩联】 一无可取有相对
万有不齐无特殊

2838

bǎi nián shù rén
百 年 树 人

yī xiào liǎo shì
一 笑 了 事

【释义】 百~：百年：指长时间。树：培育，培养。人：人才。经过相当长的时间，才能培养出优秀的人才。喻指培养人才之不易。多和"十年树木"连用。
一~：笑一笑就算了事。指不予重视。同"一笑了之"。

【结构】 状中 数-名|动-名

【扩联】 一笑了事不重视
百年树人太艰难

2839

yī wǎng dǎ jìn
一 网 打 尽

quán pán tuō chū
全 盘 托 出

【释义】 一~：比喻全部逮住或全部肃清。
全~：把所有的东西都端出来。

【结构】 状中 数-名|动一

【扩联】 池浅王八多一网打尽
家穷荤腥少全盘托出

2840

yī xīn èr yòng
一 心 二 用

sì dé sān cóng
四 德 三 从

【释义】 一~：本指一个人在同一时间段做两件不同的事情。现专指做事不专心、不认真。
四~：我国古代对妇女的封建礼教。四德：妇德、妇言、妇容、妇工。三从：未嫁从父，既嫁从夫，夫死从子。泛指封建社会奴役妇女的礼教。

【结构】 主谓 数-名|数-动

【扩联】 人不能一心二用
谁还讲四德三从

2841

yī yán bù fā
一 言 不 发

wàn mǎ qí yīn
万 马 齐 喑

【释义】 一~：发：宣布，说出。一句话也不说。
万~：喑：哑。群马都沉寂无声。比喻非常沉闷的局面。语见清·龚自珍《己亥杂诗》："九州生气恃风雷，万马齐喑究可哀。我劝天公重抖擞，不拘一格降人才。"

【结构】 主谓 数-名|副-动

【扩联】 一言不发真难受
万马齐喑究可哀

2842

yī yán fèn shì
一 言 偾 事

sān hù wáng qín
三 户 亡 秦

【释义】 一~：偾：跌倒，败坏。偾事：败事。一句话说得不好，就会坏事。语见《礼记·大学》："一人贪戾，一国作乱。其机如此，此谓一言偾事，一人定国。"
三~：三户：三家人，形容人很少。虽然只有几户人家，也必然会消灭秦国。比喻正义力量虽暂时还是弱小的，但必定会战胜暴力。语见《史记·项羽本纪》："故楚南公曰：'楚虽三户，亡秦必楚。'"
【结构】 主谓 数-名|动-名
【扩联】 一言偾事闭严嘴
三户亡秦警惕人

2843

yī yán huá gǔn
一 言 华 衮

qī qiào líng lóng
七 窍 玲 珑

【释义】 一~：华衮：古代王公所穿绣有卷龙的华贵礼服。比喻一言之美如华衮之可贵。语见宋·司马光《读颍公清风集》："一言华衮足为荣，况托文编久愈明。"
七~：七窍：窍，孔，窟窿。古人认为圣人心有七窍，故称。玲珑：灵活敏捷。形容聪明灵巧。
【结构】 主谓 数-名|形一
【扩联】 七窍玲珑实可贵
一言华衮足为荣

2844

yī yán jiǔ dǐng
一 言 九 鼎

liǎng miàn sān dāo
两 面 三 刀

【释义】 一~：鼎：古代国家的传国宝器。一句话有九鼎的分量。形容讲话很有分量很有作用，也形容讲话很守承诺有诚信。
两~：当面一套讲人话，背后一套讲鬼话。形容阴险狡诈，挑拨离间，玩弄两面派手法。
【结构】 主谓 数-名|数-名
【扩联】 两面三刀两面派
一言九鼎一言堂

2845

yī yán lì xìn
一 言 立 信

wàn shì cóng kuān
万 事 从 宽

【释义】 一~：信：诚信。讲出一句话就树立了诚信。形容人言必信，行必果。
万~：万事：任何事情，事事。对待任何事情都以宽容之心处之。语见范立本《明心宝鉴》："谨则无忧，忍则无辱，静则常安，俭则常足，万事从宽，其福自厚。"
【结构】 主谓 数-名|动-名
【扩联】 万事从宽享五福
一言立信值千金

2846

yī yán qióng lǐ
一 言 穷 理

wàn lài wú shēng
万 籁 无 声

【释义】 一~：一言：一个字。用一个字就把事物的性状全表现出来。比喻以精炼的文字概括复杂的情状。也比喻论证精辟。语见南朝梁·刘勰《文心雕龙·物色》："皎日嘒星，一言穷理。"
万~：籁：从孔穴中发出的声音。万籁：指各种声响。形容环境宁静，没有一点儿声音。
【结构】 主谓 数-名|动-名
【扩联】 一言穷理盎空响
万籁无声侧耳听

2847

yī yán nán jìn
一 言 难 尽

wǔ wèi zá chén
五 味 杂 陈

【释义】 一~：形容事情很曲折复杂，一句话难以说完讲清楚。
五~：五味：酸、甜、苦、辣、咸的合称。各种味道一起涌上心头，体会不出究竟是哪种味道。形容人的心情不好受。
【结构】 主谓　数-名|副-动
【扩联】 五年五分手一言难尽
一步一回头五味杂陈

2848

yī yáng fù shǐ
一 阳 复 始

bǎi fú jù zhēn
百 福 具 臻

【释义】 一~：古人认为每年到冬至日，阴气尽，阳气开始复生，谓一阳复始。语见清·李雨堂《万花楼》第三回："转眼又是一阳复始，家家户户庆贺新年。"
百~：指各种各样的幸福同时俱至。语见五代后晋·刘昫《旧唐书·李藩传》："伏望陛下每以汉文孔子之意为准，则百福具臻。"
【结构】 主谓　数-名|副-动
【扩联】 冬至一阳复始
春来百福具臻

2849

yī yuán fù shǐ
一 元 复 始

wàn shì dà jí
万 事 大 吉

【释义】 一~：一元：事物的开始。《公羊传·隐公元年》："元者何？君之始年也；春者何？岁之也始。"后以"一元复始"为新一年的开始。见清·华广生《白雪遗音·节至新春》："节至新春，五福来临；一元复始，万象更新。"万~：吉：吉利，吉祥。指一切事情都非常顺利。也作"百事大吉"。
【结构】 主谓　数-名|形-形
【扩联】 一元复始新年到
万事大吉鸿运来

2850

yī zhēn jiàn xiě
一 针 见 血

sān zhǐ wú lú
三 纸 无 驴

【释义】 一~：一针就扎出血来。比喻讲话写文章简明扼要，能抓住本质，切中要害。
三~：讽刺写文章不得要领。古时民间流传一个笑话，一位博士帮人写买驴的契约，写满了三张纸，还未出现驴字，废话连篇。
【结构】 状中　数-名|动-名
【扩联】 直言无违一针见血
废话连篇三纸无驴

2851

yī zhī dú xiù
一 枝 独 秀

shuāng guì lián fāng
双 桂 联 芳

【释义】 一~：秀：草木之花，清秀美丽，特别优异。千枝万朵，只有一枝开花了，开得很美，特别突出。
双~：两株桂树都开花了，芬芳浓郁，香飘四处。旧时比喻兄弟二人科举高中，俱获功名。
【结构】 主谓　数-名|形-动
【扩联】 双桂联芳步月
一枝独秀报春

2852

yī cǎo fù mù
依 草 附 木

pān sī qiān téng
攀 丝 牵 藤

【释义】 依~：依、附：依赖，附属。古代迷信，认为妖魔可以附于其他物体上，为非作歹。也比喻依附投靠他人，不能自主。
攀~：攀：抓着东西向上爬。牵：缠连。比喻拉拢关系，趋附权势。
【结构】 联合　动-名|动-名
【扩联】 攀丝牵藤拉关系
依草附木靠别人

2853

yī wéi liǎng kě
依 违 两 可

tí xiào jiē fēi
啼 笑 皆 非

【释义】依~：依：赞成。违：反对。赞成和反对都无所谓、都可以。形容对问题没有明确意见。
啼~：啼：哭。非：不是。哭也不是，笑也不是。形容既让人觉得难受，又让人觉得好笑，不知到底该怎样做才好。语见唐·孟棨《本事诗·情感》："啼笑俱不敢，方验做人难。"

【结构】主谓 动-动|数-形

【扩联】啼笑皆非人变傻
依违两可事为难

2854

yī yī bù shě
依 依 不 舍

xī xī xiāng guān
息 息 相 关

【释义】依~：依依：恋慕的样子。舍：放开。形容对人或地方有了感情，十分留恋，不想离去。同"依依难舍"。
息~：息：呼吸时吸进和呼出的气。一呼一吸互相关连。形容彼此关系极为密切。同"息息相通"。

【结构】状中 叠一|副-动

【扩联】你哭他哭依依不舍
一损俱损息息相关

2855

yī shí jiù bì
医 时 救 弊

zhì luàn ān wēi
治 乱 安 危

【释义】医~：比喻对错失的时政弊端实施匡正治理。语见宋·邵伯温《闻见前录》：卷六 "唐元宗时，宰相姚元崇直奏十事，可以坐销患害，立致升平，惟虑至尊未能留意。医时救弊，无出于斯！"
治~：治理乱世，安定危局。语见《吕氏春秋·不苟论》："所归善，虽恶之，赏；所归不善，虽爱之，罚。此先王之所以治乱安危也。"

【结构】联合 动-名|动-名

【扩联】治乱安危施重典
医时救弊用奇方

2856

yī guān chǔ chǔ
衣 冠 楚 楚

yí biǎo táng táng
仪 表 堂 堂

【释义】衣~：楚楚：鲜明的样子。形容穿戴整齐、鲜亮。
仪~：堂堂：端正、大方、威严。形容人外表端正，举止大方，姿态威严。

【结构】主谓 名-名|叠一

【扩联】衣冠楚楚男人侧目
仪表堂堂女士回头

2857

yī guān jǐ jǐ
衣 冠 济 济

xiàng mào táng táng
相 貌 堂 堂

【释义】衣~：衣冠：穿衣带帽，指衣着打扮。济济：整齐、美好的样子。形容穿戴得整齐华贵。同"衣冠楚楚"。语见宋·无名氏《张协状元》第十二出："听启：自来不识恁底，平日我衣冠济济。"
相~：形容长相端正，身材魁梧。语见《三国演义》第五十二回："第二要相貌堂堂，威仪出众。"

【结构】主谓 名一|叠一

【扩联】西装革履衣冠济济
潘鬓沈腰相貌堂堂

2858

yī guān qín shòu
衣 冠 禽 兽

ní zú jù rén
泥 足 巨 人

【释义】衣~：穿戴着衣帽的禽兽。指虚有人的外表，行为却如禽兽。比喻道德败坏的人。
泥~：泥足：泥巴做的双足。比喻貌似强大实际虚弱的反动势力。
【结构】定中 名—|名—
【扩联】泥足巨人强外表
衣冠禽兽坏心肠

2859

yī guān sǎo dì
衣 冠 扫 地

jī quǎn shēng tiān
鸡 犬 升 天

【释义】衣~：衣冠：士大夫和缙绅先生的代称。指其人品行恶劣，行为卑鄙。
鸡~：升天：得道成仙。连鸡和狗也一起升上天空。喻指依靠某种势力或关系而发迹。
【结构】主谓 名-名|动-名
【扩联】鸡犬升天非得道
衣冠扫地真丢人

2860

yī guān shèn wěi
衣 冠 甚 伟

qín shòu bù rú
禽 兽 不 如

【释义】衣~：伟：壮美。人的衣着打扮、仪表神态端庄美好。语见《汉书·张良传》："四人者从太子，年皆八十有余，须眉皓白，衣冠甚伟。"
禽~：指人的道德败坏品行恶劣，连禽兽都比不上。
【结构】主谓 名—|副-形
【扩联】禽兽不如连累禽兽
衣冠甚伟糟蹋衣冠

2861

yī lái shēn shǒu
衣 来 伸 手

huàn zhì hū tiān
患 至 呼 天

【释义】衣~：让别人给穿衣，自己只把手伸进袖筒里。形容人娇生惯养，只知坐享其成。也形容极其懒惰。
患~：患：灾祸。呼：叫，喊。形容事前不做准备，灾祸降临，无法应付，只有喊天来帮助。语见汉·韩婴《韩诗外传》第二卷："患至而后呼天，不亦晚乎？"
【结构】连动 名-动|动-名
【扩联】衣来伸手易
患至呼天难

2862

yī yú hú dǐ
伊 于 胡 底

lè zài qí zhōng
乐 在 其 中

【释义】伊~：伊：句首助词。于：往。胡：何。要去哪里才到底。形容结局不堪设想。
乐~：快乐就在这中间。
【结构】述补 动|动-代-方
【扩联】不想伊于胡底
只图乐在其中

2863

yí gōng huàn yǔ
移 宫 换 羽

pǐn zhú tiáo sī
品 竹 调 丝

【释义】移~：宫、羽：我国古代乐曲中的两种曲调。原指乐曲换调。后也指事情的变化。语见宋·周邦彦《意难忘·美人》："知音见说无双，解移宫换羽，未怕周郎。"
品~：品：吹（箫、笛等）。竹：竹制管乐器。丝：弦乐器。泛指演奏乐器。
【结构】联合 动-名|动-名
【扩联】移宫换羽周郎顾
品竹调丝商女歌

2864

yí fēng yì sú
移 风 易 俗

jī bó tíng jiāo
激 薄 停 浇

【释义】 移~：风俗：长期积累、沿袭下来的民俗习惯等的总和。
转移风气，改变习俗。语见《荀子·乐论》："故乐行而志
清，礼修而行成，耳目聪明，血气和平，移风易俗，天下
皆宁，美善相乐。"
激~：激：冲刷。浇：轻薄，指世情不厚道。形容振作人
心，冲刷掉轻薄世俗的社会风气。语见唐·姚思廉《梁
书·明山滨传》："此言足使还淳返朴，激薄停浇矣。"

【结构】 联合 动-名|动-名

【扩联】 移风易俗变时尚
激薄停浇返本真

2865

yí huā jiē mù
移 花 接 木

duàn hè xù fú
断 鹤 续 凫

【释义】 移~：把一种花木的枝条嫁接到另一种花木上。比喻暗中
使用手段以假换真，欺骗他人。
断~：截断仙鹤的长腿，接续在野鸭的短腿上。形容违反
自然规律，强行做事。

【结构】 联合 动-名|动-名

【扩联】 断鹤续凫皆失败
移花接木有成功

2866

yí qì yǎng tǐ
移 气 养 体

bì xié hù shēn
避 邪 护 身

【释义】 移~：改变气质，保养身体。语见《孟子·尽心上》："孟
子自范之齐，望见齐王之子，喟然叹曰：居移气，养移
体，大哉居乎！"
避~：避开邪恶，养护身心不受侵害。

【结构】 联合 动-名|动-名

【扩联】 避邪护身讲风水
移气养体择比邻

2867

yí qíng bié liàn
移 情 别 恋

gǎi guò zì xīn
改 过 自 新

【释义】 移~：感情转移，又爱上别的异性了。
改~：自新：重新开始新的人生。同"改过作新""改过
从新"，改正以往的过错而重新做人。

【结构】 连动 动-名|副-动

【扩联】 改过自新重塑自我
移情别恋又黏别人

2868

yí zūn jiù jiào
移 樽 就 教

fù jí cóng shī
负 笈 从 师

【释义】 移~：樽：酒杯。宴席上端着酒杯到另一桌向别人请教。
比喻主动求教。
负~：笈：书箱。背着书箱到远处去，跟从老师求学。形
容艰苦求学。语见唐·王勃《山亭兴序》："负笈从师，三
千余里。"

【结构】 连动 动-名|动-名

【扩联】 负笈从师寻教诲
移樽就教拜师门

2869

yí tuán mò shì
疑 团 莫 释

miào chù bù chuán
妙 处 不 传

【释义】 疑~：疑团：很多让人生疑的事缠到一起成了团。众多疑问，解释不了。形容值得怀疑的事太多了。
妙~：妙处：奥妙、美妙之处。传：用语言表达。奥妙之处，语言无法表达。

【结构】 主谓 名—|副–动

【扩联】 妙处不传何谓妙
疑团莫释且存疑

2870

yí yún mǎn fù
疑 云 满 腹

yì fèn tián yīng
义 愤 填 膺

【释义】 疑~：像乌云密布似的疑虑充满了整个心中。形容非常怀疑。
义~：义愤：由不公正、不合理或非正义的事情行为所激起的愤怒。膺：胸。胸中充满了正义的愤怒。

【结构】 主谓 名—|动–名

【扩联】 疑云满腹事难解
义愤填膺心不平

2871

yǐ lǎo mài lǎo
倚 老 卖 老

yǐ xīn huàn xīn
以 心 换 心

【释义】 倚~：倚：倚仗，凭借。仗着年纪大，卖弄老资格。多指老人无所顾忌，强求别人尊重、顺从自己。
以~：用自己的真心（好行为）换取别人的好心（理解或同情）。

【结构】 状中 动–名|动–名

【扩联】 倚老卖老非自重
以心换心乃相知

2872

yǐ mén wàng zǐ
倚 门 望 子

kuī yù jī fū
窥 御 激 夫

【释义】 倚~：倚：靠，靠着。在门口靠着门望儿女回来。形容父母对儿女关爱情深。
窥~：窥：偷看。御：驾驭车。指驭人的妻子偷看丈夫驾车的情况后，用语言激励丈夫上进。此为内助贤德之典。语见《史记·管晏列传》：春秋齐国丞相晏婴的驭手身高八尺，但修养不够，总是洋洋自得。他的妻子从门缝里看到了这种情况，便提出离婚，并将他与晏婴对照，以此激励其上进。后驭手果然改掉了毛病，还成为齐国大夫。

【结构】 连动 动–名|动–名

【扩联】 窥御激夫上进
倚门望子归来

2873

yǐ qiáng líng ruò
倚 强 凌 弱

shì zhì jīn yú
饰 智 矜 愚

【释义】 倚~：倚：凭借。凌：欺凌。凭借强力欺凌弱小。语见元·无名氏《诳范叔》楔子："今天下并为七国……各据疆土，倚强凌弱，不肯相下。"
饰~：装作有智慧而在无知者面前夸耀。语见《庄子·山木》："饰知而矜愚，修身以明汗。"

【结构】 连动 动–形|动–形

【扩联】 强人多倚强凌弱
智者不饰智矜愚

2874

yǐ chá dài jiǔ
以 茶 代 酒

niǎn tǔ wéi xiāng
捻 土 为 香

【释义】 以~：在宴席上，因没酒或不喝酒，用茶水代替，表达友情或敬意。
捻~：捏泥成香。因来不及备香，以泥为香表示虔诚。

【结构】 连动　介-名|动-名

【扩联】 以茶代酒心虔敬
捻土为香意至诚

2875

yǐ gǔ wéi jiàn
以 古 为 鉴

yú ān sī wēi
于 安 思 危

【释义】 以~：鉴：铜镜；借鉴。以历史上的兴衰成败作为借鉴。语见《新唐书·魏徵传》："以铜为鉴，可正衣冠；以古为鉴，可知兴替；以人为鉴，可明得失。"
于~：身处安定和平的环境中，要想到有危险的情况发生。同"居安思危"。

【结构】 状中　介-名|动-名

【扩联】 以古为鉴知兴替
于安思危保太平

2876

yǐ lí cè hǎi
以 蠡 测 海

yòng guǎn kuī tiān
用 管 窥 天

【释义】 以~：蠡：贝壳做的瓢。用瓢测量海水。比喻了解问题很片面。
用~：从管子里看天。比喻眼光狭窄，见识短浅。

【结构】 状中　介-名|动-名

【扩联】 以蠡测海一瓢水
用管窥天半片云

2877

yǐ shēn shì fǎ
以 身 试 法

jiè kè bào chóu
借 客 报 仇

【释义】 以~：以：用。身：自身，自己的肉体。试：尝试。法：刑法。用自己的肉体去尝试刑法的惩罚。指明知道犯法，却偏要亲身去干触犯法令的事。语见汉·班固《汉书·王尊传》："明慎所职，毋以身试法。"
借~：借：帮助。指帮助别人报仇。语见《汉书·朱云传》："少时通轻侠，借客报仇。"也作"借交报仇"。

【结构】 状中　介-名|动-名

【扩联】 借客报仇侠客赴义
以身试法自身受刑

2878

yǐ shí tóu shuǐ
以 石 投 水

wèi yuān qū yú
为 渊 驱 鱼

【释义】 以~：投：扔。把石头扔进水里，水能兼容，不相抵御。比喻胸怀开朗的人大度宽容，善于采纳各种意见，互相投合。
为~：渊：深水之处。驱：驱赶。把鱼都赶到深水潭里。原比喻统治者施行暴政，结果使老百姓投向别国。后比喻不善于团结人把可以依靠的力量赶到对方阵营去了。语见《孟子·离娄上》："故为渊驱鱼者，獭也。为丛驱爵者，鹯也。"

【结构】 状中　介-名|动-名

【扩联】 以石投水水纳石
为渊驱鱼鱼归渊

2879

yǐ yǎn huán yǎn
以 眼 还 眼

jiāng xīn bǐ xīn
将 心 比 心

【释义】 以~：用瞪眼还击对方的瞪眼。指用对方使用的手段来回击对方。
将~：将：拿，用。拿自己的心情来比照对方的心情。指设身处地地为别人着想，体会别人的心情。
【结构】 状中　介-名|动-名
【扩联】 将心比心无恨
以眼还眼结仇

2880

yǐ zhū tán què
以 珠 弹 雀

jiāng xiā diào biē
将 虾 钓 鳖

【释义】 以~：用宝珠来打雀鸟。比喻得不偿失。语见《庄子·让王》："今且有人于此，以隋侯之珠，弹千仞之雀，世必笑之。"
将~：用小虾作饵钓来甲鱼。比喻占人便宜。
【结构】 状中　介-名|动-名
【扩联】 将虾钓鳖钱赚够
以珠弹雀本赔光

2881

yǐ dēng dào àn
已 登 道 岸

gāo bù yún qú
高 步 云 衢

【释义】 已~：道：天道，道行，道德。经过修炼，已经能完全顺应天道，提升到了高境界。
高~：衢：四通八达的道路。云衢：云间大道，喻仕途。高高地步入云间大道。科举时代喻指登科及第，步入仕途。
【结构】 动宾　副-动|名一
【扩联】 已登道岸脱离苦海
高步云衢直上青天

2882

yì fū jié fù
义 夫 节 妇

xiào zǐ cí sūn
孝 子 慈 孙

【释义】 义~：忠义节气双全的夫妇。
孝~：孝敬父母、尊重长辈的子孙。语见宋·王安石《祖赠某官》："朕惟有天下者得推其祖考上配于天，盖孝子慈孙所以报其尊崇之意。"
【结构】 联合　形-名|形-名
【扩联】 义夫节妇好儿女
孝子慈孙贤祖宗

2883

yì wú fǎn gù
义 无 反 顾

lǐ shàng wǎng lái
礼 尚 往 来

【释义】 义~：义：正义的事。反顾：回头看。基于道义，勇往直前，绝对不能回头退缩。
礼~：礼：礼节。尚：注重。在礼节上注重有来有往。这样交情才能持久。现也指针对对方的行为采取相应的措施。
【结构】 主谓　名|动-动-动
【扩联】 护国佑民义无反顾
投桃报李礼尚往来

2884

yì wú xuán zhǒng
义 无 旋 踵

zhōng bù bì wēi
忠 不 避 危

【释义】 义~：旋踵：把脚后跟转过来，比喻退缩。在道义上只能奋勇向前，毫不退缩。语见《晋书·温峤传》："今之事势，义无旋踵，骑猛兽安可中下哉。"
忠~：忠：忠心，忠于。避：回避。忠于职守，不回避危险。
【结构】 述补　名|动-动-名
【扩联】 忠不避危慷慨赴死
义无旋踵奋骧向前

2885

yì xíng yú sè
义 形 于 色
qíng xiàn hū cí
情 见 乎 辞

【释义】义~：义：义愤。形：表现。色：脸色。人义愤的情绪反映到脸色上。
情~：见：同"现"，表露。乎：介词，在于。内心的思想感情表露在语言文字中。
【结构】主谓 名|动-介-名
【扩联】义形于色疾言厉色
情见乎辞辩口利辞

2886

yì è yáng shàn
抑 恶 扬 善
zhǐ gē xīng rén
止 戈 兴 仁

【释义】抑~：抑止恶行，宣扬善事。语见《后汉书》李贤注引汉·刘向《新序》："独不闻子产之相郑乎！推贤举能，抑恶扬善，有大略者不问其短，有厚德者不非小疵。"
止~：戈：武器，代指武事、战争。停止战争，实行仁政。语见《三国志·孙皓传》裴松之注引《汉晋春秋》："将欲止戈兴仁，为百姓请命。"
【结构】联合 动-名|动-名
【扩联】抑恶扬善多善举
止戈兴仁出仁人

2887

yì qiáng fú ruò
抑 强 扶 弱
ān fù xù qióng
安 富 恤 穷

【释义】抑~：抑：压制。扶：扶助。压制强横的，扶助弱小的。
安~：恤：周济，救济。安抚富人，周济穷人。
【结构】联合 动-名|动-名
【扩联】抑强扶弱求平等
安富恤穷共燮谐

2888

yì dào liáng mǎ
易 道 良 马
lǎo niú pò chē
老 牛 破 车

【释义】易~：易道：平坦的道路。好路好马。比喻可以飞速前进。
老~：老牛拉着破车走。比喻做事慢慢腾腾，效率很低。
【结构】联合 形-名|形-名
【扩联】易道良马骑沓沓
老牛破车晃悠悠

2889

yì rú fǎn zhǎng
易 如 反 掌
diào yǐ qīng xīn
掉 以 轻 心

【释义】易~：反掌：把手掌翻过来。容易得像翻一下手掌一样。形容很容易。
掉~：掉：调换。轻心：不在意，思想疏忽。现一般指对待事物采取轻忽、不经意，不谨慎的态度。
【结构】述补 形|动-动-名
【扩联】易如反掌瓮中捉鳖
掉以轻心节外生枝

2890

yì gāo dǎn dà
艺 高 胆 大
xīn xiǎng shì chéng
心 想 事 成

【释义】艺~：技艺高超胆子就会大，一般人不敢做的都敢做。
心~：祝福语。心里所想的事情都能实现。
【结构】联合 名-形|名-形
【扩联】艺高胆大敢做能做
心想事成说行准行

2891

yì shī yì yǒu
亦 师 亦 友
fēi lǐ fēi táo
非 李 非 桃

【释义】 亦~：既是老师又是朋友。
非~：不是李树也不是桃树。比喻非亲非故。
【结构】 联合 副-名|副-名
【扩联】 亦师亦友感情厚
非李非桃关系亲

2892

yì jǐn shí ròu
衣 锦 食 肉
chéng jiān cè féi
乘 坚 策 肥

【释义】 衣~：衣：穿衣。锦：锦织衣物。穿着锦绣衣裳，吃着各式肉类。形容生活富足。
乘~：坚：坚固（的车子）。肥：肥壮（的马匹）。乘坐坚固的车子，赶着膘肥体壮的骏马。形容生活奢华。
【结构】 联合 动-名|动-名
【扩联】 乘坚策肥改奔驰宝马
衣锦食肉换土菜纯棉

2893

yì duān xié shuō
异 端 邪 说
zuǒ dào páng mén
左 道 旁 门

【释义】 异~：异端：怪异的发端。邪说：邪恶的学说。指与正统思想不同的学说、学派和不是正道的学说。
左~：左、旁：歪的、斜的。邪门歪道。指非正统的宗教派别或学术流派，亦指不正当的方法、门径。
【结构】 联合 形-名|形-名
【扩联】 异端邪说欺人惑众
左道旁门弄鬼装神

2894

yì jūn tū qǐ
异 军 突 起
qí huò kě jū
奇 货 可 居

【释义】 异~：另一支新的军队突然崛起。比喻一种新生事物突然兴起，令人不可小觑。
奇~：指商人把稀有的货物囤积起来，等待高价出售。也比喻依仗某种独特技艺、成就等博取名利、地位。
【结构】 主谓 形-名|副-动
【扩联】 异军突起刮目相看
奇货可居待时而沽

2895

yì xiāng pū bí
异 香 扑 鼻
xū měi xūn xīn
虚 美 薰 心

【释义】 异~：奇异的香味扑鼻而来。
虚~：虚：虚假。薰心：迷了心窍。指被美好的假象所迷惑。语见汉·路温舒《尚德缓刑书》："虚美薰心，实祸蔽塞。"
【结构】 主谓 形-名|动-名
【扩联】 芳兰竟体异香扑鼻
光艳照人虚美薰心

2896

yīn róng wǎn zài
音 容 宛 在
yì fàn cháng cún
懿 范 长 存

【释义】 音~：音容：声音容貌。宛：好像。多指死者的声音容貌仿佛仍还留在世上。
懿~：懿范：美好的风范。长存：永远留存下去。旧时多用为吊唁妇女死亡之词。后多用以赞美妇女的好品德。
【结构】 主谓 名一|副-动
【扩联】 哲人其萎音容宛在
逝者如斯懿范长存

2897

yīn róng rú zài
音容如在
shǒu zé shàng cún
手泽尚存

【释义】 音~：指人的声音容貌好像就在眼前。多用作对死者的吊唁之词。语见清·张南庄《何典》第八回："真堪爱，如花似玉风流态。风流态，眠思梦想，音容如在。"
手~：手泽：沾在物品上的手汗印迹。代指先人的遗物或手迹。先考或故人的遗物或手迹尚被保存着。语见《礼记·玉藻》："父没而不能读父之书，手泽存焉尔。"孔疏："此孝子之情，父没而不忍读父之书，谓其书有父平生所持手之泽润存焉，故不忍读也。"

【结构】 主谓 名—|副–动
【扩联】 音容如在犹聆謦欬
手泽尚存不读诗书

2898

yīn cáo dì fǔ
阴曹地府
qīng shuǐ yá mén
清水衙门

【释义】 阴~：曹：古代分科办事的官署。府：古代官吏办公的地方。迷信说法，人死后所在地方的官府衙门。
清~：衙门：旧时官署。没有多少油水的官署。现在常用来比喻生活清苦、没有什么额外收入的单位。

【结构】 定中 形–名|名–名
【扩联】 阴曹地府找人碰鬼
清水衙门办事要钱

2899

yīn hún bù sàn
阴魂不散
hào qì cháng cún
浩气长存

【释义】 阴~：人死了，魂不散。比喻坏人、坏事虽不存在了，其影响或残余势力依然存在。
浩~：浩气：浩然之气，正大刚直的精神、气质。喻指英雄虽然已去，但他正大刚直的精神、气质永远存在，激励后人。

【结构】 主谓 形–名|副–动
【扩联】 奸宄阴魂不散
英雄浩气长存

2900

yīn yáng guài qì
阴阳怪气
táo lǐ jīng shén
桃李精神

【释义】 阴~：阴阳：不阴不阳，指说话不直接，让人猜不透。怪气：说话神情怪异。形容态度暧昧、说话诡谲的神态。
桃~：桃李：桃花李花。精神：神态，神情。形容像桃花李花妖艳娇媚的神态。语见五代·和凝《何满子》词："正是破瓜年纪，含情惯得人饶。桃李精神鹦鹉舌，可堪虚度良宵。"

【结构】 定中 名–名|形–名
【扩联】 桃李精神美少女
阴阳怪气老巫婆

2901

yīn lì chéng biàn
因利乘便
suí fāng jiù yuán
随方就圆

【释义】 因~：因、乘：凭借，依靠。凭借和依靠便利的条件及有利的形势。语见汉·贾谊《过秦论》："因利乘便，宰割天下，分裂河山。"
随~：指处事顺应形势和情况的变化，待人随和而不固执。

【结构】 联合 介–名|动–名
【扩联】 因利乘便长驱直入
随方就圆相得益彰

2902

yīn lòu jiù jiǎn
因 陋 就 简

qǔ jīng yòng hóng
取 精 用 弘

【释义】 因~：因：就，将就。陋：简陋。沿袭简陋，不求改进。后也指利用原来简陋的条件，将就着办事。
取~：精：精华。用：采用。弘：大。指居官掌权时间长，所用多而精。本义指根基深厚。后用以指从所占有的丰富资料中吸取精华。
【结构】 联合　介–名|动–名
【扩联】 取精用弘方成其大
因陋就简亦有所长

2903

yīn rén chéng shì
因 人 成 事

jiù dì qǔ cái
就 地 取 材

【释义】 因~：因：依靠。依赖别人的力量办成事情，取得成果。
就~：在本地寻找所需的材料或人才。
【结构】 状中　介–名|动–名
【扩联】 就地取材减少成本
因人成事请求外援

2904

yīn jiàn bù yuǎn
殷 鉴 不 远

jǐng zhōng cháng míng
警 钟 长 鸣

【释义】 殷~：殷：殷朝。鉴：本指镜子，借鉴。原指殷人灭夏，殷的后代应以夏的灭亡作为鉴戒。后泛指前人的教训就在眼前。语见《诗经·荡》："殷鉴不远，在夏后之世。"
警~：警钟：报告发生意外或遇到危险的钟，多用于比喻。警钟要时常敲响，让人们保持清醒头脑，不放松警惕，谨防危险。
【结构】 主谓　名—|副–形
【扩联】 殷鉴不远存教训
警钟长鸣有危机

2905

yīn yīn chuí niàn
殷 殷 垂 念

gěng gěng yú huái
耿 耿 于 怀

【释义】 殷~：殷殷：殷切，诚恳。垂念：挂念。非常殷切地挂念。
耿~：耿耿：心中不安的样子。心里老想着某件事，不能忘记。
【结构】 状中　叠—|动–名
【扩联】 白云亲舍殷殷垂念
风雨故人耿耿于怀

2906

yīn yōu qǐ shèng
殷 忧 启 圣

duō nàn xīng bāng
多 难 兴 邦

【释义】 殷~：殷忧：深深的忧虑。圣：聪明睿智、无事不通。深重的忧患思虑可以启发人的聪明才智。
多~：邦：国家。国家多灾多难，可以激发人民发愤图强，因而使国家兴盛起来。
【结构】 主谓　形–名|动–名
【扩联】 殷忧启圣华夏进步
多难兴邦中国加油

2907

yín hé dào xiè
银 河 倒 泻

huǒ sǎn gāo zhāng
火 伞 高 张

【释义】 银~：如天河水从天上倾泄下来。比喻瀑布，也形容暴雨时的情景。
火~：火伞：夏天酷热的太阳。炎炎夏日如火伞在天空高高张开。形容烈日酷热。
【结构】 主谓　形–名|形–动
【扩联】 银河倒泻汪洋一片
火伞高张干旱九年

2908

yín gōu yù tuò
银 钩 玉 唾

tiě bǎn tóng pá
铁 板 铜 琶

【释义】 银~：银钩：比喻笔画的矫劲有力。玉唾：比喻谈吐如玉。指人高雅，卓尔不凡。语见宋·黄庭坚《次韵钱穆公赠松扇》："银钩玉唾明茧纸，松筵清凉并送似。"
铁~：原指词曲气势雄壮，歌声激越豪爽，需执铁板打拍子，用铜琵琶伴奏。后用以比喻豪爽激越的文辞。也作"铜琶铁板"。

【结构】 联合 名-名 名-名

【扩联】 银钩玉唾文苑会
铁板铜琶大江东

2909

yín zhuāng sù guǒ
银 装 素 裹

yù qì fěn diāo
玉 砌 粉 雕

【释义】 银~：银色装束，素衣裹体。形容纯净白色的装扮。也形容雪野景色。
玉~：白色的玉石砌墙，粉色的玉石雕刻。形容建筑物的典雅华贵。乜形容冰原景色。

【结构】 联合 形-动|形-动

【扩联】 银装素裹雪原景色
玉砌粉雕北国风光

2910

yín zì bì lì
银 字 觱 栗

jīn hú mò zhī
金 壶 墨 汁

【释义】 银~：觱栗：即"觱篥"，古乐器名，又名"悲篥""笳管"，以竹为管。簧管乐器的一种，管上标有表示音调高低的银字。语见元·脱脱等《宋史·乐志十七》："东西班乐，亦太平兴国中选东西班习乐者，乐器独用银字觱栗、小笛、小笙。"
金~：用金壶盛装的墨汁，指最珍贵的书画用品。语见晋·王嘉《拾遗记·周灵王》："周灵王时，浮提之国献神通善书二人，乍老乍少，隐形则出声，闻声则隐形，出时间金壶四寸，上有五龙检，封以青泥，壶中有墨汁如淳漆，洒地及石，皆成篆隶科斗之字。"

【结构】 定中 名— 名—

【扩联】 银字觱栗轻次雅曲
金壶墨汁大写篆书

2911

yǐn è yáng shàn
隐 恶 扬 善

xián xié cún chéng
闲 邪 存 诚

【释义】 隐~：隐：隐晦。扬：宣扬。对别人的过失加以隐讳，对别人的好处则加以宣扬。指对人宽厚、有涵养的处世态度。
闲~：闲：防范，约束。防范邪恶，保持诚正。古人自我修养的方法。

【结构】 联合 动-名|动-名

【扩联】 对人隐恶扬善事
于己闲邪存诚心

2912

yǐn lín cáng cǎi
隐 鳞 藏 彩

yáng jǐ lù cái
扬 己 露 才

【释义】 隐~：指龙凤隐其鳞翼，不使光彩外露。喻隐居待时。
扬~：炫耀自己，显露才能。

【结构】 联合 动-名|动-名

【扩联】 扬己露才显本事
隐鳞藏彩待时机

2913

yǐn bīng rú bò
饮 冰 茹 檗

huái jǐn wò yú
怀 瑾 握 瑜

【释义】 饮~：茹：吃。檗：黄檗，落叶乔木，树皮入药，味极苦。喝冰冷的水，吃苦味的东西。比喻境遇困苦或心情抑郁。
怀~：瑾、瑜：美玉。怀里揣着瑾，手里握着瑜。比喻人具有纯洁而美好的品德。

【结构】 联合 动-名|动-名

【扩联】 饮冰茹檗心何苦
怀瑾握瑜品自高

2914

yǐn jīng jù diǎn
引 经 据 典

xī lù wǔ wén
析 律 舞 文

【释义】 引~：引用经典著作中的内容作为论据。
析~：故意玩弄文字，曲解法律条文。

【结构】 联合 动-名|动-名

【扩联】 引经据典律师雄辩
析律舞文讼棍奸猾

2915

yǐn láng rù shì
引 狼 入 室

fàng hǔ guī shān
放 虎 归 山

【释义】 引~：把狼引进自己家里来。形容自己把敌人或坏人引进来。
放~：把已捕获的老虎放回山里去。比喻放走已落网的敌人，自留后患。

【结构】 连动 动-名|动-名

【扩联】 放虎归山留祸患
引狼入室害身家

2916

yǐn shé chū dòng
引 蛇 出 洞

diào hǔ lí shān
调 虎 离 山

【释义】 引~：想办法把蛇引出洞来，以便捕捉。比喻造成有利条件以剿灭敌人。
调~：用计谋使老虎离开山林。比喻使敌方脱离有利条件和环境。

【结构】 连动 动-名|动-名

【扩联】 引蛇出洞鼠占穴
调虎离山猴称王

2917

yǐn wéi jiàn jiè
引 为 鉴 戒

zhì ruò wǎng wén
置 若 罔 闻

【释义】 引~：引：引用。戒：警戒。把过去犯错误的教训作为今后的鉴戒，以免重犯。
置~：置：安放，搁置。罔：没有。放在一边，好像没有听见一样。形容不加理睬。

【结构】 动宾 动-动|名-

【扩联】 教训当引为鉴戒
忠言莫置若罔闻

2918

yīng míng guǒ duàn
英 明 果 断

yóu yù hú yí
犹 豫 狐 疑

【释义】 英~：英明：卓越而明智。果：果敢。卓越明智，能当机立断。形容很有主见
犹~：犹豫：迟疑。狐疑：多疑。像狐狸那样多疑，犹犹豫豫下不了决心。形容拿不定主意。

【结构】 状中 形-|形-

【扩联】 英明果断稳操胜券
犹豫狐疑坐失良机

2919

yīng cái gài shì
英才盖世
guó shì wú shuāng
国士无双

【释义】 英~：英才：才能出众的人（多指青年）。盖世：压倒当世，超出世上所有的人。无与伦比的青年才俊超出当代所有人。语见《三国志·诸葛亮传》："田横，齐之壮士耳，犹守义不辱，况刘豫州，王室之胄，英才盖世，众士仰慕，若水之归海。若事不济，此乃天也。安能复为之下乎？"
国~：国士：国内杰出的人才。国内独一无二的人才。语见《史记·淮阴侯列传》："诸将易得耳，至如信者，国士无双。"

【结构】 主谓 形-名|动-名

【扩联】 超群绝伦英才盖世
出类拔萃国士无双

2920

yīng xīn wèi tuì
英心未退
zhuàng zhì nán chóu
壮志难酬

【释义】 英~：英心：雄心壮志，英雄气概。（虽然年纪大，退下来了）年轻时的勃勃雄心和英雄气概没有减退。形容人老雄心在。
壮~：壮：豪迈。志：志向。酬：实现。豪迈的志向难以实现了。指心有余而力不足。

【结构】 主谓 形-名|副-动

【扩联】 年老体衰英心未退
时乖运蹇壮志难酬

2921

yīng xióng qì duǎn
英雄气短
ér nǚ qíng cháng
儿女情长

【释义】 英~：气短：志气沮丧。意指有志有才的人因遭遇困阻或沉湎于爱情而丧失进取之心。
儿~：儿女：青年男女。多指男女情义绵长，难舍难分。

【结构】 主谓 名|一|名-形

【扩联】 乌江畔英雄气短
马嵬坡儿女情长

2922

yīng zī bó fā
英姿勃发
lǎo tài lóng zhōng
老态龙钟

【释义】 英~：英姿：英俊威武的姿态。勃发：旺盛。形容英俊威武、精神抖擞的样子。
老~：老态：年迈体弱的姿态。龙钟：行动不灵便的样子。形容年迈体弱、行动迟缓。

【结构】 主谓 形-名|形一

【扩联】 英雄儿女英姿勃发
老耄姑翁老态龙钟

2923

yīng zī sà shuǎng
英姿飒爽
qì yǔ xuān áng
气宇轩昂

【释义】 英~：飒爽：矫健而豪迈。形容意气风发、英武豪迈。
气~：气宇：仪表，气概。轩昂：精神饱满，气度不凡。形容精神焕发，很有气概。

【结构】 主谓 形-名|形一

【扩联】 气宇轩昂男子汉
英姿飒爽女军人

2924

yīng gē yàn wǔ
莺 歌 燕 舞
fèng zhù luán xiáng
凤 翥 鸾 翔

【释义】 莺~：莺：黄鹂。黄鹂在唱歌，燕子在飞舞。形容春光明媚，万物欢悦。也形容形势大好。
凤~：翥：鸟向上飞。鸾：凤凰一类的鸟。凤凰、鸾鸟比翼高飞。比喻夫妻婚姻和美。语见明·李东阳《祭孔氏女》："我女之嫁，凤翥鸾翔。"
【结构】 联合　名-动|名-动
【扩联】 凤翥鸾翔双比翼
莺歌燕舞喜逢春

2925

yíng fèn diǎn yù
蝇 粪 点 玉
lán yán duàn jīn
兰 言 断 金

【释义】 蝇~：点：玷污。一点苍蝇粪玷污了美玉。比喻很小的过错也能使好人受到玷污。语见唐·陈子昂《宴胡楚真禁所》："青蝇一相点，白璧遂成冤。"
兰~：兰言：同心之言，情投意合的共同语言。同心之言的力量可以斩断金属。语见《易·系辞上》："二人同心，其利断金；同心之言，其臭如兰。"唐·骆宾王《上齐州张司马启》："挹兰言于断金，交蓬心于匪石。"
【结构】 主谓　名-名|动-名
【扩联】 兰言断金金疼痛
蝇粪点玉玉玷污

2926

yíng yíng gǒu gǒu
蝇 营 狗 苟
shǔ qiè láng tān
鼠 窃 狼 贪

【释义】 蝇~：如苍蝇追逐脏臭，如狗傍主苟活。指不择手段地到处钻营。
鼠~：像老鼠那样偷窃，像豺狼那样贪变地攫取。形容卑劣无耻地攫取财物。
【结构】 联合　名-动|名-动
【扩联】 鼠窃狼贪君子不齿
蝇营狗苟小人所为

2927

yíng tóu xiǎo lì
蝇 头 小 利
wō jiǎo xū míng
蜗 角 虚 名

【释义】 蝇~：像苍蝇头那样微小的利润、利益。
蜗~：像蜗牛角那样渺小的虚浮名声。
【结构】 定中　名—|形-名
【扩联】 精打细算蝇头小利
明争暗拼蜗角虚名

2928

yíng kē hòu jìn
盈 科 后 进
tā bù bù qián
踏 步 不 前

【释义】 盈~：盈：充满。科：通"窠"，坑坎。流水只有把坑洼的地方填满之后才能继续前进。比喻学习应该踏实，一步一个脚印。语见《孟子·离娄下》："原泉混混，不舍昼夜，盈科而后进，放乎四海。"
踏~：在原地踏步，不前进。比喻事物处于停顿状态。
【结构】 连动　动-名|副-动
【扩联】 盈科后进成江海
踏步不前陷土坑

2929

yíng xū xiāo zhǎng
盈 虚 消 长

shēng sǐ cún wáng
生 死 存 亡

【释义】盈~：盈：丰盈，有盈余。虚：空虚，亏空。消：消减，消失。长：增长，成长。指事物发展变化，强弱交替，此消彼长。也指人在事业上往复曲折，有消有长，不是一帆风顺。
生~：生存或死亡。形容局势或斗争的发展已到最后关头。见《左传·定公十五年》："夫礼，死生存亡之体也。"

【结构】联合　名|名|名|名

【扩联】生死存亡一步两步
盈虚消长千年万年

2930

yíng chuāng xuě àn
萤 窗 雪 案

huáng juàn qīng dēng
黄 卷 青 灯

【释义】萤~：车胤用萤火虫、孙康用雪的反光借亮读书。形容勤学苦读。
黄~：黄卷：用黄色纸张所写的书籍，指书籍。青灯：油灯。对青灯读黄卷。形容读书到深夜，刻苦学习。

【结构】联合　名-名|名-名

【扩联】萤窗雪案微微亮
黄卷青灯夜夜明

2931

yǐng cóng yún jí
景 从 云 集

fēng chū quán liú
蜂 出 泉 流

【释义】景~：景：同"影"。如影随形，如云聚集。形容众人纷纷追随、响应。
蜂~：像群蜂倾巢而出，若泉水涌流。形容一时并作。

【结构】联合　名-动|名-动

【扩联】蜂出泉流崇拜者
景从云集粉丝群

【横批】追星一族

2932

yìng yùn ér chū
应 运 而 出

dài shí ér gū
待 时 而 沽

【释义】应~：顺应天命而涌现出来。指随着时代的需要而产生并获得发展。亦作"应运而生"。
待~：沽：卖。等待好时机才卖。比喻有才者等待有人赏识重用时，才肯出仕效力。同"待价而沽"。

【结构】连动　动-名|连-动

【扩联】应运而出运自好
待时而沽时相宜

2933

yìng yùn ér qǐ
应 运 而 起

nì tiān ér xíng
逆 天 而 行

【释义】应~：随着时代的需要而产生兴起，并得到发展。
逆~：违背上天的旨意，即违背客观形势、客观规律行事。

【结构】状中　动-名|连-动

【扩联】逆天而行遭天谴
应运而起伴运兴

2934

yōng róng dà yǎ
雍 容 大 雅

liàn dá lǎo chéng
练 达 老 成

【释义】雍~：雍容：端庄大方、从容不迫的样子。大雅：有威仪的样子。形容人态度大方、仪表堂堂。
练~：练达：阅历多而通达人情世故。老成：经历多，做事稳重。指老练稳重。

【结构】联合　形-|形-

【扩联】雍容大雅母仪天下
练达老成冠绝古今

2935

yōng róng huá guì
雍 容 华 贵

yùn jiè fēng liú
蕴 藉 风 流

【释义】 雍~：华贵：华丽富贵。多形容女性仪容文雅大方，服饰华丽富贵。
蕴~：蕴藉：宽和有涵容，（言语、文字、神情等）含蓄而不显露。风流：有才学而不拘礼法。形容人风雅潇洒，才华横溢。也形容文章诗画意趣飘逸含蓄。
【结构】 联合　形一|形一
【扩联】 雍容华贵大家闺秀
蕴藉风流旷世奇才

2936

yōng sūn bù jì
饔 飧 不 继

yī bō xiāng chuán
衣 钵 相 传

【释义】 饔~：饔：早饭。飧：晚饭。不继：接不上。吃了上顿没下顿。形容生活困苦。
衣~：衣：佛教僧尼穿的袈裟。钵：僧尼化缘盛饭的用具。原为佛家语。中国禅宗师傅将道法传授给徒弟时，常常举行授予衣钵的仪式。后用以比喻师徒之间技术、学问的传授。
【结构】 主谓　名-名|副-动
【扩联】 饔飧不继尼姑挨饿
衣钵相传和尚化缘

2937

shàn zhě bù lái
善 者 不 来

yōng rén zì rǎo
庸 人 自 扰

【释义】 善~：善良的人不会来。指来的人不怀好意。
庸~：庸人：无能、见识浅陋的人。庸人无事找事，自惹麻烦。
【结构】 主谓　形-名|副-动
【扩联】 善者不来遭劝阻
庸人自扰惹麻烦

2938

yōu láo xīng guó
忧 劳 兴 国

yì yù wáng shēn
逸 豫 亡 身

【释义】 忧~：忧患劳苦能振兴国家。
逸~：逸豫：安乐。安乐享受会遭受亡身之败。
【结构】 主谓　名一|动-名
【扩联】 逸豫亡身多后主
忧劳兴国皆先皇

2939

yōu xīn qiǎo qiǎo
忧 心 悄 悄

sī lù yíng yíng
思 虑 营 营

【释义】 忧~：忧心：忧虑的心情。悄悄：忧愁貌。形容忧虑不安的样子。语见《诗经·邶风·柏舟》："忧心悄悄，愠于群小"。
思~：营营：往来盘旋的样子。形容为功名利禄而劳碌费神。
【结构】 主谓　名一|叠一
【扩联】 忧心悄悄寻欢少
思虑营营逐利多

2940

yōu xīn ruò zuì
忧 心 若 醉

dù rì rú nián
度 日 如 年

【释义】 忧~：心中忧闷，像喝醉酒了一样。形容心情十分愁闷压抑。
度~：度过一天像一年那样长。形容日子不好过。
【结构】 主谓　动-名|动-名
【扩联】 忧心若醉还斟酒
度日如年又遇秋

2941

yóu shān wán shuǐ
游 山 玩 水

yǒng yuè cháo fēng
咏 月 嘲 风

【释义】 游~：山、水：指风景。游览和观赏风景。
咏~：吟咏风月，玩赏风月。形容诗人的闲情逸致。现指以风花雪月为题材，内容空虚无聊的作品。
【结构】 联合　动-名|动-名
【扩联】 游山玩水有钱消费
咏月嘲风无病呻吟

2942

yǒu chǐ qiě gé
有 耻 且 格

wú shī zì tōng
无 师 自 通

【释义】 有~：耻：羞耻之心。格：正，纠正。谓人有知耻之心，则能自我检点而归于正道。语见《论语·为政》："道之以德，齐之以礼，有耻且格。"邢昺疏："使民知有礼则安，失礼则耻。如此，则民有愧耻而不犯礼，且能自修而归正也。"
无~：指没有老师的传授指导，自己学会、通晓某种知识或技能。语出唐·贾岛《送贺兰上人》："无师禅自解，有格句堪夸。"
【结构】 连动　动-名|连-动
【扩联】 有耻且格人点赞
无师自通技堪夸

2943

yǒu gēn yǒu jù
有 根 有 据

wú yǐng wú xíng
无 影 无 形

【释义】 有~：强调有根据。
无~：形容完全消失，不知去向。也指凭空说事。
【结构】 联合　动-名|动-名
【扩联】 有根有据非胡说
无影无形是谎言

2944

yǒu lái yǒu wǎng
有 来 有 往

nán jiě nán fēn
难 解 难 分

【释义】 有~：指双方对等行动。所指因文而异。
难~：形容双方争战激烈，相持不下。也指关系紧密，难以分开。
【结构】 联合　动-名|动-名
【扩联】 亲朋讲礼信有来有往
对手争高低难解难分

2945

yǒu lì yǒu bì
有 利 有 弊

néng róu néng gāng
能 柔 能 刚

【释义】 有~：指有好的一面，也有坏的一面。
能~：柔：温柔，温和。刚：刚强，强硬。能温和，也能强硬。指能根据情况的异同，采取温和或强硬的态度与对策。语见《三国演义》第一百回："其书曰：'汉丞相武乡侯诸葛亮，致书于大司马曹子丹之前：窃谓夫为将者，能去能就，能柔能刚；能进能退，能弱能强。'"
【结构】 联合　动-名|动-名
【扩联】 能柔能刚真要两手
有利有弊莫偏一端

2946

yǒu láo yǒu yì
有 劳 有 逸
bù zuò bù xiū
不 做 不 休

【释义】 有~：有劳作有休息。指劳动与休息有规律，二者都不偏废。
不~：不做好就不停止下来。指不做则已，做就要做到底。
【结构】 联合 动-名|动-名
【扩联】 有劳有逸别偏废
不做不休要保持

2947

yǒu lìng bù jìn
有 令 不 禁
wú zhāng kě xún
无 章 可 循

【释义】 有~：令：法令，禁令。有禁令而不禁止。指法纪废弛，有法不依。
无~：章：章法，规章。循：遵循。没有章法、规章制度可以遵循。
【结构】 连动 动-名|副-动
【扩联】 有令不禁施重典
无章可循定新规

2948

yǒu mù gòng dǔ
有 目 共 睹
jìn rén jiē zhī
尽 人 皆 知

【释义】 有~：睹：看见。大家都有眼睛，都看见了。指所有的人都看见了。
尽~：皆：都。所有的人都知道了。
【结构】 兼语 动-|名-|副-动
【扩联】 大庭广众有目共睹
巷尾街头尽人皆知

2949

yǒu qiāng yǒu diào
有 腔 有 调
duō cǎi duō zī
多 彩 多 姿

【释义】 有~：腔调：音乐、戏曲、歌曲中成系统的曲调。指有板有眼、有模有样。也指有节奏而富有章法。
多~：形容颜色形态丰富，多种多样。
【结构】 联合 动-名|动-名
【扩联】 欧洲西洋歌有腔有调
中国民族舞多彩多姿

2950

yǒu qíng yǒu yì
有 情 有 义
tóng dé tóng xīn
同 德 同 心

【释义】 有~：形容非常看重感情，讲究义气。
同~：心、德：思想、信念。有共同的理想、目标、信念。语见《旧唐书·马燧传》："长城压境，巨舰济川，同德同心，扶危持颠。"
【结构】 联合 动-名|动-名
【扩联】 同德同心齐进退
有情有义共存亡

2951

yǒu qiú bì yìng
有 求 必 应
wú jì kě shī
无 计 可 施

【释义】 有~：只要有人请求就一定答应。形容好说话，肯帮忙。
无~：没有办法可以对付、处理。
【结构】 述补 动-名|副-动
【扩联】 有求必应性豪爽
无计可施心愧惭

2952

yǒu quán yǒu shì
有权有势

wú fǎ wú tiān
无法无天

【释义】 有~：势：地位势力。手握权柄，大有势力。
无~：不管国法，不讲天理。形容目无法纪，肆无忌惮地胡作非为。
【结构】 联合 动-名|动-名
【扩联】 黄袍加身有权有势
金印系肘无法无天

2953

yǒu róng nǎi dà
有容乃大

wú yù zé gāng
无欲则刚

【释义】 有~：有容纳得下万事万物和所有人的器量、肚量，才可能是大器、大家。
无~：没有私欲贪念，就能刚正无邪、坚不可摧。
【结构】 连动 动-名|副-形
【扩联】 厚德载物有容乃大
天下为公无欲则刚

2954

yǒu shāng fēng huà
有伤风化

bú hé shí yí
不合时宜

【释义】 有~：风化：风俗教化。指言语行动对风俗教化有损害。
不~：时宜：时势所需要。不符合当时的潮流或形势的需要。指与当时的世风不相投合。
【结构】 动宾 副-动|名一
【扩联】 不合时宜当劝导
有伤风化要推辞

2955

yǒu shēng yǒu sè
有声有色

rú huǒ rú tú
如火如荼

【释义】 有~：有声音，有色彩。形容人说话描述事物鲜明、生动，使人如身临其境。也形容表演鲜活生动。
如~：荼：茅草的白花。像火那样红，像茅草花那样白。原指军容整肃和雄伟。后用以形容气势蓬勃旺盛或声势浩大、热烈。
【结构】 联合 动-名|动-名
【扩联】 人民战争有声有色
群众运动如火如荼

2956

yǒu tiáo yǒu lǐ
有条有理

wú shǐ wú biān
无始无边

【释义】 有~：指做事、讲话、写作等的步骤、措施或理义层次分明、顺畅而不乱。语见《尚书·盘庚上》："若网在纲，有条而不紊。"孔安国传："如网在纲，各有条理而不乱也。"
无~：没有起始，没有边际。形容极其悠久广大。语见《南齐书·高逸传》："佛法者，理寂乎万古，迹兆乎中世，渊源浩博。无始无边，宇宙之所不知，数量之所不尽，盛乎哉！"
【结构】 联合 动-名|动-名
【扩联】 有条有理有头有尾
无始无边无止无休

2957

yǒu tiān méi rì
有 天 没 日

lù wěi cáng tóu
露 尾 藏 头

【释义】 有~：比喻说话特别放肆，毫无顾忌，能说不能说的都讲出来。
露~：藏起了头，露出了尾。形容说话躲躲闪闪，不把真实情况全部讲出来。
【结构】 联合　动-名|动-名
【扩联】 大嘴巴开腔有天没日
小心眼讲话露尾藏头

2958

yǒu tóu yǒu wěi
有 头 有 尾

shàn shǐ shàn zhōng
善 始 善 终

【释义】 有~：指做事有始有终，能贯彻到底。
善~：事情开头做得好，结局也做得好，自始至终都圆满。
【结构】 联合　动-名|动-名
【扩联】 一以贯之有头有尾
再斯可矣善始善终

2959

yǒu wén bì lù
有 闻 必 录

fá shàn kě chén
乏 善 可 陈

【释义】 有~：近代以来新闻采访的一条原则。也就是重视原始材料，把听到的全记录下来。语见邵燕祥《打打苍蝇也好》："我们的报刊从来不是'有闻必录'，因为这曾被当做资产阶级新闻观点批判过。"
乏~：乏：缺乏。善：好的地方，优点。陈：说，叙述。找不到什么好的地方或优点可说的。形容很一般或不好的东西。
【结构】 连动　动-名|副-动
【扩联】 有闻必录上千例
乏善可陈太一般

2960

yǒu zhōng kuī rì
牖 中 窥 日

liǔ xià jiè yīn
柳 下 借 阴

【释义】 牖~：牖：窗户。从窗内看到太阳，看得清楚明白。借喻学识精研，易于明通。语见《世说新语·文学》："北人看书如显处视月，南人学问如牖中窥日。"刘孝标注："学广则难周，难周则识暗，故如显处视月。学寡则易核，易核则智明，故如牖中窥日。"
柳~：在柳树下借阴凉。比喻求人庇护。语见宋·胡继宗《书言故事·夏》："求庇于人，曰暍人于柳下借阴耳。"
【结构】 状中　名-方|动-名
【扩联】 柳下借阴庇
牖中窥日明

2961

yū qīng tuō zǐ
纡 青 拖 紫

fú miǎn chéng xuān
服 冕 乘 轩

【释义】 纡~：纡：系结。拖：下垂。青、紫：系官印用的青色与紫色的丝带，即印绶。指显贵的人们在服装上各自佩带着青色或紫色的印绶。形容声势显赫。
服~：服：穿戴，此指戴。冕：古代大夫以上官员所戴的礼帽。轩：高级官员乘的车。戴着高官帽坐着高官车。形容官场显贵。
【结构】 联合　动-名|动-名
【扩联】 纡青拖紫王公卿相
服冕乘轩侯伯子男

2962

yú chuán chǐ sù
鱼 传 尺 素
yì jì méi huā
驿 寄 梅 花

【释义】 鱼~：尺素：书信。鱼传递来了书信。古代鱼雁传书之说。语见汉·蔡邕《饮马长城窟行》："客从远方来，遗我双鲤鱼。呼儿烹鲤鱼，中有尺素书。"
驿~：从驿站请邮差寄送梅花。比喻向远方友人表达思念之情。
【结构】 主谓 名|动-名一
【扩联】 鱼传尺素水中走
驿寄梅花山二来

2963

yú lóng hún zá
鱼 龙 混 杂
jīng wèi fēn míng
泾 渭 分 明

【释义】 鱼~：比喻成分混杂，才俊之士和平庸之人同处一地；或比喻好人坏人混淆不清。
泾~：泾、渭：泾河，渭河。泾河水清，渭河水浊。泾渭清浊分得特别清楚。比喻人或事物的好坏十分明显，容易辨别。
【结构】 主谓 名-名|动一
【扩联】 鱼龙混杂混杂好坏
泾渭分明分明浊清

2964

yú ròu bǎi xìng
鱼 肉 百 姓
gāo zé sī mín
膏 泽 斯 民

【释义】 鱼~：把老百姓当鱼肉一样宰割。形容对百姓的残酷压榨和迫害。
膏~：膏泽：恩泽，恩惠。斯：指示代词，此，这。施恩惠于民众。
【结构】 动宾 动一|名一
【扩联】 鱼肉百姓豺狼虎豹
膏泽斯民麟凤龟龙

2965

yú sǐ wǎng pò
鱼 死 网 破
gǒu pēng gōng cáng
狗 烹 弓 藏

【释义】 鱼~：鱼在鱼网里拼命挣扎，鱼死了，网破了。比喻同归于尽。
狗~：野兔抓到后，猎犬就被杀掉煮了吃；飞鸟射杀完了，就把强弓藏起来不用了。借喻帝王得位后功臣被杀。语见《史记·越王勾践世家》："飞鸟尽，良弓藏；狡兔死，走狗烹。"
【结构】 联合 名-动|名-动
【扩联】 狗烹弓藏功臣谢幕
鱼死网破志士续篇

2966

yú yóu fèi dǐng
鱼 游 沸 鼎
hǔ luò píng yuán
虎 落 平 原

【释义】 鱼~：鼎：古代炊具。沸鼎：沸腾着开水的大锅。鱼在沸鼎里游着。比喻深处绝境，无处逃生，危在旦夕。语见南朝梁·丘迟《与陈伯之书》："而将军鱼游于沸鼎之中，燕巢于飞幕之上，不亦惑乎！"
虎~：老虎离开深山，落在平原上。比喻有权有势或有实力地位者，一旦失去了自己的权势或优势，便无所作为。
【结构】 主谓 名|动-形-名
【扩联】 鱼游沸鼎连汤煮
虎落平原被犬欺

2967

yú xuān lì zhǐ
鱼 轩 莅 止

dà jià guāng lín
大 驾 光 临

【释义】 鱼~：鱼轩：古代诸侯夫人所乘之车。莅止：到来。用以敬称女士到来。
大~：大驾：古代称皇帝的车驾，后用作对来人的敬称。光临：称宾客到来。
【结构】 主谓 名—|动—
【扩联】 鱼轩莅止夫人到
大驾光临贵客来

2968

yú yóu fǔ dǐ
鱼 游 釜 底

lóng yuè yún jīn
龙 跃 云 津

【释义】 鱼~：釜：锅。鱼在锅里游。比喻身处绝境，十分危险。
龙~：津：渡口。神龙升腾直上青云渡口。比喻英才一步登天。
【结构】 主谓 名|动—名—名
【扩联】 龙跃云津春风得意
鱼游釜底大祸临头

2969

yú zòng dà hè
鱼 纵 大 壑

fèng míng zhāo yáng
凤 鸣 朝 阳

【释义】 鱼~：壑：山沟，大水坑。鱼纵身跳进了大水坑。比喻遇到了施展才能的场所或时机。
凤~：凤凰在太阳初升时鸣叫。原指天下太平的吉兆。后也比喻高才得到施展的机会。
【结构】 主谓 名|动—形—名
【扩联】 鱼纵大壑通大海
凤鸣朝阳沐朝晖

2970

yú jīng liè shǐ
渔 经 猎 史

zhěn diǎn xí wén
枕 典 席 文

【释义】 渔~：渔、猎：涉猎。泛览群经，博涉诸史。形容浏览群书，知识广博。
枕~：以经典书籍为枕，以文章为席而眠。比喻勤于读书学习。
【结构】 联合 动—名|动—名
【扩联】 枕典席文数典忘祖
渔经猎史反经从权

2971

yú wēng dé lì
渔 翁 得 利

mèng mǔ zé lín
孟 母 择 邻

【释义】 渔~：鹬和蚌争持互不相让，结果让老渔翁既得鹬又得蚌，一下全捉了。比喻双方相持不下，使第三者乘机得利。
孟~：孟母：指孟子的母亲。孟子小时，其母为了他能健康地成长，不受到不良影响，曾三次搬家，选择邻居。
【结构】 主谓 名—|动—名
【扩联】 渔翁得利市
孟母择邻居

2972

yú wēng zhī lì
渔 翁 之 利

tián fù zhī gōng
田 父 之 功

【释义】 渔~：水鸟（鹬）啄食蚌肉，被蚌钳住不放，互相争持不下，最后被老渔翁全抓到了。指双方相争，第三者趁机得利。
田~：田父：老年农夫。功：功利，事功。犬追野兔，狂奔不息，最后犬、兔都死了，被一老农拾得。指不费力而有所得的事功。
【结构】 定中 名—|助—名
【扩联】 获渔翁之利
收田父之功

2973

kuàng gǔ wèi wén
旷 古 未 闻

yú jīn wéi liè
于 今 为 烈

【释义】 旷~：旷古：古来没有。从古以来就没有听说过。
于~：烈：猛烈，厉害。到今天更加厉害。指过去就有，现在更变本加厉了。
【结构】 状中　形—|副-动
【扩联】 旷古未闻人咬狗
于今为烈狗伤人

2974

yú xīn hé rěn
于 心 何 忍

zài jié nán táo
在 劫 难 逃

【释义】 于~：怎么忍心这样做？指不该做某事。
在~：劫：梵语"劫簸"的省语，指灾难。旧指命中注定要遇到的灾难是逃避不了的。现在常用以指某种灾祸不可避免。
【结构】 状中　动-名|副-动
【扩联】 偷救命钱于心何忍
犯杀人罪在劫难逃

2975

yú xiá chéng qǐ
余 霞 成 绮

xīn yuè rú gōu
新 月 如 钩

【释义】 余~：余霞：晚霞。绮：有花纹的丝织品。喻指晚霞绚丽多姿。常用来评论文章结尾有不尽之意。语见南朝齐·谢朓《晚登三山还望京邑》："余霞散成绮，澄江静如练。"
新~：新月：农历月初形状如钩的月亮。诗意地形容月亮的美丽形状。
【结构】 主谓　形-名|动-名
【扩联】 余霞成绮落寒江
新月如钩钓夜雪

2976

yú gāo shèng fù
余 膏 剩 馥

duàn jiǎn cán biān
断 简 残 编

【释义】 余~：指前人所遗留的优良传统，可资继承。多指诗文绘画而言。语见宋·赵佶《宣和画谱·李景道》："景道喜丹青，而无贵公子气，盖以余膏剩馥所沾丐而然。"
断~：断、残：不完整。简：古时用以书写的竹片。编：串连简的支条。指残缺不全的古书籍或文章。语见宋·陆游《对酒》诗："断简残编不对勋，东皋犹得肆微勤。'
【结构】 联合　形-名|形-名
【扩联】 沾余膏剩馥画山水
得断简残编研古今

2977

yú yīn niǎo niǎo
余 音 袅 袅

qì xī yān yān
气 息 奄 奄

【释义】 余~：余音：留下的声音。袅袅：形容声音宛转悠扬，延绵不绝。演奏或演唱停止后，优美的乐声仍延绵不绝。语见苏轼《前赤壁赋》："客有吹洞箫者，倚歌而和之，其声呜呜然，如怨如慕，如泣如诉，余音袅袅，不绝如缕，舞幽壑之潜蛟，泣孤舟之嫠妇。"
气~：气息：呼吸时出入的气。奄奄：气息微弱的样子。呼吸已很微弱。形容临近死亡。语见《陈情表》："日薄西山，气息奄奄，人命危浅，朝不虑夕。"
【结构】 主谓　名—|叠—
【扩联】 气息奄奄人命危浅
余音袅袅箫声绵延

2978

yú zǐ lù lù
余 子 碌 碌

qún cí zhōu zhōu
群 雌 粥 粥

【释义】余~：余子：其余的人。碌碌：庸庸碌碌。指其他人都不怎麽样，平庸无能。
群~：粥粥：鸟相呼应声。群鸟鸣叫相应。喻许多女人聚在一起絮叨。

【结构】主谓　形-名|叠一

【扩联】群雌粥粥多絮语
余子碌碌少贤才

2979

yǔ hǔ tiān yì
与 虎 添 翼

huà lóng diǎn jīng
画 龙 点 睛

【释义】与~：给老虎添上翅膀。比喻帮坏人作恶或助长恶人的声势。也可比喻为强者增添力量使之更强大。
画~：给画好的龙点上眼珠。相传南梁画家张僧繇作画极其神妙，只要给他在粉墙上画的龙点上眼睛，龙就会破壁飞走。比喻艺术创作在关键处着墨或比喻写作、讲话在关键处加上精辟的语句，使内容更加生动传神。

【结构】连动　动-名|动-名

【扩联】画龙点睛龙破壁
与虎添翼虎挟风

2980

yǔ láng gòng wǔ
与 狼 共 舞

jiǎ hǔ zhāng wēi
假 虎 张 威

【释义】与~：和豺狼一起跳舞蹈。比喻与恶人合作、共事。
假~：假：借，凭借。借着老虎张扬威势。形容借强者的威势吓人。语见明·胡文焕《群音类选·忠孝记·欲进谏章》："费尽他机和智，只是要贪名固位，假虎张威。"

【结构】状中　介-名|动-动

【扩联】与狼共舞多留意
假虎张威尽吓人

2981

yǔ mín chú hài
与 民 除 害

wèi guó juān qū
为 国 捐 躯

【释义】与~：给老百姓消除祸患。害：多指祸害一方的坏人。
为~：捐躯：献出生命。为国家献出了生命。

【结构】状中　介-名|动-名

【扩联】智擒元凶与民除害
血染沙场为国捐躯

2982

yǔ shí jù jìn
与 时 俱 进

zhǐ rì gāo shēng
指 日 高 升

【释义】与~：与时间、时代一起前进。指不断进取、发展，永不停滞。
指~：指日：指定日期。指定的日期就可以高升。指很快就可以升官。旧时官场预祝之辞。

【结构】状中　介-名|副-动

【扩联】锐利创新与时俱进
清廉守志指日高升

2983

yǔ jīng sì zuò
语 惊 四 座

bǐ sǎo qiān jūn
笔 扫 千 军

【释义】语~：四座：在座的人。说出的话使在座的人都很震惊。形容说话与众不同，很有份量。
笔~：可指檄文文笔犀利义正词严，令敌方军心涣散，不战而败。多形容文章气势磅礴，无人可敌。

【结构】主谓　名-动-数-名

【扩联】语重心长语惊四座
笔诛口伐笔扫千军

2984

yǔ máo fēng mǎn
羽毛丰满
tóu jiǎo zhēng róng
头角峥嵘

【释义】羽~：小鸟的羽毛已长齐了。喻指青年人或后来者力量积蓄已到相当程度，可以有所作为了。
头~：头角：喻指青年人的气概、才华。峥嵘：突出、超乎寻常。意指青年才俊显露出超众才华。
【结构】主谓 名—|形—
【扩联】羽毛丰满雏鹰展翅
头角峥嵘才俊扬名

2985

yǔ hòu chūn sǔn
雨后春笋
fēng zhōng cán zhú
风中残烛

【释义】雨~：春雨之后的竹笋，长得又多又快。比喻新生事物大量涌出。
风~：风里快要燃完的灯烛。比喻快要完结的生命或旧事物。
【结构】定中 名-方|形-名
【扩联】风中残烛须臾灭
雨后春笋蓬勃生

2986

yǔ hòu sòng sǎn
雨后送伞
wù zhōng guān huā
雾中观花

【释义】雨~：比喻事后献殷勤。也比喻帮助别人不及时。
雾~：在雾气中看花。比喻看不真切，看不清楚。也形容两眼昏花。
【结构】状中 名-方|动-名
【扩联】雾中观花得眯眼
雨后送伞也表心

2987

yǔ tiáo yān yè
雨条烟叶
huǒ shù qí huā
火树琪花

【释义】雨~：雨中的柳条，烟雾中的柳叶。形容凄迷的景色。也指情意的缠绵。语见宋·晏殊《浣溪沙》："只有醉吟宽别恨，不须朝暮促归程。雨条烟叶系人情。"
火~：琪：美玉。同"火树银花"，比喻灿烂的灯火或火焰。多用于形容节日的夜景。
【结构】联合 名-名|名-名
【扩联】并肩火树琪花夜
分手雨条烟叶时

2988

yù zhī wú dàng
玉卮无当
fēng chài yǒu dú
蜂虿有毒

【释义】玉~：卮：古代一种盛酒器。当：底。玉杯无底。比喻华丽贵重而不实用的东西。语见《韩非子·外储说右上》："夫瓦器至贱也，不漏可以盛酒，虽有千金之玉卮，至贵而无当，漏不可盛水，则人孰注浆哉。今为人主而漏其群臣之语，是多用以指无当之玉卮也，虽有圣智，莫尽其术，为其漏也。"
蜂~：虿：蝎子一类的毒虫，尾部有毒刺。蜂虿之类的小动物，其毒也可以伤人。比喻物虽小仍可以害人。
【结构】主谓 名-名|动-名
【扩联】玉卮无当难装水
蜂虿有毒会蜇人

2989

yù zhì jīn xiàng
玉 质 金 相

lóng zhāng fèng zī
龙 章 凤 姿

【释义】 玉~：质：内里。相：外表。比喻文章的形式和内容都十分完美。也形容人相貌端美。
龙~：章：文采。有蛟龙的文采，有凤凰的姿容。形容风采出众。
【结构】 联合　名-名｜名-名
【扩联】 龙章凤姿是极品
玉质金相称完人

2990

yù huò fēi bǎo
狱 货 非 宝

tóng xīn duàn jīn
同 心 断 金

【释义】 狱~：指法官断狱受贿赂，于其并非好事，最后难逃法网。语见《尚书·吕刑》："狱货非宝，惟府事功，报以庶尤。"
同~：二人团结一心，其锋利可以切断金属。后用来形容同心协力，坚定不移。语见《周易·系辞上》："二人同心，其利断金。同心之言，其臭如兰。"唐·房玄龄《晋书·明帝纪》："敬听顾命，任托付之重，同心断金，以谋王室。"
【结构】 主谓　动-名｜动-名
【扩联】 同心断金弟兄要协力
狱货非宝司法莫贪赃

2991

yuān móu yuǎn lüè
渊 谋 远 略

bó xué duō cái
博 学 多 才

【释义】 渊~：渊：深。即深谋远略。有周密的计划、长远的考虑。
博~：有渊博的知识，有多种才能。
【结构】 联合　形-名｜形-名
【扩联】 渊谋远略算无遗策
博学多才名列前茅

2992

yuān yāng jiāo jǐng
鸳 鸯 交 颈

láng bèi wéi jiān
狼 狈 为 奸

【释义】 鸳~：鸳鸯：鸟名，雄鸳雌鸯，偶居不离，常用于比喻夫妻、情侣。交颈：两颈相依，表示亲爱。多用于比喻夫妇之亲爱。鸳鸯亲爱，交颈相依。
狼~：狈：似狼，前腿短，须趴在狼背上才能行动。狼和狈常在一起伤害牲畜。比喻坏人互相勾结干坏事。
【结构】 主谓　名-名｜动-名
【扩联】 狼狈为奸真鬼蜮
鸳鸯交颈实神仙

2993

yuān yāng xì shuǐ
鸳 鸯 戏 水

ōu niǎo wàng jī
鸥 鸟 忘 机

【释义】 鸳~：鸳鸯：小型游禽，中国著名观赏鸟类，雌雄多成双成对生活在水边。文学上用来比喻夫妻、比喻爱情。鸳鸯在水里游玩。比喻夫妻情侣在一起亲热恩爱。
鸥~：鸥鸟：海鸥。机：心机。忘机：忘掉了心机巧诈。《列子·黄帝》载：古时海边有个喜欢鸥鸟的人，每天同鸥鸟游乐，一来就是上百只。其父说："吾闻鸥鸟皆从汝游，汝取来，吾玩之。"第二天，父子俩来到海上，鸥鸟只在天空飞舞却不再下来了。形容为人胸怀坦荡，无巧诈之心，连异类都会和他亲近。
【结构】 主谓　名—｜动-名
【扩联】 情意深深鸳鸯戏水
人心坦坦鸥鸟忘机

2994

yuān jiā lù zhǎi
冤 家 路 窄

kàng lì qíng shēn
伉 俪 情 深

【释义】 冤~：冤家：仇人，对头。仇人或不愿意相见的人偏偏狭路相逢。比喻矛盾无法回避。
伉~：伉俪：夫妻。夫妻感情深厚。

【结构】 主谓　名—|名–形

【扩联】 冤家路窄偏头走
伉俪情深携手行

2995

yuán lóng háo qì
元 龙 豪 气

jùn mǎ xióng fēng
骏 马 雄 风

【释义】 元~：元龙：三国时陈登，字元龙，曾慢待许汜。形容性格豪放。语见《三国志·陈登传》："汜曰：'陈元龙湖海之士，豪气不除。'"

【结构】 骏~：雄风：威风。骏马奔驰，雄健威风。

【扩联】 定中　名—|形–名
元龙豪气闻三国
骏马雄风震九原

2996

yuán xīn dìng zuì
原 心 定 罪

tàn yì lì qíng
探 意 立 情

【释义】 原~：原心：推究本来的动机。定罪名时要考查犯罪的动机。
探~：探：探寻，探讨。意：意图。情：情节，案情。探询犯罪的意图查明案情。

【结构】 连动　动–名|动–名

【扩联】 原心定罪仁心断狱
探意立情属意施恩

2997

yuán xíng bì lù
原 形 毕 露

zhēn xiàng dà bái
真 相 大 白

【释义】 原~：毕：全，完全。本来面目全部暴露了。意指伪装已被彻底剥掉。
真~：大白：完全清楚、明了。真实的情况彻底弄清楚了。

【结构】 主谓　名—|形–动

【扩联】 图穷匕见原形毕露
水落石出真相大白

2998

yuán qīng liú jié
源 清 流 洁

běn shèng mò róng
本 盛 末 荣

【释义】 源~：源头清澈，水流也就清澈。比喻在上者作风好行为正，下边的也就会作风好行为正。
本~：本：树根。末：树梢。树根发达，枝叶才能繁盛。比喻对待事物要着重于根本。语见汉·班固《泗水亭碑铭》："源青流洁，本盛末荣。"

【结构】 连动　名–形|名–形

【扩联】 源清流洁水清澈
本盛末荣花盛开

2999

yuán bó fèn qiǎn
缘 薄 分 浅

qíng shēn yì nóng
情 深 意 浓

【释义】 缘~：指没有缘分，难以结合。
情~：指两人之间的感情深厚浓烈。

【结构】 联合　名–形|名–形

【扩联】 缘薄分浅莫牵手
情深意浓可定亲

3000

yuán qiān fèn qiǎn
缘悭分浅

yì zhòng ēn shēn
义重恩深

【释义】 缘~：悭：缺乏，无。指没有缘分，难得一见。
义~：形容情意恩惠极为深厚。
【结构】 联合　名-形|名-形
【扩联】 缘悭分浅难一见
义重恩深共百年

3001

yuán qiān mìng qiǎn
缘悭命浅

yì lǎn xīn yōng
意懒心慵

【释义】 缘~：悭：缺乏，无。没有缘分，运道浅薄。
意~：慵：懒。心情倦懒消沉。
【结构】 联合　名-形|名-形
【扩联】 缘悭命浅且听命
意懒心慵要上心

3002

yuán qiān yī miàn
缘悭一面

ēn ruò zài shēng
恩若再生

【释义】 缘~：悭：缺乏，无。没有机会（缘分）能见一面。
恩~：恩惠极大，如同给了第二次生命。
【结构】 主谓　名|动-数-名
【扩联】 缘悭一面嗟缘分
恩若再生谢恩人

3003

yuán wén shēng yì
缘文生义

wàng yǐng chuǎi qíng
望影揣情

【释义】 缘~：缘：凭借。文：文字，指字面。义：意义。只凭看表面文字就做出不恰当的意义解释。同"望文生义"。语见宋·朱熹《答吕子约·论语》："读书穷理，须认正意，切忌如此缘文生义，附会穿穴。"
望~：指观察事物的表象即能测知其实质。
【结构】 连动　动-名|动-名
【扩联】 望影揣情问生知马
缘文生义穿井得人

3004

yuàn shēng zài dào
怨声载道

nù qì chōng tiān
怒气冲天

【释义】 怨~：载：充满。怨恨的声音充满道路。形容人们强烈不满，到处都在怨恨。
怒~：愤怒之气冲上了天。形容无比的愤怒。
【结构】 主谓　名—|动-名
【扩联】 政荒民整怨声载道
官虎吏狼怒气冲天

3005

yuè guāng rú shuǐ
月光如水

zhú yǐng yáo hóng
烛影摇红

【释义】 月~：月光皎洁柔和，如同闪光而缓慢流动的清水。形容月色很好的夜晚。
烛~：指烛光闪烁在一片红光中的样子。语见宋·王诜《忆故人》："烛影摇红向夜阑，乍酒醒，心情懒。"
【结构】 主谓　名—|动-名
【扩联】 月光如水天河静
烛影摇红良夜欢

3006

yuè míng qiān lǐ
月 明 千 里
rì shàng sān gān
日 上 三 竿

【释义】 月~：形容良宵月夜月光皎洁。语见南朝宋·谢庄《月赋》："美人迈兮音尘阙，隔千里兮共明月。"
日~：太阳升起，离地面已有三竿竹那样高了。形容时间已不早。
【结构】 主谓　名|动-数-名
【扩联】 月明千里多思友
日上三竿少赖床

3007

yuè zhōng zhé guì
月 中 折 桂
áo lǐ duó zūn
鳌 里 夺 尊

【释义】 月~：传说月亮上面有桂树。攀折月中桂，比喻科举考中。
鳌~：鳌：传说中大海里的大鳌，喻指显达的人物。夺：夺取。尊：地位或辈分高。在鳌里争得高位。比喻在显达的人物中居于首位。
【结构】 状中　名-方|动-名
【扩联】 月中折桂摘星手
鳌里夺尊旷世才

3008

yuè luó shǔ jǐn
越 罗 蜀 锦
dōng jiàn nán jīn
东 箭 南 金

【释义】 越~：罗：质地稀疏的丝织品。锦：有彩色花纹的丝织品。越：古国名，在浙江东部一带。蜀：古国名，今四川成都一带。越地的罗，蜀地的锦。指精美艳丽的丝织品。
东~：东南会稽的竹箭，西南华山的金石。原指地方的精美特产。后也用于比喻优秀杰出的人才。
【结构】 联合　名-名|名-名
【扩联】 越罗蜀锦织天衣无缝
东箭南金作贡品有加

3009

yūn tóu zhuàn xiàng
晕 头 转 向
nù bì dāng chē
怒 臂 当 车

【释义】 晕~：晕头：头脑晕乱。转向：迷失方向。形容头脑晕乱，不知方向。也作"蒙头转向"。
怒~：怒臂：原指螳螂因发怒而举起胳臂，阻挡车轮。比喻不自量力，与强者为敌。语见明·许三阶《节侠记·夹晤》："小生怒臂当车，自取戮辱，惭愧惭愧！"
【结构】 连动　形-名|动-名
【扩联】 怒臂当车当断臂
晕头转向转昏头

3010

yún chéng fā rèn
云 程 发 轫
píng bù dēng tiān
平 步 登 天

【释义】 云~：云程：青云万里的路程。轫：刹住车轮的木头。发轫：启车行进。比喻事业的开端。旧时祝人前程远大的颂辞。语见明·程登吉《幼学琼林·人事》："贺入学：曰：云程发轫。"
平~：步：地步，境地。从平地登上了青天。比喻一下子达到了很高的地位。语见明·冯梦龙《喻世明言》第二十二卷："滞色已开，只在三日内自有奇遇，平步登天。"
【结构】 状中　形-名|动-名
【扩联】 云程发轫前途似锦
平步登天金榜题名

3011

yún kāi jiàn rì
云 开 见 日

yè luò zhī qiū
叶 落 知 秋

【释义】云~：乌云散开见到太阳。比喻黑暗消除，见到光明，或误会解除，释去疑窦。
叶~：看到一片叶子落了，便知道秋天到了。比喻从某种微小的变化中预感到事物的发展趋向。也比喻由现象或部分推知本质或全体。

【结构】连动　名-动|动-名

【扩联】叶落知秋萌去意
云开见日起欢心

3012

yún kāi rì chū
云 开 日 出

yǔ guò tiān qíng
雨 过 天 晴

【释义】云~：乌云散开，太阳出来了。比喻由黑暗转向光明。也比喻社会由乱转治。也作"云开见日""开云见日"。
雨~：指雨过初晴时天空中呈现碧青颜色。也比喻状况由坏转好。

【结构】连动　名-动|名-动

【扩联】云开日出驱迷雾
雨过天晴现彩虹

3013

yún qīng liǔ ruò
云 轻 柳 弱

shuǐ ruǎn shān wēn
水 软 山 温

【释义】云~：云：云髻，云鬟，女子头发。柳：杨柳腰，喻指女子腰肢。喻指妇女的头发轻挽蓬松，腰肢柔软。语见宋·张先《醉落魄》："云轻柳弱，内家髻要新梳掠。"
水~：软：旖旎，秀美。温：温润，温柔。水色秀丽，山峦媚人。形容景色赏心悦目。语见清·孔尚任《桃花扇》："看一片秣陵春，烟水消魂……保秦淮水软山温。"

【结构】联合　名-形|名-形

【扩联】云轻柳弱窈窕女
水软山温妩媚春

3014

yún shū xiá juǎn
云 舒 霞 卷

shuǐ zhuǎn fēng huí
水 转 峰 回

【释义】云~：云朵铺张，彩霞翻卷。形容天空姿态万千，色彩斑斓。
水~：水路迂回曲折，山峰蜿蜒漫长，如水远山长。

【结构】联合　名-动|名-动

【扩联】云舒霞卷一天锦绣
水转峰回遍地丹青

3015

yún xiá mǎn zhǐ
云 霞 满 纸

fèi huà lián piān
废 话 连 篇

【释义】云~：云霞：彩霞。代指精彩绝妙的词句文字。意指满纸满页都是绝妙好辞。
废~：形容文章或说话中没有用的话太多。

【结构】主谓　名—|动-名

【扩联】云霞满纸皆夸好
废话连篇都说糟

3016

yún xīn yuè xìng
云 心 月 性

shuǐ yǎn shān méi
水 眼 山 眉

【释义】云~：性：性情。白云之心，明月之性。形容不慕名利，性情恬淡。
水~：眼含秋水，眉黛春山。形容女子眉目清秀水灵。

【结构】联合　名-名|名-名

【扩联】云心月性纤尘不染
水眼山眉秀色可餐

3017

yún zhēng xiá wèi
云 蒸 霞 蔚

rì lì fēng hé
日 丽 风 和

【释义】 云~：蒸：升腾。蔚：聚集。云气升腾霞光聚集。形容景色绚丽或事物丰盛。
日~：阳光灿烂清风柔和。形容天气晴和。
【结构】 联合　名-动|名-动
【扩联】 云蒸霞蔚斑斓景
日丽风和温煦天

3018

yún zhōng bái hè
云 中 白 鹤

tiān shàng shí lín
天 上 石 麟

【释义】 云~：在云端里自由飞翔的白鹤。比喻气质高洁的人。
天~：石麟：石麒麟。麒麟，是传说中的灵兽。天上的石麒麟。比喻神童。旧时用以夸奖别人的孩子有文才。
【结构】 定中　名-方|形-名
【扩联】 天上石麟仙界子
云中白鹤外星人

3019

yǔn wén yǔn wǔ
允 文 允 武

yòu hóng yòu zhuān
又 红 又 专

【释义】 允~：允：语助词。又能文又能武。形容人全面发展，是全才。
又~：红：指思想觉悟高。专：指专业技术精。既有高度的政治觉悟，又有突出的技术或业务专长。
【结构】 联合　副-形|副-形
【扩联】 允文允武军队儒将
又红又专国家精英

3020

yùn chóu wéi wò
运 筹 帷 幄

zuò shè dào biān
作 舍 道 边

【释义】 运~：运筹：策划。帷幄：军中帐篷。在营帐中拟定作战的策略。后引申为筹划、指挥，或幕后操纵。
作~：舍：房屋。在大道边盖房子。在大道边建房，过路人意见各不相同。故后用以比喻众说纷纭，莫衷一是，难于成事。
【结构】 述补　动-名|名—
【扩联】 作舍道边行事无果
运筹帷幄用兵如神

3021

yùn jiāo huá gài
运 交 华 盖

huò rěn xiāo qiáng
祸 稔 萧 墙

【释义】 运~：华盖：古星名，迷信的说法，认为华盖星犯命，"运交华盖"，运气不好；另一种说法，说和尚华盖罩顶，"运交华盖"是走好运。
祸~：稔：酝酿。萧墙：作屏蔽用的墙壁。比喻内部。指祸害从内部酝酿发生。
【结构】 主谓　名-动|名—
【扩联】 运交华盖福星高照
祸稔萧墙灾难濒临

3022

yùn kāi shí tài
运 开 时 泰

fú shòu nián gāo
福 寿 年 高

【释义】 运~：指时运吉利太平。语见明·梁辰鱼《浣沙记·夏臣》："台殿风微，山河气转，欣逢运开时泰。"
福~：生活幸福，长命百岁。多用作祝颂之辞。
【结构】 联合　名-形|名-形
【扩联】 运开时泰人逢盛世
福寿年高礼赞仙翁

3023

zài jiǔ wèn zì
载 酒 问 字
náng yíng zhào shū
囊 萤 照 书

【释义】 载~：载：携带。带着酒去有学问的人家里求教。西汉刘棻向扬雄学作奇字之事。语见明·程允升《幼学琼林·饮食》："好事之徒，载酒而问人奇字。"
囊~：囊萤：把萤火虫放在袋子里。夏夜把萤火虫收集在绢袋里，用以照着读书。形容家境贫寒，勤苦读书。语见唐·房玄龄《晋书·车胤传》："车胤恭勤不倦，博学多通，家贫不常得油，夏月则练囊盛数十萤火以照书，以夜继日焉。"
【结构】 连动 动-名|动-名
【扩联】 囊萤照书家贫苦
载酒问字心赤诚

3024

zài dāng féng fù
再 当 冯 妇
chóng zhèn xióng fēng
重 振 雄 风

【释义】 再~：再当：第二次当上。冯妇：《孟子》说他是晋国人，善于打老虎。第二次当冯妇。比喻重操旧业。
重~：雄风：威风。重新振奋起昔日的威风。
【结构】 动宾 副-动|名一
【扩联】 重振雄风铮铮硬汉
再当冯妇实实武松

3025

zài jiē zài lì
再 接 再 厉
bù yī bù ráo
不 依 不 饶

【释义】 再~：再：再次。接：交战。厉：同"砺"，磨砺。指斗鸡时，每次交锋，公鸡都要磨一磨它的嘴。后用来比喻一次又一次地努力，奋斗不懈。也作"再接再砺"。
不~：纠缠不已，一而再，再而三，一定要达到目的。
【结构】 联合 副-动|副-动
【扩联】 不依不饶不松手
再接再厉再夺魁

3026

zān yīng mén dì
簪 缨 门 第
zhōng dǐng rén jiā
钟 鼎 人 家

【释义】 簪~：簪缨：古代官吏的冠饰，因以喻显贵。旧指显贵人家。语见清·文康《新儿女英雄传》第一回："这安老爷家……虽然算不得簪缨门第，钟鼎人家，却也过得亲亲热热，安安静静。"
钟~：钟、鼎：铜钟、铸鼎。古代官宦之家击钟列鼎而食。指富贵宦达之家。
【结构】 定中 名-名|名一
【扩联】 簪缨门第豪强少
钟鼎人家官宦多

3027

zàng shēn yú fù
葬 身 鱼 腹
wěi ròu hǔ xī
委 肉 虎 蹊

【释义】 葬~：指在水里淹死。
委~：委：弃置。蹊：小路。把肉弃置在饿虎出没的路上。比喻处境危险，灾祸即将到来。语见《战国策·燕策三》："是以委肉当饿虎之蹊，祸必不振矣。"
【结构】 述补 动-名|名-名
【扩联】 智者乐水葬身鱼腹
仁人爱山委肉虎蹊

3028

záo guī shǔ cè
凿 龟 数 策

bài guǐ qiú shén
拜 鬼 求 神

【释义】凿~：凿龟：钻灼龟甲，看灼开的裂纹推测吉凶。数策：数蓍草的茎，从分组计数中判断吉凶。指古人用龟甲蓍草来卜筮吉凶。语见《韩非子·饰邪》："凿龟数策，兆曰大吉，而以攻燕者赵也。"

拜~：向鬼神叩拜祈祷，求其保佑。语见唐·王建《三台》诗："扬州桥边小妇，长干市里商人。三年不得消息，各自拜鬼求神。"

【结构】联合 动-名|动-名

【扩联】<u>吉少凶多凿龟数策</u>
<u>时乖运蹇拜鬼求神</u>

3029

záo shí suǒ yù
凿 石 索 玉

tàn lí dé zhū
探 骊 得 珠

【释义】凿~：凿：打孔。索：索求。凿开石头求索美玉。比喻尽力求取贤良人才。也比喻只顾眼前利益而忽视长远利益。语见《三国志·蜀志·秦宓传》："甫欲凿石索玉，剖蚌求珠，今乃隋、和炳然，有如皎日，复何疑载！"

探~：探：摸取。骊：骊龙，古代传说中的黑龙。摸到骊龙的下巴，取得了珍珠。后用以比喻文章写得好，抓住了主题的精粹。语见《庄子·列御寇》："河上有家贫恃纬萧而食者，其子没于渊，得千金之珠。其父谓其子曰：'取石来锻之！夫千金之珠，必在九重之渊，而骊龙颔下，子能得珠者，必遭其睡也；使骊龙而寤，子尚奚微之有哉！'"

【结构】连动 动-名|动-名

【扩联】<u>顽石韫玉凿石索玉</u>
<u>恶骊守珠探骊得珠</u>

3030

zǎo mí wǎn wù
早 迷 晚 寤

qián jù hòu gōng
前 倨 后 恭

【释义】早~：早：早年。迷：糊涂，迷茫。晚：晚年。寤：同"悟"，觉悟，醒悟。指早年糊涂晚年觉悟也能成就人生。语见北齐·颜子推《颜氏家训·勉学》："曾子七十乃学，名闻天下；荀卿五十，始来游学，犹为大儒；公孙弘……皆终成大儒，此并早迷而晚寤也。"

前~：倨：傲慢，怠慢。恭：恭敬。先时态度怠慢，而后来态度恭敬有礼。形容前后态度截然不同。

【结构】联合 名-形|名-形

【扩联】<u>前倨后恭小人变脸</u>
<u>早迷晚寤浪子回头</u>

3031

zǎo shēng guì zǐ
早 生 贵 子

zhōng yǎng tiān nián
终 养 天 年

【释义】早~：贵：敬辞，称与对方有关的事物。婚礼祝福语。祝新人早点生下他们宝贝孩子。也是一种民俗，成亲之时，把红枣、花生、桂园、莲子撒到新人的床上，借谐音寓意"早生贵子"。

终~：终：竟，尽。养：供养，赡养。天年：自然的寿数。过完应有的寿数。指寿长而善终。也指赡养老人，为其养老送终。见晋·李密《陈情表》："乌鸟私情，愿乞终养。"

【结构】动宾 副-动|形-名

【扩联】<u>新郎新娘早生贵子</u>
<u>老父老母终养天年</u>

3032

zǎo shēn yù dé
澡身浴德

xǐ shǒu fèng gōng
洗手奉公

【释义】 澡~：指洁净身心，砥砺品行。语见《礼记·儒行》："儒有澡身而浴德。"孔颖达疏："澡身，谓能澡洁其身不染浊也。浴德，谓沐浴于德，以德自清也。"

洗~：指廉洁无私，奉行公事。也作"洗手奉职"。

【结构】 联合　动-名|动-名

【扩联】 洗手奉公无小我
澡身浴德远红尘

3033

zào duān chàng shǐ
造端倡始

lǐng yì biāo xīn
领异标新

【释义】 造~：端：事情的开头。指首先倡导。
领~：指与众不同，独创一格。

【结构】 联合　动-名|动-名

【扩联】 造端倡始开洋务
领异标新学欧风

3034

zào fú sāng zǐ
造福桑梓

yè jū wáng mén
曳裾王门

【释义】 造~：造福：给人带来幸福。桑梓：代指故乡。行善积德做好事，给家乡人民带来幸福。

曳~：曳：拖，拉，撩起。裾：衣服的大襟（上衣、长袍前面的部分）。王门：指王侯显贵的门庭。指奔走于达官显贵之门，做其食客，仰承鼻息。语见汉·班固《汉书》："今臣尽智毕议，易精极虑，则无国可奸；饰固陋之心，则何王之门不可曳长裾乎？"

【结构】 述补　动-名|名一

【扩联】 真能造福桑梓者
不是曳裾王门人

3035

zào wēi rù miào
造微入妙

fǎn pǔ huán zhēn
返朴还真

【释义】 造~：形容诗文写作或书法的功力达到最微妙的佳境。语见宋·胡仔《苕溪渔隐丛话·王摩诘》："古人下连绵字不虚发，如老杜'野日荒荒白，江流泯泯清'，退之'月吐窗囧囧'，皆造微入妙。"

返~：朴：朴素。真：纯真。指去掉外表的雕饰，返回到质朴、纯真的自然状态。同"返朴归真"。

【结构】 联合　动-名|动-名

【扩联】 返朴还真缘情体物
造微入妙尽相穷形

3036

zé zhòng shān yuè
责重山岳

mìng qīng hóng máo
命轻鸿毛

【释义】 责~：指责任之重如山岳。形容责任重大。
命~：鸿毛：鸿雁的毛，比喻轻微或不足道的事物。（因有责任在身）把自己的生命看得比鸿毛还轻。形容生命毫无价值。见南朝梁·任昉《为齐明帝让宣城郡公第一表》："臣知不惬，物谁谓宜，但命轻鸿毛，责重山岳。"

【结构】 主谓　名|形-名一

【扩联】 责重山岳不推诿
命轻鸿毛敢牺牲

3037

zé wú páng dài
责无旁贷

qíng yǒu kě yuán
情有可原

【释义】责~：责：责任。贷：借出，给别人。自己应尽的责任、义务，不能推卸给别人。
情~：虽然没做好，该受批评或惩处，但在情节或情理上有可以原谅的地方。

【结构】主谓　名|动-副-动

【扩联】竭心尽孝责无旁贷
乏力回天情有可原

3038

zé zé chēng xiàn
啧啧称羡

quán quán fú yīng
拳拳服膺

【释义】啧~：啧啧：咂嘴赞叹的声音。口里啧啧作声，表示赞美羡慕。
拳~：拳拳：紧握不舍，引申为恳切。服膺：铭记心中。形容对某事、某人心悦诚服，诚恳信奉，铭记于心。语见《礼记·中肩》："回之为人也，择乎中庸，得一善，则拳拳服膺而弗失之矣。"

【结构】状中　叠—|动—

【扩联】拳拳服膺对方对
啧啧称羡高手高

3039

zé rén ér shì
择人而事

dài jià ér gū
待价而沽

【释义】择~：指谨慎选择贤者而跟随他。也比喻女子选好丈夫而嫁。
待~：沽：卖。等待好价钱才卖。比喻怀才者等待有人赏识重用才肯出世效力。

【结构】连动　动-名|连-动

【扩联】图前程择人而事
有卖相待价而沽

3040

zēng zǐ shā zhì
曾子杀彘

yè gōng hào lóng
叶公好龙

【释义】曾~：彘：猪。典故出自《韩非子·外储说左上》。曾子的妻子到集市去，孩子一边跟着走一边哭着，她就要孩子回去，并说她回来后就杀猪给孩子吃。等她回来后，看见曾子在杀猪，赶紧说自己只是哄哄孩子。曾子认为父母对孩子讲话就要做到，才能让孩子学会诚信做人。表示教育孩子要说实话，要以身作则。
叶~：典故出自汉·刘向《新序·杂事》。古代有位人称叶公的人，他很喜欢龙。家居摆设，都是画龙雕龙。天上的神龙听说叶公如此爱龙，就现身来到叶宅，叶公一看到真龙，马上就吓昏过去了。比喻外表上爱好某事物，但不是真正地爱好它，甚至是畏惧它。

【结构】主谓　名—|动-名

【扩联】曾子杀彘真杀彘
叶公好龙假好龙

3041

zēng guāng tiān cǎi
增光添彩

rě huò zhāo qiān
惹祸招愆

【释义】增~：光、彩：荣耀。因成就、地位等为所属的家庭、团体或他人增添了荣耀。
惹~：愆：过失，过错。惹是生非，招致祸害。

【结构】联合　动-名|动-名

【扩联】增光添彩孩儿争气
惹祸招愆父母耽心

3042

zhāi xīn dí lǜ
斋 心 涤 虑
dǐ jié lì xíng
砥 节 砺 行

【释义】 斋～：斋：古代祭祀前整洁身心，以示虔诚。净洁身心，清除杂念。语见宋·叶适《辨兵部郎官朱元晦状》："方斋心涤虑，以俟陛下反复诘难，庶几竭尽愚衷。"
砥～：砥砺：磨练。指磨砺操守与品行。
【结构】 联合 动-名|动-名
【扩联】 砥节砺行洁身守道
斋心涤虑拜鬼祭神

3043

zhái xīn zhī xùn
宅 心 知 训
huì yǎn shí zhū
慧 眼 识 珠

【释义】 宅～：宅心：居心。训：规范，准则。心里知道规范、准则。见《尚书·康诰》："汝不远惟商耇成人，宅心知训。"
慧～：慧眼：佛教所说的"五眼"（肉眼、天眼、法眼、慧眼、佛眼）之一，今泛指敏锐的眼力、眼光。称赞人善于识别和发现人才。
【结构】 主谓 形-名|动-名
【扩联】 宅心知训不逾矩
慧眼识珠善看人

3044

zhān zhān zì xǐ
沾 沾 自 喜
zhuì zhuì bù ān
惴 惴 不 安

【释义】 沾～：沾沾：轻薄，得意。喜：喜悦，高兴。形容自以为很好而得意起来。带贬义。语见《史记·魏其武安侯列传》："魏其者，沾沾自喜耳。"
惴～：惴惴：担忧、害怕的样子。形容心中既担心又害怕，很不安定。
【结构】 状中 叠—|副-形
【扩联】 胜利在望毋沾沾自喜
前途失迷犹惴惴不安

3045

zhǎn shé zhú lù
斩 蛇 逐 鹿
zhuō hǔ qín jiāo
捉 虎 擒 蛟

【释义】 斩～：指封建时代群雄角逐，争夺统治权。语见《史记·高祖本纪》："（高祖）乃前，拔剑击斩蛇。"又《史记·淮阴侯列传》："秦失其鹿，天下共逐之，于是高材疾足者先得焉。"
捉～：上山捉猛虎，下海擒蛟龙。比喻本领大。语见明·无名氏《大劫牢》第三折："捉虎擒蛟真壮大，好汉声名播四方。"
【结构】 联合 动-名|动-名
【扩联】 捉虎擒蛟好汉除害
斩蛇逐鹿群雄争权

3046

zhāng tóu shǔ mù
獐 头 鼠 目
hǔ bèi xióng yāo
虎 背 熊 腰

【释义】 獐～：獐：一种动物。相术家以头削骨露者谓獐头，眼凹睛圆者谓鼠目。形容人的样子寒酸卑贱，仪表猥琐，神情狡诈。后常用以形容面目丑陋、心术不正的人。
虎～：老虎的脊背，熊的腰身。形容身体魁梧健壮。
【结构】 联合 名-名|名-名
【扩联】 獐头鼠目贼人相
虎背熊腰壮士身

3047

zhāng yá wǔ zhǎo
张 牙 舞 爪

dī shǒu xià xīn
低 首 下 心

【释义】 张~：张：张开。舞：挥舞。原形容野兽的凶相。后多形容恶人猖狂凶恶的样子。
低~：低垂着头，按捺下心思。形容屈服顺从的样子。
【结构】 联合 动-名|动-名
【扩联】 张牙舞爪逞凶狠
低首下心装可怜

3048

zhāo qián xī tì
朝 乾 夕 惕

rì jiù yuè jiāng
日 就 月 将

【释义】 朝~：朝、夕：早、晚。乾：乾乾，自强不息的样子。惕：小心谨慎。从早到晚都勤勤恳恳，不敢懈怠。语见《红楼梦》第十八回："惟朝乾夕惕，忠于厥职。"
日~：就：成就。将：进步。每天有成就，每月有进步。形容不断进步。语见《诗经·周颂·敬之》："日就月将，学有缉熙于光明。"
【结构】 联合 名-形|名-形
【扩联】 朝乾夕惕恒心无怠
日就月将天道酬勤

3049

zhāo zhāo mù mù
朝 朝 暮 暮

suì suì nián nián
岁 岁 年 年

【释义】 朝~：早晨晚上。天天从早到晚。
岁~：一年年一岁岁。指每一年。
【结构】 联合 叠一|叠一
【扩联】 两情长久岂在朝朝暮暮
一家团圆还羡岁岁年年

3050

zhāo zhēn mù wěi
朝 真 暮 伪

jīn shì zuó fēi
今 是 昨 非

【释义】 朝~：朝：白天，属阳，象征明处。暮：晚间，属阴，象征暗处。伪：虚假。指外貌真诚，内心虚伪，令人难测。
今~：今：指现在。是：对，正确。昨：指过去。非：错，错误。形容人觉悟过来，认识到了并悔恨以前的错误。语见晋·陶渊明《归去来辞》："实迷途其未远，觉今是而昨非。"
【结构】 联合 名-形|名-形
【扩联】 今是昨非纠错快
朝真暮伪测心难

3051

zhāo zòu mù zhào
朝 奏 暮 召

xiān gōng hòu sī
先 公 后 私

【释义】 朝~：朝：早晨。奏：奏折，上奏。暮：晚间。召：诏书，召见。早上臣子向君王呈上奏折，黄昏时君主就下诏书召见。旧时指君主求贤若渴，人才启用极快。也指谏议或人才受到高度重视，迅速予以回复。语见《史记·平津侯主父列传》："乃上书阙下，朝奏，暮召入见。"
先~：先以公事为重，然后考虑私事。指把公事放在私事的前面。语见《孔丛子·记义》："于东山，见周公之先公而后私也。"
【结构】 联合 副-动|副-动
【扩联】 先公后私受人赞
朝奏暮召蒙主恩

3052

zhāo cái jìn bǎo
招 财 进 宝
jī yù duī jīn
积 玉 堆 金

【释义】招~：指发财致富。语见元·刘唐卿《降桑葚》："招财进宝臻佳瑞，合家无虑保安存。"
积~：金玉堆积。形容宝贵的财富极多。
【结构】联合　动-名|动-名
【扩联】招财进宝家家想
积玉堆金户户求

3053

zhāo fēng yǐn dié
招 蜂 引 蝶
rě cǎo niān huā
惹 草 拈 花

【释义】招~：招引来蜜蜂蝴蝶，用以指女子逗引男性。
惹~：比喻到处玩弄挑逗女人，迷恋不正当的男女情爱。
【结构】联合　动-名|动-名
【扩联】招蜂引蝶风尘女
惹草拈花公子哥

3054

zhāo xiáng nà pàn
招 降 纳 叛
dǎng è yòu jiān
党 恶 佑 奸

【释义】招~：招、纳：招收、接纳。招引接纳敌方叛逃投降的人。形容网罗坏人，扩充势力。
党~：党：袒护，偏袒。佑：庇护。偏袒保护奸恶之人。
【结构】联合　动-名|动-名
【扩联】招降纳叛蓄谋反叛
党恶佑奸实属大奸

3055

zhāo yáo guò shì
招 摇 过 市
kāng kǎi chén cí
慷 慨 陈 词

【释义】招~：招摇：张扬，炫耀。市：市井，集市。故意在众人面前炫耀，以引人注意。
慷~：情绪激昂地发表言论、陈述自己的见解。
【结构】状中　形一|动-名
【扩联】慷慨陈词感心动耳
招摇过市夺目吸睛

3056

zhāo zhāo zài mù
昭 昭 在 目
gěng gěng yú xīn
耿 耿 于 心

【释义】昭~：昭昭：明亮的样子。形容大家看得明明白白。
耿~：耿耿：有心事的样子。心里总是想着，不能忘记。
【结构】状中　叠一|动-名
【扩联】化日光天昭昭在目
陈年旧事耿耿于心

3057

zhāo yá zhī shì
爪 牙 之 士
hóu shé zhī guān
喉 舌 之 官

【释义】爪~：爪牙：尖爪和利牙，比喻辅助的人。指勇敢的卫士或得力的助手。也作"爪牙之将"。
喉~：比喻掌握机要、出纳王命的重要官员。见《诗经·大雅·烝民》："出纳王命，王之喉舌。"后多以喉舌指尚书。
【结构】定中：名-名|助-名
【扩联】爪牙之士做安保
喉舌之官搞广播

3058

zhào māo huà hǔ
照猫画虎

liàng tǐ cái yī
量体裁衣

【释义】 照~：照着猫的样子去画老虎。形容形式上模仿，实际未必理解。
量~：比喻做事要从实际出发，根据具体情况进行处理。
【结构】 状中　动-名|动-名
【扩联】 量体裁衣完全合体
照猫画虎绝对象猫

3059

zhào zhāng bàn shì
照章办事

wǎng fǎ yíng sī
枉法营私

【释义】 照~：按照规定章程办理事情。
枉~：枉：歪曲，违反。曲解破坏法律以谋求私利。
【结构】 状中　动-名|动-名
【扩联】 下面跑腿照章办事
上头有权枉法营私

3060

zhào shū guà bì
诏书挂壁

jūn lìng rú shān
军令如山

【释义】 诏~：诏书：皇帝的命令。形容地方官尾大不掉，把诏书置于一旁，自行其是。语见唐·徐坚等《初学记·东汉崔塞〈正论〉》：“今典州郡者，自违诏书，纵意出入，故里语曰：‘州郡诏，如霹雳。得诏书，但挂壁。’”
军~：军令重如山。军法严肃不可随意改变，必须绝对服从，坚决执行。
【结构】 主谓　名—|动-名
【扩联】 天高皇帝远诏书挂壁
权大律条严军令如山

3061

zhé chōng zūn zǔ
折冲樽俎

cuò huǒ jī xīn
厝火积薪

【释义】 折~：折冲：指抵御敌人。冲：战车的一种。樽俎：古代的酒器和放肉的祭器。原指在诸侯国会盟的宴席上胜过对方。后泛指运用外交手段战胜敌人。语见《晏子春秋·内篇杂上》：“起于樽俎之间，而折冲千里之外。”
厝~：厝：同“措”，放置。薪：柴。把火放在堆积的柴草底下。比喻潜藏着极大的祸患。语见《汉书·贾谊传》：“夫抱火厝之积薪之下而寝其上，火未及燃，因谓之安，方今之势，何以异此！”
【结构】 述补　动-名|名—
【扩联】 折冲樽俎外交好
厝火积薪隐患多

3062

zhé yāo wǔ dǒu
折腰五斗

zhàng yuè yī fāng
杖钺一方

【释义】 折~：折腰：弯腰行礼。五斗：五斗米，古代低级官员的俸禄。为五斗米而向上司弯腰行礼。比喻贪恋禄位，不惜人格。
杖~：杖：手持。钺：古兵器。在一方手持大钺。比喻掌握兵权或驻扎一方。语见《魏书·慕容白曜传》：“遂推毂委诚，授以专征之任，握兵十万，杖钺一方。”
【结构】 述补　动-名|数-名
【扩联】 折腰五斗养儿养女
杖钺一方称霸称王

3063

zhé rén qí wěi
哲 人 其 萎

shì zhě rú sī
逝 者 如 斯

【释义】 哲~：哲：圣哲之人。指哲人之死。孔子将死时，自为歌曰："泰山其颓乎？梁木其坏乎？哲人其萎乎？"（见《礼记·檀弓上》）后多用为悼念之词，多见于悼词或碑铭。
逝~：流逝的时光就像流淌的江水一样。见《论语·子罕》："子在川上曰：逝者如斯夫，不舍昼夜！"感叹时间流逝。

【结构】 主谓　形-名|助-形

【扩联】 逝者如斯流水去
哲人其萎泰山颓

3064

zhēn qíng shí yì
真 情 实 意

jiǎ yì xū qíng
假 意 虚 情

【释义】 真~：十分真诚的情意。见明·李贽《焚书·豫约》："劝尔等勿哭勿哀，而我复言之哀哀，真情实意，固自不可强也。"
假~：虚假的情感。指虚伪做作，假装殷勤。也作"虚情假意"。

【结构】 联合　形-名|形-名

【扩联】 真情实意我知道
假意虚情你懂的

3065

zhēn fū liè fù
贞 夫 烈 妇

nì zǐ pàn chén
逆 子 叛 臣

【释义】 贞~：贞：坚贞。封建社会对保持操守贞节的妇女和宁死不屈的男子的美称。语见《敦煌变文集·秋胡变文》："我闻贞夫烈妇，自古至今耳闻，今时目前所见。"
逆~：忤逆之子，叛乱之臣。不忠不孝的反叛臣子。

【结构】 联合　形-名|形-名

【扩联】 贞夫烈妇流芳百世
逆子叛臣遗臭万年

3066

zhēn sōng jìng bǎi
贞 松 劲 柏

chǒng liǔ jiāo huā
宠 柳 娇 花

【释义】 贞~：以松柏的坚贞劲直，比喻人的高尚节操。
宠~：惹人喜爱的柳色，娇艳的花枝。形容春色。

【结构】 联合　形-名|形-名

【扩联】 贞松劲柏骄姿傲雪
宠柳娇花春色满园

3067

zhēn fēng xiāng duì
针 锋 相 对

shuǐ huǒ bù róng
水 火 不 容

【释义】 针~：针锋：针尖。针尖对针尖。比喻双方争辩或斗争尖锐对立，各不相让。
水~：水与火不能互相容纳。比喻人或事物彼此性质相反，根本对立。

【结构】 主谓　名-名|副-动

【扩联】 公理婆理针锋相对
红军白军水火不容

3068

zhěn gē dài dàn
枕 戈 待 旦

mèng bǐ shēng huā
梦 笔 生 花

【释义】 枕~：戈：古兵器。旦：天亮。枕着兵器睡觉，等待天亮。形容杀敌报国心切，一刻也不松懈。
梦~：传说李白小时曾梦见自己所用的笔头上生花，其后才华横溢，名闻天下。形容文人才思日进，也形容才情横溢，文思丰富。

【结构】 连动　动-名|动-名

【扩联】 枕戈待旦务歼敌虏
梦笔生花必取功名

3069

zhěn shān qī gǔ
枕 山 栖 谷
yǐn lù cān fēng
饮 露 餐 风

【释义】 枕~：栖：居住。头枕高山，身居幽谷。比喻过隐居生活。语见《后汉书·黄琼传》："诚遂欲枕山栖谷，拟迹巢由，斯则可矣。"
饮~：以露、风为饮食。形容远离世俗之人的生活。
【结构】 联合　动-名|动-名
【扩联】 饮露餐风能饱腹
枕山栖谷可安身

3070

zhěn zhōng hóng bǎo
枕 中 鸿 宝
zhǎng shàng míng zhū
掌 上 明 珠

【释义】 枕~：西汉时盛行神仙方术，淮南王刘安有尽言神仙使鬼物为金的道术之书——《鸿宝》，藏于枕中，秘不示人。后泛指珍秘的书籍。
掌~：捧在手上的夜明珠。比喻十分珍贵的东西。原指极钟爱的人。后转指受父母疼爱的女儿。
【结构】 定中　名-方|形-名
【扩联】 掌上明珠百般宠爱
枕中鸿宝什袭珍藏

3071

zhèn lóng fā kuì
振 聋 发 聩
qǐ sǐ huí shēng
起 死 回 生

【释义】 振~：聩：耳背。让耳聋耳背的人都振动听到了。比喻用语言文字唤醒糊涂的人，使他们清醒过来。
起~：把要死的人治活了。形容医术高明。指行将死亡的人复活。也比喻挽救了本来没有希望好转的事情。
【结构】 联合　动-名|动-名
【扩联】 谠论危言振聋发聩
灵丹妙药起死回生

3072

zhēng shā zuò fàn
蒸 沙 作 饭
yuán mù qiú yú
缘 木 求 鱼

【释义】 蒸~：把沙石蒸成熟饭。比喻根本不可能的事情。
缘~：缘：沿着，顺着。爬到树上去捉鱼。比喻方向、方法不对，不能达到目的。
【结构】 连动　动-名|动-名
【扩联】 缘木求鱼焉对路
蒸沙作饭难下喉

3073

zhēng qí dòu yàn
争 奇 斗 艳
jìn tài jí yán
尽 态 极 妍

【释义】 争~：争、斗：比赛，争胜。以争新奇比艳丽来博得别人的赞赏。
尽~：尽、极：达到了最高限度。妍：美丽。形容把美态全现出来。也指女子各种妩媚的姿态非常漂亮。
【结构】 联合　动-名|动-名
【扩联】 百花迎春争奇斗艳
群模走秀尽态极妍

3074

zhēng quán duó lì
争 权 夺 利
tuī zǎo ràng lí
推 枣 让 梨

【释义】 争~：争夺权势和名利。
推~：出自汉朝孔融让梨和南朝梁王泰幼时不和兄弟争枣的故事。谓兄弟友爱。
【结构】 联合　动-名|动-名
【扩联】 争权夺利众生丑相
推枣让梨赤子爱心

3075

zhēng xiān kǒng hòu
争先恐后

hòu wǎng bó lái
厚往薄来

【释义】 争~：争着向前，唯恐落在别人后面。形容做事积极。
厚~：在礼尚往来的交往中施予丰厚而纳受微薄。语见
《礼记·中庸》："厚往而薄来，所以怀诸侯也。"孔颖达
疏："厚往，谓诸侯还国，王者以其材贿厚重往报之。薄
来，谓诸侯贡献使轻薄而来。如此，则诸侯归服。"

【结构】 联合 动-名|动-名

【扩联】 争先恐后精疲力竭
厚往薄来理得心安

3076

zhēng zhēng tiě gǔ
铮铮铁骨

gěng gěng zhōng xīn
耿耿忠心

【释义】 铮~：铮铮：象声词，金属撞击的声音。比喻人刚正不
阿、坚强不屈的骨气。
耿~：耿耿：忠诚的样子。形容非常忠诚。

【结构】 定中 叠一|形-名

【扩联】 耿耿忠心一成无变
铮铮铁骨百折不挠

3077

zhěng gōng shuài wù
整躬率物

shěn jǐ duó rén
审己度人

【释义】 整~：躬：自身。物：他人。整饬自身做出榜样，以为下
属示范。
审~：度：度量，估量。先衡量衡量自己，再去估量别
人。语见三国·魏·曹丕《典论·论文》："盖君子审己以
度人，故能免于斯累。"

【结构】 连动 动-名|动-名

【扩联】 整躬率物以身作则
审己度人垂范领先

3078

zhěng jūn jīng wǔ
整军经武

mò mǎ lì bīng
秣马厉兵

【释义】 整~：把军队、武器装备整顿齐备。形容积极备战。
秣~：喂饱战马，磨快兵器。形容做好战斗准备。

【结构】 联合 动-名|动-名

【扩联】 大张旗鼓整军经武
小试锋芒秣马厉兵

3079

zhèng jīn wēi zuò
正襟危坐

biàn fú guǐ xíng
变服诡行

【释义】 正~：正：整理。危：端正。整理好衣襟，端端正正地坐
着。形容严肃或恭敬的样子。也形容拘谨的样子。
变~：变：更换。诡：诡秘。更换服装，秘密赶路。

【结构】 连动 动-名|形-动

【扩联】 堂下正襟危坐听师训
暗中变服诡行潜敌营

3080

zhèng rén jūn zǐ
正人君子

liǔ shèng huā shén
柳圣花神

【释义】 正~：正直而有道德的人。语见《新唐书·张宿传》：
"宿……与皇甫镈相附离，多中伤正人君子。"
柳~：指招蜂惹蝶的风流女子。语见明·无名氏《苏九淫
奔》第一折："本是个柳圣花神，又不犯孤辰寡运，将俺那
爷娘恨，错配了婚姻，虚度青春尽。"

【结构】 联合 名一|名一

【扩联】 柳圣花神频送媚
正人君子也丢魂

3081

zhèng shēn shuài xià
正 身 率 下
shě jǐ chéng rén
舍 己 成 人

【释义】 正~：端正己身，为下属作表率。语见汉·荀悦《汉纪·武帝纪三》：“（董）仲舒正身率下。所居而治。”
舍~：牺牲自己，成全他人。语见《三侠五义》第三十八回："仁兄知恩报恩，舍己成人，原是大丈夫所为。"

【结构】 连动　动-名|动-名

【扩联】 公才公望正身率下
佛眼佛心舍己成人

3082

zhèng shēng luàn yǎ
郑 声 乱 雅
wù zǐ duó zhū
恶 紫 夺 朱

【释义】 郑~：郑声：春秋时郑国的音乐，旧时被认为是淫靡的声乐。雅：庄严的雅乐。郑国的淫靡声乐扰乱了庄严的雅乐。比喻以邪侵正。
恶~：夺：乱。古人以朱为正色，以紫为杂色。令人厌恶的紫色混乱了大红正色。比喻以邪胜正，以异端充正理。

【结构】 主谓　名—|动-名

【扩联】 郑声乱雅先兆选
恶紫夺朱早预防

3083

zhī fén huì tàn
芝 焚 蕙 叹
tù sǐ hú bēi
兔 死 狐 悲

【释义】 芝~：芝被焚烧，蕙表哀叹。比喻物伤其类。
兔~：兔被打死，狐狸很感到悲哀。比喻因习性相类者的失败或死亡而悲伤。含贬义。

【结构】 联合　名-动|名-动

【扩联】 芝焚蕙叹哀其类
兔死狐悲蹈覆辙

3084

zhī lán yù shù
芝 兰 玉 树
bài liǔ cán huā
败 柳 残 花

【释义】 芝~：芝兰：香草。玉树：挺拔的乔木。比喻有良好教养的子弟。
败~：凋落的柳枝，残谢的花朵。比喻旧社会里年过青春姿色衰退而门前冷落的娼妓。

【结构】 联合　名—|名—

【扩联】 芝兰玉树人欣羡
败柳残花谁爱怜

3085

zhī fán yè mào
枝 繁 叶 茂
dì gù gēn shēn
蒂 固 根 深

【释义】 枝~：形容枝叶繁盛茂密。也比喻家族人丁兴旺。
蒂~：蒂：花、瓜、果与枝茎连接处。花果牢固地长在枝茎上，根深深地扎在土壤里。比喻基础牢固，不易动摇。带有贬义。

【结构】 联合　名-形|名-形

【扩联】 开枝散叶枝繁叶茂
结蒂生根蒂固根深

3086

zhī ēn bào dé
知 恩 报 德
jù yì lǚ fāng
据 义 履 方

【释义】 知~：知道受了别人的恩惠就要报答别人的恩德。
据~：据：据守，坚持。履：履行。方：正直。坚持正义，做正直的事情。

【结构】 连动　动-名|动-名

【扩联】 为人要知恩报德
立世当据义履方

3087

zhī bǐ zhī jǐ
知彼知己
bù chī bù lóng
不痴不聋

【释义】 知~：彼：对方。对自己和对方的情况都很了解。语见《孙子·谋攻》："知彼知己，百战不殆。"
不~：痴：傻，愚笨。不傻也不聋。指公婆不痴不聋，但故意不闻不问，装聋作哑。语见汉·刘熙《释名·释首饰》："不喑不聋，不成姑公。"

【结构】 联合 动-名|动-名
【扩联】 知彼知己知好歹
不痴不聋不烦忧

3088

zhī guò bì gǎi
知过必改
shù dé wù zī
树德务滋

【释义】 知~：知道自己有过错就一定改正。语见南朝梁·周兴嗣《千字文》："知过必改，得能莫忘。"
树~：德：德政，德行。滋：滋长。施行德政德行，务使其不断增长。语见《尚书·秦誓下》："树德务滋，除恶务本。"《蔡传》："务，专力也。植德则务其滋长，去恶则务绝根本。"

【结构】 连动 动-名|副-动
【扩联】 树德务滋成大树
知过必改有良知

3089

zhī nán ér jìn
知难而进
zé shàn ér xíng
择善而行

【释义】 知~：明知有困难，仍坚持前进。指迎着困难上。
择~：择：选择。行：做。指选择好的、正确的事情去做。

【结构】 连动 动-形|连-动
【扩联】 知难而进学雄杰
择善而行做好人

3090

zhī nán ér tuì
知难而退
wén dào yóu mí
闻道犹迷

【释义】 知~：难：艰难。指作战时应见机而动，如果知道很艰难，力不能克，则应退却，以免受损失。语见《左传·僖公二十八年》："军志曰：'允当则归。'又曰：'知难而退。'"后泛指因遇困难而退缩。
闻~：闻：听到，引申为知道。道：道路，指正道。犹：还。迷：迷失。已经知道正道，还要往迷路上走。比喻知错不改，一错到底。语见《后汉书·窦融传》："计若失路不反，闻道犹迷，不南合子阳，则北入文伯耳。"

【结构】 连动 动-名|连-动
【扩联】 闻道犹迷偏离正道
知难而退害怕困难

3091

zhī róng shǒu rǔ
知荣守辱
lè dào ān pín
乐道安贫

【释义】 知~：道家的处世哲学。虽然知道怎样可以得到荣誉，却安守于受屈辱的地位。语见《老子》："知其荣，守其辱，为天下谷。"河上公注曰："如是，则天下归之如流水入深谷也。"
乐~：道：圣贤之道。贫：贫寒境遇。乐于尊奉正道，安于贫寒境遇。语见《晋书·儒林传论》："史臣曰：……宣子之乐道安贫，弘风阐教，斯并通儒之高尚者也。"

【结构】 连动 动-名|动-名
【扩联】 知荣守辱水迁谷
乐道安贫心比天

3092

zhī wǒ zuì wǒ
知 我 罪 我

lì rén dá rén
立 人 达 人

【释义】 知~：知：知道，赞同。罪：怪罪，责备。形容别人对自己的毁誉。语见《孟子·滕文公下》："《春秋》天子之事也，是故孔子曰：'知我者，其惟《春秋》乎！罪我者，其惟《春秋》乎！'"宋·李之彦《东谷所见》："任意迁笔，言无忌讳，予所见与人所见未必尽合也，有见而喜，亦有见而怒，知我罪我，其惟此见乎！"
立~：指帮助别人建立功业和地位。语见《论语·雍也》："夫仁者，己欲立而立人，己欲达而达人。能近取譬，可谓仁之方也已。"

【结构】 联合 动-名|动-名

【扩联】 立人达人全在我
知我罪我任由人

3093

zhī xī zé guì
知 希 则 贵

yán dà fēi kuā
言 大 非 夸

【释义】 知~：知：理解。希：同"稀"，少。则：法则，效法。贵：可贵。语见《道德经》："知我者希，则我者贵。"理解我的人少，能取法我的人就更难能可贵了。形容圣人由高和寡。"知希则贵"，也解释为"了解的人少，就显得更珍贵"。
言~：话虽然说的很大，但不是虚夸的。语见宋·苏轼《六一居士集序》："言有大而非夸者，达者信之。"

【结构】 连动 动-形|副-形

【扩联】 昏庸太多知希则贵
华实相称言大非夸

3094

zhī zú cháng lè
知 足 常 乐

jiàn hǎo jiù shōu
见 好 就 收

【释义】 知：知道满足就会总是快乐的。告诫人们不要贪得无厌。
见~：指办事时基本上达到目的，就可以暂时告一段落。即适可而止，不要过分强求。

【结构】 连动 动-形|副-动

【扩联】 见好就收急流勇退
知足常乐细水长流

3095

zhī zú zhī zhǐ
知 足 知 止

zài xīn zài bēn
载 欣 载 奔

【释义】 知：指人要知道满足，知道适可而止。语见唐·令狐德棻《周书·萧大圜传》："况乎智不逸群，行不高物，而欲辛苦一生，何其僻也。岂如知足知止，萧然无累。"
载~：载：文言助词，且。欣：喜悦，高兴。奔：快步走。一面心里感到很高兴，一面加快脚步向前走。诨见晋·陶潜《归去来辞》："乃瞻衡宇，载欣载奔。童仆来迎，稚子候门。"

【结构】 联合 动-形|动-动

【扩联】 知足知止人快乐
载欣载奔步轻松

3096

zhī lún bù fǎn
只 轮 不 反

lái zhěn fāng qiú
来 轸 方 遒

【释义】 只~：连一个车轮子也没能返回。泛指全军覆没。见晋·潘岳《西征赋》："曾只轮之不反，绁三帅而济河。"
来~：轸：车后横木，借指车。遒：强健，有力，旺盛。赶来的车辆还正多得很。

【结构】 主谓 量-名|副-动

【扩联】 遭歼灭只轮不反
施救援来轸方遒

3097

zhī gāo bù rùn
脂膏不润

shuǐ mǐ wú jiāo
水米无交

【释义】 脂~：脂膏：油脂。润：加油使之润滑。犹言不揩油。比喻为人清廉，不贪财物。
水~：与（别人的）水米不交往。指没喝别人的一杯水，不吃别人的一顿饭。比喻为官清廉。也比喻彼此毫无交往。

【结构】 主谓　名-名|副-动

【扩联】 水米无交没老虎
脂膏不润少苍蝇

3098

zhí biān suí dèng
执鞭随镫

pěng gǔ tuī lún
捧毂推轮

【释义】 执~：执鞭：执掌赶马的鞭子。镫：马镫。为之执鞭赶马，跟随在车马前后。指服侍别人乘骑。多表示倾心追随。语见明·冯梦龙《警世通言》第二十一卷："小妹有累恩人远送，魄非男子，不能执鞭随镫，岂敢反占尊骑，决难从命。"
捧~：捧：用手往上抬。毂：古称车轮中心的圆木，上有插车轴的圆孔。抬起车毂，推动车轮。比喻推荐人才。语见《史记·魏其武安侯列传》："魏其武安侯俱好儒术，推毂赵绾为御史大夫。"司马贞索隐："推毂谓自卑下之，如为之推车毂也。"

【结构】 联合　动-名|动-名

【扩联】 执鞭随镫尽尔忠勇
捧毂推轮报君荣华

3099

zhí kē zuò fá
执柯作伐

yǐn xiàn chuān zhēn
引线穿针

【释义】 执~：执：拿。柯：斧柄，代指斧头。伐：采伐。指给人做媒。语见《诗经·伐柯》："伐柯如何？匪斧不克。取妻如何？匪媒不得。"
引~：把线的一头穿进针眼。比喻从中联系、撮合、拉拢。又作"穿针引线"。语见汉·刘向《说苑·善说》："缕因针而入，不因针而急；嫁女因媒而成，不因媒而亲。"明·周楫《西湖二集》卷十二："万乞吴二娘怎生做个方便，到黄府亲见小姐询其下落，做个穿针引线之人。"

【结构】 连动　动-名|动-名

【扩联】 引线穿针中介会
执柯作伐大媒行

3100

zhí wén hài yì
执文害意

chū kǒu shāng rén
出口伤人

【释义】 执~：执：固执，坚持。写文章拘泥于字面而损害文章内容。
出~：一说出话来就伤害别人。指用恶言恶语辱骂别人。

【结构】 连动　动-名|动-名

【扩联】 执文害意挑挑字
出口伤人洗洗牙

3101

zhí shū jǐ jiàn
直抒己见

dà fàng jué cí
大放厥词

【释义】 直~：直：直率，爽快。抒：发。坦率地发表自己的意见。
大~：厥：其，他的。原意指铺张词藻，畅所欲言。现含贬义，指人夸夸其谈大发议论，而且言不中肯。有时也指胡说八道。

【结构】 动宾　形-动|代-名

【扩联】 直抒己见毫无顾忌
大放厥词饱受批评

3102

zhí jié jìng qì
直 节 劲 气
zhōu qíng kǒng sī
周 情 孔 思

【释义】 直~：正直的气节，刚劲的操守。语见《明史·王廷传》："廷守苏州时，人比之赵清献，直节劲气，始终无改。"
周~：周公的感情，孔子的思想。后喻指古圣先贤的情感思想，赞誉诗文格调古朴清高。亦作"孔思周情"。语见《韩昌黎集·序》："日光玉洁，周情孔思"。

【结构】 联合 名—|名—
【扩联】 秉直节劲气品行正
蕴周情孔思格调高

3103

zhí yán wú huì
直 言 无 讳
cháng è bù quān
长 恶 不 悛

【释义】 直~：讳：避讳，隐讳。有话直说，毫不隐讳。语见唐·房玄龄《晋书·范宁传》："宁指斥朝士，直言无讳。"
长~：悛：悔改。长期作恶，不肯悔改。语见晋·石勒《下令绝刘曜》："故复推崇今主，修好如初，何图长恶不悛，杀奉诚之使。"

【结构】 述补 形-动|副-动
【扩联】 长恶不悛无赦免
直言无讳不欺瞒

3104

zhí yán gǔ huò
直 言 贾 祸
miào yǔ jiě yí
妙 语 解 颐

【释义】 直~：太直率、毫无遮拦地说话，会招致祸害。
妙~：颐：面颊。解颐：开颜而笑。幽默有趣的话语能使人开颜发笑。

【结构】 主谓 形-名|动-名
【扩联】 直言贾祸少说几句
妙语解颐多听一些

3105

zhí yán wú yǐn
直 言 无 隐
lěi jiàn bù xiān
累 见 不 鲜

【释义】 直~：有话直说，毫无隐瞒。语见明·冯梦龙《东周列国志》第五十回："臣不忍坐视君国之危亡，故敢直言无隐。"
累~：累：数次，屡次。鲜：新鲜。形容见到的次数很多，已经不觉得新鲜了。

【结构】 述补 形-动|副-形
【扩联】 实话实说直言无隐
假心假意累见不鲜

3106

zhǐ tán fēng yuè
止 谈 风 月
luàn diǎn yuān yāng
乱 点 鸳 鸯

【释义】 止~：止：只，仅。风月：风和月，泛指景色，也指男女爱情。泛指无关大局的事，引申为闲情逸致。
乱~：鸳鸯：比喻夫妻。指将夫妻交互错配。

【结构】 动宾 副-动|名-名
【扩联】 风月夜止谈风月
鸳鸯楼乱点鸳鸯

3107

zhǐ tián mò jià
纸 田 墨 稼
bǐ dāo yàn chéng
笔 刀 砚 城

【释义】 纸~：稼~：稼穑，种收五谷。把纸当作良田，运墨比作稼穑。指从事写作生活。
笔~：用笔像用刀，磨砚像攻城。形容写字作文并非易事，要下大功夫。

【结构】 联合 名-名|名-名
【扩联】 纸田墨稼收千钟粟
笔刀砚城取万户侯

3108

zhǐ huī ruò dìng
指 挥 若 定

yìng duì rú liú
应 对 如 流

【释义】 指~：定：定局。指挥从容，好像胜利已成定局。形容指挥者胸有成竹。从容镇定。语见杜甫《咏怀古迹》之五："伯仲之间见伊吕，指挥若定失萧曹。"

应~：应对：言语应答。如流：像流水一样。形容思维敏捷，答话流利。语见《三国演义》第十六回："操见翊应对如流，甚爱之，欲用为谋士。"

【结构】 述补　动—|动-名

【扩联】 万马千军指挥若定
三推六问应对如流

3109

zhǐ lù wéi mǎ
指 鹿 为 马

zhèng guī chéng biē
证 龟 成 鳖

【释义】 指~：把鹿说成是马。指有意颠倒黑白。语见《史记·秦始皇本纪》："赵高欲为乱，恐群臣不听，乃先设验，持鹿献于二世，曰：'马也。'二世笑曰：'丞相误邪？谓鹿为马。'问左右，左右或默，或言马以阿顺赵高。或言鹿者，高因阴中诸言鹿者以法，后群臣皆畏高。"

证~：把乌龟指证成甲鱼。比喻蓄意歪曲，混淆是非。语见苏轼《东坡志林·贾氏五不可》："晋武帝欲为太子娶妇，卫瑾曰：'贾氏有五不可：青、黑、短、鲕而无子。'竟为群臣所誉，娶之，竟以亡晋……俚语曰'证龟成鳖'，此未足怪也。"

【结构】 连动　动-名|动-名

【扩联】 指鹿为马弄权而已
证龟成鳖有意为之

3110

zhǐ shǒu huà jiǎo
指 手 画 脚

shuō dōng dào xī
说 东 道 西

【释义】 指~：说话时手脚并用，做出各种动作。形容说话放肆无忌或得意忘形的样子。也形容不负责任地乱加指点和批评。

说~：道：说，讲。说东家，讲西家。指信口议论，说词极多。

【结构】 联合　动-名|动-名

【扩联】 说东道西光张嘴
指手画脚只责人

3111

zhǐ tiān huà dì
指 天 画 地

bù dǒu tà gāng
步 斗 踏 罡

【释义】 指~：用手指天指地。有人讲话时爱做的一种动作。形容讲话毫无顾忌的神态。

步~：斗：北斗星。罡：北斗星之柄。道士礼拜星宿、召遣神灵的一种动作。其步伐转折，宛如踏在罡星斗宿之上，故称。

【结构】 联合　动-名|动-名

【扩联】 指天画地惺惺作态
步斗踏罡念念有词

3112

zhǐ tiān shì rì
指 天 誓 日

cuō tǔ fén xiāng
撮 土 焚 香

【释义】 指~：指着天，对着太阳发誓，以表坚定或忠诚。

撮~：撮土：用手把土撮拢成堆。指旧时迷信的人在野外撮土代替香炉，烧香敬神。语见《西游记》第十四回："三藏……急忙撮土焚香，望东恳恳几拜。"

【结构】 联合　动-名|动-名

【扩联】 指天誓日明心志
撮土焚香敬鬼神

3113

zhì rén wú jǐ
至人无己

tiān xià wéi gōng
天下为公

【释义】 至~：品德高尚的人，不考虑自己个人（的利益得失）。
天~：古指不把君位当作世袭私产。后用以指国家的一切都属于人民所有。语见《礼记·礼运》："天道之行也，天下为公，选贤与能，讲信修睦。"

【结构】 主谓　名—|动-名

【扩联】 学至人无己
以天下为公

3114

zhì yǐ jìn yǐ
至矣尽矣

táng zāi huáng zāi
堂哉皇哉

【释义】 至~：赞美之辞。指已达到顶点极限。
堂~：犹堂而皇之。形容端正庄严或雄伟又气派。也指表面上庄严正大、堂堂正正，实际却不然。

【结构】 联合　形-语气|形-语气

【扩联】 王室礼仪至矣尽矣
官家气派堂哉皇哉

3115

zhì zūn zhì guì
至尊至贵

kè ài kè wēi
克爱克威

【释义】 至~：最受尊敬，最高贵。
克~：克：能，能够。指能得当使用威德而让人心悦诚服。语见《尚书·胤征》："威克厥爱，允济；爱克厥威，允罔功。"

【结构】 联合　副-形|副-形

【扩联】 至尊至贵吾皇万岁
克爱克威国运千年

3116

zhì zhū zài wò
智珠在握

chéng zhú yú xiōng
成竹于胸

【释义】 智~：智珠：佛教指本性的智慧。在握：在手中，有把握。比喻具有高深的智慧并能应付任何事情，智慧超人。见唐·张祜《题赠志凝上人》："愿为尘外契，一就智珠明。"
成~：成：已定的，成形的。原指在画竹之前，心里就已经有了完整的竹子形象。后比喻做事心里先有主意有准备，有把握成功。语见宋·苏轼《文与可画篑筜谷偃竹记》："故画竹，必先得成竹于胸中。"亦作"成竹在胸"。

【结构】 主谓　形-名|动-名

【扩联】 智珠在握无遗策
成竹于胸等掌声

3117

zhì měi xíng lì
志美行厉

cái gāo qì qīng
才高气清

【释义】 志~：志向美好高洁，品行端正严肃。语见南朝梁·范晔《后汉书·张堪传》："年十六，受业长安，志美行厉，诸儒号曰圣童。"
才~：指才能高超而气质清峻。语见韩愈《与孟东野书》："足下才高气清，行古道，处今世，无田而衣食，事亲左右无违，足下用心勤矣。"

【结构】 联合　名-形|名-形

【扩联】 志美行厉忠臣烈士
才高气清天子门生

3118

zhì shì xī rì
志 士 惜 日
zhèng rén zhēng nián
郑 人 争 年

【释义】 志~：有志之士很珍惜时日。语见晋·傅玄《杂诗》："志士惜日短，愁人知夜长。"
郑~：郑人：春秋时郑国人。年：年龄。《韩非子·外储说左上》："郑人有相与争年者，一人曰：'吾与尧同年。'其一人曰：'我与黄帝之兄同年。'讼此而不决，以后息者为胜耳。"指争论的事情或问题没有意义和根据。
【结构】 主谓　名—|动–名
【扩联】 有识志士惜日短
无聊郑人争年尊

3119

zhì zài bì dé
志 在 必 得
zhī wú bù wéi
知 无 不 为

【释义】 志~：立志一定要获得。形容想要得到的决心很大。
知~：知道是应该做的，就一定去做。形容尽心竭力。语见宋·秦观《任臣上》："其人自以旷世遭遇，莫不悉心竭力，知无不为，言无不尽。"
【结构】 连动　动|动–副–动
【扩联】 摘金夺银志在必得
扶困济弱知无不为

3120

zhì zhū gāo gé
置 诸 高 阁
dǎ rù lěng gōng
打 入 冷 宫

【释义】 置~：置：放置，搁开。诸：之于。阁：放东西的架子。放在高高的架子上。比喻放着不用。又作"置之高阁"。
打~：冷宫：本指皇帝安置失宠后妃的地方。现在常用来比喻对人才的贬而不用，或将有用的东西视为废物。
【结构】 动宾　动–介|形–名
【扩联】 不合时宜置诸高阁
有违圣意打入冷宫

3121

zhì fēng mù yǔ
栉 风 沐 雨
dài yuè pī xīng
戴 月 披 星

【释义】 栉~：栉：梳理头发。沐：洗头。用风来梳发，用雨来洗头。形容不避风雨，奔波劳苦。
戴~：身披星星，头戴月亮。形容起早贪黑地辛勤劳动或兼程赶路。
【结构】 联合　动–名|动–名
【扩联】 栉风沐雨祈风调雨顺
戴月披星望月亮星明

3122

zhōng láng yǒu nǚ
中 郎 有 女
bó dào wú ér
伯 道 无 儿

【释义】 中~：汉朝蔡邕，曾官左中郎将，称蔡中郎。因获罪死于狱中，遗有一女，即蔡琰蔡文姬。指没有儿子只有女儿的人。
伯~：晋人邓攸，字伯道，曾官至尚书右仆射。永嘉末，因避战乱，携子与侄逃难。途中多次遇险，考虑事难两全，乃弃儿保侄。后其妻不孕，终生无子。时人感叹："天道无知，使邓伯道无儿。"后用以感叹人乏嗣无后。
【结构】 主谓　名—|动–名
【扩联】 中郎有女董郎有意
伯道无儿天道无知

3123

zhōng liú dǐ zhù
中 流 砥 柱
dà shà dòng liáng
大 厦 栋 梁

【释义】 中~：中流：河流中间。砥柱：山名，在河南三门峡东，挺立于黄河激流中，任河水冲击，屹然不动。比喻坚强而能起支柱作用的人或集体。
大~：厦：高大的房屋。栋梁：房屋的大梁。大厦的大梁。比喻能担负国家重任的人。
【结构】 定中　形-名|名—
【扩联】 中流砥柱立中流击水
　　　　大厦栋梁托大厦摩天

3124

zhōng liú jī jí
中 流 击 楫
bàn lù xiū xíng
半 路 修 行

【释义】 中~：中流：河流中间。楫：船桨。在河流中间击打着船桨。指晋祖逖渡江击楫之事。语见《晋书·祖逖传》："（祖逖）中流击楫而誓曰：'祖逖不能清中原而复济者，有如大江。'"后比喻有志复兴的壮烈气概。
半~：修行：学佛或学道。指不是从小就当和尚、尼姑、道士。比喻不是一开始就干这一行，而是中途改行的。
【结构】 状中　名—|动-名
【扩联】 中流击楫誓江水
　　　　半路修行拜佛堂

3125

zhōng tiān wù huàn
中 天 婺 焕
nán jí xīng huī
南 极 星 辉

【释义】 中~：中天：天空正中。婺：婺女星，即女宿，喻指已婚妇女。焕：光亮，光彩四射。天空中的婺女星光彩四射。旧时作妇女寿诞的贺词。
南~：南极星，即南斗星，古谓之老人星。南斗星光辉照耀。多用作老人寿诞贺词。
【结构】 主谓　方-名-名|动
【扩联】 中天婺焕进三祝
　　　　南极星辉颂九如

3126

zhōng tōng wài zhí
中 通 外 直
shàng guà xià lián
上 挂 下 连

【释义】 中~：本指荷梗内部有孔通气，外形挺直。比喻人心地开朗，行为正直。
上~：挂靠上司，勾连下属。指编织有利于自己的关系网。
【结构】 联合　方-形|方-形
【扩联】 中通外直单行线
　　　　上挂下连关系群

3127

zhōng xī hé bì
中 西 合 璧
hú yuè tóng zhōu
胡 越 同 舟

【释义】 中~：比喻把中国原有的好东西与从西方传进来的好东西结合到一起。珠联璧合，好上加好。
胡~：古之胡、越，一在北，一在南，地处悬远。指关系疏远者如遇风险，则互相救助。语见苏轼《大臣论》下："故曰同舟而遇风，则胡越可使相救如左右手。"
【结构】 主谓　名-名|动-名
【扩联】 中西合璧辽宁号
　　　　胡越同舟印度洋

3128

zhōng yuán zhú lù
中原逐鹿
chì bì áo bīng
赤壁鏖兵

【释义】 中~：中原：指中国中部区域。逐：追逐。鹿：见《史记》："秦失其鹿，天下共逐之。"以鹿喻帝位、政权。喻指群雄四起，争夺天下。
赤~：赤壁：地名，在今湖北赤壁市西北，长江边上。鏖兵：激战，苦战。指三国赤壁大战。比喻经过激战，取得胜利。

【结构】 状中 名—|动-名

【扩联】 中原逐鹿楚汉争霸
赤壁鏖兵孙刘破曹

3129

zhōng jūn bào guó
忠君报国
jì shì ān mín
济世安民

【释义】 忠~：忠于君王，报效祖国。语见元·郑光祖《伊尹耕莘》第二折："大丈夫生于天地之间，济世安民，忠君报国，乃是男儿所为。"
济~：为当世谋利益，使人民生活安定。形容远大的政治抱负。见五代后晋·刘昫《旧唐书·太宗本纪上》："有书生自言善相，谒高祖曰：'公贵人也，且有贵子。'见太宗曰：'龙凤之姿，天日之表，年将二十，必能济世安民矣。'"

【结构】 联合 动-名|动-名

【扩联】 立忠君报国志
做济世安民人

3130

zhōng xīn gěng gěng
忠心耿耿
tiě gǔ zhēng zhēng
铁骨铮铮

【释义】 忠~：耿耿：正直、忠诚的样子。形容非常忠诚。
铁~：铮铮：金属撞击声。形容人刚正、忠烈，一身硬骨头。

【结构】 主谓 形-名|叠—

【扩联】 铁骨铮铮硬汉子
忠心耿耿好男儿

3131

zhōng xīn guàn rì
忠心贯日
sè dǎn bāo tiān
色胆包天

【释义】 忠~：忠诚之心上贯日月。形容忠心至极。
色~：色：女色，这里指色情。指人好色而胆大妄为，毫无顾忌。

【结构】 主谓 形-名|动-名

【扩联】 忠心贯日朝乾夕惕
色胆包天胡作非为

3132

zhōng xìn lè yì
忠信乐易
qín shèn sù gōng
勤慎肃恭

【释义】 忠~：忠诚、信实、和乐、平易。指待人诚实和蔼、平易近人。语见《周易·乾》："忠信，所以进德也。"明·王守仁《教条示龙场诸生》："忠信乐易，表里一致。"
勤~：勤勉、谨慎、端严、恭敬。指做人的美德。语见《红楼梦》第十八回："贵妃切勿以政夫妇残年为念，更祈自加珍爱。惟勤慎肃恭以待上，庶不负上眷顾隆恩也。"

【结构】 联合 形|形|形|形

【扩联】 勤慎肃恭为官行政
忠信乐易处世待人

3133

zhōng yán nì ěr
忠言逆耳
měi yì yán nián
美意延年

【释义】 忠~：逆耳：不顺耳，不中听。诚恳劝告的话，往往刺耳，不容易被人接受。
美~：美意：愉快的心情。心情愉快，可以延年益寿。
【结构】 主谓　形-名|动-名
【扩联】 美意延年与年俱进
忠言逆耳洗耳恭听

3134

zhōng nán jié jìng
终南捷径
yī shì lóng mén
一世龙门

【释义】 终~：终南山的便捷途径。语见《新唐书·卢藏用传》，卢藏用想入朝做官，特地隐居到京城附近的终南山，以图容易受到皇帝征召，有人称之为"随驾隐士"。后果然如愿。与他同时的司马承祯也是如此。一次，卢藏用指着终南山说："此中大有嘉处。"司马承祯则说："以仆视之，仕宦之捷径耳。"比喻谋取官职或名利的便捷途径。
一~：《世说新语·德行》记载：东汉李膺名望很大，后辈文人去登门拜访，称之为登龙门。后称在一代人中声望高、受文人所尊崇敬仰的人物为"一世龙门"。
【结构】 定中　名—|形-名
【扩联】 走终南捷径早如愿
登一世龙门先出名

3135

zhōng shēn bàn lǚ
终身伴侣
bàn lù fū qī
半路夫妻

【释义】 终~：终身：一辈子。指一辈子相伴的夫妻。
半~：半路：中途。指离异或丧偶后再婚的夫妻。
【结构】 定中　形-名|名—
【扩联】 终身伴侣莫走半路
半路夫妻相携终身

3136

zhōng tiān bào hèn
终天抱恨
rù tǔ wéi ān
入土为安

【释义】 终~：终天：终身，一辈子。恨：悔恨，遗憾。有终身遗憾的事。
入~：传统世俗意识，认为人死后，只有埋入土中，才能算完全安定、安宁、安息了。
【结构】 状中　动-名|动-名
【扩联】 终天抱恨离人世
入土为安到九泉

3137

zhōng yí chǔ zòu
钟仪楚奏
zhuāng xì yuè yín
庄舄越吟

【释义】 钟~：钟仪：春秋时楚国乐官，郑楚交战，被俘献与晋国。为晋侯演奏时演奏的仍是楚国的音乐。比喻思念故国，怀念乡土。
庄~：庄舄：战国时越国人，仕于楚，为执圭。因思乡而病，呻吟乃发出越声。指思念故乡的吟韵。语见三国·魏·王粲《登楼赋》："钟仪幽而楚奏兮，庄舄显而越吟。人情同于怀土兮，岂穷达而异心。"
【结构】 主谓　名—|名-动
【扩联】 庄舄越吟思故国
钟仪楚奏恋家乡

3138

zhōng sī yǎn qìng
螽 斯 衍 庆
lán guì téng fāng
兰 桂 腾 芳

【释义】 螽~：螽斯：昆虫名，产卵极多。衍：延续。庆：喜庆。旧时用于祝颂子孙众多。
兰~：兰：木兰。桂：桂花。芳：香。木兰桂花升腾起芳菲的香味。比喻子孙后代个个成才，功名有成，同获荣华富贵。
【结构】 主谓　名一|动-名
【扩联】 螽斯衍庆族裔兴旺
兰桂腾芳子孙贤良

3139

zhǒng zhōng kū gǔ
冢 中 枯 骨
fǔ dǐ yóu hún
釜 底 游 魂

【释义】 冢~：冢：坟墓。坟墓里的枯骨。比喻丝毫没有作为的人。语见《三国志·蜀书·先主传》："孔融谓先主曰：袁公路岂忧国忘家者邪？冢中枯骨，何足介意！"
釜~：在锅里被煮的游鱼之魂。比喻行将灭亡、苟延残喘的人。
【结构】 定中　名-方|形-名
【扩联】 冢中枯骨犹思肉骨
釜底游魂最望招魂

3140

zhòng qíng yì jǔ
众 擎 易 举
zhuān yù nán chéng
专 欲 难 成

【释义】 众~：擎：向上托。多人一起用力就容易把东西举起来。比喻大家齐心协力，就容易把事情办成。语见明·张岱《募修岳鄂王祠墓疏》："盖众擎易举，独力难支。"
专~：欲：欲望，企图。专门只考虑个人自己的欲望，不想其他，事情难以办成。语见《左传·襄公十年》："子产曰：'众怒难犯，专欲难成，合二难以安国，危之道也。'"
【结构】 连动　形-动|副-动
【扩联】 众擎易举多联合
专欲难成少自私

3141

zhòng xīng gǒng běi
众 星 拱 北
wàn shuǐ cháo dōng
万 水 朝 东

【释义】 众~：天上众星拱卫北极星。比喻有德君主能得天下拥戴。
万~：万条江河都流向东方。比喻天下归心，万邦来朝。
【结构】 主谓　数-名|动-名
【扩联】 万水朝东归大海
众星拱北映周天

3142

zhòng xīng pěng yuè
众 星 捧 月
qún yǐ kuì dī
群 蚁 溃 堤

【释义】 众~：众多星星聚集，簇拥捧出月亮。比喻众人拥戴一人，或众物围绕一物。
群~：一群蚂蚁筑的蚁穴可以溃决堤坝。比喻细小的力量形成的小漏洞也可以酿成大错。
【结构】 主谓　形-名|动-名
【扩联】 群蚁溃堤遍地大水
众星捧月一天清辉

3143

zhòng běn yì mò
重 本 抑 末

guì nóng jiàn shāng
贵 农 贱 商

【释义】 重~：本：指农桑。末：指工商。重视农桑抑制工商。这是中国封建社会自古以来的思想，在某种程度上阻滞了商业发展，影响了社会进步。
贵~：古人看重农业，轻视商业。语见《晋书·傅玄传》："尊儒尚学，贵农贱商，此皆事业之要务也。"

【结构】 联合 动-名 动-名

【扩联】 重本抑末行业少活力
贵农贱商市场无繁荣

3144

zhòng diǎn zhì luàn
重 典 治 乱

kuài dāo zhǎn má
快 刀 斩 麻

【释义】 重~：重典：指重法。乱：乱世，乱象，乱臣。用重法治理一个社会存在的丑恶和混乱现象。语见《周礼·秋官·大司寇》："刑乱国用重典。"郑玄注："用重典者，以其化恶，伐灭之。"
快~：用锋利的刀斩断一团乱麻。比喻做事果断、利索，能迅速解决错综复杂的问题。语见唐·李百药《北齐书·文宣帝纪》："高祖尝试观诸子意识，各使治乱丝。帝独抽刀斩之，曰：'乱者须斩。'"也作"快刀斩乱麻"。

【结构】 状中 形-名|动-名

【扩联】 弱如扶病重典治乱
慢易生忧快刀斩麻

3145

zhōu láng gù qǔ
周 郎 顾 曲

tiān nǚ sàn huā
天 女 散 花

【释义】 周~：周郎：指周瑜。原指周瑜精于音乐，如人作歌，其缺误必知，知之必顾。故时人曰："曲有误，周郎顾。"为深知音律之典。
天~：佛教故事，本义为以花着身不着身验证诸菩萨的向道之心。后常用来比喻大雪纷飞或抛洒东西的景象。

【结构】 主谓 名一|动-名

【扩联】 天女散花高高在上
周郎顾曲赫赫有名

3146

zhōu chē láo dùn
舟 车 劳 顿

róng mǎ kuāng ráng
戎 马 勤 勷

【释义】 舟~：舟车：船与车，泛指一切交通工具。劳顿：劳累疲倦。形容连续坐车坐船，旅途疲劳困顿。语见钱钟书《围城》第二章："那两位记者都说：'今天方博士舟车劳顿，明天到府聆教。'"
戎~：戎马：军马，战马，借指军旅、军务。勤勷：急迫不安的样子。形容战马驱驰，生活不安定。语见明·胡应麟《诗薮·遗逸中》："盖史官所据《崇文总目》，当宋盛时，而《通考》所据晁（公武）陈（振孙）二氏，丁宋末造，戎马勤勷之际，疑其散佚虞众也。"

【结构】 主谓 名-名|形一

【扩联】 舟车劳顿旅途苦
戎马勤勷国事艰

3147

zhū è mò zuò
诸 恶 莫 作

zhòng gōng jiē xīng
众 功 皆 兴

【释义】 诸~：诸恶：各种坏事。佛教用语。凡是坏事都不要做。旧时用以劝人行善。语见《大般涅槃经》："诸恶莫作，诸善奉行。"

众~：功：事业，功业。众多的事业都兴盛起来。语见《史记·五帝本纪》："信饬百官，众功皆兴。"

【结构】 主谓　形-名|副-动
【扩联】 诸恶莫作行善事
众功皆兴利黎民

3148

zhū chén zhī hǎo
朱 陈 之 好

guǎn bào zhī yí
管 鲍 之 谊

【释义】 朱~：表示两家结成姻亲。见唐·白居易《朱陈村》诗："徐州古丰县，有村曰朱陈。……一村唯两姓，世世为婚姻。"

管~：管、鲍：指春秋时齐国的管仲和鲍叔牙。二人为知交。管贫鲍富，经商分钱，鲍叔牙让管仲多拿；逃难时互让先跑。管仲尝言："生我者父母，知我者鲍子也。"指真正的友谊。

【结构】 定中　名-名|助-名
【扩联】 管鲍之谊交挚友
朱陈之好结姻亲

3149

zhū xián sān tàn
朱 弦 三 叹

jì lù yī yán
季 路 一 言

【释义】 朱~：语见《礼记·乐记》："清庙之瑟，朱弦而疏越，一倡而三叹，有遗音者矣。"朱弦：赤色之弦。弹出的乐曲有一唱三叹之韵味。形容诗文音乐质朴而有余意。

季~：季路：即子路，孔子弟子。季路讲一句话就算一句话。比喻信用极好。

【结构】 定中　名一|数-名
【扩联】 朱弦三叹余音袅
季路一言信誉强

3150

zhū huī yù yìng
珠 辉 玉 映

guì fù lán xiāng
桂 馥 兰 香

【释义】 珠~：形容像珠玉一般光彩焕发。

桂~：像兰花、桂花一样芳香。形容气味芳香。

【结构】 联合　名-形|名-形
【扩联】 珠辉玉映国珍馆
桂馥兰香金谷园

3151

zhū lián bì hé
珠 联 璧 合

huā hǎo yuè yuán
花 好 月 圆

【释义】 珠~：珍珠串在一起，玉璧合在一块。比喻杰出的人才或美好的事物凑集到一起。又用于称赞新人结合。

花~：花正好，月正圆。比喻美好圆满。多用于贺人新婚。

【结构】 联合　名-动|名-动
【扩联】 珠联璧合新人牵手
花好月圆良夜洞房

3152

zhū qiú wú yǐ
诛求无已

tān mò chéng fēng
贪墨成风

【释义】 诛~：诛求：苛求，勒索。勒索榨取没完没了。
贪~：墨：通"冒"，贪污。贪污受贿风气盛行。形容官场腐败。
【结构】 主谓 动一|动一
【扩联】 贪墨成风天怒人怨
诛求无已鬼哭神愁

3153

zhū xīn zhī lùn
诛心之论

wěn jǐng zhī jiāo
刎颈之交

【释义】 诛~：诛心：谴责人心。指不是只凭事态现象，而是深入人的内心做出的谴责和论断。后也泛指深刻的议论。
刎~：刎颈：割脖子。交：交往，交情。友谊深厚到可以同生死、共患难的朋友。
【结构】 定中 动-名|助-名
【扩联】 立诛心之论
结刎颈之交

3154

zhú bāo sōng mào
竹苞松茂

guì fù lán xīn
桂馥兰馨

【释义】 竹~：苞：丛生而繁密。像竹子一样繁密，像松树一样茂盛。用以比喻根基稳固，枝叶繁茂，家族兴旺。多作新堂落成或向人祝寿的颂词。
桂~：馥：浓郁香气。馨：散布很远的香气。像兰桂一样芳香浓郁，持久不散。用以比喻德泽流芳，子孙昌盛，历久不衰。
【结构】 联合 名-形|名-形
【扩联】 竹苞松茂基业牢固
桂馥兰馨芳泽绵长

3155

zhú lán dǎ shuǐ
竹篮打水

táng bì dāng chē
螳臂当车

【释义】 竹~：用竹篾编的篮子去提水。比喻劳而无功。也作"竹篮打水一场空"。
螳~：螳：螳螂。螳螂举起前腿想挡住车子前进。比喻不能正确估量自己的力量，去做办不到的事情，必然招致失败。也作"螳臂挡车"。
【结构】 主谓 名一|动-名
【扩联】 螳臂当车螳臂断
竹篮打水竹篮空

3156

zhú mǎ zhī yǒu
竹马之友

zāo kāng zhī qī
糟糠之妻

【释义】 竹~：竹马：小孩儿当马骑的竹竿。童年时代就要好的朋友。
糟~：糟糠：用以充饥的酒糟、糠皮等粗劣的食物。贫贱时共食糟糠的妻子。喻指共过患难的妻子。
【结构】 定中 名-名|助-名
【扩联】 竹马之友交一世
糟糠之妻爱百年

3157

zhú zhōng gāo shì
竹中高士

lín xià shén xiān
林下神仙

【释义】 竹~：高士：有道学、不流俗的人士。隐居竹林之中的高人，如竹林七贤。
林~：林下：幽僻之地。指不问世事，潇洒自在的隐士。
【结构】 定中 名-方|名一
【扩联】 林下神仙几位得道
竹中高士七贤有名

3158

zhú lú xiāng jì
舳舻相继

chē mǎ pián tián
车马骈阗

【释义】 舳~：舳：船后把舵处。舻：船头处。形容船与船相接，数量很多。见唐·韩琬《开河记》："时舳舻相继，连接千里，自大梁至淮江，联绵不绝，锦帆过处，香闻百里。"
车~：骈阗：丛集，连属。车马聚集很多，车水马龙。形容非常热闹。语见唐·杨炯《晦日药园诗序》："衣冠杂沓，出城阙而盘游；车马骈阗，俯河滨而帐饮。"

【结构】 主谓 名-名|副-动

【扩联】 车马骈阗抢跑长安道
舳舻相继争渡永济河

3159

zhú shān mì yù
劚山觅玉

bǎi xiù què jīn
摆袖却金

【释义】 劚~：劚：掘取。挖掘山洞去寻觅玉石。比喻深入推究，求得事物真谛。语见明·吕坤《答孙家宰立亭论格物第二书》："如拨沙拣金，劚山觅玉，不格到十分真处，怎知道十分至处？"
摆~：摆袖：甩袖。甩袖走开，拒绝收受贿金。比喻为人廉洁，不受贿赂。语见唐·韩愈《顺宗实录》："执谊为翰林学士，受财为人求科第，夏卿不就应，乃探囊中金以内夏卿袖，夏卿……摆袖引身而去。"

【结构】 连动 动-名|动-名

【扩联】 劚山觅玉虚怀去
摆袖却金满载回

3160

zhù yán diào wèi
筑岩钓渭

shù shí zhěn liú
漱石枕流

【释义】 筑~：殷商时，傅说隐于傅岩，后为殷高宗贤相，殷商得以中兴。周初，吕尚钓于渭水，后为周文王师，奠定了周朝八百年的基础。后以"筑岩钓渭"为贤士隐居待时之典。语见宋·葛立方《韵语阳秋》第十八卷："史臣至比之筑岩钓渭，亦以过矣。"
漱~：同"枕石漱流"，以石头做枕头，用山泉水水洗漱。比喻隐居山林。语见南朝宋·刘义庆《世说新语·排调》："王（王武子）曰：'流可枕，石可漱乎？'"

【结构】 联合 动-名|动-名

【扩联】 漱石枕流埋名隐姓
筑岩钓渭藏器待时

3161

zhù zhòu wéi nüè
助纣为虐

shùn tiān xù mín
顺天恤民

【释义】 助~：助：帮助。纣：商纣王，商朝最后一个帝王，相传为一暴君，作恶多端。虐：暴虐之事。帮助纣王做暴虐之事。泛指帮助坏人做坏事。语见唐·房玄龄《晋书·武帝纪》："昔武王伐纣，归倾宫之女，不可助纣为虐。"
顺~：顺应上天旨意，体恤民众疾苦。语见汉·班固《汉书·匈奴传》："朕与单于俱由此道，顺天恤民，世世相传，施之无穷，天下莫不咸嘉。"

【结构】 连动 动-名|动-名

【扩联】 顺天恤民生享香火
助纣为虐死留骂名

3162

zhù rén wéi lè
助 人 为 乐

mài yǒu qiú róng
卖 友 求 荣

【释义】 助~：把帮助别人当作快乐。这是一种高尚品质。
卖~：出卖朋友，谋求自己的荣华富贵。这是一种极端利己的卑鄙行为。
【结构】 连动　动-名|动-名
【扩联】 助人为乐堪称友
卖友求荣不算人

3163

zhuāng fēng mài shǎ
装 疯 卖 傻

xún sǐ mì huó
寻 死 觅 活

【释义】 装~：卖：卖弄。假装成疯疯癫癫、傻里傻气的样子。
寻~：觅：寻求，找寻。一会儿要死，一会儿要活。形容人遭受沉重打击后，痛不欲生，要走绝路，十分悲痛。也形容要死要活地耍无赖、吓唬人。
【结构】 联合　动-名|动-名
【扩联】 寻死觅活真耍赖
装疯卖傻假癫狂

3164

zhuāng huáng mén miàn
装 潢 门 面

xiū shì biān fú
修 饰 边 幅

【释义】 装~：装潢：装饰。原指装裱字画，也指货物包装。门面：商店房屋沿街的部分，引申为外观、外表。装饰外表。喻指把外表装饰得华丽漂亮，做给人看。
修~：边幅：布帛的边沿，借指人的仪表、衣着。整理装饰衣着、仪表。比喻修饰外表，不求实际。
【结构】 动宾　动一|名一
【扩联】 经商人多装潢门面
从艺者少修饰边幅

3165

zhuāng qiāng zuò shì
装 腔 作 势

yào wǔ yáng wēi
耀 武 扬 威

【释义】 装~：故意拿腔拿调，装假做作，引人注意，或故做姿态来欺骗、吓唬人。
耀~：炫耀武力，显示威风。形容得意夸耀的姿态。
【结构】 联合　动-名|动-名
【扩联】 耀武扬威人厌恶
装腔作势鬼憎嫌

3166

zhuāng shén nòng guǐ
装 神 弄 鬼

fèng dào zhāi sēng
奉 道 斋 僧

【释义】 装~：弄：作弄，糊弄，做。装扮鬼神。巫师的骗人法术，装作神灵糊弄鬼。指故弄玄虚以欺人。
奉~：奉：奉行，信奉。奉道：奉行道教。斋：施舍斋饭。信奉道教，给僧人施舍斋饭。比喻虔诚行善的人。语见明·无名氏《锁白猿》："我也曾奉道斋僧，敬老怜贫，念寡恤孤。"
【结构】 联合　动-名|动-名
【扩联】 奉道斋僧全信教
装神弄鬼尽蒙人

3167

zhuāng sǒu bēi yàn
庄 叟 悲 雁
lóng yáng qì yú
龙 阳 泣 鱼

【释义】庄~：叟：老翁。庄叟：庄子。庄子在山中看到直木先伐，不成材者得终其天年；在友人家看到不会叫的雁被杀了，以不材死。庄子为人之处于"材与不材"之间而心生悲叹，觉得"未免乎累"，"若夫乘道德而浮游则不然"。倡言"无为""超然物外"。
龙~：指失宠。《战国策·魏策四》："魏王与龙阳君共船而钓，龙阳君得十余鱼而涕下。……王曰：'然则何为出涕？'曰：'臣为王之所得鱼也。'王曰："何谓也？对曰：'臣之始得鱼也，臣甚喜。后得又益大，今臣直欲弃臣前之所得矣。……臣亦将弃矣，臣安能无涕？'"

【结构】主谓 名—|动-名
【扩联】龙阳泣鱼惧失宠
庄叟悲雁思超然

3168

zhuàng shì duàn wàn
壮 士 断 腕
bǐ gān pōu xīn
比 干 剖 心

【释义】壮~：壮士：勇士。断腕：截断手腕。原意是手腕被毒蛇咬了，勇敢的人会马上截断手腕，以免毒性蔓延到全身。比喻做事当机立断，牺牲局部，保存全体，以免姑息养奸，因小失大。
比~：比干：商纣王之叔伯。纣王荒淫无道，比干强谏三日不退，谓有忠心不畏死，被纣王杀死。指贤臣犯言直谏，忠烈死节。

【结构】主谓 名—|动-名
【扩联】壮士断腕有勇气
比干剖心见忠诚

3169

zhuī fēng zhú diàn
追 风 逐 电
wò wù ná yún
握 雾 拿 云

【释义】追~：追赶迅风，赶上闪电。形容行动速度极快。
握~：驾驭云雾。意指能把握作战机会，获取胜利。

【结构】联合 动-名|动-名
【扩联】追风逐电老将当益壮
握雾拿云少年实可嘉

3170

zhuī míng zhú lì
追 名 逐 利
jī dé lěi gōng
积 德 累 功

【释义】追~：逐：追赶，竞争。追逐名誉和利益。
积~：积累仁德和功业。

【结构】联合 动-名|动-名
【扩联】积德累功功成身退
追名逐利利令智昏

3171

zhūn zhūn shàn yòu
谆 谆 善 诱
zhèn zhèn yǒu cí
振 振 有 词

【释义】谆~：谆谆：恳切耐心教诲的样子。善：善于。诱：诱导。形容很善于耐心诚恳地引导、教育人。语见宋·刘挚《请重修太学条例》："昔之设学校，教养之法，师生问对，愤悱开发，相与曲折反复，谆谆善诱。"
振~：振振：说话理直气壮的样子。理直气壮，大发议论，说个没完。

【结构】状中 叠—|动-名
【扩联】谆谆善诱开心窍
振振有词震耳根

3172

zhuō jīn jiàn zhǒu
捉 襟 见 肘

děng mǐ xià guō
等 米 下 锅

【释义】 捉~：捉：拉。襟：衣襟。肘：胳膊肘。拉一下衣襟就露出胳膊肘来。形容衣服破烂，生活穷困。也比喻困难重重，顾此失彼。
等~：形容生活上、钱财上有困难，很紧迫，急待解决。语见《儒林外史》第十六回："哪知他有钱的人只想便宜，岂但不肯多出钱，照时值估价，还要少几两，分明知道我等米下锅，要杀我的巧。"
【结构】 连动 动-名|动-名
【扩联】 捉襟见肘露肢体
等米下锅饿肚皮

3173

zhuó yīng xǐ ěr
濯 缨 洗 耳

xuē fà pī zī
削 发 披 缁

【释义】 濯~：濯缨：语见《渔父》："沧浪之水清兮，可以濯我缨。"洗涤冠缨。洗耳：语见晋·皇甫谧《高士传·许由》："尧让天下于许由，又召为九州长，由不欲闻之，洗耳于颍水滨。"比喻避世守志，操行高洁。
削~：缁：黑色，借指僧人穿的黑色衣服。剃光头发，穿上僧衣。表示出家当和尚。
【结构】 联合 动-名|动-名
【扩联】 削发披缁进寺院
濯缨洗耳避山林

3174

zhuó fà mò shǔ
擢 发 莫 数

qìng zhú nán shū
罄 竹 难 书

【释义】 擢~：擢发：拔下头发。就像拔下来的头发无法数清。形容罪行多，难以计算。
罄~：罄：尽，空。竹：古时书写用的竹简。用尽竹简来写，也难写完。形容罪恶多，诉说不尽。
【结构】 状中 动-名|副-动
【扩联】 恶声狼藉擢发莫数
罪孽深重罄竹难书

3175

zhuó yù chéng qì
琢 玉 成 器

huà xiāo wéi jiū
化 枭 为 鸠

【释义】 琢~：玉石经过雕琢打磨，方能成其器。语见五代后晋·刘昫《旧唐书·经籍志上》："琢玉成器，观古知今，历代哲王，莫不崇尚。"
化~：枭：恶鸟。鸠：吉祥之鸟。借喻使坏人变成好人。语见清·昭梿《啸亭杂录·朱白泉狱中上百朱二公书》："额捐资集勇，谨守疆场，绝济匪之源，挫触藩之锐，卒能化枭为鸠，闾阎安堵。"
【结构】 兼语 动-名|动-名
【扩联】 琢玉成器不易
化枭为鸠更难

3176

zhuó lún lǎo shǒu
斫 轮 老 手

kuī yǒu xiǎo ér
窥 牖 小 儿

【释义】 斫~：斫轮：斫削木头以制作车轮。比喻技术纯熟、经验丰富之人。
窥~：窥牖：从窗外向屋里窥视。小儿：小子。指小偷。
【结构】 定中 动-名|形-名
【扩联】 斫轮老手老工匠
窥牖小儿小窃贼

3177

zhuó diāo wéi pǔ
斫 雕 为 朴
wù shí qù huá
务 实 去 华

【释义】 斫~：斫：砍。雕：雕饰，引申为华丽。朴：朴实。指去掉雕饰，崇尚质朴。也指斫理雕饰之俗，使返质朴。语见《史记·酷吏列传》："汉兴，破觚而为圜，斫雕而为朴。"
务~：（致力）讲究实质、实际，除掉浮华。语见宋·范仲淹《蒙以养正赋》："务实去华，育德之方斯在；反听收视，养怡之义相应。"
【结构】 连动 动-名|动-名
【扩联】 务实去华显本色
斫雕为朴返天然

3178

zhuó ài fēn tòng
灼 艾 分 痛
zhǔ zhōu fén xū
煮 粥 焚 须

【释义】 灼~：灼艾：用艾叶烧灼。分痛：分担疼痛。比喻兄弟友爱。语见《宋史·太祖纪》："太宗尝病亟，帝（宋太祖）往视之，亲为灼艾，太宗觉痛，帝亦取艾自灸。"
煮~：为熬粥而燎着了胡须。比喻姊弟之爱。语见《新唐书·李保传》："姊病，尝自为粥而燎其须。姊戒止，答曰：'姊多病，而保且老，虽欲数进粥，尚几何？'"
【结构】 连动 动-名|动-名
【扩联】 煮粥焚须弟恭敬
灼艾分痛兄友于

3179

zī zhū bì jiào
锱 铢 必 较
xì dà bù juān
细 大 不 捐

【释义】 锱~：锱铢：古代重量单位。六铢一锱，四锱一两。意指对小钱小事都斤斤计较。
细~：捐：舍弃。无论小的、大的都不舍弃。也指兼收并蓄，点滴不遗。
【结构】 主谓 名-名 | 副-动
【扩联】 细大不捐非小器
锱铢必较是精明

3180

zǐ chéng fù yè
子 承 父 业
nán bàn nǚ zhuāng
男 扮 女 装

【释义】 子~：儿子继承父亲的职业、事业。
男~：出于某种需要或怪癖，男子装扮成女性样子。
【结构】 主谓 名|动-名-名
【扩联】 子承父业经商下海
男扮女装演戏登台

3181

zǐ guī dì pò
子 规 帝 魄
kǒng què jiā qín
孔 雀 家 禽

【释义】 子~：子规：即杜鹃鸟。传古蜀帝杜宇死后，魂魄化为杜鹃，故有此说。杜鹃鸟是蜀帝的魂魄。
孔~：故事说，有孔氏之子幼聪慧，父辈友人以"子规帝魄"为上联出对，孔氏子答以"孔雀家禽"。孔雀是孔家喂养的家禽。
【结构】 主谓 名一|名-名
【扩联】 子规帝魄望乡啼血
孔雀家禽对彩开屏

3182

zǐ chǒu yín mǎo
子 丑 寅 卯

qīng hóng zào bái
青 红 皂 白

【释义】 子~：四个地支的名称。多指事理。同"子午卯酉"。
青~：皂：黑色。四种颜色。指事情的缘由结果或是非曲直。
【结构】 联合　名|名|名|名
【扩联】 说理应讲子丑寅卯
做事要分青红皂白

3183

zì bào zì qì
自 暴 自 弃

rén fú rén xīng
人 扶 人 兴

【释义】 自~：暴：糟蹋。弃：抛弃。自己糟蹋自己，自己抛弃自己。多指不求上进，自甘堕落。语见《孟子·离娄上》："自暴者，不可与有言也；自弃者，不可与有为也。"
人~：扶：扶助。兴：兴奋，兴致。人们在一起很兴奋，互相助兴。语见明·凌濛初《二刻拍案惊奇》卷二："其实只是人扶人兴，大家笑拿取乐而已。"
【结构】 连动　名-动|名-动
【扩联】 自怨自自暴自弃
人帮人人扶人兴

3184

zì chéng jī zhù
自 成 机 杼

dú yùn jiàng xīn
独 运 匠 心

【释义】 自~：机：指织布机。杼：牵引纬线的梭子。机杼：比喻诗文的组织、构思。喻指写诗作文自成新意，不落俗套。也作"自出机杼"。语见北齐·魏收《魏书·祖莹传》："莹以文学见重，常与人曰：'文章须自出机杼，成一家风骨，何能共人同生活也。'"
独~：匠心：精巧的心思。形容精巧独到的艺术构思。
【结构】 动宾　副-动|名一
【扩联】 独运匠心无俗套
自成机杼出奇葩

3185

zì chán zì zhòu
自 僝 自 僽

rén jiàn rén lián
人 见 人 怜

【释义】 自~：僝、僽：埋怨，恼恨；愁苦，烦恼。自己郁郁难解而烦恼生闷气。语见金·董解元《西厢记诸宫调》四："料来他一种芳心，尽知琴意，非不多情，自僝自僽。"
人~：谁见了谁都会怜爱。形容女子凄美、动人、感人。
【结构】 连动　名-动|名-动
【扩联】 自僝自僽黄花瘦
人见人怜珠泪流

3186

zì gāo zì dà
自 高 自 大

yú zhì yú xióng
予 智 予 雄

【释义】 自~：自；自己。把自己看得很高大。形容自以为了不起。语见北齐·颜之推《颜氏家训·勉学》："见人读数十卷书，便自高自大，凌忽长者，轻慢同列……"
予~：予：我。自以为很聪明、很英雄。形容妄自尊大。语见范文澜《中国通史》第三编第一章第三节："他是一个极骄贪的人，以为自己所做的事都是对的，自己所得的物都是不够的，因之，予智予雄，任性妄为。"
【结构】 联合　代-形|代-形
【扩联】 自高自大不识大体
予智予雄妄称雄才

3187

zì chéng yī gé
自 成 一 格
gè yǒu qiān qiū
各 有 千 秋

【释义】 自~：形成自己的独立风格。
各~：千秋，指流传久远。各自有其可以长久流传的价值。比喻各有各的特色和优点。
【结构】 主谓 代|动-数-名
【扩联】 唐诗宋词自成一格
李白苏轼各有千秋

3188

zì dé qí lè
自 得 其 乐
dàn yuè wǒ xīn
但 悦 我 心

【释义】 自~：乐：快乐，乐趣。自己满足于生活的环境或方式，并能享受到其中的乐趣。
但~：能让我满心喜悦。
【结构】 动宾 副-动|代-名
【扩联】 淡饭粗茶自得其乐
清音幽韵但悦我心

3189

zì jué fén mù
自 掘 坟 墓
shēn xiàn chóu chéng
身 陷 愁 城

【释义】 自~：掘：挖，刨。自己为自己挖掘坟墓。比喻自己走上绝路。
身~：指陷入愁闷苦恼之中，不能自拔。形容非常愁闷。
【结构】 主谓 名-动|名一
【扩联】 身陷愁城身自损
自掘坟墓自身埋

3190

zì lì mén hù
自 立 门 户
dú shū zhù zhóu
独 抒 杼 轴

【释义】 自~：指单独成立家庭。也指学术上不依傍前人而另立一派。现也指离开某一集体，自己另搞一套。
独~：杼轴：旧式织布机上管经纬线的两个部件，比喻文章的组织构思。同"自出机杼"，比喻做文章能创造出一种新的风格和体裁。
【结构】 主谓 代|动-名一
【扩联】 自立门户做买卖
独抒杼轴写文章

3191

zì méi zì xuàn
自 媒 自 炫
bù xié bù jīn
不 挟 不 矜

【释义】 自~：自我介绍，自我吹嘘。语见唐·姚思廉《梁书·萧昱传》："夫自媒自炫，诚哉可鄙；自誉自伐，实在可羞。"
不~：挟：倚势自重。不倚势自重，不骄傲自满。
【结构】 联合 副-动|副-动
【扩联】 自当红娘自媒自炫
不做霸主不挟不矜

3192

zì míng dé yì
自 鸣 得 意
gāo chàng rù yún
高 唱 入 云

【释义】 自~：鸣：表示。自己认为自己很得意。形容洋洋得意的傲人神气。
高~：放声歌唱，声入云霄。形容声调雄壮激昂。也反其意而用以形容唱高调、说空话、脱离现实。
【结构】 连动 副-动|动-名
【扩联】 自吹自擂自鸣得意
高调高腔高唱入云

3193

zì shēng zì miè
自 生 自 灭
xiāng fǔ xiāng chéng
相 辅 相 成

【释义】 自~：自发地发生、生长，又自然地消亡。形容对事物的生死存亡漠不关心。
相~：辅：帮助。两种事物相互补充，有效配合，互相促进。
【结构】 连动 副-动|副-动
【扩联】 自生自灭老天照应
相辅相成朋友帮忙

3194

àn dù chén cāng
暗 渡 陈 仓
zì tóu luó wǎng
自 投 罗 网

【释义】 暗~：陈仓：秦县名。楚汉相争，刘邦采用韩信的计策，暗地里从陈仓故道回军击败章邯，重返咸阳，奠定下打败项羽的基础。本指作战时绕道偷袭敌方，也泛喻另采取机密行动，还喻指男女私情。
自~：罗网：捕鸟的器具。自己钻进罗网里。比喻上当送死。
【结构】 动宾 副-动|名一
【扩联】 自投罗网自寻死
暗渡陈仓暗走私

3195

zì wǒ xīn shǎng
自 我 欣 赏
shén rén jiàn zhī
神 人 鉴 知

【释义】 自~：欣赏：享受美好的事物，领略其中的情趣；认为某事物好，喜欢。自己认为自己很好。
神~：鉴：审察。天神和凡人都察知。多用为起誓时表白之辞。语见明·朱鼎《玉镜台记·新亭流涕》："一点丹衷，神人鉴知。"
【结构】 主谓 名一|动一
【扩联】 自树一家自我欣赏
神游八表神人鉴知

3196

zì xún fán nǎo
自 寻 烦 恼
dú zuò chóu chéng
独 坐 愁 城

【释义】 自~：自己找来不必要的烦恼。语见《红楼梦》第四十九回："你还不保养，每天好好的，你必是自寻烦恼，哭一会子，才算完了这一天的事。"
独~：愁：忧愁。比喻独自为忧愁所包围。语见汉·李陵《答苏武书》："身之穷困，独坐愁苦。"
【结构】 动宾 副-动|名一
【扩联】 独坐愁城悲悲戚戚
自寻烦恼怨怨哀哀

3197

zì xún sǐ lù
自 寻 死 路
wù rù qí tú
误 入 歧 途

【释义】 自~：自己找死，走向一条不归路。
误~：歧途：岔路，邪路。由于受迷惑而走上错误的道路。
【结构】 动宾 副-动|形-名
【扩联】 自寻死路难回首
误入歧途可转身

3198

zì zuò zì shòu
自 作 自 受
xiāng shēng xiāng chéng
相 生 相 成

【释义】 自~：受：承受，承担。自己的所作所为，自己承担责任。多指做错事而言，咎由自取。
相~：互相转化，互相促进。
【结构】 连动 副-动|副-动
【扩联】 相生相成相援助
自作自受自倒霉

3199

zì zhēn jù zhuó
字斟句酌
cí yuē yì fēng
辞约义丰

【释义】 字~：斟、酌：筛酒浅叫斟，深叫酌。这里指考虑、推敲文字。对每一个字、每一句话进行考虑推敲，形容说话或写文章慎重认真。
辞~：用词简约而含义丰富完备。
【结构】 联合 名-动|名-动
【扩联】 辞约义丰言之成理
字斟句酌惜墨如金

3200

zòng héng sì hǎi
纵横四海
lǐng xiù yī fāng
领袖一方

【释义】 纵~：纵横：奔驰无阻。可在四海之内任意奔驰。比喻天下无敌，纵横驰骋。
领~：领袖：名词作动词用，统领。掌管大权，统领一方。
【结构】 动宾 动—|数-名
【扩联】 纵横四海天下无敌
领袖一方手中有权

3201

zòng héng tiān xià
纵横天下
chì zhà fēng yún
叱咤风云

【释义】 纵~：纵横：奔驰无阻。喻天下无敌，可任意纵横驰骋。
叱~：叱咤：大声呼喝，怒喝。一声怒喝，风云变色。形容声威极大，可以左右形势。
【结构】 动宾 动—|名—
【扩联】 伏虎降龙纵横天下
拔山扛鼎叱咤风云

3202

zòng qū wǎng zhí
纵曲枉直
xū kū chuī shēng
嘘枯吹生

【释义】 纵~：纵容偏邪的，歪曲正直的。让罪人逍遥，正直的人受冤枉。喻是非颠倒，法纪解体。语见晋·葛洪《抱朴子·微旨》："纵曲枉直，废公为私，刑加无辜。"
嘘~：嘘：呵气。呵呵气使干枯的生长，吹吹气使生长着的干枯。指善言谈，褒贬足以使人折服。后也指言谈浮夸，只会夸夸其谈。语见《后汉书·郑太传》："孔公绪清谈高论，嘘枯吹生，并无军旅之才，执锐之干。"
【结构】 联合 动-名|动-名
【扩联】 纵曲枉直欺心诳上
嘘枯吹生顺口谈天

3203

zǒu mǎ shàng rèn
走马上任
mèng shī dé guān
梦尸得官

【释义】 走~：旧指新官去上任。后也指去担当某项工作。
梦~：旧时迷信说法，梦见死尸（入棺）是得官的预兆。
【结构】 连动 动-名|动-名
【扩联】 梦尸得官津津有味
走马上任咄咄逼人

3204

zǒu nán chuǎng běi
走南闯北
zhuàng fǔ chōng zhōu
撞府冲州

【释义】 走~：走：奔走，奔波。闯：闯荡。闯荡天下，谋求生路。也泛指去过很多地方，阅历丰富。
撞~：多指走江湖，跑码头。也形容经历丰富，见过世面。
【结构】 联合 动-名|动-名
【扩联】 走南闯北开支大
撞府冲州经历多

3205

zǒu tóu wú lù
走 投 无 路

jìn tuì chù fān
进 退 触 藩

【释义】 走~：走：逃走，离开。投：投靠，投奔。路：门路。无
路可走。形容陷入困境，没有出路。
进~：触藩：公羊撞到篱笆上，挂住了羊角。像羝羊角挂
住了篱笆，进不得，退不得。比喻进退两难。
【结构】 状中　动-动|动-名
【扩联】 走投无路下河去
进退触藩拿锯来

3206

zú shàng shǒu xià
足 上 首 下

wén dōng wǔ xī
文 东 武 西

【释义】 足~：脚朝上，头朝下。比喻长幼尊卑相互颠到。语见班
固《汉书·贾谊传》："足反居上，首顾居下，倒县如此，
犹为国有人乎？"
文~：古时文武官员站班，文官居东，向西；武官居西，
向东。其制始于汉初丞相孙叔通所定朝仪。比喻遵循朝
制，按部就班。
【结构】 联合　名-方|名-方
【扩联】 足上首下习武拿顶
文东武西上朝站班

3207

zuān bīng qǔ huǒ
钻 冰 取 火

pōu bàng qiú zhū
剖 蚌 求 珠

【释义】 钻~：钻开冰块取火种。比喻事无此理，徒劳无功。语见
《西游记》第二十八回："我这一去钻冰取火寻斋至，压雪
求油化饭来。"
剖~：将蚌壳剖开，取得里面的珍珠。比喻求获良才或珍
品。语见《三国志·蜀志·秦宓传》："甫欲凿石索玉，剖
蚌求珠，今乃隋、和炳然，有如皎日，复何疑载！"
【结构】 连动　动-名|动-名
【扩联】 剖蚌求珠即得珍品
钻冰取火枉费心机

3208

zuān pí chū yǔ
钻 皮 出 羽

xǐ gòu qiú bān
洗 垢 求 瘢

【释义】 钻~：钻开皮肤，让毛羽显出来。比喻对人过分偏爱，赞
誉过分。
洗~：洗净污垢寻找疤痕。比喻千方百计地挑刺，找别人
的缺点。
【结构】 连动　动-名|动-名
【扩联】 爱怜则钻皮出羽
憎恶会洗垢求瘢

3209

zuǐ jiān pí hòu
嘴 尖 皮 厚

tóu zhòng jiǎo qīng
头 重 脚 轻

【释义】 嘴~：尖：尖刻，尖利。嘴尖：说话尖刻。皮：脸皮。嘴
巴尖，脸皮厚。形容吹牛皮不脸红的人。
头~：上面重，下面轻。原形容因酒、病等引起的头脑胀
晕、脚下乏力，身体不平衡。也形容事物上下前后不协
调，基础不稳。
【结构】 联合　名-形|名-形
【扩联】 头重脚轻担心趔趄
嘴尖皮厚信口雌黄

3210

zuì kuí huò shǒu
罪 魁 祸 首

yuán è dà jiān
元 恶 大 奸

【释义】 罪~：魁：头目，首领。犯罪作恶的首要分子。
元~：元恶；元凶，首恶。奸：邪恶狡诈的坏人。指首恶元凶。

【结构】 联合 形-名|形-名

【扩联】 罪魁祸首严惩不贷
元恶大奸必办无疑

3211

zuì niè shēn zhòng
罪 孽 深 重

shēng míng láng jí
声 名 狼 藉

【释义】 罪~：罪孽：应受到报应的罪恶行经。意指罪恶极重。
声~：声名：名声、名誉。名声败坏，污七八糟。

【结构】 主谓 名-名|形一

【扩联】 造下罪孽深重
落得声名狼藉

3212

zuì jiǔ bǎo dé
醉 酒 饱 德

hán yīng jǔ huá
含 英 咀 华

【释义】 醉~：感谢款待之词。意为美酒使我醉了，美德让我深深感受到了，感谢不尽。
含~：含着花朵慢慢咀嚼。比喻欣赏领会诗文的精华。

【结构】 联合 动-名|动-名

【扩联】 含英咀华真知灼见
醉酒饱德款语温言

3213

zuì shēng mèng sǐ
醉 生 梦 死

rèn xìng zì qíng
任 性 恣 情

【释义】 醉~：像喝醉酒和睡梦中那样浑浑噩噩地生活着。形容生活目的不明确，糊里糊涂。
任~：任、恣：放纵，无拘束。放纵自己的性情，不加约束。指肆意妄为。

【结构】 联合 动-名|动-名

【扩联】 灯红酒绿醉生梦死
柳宿花眠任性恣情

3214

zuì wēng zhī yì
醉 翁 之 意

jūn zǐ zhī jiāo
君 子 之 交

【释义】 醉~：醉翁：上了一定年龄爱喝酒而又常醉的人。宋·欧阳修在《醉翁亭记》中自称"醉翁"。醉翁的心思。为"醉翁之意不在酒，在乎山水之间也"缩语。后用以比喻本意不在此，而在于彼。
君~：交：交往，交谊。贤者之间的交谊。为"君子之交淡如水"缩语。指贤者的交往交谊，不图私利，不尚虚华，平淡如水，清澈见底，久远真诚。

【结构】 定中 名一|助-名

【扩联】 项庄舞剑醉翁之意
伯牙操琴君子之交

3215

zūn bēi yǒu xù
尊 卑 有 序
tóng sǒu wú qī
童 叟 无 欺

【释义】 尊~：尊：地位或辈分高，与"卑"相对。序：次序。指尊卑之间有严格的次序、顺序。语见《礼记·乐记》："所以示后世有尊卑长幼之序也。"
童~：叟：老年人。无论对小孩子还是老年人都不欺骗。指待人诚实。多形容买卖公平。
【结构】 主谓　名-名|动-名
【扩联】 尊卑有序依规农礼
童叟无欺至信至诚

3216

zūn nián shàng chǐ
尊 年 尚 齿
lǐ shì qīn xián
礼 士 亲 贤

【释义】 尊~：齿：年龄。尊敬长者。
礼~：礼遇和亲近有才德的人。
【结构】 联合　动-名|动-名
【扩联】 尊年尚齿赠鸠杖
礼士亲贤点翰林

3217

zūn shī zhòng dào
尊 师 重 道
jìng yè lè qún
敬 业 乐 群

【释义】 尊~：尊敬师长，重视应该遵循的道理。
敬~：敬：严肃，慎重。业：学业。乐：喜好。群：同学或朋友。专心学业，与同学朋友相处融洽。语见《礼记·学记》："一年视离经辨志，三年视敬业乐群。"
【结构】 联合　动-名|动-名
【扩联】 尊师重道老传统
敬业乐群好校风

3218

zūn wú èr shàng
尊 无 二 上
dú bà yī fāng
独 霸 一 方

【释义】 尊~：尊：一个国家不能有两个皇帝。多指国无二君。引申为至高无二。语见《礼记·坊记》："天无二日，土无二王，家无二三，尊无二上。"
独~：独自占据一个地方，称王称霸。带贬义。
【结构】 动宾　形-动|数-名
【扩联】 尊无二上君为首
独霸一方自立王

3219

zūn xián lǐ shì
尊 贤 礼 士
xī yù lián xiāng
惜 玉 怜 香

【释义】 尊~：礼：以礼相待。尊重品德高尚、学识出众的人。也作"敬贤礼士"。
惜~：玉、香：借喻美貌女子。指男人很看重怜爱美貌的女子。比喻男子对女子非常体贴照顾。
【结构】 联合　动-名|动-名
【扩联】 惜玉怜香爱美女
尊贤礼士重人才

3220

zūn dào bǐng yì
遵 道 秉 义
shǒu jīng dá quán
守 经 达 权

【释义】 遵~：遵循道德，秉持正义。语见柳宗元《清河张府君墓志铭》："逮夫弱冠，遵道秉义。"
守~：经：常道，原则。权：权宜，变通。守正道而知权变。形容人坚持原则，而又能灵活应付。
【结构】 联合　动-名|动-名
【扩联】 守经达权相机行事
遵道秉义砥节奉公

3221

zūn shí yǎng huì
遵时养晦

hùn sú hé guāng
混俗和光

【释义】 遵～：比喻在条件不成熟时，顺应时势，养精蓄锐，以待时机。语见章炳麟《致伯仲书》四："仆拟遵时养晦，以待政府之稔恶，其时排去一二佞人，有如摘果。"

混～：指同于尘俗，不露锋芒。也比喻不求特异，与世无争。语见《二刻拍案惊奇》卷四十："高文典册，不晓是翰墨林中大手；淫词艳曲，多认作繁华队里当家。只得混俗和光，偷闲寄傲。见作开封监税，权为吏隐金门。"

【结构】 联合 动-名|动-名

【扩联】 遵时养晦再乘势
混俗和光先避强

3222

zuǒ tí yòu qiè
左提右挈

qián wǎn hòu tuī
前挽后推

【释义】 左～：挈：提挈，提拔。指互相扶持。也形容父母对子女的照顾。

前～：挽：拉，牵引。前面有人拉着，后面有人推着。形容不得不前进的情形。

【结构】 联合 方-动|方-动

【扩联】 前挽后推只能前进
左提右挈不会左迁

3223

zuǒ zhī yòu chù
左支右绌

shàng tì xià líng
上替下陵

【释义】 左～：支：支持，支撑。绌：不足。原指射箭时左臂撑弓，屈右臂扣弦。后用以形容财力或能力不足，顾此失彼的窘状。

上～：陵：通"凌"。指上下失序，纲纪废坠。也作"上陵下替"。

【结构】 联合 方-动|副-动

【扩联】 左支右绌乏财力
上替下陵乱纪纲

3224

zuò guān chéng bài
坐观成败

miàn shòu jī yí
面授机宜

【释义】 坐～：坐在一旁，看双方争斗不插手。用以表示对他人的成功或失败采取袖手旁观的态度。

面～：机宜：处理事务的方针办法等。当面教给处理问题的办法。

【结构】 动宾 副-动|名一

【扩联】 看客坐观成败
军师面授机宜

3225

zuò huái bù luàn
坐怀不乱

jiǎn fù gāo tán
俭腹高谈

【释义】 坐～：坐怀：坐在怀里。乱：淫乱，非礼。女子坐在怀里而男子不乱来。形容男子在与女子相处时作风正派。

俭～：俭腹：腹中空空，比喻知识匮乏。腹中知识匮乏，却爱好高谈阔论。

【结构】 连动 动-名|副-动

【扩联】 坐怀不乱一清二白
俭腹高谈七凑八拼

3226

zuò lěng bǎn dèng
坐 冷 板 凳

zuān gù zhǐ duī
钻 故 纸 堆

【释义】坐~：原为讥笑旧时村塾先生的话。后用以比喻遭冷遇、受冷淡。
钻~：故纸：古籍、古书。指一味钻在古书堆里，只管读书，不问世事。后也用以讽刺这样的人脱离现实。
【结构】动宾 动|形–名—
【扩联】坐冷板凳耐得寂寞结硕果
钻故纸堆甘于清贫成专家

3227

zuò shì bú gù
坐 视 不 顾

yàn wén yù tīng
厌 闻 饫 听

【释义】坐~：坐视：坐着看而不动。不顾：不顾及，不施以援手。指别人有危难时，自己袖手旁观，不肯帮助。
厌~：厌：满足。饫：饱。听饱听足。指充分听取各种意见。
【结构】连动 形–动|形–动
【扩联】坐视不顾拒援手
厌闻饫听铭记心

3228

zuò shōu yú lì
坐 收 渔 利

dà fā hèng cái
大 发 横 财

【释义】坐~：比喻利用别人之间的矛盾而获得利益。
大~：横：意外的。用非法手段攫取大量钱财。有时也指意外地发了财。
【结构】动宾 副–动 名—
【扩联】鹬蚌相争坐收渔利
权钱交易大发横财

3229

zuò zhī qiān lǐ
坐 知 千 里

rì sòng wǔ chē
日 诵 五 车

【释义】坐~：坐：指不作为而能够。待在家里而知道千里以外的事情。形容具有远见卓识。也指消息灵通。语见南朝梁·任昉《奏弹曹景宗文》："光武命将，坐知千里。"
日~：诵：诵读。五车：五车书，形容书之多。形容每天读书很多。语见宋·朱熹《答陈师德书》："抑读书之法要，当循序而存常，致一而不懈，从容乎句读文义之间，而体验乎操存践履之实。不然，虽则广求博取，日诵五车。亦奚益于学哉？"
【结构】动宾 副–动|数–量
【扩联】坐知千里事
日诵五车书

3230

zuò zhāng zuò zhì
做 张 做 致

nòng guǐ nòng shén
弄 鬼 弄 神

【释义】做~：张、致：模样，样子。形容装模做样，故意做出一种姿态。
弄~：装神弄鬼吓唬蒙骗人。指故意制造怪异假象，胡乱捣鬼。
【结构】联合 动–名|动–名
【扩联】做张做致小妖女
弄鬼弄神老巫婆

3231

zuò jiǎn zì fù
作 茧 自 缚
zhì sī yì fén
治 丝 益 棼

【释义】 作~：茧：蚕吐丝做成的壳。缚：束缚。蚕吐丝作茧，把自己包在里面。比喻自己束缚了自己或使自己陷入困境。
治~：治：整理。益：越发，更加。棼：纷乱。整理蚕丝，不找好头绪，其结果是越搞越乱。比喻用错误的方法去解决问题，使问题不仅得不到解决，反而更加复杂化。

【结构】 述补　动－名|副－动

【扩联】 画地为牢作茧自缚
　　　　拖泥带水治丝益棼

3232

zuò wēi zuò fú
作 威 作 福
yōu guó yōu mín
忧 国 忧 民

【释义】 作~：威：权威。福：赏赐。形容滥用职权，任意赏罚。原指只有君王才能独揽大权，擅行赏罚。后用以形容依仗权势，横行霸道。也形容妄自尊大，滥用权利。语见唐·房玄龄等《晋书·刘暾传》："（刘）暾勃然谓（郭）彰曰：'君何敢恃宠，作威作福，天子法冠而欲截角乎？'"
忧~：担忧国家的命运，担忧人民的疾苦。赞扬不为物喜不为己悲的思想行为。语见宋·范仲淹《谢转礼部侍郎表》："进则尽忧国忧民之诚，退则处乐天乐道之分。"

【结构】 联合　动－名|动－名

【扩联】 作威作福千夫指
　　　　忧国忧民四海心

成语联对索引

A　　a

阿Q精神】——鸵鸟政策　2344

ai

哀兵必胜——穷寇勿追】　1
哀感顽艳——气冲斗牛】　2
哀鸿遍野——穷鸟入怀】　3
哀梨蒸食——良玉不雕】　4
哀歌动地——怨气冲天】　5
哀丝豪竹——铁板铜弦】　6
哀死事生】——恤孤念寡　2680
騃女痴男】——善男信女　2006
矮人看戏——瞎子摸鱼】　7
爱爱仇仇】——恩恩怨怨　587
爱才好士——敬老尊贤】　8
爱鹤失众——忘筌得鱼】　9
爱老慈幼——扶孤助贫】　10
爱礼存羊】——见鞍思马　1090
爱毛反裘】——截趾适履　1136
爱民若子——执法如山】　11
爱莫能助——情何以堪】　12
爱人利物——克己尽职】　13
爱人以德】——即事穷理　1047
爱生恶死——弃旧怜新】　14
爱素好古——归全反真】　15
爱屋及乌】——拔茅连茹　53
爱惜羽毛——热衷名利】　1870
爱憎分明——悲喜交集】　117
艾发衰容——庞眉皓首】　1638

an

安邦治国——蠹政害民】　16
安常处顺——守约居穷】　17
安分守常】——通权达理　2303
安分守己——作奸犯科】　18
安分随时】——乐天知命　1350
安富恤贫】——除奸革弊　369

安富恤穷】——抑强扶弱　2887
安富尊荣】——骄奢淫逸　1116
安居乐业——背井离乡】　19
安民则惠——忘战必危】　20
安贫乐道——甘分随缘】　21
安然无恙——明哲保身】　22
安如泰山】——危若朝露　2382
安危与共——风雨同舟】　23
安闲自在——劳碌奔波】　24
安营扎寨——破釜沉船】　25
安于现状——迷在当局】　26
暗度陈仓】——自投罗网　3194
暗箭难防——明枪易躲】　1543
暗箭伤人——明珠弹雀】　1550
暗室逢灯】——重门击柝　347
暗室亏心——苍天有眼】　245
暗送秋波——不知丁董】　215
暗香疏影——魏紫姚黄】　27
暗无天日——惨绝人寰】　28
暗约私期】——明媒正娶　1544
案无留牍——章满公车】　29
按兵不动——倚马立成】　30
按部就班】——分门别类　628
按甲寝兵】——息军养士　2522
按图索骥——顺藤摸瓜】　31

ang

昂首伸眉】——卑躬屈膝　121
昂首挺胸】——耸肩缩颈　2219
昂首望天】——回头是岸　1014
昂霄耸壑——步月登云】　32

ao

嗷嗷待哺——郁郁寡欢】　33
鳌里夺尊】——月中折桂　3007
鏖兵赤壁——问鼎中原】　34
傲慢少礼——天真无邪】　35

傲睨万物——不识一丁】 36
傲霜凌雪——破浪乘风】 37
傲雪凌霜】——劈风斩浪 1647
傲雪欺霜】——怕风怯雨 1629
奥援有灵】——高枕无事 755

B ba

八拜之交】——百年之约 80
八方风雨——四海安危】 38
八方呼应——四海风从】 39
八方进宝——四海承风】 40
八方景仰——四海承平】 41
八方游说——四海飘零】 42
八方支援】——四面出击 2211
八纮同轨——四海归宗】 43
八花九裂——百孔千疮】 44
八难三灾】——七情六欲 1681
八旗子弟——三旨相公】 45
八索九丘】——三坟五典 1951
八抬大轿——一叶扁舟】 46
八仙过海——三兽渡河】 47
八音遏密——一命呜呼】 48
八音迭奏——百乐齐鸣】 49
巴蛇吞象——桀犬吠尧】 50
扒高踩低】——欺大压小 1682
跋山涉水——沐雨栉风】 51
拔本塞源——欺师灭祖】 1685
拔刀相助——袖手旁观】 52
拔地倚天】——负山戴岳 710
拔茅连茹——爱屋及乌】 53
拔葵去织——饮马投钱】 54
拔苗助长——越俎代庖】 55
拔山扛鼎——撼地摇天】 56
拔十得五——举一反三】 57
拔树寻根】——删枝去叶 2005
拔犀擢象——伏虎降龙】 58
拔帜易帜——载舟覆舟】 59
把臂入林】——无心出岫 2478
把素持斋】——唱经诵佛 278
霸王别姬】——老将出马 1342

bai

白璧微瑕】——甘瓜苦蒂 732
白发慈颜】——耆年硕德 1708
白发丹心】——韶颜稚齿 2021
白发红颜——青蛾皓齿 1774
白驹过隙——快马加鞭】 60

白马素车】——红尘紫陌 913
白面书生】——绿衣使者 1468
白手起家——赤膊上阵 341
白水监心——秋风过耳 1830
白头偕老——红豆相思】 61
白屋寒门】——清都紫府 1799
白衣尚书——铁面御史 2295
白云苍狗——沧海桑田】 62
白云亲舍——风雨故人】 63
白字先生】——青钱学士 1780
百般宠爱——什袭珍藏】 64
百般刁难——一意孤行】 65
百步穿杨】——一发破的 2804
百川归海——万里同风】 66
百读不厌——一览全收】 67
百端待举——一事无成】 68
百废俱兴——九原可作 1221
百福具臻】——一阳复始 2848
百感横生】——六尘不染 1427
百舸争流】——千帆竞渡 1716
百花灿烂——万马奔腾】 69
百花齐放——五谷丰登】 70
百花盛开】——五谷丰稔 2494
百花争艳——万物更新】 71
百卉杂陈】——一花独放 2813
百家争鸣】——二惠竞爽 598
百家诸子——一代传人】 72
百孔千疮——八花九裂】 44
百炼成钢】——十年树木 2126
百龄眉寿——万里鹏程】 73
百马伐骥——一言陷人】 74
百媚俱生】——一丝不挂 2831
百密一疏】——三长两短 1945
百年不遇——千载难逢】 75
百年大计——一纸空文】 76
百年好合——万事亨通】 77
百年和合——千里姻缘】 78
百年树人】——一笑了事 2838
百年之好——五世其昌】 79
百年之欢】——二姓之好 600
百年之约——八拜之交】 80
百鸟朝凤——二龙戏珠】 81
百巧成穷——多文为富 580
百巧千穷】——一身二任 2827
百犬吠声】——一牛吼地 2819
百忍成金】——清如水 2823

百世流芳】——万年遗臭 2359
百思不解——万念俱灰】 82
百挑不厌——一揽包收】 83
百听不厌——一座皆惊】 84
百万貔貅】——三千珠履 1960
百无聊赖——一塌糊涂】 85
百无是处——一秉大公】 86
百依百顺——一步一趋】 87
百依百随】——一唱一和 2795
百乐齐鸣】——八音迭奏 49
百转千回】——一来二去 2815
百折不挫——一往无前】 88
百折不挠】——一触即溃 2800
摆花架子——打小算盘】 89
摆袖却金】——劚山觅玉 3159
败军之将——亡命之徒 90
败柳残花】——芝兰玉树 3084
拜鬼求神】——凿龟数策 3028
拜将封侯】——加官进爵 1074

ban
班荆道故——促膝谈心】 91
班门弄斧——佛面刮金】 92
半部论语——千佛名经】 93
半截入土——一步登天】 94
半路出家】——前途无量 1740
半路夫妻】——终身伴侣 3135
半路修行】——中流击楫 3124
半身不遂】——一手包办 2830
半生尝胆——永世无穷】 95
半死半生】——不文不武 210
半途而废——倍道而行】 96
半推半就——若即若离】 97
半信半疑——不明不白 203

bang
膀大腰圆】——肠肥脑满 277
榜上有名】——胸中无墨 2659
傍人门户——分我杯羹】 98
谤书一箧——诡计多端】 99

bao
包罗万象——荟萃一堂】 100
包医百病——独善一身】 101
饱谙经史——洞鉴古今】 102
饱读诗书】——不辨菽麦 185
饱经沧桑】——不达世故 187
饱经忧患——备受煎熬】 103
饱经霜雪——际会风云】 104

饱历风霜】——备尝艰苦 122
饱练世故——不徇私情】 105
饱食终日——威仪孔时】 106
饱飨老拳】——高抬贵手 751
饱学秀才】——博物君子 175
宝刀不老】——朽木难雕 107
宝马香车】——锦衣玉食 1180
宝珠市饼】——美玉投蛙 108
报本反始】——溯流追源 109
报仇雪恨】——忍气吞声 110
报效祖国】——敬恭桑梓 12C9
抱宝怀珍】——堆金积玉 565
抱冰公事】——顺水人情 111
抱诚守真】——敦本务实 567
抱头鼠窜——展翅高飞】 112
抱表寝绳——怀珠韫玉 986
抱残守缺——弃旧开新】 113
抱德炀和】——含仁怀义 867
抱恨终天】——觍颜人世 2291
抱朴含真】——握瑜怀瑾 2439
抱蔓摘瓜——覆巢毁卵 723
抱瓮灌园】——投竿垂饵 2323
抱薪救火——落井下石 114
抱愚守迷】——忍辱负重 1912
抱玉握珠】——捐金抵璧 1254
暴戾恣睢】——飞扬跋扈 624
暴殄天物——不通人情】 115

bei
悲愤填膺】——恫瘝在抱 2305
悲歌慷慨——醉墨淋漓】 116
悲欢离合】——成败利钝 307
悲天悯人】——呵佛骂祖 887
悲喜交集——爱憎分明 117
杯弓蛇影——水月镜花】 118
杯觥交错——水陆毕陈】 119
杯盘狼藉】——履舄交错 1465
北门管钥——东市朝衣】 120
卑躬屈膝——昂首伸眉】 121
北道主人】——东床快婿 531
备尝煎熬——饱经忧患】 103
备尝艰苦——饱历风霜】 122
悖入悖出】——钱来钱去 1742
背奥媚灶——反裘负薪】 123
背井离乡】——安居乐业 19
背信弃义——辜恩负德】 124
贝阙珠宫】——琼楼玉宇 1826

倍道而行】——半途而废	96

ben

本固邦宁】——官清法正	826
本深末茂——源远流长】	125
本盛末荣】——源清流洁	2998
本小利微】——物丰价稳	2506
本性难移】——江山易改	1107
本支百世——纲纪四方】	126
笨鸟先飞——潜龙勿用	1743
笨嘴拙舌】——伶牙俐齿	1409

bi

逼良为娼】——认贼作父	1916
逼上梁山】——耻食周粟	338
笔大如椽】——舌芒于剑	2026
笔刀砚城】——纸田墨稼	3107
笔耕砚田】——书画卯酉	2171
笔酣墨饱——辞简义赅】	127
笔力扛鼎——歌声绕梁】	128
笔墨官司】——文字游戏	2420
笔扫千军】——语惊四座	2983
笔下生花】——诗中有画	2112
笔诛口伐——心谤腹非】	129
笔楮难穷】——鬼神可鉴	854
笔走龙蛇】——文无点易	2415
匕鬯不惊】——闾阎安堵	1463
比比皆是——源源而来】	130
比干剖心】——壮士断腕	3168
比肩继踵——连袵成帷】	131
比目连枝】——齐眉举案	1699
比翼连枝】——同床共枕	2308
比翼齐飞】——和衷共济	890
比翼双飞】——奋身独步	635
彼此彼此——意思意思】	132
闭关锁国——拓土开疆】	133
闭口藏舌——开心见肠】	134
荜门圭窦——蓬牖茅椽】	135
闭门思过——仰屋著书】	136
闭门造车】——面壁思过	1531
闭月羞花】——沉鱼落雁	298
弊绝风清】——民淳俗厚	1537
辟邪护身】——移气养体	2866
碧海蓝天】——青山绿水	1782
碧空如洗——玉宇无尘】	137
碧天如水——大地回春】	138
碧血丹心】——冰魂雪魄	159
必恭必敬——不亢不卑	139

必由之路——不讳之门】	140
避难就易——弃重取轻	141
避让贤路——广结良缘	142
避世绝俗——和光同尘	143
避重就轻】——取长补短	1846
壁立千仞——鸟栖一枝	144
敝帚千金——鹑衣百结	409
髀肉复生】——户枢不蠹	949
毕雨箕风】——尧天舜日	2781

bian

鞭长莫及】——尾大不掉	2397
变本加厉——扭亏增盈】	145
变服诡行】——正襟危坐	3079
变古易常】——超凡脱俗	283
变化无常】——疾徐有致	1046
变迹埋名】——潜山隐市	1744
变生意外——计上心头	146
变生肘腋——祸起萧墙	147
便宜行事——蒙混过关】	148

biao

标新立异——好大喜功	149
彪炳千秋】——鹏程万里	1645
表里一致——依违两端】	150

bie

别出心裁】——不落窠臼	202
别妇抛雏——呼朋唤友	938
别开佳境——独领风骚	151
别开生面——独具匠心	152
别生枝节——自作聪明	153
别无长物——徒有虚名	154
别无它图】——独辟蹊径	553
别有洞天】——另开生面	1415
别有情趣——不求闻达	155
别有用心】——另生枝节	1416

bin

宾至如归】——妇言是用	720
彬彬有礼——脉脉含情	156

bing

冰寒于水——青胜于蓝】	157
冰壶秋月——杨柳春风】	158
冰壶玉衡】——金口木舌	1157
冰魂雪魄——碧血丹心】	159
冰肌玉骨——花貌雪肤】	160
冰肌雪肠】——锦心绣口	1178
冰清玉洁——粉白珠圆】	161
冰清玉润——兰秀菊芳】	162

冰心剔透——炉火纯青】	163
兵不厌诈——行无越思】	164
兵革互兴】——狼烟四起	1336
兵荒马乱——国破家亡】	165
兵骄必败——位极则残】	166
兵精粮足——士饱马腾】	167
兵临城下——车到山前】	168
兵强国富——物阜民康】	169
兵强马壮——国富民丰】	170
兵无常势——学贵有恒】	171
秉笔直书——举棋不定】	1247
秉笏披袍——腰金拖紫】	2771
秉要执本——掇菁撷华】	172
病入膏肓】——鬼迷心窍	853
病在膏肓】——痛于骨髓	2315
并驾齐驱——齐头并进	1700

bo

波澜壮阔——气势磅礴】	173
博采广谋——旁搜远绍	1636
博采众长——独行其是	557
博大精深——简明扼要	1089
博古通今——经天纬地	1195
博览群书——不拘常格	198
博览五车——不拘一体	200
博士买驴——塞翁失马	1942
博文约礼——砥节奉公】	174
博物君子——饱学秀才】	175
博学多才——渊谋远略	2991
博学多能——孔武有力	1297
博学洽闻——高瞻远瞩	754
博者不知——贵人善忘	857
剥皮抽筋——剐肉剔骨	822
薄海腾欢】——普天同庆	1677
薄命佳人】——多识君子	578
伯道无儿】——中郎有女	3122
伯歌季舞——兄友弟恭】	176
伯乐相马——庖丁解牛】	177
伯埙仲篪——我觽子佩	2435
伯俞泣杖——墨子悲丝】	178
伯玉知非——亢龙有悔	1277
拨草瞻风】——对床听雨	566
拨乱反正——推陈出新】	179
拨雨撩云】——寻花问柳	2705

bu

卜宅卜邻】——多事多患	579
补偏救弊——纠谬绳愆】	180

补苴罅漏——粉饰太平】	181
补天柱地——立国安邦】	182
捕风捉影——飞短流长】	183
捕影拿风】——抟砂弄汞	2335
不安本分——滥用职权】	184
不辨菽麦——饱读诗书】	185
不痴不聋——知彼知己	3087
不耻下问——力争上游】	186
不达世故——饱经沧桑】	187
不打自招——明知故犯】	1549
不得人心——大干物议	450
不得要领——略知皮毛】	188
不动声色——大发雷霆】	189
不二法门——大千世界	460
不乏其人——岂有此理	1694
不乏先例——终无了局	190
不废江河——无穷风月	2464
不分好歹——明辨是非】	191
不分轩轾——大有径庭】	192
不孚众望——庶获我心】	193
不负众望——深得人心】	194
不改初衷——重操旧业	348
不攻自破——屈打成招】	195
不古不今——非驴非马	617
不合时宜——有伤风化	2954
不哼不哈——无怨无悔	2485
不讳之门——必由之路	140
不饥不寒——无挂无碍	2453
不见经传——羌无故实】	196
不矜不伐——自卖自夸】	197
不近人情——深明大义	2046
不拘常格——博览群书】	198
不拘小节——郑重其辞】	199
不拘一体——博览五车】	200
不堪回首——难以忘怀】	201
不亢不卑】——必恭必敬	139
不令而行——无为而治	2473
不露锋芒——大张旗鼓	470
不落窠臼——别出心裁】	202
不蔓不枝——无根无绊	2451
不明不白——半信半疑】	203
不屈不挠——可歌可泣	1280
不平则鸣——大乐必易	469
不欺暗室——独守空房	204
不求闻达——别有情趣	155
不求有功】——惟问无过	2389

不人不鬼——亦正亦邪】　　　205
不伤脾胃——大快朵颐】　　　206
不贪为宝——沉默是金】　　　207
不失黍累——大相径庭】　　　208
不时之需】——当务之急　　　488
不识一丁】——傲睨万物　　　36
不通人情】——暴殄天物　　　115
不同凡响——大有作为】　　　209
不文不武——半死半生】　　　210
不惜工本——煞费心机】　　　211
不挟不矜】——自媒自炫　　　3191
不虚此生】——雄视一世　　　2666
不学无知】——少调失教　　　2023
不徇私情】——饱练世故　　　105
不言自明】——先睹为快　　　2532
不依不饶】——再接再厉　　　3025
不遗余力——煞费苦心】　　　212
不易之论——无稽之谈】　　　213
不择手段——全无心肝】　　　214
不知不觉】——大澈大悟　　　444
不知丁董——暗送秋波】　　　215
不知所出——坐享其成】　　　216
不知所云】——煞有介事　　　1988
不知虚实——莫测高深】　　　217
不止不休】——无穷无尽　　　2465
不忮不求】——无忧无虑　　　2481
不忠不孝——无父无君】　　　218
不主故常】——无关宏旨　　　2454
不足为奇】——难能可贵　　　1587
不做不休】——有劳有逸　　　2946
不着边际——故弄玄虚】　　　219
步步登高】——头头是道　　　2321
步步为营】——节节取胜　　　1135
步斗踏罡】——指天画地　　　3111
步履蹒跚】——形容枯槁　　　2633
布袜青鞋——粗茶淡饭】　　　422
布衣韦带——水佩风裳】　　　220
步月登云】——昂霄耸壑　　　32

C　　**cai**
才大难用——功成不居】　　　221
才大气高】——貌清意雅　　　1501
才高识远——积厚流光】　　　222
才多为患——谷贱伤农】　　　223
才高八斗——学富五车】　　　224
才高气清——志美行厉】　　　3117

才高行厚——德重恩弘】　　　225
才高行洁——胆壮气粗】　　　226
才高语壮——志洁心雄】　　　227
才高运蹇——物美价廉】　　　228
才贯二酉——书读五车】　　　229
才广妨身】——恩多成怨　　　586
才华横溢——意气飞扬】　　　230
才兼万人】——利出一孔　　　1370
才气过人】——风华绝代　　　651
才疏学浅——气傲心高】　　　231
才思敏捷——意气轩昂】　　　232
才思泉涌——逸兴云飞】　　　233
才秀人微】——心劳政拙　　　2611
才子佳人】——檀郎谢女　　　2248
材雄德茂——年富力强】　　　234
材高知深】——德薄能鲜　　　504
财大气粗】——人多势众　　　1877
财雄一方】——学富二酉　　　2692
财源茂盛——生意兴隆】　　　235
财运亨通】——人情练达　　　1883
裁锦万里——读书三余】　　　236
裁云剪水——噀玉喷珠】　　　237
采兰赠药——投木报琼】　　　238
采薪之忧】——破竹之势　　　1671
彩凤随鸦】——蒹葭倚玉　　　1080

can
餐松啖柏——枕石寝绳】　　　239
骖风驷霞】——沐日浴月　　　1574
残山剩水——断井颓垣】　　　240
惨绝人寰】——暗无天日　　　28
惨无人道——死有余辜】　　　241
惨雨酸风】——乌烟瘴气　　　2444
粲花之论——空谷之音】　　　242

cang
沧海横流】——大江东去　　　455
沧海桑田】——白云苍狗　　　62
沧海一粟——源泉万斛】　　　243
沧海遗珠】——昆山片玉　　　1321
苍黄翻复——黑白分明】　　　244
苍天有眼——暗室亏心】　　　245
苍蝇附骥——狗尾续貂】　　　246
苍蝇碰壁——老鼠过街】　　　247
苍蝇逐臭——蜂蝶随香】　　　248
藏锋敛锷——隐迹潜踪】　　　249
藏风聚气——蓄锐养威】　　　250
藏垢纳污】——涤瑕荡秽　　　520

藏龙卧虎——起凤腾蛟】 251
藏器待时】——露才扬己 1457
藏器于身】——驰名于世 329
藏形匿影——晦迹韬光 252

cao
操刀能割——游刃有余 253
操刀伤锦——下笔成章 254
操翰成章】——出言有信 364
操奇计赢】——量入为出 1392
曹衣出水——吴带当风 255
草菅人命——涂炭生灵 256
草莽英雄】——绿林好汉 1460
草木皆兵】——干戈满目 730
草木愚夫】——文章宗匠 2419
草泽英雄】——风云人物 663

ce
侧耳倾听】——横眉冷对 904
侧目而视——反唇相讥 258

ceng
层出不穷】——方兴未艾 612
曾经沧海——初出茅庐 257

cha
差强人意——实获我心】 259
茶饭无心】——河梁携手 893
茶香墨韵——画意诗情】 260
茶余饭后——月下花前 261
察察为明】——循循善诱 2709

chai
拆白道字——顶针续麻 262
拆桥抽板——结草衔环 263
柴米夫妻——酒肉朋友 1224
柴米油盐】——风花雪月 650
豺狼成性——蛇蝎为心】 264
豺狼当道——鸦雀无声】 265
豺虎豺豹——麟凤龟龙】 266

chan
馋涎欲滴——回味无穷 267
蟾宫折桂——金屋藏娇 268
禅絮沾泥】——葵花向日 1316
缠绵悱恻——慷慨激昂】 269
谄上骄下——欺君害民】 270
谄上欺下——茹柔吐刚】 271
阐幽显微】——探赜索隐 2255

chang
长恶不悛——直言无讳 3103
长歌当哭】——大辩若讷 442

长歌当泣——久病成医】 272
长话短说】——小题大做 2590
长剑倚天】——黄人守日 998
长命百岁——高人一筹】 273
长绳系日——妙手回春 274
长算远略——忠言奇谋 275
长叹短吁】——大惊小怪 457
长袖善舞——大音希声】 276
长夜难明——春宵苦短 405
常胜将军——横行介士 906
尝鼎一脔——垂涎三尺 387
肠肥脑满——膀大腰圆】 277
唱经诵佛——把素持斋】 278
唱经颂佛——打坐参禅】 279

chao
超超玄著——娓娓动听】 280
超凡出世——浑俗和光】 281
超凡入圣——离世异俗】 282
超凡脱俗——变古易常】 283
超群绝伦——出类拔萃】 360
超然自逸——旷达不羁】 284
超世拔俗——通真达灵】 285
超逸绝尘】——出神入化 363
朝阳丹凤——得水蛟龙】 286
朝章国典——文治武功】 287
巢毁卵破——唇亡齿寒】 289

che
车驰马骤——云起龙骧 288
车到山前——兵临城下 168
车笠之交】——绨袍之恋 2269
车笠之盟】——金兰之契 1158
车马骈阗】——舳舻相继 3158
车水马龙】——花天酒地 965
车载斗量】——寸积铢累 430
扯篷拉纤——牵线搭桥】 290

chen
瞋眼竖眉】——咬牙切齿 2784
陈词滥调——清议玄谈】 291
陈蕃下榻——宓子驱车】 292
陈雷胶漆——李郭仙舟】 293
陈力就列——量能授官】 294
陈年老酒——明日黄花】 295
陈言务去——闲话休提】 296
晨参暮礼——春诵夏弦】 299
陈语冗词】——谠言嘉论 490
沉默是金】——不贪为宝 207

沉疴不起——与世长辞】 297
沉鱼落雁——闭月羞花】 298
沉冤莫白——心病难医】 300
沉李浮瓜】——交梨火枣 1118
沉灶生蛙】——冷灰爆豆 1351
臣心如冰】——吾膝似铁 2489
尘饭涂羹】——青梅竹马 1778
趁热打铁——就坡下驴】 301

cheng

称觞上寿——恭喜发财】 302
称王称霸——做鬼做神】 303
称薪而爨——数米而炊】 304
惩前毖后——治病救人】 305
惩忿窒欲——调神畅情】 306
成百上千】——独一无二 558
成败利钝——悲欢离合】 307
成败论人】——春秋责帅 404
成败荣枯】——妍媸好恶 2722
成都卖卜——吴市吹箫】 308
成家立业——治国安邦】 309
成名成家】——多福多寿 576
成名之累——知遇之荣】 310
成千上万】——接二连三 311
成仁取义——违利赴名】 312
成竹于胸】——智珠在握 3116
成竹在胸——琼林满眼】 1824
城北徐公——洛阳才子】 1478
城狐社鼠——牛鬼蛇神】 313
城下之盟】——桑中之约 1975
乘坚策肥】——衣锦食肉 2892
乘龙配凤——驾鹤成仙】 314
乘龙佳婿——如意郎君】 315
乘鸾跨凤——合璧连珠】 316
程门立雪——平地登云】 317
澄思渺虑——笃论高言】 318
承前启后——继往开来】 319
承欢膝下——待字闺中】 320
逞性妄为】——师心自任 2106

chi

吃苦耐劳】——舍生忘死 2030
吃亏是福】——闻过则喜 2422
吃里爬外——损公肥私】 321
嗤之以鼻——敬之如宾】 322
痴人说梦——泼妇骂街】 323
痴鼠拖姜】——春蚕作茧 388
池鱼笼鸟——仗马寒蝉】 324

池中之物——井底之蛙】 325
持刀动杖——盘马弯弓】 326
持禄养交】——积财吝赏 1035
持盈保泰——谨小慎微】 327
持之以恒——适可而止】 2155
驰马试剑——临池学书】 328
驰名于世——藏器于身】 329
驰名中外——贻范古今】 330
驰志伊吾】——放情丘壑 616
尺璧非宝——寸阴是金】 331
尺幅万里——寸土千金】 332
尺水丈波】——小材大用 2577
齿白唇红】——眉清目秀 1506
齿若编贝——目如悬珠】 333
齿牙为祸——腹背受敌】 334
齿牙余惠——眉目传情】 335
耻居人后——好出风头】 336
耻居王后——羞见江东】 337
耻食周粟——逼上梁山】 338
耻言人过——悔读南华】 339
耻与哙伍——好为人师】 340
赤壁鏖兵】——中原逐鹿 3128
赤膊上阵——白手起家】 341
赤胆忠心】——豪情壮志 878
赤绳系足——红叶题诗】 342
赤手空拳】——祖胸裸背 2253
赤心奉国——铁面无私】 343
赤子之心】——故人之意 816
叱咤风云】——纵横天下 3201

chong

冲锋陷阵——斩将搴旗】 344
充耳不闻】——埋头苦干 1485
充闾之庆——倚玉之荣】 345
舂容大雅——跌宕昭彰】 346
重门击柝——暗室逢灯】 347
重操旧业——不改初衷】 348
重温旧梦——再续前缘】 349
重弹老调——痛改前非】 350
重振雄风】——再当冯妇 3024
崇洋媚外——祖舜宗尧】 351
宠柳娇花】——贞松劲柏 3066
宠辱不惊】——恩威并用 591

chou

抽刀断水——挥剑成河】 352
抽薪止沸——斩草除根】 353
愁眉不展——冷眼旁观】 354

愁容满面——大祸临头】　　355
愁云惨雾——霁月光风】　　356
丑态毕露——恶声狼藉】　　357
臭汉脏唐】——孤秦陋宋　　810
臭名远扬】——威望素著　　2376

chu

初出茅庐】——曾经沧海　　257
初写黄庭】——新翻花样　　2599
黜奢崇俭——反腐倡廉】　　358
出尔反尔——听之任之】　　359
出谷迁乔】——升堂入室　　2080
出口伤人】——执文害意　　3100
出类拔萃——超群绝伦】　　360
出林乳虎——过隙白驹】　　361
出奇制胜——弄巧成拙】　　362
出神入化——超逸绝尘】　　363
出言有信——操翰成章】　　364
出世离群】——拉帮结派　　1323
出水芙蓉——落汤螃蟹】　　1477
出岫无心——隔墙有耳】　　764
出言无忌——守口如瓶】　　365
出言无状——下笔有神】　　366
出言得体——脱口成章】　　367
锄强扶弱——劫富济贫】　　368
除暴安良】——吊民伐罪　　523
除奸革弊——安富恤贫】　　369
除恶务尽——无坚不摧】　　370
除邪惩恶——止暴禁非】　　371
楚楚不凡——轩轩甚得】　　2681
楚楚可怜——亭亭玉立】　　2299
楚楚作态——粥粥无能】　　372
楚馆秦楼】——花街柳巷　　957
楚幕有乌】——天衣无缝　　2288
触景生情——顾名思义】　　818
触笼绝粒——引火烧身】　　373
触目惊心】——闻风丧胆　　2421
触手成春——挥戈退日】　　1004

chuan

川壅必溃——器满则倾】　　374
穿井得人——借鸡下蛋】　　1144
穿杨百步——窥豹一斑】　　375
穿云裂石——夏玉敲冰】　　376
传道穷经】——敦诗说礼　　569
传家之宝——希世之珍】　　377
传神阿堵——贻诮多方】　　378
串通一气——连中三元】　　379

传檄而定——铩羽而归】　　380
传宗接代——毓子孕孙】　　381

chuang

疮痍满目——荆棘载途】　　382
创业守成】——当行出色　　485

chui

吹大法螺】——戴高帽子　　472
吹毛求疵——刮骨疗毒】　　820
吹气胜兰——守身如玉】　　2163
炊沙作饭——指雁为羹】　　383
吹箫吴市——祝发空门】　　384
吹鼓手——应声虫】　　385
垂耳辕下——曝腮龙门】　　386
垂范千秋】——封侯万里　　637
垂涎三尺——尝鼎一脔】　　387

chun

春蚕作茧——痴鼠拖姜】　　388
春风得意——金榜题名】　　389
春风和气——秋月寒江】　　390
春风化雨——瑞气祥云】　　391
春风满面——老气横秋】　　392
春风秋月——冬日夏云】　　393
春花秋月——夏葛冬裘】　　394
春风杨柳——秋水芙蓉】　　395
春风一度——缺月再圆】　　396
春回大地——福满人间】　　397
春露秋霜】——箕风毕雨　　1042
春梦无痕】——秋鸿有信　　1833
春暖花开】——秋高气爽　　1832
春葩丽藻——云锦天章】　　398
春秋笔法——金玉良言】　　399
春秋代序——人事无常】　　400
春秋鼎盛——岁月峥嵘】　　401
春秋非我——笑骂由人】　　402
春山如笑——秋月含悲】　　403
春秋责帅——成败论人】　　404
春宵苦短——长夜难明】　　405
春宵一刻——红日三竿】　　406
春色满园】——群芳斗艳　　1860
春事阑珊】——美人迟暮　　1514
春树暮云】——高山流水　　749
春诵夏弦】——晨参暮礼　　299
春夏秋冬】——东南西北　　537
春意盎然】——风光旖旎　　648
春意阑珊】——年华迟暮　　1609
春雨廉纤】——阳光灿烂　　2750

春种秋收】——南征北战　　　　1585
椿庭萱室——桂子兰孙】　　　　407
椿萱并茂——兰桂齐芳】　　　　408
鹑衣百结——敝帚千金】　　　　409
唇寒齿亡】——巢毁卵破　　　　289
纯羹鲈脍——桂酒椒浆】　　　　410
蠢蠢欲动——欣欣向荣】　　　　411

chuo
绰绰有余】——寥寥无几　　　　1394
绰绰有裕——寥寥无多】　　　　412
绰有余妍——了无惧色】　　　　1397
绰约多姿】——忸怩作态　　　　1618

ci
词少理畅——言多语失】　　　　413
辞简义赅】——笔酣墨饱　　　　127
辞金蹈海——披发入山】　　　　414
辞严义正——语重心长】　　　　415
辞约义丰】——字斟句酌　　　　3199
慈悲为本——诗礼传家】　　　　416
此心耿耿——妙手空空】　　　　417
刺股悬梁——卧薪尝胆　　　　　2441

cong
聪明绝顶——蒙昧无知】　　　　418
从井救人】——悬驼就石　　　　2686
从容就义——慷慨杀身】　　　　419
从善如流】——思贤若渴　　　　2198
从天而降——应运而生】　　　　420
从头到尾——自始至终】　　　　421

cu
粗茶淡饭——布袜青鞋】　　　　422
粗手笨脚——慧心巧思】　　　　423
粗通文墨——略识之无】　　　　424
粗中有细——呆里藏奸】　　　　425
促膝谈心】——班荆道故　　　　91
蹙损春山——望穿秋水　　　　　2368

cuan
攒花簇锦——错彩镂金】　　　　426

cui
摧花斫柳——葬玉埋香】　　　　427
摧枯拉朽——戡暴锄强】　　　　428
摧眉折腰】——俯首帖耳　　　　704
翠柏苍松——夭桃秾李】　　　　2773
翠绕珠围——花团锦簇】　　　　966
翠竹苍松】——浓桃艳李　　　　1619

cun
村野匹夫】——天潢贵胄　　　　2279
存而不论——悬而未决】　　　　429
存亡安危】——生死肉骨　　　　2097
存亡枢机】——生死关口　　　　2096
寸步难行】——一筹莫展　　　　2798
寸积铢累——车载斗量】　　　　430
寸利必得】——分文不取　　　　630
寸铁杀人】——片言折狱　　　　1659
寸土必争】——纤尘不染　　　　2537
寸土千金】——尺幅万里　　　　332
寸阴是金】——尺璧非宝　　　　331

cuo
撮土焚香】——指天誓日　　　　3112
蹉跎岁月——虚掷年华】　　　　431
错彩镂金】——攒花簇锦　　　　426
错落有致——整齐划一】　　　　432
错认颜标】——相惊伯有　　　　2558
错综复杂——扑朔迷离】　　　　433
厝火积薪】——折冲樽俎　　　　3061

D da
达官巨贾——迁客骚人】　　　　434
达人知命——君子固穷】　　　　435
达士守义——贪夫徇财】　　　　436
达士通人】——行家里手　　　　875
答非所问——文不对题】　　　　437
打抱不平——伸张正义】　　　　2042
打草惊蛇——敲山震虎】　　　　1756
打成一片——无有二心】　　　　438
打躬作揖——厥角稽首】　　　　1255
打狗欺主——杀鸡儆猴】　　　　439
打破常规】——收回成命　　　　2158
打情骂俏——搔首弄姿】　　　　440
打入冷宫——置诸高阁】　　　　3120
打太极拳——玩空手道】　　　　2352
打坐参禅——唱经颂佛】　　　　279
打小算盘】——摆花架子　　　　89
大包大揽——全受全归】　　　　441
大本大宗】——仁心仁术　　　　1906
大辩若讷】——长歌当哭　　　　442
大才晚成——急脉缓灸】　　　　1053
大材小用——能者多劳】　　　　443
大彻大悟——不知不觉】　　　　444
大慈大悲】——小恩小惠　　　　2582
大刀阔斧——高掌远跖】　　　　445
大大咧咧——婆婆妈妈】　　　　446

大胆包天】——死心塌地 2207
大道至简——要言不烦】 447
大盗窃国】——小人得势 2587
大德必寿——古道可风】 448
大地回春】——碧天如水 138
大发横财】——坐收渔利 3228
大发雷霆】——不动声色 189
大法小廉】——上行下效 2017
大放厥词】——直抒己见 3101
大风有隧——祸福无门】 449
大腹便便】——饥肠辘辘 1033
大干物议——不得人心】 450
大膏馋吻——中饱私囊】 451
大公无我——直道事人】 452
大功垂成】——胜券在握 2103
大功告成】——胜利在望 2102
大海捞针】——九天揽月 1218
大轰大嗡】——小打小闹 2580
大祸临头】——愁容满面 355
大家风范——小本经营】 453
大家闺秀——金屋娇娘】 454
大驾光临】——鱼轩莅止 2967
大奸似忠——上德若谷 2012
大江东去——沧海横流】 455
大将风度——秀才人情】 456
大惊小怪——长叹短吁】 457
大开眼界——直写胸襟】 458
大快朵颐】——不伤脾胃 206
大浪淘沙】——洪炉点雪 921
大马金刀】——细针密缕 2527
大明法度——再造乾坤】 459
大器晚成】——先天不足 2535
大千世界——不二法门】 460
大人先生】——领袖后进 1414
大仁大义——全知全能】 461
大厦栋梁】——中流砥柱 3123
大伤元气】——抖擞精神 462
大圣不做——至人无为】 463
大时不齐——小节无害 2584
大是大非——小忠小信 2592
大题小作——好事多磨】 464
大庭广众——化日光天】 465
大显神通】——略施小技 1471
大相径庭】——不失黍累 208
大雅之堂】——象牙之塔 2569
大言不惭】——熟视无睹 2177

大言欺人】——厚德载物 927
大言无实——美梦成真】 466
大言无当——铁案如山】 467
大雅君子】——广文先生】 468
大义灭亲】——精忠报国 1206
大音希声】——长袖善舞 276
大有可观】——了无所见 1399
大有径庭】——不分轩轾 192
大有作为】——不同凡响 209
大乐必易——不平则鸣】 469
大展宏图】——共襄盛举 796
大展经纶】——广开言路 845
大张旗鼓——不露锋芒】 470
大张声势——小试锋芒】 471
大做文章】——横生枝节 905

dai

呆里藏乖】——粗中有细 425
呆里撒奸】——深中隐厚 2055
呆若木鸡】——动如脱兔 542
代笔捉刀】——偷梁换柱 2317
代马依风】——犀牛望月 2517
代代相传】——生生不息 2095
代人捉刀】——聚众滋事 1252
代有其人】——史无前例 2136
戴盆望天】——胶柱鼓瑟 1123
戴月披星】——栉风沐雨 3121
戴罪立功】——尽忠拂过 1185
戴高帽子】——吹大法螺】 473
待人接物——询事考言】 472
待价而沽】——择人而事 3039
待时而沽】——应运而出 2932
待字闺中】——承欢膝下 320
带雨梨花】——临风玉树 1402

dan

单刀赴会——只手擎天】 474
单刀直入——独木难支】 475
单鹄寡凫】——离鸾别凤 1355
单身贵族——独胆英雄】 476
单丝不线——孤掌难鸣】 477
丹凤朝阳】——山鸡映水 1995
丹桂飘香】——金风送爽 1150
丹心如故——盛德若愚】 478
丹垩一新——黑白两道 900
丹楹刻桷——画栋雕梁】 479
箪食壶浆】——素丝良马 2221
胆大包天】——眼高于顶 2738

胆大心细——眼高手低】 480
胆力过人】——目光如鼠 1576
胆战心惊】——魂飞魄散 1023
胆壮气粗】——才高行洁 226
胆壮心雄】——气充志定 1712
殚智毕精】——潜心笃志 1745
惮赫千里——抚绥万方 481
澹泊寡欲——刚正无私 482
淡泊明志——和气致祥 483
淡乎寡味——穷极无聊 484
淡水交情】——深文大义 2051
但悦我心——自得其乐 3188

dang

当行出色——创业守成】 485
当仁不让——见义勇为】 486
当头一棒——约法三章】 487
当务之急——不时之需】 488
当之无愧——受宠若惊】 489
谠言嘉论——陈语冗词】 490
党恶佑奸】——招降纳叛 3054
党同伐异——弃伪从真】 491
荡气回肠——赏心悦目】 2009
荡析离居——锒铛入狱 1338

dao

刀光剑影——血雨腥风】 492
刀枪剑戟——锣鼓铙钹】 493
刀头舔蜜——虎口夺食】 494
导德齐礼——发政施仁】 495
倒海翻江】——腾云驾雾 2268
道大莫容】——礼多必诈 1361
道德文章】——纲常名教 739
道貌岸然】——居心险恶 1238
道旁苦李——天下真花】 496
道山学海——义海恩山】 497
道听途说——巷议街谈】 498
道学先生】——德让君子 508
道远知骥——水清无鱼】 499
盗亦有道——富而无骄】 500
盗憎主人】——猫哭老鼠 1496
倒行逆施——上窜下跳】 2010
悼心失图】——束手无策 2182

de

得马失马——骑牛觅牛】 501
得胜回朝】——杀敌致果 1984
得水蛟龙】——朝阳丹凤 286
得天独厚——无地自容】 502

得兔忘蹄】——无鱼作罟 2483
得心应手——随意任情】 503
得意门生】——高足弟子 756
得意忘形】——动心忍性 543
得鱼忘筌】——投鼠忌器 2326
德备才全】——见多识广 1092
德薄才疏】——功高望重 783
德薄能鲜——材高知深】 504
德才兼备】——文武双全 505
德厚流光】——功高盖世 782
德隆望重】——劳苦功高 506
德配天地】——福如海渊 507
德让君子——道学先生 508
德为人表——寿满天年 509
德行天下——情满人间 510
德言容功】——酒色财气 1225
德洋恩普——地负海涵】 511
德艺双馨】——身名俱泰 2038
德音莫违】——佛眼相看 679
德重恩弘】——才高行厚 225

deng

登峰造极——泛浩摩苍】 512
登高必赋——对酒当歌】 513
登龙有术——托足无门】 514
登高望远——温故知新】 515
登高自卑】——无远弗届 2484
登坛拜将】——及第成名 516
灯红酒绿——纸醉金迷】 517
灯火辉煌】——星光灿烂 2627
灯尽油干】——香消玉碎 2553
等量齐观】——相提并论 2561
等米下锅】——捉襟见肘 3172
等闲视之】——敷衍了事 680

di

羝羊触藩】——驽马恋栈 1624
低昂不就——左右俱宜】 518
低首下心】——张牙舞爪 3047
滴水穿石——丸泥封关】 519
涤私愧贪——廉顽立懦 1376
涤瑕荡秽——藏垢纳污】 520
砥节奉公】——博文约礼 174
砥节砺行】——斋心涤虑 3042
砥节守公】——慎身修永 2076
蒂固根深】——枝繁叶茂 3085
地大物博】——民殷国富 1540
地坼天崩】——山呼海啸 1992

地丑德齐】——门当户对	1517	
地角天涯】——山南海北	1997	
地负海涵】——德洋恩普	511	
地广人稀】——天高云淡	2277	
地老天荒】——海枯石烂	863	

dian

颠倒是非】——混淆黑白	1026
颠沛流离】——逍遥自在	2573
点屏成蝇】——画虎类犬	979
点石成金】——抛砖引玉	1641
电闪雷鸣】——风潇雨晦	658

diao

貂裘换酒】——漏脯充饥	521
钓游之地】——鱼米之乡	522
钓誉沽名】——冒功领赏	1498
吊胆提心】——失魂落魄	2104
吊民伐罪】——除暴安良	523
调兵遣将】——鞠旅陈师	524
调虎离山】——引蛇出洞	2916
掉以轻心】——易如反掌	2889

die

跌宕昭彰】——春容大雅	346
迭矩重规】——严刑峻法	2719
喋喋不休】——津津乐道	1175

ding

丁娘十索——孟母三迁】	525
丁一确二——夹七带八】	526
顶针续麻】——拆白道字	262
鼎铛玉石——薪桂米珠】	527
鼎分三足——凤引九雏】	528
鼎食钟鸣】——牛眠龙绕	1616
鼎足三分】——竿头一步	728
定国安邦】——匡时济世	1312

diu

丢卒保车】——惜指失掌	2524

dong

东奔西逃】——高蹈远举	741
东闯西走】——高飞远翔	529
东床娇客——南国佳人】	530
东床快婿——北道主人】	531
东床择对——南户窥郎】	532
东倒西歪】——后合前仰	931
东观续史——前庭悬鱼】	533
东劳西燕——南鹞北鹰】	534
东方千骑——南面百城】	535
东海逝波】——悬河注水	2685

东箭南金】——越罗蜀锦	3008
东门黄犬——西市朝衣】	536
东南西北——春夏秋冬】	537
东山再起——破镜重圆】	538
东食西宿——南航北骑】	539
东市朝衣】——北门管钥	120
东野巴人】——严家饿隶	2716
东野败驾——西台痛哭】	540
冬寒抱冰】——膝痒搔背	2518
冬烘先生】——恺悌君子	1272
冬日夏云】——春风秋月	393
冬温夏清】——昏定晨省	1021
洞鉴古今】——饱谙经史	102
栋梁之才】——湖海之士	942
栋梁之器——辅弼之勋】	541
动如脱兔——呆若木鸡】	542
动心忍性】——得意忘形	543
动摇军心】——脍炙人口	1309
动辄得咎——劳而无功】	544

dou

斗方名士——慧业才人】	545
斗酒百篇】——千金一笑	1724
斗水活鳞】——千金买骨	1721
斗筲之辈——狐鼠之徒】	546
斗重山齐】——海涵地负	861
斗转星移】——寒来暑往	871
抖擞精神】——大伤元气	462
斗鸡走狗——恋酒迷花】	547
斗志昂扬】——精神抖擞	1200
豆蔻年华】——黄金时代	996

du

都鄙有章】——金瓯无缺	1160
独霸一方】——尊无二上	3218
独胆英雄】——单身贵族	476
独当一面——日理万机】	548
独断独行】——野生野长	2789
独断专行】——齐抓共管	1702
独家新闻】——小道消息	2531
独开蹊径——各显神通】	549
独具慧眼——各凭良心】	550
独来独往】——双宿双飞	551
独具匠心】——别开生面	152
独揽大权】——共商国是	795
独领风骚】——别开佳境	151
独木难支】——单刀直入	475
独木桥】——阳光道	2751

独排众议——普济众生】 552
独辟蹊径——别无它图】 553
独清独醒——己溺己饥】 554
独善其身】——孤行己见 811
独善吾身】——孤行己意 812
独善一身】——包医百病 101
独守空房】——不欺暗室 204
独抒杼轴】——自立门户 3190
独无聊赖——自找台阶 555
独行其道】——自坏长城 556
独行其是】——博采众长 557
独一无二——成百上千】 558
独运匠心】——自成机杼 3184
独占鳌头】——平分秋色 1663
独坐愁城】——自寻烦恼 3196
读书三余】——裁锦万里 236
毒蛇猛兽——益鸟珍禽】 559
笃论高言】——澄思渺虑 318
笃信好学—— 困知勉行】 560
睹物怀人】——闻香下马 2424
杜断房谋】——沈诗任笔 2075
杜绝人事——看破红尘】 561
杜口绝言】——开心写意 1271
妒能害贤】——恶不去善 2512
肚生荆棘】——腹有鳞甲 722
蠹政害民】——安邦治国 16
度日如年】——忧心若醉 2940

duan
短寿促命——愧天怍人】 562
断鳌立极——炼石补天】 563
断发文身】——染须种齿 1866
断港绝潢——穷途末路 1822
断更飘蓬——深根固柢 2044
断鹤续凫】——移花接木 2865
断简残编】—— 余膏剩馥 2976
断井颓垣】——残山剩水 240
断头将军】——入铁主簿 1938
断章取义——略迹原情】 564

dui
堆金积玉——抱宝怀珍】 565
对床听雨——拨草瞻风】 566
对酒当歌】——登高必赋 513
对牛弹琴】——为虎傅翼 2402

dun
敦本务实——抱诚守真】 567
敦风厉俗——正本清源 568

敦诗说礼——传道穷经】 569
顿开茅塞——指点迷津】 570
钝刀切物——浑水摸鱼】 571

duo
多病多愁】——无情无绪 2462
多才多艺——敢作敢为 572
多才为累——明德惟馨】 573
多愁善感——讳疾忌医】 574
多财善贾——高枕无忧】 575
多彩多姿】——有腔有调 2949
多藏厚亡——宁缺毋滥 1614
多福多寿——成名成家】 576
多难兴邦——殷忧启圣 2906
多情多义——克逮克容】 577
多识君子——薄命佳人】 578
多事多患——卜宅卜邻】 579
多事之秋】——无人之境 2467
多文为富——百巧成穷】 580
多疑无决】——屡教不改 1467
多艺多才】——无情无义 2463
多子多孙】——无家无室 2455
多嘴饶舌】——少言寡语 2024
咄咄逼人】——惺惺作态 2631
夺席谈经】——无车弹铗 2448
掇菁撷华】——秉要执本 172
掇臀捧屁——拍马溜须】 581
度德而让——择善而从】 582
度德量力——甄才品能】 583

E e
婀娜多姿】——婆娑起舞 1669
蛾眉螓首——日角珠庭】 584
蛾眉蝉鬓——杏脸桃腮】 585
恶声狼藉】——丑态毕露 357
恶语伤人】——妖言惑众 2772
恶语中伤】——微文深诋 2385
饿虎饥鹰】——凶神恶煞 2661

en
恩爱夫妻】——孔怀兄弟 1296
恩多成怨——才广妨身】 586
恩恩怨怨——爱爱仇仇】 587
恩高义厚——苦大仇深】 588
恩将仇报】——利令智昏 589
恩若再生】——缘悭一面 3002
恩深似海——义重如山】 590
恩威并用——宠辱不惊】 591

恩有重报——贵无常尊】	592
恩重泰山】——情深潭水	1812
恩重如山】——情深似海	1811

er

儿女情长】——英雄气短	2921
耳濡目染——身体力行】	593
耳听八方】——眼观六路	2739
耳闻目睹——口诵心惟】	594
尔俸尔禄】——民脂民膏	595
尔虞我诈】——男盗女娼	596
二碑记功】——一鼓作气	2809
二分明月——三叠阳关】	597
二惠竞爽——百家争鸣】	598
二龙戏珠——百鸟朝凤	81
二竖为灾】——三曹对案	1944
二桃三士——一箭双雕】	599
二姓之好——百年之欢】	600

F **fa**

发愤图强】——鞠躬尽瘁	1240
发号施令——乞哀告怜】	601
发名成业——乐事劝功】	602
发政施仁】——导德齐礼	495
乏善可陈】——有闻必录	2959
伐功矜能——弄性尚气】	1621
罚无及嗣——赏不逾时】	603
法不阿贵——力能胜贫】	604
发指眦裂——心平气和】	605

fan

翻脸无情】——问心有愧	2431
繁花似锦——绿草如茵】	606
烦法细文】——苛捐杂税	1278
反败为胜——推亡固存】	607
反哺报亲】——画荻教子	978
反唇相讥——侧目而视	258
反腐倡廉——黜奢崇俭】	358
反攻倒算——善罢甘休】	608
反经从权】——奉令承教	674
反经达权】——实事求是	2119
反经行权】——开物成务	1270
反客为主——以偏概全】	609
反面文章——糖衣炮弹】	2259
反目成仇】——化敌为友	972
反璞归真】——弄虚作假	1622
反裘负薪】——背奥媚灶	123
返老还童】——回黄转绿	1010

返朴还淳】——拘奇抉异	1241
返朴还真】——造微入妙	3035
泛泛而谈】——喃喃自语	1586
泛泛其词】——硁硁之见	1289
泛浩摩苍】——登峰造极	512
饭蔬饮水——数米量柴】	610

fang

方桃譬李——似玉如花】	611
方兴未艾】——层出不穷	612
芳兰竟体——香气袭人】	613
芳年华月——吉日良辰】	614
放虎归山】——引狼入室	2915
放浪形骸】——附庸风雅	715
放枭囚凤——拒虎进狼】	615
放情丘壑——驰志伊吾】	616

fei

非李非桃】——亦师亦友	2891
非驴非马——不古不今】	617
非人不传】——孺子可教	1935
非我春秋】——误人子弟	2510
非我莫属】——干卿何事	731
非我族类】——入吾彀中	618
非愚则诬】——无私有弊	2472
飞刍挽粟——遣将调兵】	619
飞短流长】——捕风捉影	183
飞蛾扑火——穷鸟触笼】	620
飞觥走斝——弄盏传杯】	621
飞龙在天】——老骥伏枥	1341
飞鸟出林】——惊蛇入草	1192
飞文染翰——奋笔直书】	622
飞熊入梦——玉燕投怀】	623
飞眼传情——扬眉吐气	2752
飞絮随风——良禽择木】	1382
飞扬跋扈——暴戾恣睢】	624
肥头大耳——空腹高心】	625
匪石匪席——佩韦佩弦】	626
吠影吠声】——听风听水	2296
废话连篇】——云霞满纸	3015
废寝忘餐】——呕心沥血	1627

fen

分道扬镳】——割袍断义	760
分化瓦解——纵横捭阖】	627
分门别类——按部就班】	628
分庭抗礼——同室操戈】	629
分我杯羹】——傍人门户	98
分文不取——寸利必得】	630

分形连气——割席断交】	631
纷纷拥拥】——浩浩荡荡	885
焚膏继晷——凿壁偷光】	632
焚书坑儒】——开科取士	1263
焚香顶礼——牧豕听经】	633
焚香列鼎——馔玉炊金】	634
粉白珠圆】——冰清玉洁	161
粉墨登台】——斯文扫地	2200
粉饰太平】——补苴罅漏	181
奋笔直书】——飞文染翰	622
奋身独步——比翼双飞】	635
奋武扬威】——弄文逞巧	1620
奋勇当先】——励精更始	1372
奋勇争先】——励精图进	1373
愤世嫉俗——伤春悲秋】	636

feng

封侯万里——垂范千秋】	637
封疆大吏——开国元勋】	638
封妻荫子——耀祖光宗】	639
丰标不凡】——功德无量	779
丰城剑气——燕市悲歌】	640
丰功伟绩——鸿业远图】	641
丰功懿德——茂实英声】	642
丰亨豫大——福寿康宁】	643
丰神绰约——玉翼婵娟】	644
风姿绰约——衰态龙钟】	645
风成化习——福过为灾】	646
风吹云散——雨过天青】	647
风光旖旎——春意盎然】	648
风和日丽——天朗气清】	649
风花雪月——柴米油盐	650
风华绝代——才气过人】	651
风华正茂——血气方刚】	652
风卷残云】——光膺旧物	841
风里杨花——色中饿鬼】	1980
风流才子——文弱书生】	653
风流韵事——云梦闲情】	654
风马云车】——琪花玉树	1689
风靡一时】——山呼万岁	1993
风平浪静——雾破云开】	655
风清月朗——酒酽花浓】	656
风声鹤唳——篝火狐鸣】	657
风潇雨晦——电闪雷鸣】	658
风雅名士——烟波钓徒】	659
风雨故人】——白云亲舍	63
风雨飘摇】——山河破碎	1990

风雨同舟】——安危与共	23
风月常新】——青春不再	1773
风月主人】——琼筵醉客	1827
风云变幻——雷电交加】	660
风云变色——日月无光】	661
风云际会——萍水相逢】	662
风云人物——草泽英雄】	663
风中秉烛——雪上加霜】	664
风中残烛】——雨后春笋	2985
风烛草露——浮云轻烟】	665
烽火连天】——旌旗蔽日	1207
蜂虿有毒——玉厄无当	2988
蜂缠蝶恋——燕妒莺惭】	666
蜂出泉流——景从云集】	2931
蜂蝶随香——苍蝇逐臭】	248
蜂目豺声——虎头蛇尾】	950
锋发韵流——文从字顺】	2411
锋芒逼人】——光彩夺目	833
冯唐易老——李广难封】	667
逢场作戏——入乡随俗】	668
逢人说项——拣佛烧香】	669
逢山开道——遇水架桥】	670
逢凶化吉——遇难成祥】	671
奉道斋僧——装神弄鬼	3166
奉公如法——勤政爱民】	672
奉公守法——约己爱民】	673
奉令承教——反经从权】	674
奉若神明】——视同儿戏	2152
奉行故事——墨守成规】	675
凤骨龙姿】——龟年鹤寿	849
凤凰来仪】——燕雀相贺	2746
凤凰涅槃】——日月逾迈	1922
凤凰于飞】——鸿鹄将至	919
凤凰在笯】——燕雀处屋	2745
凤毛鸡胆——羊质虎皮】	676
凤毛济美——麟趾呈祥】	677
凤鸣朝阳】——鱼纵大壑	2969
凤引九雏】——鼎分三足	528
凤友鸾交】——狐群狗党	948
凤蠹龙蟠】——驴鸣狗吠	1460
凤蠹龙翔】——莺歌燕舞	2924
凤子龙孙】——木公金母	1571

fo

佛口蛇心】——羊头狗肉	2762
佛口圣心】——奴颜婢膝	1623
佛面刮金】——班门弄斧	92

佛头著粪——牛角挂书】	678
佛性禅心】——侠肝义胆	2531
佛眼佛心】——公才公望	774
佛眼相看——德音莫违】	679
佛旨纶音】——金科玉律	1156

fu

敷衍了事——等闲视之】	680
夫唱妇随——男欢女爱】	1579
夫贵妻荣——郎才女貌】	1332
夫妻反目——母子连心】	681
夫荣妻贵——父紫儿朱】	682
夫子自道——文人相轻】	683
扶孤助贫】——爱老慈幼	10
扶危济困——惜老怜贫】	684
扶摇直上——鸿鹄高翔】	685
福大命大——时乖运乖】	686
福地洞天】——仙山琼阁	2539
福过为灾】——风成化习	646
福禄双全——人财两得】	1871
福满人间——春回大地】	397
福如东海——寿比南山】	687
福如海渊】——德配天地	507
福如山岳——寿越期颐】	688
福生于微】——难作于易	1589
福寿康宁——丰亨豫大】	643
福寿绵绵】——吉祥止止	1062
福寿年高——运开时泰】	3022
福寿齐天】——功名盖世	787
福寿双全——身心俱泰】	2040
福孙荫子——耀祖荣宗】	689
福为祸始——祸作福阶】	690
福无十全】——富有四海	707
福无双至——祸不单行】	691
福星高照——紫气东来】	692
福由心造——兴以情迁】	693
福至心灵——祸来神昧】	1028
芙蓉并蒂——鸾凤和鸣】	694
芙蓉出水——葵藿倾阳】	695
浮光掠影——走马观花】	696
浮生若寄——甘死如饴】	697
浮生若梦——苦海无边】	698
浮屠老子——造化小儿】	699
浮云蔽日——星火燎原】	700
浮云轻烟】——风烛草露	665
浮云朝露——流水落花】	701
伏虎降龙】——拔犀擢象	58

拂袖而去——降心相从】	702
服冕乘轩】——纡青拖紫	2961
服田力穑——下海经商】	703
俯首帖耳——摧眉折腰】	704
辅弼之勋】——栋梁之器	541
抚今追昔——忆苦思甜】	705
抚绥万方】——惮赫千里	481
抚胸呼天】——击壤鼓腹	1032
釜底抽薪】——火中取栗	1029
釜底游魂】——冢中枯骨	3139
富而不仁】——寿则多辱	2167
富而无骄】——盗亦有道	500
富贵逼人】——吉祥如意	1060
富贵浮云】——红尘客梦	912
富贵满堂】——寿元无量	2166
富贵在天】——死生由命	2205
富国安民】——揆文奋武	1319
富国强兵】——仁民爱物	1907
富甲一方】——家徒四壁	1071
富埒陶白——寿同松乔】	706
富有四海——福无十全】	707
负衡据鼎——揽辔登车】	708
负笈从师】——移樽就教	2868
负荆请罪——摇尾乞怜】	709
负山戴岳——拔地倚天】	710
负薪救火——使酒解酲】	711
负隅顽抗——临阵脱逃】	712
负重致远——驾轻就熟】	713
付之东流】——束之高阁	2184
附耳密谈】——开诚相见	1262
附骥攀鸿】——抛鸾拆凤	1640
附膻逐臭——摘艳薰香】	714
附庸风雅——放浪形骸】	715
父慈子孝——君圣臣贤】	716
父老乡亲】——街坊邻里	1129
父欠子还】——兄终弟及	2663
父为子隐——妖由人兴】	717
父紫儿朱】——夫荣妻贵	682
妇姑勃谿——兄弟阋墙】	718
妇随夫唱——女扮男装】	719
妇言是用——宾至如归】	720
妇有长舌——军无戏言】	721
腹背受敌——齿牙为祸】	334
腹坦东床——寿终正寝】	2168
腹有良谋——胸无大志】	2653
腹有鳞甲——肚生荆棘】	722

覆巢毁卵——抱蔓摘瓜】 723

傅粉施朱】——披红挂彩 1648

G gai

改步改玉——濯足濯缨】 724

改过作新】——立功受赏 1367

改过自新】——移情别恋 2867

改头换面——隐姓埋名】 725

改邪归正——弃旧图新】 726

改元正位——纳贡称臣】 727

gan

竿头一步——鼎足三分】 728

干柴烈火——槁木寒灰】 729

干戈满目——草木皆兵】 730

干卿何事——非我莫属】 731

甘拜下风】——更无长物 772

甘分随时】——节哀顺变 1134

甘分随缘】——安贫乐道 21

甘瓜苦蒂——白璧微瑕】 732

甘苦与共——休戚相关】 733

甘露法雨——凯风寒泉】 734

甘泉必竭】——流水不腐 1421

甘死如饴——浮生若寄 697

甘棠遗爱——红叶传情】 735

甘雨随车——青云得意 1786

肝心涂地——手眼通天】 736

敢为人先】——羞以牛后 2667

感情用事——盛气凌人】 737

感篆五中】——涎流三尺 2547

敢作敢为】——多才多艺 572

gang

刚柔相济——软硬兼施】 738

刚正无私】——澹泊寡欲 482

纲常名教——道德文章】 739

纲纪四方】——本支百世 126

扛鼎拔山】——擎天架海 1809

gao

高步通衢】——略窥门径 1470

高步云衢】——已登道岸 2881

高才博学——浅见寡闻】 740

高唱入云】——自鸣得意 3192

高蹈远举】——东奔西逃 741

高低不就——上下交征】 742

高低贵贱——贫富贤愚】 743

高飞远翔】——东闯西走 529

高风亮节——美德善行】 744

高高在上——赫赫有名】 745

高节清风】——宏才大略 915

高睨大谈】——老谋深算 1344

高朋故戚——旧雨新知】 746

高朋满座——胜友如云】 747

高人雅致——君子慎独】 748

高人一筹】——长命百岁 273

高山景行】——金相玉质 1169

高山流水——春树暮云】 749

高视阔步——直情径行】 750

高抬贵手——饱飨老拳】 751

高文典册——铁券丹书】 752

高文宏议——远见卓识】 753

高屋建瓴】——泰山压顶 2240

高义薄云】——奇功盖世 1704

高瞻远瞩——博学洽闻】 754

高掌远跖】——大刀阔斧 445

高枕无事——奥援有灵】 755

高枕无忧】——多财善贾 575

高足弟子——得意门生】 756

膏粱年少——势利小人】 757

膏粱之子——酒色之徒】 758

膏泽斯民】——鱼肉百姓 2964

槁木寒灰】——干柴烈火 729

槁木死灰】——生龙活虎 2094

ge

歌声绕梁】——笔力扛鼎 128

歌台舞榭】——柳巷花街 759

割地称臣】——丧权辱国 1977

割袍断义】——分道扬镳 760

割席断交】——分形连气 631

格高意远——体大思精】 761

格格不入】——脉脉相通 762

格物致知】——循名责实 2708

革故鼎新】——救时厉俗 1229

革面洗心】——脱胎换骨 2345

革命创制——招魂扬幡】 766

隔岸观火】——过河拆桥 763

隔墙有耳】——出岫无心 764

隔靴搔痒——掩耳盗铃】 765

各安生业——自作主张】 767

各奔前程】——相逢狭路 2556

各显神通】——独开蹊径 549

各凭良心】——独具慧眼 550

各有千秋】——自成一格 3187

gen

根深蒂固——枝附叶连】	768
根深叶茂——源浚流长】	769

geng

更深人静——日暮途穷】	770
耕夫让畔——贫女分光】	771
耿耿于怀】——殷殷垂念	2905
耿耿于心】——昭昭在目	3056
耿耿忠心】——铮铮铁骨	3076
更无长物——甘拜下风】	772

gong

恭喜发财】——称觞上寿	302
公门桃李——人镜芙蓉】	773
公才公望——佛眼佛心】	774
公私两济——名利双收】	775
公道难明】——美言不信	1516
公听并观】——明察暗访	1541
公正无私——清廉守志	1805
公之于众——取信于民】	776
公子王孙】——皇亲国戚	1002
功败垂成】——学无止境	2694
功标青史——名列前茅】	777
功参造化——巧夺天工】	778
功德兼隆】——声威大震	2086
功德无量——丰标不凡】	779
功成不居】——才大难用	221
功成身退——鸟尽弓藏】	780
功垂竹帛——冠绝古今】	781
功高盖世——德厚流光】	782
功高望重——德薄才疏】	783
功高震主——树大招风】	784
功均天地——名覆金瓯】	785
功亏一篑——力敌千钧】	786
功名盖世——福寿齐天】	787
功勋卓著——罪恶昭彰】	788
攻城略地——扫穴犁庭】	789
躬逢盛事——自致青云】	790
躬逢盛饯——自铸伟辞】	791
躬擐甲胄——身先士卒】	792
躬行节俭——自命清高】	793
共存共荣】——相克相济	2559
共济时艰】——广开才路	843
共济世业——广开财源】	794
共商国是——独揽大权】	795
共襄盛举——大展宏图】	796
共枝别干——异曲同工】	797
供过于求】——人浮于事	1878

gou

钩深致远——原始要终】	798
钩玄猎秘——抉奥阐幽】	799
篝火狐鸣】——风声鹤唳	657
苟且偷安】——及时行乐	1057
苟延残喘——颐养天年】	800
狗党狐群】——鸿俦鹤侣	916
狗苟蝇营】——龙蟠凤逸	1439
狗拿耗子——羊踏菜园】	801
狗烹弓藏】——鱼死网破	2965
狗头军师】——歪嘴和尚	2350
狗尾续貂】——苍蝇附骥	246
狗续貂尾——鸡栖凤巢】	802
狗仗人势——狐假虎威】	803

gu

孤标傲世——贫贱骄人】	804
孤臣孽子——志士仁人】	805
孤芳自赏——硕果独存】	806
孤峰绝岸——峭壁悬崖】	807
孤魂野鬼——笼鸟池鱼】	808
孤军深入——驷马难追】	809
孤秦陋宋——臭汉脏唐】	810
孤行己见——独善其身】	811
孤行己意——独善吾身】	812
孤悬浮寄——特立独行】	813
孤掌难鸣】——单丝不线	477
孤舟独桨——匹马单枪】	814
辜恩负德】——背信弃义	124
股肱之力——鹰犬之才】	815
鼓腹讴歌】——开怀畅饮	1264
鼓腹而游】——曲肱而枕	1844
鼓鼓囊囊】——洋洋洒洒	2763
古道可风】——大德必寿	448
古道热肠】——清风亮节	1800
古调独弹】——奇文共赏	1705
古井无波】——悬河泻水	2383
古貌古心】——快人快语	1308
古色古香】——美轮美奂	1512
古树虬枝】——枯荷败叶	1303
古往今来】——天回地转	2280
古韵今风】——南腔北调	1583
谷贱伤农】——才多为患	223
骨瘦如柴】——身轻似叶	2037
故步自封】——吉人天相	1059
故弄玄虚】——不着边际	219
故人之意——赤子之心】	816

故家乔木——空谷幽兰】 817
故态复萌】——回光返照 1009
故土难离】——新亭对泣 2601
故作高深】——虚张声势 2678
顾虑重重】——小心翼翼 2591
顾名思义——触景生情 818
顾影自怜】——噬脐莫及 2154
固若金汤】——坚如磐石 1082

gua

瓜瓞绵绵】——人才济济 1872
瓜熟蒂落】——水到渠成 819
刮骨疗毒】——吹毛求疵 820
刮目相看——洗心自新】 821
寡见鲜闻】——遮听遮视 2271
剐肉剔骨】——剥皮抽筋】 822
挂官归隐——投笔从戎】 823

guan

观过知仁】——离经辨志 1353
官逼民反】——主圣臣良】 824
官多为患】——雁过拔毛】 825
官法如炉】——侯门似海 926
官清法正——本固邦宁】 826
官官相护】——事事躬亲 827
官样文书】——空头支票 1293
官样文章】——例行公事 1375
官运亨通】——前程远大 1738
关仓遇桀】——积草屯粮 828
关情脉脉】——怒气冲冲 829
冠盖云集】——桁杨相望 909
冠冕堂皇】——花枝招展 969
管鲍分金】——孙庞斗智 2232
管鲍之交】——秦晋之好 1766
管鲍之谊】——朱陈之好 3148
管窥蛙见】——蝇利蜗名】 830
管中窥豹】——雾里看花 831
冠绝古今】——功垂竹帛 781
灌夫骂座】——鲁女泣荆 832
贯甲提兵】——荷枪实弹 896

guang

光彩夺目】——锋芒逼人】 833
光彩照人】——精诚贯日 1196
光风霁月】——瑞彩祥云】 834
光明磊落】——阴险狡猾】 835
光明正大】——隐晦曲折】 836
光前耀后】——空古绝今】 837
光前裕后——震古烁今】 838

光天化日——月夜花朝】 839
光阴似箭——日月如梭】 840
光膺旧物——风卷残云】 841
广寒仙子——秋水伊人】 842
广结良缘】——避让贤路 142
广开才路——共济时艰】 843
广开财源】——共济世业 794
广开贤路——尽入彀中】 844
广开言路——大展经纶】 845
广厦高堂】——深宅大院 2053
广厦千间】——闲愁万种 2540
广文先生】——大雅君子 468

gui

归老林泉】——寄情诗酒 1069
归全反真】——爱素好古 15
归心似箭——望眼欲穿】 846
龟鹤遐龄】——桑榆晚景 1973
龟冷支床】——骥衰伏枥 1065
龟毛兔角——鱼质龙文】 847
龟龙片甲】——麟凤一毛 848
龟年鹤寿】——凤骨龙姿 849
龟厌不告】——心诚则灵 850
鬼斧神工】——灵丹妙药 1408
鬼鬼祟祟——偷偷摸摸】 851
鬼瞰高明】——神通广大 2071
鬼哭狼嚎】——鹊笑鸠舞 1859
鬼哭神愁】——天怒人怨 2286
鬼门占卦——天命有归】 852
鬼迷心窍——病入膏肓】 853
鬼神可鉴——笔楮难穷】 854
诡计多端】——谤书一箧 99
诡衔窃辔】——易辙改辕】 855
桂殿兰宫】——蓬门荜户 1644
桂馥兰香】——珠辉玉映 3150
桂馥兰馨】——竹苞松茂 3154
桂酒椒浆】——莼羹鲈脍 410
桂折一枝】——杨穿三叶 2758
桂子兰孙】——椿庭萱室 407
贵德贱兵】——轻财好士 1794
贵农贱商】——重本抑末 3143
贵人贱己】——尊己卑人 856
贵人善忘】——博者不知 857
贵无常尊】——恩有重报 592
贵阴贱璧】——重义轻财 858
贵则易交】——贫而无谄 1661

gun

袞袞诸公】——莘莘学子　2057

guo

国步多艰】——人生苦短　1889
国而忘家】——嫠不恤纬　1352
国富民丰】——兵强马壮　170
国恨家仇】——天灾人祸　2289
国破家亡】——兵荒马乱　165
国士无双】——英才盖世　2919
国事蜩螗】——民生凋敝　1538
国泰民安】——河清海晏　894
国贼禄鬼】——土豪劣绅　859
裹足不前】——束手坐视　2181
过河拆桥】——隔岸观火　763
过河卒子】——开路先锋　860
过盛必衰】——居高不下　1232
过隙白驹】——出林乳虎　361
过眼云烟】——无边风月　2445

H

hai

海底捞针】——瓮中捉鳖　2434
海涵地负】——斗重山齐　861
海怀霞想】——水送山迎　862
海枯石烂】——地老天荒　863
海阔天空】——山遥水远　1999
海纳百川】——网开一面　2367
海市蜃楼】——镜花水月　1212
海外奇谈】——齐东野语　1696
海屋添筹】——麻姑献寿　1480
海中捞月】——沙里淘金　864
害人害己】——利国利民　865
骇浪惊涛】——狂风暴雨　1313

han

酣畅淋漓】——铺张扬厉　1674
憨态可掬】——盛情难却　2099
含苞待放】——守节不移　866
含菁咀华】——见素抱朴　1097
含仁怀义】——抱德炀和　867
含沙射影】——借古讽今　868
含笑九泉】——扬名四海　2753
含血喷人】——瞒心昧己　1489
含血吮疮】——剪须和药　1088
含饴弄孙】——数典忘祖　2178
含英咀华】——醉酒饱德　3212
含章挺生】——怀诈饰智　984
寒窗十载】——面壁九年　869
寒花晚节】——仙李蟠根　870

寒来暑往】——斗转星移　871
韩寿偷香】——潘安掷果　1630
撼地摇天】——拔山扛鼎　56
汉皋解佩】——河洛出图　872
汉官威仪】——胡服骑射　939
汗马之功】——黔驴之技　1747
汗颜无地】——色胆迷天　873
旱苗得雨】——枯木逢春　874

hang

行家里手】——达士通人　875

hao

毫无二致】——略胜一筹　876
豪情满怀】——热泪盈眶　1869
豪情逸致】——义胆忠肝　877
豪情壮志】——赤胆忠心　878
好好先生】——谦谦君子　1733
好景不长】——盛筵难再　2100
好离好散】——难舍难分　379
好梦难圆】——盛筵易散　2101
好事多磨】——大题小作　464
好事多悭】——危机四伏　2380
好事多阻】——善门难开　880
好戏连台】——笙歌彻夜　2088
好心好报】——自业自得　881
好出风头】——耻居人后　336
好大喜功】——标新立异　149
好丹非素】——恨紫怨红　882
好高骛远】——贪大求全　883
好施乐善】——积德累仁　884
好为人师】——耻与哙伍　340
好逸恶劳】——贪生怕死　2243
浩浩荡荡】——纷纷拥拥　885
浩气长存】——阴魂不散　2899
浩如烟海】——寥若晨星　886

he

呵佛骂祖】——悲天悯人　887
和蔼可亲】——凛然难犯　1407
和璧隋珠】——琪花瑶草　1688
和风细雨】——烈火轰雷　888
和光同尘】——避世绝俗　143
和气生财】——矫情镇物　1125
和气致祥】——淡泊明志　483
和颜悦色】——苦口婆心　889
和衷共济】——比翼齐飞　890
合璧连珠】——乘鸾跨凤　316
合浦珠还】——汶阳田反　2433

河奔海聚——云涌风飞】 891
河东狮吼——匣里龙吟】 892
河梁携手——茶饭无心】 893
河洛出图】——汉皋解佩 872
河清海晏——国泰民安】 894
何德何能】——无知无识 2487
何郎傅粉——美女簪花】 895
何去何从】——土生土长 2333
荷枪实弹——贯甲提兵】 896
赫赫巍巍】——堂堂正正 2256
赫赫有名】——高高在上 745
鹤发松姿】——花容玉貌 960
鹤归华表——龙驭上宾】 897
鹤归辽海——虎落平阳】 898
鹤唳猿啼——龙吟虎啸】 1450
鹤寿千年——鹏霄万里】 1646
鹤寿千岁——鹏抟九天】 899
涸鱼得水——魏鹊无枝】 901

hei
黑白分明】——苍黄翻复 244
黑白两道——丹垩一新】 900

hen
恨如芳草——敬若神明】 902
恨紫怨红——好丹非素 882

heng
横冲直撞——胡作非为】 903
横眉冷对——侧耳倾听】 904
横生枝节——大做文章】 905
横行介士——常胜将军】 906
横行无忌——直道守节】 907
横征暴敛——巧取豪夺】 908
桁杨相望——冠盖云集】 909

hong
轰轰烈烈——冷冷清清】 910
红尘滚滚——苦海茫茫】 911
红尘客梦——富贵浮云】 912
红尘紫陌——白马素车】 913
红豆相思】——白头偕老 61
红日三竿——春宵一刻 406
红杏出墙】——青梅如豆 1777
红袖添香】——青衣行酒 1784
红叶传情——甘棠遗爱 735
红叶题诗——赤绳系足 342
红装素裹——软玉温香】 914
宏才大略——高节清风】 915
鸿案相庄】——鹿车共挽 1454

鸿俦鹤侣——狗党狐群】 916
鸿都买第——暮夜怀金】 917
鸿鹄高翔】——扶摇直上 685
鸿商富贾——硕学通儒】 918
鸿鹄将至——凤凰于飞】 919
鸿鹄之志】——虎狼之威】 920
鸿业远图】——丰功伟绩 641
鸿运大发】——吉星高照 1063
洪福齐天】——雄才盖世 2665
洪炉点雪——大浪淘沙】 921
烘云托月——加叶添枝】 922
洪乔掷水——黄耳传书】 923
洪水猛兽——景星凤皇】 924

hou
喉清韵雅——字正腔圆】 925
喉舌之官】——爪牙之士 3057
侯门似海——官法如炉】 926
厚德载物——大言欺人】 927
厚积薄发——深思熟详】 928
厚今薄古——颂古非今】 929
厚禄重荣】——轻裘肥马 1795
厚貌深情】——微言大义 2386
厚往薄来】——争先恐后 3075
厚颜无耻——降志辱身】 930
厚重少文】——宽宏大量 1310
后发制人】——先入为主 2534
后顾之忧】——难言之隐 1588
后果前因】——来龙去脉 1324
后合前仰——东倒西歪】 931
后会有期】——相知恨晚 2564
后继无人】——相形见绌 2562
后继有人】——相沿成俗 2563
后来佳器——前度刘郎】 932
后来居上——先发制人】 933
后生可畏——老大徒伤】 934
后台老板——市井小人】 935
后院起火——前徒倒戈】 936

hu
呼风唤雨——镂月裁云】 937
呼朋唤友——别妇抛雏】 938
胡服骑射】——汉官威仪 939
胡搅蛮缠——死乞白赖】 2204
胡越同舟】——中西合璧 3127
胡作非为】——横冲直撞 903
囫囵吞枣——率尔操觚】 940
湖光山色——柳影花阴】 941

湖海之士——栋梁之才】	942	花鸟虫鱼】——琴棋书画	1764
瑚琏之器——社稷之臣】	943	花拳绣腿——火眼金睛】	959
壶里乾坤】——空中楼阁	1295	花容玉貌——鹤发松姿】	960
壶中天地——梦里南柯】	944	花容月貌——玉骨冰肌】	931
壶中日月——袖里乾坤】	945	花前月下——濮上桑间】	932
狐假虎威——狗仗人势】	803	花生满路——叶落归秋】	963
狐狸尾巴——老虎屁股】	1340	花添锦上——玉毁椟中】	964
狐媚惑主——鸢飞戾天】	946	花天酒地——车水马龙】	965
狐媚猿攀——狼贪鼠窃】	1333	花团锦簇——翠绕珠围】	966
狐凭鼠伏——虎踞龙盘】	947	花香鸟语——柳颤莺娇】	967
狐群狗党——凤友鸾交】	948	花信季节——及笄年华】	968
狐鼠之徒——斗筲之辈】	546	花枝招展——冠冕堂皇】	969
鹄面鸠形——龙眉凤目】	1437	花烛夫妻】——香烟兄弟	2554
鹄峙鸾翔——龙飞凤舞】	1434	哗众取宠——假公济私】	970
虎背熊腰——獐头鼠目】	3046	哗世取名——积功兴业】	1037
虎党狐侪——诗朋酒友】	2109	化被万方——网开三面】	2366
虎踞龙盘——狐凭鼠伏】	947	化鸥为凤——撒豆成兵】	971
虎口拔牙——龙头锯角】	1447	化敌为友——反目成仇】	972
虎口夺食——刀头舔蜜】	494	化民成俗——为虎作伥】	973
虎狼之威——鸿鹄之志】	920	化日光天——大庭广众】	465
虎落平川——龙归大海】	1435	化若偃草——学如登山】	974
虎落平原——鱼游沸鼎】	2966	化为泡影——力挽颓波】	975
虎落平阳——鹤归辽海】	898	化枭为鸠——琢玉成器】	3175
虎视眈眈——野心勃勃】	2790	化险为夷——积忧成疾】	1040
虎视鹰扬——龙骧麟振】	1448	化性起伪——破觚为圆】	976
虎兕出柙——蛟龙得水】	1120	化整为零——删繁就简】	2004
虎体熊腰——龙眉豹颈】	1436	画饼充饥——望梅止渴】	2370
虎头蛇尾——蜂目豺声】	950	画地为牢——上天无路】	2016
虎尾春冰——盲人瞎马】	1492	画栋雕梁——丹楹刻桷】	479
虎啸风生——龙腾云起】	1445	画蛇添足——买马配鞍】	977
唬鬼瞒神——欺天罔地】	1686	画荻教子——反哺报亲】	978
互敬互爱——相须相成】	951	画虎类犬——点屏成蝇】	979
互慰互勉——相资相成】	952	画龙点睛——与虎添翼】	2979
户列簪缨——家无绮缩】	1072	画卵雕薪——镂尘吹影】	1453
户枢不蠹——髀肉复生】	949	画意诗情——茶香墨韵】	260
怙恶不悛——居功自恃】	1234	画苑冠冕——文章宗工】	980
hua		华封三祝——天保九如】	981
花萼相辉——薰莸杂处】	2701	话中带刺——笑里藏刀】	982
花飞蝶舞——柳绿桃红】	953	**huai**	
花好月圆——珠联璧合】	3151	怀才不遇——有志难酬】	983
花花世界——朗朗乾坤】	954	怀道迷邦——假途灭虢】	1076
花间四友——竹外一枝】	955	怀瑾握瑜——饮冰茹檗】	2913
花娇柳媚——云淡风轻】	956	怀诈饰智——含章挺生】	984
花街柳巷——楚馆秦楼】	957	怀真抱素——孕大含深】	985
花开富贵——竹报平安】	958	怀珠韫玉——抱表寝绳】	986
花貌雪肤】——冰肌玉骨	160	坏塘取龟】——掘室求鼠	1257

huan
欢苗爱叶——雨意云情】 987
欢声雷动——谈笑风生】 988
欢天喜地——闷海愁山】 989
欢喜冤家】——荣谐伉俪 1925
还我河山】——救民水火 1227
还珠返璧——失马亡羊】 990
焕发青春】——未除豪气 2407
擐甲披袍】——裂冠毁冕 1401
患至呼天】——衣来伸手 2861
huang
荒时暴月——饥岁凶年】 991
黄道吉日——景星庆云】 992
黄耳传书】——洪乔掷水 923
黄花闺女——香草美人】 993
黄金失色——顽铁生辉】 994
黄金铸象——青史留名】 995
黄金时代——豆蔻年华】 996
黄粱美梦——狼子野心】 997
黄人守日——长剑倚天】 998
黄童白叟——绿女红男】 999
黄杨厄闰——枯树逢春】 1000
黄钟瓦釜——玉树蒹葭】 1001
皇亲国戚——公子王孙】 1002
黄袍加身】——金印系肘 1168
黄卷青灯】——萤窗雪案 2930
hui
挥斥八极——协和万邦】 1003
挥戈退日——触手成春】 1004
挥汗如雨——运斤成风】 1005
挥毫落纸——信口开河】 1006
挥剑成河】——抽刀断水 352
挥金如土——欬唾成珠】 1007
辉煌夺目——悃愊无华】 1008
回光返照——故态复萌】 1009
回黄转绿——返老还童】 1010
回天乏术——入地无门】 1011
回天再造——卷土重来】 1012
回天之力——亡国之音】 1013
回头是岸——昂首望天】 1014
回味无穷】——垂涎欲滴 267
回文织锦——煮字疗饥】 1015
毁家纾难——植党营私】 1016
悔读南华】——耻言人过 339
荟萃一堂】——包罗万象 100
慧心巧思】——粗手笨脚 423
慧眼识珠】——宅心知训 3043
慧业才人】——斗方名士 545
秽德垢行】——休声美誉 2670
晦迹韬光】——藏形匿影 252
诲人不倦——克己自责】 1017
惠风和畅——阴雨晦冥】 1018
喙长三尺——目下十行】 1019
蕙心纨质——金口玉言】 1020
讳疾忌医】——多愁善感 574
hun
昏定晨省——冬温夏清】 1021
昏镜重磨】——新硎初试 2602
昏庸无道——刻薄寡恩】 1022
魂飞魄散——胆战心惊】 1023
魂飞天外——胎死腹中】 1024
魂消魄散——屁滚尿流】 1025
浑水摸鱼】——钝刀切物 571
浑俗和光】——超凡出世 281
混世魔王】——跳梁小丑 2294
混俗和光】——遵时养晦 3221
混淆黑白——颠倒是非】 1026
huo
活色生香】——腥膻腐臭 2630
火海刀山】——龙潭虎穴 1442
火老金柔】——水清石见 2190
火然泉达——瓦解冰消】 1027
火伞高张】——银河倒泻 2907
火上浇油】——马前泼水 1484
火上弄冰】——囊中取物 1592
火烧眉毛】——危在旦夕 2384
火树琪花】——雨条烟叶 2987
火树银花】——霓光虹彩 1604
火眼金睛】——花拳绣腿 959
火中取栗——釜底抽薪】 1029
火中生莲】——沙上建塔 1983
祸不单行】——福无双至 691
祸从口生】——瑞以和降 1939
祸福无门】——大风有隧 449
祸来神昧——福至心灵】 1028
祸起萧墙】——变生肘腋 147
祸稔萧墙】——运交华盖 3021
祸中有福——贞下起元】 1030
祸作福阶】——福为祸始 690
货比三家】——市无二价 2145

J

ji

鸡飞蛋打——人去楼空】	1031
鸡栖凤巢】——狗续貂尾	802
鸡犬升天】——衣冠扫地	2859
击鼓鸣金】——弹丝品竹	2252
击壤鼓腹——抚胸呼天】	1032
饥肠辘辘——大腹便便	1033
饥岁凶年——荒时暴月	991
饥鹰饿虎——威凤祥麟	1034
积财吝赏——持禄养交	1035
积草屯粮】——关仓遏粜	828
积德累功】——追名逐利	3170
积德累仁】——好施乐善	884
积德裕后——扬名显亲	1036
积功兴业——哗世取名】	1037
积谷备饥】——养儿防老	2764
积沙成塔——聚米为山】	1038
积毁销骨——聚蚊成雷	1039
积厚流光】——才高识远	222
积忧成疾——化险为夷	1040
积羽沉舟】——聚沙成塔	1251
积玉堆金】——招财进宝	3052
积重难返——下愚不移	1041
箕风毕雨——春露秋霜	1042
赍志而没——食言而肥	1043
齎粮藉寇——解剑拜仇	1044
嫉恶如仇】——嗜杀成性	2148
疾雷迅电——骤雨暴风】	1045
疾徐有致——变化无常】	1046
即鹿无虞】——梦熊有兆	1521
即事穷理——爱人以德	1047
即心是佛——削发为僧	1048
激昂慷慨——宛转悠扬	1049
激薄停浇——移风易俗	2864
激浊扬清——弃邪归正	1713
击节称叹——拍案叫绝	1050
击碎唾壶——磨穿铁砚	1565
急公好义——欺世盗名	1051
急功近利——深虑远图	1052
急管繁弦——紧锣密鼓	1181
急吏缓民】——先人后己	2533
急脉缓灸——大才晚成】	1053
急流勇退——劫数难逃	1054
急起直追——兼程并进	1079
急于星火——迫在眉睫	1055
及第成名】——登坛拜将	516
及锋而试——磨砺以须】	1056
及笄年华】——花信季节	968
及时行乐——苟且偷安	1057
岌岌可危】——摇摇欲坠	2777
汲汲顾影——遥遥领先】	1058
吉人天相——故步自封	1059
吉日良辰】——芳年华月	614
吉祥如意——富贵逼人】	1060
吉祥善事——金玉良缘	1061
吉祥止止——福寿绵绵】	1062
吉星高照——鸿运大发】	1063
吉凶由人】——穷达有命	1818
集思广益——踵事增华】	1064
集苑集枯】——见仁见智	1096
瘠义肥辞——研皮痴骨	2723
戢暴锄强】——摧枯拉朽	428
己溺己饥】——独清独醒	554
技压群芳】——名列榜首	1555
骥服盐车】——驹留空谷	1239
骥衰伏枥——龟冷支床】	1065
骥子龙文】——谢兰燕桂	2597
疾风劲草——烈火真金】	1066
疾世愤俗——怨天尤人】	1067
计上心头】——变生意外	146
计无所出——责有攸归】	1068
季路一言】——朱弦三叹	3149
寄情诗酒——归老林泉】	1069
济贫拔苦——救死扶伤】	1070
济世安民】——忠君报国	3129
继往开来】——承前启后	319
霁月光风】——愁云惨雾	356
际会风云】——饱经霜雪	104

jia

家道从容】——人丁兴旺	1874
家破人亡】——妻离子散	1703
家徒四壁——富甲一方	1071
家无绮缟】——户列簪缨	1072
家贼难防】——人言可畏	1901
佳儿佳妇——难弟难兄	1073
加官进爵——拜将封侯】	1074
加叶添枝】——烘云托月	922
夹七带八——丁一确二	526
戛玉敲冰】——穿云裂石	376
假传圣旨——误付洪乔】	1075
假公济私——哗众取宠	970
假虎张威】——与狼共舞	2980

假途灭虢——怀道迷邦】 1076
假戏真做——郢书燕说】 1077
假意虚情——真情实意 3064
驾鹤成仙】——乘龙配凤 314
驾轻就熟——负重致远 713
嫁鸡随鸡 嫁狗随狗——
种豆得豆 种瓜得瓜】 1078
架谎凿空】——谋虚逐妄 1570

jian

兼程并进——急起直追】 1079
兼葭倚玉——彩凤随鸦】 1080
兼权熟计——内视反听】 1081
坚甲利兵】——金戈铁马 1155
坚如磐石——固若金汤】 1082
坚贞不屈——慷慨悲歌】 1083
艰难曲折——痛快淋漓】 1084
艰难玉成——穷困潦倒 1819
艰深晦涩——诘屈聱牙】 1085
煎豆摘瓜——推梨让枣 2337
奸渠必剪——蔓草难除】 1086
剪草除根——寻枝摘叶 2707
剪恶除奸——理冤摘伏 1359
剪房若草——用兵如神】 1087
剪须和药——含血吮疮】 1088
简明扼要——博大精深】 1089
拣佛烧香——逢人说项 669
俭可养廉——勤能补拙 1769
俭腹高谈——坐怀不乱 3225
謇謇匪躬】——峣峣易缺 2778
见鞍思马——爱礼存羊】 1090
见财起意——唯利是图】 1091
见德思齐——唯才是举 2395
见多识广——德备才全】 1092
见风使舵——顺水放船】 1093
见风转舵——临阵磨枪】 1094
见缝插针——无的放矢】 2449
见好就收——知足常乐 3094
见机而作——量力而行】 1095
见利忘身】——谋财害命 1568
见钱眼开——谈虎色变 2249
见仁见智——集苑集枯】 1096
见善则迁——无幽不烛 2482
见素抱朴——含菁咀华 1097
见兔放鹰——看风使舵 1273
见兔顾犬——亡羊补牢】 1098

见危授命——临难守节】 1099
见异思迁——喜新厌旧 2526
见义勇为】——当仁不让 486
见智见仁】——乐山乐水 1349
鉴机识变——讨类知原】 1100
剑胆琴心】——松姿柳态 2218
剑及履及】——人到心到 1876
剑气箫心】——松形鹤骨 2216
剑树刀山】——枪林弹雨 1750
剑影刀光】——腥风血雨 2629
渐入佳境——蔚为大观】 1101
箭在弦上——蓬生麻中】 1102

jiang

江东独步——曙后孤星】 1103
江河行地——日月经天】 1104
江郎才尽——黔驴技穷】 1105
江山如画——日月丽天】 1106
江山易改——本性难移】 1107
将错就错——以毒攻毒】 1108
将勤补拙——以逸待劳】 1109
将无作有——以劣充优】 1110
将虾钓鳖】——以珠弹雀 2880
将心比心】——以眼还眼 2879
讲信修睦——亲仁善邻】 1111
讲阴阳话——无斧凿痕】 1112
将门虎子】——文阵雄师 1113
将勇兵强】——粮多草广 1386
将勇兵雄】——人强马壮 1886
将遇良才】——棋逢对手 1707
降格以求】——拾阶而上 2120
降贵纡尊】——礼贤下士 1363
降心相从】——拂袖而去 702
降志辱身】——厚颜无耻 930
降尊临卑】——损上益下 2234
匠心独运——捷足先登】 1114

jiao

浇瓜之惠——置水之情】 1115
骄奢淫逸——安富尊荣】 1116
娇娜妖媚——缱绻缠绵】 1117
交梨火枣——沉李浮瓜】 1118
交浅言深】——情长纸短 1810
郊寒岛瘦——屈艳班香】 1119
蛟龙得水——虎兕出柙】 1120
蛟龙失水——天马脱衔】 1121
蛟龙戏水——鸥鹭忘机】 1122
鹪鹩一枝】——狡兔三窟 1128

胶柱鼓瑟——戴盆望天】 1123
教猱升木——率兽食人】 1124
嚼齿穿龈】——握拳透爪 2437
矫情镇物——和气生财】 1125
缴械投降】——摇旗呐喊 2776
绞尽脑汁——挖空心思】 1126
脚踏实地——目无下尘 1127
狡兔三窟——鹡鸰一枝】 1128
剿抚兼施——威德相济 2373
教子无方——生财有道 2089

jie

街坊邻里——父老乡亲】 1129
竭诚相待——尽力而为】 1130
竭智尽忠】——悉心毕力 2521
竭忠尽智——沥胆隳肝】 1131
劫火不尽——死灰复燃】 1132
劫富济贫】——锄强扶弱 368
劫数难逃】——急流勇退 1054
洁身自好——玩世不恭】 1133
捷足先登】——匠心独运 1114
节哀顺变——甘分随时】 1134
节节取胜——步步为营】 1135
节用裕民】——寨公克己 1734
桀犬吠尧】——巴蛇吞象 50
结草衔环】——拆桥抽板 263
结结巴巴】——吞吞吐吐 2340
结驷连骑】——腰金衣紫 2770
诘屈聱牙】——艰深晦涩 1085
截发留宾】——借花献佛 1143
截趾适履——爱毛反裘】 1136
接二连三】——成千上万 311
解纷排难——息事宁人】 1137
解甲归田】——悬车致仕 2682
解剑拜仇】——齎粮藉寇 1044
解巾从仕——衣锦还乡 1138
解囊相助——韫椟而藏 1139
解危帮困——排难消灾 1140
借杯浇块——折戟沉沙】 1141
借贷无门】——流离失所 1419
借刀杀人】——束缊请火 2183
借腹生子——认奴作郎】 1142
借古讽今】——含沙射影 868
借花献佛——截发留宾 1143
借鸡下蛋——穿井得人 1144
借酒浇愁】——投膏止火 2322
借客报仇】——以身试法 2877

借尸还魂】——托物喻志 2346
借题发挥】——无理取闹 2459
戒骄戒躁——克俭克勤】 1145

jin

斤斤计较——事事无成 1146
巾帼英雄】——纨绔子弟 2351
巾帼丈夫】——窈窕淑女 2782
金榜题名】——春风得意 389
金蝉脱壳——象齿焚身】 1147
金翅擘海】——香象渡河】 1148
金丹换骨——明月入怀】 1149
金风送爽——丹桂飘香 1150
金刚怒目——菩萨低眉】 1151
金枷玉锁——银角桃枝】 1152
金鼓齐鸣】——埙篪相和 2702
金光盖地——铜臭薰天】 1153
金光大道——锦片前程】 1154
金戈铁马——坚甲利兵 1155
金壶墨汁】——银字籥篥 2910
金科玉律——佛旨纶音】 1156
金口木舌——冰壶玉衡】 1157
金口玉言】——蕙心纨质 1020
金兰之契——车笠之盟】 1158
金陵王气——邹鲁遗风】 1159
金马碧鸡——青龙白虎 1776
金瓯无缺——都鄙有章】 1160
金盆洗手——神武挂冠】 1161
金漆马桶——绣花枕头】 1162
金人缄口——孽子坠心】 1163
金声玉振——绣口锦心】 1164
金色世界——人间天堂】 1165
金题玉躞——铁画银钩】 1166
金屋藏娇——蟾宫折桂 1267
金屋娇娘——大家闺秀 454
金相玉振——木形灰心】 1167
金印系肘——黄袍加身】 1168
金相玉质——高山景行】 1169
金印紫绶——素丝羔羊】 1170
金玉良言】——春秋笔法 399
金玉良缘】——吉祥善事 1061
金玉满堂】——珊瑚在网 2003
金针度人】——青鸟传信 1779
金枝玉叶——野草闲花】 1171
金字招牌】——尚方宝剑 2019
今是昨非】——朝真暮伪 3050
矜奇炫博——养晦韬光】 1172

今非昔比——苦尽甜来】 1173
襟怀坦白——心地善良】 1174
襟裾马牛】——傀儡皇帝 1320
津津乐道——喋喋不休】 1175
津津有味——栩栩如生】 1176
谨身节用——安道乐贫】 1177
谨小慎微】——持盈保泰 327
谨言慎行】——轻举妄动 1792
锦片前程】——金光大道 1154
锦心绣口——冰肌雪肠】 1178
锦囊妙计——至理名言】 1179
锦瑟华年】——休明盛世 2668
锦上添花】——雪中送炭 2697
锦绣河山——天开图画】 2282
锦绣前程】——康庄大道 1276
锦衣玉食——宝马香车】 1180
紧锣密鼓——急管繁弦】 1181
尽力而为】——竭诚相待 1130
尽其在我】——舍己为人 1182
尽人皆知】——有目共睹 2948
尽如人意——正中下怀】 1183
尽入彀中】——广开贤路 844
尽善尽美——至纤至悉】 1184
尽态极妍】——争奇斗艳 3073
尽忠拂过——戴罪立功】 1185
进退触藩】——走投无路 3205
进德修业——树功扬名】 1186
近水惜水——靠山吃山】 1187
近乡情怯——做贼心虚】 1188
噤若寒蝉】——危若累卵 2381

jing

惊弓之鸟】——漏网之鱼 1189
惊魂落魄——认影迷头】 1190
惊魂未定——落魄不羁】 1191
惊鸿一瞥】——君子三戒 1261
惊蛇入草——飞鸟出林】 1192
经纶济世——勤俭持家】 1193
经丘寻壑——弄月吟风】 1194
经天纬地——博古通今】 1195
经纬万端】——齐烟九点 1701
精诚贯日——光彩照人】 1196
精诚团结——虚与委蛇】 1197
精打细算——深谋远猷】 1198
精金良玉——璞玉浑金】 1199
精进不休】——浅尝辄止 1748
精神抖擞——斗志昂扬】 1200

精神焕发——气焰嚣张】 1201
精神满腹——意气凌云】 1202
精神失常】——头脑发热 2320
精神萎靡——意兴阑珊】 1203
精卫填海——愚公移山】 1204
精心挑选——信手拈来】 1205
精益求精】——损之又损 2236
精忠报国——大义灭亲】 1206
旌旗蔽日——烽火连天】 1207
荆棘塞途】——蓬蒿满径 1643
荆棘载途】——疮痍满目 382
泾渭不分——泥沙俱下】 1602
泾渭分明】——鱼龙混杂 2963
景星凤皇】——洪水猛兽 924
景星庆云】——黄道吉日 992
井底之蛙】——池中之物 325
井井有条】——丝丝入扣 2201
井然有序——杂乱无章】 1208
警钟长鸣】——殷鉴不远 2904
敬恭桑梓——报效祖国】 1209
敬老尊贤】——爱才好士 8
敬若神明】——恨如芳草 902
敬守良箴】——悉听尊便 2520
敬业乐群】——尊师重道 3217
敬之如宾】——嗤之以鼻 322
静如处子——美若天仙】 1210
静影沉璧——余音绕梁】 1211
镜花水月】——海市蜃楼 1212
竞新斗巧——炫异争奇】 1213

jiu

鸠居鹊巢】——羊落虎口 2761
纠谬绳愆】——补偏救弊 180
九间大殿——十里长亭】 1214
九泉无恨——三世有缘】 1215
九儒十丐——五帝三皇】 1216
九霄云路——万顷烟波】 1217
九天揽月——大海捞针】 1218
九死不悔——一醉方休】 1219
九死一生】——七残八败 1679
九锡崇臣】——五日京兆 2503
九霄云外——五里雾中】 1220
九原可作——百废俱兴】 1221
九转功成】——一帆风顺 2805
久病成医】——长歌当泣 272
久负盛名】——深孚众望 2043
久惯牢成——潜移默化】 1746

酒后失言】——忙中出错　1493
酒后无德——笑中有刀】　1222
酒囊饭袋——泥塑木雕】　1223
酒肉朋友——柴米夫妻】　1224
酒色财气——德言容功】　1225
酒色之徒】——膏粱之子　758
酒酽花浓】——风清月朗　656
就地还钱】——漫天要价　1491
就地取材——因人成事　2903
就坡下驴】——趁热打铁　301
就事论事——以心问心】　1226
救民水火——还我河山】　1227
救苦救难——做刚做柔】　1228
救时厉俗——革故鼎新】　1229
救死扶伤】——济贫拔苦　1070
救亡图存】——兴灭继绝　2624
旧地重游】——危邦不入　2379
旧恨新仇】——内忧外患　1595
旧俗相因】——乡音无改　2552
旧燕归巢】——穷猿失木　1823
旧雨重逢】——青云直上　1788
旧雨新知】——高朋故戚　746
咎由自取——事在人为】　1230

ju

居安思危】——玩物丧志　2353
居大不易——位卑足羞】　1231
居高不下——过盛必衰】　1232
居功自傲——为富不仁】　1233
居功自恃——怙恶不悛】　1234
居官守法——游艺依仁】　1235
居官守职——尸位素餐】　1236
居仁由义——移孝为忠】　1237
居心险恶——道貌岸然】　1238
鞠躬尽瘁——发愤图强】　1240
鞠旅陈师】——调兵遣将　524
驹留空谷】——骥服盐车　1239
拘奇抉异——返朴还淳】　1241
拘神遣将——弄鬼掉猴】　1242
拘俗守常——偭规越矩】　1529
局促不安】——泰然自若　2238
局外之人】——笼中之鸟　1452
菊花晚发——松柏后凋】　1243
菊老荷枯】——兰摧玉折　1328
橘绿橙黄】——桃红李白　2262
橘南枳北】——兰怨桂亲　1244
举案齐眉】——如胶投漆　1930

举仇举子——为国为民】　1245
举笏击蛇——开笼放雀　1266
举目无告——开门见山】　1246
举目无亲】——听天由命　2298
举棋不定——秉笔直书】　1247
举轻若重——视险如夷】　1248
举世闻名】——口碑载道　1298
举世无敌——全民皆兵】　1249
举孝举廉】——使愚使过　2135
举要删芜】——剿繁决剧　2334
举一反三】——拔十得五　57
踽踽独行】——茕茕孑立　1828
锯牙钩爪——雨鬣霜蹄】　1250
聚精会神】——摩顶放踵　1564
聚米为山】——积沙成塔　1038
聚散浮生】——炎凉世态　2724
聚沙成塔——积羽沉舟】　1251
聚蚊成雷】——积毁销骨　1039
拒虎进狼】——放枭囚凤　615
据理力争】——师心自用　2107
聚众滋事——代人捉刀】　1252
据义履方】——知恩报德　3086

juan

涓滴不漏——颗粒无收】　1253
捐金抵璧——抱玉握珠】　1254
卷甲束兵——披坚执锐】　1649
卷土重来——回天再造】　1012
镌骨铭心——牵肠挂肚】　1732

jue

厥角稽首——打躬作揖】　1255
抉奥阐幽】——钩玄猎秘　799
绝少分甘——夸多斗靡】　1305
绝世佳人】——偷天妙手　2319
绝无仅有——屡见不鲜】　1256
掘室求鼠——坏塘取龟】　1257

jun

军令如山】——诏书挂壁　3060
军无戏言】——妇有长舌　721
钧天广乐——空谷足音】　1258
君暗臣蔽——文恬武嬉】　1259
君圣臣贤】——父慈子孝　716
君子不器——圣人无为】　1260
君子固穷】——达人知命　435
君子三戒——惊鸿一瞥】　1261
君子慎独】——高人雅致　748
君子之交】——醉翁之意　3214

骏马雄风】——元龙豪气　　　2995
峻法严刑】——清规戒律　　　1802

K kai

开诚布公】——明目张胆　　　1542
开诚相见——附耳密谈】　　　1262
开科取士——焚书坑儒】　　　1263
开国元勋】——封疆大吏　　　638
开怀畅饮】——鼓腹讴歌　　　1264
开卷有益】——破财消灾　　　1265
开笼放雀】——举笏击蛇　　　1266
开路先锋】——过河卒子　　　860
开门见山】——举目无告　　　1246
开门纳寇——入室操戈】　　　1267
开门揖盗——卖主求荣】　　　1268
开山祖师】——入室弟子　　　1937
开天辟地——熔古铸今】　　　1269
开物成务】——反经行权　　　1270
开心见肠】——闭口藏舌　　　134
开心写意】——杜口绝言　　　1271
开源节流】——修旧利废　　　2671
凯风寒泉】——甘露法雨　　　734
恺悌君子】——冬烘先生　　　1272
欬唾成珠】——挥金如土　　　1007

kan

侃侃而谈】——翩翩起舞　　　1657
看风使舵——见兔放鹰】　　　1273
看破红尘】——杜绝人事　　　561
看人说话——择佛烧香】　　　1274
看朱成碧——以白为黑】　　　1275

kang

慷慨悲歌】——坚贞不屈　　　1083
慷慨陈词】——招摇过市　　　3055
慷慨激昂】——缠绵悱恻　　　269
慷慨解囊】——爽然若失　　　2189
慷慨杀身】——从容就义　　　419
康庄大道——锦绣前程】　　　1276
亢龙有悔】——伯玉知非　　　1277
伉俪情深】——冤家路窄　　　2994

kao

靠山吃山】——近水惜水　　　1187

ke

苛捐杂税——烦法细文】　　　1278
颗粒无收】——涓滴不漏　　　1253
渴骥奔泉】——怒猊扶石　　　1625
可大可小——能官能民】　　　1279

可歌可泣——不屈不挠】　　　1280
可圈可点——无对无双】　　　1281
克爱克威】——至尊至贵　　　3115
克逮克容】——多情多义　　　577
克丁克卯——无党无偏】　　　1282
克恭克顺——无辩无争】　　　1283
克己奉公】——贪赃枉法　　　2247
克己复礼——顺人应天】　　　1284
克己尽职】——爱人利物　　　13
克己自责】——诲人不倦　　　1017
克俭克勤——戒骄戒躁】　　　1145
克勤克俭——乃武乃文】　　　1285
刻薄寡恩】——昏庸无道　　　1022
刻骨铭心】——沦肌浃髓　　　1473
刻画无盐】——唐突西子　　　2257
刻舟求剑——削木为兵】　　　1286
刻肌刻骨——如醉如痴】　　　1287

ken

肯堂肯构——宜室宜家】　　　1288

keng

硁硁之见】——泛泛其词　　　1289
铿金霏玉——丽藻春葩】　　　1290
铿锵有力——软弱无能】　　　1291

kong

空腹高心】——肥头大耳　　　625
空谷白驹】——南山隐豹　　　1584
空谷传声——虚堂悬镜】　　　2677
空谷幽兰】——故家乔木　　　817
空谷之音——綦花之论】　　　242
空谷足音】——钧天广乐　　　1258
空古绝今】——光前耀后　　　837
空前绝后——越古超今】　　　1292
空头支票——官样文书】　　　1293
空穴来风】——密云不雨　　　1526
空言无补——猛药去疴】　　　1294
空中楼阁】——壶里乾坤　　　1295
孔怀兄弟】——恩爱夫妻　　　1296
孔雀家禽】——子规帝魄　　　3181
孔思周情】——严气正性　　　2717
孔武有力——博学多能】　　　1297
恐后争先】——慎终若始　　　2077

kou

口不应心】——言犹在耳　　　2731
口碑载道——举世闻名】　　　1298
目瞪口呆】——面红耳赤　　　1532
口黄未退——羽翼渐丰】　　　1299

口角锋芒】——胸中泾渭	2658
口口声声】——心心念念	2617
口轻舌薄】——心狠手辣	2608
口绝行语——心无异谋】	1300
口无二价——日食万钱】	1301
口蜜腹剑——内疏外亲】	1302
口是心非】——言清行浊	2727
口诵心惟】——耳闻目睹	594
口吐珠玑】——胸罗锦绣	2651
口无择言】——身不由己	2033
口燥唇干】——声嘶力竭	2085

ku

枯荷败叶——古树虬枝】	1303
枯木逢春】——旱苗得雨	874
枯树逢春】——黄杨厄闰	1000
枯木朽株】——青枝绿叶	1789
苦大仇深】——恩高义厚	588
苦海茫茫】——红尘滚滚	911
苦海无边】——浮生若梦	698
苦尽甜来】——今非昔比	1173
苦口婆心】——和颜悦色	889
苦心经营】——通力合作	2301
苦雨凄风】——严霜烈日	2718
苦中作乐——忙里偷闲】	1304

kua

夸多斗靡——绝少分甘】	1305
夸父追日——女娲补天】	1306
夸夸其谈——窃窃私语】	1760
跨凤乘龙——握蛇骑虎】	2438
跨山压海——立地擎天】	1307

kuai

快刀斩麻——重典治乱】	3144
快马加鞭——白驹过隙】	60
快人快语——古貌古心】	1308
脍炙人口——动摇军心】	1309

kuan

宽宏大量——厚重少文】	1310
宽以待人——严于律己】	2720
款学寡闻——雄才大略】	2664
款语温言——柔情蜜意】	1926

kuang

匡衡凿壁——邻女窥墙】	1311
匡时济世——定国安邦】	1312
狂风暴雨——骇浪惊涛】	1313
狂奴故态——名士风流】	1314
旷达不羁——超然自逸】	284

旷古未闻——于今为烈】	2973

kui

窥豹一斑——穿杨百步】	375
窥谷忘反——望峰息心】	1315
窥牖小儿——斫轮老手】	3176
窥御激夫——倚门望子】	2872
葵花向日——禅絮沾泥】	1316
葵藿倾阳——芙蓉出水】	695
葵藿之心——桑榆之礼】	1974
揆理度势——权时制宜】	1317
揆情度理——运计铺谋】	1318
揆文奋武——富国安民】	1319
傀儡皇帝——襟裾马牛】	1320
愧天怍人——短寿促命】	562
溃不成军——茫无定向】	1494

kun

昆山片玉——沧海遗珠】	1321
困兽犹斗——牝鸡晨鸣】	1322
悃愊无华——辉煌夺目】	1008
困知勉行——笃信好学】	560

kuo

阔论高谈——深谋远虑】	2043

L **la**

拉帮结派——出世离群】	1323

lai

来龙去脉——后果前因】	1324
来鸿去燕——野鹤闲云】	1325
来日方长】——为时已晚	2394
来者不善——室人交谪】	1326
来者不拒——路人皆知】	1327
来轸方道】——只轮不反	3096

lan

兰艾难分】——龙蛇不辨	1440
兰艾同焚】——薰莸异器	2699
兰摧玉折——菊老荷枯】	1328
兰桂齐芳】——椿萱并茂	408
兰桂腾芳】——螽斯衍庆	3138
兰秀菊芳】——冰清玉润	162
兰言断金】——蝇粪点玉	2925
兰友瓜戚——冤家对头】	1329
兰怨桂亲】——橘南枳北	1244
兰质蕙心】——雪胎梅骨	2696
蓝田出玉——老蚌生珠】	1330
滥用职权】——不安本分	184
揽辔登车】——负衡据鼎	708

滥竽充数——鱼目混珠】	1331

lang

郎才女貌——夫贵妻荣】	1332
狼狈为奸】——鸳鸯交颈	2992
狼顾鸱张】——龙翔凤翥	1449
狼贪鼠窃——狐媚猿攀	1333
狼突鸱张】——龙跳虎跃	1446
狼吞虎咽——牛饮鲸吸】	1334
狼心狗肺——鼠肚鸡肠】	1335
狼烟四起——兵革互兴】	1336
狼子野心】——黄粱美梦	997
琅嬛福地——蓬莱仙山】	1337
锒铛入狱——荡析离居】	1338
朗朗乾坤】——花花世界	954
浪迹江湖——势倾朝野	2142
浪子回头——生公说法	2091

lao

劳而无功】——动辄得咎	544
劳苦功高】——德隆望重	506
劳碌奔波】——安闲自在	24
劳民伤财】——兴师动众	2625
老安少怀】——小受大走	2589
老蚌生珠】——蓝田出玉	1330
老大徒伤】——后生可畏	934
老大无成】——少年得志	2025
老当益壮——穷且弥坚】	1339
老虎屁股——狐狸尾巴】	1340
老骥伏枥——飞龙在天】	1341
老将出马——霸王别姬】	1342
老吏断狱——野狐参禅】	1343
老马识途】——萧郎陌路	2571
老马嘶风】——吴牛喘月	2490
老谋深算——高瞻大谈】	1344
老牛破车】——易道良马	2888
老牛舔犊——小鸟依人】	1345
老气横秋】——春风满面	392
老僧入定——太上忘情】	1346
老少咸宜——雅俗共赏】	2713
老生常谈】——闻者足戒	2425
老鼠过街——苍蝇碰壁】	247
老态龙钟】——英姿勃发	2922
老医少卜——幼学壮行】	1347
老鱼跳波】——六马仰秣	1430
老妪吹篪——湘灵鼓瑟	2565
老妪能解——西邻责言	1348
老子婆娑】——小儿造化	2585

le

乐此不疲】——莫斯为甚	1567
乐道安贫】——知荣守辱	3091
乐道遗荣】——贪财慕势	2241
乐极生悲】——否终则泰	1655
乐山乐水——见智见仁】	1349
乐善好施】——行侠仗义	2642
乐事劝功】——发名成业	602
乐天知命——安分随时】	1350
乐在其中】——伊于胡底	2862

lei

雷电交加】——风云变幻	660
雷霆万钧】——梧鼠五技	2491
累牍连篇】——拖泥带水	2342
累见不鲜】——直言无隐	3105

leng

冷讽热嘲】——旁敲侧击	1634
冷灰爆豆——沉灶生蛙】	1351
冷冷清清】——轰轰烈烈	910
冷若冰霜】——艳如桃李	2747
冷眼旁观】——愁眉不展	354

li

嫠不恤纬】——国而忘家	1352
离经辨志——观过知仁】	1353
离经叛道——折矩周规】	1354
离鸾别凤——单鹄寡凫】	1355
离世异俗】——超凡入圣	282
离题万里——入木三分】	1356
离乡背井——认祖归宗】	1357
梨花带雨——玉树临风】	1358
理屈词穷】——名正言顺	1559
理所当然】——命该如此	1562
理有固然】——文无定法	2416
理冤摘伏——剪恶除奸】	1359
理直气壮——义正辞严	1360
李白桃红】——姚黄魏紫	2775
李广难封】——冯唐易老	667
李郭仙舟】——陈雷胶漆	293
礼多必诈——道大莫容】	1361
礼烦则乱——女大难留】	1362
礼尚往来】——义无反顾	2883
礼士亲贤】——尊年尚齿	3216
礼贤下士——降贵纡尊】	1363
里应外合】——明争暗斗	1548
力敌千钧】——功亏一篑	786
力敌万夫】——身经百战	2036

力能胜贫】——法不阿贵	604
力穷势孤】——命小福薄	1563
力透纸背——文如春华】	1364
力挽颓波】——化为泡影	975
力争上游】——不耻下问	186
力追心仪】——言传身教	2726
立德立言】——倾城倾国	1808
立地成佛——占山为王】	1365
立地擎天】——跨山压海	1307
立竿见影——掷地有声】	1366
立功受赏——改过自新】	1367
立功赎罪——弃暗投明】	1368
立国安邦】——补天柱地	182
立人达人】——知我罪我	3092
立万扬名】——销声匿迹	2575
立锥之地——灭顶之灾】	1369
历久弥新】——慎终于始	2078
丽日晴空】——凄风苦雨	1690
丽日中天】——青云干吕	1787
丽藻春葩】——铿金霏玉	1290
沥胆披肝】——推心置腹	2339
沥胆隳肝】——竭忠尽智	1131
利出一孔——才兼万人】	1370
利国利民】——害人害己	865
利令智昏】——恩将仇报	589
利市三倍——人财两空】	1371
利锁名缰】——天罗地网	2284
利欲熏心】——醍醐灌顶	2270
励精更始——奋勇当先】	1372
励精图进——奋勇争先】	1373
励精图治——枵腹从公】	1374
例行公事——官样文章】	1375

lian

廉顽立懦——涤私愧贪】	1376
连中三元】——串通一气	379
莲花步步——秋水盈盈】	1377
怜贫恤老——拯溺扶危】	1378
怜我怜卿】——谢天谢地	2598
连衽成帷】——比肩继踵	131
敛锷藏锋】——养精蓄锐	2765
敛锷韬光】——显山露水	2548
练达老成】——雍容大度	2934
恋酒迷花】——斗鸡走狗	547
恋栈怀禄——升官发财】	1379
炼石补天】——断鳌立极	563

liang

良辰美景——月夕花朝】	1380
良弓无改——谬种流传】	1381
良禽择木——飞絮随风】	1382
良师益友——孝子贤孙】	1383
良药苦口——庸医杀人】	1384
良莠不齐】——瑕瑜互见	2530
良玉不雕】——哀梨蒸食	5
良玉不琢——明珠暗投】	1385
粮多草广——将勇兵强】	1386
粮尽援绝——势孤力单】	1387
梁上君子——月下老人】	1388
两肋插刀】——一夫荷戟	2806
两面三刀】——一言九鼎	2844
两情相悦——一息尚存】	1389
两贤相厄——一座尽惊】	1390
两小无猜】——齐大非偶	1695
两袖清风】——一腔热血	2822
两言可决】——一望而知	1391
量力而行】——见机而作	1095
量能授官】——陈力就列	294
量入为出】——操奇计赢	1392
量体裁衣】——照猫画虎	3058

liao

燎原烈火——匝地烟尘】	1393
寥寥无多】——绰绰有裕	412
寥寥无几】——绰绰有余	1394
寥若晨星】——浩如烟海	886
聊以自慰——勉为其难】	1395
撩蜂剔蝎——衔胆栖冰】	1396
了无惧色——绰有余妍】	1397
了无是处——徒有其名】	1398
了无所见——大有可观】	1399

lie

列祖列宗】——孟公孟姥	1522
烈火辨玉——夏虫疑冰】	1400
烈火轰雷】——和风细雨	888
烈火干柴】——秋风落叶	1831
烈火真金】——疾风劲草	1066
裂冠毁冕——摄甲披袍】	1401

lin

林下神仙】——竹中高士	3157
临池学书】——驰马试剑	328
临风玉树——带雨梨花】	1402
临难守节】——见危授命	1099
临深履薄——遗大投艰】	1403

临危不挠】——骑虎难下	1693
临危受命——徇国忘身】	1404
临阵磨枪】——见风使舵	1094
临阵脱逃】——负隅顽抗	712
麟凤龟龙】——豺狼虎豹	266
麟凤一毛】——龟龙片甲	848
麟角凤觜——龙肝豹胎】	1405
麟趾呈祥】——凤毛济美	677
邻女窥墙】——匡衡凿壁	1311
淋漓尽致——纤悉无遗】	1406
凛然难犯——和蔼可亲】	1407

ling

灵丹妙药——鬼斧神工】	1408
伶牙俐齿——笨嘴拙舌】	1409
灵心慧性——肉眼愚眉】	1410
羚羊挂角——野马无疆】	1411
凌霜犹茂——望秋先零】	1412
凌云之志——命世之才】	1413
领袖后进——大人先生】	1414
领袖一方】——纵横四海	3200
领异标新】——造端倡始	3033
另开生面——别有洞天】	1415
另请高明】——旁求俊彦	1635
另生枝节——别有用心】	1416
令行禁止——言出法随】	1417

liu

刘宠一钱】——唐宗三鉴	2258
流年不利——去日无多】	1418
流离失所——借贷无门】	1419
流芳百世——遗臭万年】	1420
流水不腐——甘泉必竭】	1421
流水落花】——浮云朝露	701
流水无情】——落花有意	1474
流星赶月——逐日追风】	1422
留有余地——视为畏途】	1423
柳暗花明】——山辉川媚	1994
柳弹花娇】——花香鸟语	967
柳绿桃红】——花飞蝶舞	953
柳眉倒竖——杏眼圆睁】	1424
柳娇花媚——玉减香消】	1425
柳陌花衢】——羊肠鸟道	2760
柳弱花娇】——桃羞李让	2265
柳圣花神】——正人君子	3080
柳影花阴】——湖光山色	941
柳下借阴】——牖中窥日	2960
柳巷花街】——舞台歌榭	759

柳絮才高】——洛阳纸贵	1479
六朝金粉——一代风流】	1426
六尘不染——百感横生】	1427
六畜不安】——群魔乱舞	1863
六道轮回】——万劫不复	2356
六根皆净——五内俱焚】	1428
六根清净——五色缤纷】	1429
六马仰秣——老鱼跳波】	1430
六经注我——五斗折腰】	1431
六亲无靠——四海为家】	1432
六神无主——五内俱焚】	1433
六问三推——一呼百应	2811

long

龙飞凤舞——鹄峙鸾翔】	1434
龙肝豹胎——麟角凤觜】	1405
龙归大海——虎落平川】	1435
龙马精神——杨花心性】	2759
龙眉豹颈——虎体熊腰】	1436
龙眉凤目——鹄面鸠形】	1437
龙门点额——雁塔题名】	1438
龙蟠凤逸——狗苟蝇营】	1439
龙蛇不辨——兰艾难分】	1440
龙神马壮——玉软花柔】	1441
龙潭虎穴——火海刀山】	1442
龙韬豹略——玉律金科】	1443
龙腾虎跃——豕突狼奔】	1444
龙腾云起——虎啸风生】	1445
龙跳虎跃——狼突鸱张】	1446
龙头锯角——虎口拔牙】	1447
龙骧麟振——虎视鹰扬】	1448
龙翔凤翥——狼顾鸱张】	1449
龙阳泣鱼】——庄叟悲雁	3167
龙吟虎啸——鹤唳猿啼】	1450
龙驭上宾】——鹤归华表	897
龙跃云津】——鱼游釜底	2968
龙章凤姿】——玉质金相	2989
龙子龙孙】——天兵天将	2273
笼鸟池鱼】——孤魂野鬼	808
笼中穷鸟——瓮里醯鸡】	1451
笼中之鸟——局外之人】	1452
笼络人心】——强奸民意	1752

lou

镂尘吹影——画卵雕薪】	1453
镂月裁云】——呼风唤雨	937
漏脯充饥】——貂裘换酒	521
漏网之鱼】——惊弓之鸟	1189

lu

鹿车共挽——鸿案相庄】	1454
炉火纯青】——冰心剔透	163
鲁女泣荆】——灌夫骂座	832
鲁殿灵光】——泰山北斗	2239
路柳墙花】——巫山落水	2443
路人皆知】——来者不拒	1327
路遥知骥——时伪识贤】	1455
路遥知马力——日久见人心】	1456
路转峰回】——山重水复	1989
露才扬己——藏器待时】	1457
露尾藏头】——有天没日	2957
碌碌寡合——休休有容】	1458
绿林好汉——草莽英雄】	1459

lü

驴鸣狗吠——凤翥龙蟠】	1460
驴生戟角——马失前蹄】	1461
吕安题凤——殷浩书空】	1462
闾阎安堵——匕鬯不惊】	1463
履仁蹈义——逆道乱常】	1464
履舄交错——杯盘狼藉】	1465
履险蹈难——养尊处优】	1466
屡见不鲜】——绝无仅有	1256
屡教不改——多疑无决】	1467
绿草如茵】——繁花似锦	606
绿发红颜】——雪肤花貌	2695
绿女红男】——黄童白叟	999
绿水长存】——青山不老	1781
绿叶成荫】——名花有主	1554
绿衣使者——白面书生】	1468

luan

鸾凤和鸣】——芙蓉并蒂	694
乱点鸳鸯——止谈风月】	3106
乱中取胜——死里逃生】	1469

lüe

略迹原情】——断章取义	564
略窥门径——高步通衢】	1470
略胜一筹】——毫无二致	876
略施小技——大显神通】	1471
略识之无】——粗通文墨	424
略知皮毛】——不得要领	188
掠脂斡肉——推食解衣】	1472

lun

沦肌浃髓——刻骨铭心】	1473
论古道今】——谈天说地	2250
论列是非】——权衡利弊	1854

luo

荦荦大端】——区区小事	1843
锣鼓铙钹】——刀枪剑戟	493
落花有意——流水无情】	1474
落井下石】——抱薪救火	114
落落寡欢】——陶陶自乐	2266
落落穆穆——斯斯文文】	1475
落落寡合——飘飘欲仙】	1476
落汤螃蟹——出水芙蓉】	1477
洛阳才子——城北徐公】	1478
洛阳纸贵——柳絮才高】	1479
落魄不羁】——惊魂未定	1191

M

ma

麻姑献寿——海屋添筹】	1480
马到成功——旗开得胜】	1687
马放南山——牛眠吉地	1617
马工枚速——宋艳班香】	1481
马空冀北——鱼跃龙门】	1482
马前泼水——火上浇油】	1484
马失前蹄——驴生戟角	1461
马瘦毛长——人穷志短	1887
蚂蚁缘槐——蚍蜉撼树	1653

mai

埋轮破柱——杀马毁车】	1483
埋头苦干——充耳不闻】	1485
买菜求益——卖李钻核】	1486
买椟还珠——乞浆得酒】	1710
买空卖空——讨价还价	2267
买马配鞍——画蛇添足	977
买山归卧——鸣野食苹】	1487
麦丘之祝——畎亩之忠】	1488
麦穗两歧——青峰独秀	1775
卖法市恩】——求田问舍	1836
卖李钻核】——买菜求益	1486
卖身求荣】——认敌作父	1915
卖友求荣】——助人为乐	3162
卖主求荣】——开门揖盗	1268
卖祖欺孙】——畜妻养子	2679
脉脉相通】——格格不入	762

man

瞒心昧己——含血喷人】	1489
满面冰霜】——一头雾水	2835
满面春风】——一团和气	2836
满目青山】——一天星斗	2834
满纸空言】——漫天大谎	1490

满志踌躇】——群英荟萃　　1865
漫天大谎——满纸空言】　　1490
漫天要价——就地还钱】　　1491
蔓草难除——奸渠必剪】　　1086

mang

盲人瞎马——虎尾春冰】　　1492
忙里偷闲】——苦中作乐　　1304
忙中出错——酒后失言】　　1493
茫无定向——溃不成军】　　1494
茫无定见——虚有其名】　　1495

mao

猫哭老鼠——盗憎主人】　　1496
毛骨悚然】——神魂撩乱　　2060
毛施淑姿】——蒲柳弱质　　1676
毛遂坠井——曾参杀人】　　1497
茂实英声】——丰功懿德　　642
冒功领赏——钓誉沽名】　　1498
冒颜犯上——以色事人】　　1499
冒雨汤风】——披荆斩棘　　1650
貌离神合——藕断丝连】　　1500
貌清意雅——才大气高】　　1501
貌若天仙】——形如处女　　2634
貌同心异——情善迹非】　　1502

mei

眉飞色舞——心荡神迷】　　1503
眉开眼笑——意乱心烦】　　1504
眉来眼去——意往神驰】　　1505
眉目传情】——齿牙余惠　　335
眉清目秀——齿白唇红】　　1506
梅开二度——梦喜三刀】　　1507
梅妻鹤子——霞友云朋】　　1508
没魂少智——有眼无珠】　　1509
没轻没重——无是无非】　　1510
没完没了——有始有终】　　1511
美不胜收】——妙能曲尽　　1535
美德善行】——高风亮节　　744
美酒佳肴】——清茶淡饭　　1798
美轮美奂——古色古香】　　1512
美梦成真】——大言无实　　466
美男破老——倩女离魂】　　1513
美女簪花】——何郎傅粉　　895
美人迟暮——春事阑珊】　　1514
美如冠玉——翩若惊鸿】　　1515
美若天仙】——静如处子　　1210
美言不信——公道难明】　　1516
美意延年】——忠言逆耳　　3133

美玉投蛙】——宝珠市饼　　108

men

门当户对——地丑德齐】　　1517
门庭若市——蓬荜生辉】　　1518
门无杂宾】——野有饿莩　　2791
扪参历井——挹斗扬箕】　　1519
扪心自问——洗耳恭听】　　1520
闷海愁山】——欢天喜地　　989

meng

蒙混过关——便宜行事】　　148
蒙昧无知——聪明绝顶】　　418
蒙面昧心——披肝沥胆】　　1672
猛虎下山——神龙失势】　　2066
猛药去疴——空言无补】　　1294
梦笔生花】——枕戈待旦　　3068
梦里南柯——壶中天地】　　944
梦尸得官】——走马上任　　3203
梦喜三刀——梅开二度】　　1507
梦熊有兆——即鹿无虞】　　1521
梦应三刀——神游八表】　　2074
孟公孟姥——列祖列宗】　　1522
孟母三迁——丁娘十索】　　525
孟母择邻——渔翁得利】　　2971

mi

弥天大谎——无耻谰言】　　1523
迷恋骸骨——率由旧章】　　1524
迷途知返——天道好还】　　1525
迷在当局——安于现状】　　26
宓子驱车——陈蕃下榻】　　292
密不插针】——疏可跑马　　2175
密云不雨——空穴来风】　　1526
密意幽悰——绵言细语】　　1528

mian

眠花宿柳——携雨握云】　　1527
绵里藏针——泥中隐刺】　　1603
绵力薄材】——柔心弱骨　　1928
绵言细语——密意幽悰】　　1528
偭规越矩——拘俗守常】　　1529
勉为其难——聊以自慰】　　1395
免开尊口——自食其言】　　1530
面壁九年】——寒窗十载　　869
面壁思过——闭门造车】　　1531
面红耳赤——目瞪口呆】　　1532
面黄肌瘦——脑满肠肥】　　1533
面面俱圆】——心心相印　　2618
面目全非】——身心交病　　2039

面目狰狞】——形容憔悴 2632

面如死灰——身寄虎吻 2034

面授机宜——坐观成败 3224

面无人色——心怀鬼胎】 1534

miao

渺若烟云】——杳如黄鹤 2779

妙处不传】——疑团莫释 2869

妙能曲尽——美不胜收】 1535

妙趣横生】——声情并茂 2084

妙手回春】——长绳系日 274

妙手空空】——此心耿耿 417

妙语解颐】——直言贾祸 3104

妙语惊人】——巧言乱德 1759

mie

灭顶之灾】——立锥之地 1369

灭绝人性——丧尽天良】 1536

min

民淳俗厚——弊绝风清】 1537

民贵君轻】——天高地下 2276

民生凋敝——国事蜩螗】 1538

民殷财阜——人寿年丰】 1539

民殷国富——地大物博】 1540

民脂民膏】——尔俸尔禄 595

ming

明辨是非】——不分好歹 191

明察暗访——公听并观】 1541

明德惟馨——多才为累】 573

明目张胆——开诚布公】 1542

明枪易躲——暗箭难防】 1543

明媒正娶——暗约私期】 1544

明日黄花】——陈年老酒 295

明升暗降——似抑实扬】 1545

明心见性——知命安身】 1546

明月入抱——三星在天】 1547

明月入怀】——金丹换骨 1149

明月清风】——行云流水 2644

明哲保身】——安然无恙 22

明争暗斗——里应外合】 1548

明知故犯——不打自招】 1549

明珠暗投】——良玉不琢 1385

明珠弹雀——暗箭伤人】 1550

名不虚传】——死无对证 2206

名垂竹帛——寿享期颐】 1551

名覆金瓯】——功均天地 785

名高天下——誉满寰中】 1552

名花解语——尤物移人】 1553

名花有主——绿叶成荫】 1554

名利双收】——公私两济 775

名列榜首——技压群芳】 1555

名列前茅——功标青史 777

名山事业——苜蓿生涯】 1553

名士风流】——狂奴故态 1314

名贤启事——能者为师】 1557

名扬四海——威震八方】 1558

名正言顺】——理屈词穷 1559

名重一时——书通二酉 2172

鸣野食苹——买山归卧 1487

鸣冤叫屈——文过饰非】 1560

命大福大——心多梦多】 1561

命该如此——理所当然】 1562

命归黄泉——血染沙场 2698

命轻鸿毛——责重山岳 3036

命若游丝——势如累卵 2143

命世之才——凌云之志 1413

命小福薄——力穷势孤】 1563

miu

谬种流传——良弓无改 1381

mo

摩顶放踵——聚精会神】 1564

磨穿铁砚——击碎唾壶】 1565

磨砺以须——及锋而试 1056

莫测高深——不知虚实 217

莫名其妙——自作解人】 1566

莫斯为甚——乐此不疲】 1567

墨守成规——奉行故事 675

墨汁未干——文君早寡 2412

墨子悲丝——伯俞泣杖 178

秣马厉兵——整军经武 3078

脉脉含情】——彬彬有礼 156

mou

谋财害命——见利忘身】 1568

谋无遗策——意有未申】 1569

谋虚逐妄——架谎凿空】 1570

mu

母子连心】——夫妻反目 681

木公金母】——风子龙孙 1571

木强少文】——宁静致远 1613

木强则折——雁默先烹】 1572

木心石腹】——铜臂铁拳 1573

木形灰心】——金相玉振 1167

木朽蛀生】——人亡物在 1892

沐日浴月——骖风驷霞 1574

沐雨栉风】——跋山涉水　　　51
目空四海——日转千阶】　　　1575
目光如鼠——胆力过人】　　　1576
目迷五色——日转千街】　　　1577
目如悬珠】——齿若编贝　　　333
目无流视——行不苟容】　　　1578
目无全牛】——胸有成竹　　　2655
目无下尘】——脚踏实地　　　1127
目下十行】——喙长三尺　　　1019
幕后英雄】——山中宰相　　　2002
暮史朝经】——宵衣旰食　　　2570
暮夜怀金】——鸿都买第　　　917
牧豕听经】——焚香顶礼　　　633
首蓿生涯】——名山事业　　　1556

N　　　na
纳贡称臣】——改元正位　　　727
纳士招贤】——兴廉举孝　　　2623
　　　nai
乃武乃文】——克勤克俭　　　1285
　　　nan
男扮女装】——子承父业　　　3180
男盗女娼】——尔虞我诈　　　596
男欢女爱——夫唱妇随】　　　1579
男尊女卑】——亲痛仇快　　　1763
南风不竞——天籁自鸣】　　　1580
南郭处士——西山饿夫】　　　1581
南国佳人】——东床娇客　　　530
南航北骑——东食西宿】　　　539
南户窥郎——东床择对】　　　532
南极星辉】——中天婺焕　　　3125
南橘北枳——秦智虞愚】　　　1582
南鹞北鹰】——东劳西燕　　　534
南面百城】——东方千骑　　　535
南腔北调——古韵今风】　　　1583
南山隐豹——空谷白驹】　　　1584
南征北战】——春种秋收　　　1585
喃喃自语——泛泛而谈】　　　1586
难弟难兄】——佳儿佳妇　　　1073
难解难分】——有来有往　　　2944
难能可贵——不足为奇】　　　1587
难舍难分】——好离好散　　　879
难言之隐——后顾之忧】　　　1588
难以忘怀】——不堪回首　　　201
难作于易——福生于微】　　　1589
难兄难弟——徒子徒孙】　　　1590

　　　nang
囊括四海——席卷八方】　　　1591
囊萤照书】——载酒问字　　　3023
囊中取物——火上弄冰】　　　1592
囊中羞涩——膝下荒凉】　　　1593
　　　nao
恼羞成怒——欣喜若狂】　　　1594
脑满肠肥】——面黄肌瘦　　　1533
　　　ne
讷言敏行】——轻诺寡信　　　1793
　　　nei
内圣外王】——先忧后乐　　　2536
内视反听】——兼权熟计　　　1081
内疏外亲】——口蜜腹剑　　　1302
内忧外患——旧恨新仇】　　　1595
　　　neng
能官能民】——可大可小　　　1279
能谋善断——强记博闻】　　　1596
能屈能伸】——任劳任怨　　　1917
能柔能刚】——有利有弊　　　2945
能上能下——知微知彰】　　　1597
能士匿谋】——野人献曝　　　2788
能文能武——有守有为】　　　1598
能者多劳】——大材小用　　　443
能者为师】——名贤启事　　　1557
能征惯战——足智多谋】　　　1599
　　　ni
泥多佛大——水涨船高】　　　1600
泥牛入海——天马行空】　　　1601
泥沙俱下——泾渭不分】　　　1602
泥塑木雕】——酒囊饭袋　　　1223
泥中隐刺——绵里藏针】　　　1603
泥足巨人】——衣冠禽兽　　　2858
霓光虹彩——火树银花】　　　1604
逆道乱常】——履仁蹈义　　　1464
逆来顺受——歪打正着】　　　1605
逆理违天】——忘恩负义　　　2372
逆水行舟】——顺风吹火　　　2193
逆天而行——应运而起】　　　2933
逆子叛臣】——贞夫烈妇　　　3065
　　　nian
拈花惹草——窃玉偷香】　　　1606
年不及艾——身无择行】　　　1607
年丰时稔——日异月新】　　　1608
年富力强】——材雄德茂　　　234
年华迟暮——春意阑珊】　　　1609

年轻力壮——树大根深】	1610
年轻气盛——人老话多】	1611
捻土为香】——以茶代酒	2874

niao

鸟尽弓藏】——功成身退	780
鸟枪换炮——铁杵成针】	1612
鸟语花香】——山清水秀	1998

nie

孽子坠心】——金人缄口	1163

ning

宁静致远——木强少文】	1613
宁缺毋滥——多藏厚亡】	1614

niu

牛刀小试——游刃皆虚】	1615
牛鼎烹鸡——鸦巢生凤】	2712
牛鬼蛇神——城狐社鼠	313
牛角挂书——佛头著粪	678
牛眠龙绕——鼎食钟鸣】	1616
牛眠吉地——马放南山】	1617
牛饮鲸吸】——狼吞虎咽	1334
忸怩作态——绰约多姿】	1618
扭亏增盈】——变本加厉	145
扭转乾坤】——扫除天下	1978

nong

浓桃艳李——翠竹苍松】	1619
弄管调弦】——敲锣打鼓	1755
弄鬼掉猴】——拘神遣将	1242
弄鬼弄神——做张做致	3230
弄假成真】——习非胜是	2519
弄巧成拙】——出奇制胜	362
弄文逞巧——奋武扬威】	1620
弄性尚气——伐功矜能】	1621
弄虚作假——反璞归真】	1622
弄月吟风】——经丘寻壑	1194
弄盏传杯】——飞觥走斝	621
弄玉吹箫——腰金骑鹤	2769
弄竹弹丝】——敲金击玉	1754

nu

奴颜婢膝——佛口圣心】	1623
驽马恋栈——羝羊触藩】	1624
驽马铅刀】——强弓劲弩	1751
怒臂当车】——晕头转向	3009
怒发冲冠】——痛心入骨	2314
怒猊抉石——渴骥奔泉】	1625
怒气冲冲】——关情脉脉	829
怒气冲天】——怨声载道	3004

怒气填胸】——笑容满面	2594

nuan

暖日和风】——韶光淑气	2020

nü

女扮男装】——妇随夫唱	719
女大难留】——礼烦则乱	1362
女娲补天】——夸父追日	1306
女中豪杰——事后英雄】	1626

nuo

诺诺连声】——牙牙学语	2711

O ou

鸥鹭忘机】——蛟龙戏水	1122
鸥鸟忘机】——鸳鸯戏水	2993
藕断丝连】——貌离神合	1500
呕心沥血】——废寝忘餐	1627
偶语弃市——一言丧邦】	1628

P pa

怕风怯雨——傲雪欺霜】	1629

pai

拍案叫绝】——击节称叹	1050
拍马溜须】——掇臀捧屁	581
排难解纷】——幸灾乐祸	2649
排难消灾】——解危帮困	1140

pan

潘安掷果——韩寿偷香】	1630
潘鬓沈腰】——西眉南脸	2516
潘文乐旨——羊体嵇心】	1631
攀丝牵藤】——依草附木	2852
蟠桃献瑞——萱草忘忧】	1632
盘根究底——追本穷源】	1633
盘马弯弓】——持刀动杖	326

pang

旁敲侧击——冷讽热嘲】	1634
旁求俊彦——另请高明】	1635
旁搜远绍——博采广谋】	1636
旁通曲畅——深入浅出】	1637
旁见侧出】——平铺直叙	1664
庞眉皓首——艾发衰容】	1638
庞然大物——蕞尔小邦】	1639

pao

抛鸾拆凤——附骥攀鸿】	1640
抛砖引玉——点石成金】	1641
庖丁解牛】——伯乐相马	177

pei

佩韦佩弦】——匪石匪席   626

peng

弸中彪外——秀外慧中】   1642
蓬荜生辉】——门庭若市   1518
蓬蒿满径——荆棘塞途】   1643
蓬莱仙山】——琅嬛福地   1337
蓬门荜户——桂殿兰宫】   1644
蓬生麻中——箭在弦上】   1102
蓬牖茅椽】——荜门圭窦   135
鹏程万里——彪炳千秋】   1645
鹏抟九天】——鹤寿千岁   899
鹏霄万里——鹤寿千年】   1646
捧毂推轮——执鞭随镫   3098

pi

劈风斩浪——傲雪凌霜】   1647
披红挂彩——傅粉施朱】   1648
披坚执锐——卷甲束兵】   1649
披荆斩棘——冒雨汤风】   1650
披麻戴孝——泣血椎心】   1651
披蟒腰玉——悬龟系鱼】   1652
披发入山】——辞金蹈海   414
蚍蜉撼树——蚂蚁缘槐】   1653
琵琶别抱——琴瑟不调】   1654
匹夫有责】——言者无罪   2733
匹马单枪——孤舟独桨   814
否终则泰——乐极生悲】   1655
屁滚尿流】——魂消魄散   1025

pian

偏听偏信——亦步亦趋】   1656
翩翩起舞——侃侃而谈】   1657
翩若惊鸿】——美如冠玉   1515
片笺片玉——一字一珠】   1658
片言折狱——寸铁杀人】   1659

piao

飘飘欲仙】——落落寡合   1476
漂母进饭——齐人攫金】   1660

pin

贫而无谄——贵则易交】   1661
贫富贤愚】——高低贵贱   743
贫贱骄人】——孤标傲世   804
贫女分光】——耕夫让畔   771
品竹调丝】——移宫换羽   2863
牝鸡晨鸣】——困兽犹斗   1322
牝鸡司晨】——野鸟入庙   2787

ping

平波缓进——细水长流】   1662
平步登天】——云程发轫   3010
平淡无奇】——索然寡味   2237
平地登云】——程门立雪   317
平地风波】——青天霹雳   1783
平分秋色——独占鳌头】   1663
平铺直叙】——旁见侧出   1664
平起平坐——同工同酬】   1665
平心而论——直道而行】   1666
评头品足——数白论黄】   1667
萍飘蓬转——鱼跃鸢飞】   1668
萍水相逢】——风云际会   662

po

泼妇骂街】——痴人说梦   323
婆婆妈妈】——大大咧咧   446
婆娑起舞——婀娜多姿】   1669
魄荡魂摇】——神流气鬯   2065
破财消灾】——开卷有益   1265
破釜沉船——安营扎寨】   25
破釜沉舟】——偃旗息鼓   2743
破觚为圆】——化性起伪   976
破镜重圆】——东山再起   538
破口大骂——引吭高歌】   1670
破浪乘风】——傲霜凌雪   37
破竹之势——采薪之忧】   1671
迫在眉睫——急于星火】   1055

pou

剖蚌求珠】——钻冰取火   3207
剖腹藏珠】——削足适履   2690
披肝沥胆——蒙面昧心】   1672

pu

曝腮龙门】——垂耳辕下   386
铺张浪费——勤俭节约】   1673
铺张扬厉——酣畅淋漓】   1674
扑朔迷离】——错综复杂   433
菩萨低眉】——金刚努目   1151
濮上桑间】——花前月下   962
曝书见竹——酌水知源】   1675
璞玉浑金】——精金良玉   1199
蒲柳弱质——毛施淑姿】   1676
普济众生】——独排众议   552
普天同庆——薄海腾欢】   1677

Q | qi

期期艾艾——战战兢兢】   1678
七残八败——九死一生】   1679

七窍玲珑】——一言华衮　2843
七窍生烟】——双瞳剪水　2187
七擒七纵——十荡十决】　1680
七情六欲——八难三灾】　1681
七损八伤】——千灾百病　1731
七嘴八舌】——三言两语　1968
欺大压小——扒高踩低】　1682
欺君害民】——谄上骄下　270
欺软怕硬——畏难苟安】　1683
欺上瞒下——随方逐圆】　1684
欺师灭祖——拔本塞源】　1685
欺世盗名】——急公好义　1051
欺天罔地——唬鬼瞒神】　1686
旗开得胜——马到成功】　1687
琪花瑶草——和璧隋珠】　1688
琪花玉树——风马云车】　1689
凄风苦雨——丽日晴空】　1690
漆女忧鲁——杨朱泣岐】　1691
栖冲业简——食少事烦】　1692
岂有此理——不乏其人】　1694
骑虎难下——临危不挠】　1693
骑牛觅牛】——得马失马　501
齐大非偶——两小无猜】　1695
齐东野语——海外奇谈】　1696
齐鸡开府——卫鹤乘轩】　1697
齐纨鲁缟——蜀锦吴绫】　1698
齐眉举案——比目连枝】　1699
齐人攫金】——漂母进饭　1660
齐头并进——并驾齐驱】　1700
齐烟九点——经纬万端】　1701
齐抓共管——独断专行】　1702
齐足并驱——同舟共济】　2310
妻离子散——家破人亡】　1703
奇功盖世——高义薄云】　1704
奇货可居】——异军突起　2894
奇文共赏——古调独弹】　1705
骐骥一毛】——虬龙片甲　1839
杞人忧天——蜀犬吠日】　2179
歧路亡羊——悬崖勒马】　2688
其情可悯——天理难容】　1706
棋逢对手——将遇良才】　1707
耆年硕德——白发慈颜】　1708
起凤腾蛟】——藏龙卧虎　251
起死回生——振聋发聩】　3071
乞哀告怜——发号施令】　601
乞浆得酒——买椟还珠】　1710

气冲牛斗——声彻云霄】　1709
气傲心高】——才疏学浅　231
气冲斗牛】——哀感顽艳　2
气冲霄汉——义薄云天】　1711
气冲志定——胆壮心雄】　1712
气贯长虹】——性如烈火　2646
气势磅礴——波澜壮阔　173
气势汹汹——温情脉脉　2409
气吞河山——威震中外　2378
气吞山河——声振寰宇　2087
气息奄奄】——余音袅袅　2977
气焰嚣张——精神焕发　1201
气宇轩昂】——英姿飒爽　2923
弃暗投明】——立功赎罪　1368
弃笔从戎】——投戈讲艺　2324
弃旧开新】——抱残守缺　113
弃旧怜新】——爱生恶死　14
弃旧图新】——改邪归正　726
弃如弁髦】——视如珍宝　2151
弃伪从真】——党同伐异　491
弃邪归正——激浊扬清】　1713
弃重取轻】——避难就易　141
器满则覆——债多不愁】　1714
器满则倾】——川壅必溃　374
器小易盈】——物极必反　2508
泣血椎心】——披麻戴孝　1651
契若金兰】——亲如手足　1761

qia

恰到好处——首当其冲】　1715

qian

千帆竞渡——百舸争流】　1716
千佛名经】——半部论语　93
千古绝唱——一时戏言】　1717
千呼万唤——三令五申】　1718
千娇百媚——五大三粗】　1719
千金买赋——一字连城】　1720
千金买骨——斗水活鳞】　1721
千金买笑——五斗解酲】　1722
千金市骨——一字见心】　1723
千金一笑——斗酒百篇】　1724
千金小姐——三鹿郡公】　1725
千军易得——一将难求】　1726
千里莼羹】——一竿风月　2807
千里无烟】——四郊多垒　2210
千里姻缘——百年和合】　78
千难万难】——一了百了　2817

千篇一律———一语千金】 1727
千秋大业———万里长征】 1728
千秋人物———一代儒宗】 1729
千岩竞秀———万壑争流】 1730
千灾百病———七损八伤】 1731
千载难逢】———百年不遇 75
千真万真】———一错百错 2803
牵肠挂肚———镂骨铭心】 1732
谦谦君子———好好先生】 1733
牵线搭桥】———扯篷拉纤 290
迁客骚人】———达官巨贾 434
寡公克己———节用裕民】 1734
迁兰为鲍———养虺成蛇】 1735
前程似锦———学业有成】 1736
前程万里———死路一条】 1737
前程远大———官运亨通】 1738
前度刘郎】———后来佳器 932
前功尽弃———壮志未酬】 1739
前倨后恭】———早迷晚寤 3030
前庭悬鱼】———东观续史 533
前途无量———半路出家】 1740
前徒倒戈】———后院起火 936
前挽后推】———左提右挈 3222
钱可使鬼———艺不压身】 1741
钱可通神】———言有召祸 2732
钱来钱去———悖入悖出】 1742
潜龙勿用———笨鸟先飞】 1743
潜山隐市———变迹埋名】 1744
潜心笃志———殚智毕精】 1745
潜移默化———久惯牢成】 1746
黔驴技穷】———江郎才尽 1105
黔驴之技———汗马之功】 1747
钳口不言】———向隅独泣 2568
浅尝辄止———精进不休】 1748
浅见寡闻】———高才博学 740
浅斟低唱———烟视媚行】 1749
缱绻缠绵】———娇娜妩媚 1117
遣将调兵】———飞刍挽粟 619
遣兴陶情】———修心养性 2674
倩女离魂】———美男破老 1513
欠债还钱】———杀人偿命 1987

qiang
枪林弹雨———剑树刀山】 1750
羌无故实】———不见经传 196
强弓劲弩———弩马铅刀】 1751
强记博闻】———能谋善断 1596

强奸民意———笼络人心】 1752
强颜为笑———秀色可餐】 1753

qiao
敲金击玉———弄竹弹丝】 1754
敲锣打鼓———弄管调弦】 1755
敲山震虎———打草惊蛇】 1756
乔岳独尊】———夜郎自大 2792
巧夺天工】———功参造化 778
巧立名目———妄加雌黄】 1757
巧能成事———义不生财】 1758
巧取豪夺】———横征暴敛 908
巧言乱德———妙语惊人】 1759
峭壁悬崖———孤峰绝岸 807

qie
且住为佳】———稍安勿躁 2022
切问近思】———仰观俯察 2767
窃窃私语———夸夸其谈】 1760
窃玉偷香】———拈花惹草 1606

qin
衾影不惭】———神人共悦 2069
亲仁善邻】———讲信修睦 1111
亲如手足———契若金兰】 1761
亲如骨肉———势若炭冰】 1762
亲痛仇快———男尊女卑】 1763
琴棋书画———花鸟鱼虫】 1764
琴瑟不调】———琵琶别抱 1654
琴瑟相调】———松萝共倚 2215
琴心剑胆———侠骨柔肠】 1765
秦晋之好———管鲍之交】 1766
秦筝赵瑟———沅芷澧兰】 1767
秦智虞愚———南橘北枳】 1582
秦砖汉瓦———夏鼎商彝】 1768
禽兽不如】———衣冠甚伟 2860
勤俭持家】———经纶济世 1193
勤俭节约】———铺张浪费 1673
勤能补拙———俭可养廉】 1769
勤慎肃恭———忠信乐易】 3132
勤学苦练———熟读深思】 1770
勤则不匮】———穷而后工 1771
勤政爱民】———奉公如法 672
寝食俱废———坐卧不宁】 1772

qing
青春不再———风月常新】 1773
青蛾皓齿———白发红颜】 1774
青峰独秀———麦穗两歧】 1775
青红皂白】———子丑寅卯 3182

青黄不接】——新老交替　　2600
青龙白虎——金马碧鸡】　　1776
青梅如豆——红杏出墙】　　1777
青梅竹马——尘饭涂羹】　　1778
青鸟传信——金针度人】　　1779
青钱学士——白字先生】　　1780
青山不老——绿水长存】　　1781
青山绿水——碧海蓝天】　　1782
青胜于蓝】——冰寒于水　　157
青史留名】——黄金铸象　　995
青天霹雳——平地风波】　　1783
青衣行酒——红袖添香】　　1784
青蝇点素——群蚁附膻】　　1785
青云得意——甘雨随车】　　1786
青云干吕——丽日中天】　　1787
青云直上——旧雨重逢】　　1788
青枝绿叶——枯木朽株】　　1789
蜻蜓点水——鹦鹉学舌】　　1790
轻财好士——投璧负婴】　　1791
轻诺寡信——讷言敏行】　　1793
轻财重士——贵德贱兵】　　1794
轻举妄动——谨言慎行】　　1792
轻虑浅谋】——深猷远计　　2052
轻裘肥马——厚禄重荣】　　1795
轻烟袅袅——热气腾腾】　　1796
轻装上阵——素面朝天】　　1797
清茶淡饭——美酒佳肴】　　1798
清都紫府——白屋寒门】　　1799
清风亮节——古道热肠】　　1800
清宫除道——拥彗迎门】　　1801
清规戒律——峻法严刑】　　1802
清静寡欲——正直无邪】　　1803
清介有守——正直无私】　　1804
清廉守志——公正无私】　　1805
清明在躬】——威福由己　　2375
清水衙门】——阴曹地府　　2898
清心寡欲——适性任情】　　1806
清议玄谈——陈词滥调】　　291
清音幽韵——玉振金声】　　1807
清正廉明】——贪污腐化　　2244
倾城倾国——立德立言】　　1808
擎天架海——扛鼎拔山】　　1809
情长纸短——交浅言深】　　1810
情窦渐开】——童心未泯　　2313
情何以堪】——爱莫能助　　12
情景交融】——形神兼备　　2636

情满人间】——德行天下　　510
情善迹非】——貌同心异　　1502
情深似海——恩重于山】　　1811
情深潭水——恩重泰山】　　1812
情深意浓】——缘薄分浅　　2999
情同手足——义结金兰】　　1813
情投意合】——色授魂与　　1981
情投意忺】——心领神会　　2612
情有独钟】——日无私照　　1919
情有可原——责无旁贷】　　3037
情见乎辞】——义形于色　　2885
情钟我辈——意在沛公】　　1814
晴耕雨读——日省月修】　　1815
请君入瓮——引鬼上门】　　1816
罄竹难书】——擢发莫数　　3174

qiong

穷兵黩武——偃革尚文】　　1817
穷达有命——吉凶由人】　　1318
穷当益坚】——死欲速朽　　2208
穷而后工——勤则不匮】　　1771
穷极无聊——淡乎寡味】　　484
穷寇勿追——哀兵必胜】　　1
穷困潦倒——艰难玉成】　　1819
穷理尽性——通元识微】　　1820
穷且弥坚——老当益壮】　　1339
穷鸟触笼——飞蛾扑火】　　620
穷鸟入怀】——哀鸿遍野　　4
穷通有命——生死无常】　　1821
穷途末路——断港绝潢】　　1822
穷猿失木——旧燕归巢】　　1823
琼林满眼——成竹在胸】　　1824
琼林玉质——月窟仙枝】　　1825
琼楼玉宇——贝阙珠宫】　　1826
琼筵醉客——风月主人】　　1827
茕茕孑立——踽踽独行】　　1828
茕茕无倚——婉婉有仪】　　1829

qiu

秋风过耳——白水监心】　　1830
秋风落叶——烈火干柴】　　1831
秋高气爽——春暖花开】　　1832
秋鸿有信——春梦无痕】　　1833
秋水芙蓉——春风杨柳】　　395
秋水伊人——广寒仙子】　　842
秋水盈盈——莲花步步】　　1377
秋月含悲——春山如笑】　　403
秋月寒江——春风和气　　390

求福禳灾】——邀名射利　　　2774
求仁得仁】——惜福积福　　　2523
求神拜佛——罪己责躬】　　　1834
求生害仁】——守死善道　　　2164
求生害义——殉义忘生】　　　1835
求田问舍——卖法市恩】　　　1836
求同存异——舍短取长】　　　1837
求鱼缘木——问道于盲】　　　1838
虬龙片甲——骐骥一毛】　　　1839

qu

屈打成招】——不攻自破　　　195
屈艳班香——郊寒岛瘦】　　　1119
驱羊攻虎——以卵击石】　　　1840
趋吉避凶】——去害兴利　　　1851
趋势附热——投机钻营】　　　1841
趋炎附势——做小伏低】　　　1842
区区小事——荦荦大端】　　　1843
曲肱而枕——鼓腹而游】　　　1844
曲学阿世——枉道事人】　　　1845
曲意逢迎】——随声附和　　　2228
取长补短——避重就轻】　　　1846
取精用弘】——因陋就简　　　2902
取信于民】——公之于众　　　776
曲高和寡——粥少僧多】　　　1847
曲终人散——水尽鹅飞】　　　1848
曲终奏雅——人死留名】　　　1849
去粗取精】——舍本逐末　　　2027
去官留犊——致仕悬车】　　　1850
去害兴利——趋吉避凶】　　　1851
去日无多】——流年不利　　　1418
去伪存真——释回增美】　　　2153
祛病消灾】——延年益寿　　　2737

quan

全民皆兵】——举世无敌　　　1249
全盘否定——一笔勾销】　　　1852
全盘托出】——一网打尽　　　2839
全神贯注——众目昭彰】　　　1853
全受全归】——大包大揽　　　441
全无心肝】——不择手段　　　214
全智全能】——大仁大义　　　461
泉石膏肓——烟霞痼疾】　　　2715
权衡利弊——论列是非】　　　1854
权时制宜】——揆理度势　　　1317
权重望崇】——人微言贱　　　1894
拳打脚踢——腰酸背疼】　　　1855
拳拳服膺】——啧啧称羡　　　3038

犬守下才】——药笼中物　　　2785
犬马之忠】——麦丘之祝　　　1488
犬马之命——枭雄之姿】　　　1856
劝善规过——尊闻行知】　　　1857

que

却之不恭】——受之有愧　　　2169
缺月再圆】——春风一度　　　396
鹊巢鸠占——鱼网鸿离】　　　1858
鹊笑鸠舞——鬼哭狼嚎】　　　1859

qun

群雌粥粥】——余子碌碌　　　2978
群芳斗艳——春色满园】　　　1860
群鸿戏海——振鹭充庭】　　　1861
群龙无首——一马当先】　　　1862
群魔乱舞——六畜不安】　　　1863
群情鼎沸——众议纷纭】　　　1864
群蚁附膻】——青蝇点素　　　1785
群蚁溃堤】——众星捧月　　　3142
群英荟萃——满志踌躇】　　　1865

R **ran**

燃烛焚香】——书符咒水　　　2170
染须种齿——断发文身】　　　1866

rang

让到是礼——兴来如答】　　　1867

re

惹草拈花】——招蜂引蝶　　　3053
惹祸招愆】——增光添彩　　　3041
惹是生非】——兴妖作怪　　　2626
热肠古道——天理良心】　　　1868
热泪盈眶——豪情满怀】　　　1869
热气腾腾】——轻烟袅袅　　　1796
热血沸腾】——心潮澎湃　　　2603
热衷名利——爱惜羽毛】　　　1870

ren

人财两得——福禄双全】　　　1871
人财两空】——利市三倍　　　1371
人才济济——瓜瓞绵绵】　　　1872
人稠地贵——水大鱼多】　　　1873
人丁兴旺——家道从容】　　　1874
人大心大——时来运来】　　　1875
人到心到——剑及履及】　　　1876
人多势众——财大气粗】　　　1877
人扶人兴】——自暴自弃　　　3183
人浮于事】——供过于求　　　1878
人欢马叫——燕舞莺歌】　　　1879

人给家足——时和年丰】 1880
人间地狱——世外桃源】 1881
人间天堂】——金色世界 1165
人见人爱——自吹自擂】 1882
人见人怜】——自偻自偬 3185
人杰地灵】——物华天宝 2507
人镜芙蓉】——公门桃李 773
人老话多】——年轻气盛 1611
人老珠黄】——色衰爱弛 1982
人面兽心】——神头鬼脸 2072
人琴两亡】——声泪俱下 2082
人情练达——财运亨通】 1883
人穷反本——叶落归根】 1884
人情冷暖——世态炎凉】 1885
人强马壮——将勇兵雄】 1886
人穷志短——马瘦毛长】 1887
人去楼空】——鸡飞蛋打 1031
人神共愤——天地不容】 1888
人生苦短——国步多艰】 1889
人生如梦——日月跳丸】 1890
人事无常】——春秋代序 400
人手一册——杖头百钱】 1891
人寿年丰】——民殷财阜 1539
人死留名】——曲终奏雅 1849
人亡物存】——身远心近 2041
人亡物在——木朽蛀生】 1892
人亡政息——薪尽火传】 1893
人微权轻】——任重道远 1918
人微言贱——权重望崇】 1894
人微言轻】——位尊势重 2401
人惟求旧——天不假年】 1895
人文荟萃——水木清华】 1896
人心不古——世道无常】 1897
人心涣散——世道浇漓】 1898
人心叵测——天理昭彰】 1899
人心如秤——天道酬勤】 1900
人言可畏——家贼难防】 1901
人言籍籍——天网恢恢】 1902
人言啧啧——众目睽睽】 1903
人欲横流】——世风日下 2138
人之常情】——俗之恒弊 2220
人中龙虎——天上麒麟】 1904
人走茶凉】——时移事改 2117
仁浆义粟——爷饭娘羹】 1905
仁心仁术——大本大宗】 1906
仁民爱物——富国强兵】 1907

仁者必寿——圣人无亲】 1908
仁者有勇——文人无行】 1909
仁至义尽——心安理得】 1910
忍垢贪生】——摧锋争死 2336
忍饥挨饿——茹苦含辛】 1911
忍气吞声】——报仇雪恨 110
忍辱负重——抱愚守迷】 1912
忍辱含垢——同流合污】 1913
忍无可忍——为所欲为】 1914
认敌作父——卖身求荣】 1915
认奴作郎】——借腹生子 1142
认影迷头】——惊魂落魄 1190
认贼作父——逼良为娼】 1916
认祖归宗】——离乡背井 1357
任劳任怨——能屈能伸】 1917
任性恣情】——醉生梦死 3213
任重道远——人微权轻】 1918

ri

日薄西山】——尸居余气 2113
日东月西——天南地北】 2285
日角珠庭——蛾眉螓首】 584
日久见人心】——路遥知马力 1456
日就月将】——朝乾夕惕 3048
日理万机】——独当一面 548
日丽风和——云蒸霞蔚】 3017
日迈月征】——天高地迥 2275
日暮途穷】——更深人静 770
日上三竿】——月明万里 3006
日食万钱】——口无二价 1301
日诵五车】——坐知千里 3229
日无私照——情有独钟】 1919
日新月异——岁久年深】 1920
日省月修】——晴耕雨读 1815
日异月新】——年丰时稔 1608
日月重光】——山河依旧 1991
日月经天】——江河行地 1104
日月无光】——风云变色 661
日引月长——时和岁丰】 1921
日月丽天】——江山如画 1106
日月如梭】——光阴似箭 840
日月跳丸】——人生如梦 1890
日月逾迈】——凤凰涅槃 1922
日中必昃】——月满则亏 1923
日转千阶】——目空四海 1575
日转千街】——目迷五色 1577

rong

荣谐伉俪——欢喜冤家】　　　1924
容光焕发——神采飞扬】　　　1925
熔古铸今】——开天辟地　　　1269
戎马劻勷】——舟车劳顿　　　3146

rou

柔能克刚】——邪不压正　　　2596
柔情蜜意——款语温言】　　　1926
柔情似水——善气迎人】　　　1927
柔心弱骨】——绵力薄材】　　　1928
肉眼凡胎】——仙风道骨　　　2176
肉眼愚眉】——灵心慧性　　　1410

ru

如花美眷——似水柔情】　　　1929
如火如荼】——有声有色　　　2955
如胶投漆——举案齐眉】　　　1930
如雷贯耳】——有口皆碑】　　　1931
如临深渊】——若履平地　　　1941
如汤沃雪——若火燎原】　　　1932
如埙如篪】——无间无隔　　　2456
如烟往事——似水流年】　　　1933
如意算盘】——生花妙笔　　　2093
如意称心】——入情合理　　　1936
如意郎君】——乘龙快婿　　　315
如醉如痴】——刻肌刻骨　　　1287
如坐针毡】——若崩厥角　　　1940
茹苦含辛】——忍饥挨饿　　　1911
茹毛饮血】——食肉寝皮　　　1934
茹柔吐刚】——谄上欺下　　　271
儒雅风流】——贤良方正　　　2544
孺子可教——非人不传】　　　1935
入地无门】——回天乏术　　　1011
入木三分】——离题万里　　　1356
入情合理——如意称心】　　　1936
入室操戈】——开门纳寇　　　1267
入室弟子——开山祖师】　　　1937
入铁主簿】——断头将军】　　　1938
入土为安】——终天抱恨　　　3136
入吾彀中】——非我族类　　　618
入乡随俗】——逢场作戏　　　668

ruan

软弱无能】——铿锵有力　　　1291
软硬兼施】——刚柔相济　　　738
软玉温香】——红装素裹　　　914

rui

瑞彩祥云】——光风霁月　　　834

瑞气祥云】——春风化雨　　　391
瑞以和降——祸从口出】　　　1939

ruo

弱管轻丝】——铜琶铁板　　　2307
若崩厥角——如坐针毡】　　　1940
若火燎原——如汤沃雪】　　　1932
若即若离】——半推半就　　　97
若履平地——如临深渊】　　　1941
若有若无】——似真似幻　　　2209

S　sa

撒豆成兵】——化鸥为凤　　　971

sai

塞翁失马——博士买驴】　　　1942

san

三叠阳关】——二分明月　　　597
三榜定案——一言蔽之】　　　1943
三曹对案——二竖为灾】　　　1944
三长两短——百密一疏】　　　1945
三叉路口——十字街头】　　　1946
三朝元老——一代鼎臣】　　　1947
三寸弱管——万轴牙签】　　　1948
三分鼎足——一掷乾坤】　　　1949
三告投杼——一鸣惊人】　　　1950
三坟五典——八索九丘】　　　1951
三夫成虎——一叶迷山】　　　1952
三跪九叩——五劳七伤】　　　1953
三魂出窍——一命归阴】　　　1954
三起三落——一张一弛】　　　1955
三饥两饱——一曝十寒】　　　1956
三楚精神——五陵豪气】　　　2502
三复斯言——一仍旧贯】　　　2825
三顾茅庐】——一匡天下　　　2814
三户亡秦】——一言偾事　　　2842
三教九流】——五行八作　　　2496
三良殉秦】——一败涂地　　　2793
三令五申】——千呼万唤　　　1718
三鹿郡公】——千金小姐　　　1725
三迁教子——一举成名】　　　1957
三迁之教——再造之恩】　　　1958
三千世界——亿万斯年】　　　1959
三千珠履——百万貔貅】　　　1960
三人成虎——众口铄金】　　　1961
三山五岳——四海九州】　　　1962
三生有幸——一见钟情】　　　1963
三矢平房——一锤定音】　　　1964

三世同财】——一廉如水	2816	
三世有缘】——九泉无恨	1215	
三兽渡河】——八仙过海	47	
三思而行——一蹴可就	2802	
三星在户——双喜盈门】	1965	
三徙成国——一飞冲天】	1966	
三星在天】——明月入抱	1547	
三言讹虎——一笑了之】	1967	
三言两语】——七嘴八舌	1968	
三阳交泰——四海同春】	1969	
三阳开泰——万象更新】	1970	
三怨成府——一言兴邦】	1971	
三浴三熏】——一喷一醒	2820	
三旨相公】——八旗子弟	45	
三纸无驴】——一针见血	2850	
散兵游勇——野鬼孤魂】	1972	
散马休牛】——偃兵息甲	2744	

sang

桑榆晚景——龟鹤遐龄】	1973
桑楹之礼——葵藿之心】	1974
桑中之约——城下之盟】	1975
丧家之犬——失路之人】	1976
丧尽天良——灭绝人性	1536
丧权辱国——割地称臣】	1977

sao

搔首弄姿】——打情骂俏	440
扫除天下——扭转乾坤】	1978
扫穴犁庭】——攻城略地	789

se

色胆包天】——忠心贯日	3131
色胆迷天】——汗颜无地	873
色厉内荏——外强中干】	1979
色中饿鬼——风里杨花】	1980
色授魂与——情投意合】	1981
色衰爱弛——人老珠黄】	1982

sha

沙里淘金】——海中捞月	864
沙上建塔——火中生莲】	1983
杀敌致果——得胜回朝】	1984
杀鸡取卵——剜肉补疮】	1985
杀鸡吓猴】——打狗欺主	439
杀马毁车】——埋轮破柱	1483
杀妻求将——舍己救人】	1986
杀气腾腾】——威风凛凛	2374
杀人偿命——欠债还钱】	1987
杀身成仁】——舍生取义	2029

铩羽而归】——传檄而定	380
煞费苦心】——不遗余力	212
煞费心机】——不惜工本	211
煞有介事——不知所云】	1988

shan

山重水复——路转峰回】	1989
山高水低——室迩人远	2156
山河破碎——风雨飘摇】	1990
山河依旧——日月重光】	1991
山呼海啸——地坼天崩】	1992
山呼万岁——风靡一时】	1993
山辉川媚——柳暗花明】	1994
山鸡映水——丹凤朝阳】	1995
山盟海誓——月约星期】	1996
山南海北——地角天涯】	1997
山清水秀——鸟语花香】	1998
山遥水远——海阔天空】	1999
山肴野蔌——玄酒瓠脯】	2000
山珍海味——玉液琼浆】	2001
山峙渊渟】——嵩生岳降	2213
山中宰相——幕后英雄】	2002
珊瑚在网——金玉满堂】	2003
删繁就简——化整为零】	2004
删枝去叶——拔树寻根】	2005
善罢甘休】——反攻倒算	608
善门难开】——好事多阻	880
善男信女——騃女痴男】	2006
善气迎人——柔情似水	1927
善善从长——贤贤易色	2546
善者不来——庸人自扰	2937
善始善终——有头有尾	2958
赡足万类——衣被群生】	2007

shang

伤春悲秋——愤世嫉俗	636
伤风败俗——袭故守常】	2008
赏不逾时】——罚无及嗣	603
赏心悦目——荡气回肠】	2009
上窜下跳——倒行逆施】	2010
上德不德——至仁忘仁】	2011
上德若谷——大奸似忠】	2012
上根大器——通人达才】	2013
上挂下连】——中通外直	3126
上求下告——左挈右提】	2014
上善若水——至诚感天】	2015
上替下陵】——左支右绌	3223
上天无路——画地为牢】	2016

上下交征】——高低不就　742
上行下效——大法小廉】　2017
上烝下报——左抱右拥】　2018
上智下愚】——小痴大黠　2579
尚方宝剑——金字招牌】　2019

shao

韶光淑气——暖日和风】　2020
韶颜稚齿——白发丹心】　2021
少安毋躁——且住为佳】　2022
少条失教——不学无知】　2023
少言寡语——多嘴饶舌】　2024
少年得志——老大无成】　2025

she

蛇蝎为心】——豺狼成性　264
舌芒于剑——笔大如椽】　2026
舍本逐末——去粗取精】　2027
涉笔成趣——执经问难】　2028
舍短取长】——求同存异　1837
舍己成人】——正身率下　3081
舍己救人】——杀妻求将　1986
舍己为人】——尽其在我　1182
舍生取义——杀身成仁】　2029
舍生忘死——吃苦耐劳】　2030
社稷之臣】——珊瑚之器　943
设身处地——推己及人】　2031

shen

身败名裂——生荣死哀】　2032
身不由己——口无择言】　2033
身寄虎吻——面如死灰】　2034
身怀六甲——心挂两头】　2035
身经百战——力敌万夫】　2036
身轻似叶——骨瘦如柴】　2037
身无分文】——腰缠万贯　2768
身无择行】——年不及艾　1607
身先士卒】——躬擐甲胄　792
声名两泰——德艺双馨】　2038
身体力行】——耳濡目染　593
身陷愁城】——自掘坟墓　3189
身心交病——面目全非】　2039
身心俱泰——福寿双全】　2040
身远心近——人亡物存】　2041
身在江湖】——心存魏阙　2604
伸张正义——打抱不平】　2042
深得人心】——不负众望　194
深孚众望——久负盛名】　2043
深根固柢——断更飘蓬】　2044

深虑远图】——急功近利　1052
深居简出——远走高飞】　2045
深明大义——不近人情】　2046
深厉浅揭——远交近攻】　2047
深谋远虑——阔论高谈】　2048
深山幽谷——削壁巉岩】　2049
深思熟虑——雄辩高谈】　2050
深谋远猷】——精打细算　1198
深入浅出】——旁通曲畅　1637
深思熟详】——厚积薄发　928
深文大义——淡水交情】　2051
深猷远计——轻虑浅谋】　2052
深宅大院——广厦高堂】　2053
深知灼见——虚论浮谈】　2054
深中隐厚——呆里撒奸】　2055
参横斗转——月落星沉】　2056
莘莘学子——衮衮诸公】　2057
神采飞扬】——容光焕发　1925
神采奕奕——中心摇摇】　2058
神安气定——意乱心慌】　2059
神魂撩乱——毛骨悚然】　2060
神机妙算——远虑深谋】　2061
神交已久——心照不宣】　2062
神来气旺——手到病除】　2063
神经过敏——心血来潮】　2064
神流气鬯——魄荡魂摇】　2065
神龙失势——猛虎下山】　2066
神情自若——逸态横生】　2067
神融气泰——意攘心劳】　2068
神人共悦——衾影无惭】　2069
神人鉴知】——自我欣赏　3195
神思恍惚——睡意朦胧】　2070
神通广大——鬼瞰高明】　2071
神头鬼脸——人面兽心】　2072
神完气足——心广体胖】　2073
神武挂冠】——金盆洗手　1161
神游八表——梦应三刀】　2074
沈诗任笔——杜断房谋】　2075
审己度人】——整躬率物　3077
慎身修永——砥节励公】　2076
慎终若始——恐后争先】　2077
慎终于始——历久弥新】　2078
慎终追远——送往事居】　2079

sheng

升官发财】——恋栈怀禄　1379
升堂入室——出谷迁乔】　2080

声彻云霄】——气冲牛斗　　　　1709
声驰千里——勇冠三军】　　　　2081
声东击西】——围魏救赵　　　　2390
声泪俱下——人琴两亡】　　　　2082
声名狼藉】——罪孽深重　　　　3211
声名鹊起——文采风流】　　　　2083
声情并茂——妙趣横生】　　　　2084
声嘶力竭——口燥唇干】　　　　2085
声威大震——功德兼隆】　　　　2086
声闻九皋】——威震四海　　　　2377
声振寰宇——气吞山河】　　　　2087
笙歌彻夜——好戏连台】　　　　2088
生财有道——教子无方】　　　　2089
生儿育女——荫子封妻】　　　　2090
生佛万家——亡秦三户】　　　　2365
生公说法——浪子回头】　　　　2091
生机勃勃——死气沉沉】　　　　2092
生花妙笔——如意算盘】　　　　2093
生龙活虎——槁木死灰】　　　　2094
生荣死哀——身败名裂】　　　　2032
生生不息——代代相传】　　　　2095
生死存亡】——盈虚消长　　　　2929
生死关口——存亡枢机】　　　　2096
生死肉骨——存亡安危】　　　　2097
生死无常】——穷通有命　　　　1821
生吞活剥——死记硬背】　　　　2203
生意兴隆——财源茂盛】　　　　235
绳锯木断——水滴石穿】　　　　2098
盛德若愚——丹心如故】　　　　478
盛气凌人——感情用事】　　　　737
盛情难却——憨态可掬】　　　　2099
盛筵难再——好景不长】　　　　2100
盛筵易散——好梦难圆】　　　　2101
胜利在望——大功告成】　　　　2102
胜券在握——大功垂成】　　　　2103
胜友如云】——高朋满座　　　　747
圣人无亲】——仁者必寿　　　　1908
圣人无为】——君子不器　　　　1260
　　　　　shi
失路之人】——丧家之犬　　　　1976
失马亡羊——还珠返璧】　　　　990
失魂落魄——吊胆提心】　　　　2104
师表万世——尧舜千钟】　　　　2105
师出有名】——言之成理　　　　2734
师心自任——逞性妄为】　　　　2106
师心自用——据理力争】　　　　2107

施仁布德——仗义疏财】　　　　2108
诗礼传家】——慈悲为本　　　　416
诗礼人家】——书香门第　　　　2173
诗朋酒友——虎党狐侪】　　　　2109
诗泣鬼神】——文搜丁甲　　　　2414
诗情画意——雨恨云愁】　　　　2110
诗真语素——言简意赅】　　　　2111
诗中有画——笔下生花】　　　　2112
尸居余气——日薄西山】　　　　2113
尸位素餐】——居官守职　　　　1236
时乖运乖】——福大命大　　　　686
时乖运蹇——阴错阳差】　　　　2114
时过境迁】——世殊事异　　　　2141
时和年丰】——人给家足　　　　1880
时和岁丰】——日引月长　　　　1921
时来运来】——人大心大　　　　1875
时来运转——药到病除】　　　　2115
时苗留犊——羊续悬鱼】　　　　2116
时伪识贤】——路遥知骥　　　　1455
时移事改——人走茶凉】　　　　2117
时移世异——物是人非】　　　　2118
适性任情】——清心寡欲　　　　1806
实获我心】——差强人意　　　　259
实事求是——反经达权】　　　　2119
实至名归】——言文行远　　　　2728
拾级而上——降格以求】　　　　2120
十步芳草——一团乱麻】　　　　2121
十荡十决】——七擒七纵　　　　1680
十恶不赦——五毒俱全】　　　　2122
十风五雨——一日三秋】　　　　2123
十里长亭】——九间大殿　　　　1214
十里洋场——一盘散沙】　　　　2124
十拿九稳——万无一失】　　　　2125
十年寒窗】——一场春梦　　　　2794
十年树木——百炼成钢】　　　　2126
十全大补——五蕴皆空】　　　　2127
十全十美——一盛一衰】　　　　2128
十手争指——一毛不拔】　　　　2129
十全之美——一念之差】　　　　2130
十室九空】——一床两好　　　　2801
十羊九牧——一国三公】　　　　2131
十指连心——一身是胆】　　　　2828
十字街头——三叉路口】　　　　1946
什袭珍藏——百般宠爱】　　　　64
食肉寝皮】——茹毛饮血　　　　1934
食少事繁】——栖冲业简　　　　1692

食言而肥】——贲志而没	1043
石沉大海——线断风筝】	2132
石沉海底——锥处囊中】	2133
使假掺杂】——偷工减料	2316
使酒解酲】——负薪救火	711
使贪使愚】——为鬼为蜮	2392
始乱终弃】——先行后闻	2134
使愚使过】——举孝举廉	2135
始终不渝】——瞬息万变	2194
史无前例——代有其人】	2136
豕突狼奔】——龙腾虎跃	1444
矢口抵赖——造谣中伤】	2137
始终不渝】——贪心无厌	2246
士饱马腾——兵精粮足	167
仕女班头——文章魁首	2418
世道浇漓——人心涣散	1898
世道人情——天经地义	2281
世道无常——人心不古	1897
世风日下——人欲横流	2138
世间无两——天下第一】	2139
世情如纸——天道无私】	2140
世殊事异——时过境迁】	2141
世态炎凉——人情冷暖	1885
世外桃源——人间地狱	1881
势孤力单——粮尽援绝	1387
势利小人——膏粱年少	757
势倾朝野——浪迹江湖】	2142
势如累卵——命若游丝】	2143
势若炭冰——亲如骨肉	1762
逝者如斯】——哲人其萎	3063
事后英雄】——女中豪杰	1626
事缓则圆——言多必失	2725
事宽即圆——物极则反	2509
事事躬亲——官官相护	827
事事无成——斤斤计较	1146
事随人愿——天诱其衷】	2144
事与愿违】——心为形役	2614
事在人为】——咎由自取	1230
市井小人——后台老板	935
市无二价——货比三家】	2145
恃才傲物——仗势欺人】	2146
恃才倨傲——为恶不悛】	2147
恃功务高】——行远自迩	2643
饰智矜愚——倚强凌弱】	2873
嗜杀成性——嫉恶如仇】	2148
视人犹芥——望子成龙】	2149

视若无睹——听而不闻】	2150
视若珍宝——弃如弁髦】	2151
视同儿戏——奉若神明】	2152
视为畏途】——留有余地	1423
视险如夷】——举轻若重	1248
释回增美——去伪存真】	2153
噬脐莫及——顾影自怜】	2154
适可而止——持之以恒】	2155
室迩人远——山高水低】	2156
室人交谪】——来者不善	1326
拭目以待——相机而行】	2157

shou

收回成命——打破常规】	2158
首当其冲】——恰到好处	1715
手到病除——神来气旺	2063
手无寸铁——胸有甲兵】	2159
手舞足蹈——头昏眼花】	2160
手下败将——胸中甲兵】	2161
手下留情——心中有数】	2622
手眼通天】——肝心涂地	736
手泽尚存】——音容如在	2897
守道安贫】——谨身节用	1177
守节不移】——含苞欲放	866
守经达权】——遵道秉义	3220
守口如瓶】——出言无忌	365
守身如玉——惜墨若金】	2162
守身若玉——吹气胜兰】	2163
守死善道——求生害仁】	2164
守约居穷】——安常处顺	17
守株待兔——坐井观天】	2165
寿比南山】——福如东海	687
寿满天年】——德为人表	509
寿同松乔】——富埒陶白	706
寿享期颐】——名垂竹帛	1551
寿元无量——富贵满堂】	2166
寿越期颐】——福如山岳	688
寿则多辱】——富而不仁	2167
寿终正寝】——腹坦东床	2168
受宠若惊】——当之无愧	489
受用无穷】——为仁不富	2393
受之有愧——却之不恭】	2169

shu

菽水之欢】——天伦之乐	2283
书读五车】——才贯二酉	229
书符咒水——燃烛焚香】	2170
书富五车】——学传三箧	2691

书画卯酉——笔耕砚田】	2171
书声琅琅】——言笑晏晏	2729
书通二酉——名重一时】	2172
书香门第——诗礼人家】	2173
疏财仗义——行好积德】	2174
疏可跑马——密不插针】	2175
熟读深思】——勤学苦练	1770
熟能生巧——习以为常】	2176
熟视无睹——大言不惭】	2177
数白论黄】——评头品足	1667
数典忘祖——含饴弄孙】	2178
数米而炊】——称薪而爨	304
数米量柴】——饭蔬饮水	610
蜀锦吴绫】——齐纨鲁缟	1698
蜀犬吠日——杞人忧天】	2179
曙后孤星】——江东独步	1103
鼠肚鸡肠】——狼心狗肺	1335
鼠窃狼贪】——蝇营狗苟	2926
树碑立传——颂德歌功】	2180
树大根深】——年轻力壮	1610
树大招风】——功高震主	784
树德务滋】——知过必改	3088
树功扬名】——进德修业	1186
树蕙滋兰】——熏梅染柳	2703
庶获我心】——不孚众望	193
漱石枕流】——筑岩钓渭	3160
束手坐视——裹足不前】	2181
束手无策——悼心失图】	2182
束缊请火——借刀杀人】	2183
束杖理民】——悬壶济世	2684
束之高阁——付之东流】	2184
竖子成名】——小人得志	2588
shuai	
衰态龙钟】——风姿绰约	645
率尔操觚】——囫囵吞枣	940
率马以骥——用人惟才】	2185
率兽食人】——教猱升木	1124
率由旧章】——迷恋骸骨	1524
shuang	
双管齐下——五音不全】	2186
双桂联芳】——一枝独秀	2851
双宿双飞】——独来独往	551
双瞳剪水——七窍生烟】	2187
双喜盈门】——三星在户	1965
双修福慧——秉虔诚】	2188
爽然若失——慷慨解囊】	2189
shui	
水大鱼多】——人稠地贵	1873
水到渠成】——瓜熟蒂落	819
水滴石穿】——绳锯木断	2098
水火不容】——针锋相对	3067
水尽鹅飞】——曲终人散	1848
水陆毕陈】——杯觥交错	119
水落石出】——图穷匕见	2330
水米无交】——脂膏不润	3097
水木清华】——人文荟萃	1896
水佩风裳】——布衣韦带	220
水清石见——火老金柔】	2190
水清无鱼】——道远知骥	499
水软山温】——云轻柳弱	3013
水深火热——雪虐风饕】	2191
水送山迎】——海怀霞想	862
水眼山眉】——云心月性	3016
水远山长】——天高地厚	2274
水月镜花】——杯弓蛇影	118
水涨船高】——泥多佛大	1600
水中捞月——纸上谈兵】	2192
水转峰回】——云舒霞卷	3014
睡意朦胧】——神思恍惚	2070
shun	
顺风吹火——逆水行舟】	2193
顺理成章】——随文释义	2230
顺人应天】——克己复礼	1284
顺手牵羊】——探囊取物	2254
顺水放船】——见风使舵	1093
顺水人情】——抱冰公事	111
顺水推舟】——随风转舵	2225
顺藤摸瓜】——按图索骥	31
顺天恤民】——助纣为虐	3161
瞬息万变——始终不渝】	2194
shuo	
说东道西】——指手画脚	3110
说项依刘】——效颦学步	2595
说嘴打嘴——以牙还牙】	2195
硕果独存】——孤芳自赏	806
硕果仅存】——天花乱坠	2278
硕学通儒】——鸿商富贾	918
si	
思妇病母——徙宅忘妻】	2196
思虑营营】——忧心悄悄	2939
思前想后——彰往察来】	2197
思若涌泉】——学如穿井	2693

思贤若渴——从善如流】 2198
斯斯文文】——落落穆穆 1475
斯抬斯敬——相恋相依 2199
斯文扫地——粉墨登台】 2200
丝丝入扣——井井有条 2201
私心杂念——玉想琼思 2202
死灰复燃】——劫火不尽 1132
死记硬背——生吞活剥 2203
死里逃生】——乱中取胜 1469
死路一条】——前程万里 1737
死乞白赖——胡搅蛮缠】 2204
死气沉沉】——生机勃勃 2092
死生由命——富贵在天】 2205
死无对证——名不虚传 2206
死心塌地——大胆包天】 2207
死有余辜——惨无人道 241
死欲速朽——穷当益坚】 2208
似水流年】——如烟往事 1933
似水柔情】——如花美眷 1929
似抑实扬——明升暗降 1545
似玉如花】——方桃譬李 611
似真似幻——若有若无】 2209
四壁萧然】——一寒如此 2810
四大皆空】——一尘不染 2796
四德三从——一心二用 2840
四海安危】——八方风雨 38
四海承风】——八方进宝 40
四海承平】——八方景仰 41
四海风从】——八方呼应 39
四海归宗】——八纮同轨 43
四海九州】——三山五岳 1962
四海飘零】——八方游说 42
四海升平】——五方杂厝 2493
四海同春】——三阳交泰 1969
四海为家】——六亲无靠 1432
四郊多垒——千里无烟】 2210
四脚朝天】——五体投地 2504
四面出击——八方支援】 2211
四面楚歌】——一潭死水 2833
四时充美——一路清平】 2212
四世三公——一门百笏 2818
驷马难追】——孤军深入 809

song
嵩生岳降——山峙渊渟】 2213
松柏后凋】——菊花晚发 1243
松风水月——仙露明珠】 2214

松萝共倚——琴瑟相调】 2215
松形鹤骨——剑气箫心】 2216
松筠之节——柱石之坚】 2217
松姿柳态——剑胆琴心】 2218
耸肩缩颈——昂首挺胸】 2219
宋艳班香】——马工枚速 1481
颂德歌功】——树碑立传 2180
颂古非今】——厚今薄古 929
送往事居】——慎终追远 2079

su
俗之恒弊——人之常情】 2220
素面朝天】——轻装上阵 1797
素丝羔羊】——金印紫绶 1170
素丝良马——箪食壶浆 2221
溯流追源】——报本反始 109
夙兴夜寐——早出晚归】 2222
速战速决】——稳扎稳打 2429
宿柳眠花】——偷鸡摸狗 2318

suan
算无遗策——退有后言】 2223

sui
虽生犹死——未老先衰】 2224
随方就圆】——因利乘便 2901
随方逐圆】——欺上瞒下 1684
随风转舵——顺水推舟】 2225
随机应变——因地制宜】 2226
随人俯仰——信口雌黄】 2227
随声附和——曲意逢迎】 2228
随时度势——因事制宜】 2229
随文释义——顺理成章】 2230
随物赋形】——望文生义 2371
随意任情】——得心应手 503
岁丰年稔——物阜民安】 2231
岁久年深】——日新月异 1920
岁岁年年】——朝朝暮暮 3049
岁月峥嵘】——春秋鼎盛 401

sun
孙庞斗智——管鲍分金】 2232
损公肥私】——吃里爬外 321
损人利己——忧国忘家】 2233
损上益下——降尊临卑】 2234
损物益己——徇公灭私】 2235
损之又损——精益求精】 2236

suo
缩背拱肩】——挺胸凸肚 2300
索然寡味——平淡无奇】 2237

T

ta

踏步不前】——盈科后进	2928

tai

胎死腹中】——魂飞天外	1024
太公鼓刀】——项庄舞剑	2567
太上忘情】——老僧入定	1346
泰然自若——局促不安】	2238
泰山北斗——鲁殿灵光】	2239
泰山压顶——高屋建瓴】	2240

tan

贪财慕势——乐道遗荣】	2241
贪大求全】——好高骛远	883
贪夫徇财】——达士守义	436
贪墨成风】——诛求无已	3152
贪人败类——贼子乱臣】	2242
贪生怕死——好逸恶劳】	2243
贪污腐化——清正廉明】	2244
贪心不足——欲壑难填】	2245
贪心无厌——矢志不渝】	2246
贪赃枉法——克己奉公】	2247
檀郎谢女——才子佳人】	2248
谈虎色变——见钱眼开】	2249
谈天说地——论古道今】	2250
谈笑风生——欢声雷动	988
弹冠相庆——握手言和】	2251
弹丝品竹——击鼓鸣金】	2252
袒胸裸背——赤手空拳】	2253
探骊得珠】——凿石索玉	3029
探囊取物——顺手牵羊】	2254
探意立情】——原心定罪	2996
探赜索隐——阐幽显微】	2255

tang

堂堂正正——赫赫巍巍】	2256
堂栽皇哉】——至矣尽矣	3114
螳臂当车】——竹篮打水	3155
唐突西子——刻画无盐】	2257
唐宗三鉴——刘宠一钱】	2258
糖衣炮弹——反面文章】	2259

tao

滔滔不绝——永永无穷】	2260
韬光韫玉——隐迹藏名】	2261
桃红李白——橘绿橙黄】	2262
桃红柳绿——燕舞莺歌】	2263
桃李精神】——阴阳怪气	2900
桃蹊柳陌——月地云阶】	2264
桃羞李让——柳弱花娇】	2265

陶犬瓦鸡】——土牛木马	2332
陶陶自乐——落落寡欢】	2266
讨价还价——买空卖空】	2267
讨类知原】——鉴机识变	1100

te

特立独行】——孤悬浮寄	813

teng

腾云驾雾——倒海翻江】	2268

ti

啼笑皆非】——依违两可	2853
绨袍之恋——车笠之交】	2269
醍醐灌顶——利欲熏心】	2270
体大思精】——格高意远	761
体无完肤】——心有余悸	2619
逖听遐视——寡见鲜闻】	2271
替天行道——坐地分赃】	2272
倜傥风流】——温柔敦厚	2410

tian

天保九如】——华封三祝	981
天兵天将——龙子龙孙】	2273
天不假年】——人惟求旧	1895
天道酬勤】——人心如秤	1900
天道好还】——迷途知返	1525
天道无私】——世情如纸	2140
天地不容】——人神共愤	1888
天高地厚——水远山长】	2274
天高地迥——日迈月征】	2275
天高地下——民贵君轻】	2276
天高云淡——地广人稀】	2277
天花乱坠——硕果仅存】	2278
天潢贵胄——村野匹夫】	2279
天回地转——古往今来】	2280
天际归舟】——渭滨垂钓	2408
天经地义——世道人情】	2281
天开图画——锦绣河山】	2282
天籁自鸣】——南风不竞	2580
天朗气清】——风和日丽	649
天理良心】——热肠古道	1868
天理难容】——其情可悯	1706
天理昭彰】——人心叵测	1899
天伦之乐】——菽水之欢】	2283
天罗地网——利锁名缰】	2284
天马脱衔】——蛟龙失水	1121
天马行空】——泥牛入海	1601
天命有归】——鬼门占卦	852
天南地北——日东月西】	2285

天怒人怨——鬼哭神愁】	2286
天女散花】——周郎顾曲	3145
天上麒麟】——人中龙虎	1904
天上石麟】——云中白鹤	3018
天网恢恢】——人言籍籍	1902
天无二日——政出多门】	2287
天下第一】——世间无两	2139
天下真花】——道旁苦李	496
天下为公】——至人无己	3113
天衣无缝——楚幕有乌】	2288
天诱其衷】——事随人愿	2144
天灾人祸——国恨家仇】	2289
天真无邪】——傲慢少礼	35
田父之功】——渔翁之利	2972
觍颜尘世——衔恨黄泉】	2290
觍颜人世——抱恨终天】	2291

tiao

挑雪填井——投鞭断流】	2292
调和鼎鼐——燮理阴阳】	2293
调神畅情】——惩忿窒欲	306
调嘴学舌】——舞文弄墨	2505
跳梁小丑——混世魔王】	2294

tie

铁案如山】——大言无当	467
铁板铜弦】——哀丝豪竹	6
铁板铜琶】——银钩玉唾	2908
铁杵成针】——鸟枪换炮	1612
铁骨铮铮】——忠心耿耿	3130
铁画银钩】——金题玉躞	1166
铁券丹书】——高文典册	752
铁面无私】——赤心奉国	343
铁面御史——白衣尚书】	2295
铁砚磨穿】——铜壶滴漏	2306

ting

听而不闻】——视若无睹	2150
听风听水——吠影吠声】	2296
听人穿鼻——信马由缰】	2297
听天由命——举目无亲】	2298
听之任之】——出尔反尔	359
亭亭玉立——楚楚可怜】	2299
挺胸凸肚——缩背拱肩】	2300

tong

通力合作——苦心经营】	2301
通情达理——违世绝俗】	2302
通权达理——守分安常】	2303
通权达变——袭故蹈常】	2304

通人达才】——上根大器	2013
通元识微】——穷理尽性	1820
通真达灵】——超世拔俗	285
恫瘝在抱——悲愤填膺】	2305
铜臂铁拳】——木心石腹	1573
铜臭薰天】——金光盖地	1153
铜壶滴漏——铁砚磨穿】	2306
铜琶铁板】——弱管轻丝	2307
同床共枕——比翼连枝】	2308
同床异梦——异口同声】	2309
同德同心】——有情有义	2950
同工同酬】——平起平坐	1665
同流合污】——忍辱含垢	1913
同室操戈】——分庭抗礼	629
同心断金】——狱货非宝	2990
同舟共济——齐足并驱】	2310
同舟共命——与鬼为邻】	2311
童叟无欺】——尊卑有序	3215
童心未化——羽翼已丰】	2312
童心未泯——情窦渐开】	2313
痛改前非】——重弹老调	350
痛快淋漓】——艰难曲折	1084
痛心入骨——怒发冲冠】	2314
痛于骨髓——病在膏肓】	2315

tou

偷工减料——使假掺杂】	2316
偷梁换柱——代笔捉刀】	2317
偷鸡摸狗——宿柳眠花】	2318
偷天妙手——绝世佳人】	2319
偷偷摸摸】——鬼鬼祟祟	851
头昏眼花——手舞足蹈】	2160
头角峥嵘——羽毛丰满】	2984
头脑发热——精神失常】	2320
头头是道——步步登高】	2321
头重脚轻——嘴尖皮厚】	3209
投笔从戎——挂官归隐】	823
投璧负婴】——轻财好士	1791
投鞭断流】——挑雪填井	2292
投膏止火——借酒浇愁】	2322
投竿垂饵——抱瓮灌园】	2323
投戈讲艺——弃笔从戎】	2324
投机钻营】——趋势附热	1841
投木报琼】——采兰赠药	238
投石问路——沿波讨源】	2325
投鼠忌器——得鱼忘筌】	2326
投桃报李——饮水思源】	2327

tu

突飞猛进——勇往直前】	2328
屠龙之技——吞凤之才】	2329
图穷匕见——水落石出】	2330
涂炭生灵】——草菅人命	256
徒有虚名】——别无长物	154
徒有其名】——了无是处	1398
徒子徒孙】——难兄难弟	1590
土崩瓦解——众叛亲离】	2331
土豪劣绅】——国贼禄鬼	859
土牛木马——陶犬瓦鸡】	2332
土生土长——何去何从】	2333
吐胆倾心】——推襟送抱	2338
吐凤喷珠】——衔华佩实	2542
吐故纳新】——扬清激浊	2755
兔死狐悲】——芝焚蕙叹	3083

tuan

剸繁决剧——举要删芜】	2334
抟砂弄汞——捕影拿风】	2335

tui

推陈出新】——拨乱反正	179
推锋争死——忍垢贪生】	2336
推己及人】——设身处地	2031
推梨让枣——煎豆摘瓜】	2337
推襟送抱——吐胆倾心】	2338
推食解衣——掠脂斡肉	1472
推亡固存——反败为胜	607
推心置腹——沥胆披肝	2339
推枣让梨——争权夺利	3074
退有后言——算无遗策	2223

tun

吞凤之才】——屠龙之技	2329
吞吞吐吐——结结巴巴】	2340
吞云吐雾——饮露吸风】	2341

tuo

拖泥带水——累牍连篇】	2342
拖人下水——纵虎归山】	2343
鸵鸟政策——阿Q精神】	2344
脱口成章】——出言得体	367
脱胎换骨——革面洗心】	2345
托物喻志——借尸还魂】	2346
托足无门】——登龙有术	514
拓土开疆】——闭关锁国	133
唾手可得——闻风而逃】	2347

W

wa

蛙鸣蝉噪——莺啭燕啼】	2348
挖空心思】——绞尽脑汁	1126
瓦解冰消】——火然泉达	1027

wai

歪打正着】——逆来顺受	1605
歪瓜裂枣】——枉矢哨壶	2349
歪嘴和尚——狗头军师】	2350
外方内圆】——形左实右	2633
外强中干】——色厉内荏	1979

wan

剜肉补疮】——杀鸡取卵	1985
顽石点头】——矮人思步	2399
顽铁生辉】——黄金失色	994
纨绔子弟——巾帼英雄】	2351
玩空手道——打太极拳】	2352
玩世不恭】——洁身自好	1133
玩物丧志——居安思危】	2353
丸泥封关】——滴水穿石	519
婉婉有仪】——茕茕无倚	1829
宛转悠扬】——激昂慷慨	1049
万代千秋】——一时三刻	2829
万古长青】——一成不变	2797
万贯赀财】——五车腹笥	2492
万壑争流】——千岩竞秀	1730
万家灯火——一片宫商】	2354
万家生佛——一路福星】	2355
万箭攒心】——五雷轰顶	2501
万劫不复——六道轮回】	2356
万金不换——一诺无辞】	2357
万籁无声】——一言穷理	2846
万里河山】——五湖烟水	2499
万里同风】——百川归海	66
万里长征】——千秋大业	1728
万里鹏程】——百龄眉寿	73
万流景仰——一坐尽倾】	2358
万马奔腾——百花灿烂】	69
万马齐喑——一言不发	2841
万年遗臭——百世流芳】	2359
万念俱灰——百思不解	82
万签插架——一室生春】	2360
万顷烟波——九霄云路】	1217
万人空巷——貌倾一城】	2361
万事大吉】——一元复始	2849
万事从宽】——一言立信	2845
万事亨通】——百年好合	77

万事顺意——五福临门】 2362
万世师表——一代楷模】 2363
万寿无疆】——一人有庆 2824
万水朝东】——众星拱北 3141
万水千山】——五湖四海 2498
万无一失】——十拿九稳 2125
万物更新——百花争艳 71
万象更新——三阳开泰 1970
万应灵丹】——一抔黄土 2821
万有不齐】——一无可取 2837
万众弗摧】——一夫可守 2808
万紫千红】——五光十色 2495
万轴牙签】——三寸弱管 1948

wang

枉道事人】——曲学阿世 1845
枉法营私】——照章办事 3059
枉费时日——只争朝夕】 2364
枉矢哨壶】——歪瓜裂枣 2349
亡国之音——回天之力 1013
亡命之徒】——败军之将 90
亡秦三户——生佛万家】 2365
亡羊补牢】——见兔顾犬 1098
网开三面——化被万方】 2366
网开一面——海纳百川】 2367
妄加雌黄】——巧立名目 1757
望穿秋水——蹙损春山】 2368
望风而逃】——严阵以待 2721
望风披靡——未雨绸缪】 2369
望峰息心】——窥谷忘反 1315
望梅止渴——画饼充饥】 2370
望秋先零】——凌霜犹茂 1412
望文生义】——随物赋形 2371
望眼欲穿】——归心似箭 846
望影揣情——缘文生义】 3003
望子成龙】——视人犹芥 2149
忘恩负义——逆理违天】 2372
忘筌得鱼】——爱鹤失众 9
忘战必危】——安民则惠 20

wei

威德相济——剿抚兼施】 2373
威风凛凛——杀气腾腾】 2374
威风祥麟】——饥鹰饿虎 1034
威福由己——清明在躬】 2375
威望素著】——臭名远扬 2376
威仪孔时】——饱食终日 106
威震八方】——名扬四海 1558

威震四海——声闻九皋 2377
威震中外——气吞河山 2378
危邦不入】——旧地重游 2379
危机四伏——好事多悭】 2380
危若累卵——噤若寒蝉】 2381
危若朝露——安如泰山】 2382
危言骇世——硬语盘空】 2383
危在旦夕——火烧眉毛】 2384
微文深诋——恶语中伤】 2385
微言大义——厚貌深情】 2386
惟精惟一——至圣至明】 2387
唯利是图】——见财起意 1091
惟妙惟肖——亦庄亦谐 2388
惟问无过——不求有功 2389
围魏救赵——声东击西】 2390
违法乱纪——修身洁行 2391
违利赴名】——成仁取义 312
违世绝俗】——通情达理 2302
为恶不悛——恃才傲傲 2147
为富不仁】——居功自傲 1233
为鬼为蜮——使贪使愚 2392
为仁不富——受用无穷】 2393
为时已晚——来日方长】 2394
为所欲为】——忍无可忍 1914
唯才是举——见德思齐】 2395
唯唯诺诺——嘻嘻哈哈】 2396
委肉虎蹊——葬身鱼腹 3027
娓娓动听——超超玄著 280
尾大不掉——鞭长莫及】 2397
尾生抱柱——西子捧心】 2398
痿人思步——顽石点头】 2399
畏难苟安】——欺软怕硬 1683
畏威怀德】——主敬存诚 2400
位卑足羞】——居大不易 1231
位极则残】——兵骄必败 166
位尊势重——人微言轻】 2401
为国捐躯】——与民除害 2981
为国为民】——举仇举子 1245
为虎傅翼——对牛弹琴】 2402
为虎作伥】——化民成俗 973
为民请命——与世无争】 2403
为人作嫁——与子同袍】 2404
为蛇画足——与虎谋皮 2405
为渊驱鱼】——以石投水 2878
味同嚼蜡——字若涂鸦】 2406
未除豪气——焕发青春】 2407

渭滨垂钓——天际归舟】　　2408
未老先衰】——虽生犹死　　2224
未雨绸缪】——望风披靡　　2369
卫鹤乘轩】——齐鸡开府　　1697
蔚为大观】——渐入佳境　　1101
魏鹊无枝】——涸鱼得水　　901
魏紫姚黄】——暗香疏影　　27

wen

温故知新】——登高望远　　515
温情脉脉——气势汹汹】　　2409
温柔敦厚——倜傥风流】　　2410
文不对题】——答非所问　　437
文采风流】——声名鹊起　　2083
文从字顺——锋发韵流】　　2411
文东武西】——足上首下　　3206
文过饰非】——鸣冤叫屈　　1560
文君早寡】——墨汁未干　　2412
文能治国——武可安邦】　　2413
文人无行】——仁者有勇　　1909
文人相轻——夫子自道　　683
文如春华】——力透纸背　　1364
文弱书生】——风流才子　　653
文搜丁甲——诗泣鬼神】　　2414
文恬武嬉】——君暗臣蔽　　1259
文无点易——笔走龙蛇】　　2415
文无定法——理有固然】　　2416
文武双全】——德才兼备　　505
文章盖世——武艺超群】　　2417
文章魁首——仕女班头　　2418
文章宗工】——画苑冠冕　　980
文章宗匠——草木愚夫】　　2419
文阵雄师——将门虎子　　1113
文治武功】——朝章国典　　287
文字游戏——笔墨官司】　　2420
闻道犹迷】——知难而退　　3090
闻风而逃】——唾手可得　　2347
闻风丧胆——触目惊心】　　2421
闻过则喜】——吃亏是福　　2422
闻鸡起舞】——映月读书　　2423
闻香下马——睹物怀人】　　2424
闻者足戒】——老生常谈　　2425
稳操胜券——坐失良机】　　2426
稳操左券】——坐享其功　　2427
稳吃三注——虚晃一枪】　　2428
稳扎稳打——速战速决】　　2429
刎颈之交】——诛心之论　　3153

问道于盲】——求鱼缘木　　1838
问鼎中原】——鏖兵赤壁　　34
问寒问暖——祝哽祝噎】　　2430
问心有愧——翻脸无情】　　2431
问羊知马——援鳖失龟】　　2432
汶阳田反——合浦珠还】　　2433

weng

瓮里醯鸡】——笼中穷鸟　　1451
瓮中捉鳖——海底捞针】　　2434

wo

蜗角虚名】——蝇头小利　　2927
我黼子佩——伯埙仲篪】　　2435
我行我素——予取予求】　　2436
握拳透爪——嚼齿穿龈】　　2437
握蛇骑虎——跨凤乘龙】　　2438
握手言和】——弹冠相庆　　2251
握雾拿云】——追风逐电　　3169
握瑜怀瑾——抱朴含真】　　2439
卧冰求鲤——缘木希鱼】　　2440
卧薪尝胆——刺股悬梁】　　2441

wu

巫山洛浦——雨约云期】　　2442
巫山洛水——路柳墙花】　　2443
乌栖一枝】——壁立千仞　　144
乌烟瘴气——惨雨酸风】　　2444
无边风月——过眼云烟】　　2445
无辩无争】——克恭克顺　　1283
无病呻吟】——虚声恫喝　　2676
无波古井——有脚书橱】　　2446
无肠可断——有苦难言】　　2447
无车弹铗——夺席谈经】　　2448
无耻谰言】——弥天大谎　　1523
无党无偏】——克丁克卯　　1282
无地自容】——得天独厚　　502
无的放矢——见缝插针】　　2449
无对无双】——可圈可点　　1281
无法无天】——有权有势　　2952
无风起浪——遇事生波】　　2450
无斧凿痕——讲阴阳话】　　1112
无父无君】——不忠不孝　　218
无根无绊——不蔓不枝】　　2451
无根无蒂——有本有源】　　2452
无挂无碍——不饥不寒】　　2453
无关宏旨——不主故常】　　2454
无稽之谈】——不易之论　　213
无计可施】——有求必应　　2951

无家无室——多子多孙】	2455	吴市吹箫】——成都卖卜	308
无间无隔——如埙如篪】	2456	梧鼠五技——雷霆万钧】	2491
无坚不摧】——除恶务尽	370	五车腹笥——万贯赀财】	2492
无拘无束——有典有则】	2457	五大三粗】——千娇百媚	1719
无孔不入——有机可乘】	2458	五帝三皇】——九儒十丐	1216
无理取闹——借题发挥】	2459	五斗解酲】——千金买笑	1722
无路可走——有家难回】	2460	五斗折腰】——六经注我	1431
无门可报——有国难投】	2461	五毒俱全】——十恶不赦	2122
无情无绪——多病多愁】	2462	五方杂厝——四海升平】	2493
无情无义——多艺多才】	2463	五福临门】——万事顺意	2362
无穷风月——不废江河】	2464	五谷丰登】——百花灿烂	70
无穷无尽——不止不休】	2465	五谷丰稔——百花盛开】	2494
无拳无勇——有胆有识】	2466	五光十色——万紫千红】	2495
无人之境——多事之秋】	2467	五行八作——三教九流】	2496
无伤大雅——有碍观瞻】	2468	五侯蜡烛——一瓣心香】	2497
无私无畏——有勇有谋】	2469	五湖四海——万水千山】	2498
无声无臭——至大至刚】	2470	五湖烟水——万里河山】	2499
无师自通】——有耻且格	2942	五经扫地——一柱擎天】	2500
无始无边——有条有理】	2956	五劳七伤】——三跪九叩	1953
无是无非——没轻没重】	1510	五雷轰顶——万箭攒心】	2501
无思无虑——有度有识】	2471	五里雾中】——九霄云外	1220
无私有弊——非愚则诬】	2472	五陵豪气——三楚精神】	2502
无为而治——不令而行】	2473	五马分尸】——一蛇吞象	2826
无微不至——有利可图】	2474	五内俱焚】——六根皆净	1428
无瑕可击——有错必纠】	2475	五内如焚】——六神无主	1433
无相无作——有猷为有】	2476	五日京兆——九锡崇臣】	2503
无心插柳——信手涂鸦】	2477	五色缤纷】——六根清净	1429
无心出岫——把臂入林】	2478	五色相宜——一丝不苟】	2832
无影无形】——有根有据	2943	五世其昌——百年之好】	79
无涯风月——有脚阳春】	2479	五体投地——四脚朝天】	2504
无依无靠——一死一生】	2480	五味杂陈】——一言难尽	2847
无忧无虑——不忮不求】	2481	五音不全——双管齐下】	2186
无幽不烛——见善则迁】	2482	五蕴皆空】——十全大补	2127
无有二心】——打成一片	438	五子登科】——一麾出守	2812
无鱼作罟——得兔忘蹄】	2483	武可安邦】——文能治国	2413
无欲则刚】——有容乃大	2953	武艺超群】——文章盖世	2417
无远弗届——登高自卑】	2484	舞文弄墨——调嘴学舌】	2505
无怨无悔——不哼不哈】	2485	雾里看花】——管中窥豹	831
无章可循——有令不禁】	2947	雾破云开】——风平浪静	655
无征不信——有口难言】	2486	雾中观花】——雨后送伞	2986
无知无识——何德何能】	2487	物丰价稳——本小利微】	2506
无昼无夜——倚门倚闾】	2488	物阜民安】——岁丰年稔	2231
吾膝似铁——臣心如冰】	2489	物阜民康】——兵强国富	169
吴带当风】——曹衣出水	255	物华天宝——人杰地灵】	2507
吴带曹衣——颜筋柳骨】	2735	物极必反——器小易盈】	2508
吴牛喘月——老马嘶风】	2490	物极则反——事宽即圆】	2509

物美价廉】——才高运蹇　228
物是人非】——时移世异　2118
误付洪乔】——假传圣旨　1075
误人子弟——非我春秋】　2510
误落尘网——终非了局】　2511
误入歧途】——自寻死路　3197
务实去华】——斫雕为朴　3177
恶不去善——妒能害贤】　2512
恶紫夺朱】——郑声乱雅　3082

X　xi

夕阳西下——旭日东升】　2513
吸风饮露——枕石漱流】　2514
嬉皮笑脸——油嘴滑舌】　2515
嘻嘻哈哈】——唯唯诺诺　2396
西邻责言】——老妪能解　1348
西眉南脸——潘鬓沈腰】　2516
西山饿夫】——南郭处士　1581
西市朝衣】——东门黄犬　536
西台痛哭】——东野败驾　540
西子捧心】——尾生抱柱　2398
希世之珍】——传家之宝　377
犀牛望月——代马依风】　2517
析律舞文】——引经据典　2914
膝痒搔背——冬寒抱冰】　2518
膝下荒凉】——囊中羞涩　1593
袭故蹈常】——通权达变　2304
袭故守常】——伤风败俗　2008
席卷八荒】——囊括四海　1591
习非胜是——弄假成真】　2519
习以为常】——熟能生巧　2176
悉听尊便——敬守良箴】　2520
悉心毕力】——竭智尽忠　2521
息军养士——按甲寝兵】　2522
息事宁人】——解纷排难　1137
息息相关】——依依不舍　2854
息影家园】——陷身图圄　2551
惜福积福——求仁得仁】　2523
惜老怜贫】——扶危济困　684
惜墨若金】——守身如玉　2162
惜玉怜香】——尊贤礼士　3219
惜指失掌——丢卒保车】　2524
徙宅忘妻】——思妇病母　2196
洗耳恭听】——扪心自问　1520
洗垢求瘢】——钻皮出羽　3208
洗手奉公】——澡身浴德　3032

洗心自新】——刮目相看　821
喜从天降——笑逐颜开】　2525
喜新厌旧】——见异思迁】　2526
细大不捐】——锱铢必较　3179
细水长流】——平波缓进　1662
细针密缕——大马金刀】　2527
隙大墙坏——夜长梦多】　2528

xia

虾兵蟹将——燕侣莺俦】　2529
瞎子摸鱼】——矮人看戏　7
霞友云朋——梅妻鹤子】　1508
瑕瑜互见】——良莠不齐　2530
匣里龙吟】——河东狮吼　892
侠肝义胆——佛性禅心】　2531
侠骨柔肠】——琴心剑胆　1765
下笔成章】——操刀伤锦　254
下笔有神】——出言无状　366
下海经商】——服田力穑　793
下里巴人】——阳春白雪　2749
下愚不移】——积重难返　1041
夏虫疑冰——烈火辨玉】　1400
夏鼎商彝】——秦砖汉瓦　1758
夏葛冬裘】——春花秋月　394

xian

先发制人】——后来居上　933
先睹为快——不言自明】　2532
先公后私——朝奏暮召】　3051
先礼后兵——小惩大诫】　2578
先人后己——急吏缓民】　2533
先入为主——后发制人】　2534
先天不足——大器晚成】　2535
先行后闻】——始乱终弃　2134
先忧后乐——内圣外王】　2536
纤尘不染——寸土必争】　2537
仙风道骨——肉眼凡胎】　2538
仙李蟠根】——寒花晚节　870
仙露明珠】——松风水月　2214
仙山琼阁——福地洞天】　2539
纤悉无遗】——淋漓尽致　1406
闲愁万种——广厦千间】　2540
闲话休提】——陈言务去　296
闲情逸致——余韵流风】　2541
闲邪存诚】——隐恶扬善　2911
衔胆栖冰】——撩蜂剔蝎　1396
衔恨黄泉】——觍颜尘世　2290
衔华佩实——吐风喷珠　2542

嫌贫爱富——厌故喜新】	2543
贤良方正——儒雅风流】	2544
贤妻良母——孝子顺孙】	2545
贤贤易色——善善从长】	2546
涎流三尺】——感篆五中】	2547
显山露水——敛锷韬光】	2548
现身说法——照本宣科】	2549
线断风筝】——石沉大海	2132
陷人于罪——玉女于成】	2550
陷身囹圄——息影家园】	2551

xiang

乡音无改——旧俗相因】	2552
香草美人】——黄花闺女	993
香气袭人】——芳兰竟体	613
香象渡河】——金翅擘海	1148
香消玉碎——灯尽油干】	2553
香烟兄弟——花烛夫妻】	2554
相安无事——自顾不暇】	2555
相逢狭路——各奔前程】	2556
相辅相成——自生自灭】	3193
相机而行】——拭目以待	2157
相煎太急——自救不暇】	2557
相惊伯有——错认颜标】	2558
相克相济——共存共荣】	2559
相恋相依——斯抬斯敬	2199
相亲相爱——载笑载言】	2560
相生相成】——自作自受	3198
相提并论——等量齐观】	2561
相形见绌——后继无人】	2562
相须相成】——互敬互爱	951
相沿成俗——后继有人】	2563
相知恨晚——后会有期】	2564
相资相成】——互慰互勉	952
湘灵鼓瑟——老妪吹篪】	2565
降龙伏虎——捉鼠拿猫】	2566
项庄舞剑——太公鼓刀】	2567
相貌堂堂——衣冠济济】	2857
巷议街谈——道听途说	498
向隅独泣——钳口不言】	2568
象齿焚身】——金蝉脱壳	1147
象牙之塔——大雅之堂】	2569

xiao

宵衣旰食——暮史朝经】	2570
萧郎陌路——老马识途】	2571
逍遥法外——游戏人间】	2572
逍遥自在——颠沛流离】	2573

枭鸾并集——鹬蚌相争】	2574
枭雄之姿】——犬马之命	1856
销声匿迹——立万扬名】	2575
硝烟弥漫——战火纷飞】	2576
枵腹从公】——励精图治	1374
小本经营】——大家风范	453
小才大用——尺水丈波】	2577
小惩大诫——先礼后兵】	2578
小痴大黠——上智下愚】	2579
小打小闹——大轰大嗡】	2580
小道消息——独家新闻】	2581
小恩小惠——大慈大悲】	2582
小姑独处——中馈犹虚】	2583
小节无害——大时不齐】	2584
小儿造化——老子婆娑】	2585
小儿造物——野叟献芹】	2586
小鸟依人】——老牛舐犊	1345
小人得势——大盗窃国】	2587
小人得志——竖子成名】	2588
小试锋芒】——大张声势	471
小受大走——老安少怀】	2589
小题大做——长话短说】	2590
小心翼翼——顾虑重重】	2591
小忠小信——大是大非】	2592
孝悌忠信——修齐治平】	2593
孝子慈孙】——义夫节妇	2882
孝子顺孙】——贤妻良母	2545
孝子贤孙】——良师益友	1383
笑口常开——心花怒放】	2609
笑里藏刀】——话中带刺	982
笑骂由人】——春秋非我	402
笑容满面——怒气填胸】	2594
笑容可掬】——凶相毕露	2662
笑逐颜开——喜从天降】	2525
笑中有刀】——酒后无德	1222
效颦学步——说项依刘】	2595

xie

携雨握云】——眠花宿柳	1527
邪不压正——柔能克刚】	2596
协和万邦】——挥斥八极	1003
谢兰燕桂——骥子龙文】	2597
谢天谢地——怜我怜卿】	2598
燮理阴阳】——调和鼎鼐	2293

xin

新翻花样——初写黄庭】	2599
新老交替——青黄不接】	2600

新亭对泣——故土难离】	2601
新硎初试——昏镜重磨】	2602
新月如钩】——余霞成绮	2975
心安理得】——仁至义尽	1910
心谤腹非】——笔诛口伐	129
心病难医】——沉冤莫白	300
心诚则灵】——龟厌不告	850
心潮澎湃——热血沸腾】	2603
心存魏阙——身在江湖】	2604
心荡神迷】——眉飞色舞	1503
心驰神往——意惹情牵】	2605
心醇气和】——行峻言厉	2639
心底无私】——胸中有数	2660
心地善良】——襟怀坦白	1174
心多梦多】——命大福大	1561
心烦技痒——意到笔随】	2606
心高气傲——意懒情疏】	2607
心高志扬——性静情逸】	2645
心挂两头——身怀六甲】	2035
心广体胖——神完气足】	2073
心狠手辣——口轻舌薄】	2608
心花怒放——笑口常开】	2609
心怀鬼胎】——面无人色	1534
心旷神怡】——兴高采烈	2647
心劳术拙——志洁行芳】	2610
心劳政拙——才秀人微】	2611
心领神会——情投意忺】	2612
心满意足——趾高气扬】	2613
心平气和】——发指眦裂	605
心如铁石——胸有丘壑】	2656
心如悬旌——胸有宿物】	2657
心若死灰】——形如槁木	2635
心神不宁】——形影相吊	2637
心为形役——事与愿违】	2614
心无旁骛——学有专长】	2615
心无异谋】——口绝行语	1300
心细胆粗】——眼明手快	2741
心想事成】——艺高胆大	2890
心小志大——智圆行方】	2616
心心念念——口口声声】	2617
心心相印——面面俱圆】	2618
心绪恍惚】——眼花缭乱	2740
心血来潮】——神经过敏	2064
心有余悸——体无完肤】	2619
心有鸿鹄】——胸无城府	2652
心有灵犀】——胸无点墨	2654

心余力绌——志大才疏】	2620
心照不宣】——神交已久	2062
心正笔正——源清流清】	2621
心中有数——手下留情】	2622
心醉魂迷】——眼饧骨软	2742
欣喜若狂】——恼羞成怒	1594
欣欣向荣】——蠢蠢欲动	411
薪桂米珠】——鼎铛玉石	527
薪尽火传】——人亡政息	1893
信及豚鱼】——行若狗彘	2641
信口雌黄】——随人仰俯	2227
信口开河】——挥毫落纸	1006
信马由缰】——听人穿鼻	2297
信手拈来】——精心挑选	1205
信手涂鸦】——无心插柳	2477

xing

兴廉举孝——纳士招贤】	2623
兴灭继绝——救亡图存】	2624
兴师动众——劳民伤财】	2625
兴妖作怪——惹是生非】	2626
星光灿烂——灯火辉煌】	2627
星火燎原】——浮云蔽日	700
星离雨散——云次鳞集】	2628
腥风血雨——剑影刀光】	2629
腥膻腐臭——活色生香】	2630
惺惺作态——咄咄逼人】	2631
形容憔悴——面目狰狞】	2632
形容枯槁——步履蹒跚】	2633
形如处女——貌若天仙】	2634
形如槁木——心若死灰】	2635
形神兼备——情景交融】	2636
形影相吊——心神不宁】	2637
形左实右——外方内圆】	2638
行不苟容】——目无流视	1578
行好积德】——疏财仗义	2174
行峻言厉——心醇气和】	2639
行尸走肉——衣架饭囊】	2640
行若狗彘——信及豚鱼】	2641
行无越思】——兵不厌诈	134
行侠仗义——乐善好施】	2642
行远自迩——恃功务高】	2643
行云流水——明月清风】	2644
性静情逸——心高志扬】	2645
性如烈火——气贯长虹】	2646
兴高采烈——心旷神怡】	2647
兴来如答】——让到是礼	1867

兴以情迁】——福由心造　　693
兴致勃勃——忧心忡忡】　2648
幸灾乐祸——排难解纷】　2649
杏脸桃腮】——蛾眉蝉鬓　585
杏眼圆睁】——柳眉倒竖　1424

xiong

胸罗二酉——智过万人】　2650
胸罗锦绣——口吐珠玑】　2651
胸无城府——心有鸿鹄】　2652
胸无大志——腹有良谋】　2653
胸无点墨——心有灵犀】　2654
胸有成竹——目无全牛】　2655
胸有甲兵】——手无寸铁　2159
胸有丘壑——心如铁石】　2656
胸有宿物——心如悬旌】　2657
胸中甲兵】——手下败将　2161
胸中泾渭——口角锋芒】　2658
胸中无墨——榜上有名】　2659
胸中有数——心底无私】　2660
凶神恶煞——饥虎饿鹰】　2661
凶相毕露——笑容可掬】　2662
兄弟阋墙】——妇姑勃谿　718
兄友弟恭】——伯歌季舞　176
兄终弟及——父欠子还】　2663
雄辩高谈】——深思熟虑　2050
雄才大略——款学寡闻】　2664
雄才盖世——洪福齐天】　2665
雄视一世——不虚此生】　2666

xiu

羞见江东】——耻居王后　337
羞以牛后——敢为人先】　2667
休明盛世——锦瑟华年】　2668
休牛归马——偃武修文】　2669
休戚相关】——甘苦与共　733
休声美誉——秽德垢行】　2670
休休有容】——碌碌寡合　1458
修旧利废——开源节流】　2671
修齐治平】——孝悌忠信　2593
修仁行义——逐利追名】　2672
修身洁行】——违法乱纪　2391
修身立节——治国齐家】　2673
修饰边幅】——装潢门面　3164
修心养性——遣兴陶情】　2674
朽木难雕——宝刀不老　107
秀才人情】——大将风度　456
秀色可餐】——强颜为笑　1753

秀外慧中】——弸中彪外　1642
绣花枕头】——金漆马桶　1162
绣口锦心】——金声玉振　1164
袖里乾坤】——壶中日月　945
袖手旁观】——拔刀相助　52

xu

虚怀若谷——壮志凌云】　2675
虚晃一枪】——稳吃三注　2428
虚论浮谈】——深知灼见　2054
虚美薰心】——异香扑鼻　2895
虚声恫喝——无病呻吟】　2676
虚堂悬镜——空谷传声】　2677
虚有其名】——茫无定见　1495
虚与委蛇】——精诚团结　1197
虚张声势——故作高深】　2678
虚掷年华】——蹉跎岁月　431
嘘枯吹生】——纵曲枉直　3202
畜妻养子——卖祖欺孙】　2679
蓄锐养威】——藏风聚气　250
旭日东升——夕阳西下】　2513
恤孤念寡——哀死事生】　2680
栩栩如生】——津津有味　1176

xuan

萱草忘忧】——蟠桃献瑞　1632
轩轩甚得——楚楚不凡】　2681
玄酒瓠脯】——山肴野蔌　2000
悬车致仕——解甲归田】　2682
悬而未决】——存而不论　429
悬河泻水——古井无波】　2683
悬壶济世——束杖临民】　2684
悬龟系鱼】——披蟒腰玉　1652
悬河注水——东海逝波】　2685
悬驼就石——从井救人】　2686
悬悬在念——燕燕于归】　2687
悬崖勒马——歧路亡羊】　2688
炫异争奇——竞新斗巧】　1213
炫玉贾石】——指桑骂槐　2689

xue

削壁巉岩——深山幽谷】　2049
削发披缁——濯缨洗耳】　3173
削发为僧——即心是佛】　1048
削木为兵】——刻舟求剑　1286
削足适履——剖腹藏珠】　2690
学传三箧——书富五车】　2691
学富二酉】——财雄一方　2692
学富五车】——才高八斗　224

学贵有恒】——兵无常势　171
学如登山】——化若偃草　974
学如穿井——思若涌泉】　2693
学无止境——功败垂成】　2694
学业有成——前程似锦　1736
学有专长——心无旁骛　2615
雪肤花貌——绿发红颜】　2695
雪海冰山——烟岚云岫】　2714
雪虐风饕——水深火热　2191
雪上加霜——风中秉烛　664
雪胎梅骨——兰质蕙心】　2696
雪中送炭——锦上添花】　2697
血气方刚】——风华正茂　652
血染沙场——命归黄泉】　2698
血雨腥风】——刀光剑影　492

xun

薰莸异器——兰艾同焚】　2699
薰莸同器——玉石俱焚】　2700
薰莸杂处——花萼相辉】　2701
埙篪相和——金鼓齐鸣】　2702
熏梅染柳——树蕙滋兰】　2703
询事考言】——待人接物　473
寻根究底——追本溯源】　2704
寻花问柳——拨雨撩云】　2705
寻欢作乐——游手好闲】　2706
寻死觅活】——装疯卖傻　3163
寻枝摘叶——剪草除根】　2707
循名责实——格物致知】　2708
循循善诱——察察为明】　2709
殉义忘生】——求生害义　1835
徇公灭私】——损物益己　2235
徇国忘身】——临危受命　1404
徇私舞弊——仗义执言】　2710
噀玉喷珠】——裁云剪水　237

Y　**ya**

牙牙学语——诺诺连声】　2711
鸦巢生凤——牛鼎烹鸡】　2712
鸦雀无声】——豺狼当道　265
雅俗共赏——老少咸宜】　2713

yan

燕市悲歌】——丰城剑气　640
烟波钓徒】——风雅名士　659
烟岚云岫——雪海冰山】　2714
烟视媚行】——浅斟低唱　1749
烟霞痼疾——泉石膏肓】　2715

严家饿隶——东野巴人】　2716
严气正性——孔思周情】　2717
严霜烈日——苦雨凄风】　2718
严刑峻法——叠矩重规】　2719
严于律己——宽以待人】　2720
严阵以待——望风而逃】　2721
妍蚩好恶——成败荣枯】　2722
研皮痴骨——瘠义肥辞】　2723
炎凉世态——聚散浮生】　2724
言出法随】——令行禁止　1417
言大非夸】——知希则贵　3093
言多必失——事缓则圆】　2725
言多语失】——词少理畅　413
言传身教——力追心仪】　2726
言简意赅】——诗真语素　2111
言清行浊——口是心非】　2727
言文行远——实至名归】　2728
言笑晏晏——书声琅琅】　2729
言行一致——左右两难】　2730
言犹在耳——口不应心】　2731
言有召祸——钱可通神】　2732
言者无罪——匹夫有责】　2733
言之成理——师出有名】　2734
颜筋柳骨——吴带曹衣】　2735
沿波讨源——投石问路】　2325
沿才授职——以貌取人】　2736
延年益寿——祛病消灾】　2737
眼高手低】——胆大心细　480
眼高于顶——大胆包天】　2738
眼观六路——耳听八方】　2739
眼花缭乱——心绪恍惚】　2740
眼明手快——心细胆粗】　2741
眼饧骨软——心醉神迷】　2742
掩耳盗铃——隔靴搔痒】　765
偃旗息鼓——破釜沉舟】　2743
偃兵息甲——散马休牛】　2744
偃革尚文——穷兵黩武】　1817
偃武修文——休牛归马】　2669
燕妒莺惭】——蜂缠蝶恋　666
燕侣莺俦】——虾兵蟹将　2529
燕雀处屋——凤凰在笯】　2745
燕雀相贺——凤凰来仪】　2746
燕瘦环肥——尧长舜短】　2780
燕舞莺歌】——人欢马叫　1879
燕舞莺啼】——桃红柳绿　2263
燕燕于归】——悬悬在念　2687

雁过拔毛】——官多为患	825
雁默先烹】——木强则折	1572
雁塔题名】——龙门点额	1438
厌故喜新——嫌贫爱富	2543
厌闻饫听】——坐视不顾	3227
艳如桃李——冷若冰霜】	2747

yang

阳春有脚——芝草无根】	2748
阳春白雪——下里巴人】	2749
阳光灿烂——春雨廉纤】	2750
阳关道———独木桥】	2751
扬己露才——隐鳞藏彩】	2912
扬眉吐气——飞眼传情】	2752
扬名四海——含笑九泉】	2753
扬名显亲】——积德裕后	1036
扬葩振藻——缀玉联珠】	2754
扬清激浊——吐故纳新】	2755
扬汤止沸——引足救经】	2756
扬扬得意——作作有芒】	2757
杨穿三叶——桂折一枝】	2758
杨花心性——龙马精神】	2759
杨柳春风】——冰壶秋月	158
杨朱泣岐——漆女忧鲁	1691
羊肠鸟道——柳陌花衢】	2760
羊落虎口——鸠居鹊巢】	2761
羊踏菜园——狗拿耗子	801
羊体嵇心——潘文乐旨	1631
羊头狗肉——佛口蛇心】	2762
羊续悬鱼——时苗留犊	2116
羊质虎皮——凤毛鸡胆	676
洋洋洒洒——鼓鼓囊囊】	2763
养儿防老——积谷备饥】	2764
养虺成蛇——迁兰为鲍	1735
养晦韬光——矜奇炫博	1172
养精蓄锐——敛锷藏锋】	2765
养痈贻害——作善降祥】	2766
养尊处优】——履险蹈难	1466
仰观俯察——切问近思】	2767
仰屋著书】——闭门思过	136

yao

腰缠万贯——身无分文】	2768
腰金骑鹤——弄玉吹箫】	2769
腰金衣紫——结驷连骑】	2770
腰金拖紫——秉笏披袍】	2771
腰酸背疼】——拳打脚踢	1855
妖言惑众——恶语伤人】	2772

妖由人兴】——父为子隐	717
夭桃秾李——翠柏苍松】	2773
邀名射利——求福禳灾】	2774
姚黄魏紫——李白桃红】	2775
摇旗呐喊——缴械投降】	2776
摇尾乞怜——负荆请罪	709
摇摇欲坠——岌岌可危】	2777
遥遥领先——汲汲顾影	1058
峣峣易缺——謇謇匪躬】	2778
杳如黄鹤——渺若烟云】	2779
尧长舜短——燕瘦环肥】	2780
尧舜千钟——师表万世	2105
尧天舜日——毕雨箕风】	2781
窈窕淑女——巾帼丈夫】	2782
咬文嚼字——缔句绘章】	2783
咬牙切齿——瞋眼竖眉】	2784
药到病除】——时来运转	2115
药笼中物——畎亩下才】	2785
耀武扬威】——装腔作势	3165
耀祖光宗】——封妻荫子	639
耀祖荣宗】——福孙荫子	689
要好成歉——转危为安】	2786
要言不烦】——大道至简	447

ye

爷饭娘羹】——仁浆义粟	1905
野草闲花】——金枝玉叶	1171
野鬼孤魂】——散兵游勇	1972
野鹤闲云】——来鸿去燕	1325
野狐参禅】——老吏断狱	1343
野马无缰】——羚羊挂角	1411
野鸟入庙——牝鸡司晨】	2787
野人献曝——能士匿谋】	2788
野生野长——独断独行】	2789
野叟献芹】——小儿造物	2586
野心勃勃——虎视眈眈】	2790
野有饿莩——门无杂宾】	2791
叶公好龙】——曾子杀彘	3040
叶落归根】——人穷反本	1884
叶落归秋】——花生满路	963
叶落知秋】——云开见日	3011
夜长梦多】——隙大墙坏	2528
夜郎自大——乔岳独尊】	2792
曳裾王门】——造福桑梓	3034

yi

一败涂地——三良殉秦】	2793
一瓣心香】——五侯蜡烛	2497

一笔勾销】——全盘否定 1852
一秉大公】——百无是处 86
一秉虔诚】——双修福慧 2188
一步登天】——半截入土 94
一步一趋】——百依百顺 87
一场春梦——十年寒窗】 2794
一唱一和——百依百随】 2795
一尘不染——四大皆空】 2796
一成不变——万古长青】 2797
一筹莫展——寸步难行】 2798
一触即发——再思而行】 2799
一触即溃——百折不挠】 2800
一床两好——十室九空】 2801
一锤定音】——三矢平虏 1964
一蹴可就——三思而行】 2802
一错百错——千真万真】 2803
一代传人】——百家诸子 72
一代鼎臣】——三朝元老 1947
一代风流】——六朝金粉 1426
一代楷模】——万世师表 2363
一代儒宗】——千秋人物 1729
一发破的——百步穿杨】 2804
一帆风顺——九转功成】 2805
一飞冲天——三徙成国】 1966
一夫荷载——两肋插刀】 2806
一竿风月——千里莼羹】 2807
一夫可守——万众弗摧】 2808
一鼓作气——二碑记功】 2809
一国三公】——十羊九牧 2131
一寒如此——四壁萧然】 2810
一呼百应——六问三推】 2811
一麾出守——五子登科】 2812
一花独放——百卉杂陈】 2813
一见钟情】——三生有幸 1963
一箭双雕】——二桃三士 599
一将难求】——千军易得 1726
一举成名】——三迁教子 1957
一匡天下——三顾茅庐】 2814
一来二去——百转千回】 2815
一览全收】——百读不厌 67
一揽包收】——百挑不厌 83
一廉如水——三世同财】 2816
一了百了——千难万难】 2817
一路福星】——万家生佛 2355
一路清平】——四时充美 2212
一马当先】——群龙无首 1862

一毛不拔】——十手争指 2129
一貌倾城】——万人空巷 2361
一门百笏——四世三公】 2818
一命归阴】——三魂出窍 1954
一鸣惊人】——三告投杼 1950
一命呜呼】——八音遏密 48
一念之差】——十全之美 2130
一牛吼地——百犬吠声】 2819
一诺无辞】——万金不换 2357
一盘散沙】——十里洋场 2124
一喷一醒——三浴三熏】 2820
一片宫商】——万家灯火 2354
一抔黄土】——万应灵丹 2821
一曝十寒】——三饥两饱 1956
一腔热血——两袖清风】 2822
一清如水——百忍成金】 2823
一人有庆——万寿无疆】 2824
一仍旧贯——三复斯言】 2825
一日三秋】——十风五雨 2123
一蛇吞象——五马分尸】 2826
一身二任——百巧千穷】 2827
一身是胆——十指连心】 2828
一盛一衰】——十全十美 2128
一时三刻——万代千秋】 2829
一时戏言】——千古绝唱 1717
一事无成】——百端待举 68
一室生春——万签插架】 2360
一世龙门】——终南捷径 3134
一手包办——半身不遂】 2830
一丝不挂——百媚俱生】 2831
一丝不苟——五色相宜】 2832
一死一生】——无依无靠 2480
一塌糊涂】——百无聊赖 85
一潭死水——四面楚歌】 2833
一天星斗——满目青山】 2834
一头雾水——满面冰霜】 2835
一团和气——满面春风】 2836
一团乱麻——十步芳草】 2122
一往无前——百折不挫】 88
一望而知】——两言可决 1391
一无可取——万有不齐】 2837
一息尚存——两情相悦】 1389
一笑了事——百年树人】 2838
一笑了之】——三言讹虎 1967
一网打尽——全盘托出】 2839
一心二用——四德三从】 2840

一言蔽之】——三榜定案	1943
一言不发——万马齐喑】	2841
一言偾事——三户亡秦】	2842
一言华衮——七窍玲珑】	2843
一言九鼎——两面三刀】	2844
一言立信——万事从宽】	2845
一言穷理——万籁无声】	2846
一言难尽——五味杂陈】	2847
一言丧邦】——偶语弃市	1628
一言陷人】——百马伐骥	74
一言兴邦】——三怨成府	1971
一阳复始——百福具臻】	2848
一叶扁舟】——八抬大轿	46
一叶迷山】——三夫成虎	1952
一意孤行】——百般刁难	65
一语千金】——千篇一律	1727
一元复始——万事大吉】	2849
一张一弛】——三起三落	1955
一针见血】——三纸无驴	2850
一枝独秀】——双桂联芳	2851
一纸空文】——百年大计	76
一掷乾坤】——三分鼎足	1949
一柱擎天】——五经扫地	2500
一字见心】——千金市骨	1723
一字连城】——千金买赋	1720
一字一珠】——片笺片玉	1658
一醉方休】——九死不悔	1219
一座皆惊】——百听不厌	84
一座尽惊】——两贤相厄	1390
一坐尽倾】——万流景仰	2358
依草附木——攀丝牵藤】	2852
依违两端】——表里一致	150
依违两可——啼笑皆非】	2853
依依不舍】——息息相关	2854
医时救弊】——治乱安危	2855
衣钵相传】——饔飧不继	2936
衣冠楚楚】——仪表堂堂	2856
衣冠济济——相貌堂堂】	2857
衣冠禽兽——泥足巨人】	2858
衣冠扫地】——鸡犬升天	2859
衣冠甚伟】——禽兽不如	2860
衣架饭囊】——行尸走肉	2640
衣来伸手】——患至呼天	2861
衣被群生】——赡足万类	2007
伊于胡底】——乐在其中	2862
仪表堂堂】——衣冠楚楚	2856
移宫换羽——品竹调丝】	2863
移风易俗——激薄停浇】	2864
移花接木——断鹤续凫】	2865
移气养体——辟邪护身】	2866
移情别恋——改过自新】	2867
移孝为忠】——居仁由义	1237
移樽就教——负笈从师】	2868
遗大投艰】——临深履薄	1403
遗臭万年】——流芳百世	1420
疑团莫释——妙处不传】	2869
疑云满腹——义愤填膺】	2870
贻范古今】——驰名中外	330
贻诮多方】——传神阿堵	378
宜室宜家】——肯堂肯构	1288
颐养天年】——苟延残喘	800
倚老卖老——以心换心】	2871
倚马立成】——按兵不动	30
倚门望子——窥御激夫】	2872
倚门倚闾——无昼无夜】	2488
倚强凌弱——饰智矜愚】	2873
倚玉之荣——充闾之庆】	345
以白为黑】——看朱成碧	1275
以茶代酒——捻土为香】	2874
以毒攻毒】——将错就错	1108
以古为鉴——于安思危】	2875
以蠡测海——用管窥天】	2876
以劣充优】——将无作有	1110
以卵击石】——驱羊攻虎	1840
以貌取人】——沿才授职	2736
以偏概全】——反客为主	609
以色事人】——冒颜犯上	1499
以身试法——借客报仇】	2877
以石投水——为渊驱鱼】	2878
以心换心】——倚老卖老	2871
以心问心】——就事论事	1226
以牙还牙】——说嘴打嘴	2195
以眼还眼——将心比心】	2879
以逸待劳】——将勤补拙	1109
以珠弹雀——将虾钓鳖】	2880
已登道岸——高步云衢】	2881
义薄云天】——气冲霄汉	1711
义不生财】——巧能成事	1758
义胆忠肝】——豪情逸致	877
义愤填膺——疑云满腹】	2870
义夫节妇——孝子慈孙】	2882
义海恩山】——道山学海	497

义结金兰】——情同手足	1813
义无反顾——礼尚往来】	2883
义无旋踵——忠不避危】	2884
义形于色】——情见乎辞	2885
义正辞严】——理直气壮	1360
义重恩深】——缘悭分浅	3000
义重如山】——恩深似海	590
逸态横生】——神情自若	2067
逸兴云飞】——才思泉涌	233
逸豫亡身】——忧劳兴国	2938
抑恶扬善——止戈兴仁】	2886
抑强扶弱——安富恤穷】	2887
驿寄梅花——鱼传尺素】	2962
意到笔随】——心烦技痒	2606
意懒情疏】——心高气傲	2607
意懒心慵】——缘悭命浅	3001
意乱心烦】——眉开眼笑	1504
意乱心慌】——神安气定	2059
意气飞扬】——才华横溢	230
意气轩昂】——才思敏捷	232
意气凌云——精神满腹	1202
意惹情牵】——心驰神往	2605
意攘心劳】——神融气泰	2068
意思意思】——彼此彼此	132
意往神驰】——眉来眼去	1505
意兴阑珊】——精神萎靡	1203
意有未申】——谋无遗策	1569
意在沛公】——情钟我辈	1814
易道良马——老牛破车】	2888
易如反掌——掉以轻心】	2889
易辙改辕】——诡衔窃辔	855
艺不压身】——钱可使鬼	1741
艺高胆大——心想事成】	2890
亦步亦趋】——偏听偏信	1656
亦师亦友——非李非桃】	2891
亦正亦邪】——不人不鬼	205
亦庄亦谐】——惟妙惟肖	2388
衣锦还乡】——解巾从仕	1138
衣锦食肉】——乘坚策肥	2892
异端邪说】——左道旁门	2893
异军突起——奇货可居】	2894
异口同声】——同床异梦	2309
异曲同工】——共枝别干	797
异香扑鼻——虚美薰心】	2895
益鸟珍禽】——毒蛇猛兽	559
挹斗扬箕】——扪参历井	1519
懿范长存】——音容宛在	2896
忆苦思甜】——抚今追昔	705
亿万斯年】——三千世界	1959

yin

音容宛在——懿范长存】	2896
音容如在——手泽尚存】	2897
阴曹地府】——清水衙门	2898
阴错阳差】——时乖运蹇	2114
阴魂不散——浩气长存】	2899
阴险狡猾】——光明磊落	835
阴阳怪气】——桃李精神	2900
阴雨晦冥】——惠风和畅	1018
因地制宜】——随机应变	2226
因利乘便——随方就圆】	2901
因陋就简】——取精用弘	2902
因人成事】——就地取材	2903
因事制宜】——随时度势	2229
殷浩书空】——吕安题凤	1462
殷鉴不远——警钟长鸣】	2904
殷殷垂念——耿耿于怀】	2905
殷忧启圣——多难兴邦】	2906
银河倒泻——火伞高张】	2907
银钩玉唾——铁板铜琶】	2908
银角桃枝】——金枷玉锁	1152
银装素裹——玉砌粉雕】	2909
银字觱篥——金壶墨汁】	2910
隐恶扬善——闲邪存诚】	2911
隐晦曲折】——光明正大	836
隐迹藏名】——韬光韫玉	2261
隐迹潜踪】——藏锋敛锷	249
隐鳞藏彩——扬己露才】	2912
隐姓埋名】——改头换面	725
饮冰茹檗——怀瑾握瑜】	2913
饮露餐风】——枕山栖谷	3069
饮露吸风】——吞云吐雾	2341
饮马投钱】——拔葵去织	54
饮水思源】——投桃报李	2327
引鬼上门】——请君入瓮	1816
引吭高歌】——破口大骂	1670
引火烧身】——触笼绝粒	373
引经据典——析律舞文】	2914
引狼入室——放虎归山】	2915
引蛇出洞——调虎离山】	2916
引为鉴戒——置若罔闻】	2917
引线穿针】——执柯作伐	3099
引足救经】——扬汤止沸	2756

荫子封妻】——生儿育女	2090	

ying

英明果断——犹豫狐疑】	2918
英才盖世——国士无双】	2919
英心未退——壮志难酬】	2920
英雄气短——儿女情长】	2921
英姿勃发——老态龙钟】	2922
英姿飒爽——器宇轩昂】	2923
莺歌燕舞——凤翥龙翔】	2924
莺啼燕啼——蛙鸣蝉噪	2348
鹰犬之才——股肱之力	815
蝇粪点玉——兰言断金	2925
蝇利蜗名】——管窥蛙见	830
蝇营狗苟——鼠窃狼贪】	2926
蝇头小利——蜗角虚名】	2927
鹦鹉学舌】——蜻蜓点水	1790
盈科后进——踏步不前】	2928
盈虚消长——生死存亡】	2929
萤窗雪案——黄卷青灯】	2930
郢书燕说】——假戏真做	1077
景从云集——蜂出泉流】	2931
应对如流】——指挥若定	3108
应声虫】——吹鼓手	385
应运而出——待时而沽】	2932
应运而起——逆天而行】	2933
应运而生】——从天而降	420
映月读书】——闻鸡起舞	2423
硬语盘空】——危言骇世	2383

yong

拥彗迎门】——清宫除道	1801
雍容大雅——练达老成】	2934
雍容华贵——蕴藉风流】	2935
饔飧不继——衣钵相传】	2936
庸人自扰——善者不来】	2937
庸医杀人】——良药苦口	1384
勇冠三军】——声驰千里	2081
勇往直前——突飞猛进	2328
永世无穷】——半生尝胆	95
永永无穷】——滔滔不绝	2260
咏月嘲风】——游山玩水	2941
用兵如神】——剪虏若草	1087
用管窥天】——以蠡测海	2876
用人惟才】——率马以骥	2185

you

忧国忘家】——损人利己	2233
忧国忧民】——作威作福	3232

忧劳兴国——逸豫亡身】	2938
忧心忡忡】——兴致勃勃	2648
忧心悄悄——思虑营营】	2939
忧心若醉——度日如年】	2940
尤物移人】——名花解语	1553
游刃皆虚】——牛刀小试	1615
游刃有余】——操刀能割	253
游山玩水——咏月嘲风】	2941
游手好闲】——寻欢作乐	2706
游戏人间】——逍遥法外	2572
游艺依仁】——居官守法	1235
油嘴滑舌】——嬉皮笑脸	2515
犹豫狐疑】——英明果断	2918
有碍观瞻】——无伤大雅	2468
有本有源】——无根无蒂	2452
有耻且格——无师自通】	2942
有胆有识】——无拳无勇	2466
有典有则】——无拘无束	2457
有度有识】——无思无虑	2471
有根有据——无影无踪】	2943
有国难投】——无门可报	2461
有机可乘】——无孔不入	2458
有家难回】——无路可走	2460
有脚阳春】——无涯风月	2479
有口皆碑】——如雷贯耳	1931
有苦难言】——无肠可断	2447
有口难言】——无征不信	2486
有错必纠】——无瑕可击	2475
有脚书橱】——无波古井	2446
有来有往——难解难分】	2944
有利有弊——能柔能刚】	2945
有劳有逸——不做不休】	2946
有利可图】——无微不至	2474
有令不禁——无章可循】	2947
有目共睹——尽人皆知】	2948
有腔有调——多彩多姿】	2949
有情有义——同德同心】	2950
有求必应——无计可施】	2951
有权有势——无法无天】	2952
有容乃大——无欲则刚】	2953
有伤风化——不合时宜】	2954
有声有色——如火如荼】	2955
有始有终】——没完没了	1511
有守有为】——能文能武	1598
有条有理——无始无边】	2956
有天没日——露尾藏头】	2957

有头有尾——善始善终】 2958
有闻必录——乏善可陈】 2959
有眼无珠】——没魂少智 1509
有勇有谋】——无私无畏 2469
有猷有为】——无相无作 2476
有志难酬】——怀才不遇 983
牖中窥日——柳下借阴 2960
幼学壮行】——老医少卜 1347
又红又专】——允文允武 3019

yu

纡青拖紫——服冕乘轩】 2961
予取予求】——我行我素 2436
予智予雄】——自高自大 3186
鱼传尺素——驿寄梅花】 2962
鱼龙混杂——泾渭分明】 2963
鱼米之乡】——钓游之地 522
鱼目混珠】——滥竽充数 1331
鱼肉百姓——膏泽斯民】 2964
鱼死网破——狗烹弓藏】 2965
鱼网鸿离】——鹊巢鸠占 1858
鱼游沸鼎——虎落平原】 2966
鱼轩莅止——大驾光临】 2967
鱼游釜底——龙跃云津】 2968
鱼跃龙门】——马空冀北 1482
鱼跃鸢飞】——萍飘蓬转 1668
鱼质龙文】——龟毛兔角 847
鱼纵大壑——凤鸣朝阳】 2969
渔经猎史——枕典席文】 2970
渔翁得利——孟母择邻】 2971
渔翁之利——田父之功】 2972
于安思危】——以古为鉴 2875
于今为烈】——旷古未闻 2973
于心何忍——在劫难逃】 2974
余霞成绮——新月如钩】 2975
余膏剩馥——断简残编】 2976
余音袅袅——气息奄奄】 2977
余音绕梁】——静影沉璧 1211
余韵流风】——闲情逸致 2541
余子碌碌——群雌粥粥】 2978
愚公移山】——精卫填海 1204
与鬼为邻】——同舟共命 2311
与虎谋皮】——为蛇画足 2405
与虎添翼——画龙点睛】 2979
与狼共舞——假虎张威】 2980
与民除害——为国捐躯】 2981
与时俱进——指日高升】 2982

与世长辞】——沉疴不起 297
与世无争】——为民请命 2403
与子同袍】——为人作嫁 2404
语惊四座——笔扫千军】 2983
语重心长】——辞严义正 415
羽毛丰满——头角峥嵘】 2984
羽翼渐丰】——口黄未退 1299
羽翼已丰】——童心未化 2312
雨过天青】——风吹云散 647
雨过天晴】——云开日出 3012
雨恨云愁】——诗情画意 2110
雨后春笋——风中残烛】 2985
雨后送伞——雾中观花】 2986
雨鬣霜蹄——锯牙钩爪】 1250
雨条烟叶——火树琪花】 2987
雨意云情】——欢苗爱叶 987
雨约云期】——巫山洛浦 2442
玉骨冰肌】——花容月貌 961
玉毁椟中】——花添锦上 964
玉减香消】——柳娇花媚 1425
玉律金科】——龙韬豹略 1443
玉砌粉雕】——银装素裹 2909
玉女于成】——陷人于罪 2550
玉软花柔】——龙神马壮 1441
玉石俱焚】——薰莸同器 2700
玉树兼葭】——黄钟瓦釜 1001
玉树临风】——梨花带雨 1358
玉想琼思】——私心杂念 2202
玉燕投怀】——飞熊入梦 623
玉液琼浆】——山珍海味 2001
玉翼婵娟】——丰神绰约 644
玉宇无尘】——碧空如洗 137
玉振金声】——轻音幽韵 1807
玉厄无当——蜂虿有毒】 2988
玉质金相——龙章凤姿】 2989
誉满寰中】——名高天下 1552
毓子孕孙】——传宗接代 381
郁郁寡欢】——嗷嗷待哺 33
鹬蚌相争】——枭鸾并集 2574
狱货非宝——同心断金】 2990
遇难成祥】——逢凶化吉 671
遇事生波】——无风起浪 2450
遇水架桥】——逢山开道 670
欲壑难填——贪心不足 2245

yuan

渊谋远略——博学多才】 2991

鸢飞戾天】——狐媚惑主　　946
鸳鸯交颈——狼狈为奸】　　2992
鸳鸯戏水——鸥鸟忘机】　　2993
冤家对头】——兰友瓜戚　　1329
冤家路窄——伉俪情深】　　2994
元恶大奸】——罪魁祸首　　3210
元龙豪气——骏马雄风】　　2995
原始要终】——钩深致远　　798
原心定罪】——探意立情　　2996
原形毕露】——真相大白　　2997
源浚流长】——根深叶茂　　769
源清流洁——本盛末荣】　　2998
源清流清——心正笔正　　2621
源泉万斛】——沧海一粟　　243
源源而来】——比比皆是　　130
源远流长】——本深末茂　　125
缘薄分浅——情深意浓】　　2999
缘木求鱼】——蒸沙作饭　　3072
缘木希鱼】——卧冰求鲤　　2440
缘悭分浅——义重恩深】　　3000
缘悭命浅——意懒心慵】　　3001
缘悭一面——恩若再生】　　3002
缘文生义——望影揣情】　　3003
援鳖失龟】——问羊知马　　2432
沅芷澧兰】——秦筝赵瑟　　1767
远见卓识】——高文宏议　　753
远交近攻】——深厉浅揭　　2047
远虑深谋】——神机妙算　　2061
远走高飞】——深居简出　　2045
怨气冲天】——哀歌动地　　3
怨声载道——怒气冲天】　　3004
怨天尤人】——疾世愤俗　　1067

yue

月地云阶】——桃蹊柳陌　　2264
月光如水——烛影摇红】　　3005
月窟仙枝】——琼林玉质　　1825
月落星沉——参横斗转】　　2056
月满则亏】——日中必昃　　1923
月明千里——日上三竿】　　3006
月夕花朝】——良辰美景　　1380
月下花前】——茶余饭后　　261
月下老人】——梁上君子　　1388
月夜花朝】——光天化日　　839
月约星期】——山盟海誓　　1996
月中折桂——**鳌里夺尊**】　　3007
约法三章】——当头一棒　　487

约己爱民】——奉公守法　　673
越古超今】——空前绝后　　1292
越罗蜀锦——东箭南金】　　3008
越俎代庖】——拔苗助长　　55

yun

晕头转向——怒臂当车】　　3009
云程发轫——平步登天】　　3010
云次鳞集】——星离雨散　　2628
云淡风轻】——花娇柳媚　　956
云锦天章】——春葩丽藻　　398
云开见日——叶落知秋】　　3011
云开日出——雨过天晴】　　3012
云梦闲情】——风流韵事　　654
云起龙骧】——车驰马骤　　288
云轻柳弱——水软山温】　　3013
云舒霞卷——水转峰回】　　3014
云霞满纸——废话连篇】　　3015
云心月性——水眼山眉】　　3016
云涌风飞】——河奔海聚　　891
云蒸霞蔚——日丽风和】　　3017
云中白鹤——天上石麟】　　3018
允文允武——又红又专】　　3019
韫椟而藏】——解囊相助　　1139
蕴藉风流】——雍容华贵　　2935
孕大含深】——怀真抱素　　985
运筹帷幄——作舍道边】　　3020
运计铺谋】——揆情度理　　1318
运交华盖——祸稔萧墙】　　3021
运斤成风】——挥汗如雨　　1005
运开时泰——福寿年高】　　3022

Z za

匝地烟尘】——燎原烈火　　1393
杂乱无章】——井然有序　　1208

zai

载酒问字——**囊萤照书**】　　3023
载笑载言】——相亲相爱　　2560
载欣载奔】——知足知止　　3095
载舟覆舟】——拔帜易帜　　59
再当冯妇——重振雄风】　　3024
再接再厉】——不依不挠　　3025
再思而行】——一触即发　　2799
再续前缘】——重温旧梦　　349
再造乾坤】——大明法度　　459
再造之恩】——三迁之教　　1958
在劫难逃】——于心何忍　　2974

zan

簪缨门第——钟鼎人家】　3026

zang

葬身鱼腹——委肉虎蹊】　3027
葬玉埋香】——摧花斫柳　427

zao

糟糠之妻】——竹马之友　3156
凿壁偷光】——焚膏继晷　632
凿龟数策——拜鬼求神】　3028
凿石索玉】——探骊得珠　3029
早出晚归】——夙兴夜寐　2222
早迷晚寤——前倨后恭】　3030
早生贵子】——终养天年　3031
澡身浴德——洗手奉公】　3032
造端倡始——领异标新】　3033
造福桑梓——曳裾王门】　3034
造化小儿】——浮屠老子　699
造微入妙——返朴还真】　3035
造谣中伤】——矢口抵赖　2137

ze

责重山岳——命轻鸿毛】　3036
责无旁贷——情有可原】　3037
责有攸归】——计无所出　1068
啧啧称羡——拳拳服膺】　3038
择佛烧香】——看人说话　1274
择人而事——待价而沽】　3039
择善而从】——度德而让　582
择善而行——知难而进】　3089

zei

贼子乱臣】——贪人败类　2242

zeng

曾参杀人】——毛遂坠井　1497
曾子杀彘——叶公好龙】　3040
增光添彩——惹祸招愆】　3041

zhai

摘艳薰香】——附膻逐臭　714
斋心涤虑——砥节砺行】　3042
宅心知训——慧眼识珠】　3043
债多不愁】——器满则覆　1714

zhan

沾沾自喜——惴惴不安】　3044
斩将搴旗】——冲锋陷阵　344
斩草除根】——抽薪止沸　353
斩蛇逐鹿——捉虎擒蛟】　3045
展翅高飞】——抱头鼠窜　112
占山为王】——立地成佛　1365

战火纷飞】——硝烟弥漫　2576
战战兢兢】——期期艾艾　1678

zhang

獐头鼠目——虎背熊腰】　3046
张牙舞爪——低首下心】　3047
章满公车】——案无留牍　29
彰往察来】——思前想后　2197
掌上明珠】——枕中鸿宝　3070
仗马寒蝉】——池鱼笼鸟　324
仗势欺人】——恃才傲物　2146
仗义疏财】——施仁布德　2108
仗义执言】——徇私舞弊　2710
杖头百钱】——人手一册　1891
杖钺一方】——折腰五斗　3062

zhao

朝乾夕惕——日就月将】　3048
朝朝暮暮——岁岁年年】　3049
朝真暮伪——今是昨非】　3050
朝奏暮召——先公后私】　3051
招财进宝——积玉堆金】　3052
招蜂引蝶——惹草拈花】　3053
招降纳叛——党恶佑奸】　3054
招摇过市——慷慨陈词】　3055
招魂扬幡】——革命创制　766
昭昭在目——耿耿于心】　3056
爪牙之士——喉舌之官】　3057
照本宣科】——现身说法　2549
照猫画虎——量体裁衣】　3058
照章办事——枉法营私】　3059
诏书挂壁——军令如山】　3060

zhe

折冲樽俎——厝火积薪】　3061
折戟沉沙】——借杯浇块　1141
折矩周规】——离经叛道　1354
折腰五斗——杖钺一方】　3062
哲人其萎——逝者如斯】　3063

zhen

真情实意——假意虚情】　3064
真相大白】——原形毕露　2997
甄才品能】——度德量力　583
贞夫烈妇——逆子叛臣】　3065
贞松劲柏——宠柳娇花】　3066
贞下起元】——祸中有福　1030
针锋相对——水火不容】　3067
枕典席文】——渔经猎史　2970
枕戈待旦——梦笔生花】　3068

枕山栖谷——饮露餐风】	3069	
枕石寝绳】——餐松啖柏	239	
枕石漱流】——吸风饮露	2514	
枕中鸿宝——掌上明珠】	3070	
振聋发聩——起死回生】	3071	
振鹭充庭】——群鸿戏海	1861	
振振有词】——谆谆善诱	3171	
震古烁今】——光前裕后	838	

zheng

蒸沙作饭——缘木求鱼】	3072	
争奇斗艳——尽态极妍】	3073	
争权夺利——推枣让梨】	3074	
争先恐后——厚往薄来】	3075	
铮铮铁骨——耿耿忠心】	3076	
拯溺扶危】——怜贫恤老	1378	
整躬率物——审己度人】	3077	
整军经武——秣马厉兵】	3078	
整齐划一】——错落有致	432	
正本清源】——敦风厉俗	568	
正襟危坐——变服诡行】	3079	
正人君子——柳圣花神】	3080	
正身率下——舍己成人】	3081	
正直无私】——清介有守	1804	
正直无邪】——清静寡欲	1803	
正中下怀】——尽如人意	1183	
郑人争年——志士惜日】	3118	
郑声乱雅】——恶紫夺朱	3082	
郑重其辞】——不拘小节	199	
政出多门】——天无二日	2287	
证龟成鳖】——指鹿为马	3109	

zhi

芝草无根】——阳春有脚	2748	
芝焚蕙叹——兔死狐悲】	3083	
芝兰玉树——败柳残花】	3084	
枝繁叶茂——蒂固根深】	3085	
枝附叶连】——根深蒂固	768	
知恩报德——据义履方】	3086	
知彼知己——不痴不聋】	3087	
知过必改——树德务滋】	3088	
知命安身】——明心见性	1546	
知难而进——择善而行】	3089	
知难而退——闻道犹迷】	3090	
知荣守辱——乐道安贫】	3091	
知微知彰】——能上能下	1597	
知我罪我】——立人达人	3092	
知无不为】——志在必得	3119	

知希则贵——言大非夸】	3093	
知遇之荣】——成名之累	310	
知足常乐——见好就收】	3094	
知足知止——载欣载奔】	3095	
只轮不反——来轸方遒】	3096	
只手擎天】——单刀赴会	474	
脂膏不润——水米无交】	3097	
执鞭随镫——捧毂推轮】	3098	
执法如山】——爱民若子	11	
执经问难】——涉笔成趣	2028	
执柯作伐——引线穿针】	3099	
执文害意——出口伤人】	3100	
直道而行】——平心而论	1666	
直道事人】——大公无我	452	
直道守节】——横行无忌	907	
直抒己见——大放厥词】	3101	
直节劲气——周情孔思】	3102	
直情径行】——高视阔步	750	
直写胸襟】——大开眼界	458	
直言无讳——长恶不悛】	3103	
直言贾祸——妙语解颐】	3104	
直言无隐——累见不鲜】	3105	
植党营私】——毁家纾难	1016	
只争朝夕】——枉费时日	2364	
止暴禁非】——除邪惩恶	371	
止戈兴仁】——抑恶扬善	2886	
止谈风月——乱点鸳鸯】	3106	
纸上谈兵】——水中捞月	2192	
纸田墨稼——笔刀砚城】	3107	
纸醉金迷】——灯红酒绿	517	
绨句绘章】——咬文嚼字	2783	
指点迷津】——顿开茅塞	570	
指挥若定——应对如流】	3108	
指鹿为马——证龟成鳖】	3109	
指日高升】——与时俱进	2982	
指桑骂槐】——炫玉贾石	2689	
指手画脚——说东道西】	3110	
指天画地——布斗踏罡】	3111	
指天誓日——撮土焚香】	3112	
指雁为羹】——炊沙作饭	383	
趾高气扬】——心满意足	2613	
至诚感天】——上善若水	2015	
至大至刚】——无声无臭	2470	
至理名言】——锦囊妙计	1179	
至仁忘仁】——上德不德	2011	
至人无为】——大圣不做	463	

至人无己——天下为公】	3113
至纤至悉】——尽善尽美	1184
至矣尽矣——堂哉皇哉】	3114
至圣至明】——惟精惟一	2387
至尊至贵——克爱克威】	3115
智过万人】——胸罗二西	2650
智圆行方】——心小志大	2616
智珠在握——成竹于胸】	3116
志大才疏】——心余力绌	2620
志洁心雄】——才高语壮	227
志洁行芳】——心劳术拙	2610
志美行厉——才高气清】	3117
志士仁人】——孤臣孽子	805
志士惜日——郑人争年】	3118
志在必得——知无不为】	3119
治病救人】——惩前毖后	305
治国安邦】——成家立业	309
治国齐家】——修身立节	2673
治乱安危】——医时救弊	2855
治丝益棼】——作茧自缚	3231
置若罔闻】——引为鉴戒	2917
置水之情】——浇瓜之惠	1115
置诸高阁——打入冷宫】	3120
致仕悬车】——去官留犊	1850
栉风沐雨——戴月披星】	3121
掷地有声】——立竿见影	1366

zhong

中饱私囊】——大膏馋吻	451
中馈犹虚】——小姑独处	2583
中郎有女——伯道无儿】	3122
中流砥柱——大厦栋梁】	3123
中流击楫——半路修行】	3124
中天婺焕——南极星辉】	3125
中通外直——上挂下连】	3126
中西合璧——胡越同舟】	3127
中心摇摇】——神采奕奕	2058
中原逐鹿——赤壁鏖兵】	3128
忠不避危】——义无旋踵	2884
忠君报国——济世安民】	3129
忠心耿耿——铁骨铮铮】	3130
忠心贯日——色胆包天】	3131
忠信乐易】——谨慎肃恭	3132
忠言逆耳——美意延年】	3133
忠言奇谋】——长算远略	275
终非了局】——误落尘网	2511
终南捷径——一世龙门】	3134

终身伴侣——半路夫妻】	3135
终天抱恨——入土为安】	3136
终无了局】——不乏先例	190
终养天年】——早生贵子	3031
钟鼎人家】——簪缨门第	3026
钟仪楚奏——庄舄越吟】	3137
螽斯衍庆——兰桂腾芳】	3138
冢中枯骨】——釜底游魂	3139
踵事增华】——集思广益	1064
众功皆兴】——诸恶莫作	3147
众口铄金】——三人成虎	1961
众目睽睽】——人言啧啧	1903
众目昭彰】——全神贯注	1853
众叛亲离】——土崩瓦解	2331
众擎易举——专欲难成】	3140
众星拱北】——万水朝东	3141
众星拱月——群蚁溃堤】	3142
众议纷纭】——群情鼎沸	1864
重本抑末——贵农贱商】	3143
重典治乱——快刀斩麻】	3144
重义轻财】——贵阴贱璧	858
种豆得豆 种瓜得瓜】——嫁鸡随鸡 嫁狗随狗	1078

zhou

周郎顾曲——天女散花】	3145
周情孔恩】——直节劲气	3102
舟车劳顿】——戎马勤勤	3146
粥少僧多】——曲高和寡	1847
粥粥无能】——楚楚作态	372
骤雨暴风】——疾雷迅电	1045

zhu

诸恶莫作——众功皆兴】	3147
朱陈之好——管鲍之谊】	3148
朱弦三叹——季路一言】	3149
珠辉玉映——桂馥兰香】	3150
珠联璧合——花好月圆】	3151
诛求无已——贪墨成风】	3152
诛心之论——刎颈之交】	3153
逐利追名】——修仁行义	2672
逐日追风】——流星赶月	1422
竹苞松茂——桂馥兰馨】	3154
竹报平安】——花开富贵	958
竹篮打水——螳臂当车】	3155
竹马之友——糟糠之妻】	3156
竹外一枝】——花间四友	955
竹中高士——林下神仙】	3157

舳舻相继——车马骈阗】	3158
烛影摇红】——月光如水	3005
劚山觅玉——摆袖却金】	3159
主敬存诚】——畏威怀德	2400
主圣臣良】——官逼民反	824
煮粥焚须】——灼艾分痛	3178
煮字疗饥】——回文织锦	1015
祝发空门】——吹箫吴市	384
祝哽祝噎】——问寒问暖	2430
柱石之坚】——松筠之节	2217
筑岩钓渭】——漱石枕流	3160
助纣为虐】——顺天恤民	3161
助人为乐——卖友求荣】	3162

zhuan

专欲难成】——众擎易举	3140
转危为安】——要好成歉	2786
馔玉炊金】——焚香列鼎	634

zhuang

装疯卖傻——寻死觅活】	3163
装潢门面——修饰边幅】	3164
装腔作势——耀武扬威】	3165
装神弄鬼——奉道斋僧】	3166
庄叟悲雁——龙阳泣鱼】	3167
庄舄越吟】——钟仪楚奏	3137
壮士断腕——比干剖心】	3168
壮志凌云】——虚怀若谷	2675
壮志难酬】——英心未退	2920
壮志未酬】——前功尽弃	1739
撞府冲州】——走南闯北	3204

zhui

锥处囊中】——石沉海底	2133
追本穷源】——盘根究底	1633
追本溯源】——寻根究底	2704
追风逐电——握雾拿云】	3169
追名逐利——积德累功】	3170
缀玉联珠】——扬葩振藻	2754
惴惴不安】——沾沾自喜	3044

zhun

谆谆善诱——振振有词】	3171

zhuo

捉虎擒蛟】——斩蛇逐鹿	3045
捉襟见肘——等米下锅】	3172
捉鼠拿猫】——降龙伏虎	2566
濯缨洗耳——削发披缁】	3173
濯足濯缨】——改步改玉	724
擢发莫数——罄竹难书】	3174

琢玉成器——化枭为鸠】	3175
斫轮老手——窥牖小儿】	3176
斫雕为朴】——务实去华	3177
酌水知源】——曝书见竹	1675
灼艾分痛——煮粥焚须】	3178

zi

锱铢必较——细大不捐】	3179
紫气东来】——福星高照	692
子承父业——男扮女装】	3180
子规帝魄——孔雀家禽】	3181
子丑寅卯——青红皂白】	3182
自暴自弃——人扶人兴】	3183
自成机杼——独运匠心】	3184
自僝自僽——人见人怜】	3185
自高自大——予智予雄】	3186
自成一格——各有千秋】	3187
自吹自擂——人见人爱】	1882
自得其乐——但悦我心】	3188
自顾不暇——相安无事】	2555
自坏长城——独行其道】	556
自救不暇——相煎太急】	2557
自掘坟墓——身陷愁城】	3189
自立门户——独抒杼轴】	3190
自卖自夸】——不矜不伐	197
自媒自炫——不挟不矜】	3191
自鸣得意——高唱入云】	3192
自命清高】——躬行节俭	793
自生自灭——相辅相成】	3193
自食其言】——免开尊口	1530
自始至终】——从头到尾	421
自投罗网——暗度陈仓】	3194
自我欣赏——神人鉴知】	3195
自寻烦恼——独坐愁城】	3196
自寻死路——误入歧途】	3197
自业自得】——好心好报	881
自找台阶】——独无聊赖	555
自致青云】——躬逢盛事	790
自铸伟辞】——躬逢盛钱	791
自作聪明】——别生枝节	153
自作解人】——莫名其妙	1566
自作主张】——各安生业	767
自作自受——相生相成】	3198
字若涂鸦】——味同嚼蜡	2406
字斟句酌】——辞约义丰	3199
字正腔圆】——喉清韵雅	925

zong

纵横四海——领袖一方】 3200
纵横捭阖】——分化瓦解 627
纵横天下——叱咤风云】 3201
纵虎归山——拖人下水 2343
纵曲枉直——嘘枯吹生】 3202

zou

邹鲁遗风】——金陵王气 1159
走马观花——浮光掠影 696
走马上任——梦尸得官】 3203
走南闯北——撞府冲州】 3204
走投无路——进退触籓】 3205

zu

足上首下——文东武西】 3206
足智多谋——能征惯战 1599
祖舜宗尧——崇洋媚外 351

zuan

钻冰取火——剖蚌求珠】 3207
钻故纸堆】——坐冷板凳 3226
钻皮出羽——洗垢求瘢】 3208

zui

嘴尖皮厚——头重脚轻】 3209
罪恶昭彰——功勋卓著 788
罪己责躬】——求神拜佛 1834
罪魁祸首——元恶大奸】 3210
罪孽深重——声名狼藉】 3211
蕞尔小邦】——庞然大物 1639
醉酒饱德——含英咀华】 3212
醉墨淋漓】——悲歌慷慨 116
醉生梦死——任性恣情】 3213
醉翁之意——君子之交】 3214

zun

尊卑有序——童叟无欺】 3215
尊己卑人】——贵人贱己 856
尊年尚齿——礼士亲贤】 3216
尊师重道——敬业乐群】 3217
尊闻行知】——劝善规过 1857
尊无二上——独霸一方】 3218
尊贤礼士——惜玉怜香】 3219
遵道秉义——守经达权】 3220
遵时养晦——混俗和光】 3221

zuo

左抱右拥】——上烝下报 2018
左道旁门】——异端邪说 2893
左挈右提】——上求下告 2014
左提右挈——前挽后推】 3222

左右俱宜】——低昂不就 513
左右两难】——言行一致 2730
左支右绌——上替下陵】 3223
坐地分赃】——替天行道 2272
坐观成败——面授机宜 3224
坐怀不乱——俭腹高谈】 3225
坐井观天】——守株待兔 2165
坐冷板凳——钻故纸堆】 3226
坐失良机——稳操胜券 2426
坐视不顾——厌闻饫听】 3227
坐收渔利——大发横财】 3228
坐卧不宁——寝食俱废 1772
坐享其成——不知所出 216
坐享其功——稳操左券 2427
坐知千里——日诵五车】 3229
做刚做柔——救苦救难 1228
做鬼做神——称王称霸 303
做贼心虚——近乡情怯 1188
做张做致——弄鬼弄神】 3230
作奸犯科——安分守己 18
作茧自缚——治丝益棼】 3231
作善降祥——养痈贻害 2766
作舍道边——运筹帷幄 3020
作威作福——忧国忧民】 3232
作作有芒】——扬扬得意 2757

附录一

普通话里派入平声的常用古入声字

a韵： 八捌拔跋魃插锸擦察答搭嗒妲耷哒怛鞑瘩发伐阀筏罚乏垡砝邋撒杀塌轧闸
撒砸匝咂杂扎札铡

ia韵： 掐瞎押鸭压夹颊荚铗颊霞暇狭侠峡匣柙狎黠辖

ua韵： 刮刮鸹夹浃刷挖滑猾

o韵： 礴拨剥钵泊泼摸膜抹伯舶勃箔脖驳鈸踣卜膊搏博薄帛渤佛

uo韵： 托脱郭聒蝈捉桌拙戳说撮缩夺度铎掇裰咄国帼掴虢活灼酌浊镯啄琢卓擢濯
斫诼簇昨莝棁缴

e韵： 搁割鸽肋磕喝貉得德格阁革隔骼嗝膈葛额壳合核盒阂涸翮貉阖核劾舌折哲
蜇辙谪磔辄摺择泽责则赜帻笮

ie韵： 鳖憋瘪撇跌贴帖捏接揭切歇楔蝎噎别蹩叠迭谍蝶碟喋喋蹀耋结洁诘劫杰孑
节竭捷截睫碣桀胁协挟撷

ue韵： 撅缺薛削约曰决诀抉绝觉谲掘倔崛厥蕨蹶橛镢攫爵嚼珏孓夒屩掘桷獗瘸学
莺穴噱

i韵： 吃湿失虱只织汁逼滴激击积迹绩屐劈七漆戚踢淅晳吸膝息熄昔惜悉夕析晰
锡揖直植侄跖掷撷殖职执十石食识实拾蚀鼻敌涤笛荻镝迪寂笈汲芨殛藉瘠
疾及急即级极吉棘集籍辑习席媳袭昔惜熄檄

u韵： 出督骨惚哭窟屋读犊牍毒独伏福佛服幅辐袱绋佛鹄鹘斛仆瀑蹼璞熟孰塾赎
秫叔淑菽俗突秃竹筑烛逐足族镞卒

ü韵： 曲屈戌局菊橘桔蹋掬鞠鞫

附录二

成语结构类型

成语作为一种固定词组，是由实词加实词或实词加虚词按照一定的语法关系组成的。根据组成部分之间不同的语法关系，成语可分为许多结构类型，主要有八种基本类型，每种基本类型还包括了多种不同的结构形式。现按类别并带例词列举如下，为读者分析成语结构提供参照。

一、主谓结构

由表示陈述对象的前一部分（主语）和表陈述或说明的后一部分（谓语）构成，主语为名词性词语。主谓结构类型的成语，可以这样表述：①（谁）什么|是什么；②（谁）什么|怎样；③（谁）什么|做什么。

风-云 ｜ 变 幻 名-名 ｜ 动/形一	针-锋 ｜ 相-对 名-名 ｜ 副-动	豺-狼 ｜ 当-道 名-名 ｜ 动-名
老-态 ｜ 龙 钟 形/名-名 ｜ 形/动一	风-声 ｜ 鹤-唳 形/名-名 ｜ 名-动/形	群-龙 ｜ 无-首 形/名-名 ｜ 动-名
哀-兵 ｜ 必-胜 形/名-名 ｜ 副-动/形	气 ｜ 吞-山-河 名 ｜ 动-名-名	脚 ｜ 踏-实-地 名 ｜ 动-形-名
钱 ｜ 可-通-神 名 ｜ 副-动-名	事 ｜ 与-愿-违 名 ｜ 介-名-动	骨 ｜ 瘦-如-柴 名 ｜ 形/动-动/介-名
大-腹 ｜ 便便 形/名-名 ｜ 叠一	鹏-程 ｜ 万-里 形/名-名 ｜ 数-名/量	双-瞳 ｜ 剪-水 数-名/量 ｜ 动-名
万-念 ｜俱-灰 数-名/量 ｜ 副/形-动/形	网｜开-三-尺 名｜动/形-数-名/量	一-笔 ｜ 勾-销 数-名/量 ｜ 动/形一
一 -字｜一 -珠 数/量-名｜数/量-名	孔雀 ｜ 家-禽 名- ｜ 名-名	尾｜大-不-掉 名｜形/动-副/形-动

二、动宾结构

动宾结构也称为述宾结构，由表示动作行为的前一部分（动词性词语）和表示动作行为所支配、关涉对象的后一部分（名词性词语，称为宾语）构成。动宾结构类型的成语，可以这样表述：做（动）｜ （多少或什么样的）什么。

叱　咤 │ 风-云 动一　　│ 名-名	光　膺 │ 旧-物 动一　　│ 形-名	不-露 │ 锋-芒 副/形-动 │ 名-名
重-温 │ 旧-梦 形/副-动 │ 形/名-名	傍 │ 人-门-户 动 │ 名-名/形-名	望-穿 │ 秋-水 动-动 │ 形/名-名
如 │ 坐-针-毡 动 │ 动-形/名-名	三-顾 │ 茅-庐 数-动 │ 名/形-名	独-当 │ 一-面 副/形-动 │ 数-量/名

三、述补结构

由表示动作行为或性质状态的前一部分（动词性词语或形容词性词语，称为述语）和对其加以补充说明的后一部分（补语）构成。述补结构类型的成语，可以这样表述：①动作行为（性状）│ 做得怎么样（或程度）；　②动作行为 │ 于什么时、地、物。

欣-喜 │ 若-狂 形/动一 │ 动-名	忠-贞 │ 不-渝 形/动一 │ 副-动/形	从-善 │ 如-流 动-名 │ 动-名
骑-虎│难-下 动-名│副/形-动/形	觍-颜 │ 人-世 动-名/代 │ 名-形/名	层-出 │ 不-穷 副-动 │ 副-动/形
爱│莫-能-助 动│形│副-动-动/名	安 │ 如-泰-山 形│动 │ 动-形/名-名	劳 │ 而-无-功 动/形 │ 连-动-名
穷│当-益-坚 形/动│连-副-形/动	流-芳 │ 百-世 动-名 │ 数-量/名	

四、定中结构

定中结构也被称为偏正结构，由起修饰作用的前一部分（定语）和被修饰限制的后一部分（名词性的中心语）构成。定中结构类型的成语，可以这样表述：①什么 │ 的什么；　②什么样 │ 的什么。

锦-绣 │ 河-山 名/形-名 │ 名/形-名	生-花 │ 妙-笔 动-名 │ 形/名-名	雨-后 │ 春-笋 形/名-名 │ 形/名-名
惊-弓 │ 之-鸟 动-名 │ 助-名	醉-翁 │ 之-意 形/名-名 │ 助-名	难-言 │ 之-隐 副-动/形 │ 助-名
好好 │ 先生 叠一 │ 名一	一-念 │ 之-差 数-名/量 │ 助-名	十-步 │ 芳-草 数-量/名 │ 形-名-名
尺-幅 │ 千-里 形/名-名 │ 数-名		

-703-

五、状中结构

状中结构也被称为偏正结构，由起修饰作用的前一部分（状语）和被修饰限制的后一部分（动词性或形容词性的中心语）构成。状中结构类型的成语，可以这样表述：如何 ┃ 动作行为。

精诚 ┃ 团结 形/副- ┃ 动/形-	借-题 ┃ 发挥 动-名 ┃ 动/形-	拔-刀 ┃ 相-助 动-名 ┃ 副/形-动/形
浑-水 ┃ 摸-鱼 形/名-名 ┃ 动-名	锦-上 ┃ 添-花 名-方 ┃ 动-名	囫囵 ┃ 吞-枣 副/形- ┃ 动-名
犹豫 ┃ 不-决 副/形- ┃ 副-动/形	对-牛 ┃ 弹-琴 介-名 ┃ 动-名	挺-身 ┃ 而-出 动-名 ┃ 连-动
浅-尝 ┃ 辄-止 副-动/形 ┃ 连-动/形	彬彬 ┃ 有-礼 叠- ┃ 动-名	沾 ┃ 自-喜 叠- ┃ 副-动/形
一-醉 ┃ 方-休 数-动/名 ┃ 副-动		

六、联合结构

联合结构也被称为并列结构，由词性、结构相同和地位平等的两个或四个词语并列构成。联合结构类型的成语，可以这样表述：①什么（如何）和什么（如何）；②干什么又（还）干什么；③既怎么又怎么。

麟┃凤-龟┃龙 名-名-名-名	骄┃奢-淫┃逸 形/动-形/动-形/动-形/动	缠绵 ┃ 悱恻 形/动- ┃ 形/动-
天-高 ┃ 地-厚 名-动/形 ┃ 名-动/形	排-山 ┃ 倒-海 动-名 ┃ 动-名	青-山 ┃ 绿-水 形/名-名 ┃ 形/名-名
远-走 ┃ 高-飞 形/副-动/形 ┃ 形/副-动/形	期期 ┃ 艾艾 叠- ┃ 叠-	刻-肌 ┃ 刻-骨 动-名 ┃ 动-名
群-策 ┃ 群-力 形/名-名 ┃ 形/名-名	相-亲 ┃ 相-爱 副/形-动/形 ┃ 副/形-动/形	百-依 ┃ 百-顺 数-动/形 ┃ 数-动/形
万-水 ┃ 千-山 数/量-名 ┃ 数/量-名	千-呼 ┃ 万-唤 数-动/形 ┃ 数-动/形	

七、连动结构

连动结构也称为连谓结构，由分别表示两种不同行为（或性质状况）的前后两部分所构成，前后两部分有先后、因果等逻辑关系，不可调换。

泥-多 ｜ 佛-大 名-形/动 ｜ 名-形/动	移-花 ｜ 姿-木 动-名 ｜ 动-名	未-老 ｜ 先-衰 副/形-动/形 ｜ 副/形-动/形
叶-落 ｜ 归-根 名-动/形 ｜ 动-名	后-来 ｜ 居-上 副/形-动 ｜ 动-名	种-瓜 ｜ 得-瓜 动/介-名 ｜ 动/介-名
十-拿 ｜ 九-稳 数-动/形 ｜ 数-动/形	接-二 ｜ 连-三 动-数 ｜ 动-数	精-益-求-精 （1.4字重复，归于此类）

八、兼语结构

兼语结构由前面的一个动宾结构和后面的主谓结构套装构成，动宾结构的宾语兼做后面主谓结构的主语。兼语结构的成语一般表述为：动（谁）哪个去干什么。

请-｜ 君 ｜-入-瓮
动-｜ 名 ｜-动-名

附录三

对仗可用字词选

一、本字词选为读者在进行成语联对扩联或撰写对联选择对仗字词时提供参考，也可作"属对"练习之用。

二、本字词选所录的字词按词类、语义、平仄进行编排。

三、本字词选由三部分组成：

1.【字】

多为单音节词，可单独使用，如"天""地""风""雨""生""死""高""低"等；有小部分为词语后缀，须加字（词根）组词后再使用，如"者""宾""徒"等等。

由于现代汉语词汇趋向双音节化，【字】部的字实为词根，是词根的词语不可能——列出。读者按联意的需要，可从自己熟悉、掌握的含有该字（词根）的词语中选择一个合适的词语用于对仗；或在该字的前面，加上一个（或平或仄的）字，组成新的词语来使用。如【名】—【天文气象类—仄声部】的"雨"字为词根的词语，就有"霖雨、细雨、春雨、云雨、红雨"等上百个，读者可任选一个；而可对仗的含"风"字的词语也很多，如"东风、秋风、北风、清风、英风"等。只要选定了"雨对风"，则"春雨—秋风""暴雨—狂风"等对仗都会是工整的。

2.【词】

所选多为联绵词，即两个音节连缀成义而一般不能拆开来讲的词语，如"菩萨""玫瑰""蹒跚"等。这一部分只编录了名、动、形三类词语，读者可按词义分类直接选用。

3.【叠音词】

叠音词是将形、音、义完全相同的汉字重叠起来组成的词汇，属于联绵词，在状物、抒情、叙事、说理上，极富表现力，故单独列出。【叠音词】中有小部分为词语后缀，如"巴巴""乎乎"等，要组成"眼巴巴""傻乎乎"等才能使用。【叠音词】分双音节"仄仄—平平"、四音节"平平仄仄—仄仄平平"和"仄仄仄仄—平平平平"三种类型。

在平声字词部，有一部分属于古入声字，已加（）标明；【词】中加（）的词语，后一个音节字均为入声字。

读者可将（）里的入声字作为平声字与仄声字部的字词对仗使用，如"屋"可以和仄声字"殿"对仗；也可以作为仄声字与平声部的其他字词对仗使用，如"阁"可以和平声字"楼"对仗；但不能将两个（）里的字词对仗使用，如"屋"就不能与"阁"对仗。

本字词选表格中，竖线左边的为仄声字，右边的为平声字。读者确定一个字词后，在左边或右边相对应的位置便能查到可用对仗字词。只要语意关联适宜，同一词类（名词、动词、形容词等）的字词，可不按语义分类对仗，但结构要相同，平仄要相对。如属于【名】词类的"天文气象类"也可与"地理建筑类"对仗；"人伦称谓类"也可与"动植生物类"对仗；等等。

【字】

【名】【天文气象类—仄】
宇 昊 汉 曜 宿 座 日 月 兔
斗 毕 孛 牛 女
雨 雪 雾 霭 露 霰 澍 电 气

【名】【地理建筑类—仄】
土 地 壤 陆 野 漠 域 境 界 纬 道
岳 岭 岗 谷 麓 壑 嶂 坂 阜 岫 洞
穴 堑 坞 壩
岛 屿 渚 沚 浦 岸 坝 渡
水 海 派 涧 汉 淀 薮 港 澳

渭 澧
汛 浪
楚 赵 魏 越 晋
沪 浙 陕 晋 冀 鲁 豫 粤 贵 桂 鄂
赣 皖 藏 港 澳 蜀
省 市 县 邑 镇 寨 场 所 垸
道 路 径 巷 陌 站
殿 阙 府 邸 第 馆 舍 厦 院
室 店 栈 肆 铺 苑 榭 圃
寺 庙 观 刹 塔 座 墓 冢
厂 矿 库 圈 厩 围 狱 阱

壁 户 牖 檩 柱 槛 坎

【名】【时空方位类—仄】
夏 暑
夏 汉 晋 宋
古 世 纪 代 岁 载 季 月 日 晓
曙 旦 昼 夜 晌 午 早 晚 暮
晦 朔 望 刻 秒 始 故 凤 现
后 首 尾 末 际
甲 乙 丙 戊 己 癸
子 丑 卯 巳 午 未 酉 亥
北
向 域 地 位 处 角 点 面 口
上 下 左 右 内 外 里 后 底
侧 顶 末 尾

【字】

【名】【天文气象类—平】
天 空 旻 穹 霄 河 阳 乌 星
辰 箕 参 商
风 飚 云 雯 霞 虹 霓 霖 雷 霆 霜
霾 冰 凌 雹 曦 烟 阴 晴

【名】【地理建筑类—平】
球 原 田 畴 郊 经 疆
山 峦 峰 巅 丘 陵 崖 梁 岩 沟 壕
坑（坡）（窟）（石）
洲 泽 汀 滩 浜 滨 礁 矶 皋 堤 津
洋 溟 瀛 江 河 湖 川 溪 流 池 塘 潭
渊 源 泉 湾 （泊）（峡）（渠）
泾 淄 沺 淮 潇 湘 资 沅
潮 漩 涡 波 涛 澜 （瀑）（汐）
齐 燕 韩 秦 吴
京 津 渝 苏 宁 川 湘 辽 滇
台 巴 （吉）
都 城 州 区 乡 村 庄 墟（集）
衢 街 途 蹊 阡 桥 闸
宫 廷 楼 堂 房（屋）宅 家 庭
厅 庐 营 衙 轩 台（阁）园 坪
斋 庵 祠 坟 茔 陵 碑 龛
坊 仓 窑 窝 棚 笼 枆（枊）巢 窠 臼 篱
笆 监 牢
墙 门 扉 窗 椽 梁 桁 楹 檐 廊 基
阶 墀 梯 栏

【名】【时空方位类—平】
春 秋 冬 寒
商 周 秦 宋 隋 唐 元 明 清
今 元 年 期（节）旬（伏）天 时
辰 晨 昏 朝（夕）更 分 初 终
先 前（昔）余 暇 机

丁 庚 辛 壬
寅 辰 申（戌）
东 南 西
方 隅 限 区
前 头 中 间 旁 边 周 围 沿

【名】【人伦称谓类—仄】
女 祖 奶 姥 父 母 考 姒 爸 舅 婶
姐 妹 姊 妇 婿 嫂 弟 子 友

老 叟 媪 妪 寡 媛 少 姬
帝 后 将 帅 校 尉 相 宦 吏
警 卫 贾 妓 伎 婢 牧 猎
士 者 手 匠 长 圣 主 首 客
汉 户 类 鬼 匪 霸 犯 众 蛋
货 棍 佬 寇 伴 眷 属

我 吾 俺 你 尔 汝 您 咱 自
己 彼
辈 等 类
鬼 怪 煞
禹 舜 纣 孔 孟

【名】【动植生物类—仄】
畜 兽 牡 牝 牯 牸
马 骥 骏 骉 豕 犬 狗 兔
虎 豹 象 兕 鹿 麂 猬 鼠 獭

鸟 凤 隼 鹃 鸷 鹗 鸶 鹳 鹤
雁 燕 鸧 鹭 雀 鹊 雉

鳄 鳜 鲤 鲋 鲍

蟒
豸 蚁 蚤 蛊 蛙 蛭 蛋 茧 蛹 蟹 蚌 蜃

树 木 柏 桂 柳 杏 李 栎 橡 栋 柏 楮
桦 桧 枳 杞 梓 苇
蔓
草 卉 芷 薛 藻 菌 蕈 艾 荞 蔻 芰

梗 秆 干 穗 叶 瓣 萼 蕊 蒂 蕾 絮

稻 谷 麦 米 粟 黍 豆 薯 芋
菜 蒜 笋 芝 韭 荠 藕
果 柚 枣 柿 杏 李 栗 葚

【名】【人伦称谓类—平】
男 宗 公 婆 爷 爹 娘 夫 妻 妈 姑
翁(伯)(叔)(侄)儿 姨 甥 媳 孩
郎 孙 亲 朋
鳏 孀 孺 姝 孤 独 婴 妞 妮
皇 王(爵)妃 嫔 官 臣 儒 工
农 商(学)兵 医 渔 樵 僧 尼
人 民 员 丁 家 贤 师 生 徒
公 君 娃 童 宾 使 豪(杰)雄 锋 奴
星 迷 头 痴 倡(仆)(卒)(侠)
(角)(敌)(贼)(族)(阀)
余 她 他 伊 君 卿 渠 侬 谁
(孰)
们 曹 侪
(佛)神 仙 妖 魔 精 灵 魁 伥
尧(桀)

【名】【动植生物类—平】
牲(特)驹 羔 犍 羝 牂 犯 犗
猪 豚 牛 羊 驴 骡 骟 猫 獒
豺 狼 狐 狸 熊 罴 狮 獐 狍
猿 猱 猴 犀 獾 貂 羚 麋
禽 雏 鹏 凰 鹰 鸵 雕 鸥 鸳
鸢 鸿(鹄)(鹊)鸥 斑 鸠 莺 鹃 鹂(鹤)
(鸪)鸦(鸽)鸡(鸭)凫 鹅
鱼 鲸 鲲 鲵 鲨 鲈 鳖(鳌)龟 鼋 鼍
鳙 鲢 鳅
龙 蛟 虬 螭 蛇 虺
虫 蝉 蚕 蜂(蝶)蛾 蚊 蝇 蛆
(蝎)虾 螺(蜇)萤 蝗 蚤 蚤 蚂 螟 虻(虱)
林 松 杉 杨 槐 梧 桐 枫 樟 桃 梅
檀 椿 榆 樗(竹)篁
藤(葛)薪 柴 荆
花 葩 芝 兰 莲 梅(菊)荷 茅 蓬 蒿 蘩
蘋 萍 苔 蘑 菇 菱 菅 蒹 藜
根 株 茎 枝 杈 桠 冠 芽 苗 芒 英 苞
苔 瓤(荚)(核)丝
禾 粮 棉(菽)桑 麻 茶 茗(蕨)
蔬 莼 葱 姜 椒 瓜 莓 芹 姜
樱 桃 柑(橘)橙 榴 榛 蕉

【名】【有关身体类—仄】
体 殍
状 貌 气 色 影 味
首 脑 脸 面 靥 眼 目 眶 耳 颔 口 嘴
吻 齿 颚 颈 项 背 胛 臂 膀 肘 手 腕
掌 指 肱 股 胯 腿 胫 腓 脚 趾 踵 乳
奶 脏 腑 肺 腹 肚 肾 胃 胆
角 甲 翅 翼 爪 鳔 羽 发 辫 髻 鬓 痣
卵 蛋 痔
骨 肋 髀 髓 血 肉 腱 汗 腺 脉 络 唾
液 泪 涕 屎 尿 粪

【名】【有关身体类—平】
身 躯 尸 骸
形 容 精 神 声 音
头 颅(额)(颌)(颊)腮 颐 眉 睛 瞳 眸
(鼻)唇(舌)牙 喉 脖 肩 肢(膊)拳 臀
(膝)踝 蹄 胸 膛 腔 腰 脐 肝 脾 心 肠

皮 毛 髻(睫)须 髯 鬃 绒 翎(翮)
鳍 鳞 鳌 胎 斑 瘢 痂 疮
疤(胳)脊 椎 经 痰 涎

【名】【物质物品类—仄】
土 木 水 火 铁 铝 矿 蜡 碳 墨 炭 碱

玉 璧 财 宝 币
物 体 货 品 器 具 料 素 质 瓦 板 管
粉 末 屑 液 泡 沫 焰 烬 垢 印 迹
轿 辇 舆 舫 舰 艇 橇
舵 桨 棹 橹
弩 箭 矢 剑 钺 戟 盾 炮 弹 斧 锯 鼎
镄 铐 棍 棒 甲 蠹 鼓 号 磬 瑟 管 角
徵 羽
耒 耜 镐 铲 磨 碾 剪 杖 杵
灶 釜 鼎 鬲 瓮 罐 桶 斝 碗 筷

表 镜 扇 刷 帚 彗 袋 套 筒
篓 罩 线 缕 带 粉 钿

笔 墨 纸 砚 画 谱 票 证 本 簿 契 据
券 册 卡 印 玺
课 字 句 调 语 话 议 论 序 传 典 赋
曲 令 联 戏 剧
凳 椅 案 几 柜 榻 垫 簟 被 褥 毯 帐
幔 幕 榱 楟 枢
布 锦 缎 绮 缟

裤 袄 褂 氅 褐 套 袖 衽 袂 绶 带 冕
笠 乌 履 屣 屦 袜
米 面 饭 菜 酒 肉 蛋 脍 炙 酱 醋 饼
饺 粽 蜜 饯 脯 酪
药 剂 散 素

【名】【物质物品类—平】
金 银 铜(锡)铅 钢 煤 油 泥 沙(石)纱
胶 陶 瓷(漆)
珍 珠 琼 瑶 璞 钱 钞
材 渣 砖 筒 丸(汁)浆 光 辉 灰 尘 埃
纹 痕 辙 踪
车 轩 机 舟 船(舶)槎(筏)
蓬 帆 舱 锚 篙 樯 鞍
刀 枪 弓 矛 干 戈(镝)锤 鞭 镣 枷 盔
旌 旗 琴 弦 阮 箫(笛)箙 笙 竽 筝 锣
铙(钹)钟 铃(筑)埙 宫 商
耡 犁 耙 夯 钳 钩 筌 瓯 砧
炉 锅 瓢 盆 勺 缸 坛(钵)壶 瓶 杯(碟)
瓯 觞 盅 盘 笼 筛
钟 牌 灯 梳 巾 包 箱 盒(匣)
楔 衾 簪 笄 钗 篮 框 筐 钉 针 香(烛)
绳 膏 脂
图 书(帖)笺 凭 条 碑 标 徽 章

(学)言 诗 词 歌 风 雅 颂 题 评 经 跋

台(桌)橱 床 枕(席)屏 帘 帷 帏 棺

棉 绒 皮 毛 绸 纱 绫 罗 绡 绢 丝 麻
(葛)裘 呢
衣 裳(服)装 袍 衫 襟 裙 裾 帽 冠 盔
襄 靴 鞋(屦)
油 盐 糖 茶 烟 肴 馐 羹 粥 汤 荤 糕
粑 酥
厈 膏 丸

【名】【其他事物类—仄】

武 / 释道教派 / 种 类
事理 / 果 / 故 / 是 / 正 /
耻辱 / 过罪错 / 禄寿 /
败 / 赏 / 义孝悌烈 /
患难害恙 / 怨恨忿 /
祸 / 法术略计策律 / 利誉 /
死老病 / 力用效 / 智 /
贬降陟 / 狠恶佞伪 /
玷额訾舛隙 /
姓字号谥 /
状况色相貌式样态 /
性质道品气 技艺术 /
意志念感绪欲愿梦想 /
府第户室 /
党政警
地富反坏右
岗位事务利
礼会典
产价物业本利债赋税
饷币款账费码

【动】【身体动作类—仄】

打揍捣拷掠挞
抵抗挢扯拽掣挽揉负
举

捧拎按摁捏 扼榨碾擀
扭
抱搂揽拧采撺钉
指

堵葬

放置摆厝竖立吊挂摞
嵌镶垫码盖捂捡拣
裹卷捆缚系绕绾绞绑戴佩带
解褪卸
抹裱
洗浣漱浴漂涮荡涤扫拭
揾扻砺捻簸搅拌蘸揌

【名】【其他事物类—平】

文 / 儒(佛)家门 / (别) 群
情由 / 因 / 缘 / 非 / 邪 /
荣羞 / 功劳勋愆差 / 康宁
成 / 惩(罚) / 仁忠(节)(德) //
灾荒祥(吉) / 恩仇冤(屈)
(福) / 方谋韬规章 / 名 /
生存亡(得)(失) / 能 / 庸
褒升迁(谪) / 凶奸贤良 /
疵瑕 /
名 /
形型装仪容颜姿妆 /
伦行风才功 /
心思情能 /
邦(国)家(族)门 /
军团群
工农商学兵
(职)权(责)
仪
(值)资财(息)捐租
薪酬钞

【动】【身体动作类—平】

擂(击)拍笞
敲夯叩 捶(砸)舂
拉牵抻推排揎拖(托)携扛荷捎
挑担抬背驮
擎搴端(掬)抔撑支拿持
刿搔挠抓扪(摸)(掐)(捽)撕摔封
摩(撮)操抄提拎(接)拈携(挟)搀
扶(拔)栽薅(撷)(摘)搜抽撩(拨)捉
挥(折)(摺)攀
掰(劈)挖剜刨抠凿掏开填埋塞
(插)扒
扔投(掷)抛(拾)拴(搁)
(叠)铺掀(揭)
包装盛穿(脱)松拆

(贴)(擦)粘糊敷涂搭
(涤)(濯)冲(刷)(拂)揩搓
磨研揉

罱 舀 挹 注 灌 庐 洒 汹 泡
倒 滤 沥
旋 刈 锯 破 剪 铰 刻 斩 剁 剃 剔 刺
捅 杵 搠 碰 触
倒 扇 撒
启 展 敞 闭 锁 掩
晃 撼 荡 摆 振 抖 甩 舞 弄 握 把 抱
拱
走 步 迈 止 跺 踱 遛 逛 跑 跳 跃 纵
蹦 践 踩 踹 跕 跨 越 逾 坐 踞 仁 立
站
点 夯 举 仰 俯 掉 转
闭 眨 瞪 觑 皱 塞
看 望 瞅 见 视 览 盼 顾 目
瞩 眺 瞰 瞟 瞥 睹 览
嗅
啖 咽 啜 吮 饮 酹 舔 噬 舐 啃 嗑 嗒
咬 吐 唾 啐 嘤
唤 喊 叫 啸 号 吵 闹 吼 嗔 噪 喉 吠
唱 唸 道 讲 诵 问 叹 骂
鬻
侧 靠 倚 躺 卧 睡 俯 仰 抖
栗 滚 闯 撞 跪 拜 叩 稽

掏 捞 (吸)(汲)浇 斟 淋 筛
(泼)扬 挽 兑 濡
(切)(割)(削)修 芟 剖 (劈)推 裁 劂 雕
(斫)(伐)(刮)(琢)通 穿 (扎)
翻 腾 倾 播
开 关 闩 (合)(阖)
搬 挪 移 挥 扬 (拂)招 扳 扒
(拨)拉 怀
行 游 溜 登 爬 蹿 奔 蹚 腾 (踢)(跌)蹬
蹲 盘 骑 乘
低 回 垂 (磕)
睁 眯 张 开 饧 矍 攒 嘟 (撇)
亲
瞧 观 相 睃 窥
闻 聆 听
(吃)(食)餐 茹 吞 嚼 (吸)(喝)(咂)叼
含 衔 噙 (蛰)呼 吹 哈 喷 抽 嘘
嚷 嚎 鸣 啼 吟 嘶 嘤
(说)谈 (读)
飞 翔 蠕
倾 歪 斜 凭 依 偎 趴 匍 (伏)
(折)弯 哈 (直)伸 翻 栽 摔 攀 爬 (蹅)
钻 潜 冲 游 泅 (仆)(扑)

【动】—【心理活动类—仄】
乐 喜 快 悦 闷 怒 恨 恼 怄 愧 耻 静
定 躁
想 虑 算 计 忘 记 忆 惦 念 懂 悟 解
瘾 溺 眩 醉 惑 惯 爱 恋 宠 幸 恨 厌
怨 怪 敬 慕 妒 忌 羡 信 奉 嗜 好
忍 抑 省 悟 醒 骇 畏 惧 怵 慑 悚 颤
恐 震 怯 怕
测 揣 忖 度 料
望 盼 企 欲 要 冀 慕 虑 拟 悼 懂 解
舍 悯 体 恤 恕 理 睬 悔
愿 敢 肯 可 善 擅 应 必 务 要

【动】—【心理活动类—平】
哀 伤 悲 痛 欢 愁 酸 忧 烦 羞 惭
(急)忙
清 估 谋 思 铭 知 明 (觉)谙
迷 痴 耽 娇 嫌 (责)尊 (服)疑 馋

惊 慌

推 揆 估
期 祈 求 图 谋 筹 怀 思 (察)(觉)(悉)
(识)知 怜 (惜)
能 甘 当 该 宜 须 (得)(值)

【动】【其他行动类—仄】

斗 反 抗 霸 治 理 改 变 讨 剿 灭 戡
靖 篡 叛 抗 守 卫
保 护 入 占 取 缴 建 立 创 造 撤 退
废 止 罢 免 放 令
议 论 定 审 核 判 考
奖 赏 庆 贬 选 举 聘 请 募
授 任 拜 雇
建 筑 造 设 盖 配
粉 饰 印 染
制 做 焊 铆 冶 炼 锻 镀 淬
纺 缀 绣
拓 垦 种 收 狩 猎 捕 获 牧 养 育
贸 易 买 卖 购 售 鬻 粜 兑 换 借 贷
欠 典 当 抵 累 攒
费 省 耗 短 少 够 剩 余 漏 进 入 汇
损 用
驾 乘 策 驶 运 卸 载 返
到 抵 至
教 育 感 化 训 喻 启 诱 授 诲 点 引
养 染 管 束 告 诚 傲 练 炼 试 考 仿
效
阅 览 咏 诵 背 记 录 写 解 释 绘 画
译
看 切 问 治 诊
唱 做 念 打 演 饰 扮 奏
摄 录 播 洗 印 映
角 斗 比 赛

【动】【生理活动类—仄】

养 产 病 死 故 在 逝 殒 睡 醒 梦 饱
饿 冻 馁 渴 醉 燥 痒 痛 肿 胀
吐 泻 呕 凉 背 哑

谢 落 败 萎
笑 乐 恸 泣 臊 叹 楞 倦 懒 累 困 喘
傻

【动】【其他行动类—平】

争 (革) (压) (伐) 征 平 (夺) 攻 冲

(击) 防 屯 侵 俘 擒 (捉) 降 抚
开 收 (发) 行
督 查 评
惩 (罚) 褒 彰 旌 (拔) (擢)
延 封 辞 迁 除 当
安 装 铺 (刷)
油 (漆)
修 熔 (割)
编 (织) (结) 缝
耕 耘 犁 栽 (植) 渔
沽 销 租 亏 盈 输 赢 (积) (节) 收 支
赊 (折)
赔 偿 还 (赎) (押) 存 (缺) 余

驱 骑 航 行 搬 装 离 还
回 归 (达) 停 (泊)
传 (学) (习) 修 摹
编 (辑)

吟 涂 (读) 书

医 闻
吹 拉 弹

【动】【生理活动类—平】

生 (活) 存 亡 (卒) 薨 终 眠 饥 馋 干 伤
酸 疼
咳 烧 昏 晕 疯 狂 聋 (瞎) 盲 驼 瘸 跛
塞
凋 枯 蔫 熟
(哭) 羞 呆 哀 悲 (乏)

【动】【社会行动类—仄】

酢 拜 访 往 看 探 聘 请 谒
晋 觐 省 会 伴 送 等 候 待
撵 赶 祝 愿 贺
汇 寄 递
告 禀 报 晓 谕 嘱 授 荐 问
抵 饰 斥 训 认 赖 誓
赠 馈 献 赏 赐 给 贡 奉 领 取 换 借
付 转 递 退
谢 报 让 洽 拒 劝 励 勉 谏 慰 犒 助
救 济 赈 抚 恤 照 顾 护 理 伺 候 养
育
守 顺 违 连 负
赞 誉 叹 颂 贬 奖 讽 刺 诋 毁 谤 议
论 吵 闹 辩 骂 诅
咒 叱 顶 撞 打 捧 笼 络 媚 附 庇 祖
任 纵 放 逞 骗 诈 引 诱 哄 惑 扰 阻
赖 逗 惹 撩 戏 弄 迫 恐 吓 胁 侮 害
虐 辱
住 靠 过 阅 历
事 务 从 操 行 任 负 揽 用
采 拣 选 测 比 用 计 算 并 凑
遁 躲 逸 避 找
补 晒 晾
熨 烫 炖 热 焙 烤 煮 炒 煨 煲
展 鉴 赏 戏 耍 逛
恋 爱 嫁 娶 吊 唁 殓 葬
到 去 至 赴 过 往 奔 莅 进 入 退 撵
赶
祷 祝 拜 敬 觐 诚 戒 占 卜 醮 筮 庇
佑
控 告 诉 讼 供 扣 押 羁 禁 逮 捕
抓 擒 释 放 审 问 讯 判 决 裁 办 处
赦 免
抢 掠 拐 骗 诈 讹

【动】【社会行动类—平】

酬 交 参 邀(约) 迎(接) 陪
随 别 辞
留 驱(逐)
邮
答 哼 吹 催 偿 赔 瞒
(责) 批 驳 求
捐 赍 贻 交 呈 传 归 还

(绝) 推 帮 援 扶

遵 从(失)
褒 扬 嘲 讥 诬 争(驳) 殴 调 和 逢 迎
谄 攀 援
欺 诓 迷 纠 缠(磨) 劳 烦 拦(逼)(压)

居 生 停 留 投 经
担 当 兼
(集)(择) 观(察) 称 量 (合)拼 分(割)
逃 藏 匿 跟 盯 寻
缝 烧 燃 焚 熬 温
烘 烹 煎 蒸 煨(吃)尝
玩 游
婚 丧
(出)来 回 追 纠

斋 修 祈 求

(谪) 冤 招 搜(查) 抄 缉
惩 封 关 (罚)刑

奸(杀)(劫)(夺) 坑 蒙 贪

【动】【物体状态类及其他—仄】

翘 企 荡 坠 俯 鼓 暴 陷 裸 露 袒 赤
盖 罩 掩 覆 蔽 展 挺 引 腆
落 掉 堕 坠 垮 倒 损 坏 裂 断 炸 爆
耸 立 挂 吊 矗 倒
摆 列 放 散
浇 溢 溅 迸 漫 泛 滥 沥 泡 浸 泻 淌
荡 漾 泛 注 滚 润
霁 散 落 照 射
舞 动 转 绕
刺 呛
撞 碰 触 遇 觑 蹭 掠 附
畅 透 阻 鲠 漏 卡
近 傍 即 拢 距 倚 迫 拱 卫 混

衬 映 定
聚 散
苦 幸 利 享 难 舛 塞 顺 窘
降 贬 谪 中 选 奖 宠
胜 败 赚 欠
始 起 启 止 了 毕 罢 住 辍 已 继 续
复 再
变 化 减 少 长 大 补 降 涨
落 固 没

【动】【表判断关联类—仄】

是 乃 系 属 即 作 当 算 比 喻 谓 曰
号 叫 命 示 显 兆
属
异 等 似 像 类 若 肖 盖 过 逾 胜 赛
高 大 亚 弱 匹 副
要 欲 待 易 善 供 应
在 保 葆 有 负 备 具 蕴 韫
显 泛 现
散 逸 释 灭 复 弃
杜 束 限 律 制 备 戒 避 免 忌 讳 取
获 博 受 遇 享 领 染 引 致 使 令 逗
惹 诱 动 与 予 免

【动】【物体状态类及其他—平】

跷 抬 昂 仰 (撅)悬 垂 披 (拖)(凸)(突)
凹 光 遮 埋 伸 张 开 关 (缩)(合)
坍 (塌)(跌)崩 (折)

陈 堆 (积)淤
淋 喷 淹 沉 漂 浮

升 (出)开 浮 飘 摇 飞 扬 拂
翻 腾 旋 移
熏 薰
(击)拍 逢 (拂)(擦)依
通 塞 (隔)
濒 临 离 挨 (逼)(薄)(压) 延 围 环 缠
拥 交 (杂)
传 播 兴 (袭)(接)(决)
(合)(别)(诀)离 分
(福)(吉)祥 灾
升 迁 (罚)
输 赢 亏 盈 (蚀)赔
完 休 (息)(歇)重 更

增 多 加 裁 删 升 (跌)缓 兴
衰 颓 (竭)凋 零

【动】【表判断关联类—平】

为 当 称 云 封

源 归
同 齐 (敌)均 殊 如 超 强 低 差 (服)
配 (合)符
需 须 存 留 遗 贻
充 含 容 盛 怀 藏 蓄 噙 浮
(发)消 泯
(失)除 抛 丢 (绝)
防 (得)遭 承 经 熬 沾 传 牵 招 催
推 (激)

【副词类—仄】

很 甚 颇 煞 大 挺 酷 好 最 顶 尽 太
更 越 逾 愈 益 略 净 毕 彻 统 备 俱
概 只 但 仅
即 就 便 遂 且 旋 现 预 再 又 屡 数
亟 素 固 已 就 既 正 甫 乍 继 复 必
准 定 骤 猝 偶 或 许
不 匪 未 勿 莫 免 靡 罔
力 意 劲 擅 畅 乱 滥 妄 混 特 顺 共
并 互
次 径 竟 幸 确 宁 切 断 自 本 确 可
也 倒 尚 亦

【副词类—平】

(特) 深 殊 良 蛮 (绝) (极) 微 多 都 稍
全 (皆) 均 咸 单 (独) 惟

徒 权 (且) 先 常 时 频 从 曾 刚 才 方
初 将 终 重 (突) (忽)

无 休 毋 没 甭 胡 (瞎) (合)
齐 (偕) (独) 相 躬 亲 偏 仍 还 犹 诚
(绝) (决) 当 怎 曷 胡
然 （副词后缀）

【介词类—仄】

自 打 在 乘 趁 向 往 到 望 对 给 以
按 照 据 与 顺 用 靠 替 把 比 较 被
叫 让 管 受 负 仗 赖 借

【介词类—平】

从 当 于 随 临 朝 由 沿 缘 挨 为 跟
同 和 依 经 凭 恃 将 拿 因 循 除

【连词类—仄】

与 暨 或 并 且 既 又 况 但 可 纵 若
倘 盖 故 任 遂 乃 岂 即 共

【连词类—平】

而 和 同 跟 (及) 虽 连 如 因 然

【助词类—仄】

所 过 了 被 罢 否 也 者 矣 哗

【助词类—平】

的 (得) (地) 着 之 噫 咦 然 乎 耶 哉
兮 呸 唉

【数量之类—仄】

二 四 五 六 九 廿 卅 冊 百 皕 万 亿
兆 半 倍 几 两 扣
长 首 大 魁 冠 亚 次 仲 季
尺 寸 米 仞 丈 里 亩 顷 克
两 担 合 斗 (石)
个 位 口 号 伙 股 起 队 代 辈 路
匹 尾
簇 束 树 片 瓣 粒 捧 把 抱
捆
座 架 道 沟 滩
片 块 畈 垅
道 股
栋 幢 座 所 进 套 户 处

【数量之类—平】

零 (一) 三 (七) (八) (十) 千 余 (圻)

头 元 初 (伯) (叔)
丝 毫 厘 分 寻 钱 斤 钧 吨
撮 勺 升
员 名 群 班 帮 批 (拨) 彪
头 条 (只) 窝
棵 株 菀 丛 蓬 墩 根 枝 茎
颗 (掐)
条 湖 江 湾 汪 泓 池
丘 畦
条
间 层 溜 家 爿

列 辆 部 架
杆 把 柄 挺 管
袋 卷 碗
桶 罐 碗
绺 缕
垛 撂 叠 串 打 扎
册 本 页 面 部 套 纸
首 阕 段
担
套 件 条 领 顶
对 副 种 样 件 码 起 项 份
顿 服 剂
派 线 步 趟 次
季 月 日 宿 夜 晚 点 刻 秒

台 艘 只 条
支 门 尊 （发）
包（盒）箱
缸 坛 盆 盘 （碟）瓢 箪 瓶 壶
丝 根
坨 堆 团 沓 摊
（幅）帧 函 封 张 篇 方
章（节）回
挑 筐
身（袭）（只）双
单 宗 桩 批
餐 （桌）（席） （帖）
番 班 回
年 天 时 分

【形容形色类—仄】

短——矮——
大 小 巨 细——
广 阔 窄 旷 敞 陋 瘦——
浅 厚 扁——细 壮 胖 瘦——
挺 皱——
正——
瘪 鼓——
陡 峻
少 众 寡——
个 偶 对 俪 队 阵——
密——
茂 盛——
沃——
满 饱——
残 破 碎
烂 散——
简 冗——
紧——
硬 棒 软 烂 脆——
固 韧——
糯 腻 淡 糯——
重 笨——
涩 嫩 老——
响 亮 细 哑 瓮 脆——
亮 暗 晦——

【形容形色类—平】

长 修 条——高 低 矬——
中 宏 肥 微 纤——
宽（狭）——
幽 深(薄)——粗 干 枯——
(直)(曲)平 弯 翘——
歪 斜 方——
尖(秃)(凸)凹 眍(塌)——
平 方 圆 弧
多 繁 希——
单 双 孤(独)(只)骈 团 群
稠 疏 稀——
丰 繁 荒 芜——
肥(瘠)(薄)——
空(实)——
完 全 整 圆 齐
(缺)——
繁(洁)——
严 松 泡——坚
僵 柔 绵 酥——
牢——
粘 稠 浓 稀 清——
轻 沉——
生(熟)青——
清 尖 沙 高 粗 闷 ——
明 黑 ——

澈冽混——	清(浊)——
远 近——	遥——
早 晚 晏 暮——	迟——
永 久 老 暂	初 新——
快 慢 速 促——	(疾)徐(急)——
冷 热 暖 冻 烫 暑——	温 凉 寒 炎——
爽 燥 润——	潮 闷(湿)——
旧 老 古——	新 鲜 陈——
秀 美 丽 俏 艳 俊 丑 陋 雅	(俗)妖 洋 豪 华(朴)——
土 素 ——巧 笨——	(活)(拙)——
	光(滑)毛 糙 麻 精——
牡 母 牝 女——	雄 公 乾 坤 阴 阳 雌 男——
老 暮 幼 稚 雏 壮 少——	青 春 轻——
健 旺 弱 ——	强 虚 孱 衰——
正 反——	阴 阳 ——
赤 茜 绛 绿 翠 紫 赭 褐 缟	红 黄 朱 丹 绯 彤 蓝 青 苍(白)粉
皓 皂——	灰 黑 乌 橙——
臭 苦 辣 涩 腻 酽 淡 寡——	香 馨 芳 膻 腥 臊 甜 酸 辛 甘 咸 鲜
	麻 醇 浓
假 伪 确 妄 ——	真(实)虚——
好 帅 美 妙 巧 坏 劣 次 破 浅 赖	优 精 良 佳 高 强 神 全 差
恶 歹——	孬 糟 ——
困 险 易 重——	艰 难 轻——
奥——	玄 神——
正 对 错 误 准——变——	严 凶 (急)狂 宽 和 柔 轻——
猛 烈 暴 酷 盛 惨 怒 狠 缓 利 厉——	
伟 大 壮 小——	宏 鸿 弘 丕——
稳 固 硬 劲——	坚 牢——威 雄——
耻 贵 贱 鄙 敝——	荣 尊 卑 低(拙)——
宝 贵 重 贱——	珍 奇 廉——
富 贵 窘 困——	贫 穷 通(达)——
紧 迫——	(急)——
密 切 近——	熟 生 亲 疏——
粹 复 肿 琐 碎 赘 缛 简 略	纯 繁 冗(杂)臃 详——
	然（形容词后缀）

【词】

【名词】—仄 仄

混沌　宇宙　星宿　日曜　玉宇　玉兔　霹雳
雷电　暮霭　甘澍　羊角　牛女　天壤　八埏
潮汛　昼夜　夤夜　白昼　戊戌　辛亥　天堑
天险　山脉　地脉　绝巘　山涧　衡岳　华岳
关隘　边徼

世界　寰宇　社稷　社会　华夏　赤县　郡县
港澳　河套

宗庙　道观　庠序　学校　宫殿　公堂　阆苑
别墅　市井　里巷　户牖　斗拱　门匾　栏槛
阡陌　花坞　兰畹　芳甸　宫壶　冰窖　碉堡

政府　政党　政治　党派　团体　体制　主义
专制　民主　制度　路线　政策　策略　法制
法律规矩

领袖　总理　首脑　元老　领导　干部　将校
教授　教练　裁判

尧舜　夏禹　管鲍　孔孟　菩萨　神圣　宰相
驸马　官宦　胥吏　俊彦　模范　寸俊　翘楚
骨干　新秀　偶像　模特　里手　商贾　和尚
乞丐　老鸨　掮客　娼妓　美眷　伉俪　考妣
伴侣　妯娌　昆仲　保姆　贵客　少艾　粉黛
人瑞　大腕　大佬　绅士　君子　公子　遗老
父老　老妪　瞽瞍　盲瞽　纨绔　饕餮

桀纣　奸宄　大憝　梼杌　恶霸　地主　乡党
傀儡　市侩　无赖　竖子　囚犯　俘虏　小鬼

头脑　肝胆　腰板　血脉　肺腑　腠理　情愫
气宇　慧眼　明眸　笑靥　法眼　醉眼　血汗
冷汗　倩影　生肖　情窦　婚媾　遗骨

禽兽　虎豹　骐骥　猛虎　狡兔　硕鼠　走狗
鹰犬　鼹鼠　八骏　刺猬　猞猁　貐貐

【词】

【名词】—平 平

鸿蒙　乾坤　苍旻　虹霓　九陔　苍穹　太虚
尘寰　人寰　九皋　参商　初暾　金乌　天枢
扶摇　雷霆　星躔　元宵　光阴　瞬间　沧溟
东瀛　鸿沟　崦嵫　扶桑　蓬莱　昆仑　岱宗

瀛寰　人间　国家　中华　神州　金瓯　江山
河山　邯郸　苏杭　湖湘　武陵　洞庭　西湖
殷墟　田畴　山陬　峰巅　边陲　渊渟

市廛　闾阎　通衢　废墟　仓廒　穹庐　茅庐
草庵　寒窑

朝廷　朝纲　人民　民族　(阶级)　(派别)
阵营　集权　独裁　自由　纪纲　章程　方圆

元勋　元戎　英豪　官僚　指挥　同僚　同仁
将军　参谋　栋梁

商汤　唐虞　周公　公卿　状元　圣贤　贤良
士绅　钦差　楚囚　英雄　天骄　标兵　先驱
股肱　精灵　膏粱　寺阍　帮闲　尼姑　外行
裁缝　大夫　渔樵　庖丁　高堂　妻孥　椿萱
宾朋　嘉宾　妇孺　糟糠　好逑　遗孀　遗孤
王孙　大人　大亨　同胞　儿曹

敌酋　豪强　流氓　喽啰　僬侥　侏儒
(蟊贼)　阎罗　判官　无常

形骸　骷髅　头颅　胸膛　胸怀　襟怀　脊梁
(赤膊)胫腓　胼胝　歌喉　赘疣　细胞　肿瘤
痈疽

虬龙　蛟龙　鲲鹏　鲸鲵　巨鳌　麒麟　猰㺄
貔貅　龙骧　骅骝　於菟　猿猱　猢狲　猿猴
熊罴　豺狼　雄狮　狐狸　熊猫　羔羊　藏獒
紫貂　犰狳　毛驴　乌龟

鹰隼　鸿雁　劳燕　精卫　鹢雀　鹦鹉　孔雀
鹏鸟　海燕　野鹳　山雉

凤凰　鸳鸯　鹧鸪　鸱枭　杜鹃　鸪鹆　鹍鸠
（鹈鹕）鹈鹕　鸐鸠　鹊鸰　鸺鹠　鶒鹨　鹌鹑
鹚雏　鸽鹏　鸐鹳　雄鹰　流莺　归鸿　惊鸿

螃蟹　蜥蜴　蛤蚧　蝌蚪　蚯蚓　蟋蟀　蚱蜢
獬豸　蝼蚁　蟾蜍　跳蚤

蟾蜍　蚍蜉　蜈蚣　蝼蛄　蟛蜞　蜉蝣　蜘蛛
（蝙蝠）蜣螂　蜻蜓　螳螂　螵蛸　寒蝉　蜈蚣
蚂蟥　鸣蜩　螺蛳　（孑孓）

树木　松柏　杨柳　樗栎　棠棣　苦楝　乌桕
篁筱　芦苇　橄榄　红豆　薜荔　豆蔻　蓓蕾
花卉　藤蔓　苜蓿　菖蒲　茉莉　芍药　莲藕
菱芡　苔藓　枸杞　莴苣　荞麦

森林　梧桐　棕榈　苍松　红枫　槟榔　海棠
蟠桃　樱桃　石榴　柠檬　枇杷　芭蕉　葡萄
菠萝　芝兰　芙蓉　菌苔　芙蕖　玫瑰　蔷薇
牡丹　女萝　荼蘼　蓬蒿　蒹葭　蘋繁　浮萍
花苞　荸荠　芫荽　苤蓝　蘑菇　葫芦

翡翠　琥珀　玟瑅　玛瑙　珠宝　宝贝

金银　珠玑　琳琅　珐琅　珊瑚　琉璃　玻璃

糟粕　渣滓　污垢　龃龉　矛盾　鼎鼐　铜漏
簋豆　耒耜　樯橹　帷幄　旌旆　华盖　印绶
髹藃　翰墨　彤管　弱翰　书简　石砚　唢呐
笙阮　羌管　锣鼓　篳篥　箕帚　肴馔　锁链
镣铐　爻繇

精华　秕糠（疙瘩）尘埃　窟窿　莫邪　桔槔
罘罳　胭脂　妆奁　轱辘　佛龛　锦囊　流苏
柴扉　袈裟　桃符　肩舆　旗袍　勋章　琵琶
喇叭　箜篌　瑶琴　篱笆　醍醐　咖啡　浊醪
茗茶　卜辞

【动词】—仄 仄

叱咤　彪炳　显耀　炫耀　标榜　勉励　洋溢
感慨　祈祷　褒贬　呼啸　崇拜　藐视　顾眄
沉溺　呼唤　召唤　推荐　青睐　赞叹　欣羡
埋怨　吩咐　嗔怒　怜悯　自晒　振奋　思忖
愤懑　欣赏　诽谤　臧否　睚眦　诋毁　睥睨
邂逅　倮倦　苦恼　害臊　惭愧　推诿　蹀躞
戏谑　奉陪　主宰　妨碍　关爱　膜拜　依赖
信赖　赏赉　反哺　吐哺　贬黜　抚恤　体恤
内疚　引咎　宽宥　引诱　酬酢　羞赧　讥诮
稼穑　云雨　入赘　合卺　孕育　分娩　如愿
回眸　开窍　扼腕　占卜　入殓　扶榇　出殡
借贷　挂漏　打扮　夺冠　舞剑　抬杠　捣乱
拼命　舞蹈　忏悔　颤抖　忌惮　厌倦　依恋
谩骂　哽咽　讥诮　呜咽　爱戴　思念　纪念
辩论　顾盼　企盼　嗟叹　砥砺　蝉蜕　淘汰
安抚　禁锢　蛊惑　轩轾　颠覆　拼凑　虚构
拯救　渗透　剽窃　克绍　诠释　圈点　违反

【动词】—平 平

咆哮　嚎啕　唠叨　絮叨　涕零　叮咛　呻吟
聆听　嘟噜　啁啾　奉承　讴歌　吹嘘　吹牛
（菲薄）觊觎　（斟酌）斡旋　揶揄　阿谀
诪张　张扬（揞揳）纠缠　讥谗　弄权　欺诳
袯襓　矫揉　自矜　操刀　操觚　绸缪　孳生
觚隋　斗殴　仳离　匍匐　巡逻　补苴　耕耘
犒劳　烹调　品尝　输赢　依偎　鞠躬　乔迁
痉挛　节哀　遨游　翱翔　联翩　蝉联　飞翔
驰骋　盘桓　徜徉　煎熬　混淆　蔓延　萦纡
迂回　反刍　萌芽（仿佛）阑珊　把持　秉持
春秋　纵横　联盟　通融　皈依　蹉跎　统筹
协调　权衡（改革）革新　斗争　投降　捐躯
发扬　颂扬　牺牲　辩论　召唤　挣扎　装穷
哆嗦　啰嗦（蹒跚）彷徨　克隆　忽悠（亵渎）
佝偻　跳踉　颉颃　包装　加油

造反　遣返　忘返　反感　削减　清减　剪裁
剪彩　挑拣　款待　博览　浏览　包揽　招揽
消遣　暴殄　遮掩　彩排　表演　敷衍　疏远
扭转　包办　兴办　谋篡　篡改　锻造　防范
冒犯　压迫　捍卫　豢养　践踏　离间　僭越
俯瞰　锻炼　磨练　聚敛　背贩　批判　谈判
逮捕　欺骗　诈骗　哄骗　亏欠　拉纤　嵌镶
扩散　禅让　洗涮　浇灌　清算　捐献　考验
吞咽　吊唁　调研　杜撰　蹂躏　寻衅　酝酿
蕴含　捆绑　匡正　虚幌　依偎　抵抗　提倡
控制　模仿　原谅　客套　悭吝　称霸　炫富
傲岁　荟萃　绽放　荡漾　茬茸　联袂　横亘
翻覆　月旦　震撼　变幻　辐射　闯荡　沐浴
钟毓　照耀　肇始　肇事　镌刻　燃放　研究
席卷　海选　羁绊　演变　蜕变　飞溅　泛滥
嬗变　没落　縠觫　奉献　革命　陨落　沉浸
开放　鸣放　发展　抖擞　开拓　炒作　给力

【形容词】—(仄)仄

婳娴　婀娜　袅娜　妖冶　妩媚　窈窕　妖娆
伶俐　娇艳　美艳　偶傥　睿智　慷慨　雅致
恬静　吝啬　呆板　古板　严肃　急躁　憔悴
枯槁　狂狷　狡狯　孱弱　和蔼　亲切　灵秀
优秀　豪迈　骁勇　强悍　勇敢　果断　干练
精干　慵懒　粗鲁　腼腆　懒散　怠倦　寂寞
落寞　坎坷　骄傲　骄傲　武断　丰满　丰腴
下贱　慈善　愚蠢　粗犷　爽朗　硬朗　倔强
猖狂　桀骜　幼稚　褴褛　敦厚　淳朴　拘谨
诚恳　谨慎　恭逊　清凛　笃厚　迟钝　愚钝
缜密　严谨　跌宕　暧昧　马虎　邋遢　龌龊
狼狈　狂妄　荒谬　懈怠　局促　颓丧　乖舛
腐败　惨淡　蒙昧　恐怖　疲惫　肤浅

优渥　精锐　尖锐　深邃　精彩　潦倒　康泰
温暖　曼妙　迫切

迤逦　旖旎　静谧　璀璨　宏伟　雄伟　清脆
青翠　鼎沸　隐晦　淫秽　充沛　丰沛　矍铄
骀荡　澎湃　突兀　和煦　遒劲　繁茂　丰茂
寥落　寥廓　险峻　广袤　浩淼　热闹　煊赫

【形容词】—(平)平

娉婷　娇柔　温柔　婵娟　娇憨　娇嗔　虔诚
殷勤　谦虚　清廉　机灵　坚强　慈祥　精诚
耿直　时髦　玲珑　诙谐　聪明　昂扬　疏狂
滑稽　匆忙　毛糙　轻松　深沉(轻薄)(隽拔)
(警拔)安康　安宁　平安　吉祥　永恒　健康
团圆　缠绵　绵长　清癯　平凡　高超　非凡
逍遥(洒脱)认真　轻柔　粗糙　酕醄　迤逦
踌躇　踟蹰　痴呆　恣睢(恍惚)慌张　疯癫
婵媛　蹒跚　助勤　颠顶　寒碜　伶仃　伶俜
野蛮　狰狞　荒淫　贪婪　消沉　惺忪　恓惶
无聊　蹊跷　麻烦(猖獗)

富饶　富强　繁荣　兴隆　繁华　和谐　辉煌
恢弘　周详　绸缪

逶迤　嵯峨　巍峨　崎岖(磅礴)崔巍　嶙峋
欹崟　峥嵘　峻嶒　蜿蜒　苍莽　渺茫　荒芜
朦胧　葱茏　繁秾　清冷　清凉　悠长　冗长
滂沱　纷纭　濒危　缤纷　氤氲　弥漫　迷茫

空旷 深远 缥缈 浩瀚 高远 长远 浩荡
排闼 广泛 高亢 兴旺 响亮 炳焕 隽永
绚丽 精湛 丰稔 灿烂 烂漫 洗练 暗淡
荒诞 涣散 混乱 纯粹 蕞尔 莞尔 恻恻
忐忑 干脆 犹豫 愤慨 惆怅 昏眊 和恺
缱绻 时尚 老迈 睍睆 潇洒 昌盛 悠久

简陋 剔透 孤陋 潦草 绝妙 奇妙 喧闹
剽悍 枯燥 干燥 尴尬 简短 圆满 饱满
松散 和缓 迟缓 婉转 委婉 柔软 迅速
凄惨 惨淡 哀艳 妥当 严重 沉重 平淡
冰檗

斑斓 参差 均匀 黯然 翩跹 缤繻 芬芳
铿锵 阑干 昭彰 肮脏 婆娑 葳蕤

【叠音词】

【双音节】——仄仄

艾艾 板板 草草 楚楚 惨惨 怵怵 怆怆
蠢蠢 惄惄 绰绰 蹙蹙 瘁瘁 旦旦 憺憺
短短 断断 瞪瞪 棣棣 甸甸 鼎鼎 谔谔
矗矗 愤愤 耿耿 梗梗 怪怪 衮衮 狠狠
恨恨 虎虎 缓缓 恍恍 混混 或或 济济
寂寂 矫矫 紧紧 踽踽 眷眷 惓惓 侃侃
衎衎 亢亢 苦苦 快快 款款 愦愦 聩聩
懒懒 冷冷 愣愣 栗栗 恋恋 了了 凛凛
懔懔 碌碌 屡屡 裸裸 落落 慢慢 瞀瞀
闷闷 靡靡 觅觅 眽眽 默默 穆穆 念念
诺诺 慊慊 切切 怯怯 窃窃 去去 攘攘
讪讪 赸赸 上上 试试 爽爽 束束 悚悚
速速 坦坦 惕惕 挺挺 惘惘 娓娓 唯唯
遗遗 蕙蕙 细细 小小 大大 屑屑 忛忛
醒醒 悻悻 絮絮 雅雅 怏怏 抑抑 悒悒
怿怿 奕奕 翼翼 懿懿 永永 俣俣 跃跃
赞赞 振振 怔怔 至至 秩秩 惴惴 訾訾

【叠音词】

【双音节】——平平

哀哀 昂昂 嗷嗷 謷謷 巴巴 薄薄(白白)
悲悲 彪彪 髟髟 慓慓 彬彬 斌斌(勃勃)
岑岑 察察 孱孱 伥伥 承承 蚩蚩 嗤嗤
痴痴 迟迟 冲冲 充充 憧憧 忡忡 重重
仇仇 惆惆 垂垂 淳淳 匆匆 粗粗 答答
怛怛 呆呆 单单 耽耽 叨叨 切切(得得)
噔噔(的的) 颠颠 踬踬(喋喋) (慄慄)
(独独) 端端 (咄咄) 墩墩 娥娥 斐斐
嘎嘎 刚刚(咯咯) (格格)舫舫 呱呱
乖乖 光光 佹佹 规规 咳咳 酣酣 憨憨
呵呵 嘿嘿 哼哼 哄哄 乎乎 忽忽 桓桓
慌慌 惶惶 喤喤 遑遑 徨徨 睢睢 昏昏
惛惛 潏潏 唧唧 急急(汲汲) 亟亟 疾疾
踖踖 娇娇 胶胶 斤斤 津津 矜矜 京京
兢兢 赳赳 拘拘 居居 娟娟 硁硁 悾悾
矻矻 狂狂 睽睽 夔夔 琅琅 牢牢 涟涟
廉廉 凉凉 灵灵 零零 慺慺 迷迷 绵绵
眄眄 忞忞 明明 瞑瞑 喃喃 曩曩 呶呶
譊譊 哝哝 娜娜 槃槃 庞庞 怦怦 披披
偏偏 便便 辩辩 频频 平平 娉娉(媻媻)
凄凄(扑扑) 戚戚 喊喊 期期 齐齐 顒顒
谦谦 虔虔 乾乾 悄悄 乔乔 翘翘 亲亲
勤勤 轻轻 茕茕 蛩蛩 跫跫 区区 劬劬
蓬蓬 拳拳 逡逡 嚷嚷 彤彤 融融 荣荣

嚅嚅 搔搔 骚骚 姗姗 潺潺 稍稍 优优
莘莘 生生 声声 绳绳 舒舒 淑淑 双双
偲偲 酥酥 堂堂 慆慆 陶陶 醄醄 提提
媞媞 啼啼 条条 佻佻 婷婷 亭亭 偷偷
突突 忳忳 沌沌 迢迢 哇哇 微微 嘻嘻
嬉嬉 呀呀 心心 温温 息息 恓恓 栖栖
仙仙 纤纤 鲜鲜 掀掀 跹跹 贤贤 翔翔
哓哓 嚣嚣 忻忻 欣欣 诉诉 歆歆 惺惺
行行 凶凶 讻讻 匈匈 恟恟 雄雄 休休
咻咻 修修 吁吁 嘘嘘 徐徐 胥胥 盱盱
欻欻 玄玄 悬悬 旋旋 泫泫 熏熏 醺醺
恂恂 循循 丫丫 压压 牙牙 哑哑 恢恢
厌厌 奄奄 严严 延延 快快 扬扬 阳阳
洋洋 颺颺 佯佯 依依 怡怡 施施 仪仪
殷殷 愔愔 暗暗 吟吟 闇闇 英英 嘤嘤
盈盈 营营 萦萦 庸庸 喁喁 颙颙 忧忧
优优 繇繇 由由 犹犹 与与 愉愉 俞俞
元元 爰爰 云云 芸芸(啧啧) 沾沾 詹詹
章章 彰彰 昭昭 炤炤 真真 眐眐 粥粥
谆谆 孜孜 孳孳(镞镞) 尊尊

步步 比比 处处 代代 对对 朵朵 各各
个个 久久 件件 卷卷 粒粒 两两 每每
片片 色色 事事 树树 岁岁 万万 样样
叶叶 夜夜 永永 种种

般般 层层 常常 长长 陈陈 番番 行行
回回 家家(节节)年年 千千 山山 时时
天天 夕夕(一一)朝朝

蔼蔼 霭霭 暗暗 黯黯 闇闇 炳炳 灿灿
粲粲 渐渐 厚厚 簇簇 萃萃 亶亶 淡淡
澹澹 荡荡 递递 泛泛 斐斐 馥馥 呆呆
谷谷 汩汩 滚滚 鼓鼓 沉沉 浩浩 皓皓
暠暠 灏灏 赫赫 涣涣 焕焕 夬夬 霍霍
皎皎 皦皦 仅仅 浸浸 井井 静静 径径
冏冏 炯炯 迥迥 灵灵 卷卷 滚滚 坎坎
廓廓 烂烂 朗朗 煨煨 累累 历历 沥沥
呖呖 猎猎 烈烈 列列 冽冽 戾戾 漉漉
辘辘 缕缕 略略 荦荦 满满 漫漫 蔓蔓
曼曼 缦缦 莽莽 浼浼 昧昧 懵懵 濛濛
密密 谧谧 渺渺 淼淼 眇眇 邈邈 藐藐
漠漠 莫莫 袅袅 沛沛 旆旆 濡濡 恰恰
浅浅 蒨蒨 冉冉 苒苒 穰穰 扰扰 冗冗

斑斑 班班 嘣嘣 濞濞 飙飙(泼泼)
(趵趵)(字字)苍苍 嘈嘈 涔涔 沧沧
喳喳 嚓嚓 潺潺 巉巉 琤琤 瞠瞠 枨枨
澄澄 幢幢 醇醇 葱葱 丛丛 淙淙 矗矗
崔崔 当当 铛铛 低低(滴滴)(叠叠)
咚咚 嘟嘟 俄俄 峨峨 翻翻 幡幡 飞飞
菲菲 霏霏 纷纷 芬芬 棻棻 雰雰 汎汎
拂拂 高高 咕咕 关关 活活 聒聒 嘊嘊
轰轰 訇訇 烘烘 薨薨 阂阂 泓泓 呼呼
花花 哗哗 环环 皇皇 煌煌 锽锽 黄黄
恢恢 咴咴 晖晖 辉辉 翚翚 徽徽 洄洄
湑湑 浑浑 溷溷 叽叽(炅炅)籍籍 溅溅
戈戈 尖尖 咬咬 喈喈 湝湝 揭揭 嗟嗟
青青 菁菁 晶晶 啾啾 涓涓(硁硁)铿铿

緌緌 檠檠 若若 洒洒 飒飒 瑟瑟 槭槭
霎霎 闪闪 汕汕 烁烁 耸耸 肃肃 簌簌
遂遂 踏踏 沓沓 忒忒 特特 婉婉 宛宛
挽挽 往往 炜炜 蓊蓊 兀兀 纚纚 滃滃
栩栩 诩诩 旭旭 煦煦 轧轧 衍衍 剡剡
掩掩 晻晻 偃偃 渰渰 晏晏 艳艳 焱焱
滟滟 燕燕 酽酽 漾漾 杳杳 窈窈 窅窅
曜曜 耀耀 业业 晔晔 烨烨 已已 屹屹
熠熠 浥浥 翊翊 翳翳 弈弈 隐隐 黝黝
语语 圉圉 郁郁 煜煜 彧彧 蔚蔚 岳岳
远远 蕴蕴 噪噪 窄窄 崭崭 震震 阵阵
整整 正正 重重 缀缀 纵纵 总总 作作
凿凿

空空 硿硿 骙骙 啦啦 喇喇 根根 硠硠
棱棱 离离 连连 辽辽 寥寥 缭缭 飂飂
林林 淋淋 辚辚 粼粼 霖霖 嶙嶙 泠泠
磷磷 溜溜 浏浏 隆隆 胧胧 笼笼 噜噜
麻麻 茫茫 芒芒 忙忙 梅梅 枚枚 汶汶
蒙蒙 濛濛 朦朦 曚曚 幪幪 咪咪 冥冥
溟溟 挠挠 呢呢 蔫蔫 宁宁 凝凝 浓浓
叭叭 盘盘 蟠蟠 滂滂 逄逄 泡泡 砰砰
嘭嘭 芃芃 蓬蓬 伾伾 翩翩 骈骈 漂漂
飘飘 缥缥(瞥瞥)苹苹 屏屏(泼泼)萋萋
溙溙 祁祁 芊芊 牵牵 骞骞 锵锵 呛呛
硗硗 骎骎 青青 清清 擎擎 琼琼(曲曲)
駸駸 囷囷 瀼瀼 穰穰 茸茸 溶溶 冗冗
蠕蠕 毵毵 鬖鬖 森森 沙沙 煞煞 珊珊
汤汤 深深 甡甡 駪駪 湜湜 倏倏 疏疏
唰唰 丝丝 咝咝 澌澌 嘶嘶 飔飔 松松
嗖嗖 飕飕 衰衰 蓑蓑 昙昙 潭潭 醰醰
镗镗 滔滔 腾腾 田田 湉湉 填填 阗阗
迢迢 岧岧 渟渟 通通 彤彤 童童 僮僮
曈曈 团团 抟抟 漙漙 慱慱 暾暾 佗佗
弯弯 湾湾 汪汪 巍巍 嵬嵬 嗡嗡 蓊蓊
喔喔 呜呜 兮兮 晰晰 淅淅 稀稀 熙熙
消消 萧萧 潇潇(些些)斜斜 昕昕 炘炘
星星 煋煋 汹汹 熊熊 魆魆 轩轩 喧喧
暄暄 翾翾 薰薰 炎炎 泱泱 央央 妖妖
夭夭 峣峣 遥遥 杳杳 窅窅 窈窈 漪漪
阴阴 狺狺 淫淫 霪霪 崟崟 莹莹 荧荧
悠悠 幽幽 呦呦 油油 蜎蜎 圆圆 源源
氲氲 沄沄 纭纭 耘耘 昀昀 匀匀 簪簪
牂牂 喳喳(蛰蛰)蓁蓁(磔磔)榛榛 臻臻
铮铮 蒸蒸 枝枝 朱朱 逐逐 烛烛(焯焯)
(卓卓)(灼灼)(濯濯)(啄啄) 吱吱 崒崒

【四音节】——平平仄仄

哀哀怨怨　安安稳稳　安安静静
（白白）净净　（白白）胖胖
悲悲惨惨　悲悲切切　吹吹打打
吹吹捧捧　　　（的的）确确
颠颠倒倒　　　（趺趺）撞撞
端端正正　多多少少　浑浑噩噩
恩恩爱爱　恩恩怨怨　方方面面
风风雅雅　风风火火　风风雨雨
干干净净　高高大大　高高矮矮
高高兴兴　工工整整　恭恭敬敬
乖乖巧巧　奇奇怪怪　光光彩彩
和和睦睦　轰轰烈烈　红红火火
欢欢喜喜　家家户户　矜矜业业
兢兢业业　魁魁梧梧　拉拉扯扯
来来去去　来来往往　寥寥草草
林林总总　零零乱乱　零零散散
零零碎碎　（磕磕）绊绊
（哭哭）笑笑　　　（扑扑）簌簌
忙忙碌碌　磨磨蹭蹭　年年岁岁
拍拍打打　疲疲沓沓　疲疲塌塌
平平淡淡　平平静静　平平稳稳
娉娉袅袅　凄凄惨惨　凄凄切切
期期艾艾　齐齐整整　千千万万
前前后后　亲亲热热　勤勤恳恳
清清楚楚　清清淡淡　清清静静
清清冷冷　清清爽爽　清清秀秀
轻轻巧巧　轻轻柔柔　卿卿我我
融融恰恰　柔柔嫩嫩　柔柔顺顺
儒儒雅雅　三三两两　三三五五
神神道道　神神秘秘　神神气气
生生世世　生生死死　时时刻刻
（什什）五五　　　（实实）在在
舒舒坦坦　双双对对　松松垮垮
酸酸楚楚　随随便便　堂堂正正
腾腾兀兀　甜甜蜜蜜　填填补补
挑挑拣拣　条条块块　条条款款
条条框框　推推搡搡　吞吞吐吐
歪歪倒倒　歪歪趔趔　歪歪扭扭
弯弯绕绕　完完整整　微微弱弱

【四音节】——仄仄平平

苤苤芬芬　炳炳麟麟　病病歪歪
颤颤巍巍　颤颤悠悠　大大方方
大大咧咧　荡荡悠悠　点点（滴滴）
沸沸腾腾　沸沸扬扬　哽哽噎噎
厚厚（实实）　厚厚敦敦　晃晃悠悠
恍恍（惚惚）　寂寂寥寥　简简单单
紧紧巴巴　　　进进（出出）
快快（活活）　口口声声　乐乐呵呵
利利落落　利利索索　啰啰嗦嗦
骂骂咧咧　满满当当　慢慢腾腾
慢慢吞吞　慢慢悠悠　冒冒（失失）
面面糊糊　磨磨唧唧　袅袅婷婷
扭扭捏捏　暖暖乎乎　胖胖乎乎
普普通通　朴朴（实实）　热热乎乎
切切（实实）　　　确确（实实）
认认真真　软软乎乎　洒洒（脱脱）
瑟瑟（缩缩）　傻傻（忽忽）
是是非非　顺顺当当　顺顺溜溜
踏踏（实实）　太太平平　妥妥当当
萎萎（缩缩）　畏畏（缩缩）
稳稳当当
兀兀陶陶　兀兀腾腾　许许多多
絮絮叨叨　叶叶心心　郁郁彬彬
晕晕糊糊　熨熨（贴贴）　战战惶惶
战战兢兢　咋咋呼呼　整整齐齐
正正当当　正正经经　转转悠悠
者者谦谦

巍巍荡荡　文文静静　文文雅雅
呜呜咽咽　熙熙攘攘　详详细细
潇潇洒洒　心心念念　兴兴旺旺
羞羞涩涩　寻寻觅觅　炎炎赫赫
洋洋洒洒　妖妖艳艳　摇摇摆摆
摇摇荡荡　摇摇晃晃　庸庸碌碌
幽幽怨怨　悠悠荡荡　悠悠逛逛
犹犹豫豫　原原本本　朝朝暮暮
（遮遮）捂捂　　　（遮遮）掩掩
真真切切　真真正正　争争吵吵
铮铮佼佼　周周到到　周周正正
焯焯烈烈

斑斑点点　彬彬济济　嘈嘈切切
长长短短　憧憧扰扰　粗粗细细
沟沟壑壑　花花草草　花花绿绿
昏昏暗暗　空空荡荡　空空洞洞
凉凉爽爽　缭缭绕绕　茫茫荡荡
盆盆罐罐　飘飘渺渺　飘飘荡荡
飘飘洒洒　平平整整　平平坦坦
冯冯翼翼　清清楚楚　湿湿漉漉
疏疏朗朗　丝丝缕缕　温温霭霭
淅淅沥沥　淅淅飒飒　稀稀落落
消消洒洒　萧萧飒飒　萧萧瑟瑟
星星点点　形形色色　汹汹旭旭
摇摇曳曳　幽幽静静　幽幽雅雅

浩浩汤汤　赫赫炎炎　沥沥拉拉
亮亮堂堂　密密麻麻　密密匝匝
渺渺茫茫　四四方方　轧轧哑哑
艳艳夭夭　杳杳冥冥　隐隐（约约）
隐隐绰绰　隐隐辚辚　郁郁苍苍
郁郁葱葱　郁郁菲菲　郁郁纷纷
郁郁芊芊　郁郁青青　裔裔皇皇
震震填填　飘飘零零　飘飘扬扬
飘飘（忽忽）

【四音节】——仄仄仄仄

本本分分　蹦蹦跳跳　比比画画
打打闹闹　大大小小　抖抖颤颤
抖抖瑟瑟　抖抖簌簌　断断续续
躲躲闪闪　反反复复　彷彷佛佛
鬼鬼祟祟　晃晃荡荡　恍恍荡荡
济济楚楚　塞塞谔谔　坎坎坷坷
侃侃谔谔　客客气气　恳恳切切
懒懒散散　跟跟跄跄　里里外外
笼笼统统　陆陆续续　落落穆穆
马马虎虎　懵懵懂懂　勉勉强强
腼腼腆腆　寞寞落落　木木讷讷
闹闹嚷嚷　袅袅娜娜　漂漂亮亮

【四音节】——平平平平

痴痴迷迷　抽抽搭搭　从从容容
匆匆忙忙　叨叨咕咕　孜孜矻矻
嘟嘟囔囔　哆哆嗦嗦　敦敦（实实）
风风光光　疯疯癫癫　（服服帖帖）
勾勾搭搭　咕咕哝哝　孤孤单单
规规矩矩　含含糊糊　哼哼（唧唧）
呼呼啦啦　糊糊涂涂　（唧唧）哝哝
慌慌张张　慌慌忙忙　（急急）忙忙
娇娇（滴滴）　抠抠摸摸　抠抠搜搜
（结结）巴巴　　　　（哭哭）啼啼
宽宽绰绰　拉拉杂杂　邋邋遢遢
来来回回　唠唠叨叨　啰啰嗦嗦

破破烂烂	怯怯懦懦	热热闹闹
散散漫漫	闪闪烁烁	上上下下
世世代代	爽爽快快	琐琐碎碎
坦坦荡荡	志志忐忐	惕惕忾忾
痛痛快快	婉婉转转	唯唯诺诺
猥猥琐琐	稳稳妥妥	舞舞咋咋
秀秀气气	迤迤逦逦	影影绰绰
早早晚晚	正正当当	左左右右
地地道道		

炳炳烺烺	浩浩荡荡	混混沌沌
济济荡荡	济济翼翼	角角落落
胶胶扰扰	旷旷荡荡	冷冷落落
瀄瀄澹澹	瀄瀄翳翳	窅窅翳翳
岳岳荦荦		

瞒瞒顸顸	毛毛糙糙	朦朦胧胧
迷迷瞪瞪	迷迷糊糊	明明(白白)
模模糊糊	摩摩挲挲	乜乜斜斜
黏黏糊糊	娉娉婷婷	平平安安
平平常常	平平凡凡	婆婆妈妈
凄凄惶惶	清清(白白)	轻轻松松
神神叨叨	舒舒(服服)	斯斯文文
偷偷摸摸	团团圆圆	拖拖拉拉
委委佗佗	温温存存	窝窝囊囊
呜呜喑喑	栖栖遑遑	恓恓惶惶
稀稀拉拉	熙熙融融	嘻嘻哈哈
消消停停	(蝎蝎)螫螫	斜斜歪歪
羞羞答答	虚虚(实实)	喧喧嚣嚣
暖暖姝姝	玄玄乎乎	悬悬乎乎
严严(实实)	依依呀呀	咿咿唔唔
咿咿呀呀	呦呦嘤嘤	悠悠扬扬
悠悠(忽忽)	鱼鱼雅雅	圆圆乎乎
晕晕(忽忽)	扎扎(实实)	
张张狂狂	支支吾吾	灼灼辉辉
苍苍茫茫	重重(叠叠)	叮叮当当
叮叮咚咚	飞飞扬扬	纷纷扬扬
纷纷纭纭	旮旮旯旯	高高低低
哗哗啦啦	叽叽喳喳	坑坑洼洼
铿铿锵锵	铿铿锽锽	连连绵绵
零零星星	蓬蓬(勃勃)	蓬蓬松松
劈劈拍拍	飘飘浮浮	乒乒乓乓
清清幽幽	曲曲弯弯	(曲曲折折)
弯弯(曲曲)	蜷蜷蜿蜿	嗡嗡嘤嘤
(悉悉)索索	萧萧条条	丫丫叉叉
咿咿哑哑	阴阴森森	阴阴沉沉
幽幽深深	幽幽凄凄	

参 考 书 目

[1]许肇本.成语知识浅谈[M].北京:北京出版社, 1980.

[2]刘德辉.楹联学论稿[M].延边:延边人民出版社, 2001.

[3]汉语成语小词典[M].北京:商务印书馆,1981.

[4]向光忠,等.中华成语大辞典[M].长春:吉林文史出版社,1986.

[5]罗竹风.汉大成语大词典[M].上海:汉语大词典出版社,1996.

[6]赵羽,等.中华成语全功能词典[M].延边:延边人民出版社,1998.

[7]汉语成语大全[M].北京:商务印书馆国际有限公司,2007.

[8]颜毓书.万条成语词典[M].哈尔滨:黑龙江人民出版社,1986.

[9]刘占锋.中国成语通检[M].郑州:河南大学出版社, 2002.

[10]诗韵新编[M].上海:上海古籍出版社,1965.

[11]孙继万.汉语叠字词词典[M].北京:中国大百科全书出版社,2003.

后 记

　　八年前，2008北京奥运的那个八月，我写了"前言"；八年后，2016年里约奥运的这个八月，我在写"后记"。磨磨蹭蹭、修修改改了二十余年的书稿，终于有了一个头有了一个尾，或许可以付梓了，而我却并未释然。一本书的前言、后记，前后八年，竟连起了在两个"发展中国家"举办奥运会的时间，也许是个巧合，但我倒宁愿相信这是一种昭示："发展中"，我们的事情也都还在"发展中"，需要继续努力。书完稿了，但从完稿到出版，还会有一六段的路要走。至于我们想要为之尽点义务、做点贡献的"传承弘扬中华民族传统文化"的事业，要走的路就更漫长了。

　　奥运会上，赛后的运动员都会发一通感言，感谢谁谁谁的。书写完了，又正赶上奥运这个时段，也是要说说想说的话了。

　　首先我得肯定一下自己。这么多年来，确实如序言作者郭熙先生所说，自己保有了一份"对中华文化的自豪、自信和深深的爱"，浸润于中华文化的美丽和魅力之中，哪怕是有一点点心得体会，都总会想着能与更多的人一起来分享、品味传承了几千年的中华文化的那种极致之美。

　　在长期的研习和创作实践中，我逐渐感觉和认识到：从"成语"切入，走"成语——对联——诗词——中华文化"这样一条路子，是有益于中华语言文化的传播和发展的，是能引导更多的人来较快地感受、认知和爱上中华文化的。二十余年来，沿着这条路径，我自认做了一点工作，已经把第一步迈开了，后面的路别人再走或许会轻松一些，好走一些。

　　我不是专家学者，也没拿课题项目，干的是一件可以说是"干卿何事""自找苦吃"的活儿，但这在家里是"立了项"的，这真得好好感谢我的夫人沈早云女士。从1994年开始，她就给予了充分的理解和支持。以前我没电脑，也不会操作，2006年她来我所在的学校工作后，花了将近一年的业余时间，帮我把最初的文稿录入电脑并整理打印成册，才有了这本书的雏形。她带来了两个促进：一是促进了我学用电脑写稿，虽然至今还速度很慢——她笑我像"捉虫"一样。但这几年下来，我终于还是把《中华成语联对》以及我的诗歌集《感动·无花果》、学校史志《涉外十五年》三本书"虫"都捉完了。二是促进了这本书稿的写作进程和规整化，现在拿出来，真的是厚厚的、正儿八经的像一本书了。近两三年，我集中时间和精神对书稿进行了校对和最后的修订。大女儿他们从酒泉转业回长沙工作了；2014年考上四川大学考古专业的小女儿寒暑假回来也有时间了，都加入了进来，并表现出很大的热情。除帮助校对和操作电脑外，对部分联对成语和扩联也提出了她们的修改意见，还把近两年使用频率很高的成语，如"猛药去

病""空言无补""大道至简"等纳入书稿，撰制成新的联对。孩子们能喜欢上传统文化，是令人欣慰的。两年下来，她们也有很大的进步和提高。以前从没写过对联的大女儿，在今年我做70岁生日时，为我撰写了寿联"有志必成不枉皇天分日月，无为而寿同偕后土享春秋"，确实也有些水平了。所以，也要谢谢我的孩子们的参与。

2000年我到海南出差，离开海口时，20世纪70年代在文工团的同事、时任海南省文联艺术研究所所长的剧作家宫尚达先生到海兰机场送我，老友重逢，相谈甚欢。在机场边的小酒店里，两人喝了三瓶半斤装的"醉湘西"。我跟他谈起了我在写包括《成语联对》在内的三本有关成语的书稿时，他很明确地说，《成语联对》这本书稿最有文化价值，先把另外两本放一放，集中搞好这一本，有什么事情他可以帮忙。他的这番话给了我很大的鼓励，现在能有这样一本书拿出来，我是忘不了他，很感谢他。

再一个就是序言作者郭熙先生。他虽然是我大学同学，可现在他是著名的语言学家、暨南大学的教授、博导，中国语言学会理事，对外华文教育的领军人物，兼任国侨办直属北京华文学院副院长，暨南大学华文学院、华文教育研究院院长，担纲国家语言战略状况和对外华文教育几个项目的研究，很忙。但他还是在百忙中挤出时间来，仔细地看完了这本几十万字的书稿，从"在中华语言文化的传播与发展上"和"对全球华人社会传承弘扬中华民族文化的意义"两方面，从语言学和传统文化的专业角度，以一个专家学者的眼光，给予了这本书稿精到的评介，明确指出了这本书的价值所在。我感谢他！

还要感谢的是湖南涉外经济学院的董事长等校领导，他们近些年来给了我一个宽松、适宜的工作环境，使我在做好本职工作之余，能够顺心地完成这本书及其他书稿的写作。

很多很多的朋友，在这本书的撰写过程中，都给予了我认可和鼓励，坚定了我的写作信心；高中同学匡柏春先生、初中学长邝金玉先生为本书题字；高中同学黄尚安教授，大学同学张世贤教授，文工团同事、著名词作家单协和先生等积极推荐，帮助联系出版事宜，油画家贺大田先生赠其画作《奔马》，书法家雷圣锋先生赠我以书法联对，给本书增色，在此，一并表示感谢！

在出版商多看重经济效益的当今社会，这样一本书要出版，未必会顺当。但我期待也坚信，会有出版界、文化界的有识之士慧眼识珠，援之以手，使这本书早日出版发行，得到读者的审阅、品评。

让最具中国特色、别样精彩的成语和精美如诗的联语，走进你、我、他——我们大家的心灵，让我们的生活多一点文化情趣，多一些精神愉悦，多一份中华情结！

2016年8月里约奥运会中国女排夺冠之日

后记补记

两年前就写好了《后记》，几经周折，延宕到今，这本书终于出版了。不管怎样，所幸赶上了"知识青年上山下乡五十周年""改革开放四十周年"的时间节点，这就算是我这位1968年下放的老三届知青、1978年春季入学的1977级大学生进献的一份薄礼了，我还是很高兴的。

这本书的出版，我要感谢两位年轻人——中南大学出版社的编辑郑伟先生与负责封面和版式设计的章军科先生。仅仅因为以前打过一声招呼，他们就等了整整两年。看到年轻的他们如此挚爱中华传统文化，也如此看好这本书，是令人感动的，于是我也就完全托付给了他们。果不其然，没让人失望。

这本书的出版很难给我带来经济效益。但我坚信，对广大读者，特别是青少年读者来说，在学习、传承、弘扬中华民族传统文化，提升文化素养，增强"文化自信"方面，这本书是有意义、有帮助的。能做到这一点，我就欣然于怀了。

当然，"韩信将兵，多多益善"，我还是希望有更多的读者朋友能来看看这本书。授鱼授渔，开卷有益！

赖书明

2018年10月